GW01605332

Hervé Paturle • Guillaume Rebière

UN SIÈCLE de cyclisme

CALMANN-LÉVY

Évoquer l'histoire du cyclisme en plus de 1 000 chroniques : tel est l'enjeu de cet ouvrage. *Un siècle de cyclisme* n'est pas une encyclopédie exhaustive mais un instantané, ou plutôt un millier d'instantanés, racontant cette extraordinaire aventure humaine.

Chronologiquement, année après année, il témoigne de la richesse et de la diversité de ce sport éminemment populaire. L'acte officiel de naissance des courses cyclistes » a lieu le 31 mai 1868 au parc de Saint-Cloud. Depuis le début du XIXe siècle, la draisienne puis le vélocipède vivaient seulement leurs balbutiements.

Désormais, la révolution est en marche, le public est conquis et les fabricants de cycles doivent promouvoir leurs produits. Le succès immédiat des courses de Saint-Cloud entraîne l'organisation d'autres épreuves à La Varenne, Charenton, Pantin puis en province. Même si la guerre de 1870 stoppe provisoirement son évolution, le vélocipède reprend progressivement une ascension irrésistible.

Le choix des sujets est évidement arbitraire. Nous avons tenu à associer la « grande histoire » et la moins connue ou plus anecdotique. Les inventions, les drames, les exploits, voire les tenues vestimentaires et, bien sûr, les courses sur piste et sur route sont ainsi pêle-mêle évoqués. Au temps des records en tout genre et des épreuves sur piste à New York ou au vélodrome de Buffalo succèdent les premières courses sur route qui deviendront nos grandes classiques contemporaines. Du prestigieux Tour de France à la défunte « Polymultipliée » ou à la course annuelle des porteurs de journaux, les aspects les plus variés de la « petite reine » sont ainsi approchés. « L'histoire du sport cycliste est la véritable histoire des hommes », concluait Olivier Dazat dans sa préface de *Seigneurs et forçats du vélo*. De James Moore, vainqueur de la première course de Saint-Cloud, au dernier vainqueur du Tour de France, de Mlle Billot, lauréate du cross cyclo-pédestre de Bellevue en 1925 à la formidable échappée de Fausto Coppi dans le Milan-San Remo 1946, *Un siècle de cyclisme* privilégie, là encore, la diversité de ces glorieux « forçats de la route ».

HERVÉ PATURLE
ET GUILLAUME REBIÈRE

James Moore s'impose au poteau d'arrivée de la première course cycliste.

7 MAI

Et Olivier créa le cyclisme

Le vélocipède Michaux est à la mode. Tous les vainqueurs de la course du parc de Saint-Cloud en étaient équipés. Même le prince Louis Napoléon, âgé de 13 ans, « ruine » sa famille en vélocipèdes Michaux et passe ses journées aux Tuileries ou au parc de Compiègne. Quelques années plus tôt, Pierre Michaux, avec l'aide de son fils Ernest, a mis au point la pédale, mettant fin au règne de la draisienne. Devant cette invention géniale, les Parisiens se ruent sur le stand tenu par les Michaux à l'Exposition universelle de 1867. L'atelier de Pierre Michaux, qui ne peut plus faire face à aux commandes croissantes, s'agrandit en s'installant rue Jean-Goujon, dans un espace de 300 m². Le 7 mai 1868, une nouvelle société est créée, Michaux et Cie, en association avec René Olivier, 22 ans, un ingénieur féru de nouveautés. En 1865, pour tester le matériel, Olivier et son frère Aimé avaient parcouru Paris-Avignon, la première randonnée réussie sur un vélocipède à pédales. La société Michaux et Cie, qui est passée à une fabrication industrielle, livre environ douze vélocipèdes par jour et exporte dans le monde entier, jusqu'en Inde et en Australie. Pour promouvoir leurs machines, les frères Olivier décident d'organiser des compétitions. C'est ainsi que naissent les courses de Saint-Cloud. S'ils n'ont pas inventé le vélocipède, les Olivier ont peut-être créé le cyclisme. Mais la guerre éclate. La société doit stopper sa fabrication et Ernest Michaux meurt dans la misère quelques années plus tard. René Olivier, lui, succombera, en juillet 1875, dans un accident de voiture à cheval. ❍

Le vélocipède Michaux, du nom de l'inventeur de la pédale.

31 mai

C'est parti !

À l'occasion de la Pentecôte, la mairie de Saint-Cloud organise des festivités : concerts, feux d'artifice, bals de nuit et courses de vélocipèdes dans la grande allée du parc de Saint-Cloud, longue de cinq cents mètres et à parcourir deux fois. Les vainqueurs de chacune des quatre courses reçoivent une médaille, qui porte, d'un côté, l'image de Napoléon III et, de l'autre, cette inscription : « Ville de Saint-Cloud, premières courses de vélocipèdes, 31 mai 1868. » Dans la seconde course, pour vélocipèdes d'un mètre (cinq engagés), l'Anglais James Moore, membre du Véloce-Club de Paris, finit vainqueur en 2 min 35 s. À la course de lenteur (50 m), où les concurrents doivent avancer le plus lentement possible sans s'arrêter, la victoire revient à Durruthy, le seul concurrent à ne pas être tombé. ❍

1er novembre

D'un nez

Initialement prévue le 13 septembre, la course de dames de Bordeaux a dû être reportée à cause du mauvais temps. Au parc bordelais, plus de trois mille personnes attendent les quatre héroïnes du vélocipédisme. Leurs accoutrements sont déjà, en eux-mêmes, un spectacle : deux d'entre elles sont vêtues en pages huguenots, une en mousquetaire fantaisiste et la dernière en jupe rouge, très gênante pour ce genre d'exercice. La lutte est serrée. Dès le départ, c'est Mlle Louise qui prend l'avantage et le conserve. Mais, à cinquante mètres du but, elle est rejointe par Mlle Julie, qui, dans un effort surhumain, passe son adversaire et remporte la course « d'une longueur… de nez », selon l'expression pittoresque du chroniqueur local. La foule enfonce alors les barrières et se précipite sur la piste pour admirer ces vélocipédiennes. ❍

1er mars

Le Vélocipède

C'est à Voiron, dans l'Isère, que naît le premier journal consacré à la vélocipédie. Son nom : *Le Vélocipède*. Son directeur s'explique dans l'éditorial : « Nous avons jeté les yeux sur un nouveau venu dans le monde industriel et dont l'apparition fut un véritable triomphe : j'ai nommé le Vélocipède. Il procure un exercice hygiénique de premier ordre, fortifie les muscles ; en un mot, il régénère l'homme. » Bimensuel, le journal est destiné aux apprentis vélocipédistes. Dans le numéro suivant, il publie les bonnes feuilles d'un livre intitulé : « Moyen d'apprendre à se servir d'un vélocipède en moins d'une heure. » Grâce aux Véloces-Clubs qui naissent un peu partout, le journal annonce les courses puis donne les résultats. Mais, trop en avance sur son temps, il disparaîtra au bout de cinq mois, victime de graves difficultés financières. ❍

30 octobre

Au Salon

Avec l'appui de la Compagnie parisienne des frères Olivier, la direction du Pré catelan décide d'organiser une exposition internationale en marge des Fêtes de la vélocipédie. Près de quatre-vingts modèles sont exposés par les plus grands fabricants, essentiellement français. Seule la maison Michaux père et Cie a refusé d'être là. Quelques jours auparavant, Pierre Michaux a perdu en effet son procès contre les frères Olivier. Les meilleurs coureurs sont là pour expérimenter les nouvelles machines. Le Suriray, monté par James Moore, est équipé de bandages caoutchouc et d'une roue libre. René Olivier, lui, propose des rayons de roue en fil de fer, garantissant un gain de poids considérable. Une rétrospective de l'histoire de la vélocipédie est même présentée avec, en particulier, le vélocipède du baron de Drais, qui date de 1818. ❍

7 NOVEMBRE

Surgi de la nuit

Le *Vélocipède illustré* de Richard Lesclide, secrétaire de Victor Hugo, a pris la relève de l'infortuné *Vélocipède*. Dans son numéro du 30 septembre, Lesclide explique que « pour gagner des adeptes, il faut démontrer que le bicycle autorise à parcourir des distances considérables avec une fatigue moins grande que la marche ». Ainsi met-il sur pied la première course de fond qui se disputera entre Paris et Rouen (cent vingt-trois kilomètres). Deux cent trois concurrents quittent la place de l'Étoile à 8 heures, entourés de milliers de spectateurs. La pluie et le froid vont rendre la course épuisante. Dans les villes, généralement pavées, les concurrents préfèrent utiliser les trottoirs. Au contrôle de Vaudreuil, le premier coureur, James Moore, passe comme un éclair, refusant de s'arrêter. Il est suivi, dix minutes plus tard, par André Castera, qui perd son chapeau, le ramasse et disparaît en un clin d'œil. Arrive ensuite Bobillier, tout à fait à l'aise. Il faut dire qu'il ne manque pas d'entraînement puisqu'il est venu de Voiron (Isère) en vélocipède pour le départ de la course. Plus d'une heure après, Johnson est annoncé mais il s'évanouit aussitôt. Il n'a mangé que deux sandwiches depuis le départ. À Rouen, alors que la nuit est déjà tombée, un café illuminé de lanternes vénitiennes fait office de ligne d'arrivée, mais on n'attend pas les premiers coureurs avant minuit. Soudain, c'est la stupeur ! James Moore, sur bicycle Suriray, arrive à 6 h 10, soit une vitesse moyenne de 11,53 km/h. À 6 h 25, Castera et Bobillier surgissent à peu de distance l'un de l'autre. À leur demande, ils seront classés ex-aequo. Seuls trente-quatre courageux ont pu rejoindre Rouen dans le délai imparti de vingt-quatre heures. ❍

Costume original des dames au concours de vélocipèdes, à Bordeaux.

Le vainqueur, James Moore, et son second, Castera, à l'issue de Paris-Rouen.

Avant l'arrivée des grands-bis, le Phantom, bicycle pesant au moins trente kilos, est célèbre pour son rayonnage.

James Moore, du Véloce-club de Paris, améliore le record de l'heure sur le premier grand-bi : l'Ariel.

24 juillet 1870

Miss America

Miss America est un phénomène. Depuis deux ans, elle remporte toutes les courses auxquelles elle participe. Cette petite femme aux yeux bleus et aux cheveux blonds ravit le public par son élégance et sa gentillesse. « On la dit étrangère, peut-être à cause de son nom de guerre, et aussi peut-être à cause de son petit accent d'outre-Manche », remarque un journaliste. En fait, il semble que Miss America soit l'épouse de Mr Turner, le célèbre fabriquant de cycles anglais. On les voit régulièrement ensemble sur les mêmes courses. Ce 24 juillet, au Vésinet, Miss America subit sa première défaite officielle, battue par Mlle Olga, une jolie Moscovite de 20 ans. Dès le premier tour, Mlle Olga prend une avance considérable et la conserve jusqu'au bout, malgré une tentative pleine de vigueur de Miss America. La fin d'un règne ? ❍

Novembre 1871

Le bicycle devient grand

Après la guerre de 1870, l'industrie française du cycle est décapitée. Le leadership passe dans le camp britannique, même si la rue répugne encore à adopter le Boneshaker (« le secoueur d'os »). Depuis quelques années, les vélocipèdes évoluent vers une même tendance : la roue avant motrice atteint parfois un mètre et la roue arrière s'est réduite. Ayant comme obsession d'augmenter le développement, donc la vitesse, James Starley va amplifier ce phénomène en créant le premier grand-bi : l'Ariel. Cette nouvelle machine est en fer, du corps aux roues, avec des rayons en tension et de la gomme autour des jantes. C'est sur un Ariel de 1,22 m, avec un développement de 3,83 m, que James Moore, en 1873, établit un record de l'heure : 14 miles et 440 yards. ❍

23 JUILLET 1875

L'élégance du véloceman

Les vélocipèdes évoluent vers une certaine unification, et le costume des vélocemen doit aller dans le même sens. Tel est le sens de la démarche du Vélo-Sport de Paris, qui veut que le laisser-aller soit remplacé par des tenues correctes et rigoureusement obligatoires. M. Pagis, le président fondateur du Vélo-Sport de Paris, présente donc, après de longues discussions, le costume officiel du véloceman parisien : bottines ou souliers dits Molière, bas de couleur, retenus au-dessus des genoux, culotte courte en coutil blanc, tombant au-dessous des genoux et fixée par des boutons ou une boucle, ceinture en cuir noire, très étroite, pour serrer la taille et retenir la culotte, chemise en flanelle blanche avec petit poignet formant col droit, toque en coutil blanc avec nœud sur la visière, aux couleurs de l'amateur. Enfin, pour établir une distinction entre chaque coureur, une écharpe en soie de douze centimètres de largeur devra barrer le corps de droite à gauche, et rentrer à l'intérieur de la culotte. L'Union vélocipédique parisienne, approuvant ces décisions, va imposer à tous ses membres le costume choisi par le club en y apportant deux modifications. La chemise en flanelle blanche, qui a le double désavantage de flotter au vent et de rétrécir sous la pluie, sera remplacée par un maillot collant décolleté qui se boutonne sur le côté. Enfin, une toque en flanelle blanche, qui peut se mettre dans la poche sans s'abîmer, sera substituée à celle en coutil blanc, dont la visière forme une gouttière. Les Véloces-Clubs de province suivront petit à petit cette tendance à l'uniformisation. ❍

19 AOÛT 1876

Joguet, champion sur le tapis vert

Camille Thuillet, membre du Vélo-Sport de Paris, remporte une course capitale à Luna Park, près de Londres, dans laquelle il bat Stanton, le champion d'Angleterre. En 1 h 14 min 46 s, le vainqueur parcourt les trente-deux kilomètres du trajet. Mais, peu de temps après, une polémique s'instaure : qui, de Camille Thuillet, de James Moore ou de Charles Terront, aura le privilège de porter le titre de champion français, à ne pas confondre avec celui de champion de France, qui récompense le vainqueur du championnat international. Moore l'a remporté en 1875, aux Tuileries, et Terront en a été le dernier vainqueur, en juillet à Angers. Mais le titre de champion français appartient naturellement au meilleur coureur français. Moore, étant Anglais, ne peut revendiquer ce titre. Dans les deux courses où les deux autres protagonistes se sont rencontrés, Terront l'a emporté à chaque fois. La première dans Paris-Pontoise et retour, et la seconde dans le championnat d'Angers, où Thuillet n'est arrivé que 3e. Mais, comme Terront a été battu par le Lyonnais Joguet à Wolverhampton, seul un défi entre Terront et Joguet peut désigner le champion français. Choqué que les dirigeants français remettent en cause son titre, prestigieux et rentable, Terront refuse le défi proposé. Il perd de ce fait le droit de courir avec lui en Angleterre. Après cet imbroglio, la liste définitive sera finalement établie ainsi : Moore : champion de France ; Joguet, de Lyon : champion français de vitesse ; Tissier, de Chambéry : champion français de fond et... Terront, champion de Paris. ❍

1er octobre 1876

Coureur d'essai

La course de fond Marseille-Avignon-Marseille (deux cent vingt kilomètres) est devenue une des épreuves les plus attendues du calendrier depuis 1873. Cette année, on compte une participation record (douze coureurs). Partis à 1 h 15, les coureurs rejoignent Avignon, à l'impressionnante moyenne de 20 km/h. Lors de l'arrêt déjeuner, Germain et Archier, emportés par leur inexpérience, quittent leurs compagnons avant la fin du repas, mais ils devront abandonner quelques heures plus tard. Les abandons se succèdent : Victor n'a pas persévéré à Rognac, où il a pris un express pour Marseille ; Pellegrin et Aymé se sont trompés de route. À Marseille, sous les acclamations, Alfred Rousseau, le fabricant de cycles, arrive premier en 15 h 30 min, dont 2 h 15 min d'arrêt, devant Auzépy, instituteur à Trets, 16 h 05 min. ❍

Octobre 1876

Plus de sécurité

Privilégiant la voie de la sécurité face à l'acrobatique grand-bi, Harry John Lawson a complètement changé d'orientation. Son intention est d'abaisser la selle sans affecter le potentiel de vitesse. Dans les ateliers de la Tangent and Coventry Tricycle Co, il produit une machine basse, à entraînement par leviers, première esquisse de la chaîne. De plus, sa structure et ses roues allégées améliorent sensiblement la vitesse du bicycle. Les proportions sont inversées par rapport au grand-bi. La roue arrière, plus grande, devient la roue motrice et permet une meilleure sécurité et une plus grande maniabilité. Quelques mois plus tard, à l'opposé du travail de Lawson, Victor Renard persiste dans la voie de la démesure en créant un grand-bi de trois mètres de haut, sur lequel on s'installe à l'aide de sept marchepieds ! ❍

Les premières exhibitions du vélocipède avec, ici, une joute à Liverpool.

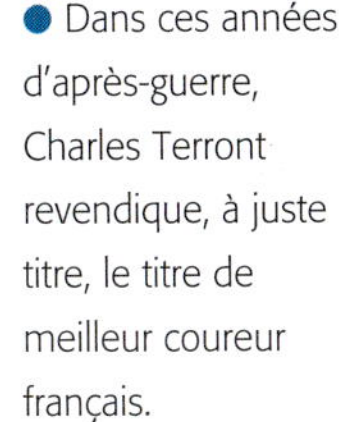

Dans ces années d'après-guerre, Charles Terront revendique, à juste titre, le titre de meilleur coureur français.

• Le Renard, ce grand-bi dont le diamètre de la roue avant peut atteindre trois mètres.

• La belle époque pour les grands-bis. Mais les risques d'accidents sont nombreux.

23 AVRIL

La lutte finale de Terront et Pascaud

Les courses de Toulouse connaissent un formidable succès. La première épreuve pour bicycles de 1,20 m et plus, à laquelle quinze concurrents prennent part, voit la supériorité des Anglais et des Parisiens. James Moore, qui a su ménager ses forces et les conserver pour la lutte finale, adopte à nouveau la tactique qui lui a tellement réussi par le passé. Il bat Charles Terront de trois mètres, et Henri Pascaud de cinquante. Puis la course du Grand Prix permet aux trois célèbres amateurs de se retrouver. Terront part en tête et mène avec beaucoup d'élégance et de vigueur. Mais Moore le suit de très près et, à cent mètres du poteau, il le passe comme une flèche et s'impose d'une dizaine de mètres. Dans la dernière épreuve, le prix d'honneur, Moore, fatigué, ne prend pas le départ. La lutte se limite donc cette fois à un duel entre Terront et Pascaud. À mi-course, un bull-terrier s'avance sur la piste et fait trébucher Terront. Il se relève puis regagne le terrain perdu. Dans la dernière ligne droite, il remonte à la hauteur de son adversaire et les deux hommes passent en même temps au poteau, très loin devant les coureurs régionaux. Même si Pascaud semble être légèrement devant, d'une demi-longueur, le public prend fait et cause pour son rival et demande que l'épreuve soit recourue. Soudain, les deux Parisiens reviennent sur la piste, en se tenant la main, et ils réclament d'être déclarés ex-aequo et de se partager les prix. À la satisfaction générale, le jury décernera deux médailles d'or. ❍

Juillet

Le Renard

L'évolution vers le gigantisme se poursuit. Après le bicycle à trois cent quatre rayons de Jules Truffault, inventeur au rôle capital qui a l'idée de rendre les jantes creuses, entraînant une sensible diminution de poids, Victor Renard propose un grand-bi de trois mètres de haut, au développement d'environ 9,50 m par coup de pédale. Cette machine où le mouvement des manivelles se transmet par un parallélogramme articulé, pèse entre dix et quinze kilos pour les modèles de course et entre quinze et vingt pour les modèles de route. Mais ce grand-bi, théoriquement accessible à tous, est en réalité un instrument réservé aux acrobates. Car, en raison de son peu de stabilité d'avant en arrière, les chutes sont fréquentes et dangereuses. C'est là un réel obstacle pour les débutants et un frein à sa commercialisation. ❍

Septembre

Le bicycle sûr

Parallèlement à la recherche d'une plus grande vitesse et donc de plus grands développements, un inventeur marseillais, Rousseau, se dirige vers une diminution du diamètre de la roue avant, qui ne dépasse pas quatre-vingt-dix centimètres, ainsi que vers un abaissement de la selle et des pédales, placées au-dessous du moyeu et actionnant des pignons reliés par des chaînes à des pignons plus petits fixés sur l'axe. Avec ce « bicycle sûr », les risques de chutes sont évités. Tous les grands constructeurs vont s'engouffrer dans ce créneau des tractions par chaîne qui permettront, par le jeu des pignons arrière et avant et malgré des roues de dimension plus modeste, d'atteindre un développement équivalent et, plus tard, bien supérieur à celui du grand-bi. Jusqu'à sa mort, Rousseau revendiquera la paternité de l'invention de la bicyclette. ❍

1er MAI

Quand le tricycle s'expose

La fondation du Stanley Bicycle Club compte parmi les grands événements de l'histoire du cycle. À l'origine, la jet set londonienne, admiratrice des grands explorateurs de l'Afrique, se regroupe pour organiser, durant l'été, des sorties cyclistes et, pendant l'hiver, des réunions de société. C'est à l'occasion d'une de ces rencontres qu'on invite des fabricants de cycles à montrer leurs produits. De ces manifestations régulières va naître le Stanley Show, une exposition vélocipédique qui prend rapidement une dimension internationale. Les dernières innovations techniques y sont examinées à la loupe avant de partir aux quatre coins du monde. La première de ces manifestations a lieu au Camden Athenoeum de Londres. Ingénieurs et constructeurs présentent et comparent leurs dernières inventions et évaluent le développement technique de cette nouvelle activité. De façon surprenante, ce sont les tricycles qui sont les plus représentés au premier Stanley Show. En effet, stable et sûr, le tricycle correspond mieux aux besoins du vélocipédiste du dimanche. Plus rapide, le bicycle est réservé essentiellement aux courses. Le Stanley Show va devenir rapidement le lieu incontournable de l'industrie du cycle. Pendant dix ans, seuls les Anglais y seront représentés. Ce n'est qu'en 1891 que les premiers non-Anglais, les Français Clément et Peugeot et l'Allemand Adler, pourront s'intégrer à ce gigantesque salon. ❍

6 octobre

La jument et le vélocipédiste

À la suite d'un pari conclu entre M. Grand-Jean, du Vésinet, propriétaire d'une jument rapide malgré sa petite taille, et plusieurs vélocemen de la même localité, un match passionnant se déroule entre la jument attelée et Charles Terront. La distance est de 11 km entre Saint-Germain-en-Laye et Conflans-Sainte-Honorine. Le véloceman, après avoir mené pendant toute la course, touche au but en premier, après 19 min 50 s, devançant M. Grand-Jean et sa jument de 7 secondes. La moyenne exceptionnelle des deux concurrents est donc de 33 km/h. Jamais, sur une distance équivalente, le champion français Charles Terront n'avait atteint une telle vitesse. Devant le succès de ce match, un nouveau défi entre les deux protagonistes est lancé sur trente kilomètres. ❍

20 octobre

À handicap

Profitant d'un temps favorable, la réunion de Saint-Denis démontre une fois de plus l'intérêt porté au vélocipède. Dix-sept partants prennent part à la course handicap, courue sur deux mille mètres. La distance maximum rendue est de deux cent cinquante mètres. Après un faux départ causé par Terront, la mise en selle s'effectue parfaitement. La lutte est intense entre les différentes catégories. La première place revient à Grossin, qui recevait quatre-vingt-dix mètres de Terront. Ce dernier, détenteur du *« top weight »*, ne termine que 6e. La journée se termine par un concours d'adresse où le frère de Charles, Jules, s'illustre par sa grâce, tandis que le second, Guérin, fait preuve de plus de qualités athlétiques. Les courses se terminent sans accident et les amateurs reprennent, à vélo, le chemin de Paris. ❍

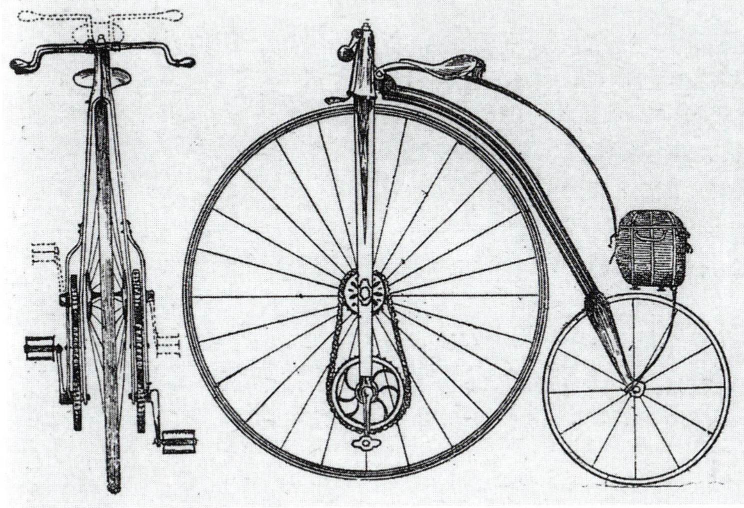

Le « bicycle sûr » de Rousseau. La traction de la chaîne reste cantonnée à la roue avant, qui est réduite par rapport au grand-bi.

Le vélocipède aurait-il dépassé le traditionnel cheval dans le cœur des sportsmen ?

À l'issue de chaque réunion, la journée se termine traditionnellement par un concours d'adresse, comme ici, aux courses du Carroussel.

Gauthier, le Monocycliste, un des as des concours d'adresse, avec Jules Terront, le frère de Charles.

1er SEPTEMBRE

Plus de deux mille kilomètres en six jours

Au Agricultural Hall de Londres se déroulent des Six Jours dont les prix font rêver les Français. 1er prix : une splendide ceinture de champion en peau de lion enrichie d'or, d'argent et de pierres précieuses d'une valeur de deux mille cinq cents francs. Dès les premiers jours, les deux favoris, l'Anglais Waller et le Parisien Charles Terront, sont au coude à coude. La quatrième journée est passionnante. Encouragé par de nombreux compatriotes et motivé par les chansons françaises jouées au Agricultural, Terront ne quitte sa selle que quinze secondes dans la journée, pour changer de bicycle. Mais, malgré son énergie, il ne peut reprendre un seul tour à l'Anglais. Au terme de cette journée, il est toujours devancé de seize miles. Le dernier jour enfin, estimant qu'il ne peut plus rejoindre son adversaire, l'aîné des Terront propose à Waller une pause commune d'une demi-heure. À leur retour, les quinze mille spectateurs leur font une ovation extraordinaire qui dure jusqu'à 23 heures, terme de ces Six Jours. La piste est ensuite envahie par le public, qui s'engouffre dans les tentes réservées aux coureurs. Ces derniers, prévoyants, ont disparu de l'enceinte dès le dernier coup de pédale. Les observateurs ne tarissent pas d'éloges sur les résultats de cette course. En effet, lors des premiers Six Jours de Londres, en 1876, le vainqueur, Stanton, avait parcouru mille miles en six jours. L'année suivante, Cann courait 1 060 miles. En 1878, Waller, déjouant tous les pronostics, accomplissait 1 172 miles. Cette année, le record est pulvérisé avec 1 404 miles (2 261,730 km) pour Waller et 1 390 (2 238,975 km) pour le jeune Parisien de 22 ans. ❍

15 juin

Cavalier seul

Organisé par l'Union vélocipédique parisienne, au profit des inondés de Szegedin, les courses du Carroussel présentent un plateau d'une qualité inégalée jusqu'alors dans la capitale. La piste, formant un fer à cheval, mesure sept cents mètres et son état est excellent. La troisième course, la plus attendue, doit sacrer le champion de France. Le grand favori, Charles Terront, attend la mi-course pour revenir sur Saint-Jean, parti très tôt en éclaireur. Dès lors, c'est un cavalier seul de Terront, qui ne sera jamais inquiété, même par Charles Hommey, qu'on voyait bien placé pour s'opposer au « cannibale » parisien. Ce dernier continue sa série de victoires en s'imposant dans le handicap où il rend du terrain à tous ses adversaires. Sur les six courses au programme, Charles Terront en remporte quatre. ❍

30 septembre

La bicyclette

Le grand bi et le tricycle conservent leur suprématie, mais plus pour très longtemps. À l'origine de cette révolution, un ingénieur français, Victor Mougeol, a l'idée de transmettre le mouvement au moyen de courroies ou de chaînes. Quelques temps après, Henry John Lawson prépare une nouvelle machine, avec une roue avant à peine plus grande que l'arrière. Ce cycle bénéficie d'un entraînement par la roue arrière, grâce à une transmission par chaîne. Il laisse libre le choix du nombre de dents, tant au pédalier qu'au pignon arrière. Ce Londonien de 27 ans va trouver une nouvelle appellation pour sa machine : la « bicyclette ». Repris, quelques années plus tard, par tous les grands constructeurs, Mac Ammon, Rudge et Humber, la bicyclette va décoller et renvoyer le grand-bi et le tricycle aux musées du cycle. ❍

15 MARS

Charles Terront victorieux en Angleterre

La revanche tant attendue des derniers Six Jours de Londres entre Waller et Charles Terront n'aura pas lieu. L'Anglais préfère en effet s'abstenir. Terront en déduit qu'il a peur de se mesurer à lui et à son nouveau vélocipède. Mais Waller est simplement retenu à New York par une course d'un genre nouveau : trois vélocemen (Stanton, Philips et Waller) courent contre trente chevaux montés par trois cavaliers.
Les dotations aux Six Jours ont sensiblement augmenté cette année : sept mille cinq cents francs de récompense au vainqueur, plus un bonus de trois mille cent vingt-cinq francs en cas de record sur la distance. En raison de la renommée sans cesse grandissante de cette course, le vainqueur pourra en outre se targuer du titre de champion du monde. Sur les dix coureurs sélectionnés au départ, trois Français (Charles et Jules Terront, Charles Hommey) tentent pour la première fois de remporter cette épreuve. Les bookmakers anglais ont parié en masse sur Charles Terront et sur son record de l'épreuve. Pendant la première partie du défi, le champion français fait cavalier seul. Sur la seconde, avec mille deux cent soixante-douze miles parcourus en six jours, Terront est loin, à cent trente-deux miles, du record de Waller. Il a roulé pendant quatre-vingt-dix-sept heures et ne s'est reposé que pendant neuf heures et sept minutes. Derrière, la déception vient de l'ancien vainqueur des Six Jours, l'Anglais Cann, 3e à cent quatre-vingt-seize miles. Quant à Jules Terront, il a dû abandonner au bout de quatre jours, n'étant pas habitué à des distances aussi longues. ❍

6 mai

Jules joue de malchance

Retenu en Écosse par les Six Jours d'Édimbourg, Charles Terront est absent des courses internationales d'Angers. Les participants peuvent donc envisager de vaincre. Dans la quatrième course, le Concours international (six mille mètres), le duel acharné que se livrent Jules Terront et Hart, l'aîné, tourne court à quelques centaines de mètres de l'arrivée. Le plus jeune des Terront connaît une grosse faiblesse et doit relâcher son effort. La sixième course, l'Empolidromie (course d'obstacles), est un festival de chutes. Au programme : casse-cou, saut du meunier, bascules, escalade, bocks, pont de la mort, quilles hongroises, traverses grecques et banquette irlandaise. C'en est trop pour Jules Terront (six chutes) qui laisse la victoire à Chaligné. ❍

25 août

Espéron au long cours

Le 1er août, le Bordelais Maurice Espéron remporte une course à Gradignan. Dès le lendemain, il se met en selle pour un formidable voyage en bicycle : Bordeaux-Milan-Strasbourg-Paris-Bordeaux. Parti à 5 heures du matin, il rejoint Toulouse, terme de sa première étape, à 9 heures après deux cent cinquante-six kilomètres. Après trois semaines, des routes en très mauvais état et le franchissement des Alpes suisses, il s'arrête deux jours à Paris, où le Cercle vélocipédique de France offre un dîner en son honneur. Le 25 août, il regagne Bordeaux. Quelques-uns de ses amis du Véloce-Club de Bordeaux l'attendent à Poitiers. Ensemble, ils font la route jusqu'à Libourne, où un comité d'honneur l'escorte pour sa rentrée triomphale dans la capitale girondine. ❍

Cet engin bénéficie d'une chaîne et d'une roue arrière motrice. Henry Lawson, son concepteur, lui donnera le nom de « bicyclette ».

Le grand-bi Express. Un des modèles les plus utilisés pour les courses de vitesse.

À Londres, l'Américaine Elsa von Blumen accomplit un authentique exploit en parcourant plus de mille six cents kilomètres en six jours.

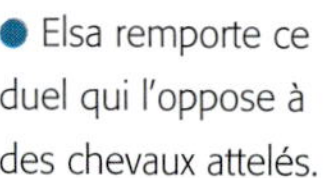

Elsa remporte ce duel qui l'oppose à des chevaux attelés.

8 août

Les sept défis de François de Civry

De Civry relève brillamment le défi que lui propose le fameux champion anglais John Keen. À Wolverhampton, en dix miles, distance sur laquelle l'Anglais est invincible depuis neuf ans, Keen tient à rendre trente secondes au jeune Français. Après un premier refus, De Civry est finalement obligé d'accepter. Au troisième mille, De Civry rejoint Keen qui, découragé, abandonne, prétextant une douleur au bras. Mais l'Anglais, qui ne s'avoue pas vaincu, lance de nouveaux défis à son adversaire, à Cardiff et à Londres, et à chaque fois, il est battu. Après cet exploit, De Civry, désormais un des deux ou trois plus grands vélocemen du monde, est reçu en héros à son retour à Paris.

5 décembre

Elsa, Elsa

À Londres ce lundi, une audacieuse bicyclienne, Miss Elsa von Blumen, entreprend un exploit : parcourir mille six cent neuf kilomètres en six jours, sur une piste qui n'a que cent mètres de long. Elle monte en selle en tremblant violemment mais, dès les premiers tours de piste, son coup de pédale devient souple et régulier. « Poésie du mouvement », écrira le chroniqueur de *Bicycling Word*. Au troisième jour, elle a couvert sept cent quatre-vingt-seize kilomètres, soit soixante-quinze de plus que son tableau de marche. Le samedi suivant, considérablement amaigrie, elle paraît fatiguée. Ses membres sont raides et ses mains couvertes d'ampoules. Mais, grâce aux encouragements du public, surtout féminin, venu la soutenir le dernier jour, Miss von Blumen boucle son dernier mile huit secondes avant minuit.

25 SEPTEMBRE

Le premier champion de France

Les premiers championnats de France amateur et professionnel voient enfin voir le jour, non sans difficultés. Les problèmes viennent de la distinction entre amateurs et professionnels. En principe, ces derniers sont seuls aptes à bénéficier de gains en espèce. En contrepartie, ils s'engagent à n'avoir pas d'autre activité principale que le métier de vélocipédiste. De leurs côtés, les amateurs, ayant une autre activité, ne doivent recevoir que des prix en nature (objets d'art par exemple). À la différence de la Grande-Bretagne, où les deux catégories s'affrontent durant les mêmes épreuves, l'Union vélocipédique française décide de créer deux championnats distincts. Ces premiers championnats se déroulent au Carroussel à Paris. Sur une piste ovale de quatre cent quatre-vingts mètres de long et huit mètres de large, les concurrents doivent parcourir dix kilomètres. Le championnat des amateurs perd de son intérêt après le forfait de dernière minute de Hart et de Sayce. Seuls quatre hommes sont au départ. Barré prend immédiatement la tête et passe le poteau après 21 min 46 s, et avec plus d'un demi-tour d'avance sur Grossin. Blanche a dû abandonner car il n'osait pas franchir le trottoir qui traverse la piste. Dans la course des professionnels (sept partants), François de Civry et Georges Pihan s'échappent dès le départ, restant roue dans roue toute la course. Dans le dernier tour, alors que le sprint final est lancé, Pihan casse sa manivelle droite et se voit contraint à l'abandon, laissant De Civry, en 21 min 02 s, remporter le titre officiel de champion de France.

14 janvier

Duel princier

Mille cinq cents spectateurs sont réunis au New England Institute Fair Buildings de New York pour assister au grand duel international de ce début d'année. La salle est brillamment éclairée par la lumière électrique. John Keen, le champion anglais, et John Prince, champion américain en dépit de sa nationalité anglaise, se rencontrent sur dix miles. Keen prend la tête puis se fait rejoindre par son adversaire, qui refuse de mener. Au début du dernier mile, Prince attaque par surprise et réalise un tour extraordinaire (vingt-neuf secondes pour trois cent vingt-trois mètres). Mais parti trop tôt, il commence à faiblir. Dans le dernier tour, les deux hommes roulent côte à côte. Les spectateurs attendent avec impatience le dénouement. Dans le sprint final, c'est Keen qui se montrera le plus rapide, dominant Prince de deux longueurs. ❍

27 juillet

32 km/h pour Cortis

L'Anglais Herbert Liddel Cortis recule encore un peu plus les limites du vélocipède. En couvrant vingt miles et trois cents yards, il franchit pour la première fois la barrière des vingt miles (trente-deux kilomètres) dans l'heure (59 min 31 s exactement), derrière un entraîneur. Après le mile couvert en 2 min 41 s, Cortis bat tous les records possibles. Certes, la superbe piste de Londres, sans aucune aspérité, facilite ces records de vitesse, mais il s'agit bien d'un authentique exploit. Ce succès connaît un retentissement extraordinaire, non seulement en Angleterre mais aussi dans le monde entier, qui prend enfin conscience des énormes possibilités du vélocipède. Les autorités anglaises n'ont plus qu'a construire un vélodrome digne de leur champion. ❍

18 MAI

Le match De Civry-Terront tourne court

Le Véloce-Club angevin soutient dignement sa réputation de premier club de France. Dix mille spectateurs sont rassemblés dans le jardin du Mail, reconverti en vélodrome. La course internationale dans laquelle s'alignent les grands du continent européen tient toutes ses promesses. Après un tour de piste, l'Anglais Herbert Duncan, François de Civry et Charles Terront prennent la tête, suivis de Jules Terront et d'Aubry. Les deux derniers, Delisse et Pagis, abandonnent successivement. Jusqu'au dernier virage, les trois hommes ne se quittent pas. François de Civry, au lieu de mener d'un bout à l'autre du parcours, comme en 1881, se réserve prudemment pour le sprint final. Cette tactique lui permet de battre Terront de sept longueurs, mais Duncan ne succombe que de quarante centimètres. La défaite très honorable de Charles Terront le situe tout près de sa meilleure forme, même si le public goûte peu ses attitudes provocatrices.

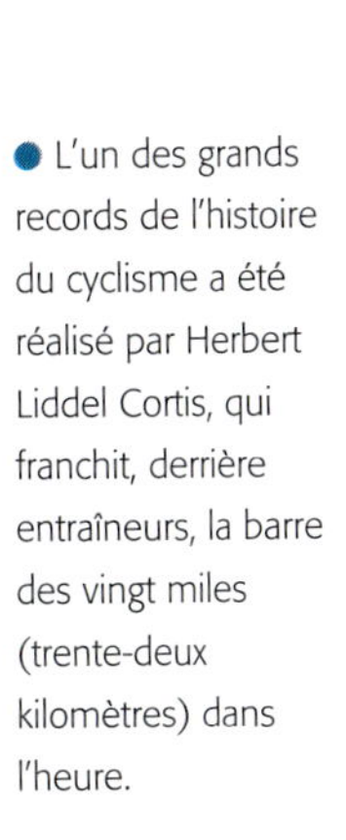

La course handicap ne présente ensuite qu'un intérêt secondaire. En effet, dès le départ, une chute de Duncan, dont le pied glisse sur la pédale, occasionne également celle de Civry. Duncan, sérieusement blessé, est relevé par les médecins le visage en sang.
Charles Terront, parti scratch comme ses malheureux adversaires, peut dérouler, sans opposition, jusqu'à l'arrivée. Cette dernière course mécontente fortement le public, qui a misé massivement sur une victoire du très populaire De Civry. Par contre, les maigres partisans de Charles Terront peuvent passer gaiement à la caisse. ❍

• Grande réunion à Beauvais, où les meilleurs spécialistes de grand-bi se retrouvent pour le départ devant l'hôtel de ville.

• L'un des grands records de l'histoire du cyclisme a été réalisé par Herbert Liddel Cortis, qui franchit, derrière entraîneurs, la barre des vingt miles (trente-deux kilomètres) dans l'heure.

• L'Anglais John Keen est intraitable dans les courses de vitesse, sur les pistes américaines.

● La deuxième version du Rover, où le guidon se raccroche directement à la fourche.

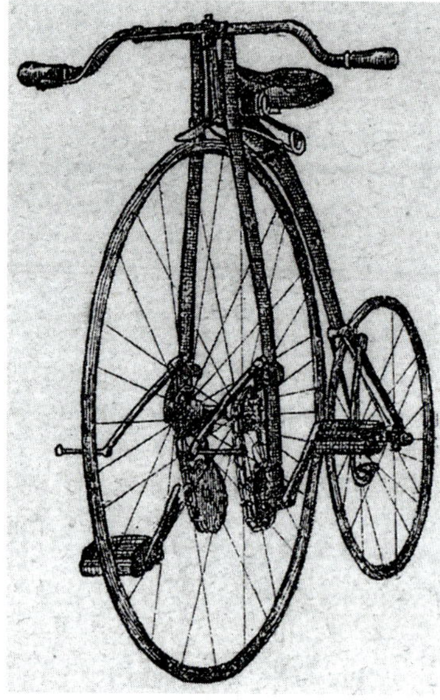

● Le dernier-né des « bicycles sûrs », le Kangaroo, marque la fin de l'hégémonie des grands-bis.

● Paul Médinger, un des plus rapides vélocipédistes du moment, remporte le championnat de France de vitesse.

4 février

L'Italie aussi

Après la France et l'Angleterre, l'Italie découvre progressivement le vélocipède. Des clubs se sont créées à Milan et à Turin et les premières courses commencent à voir le jour. Celles de Venise connaissent un succès immense. La place Saint-Marc, la terrasse de la tour de l'Horloge, les fenêtres de la « Procurative » sont envahies par les spectateurs. Malgré l'exiguïté de la piste, qui ne mesure que deux cent dix mètres, et en dépit des virages dangereux, les vingt-quatre concurrents livrent de beaux combats. Les Italiens ont une façon originale d'organiser leurs courses : les vingt-quatre coureurs sont d'abord répartis en groupe de six et les quatre vainqueurs disputent ensuite une finale. Le vainqueur, Fadigati, membre du Véloce-Club de Milan, repart de Venise avec un drapeau en soie et cent francs. ❍

11 mars

Salvator véloce

Le véloceman Salvator, qui ne trouve pas de bon goût les affiches ornant les murs de Paris où l'on voit des vélocipédistes battus par des coureurs à pied, lance un défi à tous les amateurs de courses à pied. Deux champions acceptent d'y répondre, du quai du Louvre à Versailles, aller et retour. Deux vélocemen doivent contrôler le bon déroulement de la course. À Auteuil, le véloceman possède un quart d'heure d'avance. À Versailles, il vire après quarante-neuf minutes de course, quarante et une minutes avant ses adversaires. Quai du Louvre, devant plus de trois mille spectateurs, le premier coureur à pied n'arrive que 1 h 33 min 30 s après Salvator. Et dire que, d'après les contrôleurs, les coureurs pédestres se sont servis d'autres moyens de locomotion que leurs seules jambes ! ❍

DÉCEMBRE

Le roi des « *safeties* » adopte une position aérodynamique

Les Français ont maintenant refait leur retard en matière d'innovation technique, mais leur problème réside toujours dans leur faible capacité industrielle. Les investisseurs de l'Hexagone restent encore trop frileux devant ce nouveau moyen de locomotion. Et c'est en Angleterre que sont produites les nouvelles machines. Dès sa sortie, la dernière nouveauté de l'industriel John Kemp Starley, le Rover, s'imposera comme la bicyclette de référence pendant plusieurs années et comme la plus vendue à travers le monde. John Starley n'est autre que le neveu du célèbre James Starley, l'inventeur du premier grand-bi, l'Ariel. Dérivé des bicyclettes « sûres », le Rover se distingue par la rigidité de son cadre. La roue avant est toujours un peu plus grande que la roue arrière et le guidon n'est pas dans l'axe de la fourche. « Le Rover est le roi des *safeties* », clame la publicité de J.K. Starley & Co. C'est bien ce qui séduit des millions d'adeptes et les coureurs de fond.

L'année suivante sort un nouveau modèle Rover, où le guidon est maintenant raccroché directement à la fourche. En 1885, la machine trouvera sa forme définitive et tout à fait contemporaine. Le Rover Safety Dwarf Roadster éloigne désormais la selle du guidon. Le pilote n'est pas encore complètement couché sur sa machine, mais on s'achemine petit à petit vers cette position. ❍

15 septembre

Baby boom

Baby se considère comme le meilleur véloceman français sur cycle français. Son combat pour la prédominance du vélocipède, et en particulier du tricycle français, ne manque pas de charme, même s'il paraît un peu désuet. En tout cas, il bat le record de vingt-quatre heures détenu par Rousset. Cet exploit est réalisé sur un tricycle à une place sortant des ateliers parisiens de Clément et Cie. Le véloceman a d'autant plus de mérite qu'il a dû affronter des conditions climatiques détestables et lutter contre le vent, le froid et la boue durant vingt-quatre heures. Après avoir parcouru trois cent trente-trois kilomètres, Baby ne s'arrête pas là et poursuit son effort pendant vingt-quatre heures supplémentaires, parcourant la distance totale de six cent quarante et un kilomètres, sans que sa machine se soit détériorée. ❍

Novembre

La fin des acrobates

La course à la démesure des grands-bis va prendre fin. Les constructeurs sont conscients que cette machine ne répond pas aux besoins du grand public. On tombe souvent, et de trois mètres de haut ! Le modèle créé par Alfred Rousseau, le « bicycle sûr », qui répond aux nouvelles exigences, a été un échec total (roue avant motrice de quatre-vingt-dix centimètres et utilisation d'un multiplicateur (changement de vitesse), par l'intermédiaire d'une chaîne, sur l'axe de la roue motrice, pouvant fournir un développement de 4,80 m). Par contre, en 1884, il est breveté par Hilman Herbert et Cooper, sous le nom de « Kangaroo ». Et ce modèle, qui va permettre d'améliorer les records établis à grand-bi et susciter plusieurs imitations, fait un malheur. ❍

● Le départ du championnat du monde des 50 miles en grand-bi, à Leicester, en Angleterre.

19 OCTOBRE

Médinger profite des malheurs d'Hommey

Officiellement désigné comme le championnat de Paris de fond, la course Paris-Melun-Paris connaît une importante participation : vingt et un professionnels, dont le champion de France, Médinger, et vingt amateurs. Après la traversée du bois de Vincennes, la fermeture du passage à niveau de Joinville provoque un regroupement général. Quelques coureurs, les plus forts notamment, qui montent des vélos de treize kilos, descendent la rampe de Joinville et traversent le pont à pied. C'est là que la course se décante. Sourbadère et Médinger en profitent pour s'échapper, les poursuivants étant relégués à plus de trois minutes. Peu avant Melun, Sourbadère s'arrête, victime du décollement du caoutchouc de sa roue arrière. Au même moment, Charles Hommey démarre. Il rejoint puis dépasse Médinger. À Melun, les spectateurs sont si nombreux et enthousiastes que Hommey, en virant autour du secrétaire chargé de pointer les coureurs à mi-parcours, renverse une vieille dame qui traversait la route. La dame et le vélocipédiste se relèvent sans blessure, mais le bicycle de l'homme de tête est complètement détruit. Heureusement pour lui, un spectateur lui offre son bicycle. Médinger en a profité pour rejoindre l'infortuné Hommey, mais la fin de course devient difficile pour les deux hommes : le bicycle d'Hommey est trop grand pour lui et Médinger ne peut plus emmener son énorme développement. Certains d'arriver 1er et 2e, ils conviennent de faire *« dead heat »* et de se consacrer au sprint final. Là, devant une foule qui laisse peu de place aux coureurs, Hommey, gêné par un chien, doit abandonner la victoire à Médinger, d'un quart de roue. ❍

● Sur le Rover inventé par J. K. Starley, George Smith gagne une course sur route, longue de cent miles, en 7 h 11 min 10 s.

● À 50 ans, le « père » Rousset améliore son propre record des vingt-quatre heures en tricycle.

● Maurice Martin, l'apôtre de la « dame Bicyclette » est le premier cyclotouriste.

5 MARS

Martin, le premier cyclotouriste

Bordeaux est la ville du vélocipède. Riche du Véloce-Club le plus important du pays (quatre cents adhérents), elle possède aujourd'hui un hebdomadaire consacré à la vélocipédie, *Véloce-Sport*. Sous l'influence de son directeur Fernand Ladevèze, le journal se veut « le porte-parole de tous les vélocipédistes, de tous ceux qui ont à cœur de contribuer au progrès de notre sport. » Au-delà de l'actualité des courses, *Véloce-Sport* privilégie une nouvelle approche : le cyclotourisme. Dès les premiers numéros, le journal publie « les dix commandements du véloceman » et un des collaborateurs de *Véloce-Sport*, qui deviendra quelques années plus tard copropriétaire du journal, Maurice Martin, s'en fait l'apôtre. Il est entré par vocation, par sacerdoce même, dans ce nouveau monde. Le « véloceman-touriste », selon sa définition, veut faire partager sa joie de découvrir son pays par un moyen de locomotion idéal. Rapide (plus que la marche à pied), sans risque d'ennuis mécaniques irrémédiables, « dame Pédale nous met en relation immédiate avec notre environnement, ses odeurs, son relief, ses habitants ». Martin est bien sûr un spécialiste des grandes excursions, consacrant dévotement ses vacances à cette passion. Sans souci de record ou de défi, il se définit d'abord comme un flâneur, un épicurien. Sa devise va à l'encontre du premier commandement du « mangeur de route » : « Les cailloux tu regarderas, le paysage nullement. » À son actif, un Bordeaux-Paris en tricycle en 1889 et un tour de France en 1890. Pour le plaisir. ❍

21 juin

La paire gagnante

La plus ancienne manufacture du monde, Rudge and Co, située à Coventry, peut pavoiser à l'issue des championnats de France disputés à Agen. En bicycle, en bicyclette ou en tandem, les lauréats, François de Civry et Henry Duncan, montaient tous des machines Rudge. En bicycle, en parcourant les dix kilomètres en 19 min 13 s, De Civry a pulvérisé le précédent record. Le Parisien récidive dans la soirée avec le titre de champion de France (tricycle) devant son redoutable rival, Médinger, à plus de deux longueurs. Le public apprécie particulièrement la dernière nouveauté : les courses de tricycles à deux places où, une fois de plus, la paire de Civry-Duncan triomphe des anciens, Médinger et Terront, de trente secondes sur cinq mille mètres. ❍

26 juin

Contre soi

M. Rousset, 50 ans, président du Véloce-Club de Bordeaux, bat son propre record de vingt-quatre heures en tricycle. Une centaine de personnes se sont rassemblées autour de la barrière du moulin d'Ars pour le départ. Accompagné par De Civry et Duncan, Rousset roule pendant les six premières heures à un rythme régulier. Après Marmande, une inondation a rendu la route inutilisable et il doit transporter son tricycle en charrette. La nuit se passe sans incident, la route étant éclairée par la pleine lune. C'est à Saint-Macaire, à 6 h du matin, que les contrôleurs enregistrent la distance parcourue : 354,500 km, soit quinze kilomètres de mieux que son précédent record. Le nouveau recordman montait un tricycle Rudge de vingt-cinq kilos, équipé de freins, de garde-crottes, de sacs à outils et à provisions. ❍

24 avril

En son pays

L'Anglais Henry Duncan, qui vit à Paris, remporte pour la troisième fois le championnat du monde des 50 miles. À l'exception de Howell et Knowles, tous les plus grands spécialistes sont présents en Angleterre, à l'Aylestone de Leicester. Au onzième mile, un groupe de tête, composé de De Civry, de Dubois, de Lees, de Duncan, de Tyre et de Battensby, assure un train soutenu. À la mi-course, le champion de France, De Civry, abandonne, suivi de Tyre et de Battensby. Seuls quatre coureurs restent en piste à cinq miles de l'arrivée. À cent quatre-vingts mètres du but, le Montpelliérain Jules Dubois place un démarrage, immédiatement contré par Duncan, qui remporte le titre devant Lees, à deux longueurs, et Dubois. Le vainqueur, qui avait abandonné son bicycle Surrey, montait un Rudge de 1,42 m. ❍

9 juillet

Mills souffre

Le champion des vingt-quatre heures sur route, G.A. Mills, bat comme prévu le fameux record de Marriot, de Land's End (à l'extrême sud de l'Angleterre) jusqu'à John O'Groats (à l'extrême nord de l'Écosse), soit huit cent soixante et un miles (1385,655 km). Jusqu'à Lockerbie (cinq cents miles), Mills roule sans interruption, sauf pour dormir très brièvement (quarante-cinq minutes par jour) et pour manger. La fin de son périple est un véritable calvaire. Le froid engourdit complètement ses mains et ses jambes, le vent de face est si violent qu'il lui donne l'impression de ne plus avancer. À Helmsdale, le vent le renverse de son bicycle et il marche pendant dix miles en attendant une accalmie. Enfin, au cours du sixième jour, il rallie John O'Groats, à 1 h 45 du matin, battant le record de 30 h et 40 m. ❍

9 MAI

Baby a pris beaucoup de vent

À l'issue de la remise des prix des courses de Bordeaux, Baby et Éole souhaitent organiser un match-défi. Mais la discussion sur les modalités de la course s'envenime et les deux hommes demandent l'arbitrage du président du Véloce-Club de Bordeaux. Le trajet Bordeaux-Pau se fera en tricycle et Baby rendra trente minutes à son adversaire. L'enjeu est de cinq cents francs pour Baby et de deux cents pour Éole, qui les dépose entre les mains de l'arbitre. Dès le départ, à minuit, Baby cherche à accélérer l'allure mais son adversaire s'accroche. À Podensac, à 3 heures du matin, un établissement ouvre pour permettre aux vélocemen de se restaurer. À Langon, à l'hôtel du Cheval-Blanc, Baby devient nerveux. Il tient absolument à rentrer son tricycle dans l'hôtel mais, vu sa largeur, sa machine ne peut pas passer la porte.
Un peu plus tard, Éole, qui est accompagné par Charles Terront et Boyer, lâche son adversaire et, à 7 heures, il profite de son avance pour acheter du pain et une bouteille de vin blanc à un cantonnier.
Au moment de repartir, les trois hommes aperçoivent Baby, malade, pris de vomissements et souffrant de maux d'estomac.
On le couche dans une auberge et Éole reprend la route.
Ce dernier arrivera à Pau, au café Gil, terme de la course, à 20 h 30. Baby, malgré son état physique, réussira à rallier Pau à 23 heures.
Après l'arrivée, le Palois estime qu'il n'a pu défendre normalement ses chances et se considère toujours comme supérieur à Éole, champion de France en titre. ❍

John Kemp Starley, l'inventeur du Rover.

Éole, le champion de France de tricycle, rencontre Baby dans un match-défi entre Bordeaux et Pau.

L'arrivée d'une course de bicyclettes à Tours, avec, de gauche à droite, Charron, Médinger, Cottereau, Béconnais, Charles Terront et Chauvin.

François de Civry, le maître incontesté du grand-bi, est de nouveau champion de France de fond (100 km).

7 août

Les aventures du capitaine Tanneur

Le capitaine Tanneur arrive enfin au bout de son aventure après avoir parcouru trois cents kilomètres en tricycle. À 17 heures, Tanneur pose une dernière fois le pied à terre, entouré de toutes les autorités tourangelles. Le héros montre fièrement son carnet de route où sont consignés les cent vingt-cinq signatures attestant de la conformité du record. Chacun le presse de raconter quelques anecdotes. Il s'arrête sur l'accident qui a failli remettre en cause son périple. Alors qu'il descendait une côte rapide, un charretier a refusé de le laisser passer. Tanneur, ne pouvant s'arrêter, a été obligé de passer sur une grosse pierre qui l'a fait chuter. Il a dû passer plusieurs heures à réparer son tricycle, sérieusement endommagé. Après quinze jours de souffrances, le capitaine d'infanterie savoure le banquet organisé en son honneur.

14 novembre

Deux bicycles contre quarante mustangs

Les Britanniques sont décidément friands d'originalité. À Londres se déroule un tournoi opposant deux vélocemen, Dick Howell, champion du monde, et Woodside à quarante chevaux mustangs, montés par deux cavaliers américains. Deux pistes ont été aménagées : l'une, en bois, de deux cents mètres, pour les vélocipédistes, et l'autre, à l'extérieur, de deux cent trente mètres, pour les cavaliers. Seuls un cavalier et un vélocipédiste peuvent courir à la fois, avec des changements toutes les trente minutes, à raison de huit heures de course par jour. Au fur et à mesure, les cow-boys changeront de plus en plus fréquemment de monture, tandis que les coureurs commenceront à fatiguer. Après quarante-huit heures, le résultat final est des plus serrés : 1310,925 km pour les cavaliers et 1308,381 km pour les cyclistes.

4 SEPTEMBRE

De Civry, le maître incontesté

François de Civry a été le vainqueur du championnat de France de fond (100 km) en 1887, Jules Dubois fut le lauréat en 1886. La piste de Longchamp va être le théâtre de la belle entre les deux hommes. C'est en pleine tempête, sous le vent et la pluie, qu'est donné le départ. Après le premier tiers de la course, la piste est transformée en une gigantesque mare, provoquant l'abandon de treize coureurs, dont Jules Terront. Trois hommes, Charles Terront, de Civry et Dubois, se détachent et prennent quatre minutes d'avance. Ils ne se quittent que pour manger ou changer de machine. Derrière, Béconnais, récent vainqueur des Quatre Heures d'Angers, est assuré de la quatrième place. Jusqu'au dernier tour, le suspense reste entier. Contrairement à son habitude, Dubois renonce à mener le train. Il laisse ce soin à Charles Terront, toujours en tête au virage du cimetière, qui précède la montée de l'arrivée, puis il accélère le rythme. De Civry répond immédiatement et se porte devant. Plus rapide en vitesse pure, ce dernier parvient à conserver deux longueurs d'avance, après une lutte terrible avec son rival Terront.
Curieusement, Dubois s'est abstenu de participer au sprint final. Sa déception est d'autant plus grande que, après ses récentes performances en Angleterre, il se sentait imbattable. La bonne surprise vient en revanche de la renaissance de Charles Terront qui, après ses nombreux ennuis de santé, paraissait sur le déclin.

6 mai

Sur l'eau

En marge de la locomotion terrestre, le vélocipède veut élargir son champ d'action en affrontant les eaux. Après plusieurs essais infructueux, un Anglais, Mr Hale, propose à la Society of Cyclists un vélocipède marin « *water cycle* ». Après de longues expérimentations, Hale a inventé un système de palettes qui ressemble à une hélice pouvant être mise en action par la vapeur, l'électricité ou la force de l'homme. Comprenant une roue à eau, des pédales et une chaîne, ce système réunit deux bateaux jumeaux, difficiles à manier, en une seule proue, mais maintient deux quilles. Ce modèle insubmersible peut emporter, outre les deux conducteurs, deux passagers. En 1893, devant le succès de ces drôles de machines, une nouvelle discipline sportive verra même le jour en Angleterre : l'hydrocyclisme. ❍

1er juillet

Bille en tête

Chéreau, 19 ans, cause la surprise en remportant le championnat de France. C'est même la première fois depuis 1883 qu'un inconnu s'impose dans cette course. Avec De Civry, Médinger et Duncan, ce sont toujours les meilleurs qui, jusqu'alors, avaient été sacrés. Sur la piste de Pau, Chéreau prend la tête dès le départ, rapidement rejoint par le Bordelais Wick. Au onzième tour, Loste tombe et Béconnais et Wick roulent sur son bicycle, évitant miraculeusement l'accident. Loste remonte avec énergie sur son grand-bi et rattrape, en trois tours, les deux cents mètres perdus. Puis, tout à coup, les favoris, Dubois, Médinger et Duncan, abandonnent, fatigués. À la cloche, Chéreau part devant et Loste, mal remis de l'effort fourni après sa chute, doit s'incliner d'une roue. Béconnais termine 3e, à une jante de Loste. ❍

28 FÉVRIER

Dunlop invente le pneu

John Boyd Dunlop, un vétérinaire de Dublin, est impatient de tester sa nouvelle invention. Il envoie son fils de 10 ans essayer son tricycle muni de pneumatiques. L'inventeur racontera plus tard que « vers 11 heures du soir, il y eut une éclipse et Johnnie rentra à la maison. Aussitôt que la lune réapparut, il ressortit et s'en donna à cœur joie ». C'était gagné pour le pneumatique. Pourtant, cette invention capitale est en apparence des plus simples. Dunlop a simplement imaginé de remplacer les minces boudins en caoutchouc par des éléments de plus gros diamètre, pour amortir les chocs. Il a garni les jantes d'un bandage beaucoup plus léger, gonflé d'air. Ensuite, il a façonné au couteau un gros morceau de bois rond pour en faire un moule. Enroulant sur ce moule une longue bande de feuille anglaise, qu'il a collée, il a obtenu quatre tronçons qu'il a réunis bout à bout, pour en faire une chambre à air annulaire fermée, munie d'une valve. Enfin, il a collé son premier pneumatique sur la jante. Rapidement, de petites fabrications sortent des ateliers de Dublin. Un an plus tard, William Hume, coureur de talent qui utilise une bicyclette munie de pneumatiques, remporte une série de victoires. Les propositions d'association affluent dans le petit bureau de John Dunlop. En novembre 1889, la compagnie Dunlop est créée et, immédiatement, les constructeurs anglais équiperont leurs machines de pneus Dunlop. En 1891, au Stanley Show, soixante-cinq pour cent des cycles en sont munis et quatre-vingts pour cent l'année suivante. Mais John Dunlop finira par quitter sa société Dunlop, condamnant son affairisme. ❍

• Trois grands champions de l'époque du grand-bi : de gauche à droite, Jules Dubois, Henry Duncan et Paul Médinger.

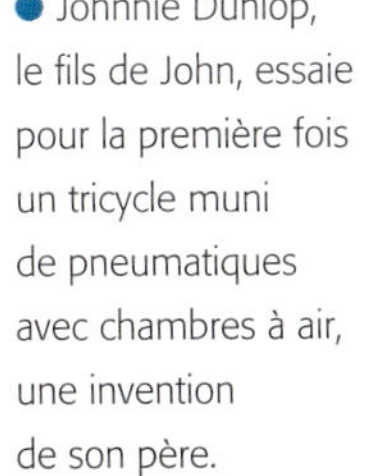

• Johnnie Dunlop, le fils de John, essaie pour la première fois un tricycle muni de pneumatiques avec chambres à air, une invention de son père.

Une étrange combinaison réalisée en Angleterre

23 juin

Pari mutuel

Le Véloce-Club de Bordeaux a la bonne idée d'instaurer un pari mutuel pour répondre aux attentes des passionnés du vélocipède. Pour cette première, quatre « matcheurs » sont réunis, dont le favori des pronostiqueurs, Ferrand, ruban rouge, machine de vingt-trois kilos, à 1,61 m ; vingt et une unités ont été versées pour sa victoire, et douze pour une place de 2e. Mais c'est Barabraham qui remporte ce match disputé sur cent kilomètres, en 4 h 21 min, battant ainsi le record établi l'année précédente, sur la même distance, par Lanavère. Le gain de la deuxième place reste très longtemps indécis entre Martin et Ferrand mais, finalement, ce dernier, dans un rush frénétique, parvient à prendre trente mètres d'avance. Résultats du pari mutuel : Barabraham, gagnant 4,95 francs par unité et placé 5,03 francs ; Ferrand, placé 5,87 francs.

27 octobre

Wick meurtri

C'est sur une bicyclette Royal que Wick bat le record de l'heure, derrière entraîneur, en parcourant 31,205 km sur le vélodrome Saint-Augustin de Bordeaux. Il était pourtant bien mal parti puisque, avant même la fin du premier tour, la chaîne de sa bicyclette, trop détendue, dérape et le fait chuter. Après s'être relevé dans la douleur, les bras et les jambes meurtris par la piste, il emprunte une machine à un véloceman présent et repart. Au bout d'une demi-heure, sa jambe endolorie commence à être victime de crampes. Mais il avance toujours, demandant seulement aux pointeurs de lui indiquer sa vitesse. Wick n'est pas au bout de ses peines car c'est maintenant la selle de sa bicyclette qui descend, et c'est dans une position accroupie des plus inconfortables qu'il continue en redoublant d'énergie.

Le canot-vélocipède à hélice.

Le tricycle aquatique de Terry.

17 NOVEMBRE

Des pas de géants

L'Exposition universelle, qui se termine, a été visitée par des millions de personnes éblouies. Par contre, vélocemen et fabricants de cycles sont furieux du peu de place consacré à la vélocipédie durant l'exposition. En effet, les stands avaient été disséminés un peu partout dans le Palais des machines, entre pianos et pièces de carrosserie. Les plus grands fabricants mondiaux étaient pourtant présents pour exposer leurs dernières nouveautés, et les Anglais en particulier, qui rappellent ainsi qu'ils détiennent le leadership actuel. Rudge et Co présente une triplette quadricycle (quatre roues pour trois occupants) d'une grande stabilité. Cette machine, qui ne pèse que cinquante-cinq kilos, atteint selon les premiers essais la vitesse vertigineuse de 41 km/h. Un peu plus loin, le stand Humber et Cie, prestigieuse maison lauréate des plus grandes courses en France et en Angleterre, propose quant à elle sa dernière « bicyclette de course », d'un poids de 8,5 kg. Grande première, son cadre, si réputé pour sa résistance et sa légèreté, est fait de tubes en acier. La disposition des pédales, juste au-dessous du conducteur, permet d'optimiser la puissance dégagée par les jambes. Elles sont en outre placées assez haut pour ne plus heurter le sol dans les virages. Enfin, le stand Coventry Machinists and Co présente sa fameuse « bicyclette tandem », unique en son genre. Le poids de chaque cavalier est parfaitement réparti et ne porte plus entièrement sur la roue arrière, comme dans les précédents modèles. Cette exposition démontre encore une fois que l'industrie du cycle progresse à pas de géant.

15 JUIN

Les arnaques de M. Bounoure

M. Eruonuob, un membre du Club villeneuvois, tente de battre le record Toulouse-Paris. Projet difficile pour ce jeune homme qui doit parcourir huit cent vingt-cinq kilomètres en moins de cinq jours. À Poitiers, cinq membres du Véloce-Club local ont projeté de se porter à la rencontre de Eruonuob, qui doit arriver dans leur ville à 5 h 10 du matin, selon ses prévisions. À leur grand étonnement, ils trouvent le véloceman sur la place d'Armes, en plein centre-ville, dès 4 heures. Le Villeneuvois leur explique que pour combler ses six heures de retard, il a roulé toute la nuit, ce qui lui en a fait gagner huit. Souhaitant se restaurer, les six hommes se dirigent vers le café de la Gare. Mais l'un des accompagnateurs reste perplexe devant l'exploit de cet homme. Il part d'abord inspecter la route et, ne trouvant aucune trace de bicyclette, revient à la gare pour questionner les employés du chemin de fer. Il apprend ainsi qu'un certain Bounoure est arrivé par le train de 3 heures, en provenance de la Couronne, à cent dix-sept kilomètres de Poitiers. Acceptant d'être confronté à Bounoure, l'employé le reconnaît formellement. La supercherie dévoilée, « le fumiste » avoue. Prétextant un malaise, le pseudo-recordman supplie ses compagnons de ne rien dévoiler, ajoutant qu'il retournera à la Couronne pour reprendre la route et tenter réellement de battre le record. Alertée, l'UVF prend des sanctions immédiates : suspension à vie de toute compétition nationale et internationale et, bien sûr, refus d'homologuer tout record. La carrière de Bounoure, alias Eruonuob, sera aussi courte que remarquée. ❍

31 août

Victoire !

Ce championnat de France de fond (100 km) réunit les vingt-trois meilleurs français, tous équipés de bicyclettes à l'exception de Chéreau et de Charron, sur bicycles. Après un faux départ, on s'élance sur la piste de Longchamp. Au huitième tour, la grande roue de Charron cède et il chute de façon spectaculaire. Malgré le train rapide, les six hommes de tête restent groupés à l'approche du dernier tour. L'attention du public augmente sans cesse. Charles Terront attaque dans le virage de Boulogne, suivi par Béconnais, qui prend le virage à la corde, et par Dervil. Ce dernier fait une embardée et heurte Terront, en train de le dépasser. Les deux coureurs, à pleine vitesse, chutent au milieu des cris de la foule. Béconnais peut désormais battre De Mello et Dubois et remporter pour la première fois le titre. ❍

28 septembre

L'apôtre de la vélocipédie part en mission

Après moins de dix ans d'existence, l'Union vélocipédique française se porte bien, avec près de deux cents clubs affiliés et plus de dix mille licenciés. L'UVF a créé le diplôme des 100 km, dénommé à l'origine « Brevet des vélocipédistes » et qui obtient un énorme succès. Le célèbre Maurice Martin, apôtre de la vélocipédie et père de ce brevet, sillonne la France à bord de son tricycle, en portant la bonne parole. Infatigable missionnaire, il parcourt quatre mille kilomètres pour expliquer que « la venue de la bicyclette est un des plus grands événements humains qui se soient produits depuis les origines de notre race », reprenant ainsi les termes de l'écrivain Joseph-Henry Rosny. ❍

Martin, le créateur du brevet de 100 km, sur le tricycle avec lequel il fait le tour de France en 1890.

• 5 heures du matin, place du Pont à la Bastide. Les vingt-huit partants sont prêts pour le premier Bordeaux-Paris.

Mars

« La reine Bicyclette » a trouvé son roi

« La vélocipédie n'est pas seulement un sport, c'est un bienfait social », écrit Pierre Giffard, alias Jean Sans-Terre, dans le *Petit Journal*, l'hebdomadaire le plus important de l'époque. Par cette formule, Giffard veut lancer une vaste campagne en faveur de la bicyclette, qui connaît alors un retentissement mondial. Dans les premiers mois de 1891, en publiant *La Reine Bicyclette*, il va s'efforcer de démontrer tous les bienfaits de ces machines « pour toutes les couches de la société : les militaires, les facteurs, les médecins, les curés ou les dames ». Giffard fustige ses ennemis : les politiques, les charretiers et les chiens. Pour joindre le geste à la parole, il lance une idée très hardie : « Le but, c'est de frapper l'imagination des masses par une grande manifestation vélocipédique. » Et ce sera Paris-Brest-Paris. ❍

• Pierre Giffard, auteur de *La Reine Bicyclette* et rédacteur en chef du quotidien *Le Vélo*.

15 mars

English style

Dans la finale sur six mille mètres du Grand Prix de Nice, une chute au cours du sprint final va prendre des proportions démesurées. Parmi ses victimes, on trouve Cottereau, Charron et Bob English. Cottereau, le plus touché, est victime d'une crise de nerfs qui se prolonge pendant plusieurs heures. Quant à English, il doit abandonner, sa machine complètement hors d'usage. Trois jours plus tard, le journal anglais *Wheeling* donne sa version des faits : « Bob English a été accroché avec intention dans les courses de bi et de tri. Alors qu'il gagnait le Grand Prix, il a été jeté en bas de sa machine et gravement blessé. C'est une conduite de voyous. » La presse anglaise en profite pour régler ses comptes avec la conduite antisportive, voire xénophobe des Français. Les Français répliquent avec ironie : « Ce n'est pas en nous envoyant leurs plus mauvais coureurs que les Anglais pourront rivaliser un jour avec la suprématie de nos compatriotes. » ❍

23 MAI

À l'Anglaise

Cinq heures du matin. Le ciel est très nuageux, place du Pont, à Bordeaux. Des charretiers et quelques curieux entourent les vingt-huit partants d'une course qui marquera l'histoire du cyclisme : Bordeaux-Paris. Le *Véloce-Sport*, dynamique journal bordelais, cherchait une idée de course « plus dure et plus impitoyable que la course de vingt-quatre heures organisée par les Britanniques ». Ainsi naît Bordeaux-Paris, cinq cent soixante-douze kilomètres. L'objectif est d'opposer les meilleurs Français à leurs homologues anglais. Conformément à leur réglementation, les Britanniques refusent d'envoyer leurs amateurs rencontrer des professionnels. Pour assurer une participation internationale, la direction de la course ne peut accepter la présence des ténors français, comme Terront ou Dubois. Dès le départ, les cinq Anglais attaquent dans la côte de Cenon. Au premier contrôle, à Angoulême, un buffet, des douches chaudes et des lits attendent les coureurs. Mais, à la grande surprise des spectateurs, les deux premiers, Mills et Holbein, tous deux Anglais, ne s'arrêtent que pour signer la feuille de passage. À la sortie de la ville, Mills retrouve un entraîneur, le rapide Stroud, et fonce vers Ruffec qu'il atteint avec quarante minutes d'avance sur Holbein. Ce dernier s'attend à une défaillance de son compatriote, peu habitué aux courses de fond, mais en vain. Ingurgitant simplement un flacon de jus de viande à chaque contrôle, George Pilkington Mills arrive à Paris, porte Maillot, devant cinq mille personnes, après 26 h 34 min 57 s. Il devance Holbein de 1 h 16 min et le premier amateur français, Jiel Laval, 5e, de 5 h 45 min. ❍

Juillet

Le pneu démontable

Deux frères de Clermond-Ferrand, André, l'ingénieur, et Édouard, l'artiste, ont compris rapidement l'importance de l'invention du pneumatique. Dès 1889, ils fondent une manufacture dans la capitale auvergnate, avec un effectif de cinquante personnes. Ils franchissent une nouvelle étape en 1891, en inventant la possibilité de démonter et de réparer en cours de route le pneumatique. Plus de risque de rester en panne ou de rouler sur la jante. Le mérite du « démontable » revient à un certain Artaud, contremaître et technicien de confiance d'Édouard Michelin. Le « petit du pneu », si on le compare au géant Dunlop, remportera deux mois plus tard sa première course, Paris-Brest-Paris, et ce malgré la dizaine de crevaisons de Charles Terront. ❍

21 août

Ce sexe qu'on dit faible !

La pluie ne cesse de tomber et le vent violent souffle en rafales. Qu'importe ! Mlle Johanne Jörgensen monte sur sa bicyclette d'homme, dont elle a enlevé la tige supérieure qui soutient le guidon, et elle relève sa jupe pour laisser apparaître ses jambes à demi nues. Ce qui serait inconcevable en France n'est, au Danemark, qu'une affirmation de la puissance et de la liberté de la femme. La *vélocewoman* danoise s'élance pour battre le record des douze heures. Couverte de boue, elle continue néanmoins à augmenter son rythme. Son coup de pédale reste fluide. Malheureusement, une erreur de ses entraîneurs l'arrête après 11 h 49 min d'effort. Mais elle a couvert 252,322 km, s'affirmant ainsi comme une redoutable adversaire des Anglaises. ❍

6 SEPTEMBRE

Nuits câlines

Le succès de Bordeaux-Paris conduit la presse généraliste à organiser une course au long cours. Pierre Giffard, rédacteur en chef du *Petit Journal*, met sur pied une nouvelle folie : Paris-Brest aller et retour, mille deux cents kilomètres sans changer de bicyclette. Les favoris sont les coureurs qui peuvent s'assurer une myriade d'entraîneurs, comme Terront, dont la course sera dirigée par Herbert Duncan, ou Jiel Laval, qui dispose de huit entraîneurs. Rassemblés devant l'immeuble du *Petit Journal*, les deux cent six coureurs s'élancent vers les Champs-Élysées. Après cinquante kilomètres, Terront a déjà cinq minutes d'avance mais crève vers Laval. Équipé de « démontables » Michelin, encore inconnus, il doit marcher trois kilomètres pour rejoindre les techniciens de la firme, qui mettent trois quarts d'heure à changer le pneu. Puis il rejoint Laval à Vitré et ils roulent ensemble durant la première nuit. À Brest, Laval passe avec quarante minutes d'avance sur Terront, victime de deux nouvelles crevaisons. Le 3e, Corre, s'arrête huit heures pour dormir et le retour se résume à un duel. À Lamballe, durant la deuxième nuit, toujours sans sommeil, Terront apprend que son rival se repose dans une auberge. Il fait un détour pour ne pas être vu par De Civry, son manager. Quand ces derniers apprennent que leur adversaire est déjà passé, la course est perdue. Après 71 h 16 min sans repos, « Charley » arrive au petit matin sur un boulevard Maillot en délire où dix mille spectateurs attendent depuis la veille. Jiel Laval franchit le poteau 7 h 40 min plus tard puis, le lendemain, arrivent Coullibœuf et Corre. Au total, quatre-vingt-dix-neuf coureurs seront contrôlés dans le délai limite de dix jours. ❍

M. MICHELIN

Le père des pneumatiques démontables.

• André Michelin, avec son frère Édouard, invente le fameux pneu démontable.

• Charles Terront, sur une bicyclette Humber munie de pneumatiques Michelin, remporte le premier Paris-Brest-Paris.

● Pour l'inauguration du vélodrome de Buffalo, la course d'ouverture oppose, dans l'ordre, Baras, Antony, Czerni et Cassignard.

● André Michelin invente la course Paris-Clermont afin de promouvoir ses pneus démontables.

N° 210 Dimanche 1er Septembre 1895 Le Numéro : 0,15

Le Cycle

Paris — 12, Chaussée d'Antin, 12 — Paris

NOS GRANDS INDUSTRIELS

M. André MICHELIN.

Maison de dépôt des **Pneumatiques MICHELIN**, 7, rue Gounod.

29 mai

L'âge d'or des vélodromes

Clovis Clerc, le directeur des Folies-Bergère, qui finance la construction du vélodrome de Buffalo, a engagé comme conseiller Henri Desgrange, journaliste spécialisé et coureur de renom. C'est porte Maillot que le vélodrome est érigé, à l'endroit même où, deux ans plus tôt, le cow-boy Cody, le neveu de Buffalo Bill, avait initié les parisiens aux mystères du Far-West. Une superbe piste de 333,33 m, avec des virages légèrement relevés, va devenir le fief des cracks de la pédale. Pour répondre à l'enthousiasme des Parisiens pour la piste, le vélodrome de la Seine, à Levallois, ouvre ses portes le 27 août 1893 puis, quelques mois plus tard, le vélodrome d'Hiver déménage au Palais des arts libéraux, situé en bordure de la rue de Suffren. ❍

6 juin

Crevaisons obligatoires !

Pour promouvoir leurs pneumatiques démontables, les Michelin organisent un Paris-Clermont-Ferrand. Au départ de Charenton, soixante-seize coureurs s'élancent sur une route recouverte de clous, semés volontairement par les organisateurs pour démontrer la facilité des réparations. Cette course avec crevaisons obligatoires, où les changements de vélo sont interdits, tourne au calvaire. Auguste Stéphane, qui monte une machine à pneus pleins Dunlop, doit rouler pendant soixante-dix kilomètres sur les jantes. Les adeptes du Michelin changent jusqu'à vingt fois leurs boudins de caoutchouc. Finalement, Henri Farman, 18 ans, le futur célèbre aviateur, s'impose après 17 h 38 min de course, devant Corre et Hoden. ❍

4 JUILLET

À vaincre sans péril...

L'hebdomadaire *La Revue des sports* organise, sur le modèle de Paris-Brest-Paris, la deuxième grande course de fond, Paris-Nantes-Paris, sur mille kilomètres. Parmi les soixante-sept engagés, seuls vingt-deux sont au départ, les autres s'étant retirés, effrayés par l'ampleur de la tâche. À Choisy-le-Roi, alors que les favoris, Auguste Stéphane et Jules Dubois, sont détachés, Stéphane crève. Il attend désespérément un spectateur qui lui donnerait sa roue, son entraîneur Maîtrot ayant lui aussi « percé » son pneumatique. Après un dépannage de fortune, Stéphane arrive à Melun avec vingt et une minutes de retard sur Dubois et se dirige chez un marchand de cycles pour changer sa machine. Quelques heures plus tard, à Saumur, il connaît de nouveaux soucis en s'apercevant que le jus de viande préparé à Paris a tourné en raison de la chaleur. Il rencontre alors des jeunes gens qui lui proposent un remontant. Il s'agit en fait d'un jus de viande à la cocaïne. Pris de vomissements et de diarrhées, Stéphane préfère abandonner. Pendant ce temps, Dubois est arrivé à Nantes, où plus de vingt mille personnes lui réservent une ovation monstre. Marius Allard n'arrivera que trois heures plus tard. Dubois profite de son avance pour se restaurer et dormir. À son réveil, il apprend que Stéphane a quitté la course. « Mon ambition est de battre Stéphane. S'il n'est plus là, je ne vois pas la nécessité de continuer en présence d'adversaires à qui j'ai mis plus de trois heures jusqu'à Nantes. » Ce coup de théâtre laisse la route libre à Allard, qui arrive après plus de soixante-quatre heures de course, devant le Dieppois Meyer, à deux heures, et Robin à plus de douze. ❍

23 juillet

La Cuca Cocoa

La course de vingt-quatre heures est une innovation dans le monde de la vélocipédie. Les tentatives se succédant pour battre tous les records possibles sur route, les coureurs se dirigent vers la piste. À Londres, au Herne Hill, neuf coureurs s'alignent ensemble pour la première fois, dans la Cuca Cocoa Cup, richement dotée. Les meilleurs coureurs anglais sur longue distance sont présents. Bates mène durant la première heure mais, malade, doit quitter la piste. Bidlake, en tricycle, résiste fort bien à ses adversaires sur deux roues, battant tous les records entre le vingt-sixième mile et le deux-centième. Finalement, ne quittant la piste que seize minutes en vingt-quatre heures, c'est Frank Shorland, le plus résistant, qui l'emportera avec six cent quatre-vingt-six kilomètres parcourus, devant James, à dix kilomètres.

20 août

Zimmermann toujours imbattable

Les rumeurs les plus insistantes courent depuis quelques jours sur la retraite du champion américain Arthur Augustus Zimmermann, demeuré invaincu pendant sa campagne anglaise. À son retour au pays, il participe à une réunion avec les meilleurs sprinters américains, Berto et Taylor. Malgré la fatigue, il s'impose dans les trois courses, le mile, alors que Taylor détient le record de cette distance, le quart de mile et le handicap. La recette est tellement importante que les frais de construction de la piste et des tribunes sont déjà remboursées. Parmi les prix remis au grand « Zim », figure un piano, (il en a déjà gagné quatre), un bicycle (c'est son seizième) et un fusil à double verrou.

18 SEPTEMBRE

Cassignard victime de la piste de Buffalo

H. O. Duncan, l'ancien coureur, lance un défi à Henri Fournier et à Georges Cassignard, appuyé par une somme de deux mille cinq cents francs. Les représentants des coureurs choisissent la piste de Buffalo, sur laquelle doivent se disputer des duels sur 1 et 10 km, plus une belle éventuelle. L'annonce de ce défi provoque une énorme sensation dans le monde cycliste. En effet, les deux hommes ne se sont pas rencontrés depuis longtemps et, en tout cas, jamais sur cette nouvelle piste. La défaite de Cassignard contre Médinger, à tricycle il est vrai, le dimanche précédent, fait désormais de Fournier le favori de la presse. Dans la première manche, Fournier démarre à la sortie du virage, après la cloche. Cassignard se contente de le suivre et essaye de se dégager dans le dernier virage. Mais la courte longueur de la ligne droite ne lui permet pas de refaire son retard et Fournier triomphe. Dans l'épreuve de 10 km, les deux adversaires mènent tour à tour, mais le train reste lent. À la cloche du dernier tour, Fournier, à la corde, démarre mais Cassignard réagit aussitôt. À la sortie du dernier virage, celui-ci crève et se relève, laissant la victoire finale à son rival. Le public proteste et exige qu'un nouveau départ soit donné. Mais le juge, René de Knyff, reste inflexible. Ce résultat donnera lieu le lendemain à de nombreuses polémiques. La plupart des observateurs estiment que Cassignard est plus rapide en vitesse pure et, de fait, le coureur bordelais regrette que le match ne se soit pas déroulé à Herne Hill, où les lignes droites sont bien plus longues.

L'invincible Américain Arthur Augustus Zimmermann remporte le championnat du monde de vitesse à Chicago.

Frank Shorland est le premier vainqueur de la Cuca Cocoa Cup, course anglaise de vingt-quatre heures.

● Au vélodrome de Buffalo, Georges Cassignard bat le record du monde du kilomètre arrêté.

● Ce coureur à tricycle, qui n'est autre qu'Henri Desgrange, s'est aussi adjugé le record de l'heure à bicyclette sans entraîneur, avec 35,325 km.

24 FÉVRIER

Le coup de la chambre à air

« Le match du siècle », annonce la presse. Le duel qui oppose le Breton Valentin Corre et le Parisien Charles Terront sur la distance de mille kilomètres, soit deux mille cinq cents tours de la piste du vélodrome de la Galerie des machines, suscite un enthousiasme extraordinaire. Les deux coureurs disposent de quarante entraîneurs chacun. Le vélodrome étant dépourvu d'éclairage, les organisateurs ont dû installer, à la hâte, une centaine de globes et des milliers d'ampoules. Le chauffage étant également insuffisant, les courageux spectateurs brûlent six cents chaises pour se réchauffer au cours de la première nuit. Ce n'est qu'au bout de la vingt-septième heure que Corre consent à descendre de machine, pour satisfaire un besoin naturel. Terront, qui a pris ainsi six tours d'avance, ne s'arrête toujours pas ! En fait, il dissimule dans la poche de l'un de ses entraîneurs une chambre à air, béante d'un côté et nouée de l'autre. Il vide ainsi sa vessie dans la chambre à air, protégé des regards indiscrets par ses entraîneurs. Un des managers de Corre s'aperçoit du manège, mais il est trop tard : son champion compte déjà dix tours de retard. Le « coup de la chambre à air » déclenche une véritable ruée des Parisiens vers le Champ-de-Mars. Lorsque retentit le coup de clairon annonçant que Terront vient de terminer le dernier tour, 41 h 50 min se sont écoulées depuis le départ. La foule se précipite pour porter le vainqueur en triomphe tandis que Corre lance aux journalistes : « Votre Terront ne m'a pas battu d'un pneu, d'une chambre à air seulement ! » ❍

30 mai

Sans arrêt

À Buffalo, en présence du célèbre Zimmermann, Georges Cassignard se prépare pour le record du kilomètre arrêté. Trois fois de suite, le départ est manqué, à cause de la mauvaise qualité des cartouches dont le starter a chargé son revolver. Puis, après un excellent départ, le Français crève. Un changement de machine expéditif, et Cassignard redémarre vigoureusement, entraîné par Baras, Piquet, Vigneaux, Farman et Échalié. Le kilomètre est couvert en 1 min 28 s. Cassignard démontre, en même temps que ses qualités propres, celles de la rapide piste de Buffalo. Malheureusement, quatre mois plus tard, le champion de France et du monde, vainqueur de plus de cent courses depuis deux ans, trouve la mort à 20 ans suite à une chute de cheval, porte Maillot, à deux pas de Buffalo. ❍

5 juin

Aux artistes

Une course féminine est organisée au bois de Boulogne par un groupe d'acteurs des principaux théâtres de Paris. Parmi les concurrentes, on remarque des artistes de l'Opéra, des Nouveautés, du Vaudeville, de l'Hippodrome ou des Folies-Nouvelles. Les spectateurs sont impressionnés par la beauté et l'élégance de ces jeunes femmes. Au terme des six kilomètres, et après un quart d'heure de course, c'est la nouvelle recordwoman de l'heure, Mlle de Saint-Sauveur, de l'Hippodrome, qui se présente en tête au poteau, devant Mlle Debat, du théâtre des Nouveautés, qui vient de faire une chute heureusement sans gravité. Des caisses de parfums, des bijoux et des fleurs sont distribués à profusion à toutes les concurrentes, alors que le public conquis se renseigne sur les dates des prochaines courses pour dames. ❍

7 juillet

Flanelle et soie

Le public nombreux et fort élégant du vélodrome de Buffalo attend avec impatience l'entrée en piste de Mlle de Saint-Sauveur pour sa tentative de record du monde de l'heure sans entraîneur. Elle entre enfin sur la piste, dans son costume blanc, chemisette de soie serrée à la taille par une ceinture noire, culotte de flanelle blanche, bas noirs et souliers vernis. Roulant à un rythme régulier, elle accomplit les dix premiers kilomètres en 22 min 12 s. Au vingt-huitième tour, son pneu arrière éclate et elle profite du changement de machine pour se restaurer. La fin de parcours de cette débutante sur piste est plus laborieuse. Elle ôte alors sa ceinture, qui la gêne. Avec une ardeur impressionnante, malgré la chaleur, Mlle de Saint-Sauveur aura finalement parcouru 26,12 km dans l'heure, améliorant ainsi le record de l'heure féminin. ❍

15 août

Reçu par le roi

Organisé par le journal parisien *La Bicyclette* et le Vélodrome bruxellois, le premier Paris-Bruxelles se déroule en une seule étape de quatre cent sept kilomètres. Réservée aux amateurs, cette épreuve est l'occasion pour les routiers belges de démontrer qu'ils restent parmi les meilleurs en Europe. À l'arrivée, sur les dix premiers, on retrouve d'ailleurs neuf Belges. Le vainqueur, André J. Henry, un ouvrier maçon de Verviers, s'impose après 19 h 37 min 45 s, soit une moyenne légèrement supérieure à 20 km/h. Ce succès provoque dans toute la Belgique un enthousiasme indescriptible, jusqu'au Palais, où Léopold II invite le vainqueur pour le féliciter et lui offrir un superbe chronomètre en or. Henry est conduit au Palais en landau et, tout le long du parcours, la foule acclame son héros, qui n'en revient pas de tant d'honneurs. ❍

11 OCTOBRE

Napoterront 1er

Charles Terront entreprend une extravagante expédition entre Saint-Pétersbourg, en Russie, et Paris, organisée par le champion Duncan. Terront s'élance de Saint-Pétersbourg derrière ses entraîneurs, Meyer et Échard, et accompagné par Overbeck, un cycliste russe chargé de l'amener jusqu'à la frontière polonaise. Une semaine plus tard, il arrive à Varsovie, couvert de boue, après avoir parcouru deux cent quatre-vingt-sept kilomètres au cours des dernières vingt-quatre heures. Malgré le temps épouvantable qui règne sur la région et l'état déplorable des routes, il reste confiant pour les mille six cents kilomètres qui restent encore à couvrir. À son passage à Berlin, les autorités allemandes lui offrent une réception solennelle, comme dans tous les autres pays. « On est Russe, Allemand ou Français, explique Terront, mais on est avant tout vélocipédiste. La pédale équivaut au titre jadis donné à Anarcharsis Clootz : citoyen du monde. » Après quatorze jours de voyage, Terront arrive enfin à Paris. Les meilleurs routiers français, Corre, Lesna, ainsi que son frère Jules et le comte de Tolstoï, l'attendent à Pontoise. Puis, alors que la foule des suiveurs augmente, on l'oblige à descendre de machine pour boire du champagne. En sortant de la forêt de Saint-Germain-en-Laye, Terront a plus de trois cents entraîneurs. C'est ensuite l'arrivée triomphale à Buffalo, où vingt mille personnes l'attendent. Tandis que *La Marseillaise* retentit, Terront effectue deux tours de piste. À sa descente de vélo, sa machine Rudge est l'objet de toutes les attentions. En effet, elle a été capable de rouler plus de trois mille kilomètres sans problème majeur. ❍

• Réunion mondaine au bois de Boulogne pour assister à la course des actrices parisiennes.

• Charles Terront, surnommé « Napoterront » après son exploit entre Saint-Pétersbourg et Paris.

LE VÉLODROME D'HIVER

Installé au Champ-de-Mars, dans le Palais des Arts Libéraux, le vélodrome qui gardera certainement, cette année au moins, le nom de *Vélodrome d'hiver*, a été inauguré dimanche dernier au milieu d'une affluence de curieux, d'amateurs et de spécialistes réellement très considérable.

On trouvera, sous notre rubrique *Le Sport à travers la France*, le détail des épreuves de cette journée d'inauguration, mais nous tenons à dire, en présentant ici les croquis d'après nature faits par notre dessinateur le jour de l'ouverture, que le public très élégant de cette « première » s'est montré on ne peut plus satisfait de l'installation des courses et des tentatives qui lui ont été soumises.

Cet excellent début semble promettre une série de belles et agréables journées de sport et d'exercices intéressants en attendant le retour de la belle saison. Il ne fallait rien moins que l'initiative et l'habileté de M. Marchand pour faire oublier l'impression fâcheuse laissée par le vélodrpme du Palais des Machines. Félicitons-le donc d'avoir osé entreprendre une aussi ingrate besogne que la réhabilitation vélocipédique du Champ-de-Mars et de l'avoir si bien commencée.

N. D.

• L'inauguration du Vélodrome d'hiver, dans le Palais des arts libéraux, au Champ-de-Mars.

6 janvier

Corre trinque

Encouragés par le succès du match Terront-Corre, les organisateurs décident de louer le nouveau Vélodrome des arts libéraux pour organiser une rencontre sur mille kilomètres entre Jules Corre et Auguste Stéphane. Les entraîneurs à brassard bleu de Corre, qui ne se nourrit que de sandwiches et de vin rouge, sont placés sous l'autorité d'Henri Desgrange, qui s'affirme comme un fin technicien et un excellent pédagogue. Dès les premières heures, Stéphane prend trois tours d'avance, soit trois kilomètres. Desgrange est persuadé que son poulain refera son retard sur la longueur de l'épreuve. Mais, au fur et à mesure, l'écart se creuse et Stéphane l'emporte de cent soixante-douze kilomètres. Aussitôt, les observateurs accusent « l'incapacité notoire de Desgrange » et « la désorganisation de la course de Corre ». ❍

23 juin

Le premier Bol

Le succès de la Cuca Cocoa Cup, course anglaise de vingt-quatre heures, incite le directeur de l'hebdomadaire *Paris-Pédale*, M. Decam, à transposer l'idée en France. Ce sera le Bol d'or. À Buffalo, les coureurs les plus endurants, Huret, Lucas et Rivierre, sont au départ. Durant les premières heures, la pluie battante rend la piste glissante pour les tandems d'entraînement. Huret et Lucas s'accrochent et tombent. Ils repartent, mais une blesssure à la tête contraint Lucas à l'abandon, alors qu'il se stabilisait à deux tours derrière le leader, Huret. Celui-ci, sans adversaire, termine ces vingt-quatre heures en ayant parcouru sept cent cinquante-six kilomètres. Malheureusement, l'assassinat du président Sadi Carnot est annoncé pendant la course, et les spectateurs vont alors se désintéresser de l'épreuve. ❍

20 MAI

Lucien Lesna devant l'Anglais Lucas

Pour ce quatrième Bordeaux-Paris, les coureurs sont divisés en trois catégories : les coureurs de vitesse (brassards blancs), les routiers de 30 ans (brassards bleus) et plus, et les vétérans de 40 ans et plus (brassards rouges). Plus de deux mille personnes sont rassemblées au départ, dont les bookmakers qui enregistrent les dernières mises. Lucien Lesna, à trois contre un, demeure le favori. À Ruffec, après cent soixante-neuf kilomètres, l'Anglais Charles Lucas, dont c'est la première apparition en France, et Lesna passent en tête avec vingt-sept minutes d'avance sur les frères Marius et Jean Allard. Mais, peu avant Châtellerault, Lucas doit se priver d'entraîneurs, faute d'argent. Lesna en profite pour prendre le large lorsqu'il est bloqué par la charrette d'un paysan qui refuse de le laisser passer. Lesna est obligé de lui lancer un pavé à la figure pour continuer sa route. Lucas, qui a « recruté » des entraîneurs bénévoles, rejoint son rival. L'allure est très soutenue et les suiveurs estiment que le vainqueur mettra moins de vingt-quatre heures pour couvrir les cinq cent soixante-douze kilomètres du parcours. Malheureusement, une violente tempête, après Blois, remet en cause ce projet. Les côtes de la vallée de Chevreuse sont fatales à Lucas qui laisse partir son adversaire. Les clameurs et les applaudissement retentissent au vélodrome. Lesna arrive à 10 h 41. Après avoir effectué son tour de piste réglementaire, il descend de machine dans un état d'exceptionnelle fraîcheur. L'étonnant Lucas est 2e, à trente minutes, malgré ses problèmes d'entraîneurs. ❍

21 juillet

Zimmermann

Les Parisiens n'oublieront pas de sitôt l'étonnante démonstration de l'Américain Arthur Augustus Zimmermann. « Le Yankee volant » a remporté, au vélodrome de la Seine, toutes les courses auxquelles il a participé devant les meilleurs spécialistes français, Médinger, Louvet et Stéphane. Même dans le handicap sur un mille (1 609 m) où le grand « Zim » rend du terrain à tous ses adversaires, il rejoint rapidement son compatriote Wheeler et tous deux remontent les concurrents à une allure vertigineuse. À la cloche, « Zim » sera gêné par Vigneaux, Ax et Mercier, qui lui bloquent le passage, mais, malgré sa cinquième position à l'entrée du dernier virage, Zimmermann s'impose devant Edmond Jacquelin. Et l'Américain n'oubliera pas quant à lui la longue ovation que lui a réservée le public de la Seine. ❍

28 juillet

Shorland aidé

La troisième édition de la Cuca Cocoa Cup, du nom du chocolatier sponsor de l'épreuve, se dispute pendant vingt-quatre heures derrière entraîneurs à bicyclette, tandem et tricycle. Shorland, vainqueur de la première édition, part en tête avec son compatriote Fontaine, mais ce dernier faiblit vers la huitième heure. Shorland poursuit sur un rythme si élevé qu'il bat tous les records. Tout à coup, des acclamations montent des tribunes du Herne Hill de Londres : Huret, détenteur du record des vingt-quatre heures, vient entraîner Shorland. La dernière heure, pleine de suspense, voit le Français tirer littéralement son coureur. Et, avec 741,390 km, le record d'Huret est battu de plus de quatre kilomètres. On hisse le drapeau anglais, l'hymne national est entonné par l'orchestre qui joue ensuite *La Marseillaise*. ❍

29 JUILLET

Les premiers Géants de la route

Après Paris-Brest et retour en 1891, Paris-Nantes et retour en 1892, voici la troisième grande épreuve sur route de plus de mille kilomètres : Lyon-Paris-Lyon. Sur le parcours aller, Gaston Rivierre, qui a perdu ses entraîneurs dans la nuit d'encre, creuse néanmoins un écart important, passant au virage de Paris avec plus d'une heure d'avance sur Meyer et quatre sur Joyeux, qui arrive au contrôle de Paris avec soulagement : « Mes entraîneurs m'ont oublié en chemin. » Au moment de se mettre à table, il apprend qu'il n'y a plus rien à manger. Il pique alors une terrible colère et repart à la poursuite de Meyer. Chevreuil arrive 2 h 16 min plus tard, montant une bicyclette rafistolée après sa chute survenue à Versailles. Il est venu tout seul de Lyon. Rivierre, décidément en grande forme, rallie les faubourgs de Lyon à 5 heures, largement en avance sur les prévisions. La rumeur se répand aussitôt, et des milliers de spectateurs s'agglutinent rue de la République pour l'arrivée du vainqueur. Après cinquante-trois heures pour mille kilomètres de course, Rivierre descend sans aide de sa machine et demande simplement à se débarbouiller. 5 h 4 min plus tard surgit Meyer qui part aussitôt se restaurer car il n'a rien mangé depuis deux jours. « Beaucoup d'entraîneurs n'étaient pas à leur poste ou n'avaient pas de nourriture pour moi. À Nuits-Saint-Georges, je voulais dormir une heure, on ne m'a réveillé qu'au bout de cinq heures. » ❍

• Zimmermann encore vainqueur au vélodrome de la Seine.

• Auguste Stéphane s'attaque à la piste après ses brillantes prestations dans Bordeaux-Paris.

● Le célèbre sprinter Paul Médinger est assassiné par sa femme dans leur appartement de la rue Brunel.

3 février

Buffel aveugle

Toujours friand de course au long cours, le public parisien se voit proposer une épreuve de vingt-quatre heures au Champ-de-Mars. Sa dureté provoque une véritable hécatombe puisque seul Maurice Garin et Williams, second à quarante-neuf kilomètres du premier, ont terminé. Vers la treizième heure, alors que la bataille pour la deuxième place fait rage entre Williams et Buffel, celui-ci s'arrête brusquement. Il vient de perdre brutalement la vue et doit abandonner. Un docteur l'examine et constate que le coureur est atteint d'une grave maladie causée par le froid, la fatigue et la poussière. Dans les dernières heures, les deux rescapés lèvent le pied pour éviter une défaillance. Après l'arrivée, Garin admet que « c'est vouloir chercher la mort que de faire pareilles folies. Pour moi, c'est bien fini les courses de fond ». ❍

26 avril

Le record des 100 km en tricycle

Le sportsman Henri Desgrange, 30 ans, bat le record du monde des 100 km en tricycle, autour de Longchamp, mettant en pratique ses méthodes d'entraînement. La marche de Desgrange est admirable de régularité. Il couvre chaque tour (trois mille six cent trente et un mètres) en sept minutes environ, sauf le onzième, parcouru en 8 min 5 s, une de ses pédales s'étant dévissée. Après 3 h 5 min 27 s d'effort, il bat le record sur piste de Nicodémi (1893, 3 h 18 min 22 s) et le record sur route de Fol (1888, 3 h 15 min 27 s). Entraîné par plusieurs tandems et une triplette, le recordman, vêtu de blanc, descend de machine couvert de poussière mais nullement fatigué. ❍

27 AVRIL

Paul Médinger est victime d'un drame conjugal

Paul Médinger, l'un des plus célèbres cyclistes français, vient d'être assassiné par sa femme, qui s'est ensuite donné la mort. Depuis quelque temps déjà, Mme Médinger avait appris la liaison de son mari avec la comtesse Blanche de Bailly, recevant des lettres avec cette mention : « À remettre à monsieur et non à madame. » Ce samedi vers 14 heures, Médinger, revenu chez lui après un rendez-vous à son usine de cycles, rue Brunel, monte dans sa chambre avec sa femme. Tout à coup, Anna, la domestique suisse du couple, entend coup sur coup trois détonations. La compatriote de Mme Médinger se précipite dans la chambre et découvre les deux corps inanimés de ses patrons, l'un sur l'autre. Les expertises médicales montreront que, alors que le sprinter français était allongé sur son lit, sa femme lui a tiré une balle dans la tempe gauche. Le meurtre commis, elle a ensuite retourné le pistolet contre elle-même. L'annonce de ce drame de la jalousie bouleverse toute la France, bien au-delà des seuls amateurs de cyclisme. Les obsèques de l'ancien champion de France se déroulent en présence d'une foule immense, mais la cérémonie est perturbée lorsque la comtesse Blanche de Bailly se précipita sur le cercueil de son amant pour y déposer un bouquet de roses rouges et de lilas blancs, avant de s'enfuir vers sa voiture et de repartir au grand galop. ❍

12 MAI

Un Autrichien à Bordeaux

Jamais encore un soleil si éclatant n'avait accompagné les coureurs de Bordeaux-Paris. Après cent vingt-sept kilomètres, le premier contrôle, à Angoulême, où règne une certaine effervescence, accueille les hommes de tête, l'Allemand Joseph Fischer et l'Autrichien Fritz Gerger. À Couhé-Vérac, où la municipalité a décidé d'interdire la circulation des chiens dans les rues et de maintenir l'éclairage toute la nuit, Fischer abandonne, son vélo ayant rendu l'âme après une chute. À la nuit, Gerger n'a plus qu'un adversaire dangereux, l'Anglais Carlisle, à une demi-heure. Alors que l'Autrichien s'envole sans problème vers la victoire, Carlisle et le Français Émile Prévost se livrent à une lutte acharnée pour la deuxième place. Ce n'est qu'à Versailles que le Français prend un réel avantage sur son rival, peu habitué à cette chaleur étouffante. Après 24 h 12 min 15 s, couvert de poussière et portant les traces de sa chute sur le pont de Neuilly, Gerger franchit la ligne d'arrivée du vélodrome de la Seine, battant l'ancien record de Lucien Lesna de près d'une heure. À sa descente de vélo, il se plaint de ses nombreuses crevaisons et chutes mais il ajoute : « j'ai été parfaitement soigné en route. » Les trompettes recommencent à sonner quarante minutes plus tard et le maillot blanc de Prévost apparaît dans une formidable ovation. Puis, alors que les courses de vitesse ont déjà débuté sur la piste, c'est l'arrivée du Français Grévy qui termine, plus de cinq heures après Gerger, à la cinquième place. Ce relatif échec s'explique en partie : « Je me suis trompé de chemin et j'ai tourné en rond pendant plusieurs heures ! » ❍

6 juin

Une chaîne avant-gardiste

John S. Simpson, l'inventeur d'un nouvelle chaîne, imagine, pour promouvoir son produit d'organiser un match entre une équipe de trois coureurs roulant « Simpson » et une autre utilisant des chaînes ordinaires. Les organisateurs proposent un pari à dix contre un, c'est-à-dire qu'ils offrent vingt-cinq mille francs s'ils perdent et recevront deux mille cinq cents francs s'ils gagnent. Cette compétition qui rassemble les meilleurs coureurs du moment inaugure une ère nouvelle. En présence de dix mille spectateurs réunis autour de la piste de Catford à Londres, dont plusieurs personnalités comme le peintre Toulouse-Lautrec, les coureurs de l'écurie Simpson, Jimmy Michaël, Tom Linton et Platt Betts vont tous remporter leur match. ❍

17 juin

Huret au fond

Nul ne conteste, en France, la supériorité de Constant Huret dans les épreuves de grand fond. Au départ de ce Bol d'or, seuls Lucas et Lesna sont en mesure de lui contester la victoire. Malheureusement, Lesna, mal préparé pour cette course exigeante, abandonne à la douzième heure : « Trop compliqué pour moi, cette affaire d'entraîneurs. Parlez-moi de la route. » Reste Lucas, mais il est victime d'une terrible chute, projeté contre une balustrade par un tandem lancé à 50 km/h. Après la disparition de ses deux adversaires, Huret n'en continue pas moins de rouler à un rythme très soutenu. « On va monter le record si haut que je n'aurais plus à m'en occuper les prochaines années », lance t-il à ses entraîneurs. En effet, avec 829,498 km, il confirme qu'il est le meilleur fondeur du monde. ❍

En remportant le Bol d'or, Constant Huret réalise l'exploit de couvrir huit cent vingt-neuf kilomètres en vingt-quatre heures.

Lesna ne réédite pas sa victoire de l'année précédente dans Bordeaux-Paris.

Le port de la culotte par les femmes cyclistes provoque une véritable révolution des mœurs.

20 avril

Le Brassard-rente

Paul, dit « Tristan », Bernard, directeur du vélodrome de Buffalo, crée le Brassard-rente, une compétition ouverte aux coureurs de vitesse individuelle. Le détenteur du brassard est assuré d'un prix, payé par le challenger, et d'une rente quotidienne de vingt francs, l'équivalent d'un appointement de député. Mais il doit répondre à tous les défis qui lui sont proposés. Pour ce premier Brassard, qui a finalement lieu au vélodrome de la Seine, jamais les engagements de coureurs n'ont été si nombreux. C'est Edmond Jacquelin qui récupère le premier Brassard, en battant Dumont et Gougolz. Mais, après après avoir brillamment défendu sa rente contre les Américains Mac Donald et Johnson, il s'incline devant le Hollandais Jaap Eden.

19 AVRIL

Le premier Paris-Roubaix pour un Allemand

Durant l'hiver 1895-1896, deux filateurs de Roubaix, Théo Vienne et Maurice Pérez, décident d'organiser une course de Paris à Roubaix. Propriétaires du vélodrome du parc Barbieux, ils craignent que les spectateurs se lassent des épreuves de vitesse. « Il faudrait leur offrir le spectacle de routiers éreintés et couverts de boue », déclare Vienne. Les deux hommes choisissent d'organiser leur course le dimanche de Pâques, sçandalisant la société bien pensante du Nord. Le parcours emprunte la route la plus directe : deux cent quatre-vingts kilomètres, dont deux cent trente sur une bande de terre farcie de trous et cinquante sur les pavés et les trottoirs cyclables. Dès le départ, sous l'impulsion de Linton, sept hommes se dégagent. Linton démarre à nouveau dans la forêt de Saint-Germain-en-Laye, encouragé par son entraîneur, son frère Tom. Son avance sur Paul Guignard et Maurice Garin passe respectivement à 1 min 30 s et 4 min alors que le reste du peloton navigue à plus d'un quart d'heure. C'est alors que Joseph Fischer place son effort et rejoint Linton au contrôle de Breteuil. Les deux hommes foncent vers Amiens, où le Gallois remporte une importante prime. Cependant un chien se jette sous la roue avant de son tandem. Il chute, se relève mais la course est jouée. Survolté, l'Allemand effectue un cavalier seul sur les cent derniers kilomètres. Au son du clairon, il franchit la ligne frais et dispos, après 9 h 17 s de course, soit une moyenne de 30,162 km/h. Maurice Garin, l'enfant du pays, finit 3e, à vingt-huit minutes du héros de ce premier Paris-Roubaix et précédé du Danois Meyer.

Arthur Linton 1ers ex-aequo de Bordeaux-Paris avec Gaston Rivierre après une fin de course mouvementée.

17 mai

Paris-Tours laborieux

L'organisation de nouvelles courses sur route se poursuit à un rythme effréné. Après le succès de Paris-Roubaix, le vélodrome tourangeau propose un Paris-Tours. Une véritable pagaille règne aux premiers contrôles, où voitures, chiens et piétons barrent le chemin. Constant Huret tombe à Beaugency et se casse le poignet. Le Dijonnais Émile Prévost, lui, prend la tête, entraîné par le tandem Wuillaume-Rivière, et la garde jusqu'à l'arrivée. Il devance Ouzou de 11 minutes et Bouvet de vingt-cinq. Deux heures après l'arrivée du vainqueur, les organisateurs décident de transférer le dernier contrôle dans le centre-ville. Non prévenus, les coureurs vont errer à travers Tours en quête d'un passant complaisant pour leur indiquer l'arrivée.

24 MAI

Linton se perd

Bordeaux-Paris devient le théâtre d'une lutte de plus en plus farouche entre les différentes marques de cycles. Pour mettre tous les atouts de leurs côtés, elles engagent de véritables armadas de tandems, de triplettes et, même, de quaduplettes pour entraîner leurs coureurs. Dans le concours de pronostics du quotidien *Vélo*, l'organisateur, l'Allemand Joseph Fischer, arrive largement en tête devant Gaston Rivierre et Marius Thé. Mais Fischer est victime d'une terrible chute à Chaunay, qui le contraint à l'abandon. Rivierre, lui, domine les trois quarts de la course. Mais, au dernier contrôle, à Versailles, le Français est rejoint par le Gallois Arthur Linton, auteur d'un prodigieux retour. À Suresnes, Linton, entouré d'une foule impressionnante d'entraîneurs, passe avec deux cents mètres d'avance sur son rival. C'est alors qu'un cycliste traverse imprudemment la route et percute le Gallois. Couvert de sang, il remonte néanmoins sur sa machine mais, dans la panique générale, oublie le parcours officiel et se dirige vers le bois de Boulogne, comme les autres années. On l'avertit de sa méprise mais il est trop tard. Linton fonce vers le vélodrome de Buffalo où il se présente 62 secondes avant Rivierre qui, lui, a respecté le bon itinéraire. Aussitôt, Rivierre demande à récupérer la première place mais Linton, épuisé, argue du fait qu'il a accomplit la même distance, mille deux cents mètres, que son adversaire et qu'il ne voulait pas tricher. D'interminables discussions s'engagent et, après un mois d'enquête, le jury composé de Tristan Bernard, Léon Hamelle et Paul Rousseau, décide de classer Linton, le vainqueur de fait, et Rivierre, le vainqueur de droit, premiers ex-aequo. ❍

15 juin

Madame doit-elle porter la culotte ?

Que doivent porter les femmes cyclistes ? Une jupe ou bien une culotte ? Le débat passionne tous les sportsmen avertis. La popularité croissante de la bicyclette a en effet contraint ses adeptes féminines à imaginer un vêtement plus adapté à sa pratique que la jupe. La culotte est d'ailleurs devenue un véritable phénomène de mode, même en dehors du sport. Ce qui ne plaît pas à tout le monde. C'est ainsi que des mères de familles promenant leurs enfants au Luxembourg déposent une plainte devant l'invasion des « culottes ». Et le préfet de police décide d'interdire aux femmes d'en porter si elles ne possèdent pas de bicyclette. Mais le très aristocrate Rallye Vélo-Club, en inventant la jupe-culotte, donne satisfaction aux deux parties. ❍

27 juin

L'ombre de Constant Huret plane sur le Bol d'or

Le vainqueur du précédent Bol d'or, Constant Huret, est contraint de déclarer forfait pour cette édition. Il souffre en effet d'une bronchite aiguë depuis sa tentative contre le record des six heures sur la piste de Vincennes. Mais pour montrer son attachement à cette épreuve, alors qu'une partie de la presse l'accuse de se « dégonfler », Huret propose au futur vainqueur un match de vingt-quatre heures sur la longue route de North Road, en Angleterre. Comme dans le récent Bordeaux-Paris, le Bol d'or va t-il se résumer en un duel Linton-Rivierre ? En fait, le suspense ne dure pas puisque Linton quitte la course prématurément, laissant la victoire finale à Rivierre, devant Williams. Et c'est Constant Huret qui remet lui-même le trophée au vainqueur. ❍

• L'Allemand Joseph Fischer (ci-dessous et en haut) triomphe dans le premier Paris-Roubaix.

Les premiers rois du tandem : Pasini et Tommaselli.

La grande fête de l'élégance au cours des traditionnelles courses d'artistes au bois de Boulogne.

28 février

Une formalité

L'invincible Albert Champion, le nouveau prodige du légendaire Choppy Warburton, continue sa série de succès en battant Tom Linton, le recordman du monde de l'heure, sur sa distance favorite, les 50 km. Aux Arts libéraux, le cortège des machines et des entraîneurs démontre l'importance de la bataille. Linton arbore un maillot bleu avec les armes du pays de Galles brodées en noir. Champion, quant à lui, porte son habituel maillot violet. Au dixième tour, Linton est décroché à la suite d'une mauvais changement d'entraîneur. Il ne parvient pas à revenir et semble avoir perdu sa fameuse allure. À mi-course, profitant de la faiblesse du tandem du Gallois, le Français lui prend un deuxième tour. La suite ne sera plus qu'une formalité pour Champion, qui termine avec trois tours et demi d'avance après 1 h 2 min 53 s de course.

25 mars

Les rois du tandem sont italiens

Les rois du tandem, les Italiens Pasini et Tommaselli, confirment, à Milan, leur suprématie sur la spécialité. Opposés à la paire française Domain-Prévot et aux Italiens Pontecchi-Bixio en finale, sur 2 km, Pasini et Tommaselli sont menacés pendant trois tours par la vivacité des Français. Mais ces derniers doivent s'incliner logiquement devant la puissance des transalpins, qui concluent leur quarantième victoire en Italie depuis un an. Bien qu'ils ne s'entraînent jamais ensemble et qu'ils ne se rencontrent que le jour de la course, leur cohésion irréprochable leur permet d'emmener des développements impressionnants, qui peuvent aller jusqu'à 7,5 m.

17 AVRIL

Garin à l'énergie

Dès l'arrivée de la première édition de Paris-Roubaix, les organisateurs, Théo Vienne et Maurice Pérez, avaient donné rendez-vous aux coureurs pour l'année suivante. Chose promise... Peu après le départ, Sagot revient à pied en poussant sa machine qui s'est brisée à Suresnes. Il va rapidement en acheter une nouvelle dans Paris et repart courageusement. La pluie continue rend les routes difficilement praticables. Au premier contrôle de Saint-Germain, les coureurs arrivent méconnaissables, la boue recouvrant leurs imperméables de fortune. Le Hollandais Marcel Cordang passe en tête devant un groupe de poursuivants composé de tous les favoris. Les coureurs arrivent à Arras, où la police est sur les dents pour assurer le passage des coureurs. La côte de Pecq est dans un état si déplorable que la totalité des concurrents doivent la monter à pied. Dans les faubourg de Roubaix, vers 20 heures, trois hommes, Frédérick, Garin et Cordang sont encore au coude à coude. Les spectateurs qui espèrent une victoire de Garin, le régional, affluent en nombre vers le vélodrome. Frédérick lâché, Cordang et Garin pénètrent ensemble sur la piste. Commence alors une lutte acharnée entre les deux hommes pendant les six tours à effectuer. Le public stupéfait reste muet. La cloche sonne, Cordang soulève sa machine mais Garin, avec une énergie féroce, roule en zigzaguant et parvient à prendre deux mètres d'avance au poteau. À peine arrivé, exténué, il tombe de sa machine. On le conduit immédiatement aux quartiers des coureurs où les médecins le remettent en état avant son tour d'honneur triomphal.

17 avril

Quelle galère !

Paris-Roubaix peut friser le cauchemar. Deleu, un jeune professionnel du Pas-de-Calais, connaît ses premiers malheurs à Suresnes, où son pneu éclate. Dans la boue et sous la pluie, il répare au plus vite. Peu après, c'est la chaîne de sa bicyclette qui se brise. Il est à deux pas de la gare mais il ne prend pas le train, décidé à se battre, et cherche dans toute la ville une chaîne neuve. Avec quelques heures de retard, il se remet en route. Alors qu'il remonte tous ses adversaires, il aborde un peu rapidement la descente pavée vers le pont de Pontoise et dérape. Le cadre de son vélo est brisé ! Il finit par trouver un cadre à emprunter et il arrive à Roubaix à 4 h 15, soit dix heures après le vainqueur. Sans se reposer, il repart dans son village (encore trente-quatre kilomètres de pavés) pour ne pas augmenter ses frais de route. ❍

● En finale du Grand Prix de Paris, Paul Bourillon l'emporte devant Nossam, à droite, et Morin.

23 juillet

Baugé au cirage

Alponse Baugé, le champion de France des 100 km en 1896, connaît bien des difficultés pour obtenir des contrats dans les vélodromes parisiens. Il décide alors de tenter sa chance à Londres et se présente au Cristal Palace, mais le directeur de l'établissement lui oppose un refus catégorique. Afin d'assurer sa pitance, il est obligé de gratter de la mandoline dans les restaurants de Picadilly, s'entraînant les après-midi. C'est alors que l'organisateur qui l'a éconduit lui fait une proposition. Les Anglais, très soucieux de la mise en scène de leurs réunions, estiment que s'il y a des Noirs américains sur une quadruplette d'entraînement, les quatre hommes doivent être noirs. C'est ainsi que Baugé accepte de faire le « quatrième » après s'être teint le visage au cirage. La supercherie passera inaperçue auprès des honorables autorités anglaises. ❍

14 AOÛT

Cordang invente les plaques coupe-vent

Consciente du succès grandissant des courses organisées sur de longues distances, la direction du Parc des Princes prend l'initiative d'organiser une épreuve de vingt-quatre heures qui oppose les trois meilleurs coureurs de la spécialité, c'est-à-dire Constant Huret, Gaston Rivierre et le Hollandais Marcel Cordang. Dès les premières heures, Huret impose un train soutenu, selon son habitude, s'assurant plusieurs tours d'avance. Mais Cordang change soudain d'entraîneur et, accélérant à son tour, Il double, puis redouble les deux Français, que les nouvelles triplettes et quadruplettes du Hollandais rendent soucieux. En effet, elles sont équipées à l'arrière de plaques métalliques, faisant office de coupe-vent. Huret estime qu'il n'est plus possible de lutter dans ces conditions et menace d'abandonner si on ne lui fournit pas le même système de protection. Tandis qu'il continue sa ronde, son entourage commence à briser les chaises du Parc pour en transformer le fond en coupe-vent. Certains utilisent même des cisailles pour découper consciencieusement les balustrades. Désormais doté des mêmes avantages que son adversaire, Huret est en train de refaire son retard lorsque Cordang, fatigué, chute malencontreusement, ce qui le contraint à l'abandon. Au petit jour, c'est au tour de Rivierre de quitter la course. Cela n'empêche pas le public d'affluer pour admirer le spectacle de ce champion sans rival qui stimule ses entraîneurs pour battre le record de l'heure. Au bout des vingt-quatre heures, avec 909,027 kilomètres, le record est tombé. ❍

● Robert Protin, champion du monde professionnel de vitesse en 1895, est le vainqueur du « Pneu Paris ».

Le vélo-brancard conçu par M. Couturier pour faciliter le travail des Secouristes français.

À Cannes, le prince de Galles, futur roi d'Angleterre, prend un cours de bicyclette avec Olivier Stanton.

15 avril

Prince à vélo

Son abord sympathique, son intérêt bienveillant pour le sport font la popularité en Grande-Bretagne du prince de Galles, qui ne pouvait se montrer indifférent à la reine Bicyclette. C'est en France qu'il a pris ses premières leçons, lors d'un passage à Cannes. Au cours de ses promenades quotidiennes, le prince de Galles a été frappé par le grand nombre de cyclistes qui sillonnent les routes de la Côte d'Azur. Après s'être fait livrer une machine, le futur roi prendra comme professeur Olivier Stanton, connu pour avoir rempli les mêmes fonctions auprès de plusieurs altesses royales. Malgré ses soixante ans, le Prince va montrer une très grande souplesse dans ses mouvements. Après deux heures d'apprentissage quotidien, il réussira à effectuer sa première sortie dans les larges allées du parc du Régent. ❍

19 juin

Le Patin-Bicyclette

Plus de deux mille personnes assistent au premier championnat de Patins-Bicyclettes dans le bois de Boulogne. Après six mois d'existence, le Patin-Bicyclette connaît un réel engouement. Le coureur, muni de patins à deux petites roues, est tracté par des cyclistes. Les touristes sont particulièrement séduits par ce moyen de transport, léger, qui s'adapte parfaitement aux rues de Paris, évitant les voitures, montant sur les trottoirs et se faufilant parmi les piétons quelque peu surpris. Dans ce championnat de vitesse sur trois cents mètres, les concurrents sont tirés par des triplettes. Paul Granclaude est le plus rapide, dominant Guerry et Bizon. Mais, dans la course de fond (un tour de Longchamp), Grandclaude, roue brisée, est devancé par Chaudron. ❍

15 juillet

La bicyclette au service de l'humanitaire

Dans la série des multiples applications que permet cette merveille machine qu'est la bicyclette, une nouvelle invention fait sensation : il s'agit d'un vélo-brancard destiné à venir en aide aux blessés et qu'utilisent les Secouristes français. Mis au point et construit par un certain Couturier, ce vélo-brancard, lorsqu'il est déplié, se transforme en un hamac tendu entre les deux roues. Le blessé est ainsi transporté sans aucune secousse. La selle et les pédales sont installées sur un des côtés du brancard. L'inventeur de cette nouvelle machine compte bien l'exploiter dans les campagnes où les habitants sont éloignés des premiers centres de soins et surtout dans les meetings de sport. ❍

7 août

Tricot de prix

Pour M. Tricot, bookmaker, ce Grand Prix de Paris est avant tout une histoire de gros sous. Peu lui importe que Morin, Bourillon, Grogna ou un autre triomphe, seul les paris le préoccupent. Et cette année, Tricot et son chapeau melon prennent des airs conquérants. La présence imposante, pour la première fois, des officiels de toute sorte, ministres et députés, le ravit. Dans le coin des coureurs, les managers s'affairent, gonflent les pneus, graissent les chaînes et se surveillent étroitement. Un coup d'épingle est vite arrivé. Le départ est donné pour la grande course du jour, le Grand Prix derrière quadruplette. Grâce à un déboulé final impressionnant, Paul Bourillon l'emporte facilement. *La Marseillaise* retentit devant des officiels perplexes, mais M. Tricot, lui, a fait des affaires. ❍

15 AOÛT

Ils sont devenus fous !

La course de soixante-douze heures qui se déroule au vélodrome du Parc des Princes va faire couler beaucoup d'encre et la presse, quasi unanime, critiquera violemment ces épreuves de longue haleine. Le duel entre Frédéric et Charlie Miller bat son plein après soixante-cinq heures de course lorsque, tout à coup, Frédéric se met à tituber sur la piste, faisant un effort surhumain pour coller à la roue de son rival. Il vient de rester quarante heures sur sa selle sans un seul arrêt, se nourrissant en course de bouillons, de jus de viande et de thé. Brusquement, il ne contrôle plus sa machine et tombe. Remis en selle par son manager, Richard Choubersky, il repart lentement, mal assuré, et chute à nouveau. Son manager, qui veut absolument que son poulain touche les gains importants promis au vainqueur, le remet sur son vélo. Mais, les spectateurs hurlent leur désaccord et s'insurgent devant ce manque d'humanité. Le pauvre coureur, complètement épuisé et victime d'une insolation, termine laborieusement ses soixante-douze heures de calvaire. D'autres coureurs connaissent des épisodes délirants, avec hallucinations. Ainsi, l'un s'échappe brusquement pour monter à un arbre, l'autre descend de machine et proteste contre la présence de tramways dans le virage. Un troisième croit qu'on a placé dans ses pneus des cartouches de dynamite. L'absence de sommeil et la fatigue provoquent aussi des défaillances oculaires. Après trois jours d'angoisse, les onze participants terminent sains et saufs mais le public ne veut plus assister à un tel jeu de massacre.

1er NOVEMBRE

Le « Nègre volant »

Et voilà que l'on annonce le voyage en France du fameux sprinter noir américain Major Taylor. Ce sera la première fois que le public français peut découvrir « le prodige noir » autrement que par des récits de ses exploits. Et, depuis plusieurs mois, la réputation grandissante du « Nègre volant », âgé seulement de 20 ans, a traversé l'Atlantique. Le journaliste français Robert Coquelle, qui revient de New York, où il a assuré la couverture des derniers Six Jours, s'est enthousiasmé pour ses exploits. Et les journaux européens, qui se sont vite emparés de sa personnalité, n'hésitent pas à détailler pour leurs lecteurs les moindres de ses faits et gestes. Rien n'échappe à leur curiosité, de la souplesse sans pareille de ses chevilles à son enfance et à sa formation. Évidemment, sa couleur de peau les intriguent. « N'est pas nègre qui veut, et il peut se présenter des cas où cette distinction devient fort utile. Mais aux États-Unis, elle le devient surtout… lorsqu'on est “arrivé” », conclut un chroniqueur. Pour les Américains, il est déjà l'égal du grand Zimmermann et demain, peut-être, se révélera le meilleur de tous. Reste que pour franchir l'Atlantique, le champion des États-Unis réclame la coquette somme de sept mille cinq cents dollars. Grâce à la collaboration de plusieurs vélodromes et, en particulier, de celui du Parc, dont le directeur, Henri Desgrange, tient beaucoup à sa présence, la somme est réunie et les Parisiens pourront voir en chair et en os ce phénomène.

Paul Bourillon reçoit les honneurs de la République après sa victoire dans le Grand Prix de Paris.

La France entière attend la venue du « Nègre volant », Major Taylor.

• L'Américain Murphy couvre le mile en 57 s 4/10, soit 101 km/h, derrière un train.

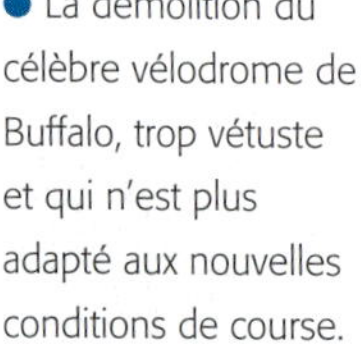

• La démolition du célèbre vélodrome de Buffalo, trop vétuste et qui n'est plus adapté aux nouvelles conditions de course.

20 mars

La démolition de Buffalo

Après la rumeur, voici la triste réalité. Buffalo est voué à la démolition. Aucun vélodrome n'a tenu dans l'histoire du cyclisme une telle place. Évoquer le passé de Buffalo, c'est dresser la liste des plus grands champions depuis Cassignard, qui a remporté la course inaugurale le 29 mai 1892, avec de Médinger et Fournier jusqu'à Zimmermann, Wheeler et Rivierre. Depuis deux ans, la piste est devenue trop exiguë et ses virages sont insuffisamment relevés pour les vitesses aujourd'hui réalisées. Buffalo, qui n'est plus utilisé que pour de trop rares occasions, est devenu un stade désert. Même Pierre, le fameux gardien du vélodrome, est parti. Quant au vieux Victor, qui s'occupait du quartier des coureurs, il a été chassé par le bruit des pioches destructrices. ❍

23 avril

Tom Linton marche au pétrole

Le célèbre Gallois Tom Linton fait sensation au vélodrome du Parc des Princes, lors de la course des cinquante kilomètres avec entraîneurs. En effet, Linton est tiré par un tandem à pétrole. Un petit moteur, placé entre les deux tandémistes, permet d'obtenir une vitesse plus soutenue et plus régulière que la traction humaine. Le résultat est immédiat : Linton bat tous les records du monde du vingt et unième au cinquantième kilomètre, qu'il couvre en 55 min 30 s. Faisant partie du fameux team de Choopy Warburton, avec son frère Arthur et Jimmy Michaël, Tom Linton confirme, grâce à sa puissance et malgré sa petite taille, qu'il est actuellement le meilleur *stayer* au monde en demi-fond. ❍

2 AVRIL

Les tribulations d'un Champion

Pour ce quatrième Paris-Roubaix, la victoire du *stayer* Albert Champion, spécialiste de demi-fond, est une surprise. d'autant qu'il courait avec sa bicyclette de piste, mais équipée de boyaux de route, d'un garde-boue et d'un frein avant. D'entrée, le favori, Émile Bouhours prend la tête, impressionnant par sa logistique. Un manager le suit en effet en voiture avec des vélos de rechange et un gigantesque garde-manger. À Beauvais, Bouhours et Champion passent détachés. Mais, peu après, l'entraîneur de Champion, Broc, est victime d'une panne de voiture. Le coureur en profite pour remplir ses gourdes d'eau et repart avec 3 min 30 s de retard sur l'homme de tête. C'est alors que Bouhours, qui s'est trompé de route dans la traversée d'Amiens, subit un accident terrible. La voiture de son entraîneur, René de Knyff, se renverse dans la descente de Poulainville, entraînant avec elle le pauvre coureur. De son côté, Champion est inquiet. Malgré son allure rapide, il n'a toujours pas rejoint le leader, dont il ignore l'accident. À Doullens, la voiture de Broc fait un tête-à-queue et l'un de ses pneus éclate. Champion poursuit tout seul. Après Arras, il est victime d'une fringale. Contraint de s'arrêter dans la première maison venue, il se voit offrir un potage aux choux, du lard et quelques pommes de terre. Sa fin de parcours sera laborieuse, avec six chutes dans les vingt derniers kilomètres. À l'arrivée à Roubaix, il doit se frayer un passage à travers la foule massée au bord de la route avant de pénétrer sur le vélodrome, devançant largement Paul Bor et Ambroise Garin, le jeune frère de Maurice. ❍

11 MAI

Quatre-vingts heures

À l'issue des Cent Heures de Roubaix, la polémique rebondit sur la nécessité de supprimer ou non ces courses que leurs détracteurs qualifient d'« antisportives et inhumaines ». Mais le duel qui a opposé l'Américain Miller à Muller a pourtant été de toute beauté. Pendant ces cinq jours de course, les organisateurs ont prévu des attractions pour briser une éventuelle monotonie. Les spectacles de music-halls succèdent aux numéros de clowns anglais. Mais, sur la piste, la lutte entre des deux leaders est acharnée, sans trêve et sans repos. Entre la vingt-quatrième et la soixante-dix-neuvième heure, l'écart le plus important ne sera pas supérieur à mille mètres. La tension règne aussi sur la pelouse entre les deux camps rivaux. La surexcitation des managers et des masseurs est telle qu'une bagarre est même sur le point d'éclater. Le soigneur de Charlie Miller n'est d'ailleurs autre que sa femme, dévouée et infatigable. Elle ne se reposera qu'une heure ou deux avant de revenir sous les applaudissements du public, impressionné et amusé par cette présence insolite. Les Miller sont de jeunes mariés, qui se sont unis en décembre dernier, sur la piste du Madison Square Garden de New York. La tactique de Miller consiste à démarrer dès que son adversaire se ravitaille ou se soigne. Il sait que, avec un tour d'avance, la partie sera plus facile. Mais, finalement, c'est une chute, à la quatre-vingtième heure, qui départagera les protagonistes. Depuis quelques tours, Muller apparaissait fatigué, tenant moins bien sa ligne. Et, en effet, il tombe lourdement sur la piste. Le temps qu'on le relève et qu'on le soigne, son adversaire file vers la victoire. ❍

30 juin

Murphy suit le train

Les Américains sont coutumiers des performances excentriques et ce nouveau record de Charles Murphy en apporte une preuve supplémentaire. Cet Américain couvre à bicyclette, derrière une locomotive, un mile (1609,32 m) en 57 s 3/10, soit 101 km/h de moyenne. L'essai a lieu sur une ligne de chemin de fer dans les environs de New York. L'espace entre les rails est recouvert d'un plancher très lisse qui forme une véritable piste en bois. Murphy est ainsi collé à cette locomotive, qui l'aspire. Après un mile d'échauffement, avec un développement de 9,45 m, il quitte soudain l'abri du wagon et roule trente mètres derrière. Les cendres de la locomotive brûlent son visage. Malgré tout, Murphy va devenir pour des années *« Murphy mile a minute »*. ❍

9 juillet

Les kilomètres de Walters

Pour la sixième fois, la course annuelle du Bol d'or se dispute au vélodrome du Parc des Princes. Et pour la première fois, elle est gagnée par un Anglais, Walters, qui couvre 1 020,977 kilomètres en vingt-quatre heures, battant ainsi largement le record de Gaston Rivierre, qui avait parcouru 859,120 kilomètres en 1896. Le Français Constant Huret, le tenant du titre, n'est malheureusement pas présent, la direction n'ayant pas pu satisfaire, aux dires de l'intéressé, ses exigences financières. Mais certains prétendent qu'il se dérobe devant le talentueux britannique. Battant tous les records du monde à partir du kilomètre 110, Walters, derrière son tandem électrique, s'impose largement devant Robl, le coureur allemand. ❍

• Le Gallois Tom Linton, tiré par un tandem à pétrole lors d'une course de 50 km au Parc des Princes.

• Albert Champion, le vainqueur-surprise de Paris-Roubaix, va aborder le traditionnel tour d'honneur.

● Émile Bouhours, surnommé « le Normand », est entouré de ses entraîneurs après son large succès dans Paris-Roubaix.

16 avril

Pour un record de plus

L'Américain Edouard Taylor, à ne pas confondre avec la star américaine Major Taylor, bat le record du monde de l'heure derrière ses deux entraîneurs, qui montent un tandem. Ce spécialiste des courses de demi-fond et des Six Jours américains a couvert 59,486 km sur la piste du vélodrome du Parc des Princes. Après avoir surclassé ses plus redoutables adversaires, Baugé, Jacquelin et Gougolz dans cette course de dix milles, avec un superbe temps de 16 min 18 s, il poursuit son effort jusqu'à l'heure. Son style harmonieux fait merveille dans le sillage des tandemistes avec qui il semble ne faire qu'un, sa petite taille lui permettant aussi de profiter au mieux de l'abri qu'ils offrent. ❍

22 AVRIL

La colère du « Ramoneur »

Pour sa sixième édition, Paris-Roubaix est devenu une classique du calendrier des courses cyclistes. À 9 heures du matin, à l'entrée de la forêt de Saint-Germain-en-Laye, les dix-neuf concurrents prennent le départ derrière des voitures, des tricycles et des tandems. Derrière chaque voiture, on a installé un imposant panneau, avec, en son bas, un rouleau venant buter contre la roue du coureur. Au milieu du panneau, une raie blanche indique le centre, que le cycliste doit coller au plus près. Rapidement, les favoris, Émile Bouhours, Maurice Garin, surnommé « le Ramoneur » et l'Allemand Joseph Fischer, prennent la tête. Entraîné par le prince de Sagan, Fischer creuse rapidement l'écart. Vers Arras, le Munichois possède dix minutes d'avance sur Bouhours lorsqu'il crève. Le temps de la réparation et Bouhours apparaît. Ce dernier, plus frais, distance son rival et part seul vers le vélodrome de Roubaix. Après 7 h 10 min 30 s d'efforts, le Normand franchit la ligne d'arrivée avec un quart d'heure d'avance sur Fischer. Ce dernier réalise tout de même une grande performance, car il ne disposait que d'un seul véhicule pour son entraînement. Vingt minutes plus tard arrive à pied le Roubaisien Garin, tenant sa bicyclette à la main. Le visage noir de poussière et de sueur, mécontent, il refuse de remonter sur sa machine, comme le lui demandent les commissaires, et refuse de faire les six tours de piste réglementaires. Il parlemente bruyamment avec le public et explique que, s'il a été battu, c'est uniquement en raison de la coalition de tous ses adversaires contre lui. « Le Ramoneur » sera néanmoins classé 3e. ❍

● Le cyclisme utilitaire, symbolisé par cette boulangère sur son triporteur.

23 septembre

Cyclo-brevet

L'Union vélocipédique de France régit professionnels, vélodromes et grandes épreuves mais son principal souci est de développer une autre catégorie de cyclistes, les routiers amateurs, la grande masse des utilisateurs. Elle organise ainsi la course du Brevet de l'UVF, qui récompense les routiers parcourant cent cinquante kilomètres dans une durée impartie. Cette année, devant les perfectionnements apportés aux bicyclettes, le délai est réduit à dix heures pour le « brevet élémentaire » et à six pour le « supérieur ». Les cinq cent soixante-six postulants s'élancent de Champigny. Tout au long du parcours, les fous de la première heure gisent au fond des fossés, pâles et défaits. Le meilleur, un inconnu du nom de René Pottier, de retour après 5 h 6 min 49 s, bat le célèbre allemand Joseph Fischer. Dix heures après le départ, trois cent quatre-vingts coureurs ont franchi la ligne et cinq seulement ont obtenu le brevet supérieur. ❍

19 AOÛT

L'apothéose d'Edmond Jacquelin

Depuis que la vieille International Cyclist's Association a été remplacée par l'Union cycliste internationale, les championnats du monde justifient réellement leur prestigieux titre. Mis à part l'Américain Major Taylor, le Belge Grognet, L'Italien Momo, l'Allemand Huber et le Danois Ellegard, les meilleurs coureurs sont rassemblés au Parc des Princes. L'intégralité des recettes guichets revenant exclusivement aux coureurs professionnels, la lutte est ardue. L'épreuve des tandems est absolument palpitante, Meyers-Tomaselli ne battant que d'un pneu Jacquelin-Louvet et Vaoni-Protin. Mais le clou de ces championnats, attendu par un public tout acquis à la cause de son Jacquelin national, est l'épreuve de vitesse. En demi-finale, le Français s'est imposé sans difficulté, de même que Meyers et le champion du monde en titre, l'Allemand Arend. Ces trois hommes se retrouvent donc en finale. Ils abordent les deux premiers tours prudemment, se surveillant mutuellement, lorsque, dans le dernier virage, Edmond Jacquelin démarre comme un boulet de canon. Ses deux rivaux, malgré un ultime effort, sont incapables de revenir sur le Français qui l'emporte de trois longueurs sur la ligne rouge. Malgré les agents, malgré les barrières, la pelouse est envahie par une partie du public. La foule parisienne explose de joie, agite mouchoirs, cannes et chapeaux. Pris dans ce tumulte, le vainqueur est porté en triomphe, ballotté d'une épaule à l'autre. ❍

Novembre

La « reine bicyclette » dans la rue

En marge des compétitions cyclistes, qui connaissent une popularité de plus en plus importante, la bicyclette bénéficie d'un développement étonnant dans la vie quotidienne. Chaque mois voit l'apparition de nouvelles inventions. Ainsi de ce tricycle utilitaire, qui permet à la boulangère de livrer ses pains plus rapidement ou à la presse de distribuer ses « canards » dans les plus brefs délais. La population commence même à apercevoir des facteurs munis de cet indispensable moyen de locomotion. Bref, la « reine Bicyclette » envahit les rues des grandes villes, au point de commencer à exaspérer les automobilistes. ❍

23 décembre

L'Austral Wheel Race, la course la mieux dotée

Créée en 1886, depuis douze ans donc, soit un siècle dans l'histoire du cyclisme, l'Austral Wheel Race, qui se dispute chaque année à Melbourne, en Australie, est considérée comme la plus ancienne épreuve classique du cyclisme. Elle est en même temps la mieux dotée. Dix mille francs sont attribués au vainqueur, ce qui représente trois fois le prix offert pour le Grand Prix de Paris, la plus célèbre des épreuves sur piste européennes. Le vainqueur, A.C. Forbes, 27 ans, courait en Nouvelle-Zélande avant de s'installer en Australie. Sur la piste en gazon de Melbourne, il s'attribue le record du monde sur ce genre de revêtement, en 4 min 19 s. Forbes crée la surprise car, depuis ses bons résultats de 1898 et son record du monde des cinq miles, il paraissait sur le déclin. ❍

• Au championnat du monde des tandems, la paire Meyers-Tomaselli, au centre, s'impose d'une roue devant les Français Jacquelin-Louvet, à gauche.

• Edouard Taylor bat le record du monde de l'heure derrière tandem avec 59,486 km.

● Deux Italiens, Reiter et Galvani, ont trouvé un système astucieux mais dangereux pour traverser le Colorado durant leur tour du monde.

15 février

Le monde en tandem

Deux globe-trotters italiens, Charles Reiter et Tullio Fontana, poursuivent leur invraisemblable tour du monde en tandem. C'est à la suite d'un pari de cinquante mille francs que les tandemistes ont quitté Florence le 5 juillet 1899 pour ce périple qui doit durer un peu plus de deux ans. Ils voyagent par petites étapes en faisant de longs arrêts. Pour subvenir à leurs besoins, ils organisent des combats d'escrime où Fontana invite amateurs et professionnels à se mesurer à lui. Après un passage à Paris, pendant l'hiver, les voici dans le Colorado. Pour pouvoir rouler partout, même quand les routes sont en très mauvais état (c'est le cas aux États-Unis), ces Italiens ont construit un appareil spécial qui leur permet de rouler sur les voies de chemin de fer. ❍

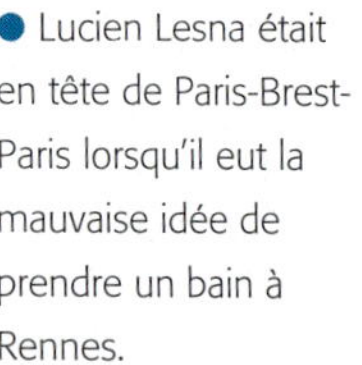

● Lucien Lesna était en tête de Paris-Brest-Paris lorsqu'il eut la mauvaise idée de prendre un bain à Rennes.

15 août

Un bain fatal

Tous les grands noms du cyclisme sont au départ de ce deuxième Paris-Brest-Paris. Aussitôt, Lucien Lesna part seul, provoquant les railleries de ses adversaires et, en particulier, d'Hippolyte Aucouturier : « Il a dû oublier que nous devons virer à Brest et revenir à Paris ! » Mais à Brest, sur la route du retour, Lesna, qui possède deux heures d'avance, croise ses poursuivants. À Rennes, où règne une chaleur étouffante, il décide de prendre un bain. Lorsqu'il repart, victime d'un vent contraire, il est rejoint par Maurice Garin, auteur d'une fantastique remontée. Ne relâchant pas son effort, Garin va distancer son rival, à l'agonie et qui préfère abandonner. « Le ramoneur » augmentera l'écart pour finir, au Parc, après cinquante-deux heures et onze minutes de course, avec près de deux heures d'avance sur Gaston Rivierre. ❍

16 MAI

Taylor-Jacquelin : le match du siècle

Des milliers de spectateurs se sont rués au Parc des Princes pour ce qu'il est convenu d'appeler, depuis quelques semaines « la journée du Nègre », alias Major Taylor. Des provinciaux débarquent en masse à Paris pour assister à cette rencontre entre Taylor et Edmond Jacquelin. De mémoire de cycliste, on n'avait jamais vu, en France, semblable affluence sur un vélodrome. Il est vrai que, depuis plusieurs semaines, le presse nationale fait monter la pression pour ce « match du siècle ». Les photographes vont même jusqu'à prendre des clichés de Taylor en costume d'Adam. Jamais athlète n'aura été autant scruté, de ses chevilles, réputées plus souples que celle des coureurs normaux, à son éducation et à son enfance. « C'est incontestablement une des plus jolies mécaniques humaines qu'il nous ait été donné d'admirer », écrit un chroniqueur. Dans la première manche, loin d'être impressionné, Jacquelin démarre après deux cent cinquante mètres, mais l'Américain saute dans sa roue. Les deux hommes sont au coude à coude sur plus de cent mètres, ne cèdant pas un pouce de terrain. Puis, sur la ligne, le Français jette son vélo dans un ultime effort. Il a gagné. La deuxième manche est expédiée avec brio par Jacquelin. Après s'être laissé décoller de plus de deux longueurs, il bondit sur Taylor, le passe facilement et franchit la ligne relevé. La piste est alors envahie par la foule, qui se rue vers le vainqueur, le porte en triomphe dans l'allégresse générale. ❍

6 octobre

Le plus petit vélodrome du monde

Le record d'exiguïté d'un vélodrome, qui était détenu par la piste cycliste installée deux ans plus tôt au Nouveau Cirque (elle mesure quarante mètres), est battu par celle que l'on dresse tous les soirs sur la scène de l'Olympia. Cette piste, qui ne fait que vingt-quatre mètres, ressemble à un abat-jour renversé. Ses parois sont formées de lattes de bois espacées de cinq centimètres. Sur cette piste minuscule, deux champions français, Maurice Garin, vainqueur de Paris-Brest-Paris, et Lucien Lesna, lauréat de Bordeaux-Paris, se livrent tous les soirs à des matches poursuites et à des courses contre-la-montre. Une troupe d'acrobates, les Foot, y exécute aussi des numéros à bicyclette et à tandem. ❍

25 octobre

Petit prodige

Le « petit prodige » américain Jimmy Michaël fait sa réapparition sur les vélodromes parisiens. Dans le demi-fond français, seul Émile Bouhours, surnommé « le Normand », est capable de résister à l'Américain. Six ans après leur premier duel, les deux hommes se retrouvent au Parc des Princes. Dès le départ, Michaël prend la tête. Mais au dixième kilomètre, la chaîne de l'Américain se brise. Il change de machine très rapidement mais ne peut empêcher son aversaire de refaire son retard et de prendre un tour et demi d'avance. C'est alors une fantastique course poursuite qui s'engage pour le petit Américain. Collé derrière son tandem, il réduit progressivement son retard et, lorsque la cloche annonce le dernier tour, il n'est plus qu'à trois cents mètres ! Quelques kilomètres de plus et Bouhours était battu ! ❍

15 DÉCEMBRE

New York est fou de cyclisme !

Le Madison Square Garden accueille, comme chaque année, les Six Jours de New York, la plus grande manifestation cycliste outre-Atlantique. Pendant une semaine, « New York is cycling crazy », comme le titrent les journaux. La présence européenne est assurée par les paires Gougoltz-Simar et Fischer-Chevallier. Mais Simar, victime d'une chute le deuxième jour, doit abandonner, tout comme Fischer, qui s'est fracturé la clavicule. Tout reste à faire à l'aube de la dernière journée. Les quinze mille spectateurs massés dans cet immense hall ne veulent rien manquer du final. Lorsqu'on affiche « dix tours à faire », Butler se porte en tête comme s'il s'agissait du sprint décisif. Mais Walthour le suit de très près et, dans le dernier tour, il prend la tête grâce à un démarrage foudroyant. Il poursuit ainsi jusque sur la ligne, devançant d'une longueur et demie Maya et Munro. Le public se lève et, pendant une heure, ses cris et ses acclamations retentissent pour acclamer les vainqueurs, Walthour et Mac Eachern. Les coureurs, épuisés par ce marathon, rentrent enfin à l'hôtel pour se reposer. Mais après quelques minutes de sommeil, Butler redescend de sa chambre, surexcité. Il croit entendre la cloche annonçant le dernier tour, appelle son équipier, Mac Lean et lance au personnel de l'hôtel : « Passez-moi ma bicyclette, je vais courir le dernier mille. » Victime d'hallucinations, le pauvre Américain sera recouché de force. ❍

• Maurice Garin et Lucien Lesna, au centre du plus petit vélodrome du monde.

• Jimmy Michaël, le « petit prodige », se fait masser avant son match contre Bouhours.

La côte de Doullens, le juge de paix de Paris-Roubaix, est de trop pour le débutant Leroux.

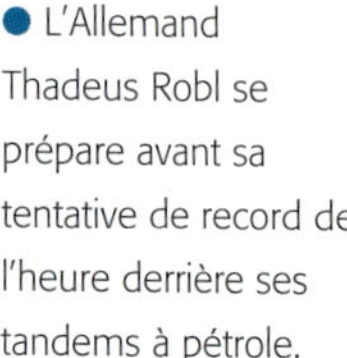

L'Allemand Thadeus Robl se prépare avant sa tentative de record de l'heure derrière ses tandems à pétrole.

30 mars

Lesna se venge

Cinquante coureurs prennent le départ de Paris-Roubaix. Les meilleurs professionnels mais aussi des anonymes, attirés par l'appât de prix importants. Des petits pelotons sont dispersés tout au long de la route pavée, rendue glissante par la pluie. Jusqu'à Arras, Lucien Lesna, Edmond Wattelier et Maurice Garin sont en tête, avant que Garin ne cède, sur ennuis mécaniques. Lesna, le grand battu du dernier Paris-Brest-Paris, lâche alors son dernier adversaire et file vers le vélodrome de Croix. En pénétrant sur la piste, le vainqueur est méconnaissable, couvert de boue, les traits tirés par la poussière humide. Après une rapide toilette dans un baquet d'eau, il écoute *La Marseillaise*, jouée en son honneur. C'est un double succès pour Lesna puisqu'il bat le record de l'épreuve, détenu par Joseph Fischer depuis 1896. ❍

1er juin

Jusqu'au bout

Les six concurrents de ce Bordeaux-Paris partent derrière des voitures chargées de vivres et de vélos de rechange. Au contrôle de Châtellerault, Edmond Wattelier signe le premier. Au petit matin, vingt-trois minutes avant Frédérick, il surgit sur les bords de la Loire, couvert de boue, mais son avance se réduit. La route est encombrée de cyclistes qui vont et viennent, et le leader est averti que ses poursuivants reviennent rapidement. Mais, dans le peloton, une chute se produit, qui mêle coureurs, entraîneurs et accompagnateurs plus ou moins officiels. À Blois, Wattelier, qui a repris un avantage conséquent, s'arrête pour se restaurer et se laver. Finalement, après 22 h 43 min 1 s, Wattelier rallie Buffalo, follement applaudi, devant Ambroise Garin et le jeune Léon Georget, qui arrive une heure et quart plus tard. ❍

20 AVRIL

Quatre records de l'heure en trois semaines !

Le professionalisme, qu'on a pu croire ruiné en France quelques années plus tôt, traverse une passe exceptionnellement faste. Ainsi, après le Parc des Princes, les autorités ouvrent un second vélodrome à Paris, le nouveau Buffalo. En l'espace de trois semaines, au cours des trois dernières réunions au Parc, le record de l'heure derrière des « machines automobiles » a été battu quatre fois, dont deux fois par le Gallois Tom Linton. Et l'Allemand Thadeus Robl, profitant du Grand Prix de Buffalo, se lance dans une nouvelle tentative, portant le record à 72,560 km. Ces constantes améliorations des vitesses atteintes sont le résultat d'un meilleur rendement des pistes, des améliorations apportées aux machines et surtout de l'utilisation de véhicules à moteur pour l'entraînement. La semaine suivante, au Parc, une épreuve de quatre-vingts kilomètres derrière tandem à moteur rassemble Guignard, Tom Linton, Edouard Taylor, Dickentmann et Robl. Linton, vexé d'avoir abandonné son record, prend le meilleur départ avec Dickentmann alors que le tandem des entraîneurs de Taylor connaît rapidement des problèmes de moteur. Linton prend alors résolument la tête et semble devoir l'emporter facilement lorsque, à dix kilomètres de l'arrivée, Taylor refait son retard.
Mais nouvel incident mécanique pour Taylor. Son tandem tombe définitivement en panne. Tom Linton prend donc sa revanche sur Robl et donne déjà rendez-vous aux spectateurs pour une nouvelle tentative de record de l'heure. ❍

20 septembre

« Cent kilos » et « tout petits »

Cette réunion du Parc des Princes voit la grande rentrée de Zimmermann pour une double exhibition derrière motocyclette. L'Américain couvre une première fois le mille mais, la deuxième fois, il tombe heureusement sans gravité. Toujours soucieux de trouver des animations divertissantes, les propriétaires du Parc décident d'organiser, en marge de cette réunion, une course originale puisqu'elle est réservée aux cyclistes pesant plus de cent kilos, sur quinze kilomètres avec entraîneurs. C'est Oscar, un cousin de Constant Huret, qui l'emporte dans le temps très honorable de 24 min 40 s. C'est ensuite la course des « tout petits », c'est-à-dire des enfants ou des jeunes gens qui n'ont jamais couru.

28 septembre

Le retour du grand Zim

Celui qui apparaît comme le plus grand cycliste de tous les temps, Arthur Augustus Zimmermann, revient sur la piste après avoir fait, huit ans plus tôt, des adieux que tout le monde pensait pourtant définitifs. De passage à Paris avec la seule intention de rencontrer ses anciens amis français, « Zim », saisi par le démon de la compétition, ne peut s'empêcher de goûter à nouveau au ciment du Parc des Princes. Le vélodrome est évidemment plein à craquer pour cette course du souvenir. Au programme, le meilleur Français en vitesse, Edmond Jacquelin, opposé à un tandem composé de « Zim » et de son compatriote Eddie Bald. Même vieillissant, ces trois coureurs prestigieux livrent une formidable bataille, finalement remportée par Jacquelin.

20 NOVEMBRE

« La plus grande course du monde »

Pierre Giffard, le directeur du tout-puissant quotidien *Le Vélo* (quatre-vingt mille exemplaires) a le don d'agacer le milieu de l'industrie du cycle, qui lui reproche ses prises de position politiques en faveur du capitaine Dreyfus, son « autorité tranchante » et des « tarifs de publicité exagérés ». Sous l'impulsion d'Adolphe Clément, fabricant de pneus, l'offensive anti-Giffard se concrétise par l'arrivée d'un concurrent du *Vélo*. Soutenu par Edmond Michelin et les industriels anti-dreyfusards, Clément nomme Henri Desgrange, son chef de publicité, à la direction de *L'Auto-Vélo*. La lutte entre les quotidiens est implacable. Desgrange crée un deuxième Bordeaux-Paris, couru deux mois après l'officiel. Giffard réplique en attaquant son concurrent pour plagiat. En novembre, Desgrange est contraint de retirer le mot « Vélo » du titre. Mais il prépare une nouvelle riposte. Il réunit dans son bureau deux de ses collaborateurs, Géo Lefèvre et Georges Prade, et leur réclament des idées « pour clouer le bec à ce c... de Giffard ». « Organisons une course de plusieurs jours mais sur route. Les grandes villes de province réclament des cyclistes », lance Lefèvre. « Vous prétendez faire accomplir aux coureurs un Tour de France ? », répond Desgrange. Le 19 janvier 1903, *L'Auto* annonce en première page la création d'une course étonnante : « La plus grande course cycliste du monde entier. Une course de plus d'un mois. Paris-Lyon-Marseille-Toulouse-Bordeaux-Nantes-Paris, vingt mille francs de prix. Départ : 1er juin. Arrivée : 5 juillet au Parc des Princes. »

Maurice Garin a tout le temps de se désaltérer sur la route de Bordeaux-Paris, après la deveine de Lucien Lesna.

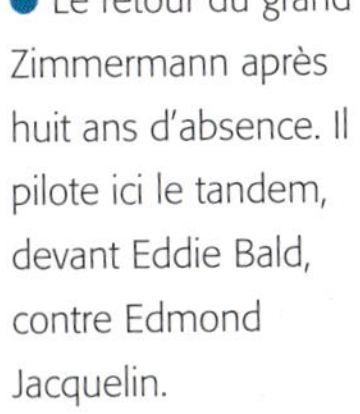

Le retour du grand Zimmermann après huit ans d'absence. Il pilote ici le tandem, devant Eddie Bald, contre Edmond Jacquelin.

● Les précurseurs du cross cyclo pédestre ne maîtrisent pas encore toutes les subtilités de la discipline.

● Le Belge Boller fait une grave chute au cours d'une séance de « *Looping the Loop* ».

10 janvier

Le cross de Géo

L'UVF en a rêvé et *L'Auto-Vélo* organise le premier cross cyclo pédestre, sur douze kilomètres, à Ville-d'Avray. « Supposez un cycliste qui ait, en temps de guerre par exemple, l'obligation de ne pas se contenter des grandes routes, de rouler ou de trotter à travers des terres labourées, de se faufiler dans les sous-bois, de franchir des fossés et vous saurez ce qu'est le principe du cross cyclo pédestre », explique « l'inventeur », Géo Lefèvre. Et les coureurs offrent un spectacle véritablement acrobatique. Ainsi, Seigneur, à pied, bondit d'arbre en arbre et Gentil accomplit les dix derniers kilomètres avec sa selle cassée, posée à même le cadre. Millo, lui, emporté par son élan, vient s'enfoncer, la tête la première, dans une haie d'arbustes. Après quarante-deux minutes, le vainqueur Enrico peut poser pour la postérité. ❍

2 juin

Taylor *is back*

Voici enfin Marshall Walter Taylor, au vélodrome de Buffalo. Personne n'a oublié la sensation provoquée par sa première apparition en Europe en 1898 où malgré la coalition de ses concurrents blancs, il a conquis de brillantes victoires. À son arrivée à la Gare de Lyon, la foule qui l'attendait, eut la surprise de voir la femme de Major Taylor, la charmante miss Morris, qu'il vient d'épouser en Amérique. À cours d'entraînement, Taylor décide de s'aligner dans un handicap d'un demi-mille (804 mètres). Après avoir brillament gagné sa série, il prend un départ ultra-rapide, dans la finale, rejoignant les hommes de tête. Mais encore à cout de forme, il est rejoint peu avant le poteau par Kimble, auquel il rendait quinze mètres. ❍

22 MAI

« *Looping the Loop* » devient une mode dangereuse

Un terrible accident manque de causer la mort de Boller, l'acrobate belge qui essayait, au vélodrome de Buffalo, un nouveau système de « *Looping the Loop* ». Le principe de cette acrobatie consiste à accomplir un tour complet en bicyclette sur une piste circulaire, en restant quelques centièmes de seconde la tête en bas, retenu par la seule force centrifuge. Bien sûr, la vitesse doit être assez importante pour permettre d'effectuer un tour complet. Ce numéro est très dangereux puisque une demi-douzaine d'acrobates y ont déjà trouvé la mort, mais il est à la mode. Amené des États-Unis par Diavolo, les « *Looping the Loop* » fleurissent sur les vélodromes parisiens et même sur la scène de l'Olympia. Après une vingtaine d'essais réussis, Boller est un habitué de la performance. Ce soir-là, alors qu'on s'affaire pour les derniers préparatifs, le « *looper* » donne ses ordres. Perplexe, une spectatrice déclare : « Les condamnés à mort ont le droit de demander ce qu'ils veulent avant de monter à l'échaufaud. » L'ambiance est tendue. Le Belge s'élance avec fougue sur la piste d'élan. Mais, quittant brusquement le centre de l'appareil, il est projeté à l'extérieur et tombe lourdement à terre. Les rares témoins de l'accident craignent le pire devant la violence du choc. Mais Boller se relève, groggy, avant d'être transporté à l'hôpital. Malgré quelques dents cassées, il a la ferme intention de recommencer le plus tôt possible. ❍

1er JUILLET

Au départ

Après avoir fait sensation en décidant d'organiser le Tour de France, Henri Desgrange connaît ses premières difficultés car les candidats à cette « course monstrueuse » ne se bousculent pas. Le directeur de *L'Auto* parvient tout de même à convaincre quelques coureurs réputés, dont Maurice Garin, Léon Georget, Hippolyte Aucouturier et Joseph Fischer, mais l'effectif est surtout composé de pauvres hères plus ou moins désœuvrés. Desgrange décide de donner une personnalité à chacun. Ainsi, on invente Fourreaux, « le champion des menuisiers », Menachon, le « Pédaleur du talon », ou Pothier, le « terrible Boucher de Sens ». Mais l'organisation reste artisanale et, dans ses colonnes, *L'Auto*, prudent, n'accorde pas une grande place à l'événement. Le départ est donné à 15 heures devant l'auberge du Réveille-matin, à Montgeron. Les coureurs sont répartis en deux catégories : ceux qui courent pour le classement général et ceux qui, ayant abandonné pendant l'étape, s'inscrivent pour les journées suivantes.
Les soixante partants signent le registre du départ sous l'œil vigilant d'Alphonse Steines, un collaborateur de Desgrange, et ils s'élancent vers Lyon, terme de la première étape. À 23 heures, Garin et Pagie arrivent à Nevers où drapeaux, banderoles et guirlandes accueillent les coureurs. Des centaines de contrôleurs bénévoles assurent la traversée de la ville. Mais Aucouturier est en train de vivre le premier drame du Tour : « J'ai l'estomac détraqué, je n'avance plus. » Il abandonne à La Palisse, à cent trente-cinq kilomètres de Lyon, où Garin arrive à 9 heures, trente-cinq minutes avant Georget et une heure avant Pagie et Pothier. ❍

19 juillet

« Vive Garin »

Pour cette sixième et dernière étape, Nantes-Paris, les vingt rescapés sont impatients d'en finir après trois semaines terribles. Seul Maurice Garin, qui compte 2 h 49 min d'avance sur Pothier, trouve l'énergie de faire quelques plaisanteries. Mais il tient à arriver en tête à Ville-d'Avray, lieu officiel de l'arrivée, et démarre peu avant. Une marée humaine envahit la route et le service d'ordre tente de repousser la foule sur les côtés. Celle-ci est partout, aux fenêtres, sur les toits, dans les arbres, sur des vélos ou des chevaux. À 14 h 09, Garin surgit sous la banderole, dix secondes avant Augereau et Samson. Puis les coureurs, escortés par des milliers de cyclistes, rejoignent le Parc des Princes où ils sont accueillis aux cris de « Vive Garin ». Un clairon annonce leur entrée sur la piste, où ils effectuent leurs tours d'honneur. ❍

23 août

Course circuit

La Ligue vélocipédique belge organise, pour la première fois, le Circuit des Ardennes. Depuis le défunt Liège-Bastogne-Liège, qui n'a connu que trois éditions (1892-93-94), la Belgique est à la recherche d'une grande épreuve professionnelle. Au départ de Neufchâteau, les amateurs s'élancent un quart d'heure après les professionnels. Et, à la surprise générale, ces derniers, pourtant bien représentés par Pagie, Brange ou le Belge Kerff, sont dominés par deux amateurs, le vainqueur, Marcel Cadolle, un Français de 17 ans, et son second, René Pothier. L'idée d'une épreuve en circuit a, en tout cas, séduit les coureurs et, surtout, le public, qui a l'occasion de voir passer les concurrents plusieurs fois. Devant le succès de cette initiative, les Français se demandent comment l'appliquer sur un circuit autour de Paris. ❍

● Ci-dessus : sous la conduite d'Alphonse Steines, à gauche, soixante coureurs s'éloignent de l'auberge du Réveille-matin.
Ci-contre : avec son masseur, Brillouet, et son fils, Maurice Garin pose fièrement à l'arrivée du premier Tour.

● Le Français Marcel Cadolle quitte son hôtel, à Neufchâteau, pour se rendre au départ du premier Circuit des Ardennes, qu'il va gagner.

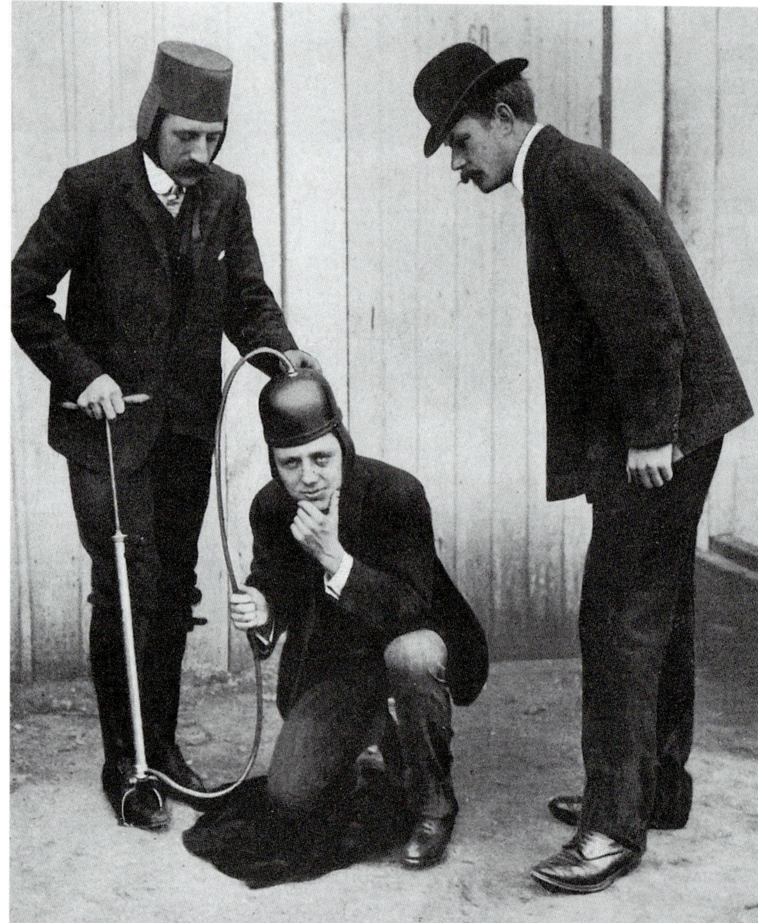

• Le Gallois porte le nouveau casque pneumatique, gonflé par son entraîneur Cissac.

• Michaël meurt d'une crise de delirium tremens sur le bateau qui le ramène en Amérique.

7 avril

Le casque pneumatique des *stayers*

Avec l'augmentation constante des vitesses atteintes sur les vélodromes dans les courses de demi-fond, les accidents graves, voire mortels, commencent à se multiplier. Ainsi, pour tenter d'y remédier, les Américains rendent obligatoire le port du casque en cuir bouilli. Mais, trop lourd et inconfortable, cette protection ne satisfait pas les *stayers*. C'est alors qu'un Français, M. Wannsonn, invente le casque pneumatique, plus léger et muni, à l'intérieur, d'une chambre à air que l'on gonfle comme une roue de vélo. Plusieurs *stayers*, comme Michaël et Bruni, et des entraîneurs l'ont déjà adopté. Reste à savoir si, en cas de crevaison du casque, les coureurs descendront de machine pour changer de couvre-chef. ❍

9 juillet

TOUR DE FRANCE

Gourdins et revolvers !

Les coureurs ont quitté Lyon depuis quelques heures et Maurice Garin, Lucien Pothier et le Stéphanois André Faure abordent en tête l'ascension du col de la République. Il est 3 heures du matin et la lune éclaire vaguement les coureurs. À l'approche du sommet, Faure accélère, suivi de Pothier, lorsque, tout à coup, des centaines de spectateurs ferment le passage juste derrière les deux premiers. Les injures pleuvent, les coups tombent. « À bas Garin ! Vive Faure ! Tuez-les… ! » Maurice et César Garin reçoivent plusieurs coups de gourdin. Gerbi, lui, est totalement assommé. Soudain, une fusillade éclate. Ce sont les officiels qui tirent pour faire fuir les assaillants. Au sommet du col, Faure rejoint le peloton qui, traumatisé, aborde la descente groupé. ❍

13 JUILLET

TOUR DE FRANCE

Déjà la fin du Tour ?

À Marseille, au départ de la troisième étape, les amendes infligées par les organisateurs aux coureurs qui ont fraudé pendant la première étape et la disqualification définitive de Chevalier avant le départ de Lyon restent le principal sujet de conversation des coureurs encore en course, mais c'est la mise hors course de Payan, le champion d'Alès, qui provoque la furie des spectateurs. On informe même les coureurs de problèmes avec le public aux environs de Nîmes. Et, en effet, sitôt arrivé dans la capitale cévenole, le peloton de tête est assailli par les supporters de Payan, à coups de poing et de matraques. Garin réussit à s'échapper mais les autres doivent se battre pour conserver leur vélo. Celui de César Garin est complètement brisé. Les organisateurs, aidés par les soldats présents sur les lieux, sortent alors des revolvers pour se frayer un passage au milieu de cette foule en délire. Après ses échauffourées, les organisateurs décident de prendre des chemins de traverse pour éviter une nouvelle embuscade. Certains coureurs se déguisent même en garçons de café pour tromper l'ennemi. Mais, décidément, on tire beaucoup dans ce Tour de France. Desgrange est accablé à l'arrivée finale à Paris. En plus des incidents, les accusations de tricherie à l'encontre de Garin, d'Aucouturier et de Pothier (qui seront finalement tous disqualifiés) ont faussé la course. Le lendemain, le patron de *L'Auto* ne fait pas dans la nuance : « Le Tour est terminé et sa seconde édition aura, je le crois, été aussi la dernière. Il sera mort de son succès, des passions aveugles qu'il aura déchaînées, des injures et des soupçons qu'il nous aura valus des ignorants et des méchants. » ❍

21 août

Encore un mort en piste

Alors que la liste des accidents s'allonge de façon très inquiétante, une nouvelle chute se produit au Parc des Princes, où le célèbre américain George Leander va trouver la mort. Cette course réunit Bruni, Walthour et Leander. Ce dernier prend le commandement, puis s'en va à une allure impressionnante. Après le trentième kilomètre, son entraîneur, Cissac, passe Bruni pour lui prendre un tour mais, victime de l'appel d'air, Leander décolle légèrement de la piste. Il fait un effort terrible pour revenir sur son entraîneur mais se trouve déséquilibré et tombe à pleine vitesse sur le ciment. Relevé sans connaissance, il est transporté à l'hôpital Beaujon où les médecins décèlent de graves lésions au cerveau. Leander décédera trente-six heures plus tard.

27 novembre

Une crise de delirium

Le célèbre *stayer* gallois Jimmy Michaël, celui qu'on avait surnommé le « Petit Prodige », meurt d'une crise de delirium tremens sur le « Savoie », le bateau qui le ramenait en Amérique, en compagnie de Gougoltz et de Petit-Breton, après sa campagne européenne. Cette crise mortelle s'est déclenchée deux jours après le départ. Bien sûr, on savait que, depuis quelques temps, Michaël souffrait de graves problèmes d'alcoolisme, mais les observateurs ne manquent pas de rappeller les « étranges méthodes » de son soigneur-manager, Choppy Warburton, qui livrait régulièrement à son poulain, avant les grandes courses, des boissons douteuses. Néanmoins, Michaël restera dans le cœur des *stayers* comme l'égal du grand Zimmermann.

30 NOVEMBRE

Les premiers hors course !

Le Tour de France s'est terminé dans un climat d'exaspération générale et de suspicion, Henri Desgrange envisageant même de renoncer définitivement à cette grande épreuve naissante. Maurice Garin, Lucien Pothier, César Garin et Hippolyte Aucouturier, pour n'évoquer que les quatre premiers du classement général, sont en effet accusés de tricherie. Pire, l'organisation du Tour est soupconné de les avoir couverts pour préserver les intérêts de La Française, la grande marque de cycles qui finance Garin et Pothier. Après quatre mois d'enquête, l'UVF rend son verdict : les quatre premiers sont mis hors course ! Et le 5e, Henri Cornet, se retrouve vainqueur du Tour de France. À cette première sanction s'en ajoutent d'autres, aussi sévères : Pothier, Chevalier et Chaput sont exclus à vie des compétitions cyclistes, Maurice Garin est suspendu pour deux ans. Et Cornet lui-même reçoit un avertissement solennel. Ce sont au total vingt-neuf coureurs qui sont accusés d'avoir bénéficié de « l'entente entre coureurs, l'abri dans le sillage d'une voiture, la traction par véhicule motorisé, l'utilisation d'un engin autre que la bicyclette, l'emprunt de raccourcis, la substitution de brassards » etc. Ce jugement stupéfie l'opinion publique qui avait fait de Garin et de Pothier des héros. Mais Henri Desgrange va alors s'en prendre à l'extrême sévérité des sanctions et reprocher aux instances fédérales d'avoir confondu l'esprit et la lettre du règlement. En tout cas, le patron du Tour, qui a retrouvé toute son énergie, décide d'organiser une troisième édition, afin de « poursuivre la grande croisade morale du cyclisme ».

Les semeurs de clous sont la hantise des coureurs du Tour de France. Ici, des bénévoles les ramassent avant l'arrivée du peloton.

Le *stayer* américain George Leander se tue lors d'une chute sur la piste du Parc des Princes.

Au Grand Prix de Paris de vitesse, Mayer emmène Frank Kramer et Gabriel Poulain dans le dernier virage…

… Mais Kramer s'impose de vingt centimètres sur «l'ange Gabriel».

23 juin

Kramer toujours invincible

La finale de vitesse du Grand Prix de Paris met en présence la star américaine Franck Kramer, vainqueur de la précédente édition, Mayer et le champion de France de vitesse, Gabriel Poulain. Les récentes défaites de Kramer font naître de gros espoirs au Parc des Princes. Dans le dernier virage, Poulain passe l'Américain qui se retrouve en troisième position. La course désormais semble se décider entre Poulain et Mayer. Mais lorsque Kramer décide de démarrer, il rejoint d'abord le Français puis le passe. Après la lutte tactique, la vitesse pure va déterminer le vainqueur. Sur les soixante derniers mètres, tout en puissance, Kramer devance Poulain de vingt centimètres et Mayer d'une longueur et demie. ❍

9 juillet

Toujours des p'tits clous !

TOUR DE FRANCE

Après 1904, le Tour veut mettre fin aux incidents et aux irrégularités. Mais, dès le départ de Paris, les concurrents roulent sur des tapis de clous. C'est l'hécatombe ! Le peloton se désintègre et l'on assiste à ce spectacle affligeant de vingt coureurs en train de réparer en l'espace de cent mètres. Les entraîneurs échangent leur vélo avec les concurrents mais, quelques kilomètres plus loin, à Vitry-le-François, les clous refont leur apparition, faussant le résultat de l'étape. À la fermeture du contrôle, cinq heures et demie après l'arrivée du vainqueur, seuls quinze coureurs ont franchi la ligne. Henri Desgrange, furieux contre ces « vandales », décide d'arrêter le Tour à Nancy mais, sur l'insistance de son entourage, il revient sur sa décision. ❍

11 JUILLET

René Pottier, le premier « roi de la montagne »

TOUR DE FRANCE

Cette étape entre Nancy et Besançon propose une grande première. Avec l'ascension du ballon d'Alsace et des passages à 10% de dénivellation, le Tour emprunte pour la première fois la montagne. Au pied du col, les hommes de tête abandonnent leurs machines de plaine pour enfourcher des vélos dotés d'un développement de 4, 50 m. Dans sa voiture, Desgrange s'interroge sur la réussite de cette audacieuse entreprise. Les premières rampes sont escaladées à une allure impressionnante, à près de 20 km/h. Soudain, Henri Cornet démarre. Louis Trousselier puis Émile Georget ne peuvent suivre. Un peu plus loin, le grand favori, Hippolyte Aucouturier, cède à son tour. Cornet et René Pottier, les hommes de tête, ruisselants de sueur, engagent alors un superbe combat. Pottier se dresse sur ses pédales et prend deux longueurs d'avance. Son adversaire recolle à sa roue mais une nouvelle accélération le cloue au sol. Le leader, plié en deux sur sa machine, franchit le sommet devant Aucouturier, Trousselier et Cornet. Mais, pour ce dernier, l'attente en haut du ballon d'Alsace va durer vingt minutes. Son mécanicien étant tombé en panne, il ne peut changer de vélo. Quant à Dortignacq, victime de deux crevaisons, il roule pendant deux heures sur la jante. Finalement, Aucouturier, grâce à une somptueuse descente, passe Pottier, premier « roi de la montagne ». Celui-ci, avec un retard de dix minutes à Besançon, laisse sa première place à Trousselier. ❍

30 juillet

Aucouturier à « qui gagne, perd » !

TOUR DE FRANCE

Louis Trousselier remporte le troisième Tour de France avec trente-cinq points sur Hippolyte Aucouturier, à vingt-six points, et Dortignacq, 3e à vingt-neuf. Le vainqueur touche 6 950 francs, plus la prime de victoire du constructeur et le montant des différents contrats commerciaux. Au total, la jolie somme de 25 000 francs. Mais, Aucouturier a le vice du jeu. Le soir même de son arrivée au Parc, il s'enferme avec deux amis dans une cabine de Buffalo. Sur une table de massage, les dés roulent toute la nuit. Et lorsque Trousselier ressort, il a perdu ce qu'il avait eu tant de mal à gagner sur son vélo. Il n'a plus alors qu'une idée en tête, courir encore pour amasser l'argent qui lui permettra d'assouvir sa passion. ❍

24 août

41,110 km dans l'heure pour Lucien Petit-Breton

Le fameux record du monde de l'heure sans entraîneur de l'Américain Hamilton, établi en 1898 à Denver, est battu par Lucien Petit-Breton à Buffalo. Et pourtant, rien ne laissait prévoir un tel exploit. Le coureur s'était mis en piste pour battre le record des 10 km. Ayant réussi et se sentant en excellente forme, il décide de poursuivre. Pour pulvériser le record d'Hamilton, il sait qu'il doit tourner en vingt-six secondes au tour. Roulant régulièrement au-dessous, il augmente progressivement son avance. Lorsque le coup de pistolet de l'heure retentit, le Français a couvert 41,110 km, soit 329 mètres de plus qu'Hamilton. ❍

23 SEPTEMBRE

La soupe du père Vanderstuyft

Le Bol d'or, course de vingt-quatre heures, n'a rien perdu de sa popularité et de son prestige, malgré l'accumulation de nouvelles épreuves de vitesse et de demi-fond. Au cours de la semaine qui préccède, la presse ne cesse de jauger les concurrents, pour accorder finalement au nouveau recordman de l'heure, Lucien Petit-Breton, le rôle de favori. Bien avant l'ouverture, le public se presse aux portes du vélodrome de Buffalo, afin de choisir les meilleures places pour la nuit. Le temps est pourtant menaçant. À cinq heures précises, le départ est donné par le champion automobile René de Knyff. Après quatre heures de course, un violent orage éclate, interdisant la poursuite de l'épreuve. Les organisateurs décident alors de se replier sur la piste couverte de la galerie des Machines, au Champ de Mars. Des autobus sont réquisitionnés dans lesquels prennent place les coureurs, les officiels, les soigneurs et tout le matériel. Un second départ est donné à minuit. Aussitôt, Nat Butler, Dortignacq et Léon Vanderstuyft prennent les choses en main. Peu avant la mi-course, Petit-Breton, victime de maux d'estomac, abandonne. Devenu suspicieux, Vanderstuyft refuse les aliments préparés en cuisine. C'est son père qui lui prépare, sur un réchaud à gaz, une soupe spéciale. Le Belge, qui a demande à être nourri abondamment, dévore tout ce qu'on lui propose et en particulier du jus de viande, des œufs et du raisin. Et c'est ce jeune homme de 21 ans qui remporte le Bol d'or, avec 943,666 km en vingt-quatre heures. ❍

● Le père de Léon Vanderstuyf ravitaille son fils lors du Bol d'or.

● Lucien Petit-Breton bat le record du monde de l'heure sans entraîneur sur le vélodrome de Buffalo.

• Littéralement épuisé, Louis Trousselier a jeté son vélo de rage et se repose dans l'herbe, avant de repartir.

13 MAI

Le vain retour de Trousselier

Le peloton de Bordeaux-Paris se retrouve en pleine nuit au bout de quelques heures de course. Soudain, des jurons et des cris fusent. Une première chute ! Les uns se relèvent rapidement, d'autres s'attardent à redresser leurs guidons sur le bord de la route. Quelques coureurs traînent à l'arrière, se lamentant sur leurs multiples crevaisons. Ce sont des anonymes, qui courent pour leur propre compte, espérant décrocher une place d'honneur dans la plus prestigieuse des classiques. Des lumières apparaissent au loin, le contrôle est proche. Après des œufs brouillés et un maigre bouillon, le tout arrosé d'un verre de porto, cinq coureurs repartent en tête : Hippolyte Aucouturier, Marcel Cadolle, Louis Trousselier, Émile Georget et Henri Cornet. Mais, un peu plus loin, Aucouturier et Georget sont lâchés à la suite d'une chute. À Beaugency, seuls deux hommes, Cadolle et Cornet, gardent la tête, roulant à un rythme très soutenu malgré les embûches de la nuit et les quatre cent cinquante kilomètres déjà parcourus. À Orléans, les deux hommes ne traînent pas au contrôle car Trousselier est signalé à une minute. Au bout d'une demi-heure d'effort intense, ce dernier rejoint les deux fugitifs et tente immédiatement de partir seul, mais Cadolle et Cornet veillent. Tout à coup, c'est Cadolle qui s'en va. Cornet semble pouvoir le suivre pendant quelques instants mais brusquement il se relève, épuisé. Trousselier, lui, écœuré, jette son vélo et se couche sur l'herbe. Sous la pression de ses entraîneurs, il repartira mais une nouvelle chute avant Versailles le stoppe à nouveau. Il pénètre dans le Parc des Princes, les jambes en sang, pleurant de douleur et de rage, dix minutes après Cadolle et six après Cornet. ❍

• Trousselier, qui a eu bien des malheurs dans ce Paris-Roubaix, termine 3e derrière Cadolle et Cornet.

8 juillet

Dans le ballon

Au cours de l'étape précédente, entre Douai et Nancy, René Pottier avait déjà donné un aperçu de ses qualités en reprenant, à la suite de crevaisons, la bagatelle d'une demi-heure à Petit-Breton, Georget et Decaup. Mais c'est dans l'ascension du ballon d'Alsace, au cours de la troisième étape, que le premier « roi de la montagne » va signer son plus bel exploit. Dans cette longue rampe tracée en virages, Pottier distance tous ses adversaires, Louis Trousselier et le jeune François Faber, puis Lucien Petit-Breton et Marcel Cadolle et, enfin, le dernier récalcitrant, Georges Passerieu. Quant à Hippolyte Aucouturier, victime d'incidents mécaniques, il est encore plus loin. Seul en tête au sommet, Pottier plonge vers Montbéliard pour rejoindre Dijon où il devance Passerieu de quarante-huit minutes. ❍

29 juillet

Le classement aux points remis en cause

La domination de René Pottier a été impressionnante sur ce Tour. Vainqueur de cinq des treize étapes, dont la dernière au Parc, il l'emporte de treize points sur Émile Georget au classement général. Le vainqueur a pourtant creusé des écarts en temps considérables mais seule compte l'addition des places. Des voix s'élèvent alors pour remettre en cause cette formule, jugée trop réductrice. Pottier, qui a gagné quatre étapes avec une heure d'avance, est ainsi à la merci d'une dixième place dans un sprint. Par souci d'entretenir le suspense jusqu'au bout et de refuser les longues promenades sans enjeu, les organisateurs soutiennent le classement par points, en vigueur depuis deux ans et qui le restera jusqu'en 1910. ❍

4 août

Quatrième titre mondial pour Ellegaard

Le Danois Thornwald Ellegaard, 29 ans, s'adjuge son quatrième titre de champion du monde de vitesse professionnel à Genève. Il s'impose, sur une bicyclette Peugeot, devant deux Français : le tenant du titre Gabriel Poulain, à une demi-longueur, et le champion de France Émile Friol, à une longueur et demie. Mis a part l'Américain Franck Kramer, tous les meilleurs mondiaux sont présents. Grâce à sa souplesse exceptionnelle, le Danois est capable d'utiliser des machines que personne d'autre ne pourrait se permettre d'employer. Alors que l'ensemble des observateurs s'accordaient à le considérer sur le déclin, cette victoire fait entrer Ellegaard dans les annales du cyclisme. ❍

19 août

Guignard félicité par le Kronprinz

Un événement sportif et politique se déroule au vélodrome de Berlin, où Paul Guignard, sorti vainqueur de l'épreuve de demi-fond (100 km), est félicité par le prince héritier de l'empire d'Allemagne, fervent sportsman, qui a suivi de bout en bout son duel avec l'Allemand Thaddeus Robl, alors que la fanfare entame *La Marseillaise*. La presse française reviendra largement sur ce geste symbolique : Une « merveilleuse influence de cet esprit nouveau, l'idée sportive, qui tend à transformer en combats pacifiques livrés sur le terrain sportif les luttes sanglantes dont hier évoque encore le souvenir que demain peut transformer en réalité », explique par exemple Victor Breyer. ❍

24 SEPTEMBRE

Le caissier prend la fuite avec la recette

Le vélodrome du Bazacle, à Toulouse, organise une course de six jours par équipes de deux coureurs, copiant ainsi la célèbre épreuve du Madison Square Garden, les Six Jours de New York. Mais un incident sans précédent vient perturber cette grande première. Vers la cinquante et unième heure, alors que les concurrents roulent sans trêve depuis deux jours et deux nuits, le bruit se répand que l'organisateur de ces Six Jours à l'américaine a disparu, emportant la maigre recette réalisée jusque-là. Une fois le forfait avéré, le speaker s'avance sur la pelouse et annonce aux concurrents la disparition du caissier, et surtout celle de la caisse. Les coureurs décident de s'arrêter aussitôt. « Je vous l'avais bien dit », persiflent certains Cassandres. En effet, l'absence de garantie était flagrante. Les organisateurs, inconnus dans le milieu du cyclisme, avaient fait venir, en leur promettant les plus fortes primes, les meilleurs coureurs du pays, qu'ils avaient laissés tourner sans aucune infrastructure pendant six jours. Il est vrai que Toulouse n'était probablement pas la ville la mieux équipée pour recevoir une manifestation de cette importance. Après leur première réaction de dépit, les coureurs, soutenus par la municipalité, décideront de poursuivre l'épreuve et de se redistribuer les recettes des prochains jours. Motivés, les équipes vont se livrer une superbe bataille, remportée par les frères Émile et Léon Georget, qui couvriront les 3 212,448 km en cent vingt-trois heures, précédant d'un tour la paire Gauban-Germain de La Flèche. ❍

• Hippolyte Aucouturier connaît de nombreux problèmes mécaniques dans l'ascension du ballon d'Alsace.

• Vainqueur de cinq étapes, René Pottier termine le Tour avec treize points d'avance sur Émile Georget.

● Major Taylor, entouré de ses managers, les frères Reese, et de l'acrobate Stone, revient enfin sur les pistes parisiennes.

● La dernière charrette de l'UVF condamnant des amateurs, Passerieu, Cadolle, Garrigou, pour avoir reçu de l'aide des maisons de cycles.

25 janvier

Le suicide de René Pottier

C'est la stupéfaction dans le milieu cycliste ! On vient d'apprendre que René Pottier, le roi des routiers, le vainqueur du dernier Tour de France, s'est suicidé. Au service des courses de la maison Peugeot, un mécanicien l'a retrouvé pendu au croc où il accrochait régulièrement son vélo. Il ne laisse aucun message, mais son frère André, dont il était très proche, parle d'un chagrin d'amour. Afin de célébrer la mémoire du premier « roi de la montagne », les organisateurs du Tour élèveront une stèle au sommet du ballon d'Alsace. Pour sa dernière course, le Bol d'or, à l'automne 1906, Pottier s'était non seulement imposé mais avait également battu le record de ces vingt-quatre heures derrière entraîneurs, avec neuf cent vingt-cinq kilomètres. ❍

14 avril

Petit-Breton à San Remo

En 1906, on organise une course automobile sur le parcours Milan-Acqui-San Remo. Fiasco total, deux voitures seulement terminent l'épreuve. Mais de jeunes Italiens proposent à la *Gazzetta dello Sport* d'adapter cette idée au cyclisme. Ainsi naît Milan-San Remo. Le froid et la pluie régnant au départ, seule la moitié des inscrits se présentent sur la ligne. Au Pozzolo Formigaro, Giovanni Gerbi démarre et prend trois minutes d'avance sur Ganna, Galetti et Garrigou. Ce dernier, accompagné de Petit-Breton, l'équipier de Gerbi à la Bianchi, ne tarde pas à rejoindre le leader. Gerbi, qui n'est pas un sprinter, décide de gêner Garrigou pour favoriser la victoire de son équipier. Il n'hésite pas à lui couper la route et Petit-Breton remporte Milan-San Remo. ❍

19 AVRIL

Les soucis de Major Taylor

Major Taylor arrive à Paris, pour le plus grand bonheur des sportifs français qui attendaient ce moment depuis trois ans. Il a débarqué au Havre à bord du *Touraine*, avec sa femme et sa fille de 3 ans, Sydney. Ses premiers soucis ne sont pas dus à la piste mais au propriétaire de l'hôtel où il a prévu de passer la nuit. En effet, cet hôtelier lui a demandé avec les formes d'aller coucher ailleurs, sa clientèle américaine ne voulant pas séjourner sous le même toit qu'un Noir. Grâce à ses managers, les frères Reese, il réussit à trouver une maison qui l'accueille comme le mérite son talent. Ce séjour en Europe est d'autant plus surprenant que Major Taylor a été suspendu par les autorités cyclistes américaines pour n'avoir pas respecté ses contrats. Alors qu'il a résolu d'abandonner la piste, un manager français, Robert Coquelle, le convainc finalement de faire une demande de requalification, dans la perspective d'une tournée sur le Vieux Continent. Il effectue donc sa rentrée contre le redoutable Français Gabriel Poulain. Le début de course est mouvementé puisque trois chutes de Taylor obligent les juges à décider d'un quatrième départ. Immédiatement, les deux hommes se lancent dans une interminable séance de surplace, que le public n'apprécie guère. Soudain « le nègre volant » démarre et prend trente mètres. À la sortie du dernier virage, Poulain refait son retard et attaque son adversaire pour le battre facilement. La deuxième manche démontre que Major Taylor est un parfait gentleman. Alors que la chaîne de la bicyclette de Poulain quitte son pignon, l'Américain s'arrête et renonce à courir la manche. ❍

11 juillet

Les Allemands savent recevoir

La traversée de l'Alsace-Lorraine par les coureurs permet aux chroniqueurs de la presse française de comparer « l'organisation allemande » à « l'administration française ». « À 3 heures du matin, le douanier allemand nous est apparu correctement sanglé dans un uniforme neuf. À la douane française, au contraire, c'est tout simplement navrant. Terreux, couverts de boue, rapiécés et décolorés, le dos voûté, les deux disciplinaires chargés de fouiller pour le compte du fisc, nous révoltent », raconte Henri Desgrange. Sur la route de Metz, les officiers allemands saluent militairement le passage des coureurs. À l'arrivée, c'est le comte Zeppelin, l'inventeur du ballon dirigeable et l'intercesseur du Tour auprès des autorités de Berlin, qui accueille les coureurs.

14 septembre

L'amateur professionnel

La commission sportive de l'UVF décide de ne plus sanctionner les amateurs qui reçoivent aide, matériel, soins, réparations diverses, des maisons de cycles. Ainsi Passerieu, Cadolle et Garrigou pourront-ils percevoir des indemnités. Ces « amateurs » se plaignent en effet des frais de courses trop élevés. Sans parler de l'achat d'un vélo, il faut compter avec l'énorme consommation de boyaux, les frais de voyages, etc. « Est-ce la fin de l'amateurisme ? », se demandent les observateurs. L'UVF limite tout de même cette professionalisation. L'amateur n'a pas le droit de passer un contrat avec une maison de cycles. Et il ne pourra bénéficier des gains attribués aux vainqueurs. Certains proposent donc d'organiser des courses exclusivement réservées à cette catégorie.

25 JUILLET

Georget perd le Tour pour irrégularité

À une semaine de l'arrivée finale à Paris, plus personne ne doute de la victoire d'Émile Georget, tant sa supériorité et son avance sont considérables. Dans cette étape entre Toulouse et Bayonne, disputée sous une chaleur écrasante, une crevaison, au contrôle d'Auch, retarde Georget alors que Lucien Petit-Breton s'en va tout seul, pour un dernier baroud d'honneur. Georget emprunte la bicyclette poinçonnée, donc homologuée, du Parisien Privat, commettant une première infraction. Puis le leader d'Alcyon abandonne ce vélo compromettant au Brestois Laurent, de la maison de cycles Peugeot, pour terminer à la quatrième place, plus d'une demi-heure derrière Petit-Breton, victorieux après une échappée de deux cent vingt kilomètres. Mais la faute de Georget ne peut passer inaperçue auprès de ses adversaires qui déposent aussitôt une réclamation. Après de nombreuses discussions, la direction du Tour décide de rejeter Georget à la dernière place de l'étape, le reléguant à la troisième du classement général derrière Petit-Breton et Gustave Garrigou.

En signe de protestation, M. Gentil, le patron des Alcyon, retire de la course ses meilleurs coureurs, Trousselier, Van Houwaert et Decaup.

La victoire finale ne peut plus désormais échapper à Petit-Breton, surnommé « l'Argentin » parce qu'il a passé la plus grande partie de sa jeunesse à Buenos Aires, où son père s'était expatrié en raison de ses opinions politiques libérales.

Lors du passage du Tour en Allemagne, à Metz, le vainqueur, Louis Trousselier, est félicité par la comtesse et le comte Zeppelin.

Lucien Petit-Breton fait vérifier sa bicyclette poinçonnée avant son exploit dans l'étape Toulouse-Bayonne.

Louis Trousselier est le premier vainqueur de Liège-Bastogne-Liège nouvelle formule.

François Faber est seul en tête de Paris-Roubaix. Mais une chute à l'entrée du vélodrome le prive de la victoire.

19 AVRIL

« Ventr'ouvert » profite des déboires de Faber

En treize éditions, Paris-Roubaix n'avait jamais connu un pareil temps. La neige et le froid accompagnent les quatre-vingt-dix coureurs de Chatou à Roubaix. Pour la première fois, la prestigieuse épreuve se dispute sans entraîneur. D'autres mesures sont prises pour assurer l'égalité des chances : suppression des suiveurs et des soigneurs, interdiction de changer de bicyclette en dehors des zones de contrôle et d'échanger son vélo entre concurrents. Il est même défendu d'attendre un compagnon lâché. Cette somme d'interdictions n'empêche pas un représentant d'une grande marque, Alcyon en l'occurrence, de s'imposer à Roubaix. Pourtant, au contrôle d'Arras, François Faber, profitant de la pagaille qui règne toujours au moment des signatures, s'échappe. Derrière, le Belge Cyrille Van Houwaert, surnommé « Ventr'ouvert », le champion de France Gustave Garrigou et Lorgeou mènent la chasse. Le Belge revient seul sur l'homme de tête à quelques kilomètres de l'arrivée. Alors que les leaders franchissent la porte du vélodrome, un mouvement se produit dans la foule, qui barre littéralement la route à Faber. Ce dernier est jeté à terre par un spectateur imprudent. Il se relève groggy, le sang coule abondamment sur son visage mais il parvient laborieusement à accomplir les six tours de piste réglementaires. La voie est libre pour Van Houwaert, qui franchit la ligne quatre minutes avant Lorgeou et six avant Faber. ❍

17 mai

Les ficelles du métier

Quelques semaines après sa victoire dans Paris-Roubaix, Cyrille Van Houwaert prend le départ de Bordeaux-Paris. Les conditions climatiques sont encore épouvantables. La pluie et le vent balaient la route toute la nuit et les coureurs sont transis. Au matin, le ciel se dégage et la chaleur devient accablante. Les concurrents réclament du linge sec mais les directeurs sportifs sont démunis. Garrigou ordonne alors aux entraîneurs de se déshabiller. La caravane s'arrête aussitôt. Une fois les problèmes de logistique résolus, Van Houwaert attaque et s'en va seul. La boue qui recouvre ses jambes durcit sous le soleil, formant une croûte tenace. Pour s'en débarrasser, il vide sa vessie en pédalant. À Paris, Van Houwaert précède Ringeval de sept minutes. ❍

18 juillet

Self-estime

Les Jeux olympiques de Londres sont marqués par de nombreuses irrégularités. Dans la course des 100 km, la supériorité anglaise se traduit par la victoire de Bartlett, qui bénéficie du soutien de ses nombreux compatriotes. À l'arrivée, le Français Octave Lapize, brillant 3e, se plaint d'avoir été balancé et tassé à de nombreuses reprises par ses adversaires. Un autre incident se produit dans la course des 5 000 m. Le Français Maurice Schilles l'emporte largement. Mais, comme la piste est détrempée, l'épreuve est annulée et, dans la deuxième course, l'Anglais Jones et Schilles arrivent exactement sur la même ligne. Le clan français est sûr de l'emporter mais, à la surprise générale, l'Anglais est déclaré vainqueur. Schilles reçoit tout de même une médaille d'or après sa victoire en tandem avec son compatriote Auffray. ❍

21 JUILLET

Les qualités de grimpeur de Georges Passerieu

C'est le Luxembourgeois François Faber qui est la révélation du début de Tour, remportant les deux étapes avant la Chartreuse et son redoutable col de Porte. Mais Lucien Petit-Breton y a donné rendez-vous à ses adversaires. « Si je ne craque pas aujourd'hui, je gagnerai le Tour et je ne craquerai pas », précise-t-il. En fait, la bataille s'engage bien avant, dans la montée du Cerdon où huit hommes se portent en tête. Cyrille Van Houwaert et Gustave Garrigou ne sont pas plus dans le coup. Au pied du col de Porte, Petit-Breton et Georges Passerieu se présentent avec un quart d'heure d'avance sur Faber, victime d'une chute provoquée par une motocyclette. Les deux hommes de tête montent côte à côte. Passerieu semble le plus frais, mais le courage et la ténacité de « l'Argentin » lui permettent, un temps, de garder le contact. Puis, soudain, à quelques kilomètres du sommet, Petit-Breton met pied à terre, remonte sur sa machine, en redescend encore. Il explique qu'il vise uniquement le classement général et qu'il veut conserver quelques forces pour les jours suivants. Pendant ce temps, Passerieu passe en tête au sommet. Il sera le seul coureur à avoir accompli la totalité de l'ascension à vélo. Dans la descente, adoptant un développement de 4,75 en roue libre, il accentue son avance et remporte à Grenoble sa deuxième étape. Petit-Breton conserve cependant sa première place au classement général. ❍

9 août

Le deuxième sacre de Petit-Breton

Le triomphe des Peugeot est complet à l'arrivée du Tour. Avec Lucien Petit-Breton, François Faber et Georges Passerieu, ils prennent les trois premières places du classement général. Pour cette dernière étape, les coureurs ont pour la première fois rallié directement le Parc des Princes, sans avoir à respecter la neutralisation de Ville-d'Avray. En effet, le service d'ordre est insuffisant pour s'assurer des deux lieux. Sur la piste, Petit-Breton et Faber se présentent ensemble pour effectuer le dernier tour. Au sprint, Petit-Breton s'impose et remporte son deuxième Tour de France consécutif. Mais il a déjà trouvé son successeur : « L'an prochain, la victoire sera pour Faber. J'ai décidé de passer la main. » ❍

28 novembre

La fin du *stayer* ?

Sans parler des énormes risques encourus, le métier de *stayer* est extrêmement couteux. Avec un entraîneur et sa moto, un mécanicien, l'entretien des machines, l'essence, l'huile, les pneus, les frais de voyage, les *stayers* ne s'en sortent plus. Et depuis quelque temps, alors que les courses de vitesse connaissent une formidable expansion, les rares épreuves de demi-fond qui subsistent encore ne proposent plus de prix suffisants pour couvrir ces dépenses. Ajoutons qu'il existe très peu de vélodromes capables d'accueillir les vitesses désormais atteintes. Le célèbre Jean Gougoltz, le meilleur *stayer* français, annonce ainsi qu'il est contraint d'abandonner sa discipline préférée, n'arrivant plus à subvenir aux dépenses occasionnées par le demi-fond. ❍

• Sur les routes des Pyrénées, Lucien Petit-Breton, ici en compagnie de Gustave Garrigou, parachève son deuxième succès dans le Tour.

• Jean Gougolz derrière son entraîneur. Le métier de *stayer* est-il condamné ?

• Après Paris-Roubaix, une fois débarbouillé, Lapize est méconnaissable.

• Avec 101,603 km, le *stayer* Paul Guignard passe pour la première fois la barre des 100 km au vélodrome de Munich.

11 avril

Doullens juge

La côte de Doullens, lieu statégique de Paris-Roubaix, joue son rôle « épurateur ». Ils sont vingt en bas mais trois au sommet : Cyrille Van Houwaert, Louis Trousselier et Jules Masselis. Dans la descente, au prix d'un bel effort, Octave Lapize rejoint les échappés. À quinze kilomètres de l'arrivée, une crevaison empêche le Belge de participer au sprint. Trousselier semble l'emporter, mais, à la sortie du dernier virage, il dérape et Lapize le passe d'extrême justesse. Ce jeune vainqueur de 22 ans a d'autant plus de mérite que, n'appartenant à aucune maison de cycles, il court seul, sans aides. Il a ainsi perdu de précieuses minutes à réparer ses quatre crevaisons. Ce qui ne l'empêche pas de couvrir les deux cent soixante-seize kilomètres en 9 h 03 min, soit une heure et demie de moins que Van Houwaert en 1908. ❍

13 mai

Le premier Tour d'Italie

Lorsque le quotidien italien *La Gazzetta dello Sport* annonce, dans son numéro du 7 août 1908, l'organisation du Tour d'Italie, la surprise est immense en Italie et en France, où Henri Desgrange ne voit pas d'un très bon œil cette concurrence. Le Giro voit le jour d'une manière un peu précipitée car les organisateurs craignent d'être doublés par un concurrent, le *Corriere della Sera*. Mais la ténacité d'Armando Cougnet, administrateur de *La Gazzetta* et directeur du Giro, amènent cent vingt-sept coureurs sur l'avenue de Monza, à Milan, pour le départ. Cette première étape est marquée par la chute de deux favoris, Giovanni Gerbi, l'idole des *tifosi*, qui met plus de trois heures à réparer sa bicyclette, et Lucien Petit-Breton, qui abandonnera le soir même. ❍

2 MAI

Les Alcyon survolent Bordeaux-Paris

Tout est permis dans Bordeaux-Paris : entraîneurs, suiveurs en automobile, soigneurs et changements de machines. Cette compétition nécessite bien sûr une grosse logistique et seules les grandes marques peuvent y répondre. Cette année, les sommes énormes consenties par Alcyon et Griffon attirent l'attention du public. Premier coup de théâtre, en pleine nuit, près d'Angoulême, où Léon Georget, de l'équipe Griffon, bute sur une pierre. Après une impressionnante cabriole, projeté à plusieurs mètres, il reste étendu sans connaissance. Georget est ensuite transporté en automobile au contrôle, où un médecin diagnostique une fracture de la clavicule et une plaie profonde à la tête. Sous la neige et dans un froid glacial, Louis Trousselier s'échappe. Sans François Faber qui vient de crever, ses poursuivants engagent une folle poursuite et « Trou-Trou » est rejoint. Peu après le contrôle de Sainte-Maure, Trousselier roule en compagnie de deux Belges, Jules Masselis et son chef de file, Cyrille Van Houwaert. Les trois hommes appartiennent à Alcyon, mais il est évident que Trousselier et Van Houwaert ne feront pas une course d'équipe. Par contre, Masselis montre un dévouement à toute épreuve pour « Ventr'ouvert » et ils démarrent ensemble. Leur avance sur Trousselier s'accentue, tandis que Georges Passerieu tente un retour de la dernière chance dans la vallée de Chevreuse. Mais il est trop tard. Van Houwaert résiste et se présente seul au Parc des Princes, après cinq cent quatre-vingt-douze kilomètres, devant Trousselier et Émile Georget. ❍

5 JUILLET

La lutte des classes dans le Tour

Entre Henri Desgrange, soucieux de préserver son indépendance, et les marques de cycles, la collaboration a toujours été marquée par une grande méfiance. Depuis six ans, les firmes les plus importantes, telle Alcyon, n'ont eu de cesse d'accentuer leur pression, intensifiant leur présence en coureurs, en mécaniciens, en soigneurs et en directeurs sportifs. Adepte du compromis, le patron du Tour décide, pour cette année, de diviser l'effectif en deux catégories : d'une part trente-huit coureurs « groupés », représentant sept équipes (Alcyon, Biguet, Nil Supra, La Glabe, Atala, Legnano et Felsina) et, d'autre part, cent douze « isolés ». Les règles communes sont identiques : poinçonnage obligatoire des machines, obligation pour les coureurs de terminer le Tour sur leur vélo d'origine et de réparer seuls. Pour les malheureux isolés, le règlement est implacable : ils ne doivent en aucune façon profiter de l'organisation des « groupés », ne peuvent pas se réunir à plus de quatre de la même marque, ni descendre dans les mêmes hôtels. Enfin, ils ne doivent recevoir après le départ aucune aide de la maison dont ils montent les machines ou de personnes moralement et financièrement attachées à cette maison. Enfin, la liste des prix du classement général ne prévoit rien pour ces « isolés ». Les organisateurs concèdent respectivement cent et quarante francs au 1er et au 2e de chaque étape, alors que la première place toute catégorie rapporte quatre cents francs. ❍

● Victime d'un saut de chaîne à un kilomètre de l'arrivée à Lyon, François Faber franchit la ligne à pied et en vainqueur.

11 juillet

François Faber, l'homme de la pluie et de la boue

Cette quatrième étape, Belfort-Lyon, est l'une des plus éprouvantes. La pluie et la grêle sévissent avec rage pendant les trois cent neuf kilomètres du parcours. Un kilomètre avant l'arrivée, alors qu'il possède plus de dix minutes d'avance, la chaîne de François Faber, recouverte de boue, saute. Nullement découragé, c'est au pas de course, en poussant sa bicyclette à la main, que Faber parcourt victorieusement les derniers hectomètres de l'étape. Ce Tour de la pluie et de la boue va en tout cas faire parfaitement l'affaire de ce Luxembourgeois qui réside à Paris. Hissant ses quatre-vingt-onze kilos en première position au sommet des cols et remportant cinq étapes successivement, Faber apparaîtra invincible. Et son équipe, Alcyon, remportera tous les challenges. ❍

15 septembre

Paul Guignard passe le cap des 100 km/h

Le cap des 100 km dans l'heure, qui semblait inaccessible peu de temps auparavant, est franchi par le doyen des coureurs de fond français, Paul Guignard, sur la piste de Munich. Avec ses petites jambes et ses moustaches en pointe, le Français n'a rien d'un lévrier, mais sa volonté et son organisation en font un maître de la discipline. Derrière la motocyclette d'Hoffmann, munie du même moteur à trois cylindres que celui qui a permis à Louis Blériot de traverser la Manche, il couvre 101,623 km. Le record appartenait depuis un an au petit Wills, avec 99,57 km. Cette performance est d'autant plus exceptionnelle que Paul Guignard utilise, placé devant le rouleau protecteur, un coupe-vent de 40 × 35 cm alors que les autres *stayers* emploie comme abri une plaque de tôle de 120 × 65 cm. ❍

● Trousselier et Lapize lors de l'arrivée à Roubaix.

• Au Parc des Princes, lors du meeting de Pâques, Contenet passe Bardonneau.

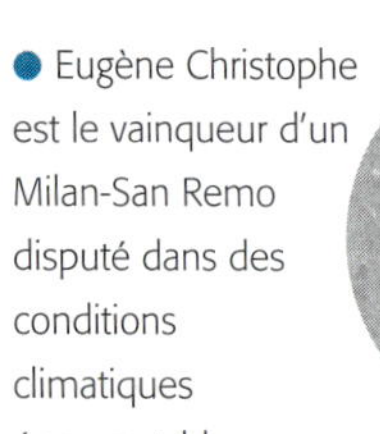

• Eugène Christophe est le vainqueur d'un Milan-San Remo disputé dans des conditions climatiques épouvantables.

• Émile Friol, à vélo, et Figour, à pied, sont au départ d'un match d'un nouveau genre.

27 mars

Bonnes Pâques

Le vélodrome du Parc des Princes effectue traditionnellement sa rentrée avec le meeting de Pâques. Après la finale de tandem et l'épreuve de vitesse remportée par Friol, la grande course de quatre-vingts kilomètres derrière motocyclettes met aux prises les meilleurs *stayers* du moment, Georges Sérès, Contenet, Parent, Bardonneau et Paul Guignard. Pendant plus de cinquante kilomètres, Parent mène la course, juste devant Sérès qui, sagement, attend l'opportunité de le passer. Derrière, Contenet suit à un tour. Cette lutte farouche prend fin avec la crevaison du premier, qui laisse au jeune Sérès, déchaîné, la piste libre. Parent, démoralisé, perd régulièrement du terrain et se fait passer par Contenet. Après 1 h 6 min 10 s, Sérès s'adjuge la victoire devant Contenet et Parent, qui se retrouve relégué à deux tours et demi. ❍

29 mai

Les jambes et les roues

Toujours à la recherche de sensations nouvelles et d'exhibitions originales, les dirigeants du vélodrome de Buffalo proposent un match opposant un coureur cycliste, le champion de France de vitesse, Émile Friol, et le champion de France de course à pied, Figour. Celui-ci doit couvrir trois cents mètres en courant tandis que Friol parcourera deux tours de piste à bicyclette, soit environ six cents mètres. Les organisateurs ont aménagé spécialement une piste en terre à l'intérieur de la piste cycliste. Le cycliste part plus lentement que son rapide adversaire et s'incline malgré ses 43 secondes aux six cents mètres, contre 41 secondes à Figour. Friol ne pourra même pas prendre sa revanche dans la course des dix kilomètres, battu largement par Mayer et Pauchois. ❍

3 AVRIL

Le calvaire d'Eugène Christophe

Une petite colonie étrangère, parmi laquelle François Faber, Eugène Christophe, Louis Trousselier et Gustave Garrigou, se présente au départ de Milan-San Remo. Dès le départ, les démarrages se succèdent et le peloton s'étale sur des centaines de mètres. Devant ce rythme infernal et l'état déplorable des routes, Garrigou et Ernest Paul préfèrent ne pas s'accrocher au wagon de tête, constitué de Cyrille Van Houwaert, d'Octave Lapize et de l'Italien Luigi Ganna. Mais Lapize, transi de froid, abandonne au contrôle d'Ovada. Dans l'ascension du col du Turchino, Christophe rejoint Ganna mais il s'arrête peu avant le sommet, grelottant, et court pour se réchauffer. Il remonte sur sa machine et atteint le sommet avec six minutes de retard sur Van Houwaert mais, deux cents mètres plus loin, Christophe aperçoit le Belge, sa bicyclette à la main et un capuchon sur le dos, qui quitte la course. Le Français continue tout seul, sur la route enneigée, dans la souffrance, les mains et les jambes gelés. Il rencontre enfin un spectateur qui l'emmène chez lui, l'invite à se déshabiller, l'enveloppe dans une couverture et lui offre un grog bouillant. Christophe, qui se réchauffe les yeux fixés sur la fenêtre, ne voit pas passer un seul coureur. Mais son hôte ne veut pas le laisser repartir par un temps pareil. Finalement, vêtu de vêtements secs, Christophe poursuit son calvaire et termine victorieusement les cent derniers kilomètres. Après cette course épouvantable, il passera un mois en clinique, les membres gelés, et il lui faudra deux années pour recouvrer la totalité de son potentiel physique. ❍

21 JUILLET

Le Tour attaque les Pyrénées

Les organisateurs, séduits par l'ascension du ballon d'Alsace et du col de Porte, veulent aller encore plus loin, et surtout plus haut. Alphonse Steines, l'assistant d'Henri Desgrange, s'est rendu dans les Pyrénées et a décidé que, malgré l'état déplorable des chemins forestiers, les coureurs franchiront les cols de Peyresourde, d'Aspin, du Tourmalet et de l'Aubisque. Dans l'interminable montée de l'Aubisque, Octave Lapize et Gustave Garrigou sont en tête, mais l'ascension se revèle terrifiante. En apercevant les officiels, Lapize, épuisé, les invective : « Vous êtes des assassins ! » Il poursuit à pied avec l'intention d'abandonner au premier village venu, à Eaux-Bonnes. Un « isolé », le Bayonnais François Lafourcade, effectue, lui, une ascension prodigieuse et passe au sommet avec quinze minutes d'avance. Dans la descente, Lapize, qui a retrouvé ses forces, rejoint Lafourcade, défaillant. Puis l'Italien Albini, auteur d'un superbe retour, rattrape Lapize et les deux hommes se présentent ensemble à Bayonne où le Français l'emporte. Dix minutes plus tard arrive François Faber, qui conserve la première place du classement général. Garrigou, fauché par une terrible défaillance, termine avec une heure de retard. À la fermeture du contrôle, seuls dix coureurs se sont présentés et certains « isolés » ne rejoindront Bayonne que le lendemain matin en vélo ou... en voiture. Mais Desgrange requalifie tout le monde. L'heure n'est plus à la sévérité, ni à la défense des principes : il faut sauver le Tour.

29 juillet

Lapize, aux points

Au seuil de l'avant-dernière étape, Faber n'a qu'un point de retard sur Octave Lapize. Peu après le départ, dans la nuit très noire, il fausse compagnie au peloton qui met un certain temps à s'en rendre compte. Lapize prend alors les choses en main et la poursuite s'engage. À Morlaix, l'avance de Faber atteint dix minutes. C'est alors qu'un banal accident met fin à la bataille. Peu après Lamballe, le groupe des poursuivants rejoint Faber, arrêté sur le bord de la route et qui vient de changer de boyau après une crevaison. Démoralisé, le pauvre Faber ne peut ensuite répondre à une attaque de Gustave Garrigou et de Lapize. À Granville, alors que des larmes coulent sur ses joues, Faber a perdu douze minutes, il en concédera quarante à l'arrivée.

28 août

Georget a bien du Bol

Léon Georget remporte pour la cinquième fois le Bol d'Or avec entraîneurs à tandem. C'est son frère Émile qui fait figure de favori mais il fait une chute à la septième heure. Ses blessures l'handicapent tellement qu'il doit quitter la course quatre heures plus tard. Léon en profite pour prendre la tête, suivi du Lyonnais Charpiot. Un jeune homme de 19 ans, le Suisse Henri Suter, émerveille le public. Alors qu'il ne dispose que d'une assistance réduite au minimum, avec un seul mécanicien-cuisinier-masseur-soigneur, il termine à la troisième place, derrière Georget et François Lafourcade, à 46,9 km. Fort de son avance, le vainqueur n'a pas cherché à battre le record de l'épreuve mais plutôt à s'économiser pour les dernières heures de course.

Pour la première fois, les coureurs empruntent les grands cols pyrénéens. Octave Lapize, en tête, et l'Italien Albini souffrent dans l'Aubisque.

Derrière son tandem, Léon Georget, « Monsieur Bol d'Or », se fait rafraîchir.

• Le journaliste de *La Vie au grand air* a suivi les coureurs de Bordeaux-Paris à bord d'un avion militaire.

14 MAI

Bordeaux-Paris vu d'avion

Marcel Violette, journaliste à l'hebdomadaire sportif *La Vie au grand air*, a pour la première fois suivi les coureurs de Bordeaux-Paris en aéroplane, dans un biplan militaire Farman. Une innovation d'importance pour le reportage cycliste car le journaliste a ainsi une vision globale de la course et ne se contente plus de regarder passer les coureurs à un point précis. « J'ai suivi depuis vingt ans tous les Bordeaux-Paris, raconte Violette, en bicyclette, en moto, en automobile, en chemin de fer, mais la façon la plus agréable et la plus utile pour le lecteur, c'est en aéroplane. » Mais qu'a donc observé Marcel Violette ? Tout d'abord, un Octave Lapize impérial, confirmant son extraordinaire début de saison. Derrière, François Faber et Gustave Garrigou se présentent ensemble au contrôle de Poitiers lorsque Garrigou fait une chute et casse sa machine. Il prend alors sa bicyclette sur le dos et part en courant, pendant trois kilomètres, jusqu'au contrôle où il retrouve une nouvelle monture. Faber, pendant ce temps, a rejoint Lapize et le décroche irrésistiblement sur les bords de la Loire. À Orléans, il passe avec dix-huit minutes d'avance sur Garrigou, qui est parvenu à doubler Lapize, défaillant. Dans la vallée de Chevreuse, Garrigou se rapproche de son adversaire, mais, alerté, Faber et ses entraîneurs accélèrent de nouveau. Malgré une chute en traversant les rails du chemin de fer, Faber arrive au Parc des Princes après 18 h 3 min d'efforts, devant Garrigou à vingt minutes et le Belge Jules Masselis à 1 h 14 min. ❍

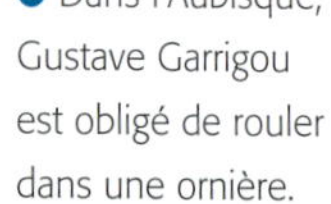

• Dans l'Aubisque, Gustave Garrigou est obligé de rouler dans une ornière.

15 août

Une heureuse inspiration

Depuis un an, un jeune Français s'était illustré en plusieurs circonstances. Henri Pélissier, 20 ans, surnommé « la Ficelle », a même terminé 3e du Tour de France des indépendants, créé par Peugeot. Henri Pélissier, l'aîné des quatre frères, Francis, Jean et Charles, se consacrait en priorité à la ferme familiale de Passy jusqu'à sa rencontre fortuite avec Lucien Petit-Breton, porte Maillot. « Veux-tu m'accompagner en Italie pour courir. Il est 3 heures, le train pour Milan part à 9 heures. Décide-toi », lui propose l'ancien vainqueur du Tour. Quelques jours plus tard, les deux Français prennent le départ du Tour de Romagne-Toscane. Après une chute grave qui l'élimine, Pélissier remportera coup sur coup Turin-Florence-Rome, Milan-Turin et le Tour de Lombardie. ❍

27 août

Paris la nuit

Après Charles Terront en 1891, Maurice Garin en 1901, Émile Georget ajoute son nom au glorieux palmarès de Paris-Brest-Paris. Pour cette troisième édition, *L'Auto,* le journal organisateur, décide de traverser Paris en pleine nuit, devant une foule considérable. À Dreux, alors que Brocco a pris quelques minutes d'avance, les favoris se mettent d'accord pour s'arrêter quelques minutes afin de se reposer. Quatre hommes, Georget, Octave Lapize, Cyrille Van Houwaert et Ernest Paul virent en tête à Brest. Après une course groupée de quarante-huit heures, Ernest Paul fausse compagnie à ses compagnons, à la faveur d'un arrêt collectif. Mais une crevaison lui fait perdre tout le bénéfice de cette échappée. Vers Mortagne, Georget démarre malgré la fatigue et, après 50 h 13 min, il arrive dans un Parc des Princes en folie. ❍

20 juillet

Potion magique

Paul Duboc s'est considérablement rapproché de Garrigou avant cette dixième étape, dans les Pyrénées. Mais, dans l'Aubisque, alors qu'il possède dix minutes d'avance, il s'affale d'un bloc, pâle comme un suaire, et vomit un liquide épais. Ce malaise paraît suspect. Une heure et quart plus tard, il remonte sur son vélo pour terminer à Bayonne, quatre heures après le vainqueur. Une enquête est ouverte mais elle reste sans conclusion. En fait, on apprendra plus tard que c'est François Lafourcade, un ancien coureur, qui a tenté d'empoisonner Duboc. Dans son atelier de Boulogne-Billancourt, Lafourcade s'est spécialisé dans la préparation de breuvages suspects : « doping » pour certains, et poison pour Duboc. Il sera disqualifié à vie, mais la nouvelle restera confidentielle jusqu'à sa mort au front, en 1915.

20 juillet

La vengeance de Brocco

La victoire de Maurice Brocco entre Luchon et Bayonne entraîne sa mise hors course. En effet, depuis qu'il a perdu toute chance d'enlever le Tour, Brocco vend ses services au plus offrant, ce qui est évidemment interdit. Ainsi, durant l'étape de Perpignan, il attend Faber, en détresse, afin de lui éviter l'élimination. Le geste n'a pas échappé à Desgrange, qui décide sa mise hors course immédiate. Mais le coureur engage une procédure d'appel auprès de l'UVF et connait un sursis de quarante-huit heures. Pour se venger, Brocco accompagne Garrigou dans le Tourmalet puis Georget dans l'Aubisque, sous le regard furieux de Desgrange. Après son arrivée triomphale à Bayonne, « Coco » est ramené directement à la gare, où un train l'attend pour Paris.

30 JUILLET

Les parias du Tour

À l'arrivée du Tour au Parc des Princes, la foule ne ménage pas ses acclamations à Gustave Garrigou, le vainqueur, mais elle a déjà quitté le stade lorsque Deman finit à son tour. Ce Deman, 13e du classement général, est le vainqueur de la catégorie des isolés. Arrive ensuite Jules Deloffre, second des isolés et premier des isolés non soignés. C'est-à-dire qu'il ne bénéficie d'aucune structure de soins. L'isolé est en quelque sorte le paria de la course, celui dont personne ne s'occupe, que nul ne soigne. Tandis que les vedettes sont emmenées en voiture au massage ou à l'hôtel, où repos et dîner les attendent, l'isolé, lui, reprend son vélo après ces heures d'effort, en quête d'un gîte bon marché. Bien que ce soit interdit par le règlement, ces coureurs n'hésitent pas à se regrouper entre eux. Mais, avant tout, après chaque arrivée d'étape, l'isolé doit s'occuper de sa bicyclette, la réparer, la nettoyer et éventuellement dénicher en ville une pièce de rechange, tout cela avec les cinq francs que lui alloue chaque jour *L'Auto*. Au contrôle de ravitaillement, les professionnels ne prennent pas toute la nourriture qui leur est proposée. Les isolés surgissent alors, récupérant tout ce qu'ils ont laissé sur les tables. Deloffre, lui, a trouvé un moyen original d'améliorer l'ordinaire. À chaque arrivée, quel que soit son état de fatigue, il effectue en public plusieurs sauts périlleux arrière et fait ensuite la quête. D'autres, moins agiles, vendent des cartes postales car la vie est dure pour les déshérités du peloton.

Paul Duboc subit un contrôle inopiné de la part d'un commissaire. De tels contrôles ont été institués pour éviter les fraudes.

Jules Deloffre, premier des « isolés non soignés », les déshérités du Tour de France.

● Le routier Eugène Christophe remporte le championnat de France de cross cyclopédestre.

● Charles Crupenlandt s'impose chez lui à l'issue de Paris-Roubaix.

7 AVRIL

Crupelandt à domicile

L'équipe Alcyon, déjà victorieuse de Milan-San Remo et de Paris-Tours, compte bien parachever ce triomphe dans Paris-Roubaix. Mais, avec François Faber, les Automoto comptent remporter enfin leur premier titre de la saison. *L'Auto*, l'organisateur, a décidé que les coureurs qui désirent abandonner ne pourront utiliser aucune des dix voitures officielles, dont six appartenant à des constructeurs et quatre à des fabricants de pneumatiques. Ils devront rejoindre le contrôle le plus proche par leurs propres moyens. « Il est d'un effet déplorable pour la foule qui assiste à cette épreuve de voir passer des coureurs en automobile, les spectateurs étant porter à voir là des fraudes », précise le journal. La course, elle, ne se décide qu'à quarante kilomètres du but, alors que Faber, Verschoorf, Trousselier, Van der Berghe et quelques autres ont disparu à la suite de multiples incidents. En tête, le Nordiste Charles Crupelandt, les Belges Odile Defraye et Léturgie soutiennent une allure infernale, virevoltant de pavés en trottoirs. À quelques kilomètres de l'arrivée, alors que Léturgie est victime d'une chute, Crupelandt démarre. Seul le vainqueur du dernier Tour de France, Gustave Garrigou, parvient à prendre sa roue.
Les deux hommes pénètrent ensemble sur le vélodrome du parc de Barbieux.
L'ultime bataille voit la victoire du Roubaisien de La Française-Dunlop, qui s'impose de deux longueurs, devant un public ravi de cette bonne surprise. ❍

17 mars

Christophe cyclo-pédestre

Pour la deuxième fois se dispute, au mont Valérien, le championnat de France de cross cyclopédestre. Le cadre pittoresque de ce parcours de vingt-cinq kilomètres n'empêche pas sa difficulté, en particulier avec une énorme dénivellation. Le grand favori, le Français Eugène Christophe, dit « Cri-cri », veut faire échec aux spécialistes de la course à pied. Après un départ prudent, Christophe prend la tête peu après la mi-course et, malgré un courageux retour de Bettini, il accélère de nouveau dans le dernier tour. Il s'impose en 44 min 36 s, devant Bettini, deuxième en 48 min 44 s. Avec ses bons résultats sur la route et sa dernière victoire dans un Milan-San Remo épique, Christophe confirme que les deux disciplines ne sont pas incompatibles. ❍

8 juillet

Le Tour s'élève encore

Avant l'étape du ballon d'Alsace, le Français Eugène Christophe et le Belge Odile Defraye se partagent la première place du classement. Arrive alors la grande étape alpestre, avec le col du Galibier, qui culmine à 2 556 mètres et récemment mis au programme du Tour. Son ascension se révèle redoutable pour la plupart des concurrents. Obligés de se frayer un chemin à travers la neige, sur une route boueuse, les coureurs sont contraints de franchir à pied les passages les plus raides, à 14 %. Mais Christophe, qui a remporté deux des quatres précédentes étapes, offre un véritable récital. Il rejoint d'abord Jean Alavoine, peu avant Annecy, et le lâche dans le col du Télégraphe. Il franchit le sommet largement en tête et fonce victorieusement vers Grenoble. ❍

8 JUILLET

Le drapeau belge plus fort que les marques

Le Belge Odile Defraye, âgé de 20 ans et membre de l'équipe Alcyon, a pris le départ du Tour au service de Gustave Garrigou. Dès les premières étapes, Beaugé, leur directeur sportif, s'aperçoit que le Flamand est le plus fort des deux et décide de jouer cette carte. Mais, entre Chamonix et Grenoble, Defraye est en difficulté dans l'ascension du col du Galibier. Il a déjà failli abandonner dans la descente du col des Aravis, où un chien l'a envoyé violemment à terre. Firmin Lambot, le Belge de l'équipe rivale, les Peugeot, dépasse Defraye peu avant le sommet, mais au lieu de tourner à droite vers Grenoble, il continue dans la descente du Lautaret, qui conduit à Briançon. Il n'y a pas un spectateur pour lui indiquer la route. Après de nombreux kilomètres, c'est un cantonnier très surpris qui lui révèle son erreur. Il rebrousse donc chemin, remontant ce col qui n'est pas au programme. Il retrouve alors Defraye, toujours en détresse, et sur le point d'abandonner. Bien qu'ils n'appartiennent pas à la même équipe, la solidarité nationale est plus forte. Lambot encourage son compatriote, lui fait comprendre qu'il regrettera toute sa vie ce moment d'égarement. Les deux hommes rallient Grenoble ensemble, Defraye se classant 9e et Lambot 10e. Deux jours plus tard, Defraye récupère la première place du classement général, devant le Français Octave Lapize.

16 juillet

Demi-tour

Après les récriminations de Lapize à l'encontre des Belges, Desgrange a pris sa plume pour fustiger les coureurs des grandes marques qui se cherchent des alliés. Dans l'étape Perpignan-Luchon, les Belges Defraye et Buysse sont échappés, avec le Français Eugène Christophe, dans la montée du Portet-d'Aspet. Octave Lapize engage la poursuite lorsque, soudain, il desserre ses cale-pieds, presse les poignées de frein et fait demi-tour. Alors qu'il regagne tranquillement Saint-Girons, les journalistes le pressent de s'expliquer. « Comment lutter dans de telles conditions ? Tout le monde travaille pour Alcyon. Les Belges aident tous Defraye, qu'ils soient de son équipe ou non. J'en ai marre et je me tire ! » Le soir même, l'équipe de Lapize, La Française, abandonne en bloc, laissant la victoire finale au jeune Odile Defraye.

22 août

Avantage Egg

Deux hommes, le Suisse Oscar Egg et le Français Marcel Berthet, se livrent un duel à distance pour l'acquisition du record du monde de l'heure sans entraîneur. Après l'avoir amélioré en 1907, Berthet avait déclaré « que si son record était battu, le détenteur pourrait dormir tranquille, il ne recommencerait pas ». Toujours sur la piste de Buffalo, Oscar Egg se décide à relever le défi, encouragé par le routier français Georges Passerieu. Au niveau technique, il ne bénéficie d'aucun avantage matériel sur son rival, sauf d'un aérodynamisme plus marqué. Le Zurichois utilise son vélo habituel, qui est monté sur des roues en bois à trente-six rayons et qui est doté d'un développement de 24 × 7 (7,23 m). À 22 ans, Oscar Egg devient ainsi le nouveau recordman de l'heure avec 42,122 km, soit 602 m de plus que Berthet.

Gustave Garrigou entreprend laborieusement la première ascension du col du Galibier.

Dans l'Aubisque, le peloton de tête, constitué d'Odile Defraye, de Louis Mottiat, d'Eugène Christophe et de Jean Alavoine, est obligé de mettre pied à terre sur les routes détrempées.

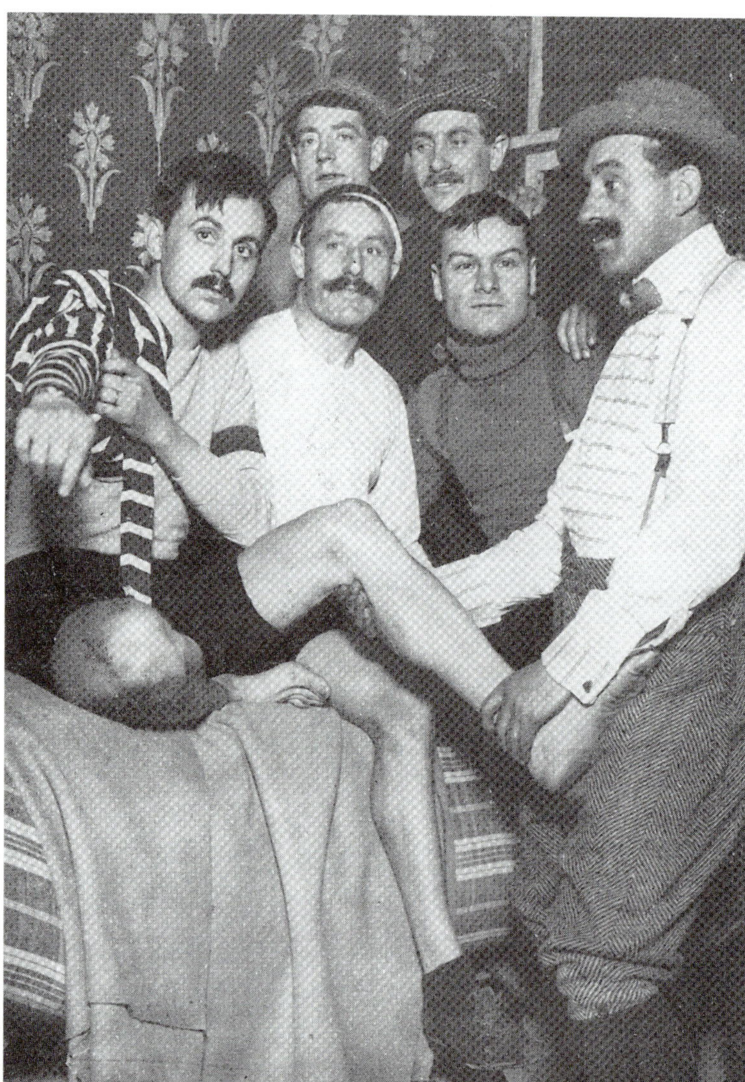

• Petit-Breton se fait masser par Georget pendant les Six Jours de Paris.

• Dans son duel à distance avec Oscar Egg, Marcel Berthet porte le record de l'heure à 43,775 km.

13 janvier

Entre sport et folklore

À 18 heures, seize équipes s'élancent pour les Six Jours de Paris, devant quinze mille spectateurs massés rue Nélaton. Deux clans s'opposent, les Européens et les redoutables Américains, managés par l'ancien *six-dayman* Floyd Mac Farland. Comme la course est monotone, les concurrents se chargent de l'égayer. Ils improvisent un concours de chapeaux et cueillent au passage les coiffes des spectateurs du premier rang. De nombreuses primes redonnent vigueur à la ronde. Vers 2 heures du matin, une superbe Américaine lance des pièces d'or sur la piste. Au bout des cent quarante quatre heures, six équipes sont encore dans le même tour et c'est finalement la paire australo-américaine Alfred Goullet-Joe Fogler qui l'emporte, d'une longueur, sur le Français Victor Dupré. ❍

29 juin

Du neuf!

TOUR DE FRANCE

Pour sa première décennie, le bilan du Tour de France est extrêmement flatteur. De plus en plus populaire, il est d'ores et déjà « la plus grande course du monde », celle que les coureurs tiennent, avant toutes les autres, à accrocher à leur palmarès. L'augmentation des ventes du quotidien *L'Auto* est la manifestation éloquente de ce succès. En dix ans, son tirage a été quasiment multiplié par quatre. Les problèmes d'organisation qu'ont connus les premières éditions disparaissent petit à petit. Mais Henri Desgrange sait qu'il faut toujours innover. Cette année, il introduit deux nouveautés importantes. Le parcours est inversé. Les coureurs franchiront d'abord les Pyrénées avant de rejoindre Paris en passant par les Alpes. Il renonce ensuite au classement par points, pour revenir au classement par addition des temps. ❍

9 JUILLET

Un règlement fatal à Christophe

TOUR DE FRANCE

Au seuil de la première étape pyrénéenne, le Belge Odile Defraye occupe la première place du classement général, avec cinq minutes d'avance sur Eugène Christophe et dix sur Marcel Buysse. Ces cinq derniers jours de course, quatre-vingt-deux concurrents ont disparu, victimes des deux longues étapes en pignon fixe. Entre Bayonne et Luchon, le grand malchanceux est Christophe, victime de l'intransigeance du réglement. Alors qu'il passe en seconde position au sommet du Tourmalet, derrière Philippe Thys, il est renversé par une voiture dans la descente. Sa machine est complètement hors d'usage et il n'a pas d'autre solution que de parcourir à pied, son vélo sur l'épaule, les quatorze kilomètres qui le séparent de Sainte-Marie-de-Campan. Il y trouve une petite forge et rebrase lui-même sa fourche, sous le regard attentif des officiels. Il doit mettre au feu un bout de ferraille pour le réduire à dix-huit millimètres et l'engager dans le fourreau de direction. Puis il perce des trous dans les tubes afin d'y passer des goupilles. Après deux heures de surveillance, l'un des commissaires demande à Henri Desgrange l'autorisation d'aller chercher un sandwich. « Si vous avez faim, mangez du charbon! Je suis votre prisonnier et vous resterez mes gardiens jusqu'au bout! », leur répond Christophe. La réparation dure quatre heures et « Cri-cri » perd évidemment toute chance de remporter le Tour.
Ce sera vraiment la journée des drames puisque l'abandon d'Odile Defraye, souffrant, entraîne le départ de toute l'équipe Alcyon. ❍

24 juillet

La clémence pour Thys

Dans l'avant-dernière étape entre Longwy et Dunkerque, Petit-Breton, pour combler son retard au classement général sur Philippe Thys, attaque dès le départ et provoque une échappée de treize coureurs. Mais, peu avant Valenciennes, il chute sur les pavés visqueux. Une rotule bloquée, il doit quitter la course. Quelques kilomètres plus loin, c'est Thys qui percute une voiture à l'arrêt. Resté inanimé un long moment, il s'aperçoit en revenant à lui que sa fourche est complètement faussée. Avec l'aide de plusieurs mécaniciens, il répare en une heure et reprend la route. Les commissaires ne lui infligeront qu'une pénalité de dix minutes. Bénéficiant de la clémence des juges, il remporte le Tour avec huit minutes d'avance sur Gustave Garrrigou.

7 octobre

C'est l'émeute

L'arrivée de ce Tour de Lombardie est particulièrement houleuse. Henri Pélissier est tombé à deux kilomètres du but. Il se relève avec rage et engage une superbe poursuite qui le ramène sur le peloton après l'entrée de l'hippodrome de Milan, où deux tours de huit cents mètres restent à parcourir. Véritablement déchaîné, Pélissier passe tout le monde et s'impose devant Brocco et Godivier. La foule des *tifosi* entre alors en transe. Elle accuse le Français d'avoir provoqué la chute de l'étoile montante du cyclisme transalpin, Costante Girardengo. Le public envahit la piste et se rue sur Pélissier, injurié et frappé. Il se réfugie alors dans le mirador du juge de l'arrivée. Mais les émeutiers commencent déjà à incendier le mirador et Pélissier ne doit son salut qu'à l'intervention de quatre-vingts carabiniers.

7 AOÛT

Pour quelques centimètres en plus

Avec 42, 306 kilomètres, l'Allemand Richard Weise crée la surprise en améliorant le record de l'heure du Suisse Oscar Egg, sur la piste berlinoise de Zehlendorf. Treize jours plus tard, le Français Marcel Berthet se met à son tour en piste, à Buffalo. Il élabore un tableau de marche précis, avec un système qui lui permet de contrôler visuellement, et en permanence, sa position par rapport à celle de Weise. Il donne ses dernières consignes à son entourage : « Si je perds plus de cinquante mètres sur les temps du record, je m'arrête. J'aurais acquis alors la certitude mathématique de mon infériorité. » Au bord de la piste, Egg assiste à cette tentative et voit tomber le record : 42,741 km. « Pourquoi pas moi », réagit aussitôt le Suisse. Il annule quatre contrats, s'entraîne derrière moto et, quatorze jours plus tard, se présente à Buffalo. Il part très vite et « serre les dents », selon son expression. Le résultat est époustouflant : 43,280 km. Les observateurs estiment alors que le plafond vient d'être atteint. Oscar Egg demande qu'on mesure encore la piste de Buffalo, qu'il estime plus longue qu'on le croit. Elle fait en effet 11,7 m de plus au tour. Tous les records de l'heure sont donc recalculés, de sorte que le Suisse a réellement parcouru 43,525 km. Nullement découragé, Berthet remet ça le 21 septembre et il porte le record à 43,775 km. Cette formidable épopée qui passionne la France entière s'achèvera le 18 juin 1914. Toujours à Buffalo, Oscar Egg parcourt 44, 247 km dans l'heure. Ce record tiendra dix-neuf ans.

Après une chute dans l'avant-dernière étape, Lucien Petit-Breton doit abandonner le Tour de France.

Eugène Christophe rebrase la fourche de son vélo à la forge de Sainte-Marie-de-Campan.

Les deux beaux-frères, Léon Hourlier et Léon Comès, remportent les Six Jours de Paris, avant de trouver la mort, au front, dans le même avion.

Les coureurs de Milan-San Remo, bloqués au passage à niveau de Livello.

14 JANVIER

Les Six Jours se reconvertissent en épreuve de vitesse

Le nouveau réglement des Six Jours de Paris provoque un beau tollé auprès du public. En effet, il stipule que si deux ou plusieurs équipes sont toujours dans le même tour au bout des cent quarante-quatre heures, c'est-à-dire après six fois vingt-quatre heures, ces concurrents descendront de machine pour procéder alors à un sprint de deux mille cinq cents mètres qui déterminera le vainqueur. Qu'une course de grand fond se joue sur une épreuve de vitesse fausse complètement l'esprit des Six Jours, estiment les observateurs. Malgré un froid sibérien, le Palais des Sports est comble durant toute la semaine. De longues périodes monotones succèdent à des sprints endiablés lorsque, à chaque tour, des primes de cent francs sont accordées. Dix des onze équipes encore en course terminent dans le même tour, seule la paire Van Houwaert-Trousselier se trouvant à sept tours. Dix concurrents se présentent donc au départ pour un ultime sprint. Malheureusement, la piste est rendue glissante par les fuites du toit, qui laissent passer la pluie. Le rapide Engel emmène le peloton, puis Joe Fogler tente de le passer mais Engel le repousse du bras. Dans le dernier tour surgit Léon Hourlier, qui passe à la corde. Hourlier l'emporte de justesse devant l'Australien Goullet. Quelle récompense pour l'équipe Hourlier-Comès, les deux beaux-frères. C'était la première participation à des Six Jours et ils l'emportent malgré la présence de Rutt, champion du monde de vitesse, et du rapide Allemand Lorenz. ❍

5 avril

Cinq ans après

Après leurs échecs des années précédentes dans Milan-San Remo, qu'aucun transalpin n'a gagné depuis cinq ans, les Italiens comptent prendre leur revanche. Les conditions climatiques vont rendre la course très dure. Sur les soixante-treize concurrents qui prennent le départ, seuls quarante-deux courageux vont terminer. L'Italien Carlo Galetti est le grand favori, après son triplé dans le Tour d'Italie. Il s'échappe en compagnie d'une petite dizaine de coureurs mais, peu avant Valtri, le groupe de tête est repris par le peloton en raison d'un passage à niveau fermé, à Livello. Finalement, un groupe important se présente groupé à San Remo, où Ugo Agostoni, couvrant les deux cent quatre-vingt-un kilomètres en 10 h 47 min, l'emporte devant Galetti, à une roue, et le Français Charles Crupelandt, à cent mètres. ❍

6 juillet

Bousculade à l'arrivée

Alors que la cinquième étape, La Rochelle-Bayonne, disputée sur un parcours absolument plat, ne devait être qu'une longue promenade avant les Pyrénées, une gigantesque chute met à terre une vingtaine de coureurs. Un peloton de quatre-vingt-quatre hommes se présente dans la dernière ligne droite, cinq cents mètres avant la ligne d'arrivée. C'est le rapide Oscar Egg qui lance le sprint et un bon nombre de coureurs veulent prendre sa roue. Une bousculade monstre se produit alors. Octave Lapize, 4e au classement général, et Henri Pélissier, 3e, se retrouvent projetés contre les balustrades. Tous ces malchanceux se relèvent heureusement sans trop de dommages et Oscar Egg, qui a réussi à se faufiler, s'impose pour la deuxième fois consécutive. ❍

13 JUILLET

Le coup de sang d'Oscar Egg

Après les deux étapes de montagne qui ont vu la supériorité incontestable du Belge Philippe Thys, qui se retrouve avec trente cinq minutes d'avance sur son second, Henri Pélissier, les coureurs abordent cette huitième étape, Perpignan-Marseille, avec le souci de se refaire une santé. Pour éviter la pagaille qui a eu lieu à Bayonne, les organisateurs décident de répartir les vingt-cinq coureurs encore en course en quatre séries, pour le gain de la victoire d'étape. Ces séries sont remportées par Émile Engel, Oscar Egg, Octave Lapize et Maurice Brocco. Dans la finale qui réunit ces quatre coureurs au vélodrome du Prado à Marseille, Lapize se retrouve en dernière position à la sortie du dernier virage, puis remonte un à un ses adversaires, passant la ligne en vainqueur, devant Brocco. Derrière, Egg et Engel chutent à quelques mètres de l'arrivée.
Mais Egg se relève, furieux contre Lapize qu'il accuse d'être responsable de sa chute. Les deux hommes déposent une réclamation qui est rejetée. Sans doute déçu d'avoir rétrogradé au classement général après le passage des Pyrénées, le Suisse est devenu nerveux depuis deux jours.
Mais, là, Egg va trop loin : il s'en prend à un commissaire qu'il insulte et frappe au visage. La sanction est immédiate : exclusion pure et simple du Tour.
Et Henri Desgrange, choqué par cette attitude, n'accordera ni sursis ni appel. ❍

● Octave Lapize et Henri Pélissier sont à terre après une chute collective sur la ligne d'arrivée à Bayonne.

24 juillet

Philippe Thys fait ses comptes

Au départ de la quatorzième étape, le Tour de France semble joué. Philippe Thys neutralise parfaitement son dernier adversaire, Henri Pélissier. Mais, entre Longwy et Dunkerque, il fait une mauvaise chute, comme l'année précédente. Sa fourche étant brisée, il se précipite au pas de course chez un marchand de cycles. Ce dernier prévient le leader qu'il risque d'être sanctionné s'il bénéficie d'un concours extérieur. Mais Thys lui répond : « Si je devais réparer seul, j'en aurais pour une heure au moins et j'aurai perdu le Tour. Si vous me donnez un coup de main, cela dépendra du tarif qui me sera imposé par les commissaires. » Moins de vingt minutes plus tard, il entame une folle poursuite qui le ramène en troisième position sur la ligne d'arrivée, et conserve ainsi 1 min 49 s d'avance sur Pélissier au classement général. ❍

28 juillet

« Messieurs, la guerre est déclarée… »

Alors que le Tour de France s'est achevé depuis deux jours débute, à Copenhague, le meeting des championnats du monde. Les Danois n'ont pas lésiné : ils ont préparé une grande fête pour recevoir leurs hôtes et la piste a été complètement rénovée. Le starter donne le départ de la première série de l'épreuve de vitesse, où s'aligne le Français Léon Hourlier. Tout à coup, un officiel se précipite sur la piste avec un énorme porte-voix : « Messieurs, une mauvaise nouvelle. La guerre est déclarée entre l'Allemagne et la France. Nous conseillons aux coureurs de rentrer chez eux le plus vite possible. » Comme son annonce n'a pas été entendue, il la répète en plusieurs langues. Lors du voyage aller, les Français avaient traversé l'Allemagne. Au retour, ils reviennent par Londres ou par la Belgique. ❍

● Oscar Egg, vainqueur d'étape à Bayonne, est exclu du Tour après avoir frappé un commissaire de course.

Le Suisse Oscar Egg et le Français Marcel Dupuy s'imposent aux Six Jours de New York mais le Français sera suspendu à vie pour « désertion ».

Le vainqueur du Tour 1909, Le Luxembourgeois François Faber, qui avait choisi de se battre pour la France, meurt au combat.

Guerre oblige, le vélodrome de Buffalo disparaît pour laisser la place à une usine de fabrication de moteurs d'avions.

19 mai 1915

Le peloton décimé

Le Luxembourgeois François Faber, « le Géant de Colombes », meurt au combat dès le début de la guerre. Malgré sa nationalité, il avait choisi de se battre pour la France. Le cyclisme paye un lourd tribut dans ce conflit. Après Faber, ce sont Hourlier, Comès, Trousselier, le sprinter Friol, deux fois champion du monde, et Petit-Breton, qui tombent au champ d'honneur. Octave Lapize, pilote de chasse, est abattu en combat aérien au-dessus de Verdun. Léon Hourlier et Léon Comès, les derniers vainqueurs des Six Jours de Paris, se sont engagés dans l'aviation. Après un court séjour dans un camp retranché à Paris, les deux beaux-frères sont partis sur le front dans des escadrilles de bombardement. Ils trouveront la mort dans un accident de biplan. ❍

octobre 1917

Buffalo transformé en usine de guerre

Avec les besoins en matériel qu'exige la guerre, il faut tripler, voire décupler la capacité de production des usines de munitions, de camions ou d'avions. C'est dans cet esprit que le vélodrome de Buffalo, à Montrouge, est réquisitionné par le ministère de l'Armement pour faire place à l'usine Bellenger frères, qui fabrique des moteurs d'avions. Bellenger, dont le métier d'origine était la construction de voitures de luxe, doit aussi s'adapter aux circonstances. En octobre, une armée de démolisseurs rasent complètement le célèbre vélodrome. Il a fallu faire vite. Quelques mois plus tard seulement, dans des ateliers édifiés à la hâte, Bellenger sort ses premiers moteurs. ❍

25 DÉCEMBRE 1916

Marcel Dupuy suspendu à vie pour désertion

Les Six Jours de New York fêtent, cette année, leur vingtième anniversaire. Bien sûr, en raison de la guerre, la présence européenne est réduite au minimum. Pourtant, c'est l'équipe franco-suisse composée de Marcel Dupuy et d'Oscar Egg qui remporte l'épreuve. C'est seulement la deuxième fois dans l'histoire de ces Six Jours qu'une équipe exclusivement européenne s'impose. Si on connaissait la valeur de Egg, recordman du monde de l'heure sans entraîneur, et ses talents de coureur de grand fond, Dupuy a surpris par ses qualités de vitesse alors qu'il n'est considéré en France que comme un sprinter de second plan. L'équipe favorite, Goullet-Grenda, a joué de malchance. Une chute grave met Grenda hors de combat dès le troisième jour. Deux jours plus tard, sur une superbe accélération de Dupuy, bien relayée par Egg, les deux hommes prennent un tour d'avance, qu'ils conserveront jusqu'au coup de pistolet final. Après avoir couvert 4 240,544 km, ils devancent la paire américaine Root-Fogler, déjà victorieuse des deux dernières éditions. Mais coup de théâtre quelques jours après cette victoire : l'Union vélocipédique de France décide, à la demande du ministère de la Guerre, de « suspendre à vie Marcel Dupuy pour désertion ». En effet, elle estime que le Français aurait dû se trouver en première ligne dans les armées de son pays au lieu de parader sur les planches du Madison Square Garden. ❍

28 avril 1918

Louis Darragon se tue à Grenelle

Pendant la guerre, les autorités françaises autorisent de temps à autres la tenue de réunions sur les vélodromes. Et les courses derrière motos vont encore faire des victimes, comme les Allemands Esser et Gunther à Düsseldorf, et le Français Louis Darragon, l'ancien champion de France de demi-fond, au vélodrome d'hiver de Grenelle. L'accident fatal se produit au dixième kilomètre du Grand Prix de l'Heure. Darragon, dans le sillage de son entraîneur, passe deux de ses adversaires et se retrouve dans le haut du virage. Brusquement, l'axe de sa pédale gauche se brise net. Il tente de se rattraper en tendant la jambe gauche mais fait une embardée vers la droite et se trouve violemment projeté, la tête en avant, contre la balustrade qui entoure la piste. Le malheureux gît inanimé, perdant son sang par les oreilles et la bouche. Aussitôt M. Maire, l'un des dirigeants de l'UVF, se précipite sur la piste sans penser aux coureurs qui déboulent. Verkeyn, qui passe sur les jambes de Darragon, le percute. Mais Sérès et Colombatto parviennent à s'arrêter, non sans difficulté. Verkeyn et Maire sont transportés au quartier des coureurs, avec Darragon. Immédiatement, le médecin de service annonce la mort de ce dernier, victime d'une fracture du crâne et de la colonne vertébrale. Quant à Verkeyn et Maire, ils s'en sortent avec des égratignures et une grosse frayeur. Le champion français, lui, a payé de sa vie un incident mécanique, comme il allait en survenir beaucoup pendant toutes ces années, les matériaux de qualité étant réservés à l'industrie de guerre. ❍

L'arrivée d'Hubert Noël, second de Paris-Tours 1917, derrière le Belge Charles Deruyter.

19 mai 1918

Paris-Tours subsiste malgré la guerre

Les organisateurs de ce Paris-Tours ont toutes les raisons d'être satisfaits devant l'importante participation (quarante-quatre partants) et sa qualité. Se présentent en effet au départ, outre Philippe Thys, Henri Pélissier, qui a pu se faire libérer pour « faiblesse de constitution », et Paul Duboc, qui a obtenu quant à lui une permission. Après un départ rapide, Henri Pélissier est d'abord victime d'une crevaison à Buc puis d'un bris de moyeu. Dépité, il décide d'abandonner. L'échappée décisive, composée de treize hommes, va se former à Châteaufort. Au moment où Ali Nefatti crève une deuxième fois, le Français Charles Mantelet et le Suisse Lucien Cazalis s'en vont et se présentent ensemble sur la piste du vélodrome de Tours, pour disputer le sprint. C'est Charles Mantelet qui s'impose, d'une demi-roue. ❍

16 juin 1918

Philippe Thys renoue avec la victoire

Les courses sur route reprennent peu à peu. Après Paris-Tours a lieu Tours-Paris, auquel participent sans préparation particulière un certain nombre de permissionnaires, ainsi que le Belge Philippe Thys, dont le pays n'est plus en guerre. Henri Pélissier, Duboc, et Vandenhove, mobilisés, n'ont pas obtenu de permission. Finalement, seuls vingt-sept coureurs prennent le départ. Dans la côte de Dourdan, Mantelet démarre et prend cinquante mètres mais Jusseret ramène le peloton. Mantelet récidive dans la montée de Châteaufort et seuls Thys et Jusseret parviennent à le suivre. Peu avant Paris, Georges Sérès, Lémée et Michiels reviennent sur les échappés. Au Parc des Princes, Thys s'imposera au sprint avec une roue d'avance sur Mantelet et Sérès. ❍

Le pilote de chasse Octave Lapize, vainqueur du Tour 1910, est tué lors d'un combat aérien au-dessus de Verdun.

• Marcel Dupuy, deuxième du championnat d'hiver de vitesse, vaincu par Bob Spears.

• En vitesse, l'Australien Bob Spears domine tous ses adversaires depuis la fin de la guerre.

• Le Belge Van Leerberghe remporte le Tour des Flandres.

23 MARS

Bob Spears, nouvelle étoile de la vitesse

Cinq ans après sa dernière et décevante visite en Europe, où il avait été battu par Émile Friol, Léon Hourlier et Gabriel Poulain, l'Australien Bob Spears revient, à 26 ans, en vainqueur, au championnat d'hiver de vitesse. Certes, ses anciens « maîtres » sont tous tombés au champ d'honneur, mais il remporte une probante victoire devant Dupuy, Trouvé, Pouchois et un Ellegaard vieillissant. La foule des grands jours s'est rassemblée au Palais des Sports. À l'issue des quinze manches disputées dans la journée, Spears, invaincu, remporte cinq victoires devant Dupuy, quatre victoires, et Trouvé, Pouchois et Ellegaard, deux victoires chacun. Le dernier match décisif entre Spears et Marcel Dupuy débute dans un profond silence. L'instant est solennel. Après une rapide séance de surplace, Dupuy passe en tête. Mais, comme Spears a mis pied à terre à l'entrée du virage, le starter donne un nouveau départ. Le suspense est à son comble. Au second départ, le Français est encore devant mais, dans la ligne opposée, il s'écarte brusquement et l'Australien doit passer. Le rythme s'accélère alors et Dupuis démarre dans le dernier tour. Spears réagit aussitôt puis, tout en puissance, double son adversaire. Dupuy persiste et tente de se faufiler à la corde mais Spears, vigilant, ne s'écarte pas et s'impose d'une longueur. L'Australien, qui reçoit un superbe bouquet et les nombreux prix de cette épreuve richement dotée, est alors l'étoile la plus brillante du firmament cycliste. ❍

23 mars

« Tête enflée »

Organisé par le quotidien bruxellois *Sportwerelt* et l'UVB, le troisième Tour des Flandres se déroule devant une foule immense, sur deux cent trois kilomètres. La course est très éprouvante en raison d'un violent vent contraire. À Courtrai, où les coureurs arrivent avec deux heures de retard sur l'horaire prévu, vingt-deux coureurs signent ensemble au contrôle. La vedette belge, Marcel Buysse, doit abandonner sur ennuis mécaniques, au grand désappointement des spectateurs. Mais ils se consolent en apprenant que le grand Van Leerberghe, surnommé « l'homme à la Tête enflée », a lâché ses adversaires. Il fait une entrée triomphale, avec quatorze minutes d'avance, sur le vélodrome de Gentbrugge. Léon Buysse, 2e, s'impose au sprint devant ses compatriotes Vanhevel, Wiersme et Albert Dejonghe. ❍

21 avril

La bataille de l'Enfer

Au lendemain de la brillante victoire d'Henri Pélissier dans Paris-Roubaix, l'envoyé spécial du quotidien *L'Auto* invente une expression qui fera date : « L'Enfer du Nord ». Ce premier Paris-Roubaix de l'après-guerre s'est en effet déroulé dans des conditions effroyables. La veille, *L'Auto* annonçait déjà la couleur : « C'est à Béthune que la "Kulture" boche commence à rutiler de son plus vif éclat. On entre alors en plein champ de bataille ; plus rien que la dévastation dans ce qu'elle a de plus affreux et de plus tragique ; c'est l'abomination et la désolation. Pas un mètre carré qui ne soit bouleversé de fond en comble. C'est l'enfer ! » Dans son compte rendu, le rédacteur poursuit en ces termes : « La bataille de "L'Enfer du Nord" est-elle terminée ? » ❍

20 AVRIL

Paris-Roubaix sur un champ de ruines

L'*Auto* annonce le retour de Paris-Roubaix après cinq ans d'absence. Mais cette initiative est prématurée compte tenu des possibilités de l'effectif et de l'état des voies de communication. Le nord de la France est un vaste champ de bataille où l'on trouve encore beaucoup d'obus qui n'ont pas explosé au bord des routes. En tout cas, afin de permettre une reprise rapide des compétitions, les marques françaises, dont les budgets sont limités, se sont regroupées dans un consortium baptisé La Sportive. Le début de course est marqué par un nombre incalculable de crevaisons. Des clous ont encore été disséminés sur la route. Godivier et Jean Alavoine, écœurés, quittent la course. Puis, peu après Béthune, devant le spectacle horrible des ruines, Francis Pélissier s'en va tout à coup à une allure infernale. Le peloton se disloque, Louis Mottiat et Oscar Egg sont lâchés. Une demi-douzaine de coureurs reviennent sur le leader mais Francis Pélissier, obstiné, redémarre, avec son frère Henri cette fois. Les deux hommes seront rejoints plus tard par le Belge Philippe Thys, puis par Honoré Barthélémy. Francis a du mal à suivre, Henri hésite à l'abandonner mais, la mort dans l'âme, il ne peut laisser le Belge s'enfuir. Tout à coup, les coureurs tombent sur un train arrêté en travers de la route. À la grande surprise du garde-barrière, ils traversent les compartiments et se présentent ensemble sur la piste du parc Bardieux. Pélissier lance le sprint de très loin et s'impose d'une vingtaine de mètres sur Thys. Barthélémy, visiblement fatigué, n'insiste pas. ❍

11 mai

Une partie de campagne

Les autorités du cyclisme français préparent l'organisation de nouvelles épreuves. Ainsi, un Circuit des champs de bataille se déroule dans l'est de la France durant sept jours. Mais les conditions sont difficiles, avec du matériel rafistolé et des coureurs mal entraînés sur des routes qui n'en sont plus. En dehors des villes, il est impossible de trouver la moindre nourriture. Ainsi, cinq camions transportent les pièces et vélos de rechange, les fourneaux et une nourriture sommaire. Dans le Cambrésis, les Belges Léon Scieur et Firmin Lambot perdent leur chemin. Retrouvés pédalant dans le sens contraire de la course, ils abandonnent, à l'instar de la plupart de leurs camarades. Dans ce qui ressemble à un cyclo-cross, c'est le courageux Belge Charles Deruyter qui l'emporte. ❍

7 juin

Le début du règne de Girardengo

La rivalité entre Costante Girardengo, 26 ans, et Gaetano Belloni, son aîné d'un an, passionne l'Italie. Même si la presse tente de les opposer, les deux hommes restent amis tant qu'ils n'enfourchent pas leurs vélos. Après une exceptionnelle année 1918, où il a remporté brillamment le Tour de Lombardie, Belloni veut enfin gagner le Giro. Mais l'étoile montante du cyclisme transalpin, le *campionissimo* « Gira », ne lui en laissera pas l'occasion. Ce dernier va survoler le Tour d'Italie en s'imposant dans sept des dix étapes. À l'arrivée finale, Belloni, tout de même 2e, déclare : « Moi, je ne serai pas un super champion, mais, dans mon cœur, il reste gravé les noms de quelques jolies femmes. » ❍

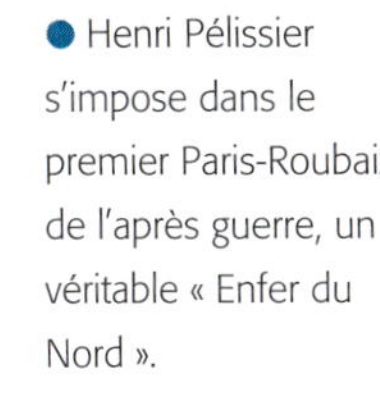

● Henri Pélissier s'impose dans le premier Paris-Roubaix de l'après guerre, un véritable « Enfer du Nord ».

● Le Belge Charles Deruyter, vainqueur du Circuit des champs de bataille, disputé dans des conditions épouvantables.

● Le coriace Firmin Lambot, au Parc des Princes après son succès dans le Tour de France.

● Le Belge Alexis Michiels remporte Paris-Bruxelles devant son compatriote Émile Masson, de cinq longueurs.

8 juin

Triplé belge

Les observateurs se demandent si, après ses victoires dans Paris-Roubaix et Bordeaux-Paris, Henri Pélissier saura résister à la coalition des Belges, très représentés dans Paris-Tours. Les quarante concurrents s'élancent sur des routes déplorables. C'est à partir de Chinon que la course commence à se décanter, lorsque Pélissier se dégage du peloton. Seul le jeune Belge Tiberghien parvient à prendre sa roue. Les deux hommes roulent à bloc. À quarante kilomètres de l'arrivée, Pélissier est lâché, à la surprise générale, après une crevaison. Il est même rejoint par un petit groupe constitué des Français Jean Alavoine et Honoré Barthélémy et des Belges Vandenhove et Rossius. Tiberghien, lui, poursuit sa route et franchit la ligne avec quatre minutes d'avance sur le groupe de chasse, réglé par Vandenhove devant Rossius. ❍

9 juillet

Poussé du col

TOUR DE FRANCE

Les dix-sept rescapés de la course attaquent les Pyrénées. Émile Masson et Firmin Lambot, en embuscade derrière Eugène Christophe, comptent sur ces premiers cols de la sixième étape pour faire la différence. Dans l'Aubisque, Luigi Lucotti, Jean Alavoine, Léon Scieur et Louis Mottiat se détachent. Au sommet, pendant qu'Alavoine et Mottiat retournent leur roues, les deux autres s'enfuient. Mais l'heure d'Honoré Barthélémy a sonné. Bien soutenu par Lambot dans le Tourmalet, il réalise un exploit en récupérant les quatre échappés, puis en partant seul à l'approche du col. Après avoir augmenté son avance dans Aspin et Peyresourde, il se présente avec dix-neuf minutes d'avance sur Lambot et trente-quatre sur Alavoine. Le leader au général, Christophe, limite les dégâts à quarante minutes. ❍

5 JUILLET

Des « hommes libres » !

TOUR DE FRANCE

Les trois premières étapes du Tour, disputées sur des routes catastrophiques, ont déjà provoqué l'abandon de quarante-trois coureurs sur les soixante-neuf partants. Henri Pélissier, lui, est en pleine forme. Mais, dans cette quatrième étape, entre Brest et les Sables-d'Olonne, il est contraint de s'arrêter pour resserrer son jeu de direction. Aussitôt, tous ses adversaires s'enfuient comme un seul homme. En effet, l'aîné des Pélissier a refusé, tout comme son frère Francis, de participer au consortium La Sportive, qui regroupe tous les coureurs du Tour. Pendant trois cents kilomètres, Pélissier chasse derrière le peloton, remontant un à un ses rivaux. Il double Francis, à la dérive, écroulé sur le bord de la route. Puis il rejoint son ami Honoré Barthélémy et, ensemble, les deux hommes se rapprochent sensiblement du peloton. Mais Henri Desgrange veille et leur intime l'ordre de ne plus se relayer. Henri lui répond que les hommes de tête font aussi une course d'équipe. Desgrange insiste et menace de les déclasser. À cinq kilomètres de l'arrivée, Henri Pélissier, dégoûté, s'arrête près d'une chaumière. Il réclame à boire et explique aux spectateurs présents que, si le Tour de France est une affaire de mercenaires, les Pélissier sont des hommes libres ! Henri, qui repart ensuite tranquillement, va rallier l'arrivée en dixième position et perdre ainsi sa première place au classement général au profit d'Eugène Christophe, mais il reste toujours devant les Belges Émile Masson et Firmin Lambot. Jusqu'au coup de théâtre du lendemain. Car les frères Pélissier, en « hommes libres », décident de ne pas repartir. ❍

● Les coureurs du Giro passent dans les alluvions vers Naples. Cela n'empêchera pas Girardengo de remporter son premier Tour d'Italie.

18 juillet

Le premier Maillot jaune

Depuis quelque temps, les journalistes suggèrent à Desgrange de donner au premier du classement un maillot distinctif. Le « patron » choisit naturellement le jaune, comme la couleur du papier sur lequel est imprimé *L'Auto*. Et, au matin de cette dixième étape, à Grenoble, Christophe revêt fièrement cette « toison d'or » tellement convoitée. Pourtant, dans ses « Mémoires », le Belge Philippe Thys, triple vainqueur du Tour, racontera qu'en 1913, Desgrange lui avait déjà proposé de revêtir un maillot jaune. Après un premier refus, il avait accepté sur la pression de sa marque, Peugeot, et acheté ensuite, dans le premier magasin venu, un maillot jaune tout juste aux bonnes dimensions. Mais, faute de preuves et de témoins, ce récit reste une légende. ❍

25 décembre

Le Bol de Léon

S'il est une épreuve qui n'a jamais été mise en cause malgré sa difficulté, c'est bien le Bol d'or. Cette année encore, le plateau est de qualité : Léon Georget, Nicolas Van Nek, Marcel Godivier, Charles Deruyter, Honoré Barthélemy, Alfred Steux et Édouard Léonard. Les premières heures sont monotones malgré le train assez rapide. À la seizième heure, seuls deux abandons, ceux de Steux et Deruyter, sont à déplorer. Lorsque la fatigue des coureurs commence à se faire sentir, Georget, comme à son habitude, accélère légèrement et aussitôt ses adversaires décrochent irrémédiablement. « Mes rivaux se sont dépensés à fond quand c'était le moment de se ménager. Il ne faut pas se laisser influencer par les encouragements du public, qui ne comprend que la vitesse et la lutte », rappelle sagement le vainqueur. ❍

● Léon Georget, avec des lunettes, est entouré de ses entraîneurs après sa neuvième victoire dans le Bol d'or.

25 JUILLET

Eugène Christophe, l'éternel « poissard »

Au départ de l'avant-dernière étape, entre Metz et Dunkerque, le Belge Firmin Lambot est deuxième du classement général à vingt-huit minutes du porteur du Maillot jaune, Eugène Christophe, 34 ans. Le Belge, qui a décidé d'effectuer une course d'attente, se contente, dit-il, « de ramasser les morts », chaque abandon lui faisant gagner une place. Le Français, quant à lui très brillant dans la montagne (il a remporté les trois étapes alpestres), a perdu beaucoup de temps les deux premiers jours, victime de nombreuses crevaisons. L'éternel « poissard », Christophe, est en tout cas en excellente position pour remporter son premier Tour. Mais, à la sortie de Valenciennes, sur les pavés de Raisme, sa fourche se met soudain à vibrer. Évitant de justesse la chute, il doit s'arrêter. Aussitôt, un coureur hurle dans le peloton : « Le vieux est lâché. » Lambot lance alors son offensive et se retrouve rapidement seul en tête. Pendant ce temps, Christophe déniche une petite usine de cycles dans la banlieue de Valenciennes et demande au directeur s'il peut profiter de l'atelier pour réparer sa fourche cassée. Il effectue seul la réparation, règlement oblige, puis repart. Six ans après sa mésaventure de Sainte-Marie-de-Campan, où il avait perdu plus de deux heures et, par conséquent, le Tour de France, c'est une nouvelle désillusion lorsqu'il franchit la ligne d'arrivée. Il compte un retard de 2 h 37 min sur le vainqueur, Lambot. La malchance accable encore Christophe, qui, le lendemain, à l'arrivée au Parc des Princes, se classe onzième et dernier du classement général. ❍

● Eugène Christophe restera dans l'histoire du Tour de France comme le premier porteur du Maillot jaune.

Peu avant Nice, Thys et Mottiat dominent l'étape. Et les Belges écrasent ce Tour de France.

Scieur et Barthélémy peinent à trois cents mètres du sommet du Tourmalet.

Le Belge Paul Deman s'impose dans Paris-Roubaix, profitant de la défaillance d'Henri Pélissier.

14 AVRIL

Paul Deman, l'outsider

Après sa victoire de 1919, Henri Pélissier part grand favori de ce Paris-Roubaix. Le début de course se déroule parfaitement pour lui. Après les cinq minutes de neutralisation à Amiens, mis à profit pour un ravitaillement rapide et surtout pour un nettoyage des vélos et des chaînes, Van Hevel, Azini et Vanlerberghe repartent les premiers, suivis de seize concurrents. Ce groupe de contre-attaque reprend les échappés avant que la grande explication ne débute dans la fameuse côte de Doullens. L'Italien Costante Girardengo démontre ses belles qualités de grimpeur en attaquant. Seul Henri Pélissier parvient à le suivre. Le duel est acharné entre les deux champions mais, peu avant le sommet, le *campionissimo* en remet un coup et le Français doit céder, laissant partir son adversaire. Quelques minutes plus tard, alors que le trou est creusé, Girardengo est victime de sa fourche, qui casse net. C'est l'abandon obligatoire ! Derrière, l'aîné des Pélissier se retrouve miraculeusement en tête de la course et semble en mesure de rééditer son exploit de l'année précédente. C'est sans compter sur la volonté et la détermination du Belge Paul Deman, qui produit son effort au moment où le Français perd complètement pied. Deman passe facilement Pélissier qui finira 6e à Roubaix, à six minutes du Belge, qui triomphe pour la deuxième fois dans cette classique. Eugène Christophe, lui, est l'auteur d'une superbe fin de course qui lui permet de prendre la deuxième place devant Lucien Buysse et Honoré Barthélémy.

16 mai

Jeunes et vieux

Ce vingt-sixième Bordeaux-Paris se déroule dans des conditions épouvantables. Le froid, le vent contraire et une pluie torrentielle accompagnent les dix-huit coureurs dès le départ. Vers Angoulême, la route devient vite un chemin boueux et les premiers abandons se produisent. Entre Tours et Orléans, le favori, Francis Pélissier, quitte la course. Eugène Christophe attaque dans la côte de Dourdan et s'en va seul. Derrière, Heugshem et Mottiat parviennent à s'extraire du maigre peloton. Le visage couvert de boue, Christophe, le « Vieux Gaulois » aux imposantes moustaches, arrive victorieux à la porte de Saint-Cloud après 21 h 33 min 15 s de course, devant Hector Heusghem, 2e à dix-neuf minutes. Le conflit de générations entre les Pélissier et Christophe, 35 ans, tourne en rivalité déclarée.

23 mai

Le moral baisse

Costante Girardengo se présente comme le favori de ce Giro malgré l'opposition de Belloni, de Gremo, d'Olivieri et d'Alavoine, tous de la Bianchi. Lors de l'étape initiale, Milan-Turin, « Gira » fait une chute dans la descente du Monte Ceneri. Sous une pluie diluvienne, la réparation de son vélo est laborieuse et longue. Pendant ce temps, les Bianchi forcent l'allure, décrochant tous leurs adversaires. À Turin, Girardengo accuse un retard de dix minutes sur le vainqueur, Olivieri. Le moral du *campionissimo* est atteint. Dans la deuxième étape, il brise une roue et en reçoit une autre d'un de ses équipiers. Le règlement interdisant ce genre d'assistance, la Bianchi dépose une réclamation. Écœuré, Girardengo quitte le Giro, laissant la voie libre à Tano Belloni, vainqueur de son premier Tour d'Italie.

5 juillet

L'abandon d'Henri

Les quatre premières étapes ont vu une épidémie d'abandons. Aux Sables d'Olonne, la moitié du peloton a disparu et Desgrange n'est pas content. Il reproche aux coureurs de première classe, les professionnels, de ne plus savoir endurer la souffrance : « Ils sont hébergés, nourris, payés et n'ont qu'à s'acquitter, par leur travail musculaire, de tout ce qu'on fait pour eux. » Alavoine, victime de huit crevaisons le premier jour, et l'ancien vainqueur, le Belge Defraye, sont particulièrement visés. Et les affaires ne s'arrangent pas. Dès le lendemain, dans la quatrième étape, c'est au tour d'Henri Pélissier, pourtant vainqueur des deux dernières étapes, d'abandonner, en représailles aux deux minutes de pénalité reçues pour « s'être débarrassé d'un boyau usagé » ! ❍

8 juillet

Le Tour se joue

La première des deux grandes étapes pyrénéennes, Bayonne-Luchon, longue de trois cent vingt-huit kilomètres, propose un parcours corsé. Dès le col de l'Aubisque, les Belges Firmin Lambot et Philippe Thys décident de prendre les choses en main. Derrière, Jean Rossius et Masselis tentent de limiter les dégâts mais Masselis, malade, doit abandonner. Dans le col du Tourmalet, alors que les deux hommes de tête creusent l'écart, Christophe est proche de la défaillance. À Argelès-Gazost, il met pied à terre, se désaltère à la fontaine et décide d'en rester là pour cette année. Après le col de Peyresourde, où Mottiat est l'auteur d'un superbe retour, Lambot s'impose, à Luchon, en 15 h 15 min 25 s, devant Thys, nouveau Maillot jaune, à 2 min 33 s. ❍

● Louis Mottiat est le premier vainqueur de Bordeaux-Paris-Bordeaux.

13 juillet

Les Belges sont nettement supérieurs

L'étape qui va d'Aix-en-Provence à Nice va permettre au Belge Philippe Thys de prendre une option quasi définitive sur la victoire finale. René Chassot, qui casse la fourche de son vélo, et Barthélémy, dont la machine n'est plus qu'un amas de ferraille après sa collision avec un motocycliste, premiers malchanceux du jour, abandonnent. Devant, Philippe Thys reste constamment aux avant-postes du peloton, puis il démarre à Sainte-Maxime, suivi des Belges Mottiat, Jean Rossius et Firmin Lambot. Au sommet de la côte d'Esterel, Lambot remporte la prime de la montagne mais, dans la descente, il se fait rejoindre puis dépasser par Thys, qui remporte l'étape. Les cinq premiers du classement général sont alors tous belges. ❍

13 août

Toujours plus loin avec Bordeaux-Paris-Bordeaux

Partis le vendredi à 9 heures, sur la route des allées de Tourny à Bordeaux, les coureurs effectuent pour la première fois un parcours titanesque : Bordeaux-Paris-Bordeaux. C'est Jean Alavoine qui passe en tête au virage de Longchamp, à mi-parcours, devant une foule considérable. Puis Steux et Barthélémy arrivent ensemble au contrôle de Saint-Cloud, quelques minutes derrière le leader. Alavoine et les autres concurrents en profitent pour se restaurer et se reposer avant les six cents derniers kilomètres. Finalement, Alavoine abandonne, ainsi que Steux, Ernerst Paul, Dejonghe et Luguet. Le vainqueur, le Belge Louis Mottiat, accompli les mille deux cents kilomètres en 56 h 43 s. Derrière arrivent Léonard, en 58 h 27 min 19 s et Barthélémy en 60 h 11 min 3 s. ❍

● Le Belge Firmin Lambot possède vingt minutes d'avance au sommet du Galibier mais il sera rejoint dans la descente.

Mottiat après mille deux cents kilomètres d'effort.

Henri et Francis Pélissier se concertent avant l'arrivée du Grand Prix de la Marne.

Henry George est félicité par le général Cubra, après sa victoire dans les 50 km aux Jeux olympiques d'Anvers.

19 JUILLET

Le Parc des Princes ovationne Thys

Après le passage du col du Galibier, tant redouté par les coureurs, où les Belges Philippe Thys et Hector Heusghem s'assurent les deux premières places, le classement général est définitivement établi. Les six dernières étapes ne sont alors qu'une longue et fastidieuse promenade dans l'Est de la France. Sauf pour le Belge du club d'Anvers, Firmin Lambot, 3e au classement général à plus d'une heure et demie de Philippe Thys, du club rival d'Anderlecht. Lambot décide de tenter une dernière fois sa chance entre Gex et Strasbourg. Il appelle le Maillot jaune et s'étonne de le voir utiliser un petit développement alors que les routes sont plates jusqu'à l'arrivée. Thys descend alors de machine pour retourner sa roue arrière. C'est alors que le malin Lambot démarre et prend rapidement une minute d'avance. Furieux de ce vilain tour et se sentant trahi, Thys se révolte et engage la poursuite. Il rejoint son adversaire et met un point d'honneur à remporter le sprint final à Strasbourg. Thys est vraiment le plus fort sur ce Tour de France et il est fêté en héros à son arrivée au Parc des Princes. Le public ayant envahi la piste, le vainqueur doit franchir la ligne à pied, sa machine à la main. Pendant que la musique joue *La Brabançonne,* une véritable marée humaine entoure bientôt les autres coureurs, Firmin Lambot, Louis Heusghem et le premier Français, 6e, Honoré Barthélémy. Avec ce troisième succès, Thys devient le recordman absolu de victoires dans le Tour de France.

18 AOÛT

Sérès profite de la défaillance de Linart

Le *stayer* Georges Sérès sauve l'honneur Français au championnat du monde de demi-fond (100 km) d'Anvers en Belgique. En effet, aucun tricolore n'a obtenu de médailles dans les épreuves de vitesse. Et Sérès cause une grosse surprise en s'imposant devant l'invincible Belge Victor Linart, champion du monde en titre. Ce dernier reste en tête durant les neuf dixièmes de la course alors que le Français attend sagement, à un demi-tour. C'est alors que le Belge, surnommé « le Sioux », est victime d'une terrible défaillance vers le quatre-vingtième kilomètre. Le public est impressionné par les derniers tours du coureur qui, complètement épuisé, vacille et manque à plusieurs reprises de tomber de sa machine. C'est dans un état de semi-conscience qu'il franchit la ligne, loin derrière Georges Sérès qui a désormais la voie libre pour son premier titre mondial, après ses titres nationaux et européens. Le podium est complété par le Suisse Suter, 2e et l'Italien Galetti, 3e. Quant à la finale de vitesse, elle a été remportée par l'Australien Bob Spears, confirmant sa supériorité dans le sprint mondial, devant le Suisse Kaufmann et l'Anglais Bailey. Pourtant aux deux cents mètres, le Suisse possède une légère avance et il faut toute la puissance du robuste Australien pour renverser la tendance. Cette victoire, comme l'ensemble des championnats, seront néanmoins gâchés par l'absence des Américains, et en particulier des sprinters Goullet et Arthur Spencer.

12 septembre

L'union fait la force

Les frères Pélissier réalisent une brillante démonstration dans le Grand Prix de la Marne, entre Paris et Metz. Henri, 1er et Francis, 3e, s'adjugent en plus la première place du classement par équipes, devant Bellenger-Jacquinot. En effet, la particularité de cette épreuve est de se dérouler par équipes de deux. La course se décante à la sortie de Coulommiers, où l'équipe Alavoine-Huguet accélère, provoquant une scission. Les Pélissier sont rejetés dans le deuxième peloton. Mais, après la minute de neutralisation à Châlons-sur-Marne, Henri fait un gros effort pour rejoindre Bellenger. Aux abords de Metz, quatre coureurs, Henri et Francis Pélissier, Bellenger et Jacquinot se regroupent pour l'emballage. Et Henri gagne d'une longueur sur Bellenger et sur Francis. ❍

26 décembre

Christophe fidèle au poste

Pas de surprise au cross-cyclo-pédestre de Clamart, où Eugène Christophe l'emporte sur tous les spécialistes de la course à pied. Déjà champion de France cyclo-pédestre en 1909 et en 1914, « Cri-Cri » démontre, malgré ses 35 ans, que la route et le cross peuvent faire bon ménage. Et l'interruption de la guerre n'a en rien entamé sa motivation et sa puissance. Christophe a bien résisté dans les passages pédestres, dans les sous-bois extrêmement fournis du bois de Clamart et dans les côtes boueuses. « Le Vieux Gaulois » a ensuite fait la différence sur les rares passages à bicyclette. Après les douze kilomètres parcouru en 34 min 55 s, il devance d'une minute Lacolle, suivi des grands spécialistes du cross, Estager, Lebrun et Fayaud, tous dans le même temps. ❍

• « Le Vieux Gaulois », Eugène Christophe, l'inusable cyclo-pédestre, est en tête dans le bois de Clamart.

12 DÉCEMBRE

Brocco le casse-cou enfin récompensé

Le Français Maurice Brocco remporte avec l'Américain Willie Coburn les Six Jours de New York. Dès la douzième heure de l'épreuve, Brocco prend un tour d'avance sur tous ses adversaires, après une chasse de toute beauté. Le lendemain, les Flandriens Debaets et Persyn tentent de revenir sur le tandem de tête mais ces derniers redoublent d'effort et préservent leur avantage. Brocco réussit à le conserver jusqu'à la fin et parcourut trois mille six cent quatre-vingt-cinq kilomètres en cent quarante-deux heures. Cette victoire fait sensation au Madison Square garden tant elle est incontestable. Parallèlement à la piste, Brocco poursuit une activité sur la route. Ainsi, ses performances au Tour de Lombardie (2e en 1914) et dans le Tour (une étape en 1912) ont retenu l'attention. Il a cependant été plutôt malchanceux lors de ses précédentes sorties aux derniers Six Jours de Paris ou à ceux de Berlin, où une terrible chute le met hors de combat. Le nez cassé, la bouche déformée, quelques dents en moins : le faciès de Brocco s'en trouve transformé. Mais il n'est pas au bout de ses malheurs. En 1919, aux Six Jours de New York, il est associé au rapide Deruyter. Au troisième jour, on le relève d'une chute collective, avec un tendon complètement arraché et une cheville déchiquetée par un coup de pédale. Il doit abandonner alors qu'il avait un tour d'avance. À New York, il a donc enfin conjuré le mauvais sort en remportant ses premiers Six Jours. À la prochaine réunion au Vel d'Hiv, les Parisiens s'apprêtent à lui réserver une réception digne de sa phénoménale prouesse. ❍

• Le Français Maurice Brocco, associé à l'Américain Willie Coburn, est le vainqueur des Six Jours de New York.

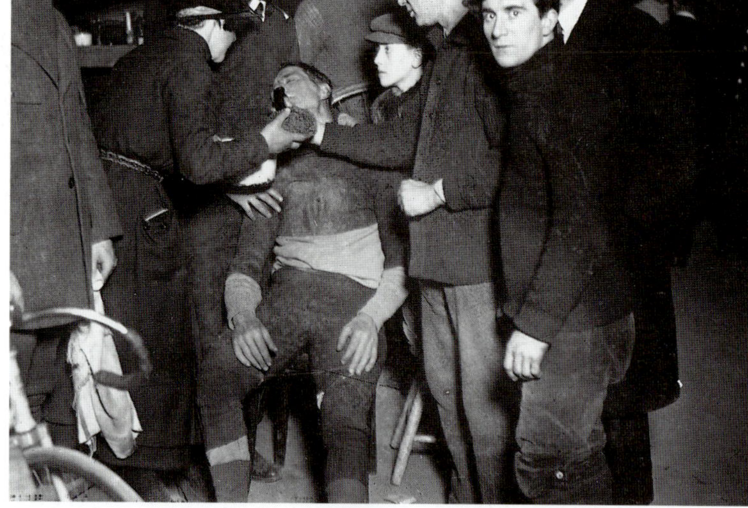

En haut : Marcel Berthet, qui s'est évanoui à l'arrivée des Six Jours de Bruxelles, est soigné par la femme de son coéquipier, Deruyter.

Ci-dessus : sur un trottoir, près de Carvin, les frères Pélissier ont pris la course en main pour le grand bénéfice de Francis, vainqueur de Paris-Roubaix.

Le Suisse Oscar Egg, le sprinter (à gauche), et son équipier, le Français Georges Sérès (l'endurant), remportent les Six Jours de Paris.

7 février

Jusqu'au bout de l'effort

Après 4 210 kilomètres en cent quarante deux heures de piste, les coureurs finissent épuisés par ces Six Jours de Bruxelles. À l'arrivée, Le Français Marcel Berthet tombe, évanoui, dans les bras de la femme de son partenaire, Mme Deruyter. Il mettra de très longues minutes à récupérer. Battu d'un pneu l'année précédente par Buysse et Spiessens, l'équipe franco-belge Berthet-Deruyter prend sa revanche cette année. Les douze sprints disputés sont remportés par Van Kempen (quatre fois) avant son abandon, puis par Deruyter, Aerts et Van Bever. Les favoris Debaets-Persyn terminent très loin au classement par points. Jusqu'à la toute dernière heure, les Hollandais Van Nek et Van Kempen restent très proche des leaders, avant de céder sur ennui mécanique. ❍

3 avril

Sérès et Egg font la paire

C'est un plateau exceptionnel que présentent les Six Jours de Paris. En effet, huit des trente engagés sont d'anciens vainqueurs de l'épreuve. À 18 heures, Léon Breton, président de l'UVF, donne le départ. Cette année-là, l'importance des primes accordées aux différents sprints suscite une bataille acharnée. Les sprints ont lieu chaque jour, dix à partir de 21 heures, cinq à partir de 2 heures du matin et cinq après 16 heures. Après 3 735 kilomètres, la paire Oscar Egg-Georges Sérès l'emporte sur Émile Aerts et Alphonse Spiessens, de près de cinq cents points. À 29 ans, le recordman du monde sans entraîneur, le Suisse Egg, est véritablement le meilleur en vitesse pure. Quant au Français Sérès, il est à l'opposé le spécialiste des longues distances. ❍

27 MARS

Le coup de poker des Pélissier

Paris-Roubaix revêt une importance capitale pour les frères Pélissier. En effet, ils ont rompu leur contrat avec l'équipe La Sportive, qui dirige tous les professionnels. Estimant que les conditions draconiennes imposées par le consortium entravent leur légendaire indépendance, ils préfèrent signer avec la société J-B. Louvet. Une seule contrepartie est exigée : « Soit vous gagnez Paris-Roubaix, soit je retire mes billes », prévient M. Maisonnas, leur directeur sportif. Les « deux frangins » relèvent le défi contre une coalition de cent vingt adversaires de La Sportive. Dès le départ, dans la côte du Pecq, ils attaquent pour desserrer l'étau et éliminer les trois quarts de leurs rivaux. Puis, une fois encore, la côte de Doullens effectue la sélection définitive. Sept hommes, dont les Pélissier, passent groupés au sommet. Bénéficiant d'un vent favorable, le groupe de tête file vers Roubaix, perdant au passage Bellenger, Tiberghien et Masson. Devant une foule immense, Henri Pélissier démarre dans la côte pavée d'Hem et s'assure cinquante mètres d'avance. Son frère bondit à sa poursuite mais, peu de temps après, il crève. Le Belge Vermandel, qui le rejoint, est lui aussi est victime d'une crevaison. L'aîné des Pélissier fait son entrée sur la piste du vélodrome quarante secondes avant Francis, puis Vermandel et Scieur, auteur d'un beau retour. Francis réussit à conserver sa seconde place, assurant le triomphe de la famille. Après l'arrivée, Henri déplore la crevaison de son frère : « Sans elle, nous terminions ensemble en nous tenant par l'épaule ! » ❍

17 AVRIL

À Francis

Après leur triomphe dans Paris-Roubaix, La Sportive attend les Pélissier dans Paris-Tours. Les conditions atmosphériques sont épouvantables, « pire encore que le Strasbourg-Paris de 1919 », écrit un chroniqueur. Il fait un froid glacial et une tempête de neige se déclenche à partir de Chartres, un véritable ouragan ! Plus d'une quarantaine de coureurs décident alors de quitter la course. Et à Châteaudun, c'est Henri Pélissier qui abandonne, laissant un message à son frère Francis : « Il faut qu'un Pélissier gagne aujourd'hui ». Mais au contrôle de ravitaillement, transi de froid, Francis est sceptique. Il attend sept minutes avant de repartir en tête avec Dejonghe. Abandonnent à leur tour Nempon et Anseuw, ce dernier n'étant plus capable de démonter un boyau tellement ses mains sont gelées. Vers Vendôme, le grand Francis dépose Dejonghe mais se fait rejoindre par Mottiat et Christophe. Mais le miracle se produit avec l'apparition du soleil. Une aubaine pour Francis qui démarre à la sortie de Chinon. Mottiat, épuisé, monte la côte à pied. Alors qu'il possède 2 min 7 s d'avance, le cadet des Pélissier crève et perd plus de quatre minutes dans l'opération. Il engage alors une courageuse poursuite qui paye à Azay-le-Rideau, dépasse Mottiat et Christophe, poursuit son effort et se présente seul sur le vélodrome de Tours, où une foule déchaînée l'acclame ; Francis Pélissier franchit le poteau avec 2 min 6 s d'avance sur Christophe et 2 min 16 s sur Mottiat. Après cette journée terrible, sept coureurs seulement terminent la course. Pour Francis, qui vivait dans l'ombre de son frère Henri depuis des années, sonne enfin l'heure de sa première grande victoire. ❍

● Malgré cette crevaison dans Paris-Saint-Etienne, Honoré Barthélémy s'impose avec 5 minutes d'avance sur les frères Pélissier.

8 mai

Enfin une victoire de Barthélémy !

Les trompettes de la renommée claironnent enfin le nom d'Honoré Barthélémy, vainqueur de Paris-Saint-Étienne. Dans la première étape entre Paris et Nevers, il crève à trente kilomètres de l'arrivée alors que les hommes de tête, les frères Pélissier, Luguet et Romain Bellenger roulent à vive allure. Barthélémy ne se décourage pas et rejoint ses adversaires peu avant le sprint final. Le lendemain, entre Nevers et Saint-Étienne, le Français se rend compte que les Pélissier ne sont pas au mieux et il démarre dans la petite côte de Vendranges. C'est là qu'il remporte l'épreuve accompagné par l'amateur Huot. Henri Pélissier, 3e, suivi de Francis, termine à plus de cinq minutes. Après ses exploits en montagne dans le dernier Tour de France, ce Parisien de 30 ans confirme qu'il est aussi un excellent rouleur. ❍

12 juin

Au temps ou aux points ?

Au terme de la quatrième étape du Tour d'Italie, Costante Girardengo a créé des écarts tels qu'il ne peut plus, raisonnablement, être rejoint. Vainqueur de trois des quatre étapes, « Gira » a laminé son principal rival, Tano Belloni. Mais le lendemain, c'est le drame. Dans la montée des Apennins, Girardengo chute lourdement dans les cailloux boueux. Il se relève mais souffre terriblement. Il parcourt encore une soixantaine de kilomètres mais, ses douleurs aux reins devenant insupportables, il abandonne, au grand désespoir des spectateurs italiens qui l'escortaient depuis sa chute. Pendant ce temps, Belloni et Giovanni Brunero filent à toute allure vers Naples. Finalement, c'est Brunero qui remporte le Giro, au classement par temps, mais cette victoire sera contestée par Belloni et ses supporters, qui estiment que le classement par points est plus représentatif. ❍

● Dans un Paris-Tours enneigé, Henri et Francis Pélissier emmènent le Belge Louis Mottiat.

Une des mutiples crevaisons de la journée, celle de l'Italien Luigi Lucotti au lieu-dit « Crève-Cœur-le-Petit ».

26 JUIN

« Les embûches de la route », fatales à Barthélémy

Alors que cette première étape de mise en jambes devait se dérouler tranquillement entre Paris et Le Havre, la course se révèle semée d'embûches. La route est jonchée de silex et provoque un nombre impressionnant de crevaisons. Ce sont d'abord Mottiat, Barthélémy et Scieur qui connaissent les affres du pneu plat. Puis Bellenger, à Saint-Pierre-du-Port, et Lucotti, à Crève-Cœur-le-Petit, sont à leur tour contraint de mener une poursuite pour rejoindre le peloton. Et les assistances étant toujours interdites, les réparations prennent du temps. Enfin, Philippe Thys, le dernier vainqueur du Tour, mal remis de sa chute dans le récent Bordeaux-Paris et sans forces, préfère prendre le train pour rentrer en Belgique. C'est une véritable course à handicap qui est imposée aux coureurs jusqu'au Havre, où le Belge Louis Mottiat s'en sort le mieux en remportant l'étape. Dans la deuxième étape, Le Havre-Cherbourg, la malchance va encore s'abattre sur Honoré Barthélémy. Il commence à conjuguer le verbe « crever » dès le quarantième kilomètre, en pleine nuit, puis cinq autres fois avant Pont-Audemer. Arrivé au contrôle d'Houlgate avec vingt-cinq minutes de retard, il se sent capable de refaire son retard dans les derniers deux cents kilomètres.
Malheureusement, il essuie trois nouvelles crevaisons et, inlassablement, sans mauvaise humeur, il répare puis repart. Mais avec ses huit crevaisons et ses cinquante et une minutes de retard, il peut faire une croix sur sa victoire tant attendue dans le Tour de France.

Le Belge Hector Heugsghem change de braquet avant de franchir victorieusement les cols pyrénéens.

1er juillet

Repos d'abord

Sur les interminables lignes droites qui mènent de La Roche-Bernard à Nantes, les suiveurs découvrent un coureur au maillot blanc agrémenté d'une ceinture tricolore, gisant sur la route, les bras en croix. C'est le Français Jean Alavoine, au bout du rouleau et prêt à abandonner. « Emmenez-moi jusqu'à Nantes où je prendrai le train », supplie le champion. Mais les voitures officielles ne peuvent recueillir aucun coureur, même ceux qui abandonnent la course. Et le commissaire reprend la route en laissant Alavoine à son triste sort. Ce dernier parvient à rejoindre Nantes dans la souffrance, luttant jusqu'à l'extrême limite de ses forces. Après l'arrivée, il s'écroule sur le premier lit venu en récitant son fameux proverbe : « Pour un champion, à certaines heures, le repos est le commencement de la victoire. »

5 juillet

Sellier présompteux

Les Sables-d'Olonne-Bayonne : quatre cent quatre-vingt-deux kilomètres, la plus longue étape du Tour ! Près de dix-neuf heures en selle ! Et, pourtant, au dernier ravitaillement, le peloton est toujours compact. À quarante kilomètres de l'arrivée, une dizaine de coureurs descendent de machine et retournent à toute vitesse leur roue arrière, pour changer de développement avant les côtes de la fin du parcours ; le « seconde classe » Sellier, lui, ne s'arrête pas et, sur un braquet digne d'un *stayer*, en profite pour lâcher ses compagnons. Les vedettes du peloton réagissent. Mottiat puis Scieur rejoignent Sellier qui, dans la dernière côte, avec son développement de 6,66 m, finira par céder, laissant la victoire, une fois encore, à Mottiat qui précédera Scieur.

22 juillet

TOUR DE FRANCE

L'étape impossible

Léon Scieur garde jusqu'à Paris sa première place au classement, avec près de vingt minutes d'avance sur Heusghem et 1 h 01 min sur Barthélémy mais, la veille, il a frôlé la catastrophe. Le Maillot jaune a brisé sa roue en traversant le passage à niveau d'Hirson. Un spectateur complaisant a démonté une roue de sa propre bicyclette pour l'offrir à Scieur. Le coureur belge va pédaler trois cents kilomètres en portant la roue brisée sur son dos, car il doit présenter le matériel d'origine à l'arrivée. Les dents du pignon pénètrent dans sa chair et il en portera les stigmates toute sa vie. Le mauvais sort s'acharnerait-il sur cette étape Metz-Dunkerque, où Petit-Breton, en 1913, et Christophe, en 1919, perdirent le Tour à la suite d'incidents mécaniques. ❍

14 novembre

Girardengo ne descend plus de sa machine

Au départ du Tour de Lombardie, les Italiens Girardengo et Brunero se présentent à égalité de points pour l'attribution du titre, très disputé, de champion d'Italie. Dans le col de Magreglio, Girardengo prend les choses en main, imprimant un rythme très soutenu qui va provoquer une impitoyable sélection. Cinq hommes, Belloni, Gay, Brunero, Henri Pélissier et Girardengo, se retrouvent détachés avant la descente vers Milan. Le sprint est inéluctable sur le vélodrome du Simplon. Le *campionissimo,* qui attaque à la corde dans la ligne droite opposée, ne sera plus rejoint. Après sa victoire, « Gira » rentre chez lui, à Novi-Ligure, distant d'une centaine de kilomètres… sur un vélo. ❍

Jean Alavoine chasse en solitaire vers Saint-Laurent-sur-Mer, au cours de la deuxième étape.

4 SEPTEMBRE

L'ivresse de la victoire pour Mottiat

Les premières heures de ce Paris-Brest-Paris se déroulent tranquillement puis une première sélection s'effectue au seuil de la deuxième nuit, quand cinq hommes, Christophe et les Belges Mottiat, Sellier, Masson et Heusghem, se détachent, rejoints par Alavoine et Barthélémy. Mais ces deux derniers abandonnent bientôt, malgré l'insistance de leurs entraîneurs. À Laval, les cinq rescapés font une halte et décident de se restaurer, mais Sellier est très fatigué. Il s'endort aussitôt à table. Cela ne l'empêche de démarrer lorsque se lève le dernier jour, rapidement rejoint par Mottiat. Derrière, Christophe, les jambes lourdes, ne peut que constater les dégâts. Mottiat attaque dans la côte de Picardie, envahie par une foule immense qui ne laisse qu'un étroit passage au leader. Christophe retrouve ses forces mais la chance l'abandonne. Alors qu'il regagne du terrain sur Mottiat, il crève une première fois, à Saint-Cyr, et accepte la bicyclette d'un spectateur. Mais c'est ensuite sa chaîne qui se brise. À l'entrée du Parc des Princes, alors que Mottiat a franchi le poteau d'arrivée depuis plus de vingt-trois minutes, Christophe voit débouler Masson et pense que sa deuxième place est compromise. Mais ses entraîneurs lui confient enfin une vraie machine et il refait son retard durant les quatre tours de piste pour coiffer le Belge dans la dernière ligne droite.
Après son arrivée, Mottiat, porté en triomphe, offre un visage hilare. En fait, le vainqueur, qui a bu beaucoup de vin sucré pour se revigorer dans les derniers cinquante kilomètres, est ivre. ❍

Le tour d'honneur, au Parc des Princes, de Mottiat, encore frais après les mille deux cents kilomètres de Paris-Brest-Paris.

Francis pénètre dans un Parc des Princes en folie pour sa première victoire dans le derby.

26 mars

Brunier docile

En prenant la seconde place du Tour des Flandres, le Parisien Jean Brunier cause une belle surprise. Vent dans le dos, les premières heures de course sont très rapides, à 40 km/h de moyenne. Après Ostende, le peloton est emmené par les frères Pélissier, Devos, Marcel Huot, Lacquehaye, le jeune Belge Huywaert et Brunier. À Iseghem, le village natal de Devos, ce dernier prend deux cents mètres. Personne n'engage la poursuite et le Belge compte jusqu'à douze minutes d'avance quand Brunier attaque, sur les conseils d'Henri Pélissier. Avec le vent dans le nez à partir d'Ostende, et durant cent dix kilomètres, il engage une folle poursuite. À vingt kilomètres de l'arrivée, il revient à huit cents mètres de Devos mais, victime d'une légère défaillance, il laisse repartir son rival pour terminer à une brillante deuxième place.

Dans Bordeaux-Paris, Francis Pélissier, entouré de ses entraîneurs, passe en tête à Châteaufort…

24 mai

Brunero seul

Dans la première étape du Giro, Giovanni Brunero attaque dans la côte de Piano della Fugazze. Un à un, il décroche tous ses rivaux. À l'arrivée, il compte quinze minutes d'avance sur Belloni et plus de vingt minutes sur Girardengo. Mais une réclamation est déposée contre lui pour changement de roue en cours d'étape. Et comme l'Italien n'a pas apporté le moyeu poinçonné au contrôle d'arrivée, les commissaires appliquent le réglement : la mise hors course ! Finalement, l'UVI décide d'infliger une pénalité de vingt-cinq minutes au fautif. Cette décision provoque la démission de tous les commissaires du Giro. Les équipes de Girardengo et Belloni, Bianchi et Maino, décident de quitter la course. Pour la quatrième étape, seule l'équipe de Brunero et une douzaine d'indépendants seront au départ.

16 AVRIL

Les Belges confirment leur supériorité

Le groupe La Sportive, le principal sponsor du cyclisme professionnel, a décidé de créer plusieurs équipes distinctes en son sein. Parallèlement, d'autres maisons de cycles ont repris leur indépendance. Ainsi, pour la première fois depuis longtemps, Paris-Roubaix ressemble à une véritable course d'équipes. Dès le passage à niveau d'Achères, vingt et un kilomètres après le départ, la formation commandée par Henri Pélissier se faufile par le portillon de la barrière fermée et laisse derrière le reste des cent quarante-huit partants. Grâce à l'activité d'Honoré Barthélémy, le peloton revient sur le groupe de tête à Villers-Bocage. Dans la côte de Doullens, Henri Pélissier, décidément très entreprenant, attaque, suivi d'Albert Dejonghe, de Jean Brunier et de Charles Lacquehay. Mais après le sommet, Pélissier semble faiblir et Dejonghe accélère progressivement l'allure. Il prend d'abord vingt, puis cent mètres. Personne n'est capable de répliquer. Son avance atteint trois minutes à dix kilomètres de l'arrivée. Derrière, Brunier perd pied et disparaît de la course. Lacquehay, le troisième équipier de Pélissier, souffre de la distance mais s'accroche. Les Belges Jean Rossius, Émile Masson et Paul Deman, le dernier vainqueur de Paris-Roubaix, reviennent en force de l'arrière mais il est trop tard pour espérer rejoindre Dejonghe, qui franchit la ligne d'arrivée six minutes avant Rossius et Masson. Quant à Henri Pélissier, très décevant sur la deuxième partie de la course, il termine à près d'une demi-heure du vainqueur.

21 MAI

Henri, Charles et Francis

Tous les ténors du peloton se retrouvent aux Quatre Pavillons pour le départ de Bordeaux-Paris. Après une échappée nocturne du Hollandais Van Ecke, le gros du peloton se regroupe au lever du jour. Pour former son équipe d'entraîneurs, le champion de France Francis Pélissier a retenu Jean Brunier, Charles Lacquehay et le cadet de la famille, Charles Pélissier. C'est la première participation de Francis, pourtant âgé de 26 ans, dans cette épreuve. À la sortie de Tours, Francis et ses entraîneurs s'extraient du peloton. Sur les conseils d'Henri, Francis a monté un développement plus grand que ceux des Belges. Derrière, Albert Dejonghe, Louis Mottiat, déjà vainqueur du Derby en 1913, René Vermandel, Émile Masson, Eugène Christophe, âgé de 37 ans, et Henri Pélissier sont contraints de laisser partir l'homme de tête. Henri, soudain, démarre. Dans un ultime effort, il rejoint son frère Francis et lui glisse à l'oreille : « Je suis cuit, frangin ! À toi de jouer. Les autres sont encore plus morts que moi. » Après son abandon, Henri laisse ses entraîneurs à la disposition de son frère, qui augmente régulièrement son avance sur les Belges. Il passe sans problème la vallée de Chevreuse, malgré son développement important. La victoire ne peut plus lui échapper et il pénètre, sous les acclamations, dans un Parc des Princes bondé. Les accessits reviennent aux Belges Louis Mottiat et Émile Masson. Après la fameuse victoire d'Henri en 1919, Francis prend ainsi dignement la succession.

● Dans la côte de Doullens, principale difficulté de Paris-Roubaix, le groupe de tête, composé de Charles Lacquehay, de Jean Brunier, d'Albert Dejonghe et d'Henri Pélissier.

9 juillet

Le Hollandais Leene victime de sa demi-finale

La finale du Grand Prix cycliste de la ville de Paris connaît un énorme succès populaire autour de la piste du vélodrome de Vincennes. Le favori, le Hollandais Leene, est nettement battu par le vainqueur, Bob Spears, un Australien qui a obtenu la nationalité anglaise, suivi de l'Anglais Bailey et de l'Italien Moretti. Leene paie le prix d'une demi-finale difficile. Alors qu'il aborde le dernier virage en excellente position, sa chaîne se brise, en plein effort, aux 220 m. C'est la limite pour être autorisé à recourir la manche. Leene repart et se retrouve en queue de peloton, derrière Jean Louis. Ce dernier fait un écart et l'élan de Leene est brisé. Mais il se dresse sur ses pédales, regagne le terrain perdu et coiffe l'Italien Bergamini sur le poteau.

15 juillet

Alavoine perd dans le Galibier

TOUR DE FRANCE

Briançon-Genève, la deuxième étape alpestre, se déroule dans des conditions épouvantables. L'ascension du Galibier s'effectue sous des trombes d'eau, une boue épaisse et collante recouvrant la route, et la descente du Télégraphe a lieu dans un brouillard opaque. Ce qui n'empêche pas une belle bagarre dont profitent les Belges. Le pauvre Alavoine, lui, ne résiste pas au froid et à la pluie. À Genève, il concède trente-huit minutes au vainqueur et sa tunique dorée ne tient plus qu'à un fil. Devant, l'explication finale a opposé Masson et Tiberghien, toujours ensemble à Albertville. Finalement, Masson prendra le meilleur sur son adversaire au sprint. Heusghem, à cinq minutes, Sellier, à 11 min 30 s et Lambot, à vingt-deux minutes, réussissent à limiter les dégâts.

● En finale du Grand Prix de Paris à Vincennes, l'Anglais Bob Spears jette son vélo devant Bailey, Moretti et Leene.

• En haut : nouvelle chute pour Barthélémy, dans la dixième étape du Tour de France. Ci-dessus : dans l'ascension du Galibier, le peloton de tête doit mettre pied à terre pour continuer.

• Maillot jaune après la treizième étape, Hector Heusghem est pénalisé pour avoir emprunté un vélo après une chute.

13 JUILLET

L'Izoard, pour la première fois

Pour la première fois dans l'histoire du Tour, les coureurs vont s'attaquer au redoutable col de l'Izoard. Cette dizième étape marque aussi la fin du calvaire pour Honoré Barthélémy. Après sa terrible chute dans les Pyrénées, le coureur souffre de plaies multiples aux jambes et au dos. Entre Nice et Briançon, il tombe de nouveau dans la descente de Lacolle-Saint-Michel. Il se relève et constate l'état de ses graves blessures : « Bah ! les trous, ça se rebouche ! Rien de cassé, je repars ! » La fin de l'étape est un véritable martyre et il décide d'abandonner, ses plaies étant si nombreuses qu'on ne peut plus le masser. Pendant ce temps, un groupe de tête qui comprend Jean Alavoine, le Maillot jaune, Philippe Thys, Félix Sellier et Hector Heusghem, part à l'assaut de la Case déserte. Les spectateurs sont quasiment inexistants. Seul un vieux paysan et un petit garçon de 12 ans, d'un village voisin, attendent sur le bord du chemin, impressionnés par les couleurs vives des maillots des coureurs. La pluie rend l'ascension difficile et la plupart des coureurs, même ceux du groupe de tête, descendent de vélo et poursuivent la montée à pied. Une crevaison au sommet de l'Izoard empêche Alavoine de remporter sa quatrième étape. Après une descente très prudente, Thys s'impose à Briançon, devant Sellier, Heusghem et Alavoine, qui conserve toujours plus de vingt minutes d'avance au classement général sur Lambot, trente-cinq minutes sur Thys et quarante-sept minutes sur Heusghem. ❍

19 juillet

Impitoyable

Coup de théâtre dans la treizième étape, entre Strasbourg et Metz. Alavoine crève à Thionville. Ses adversaires belges, Masson et Heusghem, soucieux de récupérer le Maillot jaune, s'enfuient et arrivent à Metz avec trente minutes d'avance. Le classement s'en trouve bouleversé. Désormais, Heusghem est en tête, avec huit minutes d'avance sur Lambot et 42 min 46 s sur Alavoine. Nouveau coup de théâtre une heure après l'arrivée, lorsque la direction du Tour annonce qu'Heusghem est pénalisé de plus d'une heure. En effet, à la suite d'une chute, « l'enfant de Ransart » a emprunté une bicyclette à un passant sans s'assurer que la sienne était bien hors d'usage. Les commissaires, qui estiment qu'elle était réparable, appliquent le règlement. Heusghem perd donc le Tour au profit de son compatriote Firmin Lambot. ❍

3 septembre

Sans adversaires

Par un temps pluvieux, trente-cinq concurrents prennent le départ de Paris-Nancy. À Epernay, Jean Brunier sort du peloton en compagnie de l'indépendant rémois Rich, mais Henri et Francis Pélissier ramènent tout le monde sur les deux fuyards. À Vitry-le-François, un démarrage d'Henri, suivi par Francis, provoque la panique. Seul Charles Lacquehay parvient encore à suivre ce rythme infernal. Mais ce dernier, qui tourne à pleine vitesse, est contraint à l'abandon à Saint-Dizier. Désormais, la course se résume à une longue chevauchée des deux frères. À l'arrivée, les écarts sont impressionnants : le 3e, Reboul, arrive trente-sept minutes derrière Henri, victorieux au sprint. Puis vient le premier amateur, un coureur qui fait son apparition chez les professionnels, le Belge Sciels, à quarante-deux minutes. ❍

17 septembre

L'inauguration du nouveau Buffalo

Buffalo a enfin un nouveau vélodrome, situé près du fort de Montrouge. Ce superbe édifice possède un toit qui s'avance au-dessus de la piste, protégeant ainsi spectateurs et coureurs. Voilà une grande nouveauté dans le monde de la piste, qui permettra enfin de disputer les courses par tous les temps. Le public répond présent dans cette première réunion, où Honoré Barthélémy s'illustre en remportant la revanche du Critérium des As, couru la veille. Cette course de cent kilomètres est ardemment disputée et, jusqu'au bout, Francis Pélissier menace Barthélémy. Après la finale du prix de vitesse, le vainqueur, Devoissoux, confirme la rapidité et la stabilité de cette nouvelle piste. ❍

12 novembre

Souchard, roi du Maroc

C'est un exploit que réalise le Parisien Achille Souchard en remportant les trois étapes du circuit du Maroc. Certes Souchard, qui a fait son service militaire à Casablanca un an plus tôt et qui en a profité pour devenir champion du Maroc, connaît bien les particularités du parcours et les vicissitudes du pays. Les trois arrivées se déroulent selon le même schéma. Souchard devance au sprint Marcillac, son compagnon d'échappée, et le 3e, Alfano, remporte à chaque fois le sprint du peloton. Malgré l'état déplorable des routes, la soif et les problèmes de nourriture, douze des vingt-quatre partants réussissent à rejoindre Casablanca, où l'arrivée eut lieu devant sept mille spectateurs enthousiastes, sur le magnifique vélodrome récemment inauguré. ❍

● Paris-Nancy se résume à une longue chevauchée solitaire des frères Pélissier, Henri et Francis.

8 OCTOBRE

On cherche le vainqueur

Paris-Soissons rassemble tous les vainqueurs des plus grandes courses de l'année. Il est vrai que la course est couronnée par des prix substantiels (vingt-cinq mille francs pour le premier), ce qui explique la qualité des trente-deux concurrents présents au départ de ce parcours de deux cent quarante kilomètres. Henri Suter, Jean Brunier, Costante Girardengo, Henri Pélissier et Detreille constituent rapidement le peloton de tête. Mis à part les très nombreuses tentatives d'échappées de Brunier, les ténors du groupe restent calmes et attendent sagement le sprint final. Quant à Jacquinot, Masson, Heusghem, Barthélémy, Grassin et Lenaers, ils préfèrent prendre un chemin de traverse, à Try, pour rallier plus rapidement Reims. Le groupe de tête est rejoint peu avant l'arrivée par six hommes et tout ce petit monde se présente groupé à Soissons, dans une nuit très noire. Les vélos n'étant pas équipés de phares, l'arrivée se déroule dans la confusion la plus totale. Même les commissaires sont dépassés. Finalement, ils jettent pêle-mêle sur un papier les noms des vainqueurs : 1er Suter, suivi de Félix Sellier. Les sept suivants sont classés 3e ex-aequo. Mais le Français Brunier proteste et affirme être arrivé en deuxième position, ce que confirme Suter. La foule, furieuse de ce camouflet, brise les barrages et bouscule coureurs et commissaires, ignorant encore un quart d'heure après la fin de l'épreuve le nom du vainqueur. Les organisateurs commencent à regretter d'avoir donné le départ à 8 heures, à Champigny, alors que les coureurs étaient convoqués pour 6 heures. ❍

● Dans Paris-Soissons, c'est Girardengo qui mène devant Sutter à Jossigny, mais c'est le Suisse qui l'emportera.

• Sur la route de Paris-Bruxelles, Félix Sellier traverse en solitaire Gembloux, son village natal.

25 mars

Le nouvel homme fort des classiques

En remportant le Tour des Flandres, Henri Suter est le premier non Belge à inscrire son nom au palmarès de la classique. Ce jeune Suisse de 23 ans frappe ainsi à la porte du gotha du cyclisme, après sa victoire dans Paris-Soissons à l'automne et sa courte défaite contre Henri Pélissier dans Paris-Tours. Il est aussi à l'aise sur piste où il brille, avec son partenaire Oscar Egg, au Oerlikon de Zurich. Il court pour une marque française, l'équipe Gurtner, de Pontarlier. Il considère que le meilleur entraînement reste la compétition et ne roule en dehors d'elle que cent cinquante kilomètres par semaine maximum. Sur sa lancée, il remportera Paris-Roubaix une semaine plus tard. ❍

22 AVRIL

La fin de course de Félix Sellier

Sur les quatre-vingt trois partants de Paris-Bruxelles, seule une petite vingtaine a pu rejoindre l'arrivée. En effet, lorsque les coureurs n'ont pas à lutter les uns contre les autres mais contre les éléments météorologiques, le déchet est énorme. Ces sont les frères Pélissier qui déclenchent les premiers la bagarre, vers Meaux, en prenant cinq minutes d'avance, accompagnés par Detreille, Brunier et le Belge Dewaele. Deux crevaisons successives de Francis Pélissier le font passer dans le deuxième groupe. Van Ecke, lui, fait le chemin inverse. Ce dernier se détache, en roulant à 40 km/h, juste avec deux coureurs, Henri Pélissier et Dewaele. Van Ecke ne s'arrête même pas au contrôle de ravitaillement et, en voulant l'imiter, l'aîné des Pélissier subit une grosse défaillance, qui l'oblige à abandonner. Van Ecke lâche alors son dernier compagnon et prend une telle avance que les commissaires, ne le voyant plus, pensent qu'il a quitté la course. Mais une crevaison lui fait perdre tout son crédit. La réparation est longue pour le coureur aux mains engourdies par le froid et au corps enduit de boue. Il repart et, à Namur, compte tout de même 7 minutes d'avance sur Dewaele et 14 minutes sur le Belge Félix Sellier, qui a lâché le peloton. À Gembloux, le village de Sellier, la foule massée le long des trottoirs réserve une formidable ovation à son champion déchaîné. Il n'a plus que cinq minutes de retard sur Van Ecke, littéralement planté. Sellier passe en trombe devant ses deux adversaires et s'enfuit vers le palais des Sports de Bruxelles qui plonge dans la folie avec l'arrivée de ce masque de boue.
Après avoir couvert les quatre cents kilomètres du parcours en 16 h 11 min 25 s, Sellier apparaît comme le meilleur rouleur belge du moment. ❍

• Ce jeune Suisse de 23 ans, Henri Suter, crée la surprise en remportant le Tour des Flandres.

30 avril

Les dérailleurs

Pour le Grand Prix de la Polymultipliée, sur le circuit de Chanteloup, les coureurs évoquent moins la course que le rétropédalage, le double pignon, le dérailleur intégral ou à trois vitesses. La côte de l'Hermitage, dont le profil offre des pentes à plus de 10 %, se prête parfaitement à ces essais. Le vainqueur, Charles Lacquehay, est équipé d'un vélo révolutionnaire. Fini le temps où les coureurs devaient s'arrêter pour inverser leur roue : l'apparition des dérailleurs permet de passer d'un développement à l'autre en prise directe, sur un simple mouvement de la chaîne. Si les coureurs restent sceptiques sur ce vélo, en raison de son poids important, de son utilisation complexe et du frottement occasionné sur les roues, ils admettent quand même que l'ascension du Tourmalet ou du Galibier risque d'en être facilitée. ❍

27 MAI

Émile Masson, malgré Francis Pélissier

Comme Eugène Christophe, le Belge Émile Masson est l'homme des courses longues et difficiles. Il le prouve encore dans ce Bordeaux-Paris. La course s'anime à partir de Sainte-Maure avec l'abandon prématuré d'Henri Pélissier, en petite forme. Jean Brunier, privé d'entraîneur, parvient à rejoindre le peloton avec un certain brio. À partir de Tours, ce peloton s'allonge puis se disloque au profit de Louis Mottiat, de Sellier, d'Émile Masson, de Philippe Thys, de Romain Bellenger et d'Henri Tiberghien. Entouré d'un nombre impressionnant d'entraîneurs, ce groupe avancé file à 40 km/h vers Amboise. Francis Pélissier rejoint la tête au moment où Sellier et Bellenger en sortent. Dans la côte de Blois, malchanceux, il crève pour la septième fois et disparaît à nouveau du premier groupe. Pourtant, la famille Pélissier avait bien préparé la course en installant son service de ravitaillement dans d'énormes voitures de livraisons des Galeries Lafayette. Masson prend alors la tête et imprime un train régulier et soutenu pendant plus de cent kilomètres. Ses plus dangereux rivaux, Mottiat et Thys, sont à bout de forces. Finalement, en compagnie de ses seuls entraîneurs, il déroule tranquillement, jusqu'au vélodrome du Parc des Princes, avec un excellent temps de 19 h 41 min 4 s pour les cinq cent quatre-vingt-sept kilomètres, soit une moyenne de 29,820 km/h. Derrière, malgré tous ses déboires, Francis Pélissier finit 2e à six minutes seulement du vainqueur et devant les Belges Mottiat, Sellier et Tiberghien. ❍

3 juin

Sérès rétabli

Dix mois après son terrible accident en Amérique, Georges Sérès non seulement recourt mais remporte une très belle victoire, avec son fidèle entraîneur Lauthier. Pourtant, après des semaines passées à l'hôpital, on pensait le champion français perdu pour la piste. En juillet 1922, alors qu'il dispute une course à New Bedford contre Linart et Chapman, Sérès avait dérapé et chuté sur la piste. Chapman et son entraîneur, ne pouvant l'éviter, lui avaient alors roulé sur le corps. « Je me voyais mourir », se rappelle Sérès, relevé avec dix-sept fractures. Transporté à l'hôpital de Boston, il craint alors de rester paralysé. Deux mois plus tard, il peut rejoindre la France en bateau, plié en deux et ayant perdu onze kilos. Et c'est les larmes aux yeux qu'il reçoit l'ovation extraordinaire du public parisien. ❍

8 juillet

Degraeve éjecté

Quelle arrivée mouvementée en finale du Grand Prix de la ville de Paris. Le Hollandais Moeskops, l'Italien Moretti, le Suisse Kaufmann et le Belge Degraeve s'élancent pour la dernière course de la journée, au vélodrome de Vincennes, sur mille mètres. Dans la ligne droite opposée, Moeskops fait un effort violent et se porte en tête. Dans le dernier virage, alors que Moretti fait l'extérieur, Degraeve tente de se frayer un chemin à la corde. Mais le Hollandais s'est rabattu afin de lancer le sprint. Pour éviter un accrochage, le Belge donne un violent coup de guidon et part sur la pelouse, à plus de 60 km/h, sans frein. Il parvient à se faufiler entre tous les obstacles pour terminer à l'autre bout du stade, sain et sauf mais tremblant de peur. Kaufmann, lui, fonce tout droit et remporte, de justesse, ce Grand Prix. ❍

• En haut : dans la côte de Chanteloup, Charles Lacquehay utilise, pour la première fois en course, un vélo muni d'un dérailleur à trois vitesses.

• Ci-dessus : le Belge Masson, de la toute-puissante équipe Alcyon, après sa victoire dans Bordeaux-Paris.

• À l'arrivée du Grand Prix de Paris, Degraeve, à droite, est sorti de la piste par le Hollandais Moeskops, qui s'incline devant le Suisse Kaufmann.

• Jean Alavoine, le lendemain de sa chute dans la descente de l'Izoard. Malgré une fracture du bras, il termine 5ᵉ de l'étape.

• Le 3 juillet, Pierre Labric expérimente une façon originale de descendre les marches de la Tour Eiffel.

2 juillet

C'est Noël

Léon Scieur entend conforter sa quatrième place au classement général dans cette étape Les Sables-d'Olonne-Bayonne. Après quatre heures de course, il a dû changer huit fois de boyau. Il ne lui en reste plus aucun de rechange et la voiture qui les distribue est déjà passée. À peine est-il reparti, quelque peu angoissé, qu'il crève une nouvelle fois, en pleine campagne, loin de tout ravitaillement, loin de tout cycliste amateur. Désabusé, il s'effondre en larmes sur le bord de la route. Mais il se reprend et roule à plat pendant trois kilomètres. Il aperçoit alors deux cyclistes qui arrivent en sens inverse, les arrête au passage. Le père et son fils lui font cadeau d'un beau vélo tout neuf, qu'ils étrennent ce jour-là. Scieur, ravi de l'aubaine, repart plein d'énergie et rejoint le peloton soixante kilomètres plus loin. ❍

4 juillet

Le « Charretier du Frioul »

Avant le départ, les Pélissier ont embauché un jeune Italien inconnu, Ottavio Bottecchia. Âgé de 23 ans, il ne paie pas de mine mais il grimpe. Dans la sixième étape, Bayonne-Luchon, Robert Jacquinot tente un coup de force. Il franchit l'Aubisque devant Bottecchia et Alavoine, puis se présente au sommet du Tourmalet dix minutes avant l'Italien. Mais dans le dernier col, Peyresourde, le Français, hagard, commence à zigzaguer puis s'arrête sur le bord de la route, à bout de forces. Il voit passer Alavoine, qui le réconforte, et repart pour prendre la deuxième place, seize minutes derrière Alavoine. Brillant 4ᵉ, Bottecchia récupère le Maillot jaune avec 8 min 82 s d'avance sur Alavoine et vingt-deux minutes sur Henri Pélissier. Il le gardera jusqu'aux Alpes. ❍

12 JUILLET

Exit Alavoine

Après ses déboires dans le Tour 1922, où il a perdu le Maillot jaune deux jours avant l'arrivée, Jean Alavoine veut absolument prendre sa revanche cette année. Sa victoire dans l'étape pyrénéenne Bayonne-Luchon a confirmé qu'il était, au même titre qu'Henri Pélissier, un vainqueur potentiel. À Nice où il triomphe de nouveau, il n'est plus qu'à douze minutes du leader, le jeune Bottecchia, et pense que son expérience dans les Alpes devrait lui permettre de s'imposer. Arrive la dixième étape, Nice-Briançon, avec l'ascension de l'Izoard. Henri Pélissier s'aperçoit que le Maillot jaune s'arrête sur le bord de la route à chaque fontaine. « C'est donc qu'il n'est pas bien portant, qu'il a perdu l'équilibre de l'organisme. Profitons-en », conclut Pélissier. Dès le col d'Allos, il démarre et passe en solitaire le sommet. Dans la vallée, il est rejoint par le Belge Lucien Buysse. Dans les premiers lacets de l'Izoard, Pélissier lâche son adversaire. Son ascension est impériale. À mi-col, il est déjà virtuellement en tête du classement général. À l'arrière, Bottecchia est à la dérive, traînant à plus d'une demi-heure. Pour Jean Alavoine, la situation n'est guère brillante et elle va s'aggraver dans la descente, où il est victime d'une terrible chute. Projeté sur les cailloux qui bordent la route, Alavoine s'entaille profondément le bras droit. Son visage se crispe, il comprend soudain qu'il ne gagnera jamais le Tour. La douleur est violente mais il remonte sur sa machine. Grâce a son courage, il franchit la ligne en cinquième position, puis se rend à l'hôpital où les médecins décèlent une double fracture du bras. C'est l'abandon ! Pendant ce temps, Henri Pélissier prend le Maillot jaune avec treize minutes d'avance sur Bottecchia. ❍

14 JUILLET

L'apothéose des deux « frangins »

TOUR DE FRANCE

Dans cette onzième étape, la dernière en montagne, le nouveau Maillot jaune enfonce un peu plus le clou. C'est une véritable marche triomphale qui l'amène seul en tête au sommet du Galibier. Derrière, un petit groupe emmené par Muller est pointé à cinq minutes. Dans la descente vers Aiguebelle, Francis Pélissier rejoint Henri et c'est ensemble qu'il franchissent la ligne à Genève. Bottecchia est relégué à vingt-neuf minutes au général et le 3e, Romain Bellenger, à 1 h 05 min. Les dernières journées de la course sont autant d'apothéoses pour les Pélissier. La salle des dépêches de *L'Auto* empêche la circulation sur le faubourg Montmartre… La foule qui vient aux nouvelles ne diminue pas. Et, au Parc des Princes, où le Belge Goethals gagne la dernière étape, c'est du délire. Henri Pélissier remporte enfin son premier Tour de France. L'ennemi juré des Pélissier, Henri Desgrange, révise son jugement sur Henri : « Il nous a donné un spectacle d'art. Sa victoire a la valeur d'une statue parfaite, d'une toile sans défaut, d'un morceau musical destiné à demeurer dans toutes les mémoires. »
Les Pélissier s'amusent des revirements du « Patron » mais Henri, très conscient de sa valeur, estime que l'hommage est parfaitement mérité.
Conscient aussi de la classe de l'Italien Bottecchia, qui ne l'a pas attaqué au cours des dernières étapes, il annonce que c'est le transalpin qui lui succédera l'année suivante.

Sur son vélo à guidon relevé, Mme Cousin s'impose en solitaire dans la course féminine de Saint-Cyr.

19 août

Le sprint français relève la tête avec Michard

Les larmes coulent du jeune visage de Lucien Michard au moment où le président de l'UCI, M. Breton, lui remet son maillot de champion du monde de vitesse amateur, au Oerlikon de Zurich. C'est en demi-finale que le Français a éprouvé le plus de difficultés, contre le Français Cugnot et surtout contre le Hollandais Peeters. En finale, Michard mène depuis le départ puis démarre à deux cent cinquante mètres, maintient son effort pour l'emporter d'une bonne longueur. Après une trop longue disette, le sprint français semble repartir sur de bonnes bases. Mais les observateurs se demandent si les sirènes de la route ou des Six Jours ne vont pas séduire Michard. Jean Cugnot, lui, a déjà décidé de passer professionnel.

2 septembre

Mme Cousin, l'élégante de Saint-Cyr

Le cyclisme féminin prouve toute sa crédibilité avec les performances étonnantes réalisées par Mme Cousin et ses consœurs dans une course de trente-quatre kilomètres autour de Saint-Cyr, parcourue en seulement 1 h 10 min. Ces jeunes femmes sont pourtant terriblement désavantagées par leur costume, le port du maillot étant interdit, et par leur bicyclette de dames, à guidon relevé. Malgré une chute, peu après le départ, qui lui fait perdre plus de deux minutes, Mme Cousin, élégante et souriante, remporte au sprint une très belle victoire. Elle espère ainsi faire taire définitivement tous les détracteurs du cyclisme féminin au sein même des instances dirigeantes. Le lieu et l'heure de la course avaient d'ailleurs dû être tenus secrets jusqu'au dernier moment, pour éviter les sarcasmes et les provocations.

Un Italien de 22 ans, Ottavio Bottecchia, fait une entrée fracassante dans le Tour, en s'emparant du Maillot jaune.

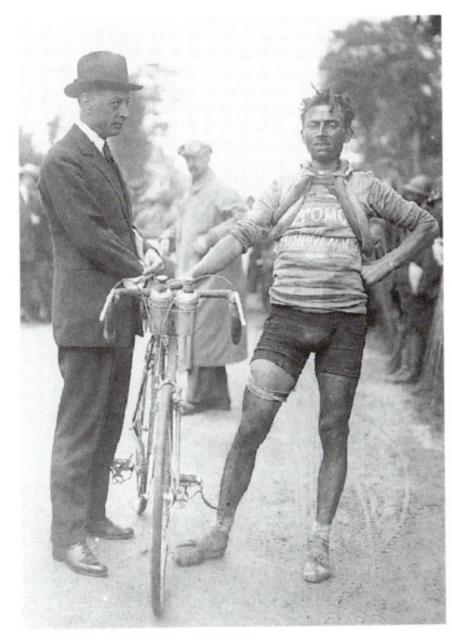

• En haut : Raoul Pétouille aura 9 min 20 s d'avance dans Paris-Lyon avant d'être victime de trois crevaisons.

• Ci-dessus : au stade de Colombes, Armand Blanchonnet remporte les Jeux olympiques sur route, disputés contre-la-montre.

• Gabriel Poulain, 40 ans, devient champion de France de vitesse, dix-neuf ans après son premier titre.

18 MAI

Le duel Francis Pélissier-Masson

D'année en année, Bordeaux-Paris tourne au duel entre Francis Pélissier et Émile Masson. Cette fois, la course ne débute véritablement qu'à partir d'Orléans où, vers midi, Philippe Thys s'envole le premier du contrôle. Derrière, Francis Pélissier mène la chasse mais le train qui frise les 40 km/h et la chaleur amènent les premières fatigues. Félix Sellier s'arrête une première fois, puis une deuxième, avant d'abandonner. Les Belges Mottiat et Thys disparaissent aussi de la course. Vers Angerville, Pélissier et Masson restent seuls en tête. La bataille commence. Emmenés par ses entraîneurs Vermandel et Dhers, le Belge attaque mais Francis, entouré de ses deux frères, Henri et Charles, revient rapidement sur son rival. Dans la côte de Dourdan, le Français prend cinquante mètres mais, au sommet, Masson revient. Ce chassé-croisé se poursuit dans la vallée de Chevreuse. Chacun cherche le K.-O. Tout à coup, Jean Alavoine apparaît à cent mètres du duo. Mais l'effort est si violent qu'il cale. Dans la montée du Buc, Francis monte sur le trottoir pour éviter les pavés et s'en va. Dans la traversée de Versailles, il tombe sans gravité et repart vite, car Masson n'est qu'à deux cents mètres. Nouvelle chute à la grille de Picardie, où Francis renverse un photographe. Sa pédale étant cassée, il enfourche le vélo de l'un de ses entraîneurs. Cette fois, c'est gagné à la remarquable moyenne de 28,434 km/h. Il se présente accompagné de ses deux frères dans un Parc des Princes en délire, 1 min 30 s avant Masson. ❍

1er juin

Les braquets de Félix Sellier

Pour la troisième année consécutive, le Belge Félix Sellier remporte Paris-Bruxelles. Lors de son succès dans Paris-Roubaix, il avait utilisé, pour le sprint final, un développement aussi important que le champion du monde de vitesse, Peter Moeskops. Comment parvient-il à emmener de tels braquets durant des centaines de kilomètres ? La réponse est donnée ici. Le règlement de l'épreuve interdit l'usage du vélo de piste, ainsi que tout changement de roue en cours de route. Sellier prend le départ avec un dérailleur normal puis, à cent kilomètres du but, s'attarde en queue et simule une crevaison. Il sort alors son pignon de quatorze dents, le monte sur sa roue arrière puis rejoint aisément le peloton et s'échappe avec son compatriote Debaets, réglé au sprint. ❍

8 juin

Un splendide quadragénaire

Le nouveau champion de France de vitesse a 40 ans et se nomme Gabriel Poulain. Dix-neuf ans après son premier titre national, il récidive à la stupéfaction de ses jeunes adversaires, humiliés. Une telle absence de relève inquiète les dirigeants du sprint. Les métiers de *stayer* ou de coureur sur route, plus lucratif, semblent en effet condamner une spécialité historique. L'ancien champion Paul Baras émet une autre hypothèse : « Les jeunes courent avec des développements trop importants et perdent automatiquement la vitesse de jambes, l'arme suprême du sprinter. » En tout cas, Poulain s'est défait en finale du talentueux Maurice Schilles qui, le lendemain, remporte le Grand Prix de la Pentecôte devant les meilleurs étrangers, Moeskops et Degraeve. ❍

24 juin

Herbyn's, le roi du virage

À l'arrivée de la première étape, les spectateurs voient arriver un drôle de cycliste. Pierre Herbyn's s'installe au milieu de la route et le spectacle peut commencer. Rapide, agile, dédaignant son guidon pour porter ses bagages à deux mains, il se moque des lois de l'équilibre. C'est un acrobate. Un tour complet sur une roue, en un coup de frein, il est capable de faire un demi-tour. Bref, quelle que soit sa position, il se redresse toujours. Le public impressionné ne se lasse pas. Herbyn's vend des cartes postales à son effigie pour gagner sa vie. Après son spectacle, il reprendra le train jusqu'à la ville-étape suivante. Les commissaires de course et les coureurs, au début intrigués par ce cycliste d'un autre genre, l'ont complètement adopté. ❍

26 juin

Henri Pélissier se sent humilié

Nouvelle incartade d'Henri et de Francis Pélissier entre Cherbourg et Brest. Henri a pris l'habitude d'enfiler deux maillots au départ des étapes et d'en retirer un dès l'apparition du soleil. Ce procédé étant contraire au règlement, André Triaboux, commissaire général du Tour, passe sa main dans le dos d'Henri pour constater la présence de deux maillots. L'aîné des Pélissier supporte mal cette humiliation, d'autant qu'Henri Desgrange, le « patron », persuadé qu'Henri jette ses maillots dans le fossé, lui rappelle « qu'il a horreur du gaspillage ». Après avoir menacé d'abandonner, le vainqueur du dernier Tour prend tout de même le départ de l'étape avec un seul maillot, mais va s'arrêter, un peu plus tard, au café de la Gare de Coutances… ❍

● Francis Pélissier attaque dans la côte de Dourdan, mais Masson va revenir au sommet. Ce duel domine un somptueux Bordeaux-Paris.

26 JUIN

Albert Londres invente « les forçats de la route »

Cette troisième étape accueille un écrivain de marque, Albert Londres, spécialiste des grands reportages et qui suit le Tour pour *Le Petit-Parisien*. Ce matin-là, il attend les coureurs, et en particulier Henri et Francis Pélissier, à Granville. Le premier peloton passe, puis « les deuxième catégorie », et toujours pas de Pélissier. Soudain, la rumeur enfle : ils ont abandonné. Aussitôt, Londres prend sa voiture et remonte vers Cherbourg à leur rencontre. Il les découvre attablés au café de la Gare de Coutances, autour de chocolats chauds, en compagnie de leur équipier Maurice Ville. L'écrivain leur demande ce qui s'est passé : « On n'est pas des chiens. Il ne faut pas seulement courir comme des brutes, mais geler et étouffer », explique Henri, qui raconte l'humiliation qu'il a ressenti avec « l'affaire des maillots » au départ de l'étape. « Vous n'avez pas idée de ce qu'est le Tour de France, poursuit-il, c'est un calvaire. Et encore le chemin de Croix n'avait que quatorze stations, tandis que le nôtre en compte quinze. Vous ne nous avez encore pas vu au bain. La boue ôtée, nous sommes blancs comme des suaires. La diarrhée nous vide. On tourne de l'œil dans l'eau. Et vous n'avez encore rien vu. Attendez les Pyrénées. C'est le *hard labour*. Ce que nous ne ferions pas faire à nos mulets, nous le faisons. On n'est pas des fainéants ; mais, au nom de Dieu, qu'on ne nous embête pas. Nous acceptons le tourment, mais nous ne voulons pas de vexations. » Ces propos des frères Pélissier paraissent le lendemain dans *Le Petit-Parisien* sous le titre « Les forçats de la route », avec un énorme retentissement dans le public. Et la guerre entre les Pélissier et Henri Desgrange est à nouveau ouverte. ❍

● Le Belge Félix Sellier, de nouveau vainqueur dans Paris-Bruxelles, sait parfaitement manier les changements de braquet.

Après leur abandon à Coutances, les frères Pélissier et Maurice Ville, à gauche, posent devant la voiture du reporter Albert Londres.

28 juin

Banino frappé

Au départ de la quatrième étape, à Brest, les « coureurs de première classe » ont décidé d'attaquer mais, après quelques kilomètres, une inquiétude s'empare du peloton. Selon les spectateurs, un coureur s'est échappé à la faveur de l'obscurité. Les as s'élancent à la poursuite de l'audacieux. Éclairés par les phares des autos, ils rejoignent l'échappé à plus de 35 km/h. « Qui es-tu ? », lui demande-t-on, menaçant. « Je suis Jules Banino, un touriste-routier, et je rejoins Nice, mon pays, en me promenant », déclare l'isolé. Soudain, Alavoine le frappe à grands coups de pied jusqu'à ce qu'il s'écroule dans le fossé. Puis Banino reçoit une série de coups de bâtons de la part des spectateurs, supporters d'Alavoine. Meurtri dans son corps et dans sa tête, il mettra plusieurs heures à s'en remettre avant de poursuivre sa route.

31 AOÛT

Raoul Pétouille passe tout près de la gloire

Grande classique du calendrier français, Paris-Lyon se court par équipes de deux coureurs et deux classements, individuel et par équipes, sont pris en compte à l'arrivée. La course se divise en deux épisodes bien distincts : la nuit et le jour. La nuit, les coureurs sont un peu avares de leurs efforts mais il est vrai que, sans phare pour éclairer leur route, l'échappée serait pure folie. La caravane, formée d'un peloton de vingt-cinq coureurs et de six automobiles, manifeste sa joie au lever du jour. Raoul Pétouille fait l'acrobate, Jean Rossius plaisante. Seuls Henri et Francis Pélissier, mal en point, préfèrent abandonner au contrôle de Nevers. Après le déjeuner à Saint-Gérard-Lepuy, cinq coureurs, Suter, Sellier, Masson, Thollembeck et Pétouille, s'échappent à la poursuite de Robert Jacquinot. Dans le col de la Chapelle, Suter dépose ses quatre compagnons. Après un moment d'hésitation, Pétouille part à son tour. Rejoint au milieu du col, Suter ne peut suivre le train endiablé du Français. À quarante-six kilomètres de l'arrivée, Pétouille précède le quatuor de 9 min 20 s mais, en cinq kilomètres, il est victime de trois crevaisons et se fait rejoindre. Vingt-deux kilomètres plus loin, ce groupe se scinde en deux. Suter, Sellier et le surprenant Pétouille filent dès lors vers l'arrivée.
La foule est dense, rendant le passage des coureurs hasardeux. Les trois hommes se présentent sur le vélodrome de la Tête d'or où Pétouille emmène le sprint mais se fait déborder dans le dernier tour. Suter paraît devoir l'emporter lorsque, dans un dernier sursaut, Félix Sellier bondit sur le poteau et gagne d'un rien, officiellement d'un pneu.

À l'arrivée de chaque étape, Pierre Herbyn's, le roi du virage, propose des animations cyclistes.

2 juillet

Le vol de l'aigle

Dans la première étape des Pyrénées, Bayonne-Luchon, la révélation de ce début de Tour, l'Italien Bottecchia, revêtu du Maillot jaune, roule à un rythme bien supérieur à celui de ses adversaires. Après deux kilomètres dans l'Aubisque, il s'échappe. Dans la descente, Tiberghien revient à plus de 60 km/h, avec Lucotti, mais, pour lui, le Tour se termine dans un ravin, où il se blesse grièvement. À l'attaque du Tourmalet, Bottecchia accentue son avance et passe au sommet douze minutes avant Buysse, qui termine à pied les derniers hectomètres. Après une légère baisse de régime dans Peyresourde, l'Italien remporte l'étape. Il récidive le lendemain entre Luchon et Perpignan, pour porter son avance au général à 46 min 6 s sur le 2e, Nicolas Frantz.

26 juillet

Les Français sont à l'honneur

Pour la première fois dans l'histoire des Jeux olympiques, la France remporte l'épreuve sur route individuelle, avec Blanchonnet, et le classement par nations, grâce à Leducq, Wambst, Hamel et Blanchonnet. Sur un parcours quasiment plat, entre le stade de Colombes et la Feuillée, et dans un contre-la-montre individuel, les Français s'imposent devant les Belges. Ce championnat olympique permet de découvrir de nouveaux pays, absents du professionnalisme. Ainsi des Lituaniens qui, malheureusement, ne bénéficient pas de l'infrastructure adéquate. Partis sans vivres ni boyaux de rechange, ils sont immobilisés par des crampes avant d'être secourus par la Croix-Rouge qui interrompra ce calvaire. ❍

3 novembre

Son nom est Binda

Un jeune maçon italien habitant Nice, Alfredo Binda, décide de s'inscrire au Tour de Lombardie pour gagner les cinq cents lires promises au coureur qui arriverait le premier au sommet du Ghisallo. Dans l'ascension, cet inconnu distance tout le monde, y compris Girardengo et Brunero, et il empoche la prime. Dans la descente, il est rejoint par Brunero puis par Girardengo et Linari, lorsque, à trente kilomètres de l'arrivée, il est victime d'une fringale. Il s'adresse à Linari pour lui demander un morceau de sucre mais essuie un refus. Il se tourne alors vers Girardengo et lui propose de lancer le sprint pour lui, si le *campionissimo* lui donne à manger. Girardengo acquiesce et c'est ainsi qu'il remporte le Tour de Lombardie, avec le soutien de Binda. ❍

● Avec 112,440 km, le *stayer* français Jean Brunier bat le record du monde de l'heure derrière moto.

18 OCTOBRE

112,440 km/h pour le *stayer* Brunier

La course au record du monde de l'heure derrière motocyclette est relancée depuis trois semaines. Alors que le vieux record de Guignard, datant de 1909, a été battu le 1er octobre 1923 par le Belge Léon Vanderstuyft, avec 107,710 km, le Français Jean Brunier fait mieux : 112,440 km, sur l'autodrome de Montlhéry. Brunier est un nouveau venu dans le monde des *stayers*. Après avoir décroché quelques succès sur route, dont le championnat de France en 1922, il peut enfin assouvir sa passion du demi-fond. Inspiré par la piste sans virage de Montlhéry, Brunier et son entraîneur Lauthier décident de se lancer à l'assaut du record. La première tentative commence sous les meilleurs auspices. Au trentième kilomètre (douze tours de piste), Brunier compte 58 secondes d'avance sur Vanderstuyft, puis 1 min 30 s à mi-course. Malheureusement, un incident à la chaîne de la motocyclette le laisse seul en piste. Courageusement, il persévère, espérant un rapide retour de son entraîneur, mais la malchance s'acharne. Brunier dérape et tombe lourdement sur le ciment. La tentative est naturellement ajournée mais tous les espoirs sont permis pour la prochaine, fixée une semaine plus tard. Effectivement, sur cette piste très rapide, le *stayer* ne connaît pas d'incident majeur, en dépit de quelques rafales de vent, qui l'obligent à se cramponner à son guidon. « J'ai beaucoup souffert de mes poignets, insuffisamment guéris après ma chute », avoue-t-il après ce succès. Vanderstuyft a déjà annoncé qu'il se lancerait prochainement dans une nouvelle tentative. Le match n'est pas fini ! ❍

● Le Belge Philippe Thys et l'Italien Ottavio Bottecchia grimpent le col de Puymorens. L'Italien va bientôt lâcher son compagnon d'échappée.

● Mlle Billot a enfin reçu l'autorisation de porter un maillot et un short pour une épreuve féminine.

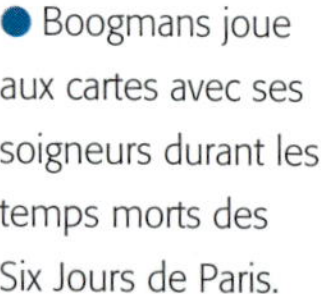

● Boogmans joue aux cartes avec ses soigneurs durant les temps morts des Six Jours de Paris.

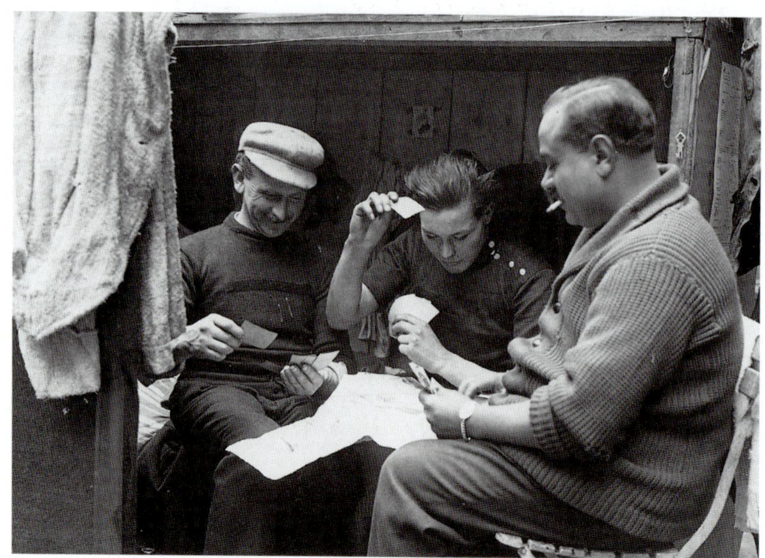

14 février

Mlle Billot dans un cross cyclo-pédestre

Après quelques épreuves sur route, l'émergence du cyclisme féminin se traduit maintenant avec un cross cyclo-pédestre réservé aux dames, à Bellevue. Au départ, les cinq jeunes concurrentes ont adopté des vélos de compétition classiques et ont obtenu la faveur de porter des maillots et des shorts, tout de même plus confortables pour cette exigeante discipline. Après une courte partie roulante, les concurrentes abordent une difficile ascension dans un fourré, où Mlle Billot se détache. Cette dernière accentue son avance sur un chemin glissant qu'elle est la seule à parcourir sur sa bicyclette. Après ces cinq kilomètres couverts en douze minutes, elle remporte largement la course. ❍

4 avril

Et toujours le *campionissimo*

Le redoutable italien Costante Girardengo démontre sa grande forme en ce début de saison en remportant le dix-huitième Milan-San Remo au sprint, devant son éternel rival Giovanni Brunero. Au départ, en raison du froid très vif qui sévit, les coureurs ont revêtu des cuissards descendant jusqu'aux pieds. La décision se fait dans le col du Turchino, où le *campionissimo* s'extrait du peloton, suivi comme son ombre par Brunero. Le *mano a mano* dure jusqu'à San Remo, où « Gira », en démarrant cinq cents mètres avant la ligne, laisse son adversaire à deux longueurs après deux cent quatre-vingt-dix kilomètres de course. L'Italien Pietro Linari, retardé par de nombreuses crevaisons, arrive en troisième position, à plus d'un quart d'heure. ❍

5 AVRIL

La paire Beyl-Van Kempen sort les crocs

Alors qu'ils se sont déroulés sans grande passion pendant cent vingt-six heures, ces Six Jours de Paris offrent pendant les dix-huit dernières heures, alors que le public a déjà déserté les tribunes du Vélodrome d'hiver, un spectacle captivant. Le matin du dernier jour, les coureurs sont rattrapés par une fatigue pesante. Ils se contentent de rouler à 10 km/h, le plus souvent un pied sur le guidon, en causant au passage avec les spectateurs et en se livrant à quelques plaisanteries. Lavés, rasés, tous se préparent à l'ultime assaut. L'abandon de Georges Sérès a sans doute fait entrevoir à certaines équipes des possibilités de victoire encore accrues par le départ de Grassin et de Sergent. La multiplication des primes au cours de la nuit précédente a poussé les coureurs à estimer l'heure favorable à des démarrages efficaces. Lorsque l'équipe Van Kempen-Beyl rattrape son tour de retard, alors que les deux paires Egg-Louet et Dewolf-Stockelyncks prennent un tour aux autres concurrents, l'explication finale est déclenchée. La star australienne Reggie Mac Namara est victime d'une terrible défaillance et elle doit abandonner à son tour. Van Kempen prend alors un nouveau tour d'avance, rejoignant ainsi ses rivaux. Entretenant un suspense insoutenable, les trois équipes restent dans le même tour jusqu'à la fin mais c'est la paire franco-hollandaise de Beyl et de Van Kempen qui l'emporte au classement par points, devant les Franco-Suisses Egg et Louet. ❍

12 avril

Heureux Félix

Une fois n'est pas coutume, les crevaisons se font rares dans Paris-Roubaix. Dans la côte de Doullens, Binda se détache en compagnie de Girardengo, de Francis et d'Henri Pélissier. Dans une cohue de voitures et sous la poussière de charbon, le groupe de tête voit revenir un inconnu nommé Hardy, qui démarre aussitôt, avec un développement impressionnant, et s'assure quatre minutes d'avance. À cinquante kilomètres de l'arrivée, les hommes de tête sont rejoints et Christophe tente sa chance mais les favoris, cette fois, veillent. Dans la traversée de Seclin, Hardy est repris à son tour. C'est donc un peloton de vingt-six coureurs qui se présente à Roubaix. Le Belge Jules Van Hevel semble un moment capable de rééditer sa performance de l'année précédente mais Félix Sellier le passe à cinquante mètres de la ligne. ❍

26 avril

De beaux restes

À Montluçon, vingt-huit coureurs prennent le départ, à cinq heures du matin, du circuit du Bourbonnais. Sous une pluie fine et pénétrante, le Belge Tiberghien et le Français Hilarion, qui ne sont pas munis d'imperméables, vont vite abandonner. C'est alors qu'entre en jeu le « vieil » Eugène Christophe, 40 ans, « l'homme de la pluie ». Au train, il lâche un à un ses adversaires dans la partie vallonnée qui s'étage entre La Charité et Nevers. À cent cinquante kilomètres du but, il compte sept minutes d'avance sur Detreille et Leblanc. Deux orages de grêle n'arrêtent pas le coureur, qui continue à son allure cadencée et régulière. Franchissant en vainqueur la ligne d'arrivée à Montluçon, il avoue sa souffrance : « J'ai eu autant de mal que lors de ma victoire dans Milan-San Remo en 1910. » ❍

15 JUIN

L'incroyable Mlle Violette Morris

C'est au cours de la Fête des artistes, qui a lieu au vélodrome du Parc des Princes, que Violette Morris bat le record du monde féminin de demi-fond derrière entraîneur, sur la distance de 5 km. Ce n'est guère une surprise pour cette athlète tout à fait exceptionnelle. Le 10 mai en effet, elle avait déjà été sacrée championne de France de football (sa troisième passion après le cyclisme et la motocyclette) avec son équipe de l'Olympique. Et, en 1924, elle avait enlevé le Bol d'or moto dans la catégorie des cycles-cars 750 cm^3 puis remporté Paris-Nice. Au passage, elle était également devenue championne de France du lancer du poids et recordwoman du monde du lancer de disque (30 m). Son compagnon, Raoul Paoli, lui-même ancien champion de France du poids, estime que « son garçon manqué » n'est pas au bout de ses exploits. Car cette Parisienne de 30 ans présente des qualités athlétiques hors du commun : 1,66 m pour 74 kg et une phénoménale puissance musculaire. Au cours du dernier Bol d'or cycliste, elle avait aussi fait la preuve de ses capacités d'endurance en passant vingt-quatre heures d'affilée sur sa machine et en se classant, seule femme engagée sur vingt-cinq concurrents, à la treizième place. Violette Morris, qui brille également en natation (elle a fini 3e de la Traversée de Paris), semble maintenant vouloir privilégier le cyclisme. Son prochain objectif est de s'attaquer au record du monde des 20 et 60 km sur un vélo qui possède un développement de 9,50 m. ❍

● Dans la côte de Doullens, Alfredo Binda est en tête de Paris-Roubaix devant Costante Girardengo, Henri et Francis Pélissier.

● Malgré ses 40 ans, Eugène Christophe s'impose en solitaire dans le circuit du Bourbonnais.

Ernest Kaufmann, à gauche, et Maurice Schilles au départ de la finale des championnats du monde de vitesse.

9 JUILLET

Bottecchia, l'homme du Tour

Avant l'étape décisive entre Nice et Briançon, l'Italien Ottavio Bottecchia, vainqueur en 1924, domine le classement général devant l'étonnant Luxembourgeois Nicolas Frantz à 13 min 40 s, le Belge Albert Dejonghe à 28 min 47 s et Adelin Benoit à 39 min 44 s. Le duel italo-luxembourgeois va connaître son dénouement. Dans le premier col d'Allos, l'Italien Angelo Gremo passe en tête au sommet mais une crevaison le retarde et Verdyck en profite pour prendre deux minutes d'avance sur Omar Huysse et trois minutes sur Bartolomeo Aimo et Bottecchia. Derrière, Frantz, handicapé par son poids et par la boue, est l'un des premiers à lâcher prise. Malchanceux lui aussi, Verdyck brise sa roue avant et doit patienter une bonne demi-heure avant de repartir. Dès les premières pentes du col de Vars, Aimo lâche Bottecchia, ce dernier occupé en priorité à surveiller son rival Frantz. La pluie, le froid et la boue rendent l'ascension très pénible. Huysse et Verdyck rétrogradent tandis que Frantz effectue un courageux retour. Bottecchia n'a plus que cinq minutes d'avance sur lui lorsqu'il met pied à terre à quelques kilomètres du sommet. Fatigué, il poursuit l'ascension à pied. Aimo, qui fatigue aussi, parvient cependant à franchir en tête le sommet. La longue descente vers Briançon lui permet de conserver dix minutes d'avance sur son compatriote Bottecchia et quinze sur Frantz. Le leader au général maintient en tout cas son avance, qu'il augmentera jusqu'à Paris. Cette victoire donne raison à celui dont le Tour de France était le seul objectif de la saison et qui n'avait participé aux autres épreuves qu'en guise d'entraînement. ❍

Schilles va démarrer mais sera projeté contre les balustrades par Kaufmann.

27 juin

Francis perd le sourire

Comme l'année précédente, après son coup d'éclat de Coutances, Henri Pélissier abandonne le Tour prématurément entre Brest et Vannes. Mal remis d'une chute récente, il souffre de plaies multiples à l'épaule et au dos. Son frère, Francis, bien placé au classement général, vient à son secours, s'arrête fréquemment pour le réconforter mais la souffrance est trop forte. Henri met pied à terre à Châteauneuf-du-Faou et décide d'en rester là. Au milieu d'une foule immense, il revêt une combinaison de mécanicien pour se réchauffer et salue son frère Francis. Ce dernier va pouvoir ainsi se consacrer totalement à sa course avec l'ambition de la gagner. Mais l'affection qui unit les deux champions est telle que Francis ne sourit plus du tout en rejoignant le peloton. ❍

30 juin

Benoit en haut

Cette première étape pyrénéenne a donné lieu à une splendide bataille. Dès le Tourmalet, Francis Pélissier, le souffle court, est lâché sur une violente accélération de Bottecchia. Omar Huysse rejoint l'Italien dans le col d'Aspin puis s'envole seul vers le sommet. Derrière les deux hommes, Adelin Benoit et Nicolas Frantz tentent de limiter les dégâts. Les positions se trouvent bouleversées dans le dernier col, Peyresourde. Le Belge Benoit, le plus frais malgré les mauvaises conditions atmosphériques, passe à l'attaque et rejoint Bottecchia puis Huysse. L'Italien décroche et les deux Belges poursuivent ensemble. Sur un nouveau démarrage, Benoit s'envole en solitaire vers la victoire à Luchon, précédant Huysse de 8 min 30 s et Bottecchia de 11 min 15 s. Coup double pour Benoit qui endosse le Maillot jaune. ❍

15 août

Les Basques font la fête

Au départ de la dernière étape du Tour des Pays basques, les directeurs sportifs sont nerveux. Pé et Bidot sont à égalité, Verdyck tout près et Mottiat n'a pas dit son dernier mot. L'automobile du directeur sportif de Verdyck et Pé, qui transporte le ravitaillement, étant tombée en panne, les chances des deux hommes semblent s'envoler. Mais c'est sans compter sur la forme resplendissante de Verdyck, qui rejoint puis décroche tout le monde pour gagner à Bilbao. Le premier col a donné lieu à une véritable fête au passage des coureurs et une fanfare et des danseurs salue l'arrivée. Ambiance extraordinaire à peine gâchée par l'attitude d'un coureur espagnol. Refusant le passage des autos soulevant une poussière gênante, il immobilise une caravane de vingt voitures.

1er octobre

Recordite

Dans la course aux records de vitesse, le match entre Jean Brunier et Léon Vanderstuyft, 35 ans, marque un nouvel épisode. Vanderstuyft tente de déposséder son rival du record de l'heure derrière entraîneur. Dans l'éventualité d'une chute toujours possible à ces allures folles, il endosse sept maillots de laine et de soie. Sur la large piste de l'autodrome de Montlhéry, l'ancien champion du monde de demi-fond part dans le sillage de son entraîneur, Deliège, qui pilote une moto derrière laquelle est aménagé un coupe-vent. Le *stayer* est en avance sur les temps de Brunier mais, au kilomètre quatre-vingt, un écart de la moto sort Vanderstuyft de sa zone d'abri. Seule son immense sens de l'équilibre évite au coureur de chuter. En parcourant 115,098 km, il améliore de près de trois kilomètres le précédent record.

16 AOÛT

Lucien Michard console les Français

La délégation française suit pleine d'espoir ces championnats du monde amateur de vitesse, qui se déroulent sur le vélodrome d'Amsterdam. En effet, Maurice Schilles va retrouver en finale son rival suisse Ernest Kaufmann, que le Français a battu il y a quelques semaines à la Municipale de Vincennes. C'est Kaufmann qui lance le sprint aux 400 mètres mais Schilles attaque franchement dans le dernier virage. Il passe son adversaire quand, brusquement, celui-ci monte dans la courbe. Aussitôt, le Français tente de s'infiltrer à la corde mais le Suisse lui ferme le passage. À nouveau derrière, Schilles place un démarrage au milieu de la ligne droite mais Kaufmann fait un écart qui envoie son adversaire contre les balustrades. Les dirigeants français demandent le déclassement du Suisse mais ils essuient un premier refus. Ils proposent alors que la finale soit recourue. Nouveau refus. La délégation et la presse françaises s'en prennent alors aux « magouilleurs » qui organisent ces championnats mais le résultat ne changera pas. Le réconfort des Français viendra quelques heures plus tard, avec la brillante victoire du jeune Lucien Michard, 22 ans, dans la finale pour la troisième place, devant le redoutable Hollandais Peter Moeskops. Après sa défaite, ce dernier avouera que « pour battre Michard, il aurait fallu Arthur Spencer », l'invincible sprinter américain. Un jugement qui se révèlera juste car Michard deviendra le plus grand champion français sur piste de l'histoire.

Léon Vanderstuyft bat le record du monde de l'heure derrière motocyclette avec 115,098 km.

Footballeuse, athlète, motocycliste, Violette Morris détient le record du monde féminin de demi-fond.

• À 23 ans, Charles Pélissier, au centre, avec une casquette, fait ses premières armes dans le championnat de France de cyclo-cross.

• Dans la traditionnelle course des porteurs de journaux, Flahaut se ravitaille place de la Nation.

31 janvier

Les porteurs de journaux à l'honneur

Gros succès populaire pour la traditionnelle course des porteurs de journaux. Cent quarante-sept concurrents, qui sont chargés de quinze kilos de journaux, parcourent vingt-sept kilomètres dans la capitale. C'est le coureur professionnel Flahaut qui enlève l'épreuve dans l'excellent temps de 59 min 18 s, alors que Mme Trébis remporte le classement féminin en 1 h 17 min 5 s. Malgré le temps maussade, des milliers de Parisiens se sont massés au sommet de la Butte-Montmartre pour assister à l'arrivée. Peu après le départ, un carambolage occasionne un gros retard pour la moitié des concurrents. Flahaut, déjà trois fois vainqueur de la course, lâche ses poursuivants, place de la Nation, juste après le contrôle de ravitaillement, pour accomplir largement détaché la deuxième partie du parcours. ❍

21 mars

Charles, le digne héritier

Le dernier né de la tribu Pélissier commence à gagner des courses. Ce championnat de France de cross cyclo-pédestre n'a certes pas encore la notoriété d'un Bordeaux-Paris mais, à 23 ans, l'avenir de Charles Pélissier paraît tracé. Le succès grandissant de cette discipline, née il y a une quinzaine d'années, se confirme encore en forêt de Fontainebleau. Les quatre-vingts concurrents ne peuvent empêcher le duel entre le plus jeune des frères Pélissier et Lacolle. Aux rochers de Saint-Germain, quatre hommes, Pélissier, Lacolle, Piveteau et Chauvet, se détachent. Charles Pélissier est sur le point de s'échapper lorsqu'il casse l'un de ses cale-pieds. Aussitôt Lacolle en profite pour prendre une centaine de mètres d'avance. Mais, de retour dans la course, Charles comble son retard pour se détacher définitivement dans la dernière côte avant l'arrivée. ❍

4 AVRIL

Delbecque détrône les anciens

Ce Paris-Roubaix est l'occasion d'une passation de pouvoir entre les anciens, Henri Pélissier ou Félix Sellier, et les jeunes, dont le vainqueur, Julien Delbecque, âgé de 22 ans. Ce néo-professionnel a frôlé le record de l'épreuve établi par Faber en 1913. Les cent premiers kilomètres ont vu une échappée d'Henri Pélissier, de Depauw et de Sausin, mais la poursuite du peloton a raison de cette tentative. À peine regroupé, celui-ci se disloque de nouveau avec Henri Pélissier, Delbecque, Van Slembroeck, Eelen, Gaston Rebry et Cleu aux avant-postes. Peu après Pont-de-Courrières, où ses admirateurs ont placé une banderolle portant « Honneur aux frères Pélissier ! », Henri crève. La réparation traîne en longueur et il ne peut rejoindre le peloton de tête, emmené si énergiquement par Delbecque et Van Slembroeck. Ces derniers creusent un écart qui va s'avérer définitif. Les coureurs ayant près de deux heures d'avance sur l'horaire prévu, les spectateurs se font rares, voire inexistants, même dans la célèbre côte de Doullens. Cela ne perturbe pas le frêle Delbecque, qui démarre et lâche son compatriote. En solitaire, il franchit la ligne d'arrivée après avoir couvert les deux cents soixante-huit kilomètres en 7 h 34 min 42 s, soit une moyenne de 31,962 km/h. Et contrairement à Faber, le vainqueur n'a bénéficié d'aucun vent favorable. C'est donc une authentique performance pour ce routier qui a failli se tourner vers la piste sur les conseils de ses premiers entraîneurs : « Je ne les ai pas écoutés car je sais que je possède un avantage sur tous les autres routiers : j'ai un bon estomac. » ❍

11 avril

La rançon de la gloire

Le métier de coureur de Six Jours aux États-Unis n'est pas de tout repos pour un Européen. Georges Wambst, dit « le Frelon », en fait la triste démonstration aux Six Jours de New York. Pas moins de sept chutes pour ce nouveau venu dans le monde des *sixdaymen*. Et son partenaire, Charles Lacquehay, connaît les mêmes souffrances. « Là-bas, pour sauter un concurrent, on le passe à la corde. C'est pourquoi les accrochages sont si nombreux », explique Wambst. De plus, les pistes de cent cinquante ou de cent soixante mètres favorisent la promiscuité. Mais Wambst et Lacquehay ne se plaignent pas. Ils gagnent très bien leur vie et les contrats continuent d'affluer. Ils regrettent simplement que l'Europe ne leur propose pas de réunions aussi juteuses. ❍

30 mai

Le coureur et les entraîneurs

La foule considérable qui s'est massée sur la route de Bordeaux-Paris voit défiler des coureurs qu'elle est incapable de reconnaître, ceux-ci disparaissant au milieu de la meute des entraîneurs qui les entourent. Peut-être les spectateurs ont-ils aperçu les frères Pélissier, qui tentent l'impossible pour inscrire une nouvelle fois leur nom au palmarès. Le peloton des favoris, c'est-à-dire ceux qui bénéficient d'un nombre suffisant d'entraîneurs et de la logistique nécessaire pour le derby, se retrouve en tête dans la côte de Dourdan lorsque le Belge Adelin Benoit surgit avec Julien Delbecque et Lucien Buysse dans son sillage. Ces trois hommes ne parviendront pas à faire la différence avant le Parc des Princes, où Benoit l'emporte de deux longueurs sur Delbecque.

19 MAI

Gira lâché

Cette étape Gênes-Florence du Tour d'Italie, courue sur plus de trois cents kilomètres et sous des trombes d'eau, devait voir le retour d'Alfredo Binda, après sa terrible chute de Bicela. Mais les malheurs de celui qui porte les espoirs de l'Italie tout entière, continuent. Binda crève deux fois, casse sa roue arrière dans une chute, puis est retardé par des ennuis mécaniques. Tout cela en moins de cent kilomètres. La bataille est déclenchée au col de Piastre par Giovanni Brunero et l'étonnant indépendant italien Domenico Piemontesi. Stupeur sur les contreforts des Apennins : Costante Girardengo, le *campionissimo* lui-même, est lâché. Il passe, éprouvé, avec trois minutes de retard au sommet du col, en douzième position. La victoire revient à Piemontesi, solide gaillard qui se permet de prendre la tête du classement général : « J'aime les montées, les terrains durs, la boue, le froid, mais je ne savais pas que je pouvais lâcher des hommes tels que Gira, Brunero ou Binda. » Malheureusement, le lendemain, dans l'étape menant vers Rome, Piemontesi crève un première fois après dix kilomètres de course. À Sienne, une nouvelle crevaison provoque le démarrage de ses rivaux. Au moment où il réintègre la tête, il crève une troisième fois. Gira, Brunero, Binda et Negrini partent à 40 km/h et se relayent au commandement. Le Maillot rose perd alors dix minutes, puis un quart d'heure. Une chute aux portes de Rome le condamne définitivement. Sa fourche cassée, il abandonne dans de lourds sanglots. À l'arrivée, sur l'hippodrome de Villa Gloria, Girardengo bat au sprint Binda et Brunero. L'Italie a retrouvé son dieu, l'homme le plus populaire de la Péninsule après Mussolini. ❍

● L'échappée décisive de Paris-Roubaix quitte Wattignies en empruntant les trottoirs cyclables.

● Sur les bords de la Loire, le Belge Adelin Benoit, casquette rayée, vainqueur de Bordeaux-Paris, se protège au milieu de ses entraîneurs.

Dans une étape de légende, Lucien Buysse, le plus résistant, arrive au sommet du col du Tourmalet.

Le Toulonnais Tesi devait remporter l'étape qui arrivait dans sa ville natale, mais une chute brisa ses espoirs.

6 JUILLET

Lucien Buysse fidèle au rendez-vous

Inauguré à Évian, ce Tour de France, le plus long de l'histoire avec ses cinq mille sept cent quarante-cinq kilomètres, n'a véritablement commencé qu'à Bayonne et, plus précisément, à Eaux-Bonnes, à vingt kilomètres de l'arrivée de Luchon. Passé au second plan depuis la première étape, Lucien Buysse sort de sa réserve. Chez lui, pas de tactique compliquée, pas de soutien demandé à des « domestiques ». Au pied de l'Aubisque, il retourne sa roue pour obtenir un développement adéquat et force sur les pédales. S'accroche qui peut. Omar Huysse et Parmentier suivent à 1 min 43 s, Albert Dejonghe à deux minutes et Bartolomeo Aymo à cinq. Dejonghe réussit à revenir sur l'homme de tête et tous deux attaquent le Tourmalet. Brusquement, à mi-col, Tailleu rattrape les fugitifs, puis s'en va seul. Dejonghe, lui, met pied à terre pour manger et poursuit l'ascension en marchant. À leur tour, Tallieu et Buysse descendent de machine. Ce match cyclopédestre est remporté par le Français, qui passe en tête au sommet. Mais, dans le col d'Aspin, renversement de situation. Tailleu, qui a bu de l'eau glacée, souffre de coliques et navigue. Buysse fonce tout seul vers le sommet, onze minutes avant Aymo. Résistant formidablement au froid et à la pluie, le Belge augmente son avance dans le col de Peyresourde et arrive à Luchon avec un crédit de 25 min 48 s sur Aymo, de trente minutes sur Devos et de 1 h 12 min sur le téméraire Tailleu.
À quinze jours de l'arrivée à Paris, Buysse prend une grosse option pour la victoire finale, dans cette terrible étape qui a vu les abandons de vingt-neuf coureurs sur soixante-seize partants. ❍

6 juillet

Grands départs

Sur les vingt-neuf abandons de la dixième étape, Bayonne-Luchon, ceux d'Ottavio Bottecchia, vainqueur des deux précédentes éditions, et d'Adelin Benoit frappent les esprits en décapitant le groupe des vainqueurs potentiels. Pour l'Italien, arrivé très fatigué, cette issue était prévisible. Il a en effet énormément couru sur piste et sur route au cours de l'année, en Europe et en Amérique. Le « Maçon du Frioul » peut se retirer riche et tranquille. Mais l'abandon de Benoit n'est pas loin de se terminer tragiquement. Après une chute dans la descente de l'Aubisque, le Belge s'ouvre le front. Il tourne de l'œil mais tient à repartir. Un pansement sommaire n'empêche pas le sang de couler sur le visage du Belge qui, découragé, roule à la dérive pendant quelques kilomètres avant d'abandonner à Argelès. ❍

11 juillet

Toulon frustré

Dans cette douzième étape, Perpignan-Toulon, Tesi et le Maillot jaune, Lucien Buysse, s'échappent du peloton. Leur avance est confortable sur ces routes poussiéreuses et mal entretenues de Basse-Provence. Le Toulonnais Tesi, régional de l'étape, tient à vaincre dans son fief. Dans un virage difficile de la descente vers Lançon, au carrefour des Guignes, Tesi vire trop large et, craignant de passer pardessus le parapet, donne un violent coup de frein. Il dérape et tombe. Blessé au bras, complètement étourdi et incapable de remonter sur son vélo, il s'assied sur le bas-côté de la route et s'effondre en larmes. Tesi doit abandonner au grand désespoir des Toulonnais qui avaient prévu une énorme ovation pour leur champion et placé ces banderoles dans toute la ville : « Honneur à Tesi, le vaillant Toulonnais. » ❍

18 JUILLET

Faites vos prix

Le Tour de France terminé, coureurs et directeurs sportifs font les comptes car les équipes coûtent cher. Une formation de douze coureurs emmène trois mécaniciens, trois masseurs, un chauffeur et un comptable. Trois cents paires de boyaux et un jeu complet de roues libres sont nécessaires pour parer aux ennuis mécaniques. Après chaque étape, le bain d'eau chaude et les frais de blanchissage sont assurés par l'équipe. Les coureurs des grandes formations, J.-B. Louvet, Automoto ou Alcyon, descendent dans les meilleurs hôtels des villes-étapes. En attendant le premier ravitaillement, après cent kilomètres de course, les concurrents emportent une musette de provisions : des côtelettes, des bananes, du sucre et une topette de cherry qui les aidera à surmonter la défaillance. Un coureur de première catégorie coûte environ quatre cents francs par jour à son employeur. Les isolés, les deux-tiers du peloton, reçoivent officiellement quarante francs par jour de l'organisation et une musette de ravitaillement. Tout ceci est insuffisant et le système D supplée au reste. On resquille pour manger aux tables des équipes riches ou l'on profite de la compassion des spectateurs, qui fournissent fréquemment vivres et boissons. La plupart des isolés tiennent un petit commerce de cycles, et le Tour est pour eux un moyen unique de publicité. Les recettes, elles, vont essentiellement aux premières classes. Une victoire d'étape rapporte environ six mille francs et Lucien Buysse, le vainqueur final, a touché, primes comprises, quatre-vingt-dix mille francs, plus soixante mille d'engagements pour des exhibitions dans le monde entier. Plus que le salaire moyen annuel d'un ouvrier parisien.

11 septembre

Francis renoue avec la victoire

Francis Pélissier a retrouvé sa forme d'antan et remporte le Critérium des As. Après une année d'insuccès, il bat même le record de cette épreuve derrière tandem. La chaleur et une vive allure ont provoqué six abandons sur onze participants. C'est Charles Lacquehay qui attaque le premier, relayé par Gabriel Marcillac, qui s'enfuie. Jusqu'au vingt-cinquième tour, Marcillac est en mesure de l'emporter mais, tout à coup, alors qu'il se courbe sur son guidon, sa cadence devient plus heurtée. Il voit débouler Francis Pélissier, qui le rejoint et le passe. Cette attaque vaut à Francis de franchir la ligne trente-deux secondes avant Marcillac. Après l'arrivée, les deux héros du jour sont portés en triomphe par un public parisien toujours exubérant.

Devant ses entraîneurs ravis, Francis Pélissier fait signe au public de s'écarter en passant la ligne d'arrivée.

19 décembre

Raynaud extra

Les matches-poursuites sont à la mode. Le clou de la saison est incontestablement la course-défi organisée au Vel d'Hiv entre un « phénomène », Armand Blanchonnet, ancien champion olympique contre-la-montre sur route, et un Limousin de 22 ans, André Raynaud, qui fait son service militaire dans l'aviation au Bourget. Repéré par Paul Ruinart, il vient de remporter le titre de champion de France. Vu l'importance de la rencontre, la course se dispute sur 10 km. En cas de crevaison avant le quatrième kilomètre, elle sera recourue. Et l'incroyable se réalise ! Raynaud bat Blanchonnet à la stupéfiante moyenne de 45,6 km/h ! Et dire qu'Armand Blanchonnet ne trouvait plus d'adversaires à sa mesure et que même les défis qui lui opposaient trois coureurs se relayant ne l'impressionnaient plus.

Les vedettes des Six Jours de New York, avec, de gauche à droite, Giorgetti, Mac Namara, Walker, Georges Wambst, le vainqueur, et Petri.

Georges Ronsse, à gauche, s'impose de justesse devant Joseph Curtel qui sera, pourtant, pendant quelques minutes, déclaré vainqueur de Paris-Roubaix.

Le Belge Van Sleembrouck emmène le groupe de tête sur les pavés du Tour des Flandres.

20 mars

« Toto » retrouve la Municipale

Le Vel d'hiv clôture sa saison d'hiver et la Municipale débute celle du printemps. Le vélodrome du bois de Vincennes, en plein air, ouvre donc ses portes avec une réunion de bienfaisance, organisée au profit de la veuve du regretté Gustave Ganay, mort un an plus tôt au Parc des Princes. L'épreuve de vitesse revient logiquement au champion du monde, le Hollandais Peter Moeskops, plus à l'aise sur le ciment que sur le bois. Le lendemain, au Vélodrome d'hiver, Lucien Michard triomphe de Moeskops, Kaufmann et Spencer, ce dernier faisant ses adieux aux Parisiens avant son retour en Amérique. Mais le grand homme de la soirée sera Grassin. « Toto », vainqueur de la course d'une heure derrière motos, s'apprête à retourner à ses premières amours et s'alignera bientôt dans Paris-Roubaix.

3 avril

Les Belges restent entre eux

Le Tour des Flandres a de plus en plus tendance à se réduire à un championnat de Belgique. Cette année, Gréau représente à lui tout seul la colonie française. Entre Gand et Ostende, sur le parcours aller, le vent violent qui souffle dans le dos des coureurs amène le peloton à plus de 38 km/h vers le contrôle de ravitaillement. Des bordures commencent à se former et un premier groupe, comprenant Debaets, Degraevelynck, Duriei et Van Slembroeck se détache. À soixante-dix kilomètres de l'arrivée, Maurice Dewaele recolle aux hommes de tête qui, se relayant parfaitement, atteignent avec une marge suffisante les faubourgs de Gand. C'est alors que Debaets démarre et réussit à conserver son maigre avantage jusqu'à la ligne d'arrivée, devant Van Slembroeck à 1 min 32 s et Dewaele à 2 min 18 s.

17 AVRIL

Paris-Roubaix ne parvient plus à départager les coureurs

L'Enfer du Nord ne joue plus son rôle sélectif. Pourtant, au sommet de la côte de Doullens, Charles Pélissier et Georges Ronsse passent avec quelques mètres d'avance. Sentant que la montée les a laissés en meilleure condition que leurs adversaires, ils s'enfuient à toutes pédales. Mais ils sont rejoints peu avant le ravitaillement d'Arras. Ronsse tente une nouvelle sortie, bénéficiant d'un trottoir roulant. À Hénin-Liétard, une vingtaine de coureurs semblent attendre patiemment l'arrivée sur l'avenue des Lilas. Mais Ronsse et le Marseillais Joseph Curtel se présentent légèrement détachés à l'entrée de la dernière ligne droite. Le Belge démarre aux trois cents mètres mais Curtel le rejoint et les deux hommes passent la ligne ensemble. La foule voit le Marseillais premier. Il est félicité avec enthousiasme. La fanfare entonne même *La Marseillaise* car un supporter de Curtel particulièrement zélé a annoncé le succès du Marseillais au chef de musique. Mais, en arrivant sur le podium, Curtel apprend que le juge d'arrivée André Trialoux déclare le Belge vainqueur. Il entre alors dans une terrible colère, arrache le bouquet de la demoiselle d'honneur et s'écrie : « On me vole Paris-Roubaix ! Et vous, le juge à l'arrivée, ne posez jamais les pieds sur la Canebière ! On vous jettera comme un sac de fèves pourries dans le Vieux Port ! » Le lendemain la presse publiait des photographies prouvant, de façon irréfutable, la victoire de Georges Ronsse.

15 juin

Mort suspecte

Sur une petite route des environs de Pordenone, un paysan découvre le corps d'Ottavio Bottecchia, inanimé. Une blessure à la tempe a causé sa mort. Bizarrement, son vélo est intact et ses vêtements ne sont pas déchirés. Aucune trace de coup de frein n'est relevée sur la route. Les policiers, sceptiques, concluent tout de même à une mort accidentelle mais, vingt et un ans plus tard, un viticulteur de Pordenone passe aux aveux sur son lit de mort : « Je travaillais la vigne quand j'ai aperçu un inconnu qui cueillait mon raisin. Comme il me répondait grossièrement, je lui ai lancé une pierre pour l'effrayer. Il est tombé aussitôt. J'ai reconnu Bottecchia, mais il était déjà mort. Je le vénérais car il avait fait honneur au Frioul et à l'Italie tout entière. Que Dieu me pardonne ! » Mais ce témoignage ne lèvera pas le mystère. ❍

● Ottavio Bottecchia meurt dans des circonstances mystérieuses.

23 juin

Alleluia sans allégresse

TOUR DE FRANCE

La nouvelle formule du Tour, disputé par équipes, modifie radicalement l'atmosphère autour de la course. Cette année, les spectateurs, plongés dans leurs journaux, gardent un œil sur leur montre afin de déterminer les écarts réels. Les grands oubliés de ce système sont les touristes-routiers, tous éliminés depuis Dieppe mais qui poursuivent la course en signe de protestation. Dans cette cinquième étape, Cherbourg-Dinan, la jeune équipe française Alleluia joue de malchance. Dans la traversée de Granville, une partie de l'équipe se trouve bloquée par un train de marchandises stationnant au milieu de la voie. Le temps de dégager le passage, le groupe s'en trouve désorganisé et la fin de l'étape est proche de la débandade, chaque coureur roulant de son côté. ❍

19 JUIN

Desgrange bouleverse la Grande Boucle

TOUR DE FRANCE

À l'arrivée du Tour 1926, Henri Desgrange, le patron de la Grande Boucle, s'était montré furieux contre la terre entière. Il accusait les coureurs de paresse, les directeurs sportifs de faiblesse et les constructeurs de forfaitures. L'intérêt du Tour ne se résumait plus qu'aux étapes de montagne, où les favoris jouaient la victoire finale, et les étapes de plaine n'étaient plus que de longues promenades, où règnait l'ennui. Desgrange avait déplacé le point de départ du Tour à Évian, pour arriver plus vite au pied des Alpes, mais ce Tour se révélait pourtant l'un des plus décevants de l'Histoire. Desgrange se plaignait aussi des entraides entre équipiers, formellement interdites par un règlement sans cesse transgressé. L'heure est grave pour le Tour, menacé de dégénérescence. Pour remédier à ce triste constat et rendre à la course l'intégralité de sa signification sportive, le « Patron » décide de tout bouleverser. Les étapes de plaine, à l'exception de trois d'entre elles, seront courues contre-la-montre et par équipes. Le Tour présente ainsi vingt-quatre étapes, dont seize en contre-la-montre par équipes. Cet assemblage hybride déconcerte l'opinion. À côté des riches formations, telles que Alcyon, Dilecta, J.-B. Louvet, et des jeunes Français d'Alleluia, les équipes composées d'isolés manquent d'homogénéité et de moyens. Cette expérience va se révéler pendant trois ans un fiasco complet et, en 1930, Desgrange imposera un nouveau bouleversement avec l'apparition des équipes nationales. ❍

● Les jeunes de la formation Alleluia, dans une des seize étapes disputées en contre-la-montre par équipes.

• Le cyclisme sur route existe aux États-Unis. O'Brien le démontre en remportant la course Oakland-San José-San Francisco.

• Henri Desgrange, directeur de *L'Auto*, fondateur du Tour de France, est inquiet pour l'avenir de la Grande Boucle.

• À Bordeaux, les officiels tracent la ligne d'arrivée, mais les premiers coureurs sont déjà passés.

27 juin

Pas de ligne à l'arrivée !

La lutte est farouche entre les J.-B. Louvet et les Alcyon, qui se partagent les victoires : deux étapes chacun avant l'arrivée à Bordeaux. La tactique des Alcyon est simple mais efficace. Ils partent à fond, sans pitié pour les équipiers à la traîne. Dewaele, Bidot, Debusschère, De Lannoy et Muller sont ainsi abandonnés à leur sort. Dans la neuvième étape, au bout de cinquante kilomètres, Alleluia n'est déjà plus dans le coup. Les Alcyon, restés à quatre avec Rebry, Benoit, Vervaecke et Frantz, font un superbe cavalier seul et arrive à Bordeaux avec plus d'une heure d'avance sur l'horaire prévu, devant un public clairsemé. Les officiels n'ont pas eu le temps de tracer la ligne d'arrivée. Adelin Benoit franchit victorieusement la ligne imaginaire devant Gaston Rebry. ❍

10 juillet

Les routes d'Amérique

Le cyclisme sur route va-t-il s'implanter aux États-Unis ? En tout cas, une épreuve de deux cents kilomètres organisée entre Oakland et San Francisco connaît un succès considérable. Les épreuves sur piste, principalement le demi-fond derrière motos et les courses de Six Jours, passionnent les Américains. Par contre, le cyclisme sur route est encore inexistant. La première difficulté pour le French Athletic Club de San Francisco, l'organisateur, est de gérer le flot impressionnant des véhicules. En Californie, on compte en effet une voiture pour trois habitants. Malgré ces craintes, aucun incident n'est à déplorer. Et ce sont cinq mille spectateurs qui, au vélodrome de San Francisco, attendent le vainqueur, O'Brien, un jeune ouvrier agricole d'origine irlandaise. ❍

30 JUIN

Nicolas Frantz couronné

La fameuse étape Bayonne-Luchon a tranché de façon quasi définitive la question de la rivalité entre les deux grandes équipes de ce Tour : Alcyon et J.-B. Louvet. On attend une offensive des Alcyon, qui s'étaient réservés jusque-là dans la onzième étape. Mais, en pleine nuit, c'est un isolé italien, Gordini, qui lance la course bien avant l'ascension des premiers cols. Les premières catégories ne le prennent pas vraiment au sérieux puisque, au pied de l'Aubisque, l'Italien possède trois quarts d'heure d'avance. Le Luxembourgeois Nicolas Frantz déclenche alors la grande bagarre avec ses équipiers d'Alcyon, Adelin Benoit, Maurice Dewaele, Debusschère et André Leducq. Derrière, les hommes de J.-B. Louvet, Van Sleembrouck, Van de Casteele et Geldhof, réunis dans une même détresse, perdent complètement pied à l'approche du Tourmalet. Dans ce même col, Frantz poursuit seul avec une volonté farouche alors que la pluie redouble. Il sait que, depuis quelques années, le Tour se gagne entre le Tourmalet et Luchon. Au sommet, il passe avec cinq minutes d'avance sur Gordini, toujours présent et quinze minutes sur ses équipiers Benoit et le jeune Leducq. Dans Peyresourde, Frantz poursuit son effort, sans connaître le moindre fléchissement. À l'arrivée, le succès des Alcyon tourne à la démonstration. Derrière le Maillot jaune Frantz, les bleu ciel prennent les six premières places du classement général avec Dewaele à trente-neuf minutes, Hector Martin, Julien Vervaecke, Leducq, Benoit et Gaston Rebry. Bien encadrés par ses partenaires, Frantz va conserver ses 3 h 30 min d'avance sur le 7e, Geldhof. ❍

21 JUILLET

Le cyclisme italien se porte très bien !

Moins d'une semaine après la fin du Tour de France se déroule sur le circuit du Nurburgring, en Allemagne, le premier championnat du monde professionnel sur route. Les Italiens vont véritablement truster cette épreuve. Parmi les six engagés, les transalpins présentent au départ quatre champions : Alfredo Binda, Costante Girardengo, Domenico Piemontesi et Gaetano Belloni. Ceux-ci prennent dans l'ordre les quatre premières places. L'extrême difficulté et la longueur du parcours, ajoutées à une pluie torrentielle, ont été fatales aux grands favoris, les Belges, Debaets, Vermandel, Sellier et Ronsse. Le travail du seul professionnel français, Achille Souchard, ne s'annonce pas facile. La veille déjà, Girardengo affirmait qu'il avait retrouvé sa forme de l'après-guerre. Binda, lui, ne sort pas de sa traditionnelle réserve. La décision se fait au sixième tour lorsque Girardengo, suivi de Binda, démarre dans une côte terrible, un véritable mur de ciment prolongé par un impressionnant couloir rectiligne. Tous les concurrents craquent et descendent de bicyclette pour continuer l'ascension à pied. Tous, sauf Girardengo et Binda qui poursuivent leur marche en avant. À trente kilomètres de l'arrivée, Binda, décidément survolté, démarre sèchement et lâche le *campionissimo*. La fin de course de Binda est étonnante puisqu'il arrive sur la ligne avec sept minutes d'avance sur Girardengo, suivi à dix minutes de Piemontesi et de Belloni. Le 5e, le jeune Belge Jean Aerts, endosse le maillot irisé des amateurs. ❍

28 août

Magne émerge

Ce premier Paris-Limoges voit l'émergence d'un nouveau champion français, Antonin Magne. Peu avant Châteauroux, ce dernier lâche ses derniers compagnons d'échappée et parvient au ravitaillement, vingt kilomètres plus loin, avec deux minutes d'avance sur Godillot et Guéroult. Mais il va perdre beaucoup de temps après une crevaison. Jugeant que son avance n'est plus suffisante, après quatre-vingt-cinq kilomètres d'échappée, il se laisse rejoindre. À vingt kilomètres de l'arrivée, Colleu démarre brusquement, rejoint par Magne. Le rythme imposé par celui-ci décramponne Colleu. Le coup de grâce est donné dans la côte de Conoré, à cinq kilomètres de Limoges, que le Soissonnais Colleu gravit à pied. Pour Magne, dont les qualités de grimpeur s'étaient signalées dans le Tour, c'est une grande première. ❍

18 septembre

Derrière triplette

Dans le nouveau vélodrome à demi-couvert de Buffalo, une course de cent miles (soit 160,9 km) oppose huit coureurs derrière triplette. Après un départ rapide de Cuvelier et Faudet, le peloton s'étend pour constituer une boucle complète autour de la piste. Après une heure de course, Gabriel Marcillac et Letourneur abandonnent, le premier sur incident mécanique, le second en petite forme. Les deux partenaires des Six Jours, Charles Lacquehay et Georges Wambst, prennent alors un tour d'avance à leurs adversaires, Cuvelier, Leducq, Souchard et Faudet. Alors que les entraîneurs de Lacquehay viennent d'effectuer leur dernière rotation, celui-ci démarre et franchit la ligne victorieusement, après 3 h 26 min 55 s de course, devant son ami Wambst. ❍

• Nicolas Frantz, impérial dans le Tourmalet.

• Ce premier Paris-Limoges voit la victoire d'un tout jeune Français, Antonin Magne.

• Au nouveau vélodrome de Buffalo, le Français Charles Lacquehay remporte la course des cent miles derrière triplette.

• Charles Pélissier, suivi de Colleu et Foucaux, est en tête sur la route empierrée du mont Faron.

11 mars

Charles n'est pas rancunier

Le classique Critérium de la montagne, au mont Faron, au dessus de Toulon, revêt cette année un éclat tout particulier avec la présence d'Alfredo Binda, le champion du monde, de Lucien Buysse, vainqueur du Tour 1926 et de Charles Pélissier. Dès les premières pentes, ce dernier démarre, suivi de Binda, de Foucaux, de Piccardo et de Colleu. Peu avant le fameux virage du Trou du diable, dans un effort magnifique, Pélissier s'envole littéralement. Binda, le premier, lâche prise, puis les trois autres. Charles Pélissier parvient au sommet, accueilli par de formidables acclamations. Le public veut, semble t-il, se faire pardonner les coups de canne administrés au coureur, l'année précédente, après sa victoire contestée sur le Niçois Broccardo. ❍

• André Leducq l'emporte devant les Belges Georges Ronsse, caché, et Charles Meunier, après un grand Paris-Roubaix.

20 mai

Jean Bidot et le garde-barrière

Le Circuit de Paris, organisé par le journal *L'Intransigeant,* paraît devoir se terminer par un sprint massif lorsque, à Éragny, le garde-barrière doit fermer le passage à niveau : un train de marchandises est annoncé dans les prochaines secondes. Les coureurs se hâtent, dans l'espoir de franchir la barrière avant leurs adversaires. Trois d'entre eux y parviennent et repartent une bonne minute avant le peloton. Bidot, Souchard et Vugé foncent et traversent la Seine à une allure folle. Puis Bidot démarre et s'en va seul. Cependant, dans la montée de Louveciennes, il est victime de crampes à la jambe droite. Il s'arrête quelques instants mais son constructeur lui ordonne de repartir. Et c'est à bout de forces qu'il franchit la ligne, en vainqueur, au Parc des Princes. ❍

8 AVRIL

La chance sourit à André Leducq

Depuis 1921, date à laquelle Henri Pélissier a inscrit son nom au glorieux palmarès de Paris-Roubaix, aucun Français n'était parvenu à remporter la course. Mais André Leducq rectifie brillamment le tir. À trente-cinq kilomètres de l'arrivée, vers Seclin, trois hommes, Charles Pélissier, Georges Ronsse et Charles Meunier s'échappent, en dépit du mauvais état de la route et du nombre considérable de voitures qui l'encombre. Derrière, à deux minutes, André Leducq et Gaston Rebry chassent furieusement pour revenir sur le trio. C'est chose faite vingt kilomètres plus loin, au moment où Charles Pélissier, jusque-là l'un des plus brillants animateurs de la course, doit laisser partir les quatre rescapés, victime d'une terrible défaillance. Une foule énorme, vivante et expansive voit enfin surgir trois points au bout de la longue ligne droite de Roubaix. Les trois taches grossissent, c'est Ronsse qui emmène le sprint devant Leducq et Meunier. Rebry n'est plus là. Ronsse semble prendre l'avantage mais l'un de ses pneus est légèrement dégonflé et il ne peut maintenir sa ligne droite. À cinquante mètres, Leducq se secoue furieusement et passe irrésistiblement, sous les acclamations du public en délire. Première consécration pour celui qui avait déjà été le meilleur Français du Tour 1927. Sa gaieté gouailleuse, sa bonne humeur sont devenues légendaires mais, aujourd'hui, il était avare de rire et de plaisanteries, ne courant plus pour briller mais pour gagner. ❍

26 juin

En son jardin

Comme en 1927, lorsque l'isolé Gordini s'était échappé à la faveur de l'obscurité, Camille Van de Casteele fausse compagnie au peloton dans la neuvième étape, Hendaye-Luchon, à plus de trois cents kilomètres de l'arrivée. Il conserve vingt-sept minutes d'avance sur Nicolas Frantz et 28 min 30 s sur Victor Fontan au sommet de l'Aubisque. Frantz et Fontan attaquent ensemble le col du Tourmalet. Le Luxembourgeois joue son va-tout et démarre, mais le Béarnais réplique et place un contre assassin. Débarrassé de Frantz, le Béarnais retrouve, un peu plus loin, un Van de Casteele désemparé, fatigué par tous les efforts accomplis depuis sa fugue. Dans l'ascension, il doit s'arrêter plusieurs fois et pousser sa bicyclette. Fontan, le nouveau « roi de la montagne », acclamé par son public, s'enfuit vers Luchon où il remporte l'étape.

9 juillet

L'invincible duo

Dans une étape aussi courte que Pontarlier-Belfort (cent vingt-deux kilomètres), la course, qui se fait par départs séparés, laisse les équipes dans une ignorance totale de leur situation respective. Chacune d'elles roulent à l'aveuglette, ce qui empêche toute lutte directe et franche. L'équipe Alléluia, mise en confiance par ses trois précédents succès, quitte Pontarlier sur un train endiablé. Elle est en passe de remporter l'étape lorsque les Alcyon de Nicolas Frantz et d'André Leducq apprennent miraculeusement leur retard. La machine se met en route avec des relais appuyés de cinq cents mètres. Les Alcyon refont ainsi leur retard et Leducq s'impose devant Frantz à Belfort. Au classement général, Frantz précède Leducq. Décidément, ces deux hommes survolent ce Tour de France.

12 JUILLET

Quand Frantz faillit perdre le Tour…

Rebondissement dans le Tour à trois jours de l'arrivée finale à Paris. Dans la dix-neuvième étape, au passage à niveau de Mainbotel, après cinquante-quatre kilomètres de course, le Maillot jaune, Nicolas Frantz, casse sa fourche au moment où il franchit les rails. Le mal est irréparable et le Luxembourgeois doit changer le cadre de son vélo. Il se hâte chez le marchand de cycles le plus proche avec trois de ses équipiers. Après quelques kilomètres parcourus à pied, Frantz arrive à Longuyon, un village voisin, et achète un vélo, entouré d'une foule immense venu assister à ce coup de théâtre. Il perd près de trois quart d'heure dans cette mésaventure. Son vélo d'emprunt, une machine de cyclotourisme avec des garde-boue en bois vernis et un feu rouge à l'arrière, amuse beaucoup les spectateurs massés sur le bord de la route. Malgré ce handicap, Frantz refait une partie de son retard, bien emmené par Delannoy, Debusschère et Louesse. À l'arrivée sur le vélodrome de Charleville, devant un public mi-rigolard, mi-admiratif, il ne concède que vingt-sept minutes sur son équipier André Leducq. Avec plus de cinquante minutes d'avance, il remporte son premier Tour de France mais l'écrasante supériorité des Alcyon lui a grandement facilité la tâche. Si le malheureux Victor Fontan, 7e à Paris, avait couru pour Alcyon et si Frantz avait appartenu à la petite équipe Elvish-Wolber, le Béarnais aurait battu le Luxembourgeois de cinq heures, ce qui correspond au temps perdu par Fontan dans les contre-la-montre par équipes.

Les deux équipiers, André Leducq, à gauche, et Nicolas Frantz, boivent le verre de l'amitié à Belfort. Leur formation, Alcyon, a survolé ce Tour disputé contre-la-montre par équipes.

Une grosse frayeur pour le Maillot jaune. Après avoir cassé sa machine, Frantz repart avec un vélo de ville, acheté chez un marchand de cycles.

● Dans son allure caractéristique, le Belge Georges Ronsse franchit, en vainqueur, la ligne d'arrivée de Paris-Bruxelles.

● Pour la grande première des Six Jours d'été à Buffalo, l'atmosphère est détendue entre Choury, Leducq et Van Kempen.

4 août

Après le Tour, Dewaele confirme en Espagne

Le Tour des Pays basques représente pour les Espagnols ce que le Tour de France symbolise pour les Français. L'enthousiasme et l'excitation des spectateurs sont immenses. Après la victoire de deux Espagnols entre Bilbao et Vittoria, la difficile deuxième étape, avec le redoutable col de Penacerreda, doit confirmer la progression des nationaux. En fait, c'est Maurice Dewaele qui se montre le meilleur tout au long de l'ascension, malgré un fléchissement dans les derniers kilomètres. Le Basque Canardo a longtemps tenu tête au Belge avant de céder peu avant l'arrivée à Pampelune, où il est rejoint par André Leducq. Après une dernière étape remportée par Nicolas Frantz, Dewaele conserve sa place de leader jusqu'à l'arrivée à Pampelune. ❍

13 août

Roger Beaufranc grimpe sur l'Olympe

Les Français ne repartent des Jeux olympiques d'Amsterdam qu'avec une seule médaille d'or en cyclisme, celle de Roger Beaufrand, obtenue en vitesse. Après la longue litanie des séries, du quart de finale et de la demi-finale, Beaufrand a d'abord fait preuve d'une endurance marathonienne avant de se montrer le plus rapide des sprinters en finale, où il retrouve l'enfant du pays, Mazairac, que ses compatriotes n'espéraient pas à ce niveau. Courue en une seule manche, la course se déroule sans frayeur pour le Français. À l'entrée de la ligne droite, Beaufrand tire très large, suivi fidèlement par Mazairac, et voilà les deux hommes en plein effort. Tout en puissance, Beaufrand prend trois longueurs à son adversaire et remporte aisément ce titre olympique. ❍

13 AOÛT

Les Six Jours passent l'été à Buffalo

Grande innovation à Paris avec la création des Six Jours d'été au vélodrome de Buffalo. L'atmosphère, autour de la piste en ciment de Montrouge, est à l'opposé des soirées mondaines d'hiver. Dans un Paris dépeuplé, mais devant un parterre de connaisseurs, l'aspect sportif est privilégié par rapport au spectacle. De même, l'air frais de la nuit contraste avec l'atmosphère empestée du Vel d'hiv. On craignait que le froid ne vienne gêner les coureurs mais le ciel reste clément. Quand la fraîcheur est trop vive, les coureurs s'activent et c'est ainsi que l'on assiste à de véritables chasses organisées vers 4 heures du matin. Les spectateurs obtiennent même l'autorisation de venir s'allonger sur la pelouse au centre de la piste, pour somnoler pendant les temps morts de la nuit. Pistards et routiers se livrent donc à une superbe bataille, les premiers ayant l'avantage au cours des sprints et les seconds se montrant plus à l'aise lors des chasses un peu longues. À la surprise générale, dès la première soirée, la paire franco-belge Texier-Maës prend un tour d'avance, ce qui n'est pas une mince affaire sur cette piste de cinq cents mètres, sur Rizetto-Carli et Leducq-Cuvelier. Les jours suivants se passent calmement. Puis, soudainement, après les sprints de 18 heures le samedi, la bagarre se déclenche. Les équipes attaquent à fond et Tonani-Boucheron, les plus entreprenants, en profitent pour prendre la tête et remporter ces Six Jours. ❍

15 août

Marcel Bidot au-dessus du lot

Marseille-Lyon, organisé par le *Progrès de Lyon,* est l'une des plus anciennes épreuves du calendrier régional. L'échappée décisive se constitue à Valence où Marcel Bidot, le Belge Verhaegen et Pierre Righetti collaborent parfaitement. Avec quatre minutes d'avance à Saint-Vallier, l'affaire s'engage bien, d'autant que, derrière, les frères Magne refusent de rouler pour protéger la fuite de leur équipier Bidot. Ce dernier, le plus frais, crève mais répare rapidement et se lance à la poursuite de ses deux adversaires. En dix kilomètres, le Troyen réalise la jonction et constate que Verhaegen et Righetti sont au bout du rouleau. Dans la côte de Bon-Accueil, il prend quelques mètres d'avance qui vont se transformer en minutes sur la ligne d'arrivée à Lyon. ❍

23 septembre

Fin de saison

Paris-Roubaix ouvre la saison, le Grand Prix de la route, appelé Prix Wolber, la clôture mais les deux épreuves sont très proches par la qualité des engagés et les prix proposés. L'enjeu est d'importance, qui permet d'obtenir des contrats pour les courses d'hiver sur piste. Peu après la mi-course, quatre hommes, Nicolas Frantz, Hector Martin, Denis Verschueren et Julien Vervaecke se détachent dans les multiples côtes entre Corbeil et Saint-Cloud. Martin loupe le coche lorsque le passage à niveau de Trappes se ferme juste devant ses trois rivaux mais il n'a pas la force de filer seul vers le Parc des Princes. Il est rejoint facilement et, peu après, Vervaecke démarre sèchement. Même un nouveau passage à niveau fermé, qui lui fait perdre plus de deux minutes, ne l'empêche pas de terminer en solitaire au Parc. ❍

2 SEPTEMBRE

Le beau voyage d'Opperman

Pendant le Tour de France, la présence d'Australiens intriguait les observateurs mais, depuis sa victoire dans le Bol d'or à Buffalo, Hubert Opperman suscite une véritable admiration. Pour cette épreuve de vingt-quatre heures, l'Australien précise son programme à ses entraîneurs : un seul arrêt après dix-neuf heures de course. Les plus audacieux des douze concurrents partent à fond derrière leurs triplettes ou leurs tandems. C'est ainsi que l'on voit aux avant-postes le routier italien Gaetano Belloni mais la matinée lui sera fatale. C'est à ce moment-là qu'Opperman décide de frapper un grand coup. Il demande à ses entraîneurs de mener le train à 40 km/h. C'est la débandade parmi ses adversaires et, à partir de cet instant, sous les applaudissements du public, l'Australien ne fait qu'augmenter son avance. Il respecte son tableau de marche, se ravitaillant à l'aide de bidons qu'on lui tend avec une perche. Tandis qu'il tourne régulièrement, ses adversaires, eux, s'arrêtent de plus en plus fréquemment sous les prétextes les plus divers. Au terme de la vingt-quatrième heure, il relègue le second, André Mouton, à cent six tours, soit cinquante-trois kilomètres. « Oppy » a couvert 950,060 km et ne s'est arrêté qu'un seule fois, pendant 2 min 27 s. Non content de cette victoire, Opperman veut continuer sur sa lancée et battre le record des 1 000 km. Ses entraîneurs sont épuisés mais acceptent quand même cette heure supplémentaire. Après cet exploit, Opperman retourne en Australie en bateau pour revenir trois ans plus tard et gagner Paris-Brest-Paris. ❍

● Le Français Roger Beaufrand mène devant le Hollandais Mazairac dans la finale olympique de vitesse.

● À droite : le sourire de Beaufrand qui, après son titre en vitesse aux Jeux d'Amsterdam, ramène à la France sa seule médaille d'or en cyclisme.

● L'Australien Hubert Opperman frappe fort durant ces vingt-quatre heures. Non seulement il gagne le Bol d'or mais il améliore aussi le record des 1 000 km.

Tour d'Algérie : Curtel franchit en tête l'oued Ramis.

17 avril

La Chine s'éveille

Le quatrième championnat de Chine, organisé par le *Journal de Pékin*, se déroule dans la capitale chinoise. Patronnée par l'ambassadeur de France, M. de Martel, la course connaît un immense succès populaire tout au long des 56,600 km d'un parcours chaotique, sur des routes souvent complètement défoncées. La trentaine de participants se livrent une lutte farouche sur des machines européennes, mais fort anciennes. Les pièces de rechange étant quasiment inexistantes, le principal souci des coureurs est d'éviter la crevaison ou l'incident mécanique. Après 2 h 20 min de course, c'est un jeune ouvrier de 28 ans, nommé Wang Konei Po, qui triomphe, remportant ainsi sa première course. La Chine s'éveillerait-elle au sport et au cyclisme en particulier?

31 MARS

Ronsse victime de la piste en cendrée

Victoire au sprint de Ronsse devant Frantz au championnat du monde.

Au départ de ce Paris-Roubaix, les Belges sont désireux de prendre leur revanche sur l'année précédente. Se serrant les coudes, roulant en cohortes serrées, ils impressionnent. Dans la côte de Doullens, point stratégique de la course, ils déclenchent une offensive de grande envergure. Julien Vervaecke et Van Rossen parviennent à se détacher nettement du peloton, suivis de deux français, Mauclair et Foucaux. Mais les deux Belges ne veulent pas collaborer à l'échappée. Mauclair, de la même équipe que Vervaecke, s'en prend, de façon véhémente à son équipier. La fuite est dès lors condamnée et, dès le ravitaillement d'Arras, Georges Ronsse s'en va avec trois compatriotes, Meunier, Haermerlynck et Déolet. Pendant une vingtaine de kilomètres, ils mettent les bouchées doubles sur ces routes étroites et tortueuses. Petit à petit, les voitures, la poussière et la foule dressent derrière eux une barrière infranchissable. Haermerlynck ayant cédé, les rescapés s'approchent de Roubaix, où Ronsse fait figure de favori. Les organisateurs ont délaissé l'avenue des Lilas pour le stade Amédée-Prouvost, dont la piste en cendrée va provoquer une arrivée tumultueuse. Dans l'impossibilité de sprinter, les trois hommes arrivent à un train de sénateur. Ronsse, légèrement en tête, dérape et entraîne Déolet dans sa chute. Il se relève mais, sa roue avant étant brisée, il franchit en courant les derniers mètres, le vélo sur l'épaule. À la surprise générale, c'est donc Meunier qui gagne.

28 avril

À l'Algérie

Les « Tours » cyclistes sont à la mode. Après le succès du Tour de France, les Tours de Belgique, d'Italie, des Pays basques, d'Allemagne, du Maroc et même de Bulgarie ont vu le jour. À Alger, c'est le départ du premier Tour d'Algérie. Avec deux mille huit cents kilomètres en dix-sept étapes, le programme est particulièrement chargé. La présence des Européens reste encore marginale, et seuls les Méditerranéens Curtel, Alibert, Teisseire, Cicione et le Soissonnais Colleu ont fait le déplacement. Dès la première étape, l'Algérien Kybilène, grand favori des populations locales, déchaîne un enthousiasme indescriptible, en remportant la première prime à Tipasa. L'Histoire se souviendra que le premier Maillot vert de leader a été porté par le Marseillais Joseph Curtel, vainqueur d'Alibert le premier soir, à Tenès.

16 juin

La France pour les frères Bidot

Le championnat de France sur route, qui, depuis deux ans, semblait la propriété de Ferdinand Le Drogo, est enlevé par le puissant Marcel Bidot devant son frère Jean, plutôt rapide et nerveux. L'UVF a innové en faisant disputer ce championnat, non plus contre-la-montre, sur cent kilomètres, mais en ligne, sur deux cents. La course ne se débloque qu'au treizième tour, lorsque Jean et Marcel, accompagnés de Pierre Magne, prennent une trentaine de secondes à un peloton clairsemé. Deux tours plus tard, Magne crève, laissant aux deux frères la voie libre sur l'autodrome de Montlhéry. Les Bidot décident alors de franchir la ligne d'arrivée ensemble mais une crevaison de Jean, au début du dernier tour, remettra en cause ce *happy end*.

6 juillet

TOUR DE FRANCE

Tous en jaune

Coup de théâtre à Dinan où un « touriste-routier », le Belge Omer Taverne, enlève l'étape au sprint devant tous les ténors. Cela faisait plusieurs années que pareil événement ne s'était pas produit. Les « touristes-routiers » avaient pris le départ en colère, rendus furieux par les propos d'Henri Desgrange : « Ces isolés, ces routiers de seconde zone, n'ont aucune chance de gagner une étape et ne méritent même pas l'honneur de se frotter aux As. » Jamais en tout cas dans l'histoire du Tour, une telle valse de Maillots jaunes ne s'était produite : six leaders après huit étapes. Aux Sables-d'Olonne, dans la 7e, la tête du peloton propose même une image cocasse avec la présence de trois Maillots jaune, Nicolas Frantz, Victor Fontan et André Leducq. Les chronométreurs officiels n'ont pu en effet les départager.

TOUR DE FRANCE

11 JUILLET

Le rêve brisé du Béarnais Victor Fontan

Victor Fontan, le « Roi de la montagne », a pris le Maillot jaune après un nouveau coup d'éclat, la veille, entre Bayonne et Luchon. À 37 ans, il peut enfin rêver d'une victoire dans le Tour. Au départ de la dixième étape, il exhibe son maillot fièrement, comptant le porter le plus loin possible. Partis à quatre heures du matin, les coureurs roulent tranquillement quand, à huit kilomètres de Saint-Girons, la roue avant de Fontan se brise soudainement. Dans sa chute, le Béarnais ne s'est fait que de légères contusions mais son vélo est hors d'usage. Bien entendu, le peloton s'égaye comme une volée de moineaux et Fontan se retrouve seul sur le bord de la route. Posément, le Maillot jaune marche jusqu'au prochain village. Là, il doit réveiller la moitié de la population avant de trouver quelqu'un qui possède une machine convenable. Même si elle n'est pas à sa taille, c'est la seule bicyclette disponible. Il la met en état de marche, lui adaptant la roue arrière de son vélo brisé, réglant les freins et la chaîne. Le temps s'écoule mais Fontan reste toujours calme. Il repart avec une demi-heure de retard mais, à Tarascon-sur-Ariège, où il passe quarante-huit minutes derrière le peloton et après cent quarante-cinq kilomètres passés à rouler seul dans l'obscurité, il craque. Il s'écroule, la tête entre les mains, et déclare à travers ses pleurs : « C'est fini ! » Sur les supplications des officiels, il reprend son piètre vélo mais, quelques kilomètres plus loin, ressassant sa rancœur et sa peine, il met pied à terre. Définitivement...

En haut : le départ du quatrième championnat de Chine. Ci-dessus : Marcel (à gauche) et Jean Bidot faussent compagnie à leurs adversaires dans le championnat de France.

Tour de France : consolé par des suiveurs, Fontan pleure à chaudes larmes.

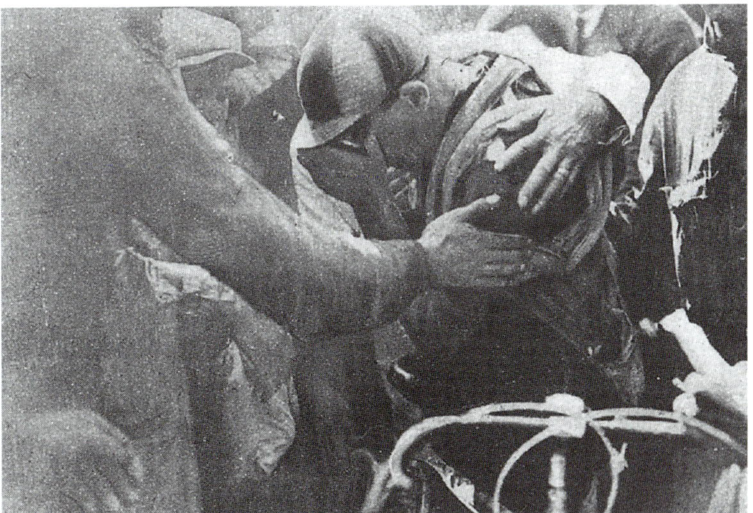

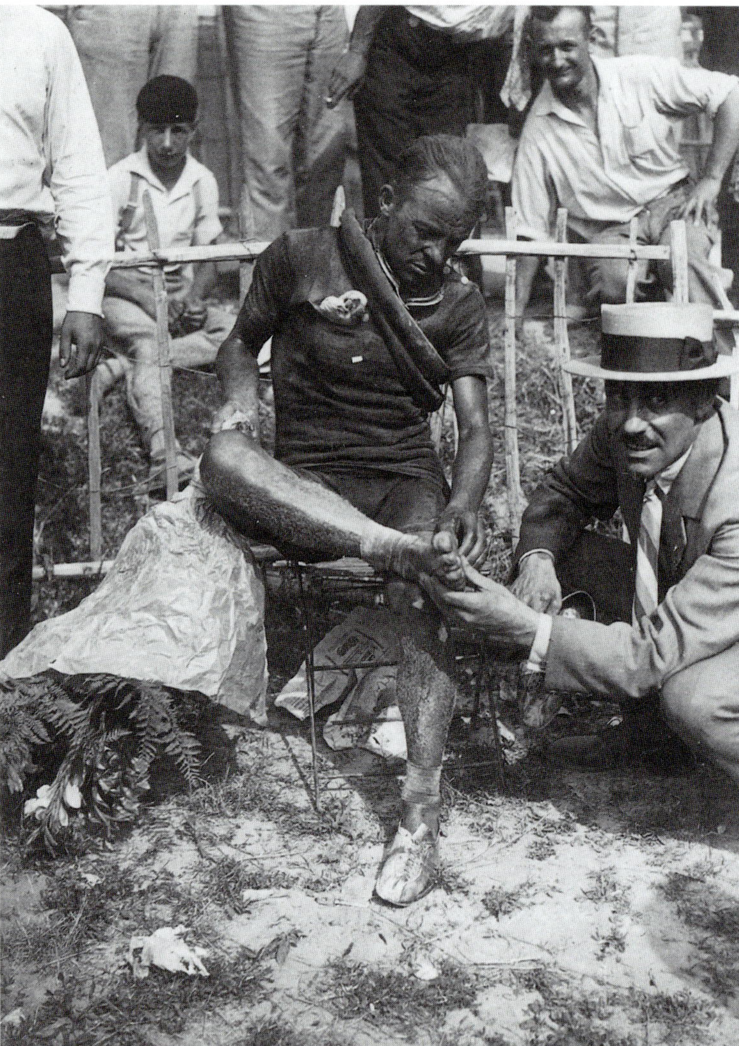

Benoît Faure à l'arrivée de la treizième étape du Tour.

Dans le Galibier, Maurice Dewaele, souffrant, monte péniblement.

16 juillet

Touriste pressé

À bout d'énergie, épuisé, les yeux vagues, les jambes molles, le touriste-routier Benoît Faure trouve tout de même la force d'esquisser un sourire en franchissant en vainqueur la ligne d'arrivée de la treizième étape, au vélodrome de Nice. En arrivant au col de Braus, le Stéphanois ne souriait pas encore. Il ne songeait qu'à placer un démarrage explosif. En effet, dans cette partie du col à 12%, il va laisser ses adversaires sur place et s'envoler vers le sommet où il passe avec 1 min 30 s d'avance sur le Belge Delannoy et Julien Moineau. Le premier, assoiffé, préfère s'arrêter à une fontaine, le second, victime d'une chute, perd un temps précieux à redresser sa pédale avec un marteau. Dans la descente, Faure poursuit sa chevauchée malgré la chaleur et la poussière alors qu'un groupe de chasse est parti à sa poursuite.

22 juillet

Chacun pour soi?

« On a fait gagner un cadavre. » Henri Desgrange commente ainsi la victoire finale du Belge Maurice Dewaele. Le règlement interdit l'esprit d'équipe, mais les Alcyon vont le transgresser entre Évian et Belfort. L'avance de Charles Pélissier, qui s'est détaché, prend des proportions inquiétantes pour le Maillot jaune, lâché dans la petite côte de Morteau sur une accélération de Benoît Faure. Marcel Bidot, équipier de Dewaele, rejoint le fuyard, le retient par la selle et lui intime l'ordre de rester tranquille pendant que Gaston Rebry et André Leducq ramènent Dewaele. Les Alcyon, passés en tête du peloton, bloquent ensuite toute velléité de sortie. Mais Desgrange n'est pas dupe et ripostera l'année suivante en faisant disputer le Tour par équipes nationales.

11 AOÛT

Michard règne sur la piste

En remportant le championnat du monde de vitesse professionnel, Lucien Michard prouve qu'il est toujours le meilleur sprinter en activité. Après avoir revêtu le maillot irisé l'année précédente, en Allemagne, battant Moeskops en finale, le Français récidive cette année. Mais ce succès a été difficile! Dès son quart de finale contre l'Italien Bergamini, Michard ne s'impose que d'un pneu. La demi-finale lui oppose le Suisse Ernest Kaufmann, survolté devant son public, et qui a l'avantage de connaître parfaitement les trois cent trente-trois mètres de la piste en ciment du Oerlikon de Zurich. Grand favori, Kaufmann part en tête, selon son habitude, et prend jusqu'à trois longueurs, mais Michard le remonte dans un effort prodigieux et le passe de justesse. Son ultime adversaire, le Hollandais Peter Moeskops, est l'homme en forme de la saison, qui a fait forte impression dans ce championnat mondial en surclassant tous ses rivaux. Possédant un braquet bien supérieur à Michard (26 x 7 au lieu de 24 x 7), Moeskops part de telle façon qu'il semble l'emporter facilement. À l'entrée du dernier virage, le Hollandais possède encore deux longueurs d'avance et il faut que Michard réalise deux cents derniers mètres époustouflants pour coiffer Moeskops d'un demi-pneu. La foule zurichoise, pourtant réputée pour sa froideur, fait alors une véritable ovation au Français. L'année suivante, à Bruxelles, il renouvellera son exploit pour la quatrième fois consécutive.

18 AOÛT

Georges Ronsse pour dix centimètres

La maigre participation, seize partants, de ce troisième championnat du monde sur route professionnel explique, en partie, le peu d'engouement manifesté autour du circuit de Zurich. Dès le départ, Alfredo Binda, le premier champion du monde, et le Belge Georges Ronsse, champion en titre, s'enfuient, bientôt rejoints par le Luxembourgeois Nicolas Frantz et le Français Marcel Bidot. Binda et Ronsse baissant le pied, les deux rescapés continuent sur leur lancée et, à trente kilomètres de l'arrivée, les espoirs de victoire semblent se concrétiser. Malheureusement, Bidot crève et son acolyte, après un avoir jeté un œil inquisiteur vers l'arrière, préfère attendre ses plus proches poursuivants, les Italiens Binda, Frascarelli, Piemontesi, le Français Ferdinand Le Drogo, les Belges Dervaes et Ronsse. Un passage à niveau fermé, qui oblige les coureurs à un petit intermède de cross cyclopédestre dans un tunnel, est l'occasion d'une nouvelle contre-attaque, disloquant une ultime fois le peloton. Frantz, Ronsse, Dervaes, Binda et Frascarelli se retrouvent aux avant-postes en vue du sprint final. Le Luxembourgeois, poussant un énorme braquet, prend quelques mètres d'avance. Il paraît devoir l'emporter lorsque, à un mètre de l'arrivée, il voit surgir Ronsse qui jette littéralement son vélo sur la ligne fatidique. Le champion du monde garde ainsi son trophée de très peu, de dix centimètres diront les résultats officiels. Quant aux deux Français, Le Drogo et Bidot, ils finissent ensemble à une minute du groupe de tête.

25 août

Par-delà les Pyrénées

À l'occasion de l'Exposition internationale transpyrénéenne, *La Dépêche de Toulouse* et *El Día gráfico* s'associent pour créer Toulouse-Barcelone, disputé en deux étapes. La deuxième journée est particulièrement difficile, avec un soleil de plomb, sans ombrage, et une poussière tourbillonnante, entretenue par une caravane de véhicules exubérants. Les fontaines sont assiégées par les coureurs. À cent kilomètres de l'arrivée, le Belge Émile Joly s'extrait d'un groupe de neuf unités. Bonduel, Déolet et Leducq, les trois premiers de l'étape initiale, se surveillent si étroitement que Joly peut filer seul vers Barcelone. Avec six minutes d'avance, il franchit la ligne devant Bidot, Leducq, Déolet et le Belge Bonduel, ce dernier vainqueur au final.

1er décembre

Le retour

Avec la présence exceptionnelle de Costante Girardengo et le retour de Francis Pélissier, le Vel d'hiv est assuré de faire salle comble pour cette course de cent kilomètres à l'américaine. Dans les vingt-cinq derniers kilomètres, alors que l'équipe Choury-Fabre est seule en tête avec un tour d'avance, certains duos, comme Blanchonnet-Foucaux et surtout Wambst-Lacquehay, multiplient les attaques pour tenter de décramponner les leaders. Mais, à chaque fois, avec une énergie inlassable, Choury organise la chasse et ramène le peloton, remportant logiquement « l'américaine ». Quant à Francis Pélissier, c'est peu de dire qu'il était attendu après sa retraite, que tout le monde croyait définitive. Associé à André Leducq, il se dépense sans compter, prenant une honorable 8e place en devançant l'équipe Girardengo-Daven.

Dans Paris-Roubaix, Ronsse termine au pas de gymnastique.

Francis Pélissier revient à ses anciennes amours.

Félicien Vervaecke et Jean Maréchal sont encore ensemble à Hénin-Liétard, avant le démarrage du Français, qui entraînera la chute du Belge.

Miss Ethel Cook remporte la course féminine lors d'une réunion au Herne Hill de Londres.

20 AVRIL

Maréchal déclassé

L'enfant terrible du cyclisme français, Jean Maréchal, domine de la tête et des épaules Paris-Roubaix. L'un des rares professionnels à n'être pas appointé par une grande maison de cycles, il refuse leurs offres jugées désobligeantes et porte le maillot d'un petit constructeur du quartier de Grenelle, Colin. Dans la première moitié de la course, Maréchal s'applique à enrayer toutes les échappées. Puis, à cinquante kilomètres de l'arrivée, il se détache en compagnie du Belge Félicien Vervaecke. Sur les consignes draconiennes de son directeur sportif, Ludovic Feuillet, le Belge refuse de relayer. Comme prévu, Vervaecke démarre sur un trottoir cyclable, à huit kilomètres du but, et prend une dizaine de mètres d'avance. Maréchal, furieux et en grande forme, revient en trombe. Pour éviter une nouvelle mésaventure, le Français veut prendre la tête sur un trottoir particulièrement étroit. Emporté par son élan, il heurte Vervaecke du coude et l'envoie rouler dans le fossé. Le Belge engage la poursuite mais ne peut rien faire contre son rival, qui franchit victorieusement la ligne d'arrivée. Feuillet dépose une réclamation, immédiatement acceptée. « C'est une honte, un vol, proteste Maréchal. Nos coudes se sont à peine heurtés et il est tombé de fatigue. Je suis victime des Alcyon. » Des accusations graves seront portées contre *L'Auto*, l'organisateur de l'épreuve : « Si Maréchal avait conservé sa première place, le journal n'aurait reçu aucun ordre publicitaire car M. Colin n'est pas riche », entend-on à Roubaix. Ce n'est pas le cas de la marque Alcyon, qui publiera plusieurs placards dans *Le Jaune*. ❍

2 mars

« Toto »

Si l'on en juge par l'énorme foule qui s'est rassemblée au Vel d'hiv, le demi-fond semble une discipline très appréciée des spectateurs. Mais la présence du populaire « Toto » Grassin en est une des causes. Et le petit *stayer* français sera fidèle au rendez-vous. Le résultat est éloquent. Grassin bat son plus redoutable adversaire, l'Allemand Erich Moeller, de plus de cinq tours et demi, Auguste Wambst de quinze tours et le Belge Henry Wynsdau de vingt tours. Non content d'atomiser ses rivaux, Toto se rue à l'assaut des records. À partir du cinquantième kilomètre, ils tombent implacablement, ceux des 60, 70, 80, 90 km, ainsi que le record de l'heure au passage. Accompagné par les acclamations d'un public aussi déchaîné que lui, Grassin, derrière la moto de Léon Didier, parcourt les cent kilomètres en 1 h 24 min 54 s. ❍

26 avril

Ladies first

Les courses cyclistes féminines ont du mal à s'implanter en France. On a bien essayé d'organiser, à Buffalo, des courses féminines sur piste, mais ces tentatives ont été sans lendemain. En Angleterre, en revanche, même si elles restent encore confidentielles, les épreuves pour *ladies* existent. C'est ainsi que, lors d'une réunion au célèbre Herne Hill de Londres, Ethel Cook remporte une brillante victoire, suscitant un réel engouement populaire. La législation anglaise est plus souple que la française en ce qui concerne la tenue vestimentaire. Outre-Manche, les maillots collants et les shorts sont autorisés alors qu'en France, la position officielle est toujours intraitable : « Les jeunes filles ont autre chose à faire qu'à s'exhiber dans des tenues pareilles. De plus, ce sport est visiblement trop pénible pour elles. » ❍

2 juillet

Des équipes nationales !

La révolution est en marche. Henri Desgrange, le directeur de *L'Auto*, organisateur du Tour, décide de faire disputer la Grande Boucle par cinq équipes nationales (française, italienne, belge, espagnole et allemande) en plus des soixante touristes-routiers. *L'Auto* fournit toutes les bicyclettes (d'une seule marque) et règle les frais des équipes. Hôtel, soins, nourriture et matériel sont pris en charge par l'organisation. La grande innovation réside dans la suppression des rivalités commerciales, qui privilégie l'aspect sportif. Mais cette formule écarte le Luxembourgeois Nicolas Frantz ou le dernier vainqueur, le Belge Maurice Dewaele, non retenu par sa fédération. « La course reste individuelle mais l'esprit d'équipe est toléré. » Tel est le nouveau mot d'ordre de Desgrange.

2 juillet

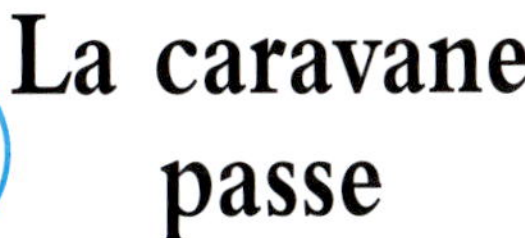

La caravane passe

La prise en charge de tous les frais des cinq équipes nationales implique la recherche de nouvelles sources de profit. Depuis quelques années, de nombreuses entreprises sont intéressées par l'énorme impact populaire du Tour. Le premier pas est franchi par Paul Thévenin, chef de publicité des chocolats Menier. Il met un camion devant la course et fait distribuer au public cinq cent mille bonnets frappés au nom de sa marque, ainsi que plusieurs tonnes de chocolat. Il offre aussi une prime de cinq mille francs au sommet de chaque col. Sur le parcours, des populations entières mangent du chocolat Menier et portent le bonnet. Le succès de cette initiative est tel que l'année suivante, Henri Desgrange décide d'organiser officiellement une caravane publicitaire.

Au Vel d'hiv, « Toto » Grassin, devant l'Allemand Moeller, bat le record du monde des 100 km en 1 h 24 min 54 s.

4 MAI

Une revanche sur le sort

Remarquable styliste, bon grimpeur, rapide au sprint, Jean Maréchal, en enlevant Paris-Tours, prend une superbe revanche sur le sort après son déclassement dans Paris-Roubaix. Et pour la première fois depuis longtemps, les routiers français ont dominé leurs homologues belges. Dès le départ, une première attaque de Maréchal provoque une cassure dans le peloton. Un groupe de tête de dix-sept unités reste groupés pendant cent soixante kilomètres, jusqu'à Vendôme, où deux Français, Gabriel Marcillac et Benoît Faure, tentent une sortie. Ils sont repris, mais les tentatives se succèdent sans discontinuer, rendant la course passionnante. La décision finale se fait dans le mur de Bléré, où Maréchal, René Brossy et Ferdinand Le Drogo arrivent au sommet avec une cinquantaine de mètres d'avance. C'est suffisant pour creuser un écart définitif dans la descente. Seul Marcel Bidot parvient à rejoindre les trois hommes. À vingt kilomètres de l'arrivée, Le Drogo lâche pied puis, à proximité du vélodrome de Grammont, à Tours, Brossy, pris de vomissements, rétrograde, laissant à Maréchal et à Bidot le soin de s'expliquer au sprint. Tout en puissance, Maréchal démarre de loin et prend d'abord une longueur à son adversaire puis s'envole facilement vers la victoire. Le stade est debout pour applaudir à tout rompre le malchanceux de Roubaix. Même les Belges, grands battus de la journée, sont admiratifs : « Les routiers belges ne sont pas moins bons que l'année dernière où ils étaient les rois. Ce sont les Français qui sont bien meilleurs et, surtout, qui possèdent un excellent moral », ajoute Karl Steyaert.

Dans la côte de Bléré, point stratégique de Paris-Tours, René Brossy mène devant Jean Maréchal et Ferdinand Le Drogo. Derrière, Marcel Bidot et le peloton sont lâchés.

Pierre Magne, Mauclair, Bidot, Antonin Magne, Merviel, Charles Pélissier, Fontan et Leducq constituent la première équipe de France du Tour 1930.

Alfredo Binda est victime d'une chute collective dans la septième étape. Il est touché aux jambes. Après sa chute, le champion italien est démoralisé. Malgré le réconfort d'un journaliste italien, il abandonnera le soir même à Hendaye.

21 JUILLET

Le Maillot jaune de Leducq menacé !

André Leducq, malgré ses dix-sept minutes d'avance au classement général sur l'Italien Learco Guerra, manque de tout perdre entre Grenoble et Évian. Dans le col du Télégraphe, le Maillot jaune crève une première fois puis, quelques kilomètres plus loin, chute lourdement et se retrouve, sanguinolent, allongé sur la route, les bras en croix. Il se relève horrifié, non par ses nombreuses blessures mais par la perspective de perdre sa belle tunique. Pendant ce temps, Learco Guerra, Joseph Demuysère, José Trueba et Benoît Faure s'enfuient et leur avance atteint un quart d'heure dans la vallée de la Maurienne. Désespéré, Leducq attend toujours que son équipier Pierre Magne finisse de réparer sa pédale endommagée et sanglote de désespoir. Lorsqu'il repart enfin avec tous les membres de l'équipe de France, Charles Pélissier, Marcel Bidot, Antonin et Pierre Magne, une folle poursuite s'engage. À 40 km/h, traversant les villages en trombe, prenant tous les risques dans les descentes, les cinq hommes savent que l'honneur du cyclisme français est en jeu. Ils se rapprochent peu à peu des fugitifs, ramenant au passage des coureurs décrochés. Les quatre hommes de tête commencent à donner des signes de faiblesse, d'autant que Benoît Faure refuse maintenant de prendre des relais. Après soixante-quinze kilomètres d'une chasse terrible, les Français font la jonction au grand soulagement de la foule inquiète. Le Maillot jaune de Leducq est sauvé. ❍

8 juillet

Binda s'en va

Le premier rebondissement du Tour de France 1930 a lieu soixante-dix kilomètres après le départ de Bordeaux. Une chute se produit alors, qui met au sol six coureurs. Tous se relèvent sans difficulté, sauf le *campionissimo* Alfredo Binda, pourtant grand favori de l'épreuve. L'Italien, projeté sur le bas-côté de la route, a été sérieusement touché aux cuisses, mais plus encore au moral. Les traits creusés, le regard hébété, il remonte sur son vélo comme un homme ivre. Rattrapé et doublé par les touristes-routiers, partis bien après les ténors du peloton, Binda s'arrête peu avant Castets, pour en finir. Les Italiens le remettent de force sur sa machine mais le cœur n'y est plus. À Hendaye, où il arrive 1 h 19 min après le vainqueur, Binda explique qu'il ne supporte plus la pression imposées par les siens et préfère abandonner. ❍

25 octobre

Lucien Michard toujours au sommet

Avec le soutien effectif de son éternel rival et néanmoins ami Peter Moeskops, Lucien Michard part en Algérie pour tenter de battre le record du monde du kilomètre arrêté. Dans un stade-vélodrome municipal plein à craquer, le Français arrive à ses fins en réalisant un temps de 1 min 11 s 4/10. Michard revient impressionné par l'importance considérable que prend le cyclisme en Afrique du Nord, et particulièrement les disciplines sur piste. Le coureur, décidément en grande forme, réalisera un mois plus tard, au Vel d'hiv, un nouvel exploit en association avec Charles Pélissier, en surclassant dans un match omnium la paire italienne Avanti Martinelli, le sprinter, et Learco Guerra, le routier. ❍

30 AOÛT

Binda confirme

Si les championnats du monde sur piste ont été favorables aux Français après les titres de Lucien Michard et de Louis Gérardin, les championnats du monde sur route consacrent la supériorité du cyclisme italien avec la victoire d'Alfredo Binda chez les professionnels et celle de Guiseppe Martano chez les amateurs. Tracé à travers la forêt des Ardennes, le parcours des professionnels est particulièrement difficile. Sur 203,5 kilomètres, seul cinquante sont vraiment du plat. C'est à cinquante kilomètres de l'arrivée que la course se dessine. Dans la côte de Theux, les deux grands favoris, Binda et le Belge Georges Ronsse, se détachent sans surprise, accompagnés des Italiens Learco Guerra et Grandi, qui sont chargés d'assurer une garde vigilante. Le tenant du titre, Ronsse, entouré des trois Italiens, passe son temps à observer Binda. Les deux rivaux en arrivent à exécuter de véritables séances de surplace. Cette situation profite à l'Allemand Kurt Stöppel, qui revient sur les fugitifs peu de temps avant l'arrivée. Incontestablement plus fort,. Binda s'impose au sprint devant son compatriote Guerra, dont il a pris la roue, et Ronsse. Mais les instances du cyclisme international se plaignent d'avoir assisté pendant deux cents kilomètres à une course d'attente stérile et ennuyeuse. À tel point que les amateurs, sur le même parcours et sur la même distance, ont mis vingt-cinq minutes de moins que les professionnels.
L'UCI décide donc d'abolir l'épreuve en ligne au profit, l'année suivante, d'une course disputée contre-la-montre, « moins spectaculaire, mais plus athlétique et régulière » selon ses dirigeants. ❍

16 novembre

Les triporteurs aussi

Depuis que, en 1922, *L'Auto* a décidé de relancer le championnat des Triporteurs, jamais un spécialiste de la discipline ne s'était montré aussi supérieur à ses adversaires. Marcel Cognasson réussit la prouesse de pousser cette machine à trois roues, qui contient un caisson de soixante-cinq kilos, à environ 20 km/h de moyenne, sur les trente-neuf kilomètres du parcours tracé autour de Paris. Immédiatement après le départ, Cognasson se détache en compagnie de De Roy. Les spectateurs peuvent alors admirer la virtuosité des concurrents, leurs virages sur deux roues ou leurs zigzags audacieux. Au passage à niveau du parc de Montsouris, Cognasson passe *in extremis* avant sa fermeture et part seul vers la victoire, après 1 h 45 min 26 s de course. ❍

25 novembre

Au pays d'Opperman

Invités par le champion australien Hubert Opperman, les Français Joseph Mauclair et Jean Bidot brillent dans Sydney-Melbourne, sur la solide distance de mille deux cents kilomètres. Mauclair a démarré violemment peu après le départ. Cette stratégie déconcerte les coureurs locaux, habitués aux sprints massifs et persuadés que personne ne pourra inquiéter Opperman. Résultat : Mauclair arrivera à Sydney avec treize minutes d'avance sur le héros local, tandis que Bidot prend la troisième place. Un mois plus tard, les deux voyageurs, tombés sous le charme des paysages australiens et de sa population, participent au Tour de Tasmanie, où Opperman sauve l'honneur national en réussissant à prendre sa revanche. ❍

● Les Italiens Guerra, à gauche, Binda, au centre, et Grandi emmènent le peloton du championnat du monde de Liège.

● Lors du championnat des Triporteurs, Cognasson, tête baissée, et Balzac (n° 12) ont juste le temps de passer avant la fermeture du passage à niveau de Montsouris.

• André Leducq effectue son tour d'honneur à l'issue de Paris-Tours, faussé par l'attitude de Charles Pélissier.

• Le Bruxellois Jean Aerts, à l'arrivée de Paris-Bruxelles, est ravi de sa première grande victoire chez les professionnels.

• C'est la première apparition des motos dans Bordeaux-Paris, enlevé par Bernard Van Rysselberghe.

23 mars

Le Tout-Paris afflue au Vel d'hiv

Les Six Jours sont un événement parisien auquel il est de bon ton d'assister. Pièce à grand spectacle alimentée par la surenchère des primes (quatre cents mille francs, contre dix mille à Bruxelles), cette treizième édition suscite une affluence telle que les gardes mobiles à cheval doivent contenir des milliers de personnes devant les portes closes du vélodrome. Comme d'habitude, le spectacle est autant sur la pelouse et dans les loges, où toutes les célébrités parisiennes se donnent rendez-vous, que sur la piste. Comme d'habitude, une quantité innombrable de tours pris, perdus et repris, caractérise la « Grande Ronde ». Pour l'anecdote, c'est la paire italienne Linari-Dinale qui l'emporte. ❍

12 avril

En son pays

Il ne fallait pas compter sur Paris-Bruxelles pour voir les rares routiers français présents prendre leur revanche sur les Belges qui les avaient surclassés, une semaine plus tôt, dans Paris-Roubaix. Malgré de nombreuses tentatives d'échappées, l'arrivée se dispute au sprint dans le bois de la Cambre. Malheureusement, la ligne d'arrivée, placée trop près d'un virage, surprend la plupart des concurrents mais pas le Bruxellois Jean Aerts, qui connaît bien le secteur. Le Belge a pris en outre la précaution de descendre de vélo, sans être vu de personne, à trente kilomètres de l'arrivée, pour mettre un grand braquet. Et son équipier Gaston Rebry l'emmène dans un fauteuil aux trois cents mètres. Le champion du monde amateur de 1927 « saute » Rebry pour passer en triomphateur la ligne fatidique, devant Bonduel, à une longueur. ❍

3 MAI

Charles disjoncte !

« Jamais depuis qu'existe le cyclisme sur route, on n'avait vu quelque chose d'aussi navrant, d'aussi écœurant », commente le journaliste Raymond Huttier après « l'arrivée scandaleuse » de Paris-Tours. Quinze coureurs, emmenés par Joseph Demuysère, parviennent ensemble au vélodrome de la porte de Grammont. Mais Francis Pélissier, qui n'appartient pourtant pas à la même équipe que son frère, intervient et pratique une politique d'obstruction derrière Charles, balayant largement la piste de sa haute silhouette, poussant ici, écartant là. Charles, voyant que Demuysère faiblit, l'attrape par le maillot et le tire violemment en arrière. Le Belge, déséquilibré, zigzague sur la piste, tasse involontairement le Marseillais Péglion, puis tombe. Juste derrière, Jean Maréchal culbute par-dessus. Charles reste donc en tête mais le Belge Bernard Van Rysselberghe plonge à la corde et prend le commandement. Une main le retient aussitôt par le maillot. À trente mètres de la ligne, André Leducq surgit et semble l'emporter lorsque, une nouvelle fois, le plus jeune des Pélissier empoigne le maillot du dernier vainqueur du Tour. Ce dernier, fou de rage, se relève en le menaçant. C'est alors qu'apparaît sur la ligne un isolé charentais du nom de Parioleau, qui l'emporte d'une demi-roue. Mais le juge d'arrivée, qui participe à l'affolement général, voit Leducq 1er devant Parioleau et Charles Pélissier. Finalement, après vérification, Leducq sera en effet déclaré vainqueur. Mais l'attitude de Pélissier stupéfie tous les observateurs. Probablement énervé par les nombreuses crevaisons dont il a été victime durant la course, ses nerfs ont lâché. ❍

31 MAI

Les motos emmènent Bordeaux-Paris

Bordeaux-Paris innove cette année avec l'apparition des entraîneurs à moto. Première conséquence : la fantastique moyenne de 57 km/h réalisée, sur la deuxième moitié du parcours, par le vainqueur, le Belge Bernard Van Rysselberghe, arrivé dans un Parc des Princes clairsemé avec 2 h 15 min d'avance sur l'horaire prévu. L'effet des motocyclettes est immédiat. Dès la sortie d'Orléans, la sélection des coureurs s'opère impitoyablement. Sur les neuf partants, seuls Francis Pélissier, victime d'une pédale cassée, Léon Le Calvez, défaillant, et Georges Ronsse, qui vient de crever, ne sont pas au rendez-vous lors de l'entrée en action des petites motos. Rapidement, trois Belges, Van Rysselberghe, Frans Bonduel et Romain Gyssels, prennent la tête, formant un groupe très homogène. Gyssels, le plus frais, lâche ses deux compatriotes et donne l'impression de pouvoir finir seul lorsqu'il crève à trois reprises, coup sur coup, sur une mauvaise portion de route vers Dourdan. Bien emmené par son entraîneur Siterre, Van Rysselberghe rejoint et passe son malheureux adversaire. Il ne sera plus inquiété, malgré une crevaison à Bue, rapidement réparée, et il arrive avec 1 min 40 s d'avance sur Gyssels, 2 min 50 s sur Bonduel et 14 min 10 s sur Félicien Vervaecke. Avec 18 h 18 min 5 s pour six cents kilomètres, le vainqueur réalise la deuxième meilleure performance du derby, derrière les seize heures de Constant Huret en 1899. Mais il faut préciser que ce dernier avait bénéficié de bout en bout d'un entraînement automobile. ❍

1er juillet

TOUR DE FRANCE

À bas les as

Parmi les innovations de Desgrange figure le départ des « touristes-routiers » dix minutes après les « as » des équipes nationales. Se sentant délaissés par l'organisation, ces indépendants décident de répliquer. Dans cette deuxième étape, entre Caen et Dinan, le peloton des « as » prend logiquement dix minutes d'avance à Granville. Rassurés par cet écart, les coureurs commencent à se relever. C'est alors que quatre individuels, Bulla, Loncke, Bernard et Van Vierst, se rapprochent dangereusement. À tel point que, à l'arrivée, les quatre fugitifs, non seulement comblent leurs dix minutes de retard mais encore s'imposent devant les équipes nationales avec 2 min 46 s d'avance. L'Autrichien Max Bulla règle au sprint ses deux compagnons, le Parisien René Bernard et le Rémois Van Vierst. ❍

12 juillet

TOUR DE FRANCE

La gloire de « Tonin »

Dans les Pyrénées, Antonin Magne a marqué de précieux points dans l'optique de la victoire finale. Entouré d'une excellente équipe de France et d'un chef de route irréprochable, André Leducq, le taciturne Magne rayonne de bonheur. Après sa victoire à Luchon, il avoue même que c'est le plus beau jour de sa vie. La France découvre un nouveau champion. Le port de la tunique dorée lui vaut désormais les hommages populaires qu'il n'a jamais reçus. Entre Perpignan et Montpellier, dans la onzième étape, « Tonin-le-Sage » connaît une grande émotion en apercevant sur le bord de la route, à la sortie de Narbonne, son frère Pierre venu le saluer et l'encourager. Les deux hommes font un bout de chemin ensemble, devant une foule enfin conquise. ❍

• Lucien Michard, à droite, et Falk Hansen sur la ligne d'arrivée de la finale des championnats du monde de Copenhague. Et pourtant, le juge déclare le Danois vainqueur !

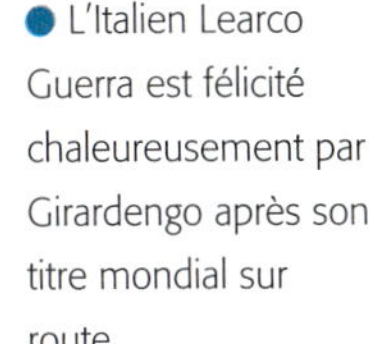

• L'Italien Learco Guerra est félicité chaleureusement par Girardengo après son titre mondial sur route.

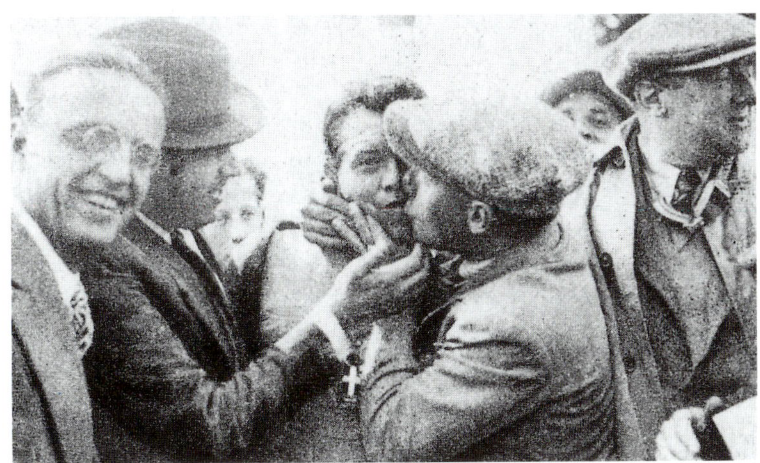

La première catégorie, les « as », est partie depuis cinq minutes, les « touristes-routiers » attendent leur tour.

17 JUILLET

TOUR DE FRANCE

Le vent du boulet

La veille, le Maillot jaune Antonin Magne a été mis en difficulté par Antonio Pesenti et il ne conserve que 5 min 31 s d'avance sur l'Italien. Le duel franco-italien se poursuit dans cette quinzième étape, Nice-Gap. Après le passage du col d'Allos, les coureurs abordent la descente groupés. Joseph Demuysère et Pesenti en profitent pour s'échapper au terme d'une plongée vertigineuse vers Barcelonette. Le Français, victime d'un saut de chaîne, perd beaucoup de temps. Dans la vallée, les deux hommes de tête possèdent une minute d'avance sur Magne, isolé. Demuysère, à qui l'on reproche de jouer les « suceurs » de roues depuis le départ du Tour, joue la « locomotive humaine ». Puis il attaque l'Italien et le lâche. Derrière, les affaires ne sont guère brillantes pour le Maillot jaune. Repris par un groupe de onze coureurs, Magne ne peut compter que sur le soutien de Charles Pélissier, de Péglion et de l'isolé Guimarand, décidé à faire cause commune avec les Français. Pélissier démarre à fond, entraînant le Maillot jaune et l'Italien Raffaele Di Paco dans sa roue. Malgré une furieuse poursuite, le groupe de chasse reste à 3 min 25 s de Demuysère et à 2 min 15 s de Pesenti, à quinze kilomètres de l'arrivée. L'heure est grave. D'autant que Di Paco, l'ennemi juré de Charles, démarre à son tour pour tenter d'aider son compatriote. Cette échappée a l'effet d'un coup de fouet. Plus farouches que jamais, puisant dans leur volonté de nouvelles forces, Pélissier et Magne rejoignent le fugitif, au milieu des acclamations des suiveurs. Continuant sa poursuite, « Tonin » se rapproche à trois secondes de Pesenti à l'arrivée.

Entre Perpignan et Montpellier, Pierre Magne est venu encourager son frère Antonin.

24 juillet

TOUR DE FRANCE

À qui la belle ?

Le public s'est pris de passion pour un duel franco-italien qui domine les sprints. Charles Pélissier et Raffaele Di Paco, vainqueurs de deux étapes chacun, vont s'affronter pour la belle dans la vingt-deuxième étape, Metz-Charleville. Les deux coureurs s'observent pendant toute la durée de la course, jusqu'à trois cents mètres de l'arrivée, où Pélissier démarre sèchement, passe son rival et remporte l'étape. Di Paco dépose aussitôt une réclamation, estimant qu'il a été balancé. Son attitude ne plaît pas du tout aux spectateurs et une bagarre générale éclate. Les juges, qui n'ont pas vu grand-chose, restent perplexes, mais l'équipe italienne devient menaçante. Finalement, on décide de déclasser le Français. Fou de rage, Pélissier promet de prendre sa revanche. Il l'obtiendra deux jours plus tard, en remportant la dernière étape au Parc.

26 août

Contre-la-montre

Disputé pour la première fois en contre-la-montre, sur cent soixante-douze kilomètres, le championnat du monde sur route professionnel voit la défaite des favoris, Alfredo Binda, déjà double champion du monde, et Armand Blanchonnet, parti trop vite et qui doit abandonner. Pourtant, le spécialiste français avait bien préparé son affaire, en arrivant à Copenhague une semaine plus tôt. La bonne surprise française vient de Ferdinand Le Drogo. Parti juste devant Binda, rejoint un moment par l'Italien, il surmonte cette défaillance passagère et refait tout le terrain perdu pour terminer à 4 min 40 s du vainqueur, Learco Guerra, qu'on disait fatigué par une longue campagne sur piste, mais qui a fait preuve d'une belle régularité.

30 août

Michard floué

Le championnat du monde de vitesse professionnel donne lieu à une invraisemblable erreur d'appréciation de la part du seul juge, le Belge M. Collignon. Habilité à déclarer le vainqueur, « ses décisions sont sans appel », précise le règlement. Cette finale oppose le Danois Falk Hanssen au Français Lucien Michard, sur la piste danoise d'Ordrup. Alors que les douze mille spectateurs présents ont vu Michard l'emporter d'une demi-roue, le speaker annonce peu après l'arrivée : « Hanssen, premier ! » Le public pense à une erreur des officiels. Mais le juge confirme son verdict. Un seul cri monte alors des tribunes : « Michard, Michard ! » Même le vainqueur officiel reconnaît que le juge s'est trompé. Mais, malgré les réclamations qui émanent de toutes parts, les instances dirigeantes refuseront de revenir sur leur décision. ❍

25 octobre

Chutes en série

Une réunion au Vel d'hiv avec une « américaine » au programme assure toujours un énorme succès populaire. Dans l'ardeur de la lutte, deux chutes graves se produisent. Charles Pélissier et André Leducq s'accrochent au moment d'un relais. Charles se relève sans dommages, mais l'ancien vainqueur du Tour est sérieusement touché à l'épaule gauche et doit être transporté, évanoui, à l'infirmerie. Un peu plus tard, Hournon, vainqueur d'une américaine la semaine précédente, tombe également et se relève avec une fracture de la clavicule. Les Belges Charlier et Deneef, qui comptent parmi les plus redoutables spécialistes des courses de longue haleine, américaines ou Six jours, enlèvent la décision dans la dernière demi-heure. ❍

● Après l'arrivée à Gap, Charles Pélissier et Antonin Magne sont épuisés par leur folle poursuite derrière l'Italien Pesenti.

6 SEPTEMBRE

Les derniers « forçats de la route »

Le cinquième Paris-Brest-Paris, organisé par *Le Petit Journal*, a bien du mal à recruter des participants. « Nous avons autre chose à faire que de participer à une épreuve de cyclotourisme accélérée », protestent les professionnels. Néanmoins, vingt-huit coureurs s'alignent au départ, dont le Luxembourgeois Nicolas Frantz, qui retient l'attention en utilisant un vélo muni d'un dérailleur à deux vitesses. Les premières heures de course sont pénibles. Des orages éclatent durant la nuit, entraînant l'abandon de six coureurs, parmi lesquels Demuysère et Magne. Après le virage de Brest, où Frantz passe en tête, de nouveaux abandons sont signalés, dont ceux de Marcel Huot, de Jef Mauclair et de Benoît Faure. Le Belge Émile Joly, lui, repart en sens inverse après s'être arrêté pour se désaltérer. Malgré les injonctions de son directeur sportif, il continue, hagard, ne voulant rien entendre. La fatigue l'a rendu fou. Il faut inventer un stratagème pour l'aiguiller vers une voie de garage où son mécanicien l'attrape avec une toile de tente pour le ramener dans sa voiture, où il dormira pendant de très longues heures. À Houdan, après cinquante heures de route, Marcel Bidot attaque, prend deux minutes d'avance avant de crever. Il est alors rejoint par quatre hommes, l'Australien Hubert Opperman, l'Italien Giuseppe Pancera, les Belges Léon Louyet et Émile Decroix. L'affaire se joue donc au sprint sur le vélodrome de Buffalo. Louyet semble le plus rapide mais Opperman le passe à la sortie du dernier virage. Malgré cette grande victoire, une mauvaise nouvelle attend l'Australien après l'arrivée : son constructeur, Alléluia, a fait faillite et sa prime ne lui sera pas versée. ❍

● L'Australien Hubert Opperman se protège contre le froid, la pluie et le vent qui règnent sur Paris-Brest-Paris.

• Aubert Winsingues dévale le Trou du Diable sans descendre de vélo, dans le Critérium international de cyclo-cross.

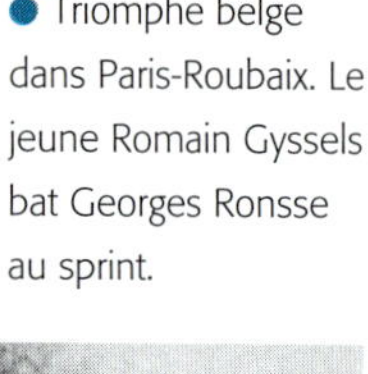

• Triomphe belge dans Paris-Roubaix. Le jeune Romain Gyssels bat Georges Ronsse au sprint.

7 février

Winsingues dans le Trou

Comme prévu, l'équipe de France confirme sa supériorité en prenant les trois premières places du VIIIe Critérium international de cross cyclopédestre, organisé par *Le Petit Parisien* et par *Le Miroir des Sports*. Dès le départ, le Nordiste Aubert Winsingues, hargneux et rageur, parvient à se dégager et à prendre la tête. Au moment d'aborder le fameux Trou du Diable, Winsingues possède trois cents mètres d'avance. Avec une audace qui donne le frisson aux spectateurs, il dévale la pente du ravin sans descendre de machine. C'est le seul concurrent capable d'une telle prouesse acrobatique. Cette dernière difficulté passée, le jeune Nordiste franchit la ligne d'arrivée après 44 min 42 s d'effort, améliorant le record de l'épreuve de 5 min 29 s. ❍

20 mars

Charles isolé

Charles, le cadet des Pélissier, ne réussit pas à renouveler, vingt ans après, l'exploit de son frère Henri, en remportant Milan-San Remo. Il est vrai qu'il n'avait pas l'avantage du nombre. Seul Français contre cent cinquante Italiens, il se signale par une attaque dans le Turchino en compagnie de Luigi Barral. Les deux hommes partent à la poursuite d'Alfredo Bovet, enfui depuis plus de cent kilomètres. Pélissier et Barral sont rejoints par Binda, qui démarre aussitôt. Mais même ce dernier ne peut revenir sur l'étonnant Bovet, qui arrive à San Remo avec quatre minutes d'avance sur Binda, battant le record de l'épreuve de près d'une heure. Né en Suisse de parents italiens, Bovet aimerait se mesurer aux meilleurs en France et en Belgique, mais ses dirigeants le cantonnent uniquement dans les épreuves nationales. ❍

27 MARS

La relève belge

Ce superbe Paris-Roubaix est une course mouvementée, fertile en coups d'éclat et en renversements de situation. À Méru, à plus de deux cents kilomètres de l'arrivée, les coureurs arrivent devant un passage à niveau fermé. Ils passent tant bien que mal avant l'arrivée du train et un petit peloton se forme en tête. Puis deux Français audacieux, Jules Merviel et Jef Mauclair, poursuivent seuls. Il s'en faut de très peu que cette tentative aboutisse. Vers Breteuil, les jeunes Belges Gisquière et Aerts se lancent à la poursuite des fugitifs qui possèdent alors trois minutes d'avance. Lors du ravitaillement d'Arras, qui se déroule dans la plus totale confusion, la foule se mêle aux coureurs, leur bloquant le passage. Le Drogo et Roosemont en profitent pour s'enfuir et rejoignent les deux échappés. Dans la côte de Doullens, Roosemont et Merviel passe trente secondes avant Mauclair, victime de crampes et qui lâche pied, et 1 min 25 s devant le peloton, qui a repris Le Drogo. À peine les échappés sont-ils repris que Bidot et l'Allemand Sieronski démarrent. Pendant soixante-dix kilomètres, les deux hommes foncent sur l'étroit trottoir cyclable, se relayant tous les kilomètres. Alors qu'il pense être assuré de sa victoire, Bidot crève une première fois. Sieronski reste seul mais un nuage de poussière se lève derrière lui. Georges Ronsse, Romain Gyssels, Alfons Schepers et Jean Aerts déboulent en tête. Le passage à niveau fermé de Forest opère la dernière sélection. Le vieux Ronsse et le jeune Ghyssels se disputent le sprint et celui qui possède le plus grand développement, Gyssels, l'emporte avec trois longueurs d'avance sur l'ancien champion du monde. ❍

23 avril

Paris capitale de la piste

Après la piste municipale de Vincennes et le vélodrome de Buffalo, Paris possède dorénavant une troisième enceinte pour le cyclisme sur piste. Le nouveau et gigantesque stade-vélodrome du Parc des Princes, qui dispose de soixante mille places et d'une piste rose, assez étroite, de quatre cent cinquante-quatre mètres, ouvre ses portes. C'est au prestigieux Lucien Michard que revient l'honneur de l'inaugurer. La piste connaît dans la capitale française un tel succès que, ce dimanche, ses trois stades sont pleins pour voir évoluer les meilleurs mondiaux : des épreuves du kilomètre arrêté à Vincennes à la poursuite à Buffalo, où Charles Lacquehay remporte le Grand Prix sur 100 km derrière motos, en passant par la vitesse au Parc des Princes. ❍

24 mai

Sus à l'étranger

Les Italiens ne comprennent pas comment Hermann Buse, un Allemand parfaitement inconnu, a réussi à prendre onze minutes d'avance sur les ténors transalpins du Tour d'Italie. Au seuil de cette septième étape, entre Lanciano et Foggia, Alfredo Binda, Learco Guerra et Raffaele Di Paco commencent à échafauder des plans de bataille, pour attaquer sans répit « l'étranger ». Quelques kilomètres après le départ, lors d'une première crevaison de Buse, c'est la débandade dans le peloton, tous les favoris s'envolant vers l'avant. Les malheurs de l'Allemand continuent. Il sera victime de quatre nouvelles crevaisons avant l'arrivée. En tête, alors qu'on attend un *campionissimo*, c'est le modeste Antonio Pesenti qui prend le Maillot rose à Foggia, avec 10 min 43 s d'avance sur Demuysère et 12 min 24 s sur Bertoni. Le Giro est joué. ❍

22 MAI

Romain Gyssels, l'étoile montante de la route

L'apport des motos dans Bordeaux-Paris redonne incontestablement de l'intérêt à la course, même s'il présente un caractère parfois dangereux. Ce derby est marqué en effet par plusieurs accidents dont les conséquences auraient pu être catastrophiques. Dès l'arrivée des motos, à Tours, le rythme devient effarant et deux tactiques s'affrontent. Certains, comme Joseph Mauclair et Léon Le Calvez, foncent immédiatement. D'autres, tels Romain Gyssels et Alfons Schepers, préfèrent augmenter régulièrement l'allure. Après une défaillance de Mauclair, le jeune Le Calvez, entraîné par Henri Pélissier et soigné par son frère Francis, attaque, tout en souplesse. Derrière, une chute de Marcel Moreau, l'entraîneur de Gyssels, interrompt la poursuite du Belge. Désarçonné par ce coup du sort, ce dernier se met à pleurer puis à réclamer les services d'un motocycliste amateur, ce qui entraînerait sa disqualification immédiate. Il retrouve le sourire en voyant Moreau revenir à sa hauteur. En tête, déchaîné, Le Calvez est rejoint puis lâché par les Belges Bonduel et Schepers. Dans la vallée de Chevreuse, la fougue et la puissance de Gyssels commencent à faire leur effet. Le coureur remonte un par un les fuyards et se présente seul sur la piste du Parc des Princes, où les spectateurs, debout, acclament la nouvelle étoile du cyclisme mondial. Impressionnant de régularité, Gyssels est véritablement le seul des neuf engagés à n'avoir jamais connu de défaillance, même passagère. ❍

• Dans un vélodrome de Buffalo comble, une triple chute, sans gravité, de Lacquehay, Wambst et Jeanneret.

• Après un accident de son entraîneur, l'homme de tête de Bordeaux-Paris, Romain Gyssels, fait appel à un motocycliste amateur pour le « traîner ».

• Antonio Pesenti, qui s'échappe ici dans le col de Castelnuevo, crée la surprise en remportant le Giro devant tous les ténors, Binda, Learco et Di Paco.

Le Maillot jaune, André Leducq, en difficulté dans l'Aubisque, reçoit les encouragements de son ami « Tonin » Magne.

Brillant vainqueur du Tour, Leducq, ravi, effectue le traditionnel tour d'honneur, en compagnie de son équipier Marcel Bidot, devant les soixante mille spectateurs du Parc des Princes.

10 juillet

Boire ou resquiller ?

Dans la troisième étape, les organisateurs décident de neutraliser le peloton durant deux minutes, lors des ravitaillements de La Rochelle et de Blaye, entre Nantes et Bordeaux. Avec la chaleur qui règne sur ce début de Tour, Desgrange estime qu'une pause obligatoire poussera les coureurs à se nourrir et se désaltérer convenablement. Ce qu'il n'a pas prévu, c'est le nombre important de resquilleurs : des retardataires repartent en même temps que le peloton et des coureurs grappillent quelques secondes. En tout cas, ces neutralisations ne profitent pas au Maillot jaune, l'Allemand Kurt Stoepel, qui, après une crevaison à deux kilomètres de l'arrivée, roule sur la jante jusqu'au bout. Ce coup du sort lui fait perdre sa place de leader au profit de Leducq. ❍

31 juillet

Au bonheur de Leducq

Soixante mille spectateurs massés dans le nouveau Parc des Princes attendent l'arrivée des coureurs pour la dernière étape. Soudain, c'est l'explosion de joie. La foule aperçoit enfin les robustes épaules d'André Leducq, vêtu de sa toison d'or. Déjà vainqueur de la précédente édition, « Dédé » devient ainsi le plus populaire des routiers mondiaux. Après avoir remporté cette vingt et unième étape, le Parisien effectue son tour d'honneur lentement. Le bras levé et un bouquet de fleurs sur son guidon, il tient à profiter pleinement de ce moment d'intense allégresse. « J'imagine que les guerriers qui, autrefois, revenaient d'une campagne lointaine devaient connaître cette sorte d'âpre jouissance », explique-t-il à sa descente de vélo. ❍

12 JUILLET

Après l'Aubisque, le déluge...

Les nombreux journalistes et écrivains qui, cette année, suivent les péripéties du Tour ont, dans cette étape pyrénéenne, eu l'occasion de brosser un tableau saisissant des « géants de la route ». C'est en effet parmi des éléments déchaînés, sous une pluie battante, au milieu d'une boue compacte et d'un épais brouillard, que les coureurs se lancent à l'assaut des cols de l'Aubisque et du Tourmalet. Sur le sol caillouteux du premier col, l'Espagnol Vicente Trueba s'envole à petits coups de pédales. Il distance l'indépendant Benoît Faure et Luigi Barral. Dans la descente, deux groupes se forment, séparés par 2 min 30 s. Dès les premières pentes du Tourmalet, Francesco Camusso démarre énergiquement. Mais l'ascension est effroyable. Les coureurs patinent dans la boue et sont contraints de mettre pied à terre. Beaucoup d'entre eux sont en panne de boyaux, le camion des mécaniciens ayant été délesté de tout son stock. Après une chute qui laisse sa cuisse en sang, Raffaele Di Paco pleure en hoquetant. C'est dans la descente, aussi impressionnante que dangereuse, que la décision se fait. Antonio Pesenti et Benoît Faure rejoignent Camusso. Pendant ce temps, Leducq, déjà attardé, crève. C'est l'ancien champion Victor Fontan qui l'aide à changer son boyau et qui le réconforte. Devant, les trois hommes arrivent groupés à trois cents mètres de la ligne lorsque Benoît Faure démarre, mais Pesenti le rejoint et l'emporte d'une longueur. Au classement général, l'Italien se rapproche à sept minutes du leader Leducq. ❍

14 septembre

Question de générations

À Rome, la défaite du vétéran Lucien Michard au profit du jeune Belge Joseph Scherens, en finale du championnat du monde de vitesse professionnel, marque un passage de relais générationnel dans cette discipline. Scherens, surnommé le « *Poeske* » (« le Chat ») a battu le Français dans les deux manches. Dans la première, Michard a coincé Scherens, qui tentait de s'infiltrer à la corde, et il est disqualifié à l'unanimité des trois juges. Dans la seconde manche, l'attaque « du petit Belge de Louvain » est si nette, si franche que sa supériorité apparaît indiscutable. Après sa défaite, Michard avoue d'ailleurs son admiration pour son adversaire : « C'est vraiment un beau et pur sprinter qui enlèvera plusieurs fois le beau maillot de champion du monde. » Huit fois exactement !

27 octobre

Le vélo-fusée d'Oscar Egg

Cet engin n'est pas, comme son nom semble pourtant l'indiquer, une bicyclette qui progresserait par explosions successives de fusées, telle l'automobile de l'ingénieur allemand Vallier. Plus simplement, pour lui conférer un meilleur aérodynamisme, on a adapté un fuselage à l'arrière de la machine, conçue comme un ensemble coureur-vélo. À l'origine de cette nouvelle machine, l'ancien triple recordman de l'heure, le Suisse Oscar Egg, devenu constructeur de cycles à sa propre marque et inventeur à ses heures perdues. Après quelques essais concluants au Vel d'hiv, Cornez bat facilement le record du tour de Longchamp, à sa première tentative, en 4 min 38 s contre 4 min 51 s, l'ancien record de Drouaux, alors vieux de deux années.

18 SEPTEMBRE

Les premières Nations

Le Grand Prix des nations, nouvelle épreuve organisée par *Paris-Soir*, se dispute en contre-la-montre individuel sur une distance de cent quarante kilomètres en région parisienne. Les organisateurs ont choisi cette formule pour éviter la sempiternelle arrivée au sprint après une monotone course en ligne. La participation d'une prestigieuse équipe italienne, avec Binda, Guerra, le populaire Di Paco, le rude Bovet et Battesini, en constitue la grande attraction. Nul ne songe à chercher ailleurs le nom du vainqueur. Pourtant, la surprise viendra d'un certain Maurice Archambaud. Certes, ce coureur s'était déjà distingué dans le dernier Tour de France par sa vaillance et sa résistance, mais de là à imaginer qu'il damerait le pion aux meilleurs routiers ! Au bout de dix-sept kilomètres de course, Guerra, réputé invincible dans cette discipline, est en tête avec trois minutes d'avance seulement sur Archambaud et trente secondes sur Bovet. Peu après, Binda et Ferdinand Le Drogo, complètement hors du coup, abandonnent, rejoints cinquante kilomètres plus loin, par Di Paco, victime de sa quatrième crevaison. Archambaud n'échappe pas, lui non plus, aux incidents. Dans la descente vers Châteaufort, il dérape dans un virage, chute et se relève le visage ensanglanté, le bras gauche sérieusement écorché. Courageusement, il remonte sur son vélo et poursuit son incroyable chevauchée solitaire. À l'arrivée, au vélodrome de Buffalo, il possède 6 min 5 s d'avance sur Bovet, 8 min 2 s sur Le Calvez et sur Guerra. Le vainqueur devra se faire bander la tête avant d'entamer son triomphal tour d'honneur.

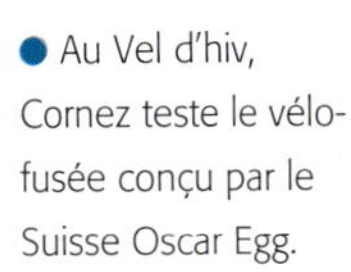

• Aux Jeux olympiques de Los Angeles, la paire française Chaillot-Perrin remporte la médaille d'or en tandem.

• Ici aux côtés se son manager Paul Ruinart, Maurice Archambaud remporte le premier Grand Prix des nations malgré une chute qui lui a ouvert le cuir chevelu.

• Au Vel d'hiv, Cornez teste le vélo-fusée conçu par le Suisse Oscar Egg.

● Jules Merviel franchit en vainqueur la ligne d'arrivée de Paris-Tours, devant Magne et Geyer.

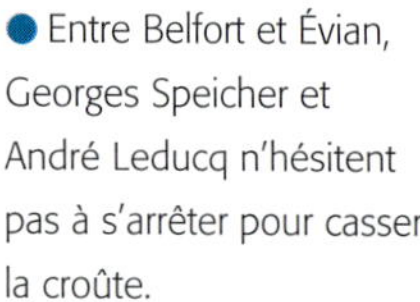

● Entre Belfort et Évian, Georges Speicher et André Leducq n'hésitent pas à s'arrêter pour casser la croûte.

14 mars

La « Course au soleil »

Une nouvelle épreuve vient d'être créée. Paris-Nice, organisé par le *Petit Journal,* ouvre désormais la saison sur route. Cette année, « la Course au soleil », disputée en six étapes, propose un important plateau de deux cents participants, dont tous les ténors du moment sauf les Italiens. Dès la première étape, Paris-Dijon, le Flandrien Alfons Schepers réussit l'échappée décisive. Ses dix minutes d'avance au général en font le grand favori. Le lendemain, entre Dijon et Lyon, cinquante et un coureurs terminent au sprint et réalisent une performance étonnante en parcourant les cent quatre-vingt-dix-huit kilomètres à la moyenne de 38,150 km/h. Malgré le sursaut de l'Italien Camusso dans la Turbie, Schepers ne sera plus inquiété jusqu'à Nice. ❍

30 avril

Les Auvergnats à la parade

Ce Paris-Tours est le triomphe des Auvergnats, avec Jules Merviel et Antonin Magne. Le premier fait toute la course en tête. Dès la sortie de Versailles, il se retrouve, un peu par hasard, détaché. Mais, ne voulant pas partir seul vers Tours, il s'arrête et attend du renfort. En effet, une douzaine d'hommes rejoignent « Julou » alors que le peloton suit à une minute. Puis, toujours sous l'impulsion de Merviel, une nouvelle sélection s'opère avec Magne, l'Allemand Geyer et le jeune Granier. Sur le vélodrome de Grammont, Merviel ne laisse aucune chance au sprint à ses rivaux et l'emporte nettement devant Magne et Geyer. À sa descente de vélo, le vainqueur, très ému, éclate en sanglots sur l'épaule de son directeur sportif, Francis Pélissier. ❍

14 MAI

Mithouard s'évanouit

Devenu directif sportif, le prestigieux champion des Bordeaux-Paris 1922 et 1924, Francis Pélissier, mène un de ses poulains à la victoire dans le derby. Le jeune Fernand Mithouard pulvérise de surcroît le vieux record de l'épreuve, avec un temps de 16 h 09 min, contre les 16 h 35 min 47 s de Constant Huret en 1899, un temps réalisé derrière une automobile. Au moment de la prise des entraîneurs à Tours, Jules Merviel lance les hostilités, suivi de Jean Bidot, de Frans Bonduel et de Mithouard. Mais, trois kilomètres après Châtellerault, Merviel crève. La voiture de son constructeur étant loin, le pauvre Auvergnat doit patienter de très longues minutes. Mithouard prend alors le commandement. À Blois, Francis Pélissier, désireux de tenter une expérience nouvelle, lui propose un nouveau vélo avec un développement de 8,92 m, aussi important que celui des *stayers*. Mithouard digère parfaitement ce braquet et l'écart augmente. Nouveau changement de machine pour adopter, cette fois, un vélo à dérailleur. Mithouard dévore la côte de Dourdan mais subit une terrible défaillance dans la vallée de Chevreuse. Titubant, il s'écroule dans un fossé. Le « Grand » Francis descend de voiture, l'exhorte, lui fait avaler un « remontant » et le remet en selle. Ses forces retrouvées, Mithouard pénètre enfin dans un Parc des Princes en folie avec 7 min 45 s d'avance sur Van Rysselberghe et 8 min 7 s sur Romain Gyssels, les deux derniers vainqueurs. La fatigue et l'émotion lui font perdre conscience après l'arrivée, et c'est dans les bras de Francis Pélissier que le vainqueur retrouve ses esprits. ❍

28 mai

Learco Guerra est sonné par Binda

La participation étrangère étant réduite au minimum, Le Giro se résume cette année à un championnat d'Italie par étapes, ce qui explique le peu d'enthousiasme de l'opinion publique française pour cette épreuve. Toute l'Italie attend le duel au sommet entre Alfredo Binda et Learco Guerra. En fait, après quelques escarmouches sans importance dans les premières étapes, le combat va cesser, faute de combattants. À l'arrivée sur l'hippodrome de Rome, Binda veut rentrer en tête et bouscule légèrement Guerra. Celui-ci chute violemment. Déjà couvert de pansements depuis une première chute, Guerra doit abandonner et laisser son rival terminer tranquillement, en vainqueur, le Giro. ❍

1er juillet

Pique-nique

Belfort-Évian, la cinquième étape, est un moment de détente après les sévères batailles qui ont précédé. En cette journée ensoleillée, les coureurs ont signé l'armistice. Alors que le peloton roule à 20 km/h, les suiveurs, stupéfaits, aperçoivent soudain Leducq et Édouard Speicher s'arrêter et s'installer sur l'herbe pour casser la croûte. Speicher revient ensuite dans le peloton coiffé d'un casque de *stayer*, sans doute pour manifester son désaccord contre la décision de l'UVF qui prévoit le port du casque obligatoire pour les routiers. L'Italien Francesco Camusso, lui, troque son vélo contre une motocyclette pendant plusieurs kilomètres. Mais, agacé par ces « plaisanteries au goût douteux, ridiculisant le métier qui les fait vivre », Henri Desgrange et Jacques Goddet ne tarderont pas à siffler la fin de la récréation. ❍

• Fernand Mithouard a changé de machine sur les conseils des grands spécialistes de Bordeaux-Paris, les frères Pélissier.

27 JUIN

La tête à l'envers

Cette année, le parcours du Tour de France est inversé. Les coureurs, qui partent de Paris vers le Nord, rejoignent les Alpes par l'Est du pays pour revenir dans la capitale par les Pyrénées et la Bretagne. Le souci d'Henri Desgrange est d'amener les coureurs à s'expliquer plus rapidement dans la montagne, en respectant approximativement le tracé des frontières de l'Hexagone. Il ne faut plus désormais que cinq étapes pour les atteindre, l'Alsace étant supprimée, et cinq étapes pour revenir des Pyrénées, la côte basque et le côte bretonne étant également sacrifiées. L'expérience des bonifications, destinée à donner de l'importance aux étapes de plaine, est supprimée. Dorénavant, le « Patron » n'a qu'un slogan : « Tout pour la montagne. » De plus, un prix de dix mille francs doit récompenser le coureur ayant réalisé la meilleure performance sur l'ensemble des grands cols du Tour. Le Grand Prix de la Montagne connaît ses premiers balbutiements. Dernière innovation enfin : le raccourcissement des étapes. La plus longue, Belfort-Évian, ne comporte que deux cent quatre-vingt-treize kilomètres et la plus courte, Luchon-Tarbes, 91. Cette réduction introduit évidemment de nouvelles villes-étapes, comme Digne, Aix-les-Thermes, Tarbes et La Rochelle, au grand bonheur des suiveurs. C'est la chanteuse Joséphine Baker qui donne le départ de cette édition devant une foule énorme. Les quatre-vingts coureurs, quarante nationaux et quarante « individuels », rassemblés rue du Faubourg-Montmartre, au siège de *L'Auto*, peuvent s'élancer pour le premier des quatre mille quatre cent neuf kilomètres que compte la Grande Boucle. ❍

• Schepers remporte à Dijon la première étape du premier Paris-Nice.

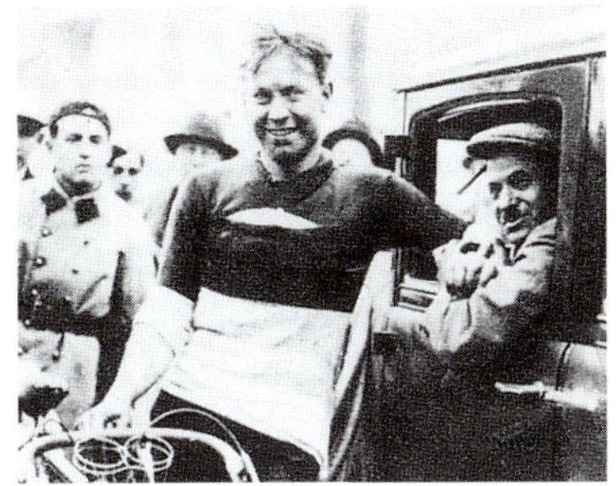

● Les deux premiers du championnat du monde sur route, le vainqueur Georges Speicher et Antonin Magne.

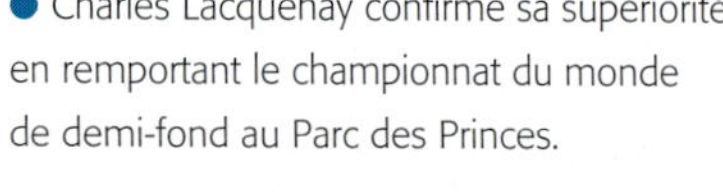

● Charles Lacquehay confirme sa supériorité en remportant le championnat du monde de demi-fond au Parc des Princes.

6 JUILLET

Archambaud, mort et ressuscité

La veille, Maurice Archambaud a magnifiquement défendu son Maillot jaune contre les assauts de Georges Speicher. Mais, dans cette neuvième étape, Gap-Digne, c'est le drame ! Dès les premiers lacets du col de Vars, la défaillance s'abat sur les épaules d'Archambaud, surnommé le « Nabot » en raison de sa petite taille (1,54 m). Fatigué par les efforts des dix premiers jours, il s'effondre d'un seul coup. Assis sur le bas-côté de la route, il sanglote dans les bras de son équipier Roger Lapébie, venu à la rescousse avec André Leducq. Mais Archambaud repart tout de même. Quelques kilomètres plus loin, il doit descendre de vélo pour changer de développement. Nouvelle défaillance. Ses jambes ne sont plus capables de le supporter et il s'affaisse sur le capot d'une voiture. Aidé par des spectateurs, Leducq le remet sur son vélo et, d'encouragements en réconforts, les deux hommes refont une partie de leur retard pour rejoindre la ligne d'arrivée seize minutes après le vainqueur, Georges Speicher. Deux jours plus tard, entre Nice et Cannes, Archambaud, que l'on croyait démoralisé et moribond, retrouve miraculeusement tous ses moyens. Il profite des malheurs de l'Italien Learco Guerra, retardé par le bris de sa pédale, pour franchir devant Vicente Trueba le col de Braus. Véritablement déchaîné, Archambaud lâche l'Espagnol dans la descente et se présente sur la Croisette avec 1 min 17 s d'avance sur Rinaldi, Tierbach et Trueba. Par la même occasion, il arrache pour quelques secondes le Maillot jaune au Belge Lemaire. ❍

1er juillet

Trueba s'envole

Le col du Galibier consacre un nouveau roi de la montagne, le petit Vicente Trueba. Répondant à un démarrage, à Valloire, du Marseillais Rinaldi, l'Espagnol s'en va aussitôt sur cette route en mauvais état. Il augmente régulièrement son avance pour franchir le sommet avec 5 min 30 s d'avance sur Rinaldi et 7 min 5 s sur le Maillot jaune Archambaud. Malheureusement pour Trueba, piètre descendeur, les cent kilomètres restant jusqu'à Grenoble vont effacer cette prodigieuse ascension. C'est donc un groupe de dix hommes qui se dispute le sprint, remporté par « l'individuel » du groupe... Vicente Trueba quand même. Ce dernier, qui souffre de l'absence de bonifications au sommet des cols, réclamées par une majorité d'observateurs, est également désavantagé parce que l'Espagne ne possède pas d'équipe nationale. ❍

13 août

Lacquehay roi des *stayers*

Après une magnifique carrière sur route et dans les Six Jours, Charles Lacquehay, que l'on a surnommé « la Longue Carabine », devient, à 36 ans, champion du monde de demi-fond (100 km). Étourdissant de brio sur la piste du Parc des Princes, il surclasse ses six adversaires dans la finale et termine avec une incroyable avance, pas moins de sept tours sur l'Italien Alvaro Giorgetti, huit sur l'Allemand Erich Metze et neuf sur le Suisse Henri Suter. Le tenant du titre, Georges Paillard, et l'Allemand Erich Moeller, écœurés, ont abandonné. Les soixante mille spectateurs du Parc offrent une grandiose ovation au nouveau champion du monde ainsi qu'à son fidèle entraîneur, Marcel Besson, pour ce premier titre mondial et l'ensemble de son œuvre. ❍

7 AOÛT

Avis de recherche

C'est une merveilleuse aventure que vit Georges Speicher lors de ces championnats du monde sur route. Au moment de sélectionner les trois représentants tricolores, l'Union vélocipédique française a d'abord retenu en effet les noms de Roger Lapébie et d'Antonin Magne, respectivement 1er et 2e du dernier championnat de France. Puis la fédération choisit Paul Chocque, au détriment du récent vainqueur du Tour, Speicher, remplaçant. Mais Chocque tombe malade deux jours avant la course, et Speicher est à nouveau l'homme de la situation. Cependant, il est introuvable. Une véritable chasse à l'homme est alors organisée chez lui, à Pantin. Lorsqu'on apprend qu'il est allé dîner en ville, tous les restaurants où il est susceptible de s'être rendu sont visités. Finalement, le samedi soir, on met la main sur lui dans un cinéma de Ménilmontant. Bien entendu, notre héros n'a pas eu le temps de s'entraîner et c'est même après quelques écarts de régime consécutifs à sa victoire dans le Tour qu'il se présente, le lundi, sur l'autodrome de Monthléry. « Bah ! je vais surtout essayer de donner un coup de main aux camarades. » À mi-course, Speicher se retrouve soudain seul en tête, à la suite d'une succession ininterrompue de tentatives d'échappées. Au douzième tour, il apprend avec surprise les écarts : 2 min 30 s sur le Hollandais Valentin et 4 min 30 s sur le peloton. Prenant enfin conscience de sa chance, il transforme sa fugue solitaire en marche triomphale. À l'arrivée, il devient le premier Français champion du monde, s'imposant devant son compatriote Antonin Magne, à plus de cinq minutes.

1er septembre

Van Hout bat Oscar Egg

Le Hollandais Jean Van Hout bat le plus prestigieux des records : celui de l'heure sans entraîneur, propriété du Suisse Egg depuis le 18 juin 1914, avec 44,247 km. Il couvre la distance de 44,588 km sur la piste de Ruremonde. Cette performance n'est pas une surprise depuis que, l'année précédente, Maurice Archambaud a amélioré ce record sur la piste d'Alger. Un record non homologué, faute de chronométreurs officiels. Le nouveau recordman n'est pas un crack, mais un bon coureur, spécialiste des matches-poursuites et des « américaines ». Avant de mettre à mal le record de l'heure, Van Hout a battu le record des 5 km de Egg et celui des 10 km d'Archambaud. Un exploit qui va réveiller l'ardeur de tous les recordmen potentiels.

10 septembre

Bobo Léon

Engagé par Francis Pélissier dans son équipe, rattachée au groupe Mercier, Léon Le Calvez s'est vu proposer peu avant ce Grand Prix des nations une excellente affaire. Émile Mercier, qui a besoin de publicité pour le Salon du cycle, doublera ses mensualités en cas de victoire. Et le jeune Français remporte les Nations devant Louviot et le Hollandais Valentijn. Malheureusement, quatre jours plus tard, il est déclassé. Après une crevaison dans la montée de Saint-Rémy-les-Chevreuse, il s'est arrêté pour changer de vélo. Pélissier, qui conduisait la voiture suiveuse, n'a pas freiné et est passé devant son coureur, ce qui est interdit par le règlement. Pour atténuer les effets de la sanction, les organisateurs abandonnent à l'ex-vainqueur les prix attachés à la première place et la coupe. Mais M. Mercier, lui, ne tiendra pas ses promesses.

Au départ du Tour, les organisateurs (Henri Desgrange, à l'extrême gauche, Lucien Cazalis, à l'extrême droite) et l'équipe de France sont rassemblés derrière Joséphine Baker.

Le Tourmalet consacre un nouveau roi de la montagne, le petit Espagnol Vicente Trueba.

Avec 44,777 km, Maurice Richard améliore le record de l'heure sans entraîneur, quatre jours après celui de Jean Van Hout.

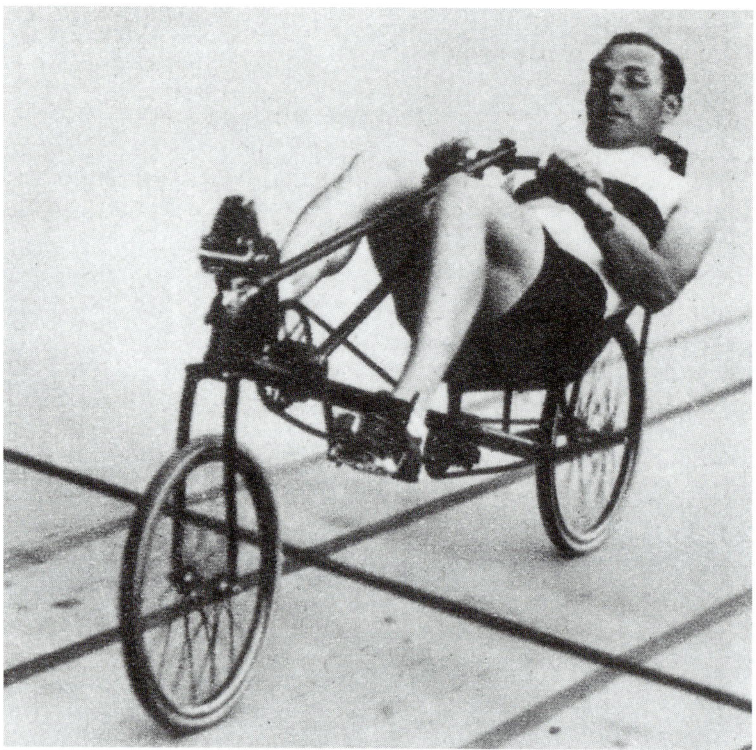

Sur son vélocar, Francis Faure bat le record du monde de l'heure avec 45,055 km.

18 FÉVRIER

Le vélocar est-il une bicyclette ?

La réunion du Vel d'Hiv, consacrée en principe au championnat d'hiver des sprinters français, connaît un succès retentissant avec le premier essai en course du fameux vélocar utilisé par Francis Faure. Ce dernier a battu l'année précédente le record du monde de l'heure sans entraîneur, avec 45,055 km. Mais ce vélo est-il réglementaire ? L'UCI repousse le problème en l'absence de législation claire sur le sujet. Mais la bataille reste chaude. « Il ne faut tenir compte que de la bicyclette du type courant », déclarent les uns. « Oserez-vous barrer la route au progrès ? Supposez qu'aux premiers âges du vélocipède, on ait décrété que les machines devaient obligatoirement comporter une très grande roue à l'avant et une petite à l'arrière ! », répondent les autres. Cet engin à pédalage horizontal, conçu par M. Mochet, est équipé de trois petites roues, dont deux à l'arrière. Le coureur est assis en position allongée, ce qui permet une meilleure pénétration dans l'air. Francis Faure se mesure à deux grands spécialistes de la piste, Henri Lemoine et le puissant Plassat dans trois disciplines une individuelle de 3 km, le kilomètre lancé et la poursuite. Le vélocar est battu dans l'individuelle mais, en revanche, il sort vainqueur de la poursuite et du kilomètre lancé. Incontestablement, le « vélocariste » fait merveille, seul sur la piste, à l'abri de toute gêne. Bien calé sur le dossier incliné de son siège, tirant ferme sur la tige de direction, il peut pousser un développement de huit mètres (soit un de plus que les pistards) et, lorsque son engin est bien lancé, il progresse à près de 50 km/h. ❍

Roger Lapébie est porté en triomphe après sa victoire dans Paris-Roubaix. Mais il sera déclassé pour avoir changé de vélo en cours de route.

6 mai

Un jeune Cannois

Le Grand Prix Wolber permet aux meilleurs indépendants et aspirants de démontrer leurs qualités. Soixante-douze concurrents de toutes les régions de France (Afrique du Nord comprise) se retrouvent sur cinq étapes. C'est dans la deuxième, sur un circuit tracé autour de Clermont-Ferrand, qu'un jeune Cannois de 20 ans, René Vietto, va connaître sa première heure de gloire. Dans les monts d'Auvergne, cet athlète racé démontre des qualités de grimpeur hors du commun, décrochant, après une première accélération, l'ensemble du peloton, à l'exception de René Debenne. Il n'arrivera pourtant que 2e, en raison d'une crevaison survenue à six kilomètres de l'arrivée. Mais sa régularité lui permettra cependant de remporter le classement final. ❍

10 mai

Les dangers de la vitesse

Sur la piste en ciment du vélodrome d'Oerlikon, près de Zurich, le Suisse Émile Richli est opposé à Dinkelkampf dans la deuxième manche du championnat de Suisse de vitesse. Soudain, à l'amorce de la dernière ligne droite, son pneu arrière éclate et sa roue dérape aussitôt. La jante se brise net et c'est en vain que l'infortuné, lancé à pleine allure, essaie désespérément de maintenir sa machine en équilibre. Le choc contre le ciment est terrible et, malgré son casque protecteur, Richli est relevé dans un état comateux. Il décédera quelques instants plus tard, officiellement d'une fracture du crâne. Richli, successivement routier, coureur d'américaines et de Six Jours, se consacrait depuis peu à la vitesse, avec l'objectif de remporter le titre de champion de Suisse. ❍

1er AVRIL

Roger Lapébie, victime des juges

Après un admirable Paris-Roubaix, Roger Lapébie franchit victorieusement la ligne d'arrivée, en solitaire. Le public explose de joie, portant en triomphe le vainqueur, mais, quelques minutes plus tard, la voix d'un officiel s'élève dans les haut-parleurs : « Lapébie a changé de vélo avant l'arrivée, ce qui est contraire au règlement. Il est mis hors course et c'est le Belge Gaston Rebry qui est déclaré vainqueur. » Stupéfaits, les spectateurs comprennent vite que leurs protestations sont inutiles. Le règlement est appliqué de façon impitoyable. L'incident s'est produit à sept kilomètres de Roubaix. Le Français, victime d'une crevaison, se retourne mais n'aperçoit pas la voiture de son directeur sportif, Ludovic Feuillet, retardée après une collision avec un autre véhicule. Malgré son boyau à plat, Lapébie roule alors sur le bas-côté de la route, à la recherche d'un spectateur muni d'un vélo. Il s'empare d'une machine qui semble lui convenir et se lance à la poursuite de Rebry et de Wouters. Ces derniers, pourtant de la même équipe que Lapébie, n'ont pas poussé le dévouement jusqu'à l'attendre. Sur son vélo d'emprunt, il rejoint tout de même les deux hommes puis démarre irrésistiblement dans le dernier kilomètre, précédant ses rivaux de cinquante mètres sur la ligne. Après l'annonce de son déclassement, et malgré les nombreux témoignages de sympathie qui lui sont adressés, Lapébie n'arrive pas à comprendre : « Non seulement, ce n'est pas mon nom qui figurera au tableau d'honneur mais, en plus, je vais passer pour un truqueur. » ❍

10 mai

Le « Sorcier »

Depuis plusieurs mois, Francis Pélissier prépare méthodiquement ce Bordeaux-Paris avec ses trois poulains, Fernand Mithouard, Jules Merviel et Jean Noret, son préféré, plus jeune et donc plus malléable. Pélissier, qui leur a confié des bicyclettes ultralégères dotées d'un développement inusité, demande à ses coureurs de partir à fond dès le départ. Aussitôt fait! Après cent kilomètres, les « Francis boys » relèguent à plus de neuf minutes leur plus dangereux adversaire, Raymond Louviot. Au Parc des Princes, Noret arrive seul après avoir couvert les cinq cent soixante et onze kilomètres à l'effarante moyenne de 47,075 km/h. « Si un autre directeur sportif m'avait collé le même braquet, je l'aurais envoyé promener. Mais il faut écouter Francis aveuglement dans cette course », reconnaît le vainqueur. » ❍

10 juin

Guerra prend sa revanche

Pour son premier succès dans le Giro, Learco Guerra ne fait pas de détail. Sur les dix-sept étapes, il en remporte onze. Ce fantastique exploit est sans précédent. À l'arrivée de la sixième étape, à Naples, les jeux sont déjà faits. Alfredo Binda, le tenant du titre et le grand rival de Guerra, abandonne en raison d'une chute survenue la veille, peu avant l'arrivée à Rome. C'est justement à Rome, lors du précédent Giro, que Binda s'était déjà débarrassé de Guerra, également sur chute. À ce moment-là, le Maillot rose, déjà vainqueur de six étapes, domine largement le classement général grâce aux nombreuses bonifications attribuées aux arrivées. Finalement, il devancera son compatriote Francesco Camusso de cinquante-cinq secondes au classement final. ❍

• La chute mortelle du Suisse Richli au vélodrome d'Oerlikon, à Zurich.
Ci-dessus : le « Sorcier » de Bordeaux-Paris, Francis Pélissier, surveille attentivement son poulain, Jean Noret.

• L'Italien Learco Guerra remporte le Tour d'Italie après onze victoires d'étape.

• La traditionnelle cohue des contrôles. Ici, à Épinal, crayons et feuilles de signatures s'arrachent.

• René Vietto attend désespérément le camion d'assistance après avoir donné sa roue à Antonin Magne.

6 juillet

Quelques imprévus

C'est dans l'étape Metz-Belfort que l'on trouve, avec le Ballon d'Alsace, la première difficulté du Tour. Mais les imprévus rendent la course encore plus dure et aléatoire. Le premier d'entre eux a lieu au contrôle d'Épinal, où se produit une bagarre entre coureurs, chacun désirant prendre avant l'autre le crayon et la feuille de signatures. Le calme revient jusqu'au passage à niveau de Rupt-sur-Moselle, qui se ferme juste avant le passage du peloton. Cafouillage, enchevêtrement de voitures et de bicyclettes devant la barrière. La confusion est totale, sauf pour deux hommes, le Français René Le Grevès et le Belge Félicien Vervaecke, qui ont réussi, subrepticement, à s'échapper. Ils seront tout de même rejoints par les favoris, qui n'ont guère apprécié cette poursuite. ❍

22 juillet

La fierté de Magne

Antonin Magne, rendu ombrageux par les louanges adressées à Vietto, veut montrer qu'il est le plus fort. La première surprise de la dix-septième étape, Luchon-Tarbes, est l'effondrement de l'Italien Martano. Voyant son grand rival en difficulté, Magne ne perd pas de temps et démarre dans le col de Peyresourde, accompagné par Vietto justement. Le Maillot jaune se débarrasse de son compatriote dans l'ascension d'Aspin et passe seul au sommet, devant Trueba à vingt et une secondes, Sylvère Maës à quarante-cinq et Vietto à 4 min 47 s. Dans les trente derniers kilomètres, Antonin, se livre à un véritable récital. À l'arrivée, les écarts au classement général sont quasiment définitifs : vingt minutes sur Martano et quarante-neuf sur Félicien Vervaecke. ❍

20 JUILLET

Les sacrifices de René Vietto

Alors que les coureurs quittent les Alpes pour aborder les Pyrénées, Antonin Magne détient toujours le Maillot jaune, mais la menace de l'Italien Martano se fait de plus en plus précise. Quant à René Vietto, il a ébloui de sa classe la France entière, avec ses succès à Grenoble, à Digne et, chez lui, à Cannes. Dans cette étape, entre Perpignan et Ax-les-Thermes, Magne perd le contrôle de sa machine vers l'Hospitalet et chute lourdement. Il se relève mais la jante en bois de sa roue avant a éclaté contre un rocher. Aussitôt « Tonin » demande à Vietto de lui passer sa roue, qui, n'étant pas dotée du même axe, ne s'engage pas dans les pattes de la fourche. Finalement, c'est Georges Speicher qui offre son vélo au Maillot jaune. Magne, après une folle poursuite et avec l'aide précieuse de ses compatriotes, ne perd que quarante-cinq secondes sur Martano. Le lendemain, les ennuis recommencent pour le duo Magne-Vietto. Dans la descente du col de Port, « Tonin » bute dans un nid-de-poule, brisant complètement sa chaîne. Vietto étant devant et les autres Français loin derrière, Magne est persuadé que, cette fois, c'est bien fini. Mais, incrédule, il voit débarquer Vietto, qui a remonté le col en sens inverse. Après avoir offert son vélo à « Tonin-le-Taciturne », Vietto attend de longues minutes l'arrivée du camion d'assistance, en pleurant sa probable victoire d'étape et un possible podium au Parc des Princes. Antonin Magne, lui, avec le soutien de Roger Lapébie, réussit la jonction avec les hommes de tête. ❍

23 juillet

La résurrection de Martano

Après la défaillance qui, la veille, lui a ôté tout espoir de Maillot jaune, l'Italien Martano opère un spectaculaire rétablissement dans les cols du Tourmalet et de l'Aubisque. Pourtant, quelques kilomètres après le départ, incapable de rester dans les roues, il a dû descendre de vélo, demeurant assis pendant de longues minutes. L'abandon semble proche. Mais, tout à coup, à l'approche du Tourmalet, Martano devient étourdissant et il reprend cinq minutes sur Magne au classement général. Même si cette résurrection laisse sceptiques les Français et André leducq, qui affirme que « dans le Tour, les miracles n'existent pas », elle relance l'intérêt de la course. Quant à Antonin Magne, il se ressent des efforts de la veille et se contente de limiter les dégâts.

20 octobre

Learco a lavé l'affront

Les Italiens Learco Guerra et Rovida abordent les derniers kilomètres du Tour de Lombardie lorsque Rovida dérape dans un virage. Il tombe lourdement et sa tête heurte une borne de granit qui longe la route. Guerra, juste derrière, n'évitera la chute que de justesse, devant une impressionnante haie de spectateurs, qui l'applaudissent à tout rompre. Finalement, « la locomotive de Mantoue » va effacer sa déception des derniers championnats du monde, où il avait dû s'incliner face au Belge Karel Kaers. Devant ses compatriotes Marco Cipriani et Dominico Piemontesi, il remporte ainsi son premier Tour de Lombardie, la seule course italienne qui manquait encore à son palmarès.

29 JUILLET

Le « Roi René »

Après l'arrivée du Tour, finalement remporté par Antonin Magne, spectateurs, suiveurs, journalistes et coureurs n'ont qu'un seul nom à la bouche lorsqu'ils évoquent ces trois dernières semaines : René Vietto, 5e à plus d'une heure. Ce jeune Cannois de 20 ans était-il en mesure de gagner le Tour sans les « sacrifices » qu'exige l'esprit d'équipe. Cette question hante la France entière. Les hommages sont en tout cas unanimes depuis sa troisième victoire d'étape, à Cannes. Le journaliste Raymond Huttier cède aussi à l'enthousiasme général : « Nous tenons enfin ce grand grimpeur que nous cherchions en vain depuis Bottecchia. Rappelez-vous cette envolée étourdissante, une envolée si belle, si pure, entre Gap et Digne, que les suiveurs les plus endurcis ne pouvaient s'empêcher d'être émerveillés, un peu émus aussi, en voyant partir ce gamin si vaillamment, en n'ignorant pas que cent cinquante kilomètres de terribles routes restaient à couvrir. » D'autres, moins nombreux, pensent que Vietto, qui naviguait toujours à plus de quarante minutes du leader, n'a jamais été en mesure de prendre le Maillot jaune. L'intéressé lui-même s'en mêle malicieusement : « Cette roue dans la descente de Puymorens, je ne l'ai pas donnée. On me l'a prise ! C'était un hold-up, j'aurais dû porter plainte. » Finalement, la France se console en pensant que l'année suivante, le « Roi René » sera imbattable. Malheureusement, Vietto ne remporta le Tour ni en 1935, ni les autres années.

Roger Lapébie souffre à l'approche du sommet de l'Aubisque.

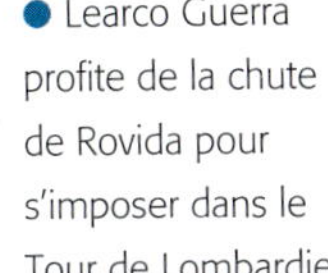

Learco Guerra profite de la chute de Rovida pour s'imposer dans le Tour de Lombardie.

Vicente Trueba, le petit grimpeur espagnol, emmène le peloton dans le col de Torrelodones, durant la première étape du premier Tour d'Espagne.

Le champion du monde en titre, Georges Speicher, prend des forces avant son attaque décisive dans Paris-Rennes.

27 janvier

Le bon braquet au bon moment

Sous le patronage de Francis Pélissier, le Vélo-Club de Rambouillet organise son premier cross cyclopédestre. Avec la neige tombée durant toute la matinée, le parcours se révèle lourd et boueux. Mais la plupart des concurrents commettent l'erreur de choisir un braquet trop grand compte tenu des conditions de course. Seul Charles Vaast, à Rambouillet depuis deux jours, a su s'adapter. Et, dès le deuxième tour, alors que le peloton se débat avec ses pignons, il s'envole, d'abord accompagné de Peuziat, puis tout seul à partir de la mi-course. Le Nordiste arrive nettement détaché, devant Peuziat, le Belge Vermassen et Jean Maréchal, qui participait pour la première fois à un cyclo-cross.

29 avril

Les Espagnols prennent leur Tour

Après le Tour des Pays basques, les Espagnols voient plus grand en créant le Tour d'Espagne, avec trois mille quatre cent trente et un kilomètres répartis sur quatorze étapes. Cette évolution naturelle coïncide avec l'éclosion de coureurs de valeur internationale. Le premier d'entre eux, Vicente Trueba, surnommé « la Puce », rêve d'accrocher son nom à cette course inédite. C'est sous une chaleur étouffante que le départ est donné à Madrid. Dès les premières étapes, les petits Espagnols Trueba, Federico Ezquerra et Mariano Canardo font la loi dans la montagne mais s'inclinent devant la régularité et l'expérience des Belges, comme Gustave Deloor qui l'emporte au final devant Canardo.

1er MAI

Henri Pélissier assassiné !

« La fin tragique d'Henri Pélissier n'a surpris personne », titre le quotidien *Paris-Soir*, le lendemain de la mort tragique de l'aîné des Pélissier, abattu de cinq balles de revolver par Camille Tharault, sa compagne. Le meurtre s'est déroulé dans la villa de Foucherolles, près de Dampierre, où s'était installé l'ancien champion depuis sa retraite sportive. Trois ans plus tôt, Léonie Pélissier, l'épouse d'Henri, s'était suicidée avec le même revolver que celui utilisé par Camille Tharault. Henri, accablé par ce drame, s'était installé avec cette jeune femme, de vingt ans sa cadette. Mais leurs relations étaient devenues de plus en plus conflictuelles et violentes. « Si j'avais de l'argent, il y a bien longtemps que je serais partie », avait déclaré la meurtrière peu de temps avant l'assassinat. L'orage éclate à la suite d'une dispute entre Henri et la sœur de sa compagne, dans la cuisine de la villa. Affolée, Camille Tharault court chercher le revolver alors qu'Henri s'est emparé d'un couteau qui traîne sur la table. Après une brève bagarre, elle presse sur la détente à cinq reprises. Immédiatement, les deux frères du disparu, Francis et Charles, qui préparent le Tour de France, accourent à Dampierre, entourés des deux enfants du disparu. Puis ce sont les amis, quelques coureurs cyclistes, dont René Vietto et Charles Lacquehay, qui arrivent pour veiller leur ancien camarade. La nouvelle provoque une vive émotion dans le pays où Henri était souvent considéré « comme le plus grand coureur de tous les temps ». Le 26 mai 1936, sa meurtrière, à qui sont accordées les circonstances atténuantes, est condamnée à un an de prison avec sursis.

25 mai

La première de Gino Bartali

Cette année-là, le Giro offre une participation intéressante, avec en particulier la présence de quatorze Français, dont Vietto, Leducq et Archambaud. Mais ces derniers ne se montrent guère brillants dans l'étape de montagne située entre Porto Civitanova et Aquila, dans les Abruzzes. C'est un jeune Italien de 21 ans, Gino Bartali, qui passe en tête au sommet du col de Capanelle, devant un groupe de quatre hommes, Cecchi, Morelli, Bergamaschi et Archambaud. Bartali parvient à conserver quelques longueurs d'avance à l'arrivée, remportant ainsi sa première étape du Giro. Le Maillot rose, Guiseppe Olmo, cède sa place de leader à Vasco Bergamaschi, qui la conservera jusqu'à Turin malgré les efforts d'Olmo dans le dernier contre-la-montre. ❍

7 juillet

Lucien Michard n'est pas fini

Au moment où l'on s'apprête à annoncer son déclin définitif, Lucien Michard, 32 ans, remporte successivement le championnat de France et le Grand Prix de Paris au vélodrome de Buffalo. Le quadruple champion du monde de vitesse prend ainsi sa revanche sur le Hollandais Jeff Scherens, qui l'a battu dans le dernier tournoi mondial. Dans la belle, Michard commence une longue séance de surplace mais se résigne ensuite à rouler en tête. Puis à six cent cinquante mètres de la ligne, il stoppe brusquement, contraignant Scherens à le passer. Dans le dernier virage, Michard démarre sèchement, suivi instantanément par le Hollandais. Mais lorsque ce dernier revient à sa hauteur, le Français lance une nouvelle accélération, qui le propulse sur la ligne. ❍

● Henri Pélissier, que l'on voit ici lors de son Tour victorieux en 1923, est assassiné par sa compagne, Camille Tharault.

26 MAI

Speicher et le pistard Ignat

Souffrant de la notoriété de Paris-Roubaix, de Bordeaux-Paris ou de Paris-Tours, la classique printanière Paris-Rennes récompense néanmoins chaque année un coureur de grande valeur. Cette édition voit la victoire du champion du monde en titre, le Français Georges Speicher. C'est lui qui déclenche les premières hostilités après deux cent quarante kilomètres de course, en compagnie de quatre coureurs, les Belges Louis Hardiquest, Romain Maës et Félicien Vervaecke, et le surprenant pistard français Émile Ignat. Redoutant la présence d'un sprinter dans l'échappée, Speicher démarre une nouvelle fois. Ses équipiers, Maës et Vervaecke, ne bougent pas mais Hardiquest rejoint l'homme de tête. Ignat, lui, attend que les Belges participent à la poursuite, ignorant qu'ils appartiennent à la même équipe que le fugitif. C'est lorsqu'il commence à les houspiller qu'il comprend sa méprise et le guet-apens dans lequel il est tombé. Après avoir avoir vainement parlementé avec le directeur sportif de ses adversaires, il renonçe à rejoindre les deux fuyards. Débarrassé d'Ignat, Maës s'élance à son tour à la poursuite de Speicher, se rapproche à cent mètres, puis à cinquante mais, brusquement, est atteint d'un violent coup de pompe. Sur le vélodrome de Rennes, l'adroit et rapide Speicher règle sans problème Hardiquest au sprint. Prenant la quatrième place, Ignat est tout étonné de sa performance : « Je n'avais pas couru sur route depuis deux ans. Une réunion sur piste ayant été annulée à Saint-Nazaire il y a deux jours, j'ai offert mes services à un directeur sportif mais il m'a ri au nez. Alors je suis parti comme individuel avec une bicyclette que j'ai fabriquée de bric et de broc. » ❍

● Dans Paris-Tours, deux coureurs peu scrupuleux qui n'échapperont sans doute pas à la disqualification.

● Peu avant le Parc des Princes, Paul Chocque et René Le Grevès, heurtés par une voiture officielle, doivent laisser partir le groupe de tête.

4 juillet

La TSF « couvre » la course

Grande première dans l'histoire du Tour. Les auditeurs français peuvent désormais suivre quatre fois par jour les péripéties de la course à l'écoute du Réseau d'État, de Radio-Luxembourg et de Radio-Côte d'Azur. Cet exploit technologique est l'œuvre de Jean Antoine, le chef des services de radiodiffusion de *L'Intransigeant* et de *Match*. Son car de radioreportage, qui pèse plus de sept tonnes, est équipé d'un matériel radioélectrique sophistiqué. Le reporter, sur sa moto légère, enregistre ses commentaires sur disque puis les amène rapidement au car-radio, basé sur les sommets. Grâce à la TSF, les auditeurs sont ainsi transportés en haut des plus imposants « juges de paix » de la course. ❍

● Après sa victoire finale dans le Tour, le Belge Romain Maës ne peut retenir ses larmes devant sa mère, présente dans les loges du Parc des Princes.

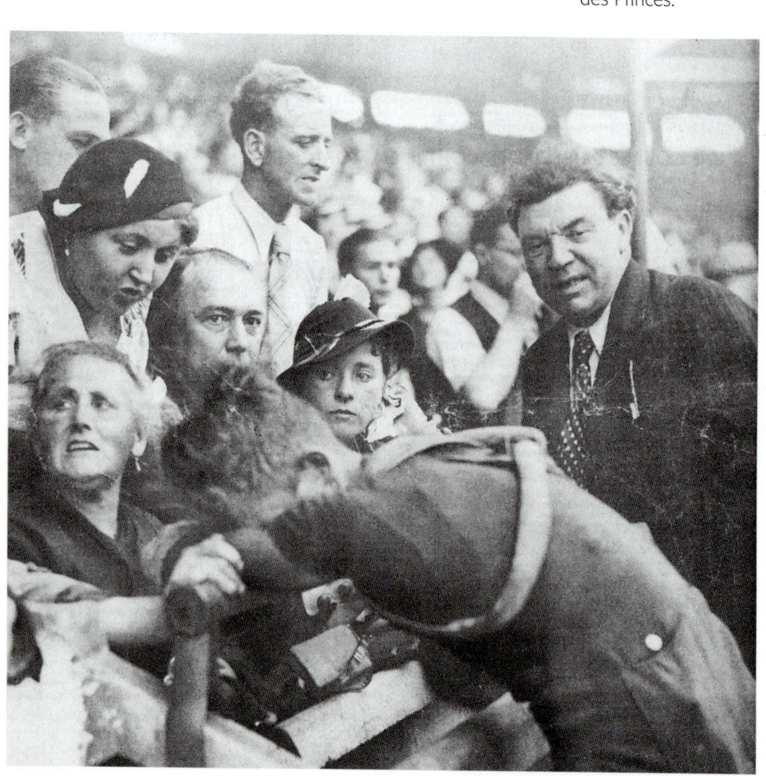

4 juillet

Sauvé par la barrière

La première étape du Tour, Paris-Lille, ressemble à Paris-Roubaix. Après Doullens, sur un mauvais secteur pavé, le petit belge Romain Maës s'en va tout seul, provoquant la débandade du peloton. Derrière, huit coureurs sont pointés à deux minutes à Béthune, suivis, beaucoup plus loin, par des grappes d'hommes éparpillés sur les pavés. Le groupe de contre-attaque se réduit bientôt aux Belges Edgard De Caluwe et Jean Aerts et aux Français Charles Pélissier et Antonin Magne. Ces quatre hommes sont en passe de rejoindre Maës lorsque le passage à niveau d'Haubourdin se ferme devant eux. Tout espoir de reprendre le fugitif s'envole. La bande des quatre dispute le sprint pour la deuxième place, à une minute de Maës, Maillot jaune. ❍

11 JUILLET

« Tonin » a de la peine

La France entière attend un nouveau sacre d'Antonin Magne. 2e au classement général à seulement cinq minutes de Romain Maës, « Tonin » a décidé d'attaquer dans la terrible étape Aix-Grenoble. Mais, dès la sortie d'Aix, une cassure se produit dans le peloton, laissant une dizaine d'hommes prendre les devants. Magne et le peloton, qui pensaient rouler en touriste jusqu'au pied du Télégraphe, ne sont pas équipés du bon braquet pour mener la poursuite. Les coureurs doivent donc s'arrêter, dans un énorme désordre. Une voiture suiveuse fait un brusque écart pour éviter l'imprudent Hubatz, qui ne s'est pas rangé sur le côté de la route pour changer sa roue. Ce coup de frein brutal provoque un carambolage, véhicules et coureurs sont inextricablement emmêlés. Certains coureurs se relèvent avec seulement quelques égratignures, mais le Belge Gustave Dannels est blessé au visage, et Antonin Magne, qui a percuté, tête baissée, l'arrière d'une voiture, est à demi inconscient. Les minutes passent et le Français peine à retrouver ses esprits. C'est son ami André Leducq, qui s'est arrêté aussitôt, qui parviendra à le faire revenir à lui. Leducq le hisse sur sa machine et ils repartent tous les deux. Alertée, toute l'équipe de France vient au secours de son leader. Pourtant, peu avant le sommet du Télégraphe, malgré son courage, Magne doit mettre pied à terre. Une déchirure musculaire lui interdit les efforts violents. Il s'en va cacher sa peine au fond d'une voiture qui l'emporte loin du Tour. Il n'assistera pas à la fabuleuse ascension du Galibier par l'Italien Camusso, qui reprend dix minutes à Romain Maës au classement général. ❍

28 juillet

TOUR DE FRANCE

L'émotion de Romain Maës

Le Maillot jaune Romain Maës pouvait-il rêver plus belle apothéose que de remporter la dernière étape au Parc des Princes. Détaché depuis Ville-d'Avray, le Belge est d'abord rejoint par René Le Grevès, Félicien Vervaecke, 3e au général, Ambrogio Morelli, 2e, et Paul Chocque. Mais les deux Français, heurtés par une voiture du service d'ordre, sont lâchés. Les trois premiers du classement général pénètrent ensemble sur le vélodrome. Dans l'avant-dernier tour, le Belge réussit à lâcher ses adversaires et, dans une formidable ovation, franchit la ligne d'arrivée en vainqueur. Il descend alors rapidement de vélo et s'élance vers la loge où sa mère l'attend. L'étreinte qui suit fera couler beaucoup de larmes dans les chaumières flandriennes. ❍

31 octobre

Olmo crée la surprise

Sans crier gare, à l'improviste, et sans aucune préparation spécifique, l'Italien Giuseppe Olmo bat le record de l'heure sans entraîneur, en couvrant 45,090 km, pulvérisant le précédent record détenue par le Français Maurice Richard (44,777 km). En présence des indispensables officiels, alertés à la hâte, il profite d'une accalmie entre deux averses et s'élance sur la piste d'un Vigorelli de Milan totalement désert, les *tifosi* n'ayant pas été prévenus de cette tentative. Bien qu'on ait fait brûler de l'essence pour accélérer le séchage de la piste en bois, elle reste encore humide. Pourtant, toujours en avance sur les temps de Richard et poussant un développement de 24×7 (7,34 m), il bat dès le quatrième kilomètre tous les records mondiaux. ❍

11 NOVEMBRE

Six Jours de bagne pour Charles Pélissier

L'équipe phare de ces Six Jours de Paris est constituée par Antonin Magne et Charles Pélissier, qui ont pour adversaire les redoutables Italiens Learco Guerra et Guiseppe Olmo. Les deux équipes dominent tellement l'épreuve qu'elles prennent un nombre incalculable de tours à leurs rivaux. Le public parisien, hostile à l'Italie en guerre contre l'Éthiopie, soutient énergiquement « Tonin le Taciturne » et le sémillant Charles. Alors que ces deux équipes se neutralisent, la direction du vélodrome intervient pour permettre aux équipes attardées de regagner du terrain. La surprise est ensuite totale lorsque le speaker annonce que Guerra-Olmo ont un tour d'avance sur Magne-Pélissier alors que les spectateurs voient toujours les deux formations dans le même tour. Dans les gradins, et même dans les loges, les protestations fusent. Au même moment, Charles Pélissier s'arrête et disparaît dans le coin réservé aux coureurs. La contestation tourne rapidement à l'émeute. Le public jette des bouteilles sur la piste que les coureurs ont désertée. Sommé de reprendre son vélo par les organisateurs, Pélissier refuse et insiste : « Qu'ils cassent tout, ça m'est égal ! J'ai consenti trop de sacrifices pour ces Six Jours où je ruine ma santé. C'est fini, j'abandonne. » Finalement, au bout d'une heure de discussions, le Français reprend la piste, à bout de nerfs, mais remercié par les autres coureurs pour cette heure de repos supplémentaire et bienvenue. ❍

• Dans un Vigorelli désert, Guiseppe Olmo crée la sensation en franchissant la barre des 45 km/h.

• Pendant les Six Jours de Paris, Charles Pélissier étudie dans sa cabine le braquet qu'il utilisera pour ses grands débuts dans le demi-fond.

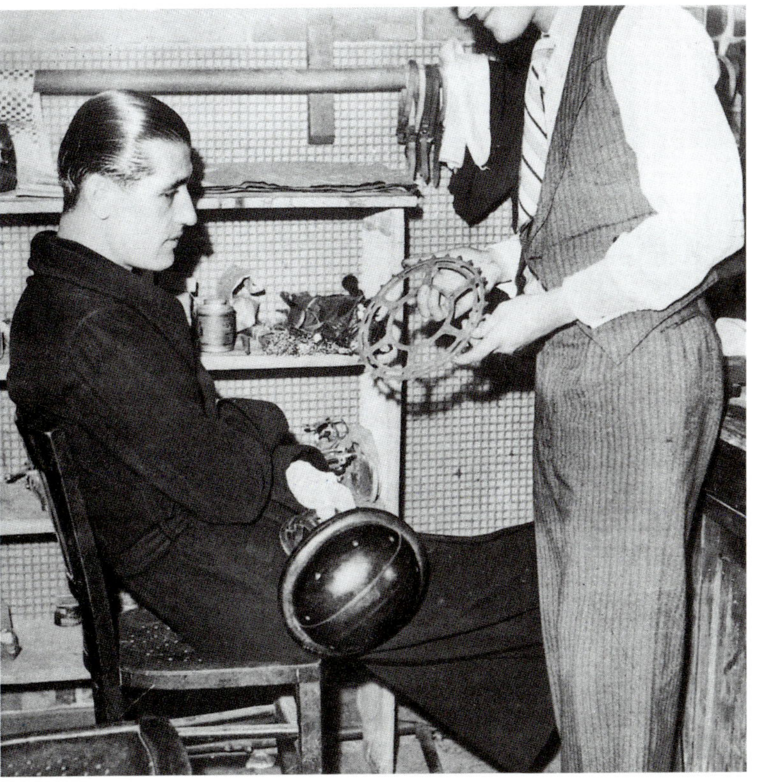

• Speicher enlève Paris-Roubaix au sprint devant le Belge Romain Maës.

• Ci-dessous : dans le Grand Prix Wolber, une erreur de parcours oblige les cinq échappés à rebrousser chemin.
En bas : les supporters de Raffaele Di Paco ont inventé une nouvelle manière d'encourager leur idole.

23 février

Un pur grimpeur

La course de côte du mont Agel s'apparente vraiment à une étape de montagne du Tour de France depuis que les organisateurs en ont allongé la distance. Le départ de Nice, donné par Maurice Chevalier et par l'ancien champion cycliste Gustave Garrigou, libère les quarante-deux concurrents. Le triple vainqueur de l'épreuve, l'Italien Luigi Barral, s'échappe en compagnie de l'Azuréen Nello Troggi. À mi-col, Barral s'échappe irrésistiblement et surclasse tous ses rivaux, en particulier Dante Gianello et l'Espagnol Vicente Trueba, qui finira seulement 11e. Incontestablement l'un des plus grands grimpeurs de sa génération, Barral tenait particulièrement à gagner cette épreuve pour se voir ouvrir les portes de l'équipe italienne dans le Tour de France. ❍

8 mai

Tanneveau se place

On attend avec curiosité l'étape de montagne Saint-Étienne-Roanne, qui influe toujours sur le résultat final du Grand Prix Wolber. Mais le règlement, interdisant aux directeurs sportifs et aux directeurs de clubs de ravitailler les coureurs en boyaux, provoque une véritable hécatombe. Sur les très mauvaises routes des cols de la Croix-de-l'homme-mort et du Béal, des dizaines de coureurs jonchent le bord de la route, en train de réparer un boyau défaillant, et une douzaine d'entre eux sont contraints à l'abandon, faute de munitions. La révélation du jour, Robert Tanneveau, également vainqueur final, aussi excellent grimpeur que le jeune Paul Maye, semble en bonne position pour revendiquer auprès d'Henri Desgrange une place au Tour. ❍

12 AVRIL

Speicher sort les Belges

C'est à Georges Speicher qu'il revient d'interrompre dans Paris-Roubaix la longue série de victoires des Belges, ces terribles Flandriens, hommes des pavés, de la boue et de la poussière noire. Cette année-là, l'« Enfer du Nord » est rendu réellement terrible par les conditions météorologiques. Pendant plus de la moitié de l'épreuve, les coureurs luttent contre un vent impitoyable, la neige et les rafales de grêlons. À chaque village, à chaque auberge, ils quittent la course par paquets entiers. Après Amiens, ils ne sont plus que soixante en course, sur cent cinquante partants. À soixante-dix kilomètres de l'arrivée, Gaston Rebry, triple vainqueur de Paris-Roubaix, attaque en tête ce difficile secteur pavé. Son allure est impressionnante. Speicher éprouve de grosses difficultés à rester dans son sillage. À Hénin-Liétard, un groupe de douze hommes, composé de onze Belges et de Speicher, aborde en tête les trente derniers kilomètres. Rebry imprime toujours un rythme de forcené et la sélection se fait par l'arrière. À Camphin, il ne sont plus que sept en tête mais Hendrickx, Wauters et Rossi cèdent à leur tour. Et voilà que Romain Gyssels, revenu à la route après une incursion dans le demi-fond, se relève également, épuisé. Les trois rescapés pénètrent ensemble sur l'immense piste de l'hippodrome des Flandres. À cinquante mètres de la ligne, au moment de démarrer, Speicher semble patiner sur la cendrée humide et Romain Maës le menace sérieusement sur la droite. Confusion, accrochage même. L'arrivée est extrêmement serrée mais Speicher l'emporte d'une dizaine de centimètres devant Maës et Rebry. ❍

23 mai

La guerre trouble la Vuelta

En France, la deuxième Vuelta passe inaperçue mais connaît un succès considérable de l'autre côté des Pyrénées. En raison des troubles graves qui règnent en Espagne, les organisateurs ont renforcé les mesures de sécurité. Ainsi des motards de la police encadrent-ils en rangs serrés le peloton et toutes les échappées. Des incidents auront néanmoins lieu. Dans la seizième étape, Gijón-Ribadco, la caravane est arrêtée par des grévistes à Oviedo. Les coureurs rebroussent chemin et font un détour de cent kilomètres. Mais, comme le contrôle de ravitaillement prévu ne peut être atteint, ils décident de mettre pied à terre et s'installent dans un restaurant où ils déjeunent tranquillement. ❍

● Les coureurs du deuxième Tour d'Espagne sont encadrés par la police motocycliste, guerre civile oblige.

28 mai

Les premiers tags sont à la gloire de Di Paco

Pour la première fois, dans le Giro et durant le contre-la-montre entre Padoue et Venise, des supporters, en l'occurrence ceux de Guiseppe Olmo et surtout de Raffaele Di Paco, tracent sur l'asphalte le nom de leur favori, précédé de la lettre W qui signifie *Eviva* (Vive). Bien dans la tradition du peuple romain, amateur de graffitis, ces inscriptions jalonnent désormais toutes les routes du Tour d'Italie. Il est vrai que le sprinter Di Paco est devenu l'idole des Italiennes. Très élégant et sensible au regard féminin, Raffaele fait rêver l'Italie provinciale depuis son mariage, en France, avec la fille d'un riche fabricant italien de meubles. ❍

7 JUIN

Gino Bartali prend la relève et gagne son premier Giro

Décidément, le Giro s'enfonce au fond de sa botte. L'Italie fasciste, désavouée par la Société des nations, a rompu toute relation sportive avec l'extérieur. Aucun étranger ne participe donc à cette édition, mais les *tifosi* sont toujours dans l'attente d'un nouveau *campionissimo*. Une polémique prend forme après dix jours de course. Toutes les arrivées se concluent par un sprint massif du peloton. Certains accusent les coureurs de rouler trop lentement, d'autres soutiennent le contraire, affirmant qu'avec les moyennes horaires dorénavant très élevées, il est devenu impossible de s'extraire du peloton. Le résultat de cet état de fait est surprenant. À Naples, au terme de la sixième étape, huit coureurs sont classés à la première place du classement général. C'est Alfredo Bini, premier aux points, qui endosse le Maillot rose. Le lendemain, en remportant un nouveau sprint, Guiseppe Olmo rejoint son compatriote au classement au temps et par points. Les organisateurs décident donc de faire partir les deux hommes en rose. Cette ambiguïté ne dure qu'une seule journée puisque Olmo prend un léger avantage sur son rival à Bari. Ces péripéties n'empêchent pas Gino Bartali de remporter son premier Tour d'Italie, devant Olmo à 2 min 17 s, et de mettre à la retraite anticipée les vieilles gloires du cyclisme transalpin, Learco Guerra, Dominico Piemontesi, Francesco Camusso, Alfredo Bovet et Vittorio Bergamaschi. ❍

● Gino Bartali, à droite, en compagnie de son compatriote Del Cancia, va remporter son premier Tour d'Italie.

● Lors de la première étape du Tour, Maurice Archambaud et le Suisse Egli traversent Carvin en tête, sous le déluge.

7 juillet

Le Tour débute par un jeu de massacre

La première étape du Tour réserve toujours des surprises. Cette année, la tradition est encore respectée. Les coureurs, pris de plein fouet par une tornade, vivent cette journée comme un calvaire. Entre Lens et Lille, un terrible orage déverse des torrents de boue noire de part et d'autre de la route. Pris dans cette tempête, aveuglés par les trombes d'eau, les infortunés coureurs sont balayés comme des fétus de paille. Certains, découragés, écœurés, comme René Vietto, mettent pied à terre pour se réfugier dans un café. À ce jeu de massacre, ce sont le Suisse Paul Egli, le vainqueur, et le Français Maurice Archambaud qui sauront le mieux limiter les dégâts. ❍

27 JUILLET

Sylvère Maës assomme Magne dans les Pyrénées

La dernière étape pyrénéenne, celle des quatre cols, Peyresourde, Aspin, Tourmalet et Aubisque, confirme la supériorité du Belge Sylvère Maës, simple homonyne du vainqueur du Tour 1935, Romain Maës. Les quarante-trois rescapés ont pris la précaution de passer sous leurs maillots d'épais journaux protecteurs car la brume et la pluie menacent. Ce n'est que dans la descente de Peyresourde que la course se dénoue. Antonin Magne, leader de l'équipe de France et seul à pouvoir encore contester la victoire finale à Maës, est victime d'une crevaison. Son équipier Raoul Lesueur lui passe rapidement sa roue mais, devant, Maës et Félicien Vervaecke, les deux complices, démarrent à fond et se détachent en compagnie du touriste-routier Yvan Marie. Au pied du Tourmalet, tout est encore possible pour Magne qui n'a que deux minutes de retard. Mais alors qu'il est sur le point de rejoindre Maës au sommet du col, il perd de précieuses secondes à changer de braquet avant la descente. Dans l'Aubisque, Vervaecke casse son cadre et doit monter à pied, en pleurant, et en jetant un regard de détresse vers Maës qui s'enfuit, s'envole même, lâchant au passage le courageux Marie. Comme la camionnette de secours n'est pas là, le malheureux saute sur le premier vélo venu, ce qui lui vaudra, à l'arrivée, une pénalisation de dix minutes. Quant à Maës, il creuse des écarts définitifs au sommet de l'Aubisque : cinquante-cinq secondes sur Vervaecke, 8 min 6 s sur Marie et 11 min 55 s sur Magne. Avec vingt-six minutes d'avance sur le Français, le nouveau Maillot jaune remonte triomphalement vers Paris. ❍

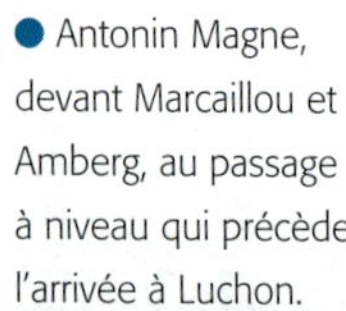

● Antonin Magne, devant Marcaillou et Amberg, au passage à niveau qui précède l'arrivée à Luchon.

25 juillet

Les touristes se rebiffent

Après les succès de Jean-Marie Goasmat à Briançon et de Léon Level à Digne, la nouvelle victoire d'un touriste-routier, celle du Français Sauveur Ducazeaux, dans l'étape de montagne Perpignan-Luchon, suscite la colère des observateurs. En effet, dans les étapes les plus difficiles, ce sont ces jeunes coureurs sans logistique ni équipier qui surclassent les membres des équipes nationales. Ces derniers semblent plus soucieux de remplir les caisses de leur formation que de briller sur la totalité du parcours. Ainsi Le Grevès se réserve-t-il exclusivement pour les contre-la-montre. Les indépendants expriment donc leurs doléances à la direction du Tour : ils souhaitent désormais être traités sur un pied d'égalité avec les « nationaux », français ou étrangers. ❍

6 août

Ces douteux JO de Berlin !

La finale de vitesse des Jeux olympiques de Berlin est le théâtre d'un incident qui va profondément choquer l'opinion publique internationale en ces temps politiques agités. La course oppose l'Allemand Toni Merkens au Hollandais Arie Van Vliet. Ce dernier démarre très tôt mais il se fait carrément barrer le passage par son adversaire. Sagement, il se remet dans la roue de l'Allemand pour attaquer franchement aux 200 mètres. Mais, là encore, Merkens balance outrageusement Van Vliet, qui coupe son élan, persuadé que son adversaire sera disqualifié ou que la finale sera recourue. Le clan hollandais dépose une réclamation, qui est acceptée par les juges. Mais la sanction va provoquer un vif émoi : cent marks d'amende pour le fautif, qui conserve son titre ! ❍

3 septembre

C'est la tortue

Les six finalistes de la finale du championnat du monde de demi-fond (100 km) sont prêts pour le départ derrière leurs motos respectives. L'Italien Severgnini, qui a tiré le numéro un, est nettement avantagé mais c'est l'Allemand Metze, considéré comme le grand favori, qui prend immédiatement la tête. Il passe le Français André Raynaud puis Georges Ronsse. Seul Charles Lacquehay lui oppose une farouche résistance. Le duel entre les deux *stayers* va se poursuivre pendant les trois quarts de la course. C'est alors que, dans les derniers kilomètres, le sage et prudent Raynaud démarre rageusement, passant en trombe Lacquehay et Severgnini, pour, dans un dernier effort, obliger Metze à s'avouer vaincu. Par cette victoire, Raynaud, au mépris de tous les pronostiqueurs, cause la plus belle surprise de ces championnats. ❍

6 SEPTEMBRE

Tout vient à point qui sait attendre

Antonin Magne, grand malchanceux du cyclisme, éternel second des grandes compétitions, trouve enfin, à 33 ans, la récompense de dix années d'efforts en gagnant à Berne le championnat du monde sur route. Pour une fois donc, la chance a été de son côté. « Crevaison, crevaison... », hurle sans arrêt le haut-parleur de la tribune. Mais Magne, lui, ne crève pas. René Le Grevès, Paul Chocque, Édouard Speicher, Jean Aerts, Raffaele Di Paco et beaucoup d'autres encore sont éliminés avant même le cinquième tour. À ce moment-là, une échappée se développe, comprenant Guiseppe Olmo, le Belge Alb Van Schendel, le Suisse Léo Amberg, l'Allemand Georg Umberhauer et Antonin Magne. Contrairement à son habitude, le Français décide d'attaquer. L'allure est très rapide et les accidentés n'ont plus aucune chance. Au dix-neuvième tour, Magne se détache avec deux coureurs revenus de l'arrière, le Belge Gustave Deloor et le Danois Hansen Grundhal. Deloor ayant crevé, Tonin reste avec le Danois, alors qu'il reste soixante-treize kilomètres à courir. Le Français baisse la tête et fonce, sans jamais diminuer la cadence, bien relayé par son compagnon d'échappée. Après avoir résisté longtemps, Grundahl doit s'arrêter, à bout de forces, s'écroulant au milieu de la route. Dopé par la perspective de cette prestigieuse victoire, Magne, irrésistible, termine ce championnat du monde avec 9 min 29 s d'avance sur l'italien Alfredo Bini et sur le Hollandais Théo Middlekamp. ❍

● Le Maillot jaune, Sylvère Maës, est en tête devant son compatriote Félicien Vervaecke et le touriste-routier Yvan Marie, dans l'ascension du Tourmalet.

● Le vieux Benoît Faure remporte les Six Jours de Saint-Étienne. Ci-dessous : « Tonin » Magne survole le championnat du monde et termine avec 9 min 29 s d'avance sur le second, Alfredo Bini.

Albert Marquet réalise la plus grande vitesse jamais atteinte à bicyclette : 139,902 km/h.

René Le Grevès, à gauche, et Roger Lapébie dans la côte de la Croix-de-l'homme-mort ; ils franchiront la ligne d'arrivée ensemble et seront déclarés vainqueurs ex-aequo de ce Critérium national de la route.

15 avril

139 km/h en bicyclette !

La vogue des records de vitesse semble revenue chez les pistards. Le *stayer* Georges Paillard a battu, il y a peu de temps le record derrière moto à Monthléry, sur 2,5 km, à la moyenne de 137,330 km/h. Et c'est un autre Français, résidant à New York, Albert Marquet, 31 ans, qui réalise la plus grande vitesse jamais atteinte par une bicyclette. Il couvre à Los Angeles un mile derrière voiture à 139,902 km/h. La voiture est équipée d'un carénage arrière faisant quasiment office d'aspirateur. Pour le coureur, protégé du vent non seulement par l'avant mais aussi sur les côtés, l'abri est total. Évidemment, enfermé dans sa « boîte », Marquet ne peut prendre aucun virage. Il améliore le record que détenait l'Américain Frank Bartell, avec 129,524 km/h pour un mile. ❍

21 mars

Le Grevès et Lapébie main dans la main

Lorsque Roger Lapébie et René Le Grevès sortent du peloton, dans la côte de Châteaufort, juge de paix de ce Critérium national de la route, il ne fait plus de doute que cette échappée sera décisive tant les deux hommes dominent. La seule question en suspens est de savoir lequel des deux va l'emporter à Buffalo. Les équipiers résolvent le problème d'une manière tout à fait inattendue et inédite, en passant la ligne main dans la main, épaule contre épaule, roue contre roue. Le juge d'arrivée ne peut guère faire autrement que de déclarer le *deat heat*, c'est-à-dire une arrivée ex-aequo. D'ailleurs, il est dans l'impossibilité de désigner un vainqueur tant leur mouvement était réglé avec précision. ❍

29 MARS

Jules Rossi profite du marquage des favoris

La déroute des favoris de Paris-Roubaix profite à un jeune Italien de Paris, Jules Rossi. La rivalité entre les directeurs sportifs des grandes équipes a provoqué une course d'attente où l'objectif premier est de surveiller les hommes en forme, Roger Lapébie et René Le Grevès. Après une période d'observation, Fernand Mithouard décide d'attaquer vers Pontoise. Il prend une avance confortable avant d'être rejoint par six hommes, dont Maurice Archambaud. Le peloton reste inerte. Les coureurs laissent l'initiative de la poursuite à Lapébie et Le Grevès mais ceux-ci rechignent. Les contre-attaques se multiplient alors, si bien qu'à Arras, le groupe de tête ne compte pas moins de soixante coureurs. Puis Jules Rossi démarre sur les affreuses chaussées de Seclin, transformées par la pluie en fondrières de boue noire. L'homme de tête emmène avec lui sept hommes et la sélection se fait progressivement au milieu de l'invraisemblable cohue des voitures suiveuses. Un peu plus loin, l'Italien César Moretti s'extrait du groupe et, avec une formidable énergie, fonce vers Roubaix. Il semble s'envoler vers la victoire lorsque, à quinze kilomètres de l'arrivée, il tombe malencontreusement et, de surcroît, voit un de ses boyaux rendre l'âme. Puis Rossi attaque à son tour mais, quelques centaines de mètres plus loin, un passage à niveau fermé met un terme à son échappée. Il devra attendre le sprint où il l'emporte facilement devant quatre Belges : Hendrickx, Declercq, Van de Pitte et Lievens. ❍

7 avril

Le diable déçoit

Les vingtièmes Six Jours de Paris débutent au Vel d'hiv avec la même ferveur populaire que pour les éditions précédentes. Cette année, l'équipe française, composée d'Émile Diot et d'Émile Ignat, les « diables rouges », a acquis les faveurs du public par son ardeur et sa bonne humeur. Les deux compères rentrent d'une brillante campagne américaine, où ils ont terminé à la première place des Six Jours de Chicago et à la deuxième de ceux de New York. C'est l'aviatrice Maryse Bastié qui donne le départ aux quinze équipes engagées. Dès les premiers jours, la lutte est serrée entre huit équipes qui se tiennent dans un tour. Finalement, dans les dernières heures, le Belge Albert Billiet et le Hollandais Wals l'emportent de deux cent cinquante points sur Guerra-Di Paco. Diot-Ignat ne terminent que 8e.

9 mai

Chocque aime les derbys

Le premier derby de Saint-Germain connaît un énorme succès avec cinquante mille spectateurs massés autour d'un circuit utilisé autrefois par les concurrents du Bol d'Or motocycliste. La course, disputée derrière motos sur trois cents kilomètres, soit soixante-douze tours de 4,180 km, est un Bordeaux-Paris en modèle réduit. Et c'est le héros du derby 1936, Paul Chocque, qui l'emporte. Pourtant, une crevaison au treizième tour le contraint à utiliser un vélo de femme sur une bonne moitié du circuit. Plus habile dans les deux cent seize virages en épingles à cheveux, le Marseillais devance Raoul Lesueur d'un tour et Jean Noret de deux. La moyenne de plus de 50 km/h est tout à fait remarquable compte tenu de la pluie persistante.

30 MAI

Y aura-t-il un coureur à l'arrivée ?

Seuls neuf concurrents prennent le départ de ce quarante-troisième Bordeaux-Paris. Et vers Tours, quatre abandons soudains sonnent comme le signal d'une déroute. Roger Lapébie, en tête depuis Bordeaux, quitte brusquement la course à Sainte-Maure alors qu'il possède plus de six minutes d'avance sur Somers. Souffrant de violentes douleurs aux reins, il est à bout de forces. Il est suivi par Speicher, Noret, Bonduel et Auville. Pire, à mi-parcours, la direction de la course annonce que René Debenne, retardé dès le début, et Benoît Faure, victime d'une chute, renoncent également à la lutte. Il ne reste alors que deux concurrents, le Belge Jef Somers et le Français Louis Thiétard. Les vieux suiveurs, nostalgiques du passé glorieux de Bordeaux-Paris, imaginent alors le ridicule de voir la course se terminer sans coureur. L'autre surprise provient de la présence de ce jeune Belge de 20 ans, Somers, complètement inconnu et inexpérimenté. À cent kilomètres de l'arrivée, Somers se retrouve seul avec six minutes d'avance sur Thiétard. « C'est toi qui va gagner », lui hurle son directeur sportif. Le Belge fonce, sans jamais se plaindre, sans un geste d'impatience. Il se nourrit de l'herbe des prés que lui fournit un entraîneur de réserve. À Orléans, son avance passe à 26 min 30 s, en raison d'une défaillance de son seul adversaire, Thiétard. Somers, continuant sur sa formidable lancée, sans connaître aucun fléchissement sur les cinq cent soixante-douze kilomètres du parcours, arrive dans un Parc des Princes interloqué, 1 h 03 min avant Thiétard.

Les populaires Maurice Diot, à droite, et Émile Ignat s'inclinent devant la paire Billiet-Wals aux Six Jours de Paris.

Dans Bordeaux-Paris, le Belge Jef Somers est copieusement arrosé alors que la chaleur a provoqué l'abandon de tous les coureurs, à l'exception de deux. En bas : Louis Thiétard répond aux questions du journaliste Georges Briquet après sa deuxième et dernière place.

● L'équipe belge du Tour, avec Félicien Vervaecke, cigarette aux lèvres, et Sylvère Maës, à sa gauche, quitte la gare d'Orsay après son abandon collectif.

30 juin

Des vélos à trois vitesses autorisés

Le dérailleur est enfin reconnu sur le Tour. Tous les vélos jaunes marqués « L'Auto » disposent cette année d'un « Super-Champion » à trois vitesses. Jusque-là, Henri Desgrange s'était opposé à l'usage du changement de vitesse, en vigueur dans toutes les autres compétitions. Le « Patron » tenait à privilégier la débrouillardise de ceux qui savent changer de développement sans s'empêtrer dans leur chaîne. Mais Desgrange doit s'incliner devant le progrès. Dérivé du *cambio* italien, ce dérailleur présente un tendeur de chaîne, une forme de bras articulé situé sous le pédalier. Pour changer de vitesse, il suffit d'actionner une manette animant latéralement une fourchette fixée sous la roue libre. ❍

8 juillet

Une baignade tragique

Comme prévu, Gino Bartali survole ce début de Tour. Dans la huitième étape, entre Grenoble et Briançon, Jules Rossi emmène sur une route sinueuse et glissante un groupe de contre-attaque avec le Maillot jaune et Francesco Camusso. Après la traversée d'Embrun, au passage d'un pont en bois, Rossi dérape et tombe, entraînant dans sa chute Bartali. Celui-ci, emporté par son élan et projeté en l'air, passe par-dessus la rambarde et plonge dans le torrent. Il est récupéré par son équipier Camusso, mais souffre de violentes douleurs à la poitrine et respire avec difficulté. Son bras et son genou gauche ruissellent de sang. Il rejoint tant bien que mal l'arrivée dans son maillot jaune couvert de sang et de boue mais devra abandonner quatre jours plus tard, à Marseille. ❍

● Dans le train Bordeaux-Paris, de gauche à droite, Lowie, Vervaecke, Kint et Sylvère Maës.

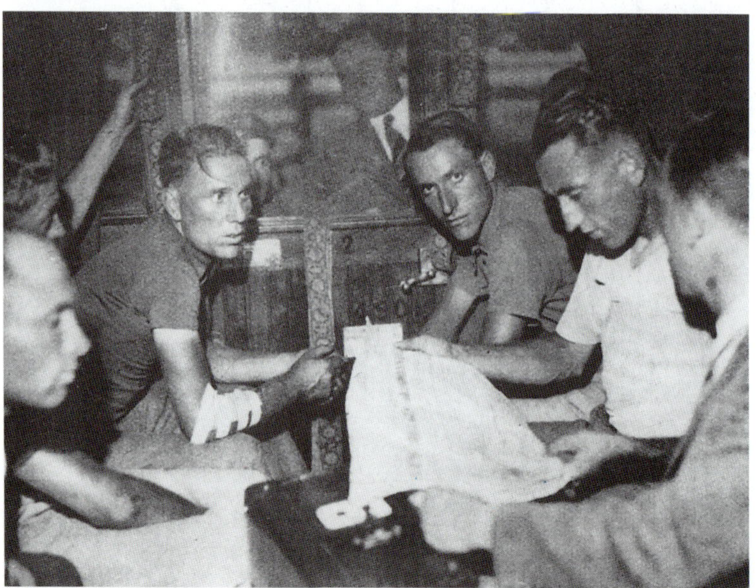

21 JUILLET

L'équipe belge quitte le Tour !

C'est une véritable atmosphère d'émeute qui règne à Bordeaux. Elle aboutira à une décision brutale et inédite dans les annales du Tour : l'abandon pur et simple de toute l'équipe nationale belge. L'incident qui a entraîné ce coup de théâtre s'est produit la veille, à trente-cinq kilomètres de Bordeaux, lorsque le Maillot jaune, Sylvère Maës, crève. Aussitôt c'est la fuite éperdue des Français, en particulier de Roger Lapébie, 2e au classement général à trois minutes seulement du Belge, quatre jours avant l'arrivée à Paris. L'écart grandit et, à Bordeaux, Lapébie reprend 2 min 23 s. Sur la ligne, Maës apprend qu'il est pénalisé de quinze secondes pour avoir reçu de l'aide d'un indépendant, le Belge Deloor, qui n'appartient pas à l'équipe nationale. Puis le public bordelais s'en prend aux coureurs et aux journalistes belges. Le Maillot jaune évoque la fermeture délibérée d'un passage à niveau juste avant l'arrivée du peloton qui chassait derrière Lapébie : « Éloi Meulenberg a reçu du poivre à la figure, Disseaux a été frappé. Cela n'est plus une course mais une guerre. »
Puis Félicien Vervaecke accuse Lapébie d'être à l'origine de tous les maux qu'endure l'équipe belge : partialité de la presse française, chauvinisme du public du Sud-Ouest, pénalisations insuffisantes de Lapébie dans la montagne. Jusqu'au dernier moment, la direction espère que les Belges reviendront sur leur décision. Le départ de l'étape Bordeaux- Royan est même retardé, mais en vain, car les coureurs belges ont pris la direction de la gare pour rentrer directement chez eux. ❍

25 août

La discipline soviétique

L'Union soviétique a aussi son Tour cycliste. Il se déroule en quatorze étapes et sur deux mille cinq cent neuf kilomètres. Cent soixante-quatre coureurs s'élancent à Moscou sur les larges avenues de la capitale. Le contraste est absolument saisissant avec les départs des courses belges, italiennes et françaises, où cyclistes resquilleurs et voitures plus ou moins officielles se mêlent sans scrupule aux coureurs. Ici, chacun ne s'avance qu'à l'appel de son nom, dans un ordre et une discipline impeccables. Les nombreux spectateurs restent sagement à l'écart, sans débordement d'enthousiasme. La grande majorité des concurrents sont moscovites, mais quelques « étrangers » participent aussi à la course, qui viennent d'Ukraine, de Biélorussie ou des Pays baltes. ❍

29 août

Six récidives

Après Rome, Paris, Leipzig, Bruxelles et Zurich, Jef Scherens remporte son sixième titre consécutif de champion du monde de vitesse professionnel. À l'arrivée, l'ancien champion Ellegaard, qui conquit également le trophée à six reprises, lui décerne le titre de « meilleur sprinter du siècle ». Opposé en finale au jeune Hollandais Arie Van Vliet, champion du monde amateur l'année précédente, Scherens part derrière son adversaire. Plaçant un démarrage foudroyant à l'entrée de la ligne opposée, Van Vliet est toujours en tête à la sortie du dernier virage. D'un seul mouvement, les spectateurs se lèvent devant l'incroyable résistance du Hollandais. C'est alors que Scherens, d'un véritable bond de félin, jaillit à hauteur de son rival et, en trois coups de pédales, s'impose d'une demi-roue, dans un temps éblouissant. ❍

3 NOVEMBRE

L'obstination récompensée d'Archambaud

En l'espace d'un an, le record de l'heure sans entraîneur aura été battu trois fois. Après les 45,325 km du Français Maurice Richard et les 45,485 km du Hollandais Frans Slatts, en septembre, toujours au Vigorelli de Milan, le « temple des records », voici que le Français Maurice Archambaud décide de relever le défi. Il a suivi sur la pelouse du vélodrome la performance de Slatts et n'en est toujours pas revenu. En effet, Slatts a débarqué à Milan en touriste, passant une bonne partie de la nuit dans les bars de la ville. Deux jours plus tard, Archambaud se met en piste mais une crevaison, à quatre minutes de la fin, lui ôte tout espoir alors qu'il était en avance sur les temps du Hollandais. Il prolonge alors son séjour milanais et, le 29 octobre, se remet en selle mais s'arrête volontairement à la trente-neuvième minute, un vent violent s'étant levé. L'entreprise s'éternise, Henri Desgrange, le financier de l'opération, exige le retour du coureur et de son manager, le journaliste de *L'Auto* Jean Leulliot, menaçant même de licencier ce dernier. Les deux hommes refusent de rentrer à Paris et leur obstination va enfin payer. Profitant d'une éclaircie dans le ciel milanais, Archambaud porte le record à 45,840 km. La huitième tentative aura donc été la bonne. Une heure après l'exploit du Français, Jean Leulliot reçoit un appel téléphonique de Desgrange. Il est réintégré à la rédaction de *L'Auto* et son directeur lui commande de rédiger, au plus vite, un article sur ce record de l'heure. ❍

Le Belge Jef Scherens enlève son sixième titre mondial de vitesse, devant le Hollandais Arie Van Vliet.

De gauche à droite, Maurice Archambaud, Frans Slaats et Maurice Richard, les trois derniers recordmen de l'heure, sont réunis au Vel d'hiv pour la photo de l'année.

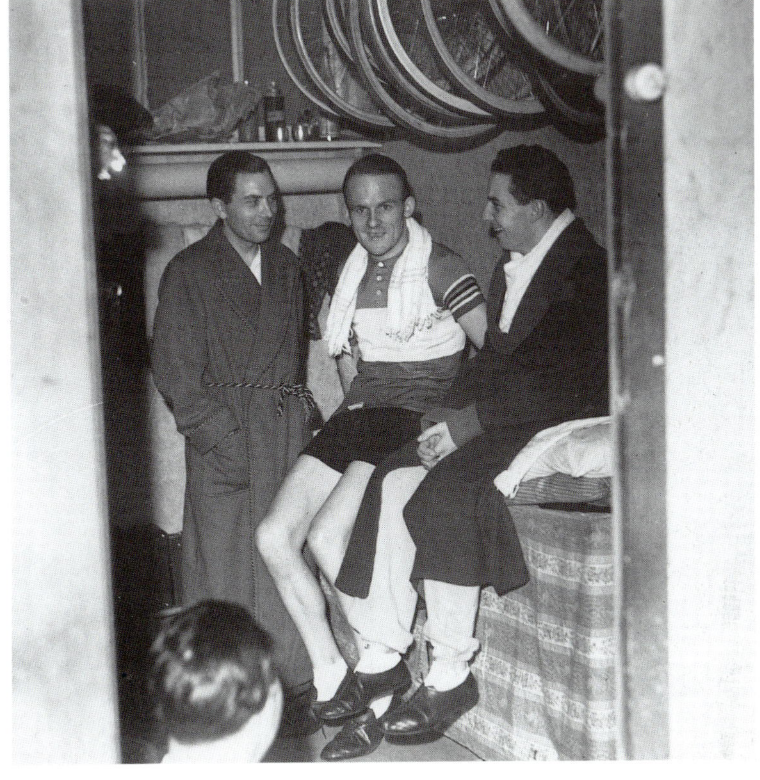

● L'Italien Guiseppe Olmo (en haut) gagne Milan-San-Remo devant Pierino Favalli, Alfredo Bovet, Galateau et Mallet.

● Les coureurs du deuxième Tour du Maroc découvrent un décor pittoresque.

● C'est ici, dans le col de l'Izoard, que Gino Bartali forge son premier succès dans le Tour de France.

19 mars

Milan-San Remo revigoré

Grâce aux efforts de la *Gazetta dello Sport* pour favoriser la présence d'étrangers et refaire la route, jadis infréquentable, Milan-San Remo redevient l'une des plus belles épreuves du calendrier. Les premières heures de course se déroulent à l'impressionnante moyenne de 46 km/h, en raison principalement des multiples échappées des jeunes Italiens. La plus importante est l'œuvre de Mario Vicini, rejoint seulement dans le Turchino par le Français André Déforge. Derrière eux, plusieurs pelotons, disséminés le long de la route, tentent de revenir sur les deux fuyards. C'est chose faite à Alassio, où Guiseppe Olmo, Pierino Favalli, Alfredo Bovet et Bernardo Rogora s'échappent à leur tour. L'arrivée à San Remo est proche et Olmo règle Favalli et Bovet au sprint. ❍

15 avril

Canardo, à l'expérience

Le deuxième Tour du Maroc se joue dans cette cinquième étape, entre Taroudant et Marrakech, avec les trente-cinq kilomètres d'ascension du fameux col du Tizi n'Test, qui culmine à 2 100 m d'altitude. La veille, le jeune Marseillais Louis Aimar a pris la tête du classement général devant le Marocain Roger Chêné et le Tunisien Otman. Dès les premières pentes, trois Marocains, Cultrera, Andrès et Bretonnes, s'échappent sur la route poussiéreuse et franchissent le col en tête, avec dix minutes d'avance sur l'Espagnol Mariano Canardo. Mais, bien meilleur descendeur et fort de l'expérience de plusieurs Tour de France, Canardo rejoint les Marocains avant de s'imposer avec dix-huit minutes d'avance sur Aimar, qui perd par la même occasion sa place de leader. ❍

19 JUIN

Le premier titre de Paul Maye

Quatre ans après son titre de champion de France amateur, le Bayonnais Paul Maye s'impose une nouvelle fois, mais chez les professionnels. Avant de devenir coureur cycliste, Maye, qui s'est essayé à tous les sports, a été joueur de pelote basque, coureur à pied, nageur, gymnaste, joueur de rugby et boxeur (il en a gardé le nez cassé). C'est dire les qualités naturelles de ce futur grand champion. Raoul Lesueur lance la course en s'échappant dès le sixième tour, bientôt rejoint par Charles Pélissier et Marcel Laurent. Puis vient l'heure du Cannois René Vietto, que l'on disait hors de forme. Il s'extrait du peloton pour rejoindre les trois fugitifs, qui roulent pourtant à près de 40 km/h, avec une aisance impressionnante. Comptant une minute d'avance, l'échappée paraît sérieuse. Mais, sous l'impulsion du jovial Maye, le peloton reprend de la vigueur et rattrape les fuyards. Nouvelle manifestation de Maye dans le quatorzième tour, où il part seul mais, s'estimant trop loin du but, il préfère se laisser rejoindre. L'attaque décisive sera en fait portée par Édouard Speicher, qui démarre sèchement. Maye, Roger Lapébie, Marcel Laurent, Vietto, Sylvain Macaillou et Sauveur Ducazeaux comprennent que la course est en train de se jouer et ils reprennent l'ancien champion du monde. Finalement, malgré de nouvelles escarmouches, ce sont ces hommes qui vont se disputer la victoire au sprint. À deux cents mètres du but, la petite silhouette trapue et rageuse de Paul Maye se détache irrésistiblement et il passe la ligne avec trois longueurs d'avance sur Marcaillou et Laurent. ❍

26 juillet

La journée de la soif

Alors que le peloton regagne paisiblement Paris, où Gino Bartali s'apprête à être sacré prince de la montagne et nouveau roi du Tour de France, la dix-septième étape, Besançon-Strasbourg, restera comme la journée de la soif. Tout au long du parcours, les coureurs n'ont en effet qu'une seule obsession : trouver une fontaine, un ruisseau, n'hésitant pas à s'arrêter chez l'habitant pour en ramener une boisson fraîche. Lorsqu'un trésor est enfin découvert, des dizaines d'assoiffés stoppent net et s'agglutinent avec plus ou moins de discipline, autour de la source du bonheur. Ainsi, vers Belfort, à la manière de Moïse faisant jaillir l'eau d'un rocher, c'est Mario Vicini qu'on voit tenter de tirer quelques gouttes d'une fontaine désaffectée. ❍

31 juillet

De concert

Alors que Bartali s'apprête à effectuer, à l'issue de cette vingt et unième étape, son tour d'honneur sur la piste du Parc des Princes, Antonin Magne et André Leducq, 68 ans à eux deux, ont préparé une belle apothéose entre Lille et Paris. Les deux champions français, qui sont du même âge (douze jours seulement séparent « Tonin », l'aîné, de son cadet), ont débuté ensemble dans le Tour 1927 et remporté deux fois chacun la Grande boucle. Tout les unit donc. Il se détachent à Valangougard, à cinquante-cinq kilomètres de Paris, sous une chaleur accablante. Le peloton semble respecter cette échappée et Magne et Leducq pénètrent ensemble dans le Parc des Princes, où cinquante mille spectateurs les acclament, se tenant fraternellement l'épaule sur la ligne d'arrivée. Ils seront classés premiers ex-aequo. ❍

• Lors de la dernière étape, pour marquer leur ultime Tour de France, André Leducq et Antonin Magne, s'échappent ensemble.

22 JUILLET

Qui a empoisonné Gianello ?

À Digne, la veille, le Marseillais Dante Gianello, ce Français né en Italie, a remporté devant le Breton Jean-Marie Goasmat son premier succès d'étape dans le Tour, au terme d'une échappée de cent quinze kilomètres. Après cette brillante victoire, Gianello remonte à la quatrième place au classement général et se met à rêver, au seuil de la terrible quatorzième étape, Digne-Briançon, d'un possible podium à Paris. Sept kilomètres après le départ, Gianello s'empare de son bidon pour se désaltérer. Il fait alors partie du groupe de tête, en compagnie du Maillot jaune, Félicien Vervaecke, et de Gino Bartali. Tout à coup, pris de vomissements et de violents troubles de la vue, il tombe dans le fossé, inanimé. Lucien Avocat, un journaliste, accourt pour le relever mais le coureur, toujours inconscient, met vingt bonnes minutes à retrouver ses esprits. Il reprend son vélo, très attardé, sans comprendre ce qui lui est arrivé. À tout hasard, il donne son bidon à Avocat, qui le transmet au médecin. Ce dernier y décèle trois grammes de strychnine. La tentative d'empoisonnement est évidente. « Si j'avais bu complètement le bidon, j'aurais succombé sur le coup », déclare, effrayé, le pauvre Dante. Mais alors, qui est le coupable ? Gianello reprend la parole : « On a accusé les Italiens. Moi, je suis persuadé que ce sont les Belges. Ils me reprochaient d'être en combine avec Bartali. En fait, je l'admire. C'est mon idole. » Aucune instruction ne sera ouverte et l'affaire en restera là. ❍

• C'est toujours ensemble que les deux amis franchissent la ligne d'arrivée.

Paul Maye est champion de France.

22 JUILLET

Bartali entre dans l'Histoire

Gino Bartali, le prestigieux grimpeur italien, va donner toute la mesure de ses moyens exceptionnels dans cette étape Digne-Briançon. Quatre-vingts kilomètres après le départ, le col d'Allos, qui est entièrement goudronné depuis peu, provoque la première sélection de la journée. Bartali passe le sommet en tête, suivi d'Édouard Vissers, de Victor Cosson, de Guiseppe Martano, de Dante Gianello et du Maillot jaune, Félicien Vervaecke. Dans le col de Vars, le transalpin augmente son avance et, au sommet, il a virtuellement repris la première place au classement général. Puis c'est le dernier col, le plus terrible de tous, le sauvage Izoard, et c'est là que Bartali décide de sortir de sa réserve naturelle pour assommer le Tour. À six kilomètres du sommet, il démarre avec une telle autorité que ses derniers compagnons d'échappée, le Luxembourgeois Mathieu Clemens et ses compatriotes Mario Vicini et Enrico Mollo, qui avaient pourtant réussi à rejoindre l'homme de tête dans la descente du col de Vars, restent littéralement plantés sur place.

La longue plongée vers Briançon amène « Gino le Pieux » en héros sur la ligne d'arrivée. Saisi d'un enthousiasme frénétique, les supporters transalpins fêtent toute la nuit, à l'hôtel de leurs coureurs et dans les rues, la victoire du futur vainqueur du Tour.

Les Italiens, assez discrets dans la Grande boucle depuis quelques années, viennent de frapper un grand coup à l'issue de cette superbe journée. Ils classent en effet cinq de leurs représentants dans les six premiers au classement général.

Le retour triomphal de Marcel Kint dans son village de Zwevelgem, après son succès au championnat du monde sur route.

14 août

Carton plein pour les Italiens

Après avoir remporté le Tour d'Italie, Giovanni Valetti récidive en remportant son deuxième grand Tour, celui de Suisse. Le récent succès de Bartali dans le Tour de France confirme donc la domination des transalpins dans les courses à étapes. Valetti a dominé son sujet, comme Bartali quelques semaines plus tôt sur les routes françaises. Extrêmement prudent dans les étapes de plaine, Valetti démontre un exceptionnel talent de grimpeur, à tel point que nombreux sont les journalistes italiens à le considérer comme supérieur à Bartali dans ce domaine. Il s'adjuge d'ailleurs le Prix de la montagne. Le plus sérieux adversaire de l'Italien aura été le Luxembourgeois Arsène Mersch, qui venait pourtant de finir épuisé le Tour de France.

5 septembre

Marcel Kint, « l'Aigle noir »

Au départ du championnat du monde sur route professionnel, les Italiens Gino Bartali et Mario Vicini se félicitent qu'on ait pu trouver un tel parcours, avec la rude côte de Cauberg, en Hollande. Mais le vainqueur du Tour de France se montre incapable d'escalader correctement cette côte et abandonne aussitôt. La course se résume alors à un affrontement entre les Belges et les Suisses. À trois tours de la fin, le Belge François Neuville fait figure de vainqueur lorsqu'il casse une pédale alors qu'il est seul en tête. La pluie et la répétition de cette côte provoquent une véritable hécatombe. Sur trente-six partants, seuls huit pourront rejoindre l'arrivée, où le Belge Marcel Kint s'impose au sprint devant les Suisses Paul Egli et Léo Amberg.

1er SEPTEMBRE

La mode du vélo hollandais

Les championnats du monde qui se déroulent à Amsterdam sont l'occasion de constater la vogue extraordinaire du vélo en Hollande. La reine Wilhelmine, dont on fête les quarante ans de règne, et la princesse Juliana, qui promène son bébé, donnent régulièrement l'exemple dans les rues de la capitale. Les statistiques officielles révèlent qu'un habitant sur trois possède une bicyclette. Si l'on exclut les vieillards et les enfants, c'est donc presque toute la population qui se promène à vélo, à l'instar de ces grands financiers ou de ces importants diamantaires qui délaissent leurs limousines pour venir à leur bureau en pédalant. Le vélo, qu'il appartienne au plus riche ou au plus pauvre, est d'un type absolument uniforme : cadre épais toujours émaillé de noir, très haut et très court, avec un immense guidon qui monte pratiquement à la hauteur des épaules et une large selle fortement inclinée afin que le cycliste se tienne le buste droit. Ces drôles de machines, qui pèsent entre 25 et 30 kg et dont personne ne voudrait en France, roulent sans vergogne au milieu de la chaussée, le plus généralement en groupes. Leur nombre les rend maîtres de la rue. Ainsi, pour changer de direction, on étend vaguement le bras, mais sans jamais regarder en arrière, tant on est sûr d'être respecté par autrui. Le caractère massif de ces vélos, où la légèreté est sacrifiée au profit du confort, s'explique évidemment par le fait que la Hollande est un pays rigoureusement plat. il n'est pas rare enfin de voir sur un même vélo deux ou trois enfants, l'un sur le guidon, l'autre sur la fourche et le troisième sur le porte-bagages arrière. ❍

18 septembre

Le coup de tonnerre de Louis Aimar

Quelle surprise au Grand Prix des Nations, avec la victoire de Louis Aimar ! Il avait en effet fallu l'intervention d'Albert Baker d'Isy, journaliste à *Paris-Soir*, le journal organisateur de la course, pour que le Marseillais soit sélectionné. Avant ce coup de tonnerre, il ne possédait qu'une seule victoire, le Grand Prix de Brioude, en Haute-Loire. Avant Ablis, à la stupéfaction générale, Aimar distance le grand favori, le Hollandais Gerrit Schulte, surnommé « le Fou pédalant ». Après avoir souffert dans la vallée de Chevreuse, le Français résiste au retour de Schulte et s'impose d'une petite seconde sur la ligne d'arrivée du Parc des Princes, après cent quarante-six kilomètres de course contre-la-montre. ❍

1er octobre

Zuschmitt plus rapide que Desgrange

Henri Desgrange, premier recordman de l'heure sans entraîneur en 1893, voit sa performance battue par une femme, Jeanine Zuschmitt. Sur le vélodrome de La Croix-de-Berny, elle parcourt 35,670 km dans l'heure, battant le précédent record féminin, détenu par Mlle Modire, de six cent treize mètres. Un an après les 45,840 km dans l'heure d'Archambaud, dix kilomètres seulement séparent désormais les deux records, ce qui permet de situer la performance de Zuschmitt. Et cette jeune femme de 20 ans, impressionnante de régularité tout au long de cette heure, pourrait encore améliorer sa performance si sa position très haute, assez éloignée de celle des pistards, était corrigée. ❍

• Louis Aimar à l'arrivée des Nations.

• Jef Van de Vijver (à gauche) et Arie Van Vliet, respectivement champion du monde de vitesse amateur et champion des professionnels. Ces sprinters ont prospéré sur un terrain très favorable, car le vélo est vraiment roi en Hollande (en bas).

● Paris-Nice, « la Course au soleil », a vécu un véritable déluge de neige et de grêle entre Nevers et Saint-Étienne.

● Seize ans après son succès dans Bordeaux-Paris, Émile Masson père félicite Émile Masson fils, après son triomphe dans Paris-Roubaix.

● Les Belges Frans Bonduel et Lucien Vlaeminck sont sortis du peloton de Paris-Bruxelles.

10 mars

Les soirées de Grenelle

Les nuits des Six Jours de Paris connaissent en ce vendredi soir une superbe apogée, avec la présence d'une pluie de célébrités. Du bas en haut, le vélodrome de Grenelle est comble et, même à prix d'or, on ne trouve plus une place à louer. L'élégante Danielle Darrieux s'avance timidement sur le bord de la piste pour donner le signal de nouvelles primes. Francis Carco, ancien prix Goncourt, vient saluer les coureurs. Mais le défilé des vedettes ne s'en tient pas à ces apparitions de prestige. On entend aussi la populaire chanteuse Germaine Lix, ou cette autre diva des music-halls, Claire Franconay. On rencontre l'acteur Léon Belières et le champion motocycliste Georges Monneret, follement applaudi. Bref, l'atmosphère étonnante des Six Jours tient toujours le coup. ❍

9 avril

Masson à fond

Même sous le soleil, Paris-Roubaix reste une course impitoyable. À vingt-six kilomètres de l'arrivée, le Belge Émile Masson, fils d'Émile Masson, vainqueur de Bordeaux-Paris en 1923, surgit seul à Seclin. Ce superbe athlète, qui a dominé toute la course, s'en va vers la victoire. Mais, cinq kilomètres plus loin, il crève. Le temps de changer de pneu, Masson voit passer Roger Lapébie et le Luxembourgeois Jean Majerus, puis un peloton de quatorze unités. Dans un prodigieux effort, il rejoint un à un les hommes de tête pour arriver à la hauteur de Lapébie et de Majerus. Il ne ralentit pas pour autant et attaque instantanément. Lapébie s'accroche, puis perd cinq mètres. C'est fini, il ne reverra plus le Belge, qui franchit la ligne 1 min 30 s avant Marcel Kint, Roger Lapébie et Maurice Archambaud. ❍

17 MARS

Paris-Nice devient la course à la neige

Paris-Nice, la « Course au soleil », prend des allures d'apocalypse entre Nevers et Saint-Étienne, lors de la deuxième étape. La pluie froide et continue n'incite guère à la flânerie et douze hommes se font la belle. Mais cette pluie se transforme vite en grêle, puis en neige. Un vent glacial réduit les quatre-vingt-onze partants à l'impuissance. En trente kilomètres, plus de soixante coureurs abandonnent. Les chutes se multiplient. Maurice Archambaud s'accroche avec Raymond Louviot. Certains se mettent à courir à côté de leur machine pour se réchauffer les pieds. D'autres s'engouffrent dans les fermes ou les cafés. Sur le groupe initial des douze, seuls Galateau, Naisse, Camellini et Zimmermann ont résisté. Il reste encore quatre-vingts kilomètres à parcourir et les suiveurs se demandent s'il y aura des survivants capables d'atteindre Saint-Étienne. Archambaud, très attardé, est convaincu que ses camarades ne trouveront pas l'énergie pour poursuivre ce calvaire et il s'accroche. Son directeur sportif lui tend une musette mais « le Nabot » est incapable de la prendre dans ses doigts gelés. « Tu ne sais plus souffrir », lui souffle l'homme assis dans sa voiture. À moins de dix kilomètres de l'arrivée, apprenant qu'il est en tête, il s'arrête quelques instants pour attendre Émile Masson et finir les derniers kilomètres avec lui. Le jury acceptera de classer vingt-quatre arrivants, le dernier, Pividori, comptant 1 h 12 min 56 s de retard. ❍

16 avril

Bonduel facile

Finies les arrivées en peloton au bois de Cambre et les monotones parcours en train jusqu'à la frontière. Paris-Bruxelles se modernise, à l'instar du Tour de France. Réduction du parcours et atténuation des difficultés doivent rendre la course plus dynamique et mouvementée. Le Belge Frans Bonduel, 31 ans, part très vite, en s'incluant dans toutes les échappées successives. Puis, à soixante-treize kilomètres de Bruxelles, il démarre en compagnie de Lucien Vlaemynck, mais ce dernier cède, cinquante kilomètres plus loin, dans une légère côte. Malgré son air pataud et lourd, Bonduel fonce alors vers l'arrivée avec une impressionante facilité, en dépit d'un violent vent contraire. Sur la ligne, le Wallon s'impose avec 2 min 17 s d'avance sur ses compatriotes Albert Hendrickx, Lucien Storme et sur un Marcel Kint très décevant. ❍

19 juillet

Lèse-Maës

Le Belge Édouard Vissers réalise un exploit dans la neuvième étape, Pau-Toulouse. Dès les premières pentes du Tourmalet, il remonte un à un les coureurs qui le devancent. Vissers dépose sans coup férir Sylvère Maës et le Maillot jaune, Vietto, et il part à l'assaut de Dante Gianello, seul en tête. À peine rejoint, ce dernier est passé sans résistance. Poursuivant son effort dans le col d'Aspin, Vissers creuse des écarts impressionnants : 4 min 45 s sur Gianello et plus de sept minutes sur Vietto et Maës. Mais ce dernier, se considérant comme le leader de l'équipe belge, est furieux de l'initiative de son équipier et il décide de rouler aux côtés de Vietto dans la vallée. Finalement les deux hommes limitent l'écart à 4 min 30 s et Vietto conserve son Maillot jaune. Mais Maës promet que la soirée sera agitée dans le clan des Belges. ❍

● Après cinquante kilomètres d'échappée solitaire, Frans Bonduel franchit victorieusement la ligne d'arrivée.

18 MAI

Marcel Laurent ouvre l'ère des spécialistes

L'apport des cyclomoteurs Derny, moins rapides que les motos dans Bordeaux-Paris, amène les coureurs à adopter une technique de course tout à fait particulière. C'est ainsi que l'on entre dans l'ère de la spécialisation, symbolisée par le vainqueur, le Français Marcel Laurent. Déjà victorieux l'année précédente dans la même épreuve, Laurent profite de sa robustesse et de son endurance qu'exige la course derrière Derny. Cent quatre-vingts kilomètres après la prise de ces engins, les coureurs sont encore groupés. Du jamais vu dans Bordeaux-Paris. Sur une attaque de Thiétard, le peloton se disloque. Puis, Laurent contre-attaque, au même endroit qu'en 1938, et prend cent cinquante mètres à Marcel Kint, Le Moal et Thiétard. L'instant est décisif mais la situation reste confuse. À Orléans, Kint rejoint l'homme de tête et les suivants s'étalent sur un bon kilomètre. Mais Kint, pris de vomissements, laisse partir Laurent au moment où Jean Majerus, auteur d'un splendide retour, revient sur le Français. Aux abords d'Étampes, ce dernier s'arrête pour prendre sa machine de fin de course, plus adaptée aux côtes de la vallée de Chevreuse. Majerus, qui refuse de changer de vélo, est décroché à la première accélération de son adversaire. Incontestablement plus à l'aise dans les montées, Laurent s'envole vers le Parc des Princes où une formidable ovation l'attend. Après 8 min 33 s lui succède le Belge Walschot et, à 11 min 11 s, Majerus. Puis, trente-deux secondes plus tard, Roger Lapébie pénètre sur la piste lorsque, soudain, s'étant assoupi, il fonce tout droit vers les barrières. Sa rotule droite éclate en quatre morceaux et les médecins craignent qu'il ne puisse plus remonter sur un vélo. ❍

● À l'arrivée de Bordeaux-Paris, sur la piste du Parc des Princes, Roger Lapébie s'est endormi sur son vélo et a percuté de plein fouet les balustrades.

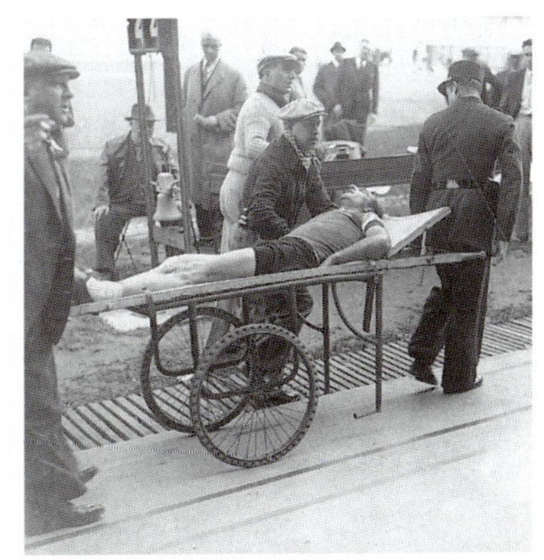

• Comme Bartali l'année précédente, Sylvère Maës assomme ses adversaires dans l'Izoard.

• Le Belge Édouard Vissers réalise un authentique exploit dans le col d'Aspin, rendant furieux son leader, Sylvère Maës.

27 JUILLET

Les deux jours où Vietto aurait pu gagner le Tour

René Vietto, de l'équipe régionale Sud-Est, ne remportera malheureusement pas le Tour de France. Pourtant, cette année, toutes les conditions étaient réunies. Vietto possède encore cinq minutes d'avance sur Sylvère Maës au matin de cette étape Digne-Briançon. Le passage du col de Vars donne cependant des indications inquiétantes sur la condition physique du « Roi René ». Lâché dans l'ascension, il parvient néanmoins à recoller au groupe de tête dans la descente. Lorsque Maës démarre dans l'Izoard, le Cannois est incapable de répondre, perd dix mètres puis vingt, cinquante et cent. Tout s'envole en même temps pour lui : Maës, le Maillot jaune et le Tour. Malgré les encouragements de la foule et des suiveurs, il se contente de répondre : « Je ne crois plus en rien ! ». Certains mettent en avant son moral très friable, d'autres critiquent l'emploi d'un braquet démesuré pour gravir l'Izoard, qu'il ne connaissait pas. L'intéressé, lui, admet qu'un rhume persistant l'a empêché de respirer normalement à plus de quinze cent mètres d'altitude. Le lendemain, dans l'ascension du col de l'Iseran contre-la-montre, Maës assène le coup de grâce à Vietto. Sur seize kilomètres, le Français perd 8 min 25 s. Désormais à vingt-sept minutes au classement général, il se contentera de la deuxième place à Paris. Vietto conclue ainsi ces deux jours catastrophiques : « L'an prochain, je n'aurai que 26 ans. Je ne serais pas toujours enrhumé et le Tour sera pour moi. » Mais, un mois plus tard, la France entre en guerre. Le Tour de France est suspendu pendant sept ans, autant d'années où le Roi René aurait pu... ❍

26 juillet

L'Izoard décide

Comme l'avait fait Gino Bartali, le Belge Sylvère Maës a attendu l'Izoard pour assommer tous ses adversaires et, en particulier, le Maillot jaune René Vietto. Dans la quinzième étape, au pied de la Case déserte, quatre Belges, Maës, Édouard Vissers, François Neuville, Pierre Clemens, et deux Français, Vietto et Pierre Gallien, se retrouvent groupés. Soudain, Maës part brusquement, surprenant tout son monde. Ses compagnons se regardent, ahuris, et seul Gallien, se reprenant le plus vite, parvient à reprendre contact avec le Belge. Vietto est lâché le premier. Maës se débarrasse de Gallien et poursuit sa marche victorieuse. À l'arrivée, avec 17 min 12 s d'avance sur Vietto, qui passe à la deuxième place au classement général, le Belge, à 29 ans, a quasiment remporté son deuxième Tour de France. ❍

13 août

Son premier contrat

À 20 ans, Coppi est déjà très convoité bien qu'il n'ait remporté qu'une course d'individuels. Mais Costante Girardengo et le célèbre manager Cavanna veulent déjà l'engager dans leurs équipes respectives. Cavanna et la Legnano l'emporte in extremis pour un bout d'essai dans le Tour du Piémont. Très anxieux, Coppi attend l'autorisation de De Benedetti pour attaquer. Le peloton est admiratif devant l'ampleur de sa pédalée. Bartali le rejoint dans la côte de Moriondo. Fausto, qui s'aperçoit qu'il n'a pas du tout le braquet approprié, ne cède cependant pas un pouce de terrain. Dans l'ascension de la Rezza, lâché par Bartali, il manque de peu la chute mais termine 3e, derrière Bartali et Del Cancia. Cavanna arrive avec un contrat de la Legnano. ❍

24 août

Le Circuit de l'Ouest s'arrête à Lorient

Le jeune indépendant belge Albéric Schotte remporte la dernière course officielle d'avant-guerre. Les organisateurs préfèrent en effet mettre un terme à l'épreuve à deux jours de l'arrivée finale. La plupart des coureurs français et étrangers ont été mobilisés et doivent regagner au plus vite leurs unités d'affectation. Le classement définitif du Circuit de l'Ouest est donc arrêté à Lorient, avant la redoutable étape Lorient-Brest, où les plus proches adversaires de Schotte, tels Van Kerckoven à trente-trois secondes, Camellini à quarante-cinq et Rossels à cinquante et une, espéraient pourtant reprendre la première place. ❍

5 septembre

Extra-sportif

Depuis le 1er septembre, la France est officiellement en guerre contre l'Allemagne. Les activités cyclistes sont suspendues ou annulées. Mais la presse sportive subit encore peu de contrecoups et le quotidien *L'Auto* poursuit sa parution, même si l'hebdomadaire *Le Miroir des Sports* cède la place au *Miroir*, gommant ainsi toute référence au sport. La couverture du numéro 1085, paru le 5 septembre, représente d'ailleurs une photo du chef d'état-major des armées, le général Maurice Gamblin. *Le Miroir des Sports* reprendra son activité normale en avril 1941, jusqu'en 1944, où il sera interdit pour collaboration, de même que tous les journaux distribués pendant l'Occupation. Ce sera le cas de *L'Auto*, qui a publié une rubrique quotidienne, « Savoir vite », qui reprenait les communiqués officiels de l'occupant. ❍

27 AOÛT

Pas de vainqueur pour cause de guerre

La situation politique s'est considérablement dégradée au cours des dernières semaines. Alors que la France attend d'un jour à l'autre l'entrée en guerre du pays, la mobilisation générale a déjà été décrétée. Pourtant, ce week-end, les championnats du monde sur piste ont lieu au Vigorelli de Milan. Les instances fédérales françaises ont hésité longtemps avant d'envoyer une délégation puis décident que seuls les représentants déjà sur place pourront y participer, les autres étant appelés sous les drapeaux. Dans la finale de vitesse, les deux favoris, le Belge Scherens et le Hollandais Van Vliet, se retrouvent comme prévu après s'être débarrassés de Louis Gérardin et de l'Allemand Richter en demi-finales. Utilisant toujours son énorme braquet, le Hollandais accélère progressivement, Scherens dans son sillage. Mais le Belge se dégage et se porte à la hauteur de son rival lorsque, brusquement, les deux hommes se heurtent. Le choc est violent. Van Vliet est projeté sur la pelouse et Scherens, cale-pieds serrés, tombe sur la piste en bois. Il est relevé avec une fracture du doigt. Le Hollandais, jugé responsable de la chute, écope de mille francs d'amende. Les commissaires décident que la course sera recourue quelques jours plus tard, mais la guerre éclate le 1er septembre. La fédération danoise propose alors sa piste d'Ordrup pour organiser le match. L'Union vélocipédique internationale refuse aux organisateurs son investiture officielle mais la « finale » a tout de même lieu le 6 septembre, Van Vliet s'imposant de vingt centimètres dans la troisième manche. ❍

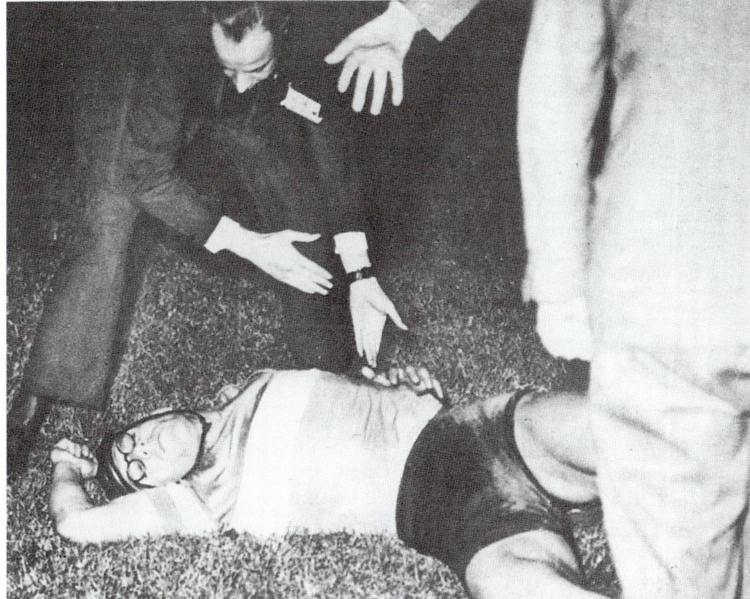

• Le Belge Albéric Schotte, le leader du Circuit de l'Ouest, à Lorient, avant l'interruption de la course pour cause de guerre.

• Le Hollandais Arie Van Vliet est étendu sur la pelouse après sa chute dans la finale des championnats du monde de vitesse.

Le Numéro : 1 Franc.

LE MIROIR DES SPORTS

Le plus fort tirage des hebdomadaires sportifs

• Voici le dernier numéro, daté du 29 août 1939, du *Miroir des Sports*, qui deviendra *Le Miroir*.

Le sprinter allemand Albert Richter est assassiné par la Gestapo, pour « trahison en faveur d'un juif ».

À l'arrivée du championnat de France Zone occupée, Albert Goutal s'impose devant Virol, Lauk et Debenne.

5 JANVIER 1940

Albert Richter est « suicidé » par la Gestapo

Le célèbre sprinter allemand Albert Richter, 27 ans, est mort à Cologne. Il serait décédé « des suites d'un grave accident de ski dont il a été la victime dans les Alpes bavaroises », si l'on en croit le communiqué officiel des autorités du Reich. Sa disparition est douloureusement accueillie en France car ce francophile bien connu du public, toujours d'une parfaite correction, était très apprécié dans tous les endroits où il se produisait. Quatre mois plus tôt, il avait atteint les demi-finales du championnat du monde de vitesse au Vigorelli de Milan, quatre jours avant la déclaration de guerre. Au moment de rejoindre l'Allemagne, Richter devait saluer avec beaucoup d'émotion ses amis français. D'origine très modeste, le coureur avait reçu l'aide d'un petit marchand de meubles juif, qui habitait Cologne, nommé Berliner. Cet homme allait devenir son véritable mentor, son père spirituel. Mais l'antisémitisme sévissant en Allemagne obligea Berliner, constamment maltraité par la Gestapo et dont le magasin avait été plusieurs fois saccagé, à fuir vers la Hollande. Lors de ses voyages à l'étranger, c'est Richter qui sortait de l'argent et des effets appartenant à son père adoptif, pour les placer en lieu sûr. Mobilisé pendant la « drôle de guerre », Richter allait être convoqué par la Gestapo et emprisonné pour « trahison en faveur d'un juif ». On ne lui laissera pas d'autre choix qu'entre le peloton d'exécution et le suicide. Richter choisira de se donner lui-même la mort.

29 mai 1940

Coup d'essai, coup de maître

L'étape Florence-Modène confirme les qualités d'un jeune professionnel, Fausto Coppi, qui se révèle un champion de classe. Trente-trois kilomètres après le départ, à la suite d'une prime-surprise, la bataille se déclenche. Cecchi se détache dans le col de la Prunetta. Puis, à l'attaque du col suivant, l'Abetone, Coppi démarre sans effort apparent et part à la poursuite du fugitif. La jonction s'opère, à plus de cent kilomètres de l'arrivée, dans la descente, mais Coppi ne s'attarde pas et laisse sur place son adversaire. Dans le dernier col de la journée, le jeune Fausto augmente son avance, qui passe à trois minutes sur la ligne d'arrivée, et il prend, du même coup le Maillot rose à Enrico Mollo. Dix jours plus tard, Coppi remporte son premier Giro.

16 août 1940

La mort du « Patron »

À 75 ans, Henri Desgrange s'est éteint dans sa propriété de Beauvallon dans le Var, des suites d'une grave maladie. Fondateur du quotidien *L'Auto*, le 16 avril 1903, créateur du Tour de France la même année, le « Patron » a porté a bout de bras ces deux institutions avec autorité et intelligence, pendant près de quarante ans. Avant cette extraordinaire réussite, Desgrange avait été un cycliste de grand talent, spécialiste des records en tout genre, dont le plus célèbre. « H.D. » était en effet le premier recordman de l'heure sans entraîneur, avec 35,325 km sur le vélodrome de Buffalo, en 1893. Et c'est toujours lui qui détenait le record des tricycles. Son successeur à la tête du journal et du Tour, Jacques Goddet, ne dérogera jamais à la tradition du fondateur.

5 juillet 1941

Quand les crossmen se reconvertissent

Les Bordelais sont décidément de grands amateurs de demi-fond. Ils sont près de dix-huit mille au stade-vélodrome de Lescure pour applaudir les sept *stayers* de la finale du championnat de France de la spécialité. La bagarre se déclenche immédiatement entre Jean Maréchal et Paul Chocque. Puis, progressivement, Robert Oubron montre le bout de sa moto et rejoint les deux hommes de tête. « Robert le Diable », entraîné pour la première fois par Alexis Blanc-Garin, prend le commandement. Chocque, entraîné par Émile Pasquier, revient à la hauteur d'Oubron. Le duel entre ces deux spécialistes du cross tournera à l'avantage de Chocque, Oubron terminant à près de deux tours. ❍

6 juillet 1941

Un amateur tout près des professionnels

Dans une « Cipale » comble, Louis Gérardin bat le champion du monde, Arie Van Vliet, dans le Grand Prix de Paris, rééditant ainsi sa victoire de 1939. La surprise vient de la présence dans cette finale d'un amateur français, Jean Noblet. C'est ce dernier qui mène le train, dans l'avant dernier-tour, Van Vliet conservant volontairement la troisième position. Puis le bouillant amateur démarre aux 300 m. À la sortie du virage, Gérardin n'a plus qu'une roue de retard et le Hollandais, revenu en trombe, tente aussi de passer. Dans les derniers cent mètres, Van Vliet se désunit totalement et perd pied. Noblet faiblit, légèrement mais suffisamment pour laisser la victoire à « Toto ». ❍

• À la Cipale de Vincennes, Jean Noblet mène devant Gérardin et Van Vliet.

14 JUIN 1941

Albert Goutal est-il un demi-champion de France ?

Jusqu'au tout dernier moment, les organisateurs du championnat de France sur route ont voulu espérer que les coureurs de la Zone non occupée, comme René Vietto, Benoît Faure ou Dante Gianello, pourraient venir participer à leur épreuve. Mais les autorités d'occupation n'ont pas envoyé à temps les laissez-passer nécessaires à leur voyage. C'est donc un championnat de France tronqué, amputé de toute sa moitié Sud qui se déroule à Monthléry. De plus, l'état de forme des concurrents est très différent, selon qu'ils sont ou non sous les drapeaux. Certains, comme Paul Chocque, n'ont pas touché un vélo depuis plus d'un an. Maurice Archambaud et Joseph Cogan ont quant à eux préféré refuser l'invitation au risque de graves sanctions. La course, bien que mouvementée et agréable, est pénalisée par le nouveau réglement qui interdit aux coureurs de changer de machine en cours d'épreuve ou de s'approvisionner en boyaux, restrictions budgétaires obligent. C'est ainsi que des coureurs comme Paul Maye, le grand favori, Desmoulins ou Thiétard sont éliminés rapidement. Malgré une prometteuse échappée d'Albert Goutal, de Louis Gauthier et de Gérard Virol, huit coureurs se présentent groupés, au terme des deux cents kilomètres de course, à l'approche de l'arrivée, située au sommet de la côte Lapize. Et Goutal, incontestablement le plus fort, bat facilement Virol, de deux longueurs, puis Lauk et René Debenne. Ce nouveau champion de France Zone occupée devra partager, deux semaines plus tard, son titre avec René Vietto, devenu champion de France Zone non occupée, à Alès. ❍

• Après sa victoire dans le Grand Prix de Paris, Louis Gérardin reçoit les honneurs de la France occupée, aux côtés de ses adversaires malheureux.

Sur la piste du Vigorelli, Coppi s'attaque au record d'Archambaud.

7 NOVEMBRE 1942

L'heure de Coppi

Malgré la guerre, le cyclisme transalpin connaît encore une certaine vitalité. Au Vigorelli, on tente de battre des records toutes les semaines pour justifier son absence sur le front. C'est ainsi que Coppi, encouragé par Biagio Cavanna, le célèbre masseur de tous les *campionissimi,* et par son directeur sportif, Pavesi, décide de s'attaquer au record de l'heure de Maurice Archambaud. Le clan improvise. Ugo Bianchi met au point un vélo avec des jantes en bois ultra-fines. En quarante-huit heures, Coppi est prêt malgré les raids de l'aviation alliée qui obligent les Milanais à se réfugier dans les abris.
Devant un maigre public, il s'élance, la tête enfoncée sous un énorme casque, dans son style si particulier, tout en souplesse. Adone Carapezzi, le fils du directeur du vélodrome, renseigne le champion sur ses temps, en actionnant la cloche à chaque tour. Après une demi-heure, Coppi fait sensiblement course égale avec Archambaud. Puis il commence à prendre de l'avance, centimètre par centimètre. Son entourage reste inquiet, craignant que le manque de préparation et d'entraînement du coureur lui soit fatal sur la fin. Mais la pédalée de Fausto reste toujours aussi alerte.
Au quarantième kilomètre, il perd une partie de sa légère avance, ne disposant plus que d'une minute de crédit. Finalement, au bout d'une heure, le coup de pistolet résonne comme un soulagement. Coppi a parcouru 45,848 km, soit quatre-vingt-un centimètres de plus que Maurice Archambaud. Il descend de machine, on le félicite, on le porte en triomphe. Fausto Coppi a signé ici son premier grand exploit. ❍

24 janvier 1942

Robert Oubron imbattable en cyclo-cross

Depuis quelques années, rares sont les coureurs capables de battre Robert Oubron en cyclo-cross. Au mont Valérien, ce spécialiste incontesté de la discipline remporte encore le Critérium national de la discipline, avec une grande facilité bien que le circuit ait été conçu, avec ses longs chemins parfaitement cyclables, pour favoriser plutôt les routiers. Mais ces derniers, très peu représentés, n'en profiteront pas. Georges Speicher, victime d'un incident mécanique, est contraint de pédaler sans chaussures avant d'abandonner. Le néo-*stayer* Léon Level, qui a pourtant pris un départ prometteur, doit aussi quitter la course. C'est dans le fameux Trou du diable que Robert Oubron forge sa victoire. Accompagné d'abord par Carapezzi et Talle, le Parisien finit en solitaire les dix-huit kilomètres du parcours. ❍

Le cyclo-crossman Robert Oubron expose son vélo dans la librairie de ses parents, à Montmartre.

19 juillet 1942

Un Tour d'Espagne laborieux !

Après les deux premières étapes du Tour d'Espagne, il ne reste plus que trente coureurs sur les soixante qui se sont présentés au départ. Cette hécatombe est due principalement à la chaleur accablante qui règne dans l'est de l'Espagne. Même la vedette locale, Vicente Trueba, doit abandonner dès le premier jour. Les six représentants français ne sont guère mieux lotis puisque Dante Gianello, victime d'une collision avec un spectateur, René Vietto et Louis Thiétard quittent l'épreuve. Les Tricolores qui restent en course souffrent de conditions matérielles rendues très précaires par les circonstances : changement de nourriture, méconnaissance de la langue et poids des boyaux. Finalement, c'est l'Espagnol Julien Berrendero qui remporte cette Vuelta, en gagnant la première et la dernière étape. ❍

4 juin 1943

Géminiani doit confirmer

Le Premier Pas Dunlop demeure toujours cette populaire épreuve de détection des nouveaux talents dans laquelle tant de champions routiers ont fait leurs premières armes. Le parcours, fortement accidenté cette année, consacre un excellent grimpeur, l'Auvergnat Raphaël Géminiani, 18 ans seulement. C'est dans la côte d'Argenty, à quinze kilomètres du but, que Géminiani démarre de l'arrière, remontant un à un ses adversaires pour arriver nettement détaché à Montluçon. Les Parisiens, peu avantagés par le profil de l'épreuve, ont complètement sombré. Géminiani doit maintenant confirmer, à l'image du Marseillais Barbaroux, vainqueur du Premier Pas Dunlop en 1941 et qui compte alors parmi les meilleurs espoirs français. ❍

1er juillet 1943

Un beau quadra

Au siège de *L'Auto*, 10 rue du Faubourg-Montmartre, se retrouvent tous les anciens vainqueurs du Tour, pour fêter le quarantième anniversaire de la Grande Boucle. Autour du héros de la journée, Maurice Garin, premier lauréat en 1903, se pressent André Leducq, Antonin Magne, Charles Pélissier, Philippe Thys, ainsi que des constructeurs, des directeurs sportifs et des journalistes. Bien sûr, Jacques Goddet rend un vibrant hommage à Henri Desgrange et il annonce qu'une statue du « père du Tour », due au sculpteur Maspoli, sera installée au sommet du Galibier. Une stèle commémorative sera également érigée à l'auberge du Réveille-matin, lieu de départ du premier Tour. Enfin, « Monsieur Jacques » conclut son discours par ses mots : « Le Tour de France est une œuvre immense, *L'Auto* la veut immortelle. » ❍

● Le peloton de Bruxelles-Paris traverse le bassin houillier du nord de la France.

12 SEPTEMBRE 1943

À Goutorbe le Maillot jaune, à Fachleitner l'exploit

Pour pallier la disparition forcée de la Grande Boucle en ces temps de guerre et pressentant que ses droits risquent d'être contestés, la direction de *L'Auto* fait inscrire un Tour au calendrier. Mais les autorités interdisent à partir de 1943 les épreuves par étapes. *L'Auto* organise alors un Grand Prix du Tour de France, sorte de classement général de toutes les grandes courses françaises disputées entre avril et septembre 1943. Sur le même principe que le Tour, ces neuf épreuves font alterner équitablement étapes de montagne et de plaine. Un Grand Prix de la montagne est même décerné. La dernière épreuve, le Grand Prix de l'industrie du cycle, a lieu entre Saint-Étienne et Lyon. Au départ de cette ultime épreuve, le Maillot jaune, Camille Danguillaume, ne possède que 1 min 23 s d'avance sur Jo Goutorbe. Et, dès la première côte, il est lâché par Goutorbe, accompagné d'une dizaine de coureurs. Dans l'ascension du Pilon, un jeune aspirant marseillais de 22 ans, Édouard Fachleitner, attaque, suivi de Grimbert, et passe au sommet avec 4 min 3 s sur le groupe de Goutorbe et neuf minutes sur le Maillot jaune. Grimbert cède sur crevaison alors que Fachleitner impressionne par son aisance. Après une échappée de cent quatre-vingts kilomètres, le Marseillais remporte, sur le vélodrome de la Tête d'Or, sa première grande victoire, devant Goutorbe à deux minutes. Ce dernier enfile définitivement le Maillot jaune de *L'Auto* devant Danguillaume, arrivé douze minutes après son rival.
Mais le véritable exploit est l'œuvre de Fachleitner, le « petit maçon de Manosque » que ses qualités de grimpeur ont promu nouvelle vedette du cyclisme français. ❍

● Le premier exploit de Fachleitner, vainqueur de Saint-Étienne-Lyon, dernière étape du Grand Prix du Tour de France.

Séance mouvementée de surplace en finale du championnat de France de vitesse entre Gérardin, Iacoponelli et Senfftleben.

Le Belge Maurice Desimpelaere, vainqueur-surprise de Paris-Roubaix 1944.

16 JUILLET 1944

« Toto » Gérardin reste toujours fidèle au poste

Cette année, les championnats de France de vitesse ont lieu sur la piste rose du Parc des Princes. La finale oppose le triple champion de France de la spécialité, Louis Gérardin, au récent vainqueur du Grand Prix de Paris, Georges Senfftleben, et au jeune Iacoponelli. C'est dire le niveau particulièrement élevé de ce match à trois. Dans les séries, c'est Senfftleben qui a été le plus rapide, se montrant largement supérieur à ses adversaires et, en particulier, à un Gérardin très décevant. À la cloche, Senfftleben est en tête. Cette position lui est notifiée par les commissaires en raison d'un précédent faux départ. Mais, immédiatement, Louis Gérardin se porte aux postes de commandement. Derrière, « Senff » et « Iaco » démarrent en même temps, ce dernier bloquant son adversaire à la corde. Les deux hommes, qui se livrent à une lutte furieuse, laissent partir le champion de France. À l'entrée de la dernière ligne droite, « Senff » réussit enfin à se dégager et se lance à l'assaut de Toto. Mais cette tactique, qui lui avait si bien réussi en demi-finale, contre Degelas et Étienne, s'avère désormais infructueuse. Gérardin résiste formidablement et Georges Senfftleben, qui esquisse un geste de désespoir, coupe son effort dix mètres avant la ligne. Après l'arrivée, les deux vaincus tombent dans les bras l'un de l'autre, en larmes. Senfftleben est furieux de n'avoir pu donner sa mesure en raison de son accrochage et Iacoponelli se reproche d'avoir inutilement compromis les chances de son aîné.

11 juin 1944

Un Tour de Paris en pleine occupation

Paris-Reims n'ayant pu être organisé pour cause de rationnement d'essence, *L'Auto* met sur pied à la hâte un Tour de Paris contre-la-montre, afin que les coureurs ne restent pas oisifs et que les prix promis soient tout de même distribués. Pour que cette épreuve se déroule normalement, les organisateurs tiennent le parcours secret jusqu'au dernier moment, et les concurrents doivent se présenter en tenue d'entraînement. C'est le jeune Kléber Piot, dont les qualités de rouleur ne sont plus à démontrer, qui boucle le plus rapidement les trente-huit kilomètres en 56 min 49 s. Piot laisse le 2e, Jules Rossi, autre spécialiste du contre-la-montre, à 2 min 30 s, et le jeune Jean Robic à 2 min 36 s.

16 juillet 1944

Quel Idée !

Voici venu le temps des kermesses en région parisienne. Les routiers professionnels, réduits au chômage depuis plusieurs semaines, reprennent leur activité à la faveur du Grand Prix de Joinville, organisé par *Paris-Soir*. Les coureurs doivent parcourir cent kilomètres sur un circuit de quatre mille mètres. Ce devrait être une course aisée mais l'inaction forcée a des effets désastreux sur une bonne moitié des concurrents, qui abandonnent avant la mi-course. À vingt-cinq kilomètres de l'arrivée, une douzaine de coureurs se portent en tête. Peu après, Jules Rossi, l'enfant de Joinville, crève devant la foule dépitée. Puis, un démarrage d'Émile Idée, suivi de Louis Thiétard et d'Ange Le Strat, provoque l'ultime échappée. Sur les pavés de l'avenue Gallieni, Idée l'emporte au sprint devant Thiétard, « l'éternel second ».

23 mars 1945

Septième ciel

Battu au sprint par Roger Piel dans le cyclo-cross de la butte Montmartre 1944, organisé par *L'Humanité*, Jean Robic prend cette année une double revanche, sur Piel, qui se classe 11e, et sur Roger Rondeaux, le grand favori. Dans l'escalade des escaliers menant à la basilique du Sacré-Cœur, le jeune Robic fait merveille et s'échappe dès le premier tour. Les routiers, Louis Caput ou Raymond Guégan, victimes de chutes, se comportent tout de même honorablement. Mais Robic franchira la ligne d'arrivée, au moulin de la Galette, sans avoir été inquiété par ses plus dangereux adversaires, Rondeaux, 2e et Pierre Jodet, 3e, sur la ligne d'arrivée. Ce jeune breton de 24 ans, qui s'est fait une certaine renommée en cyclo-cross, déclare vouloir se consacrer désormais exclusivement à la route.

15 août 1945

Gianello blessé !

Le Grand Prix du Débarquement Sud se déroule entre Saint-Tropez et Marseille. Cinq hommes, Van Schendel, Tacca, Camellini, Rémy et Gianello se sont détachés. À deux kilomètres de l'arrivée, au Pont-de-Vivaux, sur la dérivation qui conduit au stade-vélodrome, une jeep remplie de soldats américains double un tramway et fond sur le groupe de coureurs. Quatre d'entre eux parviennent à éviter le véhicule mais pas Dante Gianello, gravement touché. Transporté à l'hôpital, il est amputé des deux jambes. Quelques heures plus tôt, Bruno Carini avait déjà été mortellement fauché par une voiture. Pour Gianello, ce Français arrivé d'Italie à l'âge de 4 ans, le plus dur commence : « J'étais encore à l'hôpital et je reçois une lettre de mon employeur m'annonçant qu'à dater du 15 août 1945, je ne faisais plus partie de l'effectif. »

Desmoulins, Robic et Idée en tête du Grand Prix de Puteaux. Les courses se poursuivent malgré la guerre.

17 JUIN 1945

Francis Pélissier fête ses 50 ans !

Pour fêter ses 50 ans, Francis Pélissier organise une « individuelle » de cent kilomètres dans un Parc des Princes archicomble. Auparavant, les spectateurs ont pu assister à la reconstitution de l'arrivée du célèbre Bordeaux-Paris 1922, où Francis avait battu de plus de huit minutes le Belge Louis Mottiat. C'est ainsi qu'on voit déboucher à l'entrée de la piste, derrière une voiture de l'époque avec son pittoresque chargement de vélos de rechange, les anciens entraîneurs de Francis Pélissier, les Alancourt, Barthélémy et autres Blanc-Garin. Alors que la grande ombre du chef du clan Pélissier, Henri, assassiné par sa femme en 1935, plane sur la piste du Parc, le cadet des trois frères, debout sur une estrade, reçoit avec une émotion qu'il a du mal à dissimuler les félicitations officielles, celles de ses anciens compagnons d'armes, de ses anciens poulains et d'une multitude de champions, tous sports confondus. Place au vélo maintenant. Une trentaine de routiers s'alignent dans cette course, richement dotée. L'échappée principale se dessine très tard, au quatre-vingtième kilomètre, lorsque Idée, Sommers, Brûlé, Rossi, Caffi, Rolland et Gaudin parviennent à prendre un tour d'avance. Ce dernier, souple et rapide, démarre alors sèchement et se retrouve seul en tête à cinq tours de l'arrivée. Mais, trop confiant, il est rejoint *in extremis* par Jef Somers et Urbain Caffi. Le sprint est inéluctable et, compte tenu de son importance, il n'est pas question de respecter la formule « individuelle ». Chacun recrute donc à la hâte les meilleurs entraîneurs. Et c'est le Belge Sommers, superbement emmené par le jeune Rik Van Steenbergen, qui l'emporte devant Caffi, aidé par Maye.

Francis Pélissier, au centre, fête en grande pompe ses 50 ans au Parc des Princes.

• L'Italien de France Fermo Camellini remporte le VIIIe Paris-Nice, la première course à étapes de l'après-guerre.

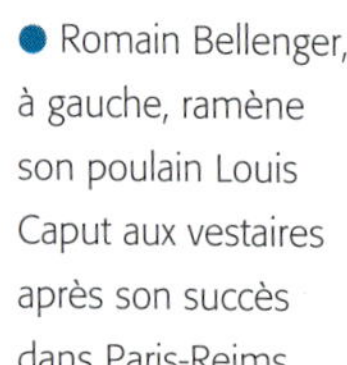

• Romain Bellenger, à gauche, ramène son poulain Louis Caput aux vestiaires après son succès dans Paris-Reims.

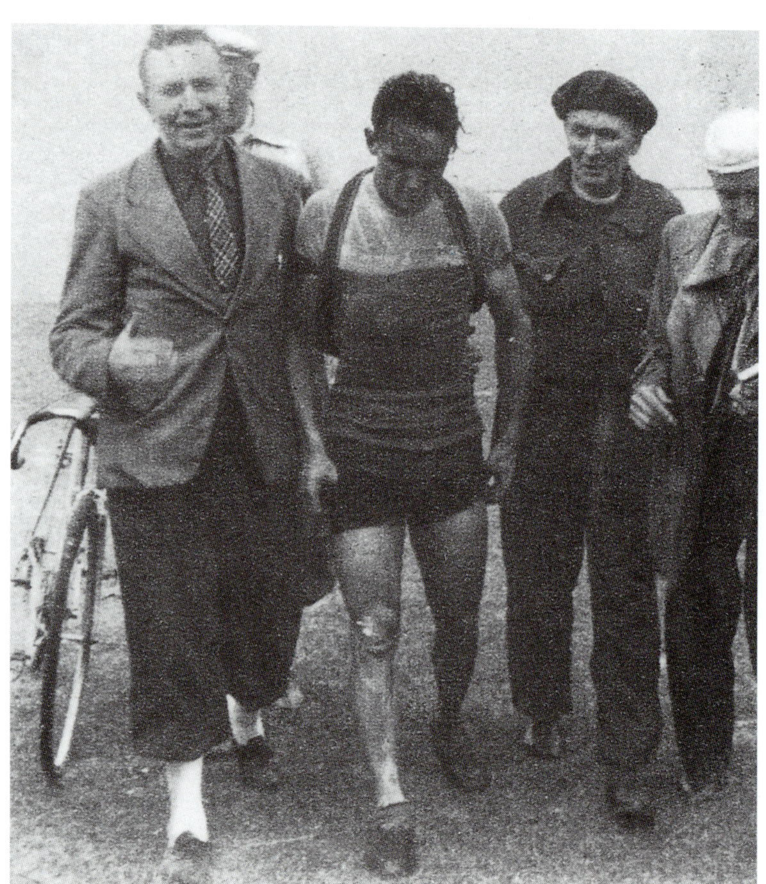

19 MARS

Une échappée de deux cent soixante-dix kilomètres

Après le grave accident de la circulation dont il a été victime alors qu'il revenait chez lui à bord d'un camion militaire, Fausto Coppi a retrouvé tous ses moyens au départ de Milan-San Remo. Après quelques kilomètres, il participe, avec huit coureurs, à une échappée. Puis, dès les premières pentes du Turchino, il se débarrasse de tous ses adversaires, à l'exception du Français Lucien Teisseire. À un kilomètre du sommet, Coppi démarre de façon si soudaine et si facile que Teisseire perd le contact. Au début de la descente, l'Italien hésite à attendre le Français, cent mètres derrière. Il reste encore cent quarante kilomètres avant San Remo. Coppi décide finalement de foncer, à une allure vertigineuse, vers la Méditerranée. À Voltri, il compte huit minutes d'avance sur Teisseire, qui ne connaît pas la route et semble gêné par les voitures suiveuses. Coppi, impérial, accentue son avance. « Arriva Coppi ! », hurle t-on sur le bord de la route. Derrière, Teisseire se bat admirablement pour empêcher le retour de Gino Bartali, de Mario Ricci et de Fermo Camellini, auteurs d'une superbe ascension du Capo Berta. Coppi surgit enfin sur la ligne droite précédant l'arrivée, devant une foule dont l'enthousiasme confine au délire. Après deux cent soixante-dix kilomètres d'échappée, dont cent quarante en solitaire, Coppi s'impose avec quatorze minutes d'avance sur Teisseire et 18 min 30 s sur Ricci. Avec ce Milan-San Remo, l'ancien petit livreur de Novi-Ligure entame sa longue série de chevauchées solitaires. ❍

28 février

Équipe n° 1

Après la mort de Desgrange et la disparition de Lucien Cazalis, cheville ouvrière du Tour, Jacques Goddet est devenu leur successeur naturel. Mais, dans son désir de renouer avec la Grande Boucle, il se heurte à des difficultés de toutes sortes, *L'Auto* étant interdit de publication, comme tous les journaux parus pendant la collaboration. Puis, au début du mois de février, le rationnement du papier devenu moins rigoureux et la publication de journaux récemment autorisée, un nouveau quotidien, *Sports*, voit le jour. Un peu plus tard paraissent *Élans* et *L'Équipe*, où l'on retrouve les anciens journalistes de *L'Auto*, dont Goddet, même s'il ne figure pas dans l'organigramme officiel. En association avec le *Parisien Libéré*, « Monsieur Jacques » crée ensuite la « Société du Parc des Princes », qui va reprendre l'organisation du Tour. ❍

3 mai

Paris-Nice relancé par *Ce Soir*

Le journal *Ce Soir* tient à faire revivre le plus tôt possible Paris-Nice, même si la participation étrangère y est réduite. Les Italiens n'ont pu en effet honorer leurs engagements, en raison de problèmes de passeports, et les autorités belges ont refusé, au tout dernier moment, d'envoyer leurs licenciés. La course se joue dans la deuxième étape, entre Dijon et Roanne, où l'Italien de France Fermo Camellini s'empare du Maillot bleu et rouge, aux couleurs du journal organisateur. Malgré une ultime tentative, le dernier jour, de Maurice Diot, Camellini remporte la première épreuve par étapes de l'après-guerre, devant le Belge Frans Bonduel et le Français Maurice De Muer. ❍

23 juin

Le début de saison pour Louis Caput

Louis Caput est en état de grâce en ce début de saison. Il remporte Paris-Reims après ses succès dans le Circuit des boucles de la Seine et Armagnac-Paris. Dès le départ à Maisons-Alfort, les tentatives d'échappées se succèdent. La dernière, avec Chupin, Massal, Boda et Le Moal, prend 6 min 30 s d'avance sur le peloton. Mais ce dernier commence à réagir et, à cinquante kilomètres de l'arrivée, la jonction s'opère. Peu après, neuf hommes, dont les favoris, Caput, Vietto, Lazaridès, Mahé, Tassin et Fachleitner se dégagent. Malgré une ultime tentative de Dolhats, à dix-sept kilomètres de Reims, ce groupe se présente ensemble au vélodrome et, sans l'ombre d'un problème, Caput remporte le sprint. ❍

7 juillet

« Tête de bois »

Deux journaux parisiens, *Ce Soir* et *Sports*, ont pris le risque d'organiser une course en cinq étapes, de Bordeaux à Grenoble par les Pyrénées et les Alpes. Cette « Ronde de France » doit servir de banc d'essai aux prochains Tours de France. Alors que les Italiens dominent les premières étapes, le jeune Breton Jean Robic retient par ses qualités de grimpeur. « Une tête de bois mais un cœur de lion », affirme l'entourage du coureur, déjà victime de nombreuses chutes, dont la dernière, dans Paris-Roubaix, lui a valu une fracture du crâne. Entre Toulouse et Montpellier, sous un soleil de feu, Robic doit s'allonger sous un parasol, la tête renversée, pour tenter d'enrayer une hémorragie nasale. Mais il ne veut pas abandonner et, le visage en sang, il rejoint l'arrivée. Une voiture le conduira, inconscient, directement à l'hôpital. ❍

28 JUILLET

Lazaridès contre Robic

Trois semaines après la Ronde de France, *L'Équipe* organise un Monaco-Paris par les grands cols des Alpes. Cette course se dispute en équipes nationales et régionales. Au départ de l'étape Briançon-Aix-les-Bains, Jean Robic accuse un retard de vingt minutes sur le Maillot jaune, René Vietto. De plus, le Breton, qui appartient à l'équipe de l'Ouest, n'a plus que deux équipiers. Mais l'équipe tricolore l'agace profondément : « Tous des prétentieux. On nous traite en parents pauvres, nous les régionaux. Si j'en ai l'occasion, je ne leur ferai aucun cadeau ! » Dans le Galibier, Robic part à la poursuite d'Antonin Neri en compagnie de Pierre Molinéris, d'André Brulé et de Lucien Teisseire. Un regroupement s'opère dans la descente et cinq coureurs, Teisseire, Van Dyck, Brambilla, Vietto et Robic, attaquent en tête le col de Porte. Sentant Vietto en difficulté, Robic démarre et lâche tous ses adversaires. Il franchit le Chucheron et le Granier et pénètre dans Aix-les-Bains avec six minutes d'avance sur Lucien Teisseire et treize sur Vietto, Pierre Brambilla et Apo Lazaridès. Dans la dernière étape, Dijon-Paris, Robic, qui ne possède plus que 2 min 26 s de retard sur Vietto, attaque dans chaque côte, mais les « Tricolores » veillent. Puis Lazaridès, l'équipier de Vietto, s'échappe avec huit coureurs. Robic ne pouvant assurer seul la poursuite, ils arrivent avec une très large avance sur le peloton. Lazaridès remporte ce Monaco-Paris devant un public ravi qui voit dans ce beau gosse un grand champion de demain. Par contre, Robic remâche son amertume : « Ils me considèrent comme un rigolo, mais nous aurons l'occasion d'en reparler. » ❍

• L'Italien Bresci se désaltère lors de la deuxième étape de la Ronde de France, un Tour en miniature.

• Jean Robic, impérial dans les cols de la Chartreuse, dans le troisième étape de Monaco-Paris.

Le vainqueur du Tour de Suisse, Gino Bartali, confirme sa forme d'avant-guerre.

20 juillet

Bartali toujours présent

Malgré les années de guerre, l'Italien Gino Bartali démontre qu'il n'a rien perdu de ses qualités en survolant de bout en bout ce Tour de Suisse. Il est vrai que, pour cette dixième édition, le parcours, particulièrement montagneux, avantage les hommes forts et l'ascension des cols de Klausen, du Saint-Gothard et du San-Bernardino est fatale à tous ses adversaires. Dès la première étape, Bartali a pratiquement remporté ce Tour de Suisse, en prenant plus de dix minutes d'avance. Seul le Suisse Joseph Wagner peut approcher, parfois, la stature du champion transalpin. La déception française vient de René Vietto qui, malgré une brillante montée de San Bernardino, ne termine que 4e.

11 août

Bobet champion de France amateur

C'est un beau champion de France sur route amateur et indépendant que Louis Bobet. La décision s'effectue dans la côte de Bièvres, lorsque le jeune Breton de 21 ans revient sur le Nordiste Imbert et le Poitevin Laborderie. Au Petit-Clamart, les trois hommes, se relayant parfaitement, comptent cinquante-deux secondes d'avance. Les dernières accélérations d'Imbert lâchent Laborderie et ce sont deux rescapés qui se présentent à la Cipale pour l'ultime match. Imbert mène, lorsque, aux 150 m, Bobet attaque et le passe irrésistiblement. Le vainqueur, aussitôt bousculé et entouré, ne revêt son maillot tricolore qu'après avoir eu la délicatesse de saluer le vaincu.

André Pousse, spécialiste des « américaines » et des Six Jours, est ici aux prises avec le redoutable Louis Gérardin.

25 AOÛT

Stenfftleben si près du but !

Et dire que Georges Stenfftleben a été à deux doigts de devenir champion du monde de vitesse, sur la piste complètement ronde, sans ligne droite, du vélodrome d'Oerlikon, à Zurich. C'est le même homme qui est maintenant cloué sur un lit d'hôpital avec une clavicule brisée en deux endroits. Après avoir remporté très facilement sa série, Stenfftleben est opposé à Jef Scherens, six fois champion du monde de la spécialité, en quart de finale. Et, par deux fois, le Français plonge le stade dans la stupeur et l'admiration en résistant au Belge. Ce dernier, peut-être trop sûr de sa supériorité, laissera partir Stenfftleben mais se montrera incapable de revenir. En demi-finale, le Français affronte une autre vedette de la vitesse professionnelle, le Hollandais Arie Van Vliet, tenant du titre. Dans la première manche, « Sten », confirmant que sur cette piste il est préférable d'aborder les deux cents derniers mètres en tête, réalise le meilleur temps de la journée avec 11 s 3/10 contre 11 s 6/10 à son adversaire. Van Vliet, qui n'a pas digéré que « Sten » ait réussi à le passer à la corde, s'impose dans la deuxième manche, en prenant l'initiative. Mais, dans la belle, sur les conseils avisés de son entraîneur, Chaillot, le Français démarre encore plus tôt et l'emporte d'une demi-roue. Il retrouve donc en finale le Hollandais Jan Derksen, vainqueur de Louis Gérardin en demi-finale. Les deux hommes sont très proches aux 250 m. Soudain, Derksen démarre et serre légèrement son rival, qui se lève sur ses pédales et fait un écart. Déséquilibré, il tombe lourdement sur le ciment et ses espoirs les plus fous s'envolent.

15 septembre

Coppi séduit le public parisien

Le palais de Chaillot, plutôt habitué à accueillir des mélomanes recueillis, reçoit pour la première fois une compétition sportive. Sur un circuit tracé dans les jardins de l'ancien Trocadéro, quatorze des meilleurs champions du moment vont se livrer une sévère bataille. C'est la première fois que Fausto Coppi se produit devant les spectateurs parisiens. Et, il ne déçoit pas. Dès le troisième tour, il lâche son compagnon d'échappée, Apo Lazaridès. Il s'envole ensuite, accomplissant toute la course en tête. À deux tours de l'arrivée, il double même le peloton, à l'exception de son compatriote Gino Bartali. Devant un tel récital, le public réserve un véritable triomphe au nouveau *campionissimo*. ❍

15 septembre

Joyeux anniversaire !

Si une confirmation de la valeur exceptionnelle de Fausto Coppi était nécessaire, il la donne le jour de ses 27 ans, dans ce Grand Prix des nations où tous les records sont battus, dont celui de la moyenne 37,877 km/h. Pourtant, très mal renseigné sur ses temps et les écarts, Coppi fournit ses efforts à l'aveuglette. Après un départ prudent, il prend la mesure de ses adversaires vers le centième kilomètre, pour augmenter irrésistiblement son avance dans les côtes de la vallée de Chevreuse. L'Italien termine avec 1 min 50 s d'avance sur Émile Idée et 7 min 39 s sur Paul Maye. Dès sa descente de vélo, Coppi est victime d'un malaise, heureusement sans gravité. Il faut dire qu'il n'a absorbé durant les 3 h 41 min 46 s de course qu'une malheureuse poire. ❍

● Le Rennais Louis Bobet devient champion de France amateur et indépendant devant Imbert.

22 DÉCEMBRE

La prime volée d'André Pousse

Pour la reprise des premiers Six Jours de l'après-guerre, le Tout-Paris est présent, des « populaires » aux loges. À minuit, le speaker Georges Berretrot annonce qu'une prime de vingt mille francs, une somme énorme, va être attribuée. Tous les ténors abordent donc le sprint sérieusement. Le juge à l'arrivée donne ensuite les résultats : 1er Van Steenbergen, 2e Bruneel, 3e Rongoni, 4e Pousse. Aussitôt, un immense chahut s'empare du vélodrome de la rue Nélaton. Des papiers et des détritus volent sur la piste et la ronde doit être interrompue. C'est en effet André Pousse que le public a vu gagner dans la « prime ». Après dix minutes de réflexion, le juge Henri Boudard donne un nouveau classement : 1er Van Steenbergen, 2e Pousse. Il n'en faut pas plus pour mettre le feu aux poudres. Les panneaux publicitaires sont arrachés et jetés sur les officiels. Puis les émeutiers allument un immense brasier, alors que tous les coureurs s'enfuient au quartier. Pendant une heure et demie, la direction du Vel d'hiv demande à André Pousse de revenir en piste. Mais celui-ci, sûr de son bon droit, tient à cette première place injustement volée. Pour le faire changer d'avis, il faut l'intervention personnelle de Jacques Goddet, qui « emploie les arguments susceptibles de toucher… un professionnel. Il me propose de me régler le montant de la prime si j'accepte de remonter à bicyclette », racontera André Pousse. Ce qu'il fera effectivement. La course peut reprendre. Mais le concierge du Vel d'hiv n'avait jamais vu un tel désordre dans son établissement. ❍

● Fausto Coppi, victime d'un malaise, à l'arrivée du Grand Prix des nations, est réconforté par l'ex-champion Avanti Martinetti.

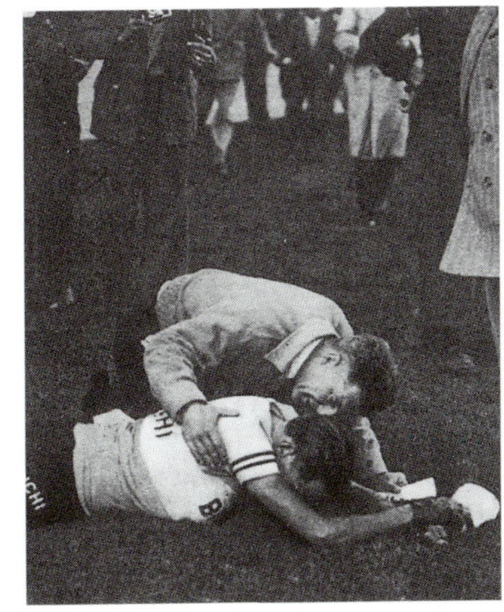

Jean Robic monte les escaliers de la butte Montmartre dans ce cyclo-cross si particulier organisé par *L'Humanité*.

Le Belge Somers franchit le premier la ligne d'arrivée d'un Bordeaux-Paris terrifiant. Seuls deux coureurs seront classés.

1er mars

Le parrain est battu

Aucun cyclo-cross n'attire autant de monde que celui de *L'Humanité,* sur les hauteurs de Montmartre. Tous les records d'affluence sont battus cette année, provoquant une monstrueuse pagaille après l'arrivée. Le duel des favoris, Roger Rondeaux et Jean Robic, prend des allures familiales. En effet, le matin, Robic a baptisé son fils, dont le parrain n'est autre que Rondeaux. Mais une chute prématurée met rapidement fin à cette lutte. Oubron doit également abandonner après un accident mécanique. La décision se fait au sprint, près du moulin de la Galette. « Biquet » règle sans problème Brulé, auteur d'un beau retour, Jodet et Ramoulux. Pour son premier cyclo-cross de la saison, il n'a pas semblé gêné par ce parcours si particulier.

20 avril

Français de cœur

En remportant avec une surprenante régularité le dernier Paris-Mantes, l'Italo-marocain Longo fait une entrée fracassante dans le cyclisme européen. Italien de naissance, Longo est né à Rabat et vit dans la capitale marocaine. Depuis 1938, il aspire à devenir Français mais n'y est pas encore parvenu, refusant de s'engager dans la Légion comme le lui conseillaient les fonctionnaires français. Alors, il fait du vélo, gagne même des courses, comme le championnat du Maroc, tout en continuant son métier d'électricien. Mais son rêve, qui serait de vivre et de courir en France, va se concrétiser. Recruté dans l'équipe du constructeur de cycles Tony, Longo a justifié dès la première année les espoirs que tous les Marocains avaient placés en lui.

19 MAI

Louison Bobet roule dans la cour des grands

Le troisième Circuit des boucles de la Seine place définitivement Louis Bobet au rang des grands champions. Cette compétition est capitale pour les coureurs français puisqu'elle détermine la sélection en équipe de France, pour le Tour comme pour le championnat de France. Après avoir remporté le titre amateur l'année précédente, Bobet récidive dans cette course réservée aux seuls routiers français. Dès le vingtième kilomètre, une première échappée se dessine autour de Thiétard, de Teisseire, de Caput, d'Aubry, de Danguillaume et de Bobet. Au kilomètre 200, alors que le peloton compte déjà cinq minutes de retard, le Breton attaque. Seuls Thiétard et Goutal peuvent l'accompagner pendant quelques kilomètres, mais Goutal doit lâcher le premier, puis Thiétard, pris de vomissements. Dès lors, Bobet file vers la victoire. Il est talonné par la voiture de son constructeur, Stella, à bord de laquelle a pris place son père, ravi de voir son rejeton terminer avec plus de six minutes d'avance. Aubry arrache la deuxième place devant Lucien Teisseire au vélodrome de Buffalo, dont c'est la réouverture. Après l'arrivée, Léo Véron, le directeur technique français, annonce officiellement à Bobet sa sélection. Les observateurs pensent que ce jeune Rennais de 22 ans sera un atout précieux pour les stars de l'équipe de France que sont Édouard Fachleitner et René Vietto.

26 MAI

Sous le soleil

Gagner Bordeaux-Paris en 1937 et le remporter de nouveau dix ans plus tard, voilà l'exploit que réalise le Belge Jef Somers. Pourtant, on a frôlé la catastrophe. L'organisateur de la course, *Le Populaire*, a été pris de panique en voyant le nombre de concurrents fondre sous la chaleur accablante qui a régné sur tout le parcours. Après deux cent soixante-sept kilomètres, les quinze sélectionnés sont toujours groupés lors de la prise des entraîneurs. Victimes des premiers efforts fournis, Bonnaventure, pris de malaise, Somers, Goussot et Berselli sont lâchés. L'audacieux Verschueren laisse tous ses compagnons et compte jusqu'à quatre minutes d'avance. Un peu plus tard, Urbain Caffi démarre à la poursuite du Belge. On se demande si le jeune Français saura surmonter sa fragilité psychologique. Conseillé dorénavant par Mithouard, l'ex-champion de France, il persévère avec vaillance. À Orléans, seuls cinq coureurs sont encore en course : Verschueren, rejoint par Caffi, Somers et Dubuisson, puis Goussot à 19 min 15 s. Verschueren à l'agonie, Caffi s'en va vers la victoire. Mais, après avoir franchi en tête la côte de Dourdan, il est victime d'une terrible défaillance vers Châteaufort. Ne pouvant plus avancer, il s'arrête pour abandonner mais son entraîneur le remet de force sur son vélo. À vingt kilomètres de l'arrivée, il voit débouler Somers, auteur d'un prodigieux retour. Dépité, il abandonne pour de bon. Pour Somers, l'entrée sur la piste du Parc des Princes bondé est un triomphe. Arrivent ensuite les deux derniers rescapés, le Belge Albert Dubuisson, à treize minutes, et le Tourangeau Lévèque, dont on se demande s'il a accompli tout le parcours à bicyclette, à 1 h 30. ❍

15 juin

Coppi-Bartali : acte I, scène I

Au sommet du col de Falzarege, lors de l'étape de Pieve-Di Cadore de ce Giro, Gino Bartali décide de changer de braquet, en vue du sprint pour le classement de la montagne. Mais sa chaîne se coince dans le dérailleur et il doit mettre pied à terre. Coppi s'en aperçoit et démarre. Le Florentin se remet en selle mais sa chaîne saute de nouveau. Il perd l'équilibre et tombe. Coppi redouble d'efforts pour combler son retard de 2 min 41 s sur Bartali au général. Les cent soixante kilomètres restant sont le théâtre d'un somptueux duel entre l'échappé et ses poursuivants, Bartali, Bresci, Maës et Cecchi. Coppi remporte l'étape avec près de cinq minutes d'avance, et du même coup le Giro. On est entré dans une nouvelle ère du cyclisme mondial : la rivalité Coppi-Bartali. ❍

22 juin

Le champion de France est italien

Avant de remporter à la surprise générale le championnat de France sur route à Montlhéry, Paul Néri revendiquait un maigre palmarès cette saison : 5e du Circuit des villes d'eaux d'Auvergne. Mais il profite du laxisme des favoris, qui s'économisent à trois jours du départ du Tour. Profitant du marquage de Vietto et de Danguillaume, Néri s'enfuit avec Dessertine, un coureur d'Antonin Magne, mais ce dernier est battu au sprint. Néri est en train de revêtir le maillot tricolore quand, coup de théâtre, Magne dépose une réclamation à propos de la nationalité du vainqueur. Après enquête, il s'avère que, n'ayant toujours pas demandé la nationalité française, comme les autres coureurs immigrés, Neri est bien italien et s'appelle en réalité Paul Faldutto. Événement historique : le championnat est annulé et sera recouru trois mois plus tard. ❍

• À l'arrivée du Circuit des boucles de la Seine, un jeune Rennais de 22 ans, Louis Bobet, remporte sa première grande victoire.

Après sept ans d'absence, le Tour de France, désormais organisé par *L'Équipe*, repart des Champs-Élysées.

13 JUILLET

Robic avait prévenu

Au départ de la grande étape des Pyrénées, Jean Robic a vingt-deux minutes de retard au classement général sur le Maillot jaune, René Vietto. Seul un exploit peut ramener le petit Breton dans la course à la victoire finale. Conscient de l'ampleur de la tâche, il démarre en compagnie de Pierre Brambilla, alors 2e, dans le premier col, celui de Peyresourde. Robic lâche son compagnon d'échappée et passe au sommet avec 3 min 9 s d'avance sur Vietto. Dans le Tourmalet, les affaires s'aggravent pour le Cannois, qui accuse 12 min 35 s de retard sur le Breton et huit minutes sur Brambilla, virtuel Maillot jaune. Avec son maillot blanc de l'équipe de l'Ouest, son casque vissé sur la tête, Biquet est irrésistible. Il avait pourtant prévenu ses adversaires et ses équipiers : « Je les aurais tous », mais personne n'y croyait. Derrière, le Roi René, que les spectateurs hissent littéralement en haut du col de Soulor, ne s'avoue pas vaincu. Il rejoint successivement l'Italien Ronconi, Apo Lazaridès et, enfin, Brambilla et Fachleitner avant de remporter le sprint pour la deuxième place à Pau, mais à 10 min 43 s de Robic qui se rapproche à 8 min 8 s au classement général. Puis coup de théâtre lors du contre-la-montre Vannes-Saint-Brieuc, où Vietto, meilleur rouleur, doit creuser des écarts définitifs. Au moment où il s'approche de Jean Leulliot, chargé de lui transmettre les écarts, le Cannois aperçoit un homme en sang gisant sur le bord de la route, victime d'une chute de moto. Découragé, Vietto terminera l'étape en roue libre. Il « se retire », selon son expression, le soir même.

Avec son maillot de l'équipe de l'Ouest, Jean Robic survole la grande étape pyrénéenne.

25 juin

Goddet relance le Tour

Ça y est ! le Tour de France repart après sept ans. Et pour fêter l'événement, le départ est donné place du Palais-Royal puis les coureurs traversent Paris en passant par l'Opéra et les Champs-Élysées. Un supporter de l'équipe de France, Marcel Cerdan, est venu encourager son favori, René Vietto, dont c'est une des dernières chances de remporter la Grande Boucle. Jacques Goddet, le fils spirituel d'Henri Desgrange, a eu beaucoup de difficultés à remettre sur pied une telle manifestation. Pour avoir continué de paraître sous l'Occupation, *L'Auto* avait été suspendue à la Libération. En 1946, Goddet fonde un nouveau titre, *L'Équipe*, sur les mêmes principes et avec les mêmes hommes que *L'Auto*. Le Tour de France survivra.

13 juillet

Ne pas pousser

La caravane est annoncée. Elle arrive bientôt et les voitures publicitaires défilent. « Lame de rasoir qui coupe », devant « Papier à cigarettes qui colle », suivi de « Lessive qui lave ». Soudain, une clameur monte de la foule. Les spectateurs s'avancent sur la route pour deviner les premiers coureurs. Cette marée humaine ne laisse plus de place aux cyclistes et aux voitures suiveuses. Mais la police est là pour « creuser » la route. Ces agents appartiennent au groupe de la police d'État de la région versaillaise. C'est sans doute à la présence en leur sein du fils du directeur sportif Maurice Évrard qu'ils doivent d'avoir été orienté vers le cyclisme. Ce jour-là, dans la quinzième étape, pour cette grande épreuve de montagne, les agents, transformés en hommes-sandwiches, portent cette inscription dorsale : « Ne poussez pas les coureurs. »

20 juillet

Le coup de « Bonsecours »

À l'aube de la dernière étape, Brambilla, Maillot jaune, possède 2 min 28 s d'avance sur Robic et 6 min 26 s sur Fachleitner. Le parcours plat entre Caen et Paris n'avantage pas les attaquants. Pourtant, dans la côte de Bonsecours, à la sortie de Rouen, Robic déclenche une offensive. Fachleitner réplique immédiatement, quant à Brambilla, il les précède de quelques longueurs avant de céder. L'avance des deux hommes atteint trois minutes. Robic propose alors un marché à son compagnon : « Tu ne peux plus gagner le Tour, car je ne te laisserai pas partir ! Roulons ensemble et je te donne cent mille francs. » Marché conclu. « Tête de cuir » remporte le Tour avec plus de dix minutes d'avance sur Brambilla, sans avoir jamais porté le Maillot jaune.

3 août

Les rois de la poursuite

Après le titre amateur remporté par Benfenati, les Italiens placent deux des leurs, Coppi et Bevilacqua, en finale du championnat du monde de poursuite. Après sa victoire en demi-finale sur le favori de l'épreuve, Gerrit Schulte, le *campionissimo* frappe un grand coup. « Ça allait trop vite », reconnaîtra Schulte. Le départ a été prudent mais Coppi a refait progressivement son retard pour rejoindre son adversaire au troisième tour. Ensuite, l'écart n'a cessé d'augmenter et l'Italien a fini sur les talons du Hollandais. En finale, la classe naturelle de Coppi ne laisse aucune chance à son compatriote. En réalisant 6 min 16 s 3/10, Fausto éclipse le meilleur chrono jamais réalisé au Parc. Revêtu de son Maillot arc-en-ciel, il est porté en triomphe par les « Italiens de France ».

Le nouveau champion du monde de poursuite, Fausto Coppi.

27 JUILLET

Une tumultueuse finale de vitesse

La foule du Parc des Princes gronde. Elle attend la remise des médailles de ce championnat du monde de vitesse professionnel, où le Belge Jeff Scherens doit revêtir pour la septième fois le Maillot arc-en-ciel. Au moment où l'on commence à jouer *La Brabançonne*, les spectateurs couvrent la musique par leurs cris et leurs sifflements. Scherens ne viendra pas sur le podium, furieux de la réaction du public. Il faut dire que la finale entre Scherens et le Français Louis Gérardin a été émaillée d'incidents. Après une première manche remportée régulièrement par le Belge, une chute de Scherens dans la ligne opposée entraîne un nouveau départ. Les deux finalistes sont extrêmement contractés. Scherens mène puis, à la cloche, monte en haut du virage. Gérardin est collé à sa roue arrière. Le sprint est lancé dans la ligne opposée et, dans le dernier virage, le Français plonge à la corde et coupe le Belge dans son effort. Il remporte cette manche mais Scherens dépose une réclamation. Après un quart d'heure de palabres, les commissaires décident de faire recourir la deuxième manche. Avec l'appui d'un public en folie, Gérardin refuse dans un premier temps puis doit finalement se soumettre. Le départ est donné, mais, couvert d'insultes, Scherens descend de machine et refuse de courir. Nouveau départ où l'on voit le Belge mener. Gérardin plonge dans le dernier virage mais se fait remonter et doit s'incliner. Cependant il dépose une réclamation car son adversaire n'était pas à la corde dans le dernier virage. Elle sera refusée et Scherens se verra sacré champion du monde, devant un public parisien surexcité.

Les deux finalistes du championnat du monde de vitesse, Girardin et Scherens.

Émile Idée ne s'incline que de quelques mètres face à Van Steenbergen dans Paris-Roubaix.

19 MARS

Le challenge « Desgrange-Colombo », l'ancêtre de la Coupe du monde

Après les mille deux cents kilomètres de Paris-Brest-Paris, Albert Hendrickx, 1er, et François Neuville ne se départagent qu'au sprint.

Le cyclisme entre dans une phase d'internationalisation. De plus en plus de pays s'ouvrent à ce sport et la fin de la guerre justifie un rapprochement entre les organisateurs des plus grandes courses. C'est dans cet esprit qu'une réunion a lieu à Milan, en octobre 1947. Jacques Goddet, Claude Tillet, Charles Joy pour *L'Équipe*, De Martino, Giardini, Bollini pour la *Gazetta dello Sport*, Karel Steyaert pour *Sportwereld* et Albert Van Laethem pour *Les Sports de Bruxelles*. Cette réunion décide de la création d'un challenge destiné à valoriser les grandes courses. Ce challenge, baptisé « Desgrange-Colombo », du nom des fondateurs du Tour de France et du Giro, regroupe neuf courses et des points sont attribués aux coureurs les mieux placés. Dans chaque pays, trois épreuves sont sélectionnées : Paris-Roubaix, Paris-Tours et le Tour de France, Milan-San Remo, le Tour de Lombardie et le Giro, le Tour des Flandres, Paris-Bruxelles et la Flèche Wallonne. Pour le Tour et le Giro, les points sont doublés. Le succès de l'entreprise est immédiat. Les coureurs n'hésitent plus à franchir les frontières et le peloton devient réellement cosmopolite. Le premier leader du challenge sera Fausto Coppi, en mars 1948, avec sa victoire dans Milan-San Remo. Alberic Schotte, lui, en est le premier lauréat, grâce à son succès dans le Tour des Flandres. L'année suivante, les cinq premières places seront occupées par les Italiens, Coppi, Bartali, Magni, Logli et Ortelli. Le cyclisme transalpin est alors au sommet de son art. ❍

4 avril

Idée timide

« J'aurais dû attaquer. Van Steenbergen ne serait pas revenu », explique Émile Idée après le sprint final. Ce manque d'audace lui coûte la victoire dans Paris-Roubaix. La course s'est jouée à quinze kilomètres du but, à Lesquin, en plein « enfer », où Idée rejoint le groupe de tête. Vershueren démarre, suivi de Magni et d'Idée. Mais le Belge craque tandis que l'Italien faiblit après ses deux cent trente kilomètres d'échappée. Le champion de France se retrouve seul à six kilomètres de l'arrivée. C'est alors que Van Steenbergen sort du peloton et rattrape Idée, avec l'aide, diront certains, de la voiture belge des actualités filmées. Avec une moyenne de 43,546 km/h, Van Steenbergen s'attribue par la même occasion le Ruban jaune, récompensant la meilleure moyenne sur une course de plus de 200 km. ❍

8 mai

De si bons amis

À l'issue du Grand Prix de Cannes, René Vietto s'en prend violemment à Édouard Fachleitner, son ancien équipier de France-Sports, passé chez La Perle, lui reprochant d'avoir voulu saboter sa victoire et le traitant de « voyou ». « Fach » réplique, le qualifiant de « minable et d'incapable de gagner des courses honnêtement ». Par journaux interposés, les belligérants redoublent d'insultes. À quelques semaines du Tour, le torchon brûle entre deux des leaders de l'équipe de France. Maurice Archambaud, leur nouveau directeur technique, et Francis Pélissier, autorité morale incontestée, doivent intervenir. Et c'est en grande pompe que la réconciliation officielle est célébrée dans un hôtel de Tulle, où les champions expliquent que « leur brouille passagère n'est venue que des ragots des uns et des autres. » ❍

6 JUIN

Les Italiens conspuent leurs deux idoles

Les deux dictateurs du « cyclisme italien sont en train de tuer le Giro », titre la *Gazetta dello Sport* au lendemain de l'arrivée finale. Ces accusations font suite à trois semaines de non-course où Bartali et Coppi se sont si bien marqués qu'ils n'ont pris aucune initiative. Pire, Coppi a abandonné à deux jours de l'arrivée, estimant que Fiorenzo Magni, futur vainqueur, avait bénéficié de trop de « tricheries » dans la montée du Pordoï et qu'il devait être exclu. N'ayant obtenu que deux minutes de pénalisation, le *campionissimo* quitte le Giro. Mais la véritable rivalité a opposé les deux grands. « J'ai contre moi non seulement Bartali, mais quatre équipes qui subissent ses conseils et ses directives. J'ai bien essayé de m'enfuir quand Bartali a crevé… mais les voitures l'ont ramené », accuse Fausto. Bartali, lui, remet en cause l'organisation : « Je ne peux pas, dans des étapes aussi faciles, me dégager de la surveillance exagérée de mon grand rival. Je préfère privilégier le Tour. » Devant la levée de boucliers générale de la presse et du public, un dilemme se pose aux sélectionneurs italiens en vue du Tour. La coexistence des deux hommes est définitivement impossible. Alors, Bartali ou Coppi ? Une troisième solution est un moment envisagée : envoyer deux équipes italiennes, mais Alfredo Binda est certain qu'« ils vont continuer à se regarder en chiens de faïence et un troisième larron, Français, Belge ou Suisse, l'emportera ». Finalement, après de longues tractations, Coppi est exclu du Tour pour son abandon au Giro. Gino Bartali représentera donc seul la squadra.

Championnat de France de vitesse : Degelas et Iacoponelli pendant un extraordinaire surplace.

6 juin

Revoilà Robic et Bobet

Cette deuxième édition du Critérium du Dauphiné-Libéré apparaît comme une excellente répétition générale juste avant le Tour. Et les Tricolores s'y comportent brillamment. Édouard Fachleitner, le vainqueur final, contrôle la course sans problèmes mais les bonnes surprises viennent du duo hétéroclite Jean Robic-Louis Bobet. Les deux hommes survolent l'étape Avignon-Grenoble, en avalant ensemble les trois cols du jour, Granier, Cucheron et Porte. À l'arrivée dans la capitale dauphinoise, ils ont deux minutes d'avance sur « Fach » et Apo Lazaridès, et sept sur Vietto. Bobet, injustement surnommé « la Pleureuse » depuis son abandon dans le Tour 1947, fait taire ses détracteurs, qui contestent sa présence dans l'équipe nationale. Quant à Robic, il aurait pu remporter ce Dauphiné avec une tactique mieux définie et une équipe plus soudée.

20 juin

Depoorter mort au champ d'honneur

Quatrième étape du Tour de Suisse entre Thoune et Altdorf. Les Belges Stan Ockers et Richard Depoorter sortent du peloton dans l'ascension du Stustenpass, à la poursuite des deux échappés, Jean Robic et Ferdi Kubler. Au sommet du col, les deux Belges n'ont plus que 3 min 5 s de retard et entament la plongée vers Altdorf. Depoorter, 2e au classement général, accomplit alors une descente vertigineuse, à plus de 90 km/h, dans la brume, sur une route en parfait état mais entrecoupée de nombreux tunnels. Dans un de ces tunnels incurvés, il percute de plein fouet la paroi. Le crâne défoncé, une blessure au nez, la cuisse fracturée, le Belge est relevé par Francis Pélissier. Trop tard. Richard Depoorter est mort sur le coup, quelques jours avant le départ du Tour, où il devait être un des leaders de l'équipe belge.

Vietto et Fachleitner se sont enfin réconciliés après les mots très durs échangés par presse interposée.

Fausto Coppi, au premier rang du groupe de tête, remporte son deuxième Milan-San Remo.

Tour d'Italie : l'étape Parme-Viareggio se court sous un soleil brûlant. À l'arrivée, le champion italien est pris de vomissements.

13 JUIN

Gérardin pris à son propre piège

Quelle surprise au championnat de France de vitesse, au stade Buffalo, avec la défaite de Louis Gérardin, le vice-champion du monde ! La journée débute par un quart de finale entre Iacoponelli et Degelas. Le départ donné, les deux hommes restent sur la ligne. Ils ne donnent pas un coup de pédale. Une invraisemblable séance de surplace débute. Après un quart d'heure, les deux coureurs s'avancent de quelques mètres, devant la loge officielle. Enfin, au bout de vingt-cinq minutes d'équilibre sur les pédales, Degelas met la main au sol et tombe. Tout est à recommencer. Nouveau départ et nouveau surplace sur la ligne de départ. Cette interminable attente dure encore vingt minutes, avant une nouvelle chute de Degelas. Le troisième départ est le bon pour Iacoponelli, qui finit par l'emporter. En demi-finale, il retrouve le redoutable Gérardin. Dans l'unique manche (étrange particularité du championnat de France), Gérardin, en tête à cinq cent cinquante mètres du but, ne réussit pas à laisser la main à son adversaire. Il tente une nouvelle feinte en lâchant son guidon pour freiner net sa roue avant avec son gant. À peine a-t-il esquissé ce geste que « Iaco » démarre. Le temps que « Toto » reprenne son guidon et se dresse sur les pédales, Iacoponelli a pris vingt mètres qu'il ne pourra jamais combler. Par contre, en finale, sûrement épuisé par ses courses précédentes et par un programme démentiel (trois manches courues en une demi-heure), « Iaco » est nettement battu par Georges Senffleben, beaucoup plus puissant et… plus frais. ❍

15 JUILLET

Dix ans après

TOUR DE FRANCE

Bobet, revigoré par la course de la veille, qui l'a vu triompher à Cannes, possède à nouveau une marge confortable sur ses rivaux : 2 min 30 s sur Lambrecht, neuf minutes sur Impanis et 21 min 30 s sur Bartali. Mais « Gino le Pieux » est inspiré par l'Izoard, au programme de cette treizième étape, courue dix ans après ses premiers exploits dans ce même col. Pourtant, c'est Jean Robic qui lance les hostilités dans le col d'Allos. Bartali, lui, démarre avec un temps de retard et passe au sommet une petite minute derrière le Français. Ce dernier franchit toujours en tête le col de Vars mais, au sommet, il subit une violente défaillance. Refusant d'abandonner alors que ses jambes le trahissent, il terminera l'étape à vingt-cinq minutes du vainqueur. Passant en 11e position au col de Vars, Bobet, grâce à une descente de grande classe, revient sur Robic et Camellini à Guillestre, formant ainsi le groupe de chasse derrière Bartali. Mais, au moment d'attaquer le dernier col, l'Izoard, le Maillot jaune tombe et casse le cadre de son vélo. Il perd un temps précieux à attendre une nouvelle machine. Bartali, lui, retrouve toute sa maîtrise malgré le froid et la pluie et son avance passe à onze minutes, à mi-col, sur un groupe de quatre coureurs, Bobet, Vietto, Lambrecht et Camellini. Au sommet, avec 18 min 30 s de retard, le Maillot jaune du Breton est menacé. Encore une fois, ses talents de descendeur lui permettent de maintenir l'écart et de conserver son paletot pour cinquante et une minutes. Mais la marche en avant de Gino Bartali a débuté et elle ne s'arrêtera qu'à Paris, après ses victoires dans les deux dernières étapes alpestres. ❍

12 juillet

Bobet s'écroule

TOUR DE FRANCE

À la sortie des Pyrénées, Louison Bobet possède une avance confortable avant cette onzième étape, apparemment anodine, Montpellier-Marseille. Mais les grands battus des Pyrénées, les Belges emmenés par Impanis, déclenchent l'offensive dans la descente sur Beaucaire. Au kilomètre 160, Lambrecht, Impanis, Lapébie, Vietto et Camellini possèdent 2 min 20 s d'avance sur le groupe de Bobet. Ils mènent une course effrénée alors que les Français, derrière, sont fatigués par une semaine de course aux avant-postes. À Marseille, le Breton concède dix minutes de retard. Le lendemain, la situation empire à l'arrivée à San Remo. Bobet est victime d'un furoncle au pied qui provoque son évanouissement. Emmené à l'hôpital, il se remet doucement pendant que l'on annonce, prématurément, son abandon. ❍

22 août

« Désinvolture »

On attendait beaucoup du duo italien Fausto Coppi-Gino Bartali dans ce championnat du monde de Valkenburg, finalement remporté par le Belge Albéric Schotte. Dès le départ, les deux hommes ne se quittent pas d'une roue. Apparemment hors du coup, ils laissent partir les échappées les unes après les autres. Au vingtième tour, ils s'observent toujours, à plus de dix minutes des premiers. Brusquement, pour ne pas prendre un tour de retard, Coppi se résout à abandonner et fait demi-tour sur la route. Tel un automate, Bartali l'imite. Voyant cela, Coppi décide de repartir et Gino le suit toujours. Le manège se répète une deuxième fois. Finalement, les deux Italiens rejoignent ensemble leur hôtel. Ils seront sanctionnés et suspendus par l'Union vélocipédique italienne pour « désinvolture dans une épreuve officielle ». ❍

● Dans le col de l'Izoard, Gino Bartali signe l'un de ses plus grands exploits.

22 août

Les *stayers* roulent toujours

Devant cinquante mille spectateurs, Jean-Jacques Lamboley devient le *stayer* mondial numéro un. Parti en dernière position dans ce championnat du monde de demi-fond, il met cinquante kilomètres à passer le mur hollandais constitué par Pronk et Best. Alors que ce dernier baisse de rythme, le Français accélère pour pousser le Hollandais à tomber sur le dos du Belge Clautier qui, lui, résiste pour ne pas prendre un tour de retard. Le calcul est juste car, pris par le vent de Clautier, Pronk doit s'employer à fond pour le passer. Lamboley et son entraîneur attendent ce moment stratégique pour démarrer et se détacher nettement. Cette attaque irrésistible apporte à Lamboley son premier grand titre. La deuxième place revient à Raoul Lesueur, auteur d'un magnifique retour malgré deux pannes de moto. ❍

4 septembre

Paris-Brest-Paris au sprint

Les organisateurs de Paris-Brest-Paris, couru tous les dix ans depuis 1891 mais qui s'est interrompu pendant la guerre, ont de plus en plus de difficultés à convaincre les coureurs de l'utilité de l'épreuve. Le héros de la première moitié de course est Benoît Faure, « la Souris » des années trente, qui, à 49 ans, réussit à résister durant cinq cent quarante kilomètres au peloton. Au retour de Brest, quatre hommes, Hendrickx, Tacca, Neuville et Fazio, sont encore en mesure de l'emporter. Pierre Tacca démarre à Pontchartrain mais une crevaison le retarde à Versailles. Réparant son vélo, il voit alors passer les Belges François Neuville et Albert Hendrickx. La pluie ayant rendu impraticable la piste du Parc des Princes, on trace, à la hâte, une ligne d'arrivée sur un boulevard de Boulogne. Hendrickx bat Neuville d'une demi-roue… après mille deux cents kilomètres. ❍

● Le Suisse Richard Depoorter est victime d'une chute mortelle dans le Tour de Suisse.

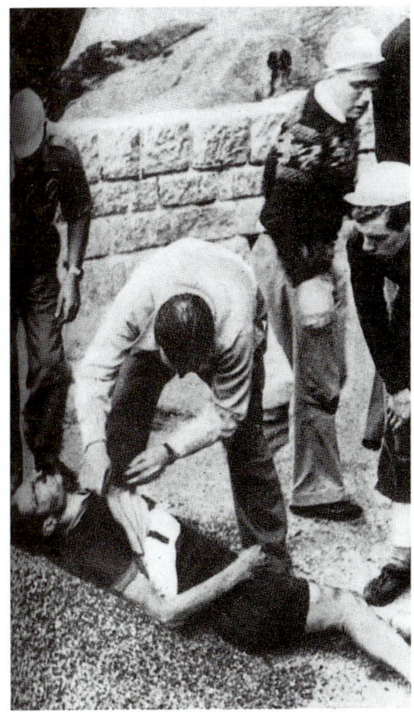

• Le groupe de tête de Paris-Roubaix, emmené par André Mahé, ne peut plus être rejoint mais l'erreur d'aiguillage d'un commissaire va fausser l'arrivée.

• Rik Van Steenbergen remporte la Flèche Wallonne devant son compatriote Peeters et Fausto Coppi, à gauche.

10 AVRIL

Journée de dupes pour Moujica et Mahé

Par la faute d'un responsable du service d'ordre, l'arrivée de ce Paris-Roubaix est complètement faussée. Pourtant, tout avait bien commencé avec l'attaque de Moujica, révélation de ce début de saison, à l'entrée de Carvin. Son échappée semble victorieuse quand Mahé et le Belge Leenen, faussant compagnie aux favoris, Coppi et Van Steenbergen, rejoignent Moujica. Commence alors le quart d'heure du commissaire Banuls au poste d'aiguilleur. Les trois coureurs sont en tête dans la dernière ligne droite. Les voitures de *L'Équipe* et de *France-Soir* les suivent de près. Tout à coup, des agents hurlent : « Les coureurs tout droit, les voitures à droite » et esquissent un geste pour barrer la route. En même temps, un des agents donne aux voitures la direction de la bifurcation. Mahé, qui mène le groupe, prend cette dernière consigne pour lui et tourne immédiatement dans la mauvaise direction. Lorsque le gros du peloton débarque quelques instants plus tard, les gendarmes, dépassés, baissent les bras et font signe aux coureurs d'emprunter la bonne route. Et nouvelle surprise ! Le jeune frère de Fausto Coppi, Serse, remporte le sprint devant Declercq, Buysse et tous les spécialistes belges. Mais André Mahé fut d'abord déclaré vainqueur, Moujica étant tombé sur un bris de pédale et Leenen ayant été victime d'un saut de chaîne. Une heure plus tard, après la réclamation de Sense Coppi, les commissaires décident de le réintégrer à la première place. Finalement, d'appels en commissions, l'UCI décida de classer Mahé et Coppi premiers ex-aequo. ❍

10 mars

Kebaili maître chez lui

Avec ses dix-neuf étapes, sa chaleur et ses côtes, le Tour d'Algérie n'a rien d'une course de préparation. Les Métropolitains y subissent une véritable hécatombe : Rey et Moujica sont victimes de chutes, tout comme le Belge Albert Dubuisson, qui regagne la Belgique avec un avant-bras cassé. Neuville, lui, a dû abandonner, trop juste physiquement. Oreel, le grand favori, tombe malade. Les Africains, mieux préparés et adaptés aux circonstances, étonnent par leur activisme. C'est dans les hauts plateaux, vers la frontière sud, que l'Algérois Kebaili, attaquant à chaque instant, confirme sa superbe victoire de Tlemcen. Coureur de grande classe, le jeune Kebaili ne demande maintenant qu'à pouvoir se mesurer aux champions européens. ❍

7 avril

En flèche

Longtemps considéré comme une épreuve de deuxième catégorie, la Flèche Wallonne prouve par son organisation et ses difficultés (sept côtes) qu'elle fait partie du gotha. Van Steenbergen et Coppi se livrent un duel de toute beauté. L'Italien Pino Cerami, échappé de la première heure, est rejoint par Fausto dans la côte d'Hensy, à vingt-cinq kilomètres de l'arrivée. Revenu dans le peloton après chacune de ses deux crevaisons, Coppi semble imbattable. Mais le retour des Belges est aussi tonitruant que surprenant. Van Steenbergen, survolté par son public, ramène avec lui Peeters, Demulder et Verhaert. Plusieurs témoins affirment que le champion belge a été happé par les voitures dans la dernière côte mais, en démarrant à quatre cents mètres de la ligne, il prend sa revanche sur Coppi, victorieux du dernier Milan-San Remo. ❍

30 avril

Danguillaume à Liège

La victoire de Camille Danguillaume dans Liège-Bastogne-Liège assène un nouveau coup au prestige chancelant du cyclisme belge. Les premières escarmouches sont lancées par les Français. Louis Caput, tout d'abord, se signale par une échappée matinale mais s'effondre, victime sans doute d'un calendrier trop chargé. Puis c'est au tour de Robert Chapatte qui, fidèle à sa mauvaise habitude, crève à un moment stratégique. L'échappée décisive, composée de quatre Belges, de Danguillaume et de Pino Cerami, prend forme à une vingtaine de kilomètres de l'arrivée, dans la côte d'Hornay. L'Italien, victime de crampes, perd pied. Dans le dernier kilomètre, Danguillaume démarre en puissance et conserve quelques longueurs d'avance ❍

30 mai

La « Poly » pour Apo

Le Grand Prix de la « Polymultipliée » est la grande fête annuelle de l'industrie du cycle. Les plus illustres constructeurs y présentent leurs nouveautés. Cette année, on remarque tout particulièrement la présence des deux grands fabricants de dérailleurs, Simplex et Cyclo. Plusieurs épreuves sont au programme, du tandem mixte aux randonnées en passant évidemment par l'épreuve des professionnels. Et les nombreux admirateurs d'Apo Lazaridès vont être pleinement rassurés. Le Cannois se montre en effet très à l'aise sur ce parcours difficile, en démarrant dans la côte de Chanteloup. Ni Raphaël Géminiani, pourtant très actif jusqu'alors, ni Hélary, malchanceux, ne pouront empêcher « Apo » de remporter en solitaire sa première victoire de l'année. ❍

● Entre Grenoble et Évian, Jean Robic vient de crever. Il répare alors que le peloton passe, indifférent, sous la conduite de Louison Bobet.

10 JUIN

Cent quatre-vingt-quatorze kilomètres pour un chef-d'œuvre

Comme souvent dans le Giro, la victoire se joue sur une étape de montagne. Deux cent cinquante-quatre kilomètres avec cinq cols, dont Vars et l'Izoard, sont au programme de cette dix-septième étape. Au classement général, Gino Bartali, que toute l'Italie attend, accuse plus de neuf minutes de retard sur Fausto Coppi. Après soixante kilomètres de course, Fausto répond à une attaque de Primo Volpi puis le déborde. « Gino le Pieux », plus lent à trouver son meilleur régime, ne réagit pas. Au sommet de la Maddalena, Coppi passe avec 1 min 20 s d'avance sur Volpi et 2 min 40 s sur Bartali. Malgré deux crevaisons dans la descente, sur une route empierrée, Fausto poursuit son effort. Au bas de l'Izoard, le duel tant attendu va enfin avoir lieu. Coppi, qui reste assis sur son vélo, dégage une formidable impression d'aisance. Derrière, Bartali, plus emprunté, parvient tout de même à limiter les dégâts : 6 min 54 s de retard au sommet. Dans la descente du mont Genèvre, une crevaison ruine les ultimes espoirs du vainqueur du dernier Tour de France, qui espérait revenir sur l'échappée. L'envol de Fausto vers Sestrières, ultime difficulté, fait frissonner de bonheur les occupants de la grosse décapotable de la Bianchi, qui suit le coureur. À l'arrivée à Pinerolo, après 9 h 20 min de course, Coppi s'assure le Maillot rose avec une marge de 23 min 20 s sur Bartali et de 26 min 54 s sur Adolfo Leoni. Le Belge Jomaux, relégué à trente-sept minutes, désabusé et admiratif, s'exclame : « Un phénomène, on en voit tous les deux cents ans. C'est bien notre veine d'être tombé sur lui ! » Deux jours plus tard, à Milan, Fausto remporte son troisième Giro avant de s'attaquer pour la première fois au Maillot jaune. ❍

● Camille Danguillaume est le premier Français à s'imposer dans Liège-Bastogne-Liège.

CEUX-LA ONT SOUFFERT ET PLEURÉ !...

Lucien Lazaridès a fait une chute sur des rails, en traversant Toulon. La machine n'a pas trop souffert, et Lucien, qui se tient la cuisse droite encore douloureuse, s'apprête à enfourcher son vélo.

Les roches de la Corniche ont de vives arêtes. L'une d'elles touchant le brave Deledda en une partie charnue de son individu lui a tiré une grimace qui traduit une souffrance aiguë !

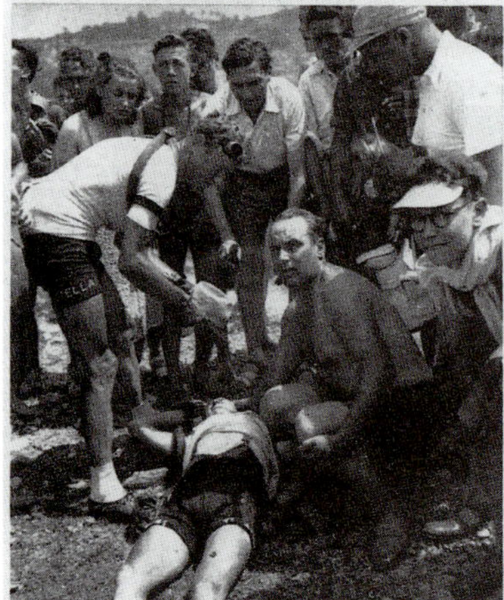

...MAIS POUR VIETTO CE FUT PIRE ENCORE..

Vietto, lui, n'est pas tombé. Mais la montée à froid du col de Carpiagne, juste à la sortie de Marseille, lui a coupé les jambes. Le moral n'est pas, non plus, au zénith ! La discussion de la veille, avec Apo Lazaridès, son petit Apo, devenu grand, bourdonne encore à ses oreilles... Et le fait que celui-ci vogue à l'avant, alors que lui, Vietto, navigue à l'arrière, lui donne cette expression un peu désabusée. Espérons que les Alpes rapprocheront ces deux inséparables.

★

Robic est tombé lourdement peu après le départ et Mahé (à g.) cherche à le faire revenir de son évanouissement. Une bouteille de vinaigre sera nécessaire... Les malheurs de Biquet ne s'arrêteront pas là. Une nouvelle chute l'attend... dix kilomètres plus loin.

Robic évanoui après une violente chute. André Mahé vient à son secours.

Kubler devant Van Steenbergen et Coppi. Mais le Belge sera champion du monde.

6 juin

Lucien fait mieux qu'Apo

Le frère d'Apo, ce n'est pas un « coureur, c'est un cycliste en chemise de soie », entendait-on au départ du Critérium du Dauphiné au sujet de Lucien Lazaridès. Six jours plus tard, le petit frère d'Apo porte un maillot pur fil... et jaune de surcroît. Et les commentaires ont bien sûr évolué. D'aucuns affirment qu'il pourrait réaliser le vieux rêve de son ami Vietto, gagner le Tour de France. En attendant, Lucien Lazaridès a amorcé son succès dans la troisième étape, entre Annecy et Gap, en survolant l'ascension du mont Ventoux, et l'a conclu, le dernier jour, dans l'épreuve chronométrée de Carpentras. Lazaridès, qui y a repris du temps à tous ses adversaires directs, termine le Dauphiné avec dix minutes d'avance sur Jean Robic, toujours présent à l'approche de la Grande Boucle.

5 juillet

Coppi déprime

TOUR DE FRANCE

Peu après le départ de Rouen, neuf coureurs, dont Coppi, Kubler, Brambilla et Marinelli, s'échappent dans la cinquième étape et prennent neuf minutes d'avance à Caen. Mais, au ravitaillement, Marinelli, en voulant saisir une canette, accroche Coppi. Les deux hommes tombent et se relèvent rapidement. Le Français peut repartir aussitôt mais le vélo de Fausto est inutilisable (fourche et roue cassées). Il refuse le vélo de rechange, trop petit, que lui propose son mécanicien et attend Binda, son directeur sportif, perdant ainsi six minutes. Comme tous les Italiens, Bartali s'arrête et attend Coppi qui, découragé, parle d'abandonner et que Bartali et Binda tentent de réconforter. Reparti au ralenti, à contrecoeur, il rejoindra Saint-Malo avec dix-neuf minutes de retard, pointant à 36 min 55 s du leader au classement général.

18 JUILLET

La paix des Justes

TOUR DE FRANCE

Voilà la seizième étape, la première des deux journées alpestres. Tout peut encore arriver car Bartali et Coppi ne sont séparés que par deux petites minutes au classement général, restant sous la menace de Robic, de Kubler et, surtout, de l'inattendu Maillot jaune Jacques Marinelli. Kubler est le premier à entrer en action, en s'échappant dans le col d'Allos. Derrière, le duo Bartali-Coppi lâche tous ses adversaires sans forcer. Le Suisse, victime de deux crevaisons dans le col de Vars, est repris puis abandonné par les *campionissimi*. Au seuil du dernier col, l'Izoard, sous une pluie battante, Fausto se sent plus fort et décide de partir seul. Son compatriote le supplie de l'attendre pour faire l'ascension avec lui et de le laisser gagner l'étape. Comprenant qu'une nouvelle querelle est en train de naître, Alfredo Binda, leur directeur sportif, les harcèle : « Vous gagnerez le Tour si vous menez. Allez Fausto… Allez Gino… Et pas de "faux train", je vous regarde pédaler. » Binda menace même de les exclure du championnat du monde s'ils n'obéissent pas. Sans rien dire, Coppi se lance en tête dans l'ascension, se retournant fréquemment pour s'assurer que son compatriote est toujours là. Dans la descente, après une crevaison de Bartali, Fausto met les mains en haut du guidon et attend le retour du « Vieux ». Il n'a pas oublié que Bartali a agi de même à son égard dans la cinquième étape. Binda peut être satisfait. Bartali remporte l'étape et prend le Maillot jaune mais, surtout cette nouvelle alliance lui permet d'envisager la suite du Tour avec sérénité. Le lendemain, Bartali perd trois minutes mais il terminera 2e du Tour derrière Fausto Coppi.

22 juillet

Excès chauvins

Jacques Goddet, le directeur du Tour, est inquiet. Des incidents graves se produisent depuis quelques jours. Tout a commencé entre Briançon et Aoste, quand des « supporters » italiens s'en sont pris au Suisse Kubler et aux Français Robic et Apo Lazaridès, leur barrant la route ou leur arrachant leurs canettes. Après les insultes et les jets de pierre, c'est avec soulagement que le Tour quitte l'Italie pour la Suisse. Mais le public, par vengeance, s'en prend à Coppi et à Bartali. Et en France aussi, on attend de pied ferme les Italiens. Pour le contre-la-montre décisif entre Colmar et Nancy, Goddet envisage de changer les maillots des transalpins et de garder secret l'ordre des départs. Finalement, les appels au calme permettront le bon déroulement de cette dix-neuvième étape et la victoire de Coppi. ❍

26 août

« God save the King »

Jamais un Anglais n'était devenu champion du monde professionnel. Et le titre remporté en vitesse à Copenhague par Reginald Harris est indiscutable. Sa puissance et son sens tactique sont à la base de cette retentissante victoire. En demi-finale, il affronte le Hollandais Van Vliet, tenant du titre et favori. Dans la dernière manche décisive, l'Anglais laisse à Van Vliet le soin de faire la course et le saute sur la ligne. La finale démontre l'étendue des possibilités du sprinter de Manchester. Dans la première manche, après un démarrage précoce, il devance son adversaire, Derksen, de deux longueurs. Dans la deuxième, il revient à sa tactique habituelle, qui consiste à partir en tête et à placer à la sortie du dernier virage un second démarrage. Du travail de grand professionnel. ❍

20 AOÛT

Van Steenbergen remporte la belle

Comme toutes les classiques de l'année, ce championnat du monde se réduit à un duel Coppi-Van Steenbergen. L'Italien, vainqueur de Milan-San Remo, et le Belge, fort de son succès dans la Flèche Wallonne, partent à égalité avant cette prestigieuse belle. Le circuit de Copenhague, complètement plat, semble mieux convenir au routier-sprinter flamand. De plus, le vent froid et irrégulier de la Baltique ne favorise pas le Méditerranéen. Pourtant, dès le troisième tour, sous l'impulsion du grand Fausto, neuf coureurs se détachent. Ils ne seront repris qu'après cent kilomètres de course, grâce à l'intervention énergique de Fiorenzo Magni et de Jean Robic. Au vingt-deuxième tour, Coppi, Van Steenbergen et le géant hollandais Schulte s'en vont, rejoints au tour suivant par les Suisses Kubler et Stettler. Durant les trois derniers tours, Coppi imprime un train soutenu, provoquant le décrochage de Schulte et de Stettler, mais Rik Van Steenbergen est toujours présent sur ses talons. Fausto sait que « Rik » est plus rapide que lui au sprint mais il tient à assurer le succès de cette échappée. Fidèle à sa tactique, il lance le sprint mais se fait passer largement par le Belge puis par Kubler. À 24 ans, Rik Van Steenbergen remporte son premier titre de champion du monde. C'est sur la piste qu'il a développé ses qualités de vitesse. Tous les hivers, il arpente les vélodromes, avec son ami Marcel Kint, dans les courses d'omnium. Malheureusement, sa morphologie assez lourde ne le prédispose guère à la montagne, et donc aux courses par étapes. ❍

● Au sommet de l'Izoard, Fausto Coppi passe en tête devant Gino Bartali. L'entente entre les deux italiens est, pour une fois, irréprochable.

● Louis Bobet, derrière son entraîneur, remporte le premier de ses quatre succès dans le Critérium des As.

• Jean Robic est en route pour le titre du premier championnat du monde de cyclo-cross.

4 mars

Champion Robic !

Comme Coppi, Van Steenbergen ou Reginald Harris, Jean Robic est champion du monde : le premier champion du monde de cyclo-cross. Les efforts du président de l'UCI, le Français Joinard, ont porté leurs fruits. Il a enfin obtenu que le cyclo-cross ait son championnat du monde. Disputé dans le bois de Vincennes, la course est dominée de bout en bout par les Français. Victime d'une chute dans le deuxième tour, Rondeaux, le grand spécialiste mondial, n'est battu qu'au sprint par son ami et élève, « Biquet », plus performant sur la route. Les milliers de spectateurs massés au bord du circuit font de ce premier championnat un énorme succès. Reste maintenant pour les étrangers à se familiariser avec cette discipline qui demeure une spécialité française. ❍

22 avril

« Petit Jacques »

Révélation du dernier Tour, Jacques Marinelli, dit « petit Jacques », remporte Paris-Montceau-les-Mines (trois cent cinquante et un kilomètres) à plus de 40 km/h, malgré une fin de parcours montagneuse. Lorsque l'échappée décisive d'une quinzaine de coureurs se produit dans les monts du Morvan, Maurice Diot fait figure de favori. Mais la malchance s'acharne sur le Parisien. À quelques kilomètres de l'arrivée, il crève. Lui qui, pour conjurer le sort, avait justement fait monter, avant le départ, des boyaux particulièrement lourds… Le peloton de tête se présente donc groupé au vélodrome de Montceau et la décision se fait au sprint. Surprise ! C'est le grimpeur Marinelli qui l'emporte d'une longueur sur Deprez et sur Louis Gauthier. Il avouera après sa victoire que c'est la première fois qu'il participait à un sprint. ❍

9 AVRIL

Naissance d'un *campionissimo*

Côtes, plat, vent, pluie, pavés : plus rien n'arrête Fausto Coppi. Sa démonstration dans ce Paris-Roubaix le place définitivement au-dessus de la mêlée. C'est aux trois points cruciaux du parcours que « le grand » a construit sa victoire. Par une première attaque dans la fameuse côte de Doullens, il se retrouve seul avec Rik Van Steenbergen. Puis, dans la traversée pavée d'Arras, au ravitaillement, il s'en va à la poursuite de Maurice Diot et de l'Italien d'Angers, Gino Sciardis, qui avaient adroitement pris trente secondes d'avance avant Arras. L'offensive de Coppi est si brusque que seul Diot peut le suivre. Respectant les consignes de son directeur sportif, Antonin Magne, le Français ne mène plus. L'Italien le prévient alors qu'il va être obligé de le lâcher. Ce qu'il fait dans la traversée d'Hénin-Liétard, à quarante kilomètres de l'arrivée. À Roubaix, il arrive 2 min 40 s devant Diot et cinq minutes devant Fiorenzo Magni. Maurice Diot, confirmant sa forme actuelle, a en tout cas réalisé un authentique exploit. Réputé pour ses qualités de sprinter, le Parisien a su résister pendant les quarante derniers kilomètres au retour des poursuivants. À l'arrivée, il est ravi de son résultat : « Évidemment, je ne suis que second. Mais il n'y a eu que Coppi pour me devancer. Et il n'y a pas de quoi rougir. » Au-delà de la victoire de Fausto, les Italiens ont désormais domestiqué les classiques, réservées naguère aux seuls routiers flamands. En moins d'un mois, les coureurs transalpins ont remporté Milan-San Remo avec Bartali, le Tour des Flandres avec Magni et Paris-Roubaix. La roue tourne et celle de Coppi un peu plus vite que les autres. ❍

• Dans Paris-Roubaix, Fausto Coppi mène devant Maurice Diot, juste avant l'envolée de l'Italien.

22 avril

Fausto battu sur son terrain

En enlevant Rome-Naples-Rome, Jean Robic fournit la preuve de son retour en forme et démontre aussi que, même sur leur terrain, les champions italiens ne sont pas invulnérables. Dans cette course de fond, on expérimente pour la première fois le scooter comme machine d'entraînement. Des engins qui, selon le vainqueur, se sont parfaitement adaptés à la situation. C'est après une lutte farouche et soutenue contre Fausto Coppi que Robic parvient à prendre l'avantage. Neuf secondes séparent les deux hommes après 12 h 22 min 50 s de course. Le transalpin ne s'attendait pas à une telle résistance du Breton, pratiquement inexistant depuis le début de saison. Le triomphe français est parachevé par Louison Bobet, brillant 3e à 3 min 30 s du vainqueur. ❍

10 juin

Le Giro d'Hugo

Après les abandons de Coppi et de Robic, deux vainqueurs potentiels, le Giro perd de son intérêt. Au cours de la neuvième étape, le champion italien a chuté violemment. Il se relève avec une fracture du col du fémur. Dans la douzième étape, c'est Robic qui tombe, s'ouvrant l'arcade sourcilière. Les regards se tournent vers Gino Bartali, 37 ans. Mais « le Vieux » déçoit. Dans les Abruzzes, où tous les *tifosi* attendent enfin son attaque, Gino est battu par un jeune Suisse de 25 ans, Hugo Koblet. Ce dernier récidive dans les Dolomites. Il passe en tête au sommet des cols d'Aprica, de San Marino et de Muraglione et prend cinq minutes sur Bartali. En remportant le Giro, le Suisse crée une énorme surprise. Si la classe de Koblet en tant que pistard est bien connue, ses résultats sur route étaient jusqu'alors plutôt décevants. ❍

● Après sa chute au championnat de France, Camille Danguillaume, inconscient, est transporté au poste de secours. Il mourra trois jours plus tard.

18 JUIN

Danguillaume fauché par un motard

Au début du dernier tour du championnat de France, qui se dispute sur le circuit de Monthléry, les trois échappés, Camille Danguillaume, Antonin Rolland et Louison Bobet, sortent de l'anneau de vitesse lorsqu'un motocycliste double le trio. Le motard de presse fait un écart et accroche Danguillaume. Ce dernier, qui tombe lourdement, face contre terre, ne se relève pas.
Les spectateurs accourent auprès du coureur, toujours inanimé, puis le hissent dans une voiture. Il perd abondamment son sang par une oreille. Au poste de secours, Danguillaume reprend conscience mais ne semble pas se rendre compte de la gravité de ses blessures.
Les médecins, qui craignent une fracture du rocher, le conduisent directement à l'hôpital parisien de la Pitié. L'émotion est grande autour de l'autodrome. L'arrivée victorieuse de Bobet, qui remporte ainsi sa première grande course, se déroule dans l'indifférence générale du public, qui ne s'intéresse qu'à l'état de santé du populaire Danguillaume. Louison Bobet lui-même accourt auprès du directeur sportif de Danguillaume pour prendre des nouvelles. Les deux jours suivants, une lente amélioration de l'état de santé du blessé semble s'amorcer mais il est toujours plongé dans le coma. Pendant ce temps la polémique bat son plein sur la présence des motos de presse si près des coureurs. Certains demandent l'interdiction de prendre des photos en roulant, d'autres estiment que la presse est indispensable au développement du cyclisme. Camille Danguillaume meurt le 21 juin à la Pitié. ❍

● Ferdi Kubler emmène Hugo Koblet et Gino Bartali vers Bolzano, mais c'est Koblet qui aura le dernier mot de ce Giro.

Le réalisateur Orson Welles abaisse son drapeau et libère les coureurs du Tour 1950.

13 juillet

Orson Welles donne le départ

Aux abords du Louvre, une foule immense se presse pour apercevoir les coureurs avant le départ du Tour. Il est 6 h 50 et les cent seize partants attendent que l'invité d'honneur, le metteur en scène américain Orson Welles, abaisse son drapeau. Les spectateurs font des pointes pour essayer d'apercevoir le cinéaste, les photographes se bousculent. Welles, tout sourire, bavarde avec Gino Bartali. Le drapeau qui s'abaisse et la clameur du public libèrent les coureurs. Chacun jauge les chances de Bobet, finalement désigné comme le leader unique de l'équipe de France. Francis Pélissier estime « que c'est un bon gosse mais qu'il n'a pas le gabarit des grands champions ». D'autres s'inquiètent de la qualité de l'équipe italienne, avec Bartali et son cadet Fiorenzo Magni. ❍

26 MAI

Le casse-tête chinois des tricolores

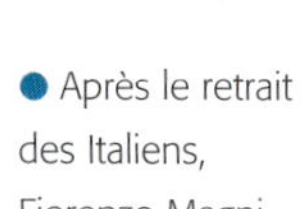

Après le retrait des Italiens, Fiorenzo Magni, nostalgique, range son Maillot jaune.

Jean Bidot succède à son frère Marcel. Le nouveau sélectionneur de l'équipe de France pour le Tour doit faire face à un casse-tête chinois pour constituer son équipe. Entre les inimitiés, les boudeurs et les leaders plus ou moins officiels, que de nuits blanches pour Bidot ! Considérant les dernières victoires de Coppi et de Bartali dans le Tour comme des exemples, les Français ne veulent plus aligner huit coureurs égaux en droits mais privilégier un, voire deux coureurs susceptibles de l'emporter. Cette année, le sélectionneur tranche : il y aura deux chefs de file, Louison Bobet et Jacques Marinelli, et six porteurs d'eau, dont Raphaël Géminiani. Jean Robic, Pierre Barbotin et Fachleitner, sont évincés. Le petit Robic veut pouvoir tenter sa chance comme les « as » italiens, avec les mêmes moyens qu'eux, c'est-à-dire avec des équipiers dévoués à sa seule cause et son propre soigneur. De son côté, Géminiani annonce qu'il préfère courir pour l'équipe du Sud-Ouest. L'opinion publique, elle, ne comprend pas pourquoi Barbotin n'a pas été désigné comme leader. Cet imbroglio cache en fait des intérêts commerciaux. Les membres d'une équipe de marque ne souhaitent pas se dévouer pour les coureurs de marques concurrentes. Par exemple, Antonin Magne (Mercier) ne veut pas que son coureur Roger Desbats fasse la publicité de Stella (Bobet) ou d'Alcyon (Marinelli). Mais, comme aucune équipe de marque n'est capable d'aligner huit coureurs compétitifs, la France devra s'en remettre à l'action très diplomatique du sélectionneur unique. ❍

26 juillet

Le martyre de Blomme

La veille, dans les Pyrénées, Maurice Blomme a souffert le martyre. Arrivé dernier et hors délais, il n'a dû son salut qu'à la clémence des organisateurs. Le lendemain, pour les remercier, dans la douzième étape Saint-Gaudens-Perpignan, le Belge démarre dès les premiers kilomètres, avec l'accord bienveillant du peloton. La farce tourne à la démonstration lorsque, au centième kilomètre, il compte plus de seize minutes d'avance. Mais la chaleur caniculaire commence à l'affecter. Après deux cent treize kilomètres d'échappée, il a course gagnée lorsque, à quarante mètres de la ligne, il s'effondre, victime d'une insolation. Les officiels le remettent en selle mais Blomme n'en peut plus. Il parvient tout de même à franchir la ligne, soutenu par les suiveurs. ❍

TOUR DE FRANCE

25 JUILLET

Les Italiens quittent le Tour

Onzième étape. Au prix d'un gros effort dans le col d'Aspin, Jean Robic a rejoint Gino Bartali, qui avait décidé de passer à l'attaque dans cette première étape montagneuse. Mais le public surexcité s'en prend aux Italiens. Des coups sont échangés. Bartali, en voulant éviter un barrage, provoque la chute de Robic. Des spectateurs se précipitent pour relever les deux accidentés, mais certains, parmi eux, sont ivres. Cet incident n'empêchera pas le Toscan de remporter l'étape mais, à l'arrivée, il est furieux et déclare qu'il abandonne le Tour. « Nous avons été victimes d'une véritable agression. En conséquence, nous ne repartirons pas demain. » Alfredo Binda, son directeur sportif, s'associe à cette protestation. Dans la nuit, Jacques Goddet rencontre les Italiens, retirés dans le petit village de Loures-Barousse. Bartali, qui grille cigarette sur cigarette, confirme son abandon et Binda surenchérit en décidant qu'aucun Italien ne repartira. Le lendemain matin, à l'heure du départ, Gino n'est pas revenu sur sa décision et les organisateurs font une nouvelle proposition. Puisque Bartali abandonne, pourquoi Magni, l'actuel Maillot jaune, ne continuerait-il pas autour d'une nouvelle formation italienne, formée en puisant dans l'ancienne équipe et chez les *cadetti*. C'est la goutte d'eau pour Binda, choqué par ces combinaisons. Les deux équipes italiennes quittent le Tour à la stupéfaction générale. Le plus déçu, Magni, n'a plus qu'à ranger son maillot. Il est peut-être passé à côté de sa plus belle victoire. Le lendemain, la presse italienne rédige des articles vengeurs, contraignant les organisateurs à annuler l'étape Menton-San Remo. ❍

● Exceptés Jean Robic et Pierre Barbotin, l'équipe de France se présente finalement avec ses meilleurs éléments au début du Tour.

TOUR DE FRANCE

27 juillet

De crevaison en défaillance, la malchance des Français

Il reste trente kilomètres à courir dans cette treizième étape, Perpignan-Nîmes, et la chaleur saharienne a déjà causé de nombreuses défaillances. Louison Bobet est victime d'une crevaison. Son équipier Apo Lazaridès lui passe rapidement sa roue mais le Maillot jaune, Ferdi Kubler, et Stan Ockers démarrent aussitôt, suivis de Raphaël Géminiani. Ce dernier crève peu après et doit réintégrer le groupe de chasse, dans lequel on retrouve tous les Français. Mais Bobet, 2e au classement général, à une minute du Suisse, est victime d'une grosse défaillance, pour avoir bu trop abondamment. Malgré leur ardeur dans cette poursuite, les tricolores ne pourront enrayer la chevauchée victorieuse de Kubler. À Nîmes, Bobet a perdu dix minutes, et le Tour. ❍

25 novembre

Le Bol d'or survivra t-il?

Vingt-deux ans après la victoire de l'Australien Opperman, le Bol d'or, cette course de vingt-quatre heures sur piste derrière derny, tente une nouvelle expérience. Certains prétendent, comme Jean Bidot, que le Bol d'or demeure la course d'une autre époque. Il affirme en effet que « la conception moderne du cyclisme demande plutôt des athlètes racés et rapides ». En tout cas, le public boude massivement cette course individuelle où des coureurs peuvent accumuler plus de cent cinquante tours de retard. Seuls six concurrents arriveront au terme, dans la fumée du Vel d'hiv, de cette éprouvante édition. Après avoir attaqué toute la nuit, Fiorenzo Magni va trouver encore suffisamment de ressources pour terminer à la moyenne étonnante de 47,800 km/h et distancer ainsi l'Autrichien Rudolf Valenta, 2e à neuf tours (2,250 km) et Ange Le Strat, à cinquante neuf tours. ❍

● Bol d'or : après vingt-quatre heures d'efforts ininterrompus, Fiorenzo Magni effectue son tour d'honneur.

Assidue du Vel d'hiv, Martine Carol va donner le départ des Six Jours de Paris.

Pierre Barbotin (à gauche) et Louison Bobet remportent le Critérium national, six jours après leur succès dans Milan-San Remo.

3 mars

Fête des paires

Sagement alignés sur la ligne de départ des Six Jours de Paris, au Vel d'hiv de Grenelle, les trente-six « écureuils 1951 » attendent le coup de pistolet qui les libérera pour cent quarante-quatre heures de piste. C'est Martine Carol, avec Robert Lamoureux, qui appuie sur la gâchette. Minuit vont sonner, l'heure de la prime *Miroir-Sprint* de soixante mille francs, sous l'arbitrage de Charles Pélissier. À l'issue d'un sprint de dix tours, « Glou-Glou » Prat s'impose devant Grauss. Tous les plus grands *six-daymen* sont présents : Senffleben, Sérès, Van Steenbergen et bien sûr la paire hollandaise Gerrit Schulte, dit « le Fou pédalant », et Gerrit Peters. Leur suprématie sur la piste ne sera contestée que par la paire française Lapébie-Carrara. Hélas, Émile Carrara devra abandonner, victime de violentes douleurs abdominales. ❍

31 mars

Magni facile

En triomphant pour la troisième fois consécutive, Fiorenzo Magni bat le record de victoires dans le Tour des Flandres. Cette course, où les routiers flamands, réputés les meilleurs, sont restés si longtemps invaincus, a trouvé un nouveau maître. Nul ne conteste sa victoire tant elle a paru facile. Dès le départ, Magni imprime un tel rythme que seuls neufs coureurs parviennent à s'accrocher. Avant le ravitaillement de Sotteghem, l'Italien lance une attaque décisive. Redolfi d'abord, Petrucci et Decock après, sont lâchés. Ensuite, sa chevauchée fantastique sera à peine désunie par le froid, la grêle et les nombreux changements de direction du vent. À l'arrivée, Magni compte respectivement 5 min 35 s et 10 min 35 s d'avance sur Bernard Gauthier et sur Attilo Redolfi, deux Mercier d'Antonin Magne. ❍

25 MARS

Les larmes de Barbotin

Six jours après avoir remporté Milan-San Remo, où aucun Français depuis trente-neuf ans n'avait gagné, deux Bretons, Louison Bobet, vainqueur, et Pierre Barbotin, 2ᵉ, triomphent dans le Critérium national de la route. Cet authentique exploit se termine dans les larmes. Bobet démarre dans la côte de Picardie. Seul Barbotin, son équipier, peut résister. Les deux enfants d'Armor arrivent largement détachés à l'entrée du vélodrome du Parc des Princes. Ils savent qu'ils ne seront plus rejoints. Bobet s'approche de son ami Pierrot et lui indique à l'oreille qu'il lui laissera la victoire. Quelques secondes plus tard, Louison se retourne et ne voit plus Barbotin. Il crie aux suiveurs : « Où est Pierrot ? Mon pauvre Pierrot ! » Mais il ne peut plus se permettre d'attendre, les poursuivants sont trop proches. Barbotin est en fait tombé dans le virage de Boulogne, où il a été déporté dans son élan. Empruntant le vélo d'un spectateur, il se présente sur la ligne d'arrivée trente secondes après Bobet mais toujours 2ᵉ. Sur la pelouse du Parc, Barbotin s'effondre dans les bras de Louison qui tente de le réconforter, lui rappelant la semaine folle qu'ils viennent de vivre. La France entière s'émeut de ces larmes et de la générosité de Louison Bobet. Désormais, la carrière de l'ancien mitron de Saint-Méen-le-Grand prend un tour nouveau. Il s'est hissé au niveau des « grands ». Il ne lui reste plus qu'à confirmer dans le Tour d'Italie et dans le Tour de France. ❍

15 avril

La bande de Magne attaque

Ce Paris-Bruxelles débute, au Quesnoy, par une histoire de passage à niveau fermé et le spectacle de coureurs se convertissant en spécialistes du cyclo-cross. Les poulains d'Antonin Magne en profitent pour donner un coup de collier. Baldassari, Bernard Gauthier et Jean Guéguen, trois Mercier, s'échappent en compagnie de trois Belges. Puis, à la frontière, Maurice Diot décide de partir seul. La course a une demi-heure d'avance sur l'horaire et la circulation n'est pas encore arrêtée à Mons. Trams et voitures se mêlent à l'échappée du fuyard et la condamnent. Gauthier attaque de nouveau mais, lorsqu'il arrive en vue de la ligne d'arrivée, son équipier Guégen surgit comme un éclair et, sans pitié, le déborde avant de remporter ce Paris-Bruxelles. ❍

7 juin

Bobet en Bottecchia

Louison Bobet participe à ce Tour d'Italie sous les couleurs sombres de l'équipe Bottecchia, sa formation habituelle, Stella, n'étant pas engagée. Durant quinze étapes, le Breton, malgré sa discrétion, se comporte comme un vainqueur potentiel. Il attend avec impatience la montagne. Elle arrive dans la dix-septième étape. La veille, pour avoir changé de roue après une chute collective, Bobet a écopé de cinq minutes de pénalisation. Il veut sa revanche. Dès le premier col, il s'échappe en compagnie de Coppi. Le *mano a mano* dure jusqu'à l'arrivée à Cortina d'Ampezzo, où le Français règle au sprint l'Italien. L'honneur est sauf, mais ça sera tout pour Bobet, qui malgré une extraordinaire débauche d'énergie, devra laisser la victoire finale à Fiorenzo Magni. ❍

● Dans l'ascension de Cortina d'Ampezzo, les *tifosi* encouragent Fausto Coppi qui mène devant Louison Bobet. Mais cela sera insuffisant pour la victoire finale.

29 JUIN

La mort de Serse Coppi

Alors que le Tour du Piémont touche à sa fin avec cette arrivée à Turin, Serse Coppi, le frère de Fausto, est victime d'une chute dans les faubourgs de la capitale piémontaise. Serse remonte tout de même sur son vélo et franchit la ligne. Mais, quelques instants plus tard, souffrant de violents maux de tête, il tombe dans le coma. Il est ensuite transporté à l'hôpital où les médecins décèlent une fracture du crâne. Aussitôt, une opération du trépan est entreprise. Fausto est immédiatement alerté et se précipite à l'hôpital. Mais, à son arrivée, les médecins lui apprennent qu'ils n'ont pas pu sauver son frère. Ce drame bouleverse Fausto et toute l'Italie. Comme tous les coureurs italiens, Serse Coppi, vainqueur (contesté) de Paris-Roubaix 1949, disputait le Tour du Piémont en vue du Tour de France, où il espérait une sélection de dernière minute aux côtés de son frère. Mais, à trois jours du départ de la Grande Boucle, la participation du *campionissimo* est remise en cause. Fausto ne veut plus entendre parler de cyclisme. Le commandatore Zambrini, le directeur commercial de la Bianchi, et Alfredo Binda, le sélectionneur italien, interviennent pour le convaincre de participer au Tour : « C'est encore la meilleure façon d'oublier », lui explique Zambrini. La presse italienne, elle aussi, vient à son secours. Finalement, Fausto se résout à rejoindre l'équipe italienne... à Metz. En effet, pour la première fois depuis 1926, le départ du Tour n'est pas donné à Paris. Devant la gare de Metz, des centaines d'émigrés italiens sont venus voir leur champion. C'est un Fausto accablé, le visage défait, qui les salue de la main et s'en va sans un mot. ❍

● Ravi, Fiorenzo Magni desserre les courroies de ses cale-pieds après sa troisième victoire consécutive dans le Tour des Flandres.

• Dans la onzième étape, Hugo Koblet signe l'exploit du Tour.

• Le Maillot jaune Wim Van Est remonte avec une corde en boyaux après son plongeon dans un ravin.

15 JUILLET

« Le pédaleur de charme » est né

Onzième étape. Dans une petite côte située à trente kilomètres du départ de Brive, le Suisse Hugo Koblet attaque en compagnie du Nordiste Louis Deprez. Rapidement, le Français est lâché et Koblet poursuit seul mais, si loin du but, que son directeur sportif, Alex Burtin, reste perplexe : « Roule en dedans », lui demande-t-il. Derrière, la poursuite a du mal à s'organiser. L'équipe de France est en désaccord sur l'attitude à adopter. Comble de malchance, Louison Bobet crève au moment du démarrage du Suisse. Il reçoit une roue de Pierre Barbotin puis est ramené dans le peloton par Apo Lazaridès et Raphaël Géminiani. Les Tricolores pensent qu'avec le vent très souvent défavorable, l'échappée est vouée à l'échec. À soixante-dix kilomètres du but, Koblet accentuant son avance, les Italiens et les Français se décident enfin à mener la chasse. « Nous avons roulé pendant soixante-dix kilomètres comme des possédés », déclarera ensuite Lucien Lazaridès. Les Coppi, Bartali, Bobet, Géminiani, Ockers et autres Robic se relaient inlassablement. Mais l'avance de Koblet, dont l'allure souple et féline dégage une impression d'extrême facilité, augmente toujours. À l'arrivée, après cent quarante-deux kilomètres d'échappée à 38,946 km de moyenne, son avance atteint 2 min 35 s, plus une minute de bonification. Le peloton est sous le choc et sous le charme. Géminiani déclare, le souffle court : « C'est pas possible, un coureur pareil ! S'il existait deux Koblet, je changerai de métier immédiatement... » Le Tessinois, lui, en rajoute après l'arrivée : « Jusqu'à la mi-course, j'ai pédalé très en-dessous de mon meilleur régime. Sur la fin seulement, j'ai mis les gaz. » Le lendemain matin, dans le *Parisien Libéré*, le chansonnier Jacques Grello trouve le mot juste : « Le pédaleur de charme. » ❍

17 juillet

Van Est plonge

Après sa victoire de la veille, dans l'étape Agen-Dax, le Hollandais Wim Van Est porte le Maillot jaune. Mais le jaune vire au rouge dans la treizième étape. Dans la descente de L'Aubisque, Van Est rate un virage et tombe dans un ravin profond de soixante-dix mètres. Le plus grave est à craindre. En fait, le coureur n'est que légèrement blessé. Pour le remonter sur la route, il faut tresser une « corde » à l'aide de boyaux. Traumatisé, le Belge ne pourra pas reprendre la course. Pendant ce temps, les favoris du Tour (Coppi, Koblet, Bobet et Magni) musardent et concèdent plus de dix minutes au groupe de tête emmené par Géminiani. À l'arrivée à Tarbes, « Gem » remporte le sprint devant l'Italien Serafino Biagioni mais il sera déclassé, son équipier Nello Lauredi ayant poussé le Français dans le sprint. ❍

20 juillet

Coppi défaille

Abdelkader Zaaf, de l'équipe des « Nord-Africains », se sent inspiré par la canicule qui sévit dans la seizième étape, entre Carcassonne et Montpellier. Il démarre, aussitôt contré par Koblet, Géminiani, Barbotin, Marinelli et Gauthier. À l'arrière, un homme a été décroché. C'est Coppi. Le teint blême, le visage en sueur, il est pris de vomissements. Au kilomètre 93, il s'arrête, épuisé, pour abandonner. Alfredo Binda rassemble tous ses *gregari* pour l'escorter. Dans un état de semi-inconscience mais grâce aux soutiens de ses équipiers, il parvient à rejoindre l'arrivée avec trente-trois minutes de retard sur le vainqueur, Koblet, quelques secondes seulement avant sa mise hors délais. Profitant d'une journée de repos à Montpellier, Fausto va surmonter cette terrible défaillance et remporter l'étape de l'Izoard. ❍

29 JUILLET

Zaaf, lanterne rouge du Tour

Soixante-sixième et dernier du classement général à Paris, Zaaf a été l'un des héros de ce Tour de France. Cet Algérois, leader des « Nord-Africains », est un battant. Il ne pense qu'à attaquer et, si ses tentatives échouent, son objectif est d'arriver coûte que coûte dans les délais. Évidemment, cette attitude singulière ne lui procure pas que des amis dans le peloton. Dans la troisième étape, entre Gand et Le Tréport, Abdelkader apprend que plusieurs primes sont distribuées sur le parcours. Il démarre, prend quatre minutes d'avance et remporte une première prime. Son travail accompli, il s'arrête, va embrasser la femme de l'un de ses amis et attend le peloton. Voyant surgir deux Belges, il se dit : « S'ils partent devant, c'est qu'ils savent qu'il y a encore des primes. » Zaaf repart avec eux, puis les lâche. Il apprend d'un officiel qu'une prime de vingt mille francs est proposée trente kilomètres plus loin : « Ça fait mille francs par kilomètres, je peux faire un effort. » Le gain en poche, il fait une pause déjeuner et finit à sa main le reste de l'étape, loin derrière le peloton. Avant la fameuse étape Carcassonne-Montpellier, Zaaf s'est fâché avec les Français qu'il accuse de « lui envoyer des chiens » dès qu'il attaque. Il propose alors un pacte aux Italiens : « Je pars, vous faites semblant de me poursuivre et vous venez avec moi à deux ou trois, les autres font le frein et nous roulons dur jusqu'à l'arrivée. » Zaaf s'impatiente, les Italiens semblent réticents. Il démarre quand même et ce sont les Français qui le suivent, provoquant la défaillance de Coppi. À l'arrivée, il accusera les Italiens d'être responsables de l'effondrement de Fausto. ❍

2 septembre

Les deux K

La décision de ce championnat du monde sur route se fait très rapidement, au troisième des douze tours. Une échappée de neuf hommes se dessine, avec Kubler et l'Italien Bevilacqua. Derrière, Bartali, Bobet, Koblet et Van Steenbergen se regardent en chiens de faïence, comme si Kubler et les Italiens n'étaient pas dangereux. Seul, Fiorenzo Magni, au sixième tour, s'échappe et rejoint le groupe de tête après une superbe poursuite. Le peloton ne bouge toujours pas. Le public italien siffle et menace d'envahir le circuit. Bartali, suivi de Koblet, démarre enfin et se rapproche des échappés mais Koblet, soucieux de protéger la fuite de son ami Kubler, préfère abandonner. Le sprint est lancé à trois cents mètres de la ligne par Kubler, qui ne sera pas rejoint malgré la présence de Magni, 2e, et de Bevilacqua, 3e. ❍

8 septembre

Une demi-roue

Vingt ans après la victoire de Opperman, Maurice Diot, vainqueur du septième Paris-Brest-Paris, parcourt les mille deux cents kilomètres du parcours en 38 h 55 min 45 s, soit dix heures de moins que le premier vainqueur. L'intrépide Robert Chapatte a jeté le trouble dans le peloton en prenant un quart d'heure d'avance au virage de Brest, au seuil de la deuxième nuit. Le Parisien, qu'une grosseur à l'aine handicape, poursuit son échappée solitaire lorsque, tout à coup, vers Morlaix, il s'arrête et abandonne après un malentendu avec ses soigneurs. C'est à Vitré que les deux favoris, Diot et Muller, préparent l'offensive. À vingt-deux kilomètres de l'arrivée, Muller crève mais Diot l'attend car il a décidé que la victoire se jouerait au Parc des Princes. Sur la ligne, il l'emporte d'une demi-roue. ❍

● Entre Carcassonne et Montpellier, Fausto Coppi, en pleine défaillance, est arrosé par son équipier Luciano Pezzi.

● Les Italiens Magni, 2e, et Bevilacqua, 3e, laissent le titre mondial à Kubler.

Dans le Tour des Flandres, Rik Van Steenbergen subit la dure épreuve du mur de Grammont.

Ce passage à niveau fermé sera fatal à Gauthier, Moineau et Van Est, échappés dans Paris-Bruxelles.

5 avril

Mauvaises dents

Depuis 1951, les organisateurs du Tour des Flandres ont introduit une côte redoutable : le mur de Grammont. C'est là que Bobet choisit d'attaquer. Dans son style superbe, il lâche tout le monde. Van Steenbergen, à l'agonie, met pied à terre comme la plupart de ses camarades. Seul le jeune Belge Roger Decock parvient à suivre, à vingt-cinq secondes du champion de France. Bobet ne cesse d'augmenter son avance qui atteint plus d'une minute à vingt kilomètres de l'arrivée. Mais il connaît des problèmes avec sa chaîne et perd du temps à la replacer. Il s'aperçoit même que son pignon à 15 dents, indispensable pour cette fin de course où le vent devient favorable, est inutilisable. À huit kilomètres du but, il se fait rejoindre et dépasser par huit hommes, que Decock règle au sprint devant Petrucci et Schotte. ❍

26 avril

Le train décide

Encore une fois, un passage à niveau fermé a faussé le résultat d'une grande classique, en l'occurrence Paris-Bruxelles. À vingt kilomètres de Charleroi, Bernard Gauthier, Moineau et Wim Van Est possèdent en effet quatre minutes d'avance sur un peloton désorganisé lorsqu'un garde-barrière les immobilise plus de trois minutes, dans l'attente d'un train de marchandises. Dépité, Moineau déclare : « Le plus dur était fait mais nous sommes battus par un train de marchandises ! » Le peloton se dirige en rangs serrés vers Bruxelles pour disputer un sprint massif mais une chute, provoquée par Van Est, élimine une trentaine de coureurs, à cent mètres de la ligne. Albéric Schotte, « le dernier des Flandriens », démarre pour s'imposer de dix secondes sur le peloton, réglé par le Français Marcel Dussault. ❍

12 AVRIL

Le duel Van Steenbergen-Coppi reprend

Van Steenbergen annonce la couleur au départ de Paris-Roubaix : « Aujourd'hui, c'est pour Rik. » C'est sans compter sur Fausto Coppi qui, dès les premiers secteurs pavés, accomplit un prodigieux travail de sape pour décrocher les plus dangereux routiers-sprinters belges. L'Italien sait qu'il doit terminer en solitaire à Roubaix. Son offensive est efficace puisque seuls Kubler, Dupont et Baldassari parviennent à conserver son sillage. Mais, un peu plus tard, Van Steenbergen revient sur le groupe de tête. À 20 km du but, sur une accélération de Coppi, Kubler, Dupont et Baldarassi perdent le contact. Commence alors un formidable duel entre les ténors du moment tandis que, derrière, André Mahé, auteur d'un splendide retour, échoue à quelques mètres des deux hommes de tête, victime d'une crevaison. Coppi démarre mais le grand Rik revient. Dix fois, quinze fois, l'Italien va tenter de décramponner son rival. Sur la dernière attaque, Fausto Coppi prend quinze mètres, mais le Belge se dresse alors sur les pédales et il revient à l'abri derrière l'Italien. Le sprint est tout aussi inexorable que la victoire de Van Steenbergen, Mahé terminant 3e à onze secondes seulement du vainqueur. « S'il avait démarré une fois de plus, une seule fois, je restais planté », avouait le Belge à la fin de son tour d'honneur. Et Coppi de répondre avec honnêteté : « S'il m'était resté un soupçon de force, j'aurais attaqué, en effet. » ❍

3 mai

La résurrection de « Biquet »

Le Critérium de la Polymultipliée connaît toujours le même succès populaire. Cette année encore, malgré la pluie, les différentes épreuves enregistrent des records de participation. Chez les tandémistes, c'est l'équipe Prestat-Silez qui affirme, une nouvelle fois, sa suprématie. Une chute survenue au premier tour ne les empêche pas de dominer tous leurs rivaux. Dans la grande course des professionnels, Jean Robic démontre qu'il est toujours vivant malgré deux années catastrophiques. Éprouvant ses adversaires à chaque passage de la côte de l'Hautil, « Biquet » termine en solitaire devant Wagtmans et le jeune Martinez. Quelques jours après sa victoire dans le Tour de Haute-Savoie, Robic prend date pour le prochain Tour de France.

Le tandem mixte Prestat-Silez remporte à nouveau la Polymutipliée.

17 mai

Victime d'un « complot »

Le Grand Prix du Pneumatique sert, entre autres, à Marcel Bidot, sélectionneur national, de revue d'effectifs à un mois du départ du Tour de France. Et les contre-performances des deux frères Louison et Jean Bobet, ainsi que celle de Pierre Barbotin, ne l'incitent guère à l'optimisme. Quatre hommes, Maurice Diot, Bernard Gauthier, tous deux de l'équipe Mercier, Marcel Dussault et Jean Robic possèdent une petite minute d'avance à cinq cents mètres de l'entrée sur la piste de Montluçon. Robic tente alors de passer entre les deux Mercier, mais se fait coincer et repasse en quatrième position. Malgré un courageux retour, il s'incline *in extremis* devant Diot, tout en accusant « les Mercier d'avoir tramé un complot contre lui ».

11 JUIN

Le « pacte à cinq » de Recanati

Depuis un an, Fausto Coppi pense exclusivement au Tour de France, où il entend effacer son échec de l'année précédente. De plus, il sait que le tracé lui convient parfaitement. Mais le *campionissimo* pose sa condition : il ne veut pas de Gino Bartali dans l'équipe transalpine. Le 9 juin, Adriano Rodoni, président de L'Union vélocipédique italienne, préside une réunion capitale avec Cino Cinelli, président de l'Association des constructeurs, Alfredo Binda, le sélectionneur national, Fiorenzo Magni, coureur très écouté, et les deux éternels rivaux, Coppi et Bartali. D'emblée, Fausto déclare qu'il n'a pas envie de voir « se renouveller la situation des Tours 1949 et 1951, où Bartali restait dans l'ombre attendant que je m'épuise ! » À 38 ans, le « Vieux » se montre conciliant et réaffirme qu'il n'a plus l'ambition de gagner la Grande Boucle. « Tu n'as jamais accepté l'esprit d'équipe. Ce que tu veux, je le sais, ajoute Coppi. C'est te classer devant moi à Paris ! Tu te contenterais de terminer 80e pourvu que je sois 81e ! » Devant cet imbroglio, Rodoni annonce que l'Italie renonce à présenter une équipe. L'émotion est grande chez les organisateurs français, qui voient leur épreuve amputée de certains de ses meilleurs éléments. Ils dépêchent à Milan l'envoyé spécial de *L'Équipe* en Italie, Albert Van Laethem, chargé de recoller les morceaux. Les pourparlers reprennent et, deux jours plus tard, sur les bords de l'Adriatique, à Recanati, un pacte à cinq (Bartali, Coppi, Rodoni, Magni et Binda) est signé, scellant la paix pour trois semaines.

Maurice Diot s'impose devant Jean Robic dans le « Pneumatique ».

• Fausto Coppi, en tête ici dans le col du Galibier, assène le coup fatal à ses adversaires.

9 juillet

Le Ventoux a choisi Robic

Fait rarissime dans l'histoire tumultueuse de Coppi et de Bartali. Pendant la quatorzième étape, Aix-Avignon, alors que le groupe de tête attend tranquillement les premières rampes du mont Ventoux, Coppi crève. Aussitôt, Bartali, seul autre Italien de ce groupe, s'arrête net et passe sa roue, sans un mot, à son équipier. Le Gênois remonte alors plusieurs coureurs pour finalement rattraper le groupe de tête à dix kilomètres du sommet. Jean Robic, lui, est déjà parti seul. Coppi, apercevant le Breton deux lacets plus haut, tente de redémarrer. Mais, étroitement surveillé par Géminiani et Dotto, qui s'accrochent à son sillage, l'Italien préfère ne pas insister, craignant de favoriser ses adversaires au classement général, Dotto, Ockers et Ruiz. ❍

6 JUILLET

Le festival de Fausto Coppi

Au départ de cette terrible onzième étape, Bourg-d'Oisans-Sestrières par les cols de la Croix-de-Fer, du Télégraphe, du Galibier, le mont Genèvre, avec l'arrivée en altitude à Sestrières, l'équipe de France compte stopper la marche en avant du Maillot jaune, Fausto Coppi. Dans le Télégraphe, le jeune Breton Jean Le Guily attaque, obligeant Coppi à un violent effort. Dans le Galibier, alors que Le Guily poursuit son ascension en tête, sous les acclamations de la foule, le *campionissimo* démarre à sept kilomètres du sommet, rattrapant et dépassant Le Guily, victime d'une crevaison. Ensuite, il n'y aura plus de course, tout au moins en ce qui concerne la première place. Coppi accentue sans cesse son avance. De 2 min 45 s au sommet du Galibier, elle passe à 7 min 07 s, soixante-quatorze kilomètres plus loin, sur la ligne d'arrivée. Derrière, alors que Nello Lauredi, Lucien Lazaridès et Fiorenzo Magni sombrent dans le Galibier, deux Français, Raphaël Géminiani et Jean Robic, tentent de sauver l'honneur. Malheureusement, une crevaison de Géminiani dans la descente du Galibier le repousse fort loin. Quant à Robic, plus long à trouver son souffle, il effectue néanmoins un prodigieux retour dans le mont Genèvre où il passe en deuxième position derrière Coppi. Mais une crevaison l'immobilise dans la descente et Marcel Bidot, qui suit Lauredi, ne peut le dépanner. Plutôt que de changer de boyau, « Tête de cuir » préfère gonfler à la pompe. Le boyau perdant de l'air, il doit procéder cinq fois de suite à la même opération. Devant l'écrasante domination de Coppi, les organisateurs annoncent que le prix du second à Paris sera doublé. ❍

• Une image rare dans les relations des deux *campionissimi*. Gino Bartali, dossard 21, donne sa roue à Fausto Coppi.

13 juillet

La fortune aux audacieux

L'esprit d'attaque de l'équipe de France paye enfin dans la dix-septième étape, la première des Pyrénées. Dans le col de Peyresourde, Dotto attaque et prend rapidement vingt-cinq secondes d'avance sur Bauvin et Martini, lancés à sa poursuite. Mais, à mi-col, Fausto Coppi décide de prendre les choses en main et, en quelques kilomètres, les fuyards sont repris. Dans la descente, Raphaël Géminiani en profite pour combler son léger retard, puis pour prendre l'initiative au bas du col d'Aspin, la dernière difficulté. Grimpant à l'énergie, l'Auvergnat ne cède aucun pouce de terrain et passe en tête au sommet, devant Robic et l'Espagnol Gélabert. Il conserve son avantage à Bagnères, où le Français Antonin Rolland s'impose dans le sprint pour la deuxième place. ❍

TOUR DE FRANCE

19 JUILLET

L'art de l'inimitié chez Jean Robic

Malgré une brillante cinquième place au classement général, à 36 min 36 s de Fausto Coppi, et une victoire d'étape à Avignon, Jean Robic n'est pas content à la fin de ce Tour et s'en prend à la terre entière. Le Breton s'est battu comme un lion, selon son habitude, et chacun reconnaît que le mauvais sort s'est acharné sur lui. Il s'en prend d'abord à son directeur technique, Marcel Bidot, responsable, selon lui, de trahison. En effet, lors de la crevaison de Robic dans la descente du mont Genèvre, Bidot, à bord de sa Jeep, est en train d'attendre Nello Lauredi, le Français le mieux placé au classement général. Apprenant l'incident de « Biquet », Bidot décide de se porter à sa hauteur, mais sa voiture tombe en panne d'essence, laissant Robic seul et desœuvré. Malgré toute la rhétorique du patron de l'équipe de France, Robic ne veut pas en démordre. Il a été victime d'un sabotage organisé. Sa victoire, le lendemain, dans le mont Ventoux, ne fait que raviver ses regrets. Au soir de l'avant-dernière étape, contre-la-montre, où Robic espère prendre la deuxième place du classement général, il reproche à Coppi d'avoir favorisé la course de Stan Ockers aux dépens de la sienne. Très poliment, le vainqueur du Tour lui répond dans une lettre ouverte qu'il ne voit pas comment il a pu intervenir dans un contre-la-montre. En tout cas, devant cet art de se créer des inimitiés, Marcel Bidot, lui, a pris sa décision en annonçant qu'il rayait définitivement le nom de Jean Robic de la liste des futurs membres de l'équipe de France. ❍

20 septembre

Bobet retrouve le sourire

Au moment où beaucoup commencent à douter des qualités de Louison Bobet, ce dernier rappelle qu'on peut encore compter sur lui avec son succès dans le Grand Prix des nations. Peu avant le départ, il apparaît décontracté en compagnie de son frère Jean : « Je te mettrai trois minutes dans la vue », plaisante-t-il. Après un mise en route prudente, puisqu'il va compter 3 min 15 s de retard sur le Breton Yvon Marrec, Bobet refait son handicap lors du retour, dans la vallée de Chevreuse. Alors que Marrec fléchit, le Belge Maurice Blomme résiste jusqu'à la fin mais s'incline de quarante-deux secondes. Bobet père, présent à l'arrivée, peut se réjouir de la victoire de l'aîné et de la quatrième place, à 3 min 57 s, du cadet, Jean. ❍

28 septembre

Le demi-fond survit

C'est dans la spécialité la plus décriée de la piste, le demi-fond, celle où règne la suspicion la plus grande, que les résultats ont été les plus réguliers lors de ces championnats du monde. Le Belge Adolphe Vershueren remporte deux victoires : une pour lui, une pour sa discipline, qui en a bien besoin. Il s'empare du maillot irisé sans jamais avoir été inquiété. Passant le Suisse Besson peu après le départ, il roule ensuite à un train d'enfer, interdisant à tous ses adversaires de seulement l'approcher. Seul le *stayer* français Raoul Lesueur, attaquant inlassablement, laisse subsister un semblant de suspense. Mais le jeune champion du monde de demi-fond est véritablement le seul *stayer* susceptible de donner au demi-fond, tombé en léthargie, le coup de fouet nécessaire. ❍

• Raphaël Géminiani, inusable attaquant, voit enfin ses efforts récompensés entre Toulouse et Bagnères-de-Bigorre.

• À l'arrivée du Grand Prix des nations, Papa Bobet est ravi de la performance de ses deux fils, Louison, à gauche, 1er, et Jean, 4e.

C'est dans les escalades à pied que Roger Rondeaux forge son troisième succès au championnat du monde de cyclo-cross.

7 mars

Les maîtres du cyclo-cross

À Onate, petite localité du Pays basque espagnol, les Français réussissent le triplé au championnat du monde de cyclo-cross. Après avoir remporté le titre national le dimanche précédent, Roger Rondeaux endosse pour la troisième fois consécutive le Maillot arc-en-ciel. Plus habile dans les passages à pied que le rouleur Gilbert Bauvin, 2e, Rondeaux se détache à mi-course dans la seule côte du parcours. Son avance ne cesse de s'accroître pour atteindre 1 minute à l'arrivée. André Dufraisse, malgré une chute qui endommage son guidon, obtient la médaille de bronze, à deux minutes du vainqueur. Le triomphe tricolore aurait pu être plus total si Robic, ancien champion du monde 1947, n'avait chuté et cassé son dérailleur dans le troisième tour.

23 mai

Les malheurs d'Hugo

Quelle terrible journée pour Hugo Koblet que cette quatrième étape du Giro. Peu après le départ, alors que le peloton éparpillé rentre dans un petit village, un enfant traverse la route au moment où surgit le coureur suisse. La chute, inévitable, est très violente. La tête de l'enfant a heurté le sol. Il est rapidement transporté à l'hôpital où il succombera à ses blessures. Koblet, lui, repart, mais le cœur n'y est plus. Au moment où il allait rejoindre le peloton, il est victime d'une nouvelle chute et son cuir chevelu est ouvert. C'est avec un bandage sur la tête qu'il reprend son vélo. Pas pour longtemps puisqu'une crevaison le retarde encore. Mais il en faut plus pour le déstabiliser. Le lendemain, il remporte l'étape contre la montre et s'empare du Maillot rose.

9 JUIN

« L'Ange de la montagne » naît dans l'Iseran

Les organisateurs du Critérium du *Dauphiné-Libéré*, qui ont décidé que la montagne serait le juge de paix de cette édition, ont mis les plus grands cols alpins (Le Ventoux, le Galibier et le col de l'Iseran) au programme. C'est au cours de la quatrième étape que va se révéler un Luxembourgeois de 20 ans, Charly Gaul. Dans le col du Galibier, il fait parti du groupe de tête, en compagnie de son leader, le Maillot jaune Lucien Teisseire, de Raphaël Géminiani, de Jean Dotto, de Jean Robic et de l'Espagnol Serra. Dès les premières pentes de l'Iseran, Gaul attaque avec une aisance impressionnante. Dans cet étroit couloir creusé dans les congères, le jeune Luxembourgeois passe le sommet en tête, suivi par Teisseire. Les deux hommes descendent ensemble vers Val-d'Isère où l'aîné de l'équipe Terrot remporte une victoire précieuse. Gaul prend quant à lui la deuxième place du classement général. À l'arrivée, les observateurs sont impressionnés par la classe de ce petit grimpeur de 1,68 m. « C'est le plus bel espoir qu'on ait vu depuis longtemps », souligne Baker d'Isy. Son visage d'enfant, ses cheveux blonds et bouclés évoquent davantage un ange qu'un forçat de la route. En tout cas, sa performance dans ce Dauphiné très riche éclipse les autres révélations, comme Jean Dotto, Le Guilly et, surtout, un savoyard de 19 ans, Pierre Villard, qui s'est brillamment comporté dans le col de l'Iseran.

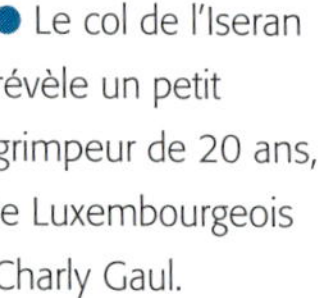

Le col de l'Iseran révèle un petit grimpeur de 20 ans, le Luxembourgeois Charly Gaul.

9 juin

Coppi se sacrifie

Respectant une tradition, les artificiers du cyclisme italien font éclater leur bombe annuelle : Fausto Coppi renonce au Tour de France. Coppi avait posé deux conditions à sa participation : pas de Bartali dans l'équipe italienne et liberté totale pour le choix de ses équipiers. Alors qu'Alfredo Binda, le sélectionneur, avait accepté les exigences du *campionissimo*, qu'il tient pour le seul Italien capable de vaincre à Paris, M. Rondoni, le président italien de l'UVI, les refuse, craignant les réactions hostiles d'une opinion publique favorable à Gino Bartali. Après deux jours de tractations dans un hôtel de Pavie, le champion annonce la nouvelle : « Je peux me passer du Tour et lui peut se passer de moi. Qu'il fera bon dans ma villa de Sestri au mois de juillet ! » ❍

3 juillet

Koblet voit la vie en rose

À Strasbourg, d'où s'élance le Tour, Hugo Koblet se repose dans sa chambre d'hôtel quand il voit surgir son directeur sportif, Francis Pélissier, accompagné de son frère Charles et d'une invitée de marque, Édith Piaf. La chanteuse a apporté un transistor pour égayer les soirées du champion suisse durant les trois prochaines semaines. Après cette mise en bonne condition, Koblet sera l'homme à battre de l'épreuve. Pour cette année du « Cinquantenaire », le Tour propose quelques innovations après l'exceptionnelle accumulation des difficultés qui profita à Fausto Coppi l'année précédente : abandon des arrivées en altitude, suppression des bonifications au sommet des cols, un seul contre-la-montre. Bref, un Tour pour les coureurs complets. ❍

13 JUILLET

Le panache tourne au drame

Hugo Koblet est en grande forme depuis le départ. La veille, à Pau, il s'est classé second derrière Fiorenzo Magni. Dans cette première étape des Pyrénées, Pau-Cauterets, le « pédaleur de charme » demande à son équipier Marcel Huber de prendre les devants à l'approche du col de l'Aubisque et de lui servir de relais. Huber attaque et prend rapidement deux minutes d'avance. Il pense que son leader va bientôt le rejoindre. Derrière, dans la brume, Koblet démarre à son tour et laisse tous ses adversaires sur place. Couvert d'emplâtres chauffants pour se protéger du froid, le Suisse semble irrésistible. « Il est parti comme une fusée ! À cette allure, il ne pouvait pas aller bien loin. Ce garçon est suicidaire », commentait Gino Bartali après l'arrivée. La course s'élève au-dessus des nuages et la température se réchauffe brutalement. Koblet souffre, commence à tanguer sur son vélo et tente d'arracher ses emplâtres. Alerté, Huber attend son capitaine en pleine détresse qui parvient laborieusement à franchir le Soulor mais qui, en descendant, dérape dans un virage et percute un pylône, à plus de 70 km/h. Aussitôt les spectateurs se précipitent autour du Suisse, qui gît sur l'herbe. Le fidèle Huber, miné par l'angoisse, tente de réanimer son ami, qui n'a toujours pas repris connaissance. Sa bouche entrouverte laisse deviner une terrible souffrance. Huber le sort du ravin en le portant. Peu à peu, Koblet reprend conscience et l'œil devient plus clair. Il intime à son équipier l'ordre de reprendre la course pendant qu'il se couche sur la banquette arrière d'une voiture. ❍

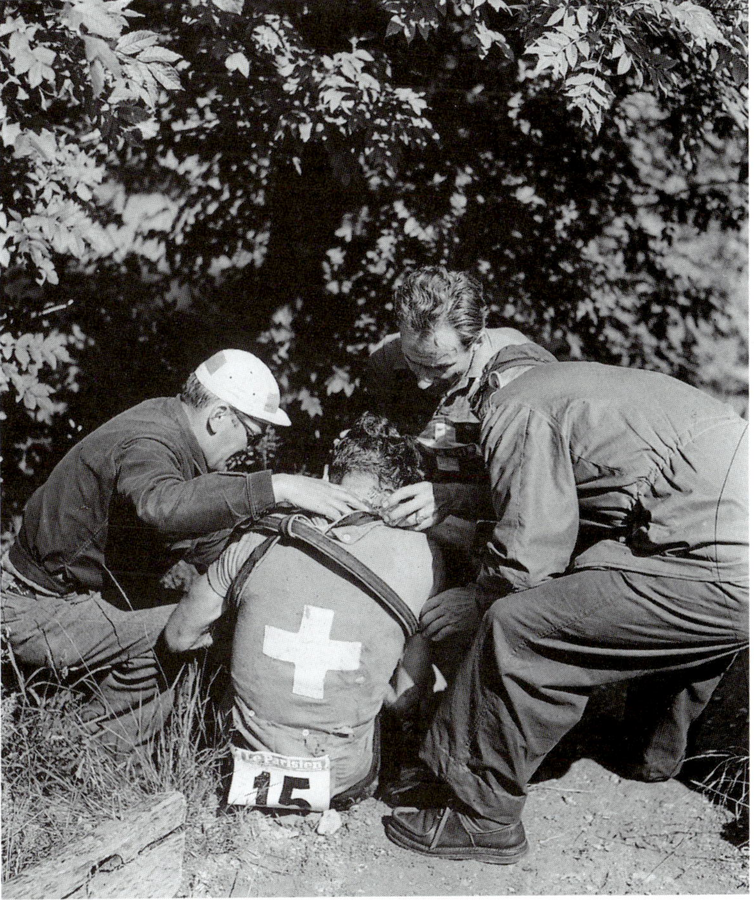

• Koblet vient de chuter dans la descente du Soulor.

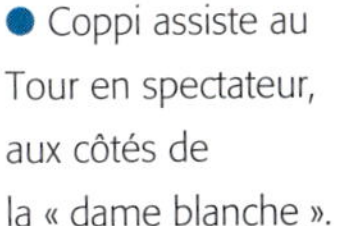

• Coppi assiste au Tour en spectateur, aux côtés de la « dame blanche ».

● Depuis plus de dix ans, Fausto Coppi attendait son premier titre mondial sur route.

16 juillet

Rififi

L'équipe de France a décidé « de tout faire sauter à la dynamite », selon l'expression de Géminiani. Dès le départ d'Albi, quinze coureurs s'échappent, dont Bobet, le leader des Tricolores, Géminiani, Rolland et Lauredi. Après cent quatre-vingt neuf kilomètres d'une chevauchée sans répit, le groupe s'approche de la piste du stade des Sauclières. Bobet demande alors à Géminiani et Lauredi de lui préparer le sprint pour la minute de bonification. Mais, sur la ligne, c'est Lauredi qui s'impose, devant Géminiani. Bobet est furieux : « Et la bonification ? », demande-t-il à Géminiani, qui répond : « Mais il fallait me le dire. Je serais descendu de vélo devant le public pour te céder la place. » Le repas du soir va tourner au règlement de comptes et la rixe sera évitée de justesse. ❍

● Le récital de Bobet dans l'Izoard.

26 juillet

Schaer en vert

Pour ce Tour du Cinquantenaire, les organisateurs ont décidé d'augmenter sensiblement les primes et les dotations. Le budget de l'épreuve est passé ainsi de cent trente à cent cinquante millions. Cet argent supplémentaire est destiné surtout aux coureurs qui se distinguent sur le plat. Un classement par points est instauré, dont le leader portera le Maillot vert. C'est au Suisse Fritz Schaer, vainqueur de la première étape, que revient d'étrenner cette tunique. Il récidive le lendemain entre Metz et Liège. À Pau, il l'abandonne à Robic, dont on ne connaissait pas les qualités de sprinter, pour revêtir le Jaune. Au Parc des Princes, aux côtés de Louison Bobet, vainqueur de la Grande Boucle, et du meilleur grimpeur, Jesus Lorono, c'est encore Fritz Shaer qui exhibera fièrement le premier Maillot vert de l'histoire du Tour. ❍

22 JUILLET

Louison Bobet chez les aigles

Après les incidents de Béziers, Marcel Bidot, le directeur de l'équipe de France, a décidé de changer de stratégie. Tous les équipiers devront se sacrifier pour un seul leader, Louison Bobet. Le surprenant Jean Mallejac, de l'équipe de l'Ouest, est toujours Maillot jaune. Louison a donc décidé d'attaquer dans la dix-huitième étape, cette grande étape alpestre menant à Briançon par l'Izoard. Alors que trois hommes, dont son équipier Adolphe Deledda, sont partis en éclaireurs, Bobet démarre dès les premières rampes du col de Vars. Seul l'Espagnol Jesus Lorono parvient à répondre à cet élan. Au sommet, le tandem franco-espagnol passe avec 1 min 45 s sur ses poursuivants. Dans la descente, Bobet lâche Lorono et rejoint le trio d'éclaireurs, devenu en fait un duo. Là, Deledda abat un travail considérable en menant le train de bout en bout dans la vallée, jusqu'au pied de l'Izoard. À cet instant, les deux hommes possèdent quatre minutes d'avance sur Mallejac. Le travail accompli, Deledda laisse Bobet se livrer à un récital dans la fameuse Case Déserte. À l'image de ses illustres prédécesseurs, Louison Bobet exprime, ici, toute sa supériorité. Au sommet, les écarts sont importants : 3 min 40 s sur le Hollandais Nolten, auteur d'une superbe ascension, 7 min 35 s sur Géminiani (il ira embrasser le vainqueur après l'arrivée en lui disant : « Tu es un grand champion »), 8 min 22 s sur l'inusable Bartali et 8 min 45 s sur Mallejac, déchu de son Maillot jaune. Vingt-cinq kilomètres de descente vers Briançon ne peuvent plus changer grand-chose : le Tour 1953 est joué. ❍

29 août

Coppi, enfin !

Avec ce titre de champion du monde sur route, Coppi a désormais remporté toutes les grandes épreuves du sport cycliste. Au cent cinquantième kilomètre, Bobet attaque mais il se fait rejoindre par Fausto et trois autres Italiens. Coppi en est encore à contrôler la course mais il va bientôt la diriger totalement. Après avoir rejoint Derycke, il démarre à quatre-vingt-dix kilomètres du but et seul le Belge peut le suivre. Au pied de la côte, dans l'avant-dernier tour, le *campionissimo* s'envole à plus de 38 km/h de moyenne, jusqu'à l'arrivée. Les écarts sont impressionnants puisque, en vingt-deux kilomètres, Coppi a pris 6 min 01 s sur son second. Bobet, malgré ses attaques successives, termine à un quart d'heure. Coppi prend ainsi une magnifique revanche sur ceux qui l'ont critiqué quand il avait renoncé au Tour. ❍

29 septembre

Gamineries

Après les succès obtenus avec Louison Bobet, Francis Pélissier, directeur sportif de La Perle, annonce fièrement : « Cette fois, je vais faire gagner un gamin. » Au Grand Prix des nations, ce jeune homme de 19 ans, Jacques Anquetil, va en effet pulvériser ses adversaires et le record de l'épreuve. Dès le vingtième kilomètre, le Normand possède 56 secondes d'avance sur l'Italien Agostino Coletto. Malgré son énorme braquet, il impressionne par son aisance et la pureté de son style. À l'arrivée, après cent quarante kilomètres d'effort solitaire à 39,630 km/h de moyenne, Anquetil relègue le 2e, Roger Creton, à 6 min 45 s et Coletto à 8 minutes. Les commentaires sont dithyrambiques. Pélissier, lui, est ravi de sa dernière trouvaille : « Maintenant, on va en faire pleurer quelques-uns ! Vous n'avez encore rien vu. Ça ne fait que commencer. » ❍

19 SEPTEMBRE

Kubler comme une fusée

Bordeaux-Paris essaie de trouver un second souffle. Les organisateurs ont déplacé l'épreuve en automne pour éviter la concurrence du Giro. Francis Pélissier, célèbre figure de la course et fabricant de cycles est, lui, plus réservé : « L'épreuve est morte si l'on maintient cette date. En fin de saison, nous autres constructeurs n'avons plus de vélos à vendre. » En tout cas, seul huit courageux prennent le départ de cette cinquante-troisième édition. Après une nuit pluvieuse, André Mahé, 34 ans, démarre à la sortie de Tours, peu après la prise des Derny. Poussé par un vent violent, le peloton fonce vers Paris à plus de 55 km/h tandis que le Suisse Ferdi Kubler et le Belge Wim Van Est reviennent sur Mahé comme des fusées. Le pauvre Français, à qui l'on a promis un magasin de cycles en cas de victoire, commence à déchanter, et le tandem suisso-belge le laisse bientôt sur place. Sur les routes de Beauce, Kubler crève. Van Est et son entraîneur, le triple vainqueur de Bordeaux-Paris, Georges Ronsse, en profitent pour attaquer. Ils prennent quelques secondes d'avance mais Kubler mettra moins de quinze kilomètres pour rattraper son ultime adversaire. Ce retour foudroyant altère la confiance du Belge, qui pensait avoir fait le plus dur. Après des attaques répétées dans la vallée de Chevreuse pour éprouver un peu plus Van Est, Kubler attend la piste rose du Parc des Princes où il se sait plus fort. Et, en effet, devant un stade à moitié vide, Ferdi laissera le Belge à plus de trois longueurs. Les deux hommes ont sauvé ce Bordeaux-Paris avec cette magnifique empoignade menée à une allure record. Mais que se passera-t-il l'année prochaine ? ❍

• Nouveau coup de force de Jacques Anquetil dans le Grand Prix des nations : 42,050 km/h sur un parcours vallonné.

• Ferdi Kubler irrésistible dans Bordeaux-Paris.

● Flèche Wallonne : Kubler pense avoir devancé Derycke dans ce sprint sur le fil, mais les commissaires en décideront autrement.

MARS

La publicité extra-sportive fait son apparition

● Magni avec son maillot Nivea. L'Italien aux cheveux rares est l'homme d'une révolution dans le monde du cyclisme.

Lorsque l'Italien Fiorenzo Magni exhibe fièrement son nouveau maillot portant l'inscription Nivea, une marque de produits cosmétiques, le monde du cyclisme est en émoi, surtout en France. Les constructeurs de cycles italiens se sont en effet associés avec des sociétés extra-sportives pour constituer leurs équipes. Produits détachants Lansetina, glaces Eldorado, avec l'appui des cycles Girardengo, imperméables Brooklyn, Chianti, avec Gino Bartali : le cyclisme italien vit une révolution. De leurs côtés, la France et la Belgique prennent la décision d'interdire leurs épreuves aux coureurs portant un maillot marqué par un sigle étranger à l'industrie du cycle. Jacques Goddet s'en prend personnellement à Fausto Coppi et à Magni. Faute de compromis, aucun Italien ne participera au Tour cette année-là. Et au Critérium du mont Faron, Bartali écope d'une amende de vingt cinq mille lires pour port d'un maillot interdit. Pourtant, en France, la crise du cycle atteint un niveau critique. La baisse de la vente des cycles ne permet plus aux constructeurs d'entretenir une équipe professionnelle. C'est alors que Raphaël Géminiani a l'idée d'associer son prénom à la marque d'apéritifs Saint-Raphaël. Les membres de l'équipe, qui se contentent d'abord de porter des survêtements, franchiront le pas décisif dans Milan-San Remo 1955, en courant sous leurs nouvelles couleurs. Les instances fédérales, réduites à distribuer des blâmes, sont dépassées. Une brèche est ouverte dans laquelle tous les coureurs vont s'engouffrer. ❍

30 mars

Fernandel sur le Tour du Maroc

Au départ de l'étape-reine du neuvième Tour du Maroc, Taroudant-Marrakech, une surprise attend les coureurs. Fernandel, qui tourne dans la région « Ali-Baba », de Jacques Becker, est venu saluer Louis Caput, précédent vainqueur, ainsi que le peloton. Au programme de la journée, le col de Tizi n'Test et ses 2 200 m. Dès les premières pentes, le Suisse Marcel Huber, Lucien Teisseire et Dos Reis se détachent, mais l'ascension tourne vite au cyclo-cross. Entre les éboulements de pierres et les traversées d'oueds, sous une chaleur suffocante, les coureurs souffrent terriblement. Plus de cent vingt crevaisons sont dénombrées pour cette seule journée. Pourtant, grâce à sa descente, Teisseire remporte l'étape devant Huber qui, lui, revêt le Maillot orange de leader. ❍

Mai

La « dame blanche »

Rien ne va plus pour Fausto Coppi. En plus de ses problèmes sportifs et extra-sportifs, l'Italie catholique découvre avec stupeur que le *campionissimo* vit une relation extra-conjugale avec Giulia Occhini, qu'on surnomme la « dame blanche ». Coppi doit maintenant choisir : divorcer ou mettre fin à sa relation. Pendant le Giro, les événements se précipitent. La dame blanche et Fausto s'installent à la Villa Carla, près de Novi-Ligure. De cet amour interdit va naître, à Buenos Aires, un petit garçon, Faustino, mais les ennuis poursuivent le champion. Deux ans plus tard, il est condamné par le tribunal d'Alessandria à trois mois de prison avec sursis pour abandon de famille et au versement d'une importante pension à sa femme légitime, Bruna. ❍

11 AVRIL

Impanis et les Mercier

Une fois n'est pas coutume, ce Paris-Roubaix se déroule par un temps clément et ensoleillé. Seul un fort vent de face provoque de multiples bordures. L'une d'elle se transforme en échappée. Dix hommes, dont le Français Bernard Gauthier et l'Espagnol Miguel Poblet, franchissent la côte de Doullens avec 2 min 25 s d'avance. À Villers-Bocage, une chute couche à terre trente coureurs, parmi lesquels Robic, Conterno, Colette et Bultel, qui sont les plus touchés. Hénin-Liétard est traversé en trombe. Le peloton s'étire et la course par élimination commence. Devant, le groupe de tête est repris après plus de cent cinquante kilomètres d'échappée. L'Italien Fornara démarre, contré par Hassendorfer et Papazian. Après une crevaison de Fornara, « Hassen » se retrouve seul, rêvant de rééditer sa performance du championnat de France. Mais, seul face au vent, il souffre et se fait reprendre, à quinze kilomètres de l'arrivée, par Koblet, dont l'aisance en fait un favori, comme Kubler, Ockers, Impanis, Filippi, Renaud et quelques autres. Onze kilomètres plus loin, Filippi et Albani tombent devant Koblet, qui ne peut éviter la chute. Il se relève le genou endolori et doit laisser partir les cinq derniers rescapés, dont trois Mercier.

Fort de cette supériorité numérique, Antonin Magne, le directeur sportif du Belge Raymond Impanis, s'approche de son poulain et lui crie de foncer. Impanis démarre et ses deux équipiers bloquent aussitôt toute tentative de poursuite. Avec cent mètres d'avance à l'entrée du vélodrome, le Belge, rayonnant, lève les bras. Il a course gagnée. ❍

• Dans le Giro, en juin, Coppi est à la peine. Il terminera 4e, à plus de trente minutes du vainqueur, Carlo Clerici.

9 mai

Sale week-end pour Kubler

Ferdi Kubler quitte Liège l'œil sombre et la tête basse. La veille, il croyait avoir remporté la Flèche Wallonne au sprint, devant le Belge Germain Derycke, mais voilà que les commissaires lui ont retiré la victoire parce qu'ils estimaient que son sprint avait été irrégulier. Le jour même, dans Liège-Bastogne-Liège, le Suisse a réussi à s'échapper en compagnie des Belges Raymond Impanis et Marcel Ernzer. Impanis et Kubler, méfiants, s'épient mutuellement. Et c'est le troisième larron qui tirera les marrons du feu, en s'enfuyant à trente-quatre kilomètres de l'arrivée, dans la longue descente qui mène vers Liège. Ses deux compagnons ne réagissent pas et le laissent partir vers la victoire. C'est une nouvelle désillusion pour Ferdi Kubler, qui comptait tellement sur ce week-end ardennais pour enrichir son palmarès. ❍

10 mai

Le vent souffle de l'est

La Course de la paix, ou Varsovie-Berlin-Prague, est l'épreuve mondiale majeure pour les amateurs et les indépendants. Son parcours totalise un peu plus de deux mille kilomètres. Plat en Pologne, il offre un profil plus vallonné et sélectif dans la seconde partie. Devant la qualité de l'organisation et l'enthousiasme populaire que l'épreuve suscite tout au long de son parcours, la Fédération française a décidé d'envoyer pour la première fois une délégation de coureurs. Mais, parmi les vingt nations représentées, ce sont plutôt les Belges, avec Van Meenen, 1er au classement général, et les Danois, qui s'illustrent. Pourtant les pays de l'Est, en particulier la Pologne et l'URSS, se distinguent par leur progression régulière, au point que de nombreux observateurs pronostiquent leur succès les années suivantes. ❍

• Giulia Occhini, Faustino et Fausto.

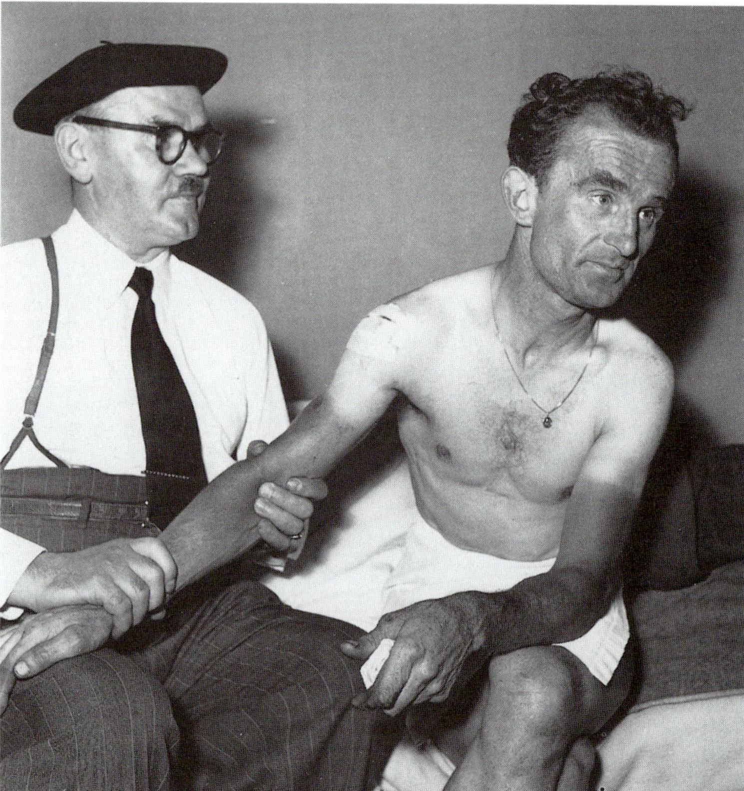

● Jean Robic, dit « Biquet-la-poisse », est de nouveau victime d'une chute dans la quatrième étape du Tour.

● Sur le podium à Briançon, Louison Bobet savoure sa victoire sur Ferdi Kubler, relégué à douze minutes au classement général après l'ascension de l'Izoard.

11 juillet

« Biquet » retombe

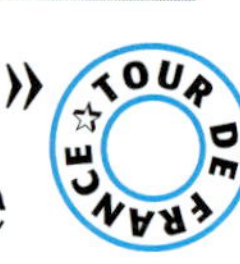

Le matin, le contre-la-montre par équipes a vu la victoire des Suisses Kubler, Koblet et Schaer. Louison Bobet, surpris, endosse le Maillot jaune, mais un peu trop tôt à son goût. L'après-midi, lors de la deuxième demi-étape, Rouen-Caen, Charly Gaul veut refaire son retard de la matinée et démarre dans la côte de Villers. Le « Hollandais volant », Wim Van Est, rejoint le Luxembourgeois peu après. Le laissant sur place, il s'envole vers la victoire mais rate de justesse le Maillot jaune, le peloton ayant réagi sur la fin. Cependant un nouveau drame a frappé Jean Robic. Lors de l'arrivée à Caen, « Tête de cuir » percute un photographe de presse. Blessé aux jambes, le Breton de l'équipe Ouest doit abandonner. Une nouvelle fois, « Biquet » ne pourra pas finir le Tour. ❍

22 juillet

Bauvin piégé

Gilbert Bauvin, un membre de l'équipe Nord-Est-Centre, est la révélation du Tour. Vainqueur à Bayonne, il récidive à Luchon, endossant le Maillot jaune. Durant cette journée montagneuse très éprouvante, seul Bobet, 2e au général à 3 min 52 s, limite les dégâts. L'équipe de France décide donc d'attaquer dans la quatorzième étape, Toulouse-Millau. Le peloton assoiffé gravit les pentes du col de Montiau lorsque Bauvin crève. Bobet et Géminiani démarrent immédiatement, suivis de Kubler et d'une vingtaine d'hommes. Le Maillot jaune, qui a réintégré le peloton, s'élance aussitôt à la poursuite du groupe de tête, avec l'appui de Jean Mallejac. Devant, les cinq Tricolores accélèrent et laissent la victoire à Kubler. Pour Bobet, qui récupère la première place, la menace Bauvin est définitivement écartée. ❍

27 JUILLET

Pour Bobet, la gloire passe par l'Izoard

Depuis leur coup de force contre l'étonnant Gilbert Bauvin, de l'équipe Nord-Est-Centre, sur la route de Millau, Louison Bobet et l'équipe de France ont repris les commandes de ce Tour. Mais, au départ de cette dix-huitième étape, la dernière de montagne, les Suisses Fritz Schaer et surtout Ferdi Kubler menacent toujours le Maillot jaune du Breton. Pendant l'ascension des deux premiers cols, franchis en tête par Federico Bahamontès, Bobet et Kubler se surveillent mutuellement. Mais, dès les premières rampes de l'Izoard, le Breton attaque. Seuls Jean Mallejac, Ferdi Kubler, Stan Ockers et Wout Wagtmans parviennent à suivre son train d'enfer. À mi-col, Bobet se retrouve seul. Kubler, qui s'était attaché à la roue arrière du Français, a dû céder. Malgré la chaleur étouffante qui règne sur la Case déserte, Louison a le coup de pédale alerte et l'œil vif. Il passe en tête au sommet. Bahamontès est à 55 secondes, Lily Bergaud, la révélation du Tour, à 1 min 18 s, et Kubler à 1 min 43 s. Dans la descente, Bobet accentue son avance tandis que Bahamontès et Ockers sont victimes de crevaisons. Comme en 1950 et en 1953, le Maillot jaune franchit en vainqueur la ligne d'arrivée à Briançon, follement applaudi par un public qui est enfin devenu le sien. Au classement général, il repousse Kubler à 12 min 49 s et Schaer à 17 min 46 s. Les trois dernières étapes qui emmènent le Tour jusqu'à Paris ne changeront rien et Bobet remporte donc son deuxième Tour consécutif. ❍

27 juillet

Et la descente ?

Federico Bahamontès, jeune Espagnol de 26 ans, est en train de faire la conquête du public par ses fulgurantes ascensions. Dans la dix-huitième étape, grande aventure alpestre, il démarre dès la côte de Laffrey, puis se laisse rejoindre dans la descente. Nouvelle démonstration dans le col Bayard, où il passe en tête au sommet, avec trente secondes d'avance sur Kubler et Bobet. Dans l'Izoard, malgré un énorme retard concédé dans la vallée, il remonte un à un tous ses adversaires, sauf Bobet. Le Castillan a décidé en effet de se consacrer exclusivement au Grand Prix de la montagne. Il lui arrive même d'attendre ses adversaires au sommet. Après son succès, il est accueilli en héros dans son pays, où l'on considère le Grand Prix de la montagne comme plus important que le classement général. ❍

5 septembre

« Prenez mon bras »

Au départ de Bordeaux-Paris, Magni fait une concession aux organisateurs. Il retire l'inscription Nivea de son maillot de champion d'Italie, mais la marque s'étale sur sa voiture suiveuse. Il faut attendre la Beauce pour voir la course se décanter. Alors que l'allure s'accélère, Bernard Gauthier est heurté par le Derny de Bruno Monti et chute sur l'épaule droite. Il se relève et comble rapidement son retard sur Magni, Van Est et Ockers. Au moment où ses adversaires cherchent leur second souffle, il démarre vers sa deuxième victoire dans le derby. Malgré une méritoire fin de course, Van Est termine second. À l'arrivée, Gauthier, que son épaule fait souffrir, n'a pas la force de desserrer ses cale-pieds. Antonin Magne, très ému, lui propose son bras. ❍

• Bernard Gauthier est épuisé à l'arrivée de Bordeaux-Paris et souffre de l'épaule après sa chute.

22 AOÛT

Un sommet pour Bobet

Au départ du championnat du monde de Solingen, en Allemagne, Fausto Coppi est d'une humeur plutôt maussade. Après une année de déboires, tant physiques et sportifs que conjugaux, il a basé toute sa saison sur cette course, mais le temps pluvieux ne lui convient guère. Néanmoins, au douzième tour, le *campionissimo* contre-attaque derrière les deux échappés, l'Italien Gismondi et le Français Varnajo. Louison Bobet répond instantanément, suivi d'Anquetil, de Jean Forestier, de Charly Gaul et de Fritz Schaër. L'avance du duo de tête fond progressivement et il est rejoint à cinquante kilomètres de l'arrivée. Usés par les deux côtes du circuit et la pluie toujours présente, Forestier, Varnajo puis Anquetil décrochent. Seul Français encore en première ligne, Bobet se lance à corps perdu dans la descente glissante de Flamersheid, suivi du Suisse Schaër. Victime d'une chute, Coppi ne peut que constater les dégâts. À l'avant-dernier passage sur la ligne, Gaul compte 30 secondes de retard et l'Italien 1 min 13 s. Désormais, le titre se joue entre Bobet et Schaër. Quatre-vingts mètres après l'attaque du dernier tour, le Français crève. Il remonte le circuit en sens inverse pour rejoindre son poste de ravitaillement, où son mécanicien lui prépare un vélo de rechange. L'opération lui fait perdre moins d'une minute. La poursuite est engagée. À cinq kilomètres de la ligne, Bobet aperçoit le maillot rouge à croix blanche du Suisse. Il le rejoint dans la dernière côte et le laisse sur place. À l'issue du tour le plus rapide de toute la course, Louison Bobet passe la ligne avec cent mètres d'avance sur Schaër et 2 min 25 s sur Gaul. Dès les premières mesures de *La Marseillaise*, le nouveau champion du monde fond en larmes. « C'est le sommet de ma carrière », déclarera Bobet à la fin de sa vie. ❍

• Federico Bahamontès en démonstration dans la côte de Laffrey.

Sur la route de Cuenca, dans la dixième étape de la Vuelta, l'échappée décisive de Jean Dotto, de l'Espagnol Gimenez-Quilez et de l'Italien Uliana.

Pour une fois, c'est Louison Bobet qui félicite son frère Jean après son succès dans Paris-Nice.

10 AVRIL

Jean Forestier l'emporte sur Coppi et Bobet

Le maillot blanc, avec sa bande arc-en-ciel, de Louison Bobet est recouvert de boue. La pluie n'a pas cessé de tomber depuis le départ de ce Paris-Roubaix. Sous leurs parapluies, les spectateurs glacés aperçoivent un maillot rouge dans la côte de Moncheau. C'est celui du Nordiste Gilbert Scodeller, suivi quelques secondes plus tard par le maillot vert Follis, une petite équipe lyonnaise, de Jean Forestier. Profitant d'une crevaison de Scodeller à Mons-en-Pavel, Forestier poursuit seul, mais il reste encore vingt-cinq kilomètres à parcourir. Derrière, un groupe de chasse prestigieux s'est constitué avec Coppi, Louison Bobet, Koblet et Van Steenbergen. Avec seulement une minute d'avance, les chances de Forestier semblent minces, mais il résiste, saute d'un trottoir cyclable à un autre. Chez les poursuivants, l'entente entre les grands n'est pas parfaite. Coppi refusant de rouler, Bobet et Scodeller doivent assurer la quasi-totalité de la poursuite. À six kilomètres de l'arrivée, à la sortie des derniers pavés, Forestier n'a plus que deux cents mètres d'avance. Tout semble perdu pour lui. Mais à l'entrée du vélodrome de Roubaix, il conserve soixante mètres d'écart et passe en tête la ligne d'arrivée. Quinze secondes plus tard, Coppi règle facilement au sprint Bobet et Scodeller. À peine arrivée, Forestier s'écroule sur le gazon détrempé du vélodrome, exténué. Bobet est dépité : « La conduite de Fausto est indigne d'un champion du monde. Il a couru seulement pour empêcher ma victoire. » ❍

19 février

Cinéma au Vel d'hiv'

C'est dimanche et la réunion au Vel d'hiv est l'occasion des premiers tours de manivelle d'un film retraçant la vie de Louison Bobet. L'ambiance est franchement décontractée, on rit des pitreries de Roger Hassendorfer, déguisé en sosie du comédien Robert Lamoureux, on attend l'arrivée de Bourvil, qui donne le départ de la première course en compagnie de sa complice, Jacqueline Pierreux. Sur le plan sportif, routiers et sprinters se livrent à un beau duel, qui tourne à l'avantage de ces derniers grâce au succès de Bellenger et Queugnet. Mais Bobet et Jean Robic montrent de belles dispositions. Dans l'individuelle des 50 kilomètres, Jean et Louison Bobet mènent un train très rapide qui permet à Jean de l'emporter sur Jacques Dupont. ❍

13 mars

L'un rit, l'autre pleure

Peu avant le départ de Paris-Nice, Jean Bobet affirme que cette saison sera la bonne ou sera la dernière. Vivant dans l'ombre de son frère Louison, il n'a pas choisi la facilité en embrassant la carrière de coureur cycliste. Mais au vu de son début de course, Jean est sur la bonne voie. Dans la première étape, il démarre avec autorité, avant Nevers, pour finir en solitaire avec 1 min 30 s d'avance sur le peloton. Porteur du Maillot blanc de leader, Jean continue à attaquer le lendemain. Profitant du gros travail de Louison qui le ramène sur les échappés, il repart en compagnie de Bernard Gauthier, finalement victorieux à Saint-Étienne. Mais Louison devra abandonner, victime d'un kyste à la cuisse qui l'empêche de rester assis sur sa machine. ❍

24 avril

Gauthier rate

Bernard Gauthier, récent vainqueur des Trois Jours d'Anvers, tient à prendre une revanche sur Paris-Bruxelles. En 1951, seul en tête, il s'est écroulé à cinq cents mètres de la ligne. Ce spécialiste de Bordeaux-Paris attaque tôt, bien avant la frontière, mais va encore échouer, repris à quelques kilomètres de Bruxelles par un peloton compact. Une arrivée rêvée pour le sprinter André Darrigade, qui se place admirablement dans la roue de Ferdi Kubler et produit son effort aux 300 m. Mais, brusquement, l'ex-champion olympique André Noyelle se rabat sur lui. Il chute. Accablé par ce coup du sort, il emprunte le vélo d'un spectateur en tenant le sien, devenu inutilisable, par la main. C'est dans cette malheureuse position qu'il franchit la ligne longtemps après le vainqueur, Marcel Hendrickx.

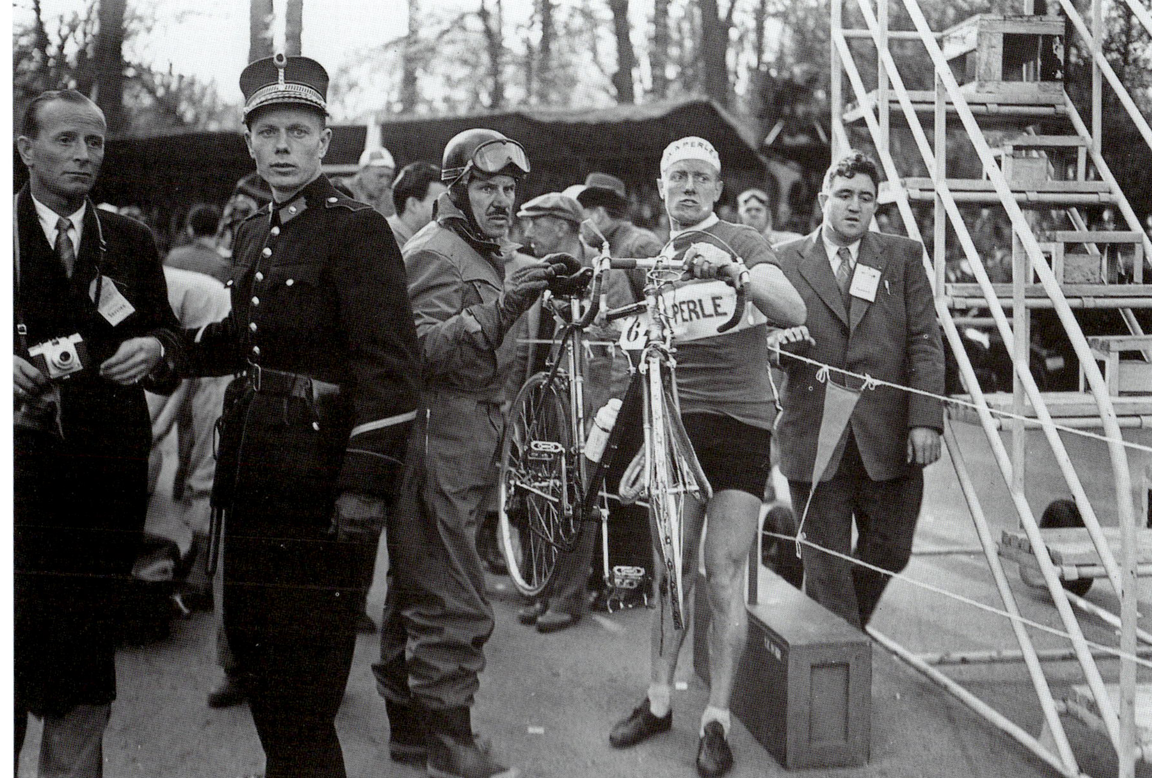

André Darrigade, le visage marqué par la colère, après sa chute dans le final de Paris-Bruxelles.

3 juin

La malchance de « Gem »

À l'issue de la douzième étape du Giro, Géminiani devient le premier Français à porter un Maillot rose. La dix-neuvième, Cortina d'Ampezzo-Trente, doit constituer un tournant avec ses quatre cols. Au sommet du Falzarego, une dizaine de coureurs, dont « Gem », passent ensemble. Mais, dans la descente, Géminiani crève une fois, une deuxième, puis une troisième. La voiture de son directeur sportif, Fred Oliveri, est tombée en panne, son équipier Lauredi refuse de lui passer une roue et s'échappe avec Coppi et Magni. Après plusieurs minutes, Géminiani repart. Avec l'aide de Lucien Lazaridès et de Dotto, l'Auvergnat rejoint le groupe de tête mais, au pied du dernier col, le Bronco, il crève une quatrième fois. C'en est trop. Il laissera la victoire finale à Magni.

2 MAI

Géminiani cède le pouvoir à Dotto

Cette année-là, le Tour d'Espagne devient, pour la première fois, véritablement international. Après cinq années d'interruption, la Vuelta s'est donné des structures élaborées, ainsi qu'une formule accueillant aussi bien des équipes nationales que des équipes de marque. Les Français disposent d'une redoutable formation nationale, composée de Raphaël Géminiani, Nello Lauredi, Gilbert Bauvin et Jean Dotto, et conduite par Sauveur Ducazeaux. La Vuelta va se jouer sur une étape entre Valence et Cuenca. Appliquant les consignes de Ducazeaux, Dotto démarre dès le départ, entraînant à sa suite les Espagnols Barrutia et Chacon, le Suisse Schneider et l'Italien Uliana. Sur des routes en terre battue et malgré un fort vent de face, le groupe augmente sans cesse son avance. Derrière, Géminiani, leader désigné de l'équipe de France, démarre à la poursuite des attaquants malgré la présence de Dotto aux avant-postes. Ducazeaux, surpris, passe alors un marché avec son chef de file : « Je t'accorde vingt minutes pour rejoindre Dotto. Si tu ne réussis pas, tu attendras le peloton. » Sur cette route désertique de Castille, Géminiani se bat seul et se rapproche sensiblement. Il doit cependant renoncer, victime du vent contraire et de la chaleur. À l'arrivée, le groupe de tête arrive avec un avantage de 11 min 43 s et Jean Dotto revêt le Maillot amarillo. Dès lors, parfaitement épaulé par un Géminiani sacrifiant ses propres chances et par Bauvin, Dotto va préserver son acquis jusqu'à l'arrivée finale à Bilbao, malgré un dernier baroud d'honneur de l'Espagnol Federico Bahamontès dans les cols du Pays basque.

Sur les derniers pavés de Paris-Roubaix, Jean Forestier va résister jusqu'au bout au retour de Coppi et Bobet.

• « L'Ange de la montagne », Charly Gaul, franchit en tête le col du Galibier. Ses poursuivants sont à plus d'un quart d'heure.

• Sous la canicule du mont Ventoux, le champion du monde, Louison Bobet, se rafraîchit avant sa victoire de prestige à Avignon.

19 JUILLET

Louison Bobet à l'énergie

Après le succès de Gaul dans le Galibier et la surprenante résistance du Maillot jaune, Antonin Rolland, Louison Bobet et l'équipe de France se doivent de réagir. L'occasion leur en est donnée par cette étape du mont Ventoux. Mais Kubler a aussi décidé d'attaquer, ce qu'il fait, fidèle à sa réputation, bien avant Carpentras. Raphaël Géminiani répond présent, ainsi que Gilbert Scodeller. Dès les premières rampes du Ventoux, qu'il n'a jamais escaladé, Kubler accélère. « Gem » le met en garde contre « ce col qui n'est pas comme les autres ». « Ferdi non plus n'est pas un coureur comme les autres », lui répond le Zurichois. Derrière, un groupe de sept coureurs emmené par Bobet est pointé à 1 min 40 s. Rapidement, Kubler étouffe puis craque sous ce ciel en feu. Alex Burtin, son directeur sportif, le récupère dans un état de semi-démence. Se tenant droit au milieu de la route, Kubler hurle aux spectateurs : « Allez-vous-en ! Ferdi est devenu fou ! » Il termine tout de même l'étape, couvert de pansements après ses multiples chutes, mais abandonnera le Tour en gémissant : « Ferdi s'est tué dans le Ventoux. » Pendant ce temps, Louison Bobet se détache dans son style puissant et équilibré, à dix kilomètres du sommet. Dans ce paysage lunaire, le Breton livre ses dernières forces, escorté par une escouade de motos et de voitures. Au sommet, son avance n'est que de cinquante secondes sur le Belge Brankart et sur les Italiens Astrua et Fornara, mais ces rivaux sont très loin au classement général. Dans la longue descente vers Avignon, les positions restent inchangées. Après l'arrivée, Bobet mettra de longues minutes à récupérer. Mais la route est libre pour une troisième victoire consécutive dans le Tour. ❍

16 juillet

Sur un nuage

Après huit jours passés dans les plaines du nord et de l'est de la France, Charly Gaul attend avec impatience l'arrivée du Tour dans son jardin, c'est-à-dire dans la montagne. Le jeune coureur attaque dans le col des Aravis, semant irrésistiblement tous ses rivaux à l'exception du Hollandais Jean Nolten. Au sommet, à plus de cent kilomètres de l'arrivée, il a déjà creusé une énorme différence (4 min 10 s) sur Bobet et ses équipiers. Dans la vallée de la Maurienne, le tandem accentue encore l'écart : treize minutes. Dans le Télégraphe, sentant Nolten à bout, Gaul démarre et passe en tête au sommet. Dans le Galibier et les autres cols, et le Luxembourgeois rajoute trois minutes supplémentaires. À l'arrivée, les favoris, Kubler et Bobet, ont perdu plus de quatorze minutes. Le Français avouera qu'il était plutôt dans un bon jour… ❍

19 juillet

Le drame de Jean Mallejac

Alors que Bobet passe en tête au sommet du Ventoux, son équipier Jean Mallejac se trouve derrière, en bonne position, à dix kilomètres du sommet, avec le Maillot jaune Antonin Rolland. Soudain, il tombe à terre, une jambe bloquée dans le cale-pied, l'autre tournant dans le vide. Son état inconscient, son visage blême font craindre le pire. Alerté en urgence, le docteur Dumas tente de lui desserrer les mâchoires pour le faire boire, et ce n'est qu'un quart d'heure plus tard que le Breton sort de son état comateux, après une piqûre de solucamphre. Il faudra ensuite l'attacher pour l'installer dans l'ambulance tant il se débat et hurle, voulant même reprendre son vélo. On pense au dopage, même si Mallejac nie catégoriquement avoir recouru à un tel produit. ❍

11 septembre

Où sont les Suisses ?

Le Grand Prix Martini de Genève bat les records : records de spectateurs et de participation, avec les plus grands spécialistes du contre-la-montre, Anquetil, Ockers, Brankart, Koblet, Kubler et Fornara, et record de l'épreuve, battu par Anquetil. Réalisant le meilleur temps dès le premier tour, le Normand conserve sa place de leader jusqu'au terme des quatre-vingt-un kilomètres. Pourtant fiévreux avant le départ, il confirme ainsi qu'à 21 ans, il est le rouleur mondial numéro un. En prenant la deuxième place, Stan Ockers rappelle quant à lui qu'il est à l'aise dans tous les domaines. La déception vient des deux « K » : tandis que Koblet abandonne, Kubler finit avec dix minutes de retard. Le cyclisme suisse a-t-il vécu ses plus belles heures ? ❍

23 octobre

Maule confus

Le Tour de Lombardie est la dernière course attribuant des points pour le challenge Desgrange-Colombo. Onze points seulement séparent Ockers et Bobet avant cette ultime épreuve, qui ne se décante vraiment qu'au km 30, lorsque s'enfuient Angelo Conterno, l'instigateur, René Privat, le plus déchaîné, Fred De Bruyne, le plus frais, et Cleto Maule, le plus décidé. Quinze kilomètres plus tard, cinq Italiens s'ajoutent au groupe. Dans le peloton, Ockers ne quitte pas Bobet d'un boyau, vite résigné. Lorsque les échappés se présentent dans la dernière ligne droite, ils rejoignent le peloton, qui a pris un tour de retard. L'arrivée se déroule dans une confusion indescriptible, de petits malins se mêlant au sprint pour la première place, qui revient officiellement à l'Italien Maule devant De Bruyne. ❍

28 AOÛT

Un peloton amorphe

Les Italiens ne veulent pas rater ce championnat du monde qui a lieu chez eux, à Frascati. Fausto Coppi, en particulier, a misé toute sa saison sur cet événement. Avant le départ, il a même désigné son adversaire numéro un, Louison Bobet. Dès le premier des deux cent quatre-vingt-treize kilomètres qui sont à couvrir, il se place délibérément dans la roue du Français pour n'en plus bouger. Étrange attitude pour un postulant au titre. Rapidement, le Hollandais Dean De Groot, auteur d'une échappée fleuve, sur ce même circuit, dans le Giro, et le jeune Suisse Jacky Bovay s'échappent. Leur escapade ne tire pas le peloton de sa léthargie. Au soixantième kilomètre, leur avance est de 3 min 30 s. Derrière, Bobet tente d'assurer la poursuite, mais les Italiens, Nino De Filippis, Aldo Moser (le frère de Francesco) et Bruno Monti, refusent de prendre les relais. Alors, par petits groupes, les coureurs sortent régulièrement du peloton. Après deux cents kilomètres, le peloton, pointé à 8 min 30 s, ne comprend plus que dix-huit unités, Bobet et ses anges gardiens. À l'avant, douze hommes, dont Anquetil et Géminiani, ont rejoint les fuyards. C'est alors que Stan Ockers prend la course à son compte. Après être revenu sur le groupe de tête en moins de vingt kilomètres, il se porte en avant et lâche, un à un, ses adversaires. À l'approche du dernier tour, le Belge a déjà fait la différence et n'a plus qu'à rallier victorieusement la ligne d'arrivée. Le Luxembourgeois Jean-Pierre Schmitz arrive une minute plus tard, puis Germain Derycke, qui complète ainsi le triomphe flamand devant un public italien éberlué et pétrifié. ❍

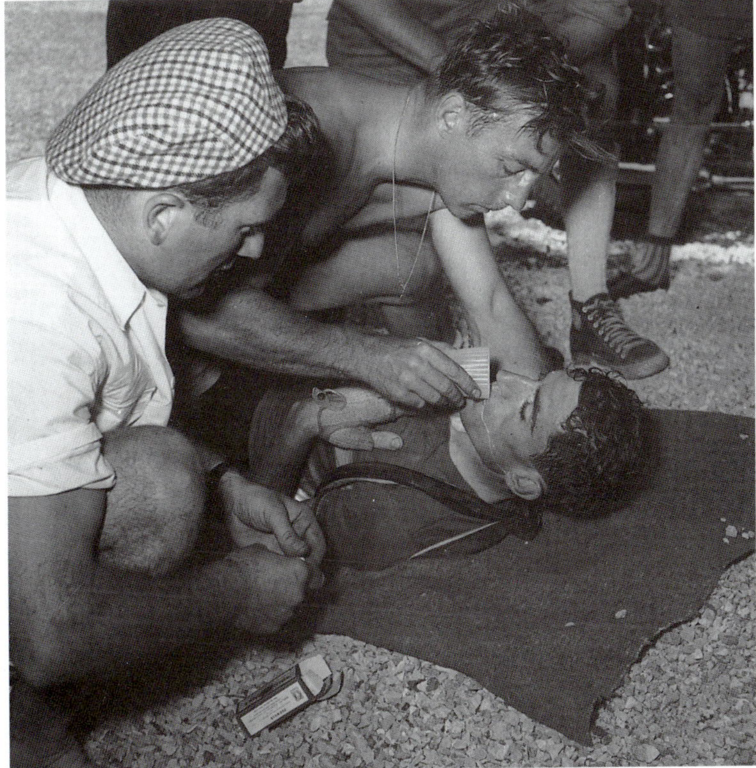

● Jean Mallejac a été victime d'une terrible défaillance dans le mont Ventoux. Le docteur Dumas tente de le sortir de son évanouissement.

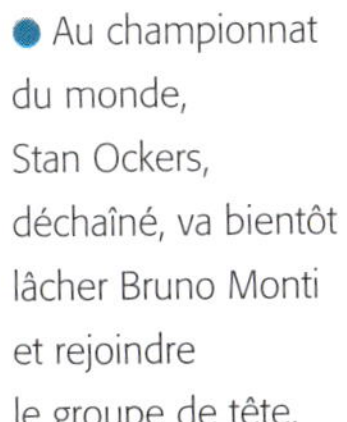

● Au championnat du monde, Stan Ockers, déchaîné, va bientôt lâcher Bruno Monti et rejoindre le groupe de tête.

Jean Bobet et Jacques Anquetil sur les trottoirs de Paris-Roubaix.

8 AVRIL

Les Mercier au service de Bobet

Ce Paris-Roubaix va connaître deux départs. Le premier, officiel, à Saint-Denis où, immédiatement, cinq coureurs, Conterno, Michelon, Van Est, Schills et Grosso se détachent. Cette échappée matinale va durer deux cents kilomètres, jusqu'au passage à niveau d'Hénin-Liétard. Là, drame de la coordination rail-route, la barrière est baissée, assez longtemps pour que le peloton rejoigne les cinq malchanceux. Tout est à refaire pour ce deuxième départ. Les trois Mercier, Jacques Dupont, Fred De Bruyne, Bernard Gauthier et l'Italien Bruno Monti, déclenchent la bagarre dans la côte de Mons-en-Pevele. Derrière, par groupes de trois ou quatre, des coureurs arrivent en renfort. Le temps de souffler un peu et Gauthier, Forestier, De Bruyne et Lauredi repartent alors que Stan Ockers crève. Quelques kilomètres plus loin, Van Steenbergen assure la jonction avec Bobet, qui n'avait pas mené pour protéger Gauthier et De Bruyne. À cinq kilomètres de l'arrivée, ces six hommes ont course gagnée puisque, derrière, l'équipe des Van Hauwaert, avec Derycke, Schotte et Van Looy, est incapable d'organiser la poursuite. Devant, c'est un véritable harcèlement que les Mercier font subir à Van Steenbergen. Gauthier puis De Bruyne attaquent et le Flamand doit, à chaque fois, faire l'effort. C'est donc Bobet qui remporte le sprint devant De Bruyne. En associant Gauthier, De Bruyne et Antonin Magne, son directeur sportif, pendant son tour d'honneur, il saura rendre hommage aux artisans de sa victoire. ❍

Auteur d'un superbe retour, Rik Van Looy file vers une victoire dans Paris-Bruxelles.

25 mars

Fred gagnant

La Belgique a peut-être trouvé en Alfred De Bruyne le champion qu'elle cherche depuis Van Steenbergen. Il a transformé Milan-San Remo, si confus d'habitude dans son déroulement, en une épreuve d'une absolue limpidité. Ses deuxièmes places, l'année précédente, avaient déjà laissé entrevoir une véritable victoire. « Pour éviter les à-coups et les chutes, il n'y a qu'un moyen de gagner ici : faire la course en tête », rappelait le vainqueur. Ce qu'il fit, tout d'abord en menant la chasse derrière Strehler et Robinson, ensuite en ripostant à l'attaque de Darrigade dans le Capo Cervo et, enfin, en démarrant dans le Capo Berta. Là, il se retrouve seul et fonce vers San Remo sans musarder. Après la ligne d'arrivée, Fred Debruyne s'effondre en larmes pendant de longues minutes, ne croyant pas à cette première victoire. ❍

22 avril

Rick Van Looy est intouchable

Bernard Gauthier est extrêmement déçu à l'arrivée de ce Paris-Bruxelles. Une fois encore, il doit se contenter d'une place d'honneur. Mais aujourd'hui, il n'y avait rien à faire contre Rik Van Looy. Tout au plus peut-il regretter sa crevaison vers Nivelles, sur une route effroyable, remise en circulation pour cette course. Attendu par Bobet, Gauthier ne réintègre le peloton que pour s'apercevoir que Van Looy et Derycke l'ont quitté. André Darrigade rejoindra les deux Belges de Van Hauwaert peu après. À quinze kilomètres de Bruxelles, Van Looy place un terrible démarrage que le Français ne peut contrer puis s'envole vers la victoire. Derrière, Gauthier est l'auteur d'un superbe final, en remontant Darrigade puis Derycke, pour finir deuxième. ❍

8 JUIN

Gaul dans la tourmente

Il ne reste plus que la montagne pour sauver Charly Gaul d'une cuisante défaite dans le Giro. Les espoirs du Luxembourgeois, rejeté à la vingt-quatrième place au classement général avec plus de seize minutes de retard sur le Maillot rose, Pasquale Fornara, se réduisent dorénavant à lancer un dernier baroud d'honneur. Au départ de cette étape des Dolomites, le froid et la pluie laissent présager une course exécrable. Dans le deuxième col, le Rolle, Gaul passe en tête au sommet, suivi par le Romain Bruno Monti et Federico Bahamontès à 2 min 35 s. Mais dans la descente, des freins déficients obligent Gaul à utiliser ses pieds pour ralentir. Au bas du Passo di Broccone, il concède donc plus de six minutes aux Italiens, Monti, Fornara, Nino De Filipppis et Arrigo Padovan. Mais les premières défaillances guettent. Padovan, après une courageuse attaque, s'effondre et abandonne. Monti est retrouvé quelques kilomètres plus loin, transi de froid, au fond d'un ravin. À l'amorce de l'escalade finale vers le Monte Bondone, De Filippis, Maillot rose virtuel, s'écroule, frigorifié, sur le capot de sa voiture suiveuse. Derrière, Gaul, qui déteste la chaleur, revient comme un bolide, assurant toute l'ascension en tête. La tempête de neige qui s'abat sur le Bondone ne l'empêche pas de creuser des écarts décisifs : 8 minutes sur Fantini, auteur d'un superbe retour, et 12 sur Fiorenzo Magni. Après l'arrivée, il faudra le faire descendre de son vélo et l'envelopper dans une couverture jusque dans la chaleur d'une grange. Privé de ses équipiers, qui ont tous abandonné, il va cependant remporter le Giro, deux jours plus tard, à la stupéfaction générale. ❍

29 juin

Record martial

À 19 h 13, devant quatre mille Italiens d'une sportivité absolue, le caporal Jacques Anquetil s'élance sur la piste du Vigorelli de Milan pour battre le record de l'heure de Coppi : 45,871 km. Il ne part pas trop vite. Jusqu'au quatre-vingt-dixième tour, son style coulé et harmonieux lui permet de ne pas puiser dans ses réserves. Mais à la quarante-cinquième minute, il augmente sensiblement son allure et son avance. Puis, soudain, il franchit la barre des 46 km avant l'heure. Son manager, Daniel Dousset, saute de joie. Avec 46,159 km, le Rouennais efface son précédent échec. À sa descente de vélo, alors que tous ses amis l'entourent, le capitaine Guéguen, du bataillon de Joinville, qui a organisé ce commando, est satisfait. Le recordman avoue : « C'est une honte, je n'ai même pas souffert. » ❍

19 août

Le premier Tour d'Europe

La Paneuropéenne, premier Tour d'Europe, se veut un vivier de nouveaux talents (la course est réservée aux moins de 27 ans) et la démonstration qu'une grande épreuve peut se jouer des frontières ethniques et politiques. De Zagreb, où le départ est donné par le maréchal Tito, à Namur, en Belgique, en passant par l'Italie, l'Autriche, l'Allemagne et la France, ces dix journées font découvrir des coureurs de nouvelles nations cyclistes comme la Roumanie ou la Pologne. La course est dominée par deux Français, Roger Rivière et Marcel Rohrbach. Profitant d'une équipe de France soudée, Rivière, qui n'a que 20 ans, montre de belles facultés de rouleur. Les Italiens, qui ont tous participé au Giro 1956, déçoivent malgré leurs nombreux succès d'étapes. ❍

● Jacques Anquetil est félicité par son manager, Daniel Dousset, après son record de l'heure.

● Après sa victoire dans le premier Tour d'Europe, Roger Rivière reçoit d'appréciables prix en nature : une voiture Goliath et une montre en or offerte par le maréchal Tito.

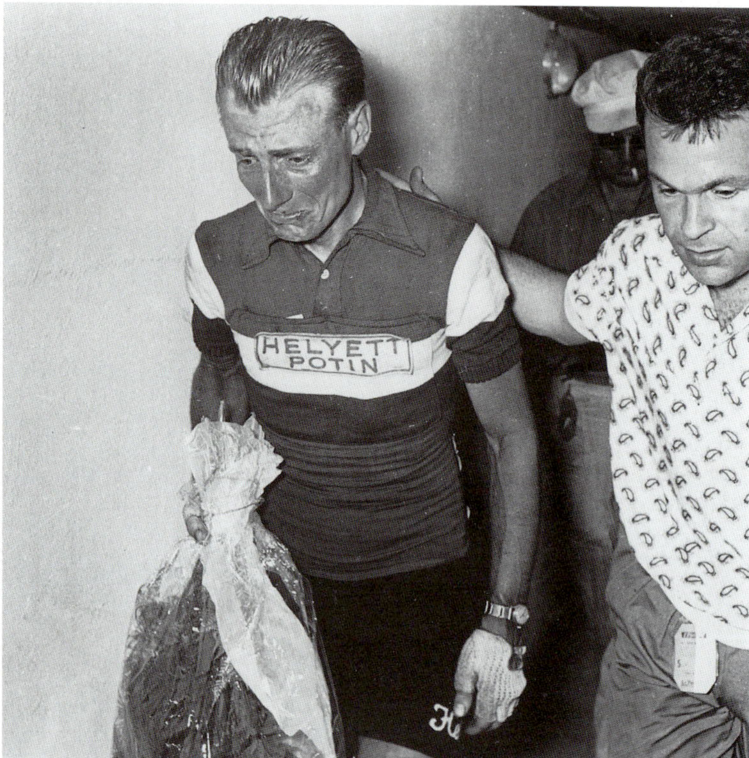

André Darrigade est en larmes à son arrivée à Toulouse. Il estime avoir été trahi par l'équipe de France.

Roger Hassenforder se restaure pendant son échappée solitaire.

28 JUILLET

Comment un inconnu peut-il gagner le Tour ?

Roger Walkowiak, membre de l'équipe Centre-Nord-Est, est le vainqueur du Tour de France 1956. Dès l'ultime ligne d'arrivée au Parc des Princes, où Marcel Bidot est sifflé, les commentateurs tentent de répondre à cette angoissante question : « Comment les circonstances de la course ont-elles amené un inconnu en jaune à Paris ? » Bidot avance une première explication franco-française : « Si, entre Luchon et Toulouse, Darrigade avait épaulé Bauvin au lieu de rechercher la victoire d'étape, Bauvin, 2e au classement général à Paris à 1 min 02 s, aurait gagné le Tour. » Mais la suspicion se porte plutôt sur Bauvin, qui appartient au même groupe sportif (Saint-Raphaël) que Walkowiak. Depuis le renoncement de Louison Bobet, mal rétabli de son opération du scrotum, les Français ne possèdent plus de leader charismatique. Quant à Charly Gaul, il ne se montre pas à la hauteur de son Giro. Et Stan Ockers a décidé de privilégier le classement par équipes, plus rentable. Même si la haute montagne a été réduite pour cette édition, Bahamontès se montre d'une discrétion extrême. Les Italiens se contentent de victoires d'étapes. « Il a gagné parce que les grands commirent la grosse erreur de le considérer comme quantité négligeable. Ils attendaient la défaillance de Walko et elle ne vint jamais », analyse Géminiani. Voilà en tout cas les remarques qu'aura dû endurer Walko après sa victoire, et ces mises en cause de sa valeur finiront par le décourager.

17 juillet

Darrigade se sent trahi

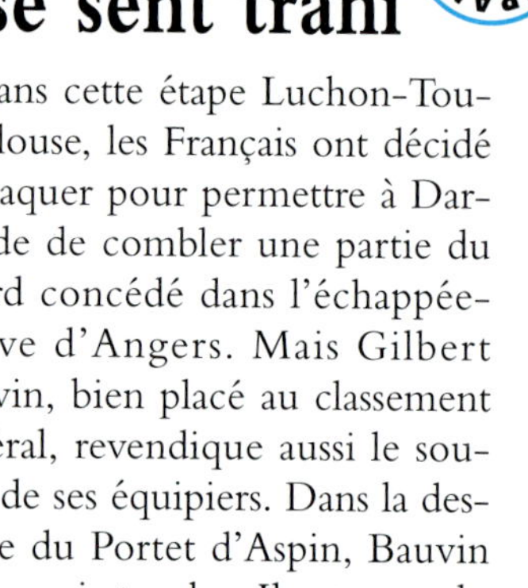

Dans cette étape Luchon-Toulouse, les Français ont décidé d'attaquer pour permettre à Darrigade de combler une partie du retard concédé dans l'échappée-fleuve d'Angers. Mais Gilbert Bauvin, bien placé au classement général, revendique aussi le soutien de ses équipiers. Dans la descente du Portet d'Aspin, Bauvin crève puis tombe. Il est attendu par Géminiani, Mallejac et Barbotin, qui lancent la chasse, mais les Tricolores ne reverront pas la tête de la course. Au même moment, à sept kilomètres de l'arrivée, nouveau coup du sort : dans le groupe de tête, Darrigade crève et ni ses équipiers, ni Bidot ne sont là pour l'assister. Avec deux minutes de retard à l'arrivée, il s'effondre en larmes : « Je ne veux plus faire partie de l'équipe de France. On m'a trahi. »

27 juillet

« Hassen »

Roger Hassenforder est un cas à part dans le milieu cycliste. Ce boute-en-train distrait le peloton par ses talents d'imitateur et ses pitreries. À chaque victoire, il effectue son tour d'honneur assis sur son guidon, coiffé d'un haut-de-forme. Sur ce Tour, il en remporte quatre, un record. La dernière, entre Lyon et Montluçon, est particulièrement éloquente. Lors de cette avant-dernière étape où tous les « battus » des semaines précédentes tentent de sauver leur Tour, « Hassen » prend les devants en démarrant après quarante-sept kilomètres. Et, dans la souffrance, il va tenir jusqu'au bout après cent quatre-vingt-dix kilomètres d'échappée solitaire et avec plus de douze minutes d'avance. « Si la perspective de devenir recordman d'étapes ne m'avait dopé magistralement, je n'aurais pas tenu le coup », confiera-t-il après l'arrivée.

19 septembre

Baldini relance le débat

Après une longue période de stagnation, le record du monde redevient une attraction majeure pour les meilleurs spécialistes. Trois mois après la réussite d'Anquetil, un amateur italien, Ercole Baldini, se met à l'ouvrage. Le pari semble osé car le Normand a mis la barre très haut. Mais devant quinze mille spectateurs présents au Vigorelli, ce spécialiste de la piste accomplit un prodigieux exploit. Partant sur le même rythme qu'Anquetil, Baldini lance progressivement son 49×15, nouvellement autorisé pour les aspirants recordmen. Après une demi-heure, alors qu'il possède quatre cents mètres d'avance, les *tifosi* ne doutent plus de son succès. Avec 46,394 km, Baldini améliore le record. Dorénavant, Anquetil et Roger Rivière savent ce qu'il leur reste à accomplir. ❍

29 septembre

La Belgique en deuil

Au Sportpaleist d'Anvers se tient la réunion annuelle du cyclisme sur piste. Comme toutes les vedettes belges, Stan Ockers est présent. Le vélodrome est situé à cinq cents mètres de chez lui. Mais un drame se produit. Ockers chute lourdement et sa tête heurte violemment le sol. Immédiatement transporté à l'hôpital, le Belge décédera trente-six heures plus tard. Lors de ses obsèques, des dizaines de milliers de Belges, dont son ami Van Steenbergen, pleurent au passage du convoi. Comment « Stan-le-coureur-qui-ne-tombe-jamais » a-t-il pu se tuer ainsi ? À 36 ans, il voulait se retirer tranquillement après son championnat du monde de Frascati, l'année précédente, mais l'attraction d'une victoire possible dans le Tour avait été plus forte. ❍

21 OCTOBRE

Quand Darrigade fait pleurer Coppi

Après tous ses soucis sportifs et familiaux, Fausto Coppi, à 37 ans, veut à tout prix obtenir cette victoire dans le Tour de Lombardie pour redorer son blason. Depuis qu'il a quitté la Bianchi, Coppi court désormais pour Carpano. Pinella De Grandi, le nouveau directeur sportif de son ancienne équipe, a embauché Jacques Anquetil et André Darrigade pour les épreuves italiennes. Dans l'ascension de la Madona del Ghisalo, l'Italien Ronchini démarre, rejoint peu après par Coppi. Ce dernier mène seul l'offensive, De Grandi ne souhaitant pas qu'un coureur de la Bianchi compromette les chances des deux Français. Dans la descente, l'impétueux Darrigade se dégage du groupe à la poursuite des Italiens. Mais à dix kilomètres du Vigorelli se forme un regroupement de dix-huit coureurs, où se trouvent, outre les premiers échappés, Rik Van Looy, Fred De Bruyne, Miguel Poblet, Fiorenzo Magni, Louison Bobet et Albert Bouvet. La présence du gratin des routiers-sprinters condamne Coppi. Le sprint est lancé par Van Looy à deux cent cinquante mètres de la ligne puis Magni produit son effort quand Coppi les passe. Encore vingt mètres et Fausto va gagner. Mais Darrigade surgit et coiffe le *campionissimo* d'un boyau. Cruelle déception pour Coppi qui fond en larmes sur la pelouse milanaise. De Grandi, son ancien mécanicien, vient le consoler et s'excuser d'avoir ordonné à Ronchini de ne pas le relayer. Quelques jours plus tard, au Trophée Baracchi, Coppi, associé à De Filippis, sera battu par Graf et… Darrigade. ❍

• Roger Walkowiak, vainqueur-surprise du Tour 1956, entame son tour d'honneur au Parc des Princes.

• Sans fatigue apparente, Ercole Baldini fonce vers le record de l'heure.

La puissance d'Albert Bouvet triomphe d'Anquetil dans un match poursuite au Vel d'hiv.

Fred De Bruyne, vainqueur d'un Tour des Flandres infernal, est félicité par son équipier Désiré Keleleer.

31 MARS

De Bruyne devance les voitures suiveuses

Le Tour des Flandres est la plus exigeante des classiques ardennaises, mais la cohorte des voitures suiveuses tend à réduire la course à un gymkhana ouvert seulement aux plus téméraires. Cette année encore, la catastrophe est évitée de justesse lorsque, à vingt kilomètres de l'arrivée, une centaine de voitures s'intercalent entre les onze échappés et le peloton. La régularité de la course est tout de même assurée en dépit de ce gigantesque capharnäum.

C'est dans le mur de la Station que le Belge Joseph Planckaert et le Français Désiré Keteleer attaquent les premiers et passent en tête au sommet, avec trois cents mètres d'avance sur l'Italien Coletto. Au pied du mur de Gramont, le peloton est pointé à une minute des trois hommes. André Darrigade est le premier à contre-attaquer mais il craque bien avant le sommet.

Sous l'impulsion d'un Fred De Bruyne qui se montre très entreprenant, un petit groupe va rejoindre les échappés et les poursuivre sur sa lancée. En haut du Gramont, De Bruyne passe en tête devant le jeune Italien Gastone Nencini.

Dans la descente, onze hommes se sont regroupés pour se disputer la victoire finale au sprint. Une bonne nouvelle pour tous ces coureurs : ni Rik Van Looy, ni Roger Decock ne sont présents dans ce groupe de tête. Sont également absents les Français Jean Forestier et Bernard Gauthier, qui sont bloqués par les voitures dans le Gramont.

Le sprint est sans surprise et revient facilement à Fred De Bruyne, bien emmené jusqu'à cent cinquante mètres par Coletto et Keteleer.

10 mars

Bouvet va fort

Pluies de records au Vel d'hiv pour la dernière réunion de la saison hivernale. C'est d'abord Roger Rivière qui bat le record de Louis Aimar, vieux de dix-huit ans, sur les 4 kilomètres. À l'annonce de son chrono, 4 min 52 s, le Stéphanois, surpris, explose de joie. Captivante bataille ensuite entre Jacques Anquetil et Albert Bouvet sur 10 kilomètres. Anquetil a prévu des temps de passage calqués sur le record de Messina. Au deuxième kilomètre, il accuse un retard de quarante mètres sur Bouvet, mais il est en avance sur Messina. Le Normand force et remonte progressivement. Il échoue finalement de cinq mètres derrière le puissant Bouvet. Le temps de Messina est amélioré de quinze secondes. Coup double pour « le Bouledogue de Fougères » qui bat l'ex-recordman de l'heure et le record des 10 kilomètres.

28 avril

Anquetil à Daumesnil

Dans le bois de Vincennes, trente-cinq mille spectateurs massés autour du lac de Daumesnil assistent à la performance de Jacques Anquetil dans le Critérium de Daumesnil, disputé sur soixante et un kilomètres derrière scooters. Dès le départ, le Normand s'envole dans l'embouteillage de la prise des entraîneurs. En tête du premier au dernier tour, il rafle les cinq sprints intermédiaires et prend un tour d'avance à tous ses adversaires, à l'exception de Bobet, brillant second. Derrière, Baldini, pourtant recordman de l'heure, Darrigade et Kubler, pour sa dernière course parisienne, ne peuvent résister à ce cavalier seul. Le plus bel hommage lui est rendu par Bobet : « Je marchais très bien et Jacques m'a nettement dominé. Il n'y a rien à faire contre lui. »

4 mai

Neige à Pajares

L'orage gronde aux Asturies au départ de cette quatrième étape de la Vuelta. Les Français comptent prendre leur revanche sur Bahamontès et sur les Espagnols, qui ont brillamment remporté l'étape de la veille. Au programme du jour, le col de Pajares. Les prévisions météorologiques sont détestables et Sauveur Ducazeaux prépare ses coureurs : moufles fourrées, imperméables enveloppants et pommades chauffantes. Avant Pajares, Géminiani attaque, avec une dizaine de coureurs mais sans Bahamontès. Le coup est presque gagné lorsqu'ils sont surpris par une tempête de neige au milieu du col. Les organisateurs décident d'interrompre la course mais Jesus Lorono ne veut rien entendre et continue. Les yeux hagards, chancelant de froid, le futur vainqueur de la Vuelta sera ramené à la raison par des spectateurs prévenants. ❍

7 juin

Un besoin pressant

Voici venu le temps des étapes montagneuses, très attendues. Le Campio dei Fiori, premier col de cette seizième étape entre Sion et Trente, respecte la hiérarchie. Les favoris, Bobet, Gaul, Raphaël Géminiani et Nencini, sont en tête. Mais le Luxembourgeois attaque bientôt et s'envole avant le sommet, à la poursuite de l'Italien Sabbadin, parti seul devant. Bobet, à la peine, ne reverra plus son adversaire, lui abandonnant la place de leader du Tour d'Italie. Quelques jours plus tard, dans la dix-neuvième étape, entre Come et Bondone, Bobet et Géminiani attaquent au moment où Gaul s'arrête pour satisfaire un besoin naturel. À l'arrivée, furieux, il aura perdu un quart d'heure et le Maillot rose au profit de Nencini, qui saura résister dans les Dolomites à l'offensive des Français. ❍

23 MAI

La « désertion » de Bobet et de Géminiani

Le Tour d'Italie fait relâche à Loreto, non loin de l'Adriatique. Louison Bobet, en passe de perdre le Giro, déclare tout à coup qu'il ne participera pas au prochain Tour de France : « J'aspire à vivre comme tout le monde. J'ai fait assez de sacrifices, pour mériter une détente. » Présent lui aussi en Italie, Raphaël Géminiani surenchérit et annonce que, devant la défection de Louison, il quitte à son tour l'équipe de France mais qu'il veut bien participer à la Grande Boucle dans une équipe régionale, avec Sauveur Ducazeaux. « Enfin, je vais courir le Tour en fumant la pipe », déclare le coureur auvergnat. Après le départ des deux chefs de file de l'équipe nationale, Marcel Bidot, le sélectionneur national, est sous le choc. Ce sont ensuite Antonin Rolland et André Darrigade qui, ne voyant plus d'intérêt à courir dans ces conditions, renoncent. L'édifice qu'a patiemment construit Bidot depuis quelques années menace maintenant de s'effondrer. Estimant qu'on lui a déclaré la guerre, il tranche dans le vif. André Darrigade étant revenu sur sa décision, Bidot en profite pour rajeunir la maison. Il jette sur le dos de son paquet de Gitanes une liste de dix noms. Cette nouvelle formation est construite autour de Roger Walkowiak, le vainqueur de l'édition précédente, et de plus jeunes coureurs, comme Jacques Anquetil. C'est pourtant cette équipe montée à la hâte qui va remporter le Tour de France. ❍

● À Daumesnil, Jacques Anquetil démarre en trombe derrière son scooter et étouffe tous ses adversaires.

● Bernard Gauthier et Rick Van Looy mènent la course dans Bordeaux-Paris, mais le Belge va bientôt s'effondrer, victime d'une insolation.

Toujours Bordeaux-Paris : Bidot devant Van Looy au cœur de la nuit.

C'est dans la cinquième étape, sur les pavés roubaisiens, qu'Anquetil (en deuxième position) revêt son premier Maillot jaune.

2 JUIN

Bernard Gauthier, Monsieur Bordeaux-Paris

Vainqueur pour la quatrième fois, Bernard Gauthier devient le maître du derby. Comme les autres années, c'est à Blédine que Gauthier forge son succès. Pourtant, jusqu'à Châteaudun, Rik Van Looy a impressionné par ses retours fulgurants, avant de s'effondrer soudain sur le bord de la route, victime d'une insolation. C'est ensuite André Darrigade qui a attaqué peu avant Chartres. Mais, tout en puissance, Gauthier l'a rejoint, suivi de François Mahé, d'Albert Bouvet, de Pino Cerami et de Van Geneugden. Les six hommes se préparent à l'ultime affrontement, se ravitaillent, échafaudent les derniers plans d'attaque avec leurs entraîneurs. La côte de Gué, une difficulté apparemment anodine, va devenir l'Izoard de ce Bordeaux-Paris. Gauthier y démarre et fait exploser le groupe. Darrigade, qui souffre de crampes, subit une grosse défaillance. Seul Mahé s'accroche, cent mètres derrière le leader. C'est l'instant décisif. Gauthier hurle ses ordres à son entraîneur, Ugo Lorenzetti, puis relance encore. Dans la vallée de Chevreuse, le Grenoblois accentue son avance. De deux minutes à Dourdan, elle passe à six minutes au Parc des Princes. Vaillance et condition physique ont fait la différence dans les cinquante derniers kilomètres. La deuxième place revient à l'inattendu Jacques Dupont, pourtant 8e dans la fameuse côte du Gué. Enfin, Darrigade, à vingt-trois minutes, et Cerami, à trente-quatre minutes, ferment la marche de ce somptueux derby. ❍

1er juillet

Vive les pavés

Cette cinquième étape, entre Roubaix et Charleroi, ressemble au Tour des Flandres : pavés, pluie et mur de Gramont. À la frontière franco-belge, Anquetil et Bauvin attaquent en compagnie de Fernand Picot, de Jean Bobet et de Dean De Groot. Les échappés profitent de la fermeture d'un passage à niveau, devant le peloton, pour creuser l'écart. Au sommet du Gramont, ils passent en tête avec 3 min 25 s d'avance sur treize hommes intercalés. À vingt kilomètres de l'arrivée, l'écart s'est réduit et Anquetil prend l'échappée en main et tire tout le monde sur cinq kilomètres, sans se retourner. Malgré ses trois chutes sur les pavés glissants, Picot revient à chaque fois sur le groupe de tête. Bauvin gagne le sprint et Anquetil le Maillot jaune sous les yeux de Louison Bobet, qui participait à une réunion à Charleroi. ❍

5 juillet

Bahamontès fait une crise

On attend beaucoup de « l'Aigle de Tolède » dans ce Tour, mais pour Bahamontès, la course tourne au cauchemar dans l'étape Besançon-Thonon-les-Bains. Après une chute, l'Espagnol se relève laborieusement. Il souffre du bras gauche, tente de remonter sur son vélo en tenant son guidon de la main droite, la gauche repliée sur son dos. Tout à coup, il est victime d'une crise de nerfs. Il tente d'arracher son maillot et menace les spectateurs accourus à sa rencontre. Luis Puig, son directeur sportif, tente de le raisonner : « Federico, il faut continuer pour ta mère… pour ta femme… pour Franco. » Mais le têtu Castillan ne veut rien entendre. Il enlève ses chaussures et reste prostré. Quelques minutes plus tard, il monte, silencieux, dans la voiture-balai. ❍

10 août

Puissance de Rousseau

Juste avant la finale du Mondial de vitesse amateur, Michel Rousseau tombe en s'échauffant et se fait mal au côté droit. Dans la première manche, son adversaire, l'Italien Guglielmo Pesenti, plonge dans le dernier virage, ne laissant aucune chance au Parisien, qui se ressent de sa chute. Dans la deuxième, Rousseau mène et maintient un rythme soutenu avant de démarrer brutalement, prenant dix mètres à l'Italien. Dans l'ultime course, Pesenti, devant, attaque à trois cent cinquante mètres de la ligne, mais Rousseau réagit et revient à la hauteur de son adversaire. Le coude à coude se prolonge sur toute la ligne droite mais, dans le dernier virage, Rousseau produit une nouvelle accélération, se dégageant définitivement pour son deuxième titre mondial. ❍

17 novembre

Bartali-Coppi, les copains d'abord

La rivalité entre Coppi et Bartali domine le cyclisme mondial depuis vingt ans. Mais aujourd'hui les *campionissimi* entretiennent des rapports amicaux. Gino Bartali a pris sa retraite sportive depuis deux ans alors que Fausto Coppi compte s'arrêter à la fin de la saison suivante. Les deux hommes, qui, peu de temps auparavant, ont animé ensemble une émission de télévision, se retrouvent au cours d'une partie de chasse pour fêter la création de la nouvelle équipe San Pellegrino, que dirige « Gino le Pieux ». L'actrice italienne Sandra Mondaini en est la marraine et c'est Fausto, l'invité d'honneur de la journée, qui prend la deuxième place au tableau de chasse, loin devant Gino. ❍

18 SEPTEMBRE

La confiance inébranlable de Roger Rivière

Roger Rivière, 21 ans et dans sa deuxième année professionnelle, s'attaque au mythique record de l'heure sur la piste, comme ses prédécesseurs, du Vigorelli de Milan. Les observateurs pensent que cette tentative est prématurée mais Rivière est en confiance. Il arrive, très décontracté, au vélodrome deux heures avant son premier coup de pédale, le temps d'assister à la fin de l'essai victorieux de la Bisontine Renée Vissac (38,569 kilomètres dans l'heure). La température est douce, le vent est tombé et dix mille *tifosi* clament leur enthousiasme. Toutes les conditions sont réunies. Après un premier tour similaire à celui d'Ercole Baldini, Rivière accélère. Au dixième tour, il possède 13 secondes d'avance. Malgré son style coulé, les chronos annoncent d'énormes écarts d'un tour à l'autre (jusqu'à deux secondes). L'inquiétude s'empare de son manager et de son soigneur, mais le Stéphanois a prévenu : « Laissez-moi faire. Si je prends de l'avance, j'aurais un moral terrible pour terminer. » Après le record des 10 km, il bat celui des 20. Dans les dix dernières minutes, Roger Rivière souffre, se met en danseuse à plusieurs reprises mais s'accroche. L'heure sonne avec 46,923 kilomètres, soit cinq cent trente mètres de mieux que l'Italien. La foule commence à réaliser la performance. Fausto Coppi, sur la pelouse, s'émerveille de l'état de fraîcheur du nouveau recordman. Rivière, lui, pense déjà aux 47 km, car il a la conviction qu'il est très loin d'avoir atteint ses limites. ❍

Sous les encouragements de son manager, Roger Rivière s'élance sur la piste du Vigorelli.

Gino Bartali et Fausto Coppi scellent leur réconciliation au cours d'une partie de chasse.

Seul l'Allemand Rolf Wolfshohl, en deuxième position, parvient encore à résister au futur champion du monde de cyclo-cross, André Dufraisse.

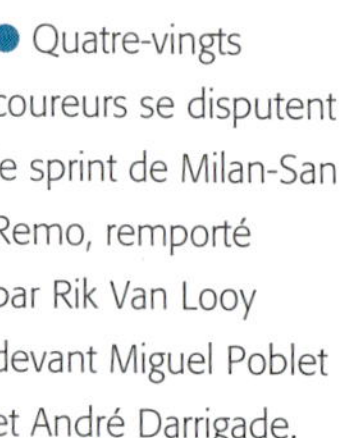

Quatre-vingts coureurs se disputent le sprint de Milan-San Remo, remporté par Rik Van Looy devant Miguel Poblet et André Darrigade.

13 AVRIL

Encore un sprint massif

Après Milan-San Remo et le Tour des Flandres, Paris-Roubaix se termine encore par l'arrivée au sprint d'un peloton massif. La course a pourtant été animée. Au km 200, quinze coureurs possèdent six minutes d'avance malgré un vent contraire, mais c'est dans la côte pavée de Montcheaux que commence réellement la sélection. Le Belge Noël Foré démarre sèchement. Aussitôt André Darrigade et Jean Stablinski sont lâchés. Nicolas Barone et François Mahé rejoignent Foré alors que Jacques Anquetil, plus long à se mettre en action, ne recolle qu'un peu plus tard au trio de tête. Après la chute de Joseph Groussard, fourche cassée, Anquetil a perdu trois équipiers précieux. Aussi décide-t-il, à vingt-cinq kilomètres de l'arrivée, d'imprimer un train soutenu en tête. L'effet est immédiat. Seuls Barone, Verplaetz et Truye s'accrochent encore dans sa roue. Sept kilomètres plus loin, Anquetil crève. Il doit mener une furieuse poursuite avec son équipier Barone. Mais il est trop tard. Au moment de rejoindre les fuyards, les Français aperçoivent en se retournant le peloton emmené par les Belges Van Looy, De Bruyne et Van Daële. Trente hommes pénètrent groupés dans le vélodrome de Roubaix. C'est Léon Van Daele qui lance le sprint à deux cent cinquante mètres du but et qui prend quelques longueurs d'avance. Sur la ligne, il conserve dix centimètres sur Miguel Poblet, encore second, et sur les deux Rik, Van Looy et Van Steenbergen. Après l'arrivée, Jacques Anquetil, 14e, regrettera de ne pas avoir démarré plus tôt, ajoutant : « J'avais la conviction que je pouvais gagner le sprint. » ❍

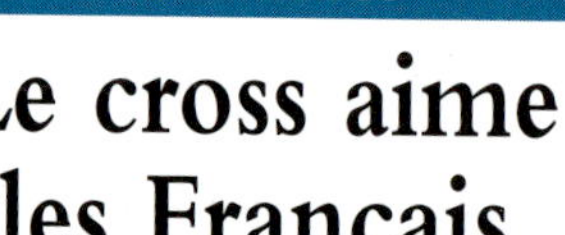

23 février

Le cross aime les Français

Le cyclo-cross est une spécialité française depuis le premier titre mondial de Jean Robic en 1950. Pour la cinquième fois, André Dufraisse devient champion du monde de la discipline. À Limoges, devant vingt mille spectateurs, ce titre est le plus dur à décrocher. À la cloche, en effet, l'Allemand de l'Ouest, Rolf Wolfshohl s'enfuit et dévale le toboggan, la principale difficulté du parcours. À ce moment-là, Dufraisse ne se trouve qu'en huitième position. Mais le Limousin se dégage, passe un à un ses adversaires et revient sur les talons de l'Allemand, avec L'Italien Severini. Profitant de la dernière côte, Dufraisse, rageur, démarre et se détache irrésistiblement. Le stade municipal est en délire pour accueillir son compatriote, qui s'impose devant Severini. ❍

23 mars

Privat rejoint

Que de regrets pour René Privat dans Milan-San Remo, rejoint à trois kilomètres de l'arrivée, après deux cent quatre-vingts kilomètres d'échappée, par un groupe de quatre-vingts unités. Dès la sortie de Milan, il est sorti du peloton avec huit autres coureurs dont l'avance dépasse rapidement dix minutes. Après deux cents kilomètres, le Français Privat et le Belge Joseph Planckaert se retrouvent seuls en tête. Dans le Capo Berta, Privat lâche son adversaire. Va-t-il réussir une performance jamais renouvelée depuis Fausto Coppi, en 1946 : gagner en solitaire. Mais l'écart baisse. À dix kilomètres du but, il n'est plus que d'une minute. L'équipe Mercier, à laquelle il appartient, décide alors de rouler en tête du peloton. Le malheureux est repris et, sur la via Roma, Van Looy règle le sprint devant Poblet et Darrigade. ❍

20 avril

Toujours un Belge

Les routiers-sprinters belges sont décidément intouchables dans les classiques de printemps. Dans Paris-Bruxelles, ils placent neuf coureurs dans les dix premiers. Seul Louison Bobet, dont c'est le retour à la compétition, réussit à s'intercaler à la sixième place. À cinq kilomètres de l'arrivée pourtant, Elliott possède une minute d'avance sur le peloton et les Belges semblent battus. Mais, brutalement, la fourche de l'Irlandais casse et sa machine devient inutilisable. Il récupère un vélo de cyclotourisme mais il est bientôt rejoint par un groupe de sept coureurs. Contrairement à son habitude, Rik Van Looy n'attend pas le sprint final : il démarre au kilomètre. Pino Cerami et Armand Desmet lancent la chasse mais, en véritable poursuiteur, Van Looy s'impose aisément.

5 juin

Baldini complet

À deux jours de l'arrivée à Milan, Baldini est bien placé pour remporter son premier Giro. Il lui reste à contrôler les grimpeurs, Gaul et Bobet, dans cette ultime étape de montagne, Levico-Terme-Bolzano. Dans le Passo Gardena, Nino De Filippis lance une violente accélération, entraînant Charly Gaul, Joseph Planckaert, Jean Blankart et Baldini, toujours là. Bobet les rejoint dans la descente. À vingt kilomètres de l'arrivée, le Breton, déchaîné, provoque une nouvelle échappée, mais Baldini et ses hommes récupèrent le fuyard avant Bolzano, où Baldini remporte le sprint. Alors que Coppi, vieillissant, traîne à la quinzième place du classement général, l'Italie se découvre une nouvelle idole. Largement supérieur dans les contre-la-montre, Baldini a franchi les cols avec les meilleurs spécialistes.

10 MAI

« L'Aigle de Tolède » derrière Jean Stablinski

Devant l'Alcazar de Tolède, en haut de la butte qui surplombe la ville, un homme seul surgit sur la ligne d'arrivée, devant des milliers de spectateurs abasourdis : c'est le Français Jean Stablinski. La foule qui attendait l'enfant du pays, Federico Bahamontès, pour lui lancer une formidable ovation, reste silencieuse. Pas un applaudissement mais pas un sifflet non plus. Comment Federico, « l'Aigle de Tolède », qui bénéficiait du soutien, pas toujours réglementaire, du public et de la complicité de quelques commissaires, a-t-il pu se laisser surprendre sur ses terres ? Malgré la faiblesse de l'équipe de France dès que les premiers cols apparaissent, Jean Stablinski s'impose. Les deux grands d'Espagne, Bahamontès et Jesus Lorono, le vainqueur de la précédente Vuelta, restent persuadés que la course ne peut leur échapper. Pour refaire leur retard, ils leur restent l'étape de la Sierra Guadarrama, où ils lancent une grande offensive qui provoque de nombreux dégâts. Le Hollandais De Groot, détenteur du Maillot amarillo, et Gastone Nencini, favori lui aussi, abandonnent. Malgré les multiples attaques des deux Espagnols, Stablinski parvient toujours à revenir. Même une chute dans la descente du col ne suffit pas à le décramponner. Au soir de cette étape et à trois jours de l'arrivée finale à Bilbao, Stablinski ne peut plus perdre la Vuelta. Et dire qu'il ne s'y était aligné que pour se familiariser avec les grandes courses par étapes et remporter éventuellement quelques victoires.

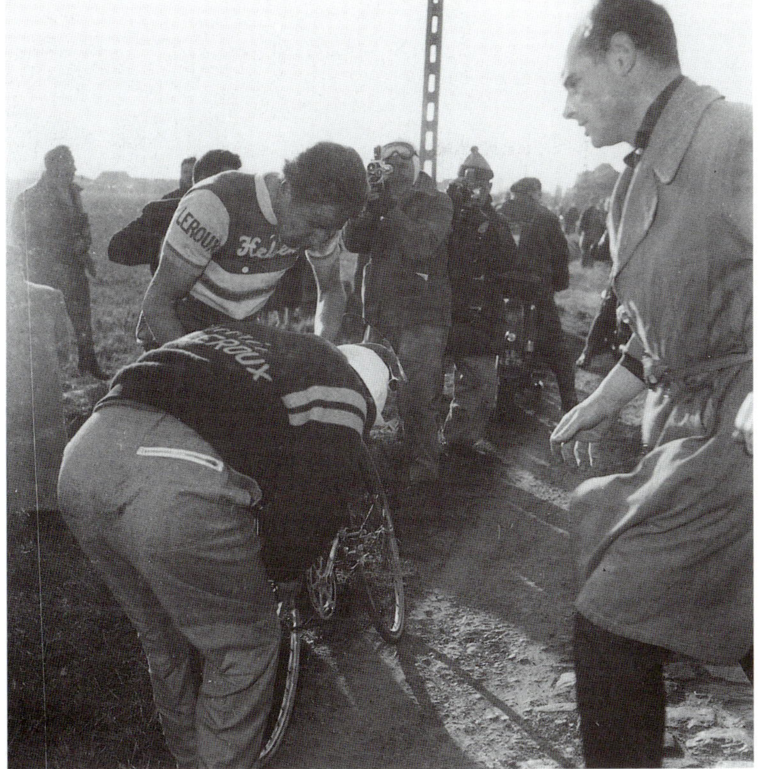

● À dix-sept kilomètres de l'arrivée, la crevaison d'Anquetil lui coûte la victoire dans Paris-Roubaix.

● Cette fois, c'est en solitaire que Rik Van Looy remporte Paris-Bruxelles devant Pino Cerami, cent mètres derrière.

Entouré de ses équipiers du Centre-Midi, Raphaël Géminiani, en rébellion contre Bidot, porte son âne Marcel.

À cent mètres de l'arrivée du Tour, André Darrigade percute le jardinier du Parc des Princes, qui décédera.

26 JUIN

L'âne Marcel

Nouveau dilemme pour Marcel Bidot, le sélectionneur national. Après sa victoire dans le Tour 1957, Jacques Anquetil pose ses conditions : il veut être le leader unique de l'équipe de France. Mais Louison Bobet, qui reste sur trois victoires consécutives, effectue sa rentrée après deux ans d'absence. Il ne peut être ignoré par Bidot, qui réussit à convaincre le Normand de la nécessaire présence du Breton dans leur formation. L'affaire se complique lorsque Raphaël Géminiani annonce son intention de courir pour la « bande à Bidot ». Anquetil s'oppose catégoriquement à l'association des deux amis : « Je n'ai pas envie d'être plumé comme un pigeon. » Et Bidot débarque sur le Tour d'Italie, où se déroulent les dernières tractations, avec un oukase d'Anquetil : Bobet ou Géminiani. Il rencontre Bobet, qui confirme son accord pour courir le Tour avec le Normand. Mais, sans s'en être expliqué avec « Gem », le sélectionneur national publie une liste dont l'Auvergnat est exclu. Ce dernier, furieux, part en croisade contre les « sénateurs » de Bidot. La presse, le public et même les organisateurs du Tour prennent son parti. Anquetil et Bidot se rejettent la responsabilité de l'incident. Ayant rejoint l'équipe du Centre-Midi d'Alphonse Deledda, Raphaël Géminiani arrive à Bruxelles, où le Tour prend son départ, la rancœur toujours vivace. Un cafetier lui offre un âne, qu'il baptise immédiatement Marcel. La photo choc, qui est publiée en première page de *L'Équipe*, relance la guerre entre les anciens amis. Une guerre qui atteindra son paroxysme au soir de la vingt et unième étape. ❍

16 juillet

Rien n'est joué

Au départ de cette étape, Briançon-Aix-les-Bains, Gaul accuse un retard de plus d'un quart d'heure sur le leader, Géminiani. Dans le col de Luitel, la première des cinq ascensions du jour, il démarre sous une pluie tenace, suivi de Bahamontès. Au sommet, il lâche son compagnon et, à Grenoble, il compte cinq minutes d'avance sur Anquetil et six sur Bobet, Favero et Géminiani. Dans le col de Porte, Anquetil s'effondre. À mi-col, Géminiani, contraint de changer de vélo, est lâché par Adriaenssens et Favero. Devant, Gaul enfonce le clou. Après le Cucheron et le Granier, il arrive à Aix sous une pluie battante, avec 7 min 50 s d'avance sur Adriaenssens, 10 min 09 s sur le nouveau Maillot jaune, Vito Favero, 14 min 35 s sur « Gem » et plus de vingt minutes sur Anquetil et Bobet. Le Tour est relancé. ❍

16 juillet

« Les Judas »

À l'arrivée, à Aix-les-Bains, de cette étape apocalyptique, Géminiani est effondré : « Ils ne me prendront pas mon Tour. Je les aurai quand même, tous ces traîtres… » Il en veut à la terre entière et, en particulier, à Bobet qui n'a pas voulu, ou pas pu, prendre le relais pour revenir sur Gaul dans la vallée de l'Isère. Il est également furieux contre Adriaenssens et Favero, coupables d'avoir démarré pendant qu'il changeait de machine. Alors que le Tour lui tendait les bras, il est persuadé que « ces Judas lui ont volé la victoire ». Ses dernières chances se sont en effet envolées au soir de cette étape, et la France est consternée par ce coup du sort. Dans l'ultime contre-la-montre de Dijon, Charly Gaul assomme une dernière fois Géminiani, relégué à la troisième place au classement final, 3 min 41 s derrière le leader. ❍

19 juillet

Le Parc en noir

Déjà vainqueur de cinq étapes, Darrigade tient à remporter la dernière, la plus longue et la plus belle, celle du Parc des Princes. Peu de temps après le départ de Dijon, un accrochage se produit et le coureur, les pieds pris dans les cale-pieds, ne peut éviter la chute. Il se relève en hurlant de douleur mais remonte sur son vélo. Alors que le peloton s'apprête à disputer le sprint, il se met habilement dans la roue de Pierino Baffi, qu'il déborde, prenant deux longueurs d'avance. Soudain, à plus de 60 km/h, il percute le jardinier du vélodrome, trop avancé sur la piste. Le choc est très violent. Gravement blessé à la tête, André est transporté à l'infirmerie dans un état de semi-conscience. Il ne reviendra à lui que trente minutes plus tard pour effectuer, les larmes aux yeux, le tour d'honneur. Le jardinier, lui, ne survivra pas à la collision. ❍

23 septembre

Rivière dépité

Il a établi un nouveau record de l'heure, un an après son premier succès, mais Roger Rivière ne cache pas sa déception en descendant de vélo au Vigorelli. Parti pour dépasser les quarante-huit kilomètres, il a dû s'arrêter deux minutes après son premier départ, son boyau avant victime d'un morceau de fil de fer tombé du toit. Il repart trois minutes plus tard, sans avoir récupéré. La marche royale du Français a commencé. À la demi-heure, le speaker annonce : « Monsieur Rivière, vous avez couvert 24,099 km. » Mais, au quatre-vingt-dix-septième tour, à l'approche du quarantième kilomètre, sa roue arrière crève. Il doit changer de vélo et reprendre son rythme, perdant environ trente secondes. Malgré son record, Rivière est dépité : « Je regrette cette crevaison stupide, jamais je ne referai une tentative… » ❍

31 AOÛT

Duel au sommet

Ce championnat du monde sur route ne va connaître qu'un tour de chauffe. Dès le deuxième, sous l'impulsion de Louison Bobet, un groupe de cinq hommes prend le large. Il comprend, outre le Français, les Italiens Ercole Baldini et Gastone Nencini, ainsi que le Hollandais Gerrit Voorting. Après huit kilomètres de course, l'écart est déjà considérable : 1 min 05 s. Devant cette prestigieuse échappée, les Belges, grands favoris, essaient de secouer le peloton. Mais l'entente ne règne pas dans l'équipe belge. Deux clans, ceux de Van Looy et de Van Steenbergen, s'opposent sur la stratégie à adopter. Van Looy décide alors de partir avec deux de ses équipiers, Plankaert et Aerenhouts. Mais, après avoir bénéficié d'une avance de deux cents mètres pendant plus de vingt kilomètres, les trois hommes sont repris par le peloton, sous la conduite du Français Forestier et de l'Italien Piambianco. Peu après la mi-course, les premières défaillances apparaissent dans le groupe de tête. Voorting puis Nencini sont lâchés par le train d'enfer qu'imposent Baldini et Bobet. À cinquante kilomètres de l'arrivée, alors que le peloton est pointé à 4 min 20 s, Baldini démarre dans la côte de Premecy, Bobet s'accroche et passe au sommet sept secondes plus tard. L'Italien se retourne et imprime une nouvelle accélération. Cette fois, le Français se retrouve à deux cents mètres, puis il cède, mètre par mètre. Baldini, fameux rouleur, parcourt les cinquante derniers kilomètres à la moyenne record de 39 km/h. Pourtant, Bobet reste tout près, à 1 min 30 s. Après l'arrivée, le Breton, brillant second, reconnaîtra la supériorité de son adversaire : « Il aurait été injuste que Baldini ne gagne pas. » ❍

• Championnat du monde : l'échappée décisive (Baldini, Voortaing, Nencini et Bobet) se dégage dès le cinquième kilomètre.

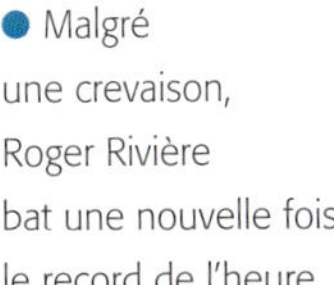

• Malgré une crevaison, Roger Rivière bat une nouvelle fois le record de l'heure.

Onzième étape de la Vuelta : Rivière a crevé. Sans nouvelles de son directeur sportif, il devra réparer lui-même, perdant un temps précieux.

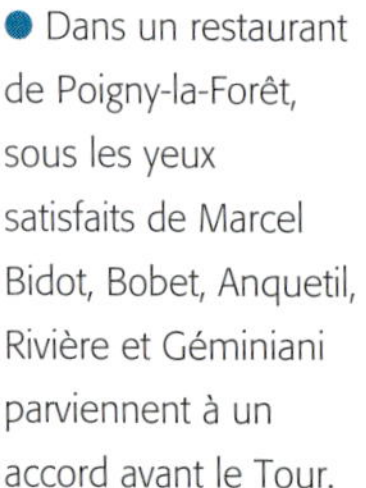

Dans un restaurant de Poigny-la-Forêt, sous les yeux satisfaits de Marcel Bidot, Bobet, Anquetil, Rivière et Géminiani parviennent à un accord avant le Tour.

9 MAI

Le torchon brûle

À Pampelune, Van Looy remporte sa quatrième étape devant une foule en liesse. Un quart d'heure plus tard, Roger Rivière franchit la ligne, accompagné de son équipier Pierre Everaert et de Jesus Lorono. Everaert a perdu son Maillot amarillo au profit de l'Espagnol José Segu, et Rivière un Tour d'Espagne qui lui tendait les bras. Dès le départ, à Barcelone, de cette onzième étape, six coureurs, Rivière, Van Looy, les Espagnols Suarez, Ségu, Busto et Galdeano se détachent et creusent une avance de 6 min 50 s après soixante kilomètres de course. Protégés par leurs équipiers, les coureurs de tête semblent avoir la partie bien en main. Rivière et Van Looy se relaient parfaitement, soucieux avant tout de se débarrasser des Espagnols. Au moment où Radio-Vuelta annonce l'abandon de Bahamontès, Rivière crève. Rien de grave : le groupe de contre-attaque emmené par Lorono et Everaert est à treize minutes, et le peloton à vingt-trois. Rivière se retourne, attendant sa voiture, en vain. Et pour cause ! Les deux véhicules de l'équipe Rapha-Géminiani sont occupés à couvrir Everaert et le peloton. Rivière répare seul, attendu par Van Looy. Le duo franco-belge rejoint les échappés en moins de cinq kilomètres, mais Rivière crève à nouveau. Il n'a plus de pneu. Désespéré, il s'effondre sur un talus et attend onze minutes son directeur sportif, Fred Olivieri. Après l'arrivée, il s'insurge : « Olivieri me fait perdre la Vuelta. » Celui-ci lui répond : « Je devais protéger le Maillot amarillo d'Everaert et je n'ai pas compris pourquoi Roger a collaboré avec Van Looy, dangereux pour le classement final. »

13 mars

Graczyk béni

Dans Paris-Nice-Rome, la victoire se joue au cours des deux dernières étapes. À Florence, au départ de la dixième, Jean Graczyk et Gérard Saint se tiennent dans la même minute. Au pied du col de San Géminiano, le bien-nommé, là où la route asphalte laisse la place à un chemin de terre, Saint, de l'équipe Rapha-Géminiani, place un démarrage foudroyant, puis relâche son effort quelques instants pour permettre à son coéquipier Roger Rivière de revenir. Pierre Everaert en profite aussi. Une fantastique course-poursuite s'engage entre ces trois hommes et Graczyk, le Maillot blanc. À l'entrée de Sienne, l'écart est de deux minutes. Encore quinze secondes et le maillot de leader changera d'épaule. Mais, grâce à Anquetil, l'écart se stabilise et Graczyk conservera jusqu'à Rome la première place.

24 mai

Bobet facile

Pour Louison Bobet, il n'y a pas de courses secondaires. Il a décidé de courir ce Bordeaux-Paris et s'est entraîné en conséquence, avec la course derrière scooters Rome-Palerme. Les quatre cents premiers kilomètres se résument à une longue échappée du Belge Van Tongerloo. Peu avant Bonneval, par deux attaques coup sur coup, Bobet se débarrasse de ses adversaires les plus tenaces, De Bruyne et Hassendorfer. Le Breton part à la poursuite du Belge, qu'il passe sans difficulté. La suite n'est qu'un cavalier seul, juste entrecoupé d'une alerte aux Ablis, où Bobet sent venir une défaillance. Il ralentit, se ravitaille et repart de plus belle. Ses poursuivants sont à sept minutes. La fin de course est princière et Bobet se permet, près de l'arrivée, d'engager de longues discussions avec son entraîneur Hugo Lorenzetti.

29 MAI

Un col qui fait la différence

Ce Giro s'annonce comme un duel entre Anquetil et Gaul, arbitré par les Nencini et Baldini. Dès la deuxième étape, profitant d'un contre-la-montre de vingt-trois kilomètres, Jacques Anquetil repousse le Luxembourgeois à 1 min 30 s et prend le Maillot rose. Avantage de courte durée puisque, dès le lendemain, Gaul reprend trois minutes au Français, à l'issue d'une étape pourtant de moyenne montagne. Mais le travail de harcèlement des Français finit par payer dans les Dolomites où, à la surprise générale, non seulement Gaul ne peut attaquer mais où il se fait même distancer dans la descente du Rolle par Van Looy et Anquetil, qui récupère la place de leader, avec 3 min 49 s d'avance sur son principal concurrent. Arrive alors la bataille qui décidera de l'issue de la guerre, la grande étape de montagne Aoste-Courmayeur, deux cent quatre-vingt-seize kilomètres par les cols du Grand Saint-Bernard, de la Forclaz et du Petit Saint-Bernard. La neige est tombée en abondance mais le parcours initial est finalement maintenu, au grand soulagement de Gaul. Et « l'Ange de la montagne » attaque, comme prévu, dès le premier col. Anquetil, accompagné par une trentaine de coureurs, passe au sommet avec trois minutes de retard, mais un regroupement général s'opère dans la vallée. Dans la Forclaz, Gaul ne parvient pas à faire la décision. Il ne lui reste plus que le Petit Saint-Bernard et ses vingt-deux kilomètres. Sautillant sur son petit braquet, il va réaliser alors une ascension prodigieuse, au milieu des murailles de neige. À l'arrivée à Courmayeur, Anquetil concède 9 min 33 s au futur vainqueur du Giro. ❍

21 juin

L'auberge de la dernière chance

À l'approche du Tour, une polémique oppose Roger Rivière à Jacques Anquetil. Ce dernier, qui reproche au Stéphanois son attitude déloyale dans le Tour 1958, menace de courir dans l'équipe Ouest-Sud-Ouest, avec Louison Bobet. De leur côté, Géminiani et son poulain, Rivière, envisagent de monter une autre équipe régionale. Marcel Bidot propose alors aux coureurs une ultime entrevue dans un restaurant de Poigny-la-Forêt. Bobet, Anquetil, Géminiani, Rivière et Bidot concluent un accord, mais fragile aux dires du Normand : « Toute l'année, Rivière et moi sommes adversaires. Aujourd'hui, on nous demande d'être copains. Bidot m'impose sa volonté, mais je courrai quand même contre lui. » Belle ambiance à quatre jours de la Grande Boucle ! ❍

21 juin

Anglade sort de l'ombre

À quarante kilomètres de l'arrivée du championnat de France sur route à Monthléry, Henry Anglade, récent vainqueur du Dauphiné, prend cent mètres à ses concurrents. À la fin du dix-neuvième tour, il possède encore vingt-cinq secondes d'avance sur Morvan, Sabbadini et Saint, et trente et une sur le peloton. Anglade s'accroche mais Privat revient à quinze secondes. Dans la dernière ascension, la côte de Lapize, l'homme de tête semble faiblir mais lutte jusqu'au bout. À l'entrée sur l'autodrome, il est encouragé par les cinq mille spectateurs, debout. Forestier et Privat arrivent dix secondes plus tard. Sur le podium, le Lyonnais ne peut retenir ses larmes. En trois semaines, il est passé de l'anonymat le plus total au statut de meilleur cycliste français. ❍

• Derrière Lorenzetti, son entraîneur, Louison Bobet franchit avec soulagement la ligne d'arrivée de Bordeaux-Paris.

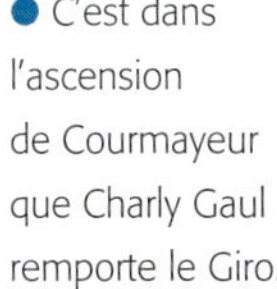

• C'est dans l'ascension de Courmayeur que Charly Gaul remporte le Giro.

Tour de France, quinzième étape : Bahamontès a rejoint Rivière.

3 juillet

En terrasse

Depuis le départ de Mulhouse, les Français répondent aux attentes de Bidot. Trois victoires d'étapes (Darrigade à Metz, Graczyck à Rennes et Cazala à Roubaix), le Maillot jaune avec Cazala et le Vert avec Darrigade. Avant que les quatre grands (Bobet, Anquetil, Géminiani et Rivière) s'expliquent, Darrigade veut frapper un grand coup dans cette neuvième étape Bordeaux-Bayonne. Sortant du peloton, il part à la poursuite d'un échappé de la première heure, Marcel Queheille, de l'équipe Ouest-Sud-Ouest. Graczyck le rejoint bientôt mais, tout à coup, « Dédé » est victime d'une défaillance. Il s'arrête et doit s'attabler à la terrasse d'un bistrot. Cinq minutes plus tard, le peloton passe et Darrigade reprend le train au passage, laissant Queheille recevoir une formidable ovation à l'arrivée à Bayonne.

Jean Robic arrivera hors délais dans la vingtième étape du Tour de France.

10 juillet

La vérité sort du Puy

Sept ans après Coppi, Bahamontès, pour le groupe Tricofilina-Coppi, réalise un exploit similaire dans la quinzième étape, le contre-la-montre du Puy-de-Dôme. Sur un régulier 13 %, il couvre les 12,5 kilomètres à 20,689 km/h de moyenne, reléguant Gaul à 1 min 26 s, le surprenant Anglade à trois minutes, Rivière à 3 min 37 s, et Anquetil à 3 min 44 s. Les organisateurs repoussent les délais pour permettre à une dizaine de coureurs d'éviter l'élimination. Privat est pourtant exclu, le lendemain de l'élimination de Hassendorfer. Un coup dur pour l'équipe de France avant les Alpes, où « l'Aigle de Tolède » se présente en position de force. Gaul, lui, a été battu sur son propre terrain : « Je ne suis pas dans un bon jour, sûrement à cause de la chaleur. »

14 JUILLET

Pas de relais

La présence du « régional » Henry Anglade agace profondément Anquetil et Rivière, qui le surnomment « Napoléon » en raison de son attitude autoritaire. La veille de cette dix-huitième étape, après une échappée-fleuve de Bahamontès et de Gaul, l'équipe de France n'a pas bougé. Ses deux leaders se retrouvent donc au départ de Grenoble-Aoste avec un retard de plus de dix minutes. Dans l'Iseran, le deuxième col de la journée, Bobet abandonne après avoir pris soin d'atteindre le sommet, où l'attend Gino Bartali, pour un adieu solennel au Tour. Dans la plongée vers Val-d'Isère, Bahamontès, piètre descendeur, et Gaul sont décrochés par sept coureurs où tous les autres favoris sont présents. Le retard des deux hommes atteint rapidement cinq minutes. Mais on découvre que Rivière, Géminiani et Anquetil refusent de prendre les relais. Parce qu'Anglade est présent dans le groupe, ils sabordent l'échappée. Rivière tente une explication : « L'autre ne veut pas rouler ! » dit-il en désignant Anquetil. Marcel Bidot, lui, est occupé à surveiller Bahamontès, pour éviter toute fraude. Dans la plongée vers la vallée d'Aoste, après une insipide ascension du Petit Saint-Bernard, Gaul, Anglade, Baldini, Saint et l'Allemand Reitz se détachent grâce à une descente audacieuse, malgré la pluie. Cette fois, la menace est sérieuse pour le grimpeur espagnol, qui concède 4 min 51 s de retard. Mais Anquetil et Rivière rappliquent, flanqués de Branckart, de Mahé et d'Adriansens. « Le Picador » peut souffler. Il ne perdra que quarante-sept secondes à l'arrivée de l'étape, remportée par Baldini. L'Espagnol remporte ainsi son premier Tour de France, devant Anglade à 4 min 1 s, Anquetil et Rivière…

16 juillet

« Tête de cuir » fait appel

Deux jours après l'abandon de Louison Bobet au sommet de l'Iseran, c'est au tour de Jean Robic de quitter, pour une dernière fois, le Tour, quelque part sur les routes plates entre Annecy et Chalon-sur-Saône. Alors qu'en tête l'Anglais Robinson remporte la victoire en solitaire, Biquet erre seul devant la voiture-balai. Vidé de ses forces, il parvient laborieusement à rejoindre Chalon, mais hors délais. Il n'a donc pas réussi son unique objectif dans ce Tour, qui était de rejoindre Paris. Mais « Tête de cuir » ne se laisse pas abattre et dépose une réclamation, car le vainqueur, Robinson, responsable involontaire de sa mise hors course, avait été lui-même repêché la veille. Mais sa réclamation est refusée et Robic doit quitter le Tour, rempli d'amertume. ❍

20 septembre

Fin du Temple

Un terrain vague ! Voilà ce qui reste désormais du Vélodrome d'hiver, le mythique Vel d'hiv, construit à l'angle du boulevard de Grenelle et de la rue Nélaton. Officiellement, il doit être remplacé par un palais des sports qui se construit porte de Versailles. Une arène où trouveront place tous les sports hivernaux, mais pas le cyclisme. Première conséquence : la retraite des spécialistes de l'omnium. Quelques irréductibles se sont battus pour que ce temple soit reconnu d'utilité publique, mais la logique immobilière a prévalu. Inauguré le 30 octobre 1910, en lieu et place du vélodrome de la Galerie des machines, le Vel d'hiv a vécu sa dernière réunion le 17 avril 1958, avec le record de l'heure de Rivière (45,372 km/h). Record non homologué faute des sacs de sable réglementaires autour de la piste. ❍

16 AOÛT

Un gage de santé

À la veille du championnat du monde sur route, couru sur le circuit de Zandvoort, André Darrigade, déjà victime d'une rage de dents, souffre également des atteintes d'un ver solitaire. Le lendemain pourtant, après vingt-cinq kilomètres de course, il s'échappe en compagnie de l'Italien Michele Gismondi et du Danois Bent Redvig. Le Français est ainsi rassuré sur son état de santé. Les trois hommes bénéficient peu après de trois renforts, l'Anglais Thomas Simpson, un autre Danois, Arné Jonsson, et le Hollandais Albert Geldermans. Malgré le vent qui souffle en rafales et qui ne facilite pas la progression des échappés, leur avance dépasse la minute. Au dix-huitième tour, un petit commando, qui comprend le Belge Noël Foré et Henry Anglade, réussit à revenir sur la tête de la course. Devant, les deux Hollandais, Geldermans et Nietsen, assurent un gros travail, mais l'écart reste stable. Puis Anglade, arrivé de Narbonne en voiture la veille, et Redvig lâchent soudainement prise. Restent encore huit coureurs en tête, forts d'une petite minute d'avance sur le peloton. Après deux cent vingt deux kilomètres d'échappée, la victoire va se jouer au sprint. À priori, Foré et l'Italien Ronchini sont les plus rapides. À cinq cents mètres de la ligne, les Hollandais lancent l'offensive mais s'essoufflent rapidement, au grand désespoir des spectateurs. Gismondi prend le relais, suivi de près par Darrigade. Et le Français sort de sa trajectoire à cinquante mètres du but, donne un dernier coup de reins et lève les bras au ciel. Le peloton, qui suit à vingt-deux secondes, est réglé par Anquetil, qui, dès l'arrivée, se jette dans les bras du vainqueur. ❍

● André Darrigade ne se sentait pas très bien avant le départ du championnat du monde. Le voilà rassuré.

● Du vénérable Vélodrome d'hiver ne subsistent plus que des gravats.

Le dernier hommage des *tifosi* à Fausto Coppi.

Pino Cerami, 38 ans, vient de se débarrasser de Sabbadini et file seul vers Roubaix.

2 JANVIER

Adieu *campionissimo*

Fausto Coppi est mort à l'hôpital de Tortora à 8 h 45. Sa mère Angelina, qui a déjà perdu son fils Serse, Bruna, sa femme légitime, Mme Occhini, sa compagne, son frère aîné, Livio, et son oncle sont à son chevet depuis la veille où il a été admis d'urgence à l'hôpital. Coppi a été victime de la malaria contractée un mois plus tôt à Ouagadougou, en Haute-Volta. Le 13 décembre, il y disputait une exhibition en compagnie de Jacques Anquetil, de Roger Rivière, d'Henry Anglade, de Roger Hassendorfer et de son ami Raphaël Géminiani. Rentré en Europe avec Gem le 18 décembre, il se sent fatigué et rejoint son village, Novi-Ligure, où il passe Noël. Quelques jours plus tard, Géminiani, qui souffre du même mal que son ami Fausto, rentre à l'hôpital de Clermont-Ferrand. Le diagnostic rapide effectué par l'Institut Pasteur lui permet d'en réchapper. Coppi, lui, ressent également les premières atteintes du mal, vomissements et fièvre. Les douleurs s'intensifient et s'étendent au dos, aux jambes et au ventre. À l'hôpital, son état s'aggrave encore et, à minuit, le professeur Astoldi le place sous une tente à oxygène. Mgr Ferrarazzo lui administre les derniers sacrements. L'agonie se termine le lendemain matin. L'Italie se réveille en état de choc. Les obsèques nationales de Coppi seront à la hauteur de l'homme : souffrance et dignité. Ses équipiers de la formation italienne descendent le cercueil dans la fosse, entouré de sa famille, de Bobet, d'Anquetil et de Darrigade. Alors que la « Dame blanche » est victime d'une nouvelle syncope, Louison s'approche du cercueil : « Adieu, Fausto, nous ne t'oublierons jamais… » ❍

25 mars

Graczyk en Oranie

Pourtant organisé à la hâte, le Critérium national d'Oran se déroule dans les meilleures conditions. En raison du vent violent qui souffle sur le littoral méditerranéen, des bordures se forment et de nombreux coureurs, qui roulent pourtant à 45 km/h, sont lâchés. À quarante kilomètres de l'arrivée, Jean Graczyk et Claude Colette effectuent un gros effort pour rejoindre les échappés, Delberghe, Everaert et Bonifassi. Derrière, Anquetil et Anglade échouent dans leurs tentatives de contre. Graczyk et Colette lâchent progressivement leurs trois compagnons. La fin de course est tonitruante : 40,930 km/h pour le dixième des quinze tours à couvrir. Meilleur spécialiste, Graczyk remporte facilement le sprint, deux minutes avant Anquetil, 3e. ❍

10 avril

Ce Pino a de la bouteille

Belge d'origine sicilienne, Pino Cerami, 38 ans, aura attendu sa quinzième année de professionnalisme pour remporter sa première grande victoire, dans Paris-Roubaix. Après le démarrage de Simpson, à Mons-en-Pevele, deux Belges, Zagers et Molenaers, partent en contre-attaque. À trente-cinq kilomètres du but, Pino Cerami et le Français Pierre Sabbadini entreprennent une folle remontée vers les trois hommes de tête. Vingt kilomètres plus loin, ils les passent avant de s'attaquer à Simpson. Ce dernier, qui commence à tanguer sur sa machine et s'effondre de fatigue, est passé en trombe. Décidément intenable, Cerami se débarrasse ensuite de Sabbadini dans la longue montée vers Roubaix et pénètre victorieusement sur le vélodrome. ❍

22 mai

C'est Poulidor

Le Tour du Sud-Est sert de répétition générale avant le Tour de France. Les grimpeurs se sont donné rendez-vous dans l'ascension du Ventoux. Dès les premiers kilomètres, Jean Dotto, Manuel Busto et Épalle se détachent. Busto attaque ensuite et passe en tête au Châlet-Revard. Derrière, Raymond Poulidor fait un superbe retour et il reprend, en dix kilomètres, 2 min 30 s au leader. Exécutant un numéro de haute voltige dans la descente, ce Limousin de 24 ans rejoint les hommes de tête. Une crevaison à l'entrée de Carpentras l'oblige à une nouvelle poursuite. Et alors que les trois échappés s'apprêtent à lancer le sprint, Poulidor surgit et les coiffe sur la ligne. Avec cette nouvelle victoire pleine de panache, la France attend impatiemment qu'il puisse se mesurer à Anquetil dans le Tour. ❍

19 juin

Cœur-volant

Conformément à la tradition, cette année encore, la petite côte du Cœur-Volant est le juge de paix du Critérium des Boucles de la Seine. Marcel Rohrbach profite du sillage d'une moto pour placer une accélération. Derrière, seuls Raymond Poulidor et René Pavard parviennent à passer le sommet dans le sillage du Berrichon. Les grimpeurs ont parlé et leur parfaite entente dans la longue plongée vers Paris les met à l'abri d'un éventuel retour du peloton. À la surprise générale, les sprinters sont donc battus. Chacun pèse alors les chances des trois hommes. Lorsqu'ils débouchent sur l'anneau cimenté du Parc des Princes, Rohrbach attaque le premier, tout en puissance, et l'emporte devant Poulidor et Pavard. Bonne nouvelle pour le vainqueur qui apprend, à sa descente de vélo, qu'il est sélectionné pour le Tour. ❍

8 JUIN

Giro français

Jacques Anquetil n'a pas oublié sa défaite dans le Giro 1959, où il a été dépossédé de son Maillot rose, à deux journées de la fin, par Charly Gaul. Il veut sa revanche et s'est préparé en conséquence. Son premier exploit, il le réalise dans la seizième étape, un contre-la-montre de 78 km disputé dans une ambiance qui frise l'hystérie. Anquetil, qui doit jouer des coudes pour se frayer un passage entre deux murs humains, évite la catastrophe de justesse, mais pas l'Italien Ricco, blessé gravement en percutant une voiture qui arrive en sens inverse. Un peu plus tard, la voiture de Vincenzo Torriani, organisateur de la course, renverse deux petits garçons, qui sont tués.
En tout cas, le Normand, à 45,356 km/h de moyenne, repousse Ercole Baldini à 1 min 27 s, Nencini et Gaul à plus de six minutes. Mais il reste cette vingt-deuxième étape, avec le monte Gavia à franchir. Sur une route rudimentaire que seule l'armée fréquente d'ordinaire, Anquetil a cinquante mètres d'avance sur Nencini à quatre kilomètres du sommet, mais une crevaison le retarde. Il passe tout de même le col avec les meilleurs mais subit deux autres crevaisons dans une descente très dangereuse, sans parapet et sur une route en terre détrempée par l'orage. En bas, à douze kilomètres de l'arrivée, il compte 2 min 54 s de retard sur Nencini alors que, le matin, il bénéficiait au classement général d'un avantage de 3 min 40 s. La fin de l'étape est un formidable match-poursuite. Un domaine que maîtrise mieux le Français, qui reprend un peu de temps à l'Italien. Il offre ainsi à la France son premier Giro, là où avaient toujours échoué, de justesse certes, Géminiani et Bobet. ❍

● Nencini tente de décrocher Anquetil dans le Gavia mais le Français remportera cette vingt-deuxième étape du Giro.

● Aux Boucles de la Seine, la victoire surprise de Marcel Rohrbach devant les deux hommes forts du jour, Raymond Poulidor et René Pavard.

Roger Rivière, la colonne vertébrale brisée, est transporté sur une civière après sa chute.

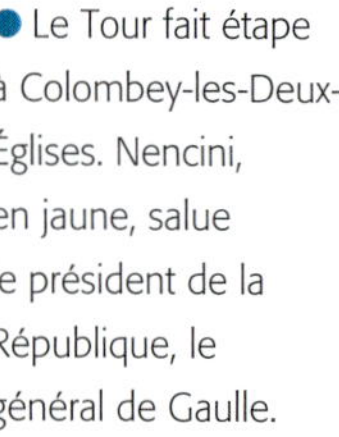

Le Tour fait étape à Colombey-les-Deux-Églises. Nencini, en jaune, salue le président de la République, le général de Gaulle.

10 JUILLET

Le cauchemar de Perjuret

Au matin de la quatorzième étape, Roger Rivière est deuxième au classement général, à 1 min 38 s de Gastone Nencini, mais tous les observateurs pensent que le contre-la-montre de quatre-vingt-trois kilomètres qui aura lieu trois jours avant l'arrivée à Paris, favorisera l'ancien recordman de l'heure. Au départ de cette étape entre Millau et Avignon, il est donc confiant. Son coéquipier Jean Graczyk attaque dans le col de Perjuret, suivi de Rostollan. Au sommet, Rivière et Nencini pointent quelques centaines de mètres plus loin. Et dans la descente, c'est le drame. Radio-Tour annonce : « Allo, chute grave de Roger Rivière. » Louis Rostollan, un autre de ses coéquipiers, accourt vingt mètres en contrebas de la route. Rivière repose sur les branchages recouvrant les cailloux. « Il a un gros trou dans la tête », hurle Marcel Bidot, son directeur sportif. Inconscient, le Stéphanois est transporté par hélicoptère à l'hôpital de Montpellier : double fracture de la colonne vertébrale. Ses deux jambes sont paralysées. Quelques jours plus tard, il est transféré au centre de rééducation de Lamalou-les-Bains, où ses progrès impressionnent le corps médical. Un réveil musculaire est perceptible dans sa jambe gauche. Ses amis Bobet et Géminiani se relayent à son chevet. Trois mois après son accident, Roger peut rejoindre sa femme, Huguette, dans leur maison de Saint-Étienne. Même si son pied droit reste encore fragile, il remarche et c'est un véritable miracle. Sa carrière sportive s'est certes arrêtée dans ce virage du col du Perjuret mais le plus grand athlète français de la piste a été sauvé, à 24 ans, de la déchéance physique. ❍

16 juillet

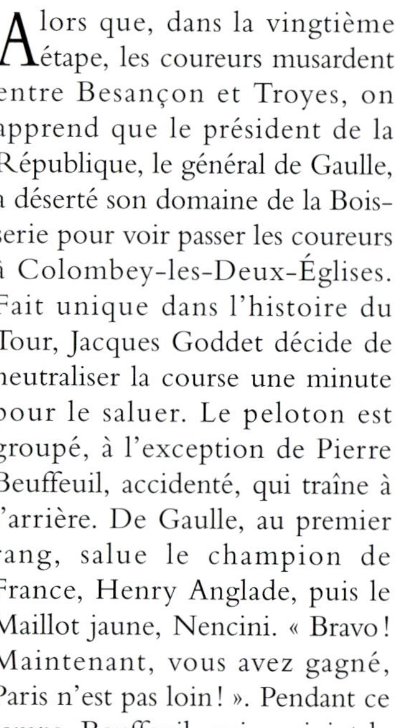

De Gaulle neutralise

Alors que, dans la vingtième étape, les coureurs musardent entre Besançon et Troyes, on apprend que le président de la République, le général de Gaulle, a déserté son domaine de la Boisserie pour voir passer les coureurs à Colombey-les-Deux-Églises. Fait unique dans l'histoire du Tour, Jacques Goddet décide de neutraliser la course une minute pour le saluer. Le peloton est groupé, à l'exception de Pierre Beuffeuil, accidenté, qui traîne à l'arrière. De Gaulle, au premier rang, salue le champion de France, Henry Anglade, puis le Maillot jaune, Nencini. « Bravo ! Maintenant, vous avez gagné, Paris n'est pas loin ! ». Pendant ce temps, Beuffeuil, qui a rejoint le peloton, passe en coup de vent à Colombey et remporte miraculeusement l'étape. ❍

17 juillet

L'année verte de « Popof »

Pour cette vingt et unième et dernière étape du Tour, Jean Graczyk a décidé d'aider à la victoire de son coéquipier André Darrigade. Mais il est écrit que le Parc des Princes ne sourira jamais au champion du monde. À moins de cinq cents mètres de la ligne, victime d'une crevaison, Darrigade doit laisser s'envoler le peloton pour l'emballage final. Le Nordiste Graczyk règle une fois encore le sprint, devant le Belge Michel Van Aerde. Vainqueur, à Caen, à Toulouse, à Aix-les-Bains et à Paris, fort de quatre deuxièmes places et d'une troisième, « Popof » a survolé le classement par points et, pendant le tour d'honneur sur la piste du Parc, il reçoit une formidable ovation du public parisien. ❍

17 juillet

Une pensée pour Rivière

Après l'abandon de Rivière, le classement général va demeurer inchangé jusqu'à Paris. Nencini remporte le Tour avec 5 min 2 s d'avance sur son compatriote Graziano Battistini, mais le cœur des coureurs et du public est ailleurs, au chevet de Roger Rivière. Conscient de la tristesse qui règne à l'arrivée du Tour, Nencini remet le bouquet du vainqueur à Marcel Bidot, en hommage au Français blessé. Très touché, le Stéphanois ne gardera que ces seules fleurs dans sa chambre d'hôpital. Mais un nouveau coup de théâtre relance le problème du dopage. Les médecins de Rivière affirment que leur patient était en possession de cachets de palfium. Cet analgésique très puissant aurait insensibilisé ses mains, l'empêchant de freiner dans le fameux virage...

14 août

Quel métier!

Dans cette finale du championnat du monde de demi-fond à Karl-Marx-Stadt, Guillermo Timoner tire le numéro 9 et part donc en dernière position. Dès la prise des entraîneurs, le petit Espagnol se lance du haut de la piste pour prendre de la vitesse. Il passe d'abord son adversaire direct, le Suisse Bucher, puis remonte progressivement à la première place. Derrière, après avoir dépassé Dolf, le Belge Verschueren et son entraîneur Van den Bosch se rabattent à la corde lorsque, tout à coup, la moto de ce dernier glisse sur la piste et projette son pilote dans l'herbe, alors que Verschueren évite la chute en passant par-dessus. Sur le ciment où l'essence coule du réservoir, des étincelles crépitent. La moto prend feu. Les quarante mille spectateurs croient Van den Bosch mort, il ne sera heureusement que légèrement blessé.

16 OCTOBRE

Daems dans le Sormano

Vicente Torriani, l'organisateur du Tour de Lombardie, a décidé de durcir le tracé afin de provoquer une véritable sélection. Après avoir constaté que, depuis dix ans, toutes les arrivées de son épreuve se sont terminées au sprint sur la piste du Vigorelli, il retient le mur de Sormano et sa pente à 22%. Un petit chemin de chèvres devient le haut lieu de l'épreuve. Imerio Massignan, le roi de la montagne pendant la précédente édition, démarre dès les premiers lacets du Sormano. Trente mètres derrière, le Belge Émile Daems accomplit lui aussi une remarquable ascension. On trouve ensuite six coureurs, Stolker, Anquetil, Mastrotto, Brugnani, Ronchini et Pizzoglio, pointés à une petite minute. Pour les autres, c'est la débandade. La plupart ont mis pied à terre et poursuivent l'ascension en cyclo-crossman. Dans la descente, Daems et Mastrotto crèvent simultanément et sont repris par le groupe de chasse. Mais à Come, le Belge, en grande forme, démarre avec Venturelli et Forestier, revenus de l'arrière. En moins de trois kilomètres, ils rejoignent les échappés. Avec 1 min 45 s d'avance à vingt-cinq kilomètres de l'arrivée, le groupe de neuf hommes envisage sereinement l'arrivée à Milan. Daems et Forestier paraissent les plus à l'aise. Mais le Lyonnais crève à quelques kilomètres du vélodrome, où Venturelli débouche en tête. À l'entrée de la dernière ligne droite, Ronchini attaque. Il ne lui reste que cent mètres à couvrir quand Daems se dégage et se jette victorieusement sur la ligne. Un superbe sprint où les quatre premiers, Daems, Ronchini, Fontana et Stolker se tiennent à quelques centimètres.

Le Maillot vert Jean Graccyck, vainqueur d'étapes à Toulouse, Aix-les-Bains et Paris.

À Paris, sur le podium final, Gastone Nencini remet son bouquet à Marcel Bidot, en hommage à Roger Rivière.

Raymond Poulidor a démarré dans le Poggio. L'arrivée de Milan-San Remo n'est plus qu'à cinq km.

Louison Bobet est très déçu après son Bordeaux-Paris. Il a échoué à deux cent cinquante mètres du vainqueur, Wim Van Est.

18 MARS

Une première pour Raymond

Pas de chance pour Poulidor, qui crève au pied du Turchino, la première difficulté de Milan-San Remo. Éparpillés sur la route, de petits groupes de coureurs attendent la voiture Mercier-BP-Hutchinson, qui n'arrive pas. Poulidor, qui a mal aux jambes, pense alors que sa course s'arrête là. La voiture violette apparaît enfin. Un mécanicien se précipite, une paire de roues à la main, Antonin Magne, le directeur sportif de l'équipe, sort aussi, en s'excusant. Il a tiré le numéro vingt et un, et cela relègue sa voiture loin derrière. Poulidor lui annonce son intention d'abandonner, pensant ne jamais pouvoir revenir sur le peloton, passé depuis 1 min 30 s, et sur les huit échappés qui possèdent 1 minute d'avance. Magne refuse : « Je vous l'interdit. Vous n'avez encore rien fait. Allons, au boulot. » Poulidor respecte trop son patron pour discuter. Il reprend son vélo et monte le Turchino bon train, puis rejoint le peloton qui vient de couper son effort après le regroupement général. Dans le Capo Berta, le Belge Annaert démarre, mais le Hollandais Geldermans et Poulidor répondent aussitôt. C'est le moment décisif. Le Français produit une formidable accélération dès les premiers lacets du Poggio. Au sommet, il passe avec vingt secondes d'avance et fonce pour les trois kilomètres qui restent à courir. Il a course gagnée lorsqu'il aperçoit, à l'entrée de la Via Roma, un gendarme qui lui fait de grands gestes incompréhensibles : Raymond Poulidor file droit vers la mer. Heureusement, les klaxons des voitures lui font prendre conscience de sa bourde. Il fait demi-tour et conserve soixante mètres d'avance sur la ligne. ❍

26 mars

Les deux arrivées

Le vent violent qui souffle sur le Tour des Flandres a emporté la banderole de l'arrivée lors du passage des six échappés. Apercevant les deux lignes qui barrent la route, Nino De Filippis, le champion d'Italie, déduit que la première est la bonne. Un tour plus tard, le Turinois, qui s'est débarrassé de quatre de ses adversaires, dispute le sprint avec Tom Simpson. Ce dernier, qui sait que l'Italien est plus rapide, se colle dans sa roue. De Filippis franchit la première ligne et lève les bras. Mais Simpson, réalisant l'erreur de l'Italien, qui termine en roue libre, le remonte pour le battre de quelques centimètres. Après l'arrivée, Simpson éclate de rire en apprenant qu'il est le vainqueur. Son adversaire, par contre, est furieux d'avoir été victime des lacunes de l'organisation. ❍

2 juin

« Garibaldien »

Le Giro, qui célèbre le centenaire de l'unité italienne, s'élance de Turin et fait étape dans toutes les villes historiques de la Péninsule. Dans ces conditions, la victoire doit revenir à un Italien. Les premières étapes ont d'ores et déjà éliminé certains favoris, comme Charly Gaul, relégué à plus de six minutes, et Imerio Massignan, l'espoir des *tifosi*, à 8 minutes derrière un autre Italien, le surprenant Arnaldo Piambianco. C'est sur la route copieusement arrosée de Florence que Piambianco s'est échappé pour finir en solitaire sur le stade de la Fiorentina. Le Maillot rose devient la coqueluche d'un public qui lui trouve immédiatement un surnom : « le Garibaldien ». Sa façon de courir, agressive et décontractée, imprudente et sympathique, suscite l'enthousiasme des Italiens. Il gagnera d'ailleurs le Giro à l'arraché, devant Anquetil. ❍

4 juin

Place aux vieux

À 36 ans, encouragé par son succès en 1959, Bobet revient dans Bordeaux-Paris. Mais à Dourdan, c'est Joseph De Roo qui est installé en tête, avec 3 min 30 s d'avance sur Marcel Janssens et 4 min 50 s sur De Haan. À plus de cinq minutes suivent Van Est, Bobet, Poulidor et Le Menn. Wim Van Est lâche soudain ses compagnons et ni Bobet ni Poulidor ne réagissent immédiatement. Van Est, lui, rattrape De Roo qu'il laisse sur place. Derrière, Bobet, qui a retrouvé ses jambes, emmène Le Menn et rejoint De Roo, Janssens et De Haan, devant un public survolté. Van Est aborde la dernière ligne droite quand Louison pénètre sur le vélodrome. Vingt-quatre secondes d'avance, moins de deux cents mètres, permettent à ce Belge de 38 ans de remporter son deuxième Bordeaux-Paris, neuf ans après le premier. ❍

4 juillet

Gaul chute

La Chartreuse, qui se délectait autrefois des exploits de Robic, choisit Gaul comme héritier. L'« Ange de la montagne » relance l'intérêt d'un Tour outrageusement dominé, jusque-là, par Anquetil. Les premières pentes du col du Granier ne laissent pas d'inquiéter le Maillot jaune. Mal informé des inquiétants pourcentages du col, il ne dispose que d'un pignon de vingt-deux dents. Son équipier Rostollan lui donne sa roue. Gaul en profite pour démarrer. Poursuivant sa conquête des cols chartrousins, il augmente son avance au sommet du Cucheron, 3 min 05 s sur le groupe d'Anquetil. Mais, dans la descente, il glisse sur le goudron mouillé et tombe. Charly repart mais, souffrant d'une épaule et d'un genou, profondément entaillé, il ne franchit la ligne à Grenoble qu'avec 1 min 40 s d'avance sur Anquetil, qui sauve son Maillot jaune. ❍

16 JUILLET

« L'Anquetilisme » fait des vagues

À l'arrivée de la dernière étape du Tour, Jacques Anquetil se fait siffler par le public du Parc des Princes. Pourtant, entré en tête sur la piste après s'être échappé dans la vallée de Chevreuse, il a laissé la victoire à son fidèle équipier Robert Cazala. Comme Bottecchia et Romain Maes avant-guerre, Anquetil a réussi l'exploit de conserver le Maillot jaune du premier au dernier jour. Alors, pourquoi ces sifflets ? La presse et les organisateurs lui reprochent d'avoir bloqué la course, en particulier dans les Pyrénées, complètement escamotées, et Jacques Goddet s'en prend même aux « nains jaunes », c'est-à-dire au vainqueur et aux vaincus.

Avant le départ, Marcel Bidot, le directeur technique national, avait annoncé la couleur à ses coureurs : « Vous devez être présents dans toutes les échappées, mais vous ne prendrez aucun relais. » Et il est vrai que, verrouillé par l'équipe de France, le Tour n'a connu que très peu de moments de bravoure et d'enthousiasme, à l'exception du sursaut de Charly Gaul dans la Chartreuse. Un constat cependant s'impose : Anquetil est bien le plus fort, il est même trop fort, pensent certains. Après s'être imposé nettement dans les deux contre-la-montre, « Maître Jacques » a contrôlé tous ses rivaux dans la montagne. Certes, les grandes vedettes étrangères, Rik Van Looy, Federico Bahamontès, Gastone Nencini ou Arnuldo Piambianco, qui a battu Anquetil dans le dernier Giro, étaient absentes, tout comme l'espoir français Raymond Poulidor, jugé trop jeune. Il n'empêche qu'Anquetil vient de remporter sa deuxième Grande Boucle. ❍

En Chartreuse, Charly Gaul relance l'intérêt du Tour par une fantastique chevauchée.

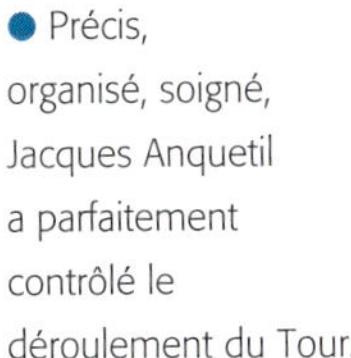

Précis, organisé, soigné, Jacques Anquetil a parfaitement contrôlé le déroulement du Tour.

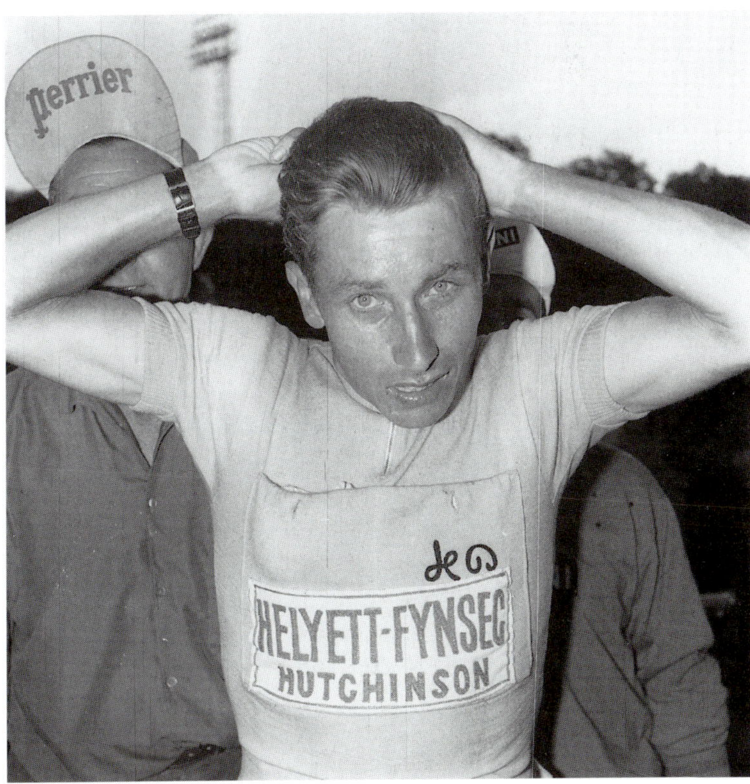

Rik Van Looy est soulagé, mais il a eu très chaud dans ce championnat du monde...

Au Parc des Princes, la dernière course d'Arthur Pasquier, entraîneur motocycliste.

2 SEPTEMBRE

L'étrange destin des deux frères Jourden

C'est un jour de gloire pour le cyclisme français après le triplé réussi au championnat du monde amateur. Jean Jourden, 19 ans, remporte le titre au sprint, nettement, devant ses compatriotes Belena et Gestraud, tous trois échappés depuis quarante kilomètres. Quelques jours plus tard, sollicité par la presse, Jean Jourden raconte son enfance. Jean et son aîné Henri ont été deux adolescents sans famille et sans ressources, qui ont vécu de petits boulots dans une baraque en bois au bord de la forêt des Essarts. Et tous les deux voulaient se faire coureurs cyclistes. Jean va devenir rapidement le protégé du célèbre entraîneur André Boucher et commencer à remporter ses premières courses. De son côté, Henri est pris en charge par Raoul Rémy, directeur technique de l'équipe Margnat. Il gagne sa première compétition en 1960 mais, aussitôt, doit rentrer à l'hôpital, victime d'une infection pulmonaire favorisée par une mauvaise alimentation. Son frère Jean ne l'épargnera pas : il l'accuse notamment de l'avoir battu et exploité pour qu'il subvienne à ses besoins. Déprimé, aigri, Henri lui aurait même demandé de partager en deux les gains qu'il ramènerait. Leurs deux destins sont en tout cas à l'opposé l'un de l'autre. Sur un lit d'hôpital à Marseille, Henri est en train de lutter contre la mort et l'oubli alors que Jean, champion du monde, est au sommet de la gloire. ❍

3 SEPTEMBRE

Drôle de roue

Au onzième tour de ce championnat du monde sur route, Rik Van Looy, le grandissime favori, et Raymond Poulidor font exploser le peloton par une foudroyante offensive sur le circuit de Bremgarten, près de Berne. Mais la côte de Neubruck ramène un groupe de quatorze hommes sur les meneurs. Jacques Anquetil, qui a manqué le coche, entreprend une poursuite victorieuse qui en dit long sur sa forme du jour. Par la même occasion, il ramène plusieurs Italiens devenus ses alliés, dans la perspective de mener la vie dure à Van Looy. C'est compter sans les Belges, qui, par l'intermédiaire de Schroeders et Planckaert, assurent un train soutenu annihilant toute velléité offensive. Poulidor tente néanmoins une attaque dans le dernier tour, mais il est rapidement contré par Van Looy en personne. Après deux cent quatre-vingts kilomètres d'échappée, quinze coureurs se présentent groupés pour le sprint final. Van Looy, qui s'est laissé enfermer, se faufile le long des balustrades pour se dégager. Il décide alors de placer son démarrage, mais la violence de son accélération l'entraîne près de la catastrophe. Il malmène à tel point sa machine que deux rayons de sa roue arrière cassent net et que la roue voilée se met à frotter dangereusement contre les patins de freins. Néanmoins, sur sa lancée, il réussit à passer Nino De Filippis. S'apercevant des problèmes de son adversaire, ce dernier tente un ultime sursaut, qui restera vain. À la troisième place, Poulidor a espéré lui aussi, jusqu'au dernier moment, pouvoir profiter des déboires du Belge. Après l'arrivée, les soixante-dix mille spectateurs présents sur le circuit restent impressionnés par la roue arrière, complètement mutilée, du vainqueur. ❍

29 août

Trepp poursuit Altig

Willy Trepp a parfaitement préparé son championnat du monde de poursuite professionnel, qui se déroule au Oerlikon de Zurich. En demi-finale, le Suisse, qui a sacrifié sa saison sur route pour ce titre, affronte l'Italien Faggin. Partant très vite, il ne baisse pas d'intensité après avoir pris un tour à son adversaire et bat le record des championnats du monde, en 6 min 15 s 5/10. Comme l'année précédente, il retrouve en finale l'Allemand Rudi Altig. Cette fois, la lutte est serrée, plus dure, plus incertaine. Trepp s'élance rapidement, augmente régulièrement son avance lorsque, à un kilomètre du but, la tendance s'inverse. Altig, au sprint, s'impose finalement d'une petite seconde. Le vaincu a payé les efforts fournis deux heures plus tôt en demi-finale.

8 octobre

La relève belge

Jos Wouters, 19 ans, est-il le successeur de Van Steenbergen et de Van Looy? Toute la Belgique en est persuadée après sa brillante victoire dans Paris-Tours. C'est dans la vallée de Chevreuse que Wouters rejoint les treize échappés du premier kilomètre. Malgré le vent défavorable, ces hommes disposent de 6 min 15 s d'avance au Kilomètre 140. Mais, dans la première ascension de la côte de l'Alouette, sur le circuit final, ils paraissent subir le contrecoup de leurs deux cent cinquante kilomètres. Anatole Novak en profite pour démarrer, suivi de Wouters, de Gilbert Desmet et de Ludo Janssens. Pendant que le peloton revient en trombe, ces quatre hommes se disputent in extremis la victoire. Alors qu'il aborde le faux plat situé à deux cents mètres de la ligne, Wouters se dresse sur ses pédales et passe tous ses adversaires.

Jean Jourden espère que son Maillot arc-en-ciel fera taire toutes les critiques.

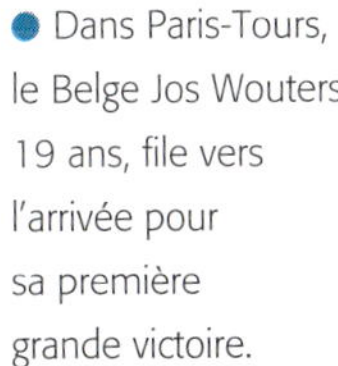

Dans Paris-Tours, le Belge Jos Wouters, 19 ans, file vers l'arrivée pour sa première grande victoire.

17 septembre

La retraite de Pasquier

À 78 ans, Arthur Pasquier, le célèbre entraîneur motocycliste, se voit contraint de mettre un terme à sa carrière après sa dernière course au Parc des Princes. La Fédération française de cyclisme ne lui accordera pas de licence pour l'année 1962. C'est en 1909 qu'il a enfourché sa première moto, au nouveau Vel d'hiv de Grenelle. Pasquier mènera trente-neuf fois ses coureurs à un titre mondial ou national. Entraîneur subtil, le « père Arthur » est un maître du dosage dans l'effort. Il sent également mieux que quiconque le moment de lancer une attaque en se déplaçant pour mettre l'adversaire dans le vent. C'est avec le *stayer* français Godeau (cent quinze victoires à eux deux), qu'il met donc fin à cinquante-deux ans de bons et loyaux services.

17 octobre

176 km/h en bicyclette!

Le Niçois José Meiffert est un amoureux de la vitesse et son hobby est de battre les records les plus fous et les plus dangereux. Sur l'autoroute de Lahr, en Allemagne, il enfourche son vélo, doté d'un développement impressionnant, et se place derrière la voiture de course, une Talbot pilotée par Georges Guignard et équipée, à l'arrière, d'une immense plaque d'acier qui protège Meiffert du vent. L'objectif du coureur est de dépasser les 200 km/h mais il « échoue » à 176,500 km/h, soit 20 s 4/10 par kilomètre. Cette tentative se termine mieux que la précédente, où il s'était retrouvé à l'hôpital après l'éclatement d'un de ses pneus. Lorsque José Meiffert délaisse les autoroutes, il écrit des livres. Sa dernière publication : *Mes rendez-vous avec la mort*.

L'équipe Saint-Raphaël-Géminiani entourant Géminiani, au centre, et Anquetil, à droite, au départ de la Vuelta. Le troisième larron, Rudi Altig, n'est pas présent.

Le Tour met fin aux formations nationales. ACBB-Saint-Raphaël-Helyett en profite pour remporter le challenge par équipes.

1er avril

L'anti-Mercier !

Avec sa victoire dans le Tour du Var, Jean Forestier renoue avec le succès, après de longs mois de déboires. Le Lyonnais a mis les choses au point dès la première étape où il triomphe en solitaire à Draguignan, avec des écarts qui, sauf accidents, apparaissent définitifs : trois minutes sur un groupe de dix coureurs, dont Poulidor, et dix-neuf minutes sur Anquetil et le peloton. Le Normand n'a pas aimé la façon dont les Mercier ont obstrué la course. Il le fait savoir, dès le lendemain, en attaquant. Immédiatement, deux maillots violets, Privat et Le Dissez, se collent à sa roue mais ils ne l'empêchent pas de mener cette échappée jusqu'au bout. Il récidive dans la dernière étape en gagnant le sprint devant Forestier. L'antagonisme entre le jeune Poulidor et l'expérimenté Anquetil vit ses premiers soubresauts.

2 juin

Gaul refroidi

Encore une étape apocalyptique sur le Giro. Sur cent neuf partants, seuls cinquante-quatre téméraires franchissent la ligne d'arrivée à Moena. Une violente tempête de neige s'abat sur le col de la Faucella Staulanza. Charly Gaul effectue même la descente à pied, un spectateur tenant son vélo d'une main et un parapluie de l'autre. Les cheveux couverts de glace, les coureurs roulent au pas. Van Looy, le champion du monde, et une vingtaine d'hommes s'arrêtent à Pestul pour y prendre un bain et se changer. Henry Anglade, transi de froid et victime de crampes au cou et aux mâchoires, emprunte un imperméable à son équipier Alphonse Deledda. Pourtant, à l'arrivée de cette épouvantable étape, le Français peste plus contre les poussettes dont bénéficient les coureurs italiens que contre les conditions climatiques.

13 MAI

Réglement de comptes

Si Jacques Anquetil s'aligne au départ de la Vuelta, c'est évidemment pour la gagner. « Vu la faiblesse des engagés, inutile de rentrer en France si nous sommes battus », ajoute-t-il au départ de Barcelone. Il a tout organisé pour sa victoire finale. Ses équipiers de Saint-Raphaël-Géminiani ne devront collaborer à aucune échappée et il supervisera la « distribution des prix », se réservant le droit de pénaliser les équipiers qui n'auront pas accompli leur travail. Dès les premières étapes, le Normand s'applique à surveiller ses principaux rivaux espagnols, Perez-Frances et Gabica. Ses équipiers, l'Allemand Rudi Altig, Jean Graczyk, qui remportera quatre étapes, et Marcel Janssens en profitent pour s'intégrer dans les échappés. Au bout d'une semaine de course, les Géminiani ont placé trois coureurs dans les cinq premiers du classement général. Anquetil n'est pas inquiet. Il a prévu de remettre définitivement les pendules à l'heure à l'issue du contre-la-montre entre Bayonne et San Sebastian. Mais, surprise, Altig bat Anquetil d'une seconde, sur son propre terrain. Écœuré, « Maître Jacques » abandonne et règle ses comptes : « Je n'oublierai pas, et dans le Tour, tout sera précisé au départ. Je ne prends personne en traître, ce sera ma politique et pas une autre. »
En fait, Anquetil reproche à l'Allemand de ne pas avoir respecté la règle du jeu. Géminiani, pour une fois très diplomate, refuse de prendre parti. Rudi Altig remporte ainsi le Tour d'Espagne, parfaitement soutenu par ses équipiers, devant Perez-Frances et l'Irlandais Elliott.

24 juin

Retour aux marques

Après six ans de réflexion, la direction du Tour décide de substituer les équipes de marque aux équipes nationales. Non sans nostalgie, Jacques Goddet expose ses arguments : volonté de supprimer les rivalités nationales, par exemple entre Bobet et Robic, Coppi et Bartali, Van Looy et De Bruyne ; nécessité d'incorporer de très bons coureurs venant des « petites » nations cyclistes, comme Charly Gaul. Après cette annonce, « Monsieur Jacques » ressent des sueurs froides en apprenant que l'équipe Potin-Gazzola désire réunir Anquetil et Gaul. Finalement, il décide que le nombre d'étrangers sera limité à trois par équipe de dix. Le 24 juin, le Tour quitte Nancy dans l'inquiétude générale, la plupart des observateurs estimant que la course a vendu son âme. ❍

27 juin

Du nouveau !

Pour marquer l'avènement des équipes de marque, les organisateurs ont décidé d'organiser dès la deuxième étape un contre-la-montre par équipes, où la domination de l'équipe belge Faema-Flandria est impressionnante. À 48 km/h de moyenne, dans le vent qui couche les blés de la Campine, la « Garde rouge » fait une formidable démonstration d'homogénéité et de synchronisme. Tous les relais, limités à deux cents mètres, sont pris sans à-coup. Le lendemain, alors que Rik Van Looy, le chef de file des Faema, crève près de Forges-les-Eaux, sur la route d'Amiens, les neuf coureurs de l'équipe se regroupent à l'arrière et attendent leur leader. Emmené tour à tour par Guillaume Van Tongeloo, Piet Van Est, Joseph Planckaert et les autres, ils réintègrent le peloton sans perte de temps, ni dépense d'énergie superflue. ❍

10 JUILLET

L'affaire des « poissons »

Émotion à Luchon, une heure avant le départ vers Carcassonne. Une vingtaine de coureurs présentent des symptômes inquiétants, vomissements, syncopes, états fébriles. Les organisateurs diffèrent de quelques minutes le départ, où, finalement, seuls Alberto Assirelli et Gastone Nencini, de l'équipe Ignis, ne se présentent pas. Après une heure de course, six autres coureurs désertent le peloton, dont l'Allemand Hans Junkermann, les Belges Gilbert Desmet et Frans Demulder, tous trois membres de l'équipe Groene-Leew. Les rumeurs de dopage enflent, entretenues par le docteur Pierre Dumas, le médecin du Tour. Mais Willy Vannitsen accuse la nourriture mangée la veille à l'hôtel : « On nous a servi des soles. Moi, je n'y ai pas touché, parce qu'elle ne me paraissait pas de la première fraîcheur. Mais les trois autres en ont mangé. » Mais les Italiens ne logeaient pas dans le même hôtel et Dumas n'en démord pas : « Vingt coureurs au moins qui se sont dopés hier ne repartiront pas aujourd'hui. » Une enquête diligentée par la direction du Tour révèle même que l'on n'a pas servi de soles à la table des « Lions verts ». Albert De Kimpe et Eugène Demayer, respectivement directeur sportif et soigneur de l'équipe belge, protestent et portent plainte en diffamation. Ils réaffirment que seuls les coureurs ayant mangé des soles sont victimes d'une intoxication et refusent l'accusation de dopage. Cette affaire devient rapidement le sujet de discussion favori des suiveurs. Finalement, après quelques jours de palabres, le staff médical acceptera la thèse de l'intoxication pour les Belges mais, pour les autres... ❍

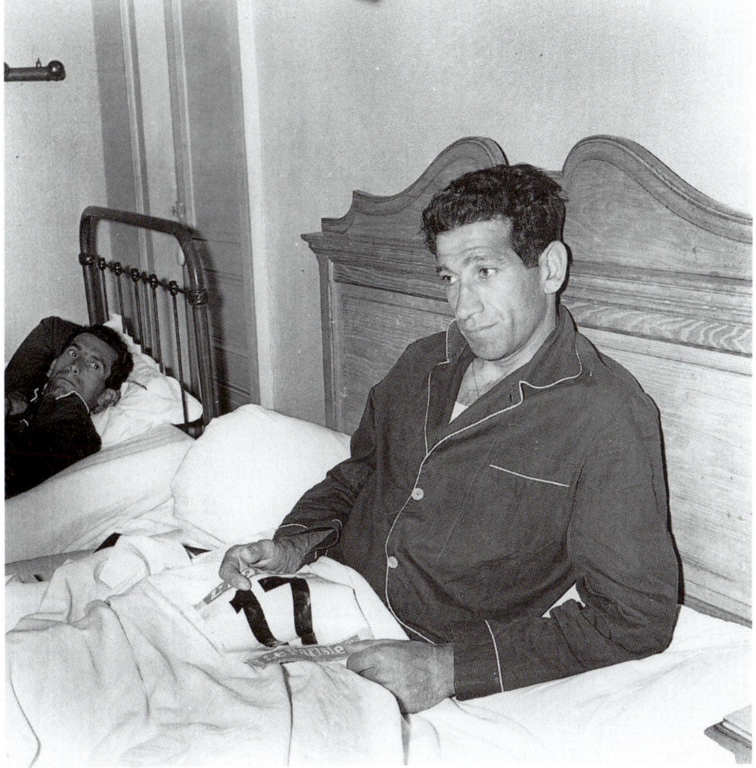

● Gastone Nencini, victime des « poissons de Luchon », ne prendra pas le départ de la quatorzième étape.

● Après la retraite du triple vainqueur du Tour, Maryse, Louison, Christiane et Philippe Bobet profitent de leurs premiers instants de repos en famille, sur la plage de Carnac.

À Aix-les-bains, la belle Miss Souple dur salue Raymond Poulidor.

L'échappée décisive des championnats du monde, emmenée par Jean Stablinski.

12 juillet

Haute école

À trois jours de l'arrivée à Paris, Poulidor confirme ses talents de grimpeur, entre Briançon et Aix-les-Bains, dans le parcours classique des cols de la Chartreuse. Selon le plan établi par son directeur sportif, Poulidor attaque dès les premières pentes du col de Porte à la poursuite des trois échappés, Henry Anglade, Pierre Beffeuil et Juan Campillo. Ni Bahamontès, ni Anquetil ne peuvent répondre. Au sommet du Cucheron, Poulidor passe en tête avec 2 min 30 s d'avance sur Anquetil et le Maillot jaune, Joseph Plankaert, qui laisse au Normand le soin d'assurer la poursuite. À l'arrivée, après soixante-dix kilomètres en solitaire, le Limousin franchit la ligne 2 min 30 s devant Anglade et Bahamontès, et 3 min 16 s avant le groupe Plankaert-Anquetil. Il s'octroie ainsi la troisième place au classement général. ❍

25 août

C'est la quille !

Louison Bobet, grimaçant, tente de s'appliquer sur le court de tennis mais sa jambe droite le fait souffrir. Victime en décembre d'un grave accident de voiture alors qu'il rentrait de Bruxelles avec son frère Jean, Louison, qui souffrait d'une mauvaise fracture du fémur droit, ressent d'inquiétantes séquelles huit mois plus tard. Dans sa maison de Carnac, entouré de ses deux enfants et de sa femme Christiane, il annonce qu'il met un terme définitif à sa carrière : « Même sans cet accident, j'aurais raccroché. » Louison est soulagé mais aussi déçu de l'évolution du cyclisme. Entre les problèmes de dopage et le mercantilisme, il pense que l'âge d'or du cyclisme professionnel est terminé. Il veut maintenant se consacrer à ses deux passions : sa famille et l'aviation, un virus que lui a transmis son ami Géminiani. ❍

2 SEPTEMBRE

Solo à Salo

Le jeune Nordiste Jean Stablinski, équipier modèle d'Anquetil, est l'homme en forme de cette fin de saison. Beaucoup d'observateurs, dont Koblet, consultant pour la télévision suisse, en font leur favori… pour le championnat du monde de Salo, en Italie, derrière Van Looy, tenant du titre qui s'est préparé spécifiquement. Sous une forte chaleur, soixante-neuf coureurs s'élancent à l'assaut des deux cent quatre-vingt-seize kilomètres, record de l'épreuve. Au douzième tour, les Belges emmenés par Van Looy et Daems ramènent le peloton sur une première échappée de vingt-trois hommes. À la fin du seizième tour, un groupe de six coureurs, le Belge Hoevenaers, l'Italien Balmanion, l'Allemand Wolfshohl, le très actif Irlandais Elliott et les deux Français Groussard et Stablinski, s'échappe et prend rapidement 2 min 5 s d'avance. Derrière, malgré quelques tentatives de contre, le peloton se résigne. Balmanion puis Groussard sont lâchés et quatre hommes se retrouvent en première ligne. À vingt kilomètres de l'arrivée, Stablinski esquisse une attaque, obligeant Wolfshohl et Hoevenaers à poursuivre, puis il incite son compagnon d'entraînement Elliott à descendre seul vers Salo. Le Belge est contraint de faire l'effort devant Stablinski. Au moment où les deux hommes reprennent l'Irlandais, le Français place un contre. À la cloche, qui annonce le dernier tour, il possède trente secondes d'avance et jette ses dernières forces dans la bataille lorsqu'il doit s'arrêter sur crevaison. Le mécanicien tarde à décrocher son vélo de rechange. Après trente secondes, Stablinski repart et creuse de nouveau l'écart, devançant de 1 min 22 s Elliott. ❍

16 septembre

Surprise partie

Avec les absences d'Anquetil et de Baldini, ce Grand Prix des nations semble destiné à Raymond Mastrotto ou à Henk Nijdam, le champion du monde de poursuite. Pourtant la surprise va venir d'un inconnu de 23 ans, le Belge Ferdinand Bracke. À l'arrivée au Parc des Princes, spectateurs et journalistes se lancent à la pêche aux informations : « Connaissez-vous le vainqueur ? » Gaston Plaud, directeur de Peugeot-BP, est fier de sa dernière trouvaille. Ces cent kilomètres parcourus à la moyenne de 42,213 km/h le placent parmi les meilleurs. Parti prudemment, Bracke comptait 2 min 32 s de retard sur Vittorio Adorni à mi-course, mais le Belge est remonté progressivement sur tous ses adversaires pour finir avec trente-deux secondes d'avance sur Jean-Claude Lebaube et succéder ainsi à Jacques Anquetil.

Le Hollandais Jos De Roo attaque dans le terrible mur de Sormano, juge de paix du Tour de Lombardie.

20 octobre

Le récidiviste

Après Bordeaux-Paris et Paris-Tours, le Hollandais Jos de Roo complète sa brillante saison par une victoire dans le Tour de Lombardie. C'est le petit Allemand Rolf Wolfshohl qui lance véritablement la course dans le Ghisallo, avec un étonnant numéro de voltige. Malheureusement pour lui, il s'écroule à mille cinq cents mètres du sommet du mur de Sormano, dernière difficulté du jour. Derrière, un groupe de contre-attaque entreprend l'ascension lorsque que De Roo crève une première fois. Cinq cents mètres plus loin, nouvelle crevaison alors que l'Italien Livio Trappe franchit en tête le sommet. Pour le Hollandais, le calvaire se poursuit avec deux chutes, provoquées par des supporters de Trappe. Pourtant, à force de courage, il refera son retard sur le transalpin et le coiffera sur la ligne, à Côme.

4 NOVEMBRE

Altig et Anquetil font match nul

Après un tumultueux Tour d'Espagne où Jacques Anquetil a accusé Rudi Altig de l'avoir trahi, les deux hommes se retrouvent ensemble au Trophée Baracchi. Le Normand est en petite forme en cette fin de saison alors que l'Allemand, en pleine condition, a soif de victoires. L'association va très rapidement tourner au duel. D'entrée, Altig imprime des relais si violents que son partenaire a beaucoup de mal à le suivre. Pendant les quatre-vingts kilomètres du parcours, ne prenant plus un seul relais, le champion français vit une véritable humiliation.
À l'entrée du stade de Bergame, Anquetil rate un virage et vient percuter une barrière de protection. On le relève, le visage ensanglanté, et il franchit la ligne d'arrivée. Les deux équipiers de l'équipe Saint-Raphaël-Helyett remportent le Trophée Baracchi mais Anquetil est écœuré par l'attitude de Rudi Altig. Il ne veut pas participer au tour d'honneur des vainqueurs. À l'infirmerie, où il récupère, « Maître Jacques » évoque les propos qu'Altig a tenus avant le départ : « Aujourd'hui, ce sera le neuvième et dernier Baracchi de Jacques, parce que je vais le faire souffrir. » Quelques semaines plus tard, à Baden-Baden, les deux hommes sont pourtant à nouveau associés pour une course en duo. Et, pendant soixante-dix kilomètres, c'est au tour de l'Allemand de souffrir dans le sillage de son équipier. Après ce match nul, leurs relations s'amélioreront et ils deviendront de fidèles amis.

Le surprenant Ferdinand Bracke remporte le Grand Prix des nations devant un Parc des Princes étonné.

D'abord déclaré vainqueur, Rolf Wolfshohl, à droite, devra s'incliner devant la photo-finish et Joseph Groussard.

Dans la montée de Saint-Nizier, Raymond Poulidor est à bout de forces et tangue sur la route. Il ne se souviendra plus de ces sept derniers kilomètres.

3 MARS

Altig sur route

La course Gênes-Nice constitue la traditionnelle épreuve de rentrée pour les routiers. Mais pour l'athlétique Allemand Rudi Altig, c'est même la première fois de l'année qu'il enfourche un vélo de route. Après avoir disputé les Six Jours d'Essen, ceux d'Anvers et une américaine à Cologne, il arrive à Gênes sans aucune prétention. Pourtant, dès le douzième kilomètre, dans le capo Berta, l'Allemand participe à une échappée de dix hommes qui prend rapidement de l'ampleur après un passage à niveau fermé. À Loano, au kilomètre soixante-cinq, l'écart maximal atteint 3 min 40 s et le peloton commence à réagir. André Darrigade et un jeune indépendant, Joffroy, parviennent à s'en extraire et, après vingt kilomètres de poursuite, ils rejoignent le groupe de tête. Darrigade prend des relais terribles, provoquant l'effondrement progressif des coureurs de tête, à l'exception de Rudi Altig. Le coude à coude entre les deux hommes tient jusqu'au mont des Mules, où le Landais explose. Peu après, l'Allemand voit surgir, comme un boulet de canon, Raymond Poulidor! Mais ce dernier, échappé à dix kilomètres du sommet du mont des Mules et qui n'a pas totalement récupéré de sa poursuite, se fait battre au sprint par le *six-dayman* Altig. Dès l'arrivée, l'Allemand tient à faire le point sur le différend qui l'oppose à Anquetil et qui a pourri l'année écoulée. En accord avec le Normand, et avec son aide, il court les classiques pour les gagner, et inversement pour les courses à étapes, où il se met au service de son illustre équipier. Reste pour Raymond Louviot, leur nouveau directeur sportif, à user de la même diplomatie que son prédécesseur Raphaël Géminiani.

24 mars

Deux bouquets, une course

En démarrant dans le capo Berta, Rolf Wolfshohl provoque l'échappée décisive de Milan-San Remo, suivi de cinq hommes, Adorni, Groussard, Balmanion, Schroeders et Bocklandt. Dans l'ascension du Poggio, Groussard prend sa chance et bascule en tête au sommet, mais il se fait rejoindre à trois cents mètres de la ligne par Wolfshohl. Les deux hommes se livrent à un sprint tellement serré qu'il faut recourir à la photo-finish. L'Allemand reçoit d'abord la gerbe du vainqueur mais, au tableau d'affichage, on voit ensuite apparaître le nom de Joseph Groussard. La photo lui accorde un quart de boyau d'avance. La déception de Wolfshohl est si grande que personne n'ose lui reprendre son bouquet pour le remettre au nouveau vainqueur.

28 avril

Stablinski confirme

Sept mois après son titre mondial, Jean Stablinski confirme, en remportant Paris-Bruxelles, qu'il méritait de porter le Maillot arc-en-ciel. Pour une fois, la classique a récompensé les efforts des attaquants. Au kilomètre cinquante, cinq coureurs, Stablinski, Simpson, Denson, Doom et Couchez se dégagent du peloton. L'écart passe à neuf minutes à quatre-vingts kilomètres de l'arrivée. Rapidement, les deux hommes en forme, Stablinski et l'Anglais Tom Simpson, se retrouvent devant. Leur entente leur permet d'atteindre ensemble Bruxelles, devant un public terriblement déçu de ne pas apercevoir ses compatriotes. Le sprint final, lancé très tôt, voit la victoire de Stablinski, alors que le peloton ne termine qu'à trois cents mètres du vainqueur.

avril

Pauvre Faustino…

Fausto Coppi est mort en 1960 complètement ruiné, obligé, après son procès perdu, « pour abandon de domicile conjugal », de fréquenter des courses italiennes de deuxième catégorie afin de subvenir à ses besoins, à ceux de son fils naturel, Faustino, et de sa compagne, Giula Occhini. Après la mort de son père, Faustino, âgé de 7 ans, est envoyé aux quatre coins de l'Italie dans de petites salles des fêtes, condamné à pousser de pauvres chansonnettes. Des gens peu scrupuleux se servent de son nom et de l'image de Fausto. Des tableaux représentants Fausto et Faustino sont bradés dans de misérables salles de vente. Mais beaucoup d'Italiens, chez qui le souvenir du *campionissimo* est encore très vivace, s'insurgent contre une telle exploitation.

9 juin

Poulidor tangue

Le Dauphiné-Libéré se joue encore dans la chartreuse, lors de la troisième étape. Dans le col de Marcieu, Bahamontès part seul. À trois kilomètres du sommet, Poulidor démarre à son tour sans qu'Anquetil réagisse. Le Français rejoint puis lâche l'Espagnol dans la descente, se présentant à Grenoble avec 1 min 45 s d'avance. Mais, seul contre le vent défavorable, il voit revenir le groupe de chasse avant la dernière ascension. Dès les premières pentes, Perez-Frances accélère alors que Poulidor se met à tanguer, empêchant les suiveurs de le dépasser. Antonin Magne lui demande de mettre pied à terre mais, les yeux dans le vague, il n'entend rien. Magne doit le gifler deux fois pour le réveiller. Le Limousin reprend son vélo et parcourt les sept derniers kilomètres comme un somnambule, à un quart d'heure du vainqueur, Perez-Frances.

Marino Fontana, à gauche, et Bruno Mealli, au centre, deux champions d'Italie pour un cyclisme transalpin en pleine crise.

16 MAI

Commedia dell'arte sur le Giro

Si le cyclisme italien n'a plus de *campionissimo*, il possède en revanche deux champions d'Italie : Marino Fontana et Bruno Mealli. Le différend a éclaté à l'issue du championnat d'Italie, qui comporte trois épreuves : le Tour de Calabre, le Grand Prix de l'industrie et le Tour de Romagne. Après ces trois courses, Fontana arrive en tête avec un point d'avance sur Mealli. Mais l'Union vélocipédique italienne d'Adriano Rondoni déclasse Fontana pour avoir, dans la seconde épreuve, changé de roue avec un équipier, ce qui est interdit par le règlement.
La Ligue des coureurs professionnels, soutenue par Vincente Torriani, organisateur du Giro, proteste car ce règlement n'était pas en vigueur pour le Tour de Calabre, et il est par conséquent nul et non avenu. En réalité, les malheureux Fontana et Mealli sont le prétexte d'un bras de fer entre Rondoni et Torriani. La crise prend un tour cocasse au départ de la deuxième étape du Giro. Les commissaires de course interpellent Fontana en lui demandant de retirer son maillot tricolore. Le coureur commence à se dévêtir lorsque Torriani intervient pour lui interdire de quitter le maillot national. Finalement, les deux champions d'Italie prennent le départ avec leurs maillots mais sans les commissaires, en grève. Le Comité olympique italien décide alors de dissoudre la Ligue professionnelle, déclare le Giro hors la loi et menace les participants d'une suspension à long terme. Immédiatement, les coureurs étrangers, et en particulier l'équipe belge de Van Looy, s'en vont et Marino Fontana reprend son maillot de la San Pellegrino. La participation des Italiens au Tour de France semble compromise.

Le vainqueur, Rudi Altig, à droite, et son dauphin, Raymond Poulidor, à l'arrivée de Gênes-Nice.

● Entre Pau et Bagnères-de-Bigorre, un des premiers duels d'Anquetil et de Poulidor, arbitré par Bahamontès.

2 juillet

L'épreuve de la montagne

Enfin, le duel tant attendu entre Poulidor et Anquetil va avoir lieu. Le premier avantage à Poulidor qui, à la surprise générale, dans le contre-la-montre d'Angers, finit second à quarante-cinq secondes d'Anquetil. Il confirme ainsi ses progrès considérables dans la spécialité. Le deuxième acte se joue dans la dixième étape, la première de montagne, entre Pau et Bagnères-de-Bigorre. Pour Anquetil, la mise en jambes dans l'Aubisque est laborieuse. Lâché avec Van Looy, il ne rejoint le groupe de tête que dans la vallée précédant le Tourmalet. Là, il se reprend magnifiquement, annihilant toutes les attaques. Il lâche même le Maillot jaune, Gilbert Desmet, et bat au sprint Perez-Frances, Bahamontès, Esteban Martin et... Poulidor. ❍

● L'équipe Saint-Raphaël-Géminiani remporte le Challenge Martini.

8 juillet

Bahamontès... Gaulien

Le Tour arrive dans la Chartreuse, autrefois fief de Charly Gaul et qui, pour une journée, va devenir celui de Bahamontès. À la sortie de Saint-Laurent-du-Pont, « l'Aigle de Tolède » s'évade du peloton, Jean-Claude Lebaube et Rik Van Looy à ses trousses. Les deux hommes rejoignent l'Espagnol, qui redémarre aussitôt, dans le col de Porte, et poursuit sa fugue. Il passe le sommet avec deux minutes d'avance sur Henry Anglade et le peloton. La longue plongée vers Grenoble révèle un Bahamontès qui sait aussi descendre. Il faut dire que la victoire finale est en jeu. Sur la ligne, il précède Anglade de 1 min 16 s et le groupe d'Anquetil de 2 min 2 s. Au général, le Castillan est premier, deux secondes devant Anquetil, pour qui tout reste à faire. ❍

10 JUILLET

Anquetil résiste

Dans cette dix-septième étape, l'ultime tronçon alpestre, les positions au classement général sont si serrées que Bahamontès, Maillot jaune, Anquetil, à deux secondes, et Poulidor, à 2 min 52 s, peuvent encore espérer la victoire finale. Antonin Magne a prévenu son poulain qu'il devait attaquer « jusqu'au bout de ses forces ». Sous une pluie battante, le Limousin tente de partir dans la descente du Grand Saint-Bernard, mais le vent contraire voue sa tentative à l'échec. Pour l'ascension du grand col de la journée, la Forclaz, Raphaël Géminiani a demandé à Anquetil de s'équiper d'un vélo léger, avec un braquet de 46×26, et de changer de matériel au sommet car la descente est dangereuse. Sur la route caillouteuse de la Forclaz, Federico Bahamontès attaque franchement. Il sait qu'il lui faut distancer le Normand avant le dernier contre-la-montre, deux jours avant l'arrivée à Paris. Anquetil cède dix, vingt, trente, quarante mètres mais pas plus. Au train, le dossard numéro un revient à la hauteur du « Picador ». Derrière, Poulidor subit une énorme défaillance après l'accélération de l'Espagnol. Hagard, chancelant, il zigzague sur la route. Son effondrement le relègue à plus de dix minutes à Chamonix. Alors que les critiques s'abattent sur lui, lui reprochant son manque d'initiative, Poulidor révèle ses limites face au triple vainqueur du Tour. Devant, Bahamontès, malgré ses incessants changements de rythme, comprend qu'il lui sera impossible de se défaire de son compagnon d'échappée. À l'arrivée, à Chamonix, Anquetil le bat au sprint et peut sereinement envisager sa quatrième victoire. ❍

14 juillet

Sport d'équipe

À l'arrivée au Parc des Princes, le succès des Saint-Raphaël-Géminiani est total : victoire et record absolu pour Anquetil, deux succès d'étapes pour Guy Ignolin et classement par équipes. C'est aussi la victoire de Raphaël Géminiani, directeur sportif, et de son adjoint, Raymond Louviot. Pour la première fois, un leader avait été désigné avant le départ, Anquetil en l'occurrence, et les huit équipiers de talent s'étaient entièrement voués à la cause de leur chef de file. Au contraire des Italiens, qui possédaient des champions « naturels », les équipes françaises privilégiaient auparavant, aux moments stratégiques, les mieux placés. L'entier dévouement, sans états d'âme, des équipiers d'Anquetil apporte une nouvelle preuve que le cyclisme est devenu un véritable sport d'équipe. ❍

7 août

Route ou piste ?

Pour la première fois depuis 1900, un Belge remporte un titre au championnat du monde de vitesse amateur. Le jeune Patrick Sercu, 19 ans, se débarrasse en finale de l'Italien Sergio Bianchetto, déjà double champion du monde. Dans la troisième manche, il ne se laisse pas manœuvrer, monte dans le dernier virage puis se dresse sur ses pédales. Grâce à sa puissance, il s'impose d'une bonne roue. Après l'arrivée, Pierre Trentin, le sprinter français battu en qualifications par Sercu, lui prédit un grand avenir sur piste mais ce dernier semble vouloir s'orienter vers la route. C'est son père, Albert Sercu, 2e au championnat du monde sur route 1947, qui lui a conseillé de faire d'abord ses preuves en vitesse : « Si j'avais été plus rapide dans les deux cents derniers mètres, j'aurais gagné beaucoup de courses. » ❍

● Benoni Beheyt (à droite) repousse son compatriote Rik Van Looy sous l'œil inquiet d'André Darrigade.

11 AOÛT

Une histoire de Belges

Un grain de sable, le Belge Benoni Beheyt, a fait dérailler la superbe machine qui devait permettre à Rik Van Looy de rejoindre Alfredo Binda (vainqueur en 1926, 1930 et 1932) et Rik Van Steenbergen (1949, 1956 et 1957) au palmarès du championnat du monde. Pourtant, sur le circuit de Renaix, en Belgique, tout était prévu pour le triplé de Van Looy. Guillaume Driessens, le sélectionneur belge, avait échafaudé une stratégie visant à annihiler toute tentative d'échappée. À vingt kilomètres de l'arrivée, ce qui reste du peloton, une trentaine de coureurs, est regroupé, et l'heure de Van Looy approche. Tout se déroule normalement pour les Belges, d'autant que le redoutable sprinter allemand Rudi Altig a abandonné. Les Français Jean Stablinski et Raymond Poulidor donnent bien quelques coups de boutoir mais ils sont rapidement étouffés. À trois kilomètres du but, Van Looy ordonne à Beheyt de traîner un peu moins en queue de peloton et de fournir sa part de travail. Le sprint arrive. Pino Cerami et Gilbert Desmet emmènent leur leader. Beheyt, lui, reste à la hauteur de Van Looy lorsque, tout à coup, ce dernier se rabat brusquement sur la droite. La chute semble inévitable mais Beheyt repousse de la main son équipier. Van Looy voit son élan coupé et Benoni Beheyt arrache la victoire. C'est la stupéfaction dans le public et dans l'équipe belge. Ce jeune vainqueur de 22 ans n'a pas tenu ses promesses. « C'est une honte », clame Driessens. Van Looy crie à la trahison. La Belgique est coupée en deux, entre les inconditionnels de Van Looy et ceux qui dénoncent les magouilles au sein de l'équipe. Pendant des années, on reparlera de ce sprint dans la Flandre profonde. ❍

● Dans le col de Porte, Federico Bahamontès menace la suprématie d'Anquetil.

À l'arrivée de Paris-Roubaix, Peter Post s'impose devant les Belges Beheyt et Molenaers à la moyenne de 45,129 km/h.

Les rayons sont brisés : Poulidor doit changer de vélo. Mais son mécanicien, en le poussant, va provoquer sa chute.

15 mars

Janssen en Corse

Paris-Nice, comme en 1973, fait une escapade en Corse, sur ses parcours montagneux. D'Ajaccio à Porto-Vecchio, en passant par les cols de Santa-Guilia et de Vidola, Raymond Poulidor, Rudi Altig et le jeune Hollandais Jan Janssen prouvent qu'ils sont les hommes en forme de ce début de saison. Poulidor démarre une première fois dans le col de Vidola et seul l'Allemand, totalement remis de sa grave opération à la colonne vertébrale, garde le contact. Mais quelques kilomètres plus loin, le Maillot blanc de Janssen surgit derrière les deux hommes. Poulidor attaque de nouveau et, cette fois, file seul vers l'arrivée à Porto-Vecchio. Mais en limitant l'écart sur le Français, Jan Janssen conserve sa place de leader et remportera finalement Paris-Nice. ❍

5 avril

À la Coppi

C'est à quatre-vingts kilomètres de l'arrivée du Tour des Flandres que la course se décante, avec une échappée de huit coureurs dont les favoris, Van Looy et Altig. Puis l'Allemand lance un deuxième assaut et se retrouve en compagnie de Jan Janssen et de Benoni Beheyt. Allongé sur sa machine, Rudi Altig pousse des braquets énormes. Tout en puissance, il lâche ses deux compagnons et file vers l'arrivée, alors qu'il reste encore soixante kilomètres. Profitant du travail de ses équipiers, Stablinski, De Roo et Everaert, à l'arrière, il franchit la ligne avec quatre minutes d'avance sur un peloton de quarante coureurs. C'est un exploit, digne des grandes chevauchées de Coppi, qu'a réalisé le protégé de Raymond Louviot. Quant aux Belges, enferrés dans leur rivalité, ils n'ont pas remporté une classique depuis le début de saison. ❍

19 AVRIL

Deux records pour Peter Post

En remportant Paris-Roubaix à l'incroyable moyenne de 45,129 km/h, le Hollandais Peter Post gagne le Ruban jaune qui récompense le recordman de vitesse dans une épreuve sur route de plus de deux cents kilomètres. Cette distinction était détenue jusqu'alors par son compatriote De Roo, avec 44,903 km/h de moyenne dans Paris-Tours 1962. Ce jour-là, le vent souffle violemment dans le dos des coureurs, ce qui explique en partie cette moyenne élevée, et des pelotons se forment tout le long du parcours. Du côté de la Folie-Bonneuil, ce ne sont pas moins de quatre groupes qui se succèdent. Rik Van Looy s'enferme dans les mauvaises bordures, au contraire de son équipier Benoni Beheyt, le champion du monde, qui prend les devants. Peu avant la côte de Doullens, un regroupement de trente-trois hommes s'opère. Aussitôt, Jacques Anquetil démarre, mais en plein effort, il chute et abandonne. Raymond Poulidor prend le relais et fait exploser le premier peloton, puis il passe en tête au sommet de Doullens. Celui qui franchit seul le haut de la côte remporte en général Paris-Roubaix. Mais, dans la descente, Poulidor tombe et, son vélo endommagé, préfère quitter la course.
Finalement, un groupe d'une quinzaine d'unités se présente à l'entrée du vélodrome de Roubaix. Peter Post, l'ex-domestique de Van Looy, est bien entouré, avec Gilbert Desmet, Molenaers, Beheyt et Bockland. Et le Hollandais remporte facilement le sprint devant les Belges Beheyt et Molenaers. Il devient ainsi le premier coureur de son pays à remporter la plus prestigieuse des courses sur route. ❍

11 mai

Louison Bobet se lance dans le grand bain

Après trois Tours de France et un palmarès unique dans le cyclisme français, Louison Bobet engage un nouveau combat, tout aussi ambitieux : réussir sa reconversion. Et il voit grand, Louison. Point de bar-tabac ou de magasin de cycles. Il inaugure son institut de thalassothérapie, le plus moderne du monde, installé au bout de la presqu'île de Quiberon, sur les bords du golfe du Morbihan. Tout le gratin sportif, Jacques Anquetil, Michel Jazy, Alain Calmat, et politique, les ministres Maurice Herzog et Raymond Marcellin, admirent la beauté du site. Ses amis sont confiants : « Louison fait de la thalasso comme il préparait et courait le Tour de France », confie l'un d'eux. ❍

1er juillet

TOUR DE FRANCE

Intermède

En quittant la principauté monégasque, la caravane rejoint tranquillement Hyères, où doit se dérouler un important contre-la-montre, l'après-midi même. La chaleur est étouffante et la course sue l'ennui. Et puis, brusquement, à l'arrière du peloton, se produit un peu d'animation. Il y a un bon moment que l'Italien Vito Taccone et l'Espagnol Jesus Manzaneque échangent des mots. Mais, après avoir épuisé leur stock d'injures italiennes et espagnoles, les deux belligérants mettent pied à terre et échangent quelques coups de poing. Personne ne voulant céder, le pugilat se poursuit un moment, arbitré par Italo Mazzacurati. Jacques Goddet et les commissaires doivent intervenir pour mettre fin à la récréation, à l'approche du prochain col comptant pour le Grand Prix de la montagne. ❍

6 JUILLET

TOUR DE FRANCE

Ça passe ou ça casse

Avec près de cinq minutes de retard sur Anquetil, Poulidor n'a plus le choix. Il doit attaquer dans la quatorzième étape, Andorre-Pau. Dès le bas du col d'Envalira, Bahamontès et Poulidor démarrent et Anquetil ne peut suivre. Pire, il est tout proche de la défaillance (on accusera parfois le méchoui dégusté la veille à Andorre). Peu avant le sommet, Géminiani, son directeur sportif, lui passe un bidon de champagne avec ce commentaire : ou ça le crève, ou il s'envole. « Maître Jacques » est en train de perdre le Tour. Au sommet, il passe quatre minutes après le « Picador » et « Poupou ». Dans la descente, Anquetil prend tous les risques, malgré le brouillard opaque qui empêche toute visibilité. C'est la victoire ou la mort. Dans la vallée, il récupère un groupe de chasse et, ayant retrouvé tous ses moyens, mène la poursuite contre les deux fuyards. Aidé par Anglade, Groussard, Foucher, Delberghe, Janssen et Ferrer, le Normand rejoint le duo franco-espagnol en moins de dix kilomètres. Ce revirement de situation va s'amplifier encore à vingt-cinq kilomètres de Toulouse. Poulidor a brisé des rayons de sa roue arrière et doit changer de machine. Son mécanicien saute de la voiture, lui propose un nouveau vélo et le pousse pour le relancer mais si violemment que le Limousin tombe. Le temps de se relever, le groupe Anquetil est déjà loin. La poursuite s'annonce d'autant plus difficile que les voitures suiveuses, captivées par le « spectacle », restent derrière le malchanceux, lui imposant de rouler sans le moindre appui. À Toulouse, Poulidor arrive, le visage grave, 2 min 36 s après Anquetil. Tout est à refaire. ❍

● Louison Bobet en directeur de l'institut de thalassothérapie de Quiberon.

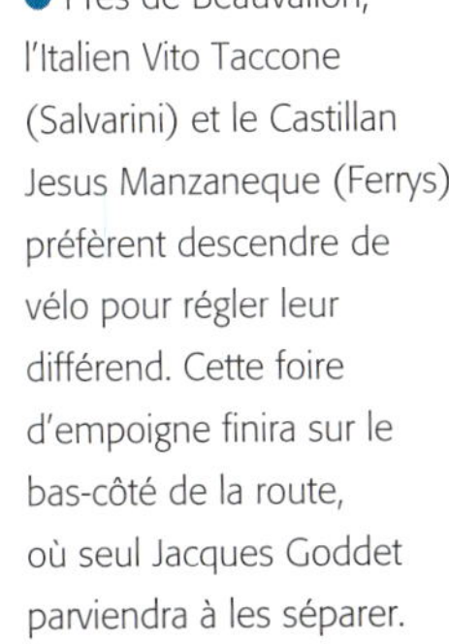

● Près de Beauvallon, l'Italien Vito Taccone (Salvarini) et le Castillan Jesus Manzaneque (Ferrys) préfèrent descendre de vélo pour régler leur différend. Cette foire d'empoigne finira sur le bas-côté de la route, où seul Jacques Goddet parviendra à les séparer.

● À un kilomètre du sommet du Puy-de-Dôme, Raymond Poulidor va démarrer et lâcher Anquetil. Le Tour est en train de se jouer.

● Michel Rousseau a préparé minutieusement son championnat du monde.

12 juillet

Pétard mouillé

Le duel Anquetil-Poulidor tient en haleine la France. Il va connaître son dénouement au cours de la vingtième étape, dans l'ascension du Puy-de-Dôme. Le Limousin ne concède au départ que cinquante-six secondes au Normand. Après la fuite de Julio Jimenez et de Federico Bahamontès, Anquetil et Poulidor restent au coude à coude derrière. À deux kilomètres du sommet, la situation est inchangée. Les suiveurs s'interrogent. Enfin, Poulidor démarre, à un kilomètre du but. Il grignote mètre par mètre. Anquetil souffre, couché sur son vélo. Sur la ligne, le Limousin reprend quarante-deux secondes à Anquetil, qui conserve son Maillot jaune. Après l'arrivée, Poulidor se reproche un mauvais choix de braquet. Les commentateurs invoquent son manque d'audace. En tout cas, Anquetil remporte son cinquième Tour. ❍

28 juillet

Morelon bat Sercu

Un jeune sociétaire de l'US Créteil, Daniel Morelon, crée une grosse sensation en battant le champion du monde en titre, Patrick Sercu, au Grand Prix de Copenhague, qui représente pour un sprinter ce qu'est le Grand Prix de Paris pour un pursang. Au cours de la finale de vitesse, en trois manches, Morelon fait preuve d'une vitesse d'exécution impressionnante. Louis Gérardin, le directeur technique des pistards, note avec satisfaction les progrès accomplis par son élève ces derniers mois : « Il ira très loin car il est intelligent, ambitieux et appliqué. » Avec Pierre Trentin, déjà aux portes d'un titre mondial, voilà une deuxième chance de médailles en vue des championnats du monde, au Parc des Princes, et des Jeux olympiques de Tokyo. ❍

23 AOÛT

Un quatrième pour Stablinski

Jean Stablinski a une spécialité, tout comme son équipier Jacques Anquetil est l'homme des Tours de France. Jean, ce sont les championnats de France sur route. En remportant son quatrième titre à Châteaulin, il dépasse Octave Lapize (1907, 1911 et 1913), Francis Pélissier (1921, 1923 et 1924) et Georges Speicher (1935, 1937, 1939) et devient le recordman absolu. Pourtant, en ce dimanche, Stablinski est l'homme à battre pour les cinquante-six professionnels français présents sur la ligne d'appel. Il réussit quand même à partir au moment le plus propice. À quarante kilomètres de l'arrivée, alors que le peloton a repris une échappée matinale, le Nordiste profite du court instant de relâchement où les coureurs s'observent. Il démarre promptement. Pendant une quinzaine de secondes, le peloton ne réagit pas et Stablinski fait le trou. Raymond Poulidor, Henry Anglade et André Darrigade s'avouent tous battus, se réservant probablement pour les championnats du monde de Sallanches. Quelques kilomètres plus loin, l'homme de tête est rejoint par trois outsiders, Georges Groussard, le frère de Joseph, révélation du dernier Tour de France, André Faucher et Michel Grain. Dans le dernier tour, Groussard attaque sans relâche sous les acclamations des quatre-vingt mille spectateurs massés sur le parcours. Mais, à chaque fois, les deux Saint-Raphaël-Gitane, Stablinski et Grain, font l'effort pour revenir. Et le plus costaud, Stablinski, bat aisément ses compagnons d'échappée au sprint. Outre le vainqueur, le plus heureux de cette victoire est Jacques Anquetil qui, au départ de ce championnat, avait indiqué à son ami Jean la marche à suivre. ❍

septembre

L'étrange vélo de Rousseau

Michel Rousseau, le sprinter français, a particulièrement bien préparé les championnats du monde de vitesse du Parc des Princes. Il s'est confectionné un vélo révolutionnaire. Petite roue à l'avant, cadre plongeant, fourche travaillée et à chasse réduite, guidon retourné et fixé directement, juste au-dessus de la roue, nouvelles pédales avec une fente dans laquelle vient s'enclencher le patin posé sous les chaussures. L'étrange machine conçue et réalisée par l'ancien champion olympique fait fureur dans le petit monde des pistards. Sa position très basse, permettant un meilleur aérodynamisme, permet, selon «le Gros», comme le surnomment ses collègues, un gain de 5 km/h. Pour lui, il n'est plus question de subtilités tactiques car il se sent désormais invulnérable. ❍

6 septembre

Le renouveau hollandais

Autant le précédent championnat du monde, sur le circuit de Renaix, avait relevé de la loterie par son absence de dénivelé, autant le parcours sélectif de Sallanches, sous la pluie de surcroît, ne peut consacrer qu'un grand champion. Ce n'est que dans le dernier tour que la course se décante, lorsque Raymond Poulidor, Jan Janssen, Vittorio Adorni et Tom Simpson commencent leur grande explication. L'ultime ascension de la côte de Passy révèle un Janssen au-dessus du lot. Poulidor et Adorni parviennent, tout de même, à disputer le sprint que le Hollandais domine largement, devant l'Italien et Poulidor, 3e comme à Berne en 1961. Janssen n'est que le deuxième Hollandais champion du monde, après le sacre, à Reims en 1947, de Middlekamp. ❍

● Un jeune espoir belge remporte le titre mondial des amateurs. Il s'appelle... Eddy Merckx.

5 SEPTEMBRE

Le dernier succès de Merckx chez les amateurs

On attendait plutôt l'Italien Felice Gimondi ou le Français Lucien Aimar au palmarès du championnat du monde sur route amateur mais c'est un espoir belge de 19 ans, Eddy Merckx, qui revêt le Maillot arc-en-ciel. Pour les Flamands, ce Bruxellois n'est pas un inconnu. Champion de Belgique des débutants deux ans plus tôt, il a déjà vingt-trois victoires à son actif. Dès les premières escarmouches, Merckx est à l'avant-garde du peloton et, lorsque le Français Jean Jourden tente de s'enfuir au sommet de la côte de Passy, le Belge est dans sa roue. À trente-cinq kilomètres de l'arrivée se dessine l'échappée décisive. Le Belge Van Loo fausse compagnie au peloton, accompagné par l'Espagnol Marine Tares, l'Italien Armani et le Hollandais Beugels. Les quatre prennent rapidement quinze minutes mais Merckx ne peut laisser partir un tel convoi sans s'y accrocher. Le jeune Belge comble l'écart et se joint au groupe qui ne réussit pas à prendre plus de trente secondes d'avance. Sous l'effet de l'escalade répétée de la côte de Passy, le peloton s'étire et commence à être décimé. Dans le dernier tour, Merckx pousse une accélération et seul Marine Tares parvient à le suivre. Quelques kilomètres plus tard, le Belge trouve les ressources nécessaires pour s'enfuir à nouveau, seul cette fois. Derrière, le peloton fond sur les échappés et engloutit tout le monde, sauf Eddy Merckx qui s'envole vers sa dernière grande victoire amateur, avant de passer dès la fin de l'année dans les rangs des professionnels. ❍

● Jan Janssen, Vittorio Adorni, Raymond Poulidor : le tiercé gagnant du championnat du monde de Sallanches.

Rick Van Looy aborde en tête le dernier secteur pavé de Paris-Roubaix.

Les Solo-Superia imposent leur suprématie pendant ce début de saison.

1er AVRIL

La drôle de guerre contre le dopage

Le Sénat belge a récemment voté une loi contre l'emploi du dopage dans les compétitions sportives. La Ligue vélocipédique belge organise désormais des contrôles obligatoires à l'arrivée de chaque course pour les cinq, voire pour les dix premiers. Et le résultat est accablant puisque, selon la LVB, depuis le début de la saison, tous les vainqueurs devraient être déclassés. Et lorsqu'il arrive que les cinq premiers soient déclarés positifs, faut-il proclamer vainqueur le sixième, qui n'a pas été contrôlé ? Finalement, dans un souci d'apaisement, la Ligue préfère accorder des peines de sursis aux contrevenants. Il faut dire que les Belges de l'équipe Solo ont remporté la plupart des courses de ce début d'année, comme Rik Van Looy, cinq fois vainqueur en Sardaigne, ou comme Noël Depauw dans Gand-Wewelgen. Au début du mois de mai, tout à coup, la LVB se félicite des derniers contrôles antidopage, tous négatifs. Mais, quelques jours plus tard, les médecins découvrent le pot aux roses. L'urine analysée n'est pas celle des coureurs. En effet, les concurrents ont pris d'habitude de se rendre chez le médecin inspecteur avec un flacon contenant l'urine d'un tiers, mettant à profit un moment d'isolement pour le reverser dans le pistolet du médecin. Le premier coureur à crever l'abcès est le Belge Martin Van Geneugden, qui avoue « s'être dopé en de nombreuses circonstances et en ressentir encore les effets ». Il donne des dates précises (sa victoire d'étape dans le Tour 1960), les noms des produits, les doses ingérées et en décrit les effets. Il sera suspendu à vie par les autorités belges.

11 avril

Van Looy, un solo en solitaire

Une nouvelle victoire, dans Paris-Roubaix, vient enrichir le palmarès de Rik Van Looy, riche de quatre cent dix succès. Dans la côte de Mons-en-Pévèle, Rolf Wolfshohl déclenche l'offensive et provoque l'échappée finale. Derrière lui, treize hommes se regroupent mais, bientôt, les crevaisons provoquent une nouvelle sélection. Les victimes, Poulidor, Stablinski, Wolfshohl et Janssen, sont contraintes de laisser filer le groupe de tête. À huit kilomètres du but, Van Looy démarre alors qu'il semble le plus rapide des neuf rescapés en cas d'arrivée au sprint. Entraînant un braquet énorme (8,50 m) sur les pavés de Roubaix, « Rik II » franchit la ligne une minute avant son équipier, Édouard Sels, confirmant la domination des Solo de Guillaume Driessens.

30 avril

Poulidor dans le Pajares

Cette année, le Tour d'Espagne présente un plateau de coureurs étrangers très relevé, avec Raymond Poulidor et les Solo de Rik Van Looy. Grâce aux bonifications engrangées dans les étapes de plaine, le Maillot *amarillo,* Van Looy, possède une minute d'avance sur le Limousin avant une étape capitale, le contre-la-montre du col de Pajares. Avant ces quarante et un kilomètres, dont quinze d'ascension, Poulidor est au pied du mur. Au bas du col, il a déjà pris deux minutes sur Federico Bahamontès et sa puissance va exploser dans le col, sur un terrain caillouteux et raviné. À l'arrivée, il a fait le trou : trois minutes sur trois Espagnols de l'équipe Kas, 4 min 30 s sur Bahamontès et, surtout, 7 min 49 s, sur Van Looy, qui peut tirer un trait définitif sur cette Vuelta.

27 MAI

Bis repetita placet

Après leur duel somptueux dans le dernier Tour de France, Anquetil et Poulidor réactivent leur rivalité toute sportive dans le Critérium du Dauphiné-Libéré. L'enjeu est toujours le même : la suprématie dans les courses à étapes. Le bilan chiffré est éloquent. À Saint-Étienne : 2e Anquetil, 3e Poulidor. À Oyonnax, Chambéry et Romans : 1er Anquetil, 2e Poulidor. Dans la grande étape alpestre entre Thonon-les-Bains et Chambéry, le Limousin aura pourtant tout essayé. Il attaque dans le mont Revard. Quatre coureurs, Anquetil, Delisle, Manzaneque et Kunde, parviennent à s'accrocher. Quelques kilomètres plus loin, nouvelle accélération du Maillot violet, qui se retrouve alors seul. Il passe au sommet vingt secondes avant le Normand et le jeune Raymond Delisle. Dans la descente, le secteur de prédilection d'Anquetil, les motos qui suivent ce dernier affichent régulièrement 90 km/h au compteur. En bas, son adversaire est toujours devant. C'est sur la courte portion de plat qui reste à parcourir jusqu'à la ligne d'arrivée que le coureur normand refait son retard, au prix d'un effort inouï, remportant même le sprint. À Romans, dans le contre-la-montre, Anquetil ne s'impose que de treize secondes sur son challenger. À Avignon, il remportera le Dauphiné avec 1 min 43 s d'avance, ce qui représente les bonifications obtenues aux arrivées d'étapes.

Mais, pour Jacques Anquetil, malgré l'âpreté du combat, la journée ne fera alors que commencer… ❍

29 mai

Une folle nuit

Sur les conseils de Géminiani, Anquetil tente un pari insensé : gagner le Dauphiné puis, le lendemain, Bordeaux-Paris.

17 h 12 : Sur le podium avec Poulidor, il reçoit le bouquet du vainqueur.

17 h 25 : Il arrive à l'hôtel Grillon, où il prend un bain.

17 h 40 : Brève séance de massage, suivi d'un repas léger.

18 h 30 : Arrivée à l'aérodrome de Nîmes-Garons. Dans la salle d'attente, il accorde quelques interviews.

18 h 52 : Son avion décolle.

19 h 42 : Arrivée de l'avion à l'aéroport de Bordeaux.

20 h 30 : Il se repose une heure dans un hôtel au bord de la Gironde.

1 h 50 : Coiffé d'un bonnet, il arrive aux Quatre pavillons, point de départ de Bordeaux-Paris.

2 h 30 : Les coureurs s'élancent dans un froid glacial. ❍

30 mai

Incroyable !

Les premières heures de ce Bordeaux-Paris sont très éprouvantes pour Anquetil, qui se plaint de difficultés respiratoires. Lorsque, à trois cent dix kilomètres de Paris, François Mahé déclenche une offensive, le Normand reste calé à l'arrière. Peu avant Chartres, Stablinski lance une contre-attaque, suivi de Simpson et d'Anquetil, dont l'état s'est amélioré. Dans la côte de Limours, les trois hommes dépassent Mahé. Le Parc des Princes n'est plus qu'à quinze kilomètres et Anquetil accélère dans la côte de Picardie. Simpson tente de relever le défi mais doit céder, comme Stablinski. À son entrée au Parc, le public debout scande le nom du vainqueur, qui franchit la ligne avec cinquante-sept secondes d'avance. Des larmes de bonheur et de fatigue plein les yeux, il a réussi un exploit unique dans les annales du cyclisme. ❍

● Le 29 mai, à 17 h 12, Anquetil célèbre sa victoire sur le podium du Dauphiné-Libéré.

● Deux heures trente minutes plus tard, il arrive à Bordeaux en compagnie de Géminiani, de son mécanicien et de son soigneur.

Dès les premières pentes du Ventoux, Raymond Poulidor et l'Espagnol Julio Jimenez lâchent Felice Gimondi.

Malgré la pluie, Tom Simpson rayonne de bonheur en enlevant le titre mondial devant Rudi Altig.

6 JUILLET

L'accordéon de Gimondi

Des milliers de spectateurs attendent les coureurs dans l'ascension du mont Ventoux, le « Géant » de Provence. Raymond Poulidor doit en profiter pour distancer ses rivaux italiens, le Maillot jaune, Felice Gimondi, et Gianni Motta. Le premier à entrer en action est l'Espagnol Joaquim Galera, qui attaque à treize kilomètres du sommet. Poulidor, Julio Jimenez et Gimondi réagissent immédiatement alors que Motta, lâché, est proche de la défaillance. Puis une accélération de Jimenez provoque le décrochage de Gimondi et de Galera. L'Italien n'est pas au mieux. Il ne peut suivre le groupe de contre-attaque emmené par Henry Anglade et se fait rejoindre par Lebaube, Janssen et Gabica, alors que les deux hommes de tête sont passés depuis quarante-trois secondes. Ces derniers augmentent progressivement leur avance mais, derrière, Gimondi se refait une santé. Avec Gabica, il décramponne Janssen et Lebaube et part à la poursuite d'Anglade, qu'il rejoint à huit kilomètres du sommet. Le Maillot jaune souffre mais Anglade, soucieux de revenir sur le duo de tête, emmène l'Italien sous les sifflets des spectateurs. L'écart entre les deux groupes se stabilise à 2 min 30 s. Poulidor est en passe de prendre le Maillot jaune. Perspective inquiétante pour Gimondi qui jette ses ultimes forces dans les derniers kilomètres d'ascension. Finalement, il conserve sa place de leader, avec trente-quatre secondes d'avance sur Poulidor, qui remporte l'étape devant Jimenez, à six secondes. À l'arrivée, « Poupou » est satisfait, persuadé qu'il prendra le Maillot jaune dans les deux prochains contre-la-montre. ❍

1er juillet

Le dopage frappe encore !

À Bagnères-de-Bigorre, au départ de la dixième étape, les rumeurs vont bon train après la cascade d'abandons de la veille. Willy Bockland, Ward Sels, Pierre Everaert, Georges Chappe, Albertus Geldermans et Rolf Wolfshohl ont quitté la course dans des conditions douteuses. Au même moment, à Saint-Gaudens, au Tour de l'Avenir, deux amateurs français, Bayssière et Grosskost, sont pris « d'étranges malaises ». En examinant les produits saisis dans leurs valises, les médecins sont bouleversés par leur composition et accusent un soigneur de la caravane de les avoir fournis. Réunies d'urgence, les autorités du Tour, Jacques Goddet et Félix Lévitan, décident de porter plainte contre X. ❍

14 juillet

Encore 2^e^

Au départ de la dernière étape, un contre-la-montre de 27,500 km entre Versailles et Paris va départager les deux candidats à la victoire, le Maillot jaune, Felice Gimondi, et Poulidor, à 1 min 12 s. Après sa défaite au mont Revard, le Limousin n'y croit plus. Et le miracle n'aura pas lieu. Il est battu de 1 min 28 s, terminant le Tour, une fois de plus, à la deuxième place. Les commentaires ne sont pas tendres pour « Poupou », devenu en trois semaines le « brave Poupou » : un vaincu sympathique. D'après les critiques, l'absence d'Anquetil lui laissait un boulevard pour s'imposer. Mais, dans une course terne où les écarts ont été infimes, il n'a pas su contrôler la course. En tout cas, la brillante mais surprenante victoire de Gimondi, 23 ans, laisse présager la naissance d'un nouveau *campionissimo*. ❍

5 septembre

Le Waterloo des favoris

La surprenante victoire de Simpson au championnat du monde de San Sebastian, en Espagne, souligne la faillite totale des présumés favoris. Du côté français, la rivalité entre Anquetil et Poulidor est si forte que les deux hommes ont rejoint prématurément leur hôtel. Le Belge Van Looy, qui avait les pleins pouvoirs, a sombré corps et biens lui aussi. Motta et Dancelli, les leaders italiens, terminent à la dernière place, à plus de treize minutes du vainqueur. Encore une fois, dans ce chaos de contradictions, les intéressés contestent la formule par équipes nationales. Mais ces considérations ne remettent pas en cause les mérites de Tom Simpson et de son second, Rudi Altig, auteurs d'une échappée de près de deux cent trente kilomètres.

19 septembre

Un Pernod, sinon rien !

En remportant pour la huitième fois le Grand Prix des nations contre-la-montre, Anquetil réalise un exploit. Il a surclassé tous ses adversaires et, en particulier, Rudi Altig, 2e à 3 min 9 s, et Raymond Poulidor, 3e à 4 min 58 s. Sur les 73,700 km d'un parcours accidenté, le Normand bat même le record de l'heure de Roger Rivière, réalisé en septembre 1957, sur la piste du Vigorelli de Milan. Avec une moyenne de 47,669 km/h, il devance Rivière de trois cent vingt-deux mètres. Son style aérodynamique allié à sa puissance en font l'un des seuls coureurs au monde à pouvoir pousser, sans se désunir, les plus grands développements. Cette dernière victoire de la saison lui permet, en outre, de s'octroyer le trophée Super Prestige Pernod.

18 SEPTEMBRE

Le « J'accuse » de Tom Simpson

Quelques jours après son titre mondial obtenu sur les routes de San Sebastian, Tom Simpson publie dans l'hebdomadaire britannique *The People* deux articles sur les mœurs du cyclisme professionnel. Et, selon son auteur, ces mœurs sont douteuses, scandaleuses même. En premier lieu, il raconte les arrangements occultes dont il a été, soit le bénéficiaire, soit l'instigateur. Un exemple : « On me glisse un gros paquet de billets afin que j'aide une équipe rivale alors que mes propres chances s'avèrent inexistantes ou, à l'opposé, on me propose de l'argent pour ne pas rouler derrière une échappée. » Mais Mister Tom se justifie en expliquant que « son métier est avant tout un business. Nous le pratiquons pour l'argent et pour gagner, vous devez obtenir une aide tactique. Si cette aide ne vous est pas normalement fournie, vous devez l'acheter ». Dans un deuxième article, Simpson s'attache au problème du dopage. Restant plus évasif, il affirme que les amphétamines sont beaucoup utilisées par les coureurs, sur la proposition des médecins et des soigneurs mais que lui, par contre, ne s'est jamais dopé et n'a jamais absorbé un seul produit de synthèse. Après ces révélations, le champion du monde, qui a « trahi » la loi de son milieu, sera châtié. Non pas tellement par les instances dirigeantes du cyclisme qui, après de multiples « séances extraordinaires », repoussent « le cas Simpson » aux oubliettes, mais par les coureurs eux-mêmes et par son employeur, Gaston Plaud, de Peugeot-BP.

Dans un entretien à l'hebdomadaire anglais *The People*, Simpson, ici avec sa fille, dénonce les mœurs douteuses du cyclisme professionnel.

En réalisant 47, 669 km/h au Grand Prix des nations, Jacques Anquetil bat le record sur piste de Roger Rivière.

Comme Coppi en 1950, Felice Gimondi arrive en solitaire à Roubaix, après quarante et un kilomètres d'échappée.

Victoire de Raymond Poulidor dans Paris-Nice !

13 MARS

Anquetilistes contre Poulidoristes

L'invraisemblable s'est produit ! L'événement que l'on n'osait plus attendre a eu lieu sur Paris-Nice. Raymond Poulidor a battu Jacques Anquetil dans un contre-la-montre. Sur les trente-six kilomètres du parcours, il distance le Normand de trente-six secondes et prend le Maillot blanc de leader. Cette victoire de l'éternel second sur l'éternel premier va-t-elle briser les chaînes de Poulidor et le libérer ? Piqué au vif, Anquetil renverse dans la dernière demi-heure de la dernière étape une situation bien compromise. Il décide de harceler son adversaire et ses équipiers attaquent tour à tour, obligeant les coureurs de l'équipe Mercier, dirigée par Antonin Magne, à faire de gros efforts. Mais des irrégularités sont commises au détriment du Maillot blanc. Jean-Claude Wuillemin, équipier d'Anquetil, propulse carrément le Mercier Barry Hoban dans le fossé. Lorsque Anquetil démarre, Poulidor est bloqué sur le bord de la route par ses adversaires. Il parvient, avec un temps de retard, à rejoindre le Normand mais, épuisé par les coups répétés de son adversaire, de ses équipiers et de ses alliés occasionnels, il succombe à trente-quatre kilomètres de Nice, laissant la victoire finale à son rival. Après l'arrivée, ses déclarations mettent le feu aux poudres : « C'est un véritable complot qui s'est tramé contre moi. J'ai compris qu'Anquetil était le patron et qu'il me serait de plus en plus difficile de gagner. » La rivalité dégénère en conflit. Le cyclisme français est en proie à une véritable guerre de religions. Dorénavant, Anquetilistes et Poulidoristes ne parlent plus le même langage. ❍

6 mars

Il faut partir à temps !

Au sommet du mont des Mules, à quelques kilomètres de l'arrivée de Gênes-Nice, cinq hommes, Poulidor, Adorni, Letort, Gutty et Beuffreuil, passent largement en tête, paraissant hors d'atteinte. Ils dévalent vers Nice mais, derrière eux, le champion d'Italie, Michele Dancelli, et Lucien Aimar opèrent la jonction avec l'énergie du désespoir. Altig et Dancelli, coéquipiers et redoutables sprinters, semblent imbattables. Mais, à cent mètres de la ligne, personne n'ose lancer le sprint. Aimar revient à la hauteur de l'Allemand et de l'Italien, se dresse sur ses pédales et remporte, de quelques centimètres, sa première grande course. Après l'arrivée, il est le premier surpris et reconnaît : « Si on recommence cent fois ce sprint, je serais cent fois battu. » ❍

20 mars

Encore raté pour l'Italie

Il y a maintenant treize ans que le public italien n'a pas vu un des siens gagner Milan-San Remo. Cette année-là, l'ovation prévue se transforme en applaudissements polis pour le jeune Belge Eddy Merckx. La sélection s'est faite très tard puisqu'au bas du Poggio, dix-huit coureurs sont groupés avec 1 min 15 s d'avance sur le peloton. Poulidor attaque le premier mais Merckx réagit aussitôt. Le Bruxellois entame en tête la descente vers San Remo où il règle aisément au sprint l'Italien Aldo Durante et le Belge Herman Van Springel. Il roule, il grimpe, il démontre aussi dans Milan-San Remo qu'il est rapide aux arrivées. Bref, à 21 ans, le protégé chez Peugeot de Maurice De Muer sait tout faire. Et, déjà, les directeurs sportifs commencent la chasse au Merckx. ❍

17 avril

Heureux Felice

Grande nouveauté pour Paris-Roubaix : l'Enfer débute à quatre-vingt-quinze kilomètres de l'arrivée et près de quarante kilomètres de pavés ont été rajoutés au parcours. Il reste encore quarante-cinq kilomètres à parcourir pour Gimondi lorsqu'il démarre sur les trois kilomètres pavés de Monchaux, à la poursuite du Belge De Bover. Son ami et compatriote Michele Dancelli reste un court moment dans sa roue mais Gimondi décroche tout le monde dans la côte du Pas-Roland. L'Italien semble effleurer les pavés. Sans un déhanchement, il négocie les virages difficiles, sous une pluie diluvienne. À vingt kilomètres de l'arrivée, avec 3 min 45 s d'avance, il s'envole vers une brillante victoire. Pour sa deuxième participation, l'élégant Felice se rappelle au bon souvenir de Fausto Coppi, vainqueur en 1950, avec le même panache. ❍

20 mai

Les complices

Sa victoire dans le Tour d'Italie est une juste récompense pour Gianni Motta. Après avoir été désigné prématurément comme le successeur de Fausto Coppi par les *tifosi,* il errait depuis deux ans dans l'ombre de Gimondi. Au cours de cette étape Diano Marino-Gênes, alors que le peloton s'achemine tranquillement vers une arrivée massive, Gimondi crève à soixante-quinze kilomètres du but. Anquetil prend personnellement l'initiative d'une attaque, suivi de son équipier Jimenez et de Motta, Balmanion et De Rosso. Malgré les efforts de Gimondi et de ses équipiers, les échappés franchissent la ligne avec 1 min 36 s d'avance. Après l'arrivée, le public italien est en ébullition. Gimondi a été trahi par Motta, avec la complicité d'Anquetil. La fin du Giro se résume alors à un duel Motta-Gimondi. ❍

2 MAI

Sa première classique

À 32 ans, Jacques Anquetil comble une grosse lacune de son palmarès en remportant sa première victoire dans une grande classique en ligne, Liège-Bastogne-Liège. Pourtant, il ne s'est inscrit pour les « Ardennaises » qu'au dernier moment. Il a fallu que Raymond Louviot, le codirecteur sportif de Ford-France, le convainque de l'intérêt de cette escapade en Belgique. Au fil des premières heures de course, la chaleur écrasante rend le peloton amorphe. Janssen, Van Looy et Ronchini ont déjà abandonné. En voyant les visages ruisselants, creusés par la fatigue, de ses adversaires, Anquetil attaque dans la côte de la Bouquette et rejoint rapidement les trois hommes de tête, Genet, Spruyt et Schleck, qu'il dépose sans ménagement dans Mont-Theux, à quarante kilomètres du but. Bravant la canicule et la fatigue, le Normand creuse des écarts énormes. À l'arrivée sur le vélodrome de Rocourt, le deuxième, Van Schils, est rejeté à 4 min 53 s, Godefroot à 5 min 4 s et le peloton à 5 min 24 s. Depuis que les nouvelles lois belges contre le dopage sont entrées en vigueur, le vainqueur doit se soumettre à un contrôle mais le vainqueur refuse. « J'ai le droit de faire ce que je veux avec mon corps. Ces contrôles sont des atteintes à la dignité de l'individu », ajoute-t-il. Les autorités belges menacent de le déclasser et de le suspendre. Le Français ne veut pas céder : « J'espère que l'on parlera longtemps d'Anquetil déclassé dans Liège-Bastogne-Liège. » Finalement, devant la réglementation encore imprécise, un arrangement à l'amiable est trouvé. Anquetil garde sa victoire mais devra verser une forte amende. ❍

● Pour son premier Milan-San Remo, Eddy Merckx règle au sprint un groupe de onze coureurs, dont Durante (2e) et Van Springel (3e).

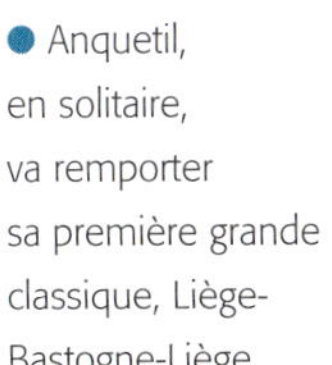

● Anquetil, en solitaire, va remporter sa première grande classique, Liège-Bastogne-Liège.

Entre Briançon et Turin, Lucien Aimar porte une attaque décisive, avec la bénédiction de son leader.

Opposés aux contrôles anti-dopage surprise, Jacques et Raymond mènent le mouvement de grève.

1er JUILLET

Le sabordage de Poulidor

Dans la dixième étape, entre Bayonne et Pau, les deux favoris du Tour, Poulidor et Anquetil, ont laissé partir dans l'Aubisque vingt-trois coureurs, dont certains, comme Jan Janssen ou Rudi Altig, très dangereux au classement général. L'attitude de Poulidor suscite bien des interrogations, même de la part de son directeur sportif, Antonin Magne : « Décidément, je ne parviendrai jamais à comprendre Poulidor. » Anquetil présente pour sa part un alibi : il n'avait pas à rouler derrière Lucien Aimar, son équipier. Le lendemain, au départ de Pau, les deux Français décident de répliquer après leur sabordage de la veille. Dans le col de Mente, Anquetil imprime un rythme d'enfer à la poursuite de cinq échappés, les Espagnols Galera, Jimenez, San Miguel et les Français Pingeon et Delisle. Derrière, Tomasso de Pra, le Maillot jaune, est en perdition alors que Tom Simpson subit une violente défaillance. Le groupe Anquetil-Poulidor poursuit son travail de sape dans le col du Portillon, où Janssen et Aimar sont lâchés. À l'avant, le groupe des cinq est repris puis l'Italien Marcello Mugnaini part seul et remporte l'étape à Luchon, avec une minute d'avance sur le groupe de chasse. À l'arrivée, Anquetil et Poulidor qui, pour la première fois, ont fait cause commune, relèguent Janssen à 1 min 30 s et Aimar à deux minutes. Mais le chemin est encore long pour le Limousin, toujours à plus de sept minutes au classement général de Lucien Aimar, pour lequel le Normand a décidé de se sacrifier dorénavant.

29 juin

Une grève anti contrôles

Les instances fédérales du cyclisme et les organisateurs du Tour ont décidé de contrôles antidopage surprise. Le premier a lieu à Bordeaux. Le lendemain, cinq kilomètres après le départ de la neuvième étape, les coureurs mettent pied à terre dans un bel ensemble et parcourent une centaine de mètres vélo à la main, sous la conduite de Poulidor et d'Anquetil, réunis pour l'occasion. « Nous nous soumettrons à la loi mais on ne nous interdira pas de nous élever contre ces méthodes vexatoires », déclare le Normand. Les directeurs sportifs, pris au dépourvu par le mouvement, sont hostiles à cette grève et présentent leurs excuses aux responsables du Tour. Finalement, la course reprend une allure normale et le problème du dopage reste en suspens.

8 juillet

Aimar est servi

L'heure H a sonné pour Géminiani, directeur sportif de Ford-France, et pour son poulain, Lucien Aimar, au kilomètre 105 de la dix-septième étape, Briançon-Turin. Poulidor attaque avec cinq coureurs au pied du col de Coletta. Dans le peloton, Aimar se tourne vers son chef de file, Anquetil, pour lui demander quelle tactique adopter. Le Normand prend les choses en main et ramène un petit groupe sur le Limousin. Aussitôt, Anquetil fait signe à son équipier d'attaquer. L'effet de surprise est tel que ni Poulidor, ni Jan Janssen ne réagissent. À l'arrivée, derrière le vainqueur, Franco Bitossi, Lucien Aimar précède ses principaux adversaires de plus de deux minutes et endosse le Maillot jaune. Il va le garder jusqu'à Paris malgré l'abandon, dans l'ascension de Serrière, de son fidèle Jacques Anquetil.

28 août

Molteni oblige

À quinze kilomètres de l'arrivée de ce championnat du monde, Rudi Altig ne fait pas partie des huit coureurs du groupe de tête. Les attaques se succèdent, provoquant un ralentissement inévitable. L'Allemand en profite pour revenir, à sept kilomètres du but. Une accélération de Motta le propulse en tête, en compagnie d'Anquetil, de Poulidor, de Stablinski et de Zilioli. Les Français, pourtant en nombre, sont débordés par Altig, déchaîné devant son public. Anquetil et Poulidor viennent mourir quelques mètres derrière lui sur la ligne. La désillusion française laisse rapidement place à la colère. Poulidor accuse Anquetil de n'avoir pas contré Altig et le Normand reproche à Motta de n'avoir pas fait l'effort. Mais l'Allemand et l'Italien appartiennent tous les deux à la même formation, la Molteni. ❍

23 octobre

La relève est prête

C'est à l'issue d'un sprint de toute beauté que deux espoirs, Felice Gimondi, 24 ans, et Eddy Merckx, 21 ans, concluent ce Tour de Lombardie. À l'entrée du vélodrome de Côme, six coureurs, Adorni, Gimondi, Dancelli, Merckx, Poulidor et Anquetil, surgissent groupés après une furieuse bataille. À l'amorce du dernier tour, le Belge tente de s'infiltrer à la corde mais Adorni, l'équipier de l'ancien vainqueur du Tour, s'appuie sur Merckx et lui interdit le passage. Obligé de ralentir, le Bruxellois se replace après un effort violent. Dans la dernière ligne droite, enfermé par les Italiens, il échoue à une demi-roue de Gimondi mais devant Poulidor, 3e, et Anquetil. « La course des feuilles mortes » consacre la relève du cyclisme mondial. ❍

● Rudi Altig décroche le titre mondial en profitant de la rivalité Anquetil-Poulidor.

3 SEPTEMBRE

Les stars du peloton contre l'UCI

Au départ de la deuxième étape de Paris-Luxembourg, Anquetil fait constater par huissier qu'on lui refuse le droit de participer à cette épreuve. En effet, à l'issue du championnat du monde au Nurburgring, les six premiers ont été déclassés et suspendus pour un mois par l'Union cycliste internationale, ce « pour ne pas s'être soumis régulièrement au contrôle antidopage. » Le problème n'est pas nouveau mais il prend une nouvelle ampleur avec la mise au chômage des meilleurs coureurs du peloton. Anquetil, le plus résolu, compte porter l'affaire devant les tribunaux civils pour entrave à la liberté du travail. Jean Stablinski, 5e au Nurburgring, est désabusé et envisage de mettre un terme à sa carrière. Le groupe Molteni, celui d'Altig et de Motta, porte plainte contre l'UCI. Bref, l'affaire fait grand bruit. Un championnat du monde remis en cause, un Paris-Luxembourg tronqué, des épreuves menacées et des critériums annulés : la presse et le public soutiennent de façon inconditionnelle les coureurs incriminés. Les instances internationales sont vilipendées pour leur incompétence et les lois, récemment votées, apparaissent trop imprécises et contradictoires. En conséquence, les accusés se transforment en accusateurs et font entendre à l'UCI « qu'en l'absence d'une réglementation définie, la loi antidoping est abusive et contraire au droit français parce que discriminatoire ». Tout le monde sera finalement blanchi et l'UCI devra revoir sa copie. ❍

● Après la victoire d'Anatole Novak dans Paris-Luxembourg, Anquetil refuse de monter sur le podium pour protester contre les sanctions de l'UCI.

• Victoire de Godefroot dans la première étape d'un Tour nouvelle vague.

• Dans la descente du col du Galibier, Raymond Poulidor (avec son maillot Mercier) et Roger Pingeon (Peugeot), équipiers de l'équipe de France, chutent ensemble.

2 avril

Guyot en ligne

Ce jour-là, au Grand Prix La Marseillaise, la presse annonce que « l'élève a dépassé le maître ». Bernard Guyot termine devant Anquetil, comme un écho du Maître aux débuts de sa première saison professionnelle. À 22 ans, le coureur chapeauté par Maurice de Muer est le très grand espoir du cyclisme français. En novembre 1966, *Paris-Match* propulse « crack de demain » celui que l'hebdomadaire considère comme « le meilleur cycliste amateur du monde »; il pose pour la photo avec son frère Claude, alors qu'ils viennent de remporter le trophée Baracchi. Son année 1967 sera exceptionnelle : il enlève le circuit du Morbihan, le Tour de l'Hérault, devient lauréat de la promotion Pernod et finit 2e du Baracchi, associé à Jacques Anquetil. Comme son aîné, il s'affronte au mois d'octobre au record de l'heure ! Cette présomption donne le premier signe d'une carrière vite avortée, loin des espoirs entrouverts. ❍

11 juin

Le Giro historique de Felice Gimondi

C'est le cinquantième Tour d'Italie et les coureurs se doivent de réussir une course historique. Qu'on invoque l'ombre de Fausto Coppi sur les traits magnifiques du triomphateur, le jeune Felice Gimondi, c'est l'Italie toute entière qui est comblée d'un bonheur immense. De son aîné, Gimondi possède le caractère ambitieux et fier, la réserve en même temps que la gentillesse et la chaleur. Sur le vélo, sa classe et son style impressionnent, qu'il révèle par une envolée magistrale dans les Dolomites. Infligeant à Anquetil la dernière grande défaite de sa carrière, Gimondi se forge une paternité exceptionnelle. Dans la *Gazetta dello Sport*, Bruno Raschi peut écrire : « Cette défaite d'Anquetil donne toute la mesure de Gimondi et son avance de 3 min 35 s équivaut au fossé creusé par Coppi en son temps... » ❍

TOUR DE FRANCE

29 JUIN

Nationalisation

Un vent de réforme souffle sur la plus grande épreuve du calendrier. Une première initiative séduisante est envisagée pour cette édition 1967 : l'ouverture aux amateurs. Le Tour doit être le terrain d'expérimentation du cyclisme mondial et les organisateurs considèrent cette innovation comme le premier pas vers la licence unique, qui « permettra à tous les coureurs du monde de se mesurer sans barrières ». Belle pétition de principe, qui va bien trop loin pour les mentalités du moment. Les amateurs comme les professionnels sont hostiles au changement. Les fédérations d'Europe de l'Est sont par principe opposées à la confrontation avec des pros, qui n'en voient pas l'intérêt commercial. Finalement, Jacques Goddet et Félix Lévitan conservent de la réforme son complément : le retour à la formule des équipes nationales, pour deux ans. Le Tour part donc d'Angers aux couleurs d'une dizaine de pays. La France engage ainsi trois formations : l'équipe de France, dirigée par Marcel Bidot; l'équipe des Bleuets, emmenée par Maurice de Muer et Gaston Plaud; l'équipe des Coqs, conduite par Louis Caput et Raphaël Géminiani. Là encore, les critiques sont vives, de nombreux directeurs sportifs jugeant anachronique cette décision. Comment réunir, interrogent-ils, des coureurs de marques différentes sous un même maillot? À la fin de l'épreuve, Félix Lévitan répondra dans un éditorial sans nuance : « Un Tour d'une intensité sportive rarement atteinte, un engouement populaire sans précédent, une équipe de France soudée dans le dévouement... À la base de cet heureux bilan, le retour aux équipes nationales! » ❍

4 juillet

Pingeon dans le mur de Thuin

Ils sont une douzaine d'échappés dans cette cinquième étape, qui conduit la course dans les Ardennes belges. Mais Roger Pingeon les reprend et les lâche tous dans le mur de Thuin ! Au terme d'un raid solitaire de soixante kilomètres, il endosse le Maillot jaune, ses principaux adversaires à plus de six minutes. « Je les ai décramponnés au train, sans forcer véritablement. C'était mon jour, tout simplement ! » Le Tour prend un virage inattendu. Cette place de leader soulage Pingeon, au moral souvent défaillant. Il n'est plus le Bleu de Bresse qu'on moquait pour ses petits bobos et ses renoncements prématurés. D'une honnêteté radicale, Pingeon transige mal aussi avec les mœurs du peloton. Mais, cette fois, il ne veut pas laisser filer cette chance unique...

10 juillet

Tous unis

Des trois leaders de l'équipe de France, c'est Poulidor, plus qu'Aimar et Pingeon, qui avait la préférence de Marcel Bidot. Son exploit de Thuin place Pingeon, sans contestation, comme le plus sûr et le plus en forme des trois prétendants. Dès lors, Aimar et Poulidor passent à son service. Dans la dixième étape vers Briançon, l'équipe de France fait la preuve de sa solidarité entière. En difficulté dans le col du Galibier, Pingeon est attendu par Poulidor, qui n'hésite pas à sacrifier ses chances pour la défense du Maillot jaune de son équipier. Ils en viennent même à chuter ensemble dans la descente ! L'épisode émeut la France et la popularité des deux hommes atteint son plus haut. À l'arrivée à Paris, dans un Parc des Princes rayonnant où Poulidor remporte le contre-la-montre final, l'équipe de France triomphe.

13 JUILLET

La mort de Tom Simpson

C'est une bosse mystérieuse, une montagne du diable où tous les vents soufflent. Le sommet de caillou blanc ressemble au désert et à la mort. La légende du Ventoux pouvait-elle s'écrire sans qu'un homme y tombe ? Poussé à la mort par un effort inhumain, une lourde chaleur et un sinistre dopage, Tom Simpson s'écroule sur la route. 7e au général, le champion du monde 1965 grimpe seul la terrible butte entre le groupe Maillot jaune Pingeon-Poulidor-Gimondi et un groupe de chasse emmené par Aimar et Letort. À trois kilomètres du sommet, on le voit vaciller sur son vélo. Il tombe mais des spectateurs inconscients du drame qui se noue le remettent sur son vélo. Il parcourt trois cents mètres et bascule à nouveau, cette fois irrémédiablement. Un spectateur pratique le bouche à bouche. Le médecin du Tour lui administre une piqûre pour soutenir son cœur et lui applique un masque à oxygène. Trop tard. Transporté par hélicoptère à l'hôpital d'Avignon, il meurt à 17 h 30. À l'autopsie, on retrouve des traces d'amphétamines dans son estomac. Simpson avait parlé du dopage. Auteur de déclarations similaires, Jacques Anquetil explique : « Pour monter un col comme le Ventoux par 40 °C de chaleur, il faut absolument prendre quelque chose pour simplement respirer. Avec cette interdiction imbécile de toutes les piqûres, il est possible que Tommy ait avalé un produit moins éprouvé et peut-être plus dangereux. » On retiendra plutôt la phrase sublime d'un de ses équipiers : « Il était capable de pédaler jusqu'à la mort. »

Dès la cinquième étape, entre Roubaix et Jambes, Roger Pingeon lance une attaque-surprise, qui le propulse en tête du Tour de France.

Couché sur le caillou blanc du Ventoux, Tom Simpson reçoit les premiers soins. Déjà inconscient, il décèdera à l'hôpital d'Avignon quelques heures plus tard.

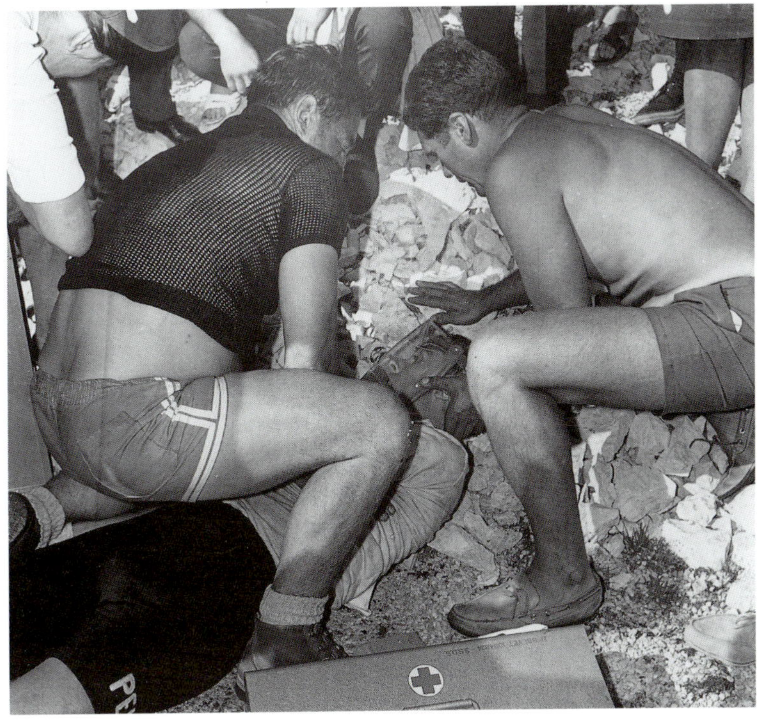

L'Italie revit l'époque glorieuse du cyclisme transalpin avec la victoire de Felice Gimondi (à gauche) dans le Giro.

Désiré Letort vient de remporter sa première course professionnelle. Le rêve d'un titre de champion de France est brisé par un contrôle anti-dopage positif.

9 août

Des confessions explosives

La charge est lourde : « Oui, je me suis dopé ; oui, j'ai acheté des coureurs... » En plein Tour de France, avec quatre articles explosifs dans *France-Dimanche*, Anquetil déclenche une tempête. Par ses sanctions, la FFC ne dissipe pas l'équivoque : Anquetil est privé des championnats de France et du monde mais il peut poursuivre le reste de ses objectifs. Il n'est pas puni sur le fond pour les actes avoués : le dopage, la corruption. Il est sanctionné sur la forme, des déclarations à la presse, en fonction de l'article 78 : « Tout licencié qui discrédite la Fédération ou le sport cycliste sera passible d'une interdiction temporaire ou définitive. » Finalement, le scandale ouvert par Anquetil ne débouche sur aucun débat. Les mœurs cyclistes, parfois très contestables, ne changeront donc pas.

30 août

Un rêve terni

La nuit est douce lorsqu'on porte la tunique bleu-blanc-rouge. Désiré Letort a dormi avec son nouveau maillot de champion de France, son plus grand bonheur de coursier. « C'est bien vrai, je suis champion de France », lance-t-il à sa femme Alice. Et quelle belle course : une escapade à soixante-dix kilomètres de l'arrivée, un renfort attendu en vain. Alors Letort serre les dents et emballe sa machine. Sur la ligne, il termine dans une belle allégresse, devant Aimar à cinquante-cinq secondes et Riotte à 2 min 32 s. C'est sa première victoire professionnelle et la confirmation de sa quatrième place du Tour. « Je vais préparer le championnat du monde pour faire honneur à mon maillot. » Un contrôle anti-dopage est pratiqué sur les cinq premiers. L'euphorie se transforme en cauchemar : Letort est déclaré positif...

3 SEPTEMBRE

Le triomphe mondial d'Eddy Merckx

Avant de laisser son fils à sa future femme - le mariage avec Claudine Accou est prévu à la fin de l'année -, la mère de Merckx a décidé d'assister au championnat du monde qui a lieu sur le circuit de Herleen aux Pays-Bas voisins. À chaque tour, le gentil Eddy lui jette un regard complice mais, à l'instant du final, il ne la voit plus... En fait, l'initiative de l'attaque décisive est venue dès le huitième kilomètre ! C'est l'Italien Motta, survolté, qui la déclenche et Merckx se jette dedans avec trois autres coureurs. Parmi eux, deux Hollandais, Jan Janssen et Van der Vleuten, qui roulent à la maison avec un public déchaîné derrière eux. L'échappée survit jusqu'au dernier tour, en dépit de deux tentatives de Motta pour filer en douce, et l'affaire doit se régler au sprint. Van der Vleuten s'apprête à emmener Janssen mais celui-ci semble disposer de moins de réserves qu'Eddy Merckx. En puissance, le jeune Belge se propulse à cent mètres de la ligne et prend un très léger avantage sur le Néerlandais. À 22 ans, le prodige, qui a retardé ses débuts dans le Tour de France pour d'obscures raisons de marque, obtient déjà la consécration mondiale. Deux destins se croisent donc cette année, celui d'Anquetil, qui va laisser la place, et celui de ce champion hors-normes, déjà au sommet. Le jeune Eddy cherche maintenant sa maman. Partie regarder la fin de la course à la télévision, elle s'est évanouie à l'instant du sprint triomphal !

27 SEPTEMBRE

L'heure inachevée d'Anquetil

Je ne serais pas fâché de « prouver qu'à 33 ans, je peux encore être le premier. » Ainsi Jacques Anquetil veut-il démontrer que le champion existe toujours en lui après quatorze années de carrière professionnelle, la plus remplie de l'histoire du cyclisme. Le pari est lancé au Vigorelli, contre l'avis de son instigateur, Raphaël Géminiani, qui l'incitait à partir en altitude, à Mexico. « Là-bas, je ne prouverai rien », explique le champion. Pendant quarante-huit minutes, Anquetil est en retard sur le record de Rivière, parfois même de façon importante. En écrasant un peu plus son énorme braquet de 52×13, jusqu'à l'extrême limite de sa force, il parvient à réaliser l'exploit : 47,493 km, contre 47,347 km pour Rivière. L'écart est mince, il se mesure en une petite dizaine de secondes sur une heure. Le public du Vigorelli porte le héros mais l'euphorie dure peu de temps : le formidable défi accompli tourne à la sale affaire. Peu de temps après l'annonce officielle du résultat, le médecin mandaté se présente devant Anquetil pour le contrôle antidopage. Après plusieurs minutes de négociations, celui-ci refuse de s'y soumettre. Le dossier remonte à l'UCI, qui décide deux semaines plus tard de ne pas homologuer le record, arguant du fait qu'Anquetil et Géminiani ont été prévenus plusieurs fois du contrôle avant la tentative et qu'ils y ont délibérément fait obstruction. Le record reste donc à Roger Rivière, en dépit de la colère de « Maître Jacques » : « Je me fous que ce record ne soit pas homologué. Je l'ai battu, un point c'est tout ! »

4 octobre

Van Looy toujours affamé

Quand je gagne, je suis « toujours un amateur ». À presque 34 ans, Rik Van Looy a toujours le goût de la victoire, lui qui compte toutes les classiques à son palmarès. Depuis 1962, sa dernière grande saison, on le dit fini. « l'Empereur d'Herentals » n'a ensuite rappelé son talent qu'à l'occasion de Paris-Roubaix 1965. Lors des Paris-Tours 1964 et 1966, il s'incline d'un rien devant le Flamand Reybroeck. Mais il insiste. Habitué à faire exploser les pelotons à l'aide de sa garde rouge, à coups d'offensives qui décantent le terrain, il se retrouve cette année-là parmi dix-huit échappés. Sur le boulevard Heurteloup, un démarrage du Français Novak n'aboutit pas. Le chemin est libre : Van Looy s'y engouffre et règle l'arrivée, heureux comme un amateur.

30 octobre

Bracke inattendu

C'est l'homme des surprises. Depuis 1935, les dix tentatives victorieuses contre le record de l'heure se sont déroulées au vélodrome de Milan ; Ferdinand Bracke choisit la piste olympique de Rome. Quand il s'élance sous son maillot Peugeot, les observateurs ne lui donnent guère de chances. Il réalise pourtant 48,093 km, soit 747 mètres de plus que Roger Rivière ! Qu'un coureur sans grande envergure établisse pareil record ne manque pas de soulever la polémique. On suspecte la longueur exacte de la piste, qui permettrait de gagner six ou sept secondes tous les cinq kilomètres par rapport à celle de Milan. Anquetil s'interroge sur le nouveau « superchampion » ! Inflexible, Bracke rétorque : « Ma tentative a été chronométrée, arbitrée et contrôlée... »

Eddy Merckx mène la file des échappés sur le circuit de Heerlen. Il va partir tout en puissance, à cent mètres de la ligne, pour son premier titre mondial, à 22 ans.

Sur le bord de la piste du Vigorelli de Milan, Raphaël Géminiani informe Jacques Anquetil tout au long de sa tentative contre le record de Rivière.

• Réconforté après son épopée, Eddy Merckx vient de réaliser dans les Trois-Cimes du Lavaredo un exploit dantesque.

1er JUIN

Eddy Merckx héroïque dans les Trois-Cimes du Lavaredo

Dans la jeune carrière du champion belge, on sait déjà qu'il n'y a place que pour la performance, la prouesse, le record. Ce jour-là, douzième étape du Tour d'Italie vers Cortina d'Ampezzo, il atteint la dimension épique du héros essentiel. Il neige sur les Trois-Cimes du Lavaredo, pas en flocons de carte postale, en tempête, furieuse et glacée. Seul, Eddy Merckx tranche la route, le froid, la neige, les adversaires. On dit qu'un coureur n'avait jamais grimpé un col à une vitesse pareille. À l'arrivée, Gimondi finit en larmes, les autres sortent du calvaire transis, gelés, écœurés. Le Belge les a écrasés d'une manière que les chiffres ne peuvent traduire. Plus que les minutes concédées – il devance désormais Adorni, 2e, de 3 min 43 s, Dancelli, 3e, de 5 min 9 s, ou Gimondi, 6e, de 9 min 37 s –, c'est l'immensité du gouffre qui les sépare du vainqueur qui apparaît à tous ces poursuivants.

Jusqu'alors, le Tour d'Italie ne s'était offert qu'à quatre étrangers : Koblet, Clerici, Gaul, Anquetil. Merckx est le premier Belge à s'imposer. Il remporte également le challenge du meilleur grimpeur, une gageure annoncée dès 1967 quand il fut le premier coureur du « Plat Pays » à s'affirmer au-dessus de 2 000 m, dans les Abruzzes.

Ce Giro couru sous le maillot de l'équipe italienne Faema le range dans la catégorie des *campionissimi*, Coppi, Koblet, Bobet, Anquetil. Après cette démonstration, il préfère retarder ses débuts dans le Tour, à tort sans doute tant il s'est placé déjà au-dessus du lot. ❍

3 mars

Le premier bouquet est pour Guimard

Gênes-Nice est la première course internationale de la saison. Sur la Promenade des Anglais, la France ne s'attend guère à la réussite de ses coureurs. Quand un maillot Mercier casse la ligne, le public s'interroge sur l'identité du vainqueur.

Cyrille Guimard a tout juste 21 ans et vient de passer professionnel. Quelle entrée dans la carrière ! Il a forgé son succès dans le mont des Mules en recollant au groupe de six échappés ; parce qu'au sprint, sa pointe de vitesse ne leur laisse aucune chance ! Ce Breton de la région de Nantes raconte qu'il a longtemps hésité à passer pro parce qu'il croyait alors être obligé de se doper ! Il s'est laissé rassurer par Antonin Magne, qui intègre dans son équipe « un garçon d'avenir aussi bien armé au moral qu'au physique ». ❍

• À la Cipale, Raymond Poulidor et Jacques Anquetil font équipe dans un match omnium contre Janssen et Bitossi.

mai

Dans Paris, les vélos descendent dans la rue

Au lendemain de la grande grève générale qui paralyse désormais tout le pays, l'arrêt total des transports en commun dans la capitale a une conséquence inattendue : les vélos font la reconquête de la chaussée parisienne. Car la pénurie d'essence empêche aussi l'utilisation des automobiles. Les événements de Mai 68 touchent les activités sportives par ricochet. Par exemple, le tournoi de Roland-Garros n'a jamais accueilli autant de spectateurs que cette année-là ! Aux courses cyclistes aussi, le public vient nombreux pour passer le temps, mais certaines épreuves de printemps sont annulées, moins par solidarité que faute de moyens pour les organiser... À quelques semaines du départ, les promoteurs du Tour de France se demandent même si la grande kermesse estivale aura lieu... ❍

7 JUIN

Robert Chapatte privé de micro

Les événements de mai font des victimes à l'ORTF. Pour faits de grève, Robert Chapatte est suspendu de ses fonctions, ainsi que quelques célèbres journalistes du service des sports, comme Roger Couderc et les meilleurs professionnels du moment : Darget, Pottecher, Drucker, De Closets... « Les policiers qui gardaient Cognac-Jay nous ont donné un quart d'heure pour quitter l'immeuble », raconte, amer, le commentateur, qui ne pourra donc faire vivre le Tour à des millions de téléspectateurs. Le public est en colère : cinquante mille lettres parviennent à la présidence de la Répubique pour demander la réintégration de Chapatte et de Couderc, sans succès.

« Chapatte de velours », comme le surnommaient les pelotons, a d'abord fait une honnête carrière de coureur professionnel, ponctué de quelques victoires et d'une seizième place sur le Tour 1949. Équipier intelligent et résistant, il se lance en 1955 dans le métier de journaliste, d'abord au quotidien *L'Aurore*, avant de bifurquer vers la radio, où il fait ses classes auprès de Georges Briquet, puis vers la télévision. Il couvre les plus grands événements sportifs mais c'est le Tour de France qui le rend célèbre. Après son éviction de l'ORTF - il est licencié définitivement le 3 août -, Chapatte se retrouve rapidement à Europe 1. Pendant six ans, il vit l'époque fameuse du « transistor à images », selon l'expression de Roger Couderc. Les téléspectateurs éteignent en effet le son de la télévision pour écouter les commentaires de Chapatte à la radio !

14 juillet

TOUR DE FRANCE

L'échappée merveilleuse

Dans ce Tour très ouvert, une dizaine de coureurs convoitent la victoire. Pingeon et Poulidor en font partie, l'équipe de France de Marcel Bidot ayant été bâtie autour d'eux. Après la traversée des Pyrénées, ils se retrouvent en position d'attente idéale. Dans la quinzième étape, Font-Romeu-Albi, Pingeon déclenche les hostilités. Il démarre dans la petite Côte de la Chapelle, classée en quatrième catégorie. Il reste presque deux cents kilomètres à parcourir mais l'apathie du peloton lui laisse jusqu'à un quart d'heure d'avance. Le voilà virtuel leader au classement général ! Après une échappée faramineuse (cent quatre-vingt-treize kilomètres exactement), Pingeon remporte l'étape mais il ne prend pas le Maillot jaune parce qu'à l'arrière...

14 juillet

TOUR DE FRANCE

Une chute pathétique !

Il était le favori, en si grande condition depuis le départ. C'est lui que le peloton surveille pendant que Pingeon livre sa folle envolée. Soudain, l'incroyable se produit : une moto de presse percute Poulidor, lui et pas un autre ! La chute est impressionnante, autant que son visage ensanglanté. Évidemment, ses adversaires accélèrent aussitôt... Janssen, Bracke, Van Springel déclenchent une violente réaction du peloton, avec une double conséquence : Poulidor est distancé et Pingeon voit son avance se réduire ! Cette journée entamée dans l'euphorie annonce des lendemains qui déchantent : dans la seizième étape, Pingeon explose et termine à neuf minutes, vidé par son effort de la veille ; Poulidor abandonne, terrassé par sa malencontreuse cabriole...

Roger Pingeon s'est échappé depuis la Côte de la Chapelle, près de Font-Romeu. Il roulera cent quatre-vingt-treize kilomètres seul en tête, un effort finalement mal récompensé.

À l'arrivée de l'étape à Albi, Poulidor récupère de sa collision avec une moto de presse ! Dans l'affaire, il a perdu une minute et surtout ses illusions : il abandonnera le lendemain.

Sur le circuit d'Imola, la victoire ne pouvait échapper à l'équipe d'Italie surpuissante. C'est Adorni qui en tire profit.

Le Danois Otto Ritter ouvre une nouvelle période pour le record de l'heure, en programmant sa tentative à l'altitude de Mexico.

16 JUILLET

TOUR DE FRANCE

Le Tour repart sans le père Stab !

Lui réserver une humiliation pareille à la fin d'une carrière si exemplaire. Au départ d'Aurillac, c'est le sentiment dominant du peloton, dont Jean Stablinski ne fait plus partie. Le coureur a subi un contrôle anti dopage positif à l'issue de la seizième étape, et la direction du Tour de France l'a exclu de l'épreuve. Voulait-on en faire un exemple ? Comme avec un autre membre de l'équipe de France A, José Samyn, également déclaré dopé après la quatrième étape ? Le cas Samyn avait été élucidé : après une chute entre Roubaix et Rouen, le jeune coureur avait pris pour repartir un comprimé de Corydane, désormais inscrit sur la liste des produits interdits. L'affaire Stablinski révèle plus clairement la nouvelle donne du cyclisme international, résumée avant le départ par Jacques Goddet : « Le Tour de France 1968 sera celui de l'évolution des mœurs cyclistes et de la bonne santé ! »

Stablinski représente en quelque sorte l'ancienne génération. À Vittel, la veille du prologue, le docteur Dumas a provoqué une réunion sur la lutte anti dopage. Pour le médecin du Tour, il s'agit de rompre avec les méthodes douteuses du passé et de s'entendre sur quelques règles nouvelles. Un protocole d'accord est signé entre les organisateurs, les médecins et les coureurs, qui établit pour la première fois des contrôles fédéraux quotidiens. C'est à l'occasion d'un de ces contrôles que l'ancien lieutenant de Jacques Anquetil est déclaré positif. Pour son douzième et dernier Tour de France, le champion du monde 1962 trouve sa sortie bien amère.

10 août

Deux nouveaux associés

Le vélodrome municipal de Vincennes vient déjà de vivre sa première arrivée du Tour, avec un final formidable qui a vu Janssen l'emporter sans avoir jamais porté le Maillot jaune ! Quelques jours plus tard, la Cipale s'offre un autre événement : l'association Anquetil-Poulidor ! Dans un match omnium, les deux ennemis sont unis pour affronter Janssen et Bitossi. Un an plus tôt, Poulidor accusait encore Anquetil d'avoir acheté tout le peloton et Anquetil expliquait pourquoi il détestait Poulidor, « ce coureur entêté, qui ne sera jamais un champion ». La fin de carrière de « Maître Jacques » permet ces retrouvailles victorieuses, à usage commercial. On évoquera même la possibilité qu'Anquetil rejoigne Poulidor pour la saison 1969, sous la direction d'Antonin Magne.

1er septembre

Adorni sans passion

Au crépuscule d'une carrière, un Italien ne peut imaginer plus belle consécration : devenir champion du monde dans son pays. À 31 ans, Vittorio Adorni atteint ce sommet, sans pour autant susciter l'enthousiasme des trois cent mille spectateurs d'Imola. Sur le circuit, les banderoles appellent Felice Gimondi à endosser ce maillot qui se refuse à l'Italie depuis dix ans. En prenant l'initiative d'une attaque dès le cinquantième kilomètre, Adorni cantonne Gimondi dans des tâches défensives. L'équipe italienne contrôlera ensuite la course avec une maîtrise totale. À l'arrivée, les écarts sont très élevés : Adorni devance Van Springel de 9 min 51 s et son compatriote Dancelli de 10 min 18 s. Gimondi finit dans le peloton, il lui faudra patienter encore...

10 OCTOBRE

Otto Ritter ouvre une ère nouvelle

Pour la première fois dans l'histoire du record de l'heure, l'Italie n'en n'est plus le théâtre. Neuf tentatives avaient eu lieu au Vigorelli de Milan et la dernière, celle de Ferdinand Bracke, à la fin de l'année 1967, sur la piste olympique de Rome. Une nouvelle ère s'ouvre avec Otto Ritter. Ville des Jeux olympiques, Mexico retient surtout l'attention du Danois pour son altitude, supérieure à 2 000 m. Si la raréfaction de l'oxygène peut diminuer la puissance, une meilleure pénétration dans l'air améliore nettement le rendement. Pour Ritter, l'équation est largement favorable. Ce pistard expérimenté de 27 ans détient déjà plusieurs records amateurs : le 100 km départ arrêté, les 10 km et 20 km sur piste couverte. Ses premiers pas de professionnel ont convaincu tout autant : dans le Giro 1967, il s'est permis de dominer Anquetil, Merckx, Gimondi et Bracke dans le contre-la-montre. Toutes ses références, ajoutées à une préparation minutieuse en compagnie de l'équipe olympique italienne, plaident en sa faveur. Ritter se lance sur la piste de Mexico à la veille de l'ouverture des Jeux. Très vite, les témoins de la tentative comprennent que le record va tomber. Le prétendant établit d'abord un nouveau record des 5 km (5 min 51 s 40). Puis celui des 10 km (11 min 58 s 60) et celui des 20 km (24 min 17 s 40) tombent également. Au bout d'une heure d'un effort parfaitement dosé, sans qu'on puisse évaluer l'effet précis de l'altitude, Otto Ritter améliore de cinq cent soixante mètres la performance de Bracke : 48,653 km dans l'heure ! ❍

11 octobre

Celui qui ne gagne jamais...

Dans le contre-la-montre final du Tour, Jan Janssen lui a enlevé inexplicablement la victoire. Au championnat du monde, à lui la deuxième place... Franchement, les suiveurs n'attendent rien d'Hermann Van Springel dans ce Tour de Lombardie, sinon la défense du trophée Super Prestige Pernod, dont il est le leader, une preuve de sa régularité aux places d'honneur ! Quand Merckx et Bitossi se détachent, tout semble donc dans l'ordre. Sauf que Van Springel passe à l'offensive ! Il dépose Janssen, rattrape Merckx et Bitossi, qu'il plante dans un démarrage ! À Côme, il compte quinze secondes d'avance sur les deux animateurs de la journée. L'éternel second s'est mué en attaquant. À 24 ans, on lui prédit désormais une belle carrière de premier ! ❍

21 octobre

Tandem en or

Leurs deux noms sonnent comme un unique patronyme aux oreilles de beaucoup de Français. Trentin-Morelon sont unis comme un même coureur sur leur tandem. Ils ont le même âge (24 ans), à deux mois près, et leur parfaite entente a déjà rapporté un titre mondial à la France, en 1966. Les Jeux olympiques de Mexico vont constituer le point culminant d'une sublime aventure. Individuellement, ils enlèvent une médaille d'or chacun : Daniel Morelon en vitesse et Pierre Trentin au kilomètre ! Ce n'est pas assez pour combler la faim de titres de ces deux jeunes champions d'exception. Leur harmonie permet à la France d'empocher un troisième titre en tandem. Si on ajoute l'or de Rebillard en poursuite, les Tricolores réalisent leur plus fantastique campagne olympique de tous les temps ! ❍

● Jean Stablinski fait ses valises ; déclaré positif, il quitte son dernier Tour de France sur un scandale.

● À l'avant, Morelon ; à l'arrière, Trentin. Les pistards français raflent trois médailles d'or à Mexico.

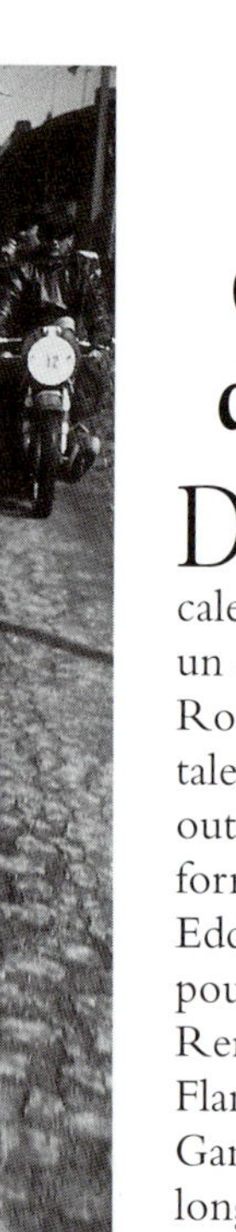

Walter Godefroot saute sur les pavés de Paris-Roubaix et terrasse Eddy Merckx, son éternel rival.

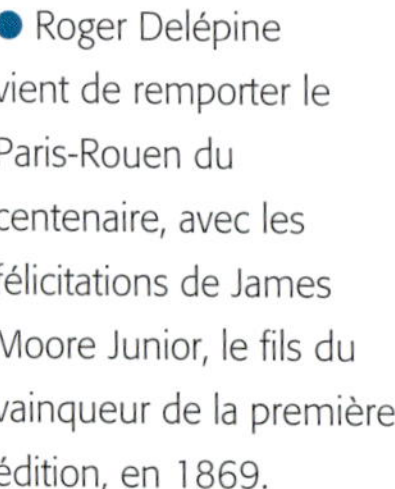

Roger Delépine vient de remporter le Paris-Rouen du centenaire, avec les félicitations de James Moore Junior, le fils du vainqueur de la première édition, en 1869.

14 AVRIL

Walter Godefroot, le dauphin belge

Dans la plus belle et la plus dure des courses en ligne du calendrier, la victoire a toujours un sens. Remporter Paris-Roubaix suffit pour classer le talent de Walter Godefroot. En outre, il met un terme à la formidable série entamée par Eddy Merckx dans Paris-Nice, poursuivie dans Milan-San Remo et dans le Tour des Flandres. Le petit coureur de Gand (1,68 m, 67 kg) a déjà une longue histoire commune avec Merckx, dont il est l'aîné de deux ans. Au championnat de Belgique 1965, dans Liège-Bastogne-Liège 1967, il s'impose aussi devant lui. On en fait trop rapidement la bête noire du prodige. En fait, Godefroot est un cycliste d'exception, qui a eu la mauvaise idée de courir en plein merkcxisme triomphant. De tous les rivaux qui se sont déclarés en Belgique contre l'impérialisme de Merckx, il en reste l'incontestable leader, le plus coriace, le plus intraitable.

Alors que la plupart des concurrents semblent découragés par la dernière démonstration du Tour des Flandres, Godefroot ne se résigne pas au départ de ce Paris-Roubaix. Entouré d'une équipe Flandria de combat, qui comprend notamment Leman et les jeunes frères De Vlaeminck, il déclenche la bagarre dès le kilomètre 75. Avec Sercu et Van de Kerkhove seulement à son service, Merckx durcit la course mais son travail de laminage va le condamner. À la sortie de Wallers-Arenberg, ils restent à huit, dont quatre Flandria ! Merckx et Gimondi marqués par les De Vlaeminck, Godefroot s'échappe à son troisième démarrage. « Il était bien le plus fort aujourd'hui », reconnaît Merckx de son dauphin belge ! ❍

11 mai

Contre tous

Il remporte la Vuelta pour sa première participation, sur une seule grande attaque menée au cours de la douzième étape, et finit la course à Bilbao avec un seul équipier ! Épique Roger Pingeon, maître de son deuxième grand Tour contre les poussées d'un jeune prodige nommé Luis Ocaña, qui remporte les deux contre-la-montre mais s'incline finalement de 1 min 56 s. Sur cette Vuelta, le Français a tout montré : le talent, l'audace, l'abnégation. Avec en plus un soupçon de chance, pendant cette douzième étape où Ocaña n'atteint jamais son meilleur niveau. Car le leader des Peugeot-BP a compté ses malheurs jusqu'au dernier jour : Roger Grenier est parti avec une angine et seul le Belge Willy Monty est resté pour l'aider. Dans un cyclisme français en déclin, Pingeon est bien seul contre tous. ❍

12 mai

Paris-Rouen fête ses cent ans

Régis Delépine n'oubliera jamais cette victoire-là. Paris-Rouen, la doyenne des classiques sur route, fête ses cent ans avec un apparat particulier. Les coureurs entendent honorer l'anniversaire : une échappée se noue dès le premier kilomètre, reprise seulement après plusieurs heures. Le peloton se dirige, groupé, vers Rouen quand s'en extirpent Proust, Testier et Delépine. Ce dernier règle le sprint sans difficulté. Première récompense : sur le podium, le docteur James Moore J[r] (84 ans), fils du premier vainqueur de Paris-Rouen, lui remet le bouquet. Deuxième récompense : il reçoit le même prix que l'illustre Britannique en 1869, soit mille francs or. Pas mal pour un amateur ! Du coup, le jeune Angevin n'envisage pas encore de passer professionnel... ❍

22 mai

Une tribune s'effondre

L'image restera à jamais dans la mémoire des témoins. Quand le peloton apparaît pour disputer le sprint de cette septième étape du Giro, les spectateurs se lèvent d'un bond dans la tribune qui borde l'arrivée. C'est la catastrophe : elle s'effondre au moment même où Merckx franchit la ligne.
Dans la queue du peloton, trois coureurs sont projetés à terre. Carminati sera le plus durement touché, avec une fracture du fémur. Mais le drame est ailleurs : dans les décombres, on retire un mort, un jeune garçon de 13 ans, et douze blessés dont un grave. Le patron du Tour d'Italie, Vicente Torriani, lance un appel au calme et à la prudence lors des arrivées, qui donnent trop souvent lieu à des débordements délirants. ❍

7 juillet

TOUR DE FRANCE

Pingeon vole

C'est la première grande difficulté du Tour. Avant d'atteindre le col de la Forclaz, au kilomètre 84 de cette neuvième étape, Eddy Merckx applique la même stratégie que dans les Vosges et le Jura : son équipe imprime à la course un rythme très élevé, pour rendre impossible toute attaque. Dans la montée, l'impétueux Belge règle lui-même l'allure. Présomption que se charge de contrarier Roger Pingeon, à sept cents mètres du sommet, par une attaque incisive. Il prend vingt-cinq secondes au jeune empereur, vite perdues dans le col des Monters, mais le Français a fait œuvre symbolique : Pingeon montre qu'il est possible de secouer la domination insupportable du Bruxellois. À l'arrivée de Chamonix, il le devance au sprint pour la victoire d'étape et devient son seul rival, certes à 5 min 21 s... ❍

1er JUIN

L'affaire de Savone

« Je n'ai rien pris, jamais, jamais ! » La seizième étape, Parme-Savone, s'est déroulée tranquillement pour Eddy Merckx, qui conforte sa première place au classement général, devant Gimondi à 1 min 41 s et Zilioli à 3 min 54 s. Comme l'y oblige sa place de leader, il se soumet au contrôle antidopage. La méthode nouvelle de la chromatographie, maintenant utilisée en Italie, en Espagne et en France, permet de détecter des substances jusqu'à vingt-quatre heures après l'absorption. La stupeur envahit la caravane du Giro quand on apprend que le Belge est déclaré positif ! Le jury décide son exclusion. En larmes, Merckx subit le premier grand revers de sa carrière, et pas sur un vélo. Il en reste profondément meurtri et le peloton se solidarise avec le condamné, comme souvent dans ces cas-là. On parle alors de sabotage, d'un bidon de ravitaillement trafiqué. Il se trouve même un certain Marco B. pour se dénoncer dans les colonnes du *Corriere della Sera*, qui aurait refilé au coureur une bouteille d'eau contenant un produit dopant, à la demande d'un mystérieux commanditaire ! Le gouvernement italien s'en mêle aussi et le sous-secrétaire d'État à la santé ouvre une enquête ! L'aide chimique semble indispensable à la quantité d'efforts fournis par un coureur comme Merckx, mais dans des limites légales. Pourquoi les dépasser dans une étape sans importance ? Ces interrogations orienteront les sanctions de l'UCI à l'encontre du grand champion. Elle doivent logiquement le priver du Tour de France. Mais la suspension sera levée le 14 juin. Merckx, qui a déjà repris l'entraînement, prépare sa revanche... ❍

● Avec un seul équipier pour terminer la course, c'est une Vuelta héroïque pour Roger Pingeon.

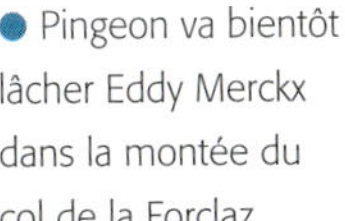

● Pingeon va bientôt lâcher Eddy Merckx dans la montée du col de la Forclaz.

• Troisième titre mondial consécutif pour les quatre frères Pettersson, qui passeront professionnels quelques semaines plus tard.

• Le moment de gloire de Merckx dans ce Tour 1969 qu'il domine sans partage. Déjà assuré de la victoire finale, il s'en va pour un raid solitaire de cent quarante kilomètres.

12 juillet

Des claques chez Peugeot !

Roger Pingeon n'est pas d'humeur badine. Raymond Delisle fait l'expérience du caractère de son leader. Alors que le champion de France en titre s'apprête à démarrer dans la quatorzième étape vers Revel, Pingeon le lui interdit et le gifle pour qu'il comprenne bien ! En pleine course ! L'incident déclenche un vrai malaise au sein des Peugeot-BP. Delisle rend public son divorce avec le vainqueur du Tour 1967 : « Je continue pour l'équipe mais cela ne m'empêche pas de penser et de dire qu'il n'est pas possible de courir avec et pour Pingeon. Qu'il soit malade de ma victoire dans le championnat de France, passe encore mais qu'il m'interdise de tenter ma chance, cela va trop loin ! » Pingeon ne s'excuse pas mais son duel contre Merckx est contrarié... ❍

22 août

La saga des Pettersson

Ils ont 29, 26, 25 et 22 ans ! À Brno, les Pettersson remportent leur troisième titre consécutif dans le 100 km contre-la-montre par équipes. Histoire unique d'une famille cycliste qui court et gagne ensemble. Les groupes professionnels s'intéressent alors à ces quatre garçons dans le vent. L'aîné, Gosta, est le plus doué. Après ce nouveau titre mondial sur piste, il s'engage dans quelques courses amateurs importantes, qu'il domine outrageusement. L'équipe Ferreti, dirigée par Alfredo Martini, le fait alors signer avec ses trois frères. Entamée trop tardivement, sa courte carrière professionnelle sera extrêmement riche, jalonnée notamment d'un Tour d'Italie. Dès sa première saison, avec son benjamin Tomas, il s'impose aussi au trophée Baracchi ! ❍

15 JUILLET

Merckx est au-dessus

Écoutez-les, les rescapés d'une étape maudite. Roger Pingeon, résigné : « Cet homme-là échappe à la loi commune ». Raymond Poulidor, fataliste : « Je ne me suis jamais senti aussi vieux. » C'est Eddy Merckx, qui raconte maintenant comment a commencé ce jour mémorable qui le classe parmi les mythes du Tour de France, à sa première participation : « Je me suis retrouvé en tête au sommet du Tourmalet, sans avoir accéléré l'allure. Nous avions tous grimpé au train et, brusquement, il n'y avait plus que moi pour tenir le rythme du début... » Ingénu aveu d'un champion hors-normes, qui n'avait rien envisagé d'autre dans cette dernière étape pyrénéenne que l'ordinaire de son coup de pédale. Comme il reste cent quarante kilomètres à parcourir, Merckx hésite un instant avant de lancer sa machine à travers cols. Rien, non plus, ne lui est épargné : plusieurs ennuis techniques et une crevaison l'obligent à changer trois fois de roue arrière ! Dans l'Aubisque, son allure magnifique convainc suiveurs et spectateurs qu'ils vivent un moment à part dans l'épopée du Tour. Merckx évoque la chaleur, le vent de face, la solitude qui lui font paraître un peu longue son échappée. À l'arrivée de Mourenx, le premier groupe, celui de Pingeon, suit à 7 min 57 s, le deuxième peloton, où figure Janssen, à 14 min 47 s ! Comme les héros qui hantaient ses rêves de jeune coureur, sur ce terrain des Pyrénées qui a tant fait pour leur gloire, Eddy Merckx entre dans la légende du Tour de France. On aime sa candeur, à l'instant de la grâce : « J'avais envisagé de réaliser un exploit à leur manière, mais dans le Puy-de-Dôme... » ❍

9 septembre

La mort de Wambst

Sur le vélodrome de Blois, dans l'épreuve derrière dernys, le sprint se prépare à une vive allure lorsque Jacques Reverdy, qui entraîne le Tchèque Daler, percute la balustrade. Il retombe sur la piste au moment où arrivent Fernand Wambst et, dans son sillage, Eddy Merckx, qui ne parviennent pas à l'éviter. La pirouette, spectaculaire, vire au drame. Merckx souffre de contusions multiples. On s'avance vers Wambst : du sang s'écoule d'une large plaie à la tête. Il souffre d'une fracture du crâne, dont il meurt en quelques minutes. Cadet d'une famille célèbre, excellent « américain », vainqueur à Buenos Aires et à Indianapolis, il était devenu le meilleur entraîneur français. Merckx, qui doit s'arrêter plusieurs semaines, reste très marqué par sa disparition.

5 octobre

Les adieux d'Anquetil

Vers 17 heures, ce dimanche-là, l'ovation monte de toutes les tribunes du vélodrome municipal de Vincennes. Il y a peu de temps encore, Jacques Anquetil provoquait l'admiration des uns et la colère des autres. En présence de Poulidor, son rival de toujours avec lequel il est maintenant réconcilié, le public se serait partagé entre Poulidoristes et Anquetilistes. Cette fois, l'hommage est unanime ; le dernier monstre sacré du cyclisme français raccroche son vélo. « Je ne peux même pas vous dire que je suis triste, lance-t-il. Ému, certainement, mais pourquoi triste ? J'ai fait mon bout de chemin comme j'ai pu, conduisant ma carrière comme je l'entendais. Alors, pourquoi nostalgique ? Il fallait bien en arriver là et je ne m'en sors pas trop mal ! »

Raymond Poulidor est présent pour la dernière apparition publique de Jacques Anquetil en compétition, à la Cipale.

29 OCTOBRE

Les cycles Mercier licencient Antonin Magne

Sa carrière de coureur marque l'entre-deux-guerres. Ses vingt-cinq saisons de directeur sportif mettent un terme au cyclisme d'après-guerre. Avec l'avènement d'Eddy Merckx comme champion de la modernité, le départ d'Antonin Magne – congédié sans égard de l'équipe Mercier – marque encore la fin d'une époque. Sa blouse blanche, son vouvoiement systématique des coureurs, sa Peugeot 404 spécialement aménagée pour tous les transports, toute la panoplie de « Tonin le Sage » ne peupleront plus les courses. Son maintien et sa forte parole imposaient d'emblée le respect, à tout le moins l'écoute. Magne a vu passer plusieurs générations de coureurs, qui lui ont souvent gardé fidélité. Beaucoup d'entre eux ont même refusé les offres plus avantageuses d'autres formations pour rester sous ses ordres, alors qu'il gérait un budget toujours très parcimonieux.

Louis Caput, son adjoint, qui lui succède maintenant à la tête de l'équipe Mercier, le présente comme un précurseur de la fonction de directeur sportif : « Il a introduit la diététique, l'entraînement rationnel... Il n'est pas facile de prendre sa suite. » Antonin Magne ne dédaignait pas non plus le concours de la radiesthésie les soirs d'étape et on l'apercevait parfois un pendule à la main dans les chambres d'hôtel ! Son héritier reste Raymond Poulidor, qui sera fidèle à Mercier en dépit de ce départ. « Il m'a appris mon métier de A à Z, conclut ce dernier. Il m'a appris le courage et la volonté, m'a évité des erreurs de jeunesse. M. Magne, c'est mon deuxième père ! »

Dans le jardin de sa maison de Livry-Gargan, Antonin Magne goûte à la retraite après vingt-cinq ans de service comme directeur sportif chez Mercier.

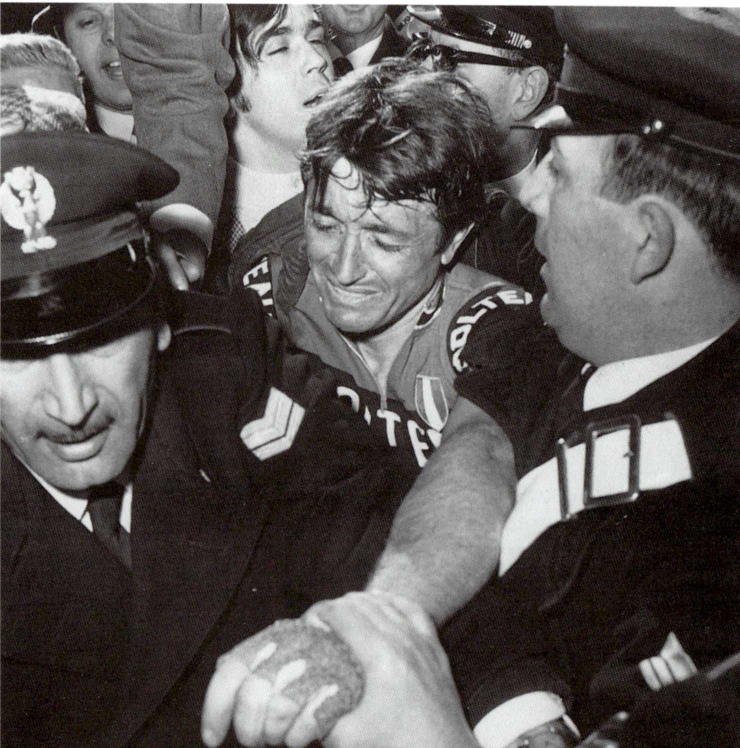

Le dernier succès italien dans Milan-San Remo remontait à 1953. Sur la Via Roma, Michele Dancelli explose de joie.

Eddy Merckx change de vélo après une crevaison. Malgré tout, sur le vélodrome de Roubaix, son avance sur le second sera de 5 min 21 s...

19 MARS

Les larmes de Dancelli à San Remo

Je ne savais pas qu'on pouvait « être si heureux ! » Michele Dancelli pleure d'un immense bonheur sur le podium de la Via Roma. Depuis 1953, aucun Italien n'a remporté Milan-San Remo, devenue une « course maudite », réservée aux routiers-sprinters belges et surtout à Merckx. « Apercevoir la fontaine, me retourner pour vérifier que personne n'était à mes trousses et me mettre à pleurer », s'émerveille le Brescian de la Molteni... Pour parvenir à ce triomphe, qui plonge l'Italie dans l'hystérie, son directeur sportif, Giorgio Albani, a ordonné à ses hommes la seule stratégie susceptible de déstabiliser Merckx : partir de loin, s'envoler et résister. À soixante-dix kilomètres de l'arrivée, dans la commune de Loano, Dancelli, déjà détaché du peloton dans un groupe de dix-huit hommes, dispute un sprint anodin pour une prime mais ne se relève pas et profite de la surprise pour filer. Va-t-il résister ? Les suiveurs accordent peu de confiance à ce très bon coureur, deux fois champion d'Italie en 1965 et 1966, au palmarès largement doté mais de victoires souvent secondaires. « Vous ne m'avez jamais accordé le regard que vous portez à Gimondi ou à Motta », déplore-t-il. Dancelli escalade maintenant les *capi* du bord de mer avec un cran redoutable. Son avance culmine à quatre minutes. Au bas du Poggio, il compte encore 2 min 40 s d'avance ! Dans la voiture qui le suit, Giorgio Albani et le grand patron, Pietro Molteni, le poussent dans ses ultimes forces. Avant de franchir la ligne, ses mains couvrent son visage puis montent vers le ciel. C'est un jour béni. ❍

5 avril

Leman discuté

Godefroot lance l'attaque décisive à onze kilomètres de l'arrivée. Quand Eddy Merckx y répond comme on l'attend de lui, le jeune Leman se jette dans sa roue. Très régulier dans toutes les classiques de 1969, ce Flandrien cherche sa première grande victoire. La manière en sera discutée : s'il donne sa part dans les premiers kilomètres d'échappée, il se cache dans le final pour préparer le sprint au mieux de sa condition. Leman s'impose assez facilement devant Godefroot et Merckx. Derrière les trois hommes, Verbeeck, Rosiers, Monséré et Sercu s'adjugent les places d'honneur, à dix secondes. On compte donc sept Belges aux sept premières places de la Ronde ! Comme si les rivalités provoquées par Merckx, dont Éric Leman offre le dernier avatar, contribuaient à la domination totale du cyclisme belge. ❍

12 avril

Dantesque

Le matin, il se présente à la signature l'œil droit fermé ! Merckx ne va pas bien : « Avec cette pluie qui n'arrête pas, je risque de ne rien voir ! » Pendant les premières minutes de course, il informe son directeur sportif qu'il veut abandonner : « J'ai les jambes lourdes, je n'ai pas d'énergie... » Deux cents kilomètres plus loin, il se trouve en tête d'un groupe de sept coureurs ! Incomparable Merckx, dont les malheurs décuplent la force. Au pire moment, il crève et perd pied ; sa poursuite sera fantastique. Godefroot, Sercu, Dancelli, Poulidor, Monséré, Dierrickx, Karstens... il les reprend tous. Dans la boue, sur les pavés, il roule à une vitesse folle. Restent de Vlaeminck et Leman, ce dernier lâchant à vingt-sept kilomètres de l'arrivée. À Roubaix, Merckx comptera 5 min 21 s d'avance, après un final dantesque. ❍

7 juin

L'honneur d'un champion

Au début de la saison, il annonçait clairement qu'il ne viendrait pas dans ce Giro, qui l'avait humilié en 1969. Mais l'insistance de Faemino, son employeur, ainsi qu'une grosse prime de participation, lui font oublier sa rancune. Les organisateurs ont pensé qu'un final en haute montagne, au cœur des Dolomites, prolongerait le suspense de la course. Eddy Merckx ne leur offrira pas ce plaisir... Malgré un public hostile, qui ne manquera jamais de rappeler au Belge son exclusion pour dopage, malgré la résistance de Felice Gimondi, 2e au classement final à 3 min 14 s, le « Cannibale » empoche son deuxième Giro avec facilité, sans forcer. L'objectif reste de réaliser le doublé avec le Tour, comme seuls l'ont réussi avant lui Fausto Coppi et Jacques Anquetil.

27 juin

Tour de France

Premier sprint pour Guimard

Dans son hôtel de La Rochelle, le vainqueur de l'équipe Mercier reçoit son premier télégramme de félicitations. Fidèle à sa réputation, c'est André Darrigade qui a été le plus rapide! Le plus grand routier-sprinter français des vingt dernières années tient symboliquement à remercier Cyrille Guimard, en qui il voit son successeur, au soir de son premier bouquet dans le Tour de France. Sur le circuit de La Rochelle, Guimard a eu chaud quand Leman s'est emballé un tour trop tôt! Ensuite, il a sauté dans la roue de Duyndam et planté là Merckx et Janssen! L'héritage de Darrigade honore Guimard sans lui faire peur : « Il me faudra de longues années pour égaler son record de vingt-deux victoires dans le Tour. Plus que vingt et une maintenant... »

14 JUILLET

Tour de France

La révélation de Thévenet

Nous sommes une semaine avant le départ du Tour. Ferdinand Bracke déclare forfait et Gaston Plaud, le directeur sportif de l'équipe Peugeot, doit lui trouver un remplaçant. Il convoque le néo-professionnel Bernard Thévenet, champion de France amateur. Celui-ci ne se sent pas prêt, ni moralement, ni physiquement, pour affronter un tel défi. Il envisage de décliner la sélection mais la raison et l'influence de ses proches finissent par l'emporter. Bien lui en prend. Dans cette dix-huitième étape vers La Mongie, où les spectateurs sont venus assister à une démonstration supplémentaire du grand Merckx, c'est un petit Français qui fait le spectacle. Ce Thévenet n'est plus un inconnu depuis l'étape du Ventoux, qu'il a terminée en cinquième position. Son audace redouble dans les Pyrénées : il tente sa chance dans le Tourmalet et part à la chasse de l'échappé Gilbert Bellone. Il le dépasse à cinq kilomètres du but et s'en va seul terminer l'ascension, avec quarante-neuf secondes d'avance sur Van den Boosche et cinquante-cinq sur Van Impe. On apprend à connaître le héros de ce 14 juillet, fils de cultivateurs de Saône-et-Loire, qui exploitent une ferme au lieu-dit « Le Guidon », un nom qui ne s'invente pas! Surtout, la France découvre un jeune qui ose. Les trois Français déjà au palmarès de ce Tour, Guimard, Vasseur et Thévenet, sont trois gamins qui font vieillir le peloton. Le Bourguignon peut se plaindre de la petite place faite aux néo-pros : « Les courses sont trop rares, nous sommes condamnés à l'inaction. J'ai moins couru cette année que chez les amateurs! J'ai failli renoncer à la compétition... »

Le Flamand Leman remporte son premier Tour des Flandres, dont il va se faire une spécialité.

Dans la dix-huitième étape, on attendait Merckx, mais le Belge, ici devant Van Impe, est lâché. C'est Thévenet qui fait la course.

• Bitossi mène devant Gimondi dans le Tour de Lombardie.

• En août, dans le critérium de Seignelay, Joop Zoetemelk empoche le montant de son contrat.

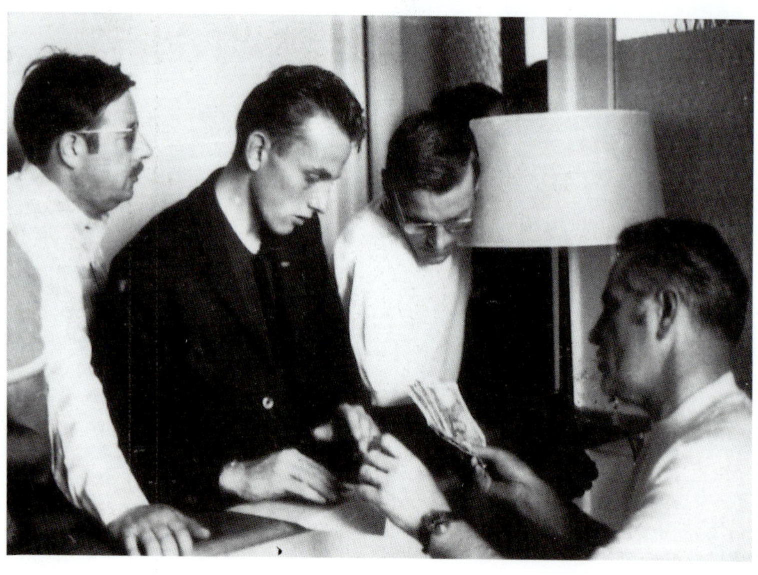

10 juillet

Merckx sous oxygène

Rien n'est jamais acquis sans grandeur pour l'« Ogre de Tervueren ». Alors qu'il domine largement ce Tour depuis plusieurs jours, Eddy Merckx décide d'une nouvelle offensive d'envergure au mont Ventoux. Il attaque les premières rampes à une allure démentielle, doit céder un peu de terrain ensuite mais gagne l'étape devant Van den Bossche. Face aux téléreporters qui l'assaillent, le Belge prononce des premiers mots saccadés : « Ce fut dur, très dur. J'ai comme du feu sur la poitrine... » Puis : « Excusez-moi, je n'en peux plus ! » Soudain, il s'écroule, la tête pantelante. Les médecins accourent et emmènent vers l'ambulance ce boxeur K.-O. Placé sous assistance respiratoire, il se retrouve sur pied assez vite. Sa défaillance donne à Merckx une touche d'humanité. ❍

16 août

Un nouveau crack est né

Dans la dernière ligne droite du circuit de Leicester, le groupe de six hommes comprend notamment Gimondi et le champion du monde amateur Mortensen. Mais, outre les Français Vasseur et Rouxel, le Britannique West, on remarque surtout le néo-professionnel Jean-Pierre Monséré. « C'est le plus fort, le plus rapide », évaluent les commentateurs. La réputation du jeune Belge est déjà grande. Dispensé de Tour par son directeur sportif, Brik Schotte, il vient de remporter une étape de Paris-Luxembourg. Devant Gimondi, Monséré démarre à cinq cents mètres de l'arrivée et s'impose en puissance, malgré l'inconvénient d'un vent violent. À bientôt 22 ans, il se pose comme un nouveau maître du cyclisme belge, rival numéro un d'Eddy Merckx... ❍

27 JUILLET

Le marché des critériums

Quand la Grande Boucle s'achève, un autre tour de France commence. Les critériums font partie du paysage cycliste. À Seignelay, ce jour-là, les organisateurs ont la chance de compter Eddy Merckx dans un plateau de très belle qualité. Ils l'ont payé très cher, le Belge ayant fixé son prix à dix mille francs par contrat, un tarif jamais pratiqué jusqu'alors. Mais cette année, sa présence est indispensable à la réussite d'une réunion. Explication de Daniel Dousset, le maître d'œuvre de Seignelay : « En 1969, il n'était à la rigueur que le vainqueur du Tour. Cette saison, il est devenu le monstre sacré, qui touche même les non sportifs. En plus, sa défaillance dans le Ventoux, devant les caméras de la télévision, l'a humanisé. »

Le très gros cachet accordé à Merckx a une conséquence facheuse : il limite d'autant la part des concurrents plus modestes. Un Bernard Thévenet, pourtant connu de tous depuis son exploit de la Mongie, touche six cents francs à Seignelay. Même une vedette comme Poulidor doit se contenter de deux mille cinq cents francs alors que sa popularité vaut presque celle du Belge. « La loi de l'offre et de la demande joue en faveur de Merckx », poursuit Daniel Dousset. « Et il propose toujours un spectacle à la hauteur de ses exigences. » Les coureurs français, souvent sacrifiés, protestent contre la place trop importante accordée aux étrangers. Mais le Tour de France fait les réputations et les réputations font le marché des critériums. Aussi injustes que la course... ❍

6 septembre

L'œil de Cools

Sur les six cent vingt kilomètres de Bordeaux-Paris, l'inattention guette et elle peut coûter cher! Quand Georges Goutorbe ralentit son cyclomoteur pour l'alimenter en carburant, Lucien Aimar doit casser sa cadence derrière lui... Qui saisit l'aubaine? Frans Cools, qui tire immédiatement sur la manette de l'accélérateur, et Hermann Van Springel, qui écrase les pédales de son vélo. La course se joue à cet instant précis. Après plus de seize heures sur les routes, les deux hommes arrivent vers la Cipale et Van Springel peut enfin sourire de bonheur. À la moyenne de 37,984 km/h, il remporte son premier Bordeaux-Paris, une course qu'il recherche depuis plusieurs années. À 27 ans, ses qualités de rouleur arrivent à maturité mais il doit pour une bonne part son succès au coup d'œil intelligent de Frans Cools.

10 octobre

Rusé Bitossi

Une fois de plus, le Tour de Lombardie se refuse à Eddy Merckx. Avec Felice Gimondi, il va se charger de l'animation d'une course débridée mais c'est un troisième homme qui va régler les deux ténors, le champion d'Italie Franco Bitossi. À l'arrivée, une double désillusion : pour Gimondi, qui ajoute une quatorzième place de second à sa saison, et pour Merckx, évidemment, qui quitte Côme extrêmement fâché contre le « nationalisme italien ». Le Belge trouve révoltante la conduite de Gianni Motta, équipier de Gimondi : « Il m'a toujours poursuivi et, une fois dans ma roue, il s'est toujours relevé. C'était normal mais quand Bitossi est parti à son tour, il n'a pas bougé. En agissant ainsi, il précipitait la chute de Gimondi! Le nationalisme italien est plus fort que la concurrence entre les groupes... »

27 SEPTEMBRE

La chute de Janssen

Dans les derniers virages avant l'arrivée de ce Paris-Tours, on ne donne aucune chance à un l'Allemand inconnu, Jurgen Tschan, qui se présente détaché avec l'expérimenté Jan Janssen. Tous deux possèdent 3 min 10 s d'avance sur le premier peloton, de quoi préparer le sprint sans précipitation. Subitement, le public hurle sa consternation quand le Néerlandais zigzague étrangement sur la chaussée, évite trois fois la chute mais finit par buter contre le trottoir et par tomber! Relevé avec une large blessure au front, Janssen remonte sur son vélo mais se montre incapable de garder l'équilibre. Incroyable dénouement : Tschan va tranquillement triompher pendant que la confusion règne à l'arrière.

Les suites de l'étrange malaise de Janssen ne seront jamais vraiment éclaircies. Selon Maurice de Muer, son directeur sportif, le coureur a décidé de rentrer seul à vélo vers son hôtel, après avoir récupéré sur place un bon quart d'heure. Très vite repris d'étourdissements, il est alors secouru en ville par un automobiliste! Celui-ci l'emmène dans une maison voisine, où les pompiers le retrouvent inconscient...

Soigné deux jours au service de cardiologie de l'hôpital de Tours, Janssen montre un électrocardiogramme un temps anormal avant de se rétablir. L'incident se termine bien pour lui mais des questions demeurent sans réponse : Pourquoi Maurice de Muer a-t-il soustrait son coureur à l'intervention imminente du service médical de la course, qui avait d'autre part expressément réclamé un contrôle?

Hermann Van Springel s'impose dans Bordeaux-Paris. La première victoire d'une longue série.

Dans Paris-Tours, Jan Janssen est saisi d'un étrange malaise.

Jean-Pierre Monseré, déjà champion du monde, était présenté comme le nouveau crack belge.

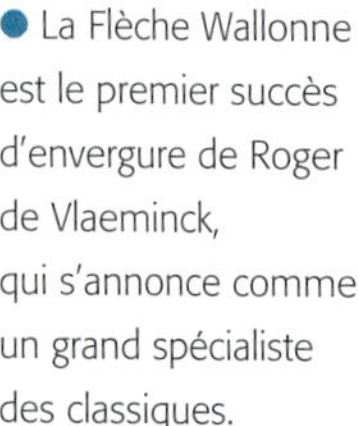

La Flèche Wallonne est le premier succès d'envergure de Roger de Vlaeminck, qui s'annonce comme un grand spécialiste des classiques.

25 janvier

Les Six Jours de Grenoble

La dernière fois, c'était en novembre 1958, au Vel d'hiv. Un public rare et des concurrents de moindre qualité ont produit leur effet : la mort lente des Six Jours. C'est dire si le pari lancé à Grenoble est risqué. Sur la belle piste en bois du palais des sports, l'organisateur, Georges Cazeneuve, espère ranimer cette ambiance unique qui mêle sport et spectacle. Il lui faut réunir un plateau de très haut niveau, seule garantie de la réussite, si possible avec une belle coloration tricolore. Le problème, c'est que les bons pistards français font défaut, sauf deux jeunes Parisiens, Jacky Mourioux et Alain Van Lancker, qui forment la seule paire de valeur internationale. Avec les vedettes Peter Post et Rudi Altig, ils vont contribuer à la réussite de ces Six Jours du renouveau.

22 avril

De Vlaeminck en flèche

Depuis sa contestable victoire dans Liège-Bastogne-Liège, avec la complicité de son frère Éric, Roger de Vlaeminck est rangé dans la catégorie des « tricheurs ». Le peloton redoute aussi les capacités de ce coureur de 23 ans, dont le début de carrière professionnelle augure d'un avenir de champion. Dans la Flèche Wallone, le gars d'Eeklo – qu'on appelle déjà le « Gitan » parce qu'il va d'une course à l'autre – effectue un travail d'anthologie. Échappé avec De Schoenmacker, il est secouru tardivement après une crevaison. Grâce à une chasse féroce menée avec son équipier Zoetemelk, il rejoint De Schoenmacker à quarante mètres de la ligne. De Vlaeminck s'impose en grand mais, en l'absence de Merckx, le peloton demande encore confirmation...

15 MARS

Les ailes brisées de Jean-Pierre Monseré

Il avait hésité à prendre le départ de ce Grand Prix de Retié, un critérium sans importance, comme on s'interroge parfois avant de prendre un avion. De quoi avait-il peur? Pendant la course, une voiture, qui a refusé de s'arrêter à une intersection, le percute de plein fouet. Jean-Pierre Monseré est tué sur le coup : l'autopsie conclura à une fracture du crâne. L'émotion est immense en Belgique, qui perd la nouvelle idole de son cyclisme, un autre Eddy Merckx. Depuis ses débuts, sa carrière météorique mêlait tous les ingrédients de la gloire. Adolescent, il se fait remarquer par son ambition largement revendiquée. Son premier résultat amateur significatif a lieu en 1968, avec le championnat de Belgique.

Monséré passe professionnel dès septembre 1969. Un mois plus tard, il est déclaré vainqueur du Tour de Lombardie, après le déclassement pour dopage de Gerben Karstens. Ces signes du destin marquent sa trajectoire : second du championnat du monde amateur 1969 derrière Mortensen, il enlève l'épreuve professionnelle un an plus tard, devant le Danois!

Consacré à moins de 22 ans, Monséré laisse parler son tempérament solide par d'extravagantes déclarations et s'égare un peu dans une gloire facile, signant parfois plusieurs contrats pour des critériums qui se déroulent le même jour... Proche de Roger de Vlaeminck, il en avait la personnalité atypique. Jean-Pierre Monséré était de la race des coureurs d'exception. Sa mort – la première d'un champion du monde en exercice – brise beaucoup d'espoirs.

11 mai

Les pentes de la Vuelta

Bien sûr, on le citait parmi les coureurs susceptibles de se distinguer. Mais de là à gagner... Le parcours ne favorise pas les qualités de rouleur de Ferdinand Bracke puisque les trois secteurs contre-la-montre totalisent moins de douze kilomètres! En même temps, ce n'est pas une course de grimpeurs, les nombreux cols étant d'une difficulté moyenne. Bracke va forger son succès sur cette ambiguïté. La douzième étape, Bilbao-Vittoria, et ses deux cols de première catégorie en font la démonstration : les attaques de Luis Ocaña ne trouveront pas un terrain assez montagnard pour devenir meurtrières. Bracke parvient à limiter les dégâts et endosse le maillot de leader, qu'il défendra victorieusement jusqu'à Madrid, malgré quelques dernières petites rampes... ❍

20 juin

Redopage

La Marseillaise est belle pour le jeune Yves Hézard, qui confirme à 22 ans les promesses d'une belle saison de néo-professionnel. On l'avait remarqué à son aise dans Milan-San Remo et dans Liège-Bastogne-Liège. Sur le circuit de Gap, la nouvelle génération du cyclisme français (avec Alain Santy notamment) a piégé les favoris, Poulidor et Guimard. L'euphorie retombe vite : Hézard subit un contrôle antidopage positif! Consternation : sur les cinq derniers titres de champion de France, trois n'ont pas été décernés pour cause de dopage! Comme en 1967 avec Désiré Letord et en 1970 avec Paul Gutty, la principale et la plus honorifique course professionnelle du peloton français finit sans vainqueur... Ces affaires révèlent l'ampleur du fléau et en même temps la lutte courageuse engagée par la FFC. ❍

• Après douze ans d'absence, les Six Jours retrouvent une place en France, sur la nouvelle piste de Grenoble.

30 JUIN

Pour Genet, le jour de gloire de l'équipier modèle

TOUR DE FRANCE

Un peu plus, il ne gagnait pas cette quatrième étape, Nancy-Marche-en-Famenne, et pourtant se sont déplacés sur les lieux le roi des Belges, la princesse de Réthy et la princesse Esmeralda, tous venus pour applaudir la victoire d'Eddy Merckx... De Jean-Pierre Genet, la famille royale n'a jamais entendu parler, mais c'est ce parfait inconnu qui s'impose, pour cinq petites secondes, en résistant au retour d'un peloton furieux mené par De Vlaeminck et sur lequel il a compté jusqu'à 1 min 40 s d'avance à vingt kilomètres de l'arrivée. Peu importe les chiffres et les circonstances d'ailleurs car il s'agit bien là d'une histoire exemplaire.

Après sept Tours de France courus au service exclusif de Poulidor – le jour comme la nuit, puisqu'il partage sa chambre d'hôtel! –, il œuvre cette fois-ci pour Cyrille Guimard, en l'absence du maître attitré. Son abnégation est totale, un véritable don de soi, sans contrepartie. « Saint-Vincent de Paul de la bicyclette », osent même écrire les journalistes de l'époque. De temps en temps, il prend son bouquet, comme sur une étape du Tour de France, mais jamais sans scrupule. Son leader le félicite; ainsi Guimard ce jour-là : « Il y a une justice dans le cyclisme! Combien de fois Jean-Pierre s'est-il mis à plat ventre pour moi? Le dévouement est sa seconde nature, mais il bat tous les records du genre! »

Genet la Vertu mourra en équipier modèle. ❍

• Entouré de Dumont et de Guimard, Yves Hézard est un jeune champion de France très provisoire, qui sera déclassé pour dopage.

Dans l'étape d'Orcières-Merlette, Luis Ocaña livre une des plus fantastiques envolées de l'histoire du Tour, longue de soixante-quinze kilomètres.

Mal en point dès le début de l'étape vers Orcières, Eddy Merckx a failli abandonner pour sa quatrième participation au Tour.

8 juillet

Merckx vacille

Dès les premiers kilomètres de cette onzième étape, dans la Côte de Laffrey, l'acide de la défaillance ronge l'armure du champion. C'est un tournant historique, un changement d'époque : Eddy Merckx n'est plus désormais le plus fort. « J'ai pensé mettre pied à terre, avoue-t-il. Mais je n'avais pas le droit. Le sport est le sport. Il me fallait continuer ». Replié sur son vélo, il va souffrir jusqu'au bout, montrant même la fierté de disputer un sprint pour la troisième place. Le Belge perd 8 min 42 s et ses illusions de « Cannibale » : « On me dit depuis longtemps que j'en fais trop mais je n'écoute personne ! La vérité est simple : je paie quatre ans d'efforts ininterrompus : Vuelta, Giro, Tour de France, les classiques, les kermesses, la piste... J'ai craqué. Et alors, pourquoi pas moi ? Je ne suis pas un surhomme... »

8 juillet

Sublime Luis

Ce soir-là, la caravane du Tour vit quelques unes de ces heures d'émotion qu'elle prolonge dans des débats intenses. Oui, Ocaña a offert à la Grande Boucle un des exploits les plus fameux de son histoire ; oui, il y avait quelque chose du grand Fausto Coppi en lui.

L'Espagnol se détache dès le kilomètres 20, selon la stratégie de guérilla établie par Maurice de Muer. Seuls trois insensés prennent le risque de le suivre : Van Impe, Agostinho et Zoetemelk. Dans le col du Noyer, il décide d'en finir : le voilà seul dans une chevauchée belle et captivante. C'est un effort de pur grimpeur, qu'il mène en souplesse, presque en finesse, avec un braquet raisonnable enroulé sans méchanceté. Et dans la montée vers Orcières-Merlette, Ocaña, fortune faite, devient sublime de grandeur et de solitude...

12 JUILLET

Ocaña dans le col de Mente

En trois jours, Eddy Merckx a réduit son retard sur Luis Ocaña mais le fossé reste immense au matin de cette quatorzième étape Revel-Luchon : 7 min 23 s. Et depuis trois jours aussi, Maurice de Muer s'applique à maintenir son coureur dans une position défensive : « Avec la marge dont il dispose, il peut se le permettre. Hors de question que son tempérament l'emporte. S'il passe outre mes ordres, je l'attache à la voiture ! » La plaisanterie arrache un sourire à Ocaña, qui préfère ne pas entendre les trop bons augures de tant de suiveurs, qui voient dans sa victoire une rédemption de toutes les déceptions et les malchances qu'il a subies cette saison. « Avec ce diable de Merckx, tout est possible », lance-t-il.

Le Belge n'abdique pas. Six fois, il lance des assauts furieux pour lâcher Ocaña. Le duel est fascinant, les conditions climatiques ajoutant alors à l'étrange ambiance. Dans le col de Mente, l'orage zébré d'éclairs jette des grêlons sur la route ! Avec l'obscurité, la descente devient vertigineuse. Dans un virage serré, Merckx passe dans le gravier et évite la chute. Derrière lui, Ocaña ne peut retenir son vélo, dont la roue avant est crevée. Comble d'infortune : en se relevant, l'Espagnol est percuté par Zoetemelk. Le Tour s'achève tragiquement pour lui, qu'on emmène sur une civière. Eddy Merckx hérite d'un Maillot jaune qu'il refuse de porter. Pressé par les organisateurs et ses patrons italiens, il accepte néanmoins de repartir, sans enthousiasme :

« Dans cette situation, il était beaucoup moins difficile d'abandonner...»

29 AOÛT

Gagner, toujours gagner

Au lendemain de sa victoire, Jacques Marchand, dans le journal *L'Équipe*, demande à Daniel Morelon ce qui compte le plus, selon lui, dans la vie d'un champion. Sans hésiter, il répond laconiquement : « La continuité dans la réussite. » Toute la carrière du plus grand pistard français de l'histoire est résumée par ces deux mots, réussite et continuité. À Varèse, il obtient son cinquième titre mondial de vitesse, à 27 ans. Ce sans difficulté car Nicholson, Pettersen et Phakadze, les trois adversaires qu'il pouvait redouter, sont éliminés. Morelon affronte en finale le Soviétique Kravtsov, qui a défait l'autre Français, Gérard Quyntin. « Je ne craignais pas Kravtsov car il ne m'a jamais vaincu au cours de l'année », explique-t-il. En deux manches, l'affaire est réglée.

Fidèle à son tempérament de gagneur, toujours survolté par la compétition, Daniel Morelon livre ses sentiments de nouveau champion du monde : « Ce cinquième titre m'apporte moins d'émotion mais plus de satisfaction que les autres certainement. Car il est plus difficile de se maintenir au sommet que d'y accéder. Trop de champions se relâchent et disparaissent. Je m'impose actuellement plus de sacrifices qu'à mes débuts... » Un an avant les Jeux olympiques, le meilleur sprinter mondial mène une équipe de France de très haut niveau, qui rapporte de Varèse trois autres médailles : l'argent pour Grosskott, en poursuite professionnelle, le bronze pour Trentin, au kilomètre, et le bronze pour Trentin-Morelon, en tandem. ❍

3 octobre

Rik III

Godefroot, Guimard, Verbeeck, Basso... : le gratin du cyclisme roule dans la roue d'un gosse nommé Rik Van Linden, qui remporte au sprint la première classique où il est engagé ! Professionnel depuis quelques semaines, sa réputation l'a suivi dans le peloton des grands : on le considère comme le recordman du monde des victoires amateurs, trois cent soixante-quinze en six ans ! Son surnom résume tous les espoirs et toutes les craintes qu'il inspire : « Rik III », après Rik Van Steenbergen et Rik Van Looy. Le palmarès faramineux des deux rois du cyclisme belge doit servir de modèle à sa carrière naissante. Élevé par un ancien coureur devenu mécanicien, dressé véritablement dans ce métier non pas en amateur mais en professionnel, Van Linden a gagné Paris-Tours sur un vélo fabriqué par son père ! ❍

24 octobre

Ocaña revient

Il a d'abord remporté le Grand Prix de Lugano. Un retour honorable qui demandait encore une confirmation plus nette mais qui manifestait que sans ses malheurs, Luis Ocaña aurait été le grand animateur de cette saison. Le Grand Prix des nations en livre une éclatante démonstration, en dépit de l'absence de Merckx... Disputé entre la vallée de Chevreuse et Vincennes, la course appelle son coup de pédale délié et énergique. L'Espagnol exécute tous ses adversaires : Zoetemelk termine deuxième à 3 min 1 s, limitant les dégâts dans la roue d'Ocaña ; Mortensen est troisième à 3 min 3 s. La mise au point prend un sens clair : Ocaña, qui grimpe à la deuxième place, derrière Merckx du trophée Super Prestige Pernod, officieux championnat du monde par points, donne rendez-vous au Belge pour la saison suivante... ❍

● Allongé sur le bord de la route dans la descente du col de Mente, Luis Ocaña a été percuté par Zoetemelk après être tombé.

● José-Manuel Fuente, vainqueur de deux étapes dans le Tour 1971.

Sur la Via Roma, Eddy Merckx forme le chiffre « 5 » avec sa main : cinquième victoire en sept participations dans Milan-San Remo.

Raymond Poulidor réussit un formidable contre-la-montre en côte dans le col d'Èze et remporte Paris-Nice, qu'il considère comme la plus belle victoire de sa carrière.

5 JANVIER

Jean-Marie Leblanc quitte la course, mais pas les coureurs

Il en convient, sa carrière est restée modeste : une victoire significative au Grand Prix d'Aix-en-Provence en 1968, quelques places d'honneur également. Quand il raccroche son vélo, à 28 ans seulement, il n'a pas fini pourtant de travailler pour le sport cycliste. Jean-Marie Leblanc est un symbole de la prise en charge progressive par les coureurs de leurs propres affaires. Sur les routes, on avait vite remarqué sa lucidité, son intelligence, ses grandes qualités d'analyse, qu'il va mettre en pratique dans son nouveau métier de journaliste, qu'il inaugure d'abord à *La Voix du Nord*. Secrétaire général de l'Union nationale du cyclisme professionnel (UNCP) pendant trois ans, il a contribué à préparer l'évolution inéluctable d'un sport de plus en plus professionnalisé. Syndicaliste convaincu, Jean-Marie Leblanc voudrait une organisation forte face au pouvoir des groupes sportifs et de la fédération. « Avec quatre-vingts militants sur toute la France, l'UNCP n'est pas encore un syndicat solide et structuré. De plus, les coureurs ne tiennent pas assez compte du fait que leur carrière est limitée dans le temps. Ils ne retiennent que les avantages immédiats de la profession. » Ses idées vont dans de multiples directions. Un exemple : le brassage, à l'échelon régional, des pros et des amateurs dans des courses bien dotées. « Les pros y gagneraient leur vie et les candidats à ce métier étalonneraient leur valeur et leurs possibilités. »

16 mars

La plus belle de Poulidor

« Il a fallu qu'on me mette les chiffres sous les yeux pour que j'y croie ! » Nous sommes dans la septième étape de Paris-Nice, l'ascension contre-la-montre de la Turbie par le col d'Èze : 1er Raymond Poulidor, les 9,500 km en 20 min 4 s ; 2e Eddy Merckx, à 22 s. Le Français remportera finalement Paris-Nice avec six secondes d'avance sur le Belge, qui s'incline sportivement, éludant ses problèmes de reins : « Je suis content pour lui, il mérite cette victoire. » À la surprise générale, Poupou accroche donc Paris-Nice à son palmarès. Il se félicitera longtemps « d'avoir fait déchirer leurs papiers aux journalistes, qui avait déjà décrit le triomphe de Merckx ». Dans une carrière habituée à l'échec et pourtant riche de succès, celui-là reste pour lui le plus beau.

18 mars

Et de 5 !

Quand Merckx n'écrase pas l'adversaire, on s'interroge sur sa forme. Quand il perd pour quelques secondes, on spécule sur son avenir. Deux jours après sa défaite dans Paris-Nice, le « Cannibale » répond aux doutes en enlevant son cinquième Milan-San Remo en sept ans. Dans le bas du Poggio, la meute des routiers-sprinters s'applique à trouver la place idéale, puisque le sprint s'annonce inévitable. Les plus dangereux, Verbeeck, De Vlaeminck, Basso, n'ont pas deviné les intentions secrètes de Merckx, qui, soudain, écrase les pédales à deux kilomètres de l'arrivée et étire les mètres entre lui et le commun des coureurs. Le Belge conclut : « Dans Paris-Nice, deux phénomènes imprévus ont eu lieu : mon manque de forces et Poulidor. Aujourd'hui, j'ai retrouvé mes forces et il n'y avait pas de Poulidor ! »

16 avril

De Vlaeminck sans ambiguïté

Jusqu'à ce jour-là, on n'avait jamais salué sans arrière-pensée les premières victoires du beau coureur belge. « Voleur de courses », disait-on. Cette fois, Roger de Vlaeminck gagne sans ambiguïté. À trente-six kilomètres de Roubaix, il prend la tête d'un groupe d'hommes forts et se lance à la poursuite de Willy Van Malderghem. À ses côtés, Merckx – qui a lourdement chuté dans la tranchée de Wallers-Arenberg –, Poulidor, Rosiers, Peelman. Dix kilomètres plus loin, il prend la fuite pour une chasse solitaire et acharnée. Le « Gitan » rejoint Van Malderghem en quelques minutes d'effort et le plante sans procès. À 24 ans, un âge très tendre pour une telle course, il remporte son premier Paris-Roubaix, à l'occasion de sa soixante-dixième édition. Il y prendra vite goût...

16 mai

L'ombre de Bahamontès

« Federico venait de prendre sa retraite quand je suis passé professionnel. Pour tous les coureurs de ma génération, il était un exemple. » C'est donc en suivant la trace de Bahamontès que José-Manuel Fuente remporte sa première Vuelta, avec une large avance sur Miguel Maria Lassa. Ce petit homme de tempérament, né dans les Asturies, réhabilite le statut de pur grimpeur dans un grand Tour. Au sommet de la domination merckxiste, il prouve qu'un spécialiste de la montagne peut encore s'imposer. Avec sa formation, Kas, où ses équipiers ne comprennent pas toujours ses attaques, il pose des bombes là où on ne l'attend pas. Vainqueur de deux étapes du Tour de France 1971, Fuente se bâtit sur ces qualités un solide palmarès dans les courses à étapes.

9 JUILLET

TOUR DE FRANCE

Thévenet arrive à Pau dans un état comateux

« Où suis-je ? Que s'est-il passé ? » Bernard Thévenet interroge Alain Santy, qui vient de chuter avec lui dans la descente du Soulor, à Arthez d'Asson exactement. Dans l'accident, on trouve aussi Luis Ocaña, qui menait la file, comme un damné, devant son équipier Santy, et Lucien Van Impe. Mais c'est le jeune Thévenet qui est le plus touché. Il saigne abondamment du crâne. Bloqués par l'étroitesse de la route, les voitures médicales de la course ne peuvent le secourir immédiatement. Sans s'attarder, Thévenet remonte sur son vélo ! Aux motards qui le suivent, il demande dans quelle course il est en train de rouler ! Dans cet état semi-inconscient, le Bourguignon avale encore vingt-cinq kilomètres... Sur la ligne d'arrivée, il retrouve ses esprits quand on lui apprend que sa chasse désespérée derrière le groupe de tête mené par Eddy Merckx s'achève avec un retard de 6 min 32 s. Fâché de cet échec, le Français part en ambulance à l'hôpital de Pau. Le médecin diagnostique une commotion cérébrale, sans lésion osseuse, et décide de le garder en observation pour la nuit. Il repartira donc. Après son aventure dangereuse sur la route de Pau, le public se prend de sympathie pour ce garçon courageux et opiniâtre, qui continue à défier le mauvais sort. En gagnant deux étapes de ce Tour, au sommet du mont Ventoux et du ballon d'Alsace, Thévenet marque le cœur des Français qui découvrent un tendre héros, à défaut du champion qui manque depuis plusieurs années.

• Dans sa position caractéristique, Roger de Vlaeminck s'achemine vers sa première victoire dans Paris-Roubaix, dont il devient le spécialiste.

• Fuente s'impose au Grand Prix de la montagne et au classement général de la Vuelta, qu'il remportera une deuxième fois en 1974.

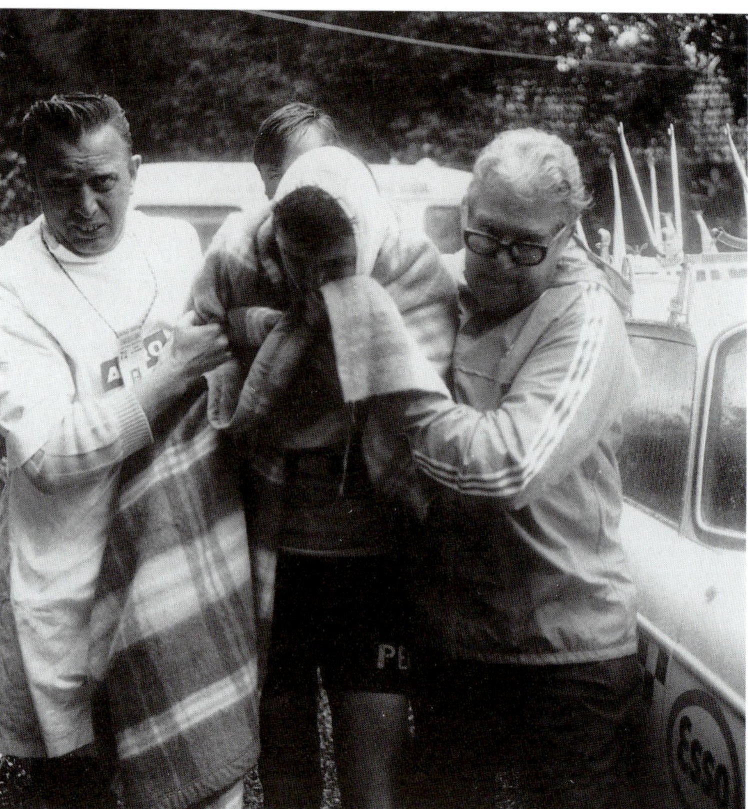

Après sa chute dans le Soulor, Thévenet a poursuivi sa route vers Pau. C'est à l'arrivée seulement qu'on le dirige vers l'hôpital, où l'on diagnostique une commotion cérébrale !

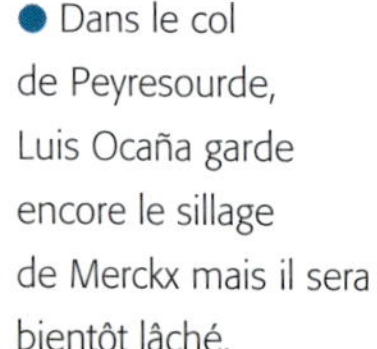

Dans le col de Peyresourde, Luis Ocaña garde encore le sillage de Merckx mais il sera bientôt lâché.

10 juillet

Ocaña lâche

La veille, pris également dans la chute du Soulor, il s'est blessé à une jambe mais son énergie reste intacte. Luis Ocaña entend le démontrer dans la deuxième étape pyrénéenne, vers Luchon. Sur le terrain de l'Espagnol, c'est pourtant Merckx qui va gagner quelques secondes symboliques. À un kilomètre du sommet du Peyresourde, le Belge passe à l'attaque et le leader des Bic ne répond pas. « Lorsqu'il m'a planté sur place, explique Ocaña, j'ai cru que j'allais prendre une minute. Mais je me suis défoncé dans la descente ! » À l'arrivée, Merckx le devance de huit secondes seulement mais il ajoute le Maillot jaune au bénéfice de cette journée. Dans le duel du Tour, l'Espagnol voit ses chances s'étioler dans la souffrance : « Après le Tourmalet, j'ai vraiment dégusté, je ne pouvais plus pédaler que d'une jambe... »

16 juillet

Tout Eddy

« Eddy a gagné, c'est fini pour moi. » À Briançon, terme de la treizième étape, Ocaña se résout à sa défaite. En profitant des circonstances, plus qu'en les provoquant, Merckx a construit son quatrième succès consécutif dans le Tour : son offensive au sommet de Vars réussit d'autant mieux qu'Ocaña est retardé par une crevaison. Son envolée dans l'Izoard tient aussi d'un acte de résistance à l'Espagnol, qui conduit sa chasse dans des conditions extrêmes, toussant et crachant à cause d'un point de pneumonie contracté sur Paris-Nice et qui se réveille maintenant. À l'arrivée, Merckx prend 1 min 41 s à Ocaña, qu'il devance désormais de 4 min 43 s au classement. Si 1972 restera comme l'année la plus faste de la carrière magistrale d'Eddy Merckx, elle ne sera en tout cas pas celle de son plus grand Tour.

18 JUILLET

Sprint au sommet du Revard

Au premier tiers de ce Tour 72, on le considérait comme une révélation. Maillot jaune dès l'étape initiale, Cyrille Guimard se livre à un étonnant chassé-croisé de leader avec Merckx jusqu'aux Pyrénées. Maintenant que la course prend de l'altitude, le Petit Poucet, comme il est surnommé, doit s'éclipser. Surprise, ses modestes qualités de montagnard supportent les Pyrénées ; stupeur, voilà qu'il reprend son tête-à-tête avec le « Cannibale » dans les Alpes ! En remportant deux étapes consécutives sous le nez de Merckx, à Aix-les-Bains puis au sommet du mont Revard, Guimard prend place dans le panthéon des jouteurs héroïques du grand champion belge. C'est au Revard que le Nantais vit sa plus forte émotion. Première satisfaction : il convainc de ses capacités à suivre les grimpeurs, tant et si bien qu'il se retrouve encore à jouer la gagne sur la ligne. Merckx lève le bras du triomphe, dédaignant Guimard qui le coiffe sur sa droite. La photo-finish réclamée par l'équipe Molteni confirme la surprise : Merckx est de nouveau battu et la leçon est rude pour un homme si chevronné : « Jamais plus, je ne couperai mon effort avant d'avoir franchi la ligne ». À Cyrille Guimard, qui ajoute à son Maillot vert la place de dauphin au classement général, on promet un avenir euphorique de possible vainqueur du Tour. On loue son intelligence, son équilibre et sa lucidité. Au soir d'une si belle journée, son corps rattrape tant d'efforts consentis : une tendinite au genou se déclare et le contraint à abandonner à deux jours de l'arrivée à Paris.

5 août

La révélation de Kuiper

La veille du championnat du monde professionnel, la course amateurs sert d'observatoire : les pros étudient grandeur nature les réactions au circuit qu'ils vont emprunter; les suiveurs essaient de repérer les grands coureurs de demain. Vainqueur du Tour de Grande-Bretagne, Hennie Kuiper n'est déjà plus un inconnu. Mais en enlevant la course, il s'impose comme l'un des futurs leaders du peloton. Il confirme quelques semaines plus tard, avec le titre olympique sur route à Munich. Le Néerlandais signe immédiatement son premier contrat professionnel mais il ne répondra pas complètement aux espoirs placés en lui. Il semble manquer à ce très bon coureur l'étincelle de classe et de chance nécessaire pour confirmer le champion aperçu un jour d'août. ❍

6 août

Basso à marier

« Je me marierai cette année si je deviens champion du monde », avait-il déclaré. Il faut recourir à la photo-finish pour savoir si Mario Basso doit tenir sa promesse. Sur le circuit sans difficulté de Gap, la course s'achève au sprint. L'échappée décisive, à cinquante-six kilomètres de l'arrivée, emmène huit coureurs jusqu'à la ligne, dont Cyrille Guimard, esseulé entre quatre Italiens et trois Belges. « Il n'y avait qu'un homme à battre, Eddy Merckx, explique Basso. J'ai pris sa roue et je ne me suis pas occupé d'autre chose. Que personne ne vienne maintenant pleurer sur son propre échec ! » Merckx se fâche tout de même contre le suceur de roues : « J'aurais préféré favoriser la victoire de Bitossi par exemple. » Pour un boyau, c'est Basso, coureur ordinaire, qui prend le titre mondial et qui, pour le coup, doit un mariage. ❍

25 OCTOBRE

Spéciale dernière

En dépit de son inépuisable prodigalité, il manque encore un jalon essentiel du cyclisme moderne à Eddy Merckx : le record de l'heure. Après avoir décidé de s'y attaquer, l'« Ogre de Tervueren » sacrifie à une préparation étonnante : une trentaine de bouteilles respiratoires sont installées dans le sous-sol de sa maison. Elles lui permettent de s'entraîner dans les conditions atmosphériques de Mexico, lieu choisi pour la tentative. Muni d'un scaphandre, il pédale ainsi six fois par jour, sur un vélo fixe ! Les quatre médecins qui suivent l'expérience sont frappés par l'adaptation rapide de l'organisme du coureur à ses nouvelles conditions. Lorsque tout est prêt, Merckx peut s'envoler pour le Mexique.

Au petit matin du 25 octobre, l'ambiance multicolore du vélodrome est électrisée par les cris du public. Anxieux, le Belge se lance à pleins poumons dès le coup du starter. Il effectue le premier kilomètre en 1 min 10 s, ce qui le met au niveau d'une finale olympique sur piste ! Il atteint ensuite les 5 kilomètres tout près du record du monde. Parti comme un sprinter, Merckx fléchit dans la deuxième partie de son pari. Alors qu'il a pris trente-neuf secondes à Ritter dans la première demi-heure, il se contente ensuite d'un peu plus de dix-sept secondes. Au bout de cet effort total, il porte le record à 49,408 km. Après l'étude du relevé chronométrique, qui prouve une erreur de calcul, l'UCI homologue finalement la distance de 49,431 km. Eddy Merckx met ainsi un majestueux point final à une saison incroyable, longue de dix mois et couronnée d'une cinquantaine de bouquets ! ❍

• C'est dans les Alpes, particulièrement dans l'étape vers Briançon, que Merckx assure sa quatrième victoire en quatre participations dans le Tour de France.

• Cyrille Guimard s'impose deux fois devant le « Cannibale », à Aix-les-Bains et au mont Revard.

● Après avoir lâché son grand rival dans Paris-Roubaix, Roger de Vlaeminck, Eddy Merckx mène quarante-cinq kilomètres d'échappée solitaire.

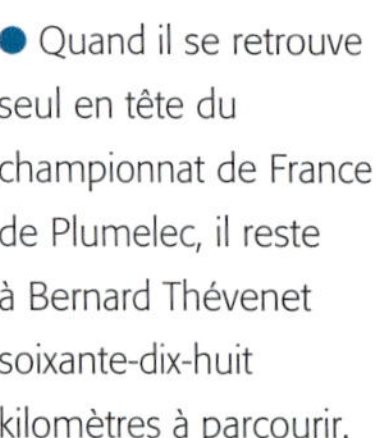

● Quand il se retrouve seul en tête du championnat de France de Plumelec, il reste à Bernard Thévenet soixante-dix-huit kilomètres à parcourir.

8 avril

Leman une troisième fois

Un tel sprint classe un coureur. Éric Leman remporte son troisième Tour des Flandres devant ses compatriotes Freddy Maertens et Eddy Merckx, tout simplement. En 1972, il avait déjà réglé un groupe de sept Belges à l'arrivée ! À 26 ans à peine, il signe un triplé remarquable et l'histoire retient que le record de victoires dans le Ronde appartient justement à un pur Flandrien. Originaire de la Flandre occidentale, le meilleur routier-sprinter du peloton, prompt à saisir la moindre ouverture, ne s'exprime jamais mieux que sur ces routes âpres que le vent débarrasse des coureurs trop novices. Son palmarès s'est forgé dans les courses de là-haut, comme le championnat des Flandres, le circuit des Ardennes Flamandes, le circuit de la Flandre centrale... ❍

24 juin

La conviction du champion

Bien sûr, on connaissait son talent. On suivait son ascension méthodique depuis ses premiers succès amateurs : un titre national junior, deux Grand Prix de France. Passé pro en 1970, il remporte immédiatement une étape du Tour, en démarrant devant Merckx ! Mais aux championnats de France de Plumelec, à une semaine du Tour de France, il signe à 25 ans la victoire de la maturité et s'ouvre une carrière de champion : une attaque audacieuse, à soixante-dix-huit kilomètres du but ; une échappée maîtrisée ; une avance de 3 min 32 s rarement enregistrée dans un championnat de France. Entre Guimard et Poulidor, les meilleurs du moment, Thévenet, coureur altruiste et homme de raison, s'affirme comme le plus sûr espoir français. ❍

15 AVRIL

« Mon plus beau et mon plus dur Paris-Roubaix »

Couvert de la boue des conquérants de l'Enfer, Eddy Merckx, sous la douche du vélodrome, affirme qu'il avait rarement autant souffert dans sa carrière, jamais en tout cas dans un Paris-Roubaix. Au programme : un laminage minutieux et implacable de tous ses adversaires. Le premier écrémage s'effectue dans la tranchée de Wallers-Arenberg, dont s'extirpent dix-sept coureurs. À cinquante-sept kilomètres de l'arrivée, Merckx décide de passer à l'offensive généralisée. Seul Roger de Vlaeminck, qui connaît sa classique du Nord, parvient à l'accrocher et à le suivre une douzaine de kilomètres, au prix d'un effort excessif, quasi surhumain. À l'instant de lâcher, le « Gitan » s'écroule littéralement et il concédera finalement plusieurs minutes. Le « Cannibale » peut foncer vers son troisième succès, comme Rik Van Looy avant lui. On dirait qu'il écrase le pavé, les mains rivées sur le guidon. Son corps semble insensible aux chocs qui le secouent mètre après mètre. À son entrée dans le vélodrome, la clameur du peuple cycliste salue longuement le héros et son nouvel exploit. Sa moyenne s'établit à 36,370 km/h. Sur le podium figurent en témoins deux autres Belges : Godefroot et Roziers, à 2 min 20 s. Après l'année de l'apogée en 1972, après plusieurs déceptions dans Paris-Nice et le Tour des Flandres, Eddy Merckx remporte sa première grande victoire de la saison. Fidèle à sa morale, il considère ce Paris-Roubaix comme le plus beau de sa carrière, parce que ce fut le plus dur de tous. ❍

22 juillet

L'avenir radieux de Baronchelli

Cette année-là, le Tour de l'Avenir redevient le petit frère du Tour de France et emprunte son sillage. Jamais peut-être il n'avait mieux répondu à sa vocation de découvreur qu'avec la victoire de Gian Battista Baronchelli. Né à Cenesara, dans la province de Mantoue, le 6 septembre 1953, ce gamin, qui s'est déjà illustré en remportant le Tour d'Italie cadets, domine largement ce Tour de l'Avenir dont il reste le leader durant la quasi-totalité des douze étapes. Il termine avec 4 min 58 s d'avance sur le Luxembourgeois Steinmeyer et 5 min 46 s sur le Français Bourreau. On voit en lui la relève de la grande lignée italienne. Au jeune vainqueur, trois équipes italiennes, dont la Molteni de Merckx, proposent un contrat professionnel...

6 octobre

Pas de quartiers

Zoetemelk est crispé sur son vélo, comme pour maintenir l'écart. Sur sa gauche, à l'autre extrémité de la chaussée, Eddy Merckx déboule dans un trait furieux. Il n'y a rien à faire qu'à attraper son sillage. Le Belge dépasse le Néerlandais, qu'il n'aime guère, à cinq kilomètres de l'arrivée. Le champion ne fait pas les choses à moitié. S'il a décidé d'inscrire son nom au palmarès du Grand Prix des nations, la victoire doit être royale, absolue. « Les Nations ne sont pas une cure de santé mais les grands succès sont à ce prix », déclare-t-il après son exploit, réalisé à la moyenne ahurissante de 45,083 km/h. Luis Ocaña prend la deuxième place, à 2 min 48 s. Impitoyable, Merckx conclut : « Dommage. Si j'avais pris le départ trois minutes derrière lui, cela m'aurait permis de le rejoindre ! »

2 SEPTEMBRE

Gimondi arc-en-ciel

Il y a neuf ans que je cours « après ce titre. » Le Maillot arc-en-ciel manquait à Felice Gimondi, couronnement légitime d'un coureur exemplaire. Le sport cycliste aime les exubérants, les coléreux, les caractériels. De temps en temps, il choisit un homme de raison, un champion courtois et élégant. Sur le circuit de Barcelone, qui emprunte la sélective butte de Montjuich, rien ne laisse pourtant présager une issue si heureuse. Tous les suiveurs sont rivés sur le duel Ocaña-Merckx. Le Belge imprime un tel rythme à la course que la sélection s'opère vite. Quatre hommes sont en tête à plus de quarante kilomètres de l'arrivée : les deux favoris, le grand espoir Freddy Maertens et Felice Gimondi. Sans forfanterie, l'Italien pourra déclarer après la course : « Se retrouvaient en fait à l'avant les quatre meilleurs du monde actuellement. » La bagarre finale sera farouche. À la flamme rouge, Merckx ordonne à Maertens d'accélérer. L'équipier obtempère, sans se rendre compte qu'il travaille pour Gimondi, bien calé. Le piège fonctionne. « Quand je me suis écarté à deux cents mètres de la ligne, témoigne Freddy Maertens, Eddy n'a pu maintenir l'allure. Gimondi l'a débordé... Si j'avais couru pour moi, j'aurais gagné sans difficulté. Merckx aurait pu m'avertir de sa fatigue ! » C'est la naissance d'une rivalité mais l'Italien s'en moque. Après une troisième place en 1970, puis une deuxième en 1971, le voilà enfin récompensé à bientôt 31 ans, après neuf saisons professionnelles. Il n'était pas vain de patienter pour vivre ce jour arc-en-ciel.

José Catieau balade son Maillot jaune inattendu sur les routes du Tour, son leader dans sa roue.

L'image saisissante de l'implacable supériorité d'Eddy Merckx, qui double Zoetemelk, parti deux minutes avant lui.

● Sur la Via Roma, Felice Gimondi est fêté dans une liesse incroyable. À 31 ans, il remporte enfin Milan-San Remo.

10 mars

Strapontin pour amateurs

Richard Szurkowski commence par manquer le départ de la première étape ! Une belle occasion de moquer le champion du monde des amateurs, convié avec neuf Polonais au premier Paris-Nice open. Le peloton professionnel réagit plutôt mal à l'intrusion de ces trublions. L'Association des coureurs français réclame une réglementation sérieuse, faute de quoi « aucune autre expérience de ce genre ne sera acceptée ». L'organisateur, gêné, ferme les yeux sur l'irrégularité commise par Szurkowski, qui revient dans cette première étape à l'aide du véhicule de son directeur sportif ! L'après-midi, à Orléans, le Polonais termine 2e au sprint, juste derrière Eddy Merckx ! Le premier Paris-Nice open offre ainsi un podium hautement symbolique... ❍

17 MARS

Pour une Flandria de trop

La veille du départ, au moment de distribuer les dossards, on ne compte que treize Français parmi les coureurs. Les groupes français ont en effet décidé de boycotter Milan-San Remo, qui se disputera sans les Peugeot de Thévenet, sans les Gan Mercier de Poulidor et Zoetemelk, sans les Bic et sans les Sonolor-Gitane. Les organisateurs de l'épreuve protestent, mais l'Association française des constructeurs et associés sportifs (Afcas) a pris une décision irrévocable : les équipes qui lui sont affiliées ne participeront pas aux courses qui acceptent les deux formations Flandria, la Française Flandria-Shimano-Merlin et la Belge Flandria-Carpenter-Confortluxe. L'affaire est troublante : le patron des cycles Flandria, Aimé Claeys, a en effet constitué deux équipes dans deux pays différents. La Belge, dirigée par Brick Schotte, comprend Godefroot, Maertens, De Witte ; la Française, dirigée par Jacques Cadiou, regroupe notamment Guimard et Dierickx. Claeys estime que ces deux formations constituent des entités distinctes puisqu'elles sont patronnées par les machines à coudre Flandria pour l'une, par les cycles Flandria pour l'autre ! Les deux fédérations ayant accepté de leur délivrer des licences, cette position paraît inattaquable, sauf sur le principe ! Il semble en effet très discutable de voir rouler sous deux maillots différents des coureurs qui présentent des intérêts communs. Un Flandria français peut-il courir contre un Flandria belge ? Après des menaces de boycott contre Paris-Roubaix, un accord intervient : Aimé Claeys consent à retirer le nom Flandria de l'équipe française, qui s'affiche seulement comme Shimano-Merlin. ❍

● Francesco Moser (à droite) et Roger de Vlaeminck roulent ensemble vers Roubaix. Mais c'est le « Gitan » qui triomphera.

18 mars

Gimondi fêté

Depuis la fin de Paris-Nice, Felice Gimondi se dit malade. On se demandait s'il allait prendre le départ de Milan-San Remo et le voilà qui passe seul la ligne de la Via Roma, avec son maillot de champion du monde. « Gagner la Primavera en arc-en-ciel est quelque chose d'indescriptible », avoue-t-il. L'émotion suscitée par sa victoire est extraordinaire. La foule envahit l'aire d'arrivée et il faudra l'intervention de la police pour l'extraire d'un public fervent. À bientôt 32 ans, Felice Gimondi vient de réaliser un rêve caressé depuis le début de sa carrière professionnelle, dix ans plus tôt. En attaquant au bluff, à vingt-cinq kilomètres du but, alors que les favoris ne l'en croyaient pas capable, Gimondi vient désormais se placer en troisième position, juste derrière Coppi et Bartali, dans l'imaginaire italien. ❍

7 avril

Bon baisers de l'Enfer

Les mains sur les cocottes, le nez dans le guidon et les coudes écartés : c'est dans cette posture incongrue, celle d'un skieur en recherche de vitesse, que Roger de Vlaeminck fonce vers le vélodrome de Roubaix. Comme il aime cette course. À vingt-cinq kilomètres de l'arrivée, il a contré Merckx et s'est enfui à la poursuite de Moser et de Godefroot échappés. C'est avec l'Italien, qui montre déjà son appétit pour les classiques du Nord, que se joue la victoire. Au récent Tour de Calabre, le sprint a tourné à l'avantage de Moser. Mais Paris-Roubaix s'offre au plus chanceux : le jeune espoir de Trente tombe à sept kilomètres du but; le « Gitan » file vers son deuxième succès dans l'Enfer du Nord. Mais on reverra Francesco Moser sur les pavés. ❍

11 mai

Brève rencontre

C'est une des scènes les plus cocasses de toute l'histoire du Tour d'Espagne. Dans les derniers kilomètres de la dix-huitième étape, la descente sur Eibar provoque une telle euphorie chez Manuel Fuente qu'il met en péril son maillot de leader. Il prend en effet des risques insensés que Luis Ocaña, 4e au classement général, entend bien suivre! L'inévitable se produit : Fuente chute et Ocaña évite de justesse la collision. Mais le vainqueur du Tour de France stoppe son vélo à hauteur de Fuente et s'écroule à terre, ses deux bras jetés autour de son rival! Entre les deux, le grand amour s'arrête cependant à ce tendre épisode. À l'arrivée, Ocaña enrage contre le public qui, sans retenue, a poussé Fuente dans la montée finale d'Arrate. Le lendemain, à San-Sebastian, l'Asturien de l'équipe Kas enlève la Vuelta… ❍

26 MAI

Monsieur Bordeaux-Paris!

Ce n'est pas encore tout à fait son surnom mais, déjà, on sait que cette course singulière ressemble à cet homme étrange. Par manque d'ambition sans doute, Hermann Van Springel n'a pas obtenu le palmarès espéré. Le peloton moque souvent son indolence et les blagues les plus cocasses circulent sur son compte : Pourquoi Van Springel aime-t-il tant Bordeaux-Paris? Parce que cette compétition lui donne l'occasion de dormir longtemps sur son vélo! Sa victoire dans l'édition 1974 va pourtant faire beaucoup de bruit et provoquer une incroyable polémique. À l'origine, une erreur de parcours dans les derniers kilomètres : mal orienté, le Flamand s'engage pendant plusieurs kilomètres dans une fausse direction, de même que… l'organisateur de la course! Quand Jacques Goddet réalise la bévue, il autorise le Belge à accrocher la voiture de son directeur sportif, sur une distance de quatre kilomètres environ, afin de limiter sa perte de temps.
Lorsqu'il revient sur le bon tracé, Van Springel ne compte plus que sept minutes d'avance sur ses poursuivants, alors qu'il en comptait presque treize auparavant! À l'arrivée, les commissaires dénoncent la manœuvre, en s'appuyant aveuglément sur le règlement : « Tout coureur qui n'a pas suivi le parcours officiel est déclaré hors course. » Après un plaidoyer de Jacques Goddet, la Fédération française de cyclisme décide, quelques jours plus tard, de réintégrer le Belge et le classe premier ex-aequo avec Delépine. ❍

● Joop Zoetemelk heureux vainqueur de ce premier Paris-Nice Open.

● Victime d'une erreur de parcours, Van Springel est autorisé par la direction de la course à agripper la voiture de son équipe, en compensation du temps perdu.

Georges Talbourdet est félicité par le député-maire de Château-Chinon, François Mitterrand. Son équipier des Gan, Santy, et Bourreau, de l'équipe Peugeot, complètent le podium.

15 JUILLET

Le triomphe de Poulidor au Pla-d'Adet

« En 1964, je fus le plus redoutable adversaire de Jacques Anquetil. En 1974, j'aurais pu être le plus redoutable adversaire d'Eddy Merckx… » Raymond Poulidor résume ainsi ses dix ans de carrière et ses deux victoires avortées dans le Tour de France. Mais, une fois encore, il va livrer un de ces magnifiques et valeureux combats qui font de Poupou le plus merveilleux des perdants. L'étape vers le Pla-d'Adet s'annonce sans effet sur le classement que Merckx domine trop largement. De fait, l'ascension des deux « ports » espagnols de Canto et de la Bonaigua se déroule dans une tacite résignation. Le col du Portillon permet uniquement d'éliminer la queue du peloton. Peyresourde est l'occasion d'une sélection temporaire. On s'attendait à une traversée plus agitée des Pyrénées.

À la sortie de Saint-Lary, Poulidor remarque soudain qu'Eddy Merckx utilise un développement qui ne correspond pas à sa puissance habituelle. Il apprend aussi que le porteur du Maillot jaune souffre de la jambe gauche. Le Français se lance alors, devenant irrésistible. Sur le bord de la route, la foule est proche de l'hystérie, au point de siffler un Merckx mal en point. Le public est aussi touché par cet acte gratuit du Limousin, qui fait la démonstration de sa noblesse, que par son génie de la malchance.
Le leader des Gan-Mercier triomphe devant Lopez-Carril et Michel Pollentier. Eddy Merckx a dû céder 1 min 54 s mais, épaté par son aîné, il déclare : « Laissez-moi vous dire toute l'admiration que je lui porte. Dans les Pyrénées, il nous donnait la leçon ! »

Un Giro papal.

15 mai

La bénédiction de Paul VI

Le départ du Giro est donné de la cité du Vatican. Eddy Merckx, qui reçoit la bénédiction du pape Paul VI, voudrait bien en tirer la force qui lui manque tant pour aborder ce nouveau défi. « Cette fois, je vais être obligé de suivre et de subir dans les premiers jours, affirme-t-il. J'espère retrouver ma condition assez vite. » Averti de cette faiblesse du Belge, qui relève d'une bronchite, Manuel Fuente l'attaque dans le premier col du Giro ! Mais Merckx retrouvera finalement sa santé et la tête de la course, en remportant la douzième étape contre-la-montre, après avoir souffert comme jamais. On ne sait pas si Merckx en avait exprimé le souhait à Paul VI mais le voilà comblé : avec ce cinquième succès dans le Tour d'Italie, il rejoint Binda et Coppi.

23 juin

Luttes intestines

Le Dauphiné vient de s'achever sur un podium entièrement français (Santy-Poulidor-Danguillaume), qui reflète la rivalité des Gan-Mercier et des Peugeot. Le championnat de France arrive idéalement pour trancher la question de la suprématie nationale. Dès le début, on assiste d'abord à la neutralisation de Danguillaume et de Santy, qui réussit ensuite à semer son adversaire afin de recoller au groupe d'échappés mené par un autre Gan-Mercier, le jeune Breton Georges Talbourdet. Santy double deux Peugeot, Esclassan et Bourreau, et finit derrière Talbourdet pour un beau doublé. Les Gan-Mercier ont triomphé, à la grande satisfaction de Raymond Poulidor, ennuyé par la pluie et qui suit la course avec le directeur sportif Louis Caput, pour la première fois couronné dans un championnat de France.

29 juin

Bruyère anglais

Pour la première fois, le Tour traverse la Manche. Depuis Saint-Pol-de-Léon, les coureurs rejoignent Plymouth par avion pendant que suiveurs et matériel prennent le bateau. À l'embouchure de la Plym et du Tamar, dans ce Devon qui vibre tant pour le cyclisme, il faut aussi un leader différent. C'est Joseph Bruyère qui entre comme un héros en Angleterre. La veille, il a pris le Maillot jaune à son maître Eddy Merckx. C'est un sublime honneur pour le domestique le plus fidèle du « Cannibale », le plus aimé aussi, qui déclara un jour à son patron : « Je ne veux pas gagner, je suis là seulement pour te faire gagner. » Quand son leader s'impose, il lève les bras plus haut que lui. À l'issue de la quatrième étape Saint-Malo-Caen, c'est d'ailleurs à Eddy Merckx qu'il restituera le Maillot jaune… ❍

• En compagnie de deux bobbies, Joseph Bruyère pose avec le Maillot jaune. Le Tour passe pour la première fois en Angleterre.

16 juillet

Guimard s'énerve

Au matin de la dix-septième étape, qui quitte Saint-Lary après une magnifique fête nationale, un homme en colère interpelle le directeur du Tour, Jacques Goddet. Cyrille Guimard proteste contre l'attitude de l'équipe Molteni et parle de quitter la course : la veille, une attaque du Français a été enrayée par Joseph Spruyt, l'équipier de Merckx, à grands coups d'intimidation et de menaces ! « Il m'a insulté, insiste Guimard. Il a ajouté que ceux qui s'agitent un peu trop risquent de ne pas courir souvent dans les critériums… Si on permet qu'un coureur en menace un autre, alors il n'y a plus de Tour de France ! » Jacques Goddet entend la voix forte du président de l'Association des coureurs français et met au pas Spruyt, alors habilement désavoué par Merckx… ❍

25 AOÛT

Défense et illustration du Français

En une phrase, un quotidien québécois résume l'ironie de cette journée particulière : « Chassez les Français, ils reviennent à vélo ! » Au matin du championnat du monde, on ne donne guère de chances aux coureurs tricolores. « Elles sont extrêmement réduites, souligne leur directeur technique, Jacques Anquetil. Je ne serais pas étonné si nous étions écrasés ! »
L'équipe de France a alimenté la chronique durant sa semaine de préparation, en réclamant un hôtel plus conforme à son standing que le dortoir de l'université locale ! L'immense public amassé autour du circuit de Montréal jase sur ces lointains cousins qui, pourtant, vont bientôt donner un magnifique récital…
Francis Campaner, récent vainqueur d'une étape du Tour de France, mène d'abord une échappée solitaire de cent vingt-huit kilomètres, avant que lui succède Bernard Thévenet sur cent dix kilomètres ! Épuisé, le Bourguignon cède à six kilomètres de l'arrivée (sur une distance totale de deux cent soixante-deux kilomètres). Seul Merckx, dans un effort titanesque, peut ramener le groupe de jonction. Dans celui-ci, on compte encore deux Français, Poulidor et Martinez, ainsi que l'Italien Santambrogio. Dans l'harassante rampe du Belvédère, il n'y a que Poulidor qui parvient à suivre le démarrage de Merckx. Le Belge s'envole pour son troisième titre mondial, comme Binda et Van Steenbergen avant lui. Poulidor et Martinez montent sur le podium. Les Québécois sont épatés par ces Français à vélo, jamais si forts qu'à l'instant d'une défaite annoncée. ❍

• Deux Français entourent Merckx sur le podium des championnats du monde : Poulidor, 2e, et Martinez, 3e.

● Le sprint de Paris-Roubaix est lancé. Roger de Vlaeminck, dans la roue de Merckx, va s'imposer de justesse devant Marc Demeyer et André Dierickx.

13 avril

La chance tourne

Au petit matin de Paris-Roubaix, il a regardé le ciel : il ne pleut pas, il peut donc courir. Merckx souffre du genou mais sa quête inapaisable le pousse à partir. Pour l'arrêter, il faut le hasard d'un pavé plus tordu que les autres. À sept kilomètres de Roubaix, le champion du monde signale une crevaison. Pour profiter de l'infortune, il n'y a que des « cadors » : De Vlaeminck, Dierickx, Demeyer. Merckx réalise alors une poursuite surhumaine. Quand il recolle, c'est pour attaquer immédiatement. Demeyer a senti le coup et De Vlaeminck fait le travail. À cet instant, Paris-Roubaix est sans doute perdu pour Merckx parce qu'un si gros effort se paiera au sprint final. Sur la ligne, le « Gitan » finit une demi-roue devant et remporte la classique pour la troisième fois. ❍

6 AVRIL

Verbeeck au premier rang

« Il n'y avait rien à faire contre lui. Eddy m'a usé jusqu'à la corde, il n'a jamais été aussi fort ! » Le bon Frans Verbeeck descend de vélo mais il ne tient plus debout. Pendant près de cent kilomètres, il a suivi héroïquement le sillage destructeur du Cannibale. « Pour la première fois de ma carrière, ma femme a dû conduire la voiture pour nous ramener à la maison », dit-il en souriant de cette journée qui appartient maintenant à la légende du Tour des Flandres.
Dans l'ego de Merckx, une victoire n'a de sens que si elle est conduite comme l'implacable démonstration de sa supériorité. Son échec inédit dans toutes les classiques de la saison 1974 lui donnaient une motivation supplémentaire. À ce titre, son succès dans Milan-San Remo ne l'a pas encore comblé.
Dès la première rampe du Kwarémont, à cent kilomètres de l'arrivée, l'inexorable commence. Le coup de pédale brutal devient si féroce que tous lâchent en quelques hectomètres, sauf Frans Verbeeck. Au sommet, devant la stèle à la mémoire du fondateur du Tour des Flandres, Karel Steyaert, présent ici comme un témoin pour l'Histoire, Merckx compte déjà une quinzaine de secondes d'avance. La poursuite emmenée par Maertens et Pollentier perd vite toute contenance. L'écart se creuse à mesure que les monts sont avalés.
Au bas du Grammont, les deux échappés possèdent une marge de 3 min 53 s. Pour donner un sens merckxien à sa victoire, le grand Eddy lâche Verbeeck à cinq kilomètres de l'arrivée. Celui-ci sait déjà que sa femme devra conduire la voiture ce soir… ❍

● Dans le Giro, Fausto Bertoglio crée la surprise en battant le grand favori, Baronchelli.

20 avril

Insolent !

Comme Paris-Nice ces deux dernières saisons, le Circuit de la Sarthe propose désormais un plateau open. On se focalise sur ces Soviétiques et ces Polonais qui découvrent le cyclisme professionnel et qui gagnent au passage une étape (la cinquième, au sprint, avec Szurkowski), sans remarquer qu'un grand champion français vient de naître sur les routes sarthoises. Il a 20 ans, il est né dans les Côtes-d'Armor, il possède le caractère de granit d'un Breton fait d'un seul bloc ! En s'imposant dans le contre-la-montre, ce coureur du groupe Gitane-Campagnolo prend la première place du classement général. Peu lui importe les remontrances de ses aînés, leur ironie et leur suffisance, il ne la lâchera pas. On le trouve alors prétentieux, on raille son allure frondeuse. Ce gamin s'appelle Bernard Hinault. ❍

4 mai

La colère de Baronchelli

Ce dimanche, les conditions sont exécrables sur le Championnat de Zurich, la classique suisse. La pluie glaciale perturbe la course mais pas les fermes intentions de Gian-Battista Baronchelli. Il doit gagner, parce que ses employeurs attendent la confirmation de son talent. C'est pourtant Roger de Vlaeminck, qui s'impose au sprint devant Merckx et surtout Moser. Baronchelli accuse son brillant rival italien d'avoir lâchement attaqué au moment où il revenait dans le peloton, après une crevaison, et il ne veut pas lui pardonner : « Il connaissait ma situation et il en a profité. Je suis resté planté au moment décisif. Je m'en souviendrai... » Quelques jours plus tard, Moser ne prend pas le départ du Tour d'Italie, estimant que le tracé est trop favorable à Baronchelli... ❍

1er juin

Bordeaux-Paris décline

À 38,385 km/h de moyenne, Van Springel obtient un troisième succès dans la classique la plus difficile du monde. Mais Bordeaux-Paris mérite-t-elle encore cette appellation ? Dix coureurs seulement se présentent au départ, révélant un peu plus le caractère anachronique de cette course. À l'arrivée, le Belge précède son équipier Delépine de 8 min 2 s ; le sixième et dernier rescapé, Jean-Pierre Danguillaume, termine à plus d'une heure ! « Le secret Hermann méritait des adversaires au niveau de ses qualités, écrit le lendemain Jacques Goddet dans *L'Équipe*. Privé, hélas, de toute menace, il n'eut à affronter que lui-même... » L'édition 1975 affaiblit encore la crédibilité de Bordeaux-Paris, qui vit ses dernières saisons, tout comme Van Springel. ❍

31 MAI

Bertoglio par défaut...

L'organisateur du Giro, Vicente Torriani, est toujours très soucieux de satisfaire le besoin d'idoles du public italien. Il modèle le parcours de sa course en spéculant sur les héros possibles. Après l'émotion provoquée l'année précédente par l'affrontement de Baronchelli et de Merckx aux Trois Cimes de Lavaredo, il a décidé que le Tour d'Italie 1975 serait fait pour Gibi, à qui l'on réserve une étape finale au Stelvio ! Première déconvenue pour Torriani : Eddy Merckx, malade, renonce à participer quelques jours avant le départ. La revanche attendue n'aura pas lieu. Autant de gagné pour Baronchelli... La première moitié de la course est dominée par le Belge Roger de Vlaeminck, qui a déjà remporté cinq étapes (il en gagnera sept au total), et par l'Espagnol Francisco Galdos, qui contrôle le classement général depuis dix jours.

Les espoirs de l'Italie tournent à une colère aigre. Baronchelli n'assume pas son statut de favori. Gimondi ne croit plus en ses chances. Heureusement, le destin sourit à Torriani, qui a concocté deux étapes successives déroutantes : un contre-la-montre en plat d'abord, dont Giovanni Battaglin ressort avec le Maillot rose, puis, ce 31 mai, un contre-la-montre en côte ! Il s'agit de grimper le Ciocco, une pente méchante de treize kilomètres. Le vainqueur ? Un obscur, un modeste, le Brescian Fausto Bertoglio, qui n'avait jamais rien gagné de notable. Pour six secondes, il devient leader ; l'euphorie le porte jusqu'au Stelvio. Torriani a trouvé son Italien et l'Italie son héros par défaut : « Fausto come Coppi », crie tout le pays. ❍

• Merckx remporte en solitaire son deuxième Tour des Flandres.

• Baronchelli en tête dans le Tour de Romandie.

● À l'arrivée de la quatrième étape au Mans, Esclassan se jette en premier sur la ligne, avec Van Linden à sa gauche.

● Maillot jaune surprise à l'issue du prologue de Charleroi, le jeune Francesco Moser participe à son premier Tour de France.

26 juin

Moser débute en jaune

Dans Charleroi, on vibre à chaque coup de pédale d'Eddy Merckx, qui va triompher de ce prologue à travers la ville belge. Mais, à la stupeur générale, pour deux secondes, le champion belge laisse le Maillot jaune à un jeune Italien, qui dispute là son premier Tour de France. Francesco Moser est passé professionnel en 1973 et on a déjà remarqué sa classe autant que son verbe haut. Né dans la région de Trente le 19 juin 1951, Checco est le huitième enfant d'une famille qui se consacre au vélo. Son aîné, Aldo, a remporté le Grand Prix des nations 1959, Enzo et Diego, ses deux autres frères, ont mené eux aussi une carrière pro. Le petit dernier porte les plus belles promesses. Sur ce Tour, il remportera au finish une autre étape, à Angoulême, et il réussira à garder le Maillot jaune une semaine. Moser terminera 7e à Paris, mais le coureur italien ne reviendra jamais plus dans le Tour... ❍

30 juin

La guerre du sprint

Dans les premiers jours de course, deux batailles s'affrontent : celle, stratégique et méthodique, d'Eddy Merckx pour distancer ses adversaires avant la montagne ; celle, instinctive et hasardeuse, des sprinters qui courent pour la gloire d'une étape et pour endosser le Maillot vert. Au Mans, au terme de la quatrième étape, la guerre du sprint va devenir dramatique. Sur la large avenue où a lieu l'arrivée, Jacques Esclassan franchit la ligne le premier mais il touche Rik Van Linden, qui frotte à ses côtés. Le Belge chute lourdement et se blesse. Une ambulance tente alors de se frayer un passage dans une foule que les suiveurs ont rarement vu si importante sur une étape. Rik Van Linden repartira quand même. Quelques jours plus tard, dans le sprint de Fleurance-sur-Gers, c'est au tour de Jacques Esclassan de tomber mais, cette fois, le Français doit abandonner... ❍

11 JUILLET

Thévenet plus fort que Merckx

«Depuis des années, on attend que je m'effondre. Mais la défaillance n'est jamais venue. Pour être battu, il fallait que je tombe sur plus fort que moi. C'est fait, Bernard Thévenet était plus fort que moi ! » Avec la noblesse du champion, Eddy Merckx rend honneur à son vainqueur, Bernard Thévenet, qui, avec une égale modestie, lui retourne l'hommage : « Non, je ne suis pas de sa trempe. » Que s'est-il donc passé entre Nice et Pra-Loup dans cette quinzième étape ? Après une succession d'attaques portées par Thévenet dans le col des Champs, Merckx contre furieusement dans le col d'Allos et effectue une descente vertigineuse, la plus dangereuse de sa carrière. En bas, le Maillot jaune compte 1 min 01 s d'avance sur le Français et le Tour semble joué...
Comment Merckx a-t-il perdu ensuite toute contenance dans la dernière ascension vers Pra-Loup ? C'est le mystère de cette étape, son parfum unique. Gimondi est le premier à le doubler, suivi de Thévenet, qui comprend vite la formidable opportunité qui s'offre à lui. Le Bourguignon livre tout son être dans l'épreuve et personne ne lui résiste. Il gagne l'étape devant Gimondi, reprend 1 min 55 s à Merckx et s'empare du trône de leader. Un chapitre est tourné avec l'une des plus sensationnelles journées de l'histoire de la Grande Boucle : Eddy Merckx, défaillant quoiqu'il en dise, est devancé dans un grand Tour, pour la première fois ; Bernard Thévenet, plein d'admiration pour son adversaire, entre dans la légende du Tour. ❍

8 septembre

Recordite

C'est l'année des records, même si cette course-là n'aime pas en faire la comptabilité. « Classement, le vilain mot », clame Robert Lepertel, de l'Audax-Club parisien, qui organise Paris-Brest-Paris depuis 1931, cette épreuve singulière rassemblant randonneurs ambitieux et cyclotouristes du dimanche. Records donc, d'engagés (sept cent vingt) et d'arrivants (cinq cent cinquante-neuf). Record aussi pour le doyen Maury, qui mène ses 71 ans au bout des mille deux cent dix kilomètres, sous la durée requise des quatre-vingt-dix heures. C'est aussi louable que de finir en 43 h 27 min, nouveau record établi par les trois premiers concurrents, soit cinquante-quatre minutes de mieux que le précédent. C'est aussi l'esprit de Paris-Brest-Paris que de courir en équipe de trois. En haut du vilain classement : Cohen, De Munck, Truchi...

28 septembre

De Vlaeminck à l'hôpital

Après plusieurs examens approfondis, les médecins livrent un diagnostic accablant. Éric de Vlaeminck doit être interné dans le service psychiatrique de la prison de Gand. À 30 ans et après sept titres de champion du monde de cyclo-cross, la carrière d'un des plus grands champions belges prend un tournant terrible, mais guère inattendu. Depuis plusieurs semaines, son comportement inquiétait ses proches. Il avait même menacé son père avec un couteau ! Alertée par la Fédération belge, la police l'arrête en état de quasi-démence. Une folie qui peut s'expliquer par l'usage de produits dopants pendant des années. Après un deuxième séjour en psychiatrie, il sera encore interpellé par la douane belge avec une valise pleine de pilules miraculeuses...

Entouré de journalistes, Eddy Merckx regarde à la télévision la tentative de Schuiten contre son record de l'heure.

31 OCTOBRE

Un télespectateur attentif

Avec le fantastique Patrick Sercu, Merckx compose une équipe imbattable aux Six Jours de Grenoble. Mais ce vendredi-là, il songe à une autre piste, plus lointaine mais familière, celle du vélodrome Augustin-Melgar de Mexico, où Roy Schuiten tente de battre son record de l'heure. Les bras croisés sur la table, assis dans l'axe de la télévision, Eddy regarde comme un enfant sage la retransmission de l'épreuve, en direct depuis le Mexique. Il se revoit trois ans plus tôt, dans cette heure affreuse et magnifique qui lui fit dire : « Je ne recommencerai jamais ! » Schuiten a-t-il vraiment mesuré l'ampleur de sa tâche ? Champion du monde de poursuite professionnel depuis quelques semaines, le Néerlandais a réalisé une fin de saison époustouflante, s'illustrant spécialement dans le Grand Prix des nations, le 5 octobre, où il a roulé à 45 km/h de moyenne. Tout semble en place pour la tentative. Peter Post, son directeur sportif chez Raleigh, est persuadé que le moment est venu : « Avec ce qu'il a fait en deux heures sur la route au Grand Prix des nations, Roy est capable en une heure de monter sur la piste à plus de quarante-neuf kilomètres. » Mais on n'improvise pas un record de l'heure, et Schuiten vit une terrible désillusion ce 31 octobre. Son retard sur Merckx devenant vite insurmontable, il préfère renoncer. Le 2 novembre, il entreprend deux nouvelles tentatives, en vain. Chaque fois, il s'arrête découragé. Eddy Merckx n'a pas suivi jusqu'au bout le pari du jeune Hollandais de 24 ans. Le record lui appartient encore et il se contente d'une phrase, dans sa vertueuse indulgence : « Dommage pour lui ! »

Dans la montée vers Pra-Loup, un moment historique : Thévenet lâche Merckx pour le Maillot jaune, infligeant ainsi sa première défaite au « Cannibale » dans un grand Tour.

Eddy Merckx mène le peloton sur les routes du bord de mer, avant de placer son attaque décisive dans le Poggio, théâtre de sa septième victoire dans Milan-San Remo.

La France cycliste se découvre un nouvel espoir, Michel Laurent, vainqueur de Paris-Nice à 22 ans.

14 MARS

Le phénix du col d'Èze

C'est un bon jour pour voir triompher la jeunesse et s'annoncer le renouveau du cyclisme français. Après un premier secteur entre Seillans et Nice, remporté par Sibille, Paris-Nice s'achève par le contre-la-montre du col d'Èze. Dans le froid, Ocaña, Zoetemelk, Kuiper, Poulidor flanchent et, devant le jeune Bernard Vallet, en tête à mi-parcours, c'est Michel Laurent qui réalise le meilleur chrono. Il parcourt les 9,5 kilomètres dans le temps de 20 min 51 s, grâce à un effort magistral dans les derniers lacets de la montée légendaire. En remportant Paris-Nice à 22 ans, le jeune coureur de l'équipe Miko confirme son rang de grand espoir du peloton français. Pour accréditer cette renaissance tricolore, les suiveurs notent que Laurent a mené sa semaine avec la science d'un coureur chevronné. Mieux que les anciens, il a contenu son effort pour concentrer ses forces sur le jour décisif. L'ancien plâtrier de Bourbon-Lancy apprend vite. Après une saison prometteuse gâchée par l'inexpérience, un changement d'équipe salutaire a fini de le convaincre que son potentiel est bien celui d'un champion. Reste à acquérir une méthode et son intelligence l'y dispose bien, guidé par les conseils du savant Jean de Gribaldy, le faiseur de rois. C'est avec lui que Michel Laurent a passé sa dernière heure, dans sa chambre d'hôtel de Nice, avant le contre-la-montre d'Èze. C'est avec lui qu'il analyse ses chances de victoire. Le Vicomte redoute le trac de son jeune poulain à l'instant crucial. Il découvre un champion conscient de l'enjeu et, en même temps, très tranquille, deux qualités d'avenir… ❍

19 mars

Vandenbroucke ne regrette rien

L'année précédente, il avait piégé tout le monde au sommet. Cette fois-ci, le « Cannibale » s'en va au pied du Poggio ! Après des secousses en bord de mer, Merckx plante ses poursuivants d'un coup de reins impétueux. Combien, avant la course, spéculaient sur son déclin amorcé ? Le voilà envolé vers le record des victoires. À son démarrage, seul répond le jeune Jean-Luc Vandenbroucke, qui le rejoint au milieu de la montée. Il faut recourir au sprint : « Je l'ai lancé pour la forme, raconte Vandenbroucke, je savais comment l'affaire tournerait ! Mais je ne regrette rien, c'est extraordinaire de terminer mon premier Milan-San Remo derrière lui… » Lui, c'est Merckx l'indomptable, qui, sur la ligne, ferme le poing sur sa septième victoire. ❍

4 avril

Merckx à pied

« Quand j'ai vu Godefroot chuter en travers devant moi, j'ai pensé que la course était finie. Nous sommes tombés à plusieurs et la pente était trop forte pour remonter sur le vélo ! » La main droite sur la selle, la main gauche agrippant le guidon, Merckx monte à coup de foulées saccadées le Koppenberg. Beaucoup redoutaient cette difficulté inédite du Tour des Flandres, qui surgit après un virage serré ! Situé à quatre-vingt-dix-huit kilomètres de l'arrivée, fait de mauvais pavés et d'herbes folles, le Koppenberg ne décide pas de la victoire. Mais il peut faire perdre la course. Eddy Merckx ne parviendra pas à boucher la cassure provoquée par la chute. Cinq coureurs sont partis vers Meerbeke : De Vlaeminck, Maertens, Demeyer, Moser et Walter Planckaert, « planqué » jusqu'à l'arrivée et qui ravit la victoire. ❍

15 avril

Joop sifflé

C'est un bras d'honneur qui n'honore guère un si beau vainqueur. Mais Zoetemelk n'en peut plus d'entendre les insultes de la foule, jusque sur la ligne d'arrivée. Depuis son échappée, dans la côte de Stockeu, il a résisté cinquante kilomètres à la chasse de Merckx, de Maertens et de Verbeeck, ainsi qu'à la fureur du public. Belges et Hollandais ne s'aiment pas et le cyclisme sert souvent d'exutoire à cette hostilité. L'antagonisme sportif remonte au Tour de France 1969, qui, sorti de ses frontières, a emprunté les routes des deux pays. À Maastricht, Merckx, vêtu de son premier Maillot jaune, est conspué par les Hollandais. Choqué, le jeune Belge désigne « ce Zoetemelk qui ne prend jamais de relais » à la vindicte de ses compatriotes. Depuis, tous les succès du bon Joop sont salués par des sifflets ! ❍

12 mai

Un jour maudit

Avant le départ de ce Tour d'Espagne, il a désigné deux coureurs à battre, Thurau et Kuiper, mais oublié son obscur compatriote José Pesarrodona. Dans cette quinzième étape, entre Gijón et Cangas de Onis, Luis Ocaña, fidèle à ses plans, s'occupe de l'Allemand, semé dans le col de Fito. Les suiveurs retrouvent l'Espagnol dominateur et implacable du Tour 1971. Puis, inexplicablement, on le voit freiner son ardeur offensive. Ocaña commet une faute très chère : « S'il avait attaqué une fois de plus, nous aurions tous subi le sort de Thurau et perdu définitivement le Tour d'Espagne », explique Kuiper. Les derniers jours ont ruiné sa motivation et il flanche dans le contre-la-montre décisif de San Sebastian. La gloire va à Pessarodona, que le vaincu maudit dans sa douleur : « Il a attendu son heure comme un chacal ! » ❍

● Eddy Merckx vient de chuter et le mur du Koppenberg est trop abrupt pour qu'il espère se remettre en selle.

9 MAI

La révélation tardive de De Muynck

On connaît l'équipier de Roger de Vlaeminck chez Brooklin, le groupe italien dirigé par Franco Cribiori, qui l'estime. On ne consulte jamais son palmarès, où figure une victoire dans la Flèche Brabançonne en 1973. On sait encore que le gabarit léger de ce coureur de presque 28 ans, professionnel depuis quatre saisons, le prédispose à grimper correctement. En six jours, sur le Tour de Romandie, Johan De Muynck va quitter le commun des coursiers et atterrir sur la planète des stars du cyclisme. Devant l'incrédulité du peloton et des suiveurs face à une si soudaine et si violente démonstration, le coureur belge assure que les circonstances lui ont simplement manqué dans le passé : « J'ai toujours travaillé pour des leaders, je n'ai jamais eu la chance de me montrer. Mais je me suis toujours considéré comme un bon coureur, dès mes années d'amateur. » Dans la deuxième étape, avec une arrivée en côte à Leysin, il plante 1 min 02 s à son patron et à Merckx ! Quatrième étape : à Neufchâtel, le *gregario* devance encore de plus d'une minute De Vlaeminck. Le « Gitan » s'irrite des libertés que prend cet équipier qui sort de sa condition, et il déclenche une série d'attaques contre celui qui porte le même maillot que lui ! Rien n'y fait, De Muynck s'impose dans le contre-la-montre final et ajoute une ligne inattendue à son maigre palmarès. On ajoutera accessoirement que De Vlaeminck décide de ne plus lui adresser la parole ! ❍

● Joop Zoetemelk dans les derniers kilomètres de la Flèche Wallonne. Sa journée sous les sifflets du public a été un calvaire.

● À plus de 48 km/h de moyenne, Freddy Maertens s'impose dans le contre-la-montre du Touquet et consolide son Maillot jaune.

● C'est le jour de gloire de Lucien Van Impe, seul dans la montée du Pla-d'Adet, comme un héros du Tour de France.

27 juin

Le jaune sied à Freddy

Avec le forfait d'Eddy Merckx, le Tour de France s'ouvre sans favori, dans une douce ivresse de l'inconnu. Les premiers jours s'offrent à Freddy Maertens, si brillant depuis le début de la saison, qui veut accumuler les points pour le Maillot vert et qui enlève le prologue et la première étape au sprint. Vient ensuite le rendez-vous du contre-la-montre au Touquet, un parcours qui saute de dune en dune sur trente-sept kilomètres. En jaune, Freddy Maertens réalise un chrono absolument époustouflant, à plus de 47 km/h de moyenne. Sa place de leader, devant son équipier Pollentier, à 1 min 58 s, est renforcée. Il lui faut s'attacher maintenant à sauvegarder son maillot. En reléguant Bernard Thévenet à 3 min 23 s dans ce contre-la-montre, Freddy Maertens démontre en tout cas que le siège de vainqueur est vacant... ❍

10 juillet

Merci Guimard

« Quand j'ai aperçu la voiture, je me suis dit : "Oh ! Là je vais me faire engueuler !" Alors j'ai attaqué ! » Dans sa candeur magnifique, Lucien Van Impe avoue qu'il doit son nouveau Maillot jaune à la clairvoyance et à la colère de son directeur sportif. Par deux fois, Cyrille Guimard a en effet envoyé ses coureurs, les membres de l'équipe Gitane, pour appeler leur leader à l'attaque, mais en vain. Il aura donc fallu qu'il pousse un coup de gueule ! Avec cette Grande Boucle 1976, Guimard débute magistralement sa nouvelle carrière de directeur sportif. Au début de la saison, celui qu'on surnommait le « Petit Poucet », puis le « Petit Napoléon », a raccroché son vélo sur une victoire (le championnat de France de cyclo-cross) et remplacé Jean Stablinski à la tête de Gitane. Van Impe n'hésite pas : « Grâce à Guimard, j'ai pris conscience de mes possibilités. » ❍

10 JUILLET

Van Impe au ciel

Debout sur sa machine, dans le décor solennel des sommets pyrénéens, un petit homme monte au ciel des héros du Tour de France. Sur ce terrain grandiose, qui délimite les frontières de son territoire, Lucien Van Impe s'en va pour une quête supérieure, un achèvement. On ne lui prête que de modestes ambitions, l'honneur de servir un leader contre de secondaires récompenses, comme ce maillot de meilleur grimpeur qu'il a déjà remporté trois fois en cinq ans. À 30 ans, il est temps pour lui d'accomplir son destin, dans un Tour montagnard, à sa mesure. Son jour arrive dans la quatorzième étape, qui conduit le peloton vers Saint-Lary-Soulan. Raymond Delisle est en jaune, Van Impe, placé en embuscade, à 2 min 14 s. Dans le col du Portillon, le Belge passe à l'attaque, alors que les échappés matinaux (Danguillaume et Sibille dès le sixième kilomètre) étirent leur avance. Dans Peyresourde, Van Impe raccroche Ocaña et tous deux déclarent l'emballement général contre un Zoetemelk courageux, mais diminué par une blessure à la selle. Reste la montée du Pla-d'Adet, où le petit grimpeur de Méré se conduit comme un vainqueur du Tour de France. Son ascension solitaire et fulgurante le plonge dans la légende de la course, un au-delà qu'il se croyait incapable d'atteindre. Jusqu'au bout, les suiveurs ont douté de la réelle envergure d'un homme à la motivation vacillante, qui perdit en partie l'édition 1975 par peur, dans la crainte du grand Eddy. Débarrassé de Merckx, Van Impe devient lui-même premier du Tour... ❍

16 juillet

Poulidor ou Delisle ?

Depuis Saint-Lary, la lutte pour la troisième place tient la France en haleine. « Désormais, il ne s'agit plus de lancer n'importe quoi, il faut agir », assène Poupou. La vingtième étape doit régler une rivalité qui tourne à la querelle franco-française. Sur les pentes du Puy-de-Dôme, calés dans les roues de Van Impe et de Zoetemelk, Poulidor et Delisle se marquent jusqu'à l'épuisement. Le Normand craque le premier mais le Limousin ne tient guère plus longtemps : il reprend tout de même trente minutes à Delisle ! « Nous en terminerons à Paris », clame Poupou. « Rien à faire, il ne passera pas, plutôt m'effondrer sur les Champs-Élysées », réplique Delisle. Dans le contre-la-montre final, Poulidor obtient, à 40 ans, son huitième podium du Tour ! ❍

5 septembre

Maertens à maturité

Depuis sa fulgurante intrusion parmi les as dans le Mondial 1973 où, à 21 ans, il a laissé la première place pour un rien à Gimondi, on sait que le championnat du monde est une course pour Freddy Maertens. À Ostuni, dans le sud de l'Italie, tout est prêt pour sa victoire. C'est d'abord De Vlaeminck qui a été écarté par sa fédération après son forfait au Mondial de cyclo-cross. C'est ensuite, après de longues négociations, l'union des fortes personnalités de l'équipe autour de Freddy. Un pacte qui tiendra pendant toute la course. Ainsi voit-on Merckx bloquer toutes les contre-attaques derrière son équipier. Il ne reste plus à Maertens qu'à battre son compagnon d'échappée, Francesco Moser. Il est trop fort ce jour-là pour que quelqu'un lui résiste… ❍

● À la fin d'une saison exceptionnelle, Freddy Maertens devient logiquement champion du monde, devant Moser impuissant.

30 SEPTEMBRE

Rachel Dard ou l'affaire du courrier de Dax

Avec son physique de jeune premier, ovationné sur le podium de l'Étoile des Espoirs, où il vient de gagner l'étape de Dax, Rachel Dard songe à sa nouvelle vie, à l'avenir prospère que lui promet sa carrière professionnelle. Quelques heures plus tard, c'est un nouvel épisode du roman noir du cyclisme français qui s'écrit. Au contrôle antidopage, le docteur Bruno Chaumont le surprend, avec son équipier Bernard Bourreau, en flagrant délit de fraude. Les deux Peugeot camouflent une poire remplie de l'urine d'un autre ! Sous la menace, le médecin accepte d'étouffer son rapport. L'affaire devient ubuesque quand les coureurs réalisent qu'il leur faut aussi faire disparaître les flacons scellés vides, qui vont provoquer la suspicion. En voiture, Dard rallie Paris à toute vitesse, pour précéder le docteur Chaumont parti en train ! À la gare d'Austerlitz, nouvelle tractation et les flacons finissent à la poubelle !
Bourré de remords, Chaumont finit par raconter toute l'histoire dans un article retentissant de *L'Équipe*. La fédération sanctionne les coureurs, comme le médecin, et elle demande à la justice d'enquêter. Le président Dussaix veut « entreprendre une œuvre d'assainissement ». Rachel Dard, lui, a décidé de dévoiler les pratiques les plus secrètes du peloton, de l'usage d'amphétamines ou de corticoïdes à la manière d'escamoter les contrôles.
Ce grand déballage divise le cyclisme français : malgré le soutien de Caput, de Guimard ou de Poulidor, le jeune coureur se retrouve seul. Les coureurs se serrent les coudes devant la discrimination dont le cyclisme est victime par rapport aux autres sports. La purge n'aura pas lieu, sauf pour Rachel Dard. ❍

● Rachel Dard vient de remporter une étape de l'Étoile des Espoirs. C'est encore le temps du bonheur et de la gloire naissante.

La nouvelle équipe Fiat pose au grand complet, avec Eddy Merckx au centre.

Jan Raas remporte son premier grand trophée international avec Milan-San Remo.

19 janvier

Merckx rempile

Plus de mille personnes se pressent autour d'Eddy Merckx. Malgré une saison 1976 manquée, l'aura du champion belge est intacte et la présentation de sa nouvelle équipe Fiat suscite une énorme curiosité. La firme italienne s'est engagée pour trois ans dans le cyclisme mais le « Cannibale » a signé pour une saison seulement. Il y a là ses fidèles Bruyère, De Schoenmaker, Janssens… Et puis un coureur français, Robert Bouloux, au chômage depuis deux ans et qui n'en revient toujours pas d'intégrer une telle formation. « Équipier d'Eddy Merckx, vous pensez ! Ça m'impressionne, c'est vraiment une grande entreprise. Des peignoirs de bain superbes, un costume de ville. Même sur nos chaussettes, ils ont inscrit Fiat ! » Raphaël Géminiani, nommé directeur sportif, n'est pas moins euphorique : « Il faudra le battre, Merckx, au prochain Tour de France… »

19 mars

La victoire préméditée de Raas

Les lunettes, qui le font paraître plus âgé, lui confèrent une certaine austérité. Le jeune Jan Raas, champion des Pays-Bas 1976, s'en accommode, sa méthode tenant du professionnalisme le plus rigoureux. Dans la semaine qui précède Milan-San Remo, que les suiveurs ne lui destinent pas vraiment, il visionne les films des victoires de Merckx et en retire la conviction qu'il peut gagner dans la descente du Poggio, à la manière du grand Eddy. Lorsqu'il parvient au sommet, la situation est mûre : Raas accompagne l'Italien Perletto et précède Moser, Maertens, De Vlaeminck et Merckx de quelques longueurs. Devant le « Cannibale », pris à son propre jeu, il plonge comme un beau diable, négocie les virages à la corde, prend tous les risques et préserve sa première place jusqu'à la Via Roma…

19 AVRIL

L'avènement international de Bernard Hinault

Pour ses deux premières années professionnelles, un coureur ambitieux se signale en France par quelques victoires intéressantes : Circuit de la Sarthe, Tour de l'Aude, Tour du Limousin, Paris-Vimoutiers. Au championnat du monde 1976, il termine 6e et premier Français. Bernard Hinault, né à Yffiniac le 14 novembre 1954, vient de se faire remarquer en renonçant au Tour des Flandres, contre l'avis de son directeur sportif Cyrille Guimard, qui lui expédie en retour une lettre d'avertissement en recommandé ! Ce Breton a du caractère et il a l'occasion de le montrer dans Gand-Wevelgem, organisé deux jours seulement après Paris-Roubaix, ce qui oblige Maertens, Merckx, De Vlaeminck, à renoncer. Fougueux, le jeune Hinault lance plusieurs assauts désordonnés, et Guimard doit intervenir pour le calmer ! Son attaque décisive a lieu dans la commune de Wervick, à vingt kilomètres de l'arrivée. Seul devant tous, il rallie Wevelgem avec une avance de 1 min 42 s sur l'Italien Algeri. Treize ans après Jacques Anquetil, un Français s'impose à la surprise générale. La victoire ayant été obtenue contre un peloton diminué de ses meilleurs éléments, les suiveurs demandent confirmation, le dimanche suivant, dans Liège-Bastogne-Liège. Dans des conditions climatiques éprouvantes, Hinault s'y impose au sprint devant Dierickx, De Vlaeminck, Thurau, Maertens et Merckx ! Extraordinaire accomplissement, qui installe un Français de 22 ans au plus haut niveau international.

4 juin

À l'assaut !

À la sortie d'un virage, interloqués, les suiveurs du Dauphiné assistent au plongeon spectaculaire du leader dans un ravin. Incrédules, ils le voient repartir sur un vélo de secours quarante secondes plus tard ! Dans cette sixième étape, échappé depuis le col de Porte, l'incroyable Bernard Hinault n'est pas encore parti à l'assaut de la Bastille quand, nouveau coup de théâtre, il craque et met pied à terre, pris de tremblements : « J'abandonne ! » Écoutant son instinct plus que les plaintes de son coureur, le mécanicien de la formation Gitane entreprend de relancer Hinault. Il le fait courir dans la montée, son vélo à la main, avant de le planter sur sa selle ! Dans une demi-inconscience, le Breton atteint le sommet devant Van Impe et Thévenet. Il remporte le Dauphiné avec neuf secondes d'avance sur le leader des Peugeot. ❍

● Bernard Hinault veut abandonner le Dauphiné dans la Bastille, mais son mécanicien sauve sa victoire dans le Dauphiné en le forçant à courir.

7 juin

Pollentier d'Ampezzo

Après sept victoires retentissantes, Maertens chute au dixième jour et abandonne le Giro. Michel Pollentier, son équipier et ami, doit continuer mais la foi n'y est plus. Le Tour d'Italie est maintenant promis à Francesco Moser et la dix-septième étape, décisive, vers Cortina d'Ampezzo doit conforter son Maillot rose. Mais Moser est réduit à l'impuissance dans la montée finale du col de Druscie, en dépit des voitures auxquelles il s'accroche et des spectateurs qui le poussent sans pudeur. C'est le jour de Pollentier, ce « laquais » de Maertens ! Pour trois secondes, le Belge prend la place de leader, qu'il ne lâchera pas jusqu'à l'arrivée de Milan. Il s'excuse : « Freddy est le meilleur, je ne suis que son équipier. Je vais reprendre mon rôle… » ❍

JUILLET

Le Tour empoisonné

TOUR DE FRANCE

La blague ferait sourire si elle ne venait pas d'un des médecins de la course : « Savez-vous combien de coureurs ont été contrôlés positifs ? Cinquante-trois exactement ! » Le chiffre est exactement celui des concurrents qui terminent ce Tour de France 1977. Pendant trois semaines ont circulé les rumeurs les plus odieuses, les bruits les plus scabreux. Dans cette atmosphère détestable, une liste noire des dopés circule même dans les derniers jours de course. Ce climat de suspicion et de délation force la direction du Tour à annoncer publiquement les noms des coureurs mis en cause. Ils sont cinq, tous espagnols et portugais ! Il s'agit de Luis Ocaña, d'Antonio Menendez, de Joachim Agostinho, de Fernando Mendes et de Sebastien Pozo.
Des pénalités leur sont appliquées, ainsi qu'à Joop Zoetemelk, qui vient d'être reconnu officiellement positif à la suite du contrôle effectué après son contre-la-montre victorieux de Morzine-Avoriaz. Dans l'ambiance délétère de la caravane, le Néerlandais crie son innocence et accuse une main inconnue d'avoir provoqué l'étrange défaillance de toute son équipe, Miko-Mercier, dans la dix-septième étape, celle de l'Alpe-d'Huez… Son directeur sportif, Louis Caput, a plusieurs fois dénoncé les pratiques de plusieurs des formations du peloton. Dans cette édition 1977, qui ne présente de surcroît qu'un intérêt sportif limité, tous ces règlements de compte sur fonds de dopage laissent un goût extrêmement amer. ❍

● Michel Pollentier se détache dans le col de Druscie. C'est l'instant décisif où l'équipier de Maertens devient leader du Giro.

On reconnaît Merckx et Thévenet mais c'est Villemiane, tête baissée, qui finit 2e dans le sillage irrésistible de Thurau.

En terrien fidèle, Raymond Poulidor a pris sa retraite dans un sous-bois, à Wambrechies.

2 juillet

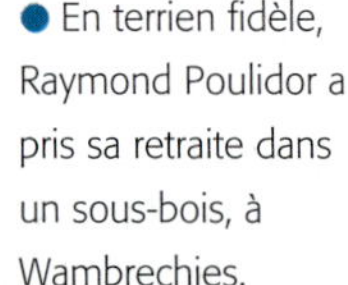

Thurau, leader d'apparat

Son maillot de lumière le pousse plus loin que ses qualités de coureur. Le beau Dietrich Thurau aime la position de leader que lui a conféré sa victoire dans le prologue de Fleurance, et il entend bien en prolonger le plus longtemps possible les voluptés ! Cette étape pyrénéenne, entre Auch et Pau, survient trop tôt pour déclencher la bagarre des favoris ; elle s'achève au sprint et le jeune Allemand règle dans un mouchoir Villemiane et Merckx. Plus tard, Thurau remportera magistralement le contre-la-montre de Bordeaux, et parcourera la treizième étape, allemande, en triomphateur. Son aventure en jaune dure quinze jours, jusqu'aux Alpes où il cède la place à Thévenet, pour onze secondes. Pour sa première participation au Tour de France, la réputation de l'Allemand est faite. Tout est allé très vite, trop vite sûrement…

19 juillet

Kuiper vainqueur d'un jour

Son attaque magnifique le hisse en vainqueur jusqu'à l'Alpe-d'Huez, malgré la poursuite acharnée de Bernard Thévenet. Le Français parvient à conserver son Maillot jaune pour huit secondes et Hennie Kuiper perd sa plus belle carte dans le Tour de France. Coureur complet, aussi excellent grimpeur qu'il est bon rouleur, le Néerlandais possède le bagage d'un vainqueur de la Grande Boucle. Mais il laisse passer sa chance dans cette édition 1977. Il est vrai, à sa décharge, que le patron de l'équipe Raleigh, Peter Post, a choisi une stratégie contestable : pour défendre à tout prix le Maillot jaune de Dietrich Thurau, il s'est refusé à lancer une offensive générale contre Thévenet, une démarche qui aurait sans doute bénéficié à Kuiper. Pour quelques secondes, le champion du monde 1975 s'incline dans un Tour à sa portée.

19 JUILLET

Les derniers feux

Son calvaire commence dans le col de la Madeleine. La bouche grande ouverte, pour attraper le moindre filet d'air, il donne l'impression d'être asphyxié. Eddy Merckx est malade mais, surtout, il ne passe plus la haute montagne : dans la montée du Glandon, le « Cannibale » vacille sur son vélo ; il vit cet instant si pénible à un grand champion : l'évidence d'un irréparable déclin. Il termine 20e de cette dix-septième étape Chamonix-L'Alpe-d'Huez, à 13 min 10 s de Kuiper ! Le voilà relégué à 16 min 12 s de Bernard Thévenet au classement général. Bien qu'il se soit repris dans le final, montrant un courage incroyable, cette journée constitue le point final d'une fin de carrière douloureuse, qui le voit ne remporter dans l'année que le Tour méditerranéen. Aux journalistes, il assure pourtant que cette contre-performance n'est qu'accidentelle. Souffrant d'indigestion depuis la veille, où il a déjà perdu plus de deux minutes sur les favoris, il veut convaincre que cette indisposition est la seule cause de sa défaillance. Le soir même, à l'hôtel où est descendue l'équipe Fiat, il confie à son directeur sportif, Raphaël Géminiani, qu'il ne quittera pas le Tour de France sur cette impression et qu'il reviendra l'année prochaine.

Le lendemain, au départ de Voiron, cette information est rendue officielle. Elle laisse incrédule tous les suiveurs mais, dans un dernier défi, comme l'ultime rémission d'un immense champion, Eddy Merckx, détaché, termine 3e cette étape vers Saint-Étienne, reprenant presque cinq minutes aux leaders…

2 septembre

Moser controversé

Comme en 1976 face à Maertens, on ne donne guère de chances à Francesco Moser contre Dietrich Thurau, dans ce final du circuit de San Cristobal. Plus rapide, l'Allemand doit s'imposer mais voilà que ses forces déclinent inexorablement. L'Italien gagne sans difficulté mais pas sans aigres commentaires. Jacques Anquetil, par exemple, met en cause l'aide apportée à l'équipe d'Italie par plusieurs de ses adversaires. En fait, de nombreux observateurs dénoncent la formule du championnat du monde par équipes nationales, qui interfère avec les habitudes des marques. C'est ainsi que Maertens fait courir Kelly, son équipier irlandais de Flandria, contre son compatriote Merckx! Le palmarès retient en tout cas le premier titre mondial de Francesco Moser...

8 octobre

Sous la pluie

À Côme, ils ne sont que vingt-six à l'arrivée. C'est dire si ce Tour de Lombardie, disputé sous une pluie torrentielle, s'est offert à un vaillant coureur. Moser, Maertens et De Vlaeminck passant la journée à se marquer, la place est donc libre pour un intrus qui dérangerait le combat des chefs. Le « Gitan » autorise ainsi son équipier De Witte à lancer une offensive, que Gian-Battista Baronchelli suit aussitôt. Le bel espoir de Cenesara, celui que tout un pays voyait gagner le Giro 1974 contre Merckx, a traîné sa carrière au gré de victoires plus secondaires, particulièrement dans les classiques italiennes. À tout prendre, le Tour de Lombardie est presque la plus belle! Dans la côte de San Fermo, la dernière difficulté, Baronchelli finit par lâcher De Witte. Le voilà seul, faisant danser son vélo sur la route de Côme...

25 DÉCEMBRE

Poupou met son vélo au clou

Dans la maison familiale, le Noël du petit Raymond avait un goût de chocolat et d'orange, les deux cadeaux que lui offraient ses parents, ouvriers agricoles. C'était à la fois modeste et merveilleux. Le 25 décembre 1977, Poupou fait une dernière fois l'ouvrage, dans le Nord, à l'occasion du cyclo-cross de Wambrechies. Une sortie également modeste et merveilleuse, un peu d'histoire de France. Avec un spécialiste, Alex Gérardin, comme équipier, il se classe 7e, juste derrière la paire Vandenbroucke-Wilhelm. Raymond Poulidor range son vélo dans le coffre de sa Mercedes, y enfermant vingt-six ans de cyclisme et dix-huit saisons de professionnalisme. L'éternel second a en réalité beaucoup gagné et son palmarès est prestigieux : « Cette réputation me vient du Tour de France, que je n'ai jamais remporté. Et les gens en oublient toutes mes victoires. Ma plus belle, c'est mon premier Paris-Nice contre Merckx! » Poulidor a connu plusieurs générations de coureurs : Coppi, Bobet, Anquetil, Merckx et Hinault! Mais c'est sa grande rivalité avec Anquetil qui s'impose : « En fait, on charriait plus Jacques que moi. Les gens n'aiment pas trop les êtres exceptionnels. Moi, j'étais le Français moyen, qui avait les pépins de tout le monde. Nous nous sommes réconciliés grâce à sa petite fille Sophie. Un jour, en me voyant sur la route du Tour, elle crie : "Vas-y Poupou!" Le soir, il vient me voir à l'hôtel : "Ce n'est pas possible, tu m'as emmerdé dix ans sur le vélo et maintenant, ma fille dit Poupou avant papa!" Ce jour-là, nous sommes devenus amis! »

• Dans les rues de San Cristobal, au Venezuela, Dietrich Thurau et Francesco Moser sont maintenant seuls pour se disputer le titre mondial.

• Baronchelli (au centre) est encore accompagné de Saronni (à sa droite), mais c'est en solitaire qu'il ralliera Côme pour gagner le Tour de Lombardie.

● Sur les pavés de Paris-Roubaix, le Maillot arc-en-ciel de Moser s'envole vers sa première victoire dans cette classique.

16 avril

Les pavés pour lui tout seul

Sous le maillot Sanson, ils sont deux à vouloir la victoire. M. Sanson, le riche commanditaire de l'équipe italienne, a donc dû faire son choix : puisque De Vlaeminck a déjà quatre Paris-Roubaix au compteur, qu'il vient d'enlever son deuxième Milan-San Remo, le tour de Franscesco Moser est venu. À vingt et un kilomètres de l'arrivée, le champion du monde passe donc à l'attaque sous la protection bienveillante du Belge. Seul sur les pavés, il donne toutes ses forces pour cette course tant désirée. Maertens entreprend la chasse mais elle est condamnée sans la collaboration du « Gitan », qui avouera : « Freddy n'a jamais été en mesure d'organiser une poursuite sérieuse. Moi, j'aurais pu accompagner Francesco sans difficulté. » Moser arrive au vélodrome 1 min 4 s devant son équipier, qui règle le sprint pour la deuxième place. Les deux meilleurs ont gagné… ❍

● Dans la Flèche Wallonne, sous une pluie battante, Michel Laurent s'impose au sprint devant Baronchelli et Thurau.

20 avril

Michel Laurent comme une flèche

« Je ne pensais vraiment pas gagner ce sprint. Mais je me suis aperçu soudain que mes adversaires n'avançaient plus. Moi, je ne sentais plus la pédale sous le pied. J'ai pensé : pas possible, tu vas les dépasser ! » Les suiveurs sont rassurés et Michel Laurent lui-même est surpris par sa victoire ! Dans ce final de la Flèche Wallonne, il reste encore sept coureurs pour la gagne : Thurau, Kuiper, Zoetemelk, Pollentier, Knetemann, Baronchelli et le coureur de Peugeot. Quand Kuiper tente de jaillir, c'est Laurent qui le reprend. Quand Zoetemelk s'échappe, Knetemann fait la jonction.
À trois cents mètres de la ligne, le Français se dit qu'il a sa chance. Il déborde les favoris et gagne à la surprise générale. « C'est parfois bizarre, le cyclisme. On a toujours tort de ne pas jouer sa carte jusqu'au bout ! » ❍

14 MAI

Hinault impassible

Les organisateurs du Tour d'Espagne, déjà préoccupés par les graves difficultés financières de la course et son intérêt déclinant, n'en dorment plus la nuit : voilà que les problèmes politiques menacent les dernières étapes, qui empruntent les routes du Pays basque. Pour les autonomistes, la Vuelta est une tribune avantageuse. L'agitation culmine au moment du contre-la-montre final de San Sebastian. On envisage de l'annuler, mais un accord intervient avec l'organisation basque.
Bernard Hinault, lui, n'est guère perturbé par ces événements. La veille, entre Bilbao et Amurrio, il a affermi sa place encore précaire de leader et devance maintenant le Catalan Pesarrodona de 2 min 25 s. Le contre-la-montre (trente kilomètres en boucle dans la ville) apparaît alors comme une formalité. La pagaille règne sur le circuit : des pierres sont jetées sur quelques coureurs, des manifestants barrent la route à Jean-René Bernaudeau, qui ne peut repartir qu'après l'intervention de la police. Cet incident fait plonger l'équipier d'Hinault à la septième place du classement général. Cyrille Guimard, le patron des Renault-Gitane, porte réclamation et obtient gain de cause : le résultat de l'étape est invalidé et Bernaudeau est réintégré à son classement de la veille, la troisième place. Hinault, lui, a mis de toute façon une minute de plus à Pesarrodona. Il est le sixième Français à remporter une Vuelta électrique. On l'annonce déjà sur le Tour de France… ❍

18 MAI

La retraite du « Cannibale »

Quand il convoque les journalistes au Centre international de presse à Bruxelles, en ce jeudi après-midi, on sait bien qu'Eddy Merckx a une déclaration importante à faire. « Je vis la journée la plus pénible de ma vie », dit-il. Tout le monde a compris : le champion au plus beau palmarès de l'histoire du cyclisme met un terme à sa carrière. « Je m'étais fixé une date limite, le 15 mai, explique-t-il. Je ne peux plus me préparer pour le Tour de France, que je voulais disputer pour la dernière fois comme une apothéose. Après avoir consulté mes médecins, j'ai décidé d'arrêter la haute compétition. »
Ce jour de printemps arrive comme l'échéance inéluctable mais plusieurs fois repoussée d'un départ annoncé. Il fallait violer l'orgueil de Merckx pour le pousser à ranger son vélo. Tout part de cette étape du Tour 1977, à L'Alpe-d'Huez, où le déclin d'Eddy tourne au convoi funéraire. « Il n'est pas question pour moi de quitter le cyclisme ainsi, je reviendrai sur le Tour de France l'année prochaine », clame-t-il.
Pendant des mois, la raison et les recommandations de ses médecins ne pourront venir à bout de ce sursaut d'orgueil. Alors qu'il comptait s'arrêter à la fin de la saison 1977, Merckx se met en quête d'un nouveau sponsor (C&A) et se prépare dans le sud de la France. Il fait sa rentrée au Circuit de Waes, en Belgique, et annonce sa participation à l'Amstel Gold Race. Contraint d'y renoncer, il file en Suisse, en famille. « Pour faire le point », prévient-il. Il prend alors la décision de la sagesse. À 33 ans, l'homme est enfin parvenu à mater le « Cannibale ».

27 mai

Le Dauphiné sans les Renault-Gitane

Une grande course française peut-elle se priver de la meilleure équipe française du moment ? Au nom de grands principes et de vieux contentieux, le Dauphiné se passe des Renault-Gitane. Dans son programme de préparation au Tour, Bernard Hinault, auréolé de son triomphe à la Vuelta, préfère disputer le Tour de Suisse plutôt que le Dauphiné. Colère des organisateurs, qui récusent les Renault-Gitane en guise de représailles. L'affaire émeut le peloton qui condamne ce diktat, d'autant que l'épreuve attribue des points pour le championnat de France. Saisie, la Fédération française estime la mesure discriminatoire pour les Renault-Gitane et enlève ses points au Dauphiné.

3 juin

Thévenet s'effondre

« Mon Dieu, que m'arrive-t-il ? » En quelques mots perplexes, Bernard Thévenet résume l'abîme où l'a plongé cette septième étape du Dauphiné. À plusieurs reprises depuis le départ de Thonon, le vainqueur du dernier Tour a montré des signes de faiblesse. Dans le col du Luitel, la première difficulté de la journée, il n'arrive plus à avancer. Son vélo part de travers puis il s'effondre sur le bas-côté. Après une injection pour calmer ses convulsions, il est évacué en ambulance. L'incident provoque d'angoissantes questions. En fait, à un mois du Tour, Thévenet n'est toujours pas guéri d'une inflammation de l'urètre, qui lui sape toute son énergie. À la fin de la saison, Thévenet fera des déclarations courageuses sur les méfaits des corticoïdes…

Lors d'une conférence de presse à Bruxelles, Merckx, ici avec son fils Axel, annonce qu'il abandonne la compétition.

Septième étape du Dauphiné : Thévenet effondré après sa chute dans la descente du col de Luitel.

● En tête de la contestation du peloton, Bernard Hinault avance fièrement, son maillot de champion de France sur le dos.

● Avec Fred De Bruyne, le patron de l'équipe Flandria, Michel Pollentier réalise les conséquences de sa déplorable tricherie.

5 juillet

Un grand diable d'Irlandais

Quand on est en apprentissage chez Flandria, il est un exercice obligatoire : emmener les sprints pour Freddy Maertens. Le jeune Sean Kelly, professionnel depuis deux saisons, le fait avec application ; d'ailleurs, la veille, c'est son patron qui a gagné. Quand il s'échappe dans cette sixième étape vers Poitiers - avec Knetemann, Bittinger, Bruyère et Nilsson -, il décide d'attraper cette chance unique d'inscrire un Irlandais au palmarès du Tour. Superbe finisseur, il s'impose d'un boyau ! Débarqué en France en 1976 pour percer dans le cyclisme pro, Kelly est passé par le VC Metz avant d'être engagé par Jean de Gribaldy chez Flandria. Où il apprend très vite : « Quand il faut se faire une place en tête d'un peloton qui roule à 60 km/h, on finit par frotter, par ne plus avoir peur, par devenir le sprinter que je suis maintenant… » ❍

11 juillet

La grève de l'étape

Sur le podium de l'arrivée, le maire de Valence-d'Agen attend désespérément les héros. Depuis le départ de Tarbes, le peloton en colère roule à 20 km/h de moyenne et, stupeur, il termine l'étape à pied ! Les coureurs en ont assez des transferts, qui réduisent leur temps de récupération. La veille, l'arrivée tardive au Pla d'Adet les a mis au lit après 23 heures et le réveil a sonné à 4 h 30 pour rallier Tarbes. La rébellion s'organise vite et, à Valence-d'Agen, c'est Bernard Hinault qui apparaît en tête de la contestation. On estime que le jeune Français, porteur du maillot de champion de France, doit se montrer. Il ne se dérobe pas et négocie même avec le maire une compensation, l'organisation d'un critérium dans sa commune. Hinault révèle le même caractère dans la course : il remporte le Tour pour sa première participation, comme avant lui Coppi, Koblet, Anquetil et Merckx. ❍

16 JUILLET

Pollentier en flagrant délit

Dans la caravane du contrôle antidopage, il se passe des choses inavouables. Quand Michel Pollentier monte voir les médecins, personne n'imagine que le Tour de France va vivre l'un de ses plus rocambolesques et plus pitoyables épisodes. Le leader de l'équipe Flandria vient de réaliser un gros coup dans l'étape de l'Alpe-d'Huez. « Dopé » par son Maillot blanc à pois rouges de meilleur grimpeur, le champion de Belgique attaque dès le col du Luitel. Son objectif : marquer des points pour consolider sa première place dans le classement de la montagne. Cette stratégie le sert en même temps au général, et il endosse aussi le Maillot jaune à l'arrivée, où il s'impose devant Kuiper et Hinault. Pollentier vit un de ces jours de triomphe qui marquent une carrière. Il va pourtant le transformer en une pitoyable mascarade. Pour se garantir d'un contrôle positif, le Belge a dissimulé sous son maillot une poire fixée à la peau. Il compte ainsi donner un liquide « propre » aux médecins. La manœuvre grossière ne leur échappe pas et voilà Pollentier pris en flagrant délit de fraude ! Le procès-verbal rédigé, la sanction tombe assez vite : déclassement de l'étape, mise hors course, deux mois de suspension ferme. La double honte du dopage évident et de la tricherie pour le masquer ternit le déroulement du Tour. L'affaire indigne les autorités ; le ministre de la Jeunesse et des Sports annonce des moyens plus radicaux pour lutter contre ce fléau. Paroles de circonstances… ❍

16 AOÛT

Le keirin fait une démonstration au Mondial

Sport de tradition, le cyclisme s'aventure avec retenue hors de son histoire et de ses traditions. Le cyclisme du Japon vit, lui, presque complètement replié sur lui-même. Pour la première fois, deux univers à la fois si proches et si lointains se rencontrent : le keirin entre au programme des championnats du monde, à titre expérimental d'abord. Le mot « keirin » a un sens immédiat : « kei » signifie roue et « rin » course. Depuis leur apparition en 1948, les courses de keirin donnent lieu à des paris dans les vélodromes. Peuvent y participer les athlètes formés à l'école de la presqu'île d'Izu mais, en 1978, on compte ainsi près de cinq mille coureurs professionnels au Japon ! Des sessions grassement rémunérées ont lieu presque tous les jours, ce qui retient les meilleurs éléments de participer aux championnats du monde dans des spécialités comme la vitesse, la plus proche du keirin. Parfois, dédommagés financièrement par leurs fédérations, certains finissent par accepter, comme la star Koichi Nagano, qui s'impose en vitesse professionnelle, où les Japonais trustent aussi les places d'honneur. La démonstration proposée sur la piste de Munich constitue une version aménagée de la course pratiquée au Japon, qui comprend trois phases : le départ avec vélos bloqués ; l'observation pendant laquelle les neuf coureurs suivent un derby sur deux tours ; le sprint final classique. Cette première expérience réussie montre que le cyclisme institutionnel peut s'ouvrir à l'innovation et gagner le pari de sa mondialisation.

27 août

Guet-apens

Dans la préparation de ce championnat du monde, Alfredo Martini n'a eu de cesse d'avertir l'équipe d'Italie, taillée pour gagner : attention à Bernard Hinault. À l'approche du douzième tour du circuit du Nurburgring, quand le Français finit par renoncer après deux attaques vaines, les Italiens jubilent. Dans le groupe d'échappés qui monte pour la dernière fois la côte du Karussel, ils comptent trois éléments : Beccia, Saronni et Moser. En basculant au sommet, c'est Moser qui démarre et seul Knetemann parvient à le suivre. Très en confiance, l'Italien lance le sprint mais le Néerlandais le déborde dans un ultime effort, les bras tendus et le dos voûté, tout entier tiré vers la victoire. Coureur au faible charisme, Knetemann a piégé toute l'équipe d'Italie, où Saronni furieux assure qu'il aurait gagné le sprint…

7 octobre

À la colle

Le prodige du cyclisme français avait prévenu, avec ces mots sans nuance : « Je resterai collé à sa roue. S'il attaque, je le suis. S'il s'arrête pour lacer ses chaussures, je m'arrête aussi ! » Au-delà d'une rivalité d'hommes, c'est le trophée Super-Prestige qu'Hinault et Moser se disputent sur la dernière classique de l'année. Puisqu'il suffit au Français de terminer juste derrière l'Italien pour en conserver la première place, il applique une stratégie d'attente. Comme neutralisé par la rivalité, le Tour de Lombardie s'achève logiquement au sprint. En accélérant à deux cents mètres de la ligne, Moser s'impose devant Johansson et Hinault, seulement 3e. Le pari du Breton est perdu mais pas la guerre avec Moser : aussitôt descendu de vélo, Hinault accuse les Italiens de collusion et de manœuvres illicites pour provoquer sa défaite.

Dans le Tour de France, Sean Kelly gagne le premier sprint important de sa carrière, devant Gerrie Knetemann.

L'image superbe du finisseur, la tête dans le guidon et le corps tendu vers la ligne : Knetemann déborde Moser et devient champion du monde.

• Sur la Via Roma, on attendait le triomphe de Saronni ; c'est Roger De Vlaeminck qui le saute au sprint.

17 MARS

Sur la Via Roma, Saronni piégé par De Vlaeminck

Italienne, elle l'est forcément, entre Milan et San Remo. Plus encore que de sa géographie, la *Primavera* parle du cœur de l'Italie et chaque année, les *tifosi* appellent au succès d'un des leurs. Chaque année, ils se demandent quel Italien va gagner sur la Via Roma. Cinq ans depuis le dernier triomphe, celui, délirant, de Gimondi en 1974, voilà une trop longue attente pour exprimer son amour. Cette année, Milan-San Remo appartiendra à Moser ou Saronni, tous les Italiens en sont persuadés. Voilà le décor, reste la course ! Ils sont une quinzaine à se présenter sur la ligne, et l'on sait bien que tous ne peuvent prétendre à la victoire. Un peu plus tôt, sur les pentes du Poggio, Giuseppe Saronni montre tant de facilité dans la chasse des échappés, Willems, Raas et Vandenbroucke, qu'on lui accorde un avantage certain pour le final. À l'approche de San Remo, il place même une attaque… L'Italie s'enflamme, d'autant qu'un autre de ses fils a pris sa chance, le grimpeur Mario Beccia, qui n'est rejoint qu'à trente mètres de la ligne. Survient alors Roger De Vlaeminck le Magnifique. Contre tous les désirs d'un pays et d'un homme, la Via Roma s'offre encore au Belge. Il règle l'ardent Giuseppe dans un sprint magistral et enlève son troisième Milan-San Remo, le deuxième consécutif, alors qu'il croyait bien avoir perdu celui-là plusieurs fois. Le maître, qui court pour la dernière saison sous un maillot italien, laisse un jugement à méditer au malheureux Saronni : « C'est un très bon coureur, sans doute trop nerveux. Cette nervosité altère sa lucidité en course… » ❍

• L'échappée de Thurau dans Liège-Bastogne-Liège.

1er avril

Une aveugle rivalité

Derrière Jan Raas, parti pour sa première victoire dans le Tour des Flandres, c'est la poursuite des borgnes ! Dans le Bosberg, Francesco Moser chute et s'ouvre l'arcade sourcilière droite. Pour stopper le sang, les médecins lui apposent une compresse sur tout l'œil et un large sparadrap lui barre le visage de la joue jusqu'au front ! L'Italien est devenu borgne mais Roger De Vlaeminck n'est pas dans un meilleur état : un caillou a touché la cornée de son œil gauche ! Dans ces ironiques coups du sort, qui viennent accabler les deux rivaux, Moser est sans doute le plus marri, tant il semble fort ce jour-là. À l'issue de la course, qu'ils terminent 11e et 12e, De Vlaeminck déclare : « J'ai couru exclusivement contre lui, il en sera de même chaque fois que le destin nous opposera… » ❍

4 avril

Ennemis jurés

Après l'épisode du Tour des Flandres, De Vlaeminck et Moser se retrouvent quelques jours plus tard dans Gand-Wevelgem. Depuis qu'ils ne partagent plus les couleurs de l'équipe Sanson, les deux hommes se font la guerre. C'est pourquoi, quand Moser vient le coiffer au sprint à Wevelgem, en plein pays flamand, dans cette classique qui n'avait jamais réussi à un coureur italien auparavant, De Vlaeminck, 2e, explose et l'on entend encore sa bordée d'injures sur la ligne d'arrivée. Dans la victoire, l'Italien n'oublie pas la rancune ! À son rival, qui s'inclinera encore à Paris-Roubaix le dimanche suivant, il lance quelques phrases assassines : « Dans ce sprint, j'ai bien failli ne pas passer. De Vlaeminck a écarté le coude. Il s'agit sûrement du réflexe d'un sprinter faiblissant plutôt que d'un geste délibéré… » ❍

22 AVRIL

La fuite audacieuse de Dietrich Thurau

Dans la côte des Forges, la dernière difficulté avant l'envolée finale dans les faubourgs de Liège, le style ne compte plus. Il faut tout donner et Dietrich Thurau voit rappliquer dans son dos, à cent mètres à peine, Bernard Hinault… Après sa victoire dans la Flèche Wallonne, le Français veut réaliser le doublé avec Liège-Bastogne-Liège, comme Kubler et Ockers dans le passé.
L'Allemand mène une audacieuse échappée depuis la côte de Rosier, seul depuis plus de cinquante kilomètres, comptant jusqu'à 2 min 20 s d'avance. Il va céder maintenant, l'affaire est entendue pour tous les suiveurs. Plié sur le guidon, comme un styliste de sa classe se résout rarement à le faire, il relance sa machine de tout son corps et reprend une distance précieuse avec ses poursuivants ! Thurau dispose soudain d'un regain d'énergie, comme une rémission avant le renoncement, il profite également de la discorde qui a régné entre Hinault et Pollentier dans la poursuite. Sans force, le Belge ne prend plus les relais et cette passivité empêche le Français de venir à bout de l'échappée, et probablement de gagner. Hinault terminera 2e, boulevard de la Sauvenière, à cinquante-cinq secondes de l'Allemand qui remporte sa première grande classique. Dans la formation Ijsboerke, on commençait à douter de son véritable talent. Si la manière fait l'homme, le coureur vient de prouver qu'il avait une vraie valeur.

7 mai

Freddy plonge

Ce jour-là, Maertens achève Sombreffe-Charleroi dans la peine. Aussi, quand tombe le communiqué de l'équipe Flandria, quelques jours plus tard, le peloton n'est pas surpris. Les mots sont alambiqués : « Le coureur Maertens va rester inactif durant quelques mois, en raison d'un état de santé déficient, dû à deux ou trois saisons de compétition intensive… » Personne n'est dupe. Lors de ses rares apparitions depuis le début de l'année, on remarquait son visage bouffi et ses propos incohérents. Après une chute dans le Giro 1977, sa carrière plonge. Jamais le champion du monde ne retrouvera un niveau digne d'un professionnel. On parle d'un usage abusif de corticoïdes. En pleine saison, il quitte le peloton et part pour les États-Unis, dans une clinique de Philadelphie, afin de soigner son étrange comportement…

Francesco Moser dans le Tour des Flandres.

Depuis le début de la saison, le comportement étrange de Freddy Maertens intrigue. La formation Flandria le retire du peloton début mai.

13 mai

Les promesses de Willems

La retraite de Merckx a plongé le cyclisme belge dans l'angoisse du néant. Il faut un successeur, tout au moins un espoir. Depuis le début de saison, Daniel Willems montre le brio d'un futur champion, s'imposant avec autorité, dans le Tour de Belgique puis dans le Grand Prix de Francfort. Sa victoire aux Quatre Jours de Dunkerque convainc définitivement qu'il faudra compter avec ce jeune protégé de Walter Godefroot au sein de l'équipe Isjboerke. Willems remporte le contre-la-montre décisif de Villeneuve-d'Ascq, à plus de 48km/h de moyenne, devançant de quarante-trois secondes Roger De Vlaeminck. Merckx peut lui donner son onction : « Il roule, il grimpe et il est rapide aux arrivées. C'est le grand espoir belge de demain… »

Dans la sixième étape du Dauphiné, l'exploit ahurissant de Bernard Hinault écrase tout le peloton, sauf le Néerlandais Lubberding.

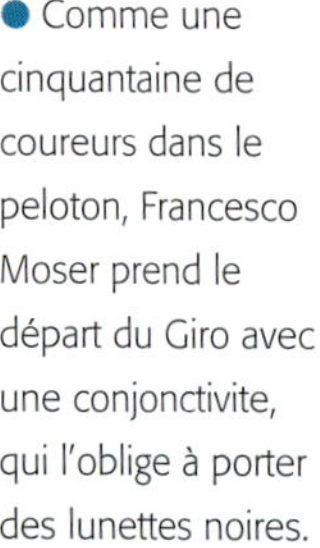

Comme une cinquantaine de coureurs dans le peloton, Francesco Moser prend le départ du Giro avec une conjonctivite, qui l'oblige à porter des lunettes noires.

17 MAI

Moser masqué et Saronni au grand jour

Une cinquantaine de coureurs portent des lunettes noires mais on ne voit que lui au départ de Florence. Francesco Moser, le grandissime favori du Tour d'Italie, souffre depuis quelques jours de cette étrange épidémie de conjonctivite qui ravage le peloton et dont l'origine reste indéterminée. Les coureurs accusent les produits chimiques utilisés pour déneiger les routes pendant l'hiver, dont les éclaboussures enflammeraient les yeux. Impossible à vérifier, mais il est clair que le mal se propage à grande vitesse, même s'il n'a pas encore touché le grand rival de Moser, le jeune Saronni, qui vient de gagner le championnat de Zurich et le Tour de Romandie.

Ce Giro est taillé pour Moser, avec ses cinq épreuves contre-la-montre et ses modestes étapes de montagne. De fait, il endosse le Maillot rose dès le prologue de Florence. Mais, dans la huitième étape, un chrono de vingt-huit kilomètres entre Rimini et San Marino, le destin bascule : Saronni s'impose et devient leader. Il ne lâchera plus la première place, remportant même avec panache l'étape finale de Milan. Moser, 2e à 2 min 9 s, estime qu'il n'a pu soigner sa conjonctivite de manière efficace, puisque l'usage de la cortisone est formellement interdit.

Moser réalise surtout que la roue tourne. « Je crois que mon destin est de ne jamais gagner le Giro », confesse-t-il. Ce qui est sûr en tout cas, c'est qu'un champion nouveau est né, ce Saronni de 22 ans à peine, qui prend la place de Moser dans le cœur de tous les Italiens.

27 mai

Hinault debout

Contre la pluie glacée, qui tourne en neige dans les cols, contre le peloton rassemblé, un homme se lève sur son vélo : Bernard Hinault. Dans cette sixième étape Grenoble-Chambéry, le Breton façonne un des morceaux de bravoure qui vont faire sa légende. Au pied du Granier, il prend son guidon bien en main, appuie lourdement sur les pédales et tous ses rivaux cèdent un à un : Kuiper, Zoetemelk, Van Impe… Un seul homme le suit dans cette échappée dantesque, Henk Lubberding, qui tient dans cette roue féroce. Hinault gagne l'étape et s'impose au classement final avec plus de dix minutes d'avance sur son second ! Le Français empoche aussi le classement par points et le trophée du meilleur grimpeur. À un mois du Tour, il annonce qu'il n'y a pas plus fort, plus implacable, plus tyrannique patron.

14 juillet

Luis Ocaña dans le ravin

TOUR DE FRANCE

Aux Menuires, le peloton du Tour de France prend sa traditionnelle journée de repos et les suiveurs s'occupent. Après s'être essayé sans succès au travail de directeur sportif, Luis Ocaña est devenu consultant des chaînes de radio espagnoles Ser et Antena 3. Dans l'après-midi, avec Jean Sarrazin, il prend part à une épreuve automobile amicale. Stupeur, leur voiture sort de la route et elle effectue plusieurs tonneaux avant de s'immobiliser au bas d'une pente de cent cinquante mètres. C'est un Luis Ocaña inanimé que les sauveteurs sortent du véhicule. L'ancien champion et Jean Sarrazin sont rapidement transportés vers l'hôpital de Moutiers, dans un état très grave. En ce jour de fête nationale et de repos, le Tour de France passe tout près de la catastrophe.

6 JUILLET

Distancé à Roubaix, Hinault gagne le Tour…

Anéanti par la fatigue, vidé de toute énergie, il s'allonge sur la pelouse du vélodrome, comme s'il venait d'achever un Paris-Roubaix d'anthologie. Mais c'est le Tour et il y aura un lendemain à cette neuvième étape, qui a emprunté les routes de l'Enfer du Nord. Debout maintenant, encerclé par les micros, Bernard Hinault s'explique : « Je suis éprouvé, c'est évident, mais les autres n'ont pas été davantage à la noce. J'en connais quelques-uns qui peuvent s'attendre à souffrir… »
Tout a commencé au kilomètre 94 par une crevaison et le coup de pistolet des attaquants qui profitent de l'infortune du Maillot jaune. Seul d'abord, puis aidé de son équipe Renault-Gitane, de nouveau seul en fin d'étape, le Blaireau tente désespérément de boucher le trou sur Thurau, Zoetemelk, Pollentier, déchaînés à l'avant de la course. Malgré une crevaison de plus, il ne concède que 3 min 29 s à l'arrivée sur Zoetemelk, qui prend la place de leader sans réussir à écarter le Français, comme il l'a longtemps espéré. « Dans l'adversité, Hinault s'est comporté en grand champion, souligne alors Jacques Anquetil. À sa place, beaucoup d'autres auraient perdu un quart d'heure. Il a sans doute gagné le Tour aujourd'hui. »
Deux jours plus tard, Hinault enlève le contre-la-montre de Bruxelles, puis celui d'Avoriaz, où il reprend le Maillot jaune. Sa revanche tourne au massacre. Avec sept victoires d'étapes, son triomphe dans le Tour 1979 sera total.

15 juillet

Toro des Alpes

Dans son regard noir, on lit colère et détermination. Quelque chose d'implacable dans l'accomplissement d'un destin. Joachim Agostinho a toujours été très populaire auprès du public français pour ses nombreux exploits sur le Tour. Ce jour-là, vers l'Alpe-d'Huez, Hinault décide de ménager ses hommes, durement éprouvés par deux semaines infernales. Il y a donc place dans cette étape pour l'initiative, à condition qu'elle ne trouble pas le Maillot jaune. Dans le Galibier, une modeste attaque est lancée, avec un Agostinho déjà à l'ouvrage. Le Portugais sait que tout va se jouer dans l'ultime ascension. L'Alpe-d'Huez est un sommet à sa dimension, il s'y impose devant Alban et Wellens. À 36 ans, le vieux *Toro* montre encore la rage des premières années. Il finira sur le podium aux Champs-Élysées.

26 août

Jan Raas tracté

À Valkenburg, la Hollande attend son champion du monde. Alors, quand Jan Raas casse la ligne le premier, après avoir débordé Thurau et Bernaudeau, sa victoire embrase le pays tout entier. Tout le monde en oublie, les commissaires de course les premiers, les tirettes peu orthodoxes dont Raas a bénéficié toute la journée. Dans la côte du Cauberg, la principale difficulté du circuit de Valkenburg, il se fait tracter à chaque tour jusqu'au sommet par ses dévoués équipiers ! Un coup avec Knetemann, un autre avec Van Vliet ou Van De Velde… Tout le monde le voit, même les téléspectateurs sur leur écran de télévision, puisqu'un cameraman a surpris la supercherie. Un commissaire a mis en garde une fois Jan Raas, mais il aurait fallu un peu plus de courage pour déclasser un Hollandais qui court chez lui…

Dans une étape qui emprunte le parcours de Paris-Roubaix, Hinault malchanceux termine au bord de l'épuisement. Très vite debout, il prévient ses adversaires qu'ils vont souffrir…

Luis Ocaña, le vainqueur du Tour de France 1973, est retiré inanimé de la voiture, qui a basculé dans un ravin près des Ménuires.

La « Course au soleil » s'est transformée en cirque polaire sur les hauteurs de Saint-Étienne.

9 mars

Paris-Nice, la « Course au soleil »

Pendant cette quatrième étape, une tempête de neige ravage le Forez. Les coureurs emmitouflés progressent au ralenti sur la route verglacée. Les abandons, dont ceux de Thévenet et Thurau, se multiplient. Même Hinault se retrouve en difficulté. La course passe au second plan. Des petits groupes se forment afin de poursuivre l'ascension du col de Malval. Et l'on découvre soudain que deux hommes en ont profité pour s'enfuir : Pierre Bazzo et Gilbert Duclos-Lassalle. L'échappée est somptueuse tandis que, derrière les deux hommes, les abandons se poursuivent. Le tandem arrive enfin à Saint-Étienne avec 7 minutes d'avance sur le peloton. Duclos-Lassalle a gagné la course bien avant l'arrivée à Nice.

13 AVRIL

Paris-Roubaix fait la polémique

À l'arrivée, « le Blaireau » n'est pas tendre pour Paris-Roubaix : « C'est la dernière fois que je viens ici. C'est de la connerie, cette course ! »

En remportant Paris-Roubaix, Francesco Moser réalise un superbe triplé que seul Octave Lapize, « le Frisé », avait réussi avant lui. Dès le premier secteur pavé de Neuvilly, où il prend le commandement du peloton, Moser lâche un à un ses adversaires. Seuls Duclos-Lassalle et Thurau, les plus téméraires, tentent de déjouer les plans du champion italien. Derrière, Bernard Hinault vit une rude journée. De crevaisons en vaines poursuites, le Breton est écœuré. Alors qu'il tente de rejoindre Willems et Peeters, il invective Jacques Goddet : « On ne m'y reprendra plus. C'est la dernière fois que je viens ici. » À sa descente de vélo, il n'est toujours pas calmé : « Non, vraiment, voilà une course qui ne m'inspire pas ! Enfin, le mot course est un peu trop fort. C'est un mélange de cyclisme et cyclo-cross. Par endroits, plus de ceci que de cela. Bref, c'est de la connerie. » Ces propos prolongent ceux de Saronni qui, absent de la course, préfère la pourfendre : « Aujourd'hui, on pédale sur des routes qui permettent le cinquante à l'heure. Il est donc anachronique de rechercher des portions de si mauvais pavés. Dans une course de ce genre, il est trop important d'être chanceux. » L'Enfer du Nord se nourrit d'excès, engendre les passions, suscite l'injustice mais, comme le souligne le sage Moser après sa victoire : « Dans Paris-Roubaix, le mauvais sort n'est pas si aveugle qu'on le prétend, et ce sont toujours les meilleurs qui sont devant. Saronni devrait ne pas juger avant de connaître, et s'il veut devenir un grand coureur, il devra bien se décider à traverser l'Enfer, un jour ou l'autre. »

20 avril

La chevauchée fantastique

Quatre-vingt-cinq kilomètres d'une échappée solitaire épique, dans des conditions atmosphériques détestables, 9 min 24 s d'avance sur Kuiper, 2e : tel est l'exploit accompli par Bernard Hinault dans les Ardennes enneigées de Liège-Bastogne-Liège. Après le succès de Moser dans Paris-Roubaix et celui de Saronni dans la Flèche Wallonne, Hinault se doit d'accrocher une grande classique dans ce printemps pourri. Vers Bastogne, le Breton songe à abandonner mais, à la faveur d'une éclaircie, il décide de repousser ses limites et démarre à la Haute-Levée. Pendant qu'une cascade d'abandons se produit derrière (vingt et un coureurs seulement rejoignent l'arrivée), la classe et le panache du champion français écrivent l'une des plus belles pages de la Doyenne.

1er juin

Van de Velde, l'espoir

Au terme de ce Dauphiné Libéré décevant, Peter Post, directeur sportif des Ti-Raleigh, esquisse quand même un sourire. L'élégant Johan Van de Velde, 23 ans, confirme tous les espoirs placés en lui par le cyclisme hollandais qui en fait un vainqueur potentiel du Tour. Profitant de la défaillance de son leader Zoetemelk, et de l'effondrement de l'énigmatique Thurau, Van de Velde lance une grande offensive dans l'étape Gap-Grenoble. Se débarrassant de ses compagnons d'échappée (Nilsson, Lejaretta et Bazzo), c'est en solitaire que le Hollandais franchit le col de Luitel et monte sur Chamrousse pour arriver à Grenoble avec 3 min 22 s d'avance. Malgré son jeune âge, Van de Velde prouve que la toute-puissance « hinaultienne » n'écrase pas tout. ❍

5 juin

La vie en rose

Pour Bernard Hinault, ce Tour d'Italie revêt une double importance : il veut être présent au premier grand rendez-vous de la saison et devenir après Anquetil le deuxième Français victorieux. Durant les quinze premiers jours, Hinault se contente d'observer ses rivaux italiens en attendant son heure. C'est dans l'ascension du Stelvio que le Français met en place son plan d'attaque. Laissant son équipier Jean-René Bernaudeau partir en éclaireur, il place plusieurs démarrages successifs et, à huit kilomètres du sommet, se retrouve seul. Accélérant toujours, il rejoint Bernaudeau au début de la descente. Comme dans une course contre-la-montre type Trophée Barracchi, les deux hommes foncent jusqu'à Sondrio, distant de quatre-vingt-six kilomètres. Avec 4 min 22 s d'avance à l'arrivée, Hinault peut voir la vie en rose. ❍

13 AVRIL

Un cow-boy aux enchères

Dans la dernière étape du circuit des Ardennes, l'attaque d'un coureur de 18 ans, originaire de Carson City (Nevada), stupéfie tous les observateurs. « Il m'a étonné par son aplomb, remarque Roger Legeay. De plus, il roule fort, il grimpe vite, il est adroit et rapide aux arrivées. C'est un sujet d'exception et je le crois promis à un grand avenir. » Greg LeMond aurait sûrement récidivé dans le Ruban granitier breton si deux crevaisons n'avaient interrompu sa poursuite. C'est à Reno que Greg remporte ses premières courses. Délaissant son premier sport de prédilection, le ski acrobatique, il passe sous la férule du sorcier polonais Eddy Borysewicz. Celui qui incarne exemplairement l'image du *« All American Boy »* est devenu rapidement le fer de lance de la promotion du cyclisme aux États-Unis. Déjà champion du monde junior l'année précédente, la « fusée de Reno » enregistre paisiblement les offres mirobolantes qui lui sont faites par les plus grands groupes. En effet, l'ambition démesurée du *« Great Blond Hope »* ne semble plus se satisfaire des riches critériums du Mid-West ou des coursettes européennes. Désireux de passer professionnel le plus tôt possible, LeMond est en contact avancé avec Cyrille Guimard, qui possède déjà un Américain, Jacques Boyer, mais Maurice de Muer n'a pas dit son dernier mot. Bref, les enchères montent et le jeune Greg observe, en attendant de se mesurer, au prochain Tour de Floride, avec les Hinault, Moser et autres Saronni. ❍

• Les conditions épouvantables de Liège-Bastogne-Liège n'ont pas empêché Hinault d'offrir un récital de grande classe.

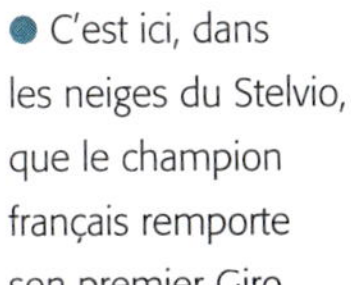

• C'est ici, dans les neiges du Stelvio, que le champion français remporte son premier Giro.

Souffrant du genou depuis plusieurs jours, Hinault se fait soigner par le docteur Miserez, avant d'abandonner à Pau.

Chaude alerte pour Joop Zoetemelk, qui repart après une chute dans la montée de Pra-Loup.

9 JUILLET

Le genou d'Hinault

Pau, 22 h 30. Jacques Goddet et Félix Lévitan finissent leur dîner en compagnie de leur invité d'honneur, Georges Marchais. Les derniers commentaires sur la facile victoire de Knetemann au sprint s'estompent. Un employé de l'hôtel Continental les invite à rejoindre d'urgence Cyrille Guimard et Bernard Hinault. Soudain la bombe éclate ! Le coureur français abandonne ! Son directeur sportif explique qu'il est au bout du rouleau et qu'un repos complet est indispensable à son rétablissement. Hinault est au bord des larmes. Il refuse de se présenter devant la presse pour ne pas offrir sa peine en spectacle et se réfugie chez son ami Hubert Arbes. Les journalistes sont furieux de cet escamotage. Pourquoi Hinault a-t-il déclaré à sa descente de vélo, le jour même : « Mon genou va mieux. J'ai vécu une journée confortable. Demain, pour la grande étape pyrénéenne, faites-moi confiance pour être exact au rendez-vous » ? Depuis plusieurs jours, la caravane vivait au rythme du genou d'Hinault. Le coureur est-il capable, comme ses plus grands prédécesseurs, de doubler Giro et Tour ? Les braquets utilisés ne sont-ils pas démentiels ? Le service médical du Tour ne masque pas que l'usage des corticoïdes est contraire aux soins qu'il préconise, Hinault et Guimard eux-mêmes ne sont pas d'accord sur les produits à utiliser. Le lendemain matin, Peter Post réveille Zoetemelk avec une bonne nouvelle : il est le nouveau Maillot jaune.

10 juillet

La gloire de Martin

La veille, Bernard Hinault a quitté le Tour par la petite porte mais, pour Raymond Martin, cette péripétie appartient déjà au passé. Les Pyrénées seront le théâtre de son jour de gloire. Au départ de Pau, « Tintin » a le trac, c'est bon signe. Au pied du Tourmalet, c'est le moment de vérité : « Comme je n'étais pas moche, Danguillaume m'a ordonné d'y aller et il a attaqué pendant que les autres fouinaient dans leurs musettes de ravitaillement. Je me suis dit, ça passe ou ça craque. Alors, roule et tu verras bien après. » Et Martin roule seul pendant cent kilomètres, avalant le Tourmalet et Peyresourde. Au sommet de ce dernier col, alors qu'il commence à douter, un ardoisier lui indique son avance : 4 min 30 s. Il n'a plus qu'à dérouler jusqu'à Bagnères.

13 juillet

Faute de combattants

Dans la montée de Pra-Loup, à trois kilomètres du sommet, un écart involontaire de son équipier Van de Velde provoque la chute de Joop Zoetemelk. Le plus Français des Hollandais n'arrivera donc jamais à gagner le Tour. Mais la puissance de « Zoet » lui permet de revenir facilement pour neutraliser ses plus dangereux adversaires au général. Kuiper perd seize secondes et Agostino chute près de l'arrivée. Certains prétendent que Zoetemelk, âgé de 33 ans, a gagné un Tour au rabais car la non-participation des Italiens a considérablement amoindri la qualité du peloton. Et l'abandon d'Hinault démontre que, malgré quelques performances sporadiques, le cyclisme français reste d'une affligeante faiblesse. Bref, le Tour se termine dans le pessimisme.

3 août

Dernier cri

En 1 min 2 s 955 sur le kilomètre arrêté (57,188 km/h de moyenne), l'Allemand de l'Est, Lothar Thoms, pulvérise le record que Trentin avait établi, en altitude, à Mexico. Cette montagne de muscles impressionne par sa puissance et sa vélocité mais, plus encore, par son utilisation des techniques les plus récentes. Profitant de l'expérience du Suisse Daniel Gisiger, il court sur un vélo doté d'un guidon retourné, placé au ras de la tête de fourche, ce qui lui permet d'obtenir une position plus aérodynamique. Un casque profilé, des rayons de roues et des fourreaux de fourche ovalisés optimisent encore son rendement. Un entraîneur italien affirme justement après cet exploit : « Concernant le rendement idéal, Thoms évolue à 95 % de ses capacités limites alors que le taux des routiers professionnels oscillent entre 75-85 %. »

3 août

Hesslich, cahin-Cahard

On le dit imbattable, intouchable. Il s'appelle Lutz Hesslich et Yavé Cahard l'a fait trembler. La troisième manche décisive de cette finale de vitesse aux JO de Moscou débute parfaitement pour Cahard qui laisse passer son adversaire. Mais, à sept cents mètres du but, il commet une faute en freinant sans le regarder. Ce dernier en profite pour placer un démarrage. Le Français ne rejoint l'Allemand de l'Est que dans le dernier virage et n'ose pas s'engouffrer à la corde sur sa lancée. Il est battu, mais Hesslich a tellement souffert qu'il tombe en syncope après sa descente de vélo. De son côté, Cahard, très décontracté, reconnaît avoir manqué d'expérience mais ajoute : « Ce qu'a fait Hesslich prouve qu'il me craignait. » L'avenir lui appartient.

31 AOÛT

Une revanche éclatante

L'heure est grave au départ de ce championnat du monde. Après son abandon dans le Tour, Hinault n'a pas le droit à l'erreur ce dimanche, devant son public. Un parcours à sa mesure, l'un des plus sélectifs de l'Histoire, en fait l'homme à abattre. Après avoir lancé ses seconds couteaux (Bourreau et Martinez), le Blaireau commence son travail de sape en éliminant ses adversaires un à un, avec une rigueur impitoyable. D'abord les Belges, puis les Hollandais, et enfin les Italiens. « Pour moi, la tactique fut simple », explique-t-il ensuite. « Je savais que pour venir à bout des Italiens, il fallait les user en ne relâchant jamais la pression. C'est pour cela que j'ai forcé l'allure quand j'ai vu que seul Baronchelli demeurait avec moi. Ce qui m'a inquiété un moment, c'est le retour des autres Italiens. Maintenant je suis champion du monde et c'est ma plus belle victoire après les semaines que je viens de passer. » Hinault en profite pour régler ses comptes avec ceux qui ont critiqué son départ du Tour. La bête blessée a mis en pièces tous ses adversaires. Raas, tenant du titre, Moser, Knetemann, Zoetemelk ou Kuiper vont tenter de justifier de façon plus ou moins convaincante leur échec. Mais seul De Vlaeminck reconnaît que « devant, il y avait un super qui nous a tous dominé ». Par cette éblouissante épreuve de force, Hinault, à l'instar de Coppi ou de Merckx, démontre qu'il répond présent à chaque appel de l'Histoire.

Sous le regard de Daniel Morelon, en finale de la vitesse aux JO, Lutz Hesslich, à gauche, se tient sur ses gardes. Avec Yavé Cahard, on ne sait jamais…

Hinault devant Baronchelli ou la revanche d'un grand fauve blessé par la critique et l'adversité.

● Dans Milan-San Remo, le Belge Fons De Wolf arrive en solitaire, après son attaque victorieuse dans le Poggio.

21 MARS

De Wolf *fortissimo*

Le Poggio ! L'histoire de Milan-San Remo se résume trop souvent à cette côte située dix kilomètres avant l'arrivée. Mais il ne faut pas oublier les deux cent quatre-vingts kilomètres de stress qui précèdent, où les chutes se succèdent. Ce jour-là, c'est Bernard Hinault qui en fait les frais juste avant l'ascension du Poggio : « Je me trouvais à l'avant du peloton quand soudain je me suis retrouvé par terre, dans un fracas de vélos qui s'entrechoquaient. Au train où vont les choses, nous serons quatre cents au départ l'an prochain. Autant jouer au Loto… » Mais Fons De Wolf n'a que faire des états d'âme du Blaireau, il démarre dans le Poggio donc, à l'endroit précis où Merckx débordait le plus souvent ses rivaux. Derrière, Saronni tente de répondre, suivi de Vandenbroucke et de Moser. Cinquante mètres les séparent mais Moser refuse de prendre le relais, précipitant sa perte et surtout celle de Saronni. Moser avoue : « Je ne suis pas payé pour aider Saronni. Oui, j'ai couru uniquement pour le faire perdre. » C'est clair, mais ces propos n'amusent pas du tout les Italiens. Alfredo Martini, le sélectionneur transalpin, est dépité : « Cette fois-ci, les morceaux seront difficiles à recoller. Jamais Coppi et Bartali, au temps de leur rivalité aiguë, n'auraient oser tenir pareil langage. Le public italien leur en tiendra rigueur un jour ou l'autre. » Profitant du « soutien » de Moser, la fin de course de Fons De Wolf, sur la Via Roma, se déroule sans problème. Déjà victorieux à l'automne précédent du Tour de Lombardie et du Trophée Barracchi, le successeur de De Vlaeminck fait son trou dans les classiques italiennes. ❍

● Stephen Roche, dans l'ascension du col d'Èze, dernière étape de Paris-Nice, file vers sa première grande victoire.

18 mars

Roche a tous les talents

Stephen Roche, Irlandais de 21 ans, est un garçon modeste. Après avoir remporté le dernier contre-la-montre de Paris-Nice, au col d'Èze, il déclare : « Ma première année professionnelle, je la mettrai à profit pour attendre. Et tant mieux si je réussis quelques petits trucs. » On a vu de plus petits trucs que cette course débridée et incertaine que le protégé de Maurice de Muer enlève au nez et à la barbe des plus grands. Et en outre, il sait tout faire. Son sens tactique lui permet de se glisser dans une échappée qui prend quatorze minutes au peloton. Il se montre un descendeur téméraire pour lâcher Van der Poel et grimpe ensuite brillamment pour distancer De Wolf. Enfin, il se révèle un remarquable rouleur dans le col d'Èze. ❍

18 mars

Hinault hors délai

L'avant-dernière étape de Tirreno-Adriatico se dénoue dans les Abruzzes. C'est un jour de froid et de pluie. Saronni a rapidement abandonné, préférant ne pas dilapider trop d'énergie avant Milan-San Remo. À l'arrière, un important groupe de coureurs, dont Zoetemelk, Knetemann, Peeters et Hinault, ce dernier emmitouflé dans un imperméable, décident de laisser filer la course. Et c'est avec trente-deux minutes de retard sur le vainqueur, l'Italien Ranieri Gradi, qu'ils arrivent à Nereto. Ils sont par conséquent éliminés. L'organisateur de la course, furieux de ce camouflet, refuse de leur payer l'hébergement du soir ! C'est finalement Francesco Moser qui, après cette hécatombe, remportera facilement la course lors du dernier contre-la-montre. ❍

12 avril

Les années se suivent sans se ressembler

Trois chutes, deux crevaisons et une victoire : tel est le bilan contrasté de Bernard Hinault dans ce Paris-Roubaix. Loin des discours assassins qu'il tenait l'année précédente sur cette « connerie » de course, Hinault sait au fond de lui que pour devenir l'égal de Merckx, il doit pleinement tenter cette expérience. Le résultat est à la fois somptueux et pathétique. Admirable de courage, le champion français revient à chaque fois sur le groupe de tête. Au vélodrome de Roubaix, où ils sont encore six à se disputer l'arrivée, Hinault fait preuve d'une force étonnante pour remporter nettement le sprint devant De Vlaeminck et Moser. Le Breton peut souffler, il vient de quitter l'Enfer la tête haute.

12 avril

Louison a eu peur pour Bernard

Le grand Louison Bobet, vainqueur de Paris-Roubaix en 1956, qui a suivi cette année l'épreuve à l'invitation du *Parisien* et de *L'Équipe*, ne tarit pas d'éloges sur le vainqueur : « Bernard Hinault m'a rendu heureux par la façon dont il s'est battu, alors qu'on le croyait peu inspiré par cette course. Il a un sacré caractère, celui-là. Je l'ai beaucoup observé au cours de la journée, mais l'image que je garderai de lui, c'est peut-être celle du coureur désabusé qui râlait et tempêtait, perdu qu'il était un moment entre deux pelotons. À ce moment, j'ai eu peur et j'ai bien cru qu'il allait renoncer. C'est seulement en jetant un regard sur l'aiguille du compteur que j'ai compris : il allait vraiment très vite.»

21 MAI

« Ouvrez les frontières ! »

La Course de la paix est une institution d'État. Organisée officiellement par la Pologne, la Tchécoslovaquie et la RDA, cette course « exprime la volonté de tous les participants de défendre une paix durable, la sécurité et la coopération ». C'est dire son enjeu ! Plus encore que le Tour de France dans l'Hexagone, la Course de la paix mobilise toutes les énergies des populations des pays de l'Est. Laurent Fignon, membre de l'équipe de France, témoigne : « Le vide sur la Frankfurter allée, large de quatre-vingts mètres, lors du prologue de Berlin, m'a impressionné. » Au passage de la course, toute activité s'arrête : les cafés et les commerces ferment, les employés désertent les bureaux, les enfants se massent au bord de la route pour agiter à bout de bras des morceaux de tissu. Au-delà de la ferveur populaire, la qualité des coureurs démontre la constante progression des pays de l'Est. Cette année encore, les Soviétiques se montrent intraitables. Dès la deuxième étape, quatre d'entre eux prennent dix minutes d'avance au classement général. Seul l'Allemand de l'Est Olaf Ludwig leur oppose une véritable résistance en remportant les trois contre-la-montre. Quant au cyclisme amateur occidental, il semble perdre inéluctablement du terrain. On commence à penser qu'il faudra bien un jour ou l'autre laisser les amateurs de l'Est, en fait véritables professionnels, se mesurer aux Moser, Saronni, et autres Hinault. À quand Soukhoroutchenkov Maillot jaune du Tour ?

Victime de deux chutes dans Paris-Roubaix, Hennie Kuiper réussit, à chaque fois, à rejoindre le groupe de tête.

Malgré la boue et son aversion pour Paris-Roubaix, Hinault, en deuxième position devant Roger De Vlaeminck, se fait violence.

Cinquième victoire pour le Maillot vert Freddy Maertens. Il gagne sur les Champs-Élysées devant De Wolf, Thaler et Anderson.

7 JUIN

Les Italiens choisissent la troisième voie

Lors de la vingt-deuxième et dernière étape du Giro, le contre-la-montre de Verone, tout reste à faire pour Battaglin qui ne possède que trente-neuf secondes d'avance au général sur Saronni et cinquante sur Prim. À l'arrivée, la surprise est énorme car il a tenu tête aux spécialistes : Prim ne le bat que d'une seconde et il devance Saronni d'autant. Giovanni Battaglin atteint enfin son heure de gloire. Dans un Giro taillé sur mesure pour Saronni, où les bonifications sont très importantes, le récent vainqueur du Tour d'Espagne sait faire la différence dans la montagne, en particulier au sommet du Tre Cime di Lavaredo. Encore une fois ce Giro est marqué par la rivalité Saronni-Moser. Ce dernier, au bout du rouleau, est accusé par le Beppe d'avoir sabordé sa probable victoire : « Je ne comprendrai jamais l'attitude du public qui m'insulte chaque jour. Les supporters de Moser me traitent comme un chien et je trouve leur attitude odieuse. C'est Moser qui les monte contre moi par ces déclarations. » Peut-on au moins espérer que la retraite prochaine de Moser mettra fin à cet agaçant antagonisme ? Battaglin savoure quant à lui sa revanche contre le sort qui ne l'a jamais épargné. Il y eut d'abord l'époque des médecins miracles trop généreux sur les doses. On le croyait perdu lorsqu'il ressuscita en 1979 au Tour de Suisse. La même année, au championnat du monde de Valkenburg, alors qu'il paraît le plus fort, Battaglin est balancé par Raas et Thurau près de l'arrivée. La plainte des Italiens n'aboutira pas. « Si je n'avais pas aimé le cyclisme jusqu'à la passion, je ne serais plus coureur depuis longtemps », conclut après sa victoire celui que ses compatriotes ont surnommé le « champion de la modestie ».

19 juillet

Maertens est de retour

Lorsque Freddy Maertens remporte le sprint de la dernière étape sur les Champs-Élysées, les observateurs se réjouissent du retour du fils prodige. Vainqueur de cinq étapes, Maillot vert de bout en bout après deux années et demie de déchéance, voilà un homme de panache comme l'histoire du cyclisme les aime. Malheureusement pour notre héros belge, les coureurs semblent plus circonspects sur ces performances. « Freddy se comporte de façon étrange dans le peloton… Il roule en zigzag… Il tombe trop souvent… Il a des tics. » Entre la malveillance et la vérité, difficile de trouver son compte.

Maertens, lui, esquive lorsqu'on évoque la cortisone : « Ça n'a rien à voir. Ma seule erreur a été de me séparer de Guillaume Driessens fin 1977. »

26 juillet

Guerre froide

Le Tour du Colorado, devenu la Coors Classic pour raisons publicitaires (c'est le nom de la marque de bière qui finance) se résume en un duel USA-URSS propre à enflammer le nationalisme américain. Greg LeMond, 19 ans, nouveau membre de l'équipe Renault-Gitane, sort vainqueur des Soviétiques (Soukhoroutchenkjov en tête) après quelques épisodes parfois tumultueux. Au terme de l'étape de « Bob Cook » par exemple, le jeune Américain donne un violent coup de poing à son compatriote Dale Stetina, soupçonné d'avoir favorisé ses adversaires. De leur côté, les Soviétiques soutiennent que seul le classement par équipes les intéressent. En tout cas, par cette victoire américaine, le promoteur de la Coors est en passe de rendre crédible le cyclisme auprès du public d'outre-Atlantique.

30 août

Maertens, *bis repetita*

Après sa victoire à domicile, en Belgique, dans la quinzième étape du Tour chez lui, le Flamand s'enflamme : « Je sens que je m'améliore au fil des étapes et, si cela continue, je pense pouvoir prétendre à une place dans l'équipe de Belgique des championnats du monde à Prague. » Deux mois plus tard, Maertens revêt le Maillot arc-en-ciel. Bien sûr, l'étrange comportement d'Hinault, qui se laisse piéger par l'échappée victorieuse de trente-deux coureurs, l'a aidé ; bien sûr, les Italiens se sont encore une fois montrés plus soucieux de se neutraliser entre eux que de justifier leur statut de favoris. Mais, lorsque dans le sprint final, cinq ans après Ostuni, le Belge passe Saronni exténué, on retient son souffle. Maertens est vraiment un coureur unique.

1er décembre

David contre l'Europe

Le cyclone David vient de s'abattre sur la Guadeloupe, dévastant tout sur son passage. La vie s'est arrêtée après ces instants de panique. Pourtant, les Guadeloupéens oublient rapidement ces désolations à l'approche de la sacro-sainte tournée de Guadeloupe qui se déroule la semaine suivante. Les professionnels européens (Saronni y fut vainqueur l'année précédente) s'opposent aux meilleurs Antillais devant les quatre-vingt mille supporters de Valentin Claire, dit « Tintin le Jaune », la star locale. Après une lutte farouche avec Robert Alban au pied de la Soufrière, Valentin doit s'incliner au grand bonheur des gardes mobiles qui redoutent une explosion de joie en cas de victoire du régional.

De gauche à droite, Francesco Moser, Bernard Hinault et Gilbert Duclos-Lasalle emmènent Freddy Maertens vers le titre mondial.

19 JUILLET

Edwige Avice lance une croisade anti-publicité

Alors que Bernard Hinault monte sur le podium final aux Champs-Élysées après sa trop facile victoire dans le Tour, Mme Edwige Avice, ministre des Sports, qui a suivi la fin de l'étape en compagnie de Jacques Goddet et qui semble y avoir pris un grand plaisir, lance un gros pavé dans le peloton : « Je vais voir s'il n'est pas possible de faire du Tour de France autre chose que la foire commerciale à laquelle on a assisté. Le peloton des coureurs est une deuxième caravane publicitaire, et j'en ai été choquée. Il faudra modifier le Tour, peut-être par un retour aux équipes nationales. » Les organisateurs inquiets publient un communiqué : « Madame le ministre ne dispose peut-être pas de tous les éléments disponibles pour juger. » Ouf ! En réalité, le problème est de savoir qui financera le Tour, les sponsors, comme cela se pratique aujourd'hui, ou l'État et les contribuables. Les arrivées d'étapes ne font certes pas dans la discrétion. On ne compte plus les divers challenges, les différents prix, « amabilité », « élégance », « loyauté », les remises de casquettes, de fanions, les changements de maillots très publics. Mais le Tour est une entreprise privée bénéficiaire qui permet d'organiser d'autres courses déficitaires comme Paris-Roubaix, Bordeaux-Paris ou le Tour de l'Avenir. Pourquoi vouloir en outre changer une équipe qui gagne ? Jamais le succès populaire de la Grande Boucle n'a été aussi patent que ces dernières années.

À l'arrivée du Tour, à Paris, l'abus de publicité sur les maillots et dans la caravane choque le ministre des Sports, Edwige Avice.

Jan Raas (en troisième position) protégé par Ludo Peeters, devant lui, et tous les Ti-Raleigh.

20 MARS

Marc Gomez est un modeste

Dix-neuf ans après Joseph Groussard, un Français remporte Milan-San Remo. Après deux cent quatre-vingt-six kilomètres d'échappée, Marc Gomez fait l'événement par sa victoire au sprint devant son compatriote Alain Bondue. La consternation du public italien, qui attendait Moser ou Saronni, fait place à l'incrédulité : Qui est cet Espagnol ? Oh, tout simplement un Breton, fils d'immigrés espagnols devenu informaticien, qui, ne trouvant pas de travail à sa convenance, vit de petits boulots : porteur de journaux le matin et coureur cycliste l'après-midi. Après avoir refusé les propositions de Guimard, il s'est résolu, à 27 ans et sous l'insistance de Marcel Boishardy, son directeur sportif, à passer professionnel. « Quand je lui ai proposé deux ans de contrat, explique Boishardy, j'ai dû revenir à la charge plusieurs fois pour le convaincre, lui et son épouse, également réticente. » L'année précédente, dans les rangs amateurs, il parlait plutôt de limiter son activité de cycliste et envisageait sérieusement de chercher un « vrai » travail. Ce Milan-San Remo est la première classique de ce néo-pro qui n'avait encore jamais abordé une distance aussi longue. Après sa victoire, les journalistes l'accablent de questions auxquelles, par pudeur, il ne répond pas. Il regrette simplement qu'Alain Bondue ait chuté dans les derniers kilomètres car il estime qu'il méritait autant que lui la victoire. Son entourage guette ses émotions, une lueur de joie. Non, Marc monte tranquillement sur le podium, impassible, essuyant les verres de ses lunettes comme s'il venait d'apprendre qu'il était reçu à son DEUG d'informatique.

Marc Gomez, l'inattendu vainqueur de Milan-San Remo.

4 avril

La colère de Merckx

Les champions ne savent plus « prendre leurs responsabilités et ne sont plus capables de s'imposer. Ils ont tous démissionné. Aucun d'eux n'est déçu ! Il est passé le temps où un échec vous plongeait dans une colère de huit jours. Si René Martens se met à gagner des classiques, où va-t-on ? » Eddy Merckx manie les mots comme naguère les coups de pédales. Il est vrai que l'absence de patron dans le Ronde, les luttes intestines, la parcimonie des efforts consentis ont rendu la course soporifique. Le Koppenberg, traditionnel secteur de sélection, n'est qu'une sympathique ballade. Même Martens ne comprend pas : « C'était aujourd'hui mon cinquième Tour des Flandres. Jusqu'alors, je n'avais jamais terminé ! Cette victoire est à peine croyable. »

4 avril

Soviet cyclisme

Le cyclisme soviétique existe et intrigue les Occidentaux. Mis à part quelques escapades récentes en dehors de leurs frontières, les Soviétiques restent encore confinés chez eux. Ce début de saison coïncide avec la course de Sotchi, qui dure une semaine et détermine toutes les sélections internationales à venir. Certes, l'organisation est rudimentaire : pas de banderole d'arrivée, pas de service d'ordre ni de directeur de course, mais les meilleurs sont présents sous le regard attentif de Victor Kapitonov, unique sélectionneur depuis quinze ans, qui vient faire son marché. La richesse de l'effectif est inversement proportionnelle aux gains. Là où les courses occidentales offrent toujours une petite gratification à tous les participants, les gagnants ne reçoivent ici, outre leurs promesses de sélection, que la considération générale.

18 avril

Ti-Raleigh contre Hinault

L'impétueux Jan Raas se transforme le temps d'un Paris-Roubaix en un fin tacticien qui va battre Hinault à son propre jeu. Lorsque, à trente kilomètres du but, Ludo Peeters (Ti-Raleigh) démarre sur les ordres de Raas, son capitaine de route, le Français sort le grand jeu sur les derniers pavés. Cette poursuite lui permet de rejoindre Peeters, mais Raas ne le lâche pas d'une roue. Désabusé, Hinault ne réplique pas, cinq kilomètres avant l'arrivée, à l'attaque décisive de Raas. Le travail des Ti-Raleigh a eu raison de la supériorité intrinsèque d'Hinault, trop isolé. Mais au moins la course est-elle un peu plus présentable que les récentes classiques du printemps. Le vainqueur et le vaincu appartiennent en effet au même camp : celui des gagneurs.

25 mai

Tinazzi jusqu'au bout de la souffrance

« Emportez-moi plus loin, encore plus loin », gémit Marcel Tinazzi, ivre de fatigue, sur la route qui le conduit de Bordeaux à Fontenay-sous-Bois. La lutte de Tinazzi et de Maurice Le Guilloux va se prolonger jusqu'au bout : 58 secondes seulement les séparent à l'arrivée. « J'ai terminé complètement dans le cirage, explique le vainqueur. J'ai envisagé de tout laisser tomber et de m'étendre dans un champ. » Ç'aurait été dommage après ce combat échevelé, ces renversements de situation, et cette fin si dramatique et incertaine, bien dans l'esprit de Bordeaux-Paris. Le Marseillais Marcel Tinazzi met ainsi fin à la dictature de Van Springel, déjà sept fois victorieux dans le derby.

9 MAI

Arroyo pour le meilleur et pour le pire

En ce dimanche, des milliers de Madrilènes s'arrachent des portraits de leur nouvelle idole, revêtue d'un superbe Maillot *amarillo*. Angel Arroyo, le fils prodige du cyclisme espagnol, vient de remporter le Tour d'Espagne. Victoire facile mais pleine de culot que celle de ce Castillan. Certes, les coureurs étrangers déplorent les irrégularités qui ont ponctué la course, comme cette voiture de la télévision espagnole filmant, capot ouvert, l'échappée d'un coureur (espagnol, bien sûr) dix mètres seulement devant lui. Certes, De Kimpe, directeur sportif de Criquielion, affirme que ses coureurs ont été menacés et même frappés par des adversaires. Mais qu'importe ! L'Espagne est en fête et cela fait des lustres qu'elle attendait l'avènement d'un tel champion. Quatre jours plus tard, un coup de tonnerre met un terme à l'euphorie. On annonce que six coureurs espagnols, dont Arroyo, ont été contrôlés positifs. Le vainqueur de la Vuelta proteste en invoquant le changement de laboratoire d'analyses trois jours avant l'arrivée. Avant cette date, n'a-t-il pas été contrôlé négatif à six reprises. Mais le pot aux roses est découvert. Le dernier laboratoire madrilène, beaucoup plus perfectionné que celui utilisé précédemment, est, lui, en mesure de repérer les produits interdits utilisés par le bel Angel (un antidépressif et antianorexique). On imagine l'hécatombe si des tests fiables avaient été effectués dès le premier jour. Malgré leurs efforts, les Espagnols n'arrivent pas à sortir la Vuelta de l'ornière dans laquelle elle s'est enfoncée depuis quelques décennies.

Il est 4 heures du matin. Marcel Tinazzi est au départ de Bordeaux-Paris.

Dans le Giro, Bernard Hinault contrôle ses deux plus dangereux adversaires de la Bianchi, Silvano Contini et Tommy Prim.

À Denain, les ouvriers de la sidérurgie bloquent le peloton. Une première dans l'histoire du Tour.

2 juin

Fi des Italiens

Le groupe de tête entame l'ascension du redoutable Monte Campione. Dès les premières rampes, Hinault se met en danseuse et accélère. Son regard se tend, son œil devient noir. Il se retourne au bout de quelques secondes et s'aperçoit que seul Van Impe est en mesure de le suivre. Contini, Maillot rose, Prim et Baronchelli, trois membres de l'équipe Bianchi, ont lâché prise. Quelques kilomètres plus loin, Van Impe renonce à son tour à suivre le rythme infernal du Français. Contini sera relégué à 3 min 27 s. Cette fois, le Tour d'Italie bascule. Les jours précédents, l'affaire semblait mal engagée pour lui, le harcèlement et les attaques répétées des Bianchi le laissant complètement isolé dès que les pourcentages augmentent. Mais le Blaireau confirme ici que sa supériorité n'a jamais été aussi écrasante que cette année.

25 JUILLET

Le Tour se penche sur son avenir

Le Tour s'achève sur une quatrième victoire de Bernard Hinault. Victoire sans l'ombre d'un doute, ni d'une émotion. Le Blaireau est trop fort et la Grande Boucle s'endort. C'est dans ce climat de morosité que ses deux directeurs, Jacques Goddet et Félix Lévitan, admettent qu'il est temps de changer de formule et d'envisager une profonde refonte du système. Les deux hommes sont d'ailleurs en désaccord. Félix Lévitan propose un Tour complètement open : cent quatre-vingts coureurs répartis en dix équipes professionnelles (du type de celles qui existent alors) et dix équipes amateurs (issues pour l'essentiel des pays de l'Est), chacunes d'elles composées de neuf unités. Jacques Goddet prévoit quant à lui une adaptation plus en douceur à la mondialisation du cyclisme, comme c'est déjà le cas au Tour de l'Avenir. Son souhait serait donc d'élargir la participation à d'autres formations professionnelles, comme il en existe en Colombie ou aux États-Unis. Une fois tous les quatre ans, l'épreuve serait « mondialisée », ouverte à des équipes nationales dans une formule libre qui équilibrerait « nations traditionnelles et nations neuves ».
Un sondage de l'IFOP révèle que le retour aux équipes nationales recueille deux fois plus de suffrages que le maintien des équipes de marque. Mais, comme l'explique Goddet : « Le public mesure mal combien un retour à cette formule, qui n'est plus adaptée aux exigences commerciales et publicitaires d'aujourd'hui, hypothéqueraient la survie du secteur professionnel… » Le nerf de la guerre.

Laurent Fignon est en tête de Blois-Chaville lorsque sa pédale casse net.

7 juillet

La rançon de la gloire

C'est une grande première dans l'histoire du Tour. Alors que les coureurs participent au contre-la-montre par équipes, les ouvriers de la sidérurgie bloquent la course à Denain. Devant la motivation des manifestants, Jacques Goddet et Félix Lévitan doivent annuler l'étape. La situation désastreuse de l'emploi dans la région, provoquée par la restructuration du secteur minier, affecte profondément l'opinion publique. Coïncidence ou effet boule de neige ? Quelques jours plus tard, au départ d'Orcières, ce sont les agriculteurs qui bloquent la route à l'aide de leurs tracteurs. Les organisateurs s'inquiètent de cette « prise en otage » du Tour et craignent de nouvelles actions devant le succès des premières. Ce n'est que la rançon de la gloire.

1er septembre

Le kamikaze

Nous sommes dans la finale de vitesse du championnat du monde de Leicester et, du Canadien Jocelyn Singleton et du Japonais Koïchi Nakano, le kamikaze n'est pas celui qu'on croit. Singleton a déjà enlevé le championnat de keirin au terme d'une arrivée houleuse, en profitant du déclassement de l'Australien Clark. Alors que les deux adversaires sont à égalité, une manche chacun, dans la finale, Singleton tombe une première fois, en entraînant Nakano dans sa chute. Nouveau départ et nouvelle chute du Canadien, qui se fracture la clavicule droite. Nakano remporte son sixième titre consécutif, égalant le record du Belge Jef Scherens, champion de 1932 à 1937. Agacé par l'insolente domination du Japonais, Singleton voulait l'impressionner par son tempérament de feu. C'est l'histoire de l'arroseur arrosé...

10 octobre

Fignon perd la pédale

Laurent Fignon est échappé depuis quelques kilomètres déjà et sa confortable avance le met à l'abri d'un éventuel retour de ses poursuivants. Ce néo-pro de 22 ans rêvait depuis si longtemps de sa première victoire dans une grande classique. Mais soudain, vers Guyancourt, c'est la chute, provoquée par le bris d'une manivelle. Quelle malchance pour ce grand espoir du cyclisme français qui a si bien secondé Hinault dans le Giro. Alors que les observateurs se plaignent du désert de notre cyclisme derrière Hinault, voici enfin une étincelle qui demande cependant confirmation. C'est Jean-Luc Vandenbroucke qui profite de cet abandon pour remporter Blois-Chaville avec audace, en résistant au retour du peloton dans la montée de l'Homme mort.

5 SEPTEMBRE

Hinault choisit le mauvais combat

Pour ce championnat du monde sur route à Goodwood, l'orgueilleux Francesco Moser a décidé de faire taire son ancienne rivalité avec Saronni et de l'aider à remporter le titre. Chose promise, chose due. À mille cinq cents mètres de la ligne, Moser s'avance à la pointe du groupe de tête, Saronni sous son aile, et rejoint l'Américain Boyer, légèrement détaché. Les Italiens constatent avec surprise que LeMond participe aussi à cette poursuite contre son compatriote. À huit cents mètres de l'arrivée, Saronni se dresse sur ses pédales et libère d'un seul coup toute sa puissance. Beppe passe la ligne heureux et soulagé : « Dorénavant, les autres sont forcés de m'admettre du côté des meilleurs. Une bonne chose de faite. » Il lui faut maintenant renvoyer l'ascenseur à Moser. Mais, au fait, où sont passés les Français ? Petit retour en arrière. L'affaire a commencé à Callac, lors d'un critérium d'après Tour. Les Français refusent le contrôle antidopage qui leur est imposé. Hinault, Bernaudeau et Vallet, les instigateurs de la rébellion, s'arrangent pour finir « contrôlables » en prenant les trois premières places de l'épreuve. Devant les sanctions brandies par leur fédération, les coureurs menacent de ne pas participer au championnat du monde. Le bras de fer est engagé entre les dirigeants et Hinault, le plus virulent des Tricolores. Le Breton têtu ne cède que la veille du départ pour l'Angleterre, sous l'insistance d'Anquetil, qui s'est rendu chez lui. Voilà qui explique la déroute des Français dans le championnat du monde !

Au championnat du monde de Goodwood, Saronni termine en solitaire après une attaque fulgurante.

La dernière victoire aux Six Jours de Grenoble de la célèbre paire Sercu-Freuler.

Malgré ses 34 ans, Hennie Kuiper est incontestablement le plus fort sur les pavés menant à Roubaix.

10 AVRIL

Quand Kuiper gagne Paris-Roubaix à la force de l'âge

Coïncidence ou provocation ? Paris-Roubaix, école de la souffrance, se déroule aux mêmes dates qu'une grande kermesse du cyclisme, le premier Tour d'Amérique. Bernard Hinault, dont on connaît l'engouement débordant pour l'Enfer du Nord, parade sur les estrades américaines pour vendre « son » Tour d'Amérique. Après une nuit dans l'avion, il se présente quand même au départ de Paris-Roubaix pour abandonner rapidement : « Je ne suis pas fou. J'ai une femme et deux enfants. Je ne veux pas mourir sur les pavés… » Et pourtant, quelle course d'anthologie. À cent kilomètres de l'arrivée, la sélection des dix hommes forts de la course se produit. La traversée des nombreux secteurs pavés fractionne la course en petits groupes. Personne n'est épargné par les chutes. Comme l'année précédente, Kuiper tombe deux fois de suite, vers Bersée et Templeuve. Sa troisième chute est plus inquiétante puisqu'elle risque de l'éjecter définitivement d'un groupe de tête composé de Duclos-Lassalle, Moser, De Meyer et Marc Madiot. Dans un prodigieux effort, il recolle en deux kilomètres à la tête de la course et poursuit sur sa lancée pour distancer progressivement, mètre par mètre, ses compagnons d'échappée. Malgré ses 34 ans, Kuiper est resté le plus frais sur la fin : « J'ai su mieux répartir mon effort, et mieux m'économiser. C'est le privilège de l'âge ! » Et de la conscience professionnelle.

La saison commence bien pour Roberto Visentini, vainqueur de Tirreno-Adriatico.

16 mars

Le retour de Visentini ?

Depuis qu'il est devenu champion du monde junior en 1975, Roberto Visentini laisse se faner les espoirs que les *tifosi* ont placés en lui. « L'enfant gâté du vélo », le « play-boy inapte à la souffrance » remporte tout de même, à l'arraché, ce Tirreno-Adriatico. Quatre minutes d'avance sur Knetemann au classement final alors que Saronni, premier au général, a laissé filer le dernier contre-la-montre. Ce succès par raccroc ne l'empêche pas de se montrer arrogant : « Cette victoire, je ne l'ai pas volée ! L'an passé, j'aurais dû gagner le Tour de Lombardie, si l'union ne s'était pas réalisée en faveur de Saronni. Lui, il a du souci à se faire pour le prochain Giro. » Le brio du fougueux Moreno Argentin, vainqueur de deux étapes, est plus convaincant.

19 mars

L'Italie unie

Une atmosphère stupéfiante régne à l'arrivée de Milan-San Remo. La foule hystérique renverse les barrières de sécurité pour s'approcher du vainqueur. Sur le podium, Saronni et Moser se congratulent chaleureusement. L'Italie est enfin réconciliée, le temps d'une course. Même si Moser affirme deux jours plus tard « qu'il était plus fort que Saronni », le « Beppe » a interrompu sa série noire dans la *Primavera* , où il a fini trois fois 2e. Alors que le « Cesco » a largement dégraissé le peloton dans la descente du Cipressa, Saronni place un contre foudroyant dans le Poggio pour finir seul sur la Via Roma. Ce coureur qui avait tendance à se reposer sur ses qualités de sprinter démontre avec panache ses capacités de véritable rouleur. Au fait, vous souvenez-vous de Marc Gomez ? Il termine à la 103e place.

10 avril

Amérique, nous voilà !

Pour ce premier Tour d'Amérique (impressionnante appellation), disputé en trois jours, les organisateurs néophytes ont la sagesse de faire appel aux autorités du cyclisme français : Richard Marillier en est codirecteur et Bernard Hinault donne le départ. La forte présence française ne va pas sans quelques excès, si l'on en croit un coureur américain qui n'appécie pas, lors du contre-la-montre, le compte à rebours en français. La course est relativement terne malgré la présence de nombreux Européens parmi les soixante-quinze participants, dont Oostebosch, vainqueur, Fignon ou Bernaudeau. Mais l'essentiel n'est pas là pour Léo Van Vliet, lauréat de la 2e étape : « Nous avons aimé ça : les routes larges, le petit nombre de coureurs, une foule amicale et… l'argent. »

29 mai

La revanche de Duclos

Quelle revanche pour celui qu'on appelle désormais « l'animateur malheureux », « le vainqueur moral » ou « le meilleur Français ». Dans Bordeaux-Paris, mettant à profit ses deux semaines de préparation spécifique en compagnie de son entraîneur Pierre Morphyre, Duclos garde tout son calme, même lorsque l'avance de Patrick Clerc atteint six minutes. Après l'avoir rejoint, le Béarnais se porte seul en tête au cinq centième kilomètre, malgré la résistance inattendue du Belge Van der Helst. Il remporte ainsi sa première grande classique. Si les coureurs ont tendance à bouder cette course exigeante, ce n'est pas le cas du public, venu en masse à l'arrivée de Fontenay-sous-Bois. La légende de Bordeaux-Paris est intacte.

6 MAI

Serranillos 83

Le Tour d'Espagne arrive à Madrid dans trois jours et Bernard Hinault est bien mal en point. Il ne pointe au classement général qu'en troisième position, avec 1 min 6 s de retard sur l'étonnant Julian Gorospe. Et le Français a subi des échecs surprenants, dont le contre-la-montre en côte de Panticosa où il finit 9e à 2 min 13 s de Marino Lejarreta. « Jusqu'à présent, c'est le plus mauvais jour de ma carrière » concédera-t-il. Le travail de sape des Espagnols semble avoir eu raison des Renault-Gitane, isolés. Mais la bête n'est que blessée et son sursaut sera terrible, ravageur. Entre Salamanque et Avila, l'étape de la dernière chance, Hinault se livre à un remake du Stelvio 1980, cette fois-ci dans le col de Serranillos. Après un démarrage de Laurent Fignon qui a le mérite de réduire le groupe de tête à cinq hommes, Hinault place une accélération foudroyante que seul Lejarreta parvient à contenir. Gorospe est irrémédiablement lâché et termine épuisé, avec vingt et une minutes de retard. À l'arrivée sur la piste d'Avila, Hinault enfonce encore le clou en battant au sprint Lejarreta et Belda, les deux Espagnols récalcitrants. « J'ai toujours été persuadé que je gagnerais. Ma grande attaque de Serranillos, voilà cinq jours que je la préparais. Nous n'avons pas laissé aux Espagnols une minute de paix. Dès qu'ils levaient le pied, hop, nous en remettions un coup. Alors, ils se sont effondrés complètement », explique le Blaireau. Il avoue quand même que, de ses huit victoires dans un grand Tour, celle-ci a été la plus difficile.

Le Hollandais Bert Oostebosch remporte le premier Tour d'Amérique.

Sa générosité enfin récompensée pour Gilbert Duclos-Lassalle, bien abrité par son entraîneur Morphyre.

Angel Arroyo termine en solitaire l'ascension du Puy-de-Dôme devant son équipier Pedro Delgado.

11 juillet

Tir groupé

La présence de trois Français (Simon, Fignon et Bernaudeau, dans l'ordre) en tête du classement général à Bagnères, après une étape pyrénéenne dévastatrice, constitue une surprise. L'absence d'Hinault a ouvert la guerre de succession. Les Van Impe, Winnen, Zoetemelk ou Kelly, ont les faveurs des pronostics. Mais, dans cette dixième étape courue sous une chaleur étouffante, la charge des Colombiens dès le premier col, l'Aubisque, entraîne une hécatombe : Van Impe est relégué à 5 min 45 s, Zoetemelk et Winnen à 8 min 55 s et, surtout, Sean Kelly, victime d'une défaillance dans le Tourmalet malgré le soutien d'Agosthino, à 10 min 11 s. Le Tour change complètement de physionomie et la forte impression laissée par Pascal Simon (4 min 22 s d'avance au général) en fait le favori du Tour.

12 JUILLET

La France pleure son nouveau Quichotte

Entre Bagnères et Fleurance, au km 40, une bousculade dans le peloton entre Boyer et Bourreau entraîne la chute de Pascal Simon. En remontant sur son vélo, le Maillot jaune souffre et grimace, comme la France entière devant la déveine de son nouveau héros. À l'arrivée, le diagnostic est alarmant : fracture de l'omoplate. Simon décide néanmoins de continuer : « C'est fou ce qu'un maillot sur le dos et l'aide du public peuvent sublimer un coureur. Malgré la douleur, je pensais que je pouvais conserver une place sur le podium. Hélas, je n'avais plus de force. » Pendant trois jours, le Tour est suspendu à la souffrance de Simon, qui termine tant bien que mal les étapes. Ses adversaires hésitent à l'attaquer franchement. Mais, entre La Tour-du-Pin et L'Alpe-d'Huez, au sommet du col de la Chapelle-Blanche, ce Champenois de 26 ans met pied à terre, brisé par la douleur. Les larmes aux yeux, il abandonne ses illusions et le Tour. Quelques heures plus tard, ragaillardi, il admet que le jaune lui a ouvert d'autres ambitions : « J'ai appris beaucoup de choses sur ce Tour. Je pense avoir compris la manière de l'emporter. Il faut rester attentif, continuellement, et porter deux ou trois coups décisifs. » Un champion est né dans les Pyrénées. Une nouvelle fois, un coup de théâtre est venu bouleverser les données du Tour. C'est Laurent Fignon qui hérite du Maillot jaune, pour sa première participation. Certes les plus dangereux adversaires ont capitulé, mais le nouveau leader saura contenir admirablement, dans les Alpes, les attaques de Winnen, de Bernaudeau ou de Van Impe. Et l'on attend déjà avec impatience le Tour 1984, pour savourer le duel à la loyale de Simon et de Fignon.

Pascal Simon souffre de l'épaule gauche depuis sa chute de la veille. Il devra abandonner deux jours plus tard.

13 juillet

Si Van Impe…

Fleurance-Roquefort-sur-Soulzon (261 km) : une étape de transition, comme disent les observateurs qui ne la parcourent qu'en voiture. Entre les Pyrénées et l'Auvergne, cette journée ensoleillée est l'occasion choisie par Lucien Van Impe pour assommer ses adversaires et remporter le Tour. Ni plus, ni moins. Dans la côte de Carmaux, à cent kilomètres de l'arrivée, il attaque, suivi de Van der Poel, de Millar et de Franceschini. Vingt kilomètres plus loin, l'écart atteint 6 min 50 s. Le petit Belge gagne son pari là où personne ne l'attendait. Malheureusement pour lui, les Wolber de Bernaudeau vont engager la poursuite et effectuer la jonction à Saint-Affrique, à dix-sept kilomètres de Roquefort. À Paris, Van Impe terminera 4e, à 4 min 16 s de Fignon.

16 juillet

L'Espagne de retour

Le cyclisme espagnol renaît de ses cendres. Depuis Federico Bahamontès, la légende des petits grimpeurs ibériques s'était perdue. Angel Arroyo et Pedro Delgado sont en passe de renouer avec la tradition. Ils survolent le contre-la-montre du Puy-de-Dôme, se classant respectivement 1er et 2e. Devant une foule immense acquise à la cause de Pascal Simon, Arroyo impressionne par son aisance dès que les pourcentages augmentent. Depuis la Vuelta 1982, où son talent a rayonné sur la course, il lui fallait confirmer à l'échelle supérieure. Quant au jeune Delgado, on se demande si la révélation du début de Tour ne pourrait pas causer une énorme surprise sur les Champs-Élysées s'il parvient à garder les mêmes dispositions dans les Alpes. ❍

● Guy Nulens, à gauche, et Phil Anderson, deux des nombreuses victimes de la terrible étape Pau-Bagnères.

4 septembre

Un Américain arc-en-ciel

On s'y attendait un jour mais la surprise est forte. Un Américain champion du monde sur route ! Et de quelle façon, puisque Greg LeMond gagne avec 1 min 11 s d'avance sur Van der Poel et Roche. Sa lucidité lui a permis de déjouer tous les pièges de la course malgré la faiblesse de son équipe. Mais quelques critiques se font entendre. On le dit égoïste et individualiste, ce qui pourrait lui jouer des tours dans ses prochaines équipes. « Je roule d'abord pour moi, pour me construire un palmarès et satisfaire ceux qui m'emploient. Si j'ai réalisé la course parfaite à Altenrhein, c'est parce que je ne pensais qu'à moi et au maillot », explique froidement le nouveau champion, qui peut rêver aux extraordinaires retombées de son titre dans son pays. ❍

6 SEPTEMBRE

Hinault obtient le divorce

« Quand j'ai demandé à la Régie, fin août, de choisir entre Guimard ou moi, je savais que ce serait lui. Il était grand temps que nous nous séparions », confie le Blaireau. L'annonce officielle par Renault du divorce entre Bernard Hinault et Cyrille Guimard n'est une surprise pour personne, car les infidélités couraient depuis trop longtemps. « Ça fait très mal, croyez-moi, lorsqu'on vous vexe devant cent personnes, dans un restaurant, parce que vous avez bu un verre de vin. Le jour où il m'a fait ça, je n'ai rien dit. » Hinault sait se contenir. Mais ce jour-là marque la rupture avec Guimard de celui qui n'a jamais supporté l'autoritarisme de son directeur sportif, réclamant un droit à la parole, à la concertation. En fait, le dialogue, s'il a jamais existé, s'est définitivement rompu l'hiver précédent, au cours d'un voyage de vacances au Sénégal organisé par la Régie. Là, Bernard a failli tout plaquer, et c'est sa femme Martine qui a réussi à réconcilier tout le monde. Deux personnalités aussi affirmées ne peuvent partager un unique palmarès. « Quand un coureur de Renault gagne, vous avez trop tendance à croire que c'est Guimard qui gagne. Mais ce sont tout de même les coureurs qui pédalent », déclare Bernard aux journalistes. Le quadruple vainqueur du Tour ne veut plus penser qu'à l'avenir. Certains commentateurs affirment que son genou ne lui permettra pas de revenir au premier plan. Mais, pour lui, c'est une histoire révolue et il se présente en homme neuf pour démarcher une nouvelle équipe. Les propositions émanent de partout : d'Italie, d'Espagne, de Belgique et, bien sûr, de France. On évoque Édouard Leclerc et Auchan, on parle même de Bernard Tapie, qui ferait ainsi son entrée dans le cyclisme. ❍

● Greg LeMond a lâché son dernier compagnon d'échappée, l'Espagnol Ruperez, et il s'envole vers le titre mondial.

Francesco Moser lors de sa première tentative de record de l'heure. Il passe la barre des 50 km.

Bernard Vallet prend le relais de Gert Frank. Les premiers « rois du plancher » aux Six Jours de Paris.

19 JANVIER

La médecine, l'informatique et le champion

En juillet 1982, les professeurs Treidecci et Sassi, un responsable de la GIS, l'équipe de Francesco Moser, et le docteur Sorbini, spécialiste des produits amaigrissants se présentent chez le champion italien afin de le convaincre de tout mettre en œuvre pour battre le record de l'heure de Merckx. Le champion, son employeur et les hommes de science parviennent à un accord. L'objectif des médecins consiste à repousser le seuil de la fatigue chez « le patient », c'est-à-dire établir la relation exacte entre la puissance du coureur et son rythme cardiaque, les conditions atmosphériques ou l'exigence d'un entraînement poussé. Une équipe de quarante personnes et quatre millions de francs sont mobilisés, exclusivement en vue de ce record. À l'automne 1983, Merckx et Gimondi se montrent sceptiques. La réponse de Moser est cinglante : « Il est trop commode de tenter seulement quand on est assuré de la réussite. Si j'échoue, les recherches approfondies auxquelles je me suis livré depuis plusieurs mois pourront toujours servir à d'autres. » En parallèle à la recherche médicale, le professeur Dal Monte, considérant le couple homme/vélo comme un ensemble, recherche le meilleur CX (coefficient de pénétration dans l'air). Il veut déterminer la position idéale du coureur et de son matériel. Après plusieurs essais en soufflerie, l'équipe se décide pour le vélo construit par les cycles Moser, le plus lourd jamais utilisé depuis la dernière guerre : 7,850 kg. Le cadre plongeant est dessiné pour que le poids du coureur porte essentiellement sur la roue arrière. ❍

19 janvier

Francesco Moser a roulé sur la lune

À Mexico ce jeudi matin, l'Italien était simplement parti pour un essai de vingt kilomètres, qu'il a prolongé victorieusement jusqu'à l'heure. Dès le cinquième kilomètre, son premier record du monde est battu (5 min 48 s 24/100), puis, après vingt tours, c'est la stupéfaction : Moser tourne à 54,434 km/h, avec un braquet de 57 × 15 (8,27 m). Son staff technique, au bord de la piste, décide de calmer ses ardeurs. Le coureur va suivre un rythme régulier de 50,700 km/h qui lui permet de devancer Merckx de quatre tours, soit 1 min 33 s. À peine descendu de vélo, Francesco décide de recommencer quatre jours plus tard, le lundi 23. Malgré un vent violent, il bat de nouveau son record : 51,151 km. ❍

3 février

Les délices de Bercy

Après des années d'attente et de frustration, les Parisiens goûtent à nouveau aux délices oubliés de l'omnium, des « américaines » ou des poursuites. Les premiers Six Jours de Paris du palais omnisports de Paris-Bercy (une appellation un peu austère) débutent dans un vélodrome plein à craquer. C'est Francesco Moser qui en constitue l'attraction principale. Associé à Thurau, l'Italien est victime d'une conspiration montée contre son partenaire. De vieux règlements de comptes entre six-daymen (Thurau aurait « volé » les Oersted aux derniers Six Jours de Copenhague) gâchent l'ultime soirée, alors que la bataille fait rage entre les paires Moser-Thurau et Vallet-Frank, qui réussissent à conserver in extremis la première place. ❍

8 avril

Kelly au-dessus des pavés

C'est un vélodrome roubaisien en délire qui attend l'arrivée victorieuse de deux équipiers et amis, Gregor Braun et Alain Bondue, l'enfant du pays. Les deux coureurs de La Redoute, détachés depuis quatre-vingts kilomètres, avalent les pavés en parfaite harmonie : « Nous roulions si bien ensemble, raconte Bondue, qu'il était hors de question de nous déclencher la guerre à quelques kilomètres de l'arrivée. Nous envisagions d'aller au bout, avant que Kelly ne se lance dans ce fantastique numéro. » En effet, à vingt et un kilomètres de Roubaix, l'Irlandais, accompagné de Rudy Rogiers, rejoint les deux échappés épuisés. Il accélère progressivement puis, après avoir fait le ménage, n'a plus qu'à régler le Belge au sprint, passant la ligne avec dix longueurs d'avance.

11 juin

Joies du Giro

À l'aube de la dernière étape, un contre-la-montre de quarante-deux kilomètres à Vérone, Laurent Fignon possède 1 min 21 s d'avance au classement général sur Francesco Moser. Le coureur et Guimard pensent que l'affaire est jouable, mais ils n'ont pas encore vu le vélo révolutionnaire du recordman de l'heure, proche de la machine du record. Au bout, ce sont 2 min 24 s d'avance pour l'Italien qui remporte ainsi son premier Giro à 33 ans. Le Français laisse alors éclater sa désillusion : « Je déplore l'absence de montagne (le Stelvio avait été annulé au dernier moment) et les conditions suspectes de course. Des alliances se sont nouées autour de Moser, qui a été poussé sans arrêt dans les cols. Son attitude n'est pas digne du champion qu'il est. » Comme si Fignon découvrait les traditions du Tour d'Italie.

17 FÉVRIER

Le plan Tapie

Le 25 septembre 1993, vers 19 heures, Bernard Tapie a créé la surprise ! Un communiqué annonce que Bernard Hinault a signé avec le célèbre homme d'affaires ! Si surprise il y a, c'est que le champion français avait laissé entrevoir des solutions transalpines pour son avenir. Mais cet accord respecte la logique tant les deux hommes se ressemblent, ou pensent se ressembler. « Je crois que Bernard Tapie voit le monde des affaires comme je vois celui du vélo » affirme, rassuré, Hinault. Tapie est spécialisé dans le redressement des entreprises en difficulté. Tout un symbole ! Ce 17 février, l'opération séduction commence au Crazy Horse, où il présente sa nouvelle équipe, qui porte les couleurs de La Vie Claire (les produits diététiques), de Terraillon (les balances) et de Look (les pédaliers), trois sociétés détenues par l'homme d'affaires. Malgré les paillettes, l'ambiance est tendue. Le monde du cyclisme reste sceptique devant cet « étranger » qui débarque dans son domaine réservé à coup de millions. Seuls les coureurs élus (Bernard Vallet, Niki Ruttimann ou Marc Gomez) paraissent soulagés d'avoir touché le jackpot. Bernard Tapie, lui, affine ses arguments pour justifier son arrivée dans le cyclisme. « Que Bernard puisse remonter ou non sur un vélo n'est pas l'essentiel pour moi. 85 % de mes activités touchent le domaine du sport et des loisirs. Vous rendez-vous compte à quel point Hinault est crédible dans ces secteurs ! Toutes les actions que nous allons pouvoir entreprendre en utilisant son image et son nom ! » On se demande même pourquoi le Breton s'entête à vouloir remonter sur un vélo et à gagner des courses alors que son patron ne veut en faire qu'un VRP de luxe.

• Bernard Tapie et Bernard Hinault sur la scène du Crazy Horse, lors de la présentation de l'équipe La Vie Claire. D'autres moyens pour d'autres méthodes.

• Sean Kelly démarre sur un chemin boueux à la poursuite d'Alain Bondue et de Grégor Braun.

● Dans le Dauphiné, Hinault et LeMond vont subir la loi des Colombiens Martin Ramirez, Maillot jaune, et Francisco Rodriguez.

● L'Américaine Marianne Martin, vainqueur du premier Tour de France féminin, reçoit les félicitations du maire de Paris, Jacques Chirac.

30 JUIN

Le Tour couronne enfin les petites reines

Puisque la femme n'a rien à envier à l'homme… sur le plan de la résistance, pourquoi ne pas lui proposer une digne et grande course par étapes. Ainsi naît le Tour de France féminin. Géographiquement, ce Tour est un vrai Tour, l'égal des plus grands : départ de Paris pour rejoindre le Sud-Ouest par la côte Atlantique, puis retour dans la capitale après un long passage dans les Alpes. Pour satisfaire à la fois aux exigences de la Fédération internationale, qui limite le nombre de jours de course à douze, et préserver malgré tout l'intérêt médiatique de l'épreuve, donc celui des sponsors, on s'est livré à un découpage assez laborieux. La Société du Tour de France prévoit dix-huit jours de course, dont cinq de repos, avec des distances variant de trente-cinq à soixante-huit kilomètres par journée. Pas de quoi effrayer Betsy King qui, lors du dernier Bordeaux-Paris, a parcouru les cinq cent quatre-vingt-deux kilomètres en 16 h 11 min 14 s. Malgré les nombreux sceptiques, cette première édition, forte de trente-six concurrentes, est un vrai succès, où sont réunis tous les ingrédients du cyclisme : les drames, la joie, le suspense, même les crêpages de chignon. Et une jolie gagnante, l'Américaine Marianne Martin, qui sait faire la différence dans la montagne, en particulier dans la montée vers La Plagne. Les Hollandaises, elles, dominent les étapes de plaine : quinze victoires dont cinq pour la seule Mieke Havik, 2e à Paris. Suprême honneur, Marianne Martin reçoit son trophée sur le podium des Champs-Élysées, aux côtés du vainqueur du Tour masculin, Laurent Fignon. ❍

4 juin

L'épouvantail colombien

Ce Dauphiné-Libéré confirme le grand bond en avant du cyclisme colombien. Alors qu'on attend la résurrection de Bernard Hinault, c'est un certain Martin Ramirez qui fait sensation en dominant le Blaireau dans le col de Rousset. Avec les deux victoires d'étapes d'un autre Colombien, Francisco Rodriguez, la course tourne à la démonstration. Tous les observateurs se demandent si les Colombiens peuvent gagner le Tour de France ? Malgré la correction infligée en avril à Fignon et à LeMond par Herrera, lors de la Classico RCN, Hector Urrego, journaliste colombien spécialisé, reste prudent : « Le Dauphiné n'est pas le Tour. N'oubliez pas que notre meilleur élément, Luis Herrera, 23 ans, y sera un néophyte. » À suivre… ❍

16 juillet

La succession est ouverte

Battu par Fignon l'avant-veille, dans le contre-la-montre de La Ruchère, Bernard Hinault sait que le Tour va se jouer dans cette dix-septième étape, avec l'ascension de l'Alpe. Pour préparer le terrain, décidé et rageur, il attaque à cinq reprises dans la côte de Laffrey, mais ne réussit pourtant qu'à disloquer le peloton. Dans la vallée, il s'engage dans une folle échappée qui sonne comme un baroud d'honneur. Dès les premiers lacets, le Blaireau est passé par Herrera, puis Fignon. Au sommet, il accuse un retard de 3 minutes sur le champion de France, qui prend le Maillot jaune. « Je le dis franchement, déclare Fignon, Bernard a commis beaucoup d'erreurs tactiques. Il a couru en dépit du bon sens, sans directeur sportif pour le driver. » ❍

16 juillet

Herrera roi de l'Alpe

Dans ce Tour, on attend beaucoup des Colombiens, et en particulier de Luis Herrera, cependant, depuis le départ, ils se font surtout remarquer par leur discrétion. Mais Lucho Herrera va répondre présent au rendez-vous de l'Alpe-d'Huez. Dès le début de l'escalade, il se dégage, rejoint et dépasse Bernard Hinault, le dernier coureur à l'avoir vu avant l'arrivée. La suite n'est qu'une envolée solitaire et impressionnante. Lucho, frêle silhouette, fixe dans un regard angélique sa roue avant. La ligne approche mais il semble qu'Herrera pourrait poursuivre son effort durant des heures. Au sommet, accompagnateurs et journalistes colombiens hurlent leur joie. C'est la fête et aussi la première victoire d'un Colombien dans une étape du Tour. ❍

29 octobre

Trois glorieuses pour le Blaireau

Quelle incroyable fin de saison. Le 24 septembre, au Grand Prix des nations, alors qu'il n'a plus rien à prouver dans cette course remportée quatre fois, Bernard Hinault surclasse Kelly, laissé à 1 min 34 s, Roche et Fignon. Le 13 octobre, au Tour de Lombardie, il attaque à dix kilomètres de l'arrivée et termine en solitaire. Le troisième coup de tonnerre tonne au Trophée Baracchi où, associé à Moser, il pulvérise le record de la course, en 49,753 km/h. À 30 ans, on le disait fini, « grillé ». En signant avec Tapie, affirmaient ses détracteurs, il se préparait à sortir par la petite porte en assurant ses vieux jours. Mais non ! Le propre des champions mythiques est d'être capable de ressortir du néant. Le Blaireau est prêt pour de nouveaux défis. ❍

1er JUILLET

Barteau grimpe

Au cours de cette étape de plaine, le Portugais Ferreira démarre au troisième kilomètre, rapidement rejoint par Barteau et Le Guilloux. Les trois hommes creusent un écart auquel le Tour ne nous avait plus habitués depuis des décennies : 24 min 46 s au Kilomètre cent quatorze. À l'arrivée, Ferreira l'emporte au sprint devant Barteau, qui prend le Maillot jaune, et le peloton, à 17 min 42 s. C'est le début d'une grande histoire d'amour entre les Français et le jeune Vincent Barteau. Son côté bon vivant, cette façon naïve de ne pas prendre son aventure au sérieux séduisent indéniablement. Pendant ses treize jours en leader de la Grande Boucle, ce néophyte est chouchouté par des spectateurs admiratifs. « Les gens s'écartent juste sur mon passage. Ça ne s'ouvre que quand tu passes. » Il n'a jamais rencontré une telle ambiance. Il découvre les contre-la-montre de soixante-sept kilomètres comme celui d'Alençon, où il ne perd que cinq minutes malgré son angoisse : « Je n'avais pas pu manger à midi, mon estomac n'étant qu'une boule de nœuds. » Plutôt spécialiste du sprint, il n'a jamais franchi non plus de cols aussi difficiles dans sa carrière amateur, et il passe pourtant sans dégâts les Pyrénées. Son directeur sportif, Cyrille Guimard, en plaisante : « Dis donc, je croyais que tu ne grimpais pas... À partir de maintenant, quand tu seras largué dans un col, tu te feras engueuler. » À l'approche des Alpes, il conserve encore dix minutes d'avance mais il sait qu'un jour prochain, Laurent Fignon, son leader, sifflera la fin de la récréation. Le retour à la réalité a lieu à l'Alpe-d'Huez, où, exténué, il laisse à Fignon le Maillot jaune. ❍

● Le couple Hinault-Moser va pulvériser le record du Trophée Baracchi.

● Laurent Fignon lâche Hinault dans l'ascension de l'Alpe et s'envole vers son deuxième Tour de France.

Bordeaux-Paris est en péril. Seul treize concurrents en prennent le départ cette année.

14 AVRIL

Quatorze kilomètres de bonheur pour Marc Madiot

Marc Madiot a démarré à quatorze kilomètres de Roubaix. Encore quelques pavés et chemins boueux avant que ne sonnent les trompettes de la renommée.

Ce Paris-Roubaix démarre sur les chapeaux de roue. Au Kilomètre 180, Francesco Moser se lance dans un formidable baroud d'honneur. Avant de laisser la place aux jeunes, Francesco tient à rappeler que, sur ces pavés, il est chez lui. Il reste seul en tête pendant quarante kilomètres, contre le vent. Un geste fou mais beau, un coup d'audace qui va en appeler un autre : celui de Vanderaerden. Lorsqu'il jaillit et rejoint Moser, il reste encore quarante kilomètres à couvrir. L'Italien, victime d'une deuxième chute, doit laisser partir le champion de Belgique. Mais ce dernier commence à piocher dans ses réserves lorsque, sur les pavés de Vannehain, il voit surgir Marc Madiot, d'une fraîcheur étonnante. Au moment où le Belge sent poindre la défaillance, le Français s'en va vers le couronnement. Quatorze kilomètres de bonheur où Marc Madiot semble savourer chaque instant, chaque pavé, malgré la boue et les rafales de vent. Tandis qu'il pénètre dans le vélodrome de Roubaix en folie, son jeune équipier de chez Renault, Bruno Wojtinek, démarre au kilomètre et prend la seconde place. Le triomphe est complet. Ils ont su attendre patiemment le moment propice pour liquider les dernières velléités des redoutables Belges et Néerlandais. Depuis sa cinquième place derrière Kuiper en 1983, Madiot, ancien champion de France de cyclo-cross, savait qu'un jour il remporterait Paris-Roubaix. « Le plus difficile pour Marc sera de gagner une première fois. Lorsque le déclic se sera produit, tout s'enchaînera », avait prédit Cyrille Guimard.

25 mai

Mort d'une vieille dame

« Les vedettes de l'époque prennent la dangereuse habitude de cibler leurs objectifs sur une saison, toujours les mêmes, en particulier le Tour, qui ne consacre jamais qu'un vainqueur. Ce que Bobet et Anquetil ont réussi sans entamer leur intégrité reste l'exemple de la conduite éclairée d'une carrière professionnelle. Bordeaux-Paris, dans le corps d'un palmarès, c'est un sacré enrichissement ! Lesdits directeurs sportifs ne seraient-ils pas des directeurs de carrière, sinon des directeurs de conscience ? » Cet appel désabusé de Jacques Goddet fait suite à un Bordeaux-Paris tristounet : treize coureurs, dont une femme, au départ, qui ont roulé plus que doucettement, à moins de 40 km/h de moyenne. Attention ! Bordeaux-Paris se meurt…

9 juin

Bernarino

Pour ce contre-la-montre capital de Maddaloni, Bernard Hinault met les petits plats dans les grands. Le Français veut prouver que, même sur le terrain de prédilection de Francesco Moser (invaincu depuis deux ans dans les contre-la-montre), il est redevenu le Blaireau. Cadre plongeant, guidon type « cornes de vache », casque profilé : son équipement est à la hauteur de l'événement. Comme l'écrit un chroniqueur italien, c'est « une explosion du Vésuve ». « Ce jour-là, j'évoluais au sommet de mon art », confesse Hinault. Il laisse Moser à cinquante trois secondes et son équipier LeMond à cinquante huit. Malgré les bonifications grapillées ici ou là par Moser, malgré des *tifosi* fous de rage, le Breton remporte magistralement son troisième Tour d'Italie, rassurant tout le monde à trois semaines du Tour, sauf ses adversaires.

9 juillet

Royale Canins

Durant la huitième étape de ce deuxième Tour de France féminin, les illusions s'envolent définitivement pour Jeannie Longo. Dans la côte finale de Saint-Nizier, elle s'effondre, les poches vides de nourriture, victime d'une sévère défaillance. Longo perd plus de dix minutes sur Maria Canins. À l'arrivée, terrassée par la déception, elle s'agace : « Ça m'énerve tous ces gens qui me demandent si je suis déçue. » Le duel entre les deux meilleures du monde tourne à l'avantage de l'Italienne aux yeux bleus, qui n'a laissé aucune chance à la Grenobloise dans la montagne. C'est un Tour à la Coppi que remporte là Maria. Dans un style similaire, avec la même position assise dans l'ascension des cols, elle arrive à Paris forte, comme son prestigieux compatriote, d'une avance de plus de vingt-deux minutes.

3 août

L'éveil africain

On connaissait surtout jusqu'à présent l'existence sur l'échiquier international du cyclisme algérien et marocain. On découvre cette année-là le nouvel essor du cyclisme ivoirien. Le Tour de Côte d'Ivoire constitue désormais l'événement du vélo en Afrique Noire. Depuis que l'infrastructure routière permet de rouler sur du bitume, la course ne ressemble plus aux gigantesques cyclo-cross d'autrefois. À Yamoussoukro, la capitale, la dixième et dernière étape se dispute en circuit urbain, sur des artères au moins aussi larges que les Champs-Élysées et devant plusieurs dizaines de milliers de spectateurs enthousiastes. Solidement structurée, la fédération aligne dix équipes de cent vingt coureurs. Et Michel Oscar, le vainqueur final, court même le contre-la-montre individuel à plus de 43 km/h de moyenne.

Lors de la dernière étape du Giro, le contre-la-montre de Lucques, Bernard Hinault résiste à Francesco Moser.

12 MAI

Conjuration à l'Espagnole

Robert Millar ne peut plus perdre le Tour d'Espagne. Au seuil de l'avant-dernière étape, il possède treize secondes d'avance sur le Colombien Rodriguez, 1 min 15 s sur Ruiz Cabestany. Mais quand une conjuration à l'Espagnole et le destin s'en mêlent, il n'y a plus rien à faire. La journée commence mal pour Millar, qui crève en bas du deuxième des trois cols de la journée. Soutenu par ses équipiers, Pascal Simon et Ronan Pensec, il reprend rapidement sa place dans le peloton. Par contre, la poursuite est fatale aux deux Français, incapables de suivre, l'Écossais se retrouve isolé et donc exposé à tous les dangers… Précisément, le danger, c'est l'attaque que viennent de porter Pedro Delgado et José Recio. Oh, rien de grave pour l'instant, Delgado pointant à 6 min 13 s au classement général et Recio encore plus loin. Millar préfère surveiller Rodriguez, qui attend le bon moment pour placer un contre. Mais, tout à coup, le protégé de Roland Berland découvre l'horreur de la situation. Une véritable conspiration s'est ourdie pour favoriser la victoire d'un Espagnol. Même le Colombien doit s'exécuter devant les ordres de la Zor, son équipe espagnole. Aidé du seul Éric Guyot, que révolte la situation, Millar engage une folle poursuite. À treize kilomètres du but, Delgado et Recio possèdent 6 min 15 s d'avance. La Vuelta va se jouer pour quelques secondes. Mais, à Ségovie, la ville natale de Delgado, ces secondes tombent du mauvais côté pour Robert Millar. Le plus triste, c'est que les protagonistes se montrent fiers de leur mauvais coup. « Je remercie tous les directeurs sportifs pour leur aide », clame, sans honte, Perurena, le directeur sportif de Delgado.

Jeannie Longo devant Maria Canins. Mais les deux femmes échangeront leurs maillots au classement final.

● Bernard Tapie, promu directeur sportif officieux, va user de toute son autorité pour gérer la rivalité LeMond-Hinault.

● Bernard Hinault franchit la ligne d'arrivée, après sa chute sur le cours Fauriel à Saint-Étienne.

16 JUILLET

LeMond devra attendre son tour

Bernard Tapie qui arrive dans le cyclisme, ce n'est pas un homme d'affaires assouvissant sa passion de toujours et heureux de contribuer à la glorieuse incertitude du sport. Non, Tapie achète simplement les meilleurs coureurs du moment, Hinault puis LeMond, et programme leurs victoires comme un responsable de budgets prévisionnels. À l'aube de ce Tour 1985, promu directeur sportif officieux, il règle les destinées de la course dans son bureau : Hinault gagnera son cinquième Tour avec le soutien de son plus dangereux adversaire, Greg LeMond, et l'année suivante, les rôles seront inversés. Alors, bien sûr, lorsque l'Américain manifeste des états d'âme, il est énergiquement remis en place. Au cours de la dix-septième étape, vers Luz-Ardiden, LeMond se retrouve en tête avec Roche et Chozas, le retard d'Hinault dépassant la minute. Devant l'affaiblissement de ses compagnons d'échappée, LeMond demande à Paul Koechli, son directeur sportif officiel, s'il peut attaquer. Refus catégorique. Le lendemain, après l'attaque de Stephen Roche, le Maillot jaune se retrouve en difficulté dans l'Aubisque, attendu par Lucho Herrera. Finalement, Hinault limite les dégâts et sauve sa première place. Bernard Tapie n'avait pas prévu que le Français serait à ce point inférieur à LeMond, d'où le sentiment de frustration de l'Américain. Même si le futur vainqueur promet le renvoi d'ascenseur (« je ferai tout pour faire gagner Greg »), l'Américain demeure inquiet : « Tout de même, l'an prochain, Fignon sera là. Et si ça se trouve, Bernard sera dans le coup. » ○

13 juillet

Du jaune au rouge

L'étape Autrans-Saint-Étienne vient au lendemain des Alpes, où les Colombiens, Herrera et Parra ont eu les honneurs. Elle paraît plus tranquille, même si les monts du Forez réservent bien des surprises. Décidément intenable, Lucho Herrrera démarre dans la montée de la Croix de Chautouret pour consolider son Maillot blanc à pois rouges. Prenant tout les risques dans la descente, il tombe lourdement. Le visage en sang, il remonte sur son vélo et termine quand même en solitaire à Saint-Étienne. Trois minutes plus tard, arrive sur le cours Fauriel le groupe du Maillot jaune et c'est la chute pour Bernard Hinault. Son visage maculé de sang suscite une vive inquiétude, mais les deux accidentés reprendront sans problème leur place dans le peloton. ○

17 juillet

Une star en repérage

Entre Laruns et Pau, où le peloton rejoint tranquillement la vallée après deux jours sur les cimes pyrénéennes, la foule massée sur le bord de la route regarde intriguée la voiture rouge de Félix Lévitan. Aujourd'hui, ce sont ses invités, Dustin Hoffman et Michaël Cimino, qui sont les véritables vedettes de l'étape alors que les valeureux Régis Simon et Alvaro Pino, échappés du peloton, passent complètement inaperçus. Cimino et Hoffman sont en « repérage ». Le réalisateur prépare en effet un film intitulé « Maillot jaune », consacré à la vie du Tour de France et à ses à-côtés. L'acteur y tiendrait le rôle d'un coureur endossant miraculeusement la tunique d'or. Pour la direction du Tour, ce projet et cette visite apparaissent comme une consécration. ○

26 août

Neuvième titre pour Nakano !

Pour la neuvième fois consécutive, l'extraordinaire japonais Koïchi Nakano, 30 ans, remporte le titre de champion du monde de vitesse professionnel. Certes, la pauvreté du plateau professionnel le confine dans un cercle de plus en plus étroit, mais la performance reste unique dans les annales du cyclisme. Sur la piste de Bassano del Grappa en Italie, Nakano s'est d'abord débarrassé du Français Philippe Vernet en demi-finale. Le Français, lui, réussit l'exploit rarissime de prendre une manche au Japonais. En finale, face à son compatriote Matsueda, Nakano survole les deux séries avec un excellent temps de 10 min 91 s pour les deux cents derniers mètres de la première manche. Vernet sera malheureusement battu par l'Italien Dazzan pour la médaille de bronze.

22 septembre

Un ange aux Nations

L'échec d'Hinault dans le Grand Prix des nations suscite quelques commentaires. Malgré une préparation apparemment adéquate, il quitte la course au bout de quarante-cinq kilomètres, les jambes lourdes, le souffle court. Pour se justifier, l'intéressé invoque la grève des aiguilleurs du ciel qui a retardé son arrivée sur la Croisette et, plus sérieusement, son manque de motivation après une saison chargée. Mais sur ces soixante-neuf kilomètres, un ange est passé. Il a pour nom Charly Mottet. Déjà vainqueur du Tour de l'Avenir l'année précédente, ce coureur de Cyrille Guimard remporte une victoire très significative : avec 44,114 km de moyenne horaire, il devance son coéquipier Thierry Marie de 4 min 43 s, le tout sous une chaleur caniculaire.

Malgré la chaleur tropicale, Charly Mottet réalise un authentique exploit dans le Grand Prix des nations : 44,114 km/h.

1er SEPTEMBRE

Zoetemelk vous tire sa révérence

Bernard Tapie l'a dit et répété : « Nous avons trois objectifs cette année pour Bernard Hinault : le Giro, le Tour et le championnat du monde. » Les deux premiers sont atteints, reste encore le plus périlleux et le plus aléatoire. Le Breton déclare sans ambages qu'il n'est pas payé par l'équipe de France mais par La Vie Claire. Il privilégiera donc plutôt les desseins de l'Américain LeMond, ceux du Canadien Bauer ou du Danois Andersen. Une franchise inhabituelle qui marque bien l'ambiguïté de la formule du championnat du monde. La course, elle, se déroule tranquillement lorsque, à cent dix kilomètres de l'arrivée, Hinault abandonne, laissant à LeMond et à Andersen le soin de représenter les intérêts de La Vie Claire. Ces derniers figurent dans le groupe des quatorze coureurs à la lutte pour la victoire finale. Soudain, à mille cinq cents mètres de l'arrivée, Joop Zoetemelk démarre : «Je cherchais seulement à placer Van der Velde dans une situation favorable pour le sprint», s'excuse-t-il. «Au dernier kilomètre, je me suis retourné et les autres me suivaient à une cinquantaine de mètres. Alors, je me suis fixé une ligne d'arrivée imaginaire, à cinq cents mètres de l'arrivée réelle, et j'ai appuyé énergiquement sur les pédales. Les autres ne m'avaient pas repris un mètre ! Et je suis reparti pour un troisième sprint ! Je suis fou, à mon âge, mais je me sentais costaud.» Après six heures et demie de course, à 38 ans, « Zoet » réussit un exploit stupéfiant. Mais quel est son secret ? Une hygiène de vie irréprochable et, selon Jan Raas, son directeur sportif, « cette faculté à se faire oublier, à ne pas prendre de vent, à rester dans les bonnes roues, et à être placé au mieux pour bien finir ».

Au nez et à la barbe de tous les jeunes, LeMond, Argentin et Madiot, Joop Zoetemelk remporte le titre mondial à 38 ans.

Francesco Moser emmène le groupe de chasse derrière Sean Kelly, dans Paris-Roubaix.

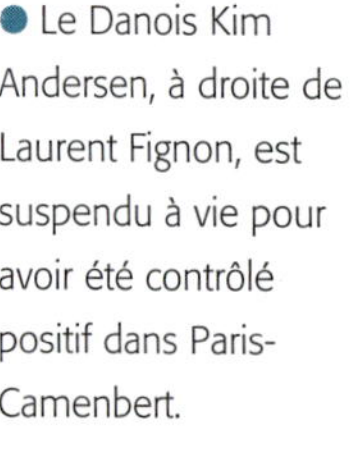

Le Danois Kim Andersen, à droite de Laurent Fignon, est suspendu à vie pour avoir été contrôlé positif dans Paris-Camenbert.

16 AVRIL

Trois cent quatre-vingt-six jours d'attente

Voilà plus d'un an que Laurent Fignon attend de renouer avec le succès après son opération au tendon d'Achille, en mai 1995. Depuis le début du printemps, son comportement va crescendo et l'on se dit qu'une victoire dans la Flèche Wallonne viendrait à point pour faire taire les dernières incertitudes. Après le passage du mur d'Huy, une douzaine d'attaquants se détachent, parmi lesquels Sean Kelly, Johan Van der Velde, Claudy Criquielion et Charly Mottet, mais Fignon a raté le bon wagon. Le Français parvient pourtant à recoller au groupe de tête quand le Danois Kim Andersen, considérant que l'on tergiverse trop dans ce groupe, place un démarrage au pied de la côte d'Ereffe, à quarante-deux kilomètres de l'arrivée. Fignon, sur sa lancée, rejoint Andersen et les deux hommes, qui roulent en parfaite harmonie, ne seront plus rattrapés. Derrière, Rolf Golz essaye bien de revenir sur les échappés, mais Charly Mottet et les Système U veillent efficacement. Kelly et Criquielion, favoris présumés de cette Flèche Wallonne, se résignent devant des écarts qui commencent à devenir irrémédiables : 3 min 30 s à vingt kilomètres du but. Quelques instants plus tard, au bas de la côte de Ben Ahim, le double vainqueur du Tour, qui sent que les forces du Danois déclinent, attaque violemment et s'envole vers la victoire. Sa fin de course est échevelée. Sur la ligne, Laurent Fignon précède Andersen de 1 min 24 s, Jean-Claude Leclercq, le champion de France, de 3 minutes. Quant au groupe de chasse emmené par Criquielion, il est encore derrière. ❍

6 avril

Le guet-apens du Koppenberg

Un chemin pavé de trois mètres de large, des passages à 16 % : c'est le célèbre Koppenberg du Tour des Flandres. Il suffit qu'une chute s'y produise, et elles sont nombreuses, pour que les coureurs qui suivent se retrouvent bloqués. Dans la montée, Bruno Wojtinek dérape sur les pavés humides, entraînant dans sa chute tous ses poursuivants. Seuls les dix premiers peuvent passer sans encombre, en vélo, constituant l'échappée décisive. Dans une grande classique, pareille sélection est-elle juste ? Les coureurs répondent par la négative et attendent avec impatience que le Koppenberg soit définitivement rayé du tracé. La direction estime qu'il est l'âme du Tour des Flandres, au même titre que les pavés dans Paris-Roubaix ou le Poggio pour Milan-San Remo. ❍

15 avril

Kelly de Roubaix

Cette quatre-vingt-quatrième édition de Paris-Roubaix met du temps à sortir de sa léthargie. À cinquante kilomètres de l'arrivée, une cinquantaine de coureurs roulent encore groupés. Malgré les tentatives de Dirk de Wolf, de Lammertink et de Pascal Jules, Sean Kelly maîtrise la situation. Sur le long faux plat qui conduit au carrefour de l'Arbre, l'Irlandais juge prudent de se débarrasser des routiers-sprinters et s'engage dans une longue accélération. Moser, qu'une crevaison a retardé, doit jouer les poursuiteurs. Près de l'arrivée, ils ne sont plus que trois à pouvoir inquiéter Kelly : Dhaenens tente sa chance sous la flamme rouge, Van der Poel et Van den Haute démarrent à trois cents mètres de la ligne. Mais Sean Kelly est fort, beaucoup trop fort. ❍

18 avril

Andersen exclu

Deux jours après sa deuxième place dans la Flèche Wallonne et trois semaines après sa victoire au sprint devant Laurent Fignon dans Paris-Camembert, une mauvaise nouvelle tombe : le Danois de l'équipe La Vie Claire, Kim Andersen, a été déclaré positif lors des contrôles antidopage de ces deux courses. Plus grave encore, Andersen a déjà été contrôlé positif en septembre dernier au Tour du Latium. Le règlement stipule qu'en cas de récidive survenant dans les deux ans qui suivent la première sanction, le coureur est suspendu à vie. Un coup terrible pour le coureur qui se voit contraint d'abandonner purement et simplement son métier. Finalement, après une forte mobilisation du peloton et du milieu cycliste, la Fédération internationale décide de réintégrer Kim Andersen après le Tour de France.

2 juin

Zimmermann le solitaire

Après une victoire dans le Tour de Suisse, Urs Zimmermann remporte aisément la course du Dauphiné-Libéré. À 26 ans, Urs est un caractère atypique au sein du peloton. L'homme, qui a disputé sa première course à 21 ans, est un solitaire amoureux de ses montagnes suisses et de la ferme familiale. Il assure sa préparation sans entraîneur ni médecin. C'est dans la sixième étape, entre Chambéry et Albertville, qu'il forge son succès. Avec le Colombien Cadena, le Suisse parvient à s'extraire du peloton dans le col de Luitel, reléguant Fignon, leader, à plus de cinq minutes. Seul point noir pour les grands Tours : sa faiblesse contre le chrono. À Nyons, dans cet exercice, il a en effet perdu plus de trois minutes en trente-six kilomètres sur le même Laurent Fignon.

24 MAI

Arriba Colombia

Avec le Tour de Colombie, la Classico RCN n'est pas seulement l'une des deux plus importantes courses cyclistes colombiennes, mais aussi le passage obligé pour tous les coureurs sud-américains qui désirent s'expatrier. Par contre, pour les étrangers, la tâche est vraiment ardue tant les conditions de course sont particulières : raréfaction de l'oxygène dans les montagnes andines (à plus de 2 000 m d'altitude), chaleur tropicale dans les vallées. À moins d'un séjour préalable de plusieurs semaines, le coureur européen n'a pas d'autres possibilités que de souffrir, relégué à l'arrière du peloton. Bernard Hinault va en faire la douloureuse expérience, en se laissant décramponner dès les premières rampes de l'Alto de Minas, le premier col de la deuxième étape. Il termine cette RCN Classico avec quarante-cinq minutes de retard sur le vainqueur, Lucho Herrera, qui a survolé la course dès le prologue et dont seuls les compatriotes, Corredor et Palacio, tenteront d'enrayer la suprématie.
Événement sportif, cette course est aussi l'occasion d'une semaine de fête où, à l'arrivée de chaque étape, quel qu'en soit le vainqueur, coureurs et spectateurs se réunissent pour chanter et pour danser toute la nuit. Lucho, la star adulée par tout un pays, se veut aussi une vocation sociale, et souhaite aider les jeunes Colombiens. Entre sous-développement et cocaïne, il estime que le cyclisme a un à rôle à jouer. Les plus grandes entreprises du pays (comme Café de Colombia et Postobon, ainsi que les deux chaînes de radio-télévision, RCN et Caracol) participent d'ailleurs activement à ce mouvement.

Les premiers à vélo, les autres à pied : c'est le verdict du Koppenberg dans le Tour des Flandres.

Aussi bien en descente qu'en montagne, le Suisse Urs Zimmermann survole le Dauphiné-Libéré.

• Hinault, décidément intenable, attaque entre Bayonne et Pau en compagnie de Pedro Delgado.

• En triomphant à Gap, Jean-François Bernard apparaît comme le successeur d'Hinault.

15 juillet

Hinault fait le ménage

Cette première grande étape de montagne joue parfaitement son rôle de clarification. Hinault met le feu aux poudres à cent trente kilomètres de l'arrivée en partant en contre-attaque derrière Eduardo Chozas, avec Pedro Delgado et Jean-François Bernard. Il imprime un train d'enfer et les écarts se creusent. Dans le col de Marie-Blanque, Chozas et Bernard sont lâchés. Inquiété par l'attitude de son coéquipier, LeMond se lance à son tour, ce qui lui permet de limiter les dégâts. Sans se soucier de Delgado, Hinault fonce vers Pau, laissant finalement à l'Espagnol la victoire d'étape. Pour le Français, seul importent le Maillot jaune et les écarts, considérables : LeMond et Herrera à 4 min 37 s, Fignon à 11 min 02 s et Roche à vingt et une minutes. ❍

19 juillet

Bernard en héritier

Jean-François Bernard, le jeune équipier d'Hinault et de LeMond, s'offre une splendide chevauchée dans les Alpes du Sud, entre Nîmes et Gap. Parti peu avant le col d'Espreaux, à quatre-vingts kilomètres de l'arrivée, en compagnie de Julian Gorospe et de Bernard Vallet, Bernard bénéficie de la crevaison de ses deux compagnons d'échappée dans la descente. Déployant ses qualités de rouleur, il prend plus de trois minutes au groupe de chasse et huit au peloton. Ce coup d'éclat fait naître chez ce Nivernais de grosses ambitions. Son entourage, Bernard Hinault et Bernard Tapie en tête, voit en lui un grand espoir du cyclisme français et un vainqueur potentiel du Tour. On murmure même qu'il refuserait de courir le prochain Tour sous les couleurs de LeMond. ❍

21 JUILLET

Un fauteuil pour deux

Bernard Hinault attaque ! Dans cette étape dont l'arrivée se joue au sommet de l'Alpe-d'Huez, le Français, fidèle à son attitude sur ce Tour, attaque dans la descente du Galibier avec son équipier Steve Bauer. L'objectif du jour est de décramponner définitivement Urs Zimmermann, toujours 2e au général, à 2 min 24 s de Greg LeMond. Au bas de la descente, un groupe se forme, qui comprend tous les ténors du peloton. Dans la vallée de la Maurienne, après seulement cinquante-quatre kilomètres de course, Hinault attaque à nouveau ! Cette fois, Zimmermann est lâché, et seuls LeMond, Ruiz-Cabestany et Bauer parviendront à rejoindre Hinault. Dans le col de la Croix-de-Fer, Ruiz-Cabestany et Bauer cèdent, laissant s'envoler le tandem franco-américain. Au sommet (Kilomètre 110), ils passent avec 2 min 50 s d'avance sur le Suisse. Dans l'ultime ascension vers l'Alpe, Hinault imprime le rythme, LeMond bien calé dans sa roue. Le combat entre les deux équipiers de La Vie Claire et Zimmermann est inégal, malgré l'obstination de ce dernier. À l'arrivée, que les deux coureurs de tête franchissent main dans la main, le Suisse, 3e, accuse un retard de 5 min 15 s et laisse sa deuxième place au classement général à Bernard Hinault. Le Tour est joué. Comme prévu, l'Américain arrivera en jaune sur les Champs-Élysées, mais les chevauchées du Blaireau, soudaines et audacieuses, marqueront ce Tour. À 32 ans, il termine sa carrière en apothéose, en n'oubliant pas sa promesse de l'année précédente : renvoyer l'ascenseur à Greg LeMond et lui permettre de remporter sa première Grande Boucle. ❍

5 septembre

Deux sprinters de choc

Les championnats du monde sur piste de Colorado Springs confirment la suprématie des pays de l'Est. Ainsi, en vitesse amateur, les Allemands de l'Est monopolisent les quatre premières places. La finale consacre la puissance de Michaël Huebner face à la vélocité de son ami Lutz Hesslich. Dépité, le directeur technique de l'équipe de France, Daniel Morelon, reconnaît que les deux hommes sont beaucoup trop forts et regrette la faiblesse des pistards français. Philippe Vernet, professionnel de vitesse, est même exclu de l'équipe nationale pour « fréquentation assidue des night-clubs et pour avoir incité un jeune coureur à ouvrir la boîte à pharmacie », selon les propos du président de la Fédération. On est effectivement très loin du « professionnalisme » de l'Est. ❍

9 novembre

La dernière fanfare

« Attention il arrive. Ça y est ! Il a fini, il raccroche ! Bernard Hinault raccroche ! », hurle Daniel Mangeas, le speaker du cyclo-cross du Quesnoy organisé par le coureur pour officialiser sa retraite sportive. Une gigantesque kermesse rassemble plus de vingt mille personnes, personnalités et anonymes, venus pour ces adieux. Sous l'influence grisante du muscadet, au milieu des stands de saucisses, on se laisse aller à une douce nostalgie. Devant la fanfare et les majorettes, le maître des lieux s'affaire : là, il coupe le gâteau ; ici, il sert l'apéritif. Chacun vient lui glisser discrètement un mot d'adieu. Une impressionnante file d'attente s'est constituée devant la mairie du village, transformée pour l'occasion en musée Bernard-Hinault. Le pèlerinage ne prendra fin que fort tard. ❍

● Jeannie Longo s'attribue le record « sous les 600 m » au Vigorelli de Milan.

20 SEPTEMBRE

Jeannie Longo, « l'homme » de l'année

Deux titres mondiaux (poursuite et route) et deux records du monde de l'heure (en altitude à Colorado Springs, avec 44,770 km, et au niveau de la mer à Milan : 43,587 km). Voilà le joli mois de septembre réussi par Jeannie Longo. Le déclic se produit au championnat du monde de poursuite. Depuis 1981, la Grenobloise a dû se satisfaire de la médaille de bronze à trois reprises, puis de l'argent depuis deux ans, derrière l'intouchable Rebecca Twigg. En finale, Jeannie part plus vite que d'habitude mais Rebecca réagit. Au seuil du troisième et dernier kilomètre ; les deux femmes ne sont séparées que de 32/100 de seconde. La Française va réussir à vaincre le signe indien en devançant l'Américaine d'une seconde et 10/100. Elle se forge ainsi un moral formidable avant l'épreuve sur route, disputée quelques jours plus tard.

Malgré le froid et la pluie, Jeannie Longo, qui porte un bonnet de laine, démarre à deux kilomètres du but pour finir en solitaire. Confortée par de telles victoires, elle décide de profiter de cette période euphorique pour tenter de battre, sur place, à Colorado Springs, le record de l'heure, détenu par la Néerlandaise Cornelia Van Oosten (43,082 km). Jeannie réussit à mobiliser les cent cinquante Français de la ville (« J'avais peur, avoue-t-elle, de faire cette tentative toute seule »), puis à convoquer des commissaires internationaux. Et la Française de pulvériser le record malgré des conditions peu optimales. Pour fêter sa brillante campagne américaine, Jeannie, de retour en Europe, s'attribue le record de l'heure « sous la limite des 600 m », au Vigorelli de Milan. Son prochain objectif : battre le record de Coppi (45,848 km). ❍

● Hinault et LeMond retrouvent le sourire après l'Alpe d'Huez.

● Les derniers coups de pédale du Blaireau.

● À l'arrivée de Paris-Roubaix, Éric Vanderaerden remporte un semblant de sprint devant ses compatriotes Verluys, Dhaenens et Van den Brande

12 AVRIL

Éric Vanderaerden, un diable en enfer

À 23 ans, Éric Vanderaerden a enfin remporté Paris-Roubaix, la dernière grande course qui manque à son palmarès. Et pourtant, cette victoire laisse sceptique les observateurs, qui rappellent que le 18 février, au Tour Méditerranéen, Vanderaerden s'est fait surprendre « accroché à la voiture de son directeur sportif ». Déclassé de la première place, il est suspendu pendant quinze jours dans les épreuves françaises. Juste le temps de participer à ce Paris-Roubaix. Et le Belge y est rayonnant. Auteur d'une superbe poursuite derrière trois compatriotes (Dhaenens, Vandenbrande et Verluys), Vanderaerden et ses compagnons d'échappée se présentent ensemble dans les faubourgs de Roubaix. La conversation entre les quatre hommes s'engage durant de longues minutes… Plus disert à l'arrivée sur la teneur des propos tenus, Vanderaerden précisera les choses : « Dans l'euphorie de mon retour, j'ai voulu les provoquer. » Après ce conciliabule, Verluys se met tout à coup à imprimer un rythme soutenu en tête du groupe. Aucun des deux Hitachi, Dhaenens ou Vandenbrande, pourtant en surnombre, n'esquisse la moindre tentative. On attend le sprint final. Mais de sprint, il n'y aura pas et Vanderaerden franchit la ligne, radieux, sans aucune opposition, même de principe. Après l'arrivée, l'un des « adversaires » du vainqueur se laisse aller à quelques confidences, confirmant qu'à l'entrée de Roubaix, on a en effet parlé de francs belges. ❍

17 MARS

Félix Lévitan, le roi déchu du Tour de France

● Félix Lévitan est renvoyé sans ménagement de son poste de codirecteur du Tour de France.

Ce matin-là, Félix Lévitan, directeur-gérant de la Société du Tour de France, est convoqué pour « affaire grave » dans les locaux de la Société du Tour. En arrivant à son bureau, il découvre qu'un vigile lui en interdit l'accès et qu'un verrou supplémentaire a été rajouté. Quelle humiliation pour cet homme de 75 ans qui règne en maître sur la Grande Boucle depuis 1973 et participe à sa direction depuis une quarantaine d'années. L'après-midi, il comparaît devant le conseil de gérance présidé par Philippe Amaury, le président du groupe propriétaire de la Société du Tour. Son renvoi « pour divergences graves concernant l'orientation stratégique de la Société du Tour et la réalité de sa gestion » lui est signifié. En fait, on reproche à Félix Lévitan de s'être engagé contre la volonté de sa direction sur le financement du Tour d'Amérique, organisé en 1983, une course dont le bilan financier catastrophique a creusé un trou de plus de huit cent mille dollars dans les caisses de la société. Sa gestion trop personnelle, voire secrète, agace, alors que la direction du Tour a officiellement deux têtes : Félix Lévitan, en charge des questions financières, et Jacques Goddet, l'homme d'idées. Même s'il rend hommage « aux sentiments sportifs qui honorent Goddet », Lévitan revendique aussi son apport technique en rappelant qu'il fut l'initiateur du Tour de l'Avenir et l'inventeur du Tour féminin. C'est le fondateur de *L'Équipe,* Jacques Goddet, 82 ans, qui assure l'intérim avant la mise en place d'une nouvelle équipe. ❍

20 avril

Partie de chasse

Greg LeMond accompagne son beau-frère Patrick Blades dans une partie de chasse à la dinde sauvage sur les terres de son oncle, Rod Barder. Soudain, à 8 h 49, c'est l'accident ! Il reçoit une décharge de plombs et s'affale sur l'herbe. Son beau-frère prévient immédiatement les secours. Un hélicoptère arrive rapidement sur les lieux et le transfère au Medical Center de l'université de Californie Davis. Après une interminable intervention chirurgicale, les médecins lui retirent une quarantaine de plombs qui lui ont perforé le foie, le rein droit et l'intestin grêle. D'autres ont atteint l'épaule et les jambes. L'angoisse de ne plus pouvoir courir laisse la place à l'espoir après une convalescence ultrarapide. Et le 29 août, LeMond peut participer au Critérium de Wielsbeke, dans les Flandres.

20 avril

Les lièvres et la tortue

Claudy Criquielion et Stephen Roche dominent la fin de ce Liège-Bastogne-Liège. Avec 1 min 5 s d'avance à dix kilomètres de l'arrivée, la course ne doit plus leur échapper. Pourtant leur comportement suscite quelque inquiétude. Comme s'ils se retrouvaient dans le premier tour d'un championnat de vitesse, ils s'épient, zigzaguant d'un côté à l'autre de la route et appelant constamment leurs directeurs sportifs. Sur la longue ligne droite d'arrivée, Criquielion et Roche poursuivent leur drôle de course mais, cette fois, il est trop tard. Derrière, Moreno Argentin, Yvon Madiot et Robert Millar déboulent et rejoignent le duo. Déjà vainqueur des deux dernières éditions, Argentin devance Roche et Criquielion sur la ligne, d'une demi-roue .

Dans Liège-Bastogne-Liège, Stephen Roche et Claudy Criquielion tergiversent. C'est un troisième larron, Moreno Argentin, qui l'emporte.

15 mai

Le Colombien *amarillo*

À l'issue du contre-la-montre de Valladolid, Kelly prend le Maillot *amarillo* dans la Vuelta. On pense que les trois dernières étapes montagneuses devraient convenir aux coureurs colombiens, et en particulier à Lucho Herrera, alors 2e au classement général. Mais la bagarre n'aura pas lieu car l'Irlandais, victime d'un kyste à l'entrejambe, abandonne. Fignon, à quatre minutes, va tout tenter pour refaire son handicap. Il démarre dans le col de Serranillos et passe au sommet avec 1 min 30 s d'avance. Mais, derrière, le « pacte sacré » des Colombiens permet à Lucho de limiter les dégâts : 1 min 10 s de retard sur la ligne. À l'arrivée à Madrid, l'ambiance frise l'émeute. Lucho Herrera est le premier Colombien à remporter un grand Tour. À Bogota, le président de la République décrète que ce 15 mai sera jour férié.

6 juin

Stephen Roche renâcle

Au départ de cette étape montagneuse entre Lido di Jesolo et Sappada, c'est Roberto Visentini qui porte le Maillot rose, qu'il a repris à Stephen Roche, son équipier de la Carrera, lors du contre-la-montre de la veille. Lorsque Roche fausse compagnie au peloton en compagnie de Salvador, Visentini est furieux. Il reproche à l'Irlandais de ne pas respecter l'esprit d'équipe. Les relations entre les deux hommes étaient déjà exécrables. Elles vont atteindre un point de non-retour quand Davide Boifava, leur directeur sportif, ordonne à Roche d'attendre Visentini. L'Irlandais refuse. L'Italien perdra plus de huit minutes dans cette étape, et tout espoir de remporter le Giro. La polémique enflamme l'Italie. Lorsque Roche, vainqueur final, montera sur le podium, il n'aura qu'une réaction : « C'est la pire journée de ma carrière… »

Greg LeMond se remet à l'hôpital de son terrible accident de chasse.

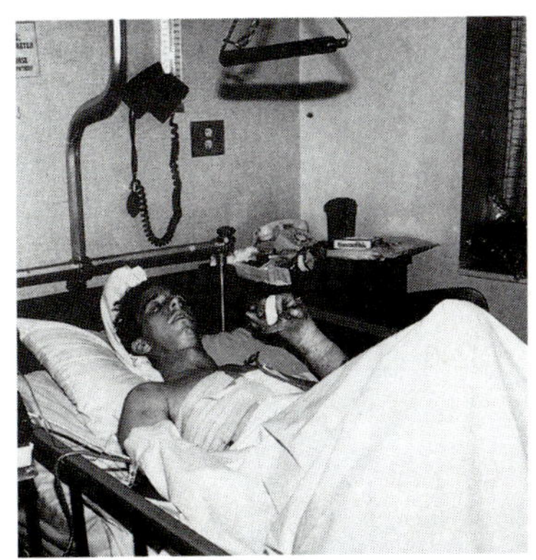

Le peloton dans les rues de Berlin-Ouest où le Tour passe trois jours.

1er juillet

« Je suis un Berlinois »

Pour célébrer le sept cent cinquantième anniversaire de la ville, le Tour a décidé de donner son départ de Berlin-Ouest et d'y passer trois jours. Jacques Goddet y voit deux symboles : à l'heure de l'Europe, le Tour de France ne doit plus rester confiné dans ses limites hexagonales et il faut montrer aux dirigeants des deux Allemagnes que Berlin ne sera plus jamais une île. C'est la première fois que la ville de départ est aussi éloignée de France. Conscients de l'événement, les Berlinois ont paufiné chaque détail de l'organisation. Le Kurfürstendamm (les Champs-Élysées de Berlin) a par exemple été exceptionnellement dégagé de toute voiture. C'est sur cette célèbre avenue que Jelle Nijdam a le privilège de remporter ce prologue historique.

22 JUILLET

Sur le fil du rasoir

Quelques minutes après l'arrivée à La Plagne, Stephen Roche se sent mal. Son effort dans la dernière ascension a été tellement violent qu'il recherche sa respiration. Le staff médical s'affaire et lui place un masque à oxygène sur le visage. L'inquiétude s'installe dans l'équipe Carrera. Finalement, Roche regagnera son hôtel et prendra normalement le départ de la vingt-troisième étape. Mais que cette journée a été éprouvante pour l'Irlandais. Roche, qui a perdu son Maillot jaune la veille, au profit de Pedro Delgado, doit attaquer sur ce parcours de haute montagne, qui présente trois cols hors catégorie. Profitant d'une offensive de l'Espagnol Munoz, l'Irlandais se retrouve à la tête d'un groupe de sept éléments. Delgado est alors relégué à plus de deux minutes. Mais, dans le col de la Madeleine, le Maillot jaune contre-attaque et revient sur le groupe de tête. Aussitôt, Fignon démarre en compagnie de Fuerte. Après un superbe *mano a mano*, le Français, qui s'est retrouvé, ajuste son compagnon d'échappée au sprint. Derrière, la roue tourne. C'est maintenant Pedro Delgado qui, dans un défi solennel, attaque à quinze kilomètres du sommet. Rapidement, il creuse un écart de cinquante secondes, puis de 14 min 30 s, à mi-pente, sur un Roche qui peine, puisant dans ses dernières ressources. Mais nouveau retournement de situation : au moment où Delgado s'envole vers le gain de son premier Tour de France, il se met à fléchir dangeureusement alors que l'Irlandais se reprend. Finalement, sur la ligne, quatre secondes seulement sépareront les deux hommes. La victoire finale se jouera dans le contre-la-montre de Dijon et c'est l'Irlandais, meilleur spécialiste, qui l'emportera.

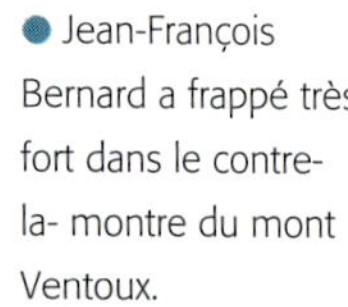

Jean-François Bernard a frappé très fort dans le contre-la- montre du mont Ventoux.

19 juillet

L'ouragan Bernard

L'ex-futur grand espoir du cyclisme français, Jean-François Bernard, frappe fort dans ce contre-la-montre menant au sommet du Ventoux. Depuis Berlin, cette étape terrifie les coureurs, à juste titre. Après quinze kilomètres de faux plat, la pente s'accentue progressivement pour finir, dans le dernier kilomètre, à 9,9%. Un parcours d'homme fort, mi-rouleur, mi-grimpeur. Mais c'est surtout sur la partie plane que Bernard creuse les écarts : 1 min 39 s sur Herrera, 2 min 19 s sur Roche et 3 mn 58 s sur Charly Mottet, qui perd le Maillot jaune à son profit. Bernard est en position de force à l'approche des Alpes. Mais, dès le lendemain, trois crevaisons et une attaque pugnace de Roche et Mottet lui font perdre toutes ses chances de remporter le Tour.

30 août

Des amateurs professionnels

Les championnats du monde sur piste tombent en complète désuétude. En dépit du caractère a priori spectaculaire de cette discipline, la séparation artificielle entre amateurs et professionnels discrédite le tournoi mondial. Et le potentiel entre les nations de l'Est et celui des Occidentaux ne cesse de se creuser. Daniel Morelon, l'entraîneur français, regrette que les meilleurs pistards de l'Hexagone soient happés par le professionalisme avant même leurs premiers succès à l'échelle internationale. Mais l'UCI tient à préserver cette formule, qui permet la survie de l'amateurisme. Les spectateurs, eux, regretteront de ne pouvoir assister à un tournoi entre Hesslich et Huebner, « amateurs » est-allemands, et Nakano et Tawara, « professionnels » japonais.

18 novembre

La mort d'Anquetil

À 55 ans, Jacques Anquetil s'est éteint à la clinique de Rouen, victime d'un cancer de l'estomac. Depuis quelques temps, il se savait perdu et, avec l'accord des médecins, rejoignait fréquemment son domaine des Elfes à La Neuville-Chant-d'Oisel. Il avait fait état publiquement de sa maladie, engageant ses pareils sur la voie de la volonté et du courage. Entre ses activités de fermier, son poste de directeur de l'équipe de France aux championnats du monde et les nombreuses sollicitations des médias, il menait une vie très riche depuis sa retraite sportive en octobre 1969. Cultivant le sens de l'amitié, Anquetil recevait beaucoup dans son château de La Neuville, amis de sa jeunesse et témoins de sa brillante carrière, pour bavarder ou jouer au poker.

Son démarrage à quatre cents mètres de la ligne a suffi à l'Irlandais Stephen Roche pour battre Moreno Argentin et Juan Fernandez.

6 SEPTEMBRE

Roche, impair et passe

Stephen Roche remporte le championnat du monde sur route quelques semaines après avoir gagné le Tour d'Italie et le Tour de France. Avant lui, seul Eddy Merckx avait réussi cet exploit, en 1974. À Villach, en Autriche, la course ne se décante qu'au début du dernier tour, lorsque douze coureurs, dont Roche, Sean Kelly et Moreno Argentin, le champion sortant, parviennent à s'extraire du peloton. À deux kilomètres et demi du but, Roche, Golz, Winterberg, Rooks et Sörensen se retrouvent légèrement détachés. La ligne d'arrivée est en vue quand l'Irlandais, qui sait qu'il ne pourra pas lutter au sprint, prend une dizaine de longueurs d'avance et, malgré le retour du peloton, franchit la ligne victorieusement. Roche affiche un large sourire, comme son compatriote Sean Kelly, 5e, qui lève les bras au ciel. Malgré son manque d'effectifs, le cyclisme irlandais confirme ainsi sa supériorité. Quelle revanche sur le sort pour Stephen Roche après la saison noire en 1986 : mal remis d'un violente chute aux Six Jours de Paris, il avait erré de guérisseurs en médecins sans reprendre finalement la compétition de l'année. La carrière de l'Irlandais intrigue par une particularité. Les années paires sont des années catastrophiques (en 1982, vu son incapacité à suivre le peloton, il a songé à mettre un terme à sa carrière et en 1984, ayant signé deux contrats, chez Peugeot et à La Redoute, il passe plus de temps dans les tribunaux que sur un vélo) alors que les années impaires en font le champion qui vient de finir sa saison en apothéose.

Roche est allé au bout de ses forces pour conserver son Maillot jaune à La Plagne. Il faudra lui fournir de l'oxygène après l'arrivée.

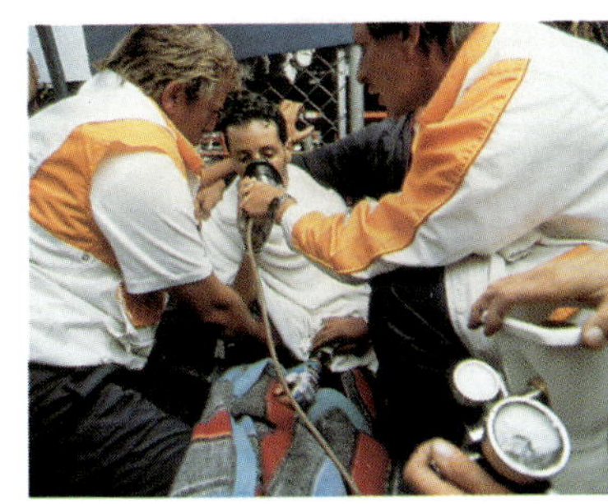

Une tranchée mal comblée est responsable de la chute d'une soixantaine de coureurs dans Liège-Bastogne-Liège.

Dans ce Paris-Roubaix, la surprise est venue du Belge Dirk Demol, vainqueur du Suisse Thomas Wegmüller.

19 MARS

La résurrection de Fignon

Une fois n'est pas coutume, le soleil et la chaleur sont au rendez-vous de ce soixante-dix-neuvième Milan-San Remo. Dès le quarantième kilomètre, une échappée est lancée, composée de Carlsen, de Manders, d'Elli et de Cavallo. L'avance des quatre hommes atteint jusqu'à 18 min 25 s, le Danois Carlsen prolonge la tentative et ne s'incline que dans la montée du Cipressa, à vingt-cinq kilomètres de l'arrivée. Dans la descente, une chute spectaculaire envoie plusieurs concurrents, dont Thierry Marie, au fond d'un ravin. Dès les premières pentes du Poggio, Gert-Jan Theunisse assure un train soutenu et seul une douzaine de coureurs ont pu rester dans son sillage lorsque Laurent Fignon attaque, seul, à mille cinq cents mètres du sommet. L'espoir des Italiens, le jeune Maurizio Fondriest, rejoint l'attaquant et ils plongent ensemble vers San Remo. La descente est laborieuse pour les deux hommes qui assurent mal leurs trajectoires et manquent de peu de se télescoper. On arrive dans les faubourgs de San Remo, et le Français commence à se demander s'il faut rouler ou non avec Fondriest, au risque de l'amener tranquillement au sprint, où il est intrinséquement supérieur. Fignon n'hésite pas longtemps : « Après trois cents kilomètres de course, un sprint n'a pas la même tournure qu'au bout de cent bornes. La preuve, c'est lui qui ne s'en est pas remis. » Transcendé par l'importance de l'enjeu, le coureur de Système U est radieux après l'arrivée. Il efface ainsi les critiques émises depuis quelque temps sur sa capacité à revenir au premier plan.

10 avril

Seconds couteaux

Et dire que Dirk Demol ne devait même pas être présent dans ce Paris-Roubaix. L'organisateur avait d'abord réduit à sept le nombre d'engagés par équipe, et José De Cauwer, directeur sportif d'ADR, l'avait écarté. Au dernier moment, la direction autorise finalement la présence de huit coureurs, et Demol peut prendre le départ. Le Belge se met rapidement en action puisque, dès le quarante-deuxième kilomètre, il se retrouve échappé, en compagnie de Thomas Wegmüller. Fait unique dans l'histoire de la course, les deux hommes vont aller au bout de leur aventure, malgré un vent contraire et la révolte, certes tardive, de Laurent Fignon. Au sprint, Dirk Demol se révèle le meilleur finisseur et remporte, à la surprise générale, sa première grande course.

17 avril

Guerre de tranchées

Au kilomètre 42 de ce Liège-Bastogne-Liège, dans le virage de Bastogne, une large tranchée coupe la route de part en part. Ni les Ponts et chaussées, ni les organisateurs n'ont cru bon de le signaler. Et c'est l'accident. À 60 km/h, plusieurs dizaines de coureurs s'entassent les uns sur les autres. « C'était hallucinant », témoigne Mottet. Une douzaine de concurrents, dont Fignon, sont expédiés directement à l'hôpital. Le plus gravement touché, l'Américain Phinney, a traversé la lunette arrière de la voiture Isoglass. À l'arrivée, malgré la brillante victoire d'Adri Van der Poel, coureurs et directeurs sportifs sont indignés, à l'instar de Guimard : « C'est criminel. On ne peut plus abandonner la vie de nos coureurs dans les mains de gens aussi peu compétents. »

22 mai

Vive l'Open

Bordeaux-Paris vient peut-être de ressusciter de ses cendres avec l'instauration de la formule « open ». Cette année, quarante-six professionnels et neuf cent trente-six cyclotouristes sont au départ. « Le temps n'est plus très loin où l'un de ces sans-grade inscrira son nom au palmarès », déclare Albert Bouvet, l'un des responsables de l'épreuve. Avec la formule d'une avance-handicap pour chaque catégorie d'amateurs, deux Parisiens, Éric Linder et Philippe Quintin, compteront jusqu'à quarante minutes d'avance à deux cents kilomètres de l'arrivée. Hélas pour eux, ils entreprennent de se « flinguer ». C'est à treize kilomètres de Fontenay-sous-Bois que Jean-François Rault, 31 ans, fait la différence en lâchant ses quatre derniers compagnons d'échappée. Le premier amateur, Chignoli, termine 11e à dix minutes du vainqueur.

25 juin

Une course de dupes

Lorsque les deux plus importantes formations françaises se déclarent la guerre, c'est à un triste championnat de France qu'assistent les spectateurs sur le circuit accidenté de Saint-Étienne. À l'approche du dernier tour, une quinzaine de coureurs forment le groupe de tête. Les Système U sont largement représentés, avec en particulier Mottet et Gayant, les Toshiba alignent Bernard et Leclercq. Éric Caritoux, le seul représentant de l'équipe espagnole Kas, n'a rien à perdre et démarre, prenant rapidement quelques mètres d'avance. Derrière, personne n'engage la poursuite par crainte d'être contré ou de ramener l'équipe adverse dans un fauteuil. Caritoux, lui, se pose moins de questions et fonce victorieusement vers le Maillot tricolore.

5 JUIN

L'organisation américaine

Ce jour-là, les conditions météorologiques sont désastreuses, et le Gavia, dont plusieurs tronçons s'apparentent à un étroit chemin de terre, doit être franchi dans des conditions polaires. Mike Neel, le directeur sportif de l'équipe américaine Seven Eleven, réquisitionne deux voitures : l'une, installée à trois cents mètres du sommet, assure la distribution de boissons chaudes à ses coureurs, l'autre, tout en haut, leur apportera des vêtements secs. Avant le départ, chacun des coureurs de Seven Eleven prend soin de s'enduire de vaseline de la tête aux pieds. Andy Hampsten, le leader de l'équipe américaine, aura froid, très froid même, mais un peu moins que les membres des autres équipes. Johan Van der Velde, pourtant en tête au sommet du Gavia, accuse ainsi un retard de quarante-cinq minutes à l'arrivée. Jean-François Bernard vit lui aussi un martyre dans la descente : neuf minutes de retard à Bormio. C'est toujours moins que Visentini et Saronni, à trente minutes. Toutes ces statues de glace ont réduit à néant leur chance de remporter le Giro, à l'exception de Breukink, vainqueur du jour, et d'Hampsten. Traumatisés, les organisateurs décident d'annuler le lendemain l'ascension du Stelvio, pourtant dégagé. Deux jours plus tard, alors que les conditions atmosphériques sont aussi catastrophiques, Breukink démarre, suivi d'Hampsten, à l'entrée d'un tunnel où le peloton s'est arrêté pour se couvrir. Bernard et Zimmermann sont contraints à une poursuite de plus de cent kilomètres. Finalement, après sa victoire dans le contre-la-montre de Vetriolo, Andrew Hampsten devient le premier Américain à gagner le Giro.

Le peloton de Bordeaux-Paris s'est considérablement étoffé avec l'adoption de la formule « open ».

Tempête de neige sur le Gavia, le sommet du Giro. Andrew Hampsten en profite.

Le peloton s'apprête à disputer le sprint des Champs-Élysées, remporté par le Maillot vert, Jean-Paul Van Poppel.

14 juillet

La relève hollandaise

Première étape montagneuse du Tour. Après douze jours de course, tous les protagonistes sont sur le qui-vive. Le premier à entrer en action est Delgado, qui attaque dans le Glandon. Stevens Rooks le rejoint peu avant le sommet. Mais ce col sera fatal à Jean-François Bernard, à bout de forces, qui accusera 22 min 4 s de retard à l'arrivée, et à Urs Zimmermann. En tête, Gert-Jan Theunisse s'extrait du groupe de chasse avec Fabio Parra. À trois kilomètres du but, ce duo en rejoint un autre, formé de Delgado et de Rooks. Ce dernier démarre mille cinq cents mètres plus loin et finit en solitaire devant son équipier Theunisse. Révélations du début de Tour, les deux Hollandais de PDM sont les seuls à pouvoir inquiéter Delgado, nouveau Maillot jaune. ❍

Les révélations du Tour : les grimpeurs hollandais Geert-Jan Theunisse, à gauche, et Stevens Rooks, au centre, avec Fabio Parra dans l'ascension de l'Alpe-d'Huez.

19 JUILLET

Delgado, de la grandeur à la suspicion

Après les tourments pyrénéens, le Tour se prépare à passer une journée tranquille à Bordeaux, où Jean-Paul Van Poppel enlève sa troisième étape. À ce stade, seul un accident pourrait empêcher Pedro Delgado de remporter son premier Tour. Mais, peu de temps après l'arrivée, une rumeur commence à se répandre comme une traînée de poudre : le Maillot jaune aurait été contrôlé positif à l'issue d'un contrôle ! C'est la télévision, par la voix de Patrick Chêne et de Jacques Chancel, qui l'apprend à la France entière et à Delgado lui-même. Tout à coup, c'est la ruée vers le Maillot jaune, qui se défend d'avoir absorbé le moindre produit interdit et s'étonne de la manière dont la nouvelle a été annoncée. En effet, avant la contre-expertise, le résultat doit être tenu secret. Deux jours plus tard, à Clermont-Ferrand, le président du jury international, l'Italien Pesche, annonce le résultat positif de cette contre-expertise et, curieusement, le maintien de l'Espagnol dans la course, sans aucune sanction. En fait, le produit utilisé, le Promenicide, ne figure pas encore sur la liste des produits interdits par l'Union cycliste internationale mais uniquement sur celle du Comité international olympique. Juridiquement, Pedro Delgado est inattaquable, mais la suspicion empoisonne l'atmosphère du Tour. Car le Promenicide, qui est censé soigner les maladies urinaires, a aussi la caractéristique de masquer les traces d'anabolisants à l'heure de l'analyse. Theunisse, moins prudent, a été exclu du Tour pour dopage. La polémique qui fait rage dans le peloton (certains coureurs s'élevant violemment contre les « tricheurs ») gâchera la fin de course. ❍

24 juillet

Disette belge

Jean-Paul Van Poppel a laminé tous ses rivaux sprinters sur ce Tour. Vainqueur de quatre étapes, dont celle des Champs-Élysées, le Hollandais, dont l'équipe (Super Confex-Yoko) est entièrement dévouée à sa cause, est toujours présent dans les arrivées au sprint. Pourtant, paradoxalement, c'est Eddy Planckaert qui ramène le Maillot vert à Paris sans avoir gagné une seule étape. Mais son importante moisson de points dans les sprints intermédiaires lui suffit à atteindre son objectif. Maigre consolation pour les Belges qui, pour la première fois depuis 1910, ne remportent aucune étape. Après ses six victoires dans le Tour d'Espagne, Mathieu Hermans, qui paraissait de taille à lutter contre Van Poppel, a été inexistant. Guido Bontempi sera le seul coureur à manquer de surprendre le puissant Hollandais, sur les Champs. ❍

25 août

En tandem

Renouant avec la grande tradition des tandémistes français, illustrée naguère par Morelon et Trentin, Frédéric Magné et Fabrice Colas remportent leur deuxième titre consécutif aux championnats du monde de Gand. Colas-Magné se défont d'abord de la paire italienne Sarti-Rampazzo en demi-finale, avant de confirmer en finale, et en deux manches sèches, aux dépens des Allemands de l'Ouest Greil et Butchmann. On peut bien sûr regretter le désintérêt des fédérations pour cette spécialité, car cinq équipes seulement étaient engagées cette année. Mais la jeune garde française en a profité pour préparer les prochains Jeux de Séoul, où Colas s'alignera en vitesse face au redoutable Hesslisch et Magné sur le kilomètre. En effet, depuis douze ans, le tandem n'est plus inscrit au programme olympique.

15 octobre

Mottet lombard

Quelle fin de saison pour Charly Mottet ! Le Drômois remporte le Tour de Lombardie trois semaines après avoir amélioré le record du Grand Prix des nations. Il y démontre encore qu'il est un spécialiste de l'effort solitaire, avec une échappée de près de cent kilomètres. Le champion du monde, Maurizio Fondriest, a mis le feu aux poudres en attaquant dans l'ascension du Valcava. Le peloton explose mais pas suffisamment pour Mottet, qui démarre. Seul le jeune Belge Luc Roosen parvient à le suivre, mais il crève dans la descente et ne pourra jamais refaire son retard. Avec seulement une minute d'avance, le coureur de Système U engage une poursuite acharnée qui lui permet de s'imposer à Milan. Pour sa dernière course au sein de l'équipe de Cyrille Guimard, c'est un beau cadeau d'adieu.

28 AOÛT

La malédiction de Renaix

À la fin de l'avant-dernier tour de ce championnat du monde sur route, le peloton, encore fourni, reprend une échappée où figure Laurent Fignon. Dans la seule et unique côte du circuit de Renaix, le Kruisberg, Claudy Criquielion démarre violemment. Seul le jeune italien Maurizio Fondriest parvient à l'accompagner. Le duo prend rapidement deux cents mètres d'avance. Derrière, Fignon tente une contre-attaque mais, victime d'une crampe au pied, il est repris par le peloton. À cinq cents mètres de la ligne, le Canadien Steve Bauer rejoint les deux échappés au prix d'un effort intense et prolongé. Immédiatement, il se dégage, debout sur les pédales. Criquielion est le premier à réagir. Le sprint est lancé de très loin. Le Canadien commence à fléchir lorsque le Belge tente de le passer par la droite. Steve Bauer, complètement désuni, serre son adversaire contre la balustrade et c'est la chute. Alors que le Belge se relève abasourdi, Fondriest, qu'on n'attendait plus, surgit et remporte facilement ce championnat du monde. Claudy Criquielion, le cuissard arraché, regagne la ligne d'arrivée à pied, tenant son vélo à la main. « C'est un scandale. Bauer mérite une suspension d'un an » lâche, écœuré, le malheureux. Le public belge a beau scander des « Claudy, Claudy... ! », Criquielion ne parvient pas à oublier sa peine, ni à ravaler sa rancœur. On ne saura jamais qui était vraiment le plus fort ce jour-là. Ironie de l'histoire : il y a vingt-cinq ans, lors d'un championnat du monde disputé sur le même circuit de Renaix, la victoire s'était jouée à l'issue d'un sprint houleux entre Van Looy et Beheyt.

Steve Bauer serre Claudy Criquielion contre la balustrade, provoquant sa chute. Derrière, Maurizio Fondriest surgit et remporte le titre mondial.

Le jeune Charly Mottet, auteur d'une échappée en solitaire de cent kilomètres dans le Tour de Lombardie.

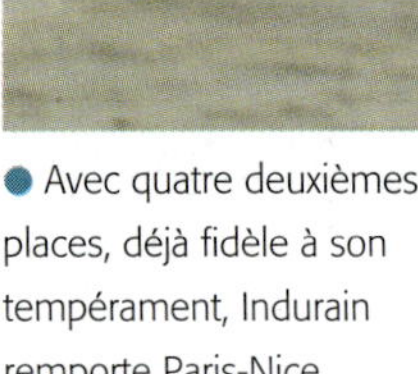

Avec quatre deuxièmes places, déjà fidèle à son tempérament, Indurain remporte Paris-Nice.

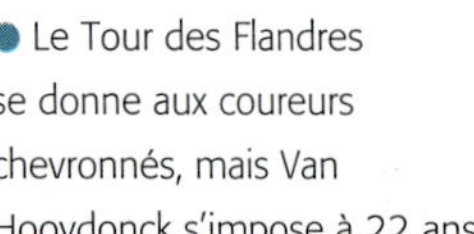

Le Tour des Flandres se donne aux coureurs chevronnés, mais Van Hooydonck s'impose à 22 ans.

18 MARS

La Coupe du monde est ouverte

Ce samedi de Milan-San Remo amorce une nouvelle époque pour le cyclisme professionnel. La classique italienne devient la première manche de la Coupe du monde, adaptée par l'UCI sur le modèle du circuit mondial de Formule 1. Une différence importante cependant : au bout des douze épreuves de la saison, son vainqueur ne devient pas le champion du monde, qui reste désigné sur une seule course. La Coupe du monde propose en outre deux classements, individuel et par équipes. Cette nouvelle disposition bouleverse tout le cyclisme, les façons de courir, la physionomie des courses. En effet, le classement FICP (Fédération internationale du cyclisme professionnel) des groupes sportifs détermine à partir de la saison suivante l'accès aux grandes épreuves. Ainsi le Tour de France accueille-t-il les dix-huit meilleures formations mondiales. La recherche de points, qui sont attribués jusqu'au 10e de chaque manche de la Coupe du monde, oblige à plus de calcul dans la conduite des courses ; et chaque équipe cherche désormais à recruter des coureurs à fort potentiel de points. Reste l'évolution positive d'un cyclisme trop souvent figé, dont l'audience publique et médiatique ne cesse de baisser. Dans les douzes courses d'un jour retenues figurent les cinq monuments : Milan-San Remo, Tour des Flandres, Paris-Roubaix, Liège-Bastogne-Liège, Tour de Lombardie. S'y ajoutent des classiques comme l'Amstel Gold Race ou la Classica San Sebastian et des nouveautés comme la Summer International, la première classique britannique.

6 mars

Indurain placé

Tout commence par une deuxième place dans le prologue. Discrète mais assurée, quelque chose d'incontestable. Puis une autre deuxième place sur une arrivée en ligne, puis encore une au sommet du mont Faron. Enfin une dernière dans le contre-la-montre individuel du col d'Èze. Un jeune Espagnol remporte ainsi Paris-Nice, en jouant placé comme un métronome, sur des terrains très divers. Jamais de victoire d'étape, mais est-ce nécessaire quand seul le classement général importe ? Si Miguel Indurain, Navarrais puissant, voulait dire ce que sa carrière deviendrait, en voici une magistrale préfiguration. Une ère nouvelle s'ouvre, faite de victoires étudiées et de paroles simples : « Ce Paris-Nice est plus un déclic qu'une récompense. Je n'ai rien fait de spécial pour m'imposer… »

2 avril

Un nouveau flandrien

De son village de Wustwezel, près d'Anvers, il part trois fois par semaine vers le Grammont et le Bosberg, les deux derniers monts du Tour des Flandres. Dans la Ronde, la victoire naît forcément d'une intimité avec ces terribles obstacles. Edwig Van Hooydonck a seulement 22 ans, il manque encore d'expérience, même s'il a gagné l'édition amateur de la course trois ans plus tôt. Merckx voit en ce rouquin de 1,92 m le grand espoir belge et un futur spécialiste des classiques. Le jour dit, dans le Grammont et le Bosberg, sous la pluie et dans le froid évidemment, il récite sa leçon hivernale, apprise en solitaire : « J'ai tout donné comme je le faisais à l'entraînement. À trois kilomètres de l'arrivée, la voiture de Merckx s'est approchée. Il m'a dit que j'avais gagné… »

3 JUIN

Fignon n'aime pas le froid, mais gagne dans la neige

Au sommet du col de Marmolada, à 2 057 m d'altitude, le printemps est insupportablement froid. Mais, au cœur des Dolomites, un homme a chaud d'un exploit de grand champion. Au matin de cette quatorzième étape, Laurent Fignon prémédite une attaque, une de ses dernières chances dans un Giro où il revient cinq ans après sa déception contre Moser. Une pluie glacée accompagne les premiers kilomètres dans les vallées, puis la neige arrive à partir de 1 700 m. Rien n'arrête pourtant le Français dans sa résolution : il attaque à soixante kilomètres de l'arrivée alors que restent à grimper le Pordoï et le Campolongo. Le Maillot rose Erik Breukink parvient à le rejoindre. Ils passent ensemble le Pordoï mais Fignon médite l'instant d'une nouvelle attaque. Il la place dans le Campolongo, et lâche le Hollandais. C'est l'Italien Giupponi qui remporte l'étape mais Fignon, 2e, atteint son objectif : Breukink arrive avec 5 min 51 s de retard, le visage bleu de froid. Voilà le leader de Super U en tête du Giro. Inquiet de l'hécatombe qui mine son équipe déjà bien faible, Fignon souffre en outre de l'épaule droite. Mais sa résistance farouche, des circonstances favorables également (l'annulation de la seizième étape en raison de nouvelles chutes de neige) vont en faire le troisième vainqueur français du Giro. Lui qui déteste le froid a ainsi construit sa victoire au moment le plus glacial. « Je n'ai pas d'explication. Je n'ai pas été malade de la saison. J'ai peut-être acquis de nouvelles défenses ! » ❍

1er juillet

Delgado sans prologue

Cent quatre-vingt-dix-sept coureurs ont déjà pris le départ du prologue de Luxembourg. Le chronométreur, interloqué, égrène le compte à rebours : cinq, quatre, trois… Le dernier concurrent n'est toujours pas sur la rampe ! Et le vainqueur du Tour 1988 se présente avec 2 min 40 s de retard. Une invraisemblable bévue, qui relègue évidemment Pedro Delgado à la dernière place. Perico sourit du cadeau offert à ses adversaires : « Je crois pouvoir récupérer ce temps, et même un peu plus, si je marche comme l'an dernier. » Le lendemain après-midi, dans le contre-la-montre par équipes, les Reynolds portent le boulet de cette terrible négligence. Delgado se retrouve à 7 min 20 s de Fignon, lucide et cruel : « Pour moi, il est déjà éliminé. » ❍

11 juillet

Fignon lâche LeMond

Il reste huit cents mètres à grimper dans la montée vers Superbagnères, l'affaire de deux minutes. Pourquoi Laurent Fignon décide-t-il d'attaquer, où trouve-t-il la formidable énergie de se dresser sur son vélo ? Greg LeMond, revient au sprint et Fignon repart, avec la rage et l'intelligence conjuguées. Cette fois, l'Américain est collé au goudron, il perd douze secondes au final. Entre deux champions de cette envergure, quelques secondes sont un écart de géant. « C'est incroyable, s'étonne le Français, je prends le Maillot jaune dans un jour sans. Je redoutais la dernière ascension. » Alors que Millar remporte cette dixième étape, animée par le revenant Delgado, Fignon retrouve le grand parfum du Tour cinq ans après sa victoire de 1984. ❍

• Le peloton du Giro traverse les Dolomites dans des conditions épouvantables. C'est là que Fignon triomphe.

• Pauvre Pedro Delgado ! Le vainqueur du Tour 1988 pédale de rage pour rattraper son incroyable retard sur la rampe de départ du prologue.

C'est le coup d'éclat de Laurent Fignon, irrésistible dans la montée de Superbagnères et qui prend le Maillot jaune.

Sur les Champs-Élysées, la joie indescriptible de Greg LeMond, qui remporte le Tour pour huit secondes.

25 JUILLET

TOUR DE FRANCE

Un épilogue fou, fou, fou

« *Eight seconds, Greg, eight seconds more than Fignon !* » LeMond apprend l'impossible vérité de la bouche de Kathy, sa femme enceinte, qui pleure, évidemment, parce que les miracles font toujours pleurer. À 16 h 38 min 57 s, l'Américain achève son Tour de France. Fignon arrive cinquante-huit secondes plus tard, huit secondes trop tard ; il perd le Maillot jaune pour une centaine de mètres, après plus de trois mille kilomètres de courage. Les derniers ont été trop durs, à cause d'une inflammation au fessier ! Le sensationnel dénouement du contre-la-montre des Champs-Élysées rendrait fou le plus stoïque des coureurs. LeMond, yeux bleus comme le ciel de Paris et visage chaviré, s'abandonne à une joie candide, au plaisir sans mélange de ceux qui reviennent de loin. Pour tous ceux qui savent ce qu'il a vécu, la journée est aussi belle. Cathy n'en revient toujours pas : « Jamais je n'aurais pensé qu'il puisse le faire. Sur cinquante kilomètres peut-être, mais pas sur vingt-quatre. Incroyable ! » Otto Jacome, lui, y croyait très fort. Le masseur mexicain de LeMond hurle à chaque tour sur les Champs-Élysées : « *Come on, Greg, come on !* » Après l'arrivée, interloqué, il ne pourra que balbutier : « Il l'a fait, il l'a fait. » Quant à Johan Lammerts, le compagnon de chambre de Greg LeMond, le matin de cette dernière étape il confie au journal *L'Équipe* : « Il n'a pas encore perdu... » Un espoir déjà magnifique si l'on se rappelle qu'il y a quelques semaines, Greg voulait tout arrêter.

6 août

Un jour à Montréal

« C'était la meilleure course d'un jour que j'ai jamais vue en Amérique, on aurait dit un championnat du monde. » Greg LeMond ne tarit pas d'éloges mais on le comprend, puisqu'elle a lieu à côté de chez lui. Le Grand Prix des Amériques, qui se déroule à Montréal, a été choisi de préférence au Grand Prix de Philadelphie pour être la seule étape non européenne de la nouvelle Coupe du monde. Modeste préfiguration d'un cyclisme universel tourné vers un continent aux promesses vertigineuses incarnées par le charismatique LeMond, cette course en circuit, parfaitement organisée, attire deux cent cinquante mille spectateurs un dimanche d'août. C'est Jorg Muller qui la remporte, devant une foule stupéfaite, laquelle n'a jamais entendu parler de cet équipier fidèle...

20 août

L'exploit brisé de Kiritchenko

C'est une image drôle et terrible en même temps. Sur un vélo, un homme dont la main droite balance dans le vide. La corne droite de son guidon vient de se briser net à la jointure de la potence ! Alexandre Kiritchenko, champion olympique, doit remporter ce titre mondial du kilomètre, le chronomètre atteste de son avance sur l'Allemand de l'Est Glucklich. Après la surprise et la colère, le Soviétique décide de poursuivre et il boucle l'épreuve en 1 min 5 s 60/100. Ce temps remarquable compte tenu de son handicap lui vaut la médaille de bronze. Le jury des commissaires l'autorise à se remettre en selle pour une deuxième tentative. Mais Kiritchenko ne dispose que d'un délai de dix minutes, insuffisant après un tel effort. Il renonce, brisé.

27 août

LeMond en météore

Son maillot étoilé file comme une fusée entre les sobres couleurs de ses adversaires. Un extraterrestre va vers son deuxième titre de champion du monde. Levant le bras droit, poing fermé, avant même de passer la ligne d'arrivée de Chambéry, LeMond gagne le sprint devant le Soviétique Konyshev. Personne ne peut rien, même Laurent Fignon, qui voit l'Américain revenir trois fois sur lui et l'empêcher à coup sûr de revêtir le Maillot arc-en-ciel. « Un championnat du monde se gagne seul », a coutume de dire Greg LeMond depuis sa première expérience victorieuse de 1983, sur le circuit suisse d'Altenrheim. Cette fois, avec humour, il associe à son succès son beau-frère, qui l'a criblé de plombs deux ans plus tôt, lui insufflant une soif de revanche féconde !

30 septembre

Le courage de Tristan Mouric

Sur le vélodrome de Mexico, les journalistes locaux délaissent Jeannie Longo pour s'intéresser à un garçon dont elle a généreusement pris tous les frais en charge. Tristan Mouric est amputé d'un bras et d'une jambe, sous le genou, à la suite d'un accident de moto survenu en 1982. Cet amateur de vélo a dû y renoncer parce qu'à l'époque, les cale-pieds sont encore à lanières. Il se met donc au ski et devient champion olympique handisport en 1984 (slalom et descente) et 1988 (slalom et géant). Mais Tristan va renouer avec ses premières amours et, dès 1987, il établit un premier record de l'heure handisport, avec 38,543 km. Deux ans plus tard, à Mexico, il le porte à 40,417 km. « Le pire, c'était une blessure à l'entrejambe qui m'a obligé à changer de position ! »

1er OCTOBRE

Longo plus forte qu'Anquetil !

La « Cannibale ». Dans les pelotons, on l'appelle aussi « la » Longo. Ses adversaires ne sont pas tendres, mais on les comprend : ils sont si nombreux ceux qu'elle a usés, laminés, enterrés. Le public non plus n'aime pas cette femme dure et rebelle. Et c'est loin de chez elle que Jeannie Longo va trouver la popularité. Depuis qu'elle est arrivée à Mexico, accueillie à l'aéroport comme une personnalité officielle, la curiosité des Mexicains tourne à l'adulation. Chaque jour, ils sont plusieurs centaines à l'observer au vélodrome et la télévision diffuse en direct ses entraînements ! Le jour J, la multiple championne du monde se présente à 9 heures du matin. Une tentative contre le reccord de l'heure est toujours un étrange mélange de technologie et d'empirisme, des draps sont installés dans les virages pour la protéger du vent ! Au bout, la Française réalise une performance phénoménale : Longo parcourt 193 m de plus que Jacques Anquetil le 29 juin 1956 ! Son heure : 46,352 km. « Les quarante-six kilomètres, c'est une idée de mon mari Patrice, explique-t-elle. Personnellement, j'espérais les quarante-cinq... » Quelques minutes après l'exploit, elle annonce : « J'arrête d'ici un mois. Mon objectif n'était pas de sortir par la grande porte mais de réussir une performance, qui ne puisse pas me laisser croire que je pouvais faire mieux. » La Cannibale ne mettra pas longtemps à replonger...

Sur le vélodrome de Mexico, Jeannie Longo double Coppi et Anquetil.

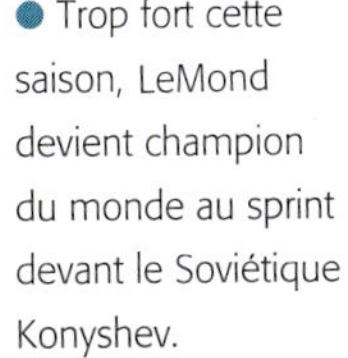

Trop fort cette saison, LeMond devient champion du monde au sprint devant le Soviétique Konyshev.

● Eddy Planckaert, à gauche, l'emporte d'un boyau devant Steve Bauer dans Paris-Roubaix.

17 MARS

La petite musique de Gianni Bugno

● Gianni Bugno, impérial dans le Giro, suivi par le Français Éric Boyer qui s'est, lui, distingué par deux victoires d'étape.

Depuis une chute dans le Giro 1988, il n'entame plus une seule descente sans appréhension. Gianni Bugno souffre même d'étranges vertiges, qui l'ont poussé à suivre plusieurs thérapies. La dernière consiste à écouter de la musique classique pour retrouver l'équilibre ! En ce jour de Milan-San Remo, où il avait abandonné toute ambition de victoire à ses compatriotes Argentin et Fondriest, Bugno doit commencer à penser que, oui, vraiment, Mozart a du génie. Sa descente du Poggio est une partition magnifique de brio et d'audace. Lorsque l'Italien bascule au sommet, il ne lui reste plus que quelques secondes d'avance sur l'Allemand Rolf Golz. Il doit donc prendre tous les risques. Dans le deuxième virage, il manque de heurter le muret qui borde la route. Mais le malade est guéri, le voilà qui fait route vers la Via Cavalotti et un singulier succès, obtenu pour quatres secondes.

En remportant son premier Milan-San Remo, Gianni Bugno efface aussi plusieurs années d'échecs italiens dans les classiques, et dans la *Primavera* en particulier. L'Italie retrouve sa fierté mais quelle course étonnante : après vingt kilomètres, elle est déjà terminée pour de nombreux leaders. Un premier peloton de cent vingt-deux coureurs se détache et pousse les attardés à l'abandon. « J'ai peut-être fait mille courses dans ma carrière et je n'ai jamais vu un tel départ », témoigne Laurent Fignon, qui descend de vélo au ravitaillement de Savone où il compte quatorze minutes de retard. La course a été disputée à la moyenne record de 45,806 km/h. Bugno ne pouvait pas mettre plus brillamment en musique avec le vertige de la vitesse. ❍

8 avril

Le bonheur millimétré de Planckaert

Pour la première fois dans l'histoire du Paris-Roubaix, il faut attendre la photo-finish pour connaître le vainqueur. Van Hooydonck, Wampers et Gayant repoussés, Eddy Planckaert et Steve Bauer disputent le sprint. Le Canadien tient fermement la corde, le Belge fait l'extérieur et le rejoint d'un coup de reins. Qui a gagné ? Le juge, embarrassé, attend le film de l'arrivée. Pour un millimètre, Planckaert est déclaré vainqueur. Ce bonheur à suspense récompense tout un clan. Dans la tradition belge, les Planckaert roulent en famille. Le premier à féliciter Eddy, c'est son grand frère Walter, qui dirige la formation Panasonic avec Peter Post. La plus heureuse ? Gusta, « la mère chef… » ❍

18 mai

Bezault victime de la route

Sur les routes du Tour de l'Oise, en fin d'après-midi, le peloton roule paisiblement lorsqu'une voiture surgit d'une voie adjacente. L'automobiliste fauche plusieurs coureurs dont Laurent Bezault, relevé avec de multiples fractures à l'avant-bras, au tibia et au péroné. La carrière de ce coureur passé si près de la mort se brise à 24 ans dans l'absurdité d'un accident malheureusement prévisible. Depuis plusieurs années en effet, les organisateurs sont confrontés à des problèmes croissants de sécurité. Les coûts de gendarmerie obligent à réduire la présence des forces de l'ordre aux intersections. La Fédération réclame en vain l'autorisation d'utiliser des « signaleurs » internes à l'organisation. « Je souhaite que ce malheur serve à quelque chose », conclut tristement Laurent Bezault. ❍

2 juin

L'Italie est folle de Gianni

Quand l'ascension est sublime, ses héros montent au ciel. Dans le Pordoï, une étape « bouleverse le rapport intime et poétique de l'homme seul et de la montagne », écrit le directeur de la *Gazetta dello Sport*. Toute l'Italie est réunie sur les pentes pour saluer celui qui va gagner le Giro, en portant le Maillot rose de bout en bout, une performance réalisée seulement par trois coureurs avant lui : Girardengo en 1919, Binda en 1927, Merckx en 1973. Fils de charpentier émigré en Suisse, homme simple amoureux de la nature, Bugno s'étonne de tant de ferveur et se demande comment il va pouvoir rallier le sommet, tant la foule piétine autour de lui. Et puis il y a Charly Mottet, qui suit chacun de ses coups de pédale et terminera 2e au général à 6 min 33 s.

● Le Hollandais Gert-Jan Theunisse, condamné à six mois de suspension ferme pour dopage, participe pourtant au Giro, au grand dam des autres coureurs.

30 juin

Un départ sans Goddet

« Je ne sais pas ce qu'est la liberté d'un mois de juillet. » Au départ de Poitiers manque la silhouette familière de Jacques Goddet, directeur du Tour de 1947 à 1987, puis suiveur des deux dernières éditions dans une voiture particulière. « Le Tour, disait-il, n'est qu'un succédané inventé par Henri Desgrange pour faire connaître et vendre le journal, à une période de l'année où l'audience était faible. » *L'Équipe*, depuis 1946, reste la plus grande passion de sa vie. Mais, en cinquante-trois Tours, deux coureurs l'ont marqué : Coppi, le héros admiré, et Merckx, le champion accompli. Pour avoir une vision complète de tous les grands événements sportifs, il lui manque d'être allé à Wimbledon. De quoi occuper ses mois de juillet justement !

13 JUIN

Six mois de suspension pour « Testo » Theunisse

C'est l'épilogue d'une sale affaire, où la morale et le sport n'ont plus de sens. Gert-Jan Theunisse est un très bon coureur, un des favoris du prochain Tour de France. Seulement voilà : il est dopé ! Positif à la testostérone en 1988, il est encore convaincu de fraude, pour le même produit, à la Flèche Wallonne, au mois d'avril. Deux tests positifs en moins de deux ans : Theunisse encourt une suspension automatique de six mois. Mais il ne s'embarrasse guère de scrupules : Theunisse invoque un vice de forme pour éviter la punition ; il n'a pas reçu de notification officielle de son premier contrôle positif. Conclusion : le deuxième n'est donc que le premier…
Effectivement, la Fédération française de cyclisme a commis une faute deux ans plus tôt. Mais peut-on nier l'évidence. Hein Verbruggen, le patron du cyclisme professionnel, répond : « Oui, Theunisse était positif au Tour 1988. Oui, il est positif à la Flèche Wallonne 1990. Non, juridiquement, on ne peut rien contre lui. » Le 23 mai, sur le Giro, le peloton observe une courte grève de protestation et menace de boycotter plusieurs courses ; il réclame des sanctions contre celui qui entache la réputation de toute la profession. L'UCI trouve finalement un artifice réglementaire pour officialiser la première infraction et, le 13 juin, Gert-Jan Theunisse est suspendu pour six mois. Le Néerlandais cristallise le malaise persistant du milieu cycliste face au dopage. La publicité importante et inédite faite à cette histoire révèle aussi l'hypocrisie du peloton, qui n'avait jamais fait un tel cas des affaires du passé…

● Bientôt à l'attaque du Pordoï, Gianni Bugno, Maillot rose, et Charly Mottet vont lâcher Franco Chioccioli pour offrir un véritable festival.

Les deux héros du jour, Greg LeMond et Miguel Indurain, dans l'ascension de Luz-Ardiden. L'Américain se rapproche du Maillot jaune.

30 JUIN

Fignon-LeMond : le duel tourne au pugilat

Ils s'étaient quittés en pleurs sur les Champs-Élysées. Greg LeMond et Laurent Fignon se retrouvent un an plus tard, au départ du Tour de France, avec un aigre sentiment de colère. Avant le premier coup de pédale, leur opposition tourne au duel, d'abord à fleuret moucheté, puis au sabre d'abordage. Vouant le final héroïque de 1989 aux oubliettes de l'Histoire, Cyrille Guimard transforme le succès de LeMond en coup de chance. Réponse saignante de l'Américain : « Cette victoire, je ne l'ai pas volée ! C'est Fignon qui a perdu la course parce que ce n'est quand même pas de ma faute s'il ne met pas de casque profilé et s'il n'utilise pas de guidon de triathlète. Je l'ai battu à la régulière. Et encore, je n'ai rien dit quand Fignon s'est accroché à une voiture dans le Tourmalet ! »

La rivalité a enflé avec la première partie de saison catastrophique de LeMond, qui a indisposé le Français : « Si j'en avais fait autant, je n'ose pas imaginer les critiques. On est mille fois plus indulgent avec LeMond. Certains ont une image sympathique, souriante, mais elle ne correspond pas toujours à la réalité… » Le cyclisme n'est pas familier de ces échanges de boxeurs. Le pronostic des deux champions n'est pas tendre. LeMond : « Je reviens de plus loin que lui mais je préfère être à ma place ! » Fignon : « On attendait beaucoup de lui et pour l'instant, c'est zéro sur toute la ligne ! Il joue quitte ou double sur le Tour de France ; moi, je ne suis pas là pour le battre mais pour être le plus fort de tout le peloton. » ❍

Entre Avranches et Rouen, l'état de santé de Laurent Fignon s'est dégradé. Il préfère quitter le Tour.

4 juillet

Laurent descend de vélo

Cette cinquième étape s'annonce mal. Entre Avranches et Rouen, la pluie arrose les prairies normandes. Victime d'une chute à Clisson deux jours plus tôt, miné par son abandon dans le Giro, Laurent Fignon traîne son infortune en queue de peloton. Au ravitaillement de Villiers-Bocage, au kilomètre 124, il pose pied à terre puis repart, excédé par le tourbillon des photographes qui le guettent. Mais au lieu de prendre sa musette, Fignon fait demi-tour ! Un champion de cette trempe ne fait pas la course à moitié : « Il n'est plus question de participer au Tour en ayant mal quelque part. C'est trop la galère. Parce qu'il faut être au sommet de sa santé pour gagner. » ❍

10 juillet

Un enfant du rock

Il a un visage de BD, il aime le rock et les voitures des années 50. À Saint-Gervais, où un autre Français, Claveyrolat, accroche la première étape de montagne, le Tour élit un Maillot jaune attachant. Lieutenant de LeMond chez Z, Ronan Pensec était de l'échappée buissonnière de la première étape, qui a pris dix minutes à tous les favoris. Il grignote des secondes dans le contre-la-montre d'Épinal, puis se faufile dans le groupe de chasse de cette 10e étape. Et Bauer lui cède la place de leader ! L'adolescence de ce Breton de Douarnenez, orphelin à 10 ans, se déroule entre musique et vélo. En 1986, il termine 6e du premier Tour de LeMond et on fonde sur lui des espoirs jamais confirmés. En jaune, il déclare, modeste : « Équipier n'est pas un sot métier… » ❍

17 juillet

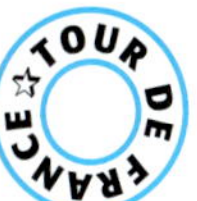

Greg s'envole

« Aujourd'hui, je me sentais au-dessus des autres. » Greg LeMond ne gagne pas cette seizième étape, qui révèle un surdoué, Miguel Indurain, et Claudio Chiappucci reste Maillot jaune, pour cinq secondes. Mais l'Américain vient pourtant de remporter le Tour. Parmi la dizaine de coureurs regroupés au pied de Luz-Ardiden, le leader des Z trouve en Fabio Parra un allié de circonstance pour terrasser l'insolent Italien. Le petit Colombien ouvre le grand bal des attaques, où LeMond s'engouffre dans une magistrale accélération. La démonstration est limpide : dans ce Tour, il sera le seul patron. Personne ne résiste à sa fulgurante puissance. Sauf un grand diable d'Espagnol, qui s'échappe à deux cents mètres de l'arrivée.

1er septembre

Un sacré bout de femme

Doit-on l'appeler « la » Marsal, comme on dit « la » Longo ? À 19 ans, une petite femme de Moselle, qui mesure 1,66 m de courage, devient championne du monde senior pour sa première participation. Ses qualités de battante font penser à l'égérie du cyclisme féminin, à qui elle succède au palmarès. Sa course : du pur Longo. Elle démarre après trois kilomètres et on ne la reverra plus, bien protégée des contres italiens ou australiens par une équipe de France enfin unie. Issue d'une famille de huit enfants, qui lui a donné du caractère, elle est une surdouée, déjà titrée deux fois en juniors. Si Marsal existe sans Longo, on n'efface pas facilement l'ombre de la géante : « Je me suis demandé si Jeannie me regardait à la télévision ; ça m'aurait fait plaisir. »

20 OCTOBRE

Tour de Lombardie : quand Gilles Delion joue les jeunes premiers

Des mèches blondes rebelles lui donnent encore des airs d'enfant. Il ressemble moins à un coursier qu'à un moniteur de ski dans sa Savoie d'adoption ou un surfeur sur une plage de Californie. Gilles Delion remporte le Tour de Lombardie à 24 ans, c'est une vie de champion qui commence. Déjà quinzième de la classique italienne pour sa première saison professionnelle, deuxième l'année suivante derrière Tony Rominger, cette course-là lui tend les bras, comme l'Italie entière d'ailleurs, où il a obtenu toutes les bonnes places de sa prometteuse carrière.
À trente-cinq kilomètres de l'arrivée, il se retrouve avec quatre fuyards dont son équipier Pascal Richard. Au sprint, le Français devance le Suisse d'une franche longueur.
Coureur complet, Delion entre dans la catégorie des leaders. Son image nature et propre : « Je suis un produit de l'eau et de la pâte de fruits », ajoute à la popularité du personnage. Dans un cyclisme français en panne de grands succès, cette révélation soulève des espoirs. On veut voir un symbole dans sa victoire sur Charly Mottet à la Lombardie. Prudent, il laisse encore l'avantage aux anciens : « En France, les leaders s'appellent Fignon et Mottet. Tant mieux si je viens m'ajouter à eux. Plus on sera à faire l'actualité, mieux on se portera ! » Interrogé sur ses prochains objectifs, il s'emballe : « Je suis attiré par les grandes courses. Je veux aller plus loin. Plus haut. » On dit alors de lui qu'il sera le coureur des années 90…

Tour de France : symbole de l'émergence des coureurs de l'Est, l'Allemand Olaf Ludwig triomphe à Besançon.

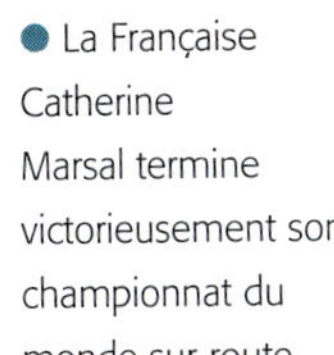

La Française Catherine Marsal termine victorieusement son championnat du monde sur route.

● Détaché sur la Via Roma, Claudio Chiappucci remporte l'une des plus belles éditions de Milan-San Remo.

● Josette Leulliot, l'organisatrice de Paris-Nice, négocie avec les coureurs, qui ont décidé de retirer leurs casques.

16 MARS

La grève du casque

Il ne faut pas beaucoup de temps aux meneurs, Madiot, Fignon, Duclos-Lassalle, pour entraîner tous les coureurs dans la fronde. La mise hors course de Francis Moreau, qui, la veille, a ôté son casque dans la montée du Faron, a cristallisé le mécontentement. Au départ de Toulon ce samedi, le peloton de Paris-Nice se présente tête nue. L'image est vite relayée et Hein Verbruggen ne décolère pas en découvrant la fronde sur son téléviseur. C'est en effet le président de la Fédération internationale de cyclisme professionnel qui a imposé le port du casque obligatoire depuis le 1er janvier.
La FICP a pris cette décision dans un souci légitime de sécurité. Cette mesure d'autant plus justifiée qu'une majorité de coureurs portaient déjà volontairement le casque. La polémique naît en fait de l'obligation et des sanctions lourdes qui sont prévues en cas d'infraction. Témoignage du Français Gilles Delion : « Dans 80 % des courses, j'étais déjà casqué, mais cela m'ennuie beaucoup que cet engin soit obligatoire. » Du côté des directeurs sportifs, Bernard Vallet ajoute : « Dans Paris-Roubaix, tous les coureurs vont mettre spontanément un casque. Par contre, dans la montée de l'Alpe-d'Huez, en plein mois de juillet, est-ce vraiment nécessaire ? » Sous de fortes chaleurs, la coquille devient très vite insupportable. Le débat tourne au dialogue de sourds. « Il y a cent cinquante jours de course par an. Trois ou quatre seulement sont susceptibles de poser des problèmes, conclut Verbruggen. Il est très difficile d'établir un critère pour une exception. La sécurité est plus importante que la chaleur. » ❍

23 mars

Le premier triomphe de Chiappucci

L'échappée se dessine dans le Turchino, à cent cinquante kilomètres de l'arrivée. Une dizaine de volontaires que Claudio Chiappucci épuise un à un. Les trois derniers cèdent à leur tour, Mottet et Nijdam au Capo Cervo, Sörensen au Poggio. À quatre cents mètres de la ligne, Chiappucci peut se faire beau. Il rajuste son maillot, enfile des lunettes noires. Avant, il y avait bien eu quelques victoires, comme le Tour du Piémont 1989, mais Chiappucci incarnait jusqu'à ce Milan-San Remo la bravoure des petites gens. Cette fois, il impose son style : « D'un côté, j'improvise souvent et de l'autre, je sais où attaquer. Si mon corps suit, je respecte toujours mes propres consignes ! » ❍

14 avril

Le doublé de Madiot

Il dit de Paris-Roubaix : « On ne dispute pas cette course sous cellophane. Il faut de la passion, il faut en avoir envie, comme d'une femme ! » Pour sa dixième participation, Marc Madiot sent de nouveau monter en lui la fièvre du Nord. Après sa première victoire de jeunesse, en 1985, c'est à l'expérience qu'il réalise son doublé. À l'abri de son frère Yvon, il ne se mêle pas à l'empoignade des premiers secteurs pavés. Au carrefour de l'Arbre, lieu stratégique, il lance l'offensive et étire irrésistiblement la file des échappés, dont Ballerini, De Clercq et Redant. Puis vient, enfin, l'entrée au vélodrome, le moment d'extase : « Quand je suis passé une première fois devant la tribune principale, j'ai brandi mon poing pour demander aux gens : « Remettez-en » ! » ❍

18 mai

Mottet en alpiniste

« Je suis monté plus haut que le mont Blanc, nous avons eu 4 808 m de dénivelé ! » Charly Mottet gagne avec humour la première classique de montagne. Joli paradoxe, à Aix-les-Bains, la course s'est presque achevée comme sur un vélodrome pour une finale de vitesse ! Millar et Mottet font du surplace à trois cents mètres de la ligne ; le Français, plus têtu que l'Écossais, reste à l'arrière jusqu'au bout, avant de lancer le sprint décisif. « Dans une course comme celle-là au moins, le plus fort l'emporte », conclut Mottet, pour soutenir l'avenir de cette inédite classique des Alpes. Sur cent vingt concurrents, trente-sept seulement terminent, avec des écarts surprenants pour une course d'un jour, jusqu'à plus de trente-cinq minutes ! L'épreuve a montré son intérêt. ❍

30 juin

De Las Cuevas, la drôle de surprise

Pauvre Philippe Casado, qui fait deux années de suite la course en tête dans ce championnat de France et qu'on reprend à tous les coups. Du peloton de trente coureurs, on attend maintenant que surgissent Moreau ou Jalabert. C'est un maillot Banesto qui sort à deux cents mètres de la ligne et s'impose devant Claveyrolat et Rué. Armand De Las Cuevas est consacré à 23 ans. Ce junior surdoué et complet a très vite été enrôlé par l'équipe de Miguel Indurain. Originaire de la région bordelaise, il séduit José-Miguel Echavarri, qui en fera rapidement le second du Roi Miguel. Son talent et son ambition lui valent le statut de grand espoir. Il lui reste à confirmer ces promesses. ❍

9 JUIN

Chioccioli fait revivre Fausto Coppi

Au dernier jour du Giro, la *Gazetta dello Sport* publie deux photos saisissantes. Deux coureurs en danseuse, le corps qui plonge légèrement vers la gauche. D'un côté Fausto Coppi, le mythe ; de l'autre Franco Chioccioli, le falot. La ressemblance est stupéfiante : les jambes longues et fines, surtout le même visage émacié, les joues creuses, le nez un peu recourbé, les cheveux noirs… Le Toscan de l'équipe Del Tongo fait découvrir au monde entier cette étrange similitude avec le *Campionissimo* en remportant le Tour d'Italie, à 31 ans ! « On me demande les raisons de mon épanouissement tardif, explique-t-il. Je me suis retrouvé pour la première fois leader unique. Je n'en veux pas à Saronni ou à Fondriest pour qui je faisais le *gregario*, mais à force de courir pour les autres, on oublie qu'on existe aussi ! » Chioccioli ne fait pas les choses à moitié dans ce Giro, l'un des plus spectaculaires de l'après-guerre. À Sassari, il prend le Maillot rose et le conserve jusqu'à Milan. Seul le Français Éric Boyer assure un très court interim d'une journée. L'anonyme Chioccioli écarte des coureurs aussi prestigieux que Bugno et Chiappucci, mais l'Italie se passionne pour ce nouveau héros, qui rappelle les « cannibales » épopées de Merckx ou de Coppi. Moment de grâce, Chioccioli s'envole dans le Pordoï et tout le public vibre pour lui : « J'ai senti ce jour-là quelque chose de voluptueux. Sur le bord de la route, les gens me faisaient comprendre qu'enfin j'étais digne de Coppi… » ❍

• Au bout d'un effort surhumain, Marc Madiot enlève son deuxième Paris-Roubaix, cette course de passion qui lui ressemble tant.

• Surprise aux championnats de France de Saint-Saulge, l'avènement du jeune De Las Cuevas, qui court sous les couleurs espagnoles de la Banesto.

● La spectaculaire chute du Maillot vert, Djamolidine Abdoujaparov, lors de l'ultime étape des Champs Élysées.

6 juillet

Le Manta de Marie

Est-ce que cela ressemble toujours à une bicyclette ? Selle à dosseret, raccords profilés de plusieurs cadres, guidon à tablier intégrant accoudoirs, compteur, récepteur radio, réservoir de boisson… En sortant de leur chapeau leur vélo Manta, les Castorama ont animé le prologue du Tour. Dévolu à Laurent Fignon et à Thierry Marie en particulier, l'engin a spécialement réussi au Normand, qui s'impose encore dans l'exercice. En fait, la brèche réglementaire ouverte cette saison par l'Union cycliste internationale a libéré l'imagination des ingénieurs. Roues à bâtons, jantes à flancs céramique (l'équivalent des disques de freins), cadre à jeu de direction intégré dans le tube : toutes les marques plongent provisoirement dans cette véritable course à l'armement. ❍

16 JUILLET

L'étrange épidémie des PDM

Du matin de la onzième étape, le bus noir de la formation PDM semble porter le deuil du Tour de France. Il quitte Quimper pour ramener tous ses coureurs et leur mystère à la maison ! Erik Breukink, l'un des favoris de l'épreuve, Sean Kelly, Raul Alcala et Jos van Aert abandonnent la Grande Boucle. Comme hier, entre Rennes et Quimper, Uwe Raab et Nico Verhoeven, puis Jean-Paul Van Poppel, Martin Earley et Falk Boden. En vingt-quatre heures, toute une équipe est décimée par une étrange épidémie. Commence alors le ballet des rumeurs et des sous-entendus. D'abord le diagnostic plutôt vague des médecins : « Un phénomène étrange et très bizarre », selon le docteur Porte ! Les coureurs souffrent tous d'une forte fièvre accompagnée de douleurs musculaires et articulaires. Un examen sanguin montre une augmentation anormale du nombre de globules blancs. C'est donc une infection virale, une aubaine pour le patron de PDM, Jan Gisbers, qui évoque la mauvaise climatisation d'un hôtel de Lyon, où les coureurs ont dormi au moment du prologue.
Étrange virus qui s'en prend aux coureurs et épargne l'encadrement ! On invoque alors une bactérie, plus commode, qui aurait circulé dans les bidons et véhiculé l'infection… Comme il n'y aura jamais d'explication claire à ce mal inconnu, le dopage constitue une hypothèse tout aussi convaincante. N'a-t-on pas médicalement prouvé que l'administration d'érythropoéitine pouvait déclencher l'apparition d'un syndrome pseudo-grippal… ❍

● Les derniers espoirs de Greg LeMond s'envolent, à cet instant, dans l'ascension vers Val-Louron.

19 juillet

La défaillance de LeMond

Dans le panache, il est sans doute le plus beau des coureurs. Mais quand rien ne va plus, sa souffrance devient horrible. Dans cette treizième étape pyrénéenne, les premiers signes de la défaillance de Greg LeMond se font sentir dans le Tourmalet. Dans le col d'Aspin, il lutte avec la dernière énergie. Dans la montée de Val-Louron, l'épreuve de force tourne à la torture : c'est le jour le plus terrible de sa carrière sur le Tour de France. LeMond a perdu son titre, Indurain l'a compris dès la descente du Tourmalet, où il se livre à un merveilleux numéro de voltige. L'Espagnol devancera de 7 min 18 s l'Américain et endossera le Maillot jaune. Certes, il laisse l'étape à Chiappucci mais on ne comprend pas encore que c'est là sa manière de gagner. Un long règne peut commencer… ❍

28 juillet

Un sprint fatal

Un sprinter qui a peur n'est pas un sprinter. Tête baissée, Djamolidine Abdoujaparov file vers sa troisième victoire d'étape. On a souvent reproché à l'Ouzbek de tasser ses adversaires. « Je suis à la recherche du chemin le plus court vers la ligne », répond-il. Là, il fonce droit sur les barrières, à cent cinquante mètres de l'arrivée, comme s'il ne les voyait plus. Le choc est épouvantable : trois vélos sont catapultés dans les airs, l'image est presque belle. Une arcade sourcilière ouverte, le cuir chevelu entamé, Abdou passe plusieurs minutes sur le bitume des Champs-Élysées. Les médecins le relèvent, l'aident à passer la ligne en marchant. Abdoujaparov, fier de sa chute, fera encadrer la une de *L'Équipe* du lendemain, parce qu'un vrai sprinter n'est grand que dans la souffrance.

26 août

Paris-Brest-Paris a 100 ans

Mille deux cents kilomètres, trois mille deux cent quatre-vingt-un participants, dont un tiers d'étrangers originaires de dix-huit pays, quatre cents Américains débarqués en charter : Paris-Brest-Paris a 100 ans et fête dignement son anniversaire. Pour cette course unique, qui se dispute tous les quatre ans, le départ est donné de l'Hôtel de Ville. À l'arrivée, des dizaines d'heures plus tard, on ne recense plus que deux mille six cent quatre-vingt-trois coureurs. C'est l'Américain Dennis Hearst qui remporte la victoire en 43 h 42 min, tout près du record de 1983, 43 h 24 min (mais au-delà si l'on considère les nouvelles difficultés du tracé). Retenons la jolie conclusion de Serge Laget : « Brest reste le phare de ceux pour qui la religion de l'effort gratuit a un sens. »

Gianni Bugno, champion du monde devant Steven Rooks et Miguel Indurain.

24 AOÛT

La consécration mondiale de Gianni Bugno

« En général, je lève les bras seulement quand je suis seul. Mais cette fois, c'était le championnat du monde ! » Sur la ligne d'arrivée du circuit de Stuttgart, Miguel Indurain est battu, mais Gianni Bugno oublie le retour de Steven Rooks. Les bras au ciel, le cœur transporté, l'Italien remporte dans une dernière décharge d'adrénaline l'un des championnats du monde les plus logiques de l'histoire. Numéro 1 mondial, Bugno est aussi à la tête de la plus fantastique équipe d'Italie qu'on a connue depuis l'époque de Coppi et de Bartali ; elle dispose d'au moins quatre atouts pour la victoire : Argentin, Chiappucci, Fondriest et Bugno, sans oublier Ballerini ou l'espoir Lelli.

« Nous avons décidé de tenter notre chance chacun notre tour », explique Gianni Bugno. La course en décide autrement. Madiot et Mottet seront dans le coup un moment. Finalement, c'est Indurain qui provoque la cassure définitive. Seuls suivent Rooks et le coureur de Gatorade, qui assure : « Je me sentais très fort, très serein aussi, car je me savais le plus rapide. » Conclusion du travail de toute l'équipe d'Italie, la consécration mondiale de Bugno constitue l'aboutissement de deux années magnifiques, pendant lesquelles il obtient au total vingt-quatre victoires. Son palmarès prend une véritable dimension, il ne lui manque plus que le Tour de France…

Autres temps, autres mœurs. L'Américain Scott Dickson dans Paris-Brest-Paris.

● Jacky Durand va lâcher Tony Wegmüeller et causer une belle surprise dans le Tour des Flandres.

21 MARS

La science magistrale du vieil Irlandais

La *Primavera* peut aussi marquer un nouveau printemps pour les vieux coureurs. Sean Kelly a presque 36 ans, il a déjà accompli seize saisons. Apparu subitement en tête de la course, comme un ressuscité, dans la montée du Poggio, il bascule en quatrième position, se joue de Fondriest puis de Sörensen, se retrouve enfin seul avec Moreno Argentin à la flamme rouge.
L'Italien ne veut pas croire à l'acharnement du vieil Irlandais qui fonce sur lui.
Le Tour de Lombardie 1991 avait sonné pour Sean Kelly comme une ultime victoire, un adieu magnifique.
Pourquoi aurait-il encore soif de vaincre ? Les deux coureurs qui filent vers San Remo détiennent les plus beaux palmarès du peloton en matière de classiques. Quelle finale ! Mais la science de la course va de pair avec la maturité des sensations et, dans ce domaine, Argentin rend un gros bidon d'expérience à Kelly.
La descente de l'Irlandais est magistrale. Le maître Francesco Moser en reste interloqué : « En vieillissant, je prenais de moins en moins de risques. Lui, c'est le contraire, il descend de plus en plus vite ! »
Sean Kelly, qui remporte son deuxième Milan-San Remo, en tire une sage leçon : « Pour tout le monde, la plus belle victoire est toujours la première. Je peux vous assurer que celle-là n'est pas la plus laide ! » Quand on aborde sa fin de course, il n'est plus grand bonheur que de gagner au printemps… ❍

● Sean Kelly prend le meilleur sur Moreno Argentin et remporte son deuxième Milan-San Remo.

9 mars

Radio-peloton

Nom de code : Motorola Peloton Communication System. Inventeurs : quatre ingénieurs de Chicago. Objet : révolutionner les communications à l'intérieur du peloton, grâce à un émetteur-récepteur d'une portée de cinq à dix kilomètres. Après avoir inventé le talkie-walkie dans les années 30, puis les radios de guerre, pendant la deuxième Guerre Mondiale, la firme américaine s'attaque au cyclisme. Pendant Paris-Nice, son équipe devient la première utilisatrice du procédé. Un micro fixé sur le cintre du vélo permet au coureur de parler avec la voiture du directeur sportif, qui lui répond par l'intermédiaire d'un récepteur de 65 g et d'une oreillette. Au volant de leur voiture, les responsables de l'équipe, Jim Ochowicz ou Hennie Kuiper, peuvent donc tout connaître des développements de la course. ❍

5 avril

Le gars Durand anime le Tour des Flandres

Chez Casto, c'est le gentil noceur. Jacky Durand a du tempérament mais le gaspille parfois hors des circuits. « J'ai connu un jeune type un peu fou qui attaquait et se faisait reprendre neuf fois sur dix », raconte Marc Madiot, qui l'a vu débuter. À son palmarès, une seule victoire jusqu'alors : le Grand Prix d'Isbergues 1991. Les grosses cylindrées de ce Tour des Flandres ne prennent guère au sérieux l'échappée où il figure, qui va compter jusqu'à vingt-trois minutes d'avance. Au Bosberg, Durand et Wegmüller sont seuls. Le Mayennais attaque et s'envole vers Meerbeke. Aucun Français n'avait gagné depuis 1956. ❍

28 juin

Guérilla chez Casto

« Mais pourquoi ? Je n'ai jamais rien fait de pareil, moi ! » Gérard Rué ne comprend toujours pas l'attitude de Luc Leblanc, qui pleure de bonheur, son Maillot bleu-blanc-rouge sur les épaules. Leblanc était favori sur le circuit d'Avize, mais la manière employée ne convient pas. Au dernier tour, Rué a cinquante-deux secondes d'avance sur un groupe de neuf coureurs, dont Fignon, Virenque et Marie. En abordant la dernière côte, le Breton de Casto en compte encore trente-cinq, quand son équipier attaque, risquant de ramener plusieurs adversaires. « C'est Guimard qui m'en a donné l'ordre quand il a vu Gérard fléchir. » Le titre est au bout pour celui qu'on présente comme le nouveau grand espoir français. Rué n'oubliera jamais.

● Luc Leblanc devant Gérard Rué : réglements de comptes chez Castorama.

28 juillet

Une ère nouvelle

Ce jour marque l'entrée du vélo dans l'âge de la haute technologie. Aux JO de Barcelone, dans le tournoi de poursuite individuelle, un homme et une machine enlèvent la médaille d'or. Mais on remarque surtout la machine ! L'Anglais Chris Boardman est équipé d'un vélo Lotus révolutionnaire. Le constructeur de Formule 1 a appliqué au cyclisme son savoir-faire en matière d'aérodynamisme. Avec des matériaux utilisés aussi dans la fabrication des voiliers de course, Lotus a produit un engin sublime : cadre et roues en fibre de carbone, pédalier et selle en titane… Avec le même vélo, Boardman pulvérisera un mois plus tard le record du monde des 5 kilomètres. On annonce la commercialisation du vélo Lotus, à trente mille francs pièce.

17 MAI

Rominger remporte une Vuelta de trentenaire

Quand on vient du canton de Zoug, au cœur de la Suisse, la patience est une vertu naturelle. À 31 ans, Tony Rominger remporte avec la Vuelta son premier grand Tour. Une révélation étonnamment tardive, mais le coureur est atypique. Première explication : un début de carrière professionnelle tardif, lorsqu'il avait déjà 25 ans, qui l'a fait rouler beaucoup moins que la moyenne du peloton. Ensuite, une propension limitée à se faire mal sur un vélo, alors que l'exploit, on le sait, est à ce prix. On note cependant quelques coups d'éclat, dans le Tour de Lombardie, Paris-Nice ou Tirreno-Adriatico.
Le contrat exceptionnel signé cette année-là avec la formation Clas l'oblige à des résultats supérieurs, éprouvant sa morale du respect : « Il faut rendre des comptes à son sponsor. » Le voilà coureur de sacrifice : « Je suis cycliste des pieds à la tête, toute l'année, assure-t-il. Quand je me lève, quand je mange, quand je marche… » Les conseils du docteur Ferrari complètent le nouvel uniforme de champion.
Sur cette Vuelta, Rominger brave pendant la première semaine une attaque aux bronches et deux chutes. Dans l'étape de Pla-de-Béret, il songe à abandonner une dizaine de fois mais résiste à la douleur. Trois jours avant l'arrivée à Madrid, il réalise un somptueux contre-la-montre, qui écarte définitivement Jesus Montoya et Pedro Delgado. Pour la première fois de sa carrière, Tony Rominger a tenu victorieusement la distance d'un grand Tour !
À 31 ans, l'âge du renoncement pour beaucoup, il forme maintenant des projets d'avenir…

● Une invention qui révolutionne la communication dans le peloton.

À Luxembourg, Miguel Indurain entre dans la légende du Tour de France, sublimant l'exercice du contre-la-montre.

6 juillet

« J'ai le maillot »

À Pau, sur la place de Verdun, un jeune premier livre son bonheur à la terre entière. Au terme d'une échappée de deux cent trente-cinq kilomètres menée depuis le départ de San Sebastian avec l'Espagnol Murguialday, Richard Virenque devient Maillot jaune. Il a 22 ans et l'on découvre une bouille sympathique, un brin flambeuse. Virenque n'avait encore jamais gagné une course depuis le début de sa carrière professionnelle, en 1991. Une seule action d'éclat, dans un Tour Méditerranéen, près de chez lui ; échappé avec quelques coureurs, le môme apostrophe un maillot Z qui ne veut pas collaborer : Greg LeMond ! Le petit grimpeur s'offre un jour inoubliable : Maillot jaune, Maillot vert, Maillot à pois, première place au classement des sprints intermédiaires…

13 JUILLET

Indurain comme un extra-terrestre

Sous son casque profilé, derrière sa large visière teintée, on ne distingue que son sourire carnassier, sa bouche ouverte dans l'effort. Miguel Indurain est un mystère. Tous ses rivaux s'interrogent sur sa forme, lui qui laisse filer des échappées dans ce Tour un peu fou. La réponse prendra à peine plus d'une heure, dans le contre-la-montre individuel de Luxembourg. On en retiendra d'abord une image fantastique : la plastique sublime d'un homme sur un vélo, une allure à la fois inflexible et fluide. Sur son Pinarello blanc aux lignes futuristes, l'Espagnol réalise la prouesse inhumaine d'un effort terrifiant sans souffrance apparente.
Sa mécanique ne devrait pas lui permettre une telle vélocité. Il suit le mouvement des pédales sans aucun à-coup. Soixante-cinq kilomètres avalés en 1 h 19 min ! Son équipier de la Banesto, De Las Cuevas, prend la deuxième place à 3 minutes. Suivent les prétendants à la victoire finale : Bugno à 3 min 41 s , LeMond à 4 min 4 s, Chiappucci à 5 min 26 s, qui déclare : « C'est un homme de fer alors que nous sommes seulement des êtres de chair et d'os. » Parti pourtant six minutes avant l'Espagnol, Laurent Fignon est rattrapé par Indurain peu avant l'entrée dans Luxembourg ! Il voit alors un extra-terrestre le doubler, « à 53 km/h dans un faux plat, vent de face ». Ébahi, Fignon se redresse, lâche son guidon et lève le pouce en signe d'admiration…

Dans l'Iseran, le baroud d'honneur de Pascal Lino pour son Maillot jaune.

15 juillet

La dernière envolée

Comme si au bord de la route, la France entière lui criait : « Ne craque pas, Laurent », il se lance pleine route vers l'arrivée de Mulhouse. Dans ce Tour où il se fait vieux, Laurent Fignon confesse qu'il lui est maintenant « quasiment impossible de gagner ». Tant qu'à s'incliner, autant finir avec panache. Dans le Grand Ballon, le double vainqueur de la Grande Boucle s'envole seul contre tous. Au sommet, il bascule pour une descente vertigineuse, avec le seul souci de creuser les écarts. Il compte jusqu'à deux minutes d'avance à vingt kilomètres de l'arrivée, et résiste au retour du peloton. Fignon l'emporte finalement d'une petite douzaine de secondes. Le Français ferme une parenthèse de trois ans d'échecs dans le Tour.

18 juillet

Le Lino jaune

C'est une tentative désespérée, de celles qui coûtent cher mais qu'il faut tenter quand même, par panache ou par désespoir. Dans l'Iseran, le toit du Tour avec ses 2 770 m, Pascal Lino veut sauver son maillot. Il attaque pour reprendre Chiappucci et passe en cinquième position au sommet, avec 2 min 30 s de retard. Mais à la fin de l'étape, il aura perdu 10 min 33 s. Son habit magnifique revient à Indurain. La course en tête de Lino a commencé le 7 juillet à Bordeaux, où il endosse la tunique de son équipier de RMO, Virenque. L'intérim dure plus longtemps que prévu, le chrono du Luxembourgeois (6e à 4 min 6 s) convainçant les incrédules qu'il ne s'agit pas d'un incident. « Toujours à fond, même pour faire mes valises » : Lino s'incline en beauté. ❍

18 juillet

Grandiose Chiappucci

Deux cent vingt-trois kilomètres d'échappée, cinq cols en tête, sept heures à pédaler seul, sans l'aiguillon d'un adversaire ou l'aide d'un équipier. Comme Fausto Coppi en 1952, Claudio Chiappucci triomphe à Sestrières après un long raid solitaire. Il avait annoncé qu'il tenterait un coup en Italie. Avec lui, pourtant, les programmes restent jusqu'au bout incertains ! L'Italien disloque le peloton au kilomètre 31, juste avant les Saisies. « Un coup de folie », croit-on. On pense un instant qu'Indurain va revenir, son écart est d'une minute. Mais une fringale, et l'appétit du chevaleresque Chiappucci l'en empêchent. Baroudeur unique, attaquant qui renvoie aux pages les plus épiques du cyclisme, l'Italien n'a pas volé la comparaison avec le *Campionnissimo*. ❍

● Claudio Chiappucci emballe l'immense étape de Sestrières.

25 OCTOBRE

Faut-il supprimer la Coupe du monde ?

En sport, la finale est une apothéose. Sauf pour la Coupe du monde de cyclisme : là, c'est une corvée ! Au bout du bout de la saison, les coureurs sont invités à un contre-la-montre individuel ; l'épreuve remplace le Grand Prix des nations. Pauvre Olaf Ludwig, qui triomphe dans l'indifférence générale. L'Allemand est le quatrième lauréat de la Coupe du monde, après Sean Kelly, Gianni Bugno et Maurizio Fondriest, un palmarès plus qu'estimable ! Mais après quatre années d'existence, la formule suscite un feu croisé de critiques. Son instigateur, Hein Verbruggen, le président de l'Union cycliste internationale, renvoie ses adversaires à leurs études : « Le problème ne réside pas dans la Coupe du monde et dans sa finale, mais dans le calendrier. » D'où, par exemple, le déplacement de la Vuelta en septembre. Censée valoriser les spécialistes de classiques, dévalués par les grands Tours, la Coupe du monde récompense trop facilement le vainqueur d'une seule épreuve, au détriment des coureurs réguliers toute l'année, en raison de son système de points. Elle devait permettre la mondialisation du cyclisme ; les projets destinés à la Colombie, à la Scandinavie, à Moscou ou Tokyo n'ont jamais abouti.
Nombreux sont ceux qui réclament sa suppression. D'autres proposent de la réformer, en introduisant les trois Tours et le championnat du monde à son classement, pour désigner vraiment le meilleur coureur de l'année. Le feuilleton de la Coupe du monde révèle en tout cas les difficultés du cyclisme à inventer un cadre modernisé pour ses exploits. ❍

● La France s'entiche d'un nouveau chouchou, Richard Virenque.

Incroyable carambolage à l'issue de Milan-San Remo. Heureusement, Fondriest a déjà triomphé.

20 MARS

Les deux naissances de Fondriest

Au petit matin, avant le départ, un appel téléphonique l'a prévenu de la naissance de sa fille, Maria Vittoria. Et comme porté par cet immense bonheur, Maurizio Fondriest s'élève au-dessus de tous dans le Poggio et remporte Milan-San Remo. Une victoire classique, obtenue à la manière de Saronni en 1983. Cette grande journée d'un homme et d'un champion s'achève pourtant dans une confusion indescriptible. Après l'arrivée, la voiture du directeur de l'épreuve reste coincée derrière la ligne, dans l'ivresse provoquée par le triomphe de Fondriest. Le peloton des sprinters qui se disputent la troisième place s'encastre dans l'arrière du véhicule. Les uns s'écrasent à terre, les autres culbutent les motos. Ce n'est pas digne de la *Primavera*.
Mais il était dit que la première belle victoire de Maurizio Fondriest dans une classique ne passerait pas inaperçue. L'Italien fut souvent le champion des occasions manquées.
« Longtemps, j'ai dû me contenter de places d'honneur dans les grandes courses, explique-t-il, comme la deuxième dans Milan-San Remo, en 1988, derrière Laurent Fignon, ou dans l'Amstel Gold Race, derrière Maassen. J'en arrivais à croire à un syndrome de l'échec. »
Cette fois, c'est Beppe Saronni qui lui a donné le truc : une seule attaque vers le sommet du Poggio. Sa petite Maria Vittoria avait quelques heures et Maurizio Fondriest naissait à la vie de champion.

À 38 ans, Gilbert Duclos-Lassalle remporte son deuxième Paris-Roubaix, d'un fil, devant Ballerini.

31 janvier

Une longue patience

Sur le circuit de Corva, il s'est placé en attente, dans la roue de l'Allemand Kluge, le champion du monde en titre, parti pour un nouveau festival arc-en-ciel. Dominique Arnould est un timide. Quand il arrive chez Castorama, il n'ose pas rouler dans le sillage de Laurent Fignon, de peur de le faire tomber ! À sa cinquième saison professionnelle, il n'a toujours rien gagné. Comme s'il n'osait attraper ce qu'on lui promet pourtant depuis le début de sa carrière. En 1992, Arnould gagne le Tour des Pouilles et, surtout, l'étape de San Sebastian du Tour de France. Alors, dans l'ultime tour de ce Mondial de cyclo-cross, il fonce lorsque Kluge commet une faute sur l'un des derniers dévers. « Je prends dix mètres, c'est gagné... » La victoire de la persévérance.

4 avril

Museeuw en fier Flandrien

Dans son maillot de champion national, il ne sauve pas seulement l'honneur des Flamands, mais celui de toute la Belgique, qui voit son cyclisme finir dans la voiture-balai. Ce Tour des Flandres ensoleillé livre un verdict sans surprise, tant Johann Museeuw apparaît puissant et dominateur dès la ligne de départ. Il sait qu'il est le plus fort, mais la peur ne le lâchera pas avant l'arrivée. À Brakel, dans une petite côte non répertoriée, il attaque à vingt-cinq kilomètres du but. Seul Maassen répond, qui refuse ensuite toute collaboration. Sur le Grammont, puis sur le Bosberg, Museeuw tente l'échappée, en vain. Jusqu'au bout, il redoute un mauvais coup mais, au sprint, sa puissance ne laisse aucune chance à son adversaire. Il remporte ainsi sa première grande classique.

11 avril

Duclos deux fois

Ils arrivent ensemble sur le vélodrome, dans la clameur du peuple de Roubaix, mais Ballerini est le premier en piste. Un tour passe, qui repousse l'instant de la confrontation. Soudain Duclos s'emballe, l'Italien revient. Étrange sprint, où l'un prend la corde et où l'autre se retrouve presque accroché aux balustrades ! Qui passe le premier ? Ballerini lève le bras, c'est lui. Le juge est d'accord : Franco Ballerini remporte sa classique la plus désirée. Trente secondes plus tard, la joie fait place à la détresse, avec le ralenti : « Mais c'est Gilbert ! C'est sûr, c'est Gilbert », crie Roger Legay, son directeur sportif. Duclos-Lassalle enlève Paris-Roubaix une deuxième fois. « Avant de la gagner, je voulais cette course à 90 %. Après la première fois, je la voulais à 100 %. »

25 avril

Jaermann prend exemple

Comme si Duclos l'Ancien faisait maintenant école, Rolf Jaermann s'offre un sprint d'anthologie dans l'Amstel Gold Race. C'est Bugno qui, pour l'occasion, joue le rôle de Ballerini dans Paris-Roubaix. « J'avais remarqué sa nervosité, avoue le Suisse. Il était dans une situation peu confortable. Champion du monde, il était presque obligé de gagner... » Fait incroyable, l'Italien ne lance le sprint qu'à cent cinquante mètres de l'arrivée, beaucoup trop tard. Jaermann est tout surpris de gagner... Mario Cipollini, un vieux renard en la matière, propose d'ouvrir un grand débat : « Je vais bientôt ouvrir une école de cyclisme, dans laquelle le sprint serait la seule discipline obligatoire. J'ai déjà deux inscrits : Ballerini et Bugno ! »

14 MAI

Zülle chute, Rominger gagne par accident

Dans les Asturies, au col de la Covertoria, le danger guette à chaque virage. La descente devient vertigineuse quand la pluie rend la chaussée glissante. Alex Zülle est mal à l'aise dans l'exercice, tant il faut redouter le drame. La chute surprend à peine le coureur de la Once, qui s'écrase sur la chaussée. Il souffre mais repart en laissant une petite minute dans l'épisode. Deux jours plus tard, à Saint-Jacques-de-Compostelle, il perdra le Tour d'Espagne pour vingt-neuf secondes... « Il y aura d'autres occasions pour moi », concède Alex Zülle, sans déception apparente, bien qu'il soit resté leader jusqu'à la quatorzième étape.
Certains déclareront que Tony Rominger a remporté sa deuxième Vuelta par accident ! C'est sans doute injuste parce que c'est lui, en fait, qui a pris tous les risques dans cette étape entre Gijón et Oviedo. Des risques par procuration, très calculés, pour pousser son compatriote à la faute et pour se mettre à l'abri au classement général. Jusque-là, Tony Rominger avait contrôlé l'épreuve en douceur, en pensant que le gain de quelques secondes lui suffirait. Jusqu'au contre-la-montre du dimanche précédent, où le suspense monte d'un cran. « Là, j'ai pensé à LeMond et Fignon, j'en ai eu très peur », confesse Rominger, qui donne ainsi un peu de romantisme à une carrière très programmée : « Maintenant que je suis en haut, je veux y rester pour me justifier vis-à-vis de mon employeur. Je veux gagner beaucoup d'argent, je veux aussi donner des résultats qui valent cet argent... »

Museeuw est irrésistible dans ce Tour des Flandres.

Poussé à la faute par Tony Rominger, Alex Zülle perd la Vuelta dans cette chute au col de la Covertoria.

● Mario Cipollini enlève aux Sables-d'Olonne sa première étape dans le Tour de France.

4 juillet

Le Tour est-il joué ?

Le compte est rapide : 6,5 kilomètres dans le prologue du Puy-du-Fou, soixante-cinq dans la neuvième étape, au lac de Madine, et cinquante-cinq dans la dix-neuvième étape, entre Brétigny-sur-Orge et Monthléry. « On voudrait offrir le Tour à Indurain qu'on ne s'y prendrait pas autrement », tempête Claudio Chiappucci à quelques jours du départ. Dauphin de l'Espagnol en 1992, Chiappucci sort encore battu du Giro, qui ne proposait pourtant que quatre-vingt-douze kilomètres contre-la-montre, dont cinquante-cinq kilomètres d'ascension vers Sestrières. Tout le monde reste sur la formidable impression laissée par Indurain à Luxembourg l'année précédente. Lui-même se déclare ravi que la première épreuve chronométrée arrive si tôt. ❍

21 JUILLET

Une première pour la Pologne, une troisième pour Indurain

Il porte autour du cou un petit chapelet que le pape Jean-Paul II, son compatriote, lui a offert. Zenon Jaskula prie dans les instants décisifs où, au moment de vaincre, l'espoir et la peur se mêlent. Il surgit dans les derniers mètres qui montent vers Saint-Lary, après dix kilomètres de cols à 8,7 % en moyenne. C'est la première victoire d'un Polonais dans la Grande Boucle et elle scelle le troisième Tour de France de Miguel Indurain.

Cette seizième étape reste en effet pour ses adversaires la seule chance d'inquiéter l'Espagnol, leader depuis la neuvième étape, le contre-la-montre du lac de Madine.

Il connaissent la stratégie de l'équipe Banesto, conquête puis défense du Maillot jaune. Ensuite, tout dépend des adversaires et, cette fois-ci encore, ils montrent que l'attaque en ordre dispersé est le plus beau service qu'on puisse rendre à Indurain. Beaucoup préfèrent également ne rien tenter plutôt que de compromettre une place sur le podium. Tony Rominger, par exemple, peste contre ce Jaskula qui l'a privé d'une troisième victoire d'étape et n'a pas fait son travail dans l'ascension. Mais il ne poursuit pourtant qu'un seul but, celui de distancer Meija et le Polonais pour obtenir la place de dauphin. Les opposants se neutralisent pour l'honneur. Cette année encore, comme à son habitude, le Roi Miguel a divisé pour mieux régner. ❍

● À 19 ans, Florian Rousseau devient champion du kilomètre.

5 juillet

Cipollini fait le beau

Un boyau seulement le sépare de ses adversaires, qui piochent, tête dans le guidon. Mais quand on s'appelle Mario Cipollini, on franchit la ligne le buste droit, les bras levés vers le ciel. Aux Sables-d'Olonne, c'est une certaine Italie qui triomphe, un rien machiste, le teint hâlé, le cheveu impeccable, la barbe de trois jours soigneusement entretenue. Mais le sprinter GB-MG, à qui l'on prête quelques escapades amoureuses pendant les courses, quitte les habits du play-boy pour ceux du champion. L'homme amuse mais on commence à l'admirer. Double vainqueur de Gand-Wevelgem, sa puissance s'impose peu à peu. Quelques jours plus tard, à la faveur du contre-la-montre par équipes, Cipollini brille toujours du Maillot jaune. ❍

17 juillet

Signé Graeme

Jusqu'alors, le record de l'heure était affaire de géants ou de coureurs « scientifiques ». La puissance d'Anquetil ou de Merckx, les calculs de Moser. Et voilà que des pédaleurs de concours Lépine s'en emparent. Graeme Obree a fabriqué son vélo de ses mains, dans son arrière-cuisine. Un « machin » à 500 francs, dont ne voudrait pas le plus modeste licencié de la FFC. Le pédalier est actionné par le roulement de l'essoreuse de sa machine à laver, le guidon provient d'un VTT d'enfant retrouvé dans le stock de son ancien magasin de cycles ! Ajoutez une position peu orthodoxe qui assure une transmission de puissance plus performante. Après un premier essai infructueux (50,689 km), il remet donc son défi au lendemain matin. Obree réalise alors 51,596 km, soit 445 m de plus que le record de Moser La Méthode. ❍

23 juillet

Signé Chris

Jacques Suire, marchand de cycles à Mérignac, dans la banlieue de Bordeaux, voit débarquer un jour un Anglais inconnu, dans une vieille fourgonnette. Chris Boardman recherche un hébergement économique. Quelques jours plus tard, il repart, dans la même camionnette. Comme son réservoir fuit, Suire a bricolé une réparation de fortune! Une seule différence : Boardman est maintenant connu du monde entier ! Le jour de l'arrivée du Tour à Bordeaux, il a effectivement battu le record de l'heure, avec 52,270 km. Contre l'empirisme d'Obree, Boardman s'appuie sur les travaux du docteur Conconi, suivis par Moser pour sa préparation. « Je gagne avec mes jambes », précise-t-il cependant. Son but était surtout de se faire remarquer pour passer professionnel. Objectif atteint. Ce jour-là, le Tour n'intéressait plus personne. ❍

● Graeme Obree a construit son vélo de recordman dans sa cuisine, mais c'est sa position qui le fait gagner.

27 AOÛT

Florian Rousseau, le nouveau monstre

Imaginez Pierre Trentin et Daniel Morelon, les deux monuments de la piste française, rassemblés dans un modèle unique, une bête de course donc. Ce spécimen rare apparaît le 17 août, à Hamar en Norvège. Il a 19 ans et dispute sa première saison senior. Il s'appelle Florian Rousseau et devient champion du monde du kilomètre. Comme Trentin en 1966. Et, comme Morelon, il est aussi doué pour la vitesse. Ce grand gaillard originaire du Loiret possède un gabarit d'envergure : 1,81 m et 80 kg, accessoirement 90 kg en squatt quand il travaille sa musculature !
L'avènement d'un tel champion se produit tous les vingt ans. Quelques semaines avant son exploit norvégien, au cours des championnats de France, il réalise la quatrième performance mondiale de tous les temps sur le kilomètre (1 min 2 s 761). Mais sa réussite n'est pas une surprise, le phénomène est programmé : depuis les cadets, il a obtenu dix titres de champion de France et le titre mondial junior. D'ailleurs, s'il n'avait pas remporté course sur course, même sa toute première épreuve chez les prélicenciés, il aurait abandonné. « J'ai continué parce que je remportais des victoires, affirme-t-il. Je préférais le football, mais gagner en vélo veut dire autre chose. C'est l'aboutissement de toute une volonté. »
Maintenant qu'il a succédé à Pierre Trentin, Florian Rousseau peut justement poursuivre cette œuvre de volonté pour succéder à Daniel Morelon en vitesse. « Quand je vois les vieilles photos de la Cipale, raconte-t-il, tout ce public qui acclame Daniel, je rêve. Même si jamais je ne pourrai atteindre sa popularité. » ❍

● Six jours après l'Écossais, l'Anglais Chris Boardman ajoute 674 m au record de l'heure.

« Celui qui gagne ici est un grand », dira Andréï Tchmil, premier vainqueur russe de Paris-Roubaix.

Berzin, Furlan et Argentin mènent la danse des Gewiss dans la Flèche Wallonne. Un triplé historique.

21 AVRIL

Ferrari et l'EPO, le diable et le dopage

Dans leur hôtel de la banlieue de Liège, les Gewiss savourent encore leur victoire historique dans la Flèche Wallonne quand une voix discordante s'élève. Le docteur Michele Ferrari s'entretient avec une dizaine de journalistes, dont Jean-Michel Rouet, de *L'Équipe*. Et ce qu'il déclare est effarant : « Certains coureurs utilisent sans doute des substances qui améliorent les performances. Mais si j'étais coureur et que je savais qu'il existe un produit non détectable et capable d'augmenter la performance, je l'utiliserai ! »
Ferrari, immédiatement congédié par la Gewiss, est voué aux gémonies pour avoir levé le voile sur le dopage. Le produit non détectable dont il parle, c'est l'EPO, l'érythropoïétine. Son effet oxygénant (pour un gain de performance estimé à 10 %) épaissit en même temps le sang. Pendant le sommeil, en fréquence cardiaque ralentie, on court le risque d'un arrêt du cœur. Et l'on parle de coureurs faisant des pompes, la nuit dans leur chambre d'hôtel, pour activer la circulation.
Le docteur Ferrari assure ne pas prescrire « cette chose-là ». Mais il prend position : « Si un coureur s'en sert, cela ne me scandalise pas. L'EPO n'est pas dangereux, c'est son abus qui l'est. Il est aussi dangereux de boire dix litres de jus d'orange. » La guerre des médecins est lancée, car c'est le professeur Conconi, l'ancien maître de Ferrari, qui est chargé par l'UCI de trouver le moyen de détecter l'EPO.

10 avril

Un Russe à Roubaix

En traversant Hem, le bourg qui marque la fin des secteurs pavés, il se tourne vers la vitrine d'une boutique, apercevant dans la glace son visage boueux. Pour le plus grand jour de sa vie, Andreï Tchmil est bien crasseux. C'est dans des conditions climatiques infernales - elles provoqueront au final cent quarante-deux abandons - que le coureur des Lotto s'échappe à soixante-deux kilomètres de l'arrivée et résiste au retour de Museeuw. « Celui qui gagne ici est un grand », dit-il. À 31 ans, Tchmil s'offre ainsi une carrure de leader que les sept modestes victoires de toute sa carrière ne lui promettaient plus. De nationalité russe, courant sous licence moldave mais vivant à... Roubaix, il est le premier coureur de l'Est à gagner la classique !

20 avril

Les Gewiss jouent le tiercé

Ce mercredi-là, les Gewiss-Ballan écrasent tout le peloton. C'est la première fois depuis la guerre que trois coureurs de la même équipe mènent ensemble une échappée victorieuse. Elle durera soixante-douze kilomètres. Dans la deuxième montée de Huy, quand le commun des rouleurs passe sur le petit, Berzin attaque grand plateau. Personne ne parvient à le suivre, sauf ses deux équipiers, Argentin et Furlan ! « Depuis le début de la saison, le scénario est identique, explique Gérard Rué, qui a tout tenté. Ils roulent et ils nous lâchent. Le vélo devient simple pour eux, il n'y a même plus de tactique... » Dans un fauteuil, Moreno Argentin, vainqueur désigné, remporte sa troisième Flèche Wallonne mais on n'a pas fini d'en parler...

6 mai

Obree à l'index

Est-ce la fin d'une mascarade ou la condamnation à mort d'un des derniers poètes du cyclisme ? Le 27 avril à Bordeaux, Obree a repris le record de l'heure à Boardman, en 52,713 km. Si ne figurent plus sur son vélo, qu'il a encore fabriqué lui-même, les deux pièces de machine à laver de son premier spécimen, la célèbre position estampillée « Obree » demeure inchangée. Quelques jours plus tard, l'UCI homologue le record mais modifie ses règlements techniques pour rendre caduque ladite position. Elle introduit un recul minimal obligatoire du bec de selle et une nouvelle contrainte pour le point d'appui des mains. La position avait décontenancé mais aussi séduit quelques coureurs, dont Francesco Moser, qui approchera le record de l'heure pendant l'hiver, à l'âge de 42 ans. Mais Obree, lui, quittait la scène...

Le peloton est à terre dans le sprint d'Armentières. Jalabert et Nelissen quittent le Tour.

3 juillet

Chute à Armentières

On couvre de buvard le sang qui tâche le bitume de la ligne d'arrivée. Laurent Jalabert a déjà été évacué vers le CHR de Lille, avec Wilfried Nelissen, l'autre grand blessé d'un terrible sprint lancé à plus de 70 km/h. À qui la faute ? À un policier occupé à prendre une photo à moins de cent mètres de l'arrivée ! Nelissen est le premier à chuter, Fontanelli bascule sur lui, plusieurs coureurs suivent dans la panique et Jalabert percute les barrières. Le Français se relève avec un important traumatisme de la face et de multiples petites fractures des os. Sa saison terminée, il se retire chez lui, dans le Tarn, pour plusieurs mois de convalescence. À peine commencé, le Tour, qui perd ses sprinters, est gâché par la légèreté incroyable d'un homme.

15 JUILLET

Richard Virenque, un gamin du Var en chien fou

Premier au col d'Aspin, au Tourmalet, à Luz-Ardiden, où jamais un Français n'avait triomphé, Richard Virenque s'échappe à plus de cent kilomètres de l'arrivée, visage en transe, rires et pleurs mêlés. Il arrive à Luz avec 4 min 34 s d'avance sur Pantani et prend la troisième place du classement général. Mais pour ce flambeur, le résultat relève de l'anecdote. Car l'important est : « J'ai attaqué, j'ai marqué ce Tour. »
Richard Virenque aime les courses brutales et cruelles, le mois de juillet, la chaleur et la foule. Depuis 1992 et sa première échappée, le Tour est un rendez-vous auquel ce gamin du Var sacrifie toute une partie de sa saison pour mieux le préparer. Gamin, le petit coureur du Vélo-Club Hyérois imaginait que les cigales chantent pour lui, pour l'encourager et le faire avancer. Plus tard, on le moque : « Faire du vélo sur la Côte d'Azur, ça fait Mimile ! » Il n'a pas oublié : « On se marrait quand j'étais amateur : ah ! le paysan ! »
Après son passage chez les professionnels, le peloton n'épargne pas non plus cet effronté qui, pour le petit plaisir de se montrer à son public, s'échappe dans une étape du Tour qui file vers Marseille. Sa chevauchée fantastique vers Luz-Ardiden vient prouver que le « cacou » est devenu un grand coureur. La France s'en entiche et n'a pas fini de l'aimer.

Plus de cent kilomètres d'échappée pour Richard Virenque.

● Marsal et Odin pensaient voler vers le titre mondial quand Longo est venue briser leur rêve.

28 AOÛT

Et Dieu bénit Luc Leblanc

● Sur la dernière pente du circuit d'Agrigente, Luc Leblanc s'échappe pour le plus beau jour de sa vie.

Le soleil éclaire le temple de Junon et le plus pieux des coureurs s'élève dans ce décor d'éternité. À Agrigente, en Sicile, dans la terrible montée de la Via della Vittoria, Luc Leblanc s'échappe pour son plus beau dimanche d'officiant. Il reste huit cents mètres jusqu'à la ligne d'arrivée, le Français lâche irrésistiblement Ghirotto, alors que la pente atteint ses pourcentages les plus durs, entre 13 % et 15 %. Il bascule en haut de la bosse et comprend alors qu'il va devenir champion du monde. Luc se signe, Dieu est avec lui. À cet instant, il doit songer encore une fois à cette terrible image d'enfance qui ne le quitte jamais et lui donne la foi. À cette voiture qui tua son frère alors qu'il le tenait par la main pour l'emmener à l'école. De cet accident qui l'a laissé à jamais meurtri, il a gardé une jambe plus courte de quelques centimètres.

Depuis ses débuts professionnels en 1987 avec Toshiba, sa carrière a toujours été marquée par l'émotion et le doute, qui culminent en 1993, année noire où Cyrille Guimard l'écarte de l'équipe Castorama qui participera au Tour de France.

Luc Leblanc doit en partie sa victoire à Richard Virenque, son équipier chez Festina, qui prend la troisième place, à neuf secondes du vainqueur, et à une formidable équipe de France, qui rit et pleure de bonheur devant cette apothéose irréelle. Irréelle ? « Un magnétiseur m'avait prédit que je deviendrai champion du monde en Italie », révélera plus tard Luc le Mystique. ❍

20 juillet

Pantani de bas en haut

Le diable est malchanceux. Avec ses oreilles gigantesques, qui semblent deux fourches de l'enfer encadrant son crâne rasé, *Il Diavoletto* Pantani connaît une étrange journée. Entre Bourg-d'Oisans et Val-Thorens, il tombe dans le col du Glandon, après vingt-cinq kilomètres de course. Sa troisième chute depuis le début du Tour ! Il croit à une fracture et veut abandonner. Le docteur Porte le soigne à plusieurs reprises et le réconforte. À l'Italien qui pleure, les larmes font oublier la blessure. Il recolle au peloton dans la Madeleine et attaque, tranchant comme une lame, dans la dernière ascension. Mais il lui manque une minute pour gagner. Grimpeur à l'ancienne, Marco Pantani a le vélo espiègle. S'il manque souvent les bonnes échappées, lorsqu'on lui abandonne la route son coup de pédale devient redoutable. ❍

20 juillet

Naufrage à Val-Thorens

Cette dix-septième étape s'achève sous un orage démentiel pour soixante-huit coureurs qui atteignent Val-Thorens hors délai. C'est d'abord un *grupetto* d'une soixantaine de participants largués dès le col de la Madeleine, puis une poignée d'ultimes attardés. Le délai de 27 min 54 s est prolongé par les commissaires. Les soixante échappent ainsi à l'élimination, qui aurait réduit le peloton à cinquante-cinq coureurs. Cette hécatombe souligne combien le Tour 1994 est terrible. Les organismes s'épuisent avec la chaleur et les nuits étouffantes. De nombreux coureurs souffrent de troubles digestifs, comme Rominger, qui a abandonné quelques jours plus tôt. « Tous les fruits mûrs sont tombés », conclut Jean-Marie Leblanc. ❍

23 août

Zizanie chez les Françaises

Il ne reste que dix kilomètres à parcourir… Catherine Marsal et Cécile Odin se sont échappées depuis le kilomètre 50, avec une Italienne et d'une Suissesse. C'est alors que Jeannie Longo sort du peloton et lance la poursuite ! L'équipe de France féminine a rarement roulé dans la même direction. Cette fois-ci pourtant, son entraîneur semblait sûr d'elle : « Pas de guerre franco-française, personne ne court contre Longo mais elle n'a pas de régime de faveur. » La Grenobloise oublie son Maillot bleu-blanc-rouge et, par orgueil, rejoint ses deux équipières ! Prises dans une chute, Marsal et Odin se retrouvent à terre, la Norvégienne Valvik devient championne du monde. « Aujourd'hui, je pense vraiment que Jeannie n'est pas un être humain », lâche Marsal.

2 septembre

L'heure espagnole

Miguel Indurain s'est enfermé dans sa chambre, comme après chaque overdose de gloire. Dans le hall de son hôtel bordelais, des dizaines de cœurs fêtent l'exploit avec fièvre. En établissant le nouveau record de l'heure, avec 53,04 km, l'Espagnol achève une étape nouvelle dans l'édification méthodique de son palmarès. Il est vrai que l'équipe Banesto n'avait rien laissé au hasard: faisceau laser repère, commandé par ordinateur ; arrosage du toit du vélodrome par les pompiers pour abaisser la température… Même si Miguel l'a fait seul bien sûr, avec ses jambes sèches et cet étrange sourire crispé dans l'effort. Le devoir accompli, il quitte son hôtel sous les bravos, monte dans son 4×4, un porte-vélo accroché à l'arrière, et rentre à la maison.

Après Indurain, et sur le même vélodrome bordelais, Tony Rominger place le record de l'heure très haut : 55, 291 km.

5 NOVEMBRE

Tony Rominger affiche 55 au compteur

Après les aimables facéties de Graeme Obree et de Chris Boardman, Miguel Indurain avait renoué avec la tradition des grands recordmen de l'heure, dans la lignée des Coppi, Anquetil, Merckx. Quelques semaines plus tard, Tony Rominger réalise un exploit vertigineux, en deux mouvements.
Le 22 octobre, le Suisse transparent, trapu comme un commis de ferme, donne un cours magistral : 53,832 km. Aux journalistes qui lui demandent si c'était dur, il répond : « Bah, j'ai plus souffert au dernier Grand Prix des Nations ! »
Cette première tentative incroyablement improvisée s'est déroulée en huis clos, à l'instigation du docteur Michele Ferrari, grand ordonnateur de cette performance. Il manque donc le témoignage fervent du public pour « authentifier » l'exploit. Et Rominger décide de recommencer deux semaines plus tard.
Le 5 novembre, il accomplit la plus stupéfiante performance de l'histoire du record de l'heure. À chaque kilomètre parcouru, il augmente son avance sur son précédent record. Les projections indiquent très vite que le mur des cinquante-cinq kilomètres va céder. 55,291 km au total ! Qu'est-ce qui pousse Tony Rominger si loin, jusqu'à l'ultime effort ? La gloire, il s'en moque. La popularité l'agace et le public le lui rend bien, qui boude ce pâle Helvète.
Comme un lapsus, le speaker du vélodrome gaffe d'ailleurs joliment après l'exploit : « Voilà Eddy Merckx qui félicite Miguel Indurain… »

Avec 53,04 km, Miguel Indurain n'aura détenu le record de l'heure que quelques semaines.

L'arrivée de Milan-San Remo restera pour Laurent Jalabert la plus belle émotion de sa très riche saison.

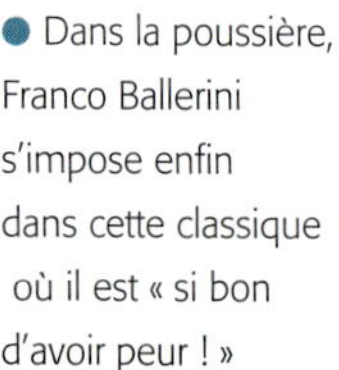

Dans la poussière, Franco Ballerini s'impose enfin dans cette classique où il est « si bon d'avoir peur ! »

19 MARS

La renaissance de Jalabert

Il est des lieux mythiques où seuls les géants triomphent. Dans le Poggio, un grand coureur peut devenir un champion. C'est le cas de Laurent Jalabert, qui change de catégorie en gagnant Milan-San Remo. À quinze cents mètres du sommet, Fondriest lance le final et il n'y a plus que le Français pour le suivre. Au sommet, les deux hommes comptent cinq secondes d'avance sur Konishev. L'Italien, qui joue le jeu de l'échappée et bascule magnifiquement dans la descente, est débordé par le Français à trois cents mètres de l'arrivée. Jalabert lève les bras au ciel : il vit une des plus belles émotions de sa vie.
Après plusieurs victoires au début de la saison, dont Paris-Nice et le Critérium international, la *Primavera* marque l'éclosion définitive d'un grand champion. À partir de ce jour va grandir en lui le sentiment d'un destin unique, en tout cas providentiel, dans ce sport cycliste fait de cruauté et de vaillance, où seuls les plus coriaces deviennent populaires. La chute d'Armentières lui a apporté la reconnaissance du grand public, son affection aussi, et, en même temps que quelques mois de repos et de réflexion, l'intime certitude que les années futures ne doivent plus se faire sans lui. Le matin, au départ de Milan, Laurent Jalabert montrait d'ailleurs le visage à la fois tiré et détendu du coureur convaincu que cette course ne peut lui échapper. Cette confiance accumulée après chaque victoire, et qui grossit irrésistiblement, c'est la force magnifique de cet enfant sage de Mazamet. « La confiance, affirme-t-il encore, c'est l'envie d'attaquer sans retenue, sans plus se poser de questions… »

9 avril

Ballerini enfin

Il n'a jamais oublié l'instant le plus cruel de sa carrière, deux ans plus tôt, quand Duclos-Lassalle l'a poignardé. L'Italien a peur que cette course se refuse toujours à lui. La semaine précédente, il a chuté dans Gand-Wevelgem, son coude le torture… À Templeuve, à trente-deux kilomètres de l'arrivée, Franco Ballerini se jette dans la gueule du diable. Il s'en va seul, le visage défait par la douleur et par l'envie. Rien ne peut l'arrêter dans Paris-Roubaix : « Je me souviens de ma première participation. Je ne pouvais pas me doucher, tellement j'avais mal partout. Mais j'avais déjà envie de revenir ». Ses équipiers Taffi et Bortolami à l'affût dans le groupe de poursuivants, il s'envole et atteint le vélodrome avec un bonheur intense, lui qui avait juré, il y a deux ans, qu'il ne recommencerait jamais…

30 avril

Marsal et McGregor

Elle lève au ciel le vélo du record (6,5 kg seulement), comme s'il était le héros du jour. À côté d'elle, le docteur Jean-Paul Eclache, biologiste au CNRS, à l'occasion professeur Tournesol du cyclisme, qui a tout établi sur son ordinateur, jusqu'à l'équation idéale braquet-fréquence de pédalage. On oublie que la championne se nomme Catherine Marsal, que son exploit couronne une carrière prodigieuse bien que brutalement stoppée après 1990. Championne du monde à 19 ans, Marsal remet le record de l'heure féminin dans le sillage frénétique des tentatives masculines. Avec 47,112 km, c'est encore une frontière qui saute. Mais le 19 juin, sur le vélodrome de Manchester, Yvonne McGregor, une Anglaise inconnue de 34 ans, rajoute encore 299 mètres.

30 juin

Exit Guimard

On ne tient pas sans regret sa dernière conférence de presse quand on a régenté le cyclisme français pendant vingt ans. Par coureurs interposés (Van Impe, Hinault, Fignon), Cyrille Guimard a gagné huit Tours de France. À la veille du départ d'un nouveau Tour, le directeur sportif des Castorama annonce qu'il n'a plus de partenaire. Depuis des mois, il chasse le sponsor en vain : des cent soixante entreprises démarchées, aucune n'a répondu favorablement. C'est le paradoxe du cyclisme français, fort de quelques individualités comme Jalabert, mais faible de ses structures, et qui ne peut désormais entretenir qu'une seule équipe professionnelle de haut niveau, celle des Gan. C'est aussi la fin d'une époque, résumée par Hinault : « Avec Cyrille, toute ma passion et mon cyclisme s'en vont. »

22 août

Au Tour du VTT

Enfant agité de la petite reine, le VTT cherche une compétition à sa mesure pour entrer dans l'âge adulte. Ce sport, qui connaît un succès commercial incontestable depuis plusieurs années, se voit offrir un Tour de France plus proche cependant d'un rallye-raid que d'une Grande Boucle. Entre Métabief et La Bourboule, deux centres historiques du tout-terrain, vingt équipes parcourent deux cents quatre-vingt-onze kilomètres de spéciale, avec deux contre-la-montre et cent quarante-six kilomètres de liaison, en sept étapes. Quelques anciens professionnels se lancent dans l'aventure, comme le Néerlandais Van der Poel ou le Français Bagot, qui emmène une formation chinoise ! C'est Bart Brentjens, cousin de Frans Maassen et neveu de Theunisse, qui emporte cette première édition de la course…

27 JUIN

La funeste saga du Groupement

Ce jour-là, dans une zone industrielle proche de Béthune, un cortège d'hommes sombres défile devant l'entrée d'un préfabriqué miteux. La fin de l'équipe du Groupement est plus glauque encore que les précédents épisodes de cette minable saga. Incapable de fournir les trois millions de francs qui permettraient de disputer le Tour de France, cette entreprise de vente par correspondance, dirigée par Jean Godzich, un homme mystérieux aux accents de prédicateur, met au chômage vingt coureurs, dont le champion du monde Luc Leblanc.

Destinée à devenir la plus grosse formation française de ces dernières années, Le Groupement proposait un assemblage séduisant de coureurs expérimentés (Arnould, Millar, Pensec, Van Poppel…) et de jeunes ambitieux (Bozzi, Wust, Chiotti…). Mais très vite, le conte de fées dérape, à mesure des mauvais résultats, des problèmes internes, tels l'exclusion de Chiotti, et des révélations sur les activités douteuses des dirigeants de la société.

Depuis quelque temps déjà, Luc Leblanc reconnaissait avoir commis « la bêtise » de sa carrière. Mais à qui la faute finalement, au-delà des commanditaires véreux ? Aux coureurs, qui connaissaient l'ambigu Guy Mollet, le responsable de l'équipe ? Ou aux dirigeants du cyclisme français qui ont laissé se développer une affaire rocambolesque sans illusions sur son issue désastreuse ?

Après quatre saisons blanches, Cathy Marsal revient au premier plan.

Consécration de son succès grand public, le VTT se trouve un Tour de France à sa mesure.

• On aperçoit ses oreilles et son crâne luisant. *Il Elefantino* Pantani signe l'une des plus belles ascensions de l'Alpe-d'Huez.

• L'image sublime du champion de l'année qui bat seul la campagne française un jour de 14 juillet.

19 JUILLET

Casartelli, une étape pour mémoire

Évidemment, ce n'est rien quand la mort a tout enlevé. Les coureurs sont les premiers à le reconnaître, comme Museeuw : « Ce qu'on a fait aujourd'hui est si minuscule par rapport au drame de Casartelli. » Dans la descente du col de Portet-d'Aspet, un tendre coureur italien nommé Fabio est mort la veille, la tête fracassée sur le bitume, dans une tache rouge insupportable. « Le peloton, c'est aussi une famille, un de ses membres est parti et ça fait mal au cœur. J'espère que les gens l'auront ressenti ainsi. » Porte-parole des coureurs, Richard Virenque, qui a gagné à Cauterets le jour précédent, explique la neutralisation de l'étape Tarbes-Pau décidée par le peloton.

Sur la ligne de départ, une minute de silence est observée et les larmes coulent discrètement. Après consultation des leaders du peloton, Cassani et Virenque avertissent la direction du Tour qu'il n'y aura pas course aujourd'hui. On roule en procession, dans un lent accablement, écrasés par la chaleur. Les Pyrénées, qui offrent leurs plus beaux paysages, appellent au recueillement.

Toute l'équipe Motorola franchit symboliquement la ligne en tête, la main dans la main. On croyait la solidarité des coureurs un vieux cliché jauni. En dépit de quelques voix dissonantes, comme celle de Bjarne Riis, alors troisième au général et qui estime que la course devait avoir lieu, le peloton a su montrer toute son humanité après la mort tragique de l'un des siens. ❍

12 juillet

Pantani au paradis

Il sait qu'en haut de ces vingt et un virages, on entre dans la légende. Sa mère lui a raconté les exploits de Fausto Coppi sur cette pente vertigineuse, en 1952. Et Marco Pantani a déjà essayé. L'année précédente, il a sans doute réalisé l'ascension la plus rapide de l'Alpe-d'Huez, en reprenant quatre minutes au vainqueur, Roberto Conti ! Cette fois, il n'est pas trop tard pour partir en danseuse derrière le groupe d'échappés. Il les passe tous, Virenque, Jalabert, Zberg, Escartin… Avec 1 min 24 s d'avance, le petit Pantani arrive devant le grand Indurain, là-haut, dans un décor de géant. « Cette montée, seul, vers l'Alpe-d'Huez est fantastique, conclut-il. Et tous ces gens qui vous acclament, un peu comme si vous étiez sur le chemin du paradis. » ❍

14 juillet

La fête à Jalabert

Il n'y a plus que le Tour de France pour rendre les glorieux si humbles. Ce soir-là, à l'hôtel de la Poste de Châteauneuf-du-Randon, dans la campagne de Lozère, Jaja revoit à la table du dîner le film d'une course invraisemblable et belle. On avait dit cette étape de transition, entre Alpes et Pyrénées, mais, à Mende, cette journée de fête nationale tourne au triomphe du Français. Au terme de cent quatre-vingt-dix-huit kilomètres d'échappée, Laurent Jalabert, avec son Maillot vert, s'impose sur le Causse irradié de soleil et reprend 5 min 41 s à Miguel Indurain… Au dessert, on sert une pièce montée décorée de petits drapeaux tricolores. Les clients qui savourent truite ou confit d'oie applaudissent, fiers de compter à leur table de 14 juillet le plus célèbre des Français du jour. ❍

14 septembre

Le cadeau à Dietz

Dans la chaleur et la solitude, Bert Dietz pédale depuis six heures comme un damné. Au pied de la Sierra Nevada, après-près de deux cents kilomètres d'échappée, il compte encore neuf minutes d'avance, qui vont se réduire inexorablement sous le coup de pédale meurtrier de Jalabert, qui fait céder tous les grimpeurs, Virenque comme Pantani, et reprend Dietz à deux cents mètres de la ligne. Mais le Français s'écarte, harangue Dietz pour qu'il grimpe les derniers mètres, lui offrant la victoire ! L'Allemand n'en revient pas : « On ne s'était jamais parlé, c'est un seigneur. Je n'oublierai jamais son geste. » L'image de Jalabert en sort magnifiée, mais il prévient : « Je ne recommencerai pas tous les jours. De bon à con, il n'y a qu'une petite différence ! »

8 octobre

Olano surprend

Le premier Espagnol champion du monde sur route ne s'appelle pas Indurain. Un tour qu'a joué le destin, en Colombie, à l'un des prétendants les plus légitimes au sacre mondial. Le Roi Miguel, qui a renoncé à la Vuelta et s'est préparé dans le Colorado, à plus de 3 000 mètres d'altitude, considère son titre contre-la-montre comme une péripétie. C'est l'autre qui l'intéresse, le seul, le vrai. La course se conformer à ses vœux : l'équipe d'Espagne exerce un contrôle massif et lamine ses adversaires. Mais de ses propres rangs sort alors un conquistador : Abraham Olano. Indurain peut-il se lancer à sa poursuite? La morale réprouverait un tel geste. À la flamme rouge, Olano ne possède que quinze secondes d'avance, et son boyau éclate… Il va au bout en zigzaguant et Miguel cède, meurtri au fond du cœur.

Autour de Laurent Jalabert, l'équipe Once est intraitable, sur le Tour de France comme sur la Vuelta.

24 SEPTEMBRE

Les Once éblouissent la Vuelta

Telle un épi jaune, ils montent une garde rapprochée autour de leur leader, Laurent Jalabert. Et cette Vuelta est d'abord une formidable victoire d'équipe. Après le Tour de France, où elle a placé trois coureurs parmi les dix premiers, la Once démontre encore son esprit de groupe.

Regroupant les vieux *« vendadores de cupones »*, ces héros d'opérette du franquisme qui vendaient leurs billets de loterie à l'heure de l'apéritif, l'Organización Nacional de Ciegos Espanoles a été transformée par son patron Miguel Duran, réputé « l'aveugle le plus clairvoyant d'Espagne », en une véritable machine économique. Son objet social : la recherche d'un monde « d'unité ». Appliqué à la course et à l'équipe, le credo signifie « tous pour un, un pour tous ». Et Mauri, Bruyneel, Stephens, tous appliqueront scrupuleusement ce précepte pour protéger leur nouveau leader, Laurent Jalabert ! Après le geste chevaleresque du Français à l'égard de Dietz dans la Sierra Nevada, le standard de la Once a croulé sous les coups de téléphone. L'épisode révèle aussi la différence des Once et des Banesto, formée autour d'un seul homme, Indurain : « Miguel mange et donne à manger aux autres », répond Eusebio Unzue, directeur sportif adjoint.

Avec la victoire de Dietz, la formation de Manolo Saiz fait coup double : elle ménage les équipes de sprinters et elle gagne en sympathie auprès du public. Parce que l'image, chez les aveugles, c'est essentiel.

Au bout de son calvaire, Bert Dietz remporte son étape devant un Jalabert magnanime, qui l'a laissé gagner.

● Il avait prévenu : « Je serai au départ du Tour pour le gagner. » Riis a tenu parole, confirmant à Hautacam qu'il était bien le meilleur.

● Le duel tant annoncé n'aura pas lieu. Entre Chambéry et Les Arcs, Jalabert sombre et Indurain défaille.

14 avril

Mapei, Mapei...

Le centenaire de Paris-Roubaix se termine en triomphe pour l'équipe Mapei-GB, mais en queue de poisson pour les spectateurs. À une centaine de kilomètres de l'arrivée, les Mapei-GB décident d'imprimer un rythme soutenu pour disloquer un groupe de tête encore important. À la sortie du secteur pavé 11, Johan Museeuw, Gianluca Bortolami et Andrea Tafi prennent rapidement 1 min 45 s d'avance à trente kilomètres du but. Débutent alors les négociations en vue de la victoire mais Patrick Lefévère, le directeur sportif belge de l'équipe, impose sa décision : Museeuw doit l'emporter. Les deux Italiens, malgré quelques signes de protestation, comprennent que le sort de la course leur échappe et consciencieusement, tels de bons salariés, ils passent la ligne d'arrivée, les bras levés, mais derrière Museeuw.

16 juillet

Nouveau boss

TOUR DE FRANCE

Depuis Sestrières, le Danois Bjärne Riis est en jaune mais ses adversaires Olano, Berzin et Rominger, à moins de 1 min 20 s au général, attendent l'ultime contre-la-montre. Il ne reste au grimpeur danois qu'une arrivée en altitude, Hautacam, pour faire la différence. Après cinq kilomètres d'ascension, Riis roule bien calé dans la roue de son équipier Jan Ullrich, et devant Indurain, lorsque, brusquement, il se laisse décrocher à l'arrière du groupe de tête. Est-il victime d'une défaillance ? Mais, le visage rayonnant, le Danois remonte progressivement ses adversaires, scrutant chaque regard. Aussitôt, il démarre, et Leblanc et Virenque sont impuissants. Les sept derniers kilomètres, à 8 %, qu'il grimpe sur le grand plateau, sont l'affirmation qu'un nouveau patron du Tour est né.

6 JUILLET

Le Tour perd la tête

TOUR DE FRANCE

Après la première semaine de course, traditionnel rituel pour les sprinters, les observateurs attendent avec impatience les Alpes. Ils comptent sur cette étape entre Chambéry et Les Arcs pour jauger les grands favoris, Miguel Indurain et Laurent Jalabert. Le duel tant annoncé peut commencer. Mais, dès la première ascension, le col de la Madeleine, Jalabert, lâché, ne peut suivre le gros du peloton, il ne comprend pas, s'agite mais en vain. Le deuxième sommet, le Cormet de Roselend, précipite son calvaire. Sans équipier, Jalabert tente l'impossible mais ses jambes le lâchent, les minutes défilent. Un peu plus haut, un autre drame se noue. Le Maillot jaune du jeune Français Stéphane Heulot est en pleine « détresse mentale et douleur physique », comme l'expliquera l'intéressé. Souffrant du genou, il met pied à terre à deux reprises jusqu'à son abandon définitif. Alors que le groupe de tête plonge dans la vallée sur une route détrempée, Alex Zülle, autre favori, fonce tout droit dans un ravin. Il s'accroche aux branchages puis émerge miraculeusement. Quelques minutes plus tard, Johan Bruyneel rate un virage et bascule par-dessus le parapet. Cette journée est en train de tourner au drame et il reste encore la montée vers Les Arcs. Selon son habitude, Indurain mène la chasse sur des échappées secondaires. Coup de théâtre à trois kilomètres du sommet : Miguel, qui cède du terrain, craque. Victime de déshydratation, la bouche grande ouverte, il réclame à boire. Cette défaillance laisse le quintuple vainqueur du Tour à 4 min 19 s du vainqueur, Luc Leblanc. Une grande page s'est tournée ce samedi noir.

21 juillet

À la Longo

Il est 19 h 30, le Tour de France vient de s'achever par la consécration de Bjärne Riis mais c'est à Atlanta que l'événement a lieu. Jeannie Longo monte sur la plus haute marche du podium. Vingt-quatre ans après Morelon, le cyclisme français renoue avec l'or olympique. La Grenobloise a parfaitement maîtrisé sa course de bout en bout. À la fin du cinquième des huit tours, Jeannie durcit la course, profitant de la seule montée du parcours. Accompagnée de l'Italienne Chiappa et de la Canadienne Hughes, la Française jauge ses adversaires. Le coup de grâce est porté à sept kilomètres de l'arrivée. Longo ne se retourne pas mais le duo italo-canadien est déjà loin derrière. La Française franchit la ligne sans manifestation de joie excessive, l'esprit déjà tourné vers son deuxième rendez-vous olympique, le contre-la-

31 juillet

L'or suisse

Quinze jours après avoir brillé dans le Tour de France, en remportant l'étape du Puy-en-Velay, Pascal Richard devient le premier suisse champion olympique sur route. Alors que tous les ténors du peloton se sont déplacés à Atlanta pour ce parcours de critérium, l'échappée décisive se produit peu avant le dernier tour, lorsque le Danois Rolf Sörensen se dégage d'un groupe de douze hommes, bientôt rejoint par Sciandri et par Richard. Les trois échappés creusent rapidement un écart définitif, malgré les tentatives de Virenque et de l'Américain Andreu. Les médailles désormais en poche, reste maintenant à répartir les couleurs. Sörensen tente sa chance, seul, au kilomètre mais il est facilement repris par Richard. Le Danois lance alors le sprint mais il se fait passer par le plus fort du trio, Pascal Richard.

24-28 JUILLET

La piste aux étoiles françaises

Le cyclisme sur piste français va effectuer une véritable razzia sur la piste olympique de Stone Mountain : avec quatre médailles d'or et deux médailles d'argent. Même les mythiques Trentin et Morelon s'étaient montrés plus modestes aux Jeux de Mexico. Certes, on savait que Florian Rousseau, Félicia Ballanger et Marion Clignet disposaient de sérieux atouts mais on attendait moins de Nathalie Even-Lancien, victorieuse de l'énigmatique course aux points, ou de l'équipe de France de poursuite, avec Christophe Capelle, Jean-Michel Monin, Francis Moreau et Philippe Ermenault (déjà médaillé d'argent en poursuite individuelle, derrière l'Italien Golinelli), qui crée la plus belle des surprises en battant successivement l'Italie et surtout la Russie. Le poursuiteur Rousseau avait déjà parfaitement ouvert la voie. En bouclant ses mille mètres en 1 min 02 s 712, il battait le record olympique. Et la mésaventure de son dernier adversaire, l'Australien Shane Kelly, dont le pied gauche s'échappait de la pédale au moment de la poussée initiale, le propulsait définitivement vers la gloire.

Bref, contrairement à Barcelone, tout le monde aura été présent au rendez-vous. Pour trouver l'explication de cette étonnante métamorphose, les regards se tournent vers Daniel Morelon, Gérard Quintyn et Jacky Mourioux, les entraîneurs nationaux. « Une lente maturation à base de confiance et de travail », expliquent-ils.

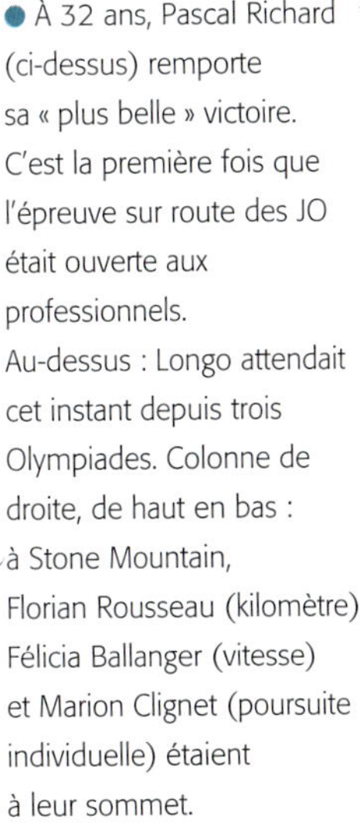

À 32 ans, Pascal Richard (ci-dessus) remporte sa « plus belle » victoire. C'est la première fois que l'épreuve sur route des JO était ouverte aux professionnels.
Au-dessus : Longo attendait cet instant depuis trois Olympiades. Colonne de droite, de haut en bas : à Stone Mountain, Florian Rousseau (kilomètre), Félicia Ballanger (vitesse) et Marion Clignet (poursuite individuelle) étaient à leur sommet.

Une nouvelle chute pour Laurent Jalabert, dans Milan-San Remo. Cette fois, sans gravité.

Frédéric Guesdon, le vainqueur surprise de Paris-Roubaix.

22 mars

Laurent chute

Depuis 1980 et la victoire de Gavazzi, la Cipressa et le Poggio ont toujours départagé les coureurs de Milan-San Remo. Mais, cette année, malgré une tentative de Poli, Molinari, Zanette et Pieri, relayés par Axel Merckx et Della Santa dans la Cipressa, le peloton reste groupé au pied du Poggio. Son ascension ne provoque pas la bagarre attendue. Quarante-deux hommes déboulent Via Roma. Le sprint est lancé de loin par Alberto Elli. Il n'est dépassé que par Zabel, qui signe son septième succès de la saison. L'Allemand a déjà passé la ligne lorsque, derrière, Laurent Jalabert et Museeuw tombent en plein sprint, entraînant Sciandri et Andersson dans leur chute. Le Français tarde à se relever. Le syndrome d'Armentières a-t-il encore frappé? Finalement, le Mazamétain s'en tire avec quelques égratignures. ❍

Le Maillot vert Erik Zabel remporte l'étape de Marennes mais sera déclassé.

11 juillet

Rififi chez les sprinteurs

Un vent de panique s'abat sur le Tour lors de l'arrivée à Marennes de la 6e étape. À l'issue d'un sprint massif, Erik Zabel est le premier à franchir la ligne, mais il déclassé pour « sprint irrégulier », aux dépens du jeune Français Damien Nazon. Coup de théâtre quelques minutes plus tard lorsque les commissaires décident d'exclure purement et simplement le Belge Tom Steels pour avoir jeté, en plein sprint, son bidon à la figure de Frédéric Moncassin, autre kamikaze du peloton. Après l'arrivée, la violence des gestes n'a d'égale que celle des mots. « C'est une réaction humaine », se défend Steels. « C'est le sprint », surenchérit Zabel. Dernier acte de cette noire journée, l'ancien maillot vert Djamolidine Abdoujaparov est mis hors course pour dopage. ❍

13 AVRIL

La roue de la fortune

À l'arrivée de ce Paris-Roubaix palpitant, Roger De Vlaminck, recordman de l'épreuve (quatre victoires), reste stupéfait quand Frédéric Guesdon passe la ligne en vainqueur : « Mais qui est ce gars-là ? ». En effet, personne n'aurait misé un sou sur le coureur de la Française des Jeux, sauf son directif sportif, un certain Marc Madiot. Lorsque la grande bagarre se déclencle à 40 kilomètres de Roubaix, le jeune français n'est pas présent dans le groupe de tête. Les parieurs n'ont d'yeux que pour Museeuw, apparemment le plus costaud avant qu'une première crevaison ne le rejete dans le peloton. Sur les très mauvais pavés de l'Arbre, Frédéric Moncassin provoque la décision en attaquant sèchement, suivi d'Andreï Tchmil et de Museeuw, ramené aux avants-postes par ses équipiers de la Mapei-GB. Cette ultime sélection semble la bonne, les meilleurs étant devant, lorsque la malchance de Museeuw se poursuit avec une nouvelle crevaison. Le suspense est à son comble dans le final. Moncassin et Tchmil sortent des derniers pavés avec 18 secondes d'avance sur un groupe de six poursuivants. Tchmil profite du faux plat de Hem pour attaquer. Moncassin, au bout du rouleau, peine à rentrer sur l'Ukrainien. Les deux hommes s'épient, pleins de doutes. Et leurs chances de victoire s'envolent. Ils sont rejoints peu avant l'entrée sur le vélodrome. Tous les ténors du groupe sont en tête, peu soucieux de la présence de Guesdon qui, lui, traîne à l'arrière. À un demi-tour de l'arrivée, il produit son effort, prend une longueur d'avance, puis deux. Ses adversaires tardent à réagir. Il est trop tard. ❍

15 JUILLET

L'enfant-roi

On le pressentait depuis un an après sa deuxième place dans le Tour 1996, mais la menace s'est intensifiée lors de la première semaine de cette édition 1997 du Tour de France. L'Allemand Jan Ullrich, 23 ans, est un immense champion. Et Ullrich est rentré par la grande porte dans l'histoire du cyclisme en remportant une étape en ligne du Tour, exploit qui avait toujours été refusé à Miguel Indurain. Et quelle étape! Six cols, 252 kilomètres dont une ascension finale de 34 kilomètres vers Andorre-Arcalis. Après avoir patienté pendant quarante-huit heures dans les roues de Richard Virenque et de Marco Pantani pour protéger son « leader » Bjarne Riis, Ullrich décide que son heure est venue à 10 kilomètres du sommet. La démonstration est totale et la reddition de Riis immédiate. La passation de pouvoir vient d'avoir lieu. Seul Virenque, en grande forme, peut répondre une première fois, mais pas une deuxième. Le train imposé par le champion d'Allemagne est impressionnant et l'écart se creuse rapidement sur Richard Virenque et Marco Pantani. Ullrich rejoint d'abord Cédric Vasseur, parti en tête pour mieux célébrer ses adieux au Maillot jaune, puis Jean-Philippe Dojwa, revenu enfin jouer dans la cour des grands. La douceur juvénile de l'Allemand laisse une impression de sérénité. « J'ai roulé au train. Mais sur la fin, quand je me suis retourné, je n'ai vu plus personne derrière moi. Alors j'ai continué », raconte t-il . À l'arrivée, il relègue Pantani et Virenque, les deux purs grimpeurs, à 1 min 8 s. Aussitôt, les coureurs et les suiveurs dissèquent élogieusement le phénomène et Virenque s'inquiète: « J'espère qu'il ne va pas remporter cinq Tours de France. »

24 juillet

Petit bras ?

Cette 18e étape va susciter une polémique sur la tactique des Festina. Pour la première fois, le Maillot jaune Jan Ullrich est en difficulté. À 80 kilomètres de l'arrivée, après l'ascension du col du Hundsruck, Virenque est à la tête d'une échappée royale regroupant deux de ses équipiers et les six premiers du général, à l'exception d'Ullrich. Le Français demande à ses compagnons de collaborer. Refus unanime. Alors, au lieu de faire rouler ses équipiers pour inciter ses partenaires à participer, Virenque demande à Didier Rous de partir seul. À l'arrivée, Traversoni résumera le climat général : « En assurant le spectacle, les Festina se sont éliminés eux-mêmes de la course au Maillot jaune. » Bruno Roussel, le directeur sportif incriminé, plaide coupable : « C'est la première fois que nous n'allons pas au bout d'un plan tactique. »

12 octobre

Brochard arc-en-ciel

Il y avait eu le douzième maillot mondial de Longo, puis la victoire surprise de Jalabert dans le contre-la-montre. Ces championnats du monde de San Sebastian livraient un arc-en-ciel aux seules couleurs françaises. Conclusion dans l'épreuve sur route : Laurent Brochard, équipier de luxe promis à un destin personnel depuis tant d'années, remporte la course de sa vie. Mottet avait habilement mené la manœuvre, faisant même rouler derrière une échappée de Bartoli, où se trouvaient Virenque et Guesdon. Brochard sut attendre le moment opportun pour régler un groupe de cinq coureurs : Dufaux, Hamburger, Bolts, Mauri et Van Bon. Pour « Yearling », ce surnom qui dit aussi sa classe, ce jour est un instant de grâce. C'est le huitième champion du monde français, le plus surprenant.

L'Allemand Jan Ullrich s'envole vers Andorre-Arcalis.

Richard Virenque emmené par son équipier Didier Rous, entre Andorre et Montbéliard.

Félicia Ballanger et Florian Rousseau, deux des héros des championnats du monde sur piste.

Sous la neige, un nouveau champion est né dans Paris-Nice. Franck Vandenbroucke, qui porte les espoirs du cyclisme belge, ne les décevra pas.

Deux victoires dans Liège-Bastogne-Liège pour Bartoli. Un numéro éblouissant qui ne laisse aucune chance à son principal rival, Jalabert.

15 mars

L'avènement de Vandenbroucke

« Il est le seul coureur belge capable de figurer un jour sur le podium du Tour. » C'est Eddy Merckx, bien sûr, qui fait ce pronostic. Pour Franck Vandenbroucke, le certificat vaut confiance mais aussi pression. En quatre ans d'espoirs, il s'était surtout fait remarquer par son caractère, quittant en 1995 le clan familial regroupé chez Lotto pour Mapei. Vandenbroucke remporte Paris-Nice et tout un pays espère un nouvel élan dans les grandes épreuves par étapes, oubliées depuis vingt ans : La dernière victoire belge dans la course au soleil remonte à 1977. En dominant dès le prologue, en résistant à Jalabert, il montre aussi la fermeté d'un champion d'expérience. « Que Merckx me désigne comme son successeur, ça ne m'a pas rendu service », avoue-t-il.

19 avril

Le doublé de Bartoli

Liège-Bastogne-Liège a été élue plus belle des classiques, à partir d'une consultation des cent premiers coureurs mondiaux de l'année, réalisée par le mensuel *Vélo Magazine*. Michele Bartoli est donc un homme envié, qui réalise le doublé dans la « Doyenne ». Comme en 1997, il remporte son duel avec Jalabert, en contrant un démarrage de son rival à quinze kilomètres de l'arrivée. L'Italien fond sur Berzin échappé depuis le kilomètre 185. Victoire éclatante pour un spécialiste de classiques de plus en plus redoutable. Chaque année depuis 1996, il s'offre un « monument ». Sa régularité lui permet de remporter le classement final de la Coupe du monde 1997. Il gagne généralement en Belgique, ce qui lui vaut presque plus de popularité là-bas qu'en Italie !

17 JUILLET

L'affaire Festina

Il est 22 h 30 dans une salle de Brive-la-Gaillarde, quand Jean-Marie Leblanc annonce l'exclusion des Festina, une première dans l'histoire du cyclisme. Le directeur du Tour a cédé à l'évidence : la veille, Bruno Roussel, écroué à la prison d'Arras, a avoué que les coureurs de son équipe utilisaient des produits dopants sous contrôle médical. Richard Virenque et ses équipiers tentent pourtant de prendre le départ du contre-la-montre de Corrèze mais renoncent finalement après une entrevue surréaliste avec Jean-Marie Leblanc dans l'arrière-salle d'un café. L'affaire Festina est provisoirement close.
Elle avait commencé le 8 juillet, trois jours avant le départ de Dublin, par l'arrestation du soigneur Willy Voet en possession d'un stock très important d'EPO. À partir de là, plus rien ne sera jamais comme avant : L'arrestation de Roussel et du docteur Ryckaert à l'arrivée de l'étape de Cholet le 15 juillet, la révélation de l'existence d'une caisse noire pour payer les produits le 21 juillet, les aveux de cinq des neuf coureurs de Festina, placés en garde à vue à Lyon le 23 juillet. La police et la justice mènent une enquête implacable, qui s'abat ensuite sur les équipes TVM, Casino, Once, Bigmat Auber, à des degrés divers. L'hypocrisie vole en éclats, l'utilisation de produits lourds et dangereux est mise à jour pour la première fois. Le Tour 1998 restera comme la chronique quotidienne d'un étrange fait divers. Le plus délicat reste à régler : éradiquer enfin le dopage du cyclisme.

27 JUILLET

Pantani à l'abordage

Pour crever l'ambiance pourrie du Tour 1998 et reprendre le cours mythologique de l'épreuve, se dresse devant le peloton atterré par une météo exécrable l'immense Galibier. Le col alpin culmine à 2 645 m et c'est à 5 kilomètres du sommet que Marco Pantani lance son attaque-éclair. Le « Pirate » étripe un à un les échappés chimériques, Rinero et Jimenez notamment, et s'envole dans la montée finale des Deux Alpes. C'est un exploit immense, qui lui donne le maillot jaune, le premier de sa carrière, et surtout la victoire finale dans le Tour. Défaillant, Jan Ullrich montre à tous un visage inconnu jusque-là, celui de la souffrance, et il concède à l'arrivée 8 min 57 s ! Un bandana sur son crâne chauve de boucanier, Pantani devient le premier grimpeur à s'imposer depuis Lucien Van Impe en 1976. Rétrospectivement, c'est une autre défaite pour Richard Virenque, qui avait dénoncé un Tour taillé pour Ullrich. Le divin chauve de Cesenatico rejoint Felice Gimondi, trente-trois ans plus tard, dans la légende italienne, et réalise un doublé de grand champion après sa victoire dans le Giro, comme Indurain en 1993, une référence qui semblait incongrue pour les allants altiers de ce prédateur des cimes, tant mieux pour le cyclisme. Le Tour d'Italie, gagné pas à pas devant Tonkov et Zülle en perdition, l'a dressé au panthéon d'un pays qui vénère la bicyclette. Le Tour de France le consacre dans la mythologie cycliste, moins celle de Coppi ou de Bartali que celle d'un Charly Gaul, cette manière si légère de devenir un géant de la montagne. ❍

29 juillet

Le Tour escamoté

Au kilomètre 32, l'incroyable se produit : le peloton met pied à terre et commence la plus rocambolesque étape de l'Histoire. Après la première révolte de Tarascon, le chemin d'Aix-les-Bains pourrait bien voir la fin du Tour. Bjarne Riis se mue en porte-parole des coureurs que Laurent Jalabert abandonne en arrachant son dossard ! Plus tard, c'est toute l'équipe Once qui se retire, puis Banesto et Riso Scotti ! À l'arrivée, les TVM franchissent symboliquement la ligne en tête. Le soir, par une ridicule solidarité nationale, les Espagnols de Kelme et Vitalicio quittent également la course. Grèves sans revendications, colères confuses et équivoques, les coureurs n'ont jamais convaincu que la suspicion était illégitime. ❍

30 août

Les pistards au rendez-vous

Les trois entraîneurs nationaux Daniel Morelon, Gérard Quintyn et Jacky Mourioux avaient fixé un objectif très ambitieux : égaler le total historique de Perth en 1997 : six médailles d'or et deux de bronze. A Bordeaux, devant le public français extatique, les pistards français ont fait mieux, ajoutant une médaille d'argent à la collection record ! À elle seule, Felicia Ballanger a apporté les titres du 500 m et de la vitesse. À 20 ans, Tournant reprend sur le kilomètre le règne de Rousseau, qui confirme en vitesse. Avec Le Quellec, les deux héros attrapent la vitesse par équipes. Ermenault complète le triomphe en poursuite individuelle. Les pistards raflent donc la moitié des douze titres mis en jeu, avec des concurrents dans dix disciplines seulement. Inégalable. ❍

• Le Tour sinistré par l'affaire Festina renoue avec la légende grâce à Marco Pantani, vainqueur aux Deux Alpes et qui prend le maillot jaune. Le sursaut d'Ullrich, le lendemain, qui l'emporte d'un fil à Albertville, n'y changera rien.

• Pas de médaille pour la France en poursuite par équipes. Pour le reste, ce championnat du monde de Bordeaux marque l'apothéose d'une véritable Dream Team.

En haut : Vandenbroucke remporte au panache *sa* course, Liège-Bastogne-Liège. Plus dure sera la chute.

Jean-Marie Leblanc prend acte de sa défaite : « Je rêvais d'un Tour transparent, officiel, et voilà. »

Marco Pantani sort de son hôtel après avoir appris son exclusion du Giro.

18 avril

Du paradis en enfer

La Belgique pense avoir trouvé le digne héritier de Merckx avec Franck Vandenbroucke. À 24 ans, il symbolise même le renouveau du cyclisme. Sa victoire pleine de panache dans Liège-Bastogne-Liège en est le dernier témoignage. Trois semaines plus tard, tout s'écroule ! Vandenbroucke est interpellé au domicile de son équipier Philippe Gaumont. Le Belge reconnaît les liens qu'il entretient avec Bernard Sainz, faux médecin accusé de trafic de stupéfiants : « En janvier 1999, Sainz me demandait de jeûner deux fois trois jours sans manger, ni boire. Une diète censée nettoyer mon corps de toutes ses toxines. Puis, il m'a donné des gouttes homéopathiques à prendre au réveil. Enfin, au dernier stade du traitement, il a commencé les injections. »

7 mai

Quai des Orfèvres

Rien n'a donc vraiment changé dans les mœurs du cyclisme. A la suite d'un vaste coup de filet de la brigade des stupéfiants, quinze personnes sont interpellés, dont Frank Vandenbroucke, le frère de Richard Virenque, Bernard Sainz, un faux médecin, et Bernard Lavelot, avocat d'une partie du peloton et de groupes sportifs. Ces deux derniers, accusés d'être les cerveaux d'un trafic de produits dopants, sont écroués. Bernard Sainz, alias « le Docteur Mabuse », pratique illégalement la médecine. Fréquentant le milieu du cyclisme depuis les années 70, où il fut médecin officiel de l'équipe Gan-Mercier de Poulidor, Sainz a ensuite préféré travailler dans l'ombre. Mais ses curieuses pratiques sont entrées presque naturellement dans les mœurs.

5 JUIN

52 le matin

« Marco Pantani n'a pas gagné mais surclassé le Giro. Il banalise l'extraordinaire », s'enthousiasme le quotidien italien *Tutto Sport* au lendemain de la vingtième étape du Tour d'Italie. À l'image de sa presse, l'Italie toute entière vénère son héros. Après son fabuleux doublé Giro-Tour 1998, « il Pirata » survole cette édition 99. Quatre arrivées au sommet, quatre victoires d'étape, 5 min 38 s d'avance sur le second, l'espoir italien Paolo Savoldelli. À Madonna di Campiglio, Pantani s'exprime sur la journée du lendemain, la plus dure du Giro : « Si je m'échappe, j'espère simplement ne pas être seul, parce que ça commence par être ennuyeux. » Mais il n'y aura pas d'attaque. Le lendemain matin, une terrible tempête met à terre Pantani, l'intouchable. Les médecins de l'Union cycliste internationale viennent d'annonçer l'exclusion de l'Italien pour un taux d'hématocrite de 52 % ! Pour éviter toute possibilité de tricherie, l'affaire a été rondement menée par l'UCI. En une heure et demie, les quinze premiers du classement général sont contrôlés. Sur la ligne de départ, la rumeur gronde.
À 10 h 40, la RAI interrompt ses programmes radio pour annoncer la nouvelle. Pantani est dégradé, humilié. Le Giro repartira sans lui est sans son équipe, la Mercatone Uno qui, par solidarité, quitte la course. Les tifosi crient au complot mais les interrogations demeurent ! « J'avais le maillot rose, j'ai été contrôlé deux fois sur ce Giro, je ne comprends pas », commente à chaud l'intéressé. « Nous avions vérifié son taux d'hématocrite la veille et il était de 49 % », jure son directeur sportif, Martinelli. En effet, comment Pantani a t-il pu se faire prendre là où (presque) tout le monde passe entre les mailles du filet ?

16 juillet

Bassons out

La direction du Tour l'avait annonçé : son édition 99 serait propre. Restait à dénicher un symbole du « renouveau ». Ce sera Christophe Bassons, jeune coureur de la Française des Jeux, qui s'était signalé un an plus tôt comme l'un des rares coureurs de Festina à refuser le dopage généralisé dans son équipe. Le « Monsieur Propre » du cyclisme s'épanche chaque jour, avec candeur, sur sa « virginité ». Mais le peloton manifeste sa rancœur à ce coureur qui ne respecte plus la loi du silence. Le Maillot jaune lui-même, Lance Armstrong, lors de l'étape vers l'Alpe-d'Huez, se laisse glisser vers Bassons pour lui demander de se taire. Ses coéquipiers et son directeur sportif, Marc Madiot, se désolidarisent… Épuisé par tant de pression, le Français préfère abandonner son combat et le Tour, au grand soulagement du peloton.

9 septembre

Le retour d'Ullrich

C'est un sacré podium pour une étape de la Vuelta. Dans le désordre : Vandenbroucke, Olano et devant, d'un court boyau qui signifie toute sa détermination, Jan Ullrich. À Ciudad Rodrigo, l'Allemand a réglé au sprint un groupe de vingt-trois échappés. Il s'en satisfait, n'imagine pas lutter pour le classement final, lui qui n'a plus gagné de grande course depuis le chrono du Creusot sur le Tour 98, lui qui était absent de l'édition 99. Olano a pris le maillot de leader, en route pour un doublé; une défaillance dans l'ascension d'Arcalis, dès la douzième étape, lui coûte sept minutes. Ullrich va remporter la Vuelta, devant les Espagnols Gonzalez de Galdeano et Heras. Cette victoire confirme qu'en talent pur, il est bien le plus grand champion actuel.

Descente triomphale des Champs-Élysées pour le vainqueur du Tour, Lance Armstrong, suivi de son équipe US Postal.

13 JUILLET

Armstrong, le Martien

Dans l'ascension vers Sestrières, terme de la première étape de montagne de ce Tour 99, l'Américain Lance Armstrong décroche ses deux derniers compagnons de route, Fernando Escartin et Ivan Gotti, sans accélération apparente. Il lâche même son guidon des deux mains pour consulter l'ordinateur qu'il porte au poignet puis, soudain, après quelques secondes de roue libre, repart de plus belle. « Je me suis retrouvé tout seul, mais presque sans le vouloir », admet-il à l'arrivée. Après ses deux succès contre la montre, Armstrong, avec plus de six minutes d'avance au général, plie le Tour dès la première grosse étape. Ses adversaires, résignés, ne se battront plus que pour la deuxième place.
Quelle métamorphose pour ce coureur spécialiste des classiques… avant son cancer des testicules en 1996. Le nouvel Armstrong, qui a perdu onze kilos, a radicalement changé sa manière de courir. Hier adepte de braquets énormes, il grimpe désormais tout en souplesse, assis sur sa selle en « moulinant » les jambes. Évidemment, la multiplication des affaires de dopage rend cette métamorphose suspecte. Armstrong est-il dopé ? La question hante la caravane du Tour. Huit jours plus tard, alors que le peloton sort tranquillement des Pyrénées, le Maillot jaune reconnaît avoir subi un contrôle positif aux corticoïdes. « Oui, j'ai utilisé une pommade pour soigner une allergie. C'est pour ça qu'on retrouvé des traces infimes de cortisone. Mais je n'ai jamais pris d'injections ou de cachets quelconques », déclare le champion.
Armstrong pousuit sa route triomphale jusqu'à Paris, dans une ambiance pesante.

Christophe Bassons devra quitter le Tour, épuisé par les sollicitations et la pression de la caravane.

Sur les pavés, la gloire... pour Johan Museeuw, double vainqueur de l'Enfer du Nord.

18 mars

Zabel triple Milan-San Remo

Ce troisième succès, qui classe un vainqueur de la Primavera parmi les grand champions de l'histoire, lui avait échappé en 1999, par la faute de ce roublard de Tchmil. Alors Erik Zabel n'aurait jamais lâché ce sprint-là. Emmené en carrosse par son équipier Gian Matteo Fagnini, transféré à l'intersaison depuis la Saceo de Cipollini, l'Allemand fixe cette ligne du triomphe qui barre la Via Roma. Il jette son vélo, bras tendus, dos courbé, et range son second Fabio Baldato au registre des anonymes. Au palmarès de Milan-San Remo, Erik Zabel rejoint des coureurs comme Fausto Coppi et Roger de Vlaeminck, qui totalisent trois victoires, mais reste très loin d'Eddy Merckx et de ses sept triomphes.

9 avril

Museeuw sur une jambe

C'est une leçon du cyclisme : de l'enfer surgit toujours la rédemption. Il y a deux ans, une chute dans la tranchée d'Arenberg avait ouvert le genou de Johan Museeuw. D'une fracture de la rotule, la rumeur enfla de complications en complications, jusqu'à la menace d'une amputation... Un collier de barbe, un bandana sur la tête, le Flamand s'est fait une allure de pirate à l'assaut des pavés. Il déjoue le piège de l'US Postal, prête à emmener Andreu jusqu'à Roubaix. Parti en contre, Museeuw passe seul en tête au carrefour de l'Arbre. Il entre au vélodrome en triomphateur, franchit la ligne jambe gauche en l'air, le doigt pointé sur le genou guéri. Il tombe sur la pelouse, versant des larmes sur sa deuxième victoire dans Paris-Roubaix.

Avec le Giro, Marco Pantani renoue le fil d'une carrière interrompue depuis onze mois. Mais il faudra attendre le Tour pour qu'on retrouve le Pirate.

12 MAI

Miracle au Giro

C'était il y a un an, un taux hématocrite de 52%, la gangrène de l'EPO, une exclusion du Giro à la veille de sa deuxième victoire, une affaire peut-être plus symbolique encore que la bombe Festina. Un champion, auréolé d'un doublé Giro-Tour, chute comme dans un vulgaire fait divers. Un héros disparaît. Pendant un an, Marco Pantani va errer de blessures plus ou moins somatiques en retours avortés. Felice Gimondi est dépêché pour le convaincre de disputer le Mondial de Trévise en octobre, en vain. Plusieurs enquêtes parallèles – Milan-Turin 95, Conconi – l'empoisonnent. En novembre 99, il est mis en examen pour fraude sportive. Le 22 février 2000, il fait enfin sa rentrée au Tour de Valence, pour deux jours de course et basta. Stress, dépression, un accident de voiture, la rumeur d'une fin de carrière... Alors que son équipe Mercatone lui a établi un programme de préparation au Giro, il annonce le 4 mai qu'il n'y participera pas. Et puis un miracle se produit le vendredi 12 mai : il est là, avec tout le peloton, pour recevoir la bénédiction du pape Jean-Paul II au Vatican.

Pantani sait qu'il ne pouvait repousser son retour plus longtemps. Cela vaut bien un Tour d'Italie de gregario. « Dans quelques mois, annonce-t-il, je donnerai satisfaction à mes tifosi, sur le grand Tour ».

Il tiendra promesse: le 13 juillet, il gagne l'étape mythique du mont Ventoux, avec l'humiliante bienveillance d'Armstrong; trois jours plus tard, il triomphe seul à Courchevel.

5 mai

Ciao Gino

« Adieu Gino d'Italie ». Le titre solennel du quotidien *Tuttosport* résume le sentiment de tous. Vient de disparaître l'homme qui a donné le sens d'une nation. Bartali était l'Italie : le fils de paysan, le miséreux qui s'est élevé, le pieux catholique et puritain, le coureur épique. Il était aussi le héros d'avant-guerre, livré au fascisme, et celui du redressement, grâce à ses victoires d'après-guerre, notamment le Tour de France 1948, dix ans après son premier succès. À 86 ans, « Il Vecchio » laisse un palmarès fabuleux, bien au-delà de son caractère de grimpeur, bien supérieur à sa rivalité légendaire avec Fausto Coppi. Il ne verra pas le Giro 2000, qu'il avait imaginé « pèlerinage idéal sur la route de l'éthique sportive ». ❍

18 juillet

Virenque comme avant

C'était en 1997, le souvenir de sa dernière victoire d'étape sur le Tour de France, à Courchevel. Depuis, la chronique de Richard Virenque retenait l'affaire Festina en 1998 et un retour discret un an plus tard. Partie de Courchevel justement, cette seizième étape se joue dans le col de Joux-Plane, la dernière difficulté, où le Français part seul à la poursuite de l'échappé, le Kelme Roberto Heras. Dans la descente vers Morzine, Virenque jette son vélo avec cet art subtil de la trajectoire que l'Espagnol peine à suivre. Dans l'ultime kilomètre, à la sortie d'un virage, il s'empale dans les barrières. Virenque renoue le fil de sa (déjà) longue histoire avec le Tour, laissant cependant au Colombien Botero ce maillot de meilleur grimpeur qu'il avait enlevé cinq fois. ❍

10 JUILLET

Armstrong, le Tour est joué

C'est sans doute l'image du Tour 2000, en tout cas celle qui raconte le mieux la deuxième victoire de Lance Armstrong. Dans la montée d'Hautacam, ses jambes tournent vite, si vite, à une fréquence presque irréelle, qu'elles figent tous ses adversaires dans un ralenti déconcertant. Parti au pied de la montée, il les reprend un à un, avant de les lâcher inexorablement. Treize kilomètres d'ascension, huit pour cent de pente moyenne, des conditions climatiques dantesques, l'Américain mouline à 100 tours/minute, comme dans une ordinaire course de côte. À l'arrivée, seul l'Espagnol de la Kelme Javier Otxoa a résisté, pour 42 secondes, fort de l'avance d'une échappée très précoce. Armstrong devance de vrais grimpeurs comme Jimenez, Virenque ou Escartin; tétanisé par le froid, Pantani concède plus de cinq minutes. Surtout, Ullrich, Zülle, Olano, Jalabert, prétendus rivaux du leader de l'US Postal pour le classement général, sont irrémédiablement distancés. Armstrong prend le maillot jaune et le Tour est joué dès la dixième étape. Il reste cette impression déroutante, qui fait d'un parfait rouleur un pur grimpeur, dans une attitude proche de Charly Gaul ou Lucien Van Impe, plutôt que du suivisme d'un Miguel Indurain par exemple, dont a trop vite rapproché l'Américain, par son sens stratégique et sa manière de contrôler la course. Lance Armstrong réalisera un numéro identique dans le Ventoux, quatre jours plus tard, en laissant à Marco Pantani une victoire qui lui était acquise. Son triomphe ne sera jamais remis en cause jusqu'à Paris. ❍

● Sa rivalité avec Coppi avait divisé l'Italie. Avec Gino le Pieux, c'est un seigneur de la route qui disparaît.

● Entre Dax et Lourdes-Hautacam, Armstrong se livre à une extraordinaire démonstration de force et fait exploser tous ses rivaux.

• Chronologie •

1868

▸ 7 mai : Pierre Michaux fonde la société « Michaux et Cie ».

▸ 31 mai : Course de Saint-Cloud (vélocipède d'une hauteur de 1 m maximum) - 1. Moore, 1000 m en 2'37''.

27 septembre : Paris (Ancien Hippodrome) - 1. Castera.

1er novembre : Course de dames à Bordeaux - 1. Julie ; 2. Louise ; 3. Louisa ; 4. Amélie.

1869

▸ 1er mars : Premier numéro du *Vélocipède*.

6 mars : Course franco-anglaise au Crystal Palace de Londres - 1. Ernest Michaux.

30 mars : Carpentras (toute hauteur) - 1. Moret.

16 mai : Course de dames à Lyon avec les « Bordelaises » Finette, Rosita et Amélia.

7 juin : Lille (toute hauteur) - 1. Dorritty ; 2. Moret.

25 juillet : Rouen (90 cm maxi) - 1. Castera ; 2. Dorritty.

8 août : Chartres (toute hauteur) - 1. Castera et Tribout ex-aequo.

19 septembre : Bourg (2000 m) - 1. Castera ; 2. Charlet 3. Rousseau.

▸ 30 octobre-5 novembre : Exposition de cycles au Pré Catelan.

▸ 1er novembre : Course de dames à Paris (Pré Catelan) - 1. Olga ; 2. América.

7 novembre : Paris-Rouen - 1. Moore, 123 km en 10 h 40 ; 2. Castera et Bobillier ex-aequo à 15'.

19 décembre : Marseille - 1. Rousseau, 2 400 m en 5'20'' ; 2. Moret et Ripert ex-aequo à 4''.

1870

2 janvier : Tour de Paris - 1. Scand, 34 km en 3 h 40'.

3 janvier : Toulouse-Castenet - 1. Marty, 17 km en 48'.

1er mai : Besançon - 1. Moret, 2400 m en 5'13'' ; 2. Bon à 2'' ; 3. Charlet à 7''.

1er mai : Course de dames au Vésinet - 1. América, 1 050 m en 3'40'' ; 2. Maria ; 3. Parisiana.

8 mai : Lyon (101 cm maxi) - 1. Rousseau ; 2. Castera.

24 juillet : Paris-Le Vésinet. Tricycles - 1. André Guilmet.

31 juillet : Course de dames au Havre - 1. América ; 2. Virginie ; 3. Parisiana.

8 août : Wolverhampton - 1. Palmer ; 2. Keen.

1871

Mai : Paris-Versailles - 1. Charles Thuillet en 44' ; 2. Victor Thuillet à 2' ; 3. Colvin à 6'.

Septembre : Réunion de Besançon (600 m) - 1. Gaiffe ; 2. Rousseau ; 3. Viennet.

▸ Novembre : James Starley crée le premier grand-bi : l'Ariel.

1876

25 mars : L'Anglais Dodds bat le record du monde de l'heure avec entraîneurs à Cambridge avec 25,508 km.

1er mai : Fondation du Stanley Bicycle Club de Londres.

25 mai : Premier Milan-Turin - 1. Magretti (It.) ; 2. Garibaldi (It.) à 1 h 13' ; 3. Balbiano (It.) à 1 h 20'.

30 juillet : Course de Rouen. Bicycles de plus de 1 m - 1. C. Terront ; 2. Vittard ; 3. Quesnel.

2 septembre : Course de 80 km à Lillie Bridge (Angleterre) ; l'Anglais Stanton, en 3 h 14'8'', bat le Français Thuillet de 2''.

▸ 1er octobre : Marseille-Avignon-Marseille (220 km)- 1. Rousseau en 15 h 30' ; 2. Auzépy à 35'.

1877

11 mars : Course de fond (15 km) à Saint-Cloud - 1. Fiquet en 38' ; 2. Saint-Jean m.t. ; 3. C. Terront à 1'.

▸ 23 avril : Course de Toulouse. Bicycles de plus de 1,20 m. - 1. Moore ; 2. C. Terront.

25 mai : L'Anglais Shopee bat le record du monde de l'heure avec entraîneurs à Cambridge, avec 29,960 km.

24 juin : Course à handicap (1600 m) à Villejuif - 1. Saint-Jean ; 2. Gerson ; 3. Aubry.

30 juin : Championnat international de course de fond, Angers-Tours-Angers (240 km) - 1. Tissier en 11 h 28' ; 2. C. Terront à 3' ; 3. Clément à 42'.

1878

7 avril : Course de fond (12 km) de Vincennes - 1. C. Terront en 26' ; 2. C. Hommey à 2' ; 3. J. Terront à 3'.

▸ 1er mai : Premier « Stanley show » au Camden Athenoeum de Londres.

10 mai : L'Anglais Weir bat le record du monde de l'heure avec entraîneurs à Oxford, avec 28,542 km.

▸ 6 octobre : Saint-Germain-en-Laye-Conflans Sainte-Honorine - C. Terront l'emporte contre une jument attelée.

▸ 20 octobre : Réunion de Saint-Denis. Concours d'adresse - 1. J. Terront ; 2. Guérin ; 3. Le baron de Graffenried.

23-29 novembre : Six Jours de Londres (Agricultur Hall)- Victoire de Cann.

1879

2 mars : Course à handicap (2000 m) de Saint-Cloud - 1. C. Terront (sans avance) ; 2. Fabing (110 m) ; 3. Pascaud (20 m).

16 mars : Boulogne-sur-Seine-Versailles (aller et retour) - 1. C. Terront en 52'30'' ; 2. Hommey à 30'' ; 3. J. Terront à 8'30''.

▸ 15 juin : Course du Carrousel - 1. C. Terront ; 2. C. Hommey ; 3. Saint-Jean.

▸ 1er-6 septembre : Six Jours de Londres (Agricultur hall) - 1. Waller (G.-B.) avec 2261 km ; 2. C. Terront à 23 km ; 3. Higham (G.-B.) à 417 km.

28 septembre : Course de 26 heures à Londres - 1. C. Terront en 146 lieues ; 2. Cann (G.-B.) à 25 lieues ; 3. Andrews (G.-B.) à 44 lieues.

▸ 30 septembre : Rudge et Cie donne le nom de « bicyclette » à la nouvelle machine conçue par Lawson.

5 octobre : Première classique suisse, le Tour du lac Léman - 1. Mettral en 10 h 41' ; 2. Grandjean à 6' ; 3. Mottaz à 19'.

12 novembre : Six Jours de Chicago - Victoire de C. Terront.

1880

17 janvier : Premier tournoi vélocipédique (American Institute Building de Boston) - Course de 25 miles : 1. Belard en 1 h 27'. Course de 5 miles : 1. Otis. Course de 2 miles : 1. Clark en 6'21''.

▸ 15-21 mars : Six Jours de Londres (Agricultur Hall) - 1. C. Terront avec 1272 miles ; 2. Edlin à 118 miles ; 3. Cann à 194 miles.

▸ 6-8 mai : Course à handicap d'Angers - 1. Jules Terront ; 2. Hart.

30 mai : Concours international du Mans (6000 m) - 1. De Civry en 12' 20'' ; 2. Hart aîné ; 3. Hommey.

▸ 2 août-25 août : Le Bordelais Maurice Espéron accomplit le parcours Bordeaux-Milan-Strasbourg-Paris-Bordeaux.

20 septembre : L'Anglais Cortis bat le record du monde de l'heure avec entraîneurs au Surbiton de Londres, avec 31,875 km.

7 novembre : Course du Carrousel. Tricycles, 800 m - 1. Hénon en 3' 25'' ; 2. Clément.

1881

6 février : Création de l'Union vélocipédique française.

30 avril : Championnat des 100 miles (160 km) à Leicester - 1. Waller (G.-B.) en 6 h 43'16'' ; 2. Higham (G.-B.) à 5'' ; 3. Derkinderen.

6 juin : Course de Nanterre (4000 m) - 1. De Civry ; 2. Moine ; 3. Victor Hommey.

18 juillet : Tours-Blois-Tours (120 km) - 1. Espéron en 5 h 12' ; 2. De Civry à 19' ; 3. C. Terront à 33'.

▸ 8 août : Match-défi de 10 miles (16 km) à Wolverhampton - De Civry bat Keen.

25 août : Match-défi de 20 miles (32 km) au Crystal Palace de Londres - De Civry en 1 h 4'21'' bat Keen, qui a abandonné à mi-course.

▸ 25 septembre : Premier championnat de France place du Carrousel à Paris (10 km - 7 partants) - 1. De Civry en 21'2'' ; 2. Delisse ; 3. Moine.

▸ 5 décembre : Elsa von Blumen parcourt 1609 km en Six Jours.

1882

▸ 14 janvier : Match-défi de 10 milles (16 km) à New York - Keen, en 33'3'', bat Prince de deux longueurs.

▸ 18 mai : Course de fond d'Angers - 1. C. Terront ; 2. De Civry m.t. ; 3. Duncan à 5'.

11 juin : Première course publique de Vienne (championnat d'Autriche) - Victoire de Kohout.

26 juin : Course de fond (100 km) d'Agen - 1. De Civry en 3 h 35'26'' ; 2. Garrard (G.-B.) à 3'25'' ; 3. Espéron à 5'58''.

▸ 27 juillet : Herbert Liddel Cortis franchit à Londres pour la première fois la barre des 20 miles dans l'heure.

2 août : Cortis bat le record du monde de l'heure avec entraîneurs au Surbiton de Londres, avec 32,474 km.

13 août : Championnat de France (10 km) à Grenoble - 1. De Civry en 20'34'' ; 2. Médinger à 50'' ; 3. C. Terront à 51''.

1883

20 janvier : Le préfet de police interdit l'utilisation des vélocipèdes dans les rues de Berlin.

▸ 11 mars : Un match-défi oppose le véloceman Salvator et deux coureurs à pied entre le quai du Louvre (Paris) - Versailles et retour - Salvator bat le premier coureur à pied de 1 h 33'30''.

24 mars : Championnat du monde des 80 miles à Leicester - Victoire de De Civry.

3 juin : Championnat de France de tricycle (6 km) à Grenoble - 1. De Civry en 13'51'' ; 2. Médinger ; 3. Berthoin.

24-25 juin : Courses d'Agen. Course internationale (8500 m) - 1. Médinger en 16'54'' ; 2. C. Terront à 1'' ; 3. Wood (G.-B.) à 2''. Tricycles (3150 m) - 1. Garrand (G.-B.) ; 2. Duncan. Championnat de France (10 km) - 1. Médinger en 20'58'' ; 2. C. Terront à 1'' ; 3. Espéron à 2''.

16 septembre : Course internationale (15 km) d'Angers - 1. De Civry en 33'21'' ;

2. C. Terront m.t.; 3. Médinger à 2'2".

11 novembre : Paris-Provins-Paris - 1. C. Terront, Salvator et Guhrauer ex-aequo en 6 h 45'.

1884

12 avril : Championnat du monde des 50 miles (80 km) à Leicester - 1. Battensby (G.-B.); 2. James (G.-B.); 3. C. Terront.

14 avril : Championnat du monde des 10 miles (16 km) - 1. Howell (G.-B.); 2. James (G.-B.); 3. Lees (G.-B.).

16 avril : Championnat du mile (1600 m) à Wolverhampton - 1. Howell (G.-B.); 2. Duncan; 3. De Civry.

11 septembre : L'Anglais Robert English bat le record du monde de l'heure avec entraîneurs au Crystal Palace de Londres, avec 32,698 km.

15 septembre : Baby bat le record de 24 heures en tricycle à Bordeaux, avec 333 km.

28 septembre : Championnat de France (10 km) aux Tuileries - 1. Médinger en 21'42"; 2. Wills; 3. Krell m.t.

19 octobre : Paris-Melun-Paris (102 km) - 1. Médinger et C. Hommey ex-aequo en 4 h 16'; 3. Halley à 10'.

Novembre : Sortie du nouveau bicycle « Kangaroo » breveté par Hilman, Herbert et Cooper.

1885

5 mars : Numéro un de l'hebdomadaire *Véloce-Sport*, organe de la vélocipédie française.

31 mai : Championnat de France. Bicycles, 10000 m - 1. Médinger en 23'13; 2. De Civry à 1"; 3. C. Terront à 2" mais, suite au déclassement de Médinger, De Civry est déclaré champion de France.

21 juin : Championnat de France. Tricycles, 5000 m à Agen - 1. De Civry en 11'26"; 2. Médinger à 2"; 3. Juzan à 15".

26-27 juin : Le Bordelais Rousset bat le record des 24 heures à tricycle, avec 354,5 km.

20 septembre : Duncan bat le record des 100 km sur route en tricycle, entre Toulouse et Montpellier, en 5 h 06'.

Octobre : Sortie du « Rover » créé par James Starley.

25 octobre : À Longchamp, le Français Jules Dubois bat le record du monde des 100 km sur piste en 3 h 34'9".

1886

21 février : « L'Internationale bicycles » de Bordeaux - 1. C. Terront; 2. Éole; 3. Boyer.

18 mars : Inauguration de l'exposition des bicycles, tricycles et accessoires au Speedwell Show de Birmingham.

17 avril : Championnat du monde des 20 miles à Leicester - 1. Howell (G.-B.) en 1 h 9'5"; 2. Duncan; 3. Lees (G.-B.) m.t.

24 avril : Championnat du monde des 50 miles (80,450 km) à Leicester - 1. Duncan en 2 h 49'35"; 2. Lees (G.-B.) à 5"; 3. Dubois m.t.

9 mai : Match-défi en tricycles entre Bordeaux et Pau - Éole l'emporte sur Baby.

6 juin : Championnat de France de tricycles à Montpellier - 1. Éole en 11'29"; 2. Médinger; 3. Boyer.

4 juillet : Championnat de France. Bicycles, 10 000 m à Agen - 1. Duncan; 2. C. Terront à 4"; 3. Charron m.t.

4-9 juillet : L'Anglais G.A. Mills, en bicycle, bat le record de vitesse entre Land's end et John O'Groats (les deux extrémités de l'Angleterre), 1385 km en 5 jours 1 h 45'.

12-17 août : Le Français Baby bat le record de Pau à Calais (1030 km) en tricycle en 5 jours et 10 heures.

28 août : L'Anglais Potter bat le record des 50 miles (80,467 km) à Surbiton en 2 h 41'40".

3 octobre : Premier tour du lac Léman (180 km) - 1. Parent en 8 h 40'30"; 2. Bruel à 2'30"; 3. Muller à 18'.

17 octobre : Championnat de France. Bicycles, 100 km - 1. De Civry en 4 h 3'33"; 2. Dubois; 3. C. Terront.

1887

8 mai : Course internationale de Bordeaux. Bicycles, 5 km : 1. Loste en 9'43"; 2. C. Terront à 5". 3. Éole m.t. Tricycles, 5 km : 1. Laulan en 7'9"; 2. Loste à 20"; 3. Boyer m.t.

15 mai : Championnat de France. Tricycles, 5 km à Cognac - 1. Laulan en 10'48"; 2. Loste à 30"; 3. Charron à 1'.

19 mai : Course d'Angers. Monocycles, 1450 m - 1. Cottereau en 3'22"; 2. Grand'homme à 8".

12 juin : Championnat de France de vitesse (3000 m) à Lyon - 1. Médinger; 2. Loste; 3. Éole.

6-7 juillet : Rousset bat le record des 500 km avec entraîneurs en 38 heures.

4 septembre : Championnat de France (100 km) à Paris - 1. De Civry en 5 h 22'5"; 2. C. Terront m.t.; 3. Dubois m.t.

24 décembre : Championnat du monde de 100 miles (160 km) à Birmingham - 1. C. Terront en 5 h 58'20"; 2. Robb (G.-B.), abandon au 68e mile; 3. Young (G.-B.), abandon à mi-course.

1888

28 février : John B. Dunlop invente le pneumatique.

10 mai : Course internationale d'Angers. Bicycles, 5700 m - 1. C. Terront en 11'29"; 2. Dubois; 3. Médinger. Tricycles, 2850 m - 1. Médinger et Laulan ex-aequo; 3. C. Terront.

26 mai : Inauguration de l'exposition de cycles de Bordeaux.

1er juillet : Championnat de France de vitesse à Pau - 1. Chéreau; 2. Loste; 3. Béconnais m.t.

29 juillet : Prix de San-Sébastian (Espagne). Bicycles, 4000 m - 1. Loste; 2. Béconnais; 3. C. Terront m.t.

25 août : Inauguration du vélodrome de San-Sébastian.

31 août : À Long Eaton, l'Anglais Herbert Laurie, sur une bicyclette, bat le record du monde de l'heure derrière entraîneurs, avec 33,909 km.

2 septembre : Championnat de France de fond (100 km) autour de l'hippodrome de Longchamp - 1. C. Terront en 3 h 28'15" (bicycle); 2. Cottereau à 6' (bicycle); 3. Médinger à 10' (bicyclette).

16 septembre : Championnat de France de 50 km (tricycles) sur la piste de Saint-James à Paris - 1. Fol en 1 h 50'50"; 2. Béconnais m.t.; 3. Vasseur à 1".

18 novembre : Championnat de France de vitesse. Tricycles, 5000 m à Bordeaux - 1. Cottereau en 9'40"; 2. Loste à 20"; 3. Lanavère à 30".

1889

12 mai : Course internationale de Cognac. Bicycles et bicyclettes, 5000 m - 1. Laulan (bicyclette) en 9'24"; 2 Charron (bicycle); 3. Dubois (bicycle).

2 juin : Course de 4 heures d'Angers - 1. Chéreau; 2. C. Terront; 3. Béconnais tous avec 105,650 km.

23 juin : Le Véloce-Club bordelais lance son pari mutuel à l'occasion d'un match à quatre.

23 juin : Le championnat de France de vitesse est annulé car la piste de Versailles a été envahie par le public, mécontent de l'organisation.

24-31 août : Maurice Martin parcourt les 720 km de Bordeaux à Paris en 7 jours 3 h 30'.

1er septembre : Championnat de France de fond; Bicycles, 100 km à Longchamp - 1. C. Terront en 3 h 40' 20"; 2. Dervil à 5"; 3. Béconnais à 15".

2 septembre : Course de 24 heures sur la route de North Road (Angleterre) - 1. Holbein (G.-B.) 323 miles (517 km) record du monde battu; 2. Shorland à 31 miles; 3. Rae (G.-B.) à 93 milles.

13 octobre : Championnat de France de fond. Tricycles, 50 km à Paris (Saint-James) - 1. Allard en 1 h 55'35"; 2. Mello à 2"; 3. Échalié.

1890

25 juin : L'Anglais Shorland parcourt les 173,700 km entre Londres et Brighton, aller et retour, en 7 h 19'.

30 juin : Match entre bicycles et bicyclettes à Paddington (1 mile) - 1. Osmond (bicycle); 2. Synyer (bicycle); 3. Sansom (bicyclette); 4. Leitch (bicyclette).

10 août : Championnat de France de vitesse. Tricycles, 10000 m à Grenoble - 1. Cottereau en 21'9"; 2. Charron m.t.; 3. Lambretch à 5".

31 août : Championnat de France de fond. Bicycles, 100 km à Longchamp - 1. Béconnais en 3h 44'20"; 2. De Mello à 1"; 3. Dubois à 3".

14 septembre : Championnat de France de vitesse. Bicycles, 10000 m à Cognac - 1. Cottereau en 19'26"; 2. Médinger à 7"; 3. Chéreau m.t.

17 septembre : L'Anglais Harry Parsons bat le record du monde de l'heure avec entraîneurs sur la piste de Paddington à Londres avec 35,971 km.

4 octobre : Publication dans *Le Figaro* d'un article à sensation de Pierre Giffard sur la « reine Bicyclette ».

27 octobre : Championnat de France de fond. Tricycles, 50 km à Paris (Saint-James); deux partants - 1. Fol en 2 h 19'18"; 2. Anthony.

1891

23 mai : Premier Bordeaux-Paris (réservé aux amateurs) - 1. Mills (G.-B.), les 577 km en 26 h 34' 57"; 2. Holbein (G.-B.) à 1 h 16'; 3. Edge (G.-B.) à 3 h 21'.

21 juin : Championnat de France de vitesse. Bicycles, 5000 m à Agen - 1. Médinger en 9'31"; 2. Cassignard à 5"; 3. Béconnais m.t.

28 juin : Championnat de France de tricycles à Montélimar - Victoire de Ferdinand Charron.

Juillet : Les frères Michelin inventent le pneumatique « démontable » qui sera utilisé pour la première fois en course par Charles Terront, lors de Paris-Brest-Paris.

15 juillet : L'Anglais Robert Ede bat le record du monde de l'heure avec entraîneurs au Herne Hill de Londres avec 36,626 km.

21 août : Mlle Jörgensen parcout 252,322 km en 11 h 49'.

6-9 septembre : Premier Paris-Brest-Paris, organisé par *Le Petit Journal*. L'épreuve deviendra décennale. 1. C. Terront couvre les 1200 km en 2 jours 23 h 22'; 2. Jiel-Laval à 7 h 40'; 3. Coullibeuf à un jour.

1er octobre : Le Français Jules Dubois bat le record du monde des 100 km avec entraîneurs sur la piste de Buffalo à Paris, en 3 h 3' 52".

3 octobre : Paris-Beauvais-Dieppe-Rouen-Paris - 1. Vigneaux ; 2. Rouxel m.t.

25-31 octobre : Course de Six Jours à New York - Victoire de l'Irlandais Martin.

1892

14 mai : Bordeaux-Paris (avec la présence des professionnels) - 1. Stéphane parcourt les 572 km en 25 h 37' ; 2. Vignaux à 41' ; 3. Hoden à 3 h 28'.

▸ **6 juin** : La course Michelin Paris-Clermont-Ferrand - 1. Farman couvre les 400 km en 8 h 58' ; 2. Corre à 16' ; 3. Hoden à 36'.

6 juin : Championnat de France de vitesse. Bicycles, 5000 m à Bayonne - 1. Béconnais en 9'12" ; 2. Cassignard ; 3. Anthony.

▸ **4 juillet** : Paris-Nantes-Paris - 1. Allard en 64 h 1' ; 2. Meyer à 1h 54' ; 3. Robin à 12 h 43'.

16 juillet : Le Français Stéphane bat le record du monde des 24 heures, sur la piste de Buffalo, en parcourant 631,811 km.

▸ **23 juillet** : Première Cuca Cocoa cup (course de 24heures) au Herne Hill de Londres - 1. Shorland 665,993 km (record du monde battu) ; 2. James (G.-B.) à 11 km ; 3. Walsh (G.-B.) à 47 km.

4 septembre : Championnat de France. Tricycles, 5000 m à Jarnac - 1. Cassignard en 9'45" ; 2. Échalié à 1" ; 3. Tart m.t.

9 septembre : Le Français Florent Reboul bat le record des 100 km avec entraîneurs en 2 h 53'46".

15 septembre : Stéphane bat le record du monde des 24 heures avec entraîneurs sur la piste de Buffalo.

▸ **18 septembre** : Match-défi à Buffalo sur 1000 m et 10000 m - Victoire dans les deux manches de Fournier sur Cassignard.

23 septembre : Le Français Jules Dubois bat le record du monde de l'heure avec entraîneurs sur la piste de Buffalo à Paris, avec 39,707 km.

25 septembre : Toulouse-Bordeaux-Toulouse - 1. Nicodémi, les 502 km en 24 h 9' ; 2. Robin à 1 h 54' ; 3. Joyeux à 2 h 21'.

6 octobre : Championnat de France de fond. 100 km - 1. Farman en 3 h 18' 21" ; 2. Dubois à 10" ; 3. Nicodémi à 15".

6 novembre : Championnat de France. Tricycles, 50 km à Buffalo - 1. Cassignard en 1 h 54' 26" ; 2. Échalié ; 3. Médinger.

1er décembre : Numéro un du quotidien *Le Vélo* fondé par Pierre Giffard.

1893

▸ **24-26 février** : Grand match à bicyclette sur 1000 km (palais des Machines) : Charles Terront bat Jules Corre de 9,2 km.

11 mai : Henri Desgrange parcourt 35,325 km en une heure sur la piste du Buffalo à Paris. C'est le premier vrai record de l'heure (sans entraîneur motocyclé) homologué.

22 mai : Inauguration du vélodrome de Bruxelles.

28 mai : Bordeaux-Paris - 1. Cottereau (Fr.) ; 2. Stéphane (Fr.) m.t. ; 3. Corre (Fr.) à 2 h 12.

29 juin : Turin-Milan - 1. Airaldi (It.).

30 juin : Vienne-Berlin - 1. Fischer (All.) ; 2. Sorge ; 3. Gergei. L'une des plus anciennes courses internationales qui disparaîtra après la guerre.

30 juin-6 juillet : Perrodil et Farman battent le record Paris-Madrid (1440 km), en 7 jours 13 h.

▸ **7 juillet** : À Buffalo, Mlle de Saint-Sauveur bat le record de l'heure sans entraîneur. (26,12 km).

▸ **15 août** : Paris-Bruxelles - 1. André (Bel.) ; 2. Delbecq (Bel.) à 34' ; Augenault (Fr.) à 1 h 58'. Le vainqueur fut reçu en grande pompe par le roi Léopold II. Malgré son titre, une course qui n'est jamais vraiment partie de Paris et jamais arrivée à Bruxelles avant 1930 !

27 août : Inauguration du vélodrome de la Seine à Levallois. Championnat de France de vitesse (vélodrome de la Seine) - 1. Cassignard ; 2. Médinger ; 3. Barras.

17 septembre : Course de 24 heures à Buffalo - 1. Lesna (696,518 km), 2. Rivierre à 42 km ; 3. Corre à 72 km.

▸ **27 septembre-11 octobre** : Charles Terront roule 14 jours entre Saint-Pétersbourg et Paris.

28 septembre : Cassignard meurt des suites d'une chute de cheval.

8 octobre : Championnat de France. 100 km - 1. Louvet ; 2. Fournier ; 3. Fossier.

1894

▸ **6 janvier** : Match sur 1000 km avec entraîneurs (vélodrome des Arts libéraux). Stéphane bat Corre.

6-7 janvier : Match défi de 1000 km (vélodrome d'Hiver). Stéphane bat Corre de 172 km. Le record des 1000 km est porté à 39 h 28' 8".

10 janvier : Inauguration du premier Salon du cycle, salle Wagram à Paris.

22 avril : Rennes-Brest-Rennes - 1. Jean Allard (Fr.) ; 2. Joncourt (Fr.) à 29' ; 3. Waller (E.-U.) à 49'.

15 mai : Milan Turin - 1. Sauli (It.) ; 2. Toesca (It.) à 8' ; 3. Masetti (It.) à 1 h 2'.

▸ **20 mai** : Bordeaux-Paris : 1. Lesna (Fr.) ; 2. Lucas (G.-B.) ; 3. Sansom (G.-B.).

▸ **23 juin** : Bol d'or de Buffalo - 1. Huret (Fr.) 736,946 km ; 2. Meyer (Dan.) à 9 km ; 3. Rivierre (Fr.) à 40 km.

1er juillet : Match-défi au vélodrome de Bruxelles. Le Wallon Houben bat Zimmermann.

22 juillet : Paris-Spa - 1. Stéphane (Fr.) 2. Williams à 30" ; 3. Garin (Fr.) à 1 h 24'

▸ **28 juillet** : La Cuca Cocoa Cup (Herne Hill de Londres) - 1. Shorland (G.-B.) 741,390 km en 24 heures ; 2. Petersen à 46 km ; 3. Chapple à 58 km.

28 juillet : Grand Prix de Paris - 1. Banker (E.-U.) ; 2. Delansorne (Fr.) ; 3. Barras.

▸ **29 juillet** : Lyon-Paris-Lyon - 1. Rivierre (Fr.) ; 2. Meyer à 5 h 4' ; 3. Joyeux (Fr.) à 5 h 20'.

19 août : Inauguration du vélodrome de l'Est, porte de Charenton.

19 août : Championnat de France de vitesse (vélodrome de la Seine) - 1. Farman ; 2. Médinger ; 3. Anthony.

26 août : Paris-Dinan - 1. André (Bel.) ; 2. Waller (E.-U.) à 10' ; 3. Meyer (Fr.) à 1 h.

10 septembre : Grand Prix de l'UVF - 1. Zimmerman (E.-U.) ; 2. Banker (E.-U.) ; 3. Edwards.

31 octobre : Jean Dubois établit un nouveau record de l'heure sans entraîneurs (38,220 km).

3 novembre : À Bordeaux, le Britannique Arthur Linton bat le record de l'heure (45,435 km) derrière trois tandems et deux triplettes.

1895

27 janvier : Match-défi - Houben bat Fournier.

▸ **3 février** : Les 24 heures du Champ de Mars - 1. M. Garin (Fr.) 701,180 km ; 2. Williams à 49 km ; 3. Rodgers à 161 km.

15 avril : Le grand Zimmermann se marie à New York.

▸ **26 avril** : Henri Desgrange bat le record des 100 km en tricycle en 3 h 52' 7".

▸ **27 avril** : Le sprinter français Paul Médinger est assassiné par sa femme.

▸ **12 mai** : Bordeaux-Paris - 1. Meyer (Dan.) ; 2. Gouot (Fr.) ; 3. D'Albez (Fr.).

▸ **17 juin** : Bol d'or de Buffalo - 1. Huret (Fr.) ; 2. Lewis (G.-B.) ; 3. Rivierre (Fr.).

23 juin : Paris-Besançon - 1. Guignard ; 2. Simonnet (Fr.) ; 3. Corre (Fr.)

7 juillet : À Buffalo, le Belge Murice Van den Eynde bat le record du kilomètre (départ arrêté) sans entraîneur en 1'29".

28 juillet : Gaston Rivierre bat le record du monde des 24 heures avec 842,613 km, à Bordeaux.

1er août : Jean Gougoltz bat le record du kilomètre (départ lancé) sans entraîneur en 1'15"3/100.

17 août : Championnats du monde sur piste (Cologne) - Vitesse : Protin (Bel.). Demi-fond : Michael (G.-B.)

8 septembre : Grand Prix de l'UVF - 1. Banker (E.-U.) ; 2. Morin (Fr.) ; 3. Bourillon (Fr.).

29 septembre : Championnat de France. 100 km, vélodrome de la Seine - 1. Lesna ; 2. Lartigue ; 3. Siollac.

13 octobre : Grand Prix de Paris de vitesse (Vincennes). 1. Morin (Fr) ; 2. Bourrillon (Fr.). 3. Banker (E.-U.).

1896

8-16 avril : Jeux olympiques d'Athènes. 100 km avec entraîneurs - 1. Flameng (Fr.). 2 km : P. Masson (Fr.). 10 km : P. Masson (Fr.). Tour de piste : P. Masson (Fr.). Course de Marathon : Constantinides (G.-B.). 12 heures : Schmall (Aut.).

▸ **19 avril** : Paris-Roubaix - 1. Fischer (All.) ; 2. Meyer (Dan.) ; 3. M. Garin (Fr.). Première édition de « l'épreuve pascale » jadis considérée comme la véritable course d'ouverture de la saison.

▸ **20 avril** : Paul, dit Tristan, Bernard crée le Brassard-rente à Buffalo.

17 mai : Paris-Tours - 1. Prévost (Fr.) ; 2. Ouzou (Fr.) ; 3. Bouvet (Fr.).

▸ **24 mai** : Bordeaux-Paris - 1. Linton (G.-B.) et Rivierre (Fr.) ex-aequo ; 3. Thé (Fr.).

31 mai : Jaap Eden bat Jacquelin et reprend le brassard n°1 au vélodrome de la Seine.

▸ **27 juin** : Bol d'or de Buffalo - 1. Rivierre (Fr.) ; 2. Williams (Fr.) ; 3. Buffel (Fr.).

12 juillet : Grand Prix de Paris de Vitesse (Vincennes) - 1. Morin (Fr.) ; 2. Jacquelin (Fr.) ; 3. Jaap Eden (P.-B).

19 juillet : Championnat de France de vitesse (vélodrome de la Seine). - 1. Jacquelin ; 2. Mercier ; 3. Bourrillon.

23 juillet : Le *stayer* gallois Arthur Linton meurt victime d'une fièvre thyphoïde.

16-17 août : Championnats du monde sur piste (Copenhague). Vitesse : Bourillon (Fr.). Demi-fond : Chase (G.-B.).

28 août : Paris- Cabourg - 1. Dubois (Fr.) ; 2. Clovis (Fr.) ; 3. Willaume (Fr.).

30 août : Paris-Mons - 1. M. Garin (Fr.) ; 2. Frederick (Sui.) ; 3. Gilbert (Fr.).

3 octobre : Au Crystal Palace de Londres, l'Anglais Jack Stocks franchit pour la première fois la barre des 50 km (50,389) dans l'heure derrière entraîneurs.

25 octobre : Championnat de France. 100 km, Roubaix - 1. Baugé ; 2. Williams ; 3. Taylor.

7-13 décembre : Course de Six Jours à New York 1. Hale ; 2. Rice ; 3. Reading.

• Départ de la « Course de huit jours» en 1894, au vélodrome d'Hiver à Paris.

1897

17 janvier : Match-défi au vélodrome des arts libéraux. Bourrillon bat Morin.

20 février : Henri Desgrange propose un pari mutuel sur les vélodromes.

➧ **28 février** : Match-défi au Vel'd'Hiv': Champion bat Linton.

➧ **17 avril** : Paris-Roubaix - 1. M. Garin (Fr.) ; 2. Cordang (P.-B.) ; 3. Frédérick (Sui.).

16 mai : Bordeaux-Paris - 1. Rivierre (Fr.) ; 2. Cordang (P.-B.) ; 3. Meyer (Dan.).

20 juin : Championnat de France de vitesse (vélodrome de la Seine) - 1. Bourrillon ; 2. Nossam ; 3. Piette.

27 juin : Bol d'or de Paris - 1. Stein (Fr.) ; 2. Arlès (Fr.) ; 3. Chevogeon (Fr.).

11 juillet : Grand Prix de Paris de vitesse (Vincennes) -1. Morin (Fr.) ; 2. Nossam (Fr.) ; 3. Bourrillon (Fr.) ;

30 juillet : Le Belge Van den Eynde bat le record de l'heure (39,240 km) sans entraîneurs, au vélodrome municipal de Vincennes.

30-31 juillet : Championnat du monde sur piste (Glasgow) - Vitesse : Arend (Fr.) Demi-fond : Stocks (G.-B.).

14-15 août : Les 24 heures d'Auteuil - 1. Huret (Fr.) bat le record avec 909,27 km.

23 août : Paris-Cabourg : 1. M. Garin (Fr.) ; 2. Dubois (Fr.) ; 3. Muller (Fr.).

1898

10 avril : Paris-Roubaix - 1. M. Garin (Fr.) ; 2. Stéphane (Fr.) ; 3. Wattelier (Fr.).

15 mai : Bordeaux-Paris - 1. Rivierre (Fr.) ; 2. M. Garin (Fr.) ; 3. Robl (All.).

27 juin : Championnat de France de vitesse (vélodrome de la Seine) - 1. Morin ; 2. Domain ; 3. Nieuport.

3 juillet : Grand Prix de l'UVF - 1. Deschamps (Fr.) ; 2. Grogna ; 3. Parlby.

Bol d'or (Roubaix) - 1. Huret (Fr.) ; 2. Robl (All.) ; 3. Stein (Fr.).

5 juillet : À Philadelphie, le Britannique Edouard Taylor bat le record de l'heure (54,045 km) derrière de multiples machines.

9 juillet : L'Américain Hamilton est le premier coureur à dépasser la barre des 40 km dans l'heure sans entraîneurs (40,781 km) ; record établi à Denver.

17 juillet : Championnat de France (100 km) au Parc des Princes - 1. Bouhours ; 2. Baugé ; 3. Digeon.

26 juillet : Match sur 25 miles avec entraîneurs (New York) ; Michael bat Tom Linton.

31 juillet : Grand Prix de Paris de vitesse (Vincennes) - 1. Bourillon (Fr.) ; 2. Meyers (PB) ; 3. Broka.

➧ **12-15 août** : Les 72 heures (Parc des Princes) - 1. Miller (Fr.) ; 2. Frédérick (Fr.) ; 3. Joyeux (Fr.).

11 septembre : Championnats du monde sur piste (Vienne). Vitesse : Banker (E.-U.). Demi-fond : Walker (G.-B.).

5-10 décembre : Course de Six Jours à New York - 1. Miller ; 2. Waller ; 3. Pierce.

1899

➧ **2 avril** : Paris-Roubaix - 1. Champion (Fr.) ; 2. Bor (Fr.) ; 3. A. Garin (Fr.).

3 avril : Grand Prix de Pâques de vitesse (Parc des Princes) - 1. Grogna (Fr.) ; 2. Banker ; 3. Parlby.

➧ **7-11 mai** : Les 100 heures de Roubaix - 1. Miller (Fr.) ; 2. Fischer (All.) ; 3. Chevalier (Fr.)

28 mai : Bordeaux-Paris - 1. Huret (Fr.) ; 2. Fischer (All.) ; 3. M. Garin (Fr.).

25 juin : Grand Prix de Paris de vitesse (Vincennes) - 1. Tommaselli (It.) ; 2. Meyers (P.-B.) ; 3. Momo (It.).

9 juillet : Bol d'or (Parc des Princes) - 1. Walters (G.-B.) ; 2. Thé (Fr.) ; 3. M. Garin (Fr.).

16 juillet : Championnat de France de vitesse au Parc des Princes - 1. Bourrillon ; 2. Courbe ; 3. Nossam.

23 juillet : Championnat de France (100 km) au Parc des Princes - 1. E. Taylor ; 2. Bouhours ; 3. Baugé.

10 août : Championnats du monde sur piste (Montréal). Vitesse : Major Taylor (E.-U.). Demi-fond : Gibson (Can.).

8 octobre : Match d'une heure avec entraîneurs (Parc des Princes). Tom Linton bat E. Taylor.

4-10 décembre : Les premiers Six Jours de New York. Victoire de Miller-Waller.

1900

➧ **22 avril** : Paris-Roubaix - 1. Bouhours (Fr.) ; 2. Fischer (All.) ; 3. M. Garin (Fr.).

10 juin : Bordeaux-Paris - 1. Fischer (All.) ; 2. M. Garin (Fr.) ; 3. A. Garin (Fr.).

24 juin : Jeux olympiques de Paris. 1000 m : Taillendier (Fr.).

8 juillet : Championnat de France de vitesse (Parc des Princes) - 1. Jacquelin ; 2. Domain ; 3 Prévot.

22 juillet : Championnat de France (100 km) au Parc des Princes - 1. Bouhours ; 2. Baugé ; 3. Léonard.

➧ **15 août** : Championnats du monde sur piste (Paris). Vitesse : Jacquelin (Fr.).

19 août : Demi-fond : Huret (Fr.). Tandem : Meyers-Tommaselli.

16 septembre : Bol d'or (Vincennes) - 1. Cordang (P.-B.) 2. M. Garin (Fr.) ; 3. Robl (All.).

9 décembre : Championnat des tricycles porteurs - 1. Lorgeou (Fr.) ; 2. Hibon (Fr.) ; 3. Porcheray (Fr.).

10-16 décembre : Six Jours de New York. Victoire de Elkers-Mac Farland

1901

7 avril : Paris-Roubaix - 1. Lesna (Fr.) ; 2. A. Garin (Fr.) ; 3. Itsweire (Fr.).

21 avril : Réunion du Parc des Princes. Course de 50 miles - 1. Tom Linton (G.-B.) ; 2. Bouhours (Fr.) ; 3. Simar (Fr.).

4 mai : Bordeaux-Paris - 1. Lesna (Fr.) ; 2. Aucouturier (Fr.) ; 3. Fischer (Fr.).

16 mai : Réunion au Parc des Princes. Jacquelin bat Major Taylor en trois manches.

30 juin : Paris-Tours - 1. Fischer (Fr.) ; 2. Lorgeou (Fr.) ; 3. Wattelier (Fr.).

14 juillet : Championnats du monde sur piste (Berlin). Vitesse : Ellegaard (Dan.). Demi-fond : Robl (All.)

15 août : Paris-Brest-Paris - 1. M. Garin (Fr.) ; 2. Rivierre (Fr.) à 1 h 45' ; 3. Aucouturier (Fr.).

6 octobre : Championnat de France de vitesse - 1. Jue ; 2. Bourotte ; 3. Jacquelin. Championnat de France des 50 km - 1. Ruinart ; 2. Bourotte ; 3. Gougoltz.

13 octobre : Championnat de France des 100 km - 1. Bourotte ; 2. Jue ; 3. Bruni.

3 novembre : Réunion au Parc des Princes, 80 km avec entraîneurs. Michael bat Robl.

9-15 décembre : Six Jours de New York. Victoire de Walthour- Mac Eackern.

1902

2 mars : Championnat de France de cross cyclo-pédestre : De Baeder.

30 mars : Paris-Roubaix - 1. Lesna (Fr.) ; 2. Wattelier (Fr.) ; 3. A. Garin (Fr.).

6 avril : Inauguration du nouveau vélodrome de Buffalo, à Neuilly.

6 avril : Grand Prix de Pâques de vitesse au Parc des Princes - 1. Jacquelin (Fr.) ; 2. Ellegaard (Dan.) ; 3. Heller.

8 mai : Match-défi. Victoire de Jacquelin (Fr.) sur Lawson (E.-U.).

13 mai : L'Allemand Robl bat le record de l'heure derrière tandems à pétrole (72,353 km).

18 mai : Marseille-Paris - 1. Lesna ; 2. Muller à 7heures.

31 mai-1er juin : Bordeaux-Paris - 1. Wattelier (Fr.) ; 2. Frédérick (Sui.) ; 3. A. Garin (Fr.). Course organisée par *Vélo*. Une deuxième course fut organisée les 26 et 27 juillet, par *L'Auto-Vélo*, et remportée par Maurice Garin, devant Lesna et Muller.

15 juin : Championnats du monde sur piste (Rome). Vitesse : Ellegaard (Dan.). Demi-fond : Robl (All.).

29 juin : Grand Prix de Paris de vitesse - 1. Meyers (P.-B.) ; 2. Grogna ; 3. Ellegaard (Dan.).

13 juillet : Bol d'or (Buffalo) - 1. Huret (Fr.) ; 2. Petit-Breton (Fr.) ; 3. Fischer (Fr.).

27 juillet : Edmond Jacquelin bat le record de l'heure derrière moto avec 73,350 km.

10 août : Paris-Rennes - 1. Trousselier (Fr.) ; 2. Frederick (Fr.) ; 3. Aucouturier (Fr.).

7 septembre : Course de l'heure au Parc des Princes. Victoire de Michael.

28 septembre : Match au Parc des Princes. Jacquelin bat Zimmermann (E.-U.) et Bald (E.-U.).

9-15 décembre : Six Jours de New York. Victoire de Leander-Floyd Krebs.

1903

19 janvier : Henri Desgrange annonce dans *L'Auto* la création de « la plus grande course du monde entier » : le Tour de France.

3 mars : Championnat de France de cross cyclo-pédestre : Seigneur.

12 avril : Paris-Roubaix - 1. Aucouturier (Fr.) ; 2. Chapperon (Fr.) ; 3. Trousselier (Fr.).

19 avril : Grand Prix de Buffalo de vitesse - 1. Ellegaard (Dan.) ; 2. Meyers (P.-B.) ; 3. Piard (Fr.).

10 mai : Bordeaux-Paris - 1. Aucouturier (Fr.) ; 2. L. Georget (Fr.) ; 3. Pasquier (Fr.).

24 mai : Milan-Turin - 1. Gerbi (It.) ; 2. Minuti (It.) ; 3. Bossignol (It.).

30 mai : L'Américain Harry Elkes se tue sur la piste de Boston lors d'une course de demi-fond.

21 juin : Grand Prix de Paris (vitesse) - 1. Meyers (P.-B.) ; 2. Schilling (P.-B.) ; 3. Bixio(It.).

1er-19 juillet : Tour de France
1re étape, Paris-Lyon : M. Garin (Fr.)
2e étape, Lyon-Marseille : Aucouturier (Fr.)
3e étape, Marseille-Toulouse : Aucouturier
4e étape, Toulouse-Bordeaux : Laeser (Sui.)
5e étape, Bordeaux-Nantes : M. Garin
6e étape, Nantes-Ville d'Avray : M. Garin
Classement final : 1. M. Garin (Fr.-La Française) ; 2. Pothier (Fr.) à 2 h 41' ; 3. Augereau (Fr.) à 4 h 29' ; 4. Muller (Fr.) à 4 h 39' 5. Fischer (Fr.) à 5 h 07'
Le premier Tour imaginé par Henri Desgrange, le directeur de *L'Auto*, ne comporte encore que six étapes et environ 2 000 km.

5 juillet : Pour la troisième fois en un an, Henri Contenet bat le record de l'heure derrière moto, avec 78,360 km.

26 juillet : Paris-Valenciennes - 1. Pagie (Fr.) ; 2. Aucouturier (Fr.) ; 3. Chapperon (Fr.).

23 août : Bruxelles-Liège - 1. Cadolle (Fr.) ; 2. Lumey (P.-B.) ; 3. Servais (Bel.). Organisé par le journal belge *Les Sports*, Bruxelles-Liège est considéré comme le Derby des indépendants. Son vainqueur est assuré d'un contrat professionnel pour la saison suivante.

23 août : Championnat du monde sur piste (Copenhague) - Vitesse : Ellegaard (Dan.).

16 août : Demi-fond : Dickentmann (P.-B.)

24 août : Le Bol d'or - 1. L. Georget (Fr.) 2. Pottier (Fr.) 3. Lombard (Bel.).

13 septembre : Grand Prix de la République de vitesse (Parc des Princes) - 1 Ellegaard (Dan.) ; 2.Van den Born (Bel.) ; 3. Jenkins (G.-B.)

27 septembre : Les Huit Jours (Buffalo) - 1. Gougoltz (Fr.) ; 2. Petit-Breton (Fr.) ; 3. É. Georget (Fr.).

7-13 décembre : Six jours de New York. Victoire de Walthour-Monroe.

1904

6 mars : Course de 1000 km au Vel'd'Hiv' - 1. Muller (Fr.) ; 2. Beaugendre (Fr.) ; 3. Jaeck.

3 avril : Paris-Roubaix - 1. Aucouturier (Fr.) ; 2. Garin (Fr.) ; 3. Pothier (Fr.).

4 avril : Grand Prix de Pâques de vitesse (Parc des Princes) - 1. Meyer (P.-B.) ; 2. Mayer (All.) ; 3. Ellegaard (Dan.).

8 mai : Grand Prix de la République de vitesse (Vel'd'Hiv').- 1 Rutt (All.) ; 2. Schilling (G.-B.) ; 3. Mayer (All.).

29 mai : Bordeaux-Paris - 1. Augereau (Fr.) ; 2. Dargassies (Fr.) ; 3. Fleury (Fr.).

25 juin : Grand Prix cycliste de Paris - 1. Mayer (All.) ; 2. Rutt (All.) ; 3. Ellegaard (Dan.)

2-24 juillet : Tour de France
1re étape, Paris-Lyon : Frederick (M. Garin)
2e étape, Lyon-Marseille : Faure (Aucouturier)
3e étape, Marseille-Toulouse : Cornet (Aucouturier)
4e étape, Toulouse-Bordeaux : Beaugendre (Pothier)
5e étape, Bordeaux-Nantes : Dortignacq (Aucouturier)
6e étape, Nantes-Paris : Cornet (Aucouturier)
Entre parenthèses, les noms des coureurs déclassés de la première place.
Classement final : 1. Cornet (Fr.) 2. Dortignacq (Fr.) ; 3. Catteau (Fr.) ; 4. Dargassies (Fr.) ; 5. Maitron (Fr.).
Ce Tour faillit être le dernier. Il fut émaillé de manifestations et d'agressions sur les coureurs ainsi que de multiples irrégularités. Le 30 novembre finalement, l'UVF disqualifie plusieurs coureurs dont les quatre premiers (Maurice Garin, Pothier, César Garin et Aucouturier) pour « violation des règlements ». Henri Cornet, initialement 5e, remporte le Tour sur tapis vert. Il reste le plus jeune (20 ans) vainqueur de l'épreuve. Lors de la dernière étape, victime d'une crevaison, il parcourt 35 km à plat.

Août : Jeux olympiques de Saint-Louis - 5000 m : Verri (It.). Tandem : Mathews-Rushen (G.-B.). Tour de piste : Verri (It.). 20 km : Petit (G.-B.). 80 km sur route : Vast (Fr.).

14 août : Paris-Dieppe - 1. Lecuyer (Fr.) ; 2. Cadolle (Fr.) ; 3. Garrigou (Fr.).

21 août : Le *stayer* Georges Lander fait une chute mortelle sur la piste du Parc des Princes

10 septembre : Championnat du monde sur piste (Londres) - Vitesse : Lawson (E.-U.). Demi-fond : Walthour (E.-U.).

12 novembre : Charles Brecy se tue dans sa tentative de record de l'heure derrière moto au Parc des Princes.

15 novembre : Au Parc des Princes, Louis Darragon bat le record de l'heure derrière moto, avec 87,859 km.

27 novembre : Le *stayer* Jimmy Michaël meurt des suites d'une crise de delirium tremens.

3-9 décembre : Six Jours de New York. Victoire de Rott-Borlan.

1905

25 février : Championnat de France de cross cyclo-pédestre : Frère.

12 avril : Guignard bat le record de l'heure derrière moto (89,904 km) au Parc des Princes.

23 avril : Paris-Roubaix - 1. Trousselier (Fr.) ; 2. Pottier (Fr.) ; 3. Cornet (Fr.).

21 mai : Bordeaux-Paris - 1. Aucouturier (Fr.) ; 2. Pottier (Fr.) ; 3. Cornet (Fr.).

25 juin : Grand Prix de Paris de vitesse (Vincennes) - 1. Kramer (E.-U.) ; 2. Poulain (Fr.) ; 3. Mayer (All.).

2 juillet : Championnat de France des 100 km (Parc des Princes) - 1. Guignard.

9-30 juillet : Tour de France
1re étape, Paris-Nancy : Trousselier (Fr.)
2e étape, Nancy-Besançon : Aucouturier (Fr.)
3e étape, Besançon-Grenoble : Trousselier
4e étape, Grenoble-Toulon : Aucouturier
5e étape, Toulon-Nîmes : Trousselier
6e étape, Nîmes-Toulouse : Dortignacq (Fr.)
7e étape, Toulouse-Bordeaux : Trousselier
8e étape, Bordeaux-La Rochelle : Aucouturier
9e étape, La Rochelle-Rennes : Trousselier
10e étape, Rennes-Caen : Dortignacq
11e étape, Caen-Paris : Dortignacq
Classement final : 1. Trousselier (Fr.-Peugeot) ; 2. Aucouturier (Fr.) ; 3. Dortignacq (Fr.) ; 4. Georget (Fr.) ; 5. Petit-Breton (Fr.). Classement par points tenant compte des temps (système de malus d'un point par fraction de 5'). Pour la première fois, le Tour fait une incursion dans les Vosges (Ballon d'Alsace) et dans les Alpes.

23 juillet : Championnats du monde sur piste (Anvers) - Vitesse : Poulain (Fr.). Demi-fond : Walthour (E.-U.).

13 août : Paris-Dieppe - 1. Garrigou (Fr.) ; 2. Passerieu (Fr.) ; 3. Cadolle (Fr.).

24 août : Nouveau record de l'heure établi par Lucien Petit-Breton à Buffalo (41,110 km).

27 août : La Roue d'or (Buffalo). Victoire de Walthour (E.-U.).

23 septembre : Bol d'or (Buffalo) - 1. Vanderstuyft (Bel.) ; 2. Dortignacq (Fr.) ; 3. Butler (E.-U.).

12 novembre : Tour de Lombardie - 1. Gerbi (It.) ; 2. Rossignoli (It.) ; 3. Ganna (It.).

4-10 décembre : Six Jours de New York. Victoire de Rott-Foyler.

1906

4 mars : Course de 24 heures (Vel'd'Hiv') - 1 Bouhours (Fr.) ; 2. Vanderstuyft (Bel.) ; 3. Contenet (Fr.).

18 mars : Championnat de France de cross cyclo-pédestre : 1. Dupont ; 2. Devoissoux ; 3. Cherret.

15 avril : Paris-Roubaix - 1. Cornet (Fr.) ; 2. Cadolle (Fr.) ; 3. Pottier (Fr.).

15 avril : Grand Prix de Pâques de vitesse (Parc des Princes) - 1. Van der Born (Bel.) ; 2. Friol (Fr.) ; 3. Poulain (Fr.).

13 mai : Bordeaux-Paris - 1. Cadolle (Fr.) ; 2. Cornet (Fr.) ; 3. Trousselier (Fr.).

3-4 juin : Paris -Bruxelles - 1. Dupont (Bel.) ; 2. Palou (Bel.) ; 3. Coeckelberg (Bel.).

16 juin : Grand Prix de Paris de vitesse (Vincennes) - 1. Kramer (E.-U.) ; 2. Poulain (Fr.) ; 3. Friol (Fr.).

4-29 juillet : Tour de France
1re étape, Paris-Lille : É. Georget (Fr.)
2e étape, Douai-Nancy : Pottier (Fr.)
3e étape, Nancy-Dijon : Pottier
4e étape, Dijon-Grenoble : Pottier
5e étape, Grenoble-Nice : Pottier
6e étape, Nice-Marseille : Passerieu (Fr.)
7e étape, Marseille-Toulouse : Trousselier (Fr.)
8e étape, Toulouse-Bayonne : Dortignacq (Fr.)
9e étape, Bayonne-Bordeaux : Trousselier
10e étape, Bordeaux-Nantes : Trousselier
11e étape, Nantes-Brest : Trousselier
12e étape, Brest-Caen : Passerieu
13e étape, Caen-Paris : Pottier
Classement final : 1. Pottier (Fr.-Peugeot) ; 2. Passerieu (Fr.) ; 3. Trousselier (Fr.) ; 4. Petit-Breton (Fr.) ; 5. É. Georget (Fr.). Une innovation avec la création de la flamme rouge indiquant le dernier kilomètre. Incursion en Alsace-Lorraine occupée par l'Allemagne.

4 août : Championnats du monde sur piste (Genève) - Vitesse : Ellegaard (Dan.). Demi-fond : Darragon (Fr.).

5-15 août : Tour de Belgique. Classement final : 1. Rigaux (Bel.) ; 2. Dochain (Bel.) ; 3. Verstraeten (Bel.).

9 septembre : Bol d'or (Buffalo) - 1. Pottier (Fr.) ; 2. Trousselier (Fr.) ; 3. L. Georget (Fr.).

23 septembre : Paris-Tourcoing - 1. Trousselier (Fr.) ; 2. Passerieu (Fr.) ; 3. Catteau (Fr.).

24-30 septembre : Léon et Émile Georget remportent les premiers Six Jours européens à Toulouse, en plein air.

30 septembre : Paris-Tours - 1. Petit-Breton (Fr.) ; 2. Trousselier (Fr.) ; 3. Cornet (Fr.).

4 novembre : Tour de Lombardie - 1. Brambilla (It.) ; 2. Galetti (It.) ; 3. Ganna (It.).

1907

25 janvier : René Pottier, vainqueur du Tour 1906, se suicide.

17 mars : Championnat de France de cross cyclo-pédestre : Lapize.

31 mars : Paris-Roubaix - 1. Passerieu (Fr.) ; 2. Van Houwaert (Bel.) ; 3. Trousselier (Fr.).

9 avril : Arrivée de Major Taylor à Paris pour une tournée européenne.

14 avril : Premier Milan-San Remo - 1. Petit-Breton (Fr.) ; 2. Garrigou (Fr.) ; 3. Gerbi (It.).

14 avril : La Roue d'or (Buffalo) - 1 Darragon (Fr.) ; 2. Sinar (Fr.) ; 3. Mac Farland (E.-U.).

9 mai : Championnats nationaux - France : Garrigou. Italie : Cuniolo. Belgique : Verstraeten.

26 mai : Bordeaux-Paris - 1. Van Houwaert (Bel.) ; 2. Ringeval (Fr.) ; 3. Garrigou (Fr.).

9 juin : Paris-Bruxelles - 1. Garrigou (Fr.) ; 2. Crupelandt (Fr.) ; 3. Wancourt (Bel.).

16 juin : Grand Prix de Paris de vitesse (Vincennes) - 1. Friol (Fr.) ; 2. Dupré (Fr.) ; 3. Delage (Fr.).

● En 1904, deux coureurs s'entraident lors d'un cross cyclo-pédestre.

20 juin : Nouveau record de l'heure établi par le Français Berthet (41,520 km) à Paris (Buffalo).

23 juin : Paris-Menin - 1. É. Georget (Fr.) ; 2. Petit-Breton (Fr.) ; 3. Laurent (Fr.).

7 juillet : Championnats du monde sur piste (Paris) - Vitesse : Friol (Fr.). 4 juillet : Demi-fond : Darragon (Fr.).

8 juillet-4 août : Tour de France
1re étape, Paris-Roubaix : Trousselier (Fr.)
2e étape, Roubaix-Metz : É. Georget (Fr.)
3e étape, Metz-Belfort : É. Georget
4e étape, Belfort-Lyon : Cadolle (Fr.)
5e étape, Lyon-Grenoble : É. Georget
6e étape, Grenoble-Nice : Passerieu (Fr.)
7e étape, Nice-Nîmes : É. Georget
8e étape, Nîmes-Toulouse : É. Georget
9e étape, Toulouse-Bayonne : Petit-Breton (Fr.)
10e étape, Bayonne-Bordeaux : Garrigou (Fr.)
11e étape, Bordeaux-Nantes : Petit-Breton
12e étape, Nantes-Brest : Garrigou
13e étape, Brest-Caen : É. Georget
14e étape, Caen-Paris : Passerieu
Classement final : 1. Petit-Breton (Fr.-Peugeot) ; 2. Garrigou (Fr.) ; 3. É. Georget (Fr.) ; 4. Passerieu (Fr.) ; 5. Beaugendre (Fr.). Première incursion en Suisse.

15 août : Grand match international de vitesse (Buffalo) - 1. Major Taylor (E.-U.) ; 2. Poulain (Fr.) ; 3. Friol (Fr.).

11-18 août : Tour de Belgique - classement final : 1. Dochain (Bel.) ; 2. Salmon (Bel.) ; 3. Pagès (Fr.).

25 août : Bol d'or (Buffalo) - 1. L. Georget (Fr.) ; 2. Ringeval (Fr.) ; 3. Lafourcade (Fr.).

15 septembre : Milan-Florence - 1. Gerbi (It.) ; 2. Galetti (It.) ; 3. Rossignoli (It.).

22 septembre : Paris-Tours - 1. Passerieu (Fr.) ; 2. Pottier (Bel.) ; 3. É Georget (Fr.).

3 novembre : Tour de Lombardie - 1. Garrigou (Fr.) ; 2. Azzini (Fr.) ; 3. Ganna (It.).

1908

15 mars : Championnat de France de cross cyclo-pédestre : Baumier.

5 avril : Milan-San Remo - 1. Van Houwaert (Bel.) ; 2. Ganna (It.) ; 3. A. Pottier (Fr.).

19 avril : Paris-Roubaix - 1. Van Houwaert (Bel.) ; 2. Lorgeou (Fr.) ; 3. Faber (Lux.).

3 mai : Championnats nationaux - France : Garrigou. Belgique : Verstraeten.

17 mai : Bordeaux-Paris - 1. Trousselier (Fr.) ; 2. Van Houwaert (Bel.) ; 3. É. Georget (Fr.).

28 mai-8 juin : Tour de Belgique - Classement final : 1. Petit-Breton (Fr.) ; 2. Garrigou (Fr.) ; 3. Platteau (Bel.).

14 juin : Paris-Bruxelles - 1. Petit-Breton (Fr.) ; 2. Van Houwaert (Bel.) ; 3. Trousselier (Fr.).

21 juin : Grand Prix de Paris de vitesse (Vincennes) - 1. Pouchois (Fr.) ; 2. Jacquelin (Fr.) ; 3. Martin (Fr.).

13 juillet-9 août : Tour de France
1re étape, Paris-Roubaix : Passerieu (Fr.)
2e étape, Roubaix-Metz : Petit-Breton (Fr.)
3e étape, Metz-Belfort : Faber (Lux.)
4e étape, Belfort-Lyon : Faber
5e étape, Lyon-Grenoble : Passerieu
6e étape, Grenoble-Nice : Dortignacq (Fr.)
7e étape, Nice-Nîmes : Petit-Breton
8e étape, Nîmes-Toulouse : Faber
9e étape, Toulouse-Bayonne : Petit-Breton
10e étape, Bayonne -Bordeaux : Paulmier (Fr.)
11e étape, Bordeaux-Nantes : Petit-Breton
12e étape, Nantes-Brest : Faber
13e étape, Brest-Caen : Passerieu
14e étape, Caen-Paris : Petit-Breton
Classement final : 1. Petit-Breton (Fr.-Peugeot) ; 2. Faber (Lux.) ; 3. Passerieu (Fr.) ; 4. Garrigou (Fr.) ; 5. Ganna (It.). Après le Tour, Lucien Petit-Breton, également apprécié pour ses talents épistolaires, publiera un livre : *Comment je cours sur route.*

14-18 juillet : Jeux olympiques de Londres - Polo à bicyclette : Irlande. 20 km : Kingsbury (G.-B.). Tour de piste : Johnson (G.-B.). Tandem : Schilles-Auffray (Fr.). 1000 m : Schilles (Fr.). Course-poursuite : Angleterre. 5 km : Jones (G.-B.). 100 km : Jones (P.-B.).

23 août : Championnats du monde sur piste (Berlin) - Vitesse : Ellegaard (Dan.). Demi-fond : Ryser (Sui.).

30 août : Liège-Bastogne - Liège - 1. Trousselier (Fr.) ; 2. Lauvers (Bel.) ; 3. Dubois (Fr.).

5 septembre : Bol d'or (Buffalo) - 1. L. Georget (Fr.) ; 2. Dortignacq (Fr.) ; 3. Lafourcade (Fr.).

27 septembre : Paris-Tours - 1. Beaugendre (Fr.) ; 2. Saillot (Fr.) ; 3. Faber (Lux.).

18-28 octobre : Tour de Sicile - Classement final : 1. Galetti (It.) ; 2. Albini (It.) ; 3. Azzini (It.).

8 novembre : Tour de Lombardie - 1. Faber (Lux.) ; 2. Ganna (It.) ; 3. Gerbi (It.).

7-13 décembre : Six Jours de New York. Victoire de Mac Farland-Moran.

1909

14-20 mars : Les Américains Moran et Mac Farland gagnent les premiers Six Jours européens *indoor*, au Zoological Garden de Berlin.

21 mars : Championnat de France de cross cyclo-pédestre : 1. d'Annunzio ; 2. Lainé ; 3. Lapize.

4 avril : Milan-San Remo - 1. Ganna (It.) ; 2. É. Georget (Fr.) ; 3. Cuniolo (It.).

4 avril : La Roue d'or (Buffalo) - 1 Guignard (Fr.) ; 2. Darragon (Fr.) ; 3. Nat Butler (E.-U.).

11 avril : Paris-Roubaix - 1. Lapize (Fr.) ; 2. Trousselier (Fr.) ; 3. Masselis (Bel.).

2 mai : Bordeaux-Paris - 1. Van Houwaert (Bel.) ; 2. Trousselier (Fr.) ; 3. É. Georget (Fr.).

13-30 mai : Premier Tour d'Italie
1re étape, Milan-Bologne : Beni (It.)
2e étape, Bologne-Chieti : Cuniolo (It.)
3e étape, Chieti-Naples : Rossignoli (It.)
4e étape, Naples-Rome : Ganna (It.)
5e étape, Rome-Florence : Ganna
6e étape, Florence-Gênes : Rossignoli (It.)
7e étape, Gênes-Turin : Ganna
8e étape, Turin-Milan : Beni
Classement final (par points) : 1. Ganna (It.) ; 2. Galetti (It.) ; 3. Rossignoli (It.) ; 4. Canepari (It.) ; 5. Oriani (It.).

16 mai : Paris-Liège - 1. Masselis (Bel.) ; 2. Blaise (Bel.) ; 3. Garrigou (Fr.).

20-30 mai : Tour de Belgique - classement final : 1. Duboc (Fr.) ; 2. J. Alavoine (Fr.) ; 3. Van Houwaert (Bel.).

20 juin : Paris-Bruxelles - 1. Faber (Lux.) ; 2. Garrigou (Fr.) ; 3. Christophe (Fr.).

27 juin : Championnat de France : J. Alavoine.

5 juillet-1er août : Tour de France
1re étape, Paris-Roubaix : Van Houwaert (Bel.)
2e étape, Roubaix-Metz : Faber (Lux.)
3e étape, Metz-Belfort : Faber
4e étape, Belfort-Lyon : Faber
5e étape, Lyon-Grenoble : Faber
6e étape, Grenoble-Nice : Faber
7e étape, Nice-Nîmes : E. Paul (Fr.)
8e étape, Nîmes-Toulouse : J. Alavoine (Fr.)
9e étape, Toulouse-Bayonne : Ménager (Fr.)
10e étape, Bayonne-Bordeaux : Faber
11e étape, Bordeaux-Nantes : Trousselier (Fr.)
12e étape, Nantes-Brest : Garrigou (Fr.)
13e étape, Brest-Caen : Duboc (Fr.)
14e étape, Caen-Paris : J. Alavoine
Classement final : 1. Faber (Lux.) 2. Garrigou (Fr.) ; 3. J. Alavoine (Fr.) ; 4. Duboc (Fr.) ; 5. Van Houwaert (Bel.).

11 juillet : Grand Prix de Paris de vitesse (Vincennes) - 1 Friol (Fr.) ; 2. Rutt (All.) ; 3. Dupré (Fr.).

22 août : Championnats du monde sur piste (Copenhague) - Vitesse : Dupré (Fr.)

15 août : Demi-fond : Parent (Fr.).

29 août : Championnat de Belgique : Van Hauwaert.

15 septembre : À Munich, Paul Guignard roule pour la première fois plus de 100 km dans l'heure derrière moto (101,623 km). Après ce record, la fédération internationale souhaite mettre fin à l'accroissement incessant des vitesses reconnues dangereuses. Entre autres mesures, elle décidera de réglementer l'équipement des motos.

18 septembre : Bol d'or (Buffalo) - 1. L. Georget (Fr.) ; 2. Combes (Fr.) ; 3. Lafourcade

26 septembre : Paris-Tours - 1. Faber (Lux.) ; 2. Alavoine (Fr.) 3. Paul (Fr.).

7 novembre : Tour de Lombardie - 1. Cuniolo (Fr.) ; 2. Beaugendre (Fr.) ; 3. Trousselier (Fr.).

6-12 décembre : Six Jours de New York. Victoire de Rutt-Clark.

1910

13 février : Inauguration du Vel d'Hiv'au Palais des sports de Paris.

27 février : Championnat de France de cross cyclo-pédestre : 1. Christophe ; 2. Tribouillard ; 3. Massicot.

27 mars : Paris-Roubaix - 1. Lapize (Fr.) ; 2. Van Houwaert (Bel.) ; 3. Christophe (Fr.).

3 avril : Milan-San Remo - 1. Christophe (Fr.) ; 2. Cocchi (It.) ; 3. Marchese (It.). Quatre arrivants seulement dans cette terrible édition sous la neige et le froid.

10 avril : La Roue d'or (Buffalo) - 1. Serès (Fr.) ; 2. Darragon (Fr.) ; 3. Parent (Fr.).

17 avril : Paris-Menin - 1. Van Houwaert (Bel.) ; 2. Masselis (Bel.) ; 3. Hanlet (Bel.).

1er mai : Paris-Bruxelles - 1. Brocco (Fr.) ; 2. Lapize (Fr.) ; 3. Van Houwaert (Bel.).

8 mai : Championnats nationaux - France : É. Georget. Belgique : Hanlet.

15 mai : Bordeaux-Paris - 1. É. Georget (Fr.) ; 2. Trousselier (Fr.) ; 3. L. Georget (Fr.).

17 mai-5 juin :Tour d'Italie
1re étape, Milan-Udine : E. Azzini (It.)
2e étape, Udine-Bologne : Dortignacq (Fr.)
3e étape, Bologne-Teramo : Galetti (It.)
4e étape, Teramo-Naples : Albini (It.)
5e étape, Naples-Rome : Pavesi (It.)
6e étape, Rome-Florence : Ganna (It.)
7e étape, Florence-Gênes : Ganna
8e étape, Gênes-Mondovi : Galetti
9e étape, Mondovi-Turin : Pavesi
10e étape, Turin-Milan : Ganna
Classement final (par points) : 1. Galetti (It.) ; 2. Pavesi (It.) ; 3. Ganna (It.) ; 4. Corlaita (It.) ; 5. Chironi (It.).

5-19 juin : Tour de Belgique - Classement final : 1. Masselis (Bel.) ; 2. Devroye (Bel.) ; 3. Rosart (Bel.).

25 juin : Thadeus Robl se tue en aéroplane.

10 juillet : Grand Prix de Paris de vitesse (Vincennes) - 1. Friol (Fr.) ; 2. Rutt (All.) ; 3. Schilling (P.-B.).

3-31 juillet : Tour de France
1re étape, Paris-Roubaix : Crupelandt (Fr.)
2e étape, Roubaix-Metz : Faber (Lux.)
3e étape, Metz-Belfort : E. Georget (Fr.)
4e étape, Belfort-Lyon : Faber
5e étape, Lyon-Grenoble : Lapize (Fr.)
6e étape, Grenoble-Nice : Maitron (Fr.)
7e étape, Nice-Nîmes : Faber
8e étape, Nîmes-Perpignan : Paulmier (Fr.)
9e étape, Perpignan-Luchon : Lapize
10e étape, Luchon-Bayonne : Lapize
11e étape, Bayonne-Bordeaux : E. Paul (Fr.)
12e étape, Bordeaux-Nantes : Trousselier (Fr.)
13e étape, Nantes-Brest : Garrigou (Fr.)
14e étape, Brest-Caen : Lapize
15e étape, Caen-Paris : Azzini (It.)
Classement final : 1. Lapize (Fr.-Alcyon) ; 2. Faber (Lux.) ; 3. Garrigou (Fr.) ; 4. Van Houwaert (Bel.) ; 5. Cruchon (Fr.). C'est l'année de la création de la voiture-balai et de la première incursion dans les Pyrénées.

24 juillet : Championnats du monde sur piste (Bruxelles) - Vitesse : Friol (Fr.). 25 juillet - Demi-fond : Parent (Fr.)

28 août : Bol d'or (Buffalo) - 1. Georget (Fr.) ; 2. Lafourcade (Fr.) ; 3. Suter (Sui).

25 septembre : Paris-Tours - 1. Faber (Lux.) ; 2. Trousselier (Fr.) ; 3. Engel (Fr.).

6 novembre : Tour de Lombardie - 1. Micheletto (It.) ; 2. Ganna (It.) ; 3. Ballo (It.).

1911

22 janvier : Les Six Heures de Paris (Palais des sports) - 1 Rousseau-Charron ; 2. Miquel-Beyl ; 3. Wirth-Cottrel.

19 mars : Championnat de France de cross cyclo-pédestre - 1. Christophe ; 2. Tribouillard ; 3. Bettini.

2 avril : Milan-San Remo - 1. Garrigou (Fr.) ; 2. Trousselier (Fr.) ; 3. Ganna (It.).

2 avril : Paris-Tours - 1. Lapize (Fr.) ; 2. Van Houwaert (Bel.) ; 3. É. Georget (Fr.).

16 avril : Paris-Roubaix - 1. Lapize (Fr.) ; 2. Charpiot (Fr.) ; 3. Van Houwaert (Bel.).

23 avril : La Roue d'or (Buffalo) - 1. Guignard (Fr.) ; 2. Darragon (Fr) ; 3. Lavalade (Fr.).

30 avril : Championnats de France : Lapize.

▶ **14 mai** : Bordeaux-Paris - 1. Faber (Lux.) ; 2. Garrigou (Fr.) ; 3. Masselis (Bel.).

15-29 mai Tour d'Italie
1re étape, Rome-Florence : Galetti (It.)
2e étape, Florence-Gênes : Borgarello (It.)
3e étape, Gênes-Oneglia : Rossignoli (It.)
4e étape, Oneglia-Mondovi : Galetti
5e étape, Mondovi-Turin : Petit-Breton (Fr.)
6e étape, Turin-Milan : Santhià (It.)
7e étape, Milan-Bologne : Beni (It.)
8e étape, Bologne-Ancône : Bordin (It.)
9e étape, Ancône-Sulmona : Corlaita (It.)
10e étape, Sulmona-Bari : Galetti
11e étape, Bari-Naples : Sivocci (It.)
12e étape, Naples-Rome : Corlaita
Classement final (par points) : 1. Galetti (It.) ; 2. Rossignoli (It.) ; 3. Gerbi (It.) ; 4. Santhià (It.) ; 5. Corlaita (It.).

21 mai-4 juin : Tour de Belgique - Classement final : 1. Vandenberghe (Bel.) ; 2. Christophe (Fr.) ; 3. Léturgie (Fr.).

4-5 juin : Les Six Heures de Buffalo - 1. Trousselier (Fr.) ; 2. d'Hulst (Bel.) ; 3 Lafourcade (Fr.).

11 juin : Paris-Bruxelles - 1. Lapize (Fr.) ; 2. Faber (Lux.) ; 3. Crupelandt (Fr.).

18 juin : Championnats du monde sur piste (Rome) - Vitesse : Ellegaard (Dan.). Demi-fond : Parent (Fr.).

25 juin : Championnat de Belgique : Defraye.

▶ **2-30 juillet** : Tour de France
1re étape, Paris-Dunkerque : Garrigou (Fr.)
2e étape, Dunkerque-Longwy : Masselis (Bel.)
3e étape, Longwy-Belfort : Faber (Lux.)
4e étape, Belfort-Chamonix : Crupelandt (Fr.)
5e étape, Chamonix-Grenoble : É. Georget (Fr.)
6e étape, Grenoble-Nice : Faber
7e étape, Nice-Marseille : Crupelandt
8e étape, Marseille-Perpignan : Duboc (Fr.)
9e étape, Perpignan-Luchon : Duboc
10e étape, Luchon-Bayonne : Brocco (Fr.)
11e étape, Bayonne-La Rochelle : Duboc
12e étape, La Rochelle-Brest : Godivier (Fr.)
13e étape, Brest-Cherbourg : Garrigou
14e étape, Cherbourg-Le Havre : Duboc
15e étape, Le Havre-Paris : Godivier
Classement final : 1. Garrigou (Fr.-Alcyon) ; 2. Duboc (Fr.) ; 3. É. Georget (Fr.) ; 4. Crupelandt (Fr.) ; 5. L. Heusghem (Bel.).

8 juillet : Grand Prix de Paris de vitesse (Vincennes) - 1. Ellegaard (Dan.) ; 2. Hourlier (Fr.) ; 3. Dupré (Fr.).

13-20 août : Les Huit Jours d'Alcyon - 1. Salmon ; 2. Loisel ; 3. Coomans.

▶ **25-27 août** : Paris-Brest-Paris - 1. É. Georget (Fr.) ; 2. Lapize (Fr.) ; 3. Paul (Fr.).

2 septembre : Bol d'or (Buffalo) - 1. L. Georget (Fr.) ; 2. Niedergang (Fr.) ; 3. Cornet (Fr.).

17 septembre : Paris-Menin - 1. Crupelandt (Fr.) ; 2. Deruyter (Bel.) ; 3. Rosart (Bel.).

5 novembre : Tour de Lombardie - 1. H. Pélissier (Fr.) ; 2. Micheletto (It.) ; 3. Van Houwaert (Bel.).

11-17 décembre : Six Jours de New York. Victoire de Clark-Fogler.

1912

10 mars : Étoile Carolorégienne - 1. Verschoore (Bel.) ; 2. Dethier (Bel.) ; 3. Defraye (Bel.).

▶ **17 mars** : Championnat de France de cross cyclo-pédestre : Christophe.

24 mars : Paris-Tours - 1. L. Heusghem (Bel.) ; 2. Deruyter (Bel.) ; 3. Petit-Breton (Fr.).

31 mars : Milan-San Remo - 1. H. Pélissier (Fr.) ; 2. Garrigou (Fr.) ; 3. Masselis (Bel.).

▶ **7 avril** : Paris-Roubaix - 1. Crupelandt (Fr.) ; 2. Garrigou (Fr.) ; 3. Léturgie (Fr.).

21 avril : Championnats nationaux - France : Lapize. Italie : Gremo. Belgique : Verschoore.

28 avril : Paris-Menin - 1. Masselis (Bel.) ; 2. Van Daele (Bel.) ; 3. Petit-Breton (Fr.).

5-19 mai : Tour de Belgique - Classement final : 1. Defraye (Bel.) ; 2. H. Pélissier (Fr.) ; 3. Blaise (Bel.).

20 mai -9 juin : Tour d'Italie
1re étape, Milan-Padoue : Micheletto (It.)
2e étape, Padoue-Bologne : Borgarello (It.)
3e étape, Bologne-Pescara : E. Azzini (It.)
4e étape, Rome-Florence : Galetti (It.)
5e étape, Florence-Gênes : Bordin (It.)
4e étape, Gênes-Turin : Borgarello
7e étape, Turin-Milan : Micheletto
8e étape, Tour de Lombardie : Borgarello
Classement final (par équipes et par points) : 1. Atala (Galetti, Micheletto, Pavesi) ; 2. Peugeot ; 3. Gerbi ; 4. Goericke ; 5. Globo.

27 mai : Bordeaux-Paris - 1. É. Georget (Fr.) ; 2. Garrigou (Fr.) ; 3. Masselis (Bel.).

9 juin : Paris-Bruxelles - 1. Lapize (Fr.) ; 2. Luguet (Fr.) ; 3. Egg (Sui.).

16 juin : Paris-Rouen - 1. Passerieu (Fr.) ; 2. Charpiot (Fr.) ; 3. Beaugendre (Fr.).

▶ **30 juin-28 juillet** : Tour de France
1re étape, Paris-Dunkerque : Crupelandt (Fr.)
2e étape, Dunkerque-Longwy : Defraye (Bel.)
3e étape, Longwy-Belfort : Christophe (Fr.)
4e étape, Belfort-Chamonix : Christophe
5e étape, Chamonix-Grenoble : Christophe
6e étape, Grenoble-Nice : Lapize (Fr.)
7e étape, Nice-Marseille : Defraye
8e étape, Marseille-Perpignan : Borgarello (It.)
9e étape, Perpignan-Luchon : Defraye
10e étape, Luchon-Bayonne : Mottiat (Bel.)
11e étape, Bayonne-La Rochelle : J. Alavoine (Fr.)
12e étape, La Rochelle-Brest : L. Heusghem (Bel.)
13e étape, Brest-Cherbourg : J. Alavoine
14e étape, Cherbourg-Le Havre : Borgarello
15e étape, Le Havre-Paris : J. Alavoine
Classement final : 1. Defraye (Bel.-Alcyon) ; 2. Christophe (Fr.) ; 3. Garrigou (Fr.) ; 4. M. Buysse (Bel.) ; 5. J. Alavoine (Fr.).

6 juillet : Grand Prix de Paris de vitesse - 1. Hourlier (Fr.) ; 2. Pouchois (Fr.) ; 3. Friol (Fr.).

17 août : Championnats du monde sur piste (Newark) - Vitesse : Kramer (E.-U.). Demi-fond : Wiley (E.-U.).

▶ **22 août** : Le Suisse Oscar Egg parcourt 42,122 km dans l'heure : nouveau record du monde établi à Paris.

31 août : Bol d'or - 1. L. Georget (Fr.) ; 2. Lafourcade (Fr.) ; 3. Eigeldinger (Sui.)

8 septembre : Tour du Hainaut - 1. Léturgie (Fr.) ; 2. Verschoore (Fr.) ; 3. Coomans (Bel.).

27 octobre : Tour de Lombardie - 1. Oriani (It.) ; 2. Verde (It.) ; 3. Brocco (It.).

8-14 décembre : Les Six Jours de New York. Victoire de Rutt-Fogler.

1913

▶ **13-19 janvier** : Goullet et Fogler remportent les premiers Six Jours de Paris.

17 février : Championnat de France de cross cyclo-pédestre - Christophe.

23 février : Match-défi au Palais des sports. Kramer bat Ellegaard en deux manches.

9 mars : Étoile Carolorégienne - 1. Deman (Bel.) ; 2. Van Daele (Bel.) ; 3. Scieur (Bel.).

23 mars : Paris-Roubaix - 1. Faber (Lux.) ; 2. Deruyter (Bel.) ; 3. Crupelandt (Fr.).

30 mars : Milan-San Remo - 1. Defraye (Bel.) ; 2. Mottiat (Bel.) ; 3. Corlaita (It.).

30 mars : La Roue d'or (Buffalo) - 1 Serès (Fr.) ; 2. Guignard (Fr.) ; 3. Larrue (Fr.).

6 avril : Paris-Tours - 1. Crupelandt (Fr.) ; 2. Passerieu (Fr.) ; 3. Luguet (Fr.).

20 avril : Paris-Menin - 1. Micheletto (It.) ; 2. Monseur (Bel.) ; 3. Deman (Bel.).

27 avril-11 mai : Tour de Belgique - Classement final : 1. Gauthy (Bel.) ; 2. Masson (Bel.) ; 3. M. Buysse (Bel.).

6-22 mai : Tour d'Italie
1re étape, Milan-Gênes : Santhià (It.)
2e étape, Gênes-Sienne : Pavesi (It.)
3e étape, Sienne-Rome : Santhià (It)
4e étape, Rome-Salerne : G. Azzini (It.)
5e étape, Salerne-Bari : G. Azzini
6e étape, Bari-Campobasso : Girardengo (It.)
7e étape, Campobasso-Ascoli : Canepari (It.)
8e étape, Ascoli-Rovigo : Bordin (It.)
9e étape, Rovigo-Milan : Pavesi (It.)
Classement final (par points) : 1. Oriani (It.) ; 2. Pavesi (It.) ; 3. G. Azzini (It.) ; 4. Albini (It.) ; 5. Ganna (It.).

18 mai : Bordeaux-Paris - 1. Mottiat (Bel.) ; 2. Van Houwaert (Bel.) ; 3. Vandenberghe (Bel.).

25 mai : Tour des Flandres - 1. Deman (Bel.) ; 2. Van Daele (Bel.) ; 3. Doms (Bel.). La Ronde, créée par le journal *Sportwereld*, va rapidement devenir la plus populaire des épreuves professionnelles en Belgique.

1er juin : Championnat de France - Lapize.

8 juin : Paris-Bruxelles - 1. Lapize (Fr.) ; 2. Van Houwaert (Bel.) ; 3. Crupelandt (Fr.).

22 juin : Championnat de Belgique - Van Daele.

▶ **29 juin-27 juillet** : Tour de France
1re étape, Paris-Le Havre : Micheletto (It.)
2e étape, Le Havre-Cherbourg : Masselis (Bel.)
3e étape, Cherbourg-Brest : H. Pélissier (Fr.)
4e étape, Brest-La Rochelle : M. Buysse (Bel.)

5e étape, La Rochelle-Bayonne : Vandenberghe (Bel.)
6e étape, Bayonne-Luchon : Thys (Bel.)
7e étape, Luchon-Perpignan : M. Buysse
8e étape, Perpignan-Aix-en-Provence : Garrigou (Fr.)
9e étape, Aix-Nice : Lambot (Bel.)
10e étape, Nice-Grenoble : Faber (Lux.)
11e étape, Grenoble-Genève : M. Buysse
12e étape, Genève-Belfort : M. Buysse
13e étape, Belfort-Longwy : Faber
14e étape, Longwy-Dunkerque : M. Buysse
15e étape, Dunkerque-Paris : M. Buysse
Classement final : 1. Thys (Bel.-Peugeot) ; 2. Garrigou (Fr.) à 8'37" ; 3. M. Buysse (Bel.) à 3 h 18' ; 4. Lambot (Bel.) à 4 h 12'45" ; 5. Faber (Lux.) à 6 h 26'. Retour définitif au classement par temps. Sens de rotation pour la première fois inversé, avec un départ vers l'ouest.

6 juillet : Grand Prix de Paris de vitesse (Vincennes) - 1. Rutt (All.) ; 2. Pouchois (Fr.) ; 3. Moretti (It.).

21 août : Oscar Egg améliore le record du monde de l'heure (43,525 km).

31 août : Championnats du monde sur piste (Leipzig) - Vitesse : Rutt (All.). Demi-fond : Guignard (Fr.).

6 septembre : Bol d'or de Paris - 1. L. Georget (Fr.) ; 2. Godivier (Fr.) ; 3. Vanderstuyft (Bel.).

20 septembre : Le record du monde de l'heure redevient la propriété de Marcel Berthet (43,775 km).

▸ 7 octobre : Tour de Lombardie - 1. H. Pélissier (Fr.) ; 2. Brocco (It.) ; 3. Godivier (Fr.).

1914

▸ 12-18 janvier : Hourlier et Comès remportent les deuxièmes Six Jours de Paris.

15 février : Championnat de France de cross cyclo-pédestre : Christophe.

15 mars : Étoile Carolorégienne - 1. Doms (Bel.) ; 2. Masson (Bel.) ; 3. Steux (Bel.).

29 mars : Critérium d'Europe de vitesse (Buffalo) - 1. Bailey (G.-B.) ; 2. Van Bever (Bel.) ; 3. Lorenz (All.).

29 mars : Paris-Tours - 1. Egg (Sui.) ; 2. Engel (Fr.) ; 3. Thys (Bel.).

▸ 5 avril : Milan-San Remo - 1. Lagostini (It.) ; 2. Galetti (It.) ; 3. Crupelandt (Fr.).

12 avril : Paris-Roubaix - 1. Crupelandt (Fr.) ; 2. Luguet (Fr.) ; 3. Mottiat (Bel.).

26 avril : La Roue d'or (derrière tandems) - 1. Engel (Fr.) ; 2. Godivier (Fr.) ; 3. Mac Namara (Aus.).

28 avril-10 mai : Tour de Belgique - Classement final : 1. Mottiat (Bel.) ; 2. Rossius (Bel.) ; 3. Deman (Bel.).

10 mai : Championnats nationaux - France : Crupelandt. Belgique : Dethier.

17 mai : Bordeaux-Paris - 1. Deman (Bel.) ; 2. M. Buysse (Bel.) ; 3. Van Houwaert (Bel.).

24 mai - 7 juin : Tour d'Italie
1re étape, Milan-Cuneo : Gremo (It.)
2e étape, Cuneo-Lucca : Calzolari (It.)
3e étape, Lucca-Rome : Girardengo (It.)
4e étape, Rome-Avellino : G. Azzini (It.)
5e étape, Avellino-Bari : G. Azzini
6e étape, Bari-Aquila : Lucotti (It.)
7e étape, Aquila-Lugo : Albini (It.)
8e étape, Lugo-Milan : Albini
Classement final : 1. Calzolari (It.) ; 2. Albini (It.) à 1 h 55'26" ; 3. Lucotti (It.) à 2 h 03'23" ; 4. Canepari (It.) à 2 h 57'16" ; 5. Sala (It.) à 3 h 59'45".

31 mai : Paris-Menin - 1. Thys (Bel.) ; 2. Engel (Fr.) ; 3. Godivier (Fr.).

7 juin : Paris-Bruxelles - 1. Mottiat (Bel.) ; 2. L. Heusghem (Bel.) ; 3. Vandaele (Bel.).

18 juin : Oscar Egg reprend son record de l'heure (44,247 km).

▸ 28 juin-26 juillet : Tour de France
1re étape, Paris-Le Havre : Thys (Bel.)
2e étape, Le Havre-Cherbourg : Rossius (Bel.)
3e étape, Cherbourg-Brest : Engel (Fr.)
4e étape, Brest-La Rochelle : Egg (Sui.)
5e étape, La Rochelle-Bayonne : Egg
6e étape, Bayonne-Luchon : Lambot (Bel.)
7e étape, Luchon-Perpignan : J. Alavoine (Fr.)
8e étape, Perpignan-Marseille : Lapize (Fr.)
9e étape, Marseille-Nice : Rossius
10e étape, Nice-Grenoble : H. Pélissier (Fr.)
11e étape, Grenoble-Genève : Garrigou (Fr.)
12e étape, Genève-Belfort : H. Pélissier
13e étape, Belfort-Longwy : Faber (Lux.)
14e étape, Longwy-Dunkerque : Faber
15e étape, Dunkerque-Paris : H. Pélissier
Classement final : 1. Thys (Bel.-Peugeot) ; 2. H. Pélissier (Fr.) à 1'49" ; 3. J. Alavoine (Fr.) à 36'52" ; 4. Rossius (Bel.) à 1 h 27'04" ; 5. Garrigou (Fr.) à 3 h 20".

5 juillet : Grand Prix de Paris de vitesse - 1. Hourlier (Fr.) ; 2. Ellegaard (Dan.) ; 3 Poulain (Fr.).

25 octobre : Tour de Lombardie - 1. Bordini (It.) ; 2. Azzini (It.) ; 3. Piacco (It.).

5 novembre : Tour des Flandres - 1. M. Buysse (Bel.) ; 2. Van Leerberghe (Bel.) ; 3. Vandevelde (Bel.).

14-21 novembre : Six Jours de New York. Victoire de Goullet-Grenda.

1915

28 mars : Milan-San Remo - 1. Corlaita (It.) ; 2. Lucotti (It.) ; 3. Gremo (It.).

▸ 19 mai : Mort de François Faber, tombé au champ d'honneur.

15 août : Paris-Orléans - 1. Jusseret (Fr.) ; 2. Lorand (Fr.) ; 3. Ridoun (Fr.).

16 octobre : Mort de Léon Hourlier et de Léon Comès, dont l'avion est abattu par l'armée allemande.

7 novembre : Tour de Lombardie - 1. Belloni (It.) ; 2. Ferrari (It.) ; 3. Caraveglia (It.).

6-12 décembre : Six Jours de New York. Victoire de Grenda-Hill.

1916

23 avril : Paris-Lisieux. - 1. Lacquehay (Fr.) ; 2. Ippia (Fr.) ; 3 Grellet (Fr.).

14 mai : Les « Petits Six Jours » (Parc des Princes). Victoire de Béthery-Dammert.

25 juin : La Roue d'or : 1. Neffati (Fr.) ; 2. Chocque (Fr.) ; 3. Béthery (Fr.).

20 août : Les 100 km à l'Américaine - 1. Masson-Chocque ; 2. Pouchois-Berthet ; 3. Van den Hove-Baumier.

1er octobre : Grand Prix de France (Parc des Princes) - 1. Darragon (Fr.) ; 2. Lavalade (Fr.) ; 3. Bonnefon (Fr.).

5 novembre : Tour de Lombardie - 1. Torricelli (It.) ; 2. Belloni (It.) ; 3. Bertarelli (It.).

15 novembre : Mort du sprinter français Émile Friol, tombé au champ d'honneur.

19 novembre : Les « 400 Tours » (vélodrome d'hiver) - 1. Ellegaard-Contenet ; 2. Thys-Juseret ; 3. Deruyter-Mantelet.

▸ 19-25 décembre : Six Jours de New York. Victoire de Dupuy-Egg.

1917

18 mars : Championnat d'hiver de vitesse (vélodrome d'hiver) - 1. Ellegaard ; 2. Meurger ; 3. Duclair.

9 avril : Tours-Paris - 1. Deruyter (Bel.) ; 2. Noël (Fr.) ; 3. Juseret (Bel.).

15 avril : Milan-San Remo - 1. Belloni (It.) ; 2. Girardengo (It.) ; 3. Gremo (It.).

6 mai : Paris-Tours : 1. Thys (Bel.) ; 2. Godivier (Fr.) ; 3. Christophe (Fr.).

20 mai : Championnat des routiers (Parc des Princes) - 1 Pélissier (Fr.) ; 2. Deruyter (Bel.) ; 3 Nellati (Fr.).

28 mai : Mont Saint-Michel-Paris - 1. Godivier (Fr.) ; 2. Masseli (Fr.) ; 3. Juseret (Bel.).

14 juillet : Mort d'Octave Lapize, tombé au champ d'honneur.

15 août : Trouville-Paris - 1 H. Pélissier (Fr.) ; 2. Godivier (Fr.) ; 3. Deruyter (Bel.).

7 octobre : Grand Prix de France de demi-fond (vélodrome d'hiver) - 1. Serès (Fr.) ; 2. Darragon (Fr.) ; 3. Contenet (Fr.).

4 novembre : Tour de Lombardie - 1. Thys (Bel.) ; 2. H. Pélissier (Fr.) ; 3. Torricelli (It.).

20 décembre : Mort de Lucien Petit-Breton, tombé au champ d'honneur.

1918

14 avril : Milan-San Remo - 1. Girardengo (It.) ; 2. Belloni (It.) ; 3. Agostini (It.).

21 avril : L'omnium (vélodrome d'hiver) - 1. Egg (Sui.) ; 2. Godivier (Fr.) ; 3. Serès (Fr.).

▸ 28 avril : Chute mortelle de Louis Darragon au vélodrome d'hiver.

▸ 19 mai : Paris-Tours - 1. Mantelet (Fr.) ; 2. Cazalis (Sui.) ; 3. Michiels (Bel.).

23 mai : Championnat des routiers au Parc des Princes (100 km avec entraîneurs) - 1 Mantelet (Fr.) ; 2. H. Pélissier (Fr.) ; 3. Godivier (Fr).

▸ 16 juin : Tours-Paris - 1. Thys (Bel.) ; 2. Mantelet (Fr.) ; 3. Serès (Fr.).

15 août : Trouville-Paris - 1 Michiels (Bel.) ; 2 Barthélémy (Fr.) ; 3 Egg (Sui.) ;

10 novembre : Tour de Lombardie - 1. Belloni (It.) ; 2. Sivocci (It.) ; 3. Galetti (It.).

1919

▸ 23 mars : Tour des Flandres - 1. Van Leerberghe (Bel.) ; 2. L. Buysse (Bel.) ; 3. Van Hevel (Bel.).

30 mars : Liège-Bastogne-Liège - 1. Devos (Bel.) ; 2. Hanlet (Bel.) ; 3. Claerhout (Bel.).

6 avril : Milan-San Remo - 1. Gremo (It.) ; 2. Girardengo (It.) ; 3. Oliveri (It.).

13 avril : Les Six Heures à l'américaine (vélodrome d'hiver) - 1. Aerts-Beyl ; 2. Dupuy-Thys ; 3. Ellegaard-Miquel.

▸ 20 avril : Paris-Roubaix - 1. H. Pélissier (Fr.) ; 2. Thys (Bel.) ; 3. Barthélémy (Fr.).

21 avril : Grand Prix de Pâques de demi-fond (Parc des Princes) - 1. Serès (Fr.) ; 2. Linart (Bel.) ; 3. Bruni (It.).

▸ 27 avril-11 mai : Circuit des champs de bataille - Seule édition de cette épreuve qui fut la première grande course à étapes (2000 km) organisée après l'armistice : 1. Deruyter (Bel.) ; 2. Anseeuw (Bel.) ; 3. Van Lerberghe (Bel.).

18 mai : Bordeaux-Paris - 1. H. Pélissier (Fr.) ; 2. L. Heusghem (Bel.) ; 3. Mottiat (Bel.).

▸ **21 mai-7 juin** : Tour d'Italie
1re étape, Milan-Trente : Girardengo (It.)
2e étape, Trente-Trieste : Girardengo
3e étape, Trieste-Ferrara : Egg (Sui.)
4e étape, Ferrara-Pescara : Carlaita (It.)
5e étape, Pescara-Naples : Belloni (It.)
6e étape, Naples-Rome : Girardengo
7e étape, Rome-Florence : Girardengo
8e étape, Florence-Gênes : Girardengo
9e étape, Gênes-Turin : Girardengo
10e étape, Turin-Milan : Girardengo
Classement final : 1. Girardengo (It.) ; 2. Belloni (It.) à 51'56'' ; 3. Buysse (Bel.) à 1 h 05'31'' ; 4. Canepari (It.) à 1 h 34'35'' ; 5. Agostini (It.) à 1 h 39'39''.

25 mai-7 juin : Tour de Belgique - Classement final : 1. Masson (Bel.) ; 2. H. Heusghem (Bel.) à 14'12'' ; 3. Van Hevel (Bel.) à 34'45".

▸ **8 juin** : Paris-Tours - 1. Tiberghien (Bel.) ; 2. Vandenhove (Fr.) ; 3. Rossius (Bel.).

15 juin : Paris-Bruxelles - 1. Michiels (Bel.) ; 2. Masson (Bel.) ; 3. F. Pélissier (Fr.).

▸ **29 juin-27 juillet** : Tour de France
Henri Desgrange relance le Tour sept mois après l'armistice.
1re étape, Paris-Le Havre : Rossius (Bel.)
2e étape, Le Havre-Cherbourg : H. Pélissier (Fr.)
3e étape, Cherbourg-Brest : F. Pélissier (Fr.)
4e étape, Brest-Les Sables-d'Olonne : Alavoine (Fr.)
5e étape, Les Sables-d'Olonne-Bayonne : Alavoine (Fr.)
6e étape, Bayonne-Luchon : Barthélémy (Fr.)
7e étape, Luchon-Perpignan : Alavoine
8e étape, Perpignan-Marseille : Alavoine
9e étape, Marseille-Nice : Barthélémy
10e étape, Nice-Grenoble : Barthélémy
11e étape, Grenoble-Genève : Barthélémy
12e étape Genève-Strasbourg : Lucotti (It.)
13e étape, Strasbourg-Metz : Lucotti
14e étape, Metz-Dunkerque : Lambot (Bel.)
15e étape, Dunkerque-Paris : Alavoine
Classement final : 1. Lambot (Bel., La Sportive) ; 2. Alavoine (Fr.) à 1 h 43' ; 3. Christophe (Fr.) à 2 h 26' ; 4. Scieur (Bel.) à 2 h 52' ; 5. Barthélémy (Fr.) à 4 h 14'.

3 août : Grand Prix d'Auteuil de demi-fond (Parc des Princes) - 1 Linart (Bel.) ; 2. Serès (Fr.) ; 3. Fossier (Fr.).

17 août : Marseille-Lyon - 1. Gannay (Fr.) ; 2. Figuet (Fr.) ; 3. Billard (Fr.)

24 août : La Roue d'or (Parc des Princes) - 1. Larrue ; 2. Fossier ; 3. Villepontoux.

7 septembre : Championnat de Belgique : Rossius.

5 octobre : Championnat de France - H. Pélissier

2 novembre : Tour de Lombardie - 1. Girardengo (It.) ; 2. Belloni (It.) ; 3. Suter (Sui.).

1-7 décembre : Six Jours de New York - Victoire de Goullet-Madden.

▸ **25 décembre** : Bol d'or de Paris (vélodrome d'hiver) - 1. L. Georget (Fr.) ; 2. Godivier (Fr.) ; 3. Léonard (Fr.). L'épreuve sera interrompue jusqu'en 1924.

1920

7 mars : Championnat de France de cross cyclo-pédestre - 1. Degy ; 2. Christophe ; 3. Barthélémy.

21 mars : Tour des Flandres - 1. Van Hevel (Bel.) ; 2. Dejonghe (Bel.) ; 3. Van Hecke (Bel.).

25 mars : Milan-San Remo - 1. Belloni (It.) ; 2. H. Pélissier (Fr.) ; 3. Girardengo (It.).

28 mars : Liège-Bastogne-Liège - 1. Scieur (Bel.) ; 2. L. Buysse (Bel.) ; 3. Coomans (Bel.).

▸ **14 avril** : Paris-Roubaix - 1. Deman (Bel.) ; 2. Christophe (Fr.) ; 3. L. Buysse (Bel.).

2 mai : Paris-Tours : 1. Christophe (Fr.) ; 2. Barthélémy (Fr.) ; 3. Dejonghe (Bel.).

9 mai : Championnat de France : Alavoine.

9 mai : Tour du Piémont - 1. Girardengo (It.) ; 2. Sivochi (It.) ; 3. Belloni (It.).

▸ **16 mai** : Bordeaux-Paris - 1. Christophe (Fr.) ; 2. L. Heusghem (Bel.) ; 3. Dejonghe (Bel.).

23-30 mai : Tour de Belgique - Classement final : 1. Mottiat (Bel.) ; 2. Dejonghe (Bel.) à 27'33'' ; 3. Despontin (Bel.) à 35'29".

▸ **23 mai - 6 juin** : Tour d'Italie
1re étape, Milan-Turin : Oliveri (It.)
2e étape, Turin-Lucca : Belloni (It.)
3e étape, Lucca-Rome : Belloni (It)
4e étape, Rome-Chieti : Alavoine (Fr.)
5e étape, Chieti-Macerata : Torricelli (It.).
6e étape, Macerata-Bologne : Alavoine (Fr.).
7e étape, Bologne-Trieste : Belloni (It)
8e étape, Trieste-Milan : non attribué
Classement final : 1. Belloni (It.) ; 2. Gremo (It.) à 32'25'' ; 3. Alavoine (Fr.) à 1 h 01'15'' ; 4. Petiva (It.) à 3 h 02'43'' ; 5. Schierano (It.) à 6 h 39'29".

13 juin : Paris-Bruxelles - 1. H. Pélissier (Fr.) ; 2. Mottiat (Bel., déclassé) ; 3. Vermandel (Bel.).

20 juin : Championnat de Belgique : Van Hevel.

27 juin-25 juillet : Tour de France
Le Belge Philippe Thys réalise le premier triplé dans le Tour.
1re étape, Paris-Le Havre : Mottiat (Bel.)
2e étape, Le Havre-Cherbourg : Thys (Bel.)
3e étape, Cherbourg-Brest : H. Pélissier (Fr.)
4e étape, Brest-Les Sables-d'Olonne : H. Pélissier
5e étape, Les Sables-d'Olonne-Bayonne : Lambot (Bel.)
6e étape, Bayonne-Luchon : Lambot
7e étape, Luchon-Perpignan : Rossius (Bel.)
8e étape, Perpignan-Aix-en-Provence : L. Heusghem (Bel.)
9e étape, Aix-Nice : Thys
10e étape, Nice-Grenoble : H. Heusghem (Bel.)
11e étape, Grenoble-Gex : Scieur (Bel.)
12e étape, Gex-Strasbourg : Thys
13e étape, Strasbourg-Metz : Thys
14e étape, Metz-Dunkerque : Goethals (Bel.)
15e étape, Dunkerque-Paris : Rossius
Classement final : 1. Thys (Bel., La Sportive) ; 2. H. Heusghem (Bel.) à 57' ; 3. Lambot (Bel.) à 1 h 39' ; 4. Scieur (Bel.) à 1 h 45' ; 5. Masson (Bel.) à 1 h 57'.

18 juillet : Championnat de France de vitesse - 1. Dupuy ; 2. Pouchois ; 3. Schilles.

1er août : Grand Prix d'Auteuil de demi-fond (Parc des Princes) - 1. Aerts (Bel.) ; 2. Godivier (Fr.) ; 3. Verkeyn (Bel.).

▸ **13 août** : Bordeaux-Paris-Bordeaux - 1. Mottiat (Bel.) ; 2. Léonard (Fr.) ; 3. Barthélémy (Fr.).

13-15 août : Critérium des Aiglons. - Classement final : 1. Bellenger (Fr.) ; 2. Jacquinot (Fr.) 3. Juscret (Fr.).

15-23 août : Jeux olympiques, Anvers (Bel.) - Vitesse : Peeters (P.-B.). Poursuite : Italie (Ferrario, Carli, Magnani, Giorgetti). Tandem : Ryan, Lance (G.-B.). 158 km c.l.m. sur route : Stenqvist (Suè.). 50 km sur piste : Georges (Fr.).

▸ **18 août** : Championnats du monde sur piste (Anvers, Belgique) - Vitesse : 1. Spears (Aus.). Demi-fond : Serès (Fr.).

▸ **12 septembre** : Paris-Metz - 1. H. Pélissier (Fr.) ; 2. Bellenger (Fr.) ; 3. F. Pélissier (Fr.).

6 novembre : Tour de Lombardie - 1. H. Pélissier (Fr.) ; 2. Brunero (It.) ; 3. Belloni (It.).

1921

13 mars : Tour des Flandres - 1. Vermandel (Bel.) ; 2. Van Hevel (Bel.) ; 3. Budts (Bel.).

▸ **27 mars** : Paris-Roubaix - 1. H. Pélissier (Fr.) ; 2. F. Pélissier (Fr.) ; 3. Scieur (Bel.).

28 mars-3 avril : Egg et Serès remportent les Six Jours de Paris.

▸ **3 avril** : Milan-San Remo - 1. Girardengo (It.) ; 2. Brunero (It.) ; 3. Azzini (It.).

10 avril : Liège-Bastogne-Liège - 1. Mottiat (Bel.) ; 2. Lacour (Bel.) ; 3. Rossius (Bel.).

▸ **17 avril** : Paris-Tours - 1. F. Pélissier (Fr.) ; 2. Mottiat (Bel.) ; 3. Christophe (Fr.).

1-8 mai : Tour de Belgique - Classement final : 1. Vermandel (Bel.) ; 2. Masson (Bel.) à 4'04'' ; 3. Van Hevel (Bel.) à 23'12".

3 et 5 mai : Paris-Saint-Étienne. Courue en deux étapes, l'épreuve fut organisée trois ans de suite, puis de façon irrégulière - 1. Barthélémy (Fr.) ; 2. H. Pélissier (Fr.) ; Huot (Fr.).

▸ **14 mai -12 juin** : Tour d'Italie
1re étape, Milan-Merano : Girardengo (It.)
2e étape, Merano-Bologne : Girardengo
3e étape, Bologne-Pérouse : Girardengo
4e étape, Pérouse-Chieti : Girardengo
5e étape, Chieti-Naples : Belloni (It.)
6e étape, Naples-Rome : Annoni (It.)
7e étape, Rome-Livourne : Brunero (It.)
8e étape, Livourne-Parme : Annoni
9e étape, Parme-Turin : Belloni
10e étape, Turin-Milan : Belloni
Classement final : 1. Brunero (It.) ; 2. Belloni (It.) à 1' ; 3. Aymo (It.) à 20'06'' ; 4. Buysse (Bel.) à 30'19'' ; 5. Gremo (It.) à 47'47''.

21 mai : Bordeaux-Paris - 1. Christophe (Fr.) ; 2. Alavoine (Fr.) ; 3. Thys (Bel.).

5 juin : Paris-Bruxelles - 1. Reboul (Fr.) ; 2. Claerhout (Bel.) 3. Van Hecke (Bel.).

19 juin : Championnats nationaux - France : F. Pélissier. Belgique : Van Hevel.

▸ **26 juin-24 juillet** : Tour de France
1re étape, Paris-Le Havre : Mottiat (Bel.)
2e étape, Le Havre-Cherbourg : Bellenger (Fr.)
3e étape, Cherbourg-Brest : Scieur (Bel.)
4e étape, Brest-Les Sables-d'Olonne : Mottiat
5e étape, Les Sables-d'Olonne-Bayonne : Mottiat
6e étape, Bayonne-Luchon : H. Heusghem (Bel.)
7e étape, Luchon-Perpignan : Mottiat
8e étape, Perpignan-Toulon : Lucotti (It.)
9e étape, Toulon-Nice : Lambot (Bel.)
10e étape, Nice-Grenoble : Scieur
11e étape, Grenoble-Genève : Goethals (Fr.)
12e étape, Genève-Strasbourg : Barthélémy (Fr.)
13e étape, Strasbourg-Metz : Sellier (Bel.)
14e étape, Metz-Dunkerque : Goethals
15e étape, Dunkerque-Paris : Goethals
Classement final : 1. Scieur (Bel., La Sportive) ; 2. H. Heusghem (Bel.) à 19'02'' ; 3. Barthélémy (Fr.) à 8 h 6'53'' ; 4. Lucotti (It.) à 9 h 45'02'' ; 5. Tiberghien (Bel.) à 11 h 59'.

14 juillet : Critérium des Aiglons - Classement final : Grassin (Fr.).

12 août : Championnats du monde sur piste (Copenhague,

Dan.) - Vitesse : Moeskops (P.-B.). Demi-fond : Linart (Bel.).

➧ **4 septembre** : Paris-Brest-Paris - 1. Mottiat (Bel.) ; 2. Christophe (Fr.) ; 3. Masson (Bel.).

25 septembre : Critérium des As - À partir de cette date, la course se déroule sur 100 km à Longchamp, derrière entraîneurs. 1. Thys (Bel.) ; 2. Vermandel (Bel.) ; 3. H. Pélissier (Fr.).

➧ **14 novembre** : Tour de Lombardie - 1. Girardengo (It.) ; 2. Belloni (It.) ; 3. Gay (It.).

1922

5 mars : Championnat de France de cross cyclo pédestre - 1. Lacolle ; 2. Degy ; 3. Christophe.

➧ **26 mars** : Tour des Flandres - 1. Devos (Bel.) ; 2. Brunier (Fr.) ; 3. H. Pélissier (Fr.).

2 avril : Milan-San Remo - 1. Brunero (It.) ; 2. Girardengo (It.) ; 3. Aymo (It.).

9 avril : Liège-Bastogne-Liège - 1. Mottiat (Bel.) ; 2. Jordens (Bel.) ; 3. Seret (Bel.).

3-9 avril : Aerts et Serès remportent les Six Jours de Paris.

4-9 avril : Tour de Belgique - Classement final : 1. Vermandel (Bel.) ; 2. Masson (Bel.) à 7'38" ; 3. Beeckman (Bel.) à 18'04".

➧ **16 avril** : Paris-Roubaix - 1. Dejonghe (Bel.) ; 2. Rossius (Bel.) ; 3. Masson (Bel.).

30 avril : Paris-Tours - 1. H. Pélissier (Fr.) ; 2. Suter (Sui.) ; 3. Jacquinot (Fr.).

➧ **21 mai** : Bordeaux-Paris - 1. F. Pélissier (Fr.) ; 2. Mottiat (Bel.) ; 3. Masson (Bel.).

➧ **24 mai - 18 juin** : Tour d'Italie
1re étape, Milan-Padoue : Brunero (It.)
2e étape, Padoue-Portogruaro : Girardengo (It.)
3e étape, Portogruaro- Bologne : Belloni (It.)
4e étape, Bologne-Pescara : Sivocci (It.)
5e étape, Pescara-Naples : Aymo (It.)
6e étape, Naples-Rome : Linari (It.)
7e étape, Rome-Florence : Brunero
8e étape, Florence-S. Margaretha-Ligure : Annoni
9e étape, Gênes-Turin : Aymo
10e étape, Turin-Milan : Brunero
Classement final : 1. Brunero (It.) ; 2. Aymo (It.) à 8'20" ; 3. Enrici (It.) à 1 h 35'33" ; 4. Sivocci (It.) à 1 h 52'16" ; 5. Schierano (It.) à 4 h 17'42".

25 mai : Paris-Bruxelles - 1. Sellier (Bel.) ; 2. Seret (Bel.) ; 3. Vermandel (Bel.).

3 juin : Paris-Saint-Étienne - 1. Rossius (Bel.) ; 2. Beeckman (Bel.) ; 3. Godard.

4 juin : Championnat de France de demi-fond - 1. Serès ; 2. Ganay.

18 juin : Championnats nationaux - France : Brunier. Belgique : Vermandel.

➧ **25 juin-23 juillet** : Tour de France
Pour la première fois, les coureurs franchissent les cols de Vars et de l'Izoard, dans les Alpes.
1re étape, Paris-Le Havre : Jacquinot (Fr.)
2e étape, Le Havre-Cherbourg : Bellenger (Fr.)
3e étape, Cherbourg-Brest : Jacquinot
4e étape, Brest-Les Sables-d'Olonne : Thys (Bel.)
5e étape, Les Sables-d'Olonne-Bayonne : Alavoine (Fr.)
6e étape, Bayonne-Luchon : Alavoine
7e étape, Luchon-Perpignan : Alavoine
8e étape, Perpignan-Toulon : Thys
9e étape, Toulon-Nice : Thys
10e étape, Nice-Briançon : Thys
11e étape, Briançon-Genève : Masson (Fr.)
12e étape, Genève-Strasbourg : Masson
13e étape, Strasbourg-Metz : Gay (It.)
14e étape, Metz-Dunkerque : Sellier (Bel.)
15e étape, Dunkerque-Paris : Thys
Classement final : 1. Lambot (Bel., Peugeot) ; 2. Alavoine (Fr.) à 8 h 57'35" ; 3. Sellier (Bel.) à 9 h 36'58" ; 4. H. Heusghem (Bel.) à 12 h 08'14" ; 5. Lenaers (Bel.) à 12 h 48'46".

➧ **9 juillet** : Grand Prix de Paris de vitesse - 1. Spears (Aus.) ; 2. Bailey (G.-B.) ; 3. Moretti (It.).

20 août : Paris-Lyon - 1. Alavoine-Thys ; 2. Mottiat-Sellier ; 3. Lambot-Thiberghien

➧ **3 septembre** : Paris-Nancy - 1. H. Pélissier (Fr.) ; 2. F. Pélissier (Fr.) ; 3. Reboul (Fr.).

17 septembre : Championnats du monde sur piste (Paris) - Vitesse : Moeskops (P.-B.). Demi-fond : Vanderstuyft (Bel.).

17 septembre : Critérium des Aiglons - Classement final : Lenaers (Bel.).

➧ **17 septembre** : Critérium des As - 1. Vermandel (Bel.) ; 2. Alavoine (Fr.) ; 3. Bellenger (Fr.).

➧ **8 octobre** : Grand Prix Wolber - 1. Suter (Sui.) ; 2. Sellier (Bel.) ; 3. Hilarion (Fr.).

29 octobre : Tour de Lombardie - 1. Girardengo (It.) ; 2. Azzini (It.) ; 3. Aymo (It.).

1923

➧ **25 mars** : Tour des Flandres - 1. Suter (Sui.) ; 2. De Ruyter (Bel.) ; 3. Dejonghe (Bel.).

25 mars : Milan-San Remo - 1. Girardengo (It.) ; 2. Belloni (It.) ; 3. Azzini (It.).

1er avril : Paris-Roubaix - 1. Suter (Sui.) ; 2. Vermandel (Bel.) ; 3. Sellier (Bel.).

8 avril : Liège-Bastogne-Liège - 1. Vermandel (Bel.) ; 2. Rossius (Bel.) ; 3. Sellier (Bel.).

9-15 avril : Egg et Vankempen remportent les Six Jours de Paris.

➧ **22 avril** : Paris-Bruxelles - 1. Sellier (Bel.) ; 2. Dewaele (Bel.) ; 3. Van Hecke (Bel.).

1-6 mai : Tour de Belgique - Classement final : 1. Masson (Bel.) ; 2. Sellier (Bel.) à 3'53" ; 3. Frantz (Lux.) à 4'47".

13 mai : Paris-Tours - 1. Deman (Bel.) ; 2. Sellier (Bel.) ; 3. Tiberghien (Bel.).

21 mai : Paris-Saint-Étienne - 1. Jacquinot (Fr.) ; 2. Hilarion (Fr.) ; 3. Ville (Fr.).

23 mai-10 juin : Tour d'Italie
1re étape, Milan-Turin : Girardengo (It.)
2e étape, Turin-Gênes : Aymo (It.)
3e étape, Gênes-Florence : Girardengo (It.)
4e étape, Florence-Rome : Girardengo (It.)
5e étape, Rome-Naples : Girardengo (It.)
6e étape, Naples-Chieti : Girardengo (It.)
7e étape, Chieti-Bologne : Girardengo (It.)
8e étape, Bologne-Trieste : Girardengo (It.)
9e étape, Trieste-Mantoue : Sivocci (It.)
10e étape, Mantoue-Milan : Girardengo (It.)
Classement final : 1. Girardengo (It.) ; 2. Brunero (It.) à 37" ; 3. Aymo (It.) à 10'25" ; 4. Gay (It.) à 41'22" ; 5. Bottecchia (It.) 45'49".

➧ **27 mai** : Bordeaux-Paris - 1. Masson (Bel.) ; 2. F. Pélissier (Fr.) ; 3. Mottiat (Bel.).

24 juin : Championnat de France de vitesse (en deux manches) - 1. Schilles ; 2. Sergent.

➧ **24 juin-22 juillet** : Tour de France
1re étape, Paris-Le Havre : Jacquinot (Fr.)
2e étape, Le Havre-Cherbourg : Bottecchia (It.)
3e étape, Cherbourg-Brest : H. Pélissier (Fr.)
4e étape, Brest-Les Sables-d'Olonne : Dejonghe (Bel.)
5e étape, Les Sables-d'Olonne-Bayonne : Jacquinot.
6e étape, Bayonne-Luchon : Alavoine (Fr.)
7e étape, Luchon-Perpignan : Alavoine
8e étape, Perpignan-Toulon : Buysse (Bel.)
9e étape, Toulon-Nice : Alavoine
10e étape, Nice-Briançon : H. Pélissier
11e étape, Briançon-Genève : H. Pélissier
12e étape, Genève-Strasbourg : Muller (Fr.)
13e étape, Strasbourg-Metz : Bellenger
14e étape, Metz-Dunkerque : Goethals (Fr.)
15e étape, Dunkerque-Paris : Goethals
Classement final : 1. H. Pélissier (Fr., Automoto) ; 2. Bottecchia (It.) à 30'41" ; 3. Bellenger (Fr.) à 1 h 04'43" ; 4. Tiberghien (Bel.) à 1 h 29'16" ; 5. Alancourt (Fr.) à 2 h 06'40".

➧ **8 juillet** : Grand Prix de Paris de vitesse - 1. Kaufmann (Sui.) ; 2. Moeskops (P.-B.) ; 3. Moretti (It.).

12 août : Critérium des Aiglons - Classement final : Cuvelier (Fr.).

19 août : Championnats du monde sur piste (Zurich, Suisse.) - Vitesse : Moeskops (P.-B.). Demi-fond : Suter (Sui.).

26 août : Championnats nationaux - France : F. Pélissier. Belgique : Sellier.

2 septembre : Paris-Soissons - 1. Brunier (Fr.) ; 2. Joubert (Fr.) ; 3. Mantelet (Fr.).

16 septembre : Critérium des As - 1. Van Hevel (Bel.) ; 2. Bellenger (Fr.) ; 3. Brocco (Fr.).

30 septembre : Grand Prix Wolber - 1. Masson (Bel.) ; 2. H. Pélissier (Fr.) ; 3. Rossius (Bel.).

29 octobre : Tour de Lombardie - 1. Brunero (It.) ; 2. Linari (It.) ; 3. Gay (It.).

1924

2 mars : Championnat de France de cross cyclo-pédestre - 1. Lemay ; 2. Degy ; 3. Dubourg.

30 mars : Milan-San Remo - 1. Linari (It.) ; 2. Belloni (It.) ; 3. Girardengo (It.).

31 mars : Tour des Flandres - 1. Debaets (Bel.) ; 2. Vermandel (Bel.) ; 3. Sellier (Bel.).

6 avril : Paris-Roubaix - 1. Van Hevel (Bel.) ; 2. Ville (Fr.) ; 3. Sellier (Bel.).

8-14 avril : Aerts et Serès remportent les Six Jours de Paris.

13 avril : Liège-Bastogne-Liège : 1. Vermandel (Bel.) ; 2. Rossius (Bel.) ; 3. Sellier (Bel.).

19-26 avril : Tour de Belgique - Classement final : 1. Sellier (Bel.) ; 2. Frantz (Lux.) m.t. ; 3. Benoît (Bel.) à 5".

4 mai : Paris-Tours - 1. Mottiat (Bel.) ; 2. Frantz (Lux.) ; 3. Huyvaert (Bel.).

➧ **18 mai** : Bordeaux-Paris - 1. F. Pélissier (Fr.) ; 2. Masson (Bel.) ; 3. Alavoine (Fr.).

➧ **1er juin** : Paris-Bruxelles - 1. Sellier (Bel.) ; 2. Debaets (Bel.) ; 3. Colleu (Fr.).

14 juin : Bol d'or de Paris : Egg (Sui.).

10 mai- 1er juin : Tour d'Italie
1re étape, Milan-Gênes : Aymo (It.)
2e étape, Gênes-Florence : Gay (It.)
3e étape, Florence-Rome : Gay
4e étape, Rome-Naples : Zanaga (It.)
5e étape, Naples-Tarente : Gay
6e étape, Tarente-Foggia : Gay
7e étape, Foggia-Aquila : Enrici (It.)
8e étape, Aquila-Pérouse : Enrici
9e étape, Pérouse-Bologne : Ferrario (It.)
10e étape, Bologne-Fiume : Lazzaretti (It.)
11e étape, Fiume-Vérone : Ferrario

12e étape, Vérone-Milan : Bassi (It.)
Classement final : 1. Enrici (It.) ; 2. Gay (It.) à 58'21" ; 3. Gabrielli (It.) à 1 h 56'53" ; 4. Martinetto (It.) à 2 h 13'51" ; 5. Del Fiume (It.) à 2 h 19'00".

22 juin-20 juillet : Tour de France
À 28 ans, Ottavio Bottecchia signe la première victoire italienne dans le Tour.
1re étape, Paris-Le Havre : Bottecchia (It.)
2e étape, Le Havre-Cherbourg : Bellenger (Fr.)
3e étape, Cherbourg-Brest : Beeckman (Bel.)
4e étape, Brest-Les Sables-d'Olonne : Goethals (Fr.)
5e étape, Les Sables-d'Olonne-Bayonne : Buysse (Bel.)
6e étape, Bayonne-Luchon : Bottecchia
7e étape, Luchon-Perpignan : Bottecchia
8e étape, Perpignan-Toulon : Mottiat (Bel.)
9e étape, Toulon-Nice : Thys (Bel.)
10e étape, Nice-Briançon : Brunero (It.)
11e étape, Briançon-Gex : Frantz (Lux.)
12e étape, Gex-Strasbourg : Frantz
13e étape, Strasbourg-Metz : Alancourt (Fr.)
14e étape, Metz-Dunkerque : Bellenger
15e étape, Dunkerque-Paris : Bottecchia
Classement final : 1. Bottecchia (It., Automoto) ; 2. Frantz (Lux.) à 35'36" ; 3. L. Buysse (Bel.) à 1 h 32'13" ; 4. Aymo (It.) à 1 h 32'47" ; 5. Beeckman (Bel.) à 2 h 09'12".

4-26 juillet : Jeux olympiques, Paris - Poursuite : Italie (De Martini, Dinale, Menegazzi, Zuchetti). Tandem : Cugnot-Choury (Fr.). 1000 m : Michard (Fr.). Individuelle 50 km : Willems (Bel.). 188 km c.l.m. sur route : Blanchonnet (Fr.).

17 août : Critérium des Aiglons - Classement final : Debaets (Bel.).

24 août : Championnats nationaux - France : F. Pélissier. Belgique : Vermandel.

31 août : Paris-Lyon - 1. Sellier (Bel.) ; 2. Suter (Sui.) ; 3. Pétoville (Fr.).

21 septembre : Critérium des As - 1. Van Hevel (Bel.) ; 2. Suter (Sui.) ; 3. H. Pélissier (Fr.).

28 septembre : Grand Prix Wolber - 1. Girardengo (It.) ; 2. H. Pélissier (Fr.) ; 3. Rossius (Bel.).

18 octobre : Le *stayer* français Jean Brunier bat le record du monde de l'heure derrière moto (112,440 km).

3 novembre : Tour de Lombardie - 1. Brunero (It.) ; 2. Girardengo (It.) ; Linari (It.).

1925

8 mars : Championnat de France de cross cyclo-pédestre - 1. Piveteau ; 2. Peyrard ; 3. Vottier.

28 mars : Tour des Flandres - 1. Delbecque (Bel.) ; 2. Pé (Bel.) ; 3. Martin (Bel.).

29 mars-5 avril : Beyl et Vankempen remportent les Six Jours de Paris.

4 avril : Milan-San Remo - 1. Girardengo (It.) ; 2. Brunero (It.) ; 3. Linari (It.).

5 avril : Liège-Bastogne-Liège - 1. Ronsse (Bel.) ; 2. Van Slembrouck (Bel.) ; 3. Eelen (Bel.).

12 avril : Paris-Roubaix - 1. Sellier (Bel.) ; 2. Bestetti (It.) ; 3. Van Hevel (Bel.).

21-26 avril : Tour de Belgique - Classement final : 1. Verschueren (Bel.) ; 2. De Waele (Bel.) à 6'19" ; 3. Verdyck (Bel.) à 14'54".

29 avril : Circuit du Bourbonnais - 1 Christophe (Fr.) 2. Detreille (Fr.) ; 3. Leblanc (Fr.).

3 mai : Paris-Tours - 1. Verschueren (Bel.) ; 2. Mortelmans (Bel.) ; 3. Hilarion (Fr.).

10 mai : Bordeaux-Paris - 1. Suter (Sui.) ; 2. Debaets (Bel.) ; 3. Martin (Bel.).

16 mai-7 juin : Tour d'Italie
1re étape, Milan-Gênes : Aymo (It.)
2e étape, Turin-Arenzano : Girardengo (It.)
3e étape, Arenzano-Pise : Bestetti (It.)
4e étape, Pise-Rome : Girardengo (It.)
5e étape, Rome-Naples : Belloni (It.).
6e étape, Naples-Bari : Binda (It.)
7e étape, Bari-Benevento ; Girardengo (It.)
8e étape, Benevento-Sulmona : Brunero (It.)
9e étape, Sulmona-Arezzo : Girardengo (It.)
10e étape, Arezzo-Forli : Girardengo (It.)
11e étape, Forli-Vérone : Girardengo (It.)
12e étape, Vérone-Milan : Belloni (It)
Classement final : 1. Binda (It.) ; 2. Girardengo (It.) à 5'58" ; 3. Brunero (It.) à 7'22" ; 4. Belloni (It.) à 26'29" ; 5. Ciacherri (It.) à 37'57".

31 mai : Paris-Bruxelles - 1. Debaets (Bel.) ; 2. Benoît (Bel.) ; 3. Frantz (Lux.).

13 juin : Bol d'or de Paris : Barthélémy (Fr.).

21 juin-19 juillet : Tour de France
1re étape, Paris-Le Havre : Bottecchia (It.)
2e étape, Le Havre-Cherbourg : Bellenger (Fr.)
3e étape, Cherbourg-Brest : Mottiat (Bel.)
4e étape, Brest-Vannes : Frantz (Lux.)
5e étape, Vannes-Les Sables-d'Olonne : Frantz (Lux.)
6e étape, Les Sables-d'Olonne-Bordeaux : Bottecchia
7e étape, Bordeaux-Bayonne : Bottecchia
8e étape, Bayonne-Luchon : Benoît (Bel.)
9e étape, Luchon-Perpignan : Frantz.
10e étape, Perpignan-Nîmes : Beeckman (Bel.)
11e étape, Nîmes-Toulon : L. Buysse (Bel.)
12e étape, Toulon-Nice : L. Buysse
13e étape, Nice-Briançon : Aymo (It.)
14e étape, Briançon-Évian : Martin (Bel.)
15e étape, Évian-Mulhouse : Frantz
16e étape, Mulhouse-Metz : Martin
17e étape, Metz-Dunkerque : Martin
18e étape, Dunkerque-Paris : Bottecchia
Classement final : 1. Bottecchia (It., Automoto) ; 2. L. Buysse (Bel.) à 56'20" ; 3. Aymo (It.) à 28'37" ; 4. Frantz (Lux.) à 1 h 11'24" ; 5. Dejonghe (Bel.) à 1 h 28'.

2 août : Bruxelles-Paris.- 1. Thewis (Bel.) ; 2. Debusschère (Bel.) ; 3. Vandecasteele (Bel.).

16 août : Critérium des Aiglons - Classement final : 1. Matton (Bel.) ; 2. Bidot (Fr.).

16 août : Championnat du monde sur piste (Amsterdam, P.-B.) - Vitesse : Kaufmann (Sui.). 23 août : demi-fond : Grassin (Fr.).

23 août : Championnats nationaux - France : Souchard. Belgique : Debaets.

20 septembre : Critérium des As - 1. Souchard (Fr.) ; 2. Martin (Bel.) ; 3. Bellenger (Fr.).

27 septembre : Grand Prix Wolber - Suter (Sui.) ; 2. Bellenger (Fr.) ; 3. Benoît (Bel.).
1er octobre : Le *stayer* belge Léon Vanderstuyft bat le record du monde de l'heure derrière moto (115,098 km).

25 octobre : Tour de Lombardie - 1. Binda (It.) ; 2. Guintelli (It.) ; 3. Vallazza (It.).

1er novembre : Jean Brunier bat le record du monde de l'heure derrière moto (120,958 km).

1926

21 mars : Championnat de France de cross cyclo-pédestre - 1. Ch. Pélissier ; 2. Lacolle ; 3. Piveteau.

21 mars : Milan-San Remo - 1. Girardengo (It.) ; 2. Ciaccheri (It.) ; 3. Piechottino (It.).

21 mars : Tour des Flandres - 1. Verschueren (Bel.) ; 2. Van Slembrouck (Bel.) ; 3. Decorte (Bel.).

28 mars : Liège-Bastogne-Liège- 1. Smets (Bel.) ; 2. Siquet (Bel.) ; 3. Macar (Bel.).

4 avril : Paris-Roubaix - 1. Delbecque (Bel.) ; 2. Van Slembrouck (Bel.) ; 3. Rebry (Bel.).

5-11 avril : Wambst et Lacquehaye remportent les Six Jours de Paris.

2 mai : Paris-Tours - 1. Suter (Sui.) ; 2. Notter (Sui.) ; 3. Frantz (Lux.).

12-16 mai : Tour de Belgique - Classement final : 1. Debusschere (Bel.) ; 2. Sellier (Bel.) à 14'43" ; 3. Depauw (Bel.) à 23'24".

15 mai-6 juin : Tour d'Italie
1re étape, Milan-Turin : Piemontesi (It.)
2e étape, Turin-Gênes : Piemontesi
3e étape, Gênes- Florence : Binda (It.)
4e étape, Florence-Rome : Girardengo (It.)
5e étape, Rome-Naples : Girardengo
6e étape, Naples-Foggia : Binda
7e étape, Foggia-Sulmona : Binda
8e étape, Sulmona-Terni : Brunero (It.)
9e étape, Terni-Bologne : Binda
10e étape, Bologne-Udine : Bestetti (It.)
11e étape, Udine-Vérone : Binda
12e étape, Vérone-Milan : Binda
Classement final : 1. Brunero (It.) ; 2. Binda (It.) à 15'28" ; 3. Bresciani (It.) à 54'41" ; 4. Valazza (It.) à 1 h 11'38" ; 5. Enrici (It.) à 1 h 15'57".
30 mai : Bordeaux-Paris - 1. Benoît (Bel.) ; 2. Delbecque (Bel.) ; 3. L. Buysse (Bel.).

6 juin : Paris-Bruxelles - 1. Verschueren (Bel.) ; 2. Van Dam (Bel.) ; 3. Sellier (Bel.).
20 juin-18 juillet : Tour de France
Pour la première fois, l'épreuve démarre en province.
1re étape, Évian-Mulhouse : J. Buysse (Bel.)
2e étape, Mulhouse-Metz : Dossche (Bel.)
3e étape, Metz-Dunkerque : Van Slembrouck (Bel.)
4e étape, Dunkerque-Le Havre : Sellier (Bel.)
5e étape, Le Havre-Cherbourg : Benoît (Bel.)
6e étape, Cherbourg-Brest : Van Dam (Bel.)
7e étape, Brest-Les Sables-d'Olonne : Frantz (Lux.)
8e étape, Les Sables-d'Olonne-Bordeaux : Van Dam
9e étape, Bordeaux-Bayonne : L. Buysse (Bel.)
10e étape, Bayonne-Luchon : L. Buysse
11e étape, Luchon-Perpignan : L. Buysse
12e étape, Perpignan-Toulon : Frantz (Lux.)
13e étape, Toulon-Nice : Frantz
14e étape, Nice-Briançon : Aymo (It.)
15e étape, Briançon-Évian : Van Dam
16e étape, Évian-Dijon : Van De Casteele (Bel.)
17e étape, Dijon-Paris : Dossche
Classement final : 1. L. Buysse (Bel., Automoto) ; 2. Frantz (Lux.) à 1 h 22'25" ; 3. Aymo (It.) à 1 h 22'41" ; 4. Beeckman (Bel.) à 1 h 41'44" ; 5. Sellier (Bel.) à 1 h 51'13".

15 août : Championnats du monde sur piste (Milan, It.) - Vitesse : Moeskops (P.-B.). Demi-fond : Linart (Bel.).

15 août : Marseille-Lyon - 1. Bachellerie (Fr.) ; 2. Curtel (Fr.) ; 3. Gras (Fr.).

19 août : Critérium des Aiglons - Classement final : J. Bidot (Fr.).

22 août : Championnats nationaux - France : Souchard. Belgique : Sellier.

30 août : Paris-Saint-Étienne - 1. Van Hyfte (Bel.) ; 2. De Waele (Bel.) ; 3. Normand (Fr.).

11 septembre : Critérium des As - 1. F. Pélissier (Fr.) ; 2. Marcillac (Fr.) ; 3. Lacquehay (Fr.).

26 septembre : Grand Prix Wolber - 1. F. Pélissier (Fr.) ; 2. Notter (Sui.) ; 3. Le Drogo (Fr.).

31 octobre : Tour de Lombardie - 1. Binda (It.) ; 2. Negrini (It.) ; 3. Vallazza (It.).

6-12 décembre : Six Jours de New York. Victoire de Mac Namara-Linari.

1927

20 mars : Critérium du Mont Faron - 1. Ch. Pélissier (Fr.) ; 2. Broccardo (Fr.) ; 3. Normand (Fr.).

27 mars : Championnat de France de cross cyclo-pédestre - 1. Ch. Pélissier ; 2. Le Drogo ; 3. Foucaux.

2 avril : Milan-San Remo - 1. P. Chiesi (It.) ; 2. Binda (It.) ; 3. Piemontesi (It.).

▸ 3 avril : Tour des Flandres - 1. Debaets (Bel.) ; 2. Van Slembrouck (Bel.) ; 3. De Waele (Bel.).

4-10 avril : Mac Namara et Aerts remportent les Six Jours de Paris.

10 avril : Liège-Bastogne-Liège - 1. Raes (Bel.) ; 2. Hans (Bel.) ; 3. Siquet.

▸ 17 avril : Paris-Roubaix - 1. Ronsse (Bel.) ; 2. Curtel (Fr.) ; 3. Ch. Pélissier (Fr.).

24 avril : Paris-Lille- 1. Bellenger (Fr.) ; 2 Van Brusene (Bel.) ; 3 Degraerelynck (Bel.).

1er mai : Paris-Tours - 1. Suter (Sui.) ; 2. Van Slembrouck (Bel.) ; 3. Ronsse (Bel.).

4-8 mai : Tour de Belgique - Classement final : 1. Matton (Bel.) ; 2. Van Impe (Bel.) à 8'56" ; 3. Dervaes (Bel.) à 9'02".

15 mai : Bordeaux-Paris - 1. Ronsse (Bel.) ; 2. Benoît (Bel.) ; 3. Van Slembrouck (Bel.)

15 mai-6 juin : Tour d'Italie
1re étape, Milan-Turin : Binda (It.).
2e étape, Turin-Reggio d'Émilie : Binda
3e étape, Reggio d'Émilie-Lucca : Binda
4e étape, Lucca-Grosseto : Piemontesi (It.)
5e étape, Grosseto-Rome : Binda
6e étape, Rome-Naples : Binda.
7e étape, Naples-Avellino : Binda
8e étape, Avellino-Bari : Binda
9e étape, Bari-Campobasso : Binda
10e étape, Campobasso-Pescara : Binda
11e étape, Pescara-Pesaro : Bresciani (It.)
12e étape, Pesaro-Trévise : Binda
13e étape, Trévise-Trieste : Brunero (It.)
14e étape, Trieste-Vérone : Binda
15e étape, Vérone-Milan : Binda
Classement final : 1. Binda (It.) ; 2. Brunero (It.) à 27'24" ; 3. Negrini (It.) à 36'06" ; 4. Vallaza (It.) à 51'20" ; 5. Pancera (It.) à 54'29".

22 mai : Paris-Menin - Dernière édition de l'épreuve. 1. De Waele (Bel.) ; 2. Dossche (Bel.) ; 3. Rebry (Bel.)

29 mai : Paris-Bruxelles - 1. Frantz (Lux.) ; 2. Huot (Fr.) ; 3. Dewaele (Bel.).

▸ 15 juin : Ottavio Bottecchia est trouvé mort sur une route près de Pordenone.

19 juin-17 juillet : Tour de France
1re étape, Paris-Dieppe : F. Pélissier (Fr.)
2e étape, Dieppe-Le Havre : Dewaele (Bel.)
3e étape, Le Havre-Caen : Martin (Fr.)
4e étape, Caen-Cherbourg : Van De Casteele (Bel.)
5e étape, Cherbourg-Dinan : Le Drogo (It.)
6e étape, Dinan-Brest : Leducq (Fr.)
7e étape, Brest-Vannes : Van Slembrouck (Bel.)
8e étape, Vannes-Les Sables-d'Olonne : Decorte (Bel.)
9e étape, Les Sables-d'Olonne-Bordeaux : Benoît (Bel.)
10e étape, Bordeaux-Bayonne : Verhaegen (Bel.)
11e étape, Bayonne-Luchon : Frantz (Lux.)
12e étape, Luchon-Perpignan : Van Slembrouck
13e étape, Perpignan-Marseille : Dewaele
14e étape, Marseille-Toulon : Magne (Fr.)
15e étape, Toulon-Nice : Frantz
16e étape, Nice-Briançon : Vervaecke (Bel.)
17e étape, Briançon-Evian : Verhaegen
18e étape, Evian-Pontarlier : Benoît
19e étape, Pontarlier-Belfort : Geldhof
20e étape, Belfort-Strasbourg : Decorte (Bel.)
21e étape, Strasbourg-Metz : Frantz
22e étape, Metz-Charleville : Martin (Bel.)
23e étape, Charleville-Dunkerque : Leducq (Fr.)
24e étape, Dunkerque-Paris : Leducq
Classement final : 1. Frantz (Lux., Alcyon) ; 2. Dewaele (Bel.) à 1 h 51' 21" ; 3.Vervaecke (Bel.) à 2 h 25' 06" ; 4. Leducq (Fr.) à 3 h 02' 05" ; 5. Magne (Fr.) à 4 h 50' 23"

▸ 20 juillet : Championnats du monde sur piste (Cologne, Allemagne) - Vitesse : Michard (Fr.). 24 juillet : demi-fond - Linart (Bel.)

21 juillet : Les championnats du monde professionnels sont organisés pour la première fois. Ils se déroulent sur le circuit du Nurburgring, en Allemagne. 1. Binda (It.) ; 2. Girardengo (It.) ; 3. Piemontesi (It.).

7 août : Bol d'or de Paris (piste) - 1. Barthélémy (Fr.) ; 2. Duboc (Fr.) ; 3. Mouton (Fr.).

7 août : Premier Paris-Rennes - 1. Decorte (Bel.) ; 2. Martin (Bel.) ; 3. Alancourt (Fr.).

14 août : Tour des Pays basques - classement final - 1. Fontan (Fr.) 2. Leducq (Fr.) 3. Buysse (Bel.).

21 août : Critérium des Aiglons - Classement final : Perrain (Fr.)

21 août : Championnat de France : Le Drogo

28 août : Premier Paris-Limoges - 1. Magne (Fr.) ; 2. Colleu (Fr.) ; 3. Neuhard (Fr).

28 août-4 septembre : Tour de Catalogne - Classement final : 1. Fontan (Fr.) ; 2. Canardo (Esp.) ; 3. Cuvelier (Fr.).

11 septembre : Critérium des As -1. Marcillac (Fr.) ; 2. Martin (Bel.) ; 3. Bellenger (Fr.).

18 septembre : Course de 100 milles à Buffalo. Victoire de Lacquehay.

24 septembre : Grand Prix Wolber - Le classement final est donné par équipes. 1. Magne (Fr.), éq. Alleluia ; 2. éq. Alcyon ; 3. éq. J.-B. Louvet.

30 octobre : Tour de Lombardie - 1. Binda (It.) ; 2. Piccin (It.) ; 3. Negrini (It.).

1928

▸ 11 mars : Critérium du Mont Faron - 1. Ch. Pélissier (Fr.) ; 2. Piccardo (Fr.) ; 3. Legoff (Fr.).

18 mars : Championnat de France de cross cyclo-pédestre - 1. Ch. Pélissier ; 2. Foucaux ; 3. Segard.

25 mars : Milan-San Remo - 1. Girardengo (It.) ; 2. Binda (It.) ; 3. Brunero (It.).

25 mars : Tour des Flandres - 1. Mertens (Bel.) ; 2. Mortelmans (Bel.) ; 3. Delannoy (Bel.).

1er avril : Liège-Bastogne-Liège - 1. Mottard (Bel.) ; 2. M. Raes (Bel.) ; 3. Van Belle (Bel.).

▸ 8 avril : Paris-Roubaix - 1. Leduc q (Fr.) ; 2. Ronsse (Bel.) ; 3. Meunier (Bel.).

9-15 avril : Wambst et Lacquehay remportent les Six Jours de Paris.

22 avril : Paris-Tours - 1. Vershueren (Bel.) ; 2. Ch. Pélissier (Fr.) ; 3. Gallotini (It.).

6 mai : Bordeaux-Paris - 1. Martin (Bel.) ; 2. Dewaele (Bel.) ; 3. Neuhard (Fr.).

8-13 mai : Tour de Belgique - Classement final : 1. Van Hevel (Bel.) ; 2. Delbecque (Bel.) à 3'49" ; 3. Vermandel (Bel.) à 17'16".

12 mai -3 juin : Tour d'Italie
1re étape, Milan-Trente : Piemontesi (It.)
2e étape, Trente-Forli : Binda (It.)
3e étape, Forli-Arezzo : Binda
4e étape, Arezzo-Sulmona : Binda
5e étape, Sulmona-Foggia : Binda
6e étape, Foggia-Napoli : Piemontesi
7e étape, Napoli-Rome : Piemontesi
8e étape, Rome-Pistoia : Binda
9e étape, Pistoia-Modène : Piemontesi
10e étape, Modène-Gênes : Binda
11e étape, Gênes-Turin : Binda
12e étape, Turin-Milan : Piemontesi
Classement final : 1. Binda (It.) ; 2. Pancera (It.) à 18'13" ; 3. Aymo (It.) à 27'25" ; 4. Fontan (It.) à 31'30" ; 5. Picchiottino (It.) à 36'23".

13 mai : Paris-Lille - 1. Bellenger (Fr.) ; 2. Van Brusene (Bel.) ; 3. Leblanc (Fr.).

27 mai : Paris-Bruxelles - 1. Ronsse (Bel.) ; 2. Frantz (Lux.) ; 3. Opperman (Aus.).

10 juin : Championnat de France - Le Drogo.

▸ 17 juin-15 juillet : Tour de France
1re étape, Paris-Caen : Frantz (Lux.)
2e étape, Caen-Cherbourg : Leducq (Fr.)
3e étape, Cherbourg-Dinan : Rebry (Bel.)
4e étape, Dinan-Brest : Verhaegen (Bel.)
5e étape, Brest-Vannes : M. Bidot (Fr.)
6e étape, Vannes-Les Sables-d'Olonne : Frantz
7e étape, Les Sables-d'Olonne-Bordeaux : Fontan (Fr.)
8e étape, Bordeaux-Hendaye : Dewaele (Bel.)
9e étape, Hendaye-Luchon : Fontan
10e étape, Luchon-Perpignan : Leducq
11e étape, Perpignan-Marseille : Leducq
12e étape, Marseille-Nice : Frantz
13e étape, Nice-Grenoble : Magne (Fr.)
14e étape, Grenoble-Évian : Moineau (Fr.)
15e étape, Évian-Pontarlier : P. Magne (Fr.)
16e étape, Pontarlier-Belfort : Leducq
17e étape, Belfort-Strasbourg : Mauclair (Fr.)
18e étape, Strasbourg-Metz : Frantz
19e étape, Metz-Charleville : Huot (Fr.)
20e étape, Charleville-Mâlo-les-Bains : Dewaele
21e étape, Mâlo-les-Bains-Dieppe : Magne
22e étape, Dieppe-Paris : Frantz
Classement final : 1. Frantz (Lux., Alcyon) ; 2. Leducq (Fr.) à 50'07" ; 3. Dewaele (Bel.) à 56'16" ; 4. Mertens (Bel.) à 1 h 08'11" ; 5. Vervaecke (Bel.) à 1 h 53'32".

▸ 29 juillet-13 août : Jeux olympiques, Amsterdam (P.-B.) - Vitesse : Beaufranc (Fr.). Poursuite par équipes : Italie (Fabricca, Facciani, Tosselli, Lucinci). Tandem : Van Dyck, Leene (P.-B.). Kilomètre c.l.m. : Hansen (Dan.). Route (c.l.m.) : Hansen (Dan.).

▸ 7-13 août : Six Jours de Buffalo. Victoire de Tonani-Boucheron.

8 août : Paris-Rennes - 1. Frantz (Lux.) ; 2. Archambaud (Fr.) ; 3. Rebry (Fr.).

15 août : Marseille-Lyon - 1. M. Bidot (Fr.) ; 2. Righetti (Fr.) ; 3. Verhaegen (Bel.).

16 août : Championnat du monde sur route (Budapest, Hongrie) - 1. Ronsse (Bel.) ; 2. Nebe (All.) ; 3. Wolke (All.).

19 août : Championnat du monde sur piste (Budapest) - Vitesse : Michard (Fr.). 20 août : demi-fond - Sawall (G.-B.).

21 août : Les Italiens Costante Girardengo et Alfredo Binda sont suspendus six mois par l'UVI pour « ne pas avoir défendu avec foi et volonté le prestige cycliste italien dans le championnat du monde ».

2 septembre : Bol d'or de Paris - Pour sa dernière édition, l'épreuve de fond est remportée par l'Australien Opperman, devant Mouton et Huot.

8 septembre : Critérium des As - 1. Lacquehay (Fr.) ; 2. Debaets (Bel.) ; 3. Choury (Fr.).

15-23 septembre : Tour de Catalogne - Classement final : 1. Canardo (Esp.) ; 2. Mucio (Esp.) ; 3. Baras (Esp.).

23 septembre : Grand Prix Wolber - 1. Vervaecke (Bel.) ; 2. Frantz (Lux.) ; 3. Vershueren (Bel.).

28 septembre : Tour de Lombardie -1. Belloni (It.) ; 2. Grandi (It.) ; 3. Fossali (It.).

1929

24 février : Championnat d'hiver au Vel'd'Hiv' (50 km derrière triplettes) - 1. Raynaud (Fr.) ; 2. Wambst (Fr.) ; 3 Richli (Sui.).

8-24 mars : Raynaud et Dayen remportent les Six Jours de Paris.

17 mars : Championnat de France de cross cyclo-pédestre - 1. Foucaux; 2. Segaud; 3. Mazeyrat.

17 mars : Tour des Flandres - 1. Dervaes (Bel.) ; 2. Ronsse (Bel.) ; 3. Hamerlynck (Belg.).

19 mars : Milan San Remo - 1. Binda (It.) ; 2. Frascarelli (It.) ; 3. Caimmi (It.).

31 mars : Paris-Roubaix - 1. Meunier (Bel.) ; 2. Ronsse (Bel.) ; 3. Déolet (Bel.).

7 avril : Tour du Piémont - 1. Negrini (It.) ; 2. Binda (It) ; 3. Cristelli (It).

21 avril : Paris-Rennes - 1. Déolet (Bel.) ; 2. Van Siembroeck (Bel.) ; 3. Godinat (Fr.).

28 avril : Paris-Lille - 1. Wauters (Bel.) ; 2. Meunier (Bel.) ; 3. Vervaecke (Bel.).

28 avril-19 mai : Premier Tour d'Algérie. Victoire de Curtel (Fr.).

5 mai : Paris-Tours - 1. Frantz (Lux.) ; 2. Déolet (Bel.) ; 3. Ronsse (Bel.).

8-12 mai : Tour de Belgique - Classement final : 1. Van Bruaene (Bel.) ; 2. De Waele (Bel.) à 2'24" ; 3. Decorte (Bel.) à 4'19".

9 mai : Liège-Bastogne-Liège - 1. Schepers (Bel.) ; 2. Hombroeck (Bel.) ; 3. M. Raes (Bel.).

19 mai-9 juin : Tour d'Italie
1re étape, Rome-Naples : Belloni (It.)
2e étape, Naples-Foggia : Binda (It.)
3e étape, Foggia-Lecce : Binda
4e étape, Lecce-Potenza : Binda
5e étape, Potenza-Cosenza : Binda
6e étape, Cosenza-Salerne : Binda
7e étape, Salerne-Formia : Binda
8e étape, Formia-Rome : Binda
9e étape, Rome-Orvieto : Binda
10e étape, Orvieto-Sienne : Bianchi (It.)
11e étape, Sienne-La Spezia : Dinale (It.)
12e étape, La Spezia-Parme : Piemontesi (It.)
13e étape, Parme-Allessandria : Bianchi
14e étape, Alessandria-Milan : Dinale
Classement final : 1. Binda (It.) ; 2. Piemontesi (It.) à 3'44" ; 3. Frascarelli (It.) à 5'04" ; 4. Negrini (It.) à 6'36" ; 5. Giaccobe (It.) à 9'43".

26 mai : Bordeaux-Paris - 1. Ronsse (Bel.) ; 2. Martin (Bel.) ; 3. Demuysere (Bel.).

2 juin : Paris-Bruxelles - 1. Verhaegen (Bel.) ; 2. Dewaele (Bel.) ; 3. Frantz (Lux.).

16 juin : Championnats nationaux - France : M. Bidot. Belgique : Wauters.

27 juin : Bruxelles-Paris - 1. Van Rossem (Bel.) ; 2. Mauclair (Fr.) ; 3. Mortelman (Bel.).

30 juin-28 juillet : Tour de France
1re étape, Paris-Caen : Doosche (Bel.)
2e étape, Caen-Cherbourg : Leducq (Fr.)
3e étape, Cherbourg-Dinan : Taverne (Bel.)
4e étape, Dinan-Brest : De Lannoy (Bel.)
5e étape, Brest-Vannes : Van Slembrouck (Bel.)
6e étape, Vannes-Les Sables-d'Olonne : Le Drogo (Fr.)
7e étape, Les Sables-d'Olonne-Bordeaux : Frantz (Lux.)
8e étape, Bordeaux-Bayonne : Moineau (Fr.)
9e étape, Bayonne-Luchon : Cardona (Fr.)
10e étape, Luchon-Perpignan : Demuysere (Bel.)
11e étape, Perpignan-Marseille : Leducq
12e étape, Marseille-Cannes : M. Bidot (Fr.)
13e étape, Nice-Sospel-Nice : Faure (Fr.)
14e étape, Nice-Grenoble : Rebry (Bel.)
15e étape, Grenoble-Évian : Vervaecke (Bel.)
16e étape, Évian-Belfort : Ch. Pélissier (Fr.)
17e étape, Belfort-Strasbourg : Leducq
18e étape, Strasbourg-Metz : Leducq
19e étape, Metz-Charleville : Van Rysselberghe (Bel.)
20e étape, Charleville-Mâlo-les-Bains : Dewaele (Bel.)
21e étape, Mâlo-les-Bains-Dieppe : Leducq
22e étape, Dieppe-Paris : Frantz
Classement final : 1. Dewaele (Bel.) ; 2. Demuysere (Bel.) à 32'07" ; 3. Pancera (It.) à 34'22" ; 4. Cardona (Fr.) à 57'45" ; 5. Frantz (Lux.) à 57'59".

6 juillet : Grand Prix de Paris de vitesse. Victoire de Faucheux devant Engel.

11 août : Championnats du monde sur piste (Zurich) - Vitesse : Michard (Fr.). 19 août : demi-fond - Paillard (Fr.).

18 août : Championnat du monde sur route (Zurich, Sui.) - 1. Ronsse (Bel.) ; 2. Frantz (Lux.) ; 3. Binda (It.).

25 août : Premier Toulouse-Barcelone - 1. Bonduel (Bel.) ; 2. Leducq (Fr.) et Déolet (Bel.) ex aequo ;

7 septembre : Critérium des As - 1. Wambst (Fr.) ; 2. Blanchonnet (Fr.) ; 3. Lacquehay (Fr.).

8-15 septembre : Tour de Catalogne - Classement final : 1. Canardo (Esp.) ; 2. Aerts (Bel.) ; 3. Bresciani (It.).

29 septembre : Grand Prix Wolber - 1. Haemerlinck (Bel.) ; 2. Merviel (Fr.) ; 3. Martin (Bel.).

26 octobre : Tour de Lombardie - 1. Fossati (It.) ; 2. Zanaga (It.) ; 3. Di Paco (It.).

1930

16 mars : Critérium du Mont Faron - 1. Fichot (Fr.) ; 2. Normand (Fr.) ; 3 É. Faure (Fr.).

30 mars : Milan-San Remo - 1. Mara (It.) ; 2. Caimmi (It.) ; 3. Piemontesi (It.).

7-13 avril : Charles Pélissier et Blanchonnet remportent les Six Jours de Paris.

13 avril : Tour des Flandres - 1. Bonduel (Bel.) ; 2. Dossche (Bel.) ; 3. Joly (Bel.).

20 avril : Paris-Roubaix - 1. Vervaecke (Bel.) ; 2. Maréchal (Fr.) ; 3. Magne (Fr.).

4 mai : Paris-Tours - 1. Maréchal (Fr.) ; 2. M. Bidot (Bel.) ; 3. Bonduel (Bel.).

4 mai : Quatorzième titre de champion de Belgique de demi-fond pour Victor Linart.

5-11 mai : Tour de Belgique - 1. Joly (Bel.) ; 2. Decroix (Bel.) à 7" ; 3. Van Rossem (Bel.) à 54".

18 mai : Bordeaux-Paris - 1. Ronsse (Bel.) ; 2. F. Pélissier (Fr.) ; 3. Demuysere (Bel.).

18 mai-8 juin : Tour d'Italie
Après la quatrième victoire consécutive de Binda en 1929, les organisateurs lui versent une prime de non-départ équivalente au premier prix.
1re étape, Messine-Catane : Mara (It.)
2e étape, Catane-Palerme : Frascarelli (It.)
3e étape, Palerme-Messine : Marchisio (It.)
4e étape, Reggio de Calabre-Catanzaro : Marchisio
5e étape, Catanzaro-Cosenza : Piemontesi (It.)
6e étape, Cosenza-Salerne : Grandi (It.)
7e étape, Salerne-Naples : Di Paco (It.)
8e étape, Naples-Rome : Guerra (It.)
9e étape, Rome-Teramo : Mara
10e étape, Teramo-Ancône : Mara
11e étape, Ancône-Forli : Guerra
12e étape, Forli-Rovigo : Mara
13e étape, Rovigo-Asiago : Pesenti (It.)
14e étape, Asiago-Brescia : Frascarelli (It.)
15e étape, Brescia-Milan : Mara
Classement final : 1. Marchisio (It.) ; 2. Giaccobe (It.) à 52" ; 3. Grandi (It.) à 5'51" ; 4. Morelli (It.) à 11'12" ; 5. Pesenti (It.) à 16'01".

25 mai : Paris-Bruxelles - 1. Mottard (Bel.) ; 2. Demuysere (Bel.) ; 3. Ghyssels (Bel.).

29 mai : Liège-Bastogne-Liège - 1. Buse (Bel.) ; 2. Laloup (Bel.) ; 3. Gardier (Bel.).

1er juin : Circuit du Morbihan - 1. Demuysere (Bel.) ; 2. Martin (Bel.) ; 3. Joly (Bel.).

8 juin : Championnats nationaux - France : Bisseron. Belgique : Wauters.

15 juin : Grand Prix Wolber - 1. Ronsse (Bel.) ; 2. Demuysere (Bel.) ; 3. Fontan (Fr.).

22 juin : Paris-Rennes - 1. Le Drogo (Fr.) ; 2. Rebry (Bel.) ; 3. Ghyssels (Bel.).

2-27 juillet : Tour de France
Henri Desgrange, en conflit avec la direction de l'équipe Alcyon, décide de réformer le règlement et instaure le système des équipes nationales. Tous les vélos sont jaunes (la couleur du journal *L'Auto*) et fournis par l'organisation. Création de la caravane publicitaire.
1re étape, Paris-Caen : Ch. Pélissier (Fr.)
2e étape, Caen-Dinan : Guerra (It.)
3e étape, Dinan-Brest : Ch. Pélissier
4e étape, Brest-Vannes : Taverne
5e étape, Vannes-Les Sables-d'Olonne : Leducq (Fr.)
6e étape, Les Sables-d'Olonne-Bordeaux : Aerts (Bel.)
7e étape, Bordeaux-Hendaye : Merviel (Fr.)
8e étape, Hendaye-Pau : Binda (It.)
9e étape, Pau-Luchon : Binda
10e étape, Luchon-Perpignan : Ch. Pélissier
11e étape, Perpignan-Montpellier : Ch. Pélissier
12e étape, Montpellier-Marseille : Magne (Fr.)
13e étape, Marseille-Cannes : Guerra (It.)
14e étape, Cannes-Nice : Péglion (Fr.)
15e étape, Nice-Grenoble : Guerra
16e étape, Grenoble-Évian : Leducq
17e étape, Évian-Belfort : Bonduel (Bel.)
18e étape, Belfort-Metz : Ch. Pélissier
19e étape, Metz-Charleville : Ch. Pélissier
20e étape, Charleville-Mâlo-les-Bains : Ch. Pélissier
21e étape, Mâlo-les-Bains-Paris : Ch. Pélissier

Classement final : 1. Leducq (Fr.) ; 2. Guerra (It.) à 14'19" ; 3. Magne (Fr.) à 16'09" ; 4. Demuysere (Bel.) à 21'40" ; 5. M. Bidot (Fr.) à 41'24".

3 août : La Roue d'or - 1. Grassin (Fr.) ; 2. Paillard (Fr.) ; 3. Benoît (Bel.).

24 août : Championnats du monde sur piste (Bruxelles) - Vitesse : Michard (Fr.).

30 août : Championnat du monde sur route (Liège, Bel.) - 1. Binda (It.) ; 2. Guerra (It.) ; 3. Ronsse (Bel.). 31 août : demi-fond : Moeller (All.).

6 septembre : Critérium des As - 1. Foucaux (Fr.) ; 2. Lemoine (Fr.) ; 3. Mouton (Fr.).

7-14 septembre : Tour de Catalogne - 1. Canardo (Esp.) ; 2. Maurel (Fr.) ; 3. Montero (Esp.).

12 septembre : Championnat des Flandres - Hamerlinck (P.-B.).

26 octobre : Tour de Lombardie - 1. Mara (It.) ; 2. Binda (It.) ; 3. Guerra (It.).

1931

1er-7 mars : Six Jours de New York - 1. Letourneu-Guimbretière ; 2. Linari-Broccardo ; 3 Richli-Grim.

15 mars : Critérium du Mont Faron - 1. Minardi (Fr.) ; 2. Pastorelli (Fr.) ; 3. Gallejo (Esp.).

22 mars : Milan-San Remo - 1. Binda (It.) ; 2. Guerra (It.) ; 3. Piemontesi (It.).

22 mars : Championnat de France de cross cyclo-pédestre - 1. Foucaux ; 2. Deconinck ; 3. Vanderdonck.

22 mars : Tour des Flandres - 1. Gyssels (Bel.) ; 2. Bogaert (Bel.) ; 3. Aerts (Bel.).

23-29 mars : Les Italiens Linari et Dinale remportent les Six Jours de Paris.

3-9 avril : Six Jours de Saint-Étienne - Victoire de Debruychère-Billiet (Bel.).

5 avril : Paris-Roubaix - 1. Rebry (Bel.) ; 2. Ch. Pélissier (Fr.) ; 3. Decroix (Bel.).

12 avril : Paris-Bruxelles - 1. Aerts (Bel.) ; 2. Bonduel (Bel.) ; 3. Gyssels (Bel.).

25 avril : Circuit du Morbihan - 1. Bonduel (Bel.) ; 2. Rebry (Bel.) ; 3. Frantz (Lux.).

3 mai : Paris-Tours - 1. Leducq (Fr.) ; 2. Pariolleau (Fr.) ; 3. Ch. Pélissier (Fr.).

10 mai : Paris-Lille - 1. Dervaes (Bel.) ; 2. Wauters (Bel.) ; 3. Ronsse (Bel.).

10-31 mai : Tour d'Italie
1re étape, Milan-Mantoue : Guerra (It.)
2e étape, Mantoue-Ravenne : Guerra
3e étape, Ravenne-Macerata : Binda (It.)
4e étape, Macerata-Pescara : Binda
5e étape, Pescara-Napoli : Mara (It.)
6e étape, Napoli-Rome : Meini (It.)
7e étape, Rome-Pérouse : Guerra
8e étape, Pérouse-Montecatini : Guerra
9e étape, Montecatini-Gênes : Mara
10e étape, Gênes-Cuneo : Giaccobe (It.)
11e étape, Cuneo-Turin : Camusso (It.)
12e étape, Turin-Milan : Guerra
Classement final : 1. Camusso (It.) ; 2. Giaccobe (It.) à 2'47" ; 3. Marchisio (It.) à 6'16" ; 4. Cavallini (It.) à 10'16" ; 5. Balmanion (It.) à 12'45".

17 mai : Paris-Rennes - 1. Joly (Bel.) ; 2. Le Drogo (Fr.) ; 3. Bonduel (Bel.).

19-24 mai : Tour de Belgique - Classement final : 1. Dewaele (Bel.) et Degraeve (Bel.) ex-aequo ; 3. Wauters (Bel.) à 14'56".

31 mai : Bordeaux-Paris - 1. Van Rysselberghe (Bel.) ; 2. Gyssels (Bel.) ; 3. Bonduel (Bel.).

9 juin : Liège-Bastogne-Liège - 1. Schepers (Bel.) ; 2. Houyoux (Bel.) ; 3. Deschepper (Bel.).

14 juin : Premier Paris-Belfort - 1. J. Bidot (Fr.) ; 2. M. Bidot (Fr.); 3. Louviot (Fr.).

14 juin : Championnats nationaux - France : Blanchonnet. Belgique : Schepers.

30 juin-26 juillet : Tour de France
1re étape, Paris-Caen : Hamerlinck (P.-B.)
2e étape, Caen-Dinan : Bulla (Aut.)
3e étape, Dinan-Brest : Batteseni (It.)
4e étape, Brest-Vannes : Godinat (Fr.)
5e étape, Vannes-Les Sables-d'Olonne : Ch. Pélissier (Fr.)
6e étape, Les Sables-d'Olonne-Bordeaux : Hamerlinck
7e étape, Bordeaux-Bayonne : Loncke (Bel.)
8e étape, Bayonne-Pau : Ch. Pélissier
9e étape, Pau-Luchon : A. Magne (Fr.)
10e étape, Luchon-Perpignan : Di Paco (It.)
11e étape, Perpignan-Montpellier : Di Paco
12e étape, Montpellier-Marseille : Bulla
13e étape, Marseille-Cannes : Ch. Pélissier
14e étape, Cannes-Sospel-Nice : Gestri (It.)
15e étape, Nice-Gap : Demuysere (Bel.)
16e étape, Gap-Grenoble : Ch. Pélissier
17e étape, Grenoble-Aix-les-Bains : Bulla
18e étape, Aix-les-Bains-Évian : Demuysere (Bel.)
19e étape, Évian-Belfort : Di Paco
20e étape, Belfort-Colmar : Leducq (Fr.)
21e étape, Colmar-Metz : Di Paco
22e étape, Metz-Charleville : Di Paco
23e étape, Charleville-Mâlo-les-Bains : Rebry (Bel.).
24e étape, Mâlo-les-Bains-Paris : Ch. Pélissier.
Classement final : 1. Magne (Fr.) ; 2. Demuysere (Bel.) à 12'56" ; 3. Pesenti (It.) à 22'51" ; 4. Rebry (Bel.) à 46'42" ; 5. Dewaele (Bel.) à 49'46".

31 juin : Grand Prix Wolber - 1. Ghyssels (Bel.) ; 2. Hamerlinck (P.-B.) ; 3. Ronsse (Bel.).

5 juillet : Grand Prix de Paris de vitesse - Michard bat Gérardin en finale.

2 août : La Roue d'or - Victoire de Lacquehay.

26 août : Championnat du monde sur route (Copenhague, Danemark) disputé au temps - 1. Guerra (It.) ; 2. Le Drogo (Fr.) ; 3. Buchi (Sui.).

30 août : Championnats du monde sur piste (Copenhague) - Vitesse : Hansen (Dan.). Demi-fond : Sawall (G.-B.).

4-6 septembre : Paris-Brest-Paris - 1. Opperman (Aus.) ; 2. Louyet (Bel.) ; 3. Pancera (It.).

7-14 septembre : Tour de Catalogne - Classement final : 1. Canardo (Esp.)

12 septembre : Critérium des As - 1. Maréchal (Fr.) ; 2. Lemoine (Fr.) ; 3. Wambst (Fr.).

31 octobre : Tour de Lombardie - 1. Binda (It.) ; 2. Mara (It.) ; 3. Firpo (It.).

1932

13 mars : Tour des Flandres - 1. Gyssels (Bel.) ; 2. A. Deloor (Bel.) ; 3. Hamerlinck (P.-B.).

13 mars : Critérium du Mont Faron - 1. Barral (It) ; 2. P. Magne (Fr.) ; 3. Minardi (Fr.).

13 mars : Championnat de France de cross cyclo-pédestre - 1. Foucaux ; 2. Winsingues ; 3. Duc.

20 mars : Milan-San Remo - 1. Bovet (It.) ; 2. Binda (It.) ; 3. Mara (It.).

20 mars : Critérium national de la route - 1. Le Calvez (Fr.) ; 2. P. Magne (Fr.) ; 3. Archambaud (Fr.). C'est le journal *Paris-Soir* qui est à l'origine de cette nouvelle épreuve.

27 mars : Paris-Roubaix - 1. Gyssels (Bel.) ; 2. Ronsse (Bel.) ; 3. Sieronski (All.).

3 avril : Paris-Bruxelles - 1. Vervaecke (Bel.) ; 2. Loncke (Bel.) ; 3. Ronsse (Bel.).

4-10 avril :Van Kempen et Pynenburg remportent les Six Jours de Paris.

17 avril : Circuit du Morbihan - 1. Schepers (Bel.) ; 2. Aerts (Bel.) ; 3. Joly (Bel.).

23 avril : Inauguration du nouveau Parc des Princes.

3 mai : Paris-Tours -1. Moineau (Fr.) ; 2. Sieronski (All.) 3. Viarengo (Fr.).

8 mai : Paris-Lille - 1. Barthélémy (Fr.) ; 2. Louyet (Bel.) ; 3. Storpel (Bel.).

8-15 mai : Grand Prix Wolber - 1. Archambaud (Fr.) ; 2. Speicher (Fr.) ; 3. Lapébie (Fr.).

14 mai-5 juin : Tour d'Italie
1re étape, Milan-Vicence : Guerra (It.)
2e étape, Vicence-Udine : Buse (It.)
3e étape, Udine-Ferrara : Battesini (It.)
4e étape, Ferrara-Rimini : Guerra
5e étape, Rimini-Teramo : Di Paco (It.)
6e étape, Teramo-Lanciano : Guerra
7e étape, Lanciano-Foggia : Pesenti (It.)
8e étape, Foggia-Naples : Guerra
9e étape, Naples-Rome : Guerra
10e étape, Rome-Florence : Meini (It.)
11e étape, Florence-Gênes : Bertoni (It.)
12e étape, Gênes-Turin : Meini
13e étape, Turin-Milan : Guerra
Classement final : 1. Pesenti (It.) ; 2. Demuysere (Bel.) à 11'09" ; 3. Bertoni (It.) à 12'27" ; 4. Guerra (It.) à 16"34" ; 5. Stoepel (Bel.) à 17'21".

22 mai : Bordeaux-Paris - 1. Gyssels (Bel.) ; 2. Bonduel (Bel.) ; 3. Schepers (Bel.).

25-29 mai : Tour de Belgique - Classement final : 1. Louyet (Bel.) ; 2. Horemans (Bel.) ; 3. Gybels (Bel.). Classement aux points.

1er juin : Liège-Bastogne-Liège - 1. Houyoux (Bel.); 2. Roosemont (Bel.) ; 3. Lambrechts (Bel.).

5 juin : Paris-Rennes - 1. Barthélémy (Fr.) ; 2. Louyet (Bel.) ; 3. Speicher (Fr.).

12 juin : Championnats nationaux - France : Godinat. Belgique : Lemaire.

3 juillet : Grand Prix de Paris de vitesse - Michard bat Gérardin en finale.

6 juillet : Mort du champion américain Major Taylor.

6 juillet-1er août : Tour de France
Introduction des bonifications en temps pour les trois premiers de chaque étape.
1re étape, Paris-Caen : Aerts (Bel.)
2e étape, Caen-Nantes : Stoepel (Bel.)
3e étape, Nantes-Bordeaux : Leducq (Fr.)
4e étape, Bordeaux-Pau : Ronsse (Bel.)
5e étape, Pau-Luchon : Pesenti (It.)
6e étape, Luchon-Perpignan : Bonduel (Bel.)
7e étape, Perpignan-Montpellier : Bonduel
8e étape, Montpellier-Marseille : Orrechia (It.)
9e étape, Marseille-Cannes : Di Paco (It.)
10e étape, Cannes-Nice : Camusso (It.)
11e étape, Nice-Gap : Leducq
12e étape, Gap-Grenoble : Lapébie (Fr.)

Charles Pélissier, au départ des championnats de Paris de cross cyclo-pédestre.

DILECTA
WOLBER

13e étape, Grenoble-Aix-les-Bains : Leducq
14e étape, Aix-les-Bains-Évian : Di Paco
15e étape, Évian-Belfort : Leducq
16e étape, Belfort-Strasbourg : Loncke (Bel.)
17e étape, Strasbourg-Metz : Di Paco
18e étape, Metz-Charleville : Di Paco
19e étape, Charleville-Mâlo-les-Bains : Rebry (Bel.)
20e étape, Mâlo-les-Bains-Amiens : Leducq
21e étape, Amiens-Paris : Leducq
Classement final : 1. Leducq (Fr.) ; 2. Stoepel (Bel.) à 24'03" ; 3. Camusso (It.) à 26'21" ; 4. Pesenti (It.) à 37'08" ; 5. Ronsse (Bel.) à 41'04".

29 juillet-14 août : Jeux olympiques, Los Angeles (E.-U.) - Vitesse : Van Egmond (P.-B.). Poursuite par équipes : Italie (Borsari, Pedretti, Chedlardi, Cunatti). Tandem : Perrin-Chaillot (Fr.). Route (c.l.m.) : Pavesi (It.). Kilomètre (c.l.m.) : Grey (Aus.).

28 août : Championnat du monde sur route (Rome, It.) - 1. Binda (It.) ; 2. Bertoni (It.) ; 3. Frantz (Lux.).

▸ **4 septembre** : Championnats du monde sur piste (Rome) - Vitesse : Scherens (Bel.). Demi-fond : Paillard (Fr.).

11 septembre : Critérium des As - 1. Terreau (Fr.) ; 2. Wambst (Fr.) ; 3. Maréchal (Fr.).

▸ **18 septembre** : Grand Prix des nations - 1. Archambaud (Fr.) ; 2. Bovet (It.) ; 3. Le Calvez (Fr.).

30 octobre : Tour de Lombardie - 1. Negrini (It.) ; 2. Piemontesi (It.) ; 3. Bertoni (It.).

1933

14-19 mars : Paris-Nice - Classement final : 1. Schepers (Bel.) ; 2. Hardiquest (Bel.) à 2'20" ; 3. Faure (Fr.) à 3'13".

19 mars : Championnat de France de cross cyclo-pédestre - 1. Vanderdonck ; 2. Ladron ; 3. Segaud.

26 mars : Milan-San Remo - 1. Guerra (It.) ; 2. Bovet (It.) ; 3. Altenburger (All.).

26 mars : Critérium national de la route - 1. Leducq (Fr.) ; 2. Speicher (Fr.) ; 3. J. Bidot (Fr.).

2 avril : Critérium du Mont-Faron - 1. Vietto (Fr.) ; 2. Barral (It.) ; 3. Rinaldi (Fr.).

2 avril : Tour des Flandres - 1. Schepers (Bel.) ; 2. Tommies (Bel.) ; 3. Gyssels (Bel.).

4-10 avril : Broccardo et Guimbretière remportent les Six Jours de Paris.

16 avril : Paris-Roubaix - 1. S. Maës (Bel.) ; 2. Vervaecke (Bel.) ; 3. Le Calvez (Fr.).

23 avril : Paris-Bruxelles - 1. Barthélémy (Fr.) ; 2. Ghesquières (Bel.) ; 3. Esser (All.).

30 avril : Liège-Bastogne-Liège - 1. Gardier (Bel.) ; 2. De Wolf (Bel.) ; 3. Bolly (Bel.).

30 avril : Paris-Tours - 1. Merviel (Fr.) ; 2. Magne (Fr.) ; 3. Geyer (All.).

7 mai : Circuit du Morbihan - 1. Lapébie (Fr.) ; Louyet (Bel.) ; 3. Speicher (Fr.).

7 mai : Paris-Lille - 1. Wouters (Bel.) ; 2. Gabard (Bel.) ; 3. Decroix (Bel.).

14 mai : Bordeaux-Paris - 1. Mithouard (Fr.) ; 2. Van Rysselberghe (Bel.) ; 3. Gyssels (Bel.).

16-20 mai : Tour de Belgique - 1. Aerts (Bel.) ; 2. Deloor (Bel.) à 7'17" ; 3. Ronsse (Bel.) à 9'11".

21 mai : Paris-Rennes - 1. Le Grevès (Fr.) ; 2. Schepers (Bel.) ; 3. Tommies (Bel.).

▸ **6-28 mai** : Tour d'Italie
1re étape, Milan-Turin : Guerra (It.)
2e étape, Turin-Gênes : Binda (It.)
3e étape, Gênes-Pise : Guerra
4e étape, Pise-Florence : Olmo (It.)
5e étape, Florence-Grossetto : Guerra
6e étape, Grossetto-Rome : Cipriani (It.)
7e étape, Rome-Naples : Loncke (Bel.)
8e étape, Naples-Foggia : Binda
9e étape, Foggia-Chieti : Binda
10e étape, Chieti-Ascoli : Binda
11e étape, Ascoli-Riccione : Cornez (Fr.)
12e étape, Riccione-Bologne : Olmo
13e étape, Bologne-Ferrara : Binda
14e étape, Ferrara-Udine : Meini
15e étape, Udine-Bassano : Meini
16e étape, Bassano-Bolzano : Loncke (Bel.)
17e étape, Bolzano-Milan : Binda
Classement final : 1. Binda (It.) ; 2. Demuysere (Bel.) à 12'34" ; 3. Piemontesi (It.) à 16'31" ; 4. Bovet (It.) à 19'47" ; 5. Grandi (It.) à 21'32".

30 mai - 4 juin : Grand Prix Wolber -1. Choque (Fr.) ; 2. Fournier (Fr.).

5 juin : Championnat de France - Lapébie.

10-11 juin : Paris-Saint-Étienne - Classement final : 1. Lapébie (Fr.) ; 2. Sofiette ; 3. Bonduel (Bel.).

18 juin : Championnat de Belgique - Duerloo.

▸ **27 juin-23 juillet** : Tour de France
Création du Grand Prix de la Montagne, remporté cette année-là par l'Espagnol Vicente Trueba.
1re étape, Paris-Lille : Archambaud (Fr.)
2e étape, Lille-Charleville : Guerra (It.)
3e étape, Charleville-Metz : Schepers (Bel.)
4e étape, Metz-Belfort : Aerts (Bel.)
5e étape, Belfort-Évian : Louyet (Bel.)
6e étape, Évian-Aix-les-Bains : Guerra
7e étape, Aix-les-Bains-Grenoble : Guerra
8e étape, Grenoble-Gap : Speicher (Fr.)
9e étape, Gap-Digne : Speicher
10e étape, Digne-Nice : Cornez (Fr.)
11e étape, Nice-Cannes : Archambaud
12e étape, Cannes-Marseille : Speicher
13e étape, Marseille-Montpellier : Leducq
14e étape, Montpellier-Perpignan : Leducq
15e étape, Perpignan-Aix-les-Thermes : Aerts
16e étape, Aix-les-Thermes-Luchon : Louyet
17e étape, Luchon-Tarbes : Aerts
18e étape, Tarbes-Pau : Guerra
19e étape, Pau-Bordeaux : Aerts
20e étape, Bordeaux-La Rochelle : Aerts
21e étape, La Rochelle-Rennes : Aerts
22e étape, Rennes-Caen : Le Grevès (Fr.)
23e étape, Caen-Paris : Guerra
Classement final : 1. Speicher (Fr.) ; 2. Guerra (It.) à 4'01" ; 3. Martano (It.) 5'08" ; 4. Lemaire (Bel.) à 15'45" ; 5. Archambaud (Fr.) à 21'22".

2 juillet : Grand Prix de Paris de vitesse - Scherens bat Richter en finale.

9 juillet : Roue d'or - Victoire de Lacquehay.

▸ **13 août** : Championnats du monde sur piste (Paris) - Vitesse : Scherens (Bel.). 15 août : demi-fond - Lacquehay (Fr.).

▸ **14 août** : Championnat du monde sur route (Paris) - 1. Speicher (Fr.) ; 2. Magne (Fr.) ; Valentyn (P.-B.). À 26 ans, Speicher est le premier Français à remporter l'épreuve.

25 août : En parcourant 44,588 km dans l'heure sur le vélodrome de Tilbourg, le Hollandais Van Hout bat le vieux record d'Oscar Egg (1914).

29 août : Nouveau record de l'heure établi à Saint-Trond par le Français Maurice Richard : 44,777 km.

29 août-2 septembre : Tour de Suisse - Classement final - 1. Bulla (Aut.) ; 2. Buchi (Sui.) ; 3. B. Faure (Fr.).

2 septembre : Critérium des As - 1. Ch. Pélissier (Fr.) ; 2. Gyssels (Bel.) ; 3. Terreau (Fr.).

▸ **10 septembre** : Grand Prix des nations - 1. Le Calvez (Fr.) ; 2. Louviot (Fr.) ; 3. Valentyn (P.-B.).

28 octobre : Tour de Lombardie - 1. Piemontesi (It.) ; 2. Barral (It.) ; 3. Rimoldi (It.).

1934

7-11 mars : Paris-Nice - Classement final : 1. Rebry (Bel.) ; 2. Lapébie (Fr) à 6'28" ; 3. Archambaud (Fr) à 8'49".

13-19 mars : Pynenburg et Wals remportent les Six Jours de Paris.

18 mars : Championnat de France de cross cyclo-pédestre - 1. Vaast ; 2. Maillard ; 3 Laforgue.

18 mars : Tour des Flandres - 1. Rebry (Bel.) ; 2. Schepers (Bel.) ; 3. Vervaecke (Bel.).

25 mars : Critérium national de la route - 1. Lapébie (Fr.) ; 2. Merviel (Bel.) ; 3. Le Grevès (Fr.).

27 mars : Milan-San Remo - 1. Demuysere (Bel.) ; 2. Cazzulani (It.) ; 3. Camusso (It.).

▸ **1er avril** : Paris-Roubaix - 1. Rebry (Bel.) ; 2. Wauters (Bel.) ; 3. Bonduel (Bel.). Roger Lapébie, vainqueur de l'épreuve sur un vélo demi-course d'emprunt, est déclassé.

8 avril : Paris-Bruxelles - 1. Bonduel (Bel.) ; 2. De Caluwé (Bel.) ; 3. R. Maës (Bel.).

15 avril : Liège-Bastogne-Liège - 1. Herckenrath (Bel.) ; 2. Cardinaels (Bel.) ; Moerenhout (Bel.).

22 avril : Circuit du Morbihan - 1. Hardiquest (Bel.) ; 2. Gyssels (Bel.) ; 3. J. Bidot (Fr.).

29 avril : Paris-Tours - 1. Danneels (Bel.) ; 2. Gyssels (Bel.) ; 3. Vervaecke (Bel.).

▸ **1er-6 mai** : Grand Prix Wolber - 1. Vietto (Fr.) ; 2. Debenne (Fr.) ; 3. Verabelle (Fr.).

6 mai : Tour du Piémont - 1. Guerra (It.) ; 2. Martano (It.) ; 3. Piemontesi (It.).

6 mai : Paris-Lille - 1. Herckenrath (Bel.) 2. Ghisquière (Bel.) 3. Catteuw (Bel.).

▸ **10 mai** : Le sprinter suisse Émile Richli se tue lors d'une épreuve sur le vélodrome de Zurich.

▸ **10 mai** : Bordeaux-Paris - 1. Noret (Fr.) ; 2. Louviot (Fr.) ; 3. Moineau (Fr.).

13 mai : Paris-Rennes - 1. Schepers (Bel.) ; 2. Le Grevès (Fr.) ; 3. De Caluwé (Bel.).

16-24 juin : Tour de Catalogne - Classement final : 1. Roggora (Esp.) ; 2. A. Deloor (Bel.) ; Sella (Esp.).

▸ **19 mai-10 juin** : Tour d'Italie
1re étape, Milan-Turin : Camuso (It.)
2e étape, Turin-Gênes : Guerra (It.)
3e étape, Gênes-Livourne : Vervaecke (Bel.)
4e étape, Livourne-Pise : Guerra
5e étape, Pise-Rome : Guerra
6e étape, Rome-Naples : Guerra
7e étape, Naples-Bari : Vignoli (It.)
8e étape, Bari-Campobasso : Vervaecke (Bel.)
9e étape, Campobasso-Teramo : Guerra
10e étape, Teramo-Tolentino : Guerra
11e étape, Tolentino-Rimini : Guerra
12e étape, Rimini-Florence : Guerra
13e étape, Florence-Bologne : Olmo (It.)

14e étape, Bologne-Ferrare : Guerra
15e étape, Ferrare-Trieste : Battesini (It.)
16e étape, Trieste-Bassano : Olmo
17e étape, Bassano-Milan : Olmo
Classement final : 1. Guerra (It.); 2. Camusso (It.) à 1'08"; 3. Olmo (It.) à 5'56"; 4. Cazzulani (It.) à 7'01"; 5. Gotti (It.) à 8'16".

20-21 mai : Paris-Saint-Étienne - Classement final : 1. Lapébie (Fr.); 2. Ch. Pélissier (Fr.); 3. Magne (Fr.).

3 juin : La Roue d'or - 1. Lacquehay (Fr.); 2. Bréau (Fr.); 3. Wambst (Fr.).

6-10 juin : Tour de Belgique - Classement final : 1. Gardier (Bel.); 2. Dignef (Bel.) à 2'58"; 3. Deloor (Bel.) à 4'47".

17 juin : Championnats nationaux - France : Louviot. Belgique : Roels. Italie : Guerra.

▸ 4-29 juillet : **Tour de France**
Pour la première fois, une étape est courue en contre-la-montre individuel, sur 80 km (La Roche-sur-Yon-Nantes).
1re étape, Paris-Lille : Speicher (Fr.)
2e étape, Lille-Charleville : Le Grevès (Fr.)
3e étape, Charleville-Metz : Lapébie (Fr.)
4e étape, Metz-Belfort : Lapébie
5e étape, Belfort-Évian : Le Grevès
6e étape, Évian-Aix-les-Bains : Speicher
7e étape, Aix-les-Bains-Grenoble : Vietto (Fr.)
8e étape, Grenoble-Gap : Martano (It.)
9e étape, Gap-Digne : Vietto
10e étape, Digne-Nice : Le Grevès
11e étape, Nice-Cannes : Vietto
12e étape, Cannes-Marseille : Lapébie
13e étape, Marseille-Montpellier : Speicher
14e étape, Montpellier-Perpignan : Lapébie
15e étape, Perpignan-Aix-les-Thermes : Lapébie
16e étape, Aix-les-Thermes-Luchon : Vignoli
17e étape, Luchon-Tarbes : Magne (Fr.)
18e étape, Tarbes-Pau : Vietto
19e étape, Pau-Bordeaux : Meini (It.)
20e étape, Bordeaux-La Rochelle : Speicher
21e étape, La Rochelle-Nantes : Magne
22e étape, Nantes-Caen : Louviot
23e étape, Caen-Paris : S. Maës (Bel.)
Classement final : 1. Magne (Fr.); 2. Martano (It.) à 27'31"; 3. Lapébie (Fr.) à 52'15"; 4. Vervaecke (Bel.) à 57'40"; 5. Vietto (Fr.) à 59'02".
René Vietto (20 ans) remporte le trophée du meilleur grimpeur.

12 août : Championnats du monde sur piste (Leipzig) - Vitesse : Scherens (Bel.).
19 août : demi-fond - Metze (Fr.).

18 août : Championnat du monde sur route (Leipzig, All.) - 1. Kaers (Bel.); 2. Guerra (It.); 3. Daneels (Bel.).

25 août-1er septembre : Tour de Suisse - Classement final : 1. Geyer (Sui.); 2. Level (Fr.); 3. Camusso (It.).

8 septembre : Critérium des As - 1. Leducq (Fr.); 2. Ch. Pélissier (Fr.); 3. Moineau (Fr.).

16 septembre : Grand Prix des nations - 1. A. Magne (Fr.); 2. Fournier (Fr.); 3. Montero (Esp.).

▸ 20 octobre : Tour de Lombardie - 1. Guerra (It.); 2. Cipriani (It.); 3. Piemontesi (It.).

1935

4-10 mars : Letourneur-Giorgetti remportent les Six-Jours de New York.

10 mars : Critérium du Mont-Faron - 1. Amberg (Sui.); 2. Barral (It.); 3. Neri (It.).

17 mars : Championnat de France de cross cyclo-pédestre - 1. Laforgue; 2. Peuziat; 3. Collette.

17 mars : Milan-San Remo - 1. Olmo (It.); 2. Guerra (It.); 3. Cipriani (It.).

19 mars : Broccardo et Guimbretière remportent les Six Jours de Paris.

26-31 mars : Paris-Nice - Classement final : 1. Vietto (Fr.); 2. Dignef (Bel.) à 1'17"; 3. Lesueur (Fr.) à 3'27".

7 avril : Critérium national de la route -1. Le Grevès (Fr.); 2. Vietto (Fr.); 3. A. Magne (Fr.).

14 avril : Paris-Caen - 1. Archambaud (Fr.); 2. Noret (Fr.) 3. Level (Fr.).

14 avril : Tour des Flandres - 1. Duerloo (Bel.); 2. Meulenberg (Bel.); 3. Leemans (Bel.).

21 avril : Paris-Roubaix - 1. Rebry (Bel.); 2. Leducq (Fr.); 3. Aerts (Bel.).

28 avril : Paris-Bruxelles - 1. De Caluwé (Bel.); 2. Hardiquest (Bel.); 3. Bonduel (Bel.).

▸ 29 avril-15 mai : **Tour d'Espagne**
1re étape, Madrid-Valladolid : Dignef (Bel.)
2e étape, Valladolid-Santander : Escuriet (Esp.)
3e étape, Santander-Bilbao : Deloor (Bel.)
4e étape, Bilbao-San Sebastian : Dignef
5e étape, San Sebastian-Saragosse : Canardo (Esp.)
6e étape, Saragosse-Barcelone : Adam (Bel.)
7e étape, Barcelone-Tortosa : Montez (Esp.)
8e étape, Tortosa-Valence : Bulla (Aut.)
9e étape, Valence-Murcio : Cardona (Esp.)
10e étape, Murcie-Grenade : Bulla (Aut.)
11e étape, Grenade-Séville : Deloor
12e étape, Séville-Caceres : Adam (Bel.)
13e étape, Caceres-Zamora : Molinar (Bel.)
14e étape, Zamora-Madrid : G. Deloor
Classement général : 1. G. Deloor (Bel.); 2. Canardo (Esp.) à 13'28"; 3. Dignef (Bel.) à 21'; 4. Molinar (Bel.) à 24'27"; 5. Bulla (Aut.) à 28'51".

▸ 1er mai : Mort tragique d'Henri Pélissier, abattu par sa compagne.

5 mai : Tour du Piémont - 1. Bini (It.); 2. Piemontesi (It.); 3. Rossi (It.).

5 mai : Paris-Tours - 1. Le Grevès (Fr.); 2. Di Paco (It.); 3. De Caluwé (Bel.).

5 mai : Liège-Bastogne-Liège - 1. Schepers (Bel.); 2. Bonduel (Bel.); 3. Hardiquest (Bel.).

7-12 mai : Grand Prix Wolber - Classement final : 1. Fontenay (Fr.); 2. Thiétard (Fr.); 3. Bertin (Fr.).

19 mai : Bordeaux-Paris - 1. De Caluwé (Bel.); 2. Moineau (Fr.); 3. Merviel (Fr.).

▸ 18 mai-9 juin : Tour d'Italie
1re étape, Milan-Crémone : Bergamaschi (It.)
2e étape, Crémone-Mantoue : Piemontesi (It.)
3e étape, Mantoue-Rovigue : Guerra (It.)
4e étape, Rovigue-Cesenatico : Guerra
5e étape, Cesenatico-Riccione, c.l.m. : Olmo (It.)
6e étape, Riccione-Portacivitanova : Folco (It.)
7e étape, Portacivitanova-Aquila : Bartali (It.)
8e étape, Aquila-Lanciano : Guerra
9e étape, Lanciano-Bari : Guerra
10e étape, Bari-Naples : Di Paco (It.)
11e étape, Naples-Rome : Guerra
12e étape, Rome-Florence : Bergamaschi
13e étape, Florence-Montecalini : Olmo
14e étape, Montecalini-Lucca : De Benne (It.)
15e étape, Lucca-Viareggio, c.l.m. : Archambaud (Fr.)
16e étape, Viareggio-Gênes : Di Paco
17e étape, Gênes-Cuneo : Olmo
18e étape, Cuneo-Asti : Olmo
19e étape, Asti-Turin : Di Paco
20e étape, Turin-Milan : Di Paco
Classement général : 1. Bergamaschi (It.); 2. Martano (It.) à 3'7"; 3. Olmo (It.) à 3'12" ; 4. Guerra (It.) à 7'22"; 5. Archambaud (Fr.) à 9'19".

▸ 26 mai : Paris-Rennes - 1. Speicher (Fr.); 2. Hardiquest (Bel.); 3. R. Maës (Bel.).

1er-9 juin : Tour de Catalogne - Classement final : 1. Canardo (Esp.); 2. Esquerra (Esp.) à 10'12"; 3. Huts (Bel.) à 13'18".

16 juin : Championnats nationaux - France : 1. Speicher; 2. Le Grevès; 3. Merviel. Espagne : Cardona. Belgique : Danneels. Pays-Bas : Valentyn. Suisse : Egli.

▸ 4-28 juillet : Tour de France
1re étape, Paris-Lille : R. Maës (Bel.)
2e étape, Lille-Charleville : Pélissier (Fr.)
3e étape, Charleville-Metz : Di Paco (It.)
4e étape, Metz-Belfort : Aerts (Bel.)
5e étape, Belfort-Genève : Archambaud (Fr.); Genève-Évian, c.l.m. : Di Paco
6e étape, Évian-Aix-les-Bains : Vietto (Fr.)
7e étape, Aix-les-Bains-Grenoble : Camusso (Esp.)
8e étape, Grenoble-Gap : Aerts
9e étape, Gap-Digne : Vietto (Fr.)
10e étape, Digne-Nice : Aerts
11e étape, Nice-Cannes : R. Maës
12e étape, Cannes-Marseille : Pélissier
13e étape, Marseille-Nîmes : Bergamaschi (It.); Nîmes-Montpellier, c.l.m. : Speicher (Fr.)
14e étape, Montpellier-Narbonne : Le Grevès (Fr.); Narbonne-Perpignan, c.l.m. : Archambaud
15e étape, Perpignan-Luchon : S. Maës (Bel.)
16e étape, Luchon-Pau : Morelli (It.)
17e étape, Pau-Bordeaux : Moineau (Fr.)
18e étape, Bordeaux-Rochefort : Le Grevès; Rochefort-La Rochelle c.l.m. : Leducq (Fr.)
19e étape, La Rochelle-La Roche-sur-Yon : Le Grevès; La Roche-sur-Yon-Nantes : Aerts
20e étape, Nantes-Vire : Le Grevès; Vire-Caen : Morelli (It.)
21e étape, Caen-Paris : R. Maës
Classement final : 1. R. Maës (Bel.), 141 h 32'12"; 2. Morelli (It.); 3. Vervaecke (Bel.); 4. S. Maës (Bel.); 5. Lowie (Bel.).
Classement internations : 1. Belgique; 2. France; 3. Allemagne.

11 août : Championnats du monde sur piste (stade du Heysel, Bruxelles). Vitesse : Scherens (Bel.), pour la quatrième fois consécutive !
15 août : demi-fond - Lacquehay (Fr.).

18 août : Championnat du monde sur route - 1. Aerts (Bel.); 2. Montero (Esp.) à 2'55" ; 3. Danneels (Bel.) à 9'08".

24-31 août : Tour de Suisse - Classement final : 1. Rinaldi (Sui.); 2. Amberg (Sui.) à 1'16"; 3. Garnier (Sui.) à 4'56".

8 septembre : Grand Prix des nations - 1. A. Magne (Fr.); 2. De Caluwé (Bel.) à 3'46; 3. Montero (Esp.) à 4'09".

14 septembre : Critérium des As - 1. Terreau (Fr.); 2. De Caluwé (Bel.); 3. Gyssels (Bel.).

20 octobre : Tour de Lombardie - 1. Mollo (It.); 2. Bini (It.); 3. Bartali (It.).

▸ 31 octobre : Sur le vélodrome Vigorelli de Milan, l'Italien Giuseppe Olmo établit un nouveau record du monde de l'heure en roulant 45,090 km (contre 44,077 km pour le Français Maurice Richard en 1933).

▸ 5-11 novembre : Six Jours de Paris - 1. Archambaud-Lapébie (Fr.); 2. Guerra-Olmo (It.); 3. A. Magne-C. Pélissier (Fr.).

Antonin Magne, vainqueur du Tour 1934, et le « sacrifié » René Vietto, à droite, lors de leur tour d'honneur au Parc des Princes.

1936

12 janvier : Grand Prix du Mécène inconnu (vitesse) - 1. Gérardin (Fr.) ; 2. Michard (Fr.) ; 3. Scherens (Bel.).

16 février : Championnat de France de cross cyclo-pédestre - 1. Chocque ; 2. Guilhaire ; 3. Oubron.

8 mars : Critérium international d'hiver (vitesse) - 1. Michard (Fr.) ; 2. Gérardin (Fr.) ; 3. Scherens (Bel.).

22 mars : Milan-San Remo - 1. Varetto (It.) ; 2. Ramanatti (It.) m.t. ; 3. Vizzi (It.) à 1'50".

5 avril : Tour des Flandres - 1. Hardiquest (Bel.) ; 2. De Caluwe (Bel.) m.t. ; 3. Neuville (Bel.) m.t.

▶ **12 avril** : Paris-Roubaix - 1. Speicher (Fr.) ; 2. R. Maës (Bel.) m.t. ; 3. Rebry (Bel.) m.t.

13 avril : Flèche Wallonne - 1. Demeersman (Bel.) ; 2. Verniers (Bel.) m.t. ; Michielsen (Dan.) à 23". Première édition de l'épreuve ; le coureur belge Meulenberg est renversé par une moto à 500 m de la ligne alors qu'il était en tête.

19 avril : Paris-Bruxelles - 1. Meulenberg (Bel.) ; 2. Bonduel (Bel.) ; m.t. ; 3. Hardiquest (Bel.) m.t.

26 avril : Liège-Bastogne-Liège - 1. Beeckaert (Bel.) ; 2. Levae (Bel.) à 46" ; 3. Horemans (Bel.) à 1'05".

Avril : Paris-Nice - Classement final : 1. Archambaud (Fr.) ; 2. Fontenay (Fr.) à 4'2" ; 3. A. Deloor (Bel.) à 11'17".

3 mai : Paris-Tours - 1. Danneels (Bel.) ; 2. Mithouard (Fr.) m.t. ; Coelart (Bel.) m.t.

3 mai : Tour d'Émilie - 1. Olmo (It.) ; 2. Bizzi (It.) ; 3. Rinaldi (It.).

▶ **5-31 mai** : Tour d'Espagne
1re étape, Madrid-Salamanca : Huts (Bel.)
2e étape, Salamanca-Caceres : G. Deloor (Bel.)
3e étape, Caceres-Séville : G. Deloor
4e étape, Séville-Malaga : G. Deloor
5e étape, Malaga-Grenade : Carretrero (Esp.)
6e étape, Granada-Almeria : G. Deloor
7e étape, Almeria-Alicante : Canardo (Esp.)
8e étape, Alicante-Valence : Bertola (Esp.)
9e étape, Valence-Tarragone : Canardo
10e étape, Tarragone-Barcelone : Carretrero
11e étape, Barcelone-Saragosse : Schepers (Bel.)
12e étape, Saragosse-San Sebastian : Schepers
13e étape, San Sebastian-Bilbao : Carretrero
14e étape, Bilbao-Santander : A. Deloor (Bel.)
15e étape, Santander-Gijón : Schepers
16e étape, Gijon-Ribadio : Ramos
17e étape, Ribadio-La Corogne : Schepers
18e étape, La Corogne-Vigo : Carretrero
19e étape, Vigo-Verin : Trueba (Esp.)
20e étape, Verin-Zamora : Bertola
21e étape, Zamora-Madrid : Alvarez (Esp.)
Classement final : 1. G. Deloor (Bel.) ; 2. A. Deloor (Bel.) à 11'36" ; 3. Bertola (Esp.) à 17'21" ; 4. Berrendero (Esp.) à 23'58" ; 5. Escuriet (Esp.) à 32'39".

21 mai : Circuit de Paris - 1. R. Maës (Bel.) ; 2. Bonduel (Bel.) m.t. ; 3. Meulenberg (Bel.) m.t.

▶ **16 mai-7 juin** : Tour d'Italie
1re étape, Milan-Turin : Olmo (It.)
2e étape, Turin-Gênes : Bini (It.)
3e étape, Gênes-Montecatini : Di Paco (It.)
4e étape, Montecatini-Grosseto : Battesini (It.)
5e étape, Grosseto-Rome : Olmo
6e étape, Rome-Naples : Olmo
7e étape, Naples-Bari : Di Paco
8e étape, Bari-Campobasso : Bizzi (It.)
9e étape, Campobasso-Aquila : Bartali (It.)
10e étape, Aquila-Rieti : Di Paco
11e étape, Rieti-Terminillo, c.l.m. : Olmo
12e étape, Terminillo-Florence : Olmo
13e étape, Florence-Cenenatico : Olmo
14e étape, Cenenatico-Ferrare : Di Paco
15e étape, Ferrare-Padoue : Di Paco
16e étape, Padoue-Venise : Olmo
17e étape, Venise-Legnano : Olmo
18e étape, Legnano-Riva del Garda : Olmo
19e étape, Riva del Garda-Gardone, c.l.m. : Bartali
20e étape, Gardone-Salsomaggiore : Bartali
21e étape, Salsomaggiore-Milan : Di Paco
Classement final : 1. Bartali (It.) ; 2. Olmo (It.) à 2'36" ; 3. Ganavezzi (It.) à 7'49" ; 4. Mealli (It.) à 14'04" ; 5. Valetti (It.) à 14'15".

13-21 juin : Tour de Catalogne - Classement final : 1. Canardo (Esp.) ; 2. Bonduel (Bel.) à 17'22" ; 3. Gimeno (Esp.) à 22'40".

5 juillet : Grand Prix de Paris (vitesse) - 1. Michard (Fr.) ; 2. Scherens (Bel.) ; 3. Gérardin (Fr.).

▶ **7 juillet-2 août** : Tour de France
1re étape, Paris-Lille : Egli (Sui.)
2e étape, Lille-Charleville : Wierinckx (Bel.)
3e étape, Charleville-Metz : M. Clemens (Bel.)
4e étape, Metz-Belfort : Archambaud (Fr.)
5e étape, Belfort-Évian : Le Grevès (Fr.)
6e étape, Évian-Aix-les-Bains : Meulenberg (Bel.)
7e étape, Aix-les-Bains-Grenoble : Middelkamp (P.-B.)
8e étape, Grenoble-Besançon : Goasmat (Fr.)
9e étape, Briançon-Digne : Level (Fr.)
10e étape, Digne-Nice : Maye (Fr.)
11e étape, Nice-Cannes : Ezquerra (Esp.)
12e étape, Cannes-Marseille : Le Grevès (Fr.)
13e étape, Marseille-Nîmes : Le Grevès (Fr.) ; Nîmes-Montpellier, c.l.m. : S. Maës (Bel.)

René Le Grevès termine épuisé mais victorieux le championnat de France sur route 1936, à Montlhéry.

Alcyon
DUNLOP
au
grand air
SPORT

14ᵉ étape, Montpellier-Narbonne : Le Grevès (Fr.) ; Narbonne-Perpignan, c.l.m. : S. Maës (Bel.)
15ᵉ étape, Perpignan-Luchon : Ducazeaux (Fr.)
16ᵉ étape, Luchon-Pau : S. Maës (Bel.)
17ᵉ étape, Pau-Bordeaux : Le Grevès (Fr.)
18ᵉ étape, Bordeaux-Saintes : Meulenberg (Bel.) ; Saintes-La Rochelle, c.l.m. : S. Maës (Bel.)
19ᵉ étape, La Rochelle-La Roche-sur-Yon : Kint (Bel.) ; La Roche-sur-Yon-Cholet, c.l.m. : Vervaecke (Bel.) ; Cholet-Angers : Maye (Fr.)
20ᵉ étape, Angers-Vire : Le Grevès (Fr.) ; Vire-Caen, c.l.m. : Magne (Fr.)
21ᵉ étape, Caen-Paris : Mersch (Lux.)
Classement final : 1. S. Maës (Bel.) ; 2. Magne (Fr.) à 26'55" ; 3. Vervaecke (Bel.) à 27'53" ; 4. P. Clemens (Lux.) à 42'22" ; 5. Mersch (Lux.) à 52'52".
Classement de la montagne : 1. Berrendero (Esp.) ; 2. S. Maës (Bel.) ; 3. Ezquerra (Esp.).
Classement internations : 1. Belgique ; 2. Luxembourg-Espagne ; 3. France.

13-20 juillet : Tour de Suisse - Classement final : 1. Garnier (Bel.); 2. G. Deloor (Bel.) à 7'20"; 3. Amberg (Sui.) à 23'57". Une belle revanche pour Henri Garnier, écarté de l'équipe belge pour des raisons extrasportives, qui fut engagé sur l'épreuve directement par les organisateurs suisses.

▸ **2-9 août** : Jeux olympiques de Berlin - 100 km route : 1. Charpentier (Fr.) ; 2. Lapébie (Fr.) ; 3. Nivergelt (Sui.).
Poursuite : 1. France (Charpentier, Lapébie, Goujon) ; 2. Italie ; 3. Angleterre.
Tandem : 1. Allemagne ; 2. Pays-Bas ; 3. France.
Kilomètre : 1. Van Vliet (P.-B.) ; 2. Georget (Fr.) ; 3. Karsch (All.).
Vitesse : 1. Merkens (All.) ; 2. Van Vliet (P.-B.) ; 3. Chaillot (Fr.).

▸ **3 septembre** : Championnats du monde sur piste (Zurich). Vitesse : Scherens (Bel.). Demi-fond (100 km) : Raynaud (Fr.).

▸ **6 septembre** : Championnats du monde sur route (Berne) - 1. A. Magne (Fr.) ; 2. Bini (It.) à 9'27" 3. Middelkamp (P.-B.) m.t.

20 septembre : Grand Prix des nations - 1. A. Magne (Fr.) ; 2. Cogan (Fr.) à 2'12" ; 3. Montero (Esp.) à 3'17".

6-13 octobre : Six-Jours de Paris - 1. Schoen-Pellenaars ; 2. Ignat-Diot ; 3. Archambaud-Lapébie.

14 octobre : Sur le vélodrome Vigorelli de Milan, le Français Maurice Richard établit un nouveau record du monde de l'heure avec 45,398 km.

8 novembre : Tour de Lombardie - 1. Bartoli (It.) ; 2. Marabelli (It.) ; 3. Barral (It.) m.t.

Championnats nationaux. France -1. Le Grevès ; 2. A. Magne ; 3. Thiétard. Épreuve courue sur la piste de l'autodrome de Monthléry. (Belgique - Aerts. Espagne - Canardo. Italie - Olmo. Pays-Bas - Pellenaars. Suisse - Egli.)

1937

10 janvier : Critérium national d'hiver - 1. Michard (Fr.) ; 2. Chaillot (Fr.) ; 3. Gérardin (Fr.).

28 février : Critérium d'hiver de vitesse - 1. Richter (All.) ; 2. Scherens (Bel.) ; 3. Gérardin (Fr.).

9-15 mars : Paris-Nice - 1. R. Lapébie (Fr.) ; 2. Marcaillou (Fr.) ; 3. Alb. Van Schendel (Bel.).

19 mars : Milan-San Remo - 1. Del Cancia (It.) ; 2. Favalli (It.) ; 3. Cimatti (It.).

▸ **21 mars** : Critérium national de la route - 1. R. Lapébie et Le Grevès (Fr.) ; 3. Cloarec (Fr.).

21 mars : Tour des Flandres - 1. Dhooghe (Bel.) ; 2. Deltour (Bel.) ; 3. Hardiquest (Bel.).

▸ **29 mars** : Paris Roubaix - 1. Rossi (It.) ; 2. Hendrickx (Bel.) ; 3. Declercq (Bel.).

▸ **7-13 avril** : Six Jours de Paris - 1. Billiet-Wals (Bel.) ; 2. Guerra-Di Paco (It.) ; 3. Serès-Bouchard (Fr.).

11 avril : Liège-Bastogne-Liège - 1. Meulenberg (Bel.) ; 2. Deloor (Bel.) ; 3. Heirnaert (Bel.).

18 avril : Paris-Caen - 1. Lesueur (Fr.) ; 2. Auville (Fr.) ; 3. G. Lapébie (Fr.).

25 avril : Paris-Tours - 1. Danneels (Bel.) ; 2. Bonduel (Bel.) 3. De Caluwe (Bel.).

2 mai : Flèche Wallonne - 1. Braeckveldt (Bel.) ; 2. Kint (Bel.) ; 3. Perickel (Bel.).

6 mai : Circuit de Paris - 1. Kaers (Bel.) ; 2. Magne (Fr.) ; 3. Cloarec (Fr.).

8-30 mai : Tour d'Italie - 1. Bartali (It.) ; 2. Valetti (It.) ; 3. Mollo (It.).

9 mai : Paris-Lille - 1. Ghisquères (Bel.) ; 2. Kint (Bel.) ; 3. Dubois (Fr.).

12-17 mai : Tour de Belgique - 1. Braeckveldt (Bel.) ; 2. Walschot (Bel.) ; 3. Christiaens (Bel.).

16-17 mai : Paris-Saint-Étienne - 1. Cloarec (Fr.) ; 2. Deltour et Gamard (Fr.).

17-22 mai : Six Jours de Londres - 1. Buysse-Van Kampen ; 2. Ignat-Diot ; 3. Walthour-Crossley.

23 mai : Paris-Rennes - 1. Beckaert (Fr.) ; 2. Gamard (Fr.) ; 3. Somers (Bel.).

▸ **30 mai** : Bordeaux-Paris - 1. Somers (Bel.) ; 2. Thiétard (Fr.) ; 3. Faure (Fr.).

2-6 juin : Grand Prix Wolber - 1. Cacheux (Fr.) ; 2. Alles (Fr.) ; 3. Laurent (Fr.).

6 juin : Paris-Belfort - 1. Coalaert (Bel.) ; 2. Carini (It.) ; 3. Wierinckx (Bel.).

6-20 juin : Tour d'Allemagne - classement final : 1. Weckerling (All.) ; 2. Geyer (All.) ; 3. Diederichs (All.).

▸ **30 juin-25 juillet** : Tour de France
1ʳᵉ étape, Paris-Lille : Magerus (Lux.)
2ᵉ étape, Lille-Charleville : Archambaud (Fr.)
3ᵉ étape, Charleville-Metz : Generati (It.)
4ᵉ étape, Metz-Belfort : Bautz (All.)
5ᵉ étape, Belfort-Genève ; 1ᵉʳ tiers, Belfort-Lons-le-Saulnier : Puppo (It.) ; 2ᵉ tiers, Lons-le-Saulnier-Champagnole c.l.m. : Maës (Bel.) ; 3ᵉ tiers, Champagnole-Genève : Amberg (Sui.)
6ᵉ étape, Genève-Aix-les-Bains : G. Deloor (Bel.)
7ᵉ étape, Aix-Grenoble : Bartali (It.)
8ᵉ étape, Grenoble-Briançon : Weckerling (All.)
9ᵉ étape, Briançon-Digne : Lapébie (Fr.)
10ᵉ étape, Digne-Nice : Vervaecke (Bel.)
11ᵉ étape, Nice-Marseille ; 1ʳᵉ demi-étape, Nice-Toulon : Meulenberg (bel.) ; 2ᵉ demi-étape, Toulon-Marseille c.l.m. : Danneels (Bel.)
12ᵉ étape, Marseille-Montpellier ; 1ʳᵉ demi-étape, Marseille-Nîmes : Antoine (Fr.) ; 2ᵉ demi-étape, Nîmes-Montpellier : Pedroli (Sui.)
13ᵉ étape, Montpellier-Perpignan ; 1ʳᵉ demi-étape, Montpellier-Narbonne : Camusso (It.) ; 2ᵉ demi-étape, Narbonne-Perpignan : Meulenberg
14ᵉ étape, Perpignan-Luchon ; 1ᵉʳ tiers, Perpignan-Bourg-Madame : Meulenberg ; 2ᵉ tiers, Bourg-Madame-Aix-les Thermes : Canardo (Esp.) ; 3ᵉ tiers, Aix-les-Thermes-Luchon : Meulenberg
15ᵉ étape, Luchon-Pau : Berrendero (Esp.)
16ᵉ étape, Pau-Bordeaux : Chocque (Fr.)
17ᵉ étape, Bordeaux-La Rochelle ; 1ᵉʳ tiers, Bordeaux-Royan : Bautz (All.) ; 2ᵉ tiers, Royan-Saintes : Braeckveldt (Bel.) et Wengler (All.) ; 3ᵉ tiers, Saintes-La Rochelle : Lapébie (Fr.)
18ᵉ étape, La Rochelle-Rennes ; 1ʳᵉ demi-étape, La Rochelle-La Roche-sur-Yon : Lapébie ; 2ᵉ demi-étape, La Roche-sur-Yon-Rennes : Chocque
19ᵉ étape, Rennes-Caen ; 1ʳᵉ demi-étape, Rennes-Vire : Passat (Fr.) ; 2ᵉ demi-étape, Vire-Caen c.l.m. : Ambert (Sui.)
20ᵉ étape, Caen-Paris : Vissers (Bel)
Classement final : 1. R. Lapébie (Fr.) ; 2. Vicini (It.) ; 3. Amberg (Sui.) ; 4. Camusso (It.) ; 5. Marcaillou (Fr.).

11-14 juillet : Toulouse-Paris - Classement final : 1. Vlaemynck (Bel.) ; 2. Van Simayes (Bel.) ; 3. De Caluwe (Fr.).

31 juillet-7 août : Tour de Suisse - classement final : 1. Litschi (Sui.) ; 2. Amberg (Sui.) ; 3. Blattman (Sui.).

15 août : Marseille-Lyon - 1. Bonduel (Fr.) ; 2. Speicher (Fr.) ; 3. Cassin (Fr.).

21-29 août : Circuit de l'Ouest - 1. Goasmat (Fr.) ; 2. Oubron (Fr.) ; 3. Loncke (Fr.).

24 août : Championnats du monde professionnels - 1. Meulenberg (Fr.) ; 2. Kijewski (All.); 3. Egli (Sui.).

25 août : Championnats du monde amateurs - 1. Leoni (It.) ; 2. Sörensen (Dan.) ; 3. Scheller (Sui.).

▸ **29 août** : Championnats du monde professionnels sur piste (vitesse) - 1. Scherens (Bel.) ; 2. Van Vliet (Bel.) ; 3. Richter (All.).

4 septembre : Critérium des As - 1. Paillard (Fr.) ; 2. Chocque (Fr.) ; 3. Cosson (Fr.).

12 septembre : Grand prix des nations - 1. Cogan (Fr.) ; 2. Archambaud (Fr.) ; 3. Speicher (Fr.).

26 septembre : championnat de France - 1. Speicher ; 2. R. Lapébie ; 3. Le Grevès. (Allemagne - 1. Bautz. Belgique - Kaers. Italie - Bartali. Pays-Bas - Braspenninckx.)

29 septembre : Le Hollandais Franz Slaats bat le record du monde de l'heure au Vigorelli de Milan, avec 45,485 km.

23 octobre : Tour de Lombardie - 1. Bini (It.) ; 2. Bartali (It.) ; 3. Landi (It.).

31 octobre : Tour du Milanais - 1. Archambaud-Bini (Fr.-It.) ; 2. Bartali-Faveli (It.) ; 3. Guerra-Battesini (It.).

3 novembre : Maurice Archambaud porte le record de l'heure à 45,767 km, toujours au Vigorelli de Milan.

1938

Mars : Six Jours de Paris - 1. Kaers-Billet ; 2. Ignat-Diot ; 3. Pijnenburg-Wals.

▸ **19 mars** : Milan-San Remo - 1. Olmo (It.) ; 2. Favalli (It.) m.t. ; 3. Bovet (It.) à 1".

23-27 mars : Paris-Nice - 1. Lowie (Bel.) ; 2. Disseaux (Bel.) à 56" ; 3. Van Schendel (Hol.) à 1'47".

3 avril : Trois Vallées Varesines - 1. Bartali (It.) ; 2. Canavesi (It.) à 15" ; 3. Magni (It.) à 3'24".

10 avril : Paris-Caen - 1. Le Grevès (Fr.) ; 2. Ducazeaux (Fr.) m.t. ; 3. Cloarec (Fr.) m.t.

10 avril : Tour des Flandres - 1. De Caluwe (Bel.) ; 2. Maës (Bel.) à 3" ; 3. Kint (Bel.) m.t.

17 avril : Paris-Roubaix - 1. Storme (Bel.) ; 2. Hardiquest (Bel.) à 3" ; 3. Van Houtte (Bel.) à 1'57".

20-21 avril : Tour de Campanie - 1. Olmo (It.) ; 2. Bergamaschi (It.) m.t. ; 3. Guerra (It.) 3'42".

1ᵉʳ mai : Flèche Wallonne - 1. Masson (Bel.) ; 2. Maës (Bel.) à 43" ; 3. Dubois (Fr.) à 9'17".

8 mai : Paris-Tours - 1. Rossi (It.) ; 2. Disseaux (Bel.) à 30" ; 3. Maye (Fr.) à 1'42".

8 mai : Championnat de Zurich - 1. Martin (Sui.) ; 2. Blattmann (Sui.) m.t. ; 3. Egli (Sui.) à 5'12".

14 mai : Bordeaux-Paris - 1. Laurent (Fr.) ; 2. Valschot (Bel.) à 22" ; 3. Rossi (It.) à 7'04".

15 mai : Liège-Bastogne-Liège - 1. A. Deloor (Bel.) ; 2. Kint (Bel.) à 2" ; 3. Vervaecke (Bel.) m.t.

16 mai : Tour de Francfort - 1. Scheller (All.) ; 2. Bautz (All.) m.t. ; 3. Kijekwski (All.) m.t.

17-29 mai : Tour d'Italie
1re étape, Milan-Turin : Cimatti (It.)
2e étape, Turin-San Remo : Vicini (It.)
3e étape, San Remo-S. Margaretha-Ligure : Gotti (It.)
4e étape, S. Margaretha-Montecatini ; 1re demi-étape, S. Margaretha-La Spezia : Valetti (It.) ; 2e demi-étape, La Spezia-Montecatini : Generati (It.)
5e étape, Montecatini-Chiancino : Grippa (It.)
6e étape, Chiancino-Rieti : Leoni (It.)
7e étape, Rieti-Rome ; 1re demi-étape Rieti-Terminillo : Valetti ; 2e demi-étape Terminillo-Rome : Cinelli (It.)
8e étape Rome-Naples : Di Paco (It.)
9e étape, Naples-Laniano : Cottur (It.)
10e étape, Laniano-Ascoli Piceno : Di Paco (It.)
11e étape, Ascoli Piceno-Ravenne : Cinelli
12e étape, Ravenne-Trévise : Di Paco
13e étape, Trévise-Trieste : Del Cancia (It.)
14e étape, Trieste-Belluno : Bizzi (It.)
15e étape, Belluno-Recoaro : Valetti
16e étape, Recoaro-Bergamo : Marabelli (It.)
17e étape, Bergamo-Varèse : Del Cancia
18e étape, Varèse-Milan ; 1re demi-étape Varèse-Locarno : Amberg ; 2e étape : Locarno-Milan : Bizzi
Classement final : 1. Valetti (It.) ; 2. Cecchi (It.) à 8'52" ; 3. Canavesi (It.) à 9'06" ; 4. Simonini (It.) à 15'50" ; 5. Benente (It.) à 19'49".

26 mai : Circuit de Paris - 1. Pirmez (Bel.) ; 2. Hardiquest (Bel.) m.t. ; 3. Bini (It.) à 1'14".

5 juin : Tour de Romanie - 1. Favalli (It.) ; Mollo (It.) m.t. ; 3. Troggi (It.) m.t.

5-6 juin : Paris-Saint-Étienne - 1. Pirmez (Bel.) ; Bonduel (Bel.) m.t. ; Disseaux (Bel.) à 4".

9-25 juin : Tour d'Allemagne - classement final : 1. Schilde (All.) ; 2. Bonduel (Bel.) à 38'21" ; 3. Weckerling (All.) à 40'35".

12 juin : Paris-Belfort - 1. Hendrickx (Bel.) ; 2. Goasmat (Fr.) m.t. ; 3. Desmet (Bel.) m.t.

19 juin : Championnat de France - 1. Maye ; 2. Marcaillou ; 3. Laurent. (Allemagne - Schmidt. Belgique - Van Theemsche. Italie - Bizzi. Pays-Bas - Middelkamp. Suisse : Amberg.)

19 juin : Tour du Piémont - 1. Rimoldi (It.) ; 2. Canavesi (It.) à 2" ; 3. Bini (It.) à 40" .

▸ 5-31 juillet : Tour de France
1re étape, Paris-Caen : Oberbeck (All.)
2e étape, Caen-Saint-Brieuc : Majerus (Lux.)
3e étape, Saint-Brieuc-Nantes : Schulte (P.-B)
4e étape, Nantes-Royan : Vervaecke (Bel.)
5e étape, Royan-Bordeaux : Meulenberg (Bel.)
6e étape, Bordeaux-Bayonne : Rossi (It.)
7e étape, Bayonne-Pau : Middelkamp (P.-B.)
8e étape, Pau-Luchon : Vervaecke
9e étape, Luchon-Perpignan : Fréchaut (Fr.)
10e étape, Perpignan-Montpellier : Van Schendel (Hol.), dont Narbonne-Béziers c.l.m. : Vervaecke
11e étape, Montpellier-Marseille : Bartali (It.)
12e étape, Marseille-Cannes : Fréchaut
13e étape, Cannes-Digne : Gianello (Fr.)
14e étape, Digne-Briançon : Bartali
15e étape, Briançon-Aix-les-Bains : Kint (Bel.)
16e étape, Aix-les-Bains-Besançon : Kint
17e étape, Besançon-Strasbourg : Masson (Bel.)
18e étape, Strasbourg-Metz : Kint
19e étape, Metz-Reims : Galateau (Fr.)
20e étape, Reims-Lille : Vervaecke
21e étape, Lille-Paris : Magne et Leduc (Fr.)
Classement final : 1. Bartali (It.) ; 2. Vervaecke (Bel.) à 18'27" ; 3. Cosson (Fr.) à 29'26" ; 4. Vissers (Bel.) à 35'08" ; 5. Clemens (Lux.) à 42'08".

Grand prix de la montagne - 1. Bartali (It.) ; 2. Vervaecke (Bel.) ; 3. Vissers (Bel.).

Challenge international - 1. Belgique ; 2. France ; 3. Italie.

14 juillet : Critérium du Midi - 1. Bettini (Fr.) ; 2. Muls (Bel.) à 3'30" ; 3. Lauck (Fr.) à 6'07".

6-14 août : Tour de Suisse - 1. Valetti (It.) ; 2. Mersch (Lux.) 12'50" ; 3. Canavesi (It.) à 26'20".

15 août : Marseille-Lyon - 1. Cloarec (Fr.) ; 2. Louviot (Fr.) à 7'43" ; 3. Aimar (Fr.) à 8'06".

20-28 août : Circuit de l'Ouest - 1. Rossier (Fr.) ; 2. Vergili (Fr.) à 18" ; 3. Depred'homme (Bel.) à 5'48".

▸ 5 septembre : Championnats du monde - 1. Kint (Bel.) ; 2. Egli (Sui.) ; 3. Amberg (Sui.). Championnats du monde sur piste (vitesse) - 1. Van Vliet (Hol.) ; 2. Scherens (Bel.) ; 3. Richter (All.).

▸ 18 septembre : Grand Prix des nations - 1. Aimar (Fr.) ; 2. Schulte (P.-R.) m.t. ; 3. Fournier (Fr.) à 3'14".

16 octobre : Tour de Vénétie - 1. Magni (It.) ; 2. Bailo (It.) m.t. ; 3. Viceni (It.) m.t.

23 octobre : Tour de Lombardie - 1. Cinelli (It.) ; 2. Bartali (It.) m.t. ; 3. Bailo (It.) m.t.

1939

▸ 7-13 mars : Six Jours de Paris - 1. Buysse-Billiet ; 2. Pellenaars-Bouchard à deux tours ; 3. De Kuysscher-Groenewegen à trois tours.

▸ 16-19 mars : Paris-Nice - Classement final : 1. Archambaud (Fr.) ; 2. Bonduel (Bel.) et Desmet (Fr.) à 9'41".

18 mars : Milan-San Remo - 1. Bartali (It.) ; 2. Bini (It.) m.t. ; 3. Bailo (It.) m.t.

26 mars : Critérium national de la route - 1. Deforge (Fr.) ; 2. Laurent (Fr.) m.t. ; 3. Jaminet (Fr.) à 1".

26 mars : Anvers-Gand-Anvers - 1. Kint (Bel.) ; 2. Defoordt (Bel.) m.t. ; 3. Heydens (Bel.) m.t.

2 avril : Paris-Caen - 1. Thiétard (Fr.) ; 2. Virol (Fr.) m.t. ; 3. Lauck (Fr.) à 1".

2 avril : Tour des Flandres - 1. Kaers (Bel.) ; 2. Maës (Bel.) à 2" ; 3. Vissers (Bel.) à 10".

▸ 9 avril : Paris-Roubaix - 1. Masson (Bel.) ; 2. Kint (Bel.) à 1'30" ; 3. Lapébie (Fr.) m.t.

9 avril : Tour de Toscane - 1. Bartali (It.) ; 2. Vicini (It.) à 2" ; 3. Bizzi (It.).

▸ 16 avril : Paris-Bruxelles - 1. Bonduel (Bel.) ; 2. Hendrickx (Bel.) ; 3. Storme (Bel.).

21 avril : Milan-Modène - 1. Cimatti (It.) ; 2. Bisco (It.) m.t. ; 3. Leoni (It.) m.t.

28 avril-18 mai : Tour d'Italie
1re étape, Milan-Turin : Bergamaschi (It.)
2e étape, Turin-Gênes : Bartali (It.)
3e étape, Gênes-Pise : Cinelli (It.)
4e étape, Pise-Grosseto : Saponetti (It.)
5e étape, Grosseto-Rome : Bizzi (It.)
6e étape, Rome-Rietti : Saponetti
7e étape, Rietti-Terminello : Valetti (It.)
8e étape, Rietti-Pescara : Leoni (It.)
9e étape, Pescara-Senigallia : Marabelli (It.)
10e étape, Senigallia-Forli : Servadei (It.)
11e étape, Forli-Florence : Bartali (It.)
12e étape, Florence-Bologne : Bizzi
13e étape, Bologne-Venise : Chiappini (It.)
14e étape, Venise-Trieste : Cottur (It.)
15e étape, Trieste-Gorizia : Valetti
16e étape, Gorizia-Cortina d'Ampezzo : Magni (It.)
17e étape, Cortina d'Ampezzo-Trente : Bartali (It.)
18e étape, Trente-Sondrio : Valetti
19e étape, Sondrio-Milan : Bartali
Classement final : 1. Valetti (It.) ; 2. Bartali (It.) à 2'59" ; 3. Vicini (It.) à 5'07" ; 4. Canavesi (It.) à 7'55" ; 5. Simonini (It.) à 16'40".

30 avril : Paris-Tours - 1. Bonduel (Bel.) ; 2. Storme (Bel.) m.t. ; 3. Pirmez (Bel.) m.t.

7 mai : Paris-Rennes - 1. Marcaillou (Fr.) ; 2. Lapébie (Fr.) m.t. ; 3. Vervaecke (Bel.) m.t.

7 mai : Tour de Cologne - 1. Meurer (All.) ; 2. Decker (All.) ; 3. De Hoog (Hol).

14 mai : Liège-Bastogne-Liège - 1. Ritserveldt (Bel.) ; 2. Van Overbergh (Bel.) ; 3. Vissers (Bel.).

▸ 18 mai : Bordeaux-Paris - 1. Laurent (Fr.) ; 2. Walschot (Bel.) à 8'33" ; 3. Majerus (Lux.) à 11'11".

21 mai : Paris-Belfort - 1. Vissers (Bel.) ; 2. Hendrickx (Bel.) à 5" ; 3. Neck (Fr.) à 2'55".

25-29 mai : Tour de Belgique - classement final : 1. Somers (Bel.) ; 2. Dignef (Bel.) à 20'26" ; 3. Clautier (Bel.) à 22'01".

28-29 mai : Paris-Saint-Étienne - 1. Mithouard (Fr.) ; 2. Van Overberghe (Bel.) à 23" ; 3. Storme (Fr.) à 27".

4 juin : Tour du Piémont - 1. Bartali (It.) ; 2. Del Cancia (It.) à 2'02" ; 3. Cottur (It.) à 2'05".

4 juin : Tour de Bâle - 1. Knecht (Bel.) ; 2. Litschi (Sui.) m.t. ; 3. Diggelmann (Sui.) m.t.

18 juin : La Flèche Wallonne - 1. Delathouwer (Bel.) ; 2. Syen (Bel.) 3. Périckel (Bel.).

18 juin : Championnat de France - 1. Speicher; 2. Thiévard; 3. Galateau. (Belgique - Kint. Suisse - Litschi. Italie - Vicini. Pays-Bas - Hellemons. Espagne - Sancho. Allemagne - Löber.)

25 juin : Tour de Campanie - 1. Cinelli (It.) ; 2. Bartali (It.) m.t. ; 3. Rimoldi (It.).

25 juin : Grand Prix de Wallonnie - 1. Braeckveldt (Bel.) ; 2. Van Simeys (Bel.) m.t. ; 3. Christians (Bel.) m.t.

▸ 10-30 juillet : Tour de France
1re étape, Paris-Caen : Fournier (Fr.)
2e étape, Caen-Rennes ; 1re demi-étape Caen-Vire : S. Maës (Bel.) ; 2e demi-étape Vire-Rennes : Tassin (Fr.)
3e étape, Rennes-Brest : Cloarec (Fr.)
4e étape, Brest-Lorient : Louviot (Fr.)
5e étape, Lorient-Nantes : Fournier
6e étape, Nantes-Royan ; 1re demi-étape, Nantes-La Rochelle : Storme (Bel.) ; 2e demi-étape, La Rochelle-Royan : Pagès (Fr.)
7e étape, Royan-Bordeaux : Possat (Fr.)
8e étape, Bordeaux-Pau ; 1re demi-étape, Bordeaux-Salies-de-Béarn : Kint (Bel.) ; 2e demi-étape, Salies-de-Béarn-Pau : Litschi (Sui.)
9e étape, Pau-Toulouse : Vissers (Bel.)
10e étape, Toulouse-Béziers ; 1re demi-étape, Toulouse-Narbonne : Jaminet (Fr.) ; 2e demi-étape, Narbonne-Béziers : Archambaud (Fr.) ; 3e demi-étape, Béziers-Montpellier : Archambaud
11e étape, Montpellier-Marseille : Galateau (Fr.)
12e étape, Marseille-Monaco ; 1re demi-étape, Marseille-Saint-Raphaël : Neuens (Lux.) ;

2e demi-étape, Saint-Raphaël-Monaco : Archambaud
13e étape, Monaco-Monaco : Gallien (Fr.)
14e étape, Monaco-Digne : Cloarec
15e étape, Digne-Briançon : S. Maës
16e étape, Briançon-Annecy; 1re demi-étape, Briançon-Bonneval : Jaminet; 2e demi-étape, Bonneval-Bourg-Saint-Maurice : S. Maës; 3e demi-étape, Bourg-Saint-Maurice-Annecy : Van Schendel (P.-B.)
17e étape, Annecy-Dijon; 1re demi-étape, Annecy-Dole : Neuens; 2e demi-étape, Dole-Dijon : Archambaud
18e étape, Dijon-Paris; 1re demi-étape, Dijon-Troyes : Le Grevès (Fr.); 2e demi-étape, Troyes-Paris : Kint
Classement final : 1. S. Maës (Bel.); 2. Vietto (Fr.) à 30'53"; 3. Vlaemynck (Bel.) à 32'28"; 4. Clemens (Lux.) à 36'24"; 5. Vissers (Bel.) à 38'05".
Grand Prix de la montagne : 1. S. Maës (Bel.); 2. Archambaud (Fr.); 3. Vissers (Bel.).
Classement interéquipes : 1. Belgique B; 2. France; 3. Belgique A.

13-16 juillet : Critérium du Midi - 1. Bertola (It.); 2. Clautier (Fr.) à 1'37"; 3. Braeckveldt (Bel.) à 3'19".

15 août : Marseille-Lyon - 1. Cloarec (Fr.); 2. Vincent (Fr.) à 2"; 3. Magne (Fr.) 2'02".

17-15 août : Tour de Suisse - Classement final : 1. Zimmermann (Sui.); 2. Bolliger (Sui.) à 29"; 3. Didier (Sui.) à 36".

19-24 août : Circuit de l'Ouest - 1. Schotte (Bel.); 2. Van Kerhoven (P.-B.); 3. Camellini (It.).

26-28 août : Championnats du monde sur piste amateurs. Vitesse - 1. Dercksen (P.-B.); 2. Astolfi (It.); 3. Purann (All.).

22 octobre : Tour de Lombardie - 1. Bartali (It.); 2. Leoni (It.); 3. Crippa (It.).

1940

5 janvier : Le sprinter allemand Albert Richter est assassiné par la Gestapo.

19 mars : Milan-San Remo - 1. Bartali (It.); 2. Rimoldi (It.) m.t.; 3. Bini (It.) m.t.

22-28 mars : Six Jours de Bruxelles - 1. Kaers-Debruyker; 2. Scherens-Bruneel à trois tours; 3. Naeye-Van Simayes m.t.

31 mars : Milan-Modène - 1. Bergamaschi (It.); 2. Chiappini (It.) à 2'52"; 3. Martin (It.) m.t.

31 mars : Tour des Flandres - 1. A. Buysse (Bel.); 2. Christiaens (Bel.) à 20"; 3. Schotte (Bel.) m.t.

7 avril : Critérium national de la route - 1. Idée (Fr.); 2. Vandevelde (Fr.) à 1'45"; 3. Deforge (Fr.) à 2'15".

14 avril : Tour de Toscane - 1. Bartali (It.) 2. Vicini (It.) à 2"; 3. Tomazoni (It.).

21 avril : Tour de Campanie - 1. Bartali (It.); 2. Rimoldi (It.) à 3'57"; 3. Bailo (It.) m.t.

2 mai : Tour du Piémont - 1. Cinelli (It.); 2. Bini (It.) m.t.; 3. Bailo (It.).

4-12 mai : Tour de Catalogne - 1. Didier (Lux.); 2. Clemens (Lux.) à 4'50"; 3. Canardo (Esp.) à 8'59".

17 mai-2 juin : Tour d'Italie
1re étape, Milan-Turin : Bizzi (It.)
2e étape, Turin-Gênes : Favalli (It.)
3e étape, Gênes-Pise : Marabelli (It.)
4e étape, Pise-Grosetto : Leoni (It.)
5e étape, Grosetto-Rome : Leoni (It.)
6e étape, Rome-Naples : Servadei (It.)
7e étape, Naples-Foggia : Generati (It.)
8e étape, Foggia-Terni : Bizzi (It.)
9e étape, Terni-Arezzo : Volpi (It.)
10e étape, Arezzo-Florence : Bizzi
11e étape, Florence-Modena : Coppi (It.)
12e étape, Modena-Ferrara : Leoni (It.)
13e étape, Ferrara-Trévise : Bizzi
14e étape, Trévise-Abbazia : Generati
15e étape, Abbazia-Trieste : Bizzi
16e étape, Trieste-Piava de Cadore : Vicini (It.)
17e étape, Piava de Cadore-Ortisei : Bartali (It.)
18e étape, Ortisei-Trente : Servadei
19e étape, Trente-Vérone : Bartali (It.)
20e étape, Vérone-Milan : Leoni
Classement final : 1. Coppi (It.); 2. Mollo (It.) à 2'40"; 3. Cottur (It.) à 9'45"; 4. Vicini (It.) à 16'27"; 5. Canavesi (It.) à 16'50".

3 août : Grand Prix de Madrid - 1. Carretero (Esp.); 2. Rodriguez (Esp.); 3. Martin (Esp.).

15 août : Championnat de Zurich - 1. Zimmermann (Sui.); 2. Diggelman (Sui.) m.t.; 3. Bretenmoser (Sui.) à 1'04".

16 août : Le fondateur du Tour de France, Henri Desgrange, meurt à l'âge de 75 ans.

21 septembre : Coupe Bernocchi - 1. Bini (It.); 2. Cinelli (It.) m.t.; 3. Leoni (It.) m.t.

22 septembre : Tour d'Ombrie - 1. Ronconi (It.); 2. Servadei (It.) à 15"; 3. De Benedetti (It.) à 25".

22 septembre : Critérium de France - 1. Louviot (Fr.); 2. Jaminet (Fr.) à 1"; 3. Chocque (Fr.) à 2".

6 octobre : Critérium de France - 1. Marie (Fr.); 2. Chocque (Fr.) m.t.; 3. Louviot (Fr.) à 2'09".

27 octobre : Tour de Lombardie - 1. Bartali (It.); 2. Bailo (It.) à 4'07"; 3. Cinelli (It.) m.t.

1941

10 février : Vel' d'Hiv' - 1. Gérardin (Fr.); 2. Scherens (Bel.) 3. Chaillot (Fr.).

19 mars : Milan-San Remo - 1. Favalli (It.); 2. Chiappini (It.) à 2'17"; 3. Magni (It.).

30 mars : Critérium national zone sud - 1. Faure (Fr.); 2. Cogan (Fr.) à 1'05"; 3. Bertocco (Fr.) à 1'55".

6 avril : Critérium national zone nord - 1. Marie (Fr.); 2. Desmoulins (Fr.) à 6'34"; 3. Goutal (Fr.) m.t.

6 avril : Anvers-Gand-Anvers - 1. Busschops (Bel.); 2. Van Kerchoven (Bel.) à 2"; 3. Gilles (Bel.) m.t.

6 avril : Tour de Toscane - 1. Coppi (It.); 2. Bartali (It.) à 2'; 3. Fondi (It.) à 9'30".

12 avril : Tour du Latium - 1. Bailo (It.); 2. Bizzi (It.) m.t.; 3. Chiappini (It.) m.t.

15 avril : Paris-Reims - 1. Rossi (It.); 2. Thiétard (Fr.) m.t. 3. Louviot (Fr.) m.t.

20 avril : Tour de Vénétie - 1. Coppi (It.); 2. Cinelli (It.) à 2'51"; 3. Mollo (It.).

27 avril : Paris-Caen - 1. Debenne (Fr.); 2. Thiétard (Fr.) à 1"; 3. Oubron (Fr.) à 1'06".

4 mai : Tour des Flandres - 1. Buysse (Bel.); 2. Van Overloop (Bel.) m.t.; 3. Van den Merrschaut (Bel.) m.t.

11 mai : Paris-Tours - 1. Maye (Fr.) m.t.; 2. Goutal (Fr.); 3. Cloarec (Fr.) m.t.

8 juin : Parc des Princes sur piste - 1. Gérardin (Fr.); 2. Chaillot (Fr.); 3. Renaudin (Fr.).

14 juin : Championnats de France. Zone nord - 1. Goutal; 2. Virol; 3. Lauck. Zone sud - 1. Vietto; 2. Gianello; 3. Pernac. (Allemagne - Bautz. Belgique - Defoordt. Espagne - Sancho. Italie - Leoni. Pays-Bas - Motké. Suisse - Litschi.)

6 juillet : Grand Prix de Paris (vitesse) - 1. Gérardin (Fr.); 2. Van Vliet (P.-B.); 3. Noblet (Fr.).

12-14 juillet : Critérium du Midi - 1. Gianello (Fr.); 2. Giorgetti (It.) à 5'2"; 3. Camellini (It.) m.t.

13 juillet : Flèche Wallonne - 1. Grysolle (Bel.); 2. Van Overloop (Bel.) à 26"; 3. Geus (Bel.) à 40".

23-24 août : Tour de Suisse - Classement final : 1. Wagner (Sui.); 2. Buchwalder (Sui.) m.t.; 3. Kübler (Sui.) à 11'44".

31 août : Paris-Nantes - 1. Louviot (Fr.); 2. Le Guevel (Fr.) m.t.; 3. Laurent (Fr.) m.t.

7 septembre : Grand Prix des nations zone sud - 1. Rossi (It.); 2. Mithouard (Fr.) à 2'06"; 3. Kübler (Sui.) à 2'26".

9-17 septembre : Tour de Catalogne - 1. Sancho (Esp.); 2. Canardo (Esp.) m.t.; 3. Trueba (Esp.) m.t.

14 septembre : Grand prix des nations zone nord - 1. Aimar (Fr.); 2. Marie (Fr.) à 26"; 3. Gauthier (Fr.) à 2'30".

28 septembre : Grand Prix de l'Auto - 1. Louviot (Fr.); 2. Le Guevel (Fr.); 3. Rossier (Fr.).

19 octobre : Tour de Lombardie - 1. Ricci (It.); 2. Cinelli (It.) à 5"; 3. Bizzi (It.).

9 novembre : Tour du Milanais - 1. Coppi-Ricci (It.); 2. Leoni-Magni (It.); 3. Servadei-Canavesi (It.).

1942

4 janvier : Vel' d'Hiv' - 1. Van Vliet (P.-B.); 2. Gérardin (Fr.); 3. Derksen (P.-B.).

19 mars : Milan-San Remo - 1. Leoni (It.); 2. Bevilacqua (It.) m.t.; 3. Favalli (It.) m.t.

22 mars : Madrid-Valence - 1. Rodriguez (Esp.); 2. Olmos (Esp.) m.t.; 3. Gimeno (Esp.) m.t.

29 mars : Anvers-Gand-Anvers - 1. Van Dyck (Bel.); 2. Claes (Bel.) m.t.; 3. Dick (Bel.) m.t.

29 mars : Critérium national zone sud - 1. Bertocco (Fr.); 2. Sofietti (Fr.) m.t.; 3. Laurent (Fr.).

5 avril : Critérium national zone nord - 1. Idée (Fr.); 2. Louviot (Fr.) à 5"; 3. Guégan (Fr.) à 3'.

6 avril : Tour des Flandres - 1. Schotte (Bel.); 2. Claes (Bel.) à 5"; 3. Van Eenaeme (Bel.) m.t.

6 avril : Tour du Latium - 1. Bailo (It.); 2. Bizzi (It.) m.t.; 3. Chiappini (It.) m.t.

12 avril : Paris-Reims - 1. Idée (Fr.); 2. Rolland (Fr.) m.t.; 3. Louviot (Fr.) m.t.

3 mai : Tour de Toscane - 1. Ortelli (It.); 2. Bartali (It.) à 2'30"; 3. Servadei (It.).

24 mai : Grand Prix de Bordeaux sur piste (vitesse) - 1. Gosselin (Fr.); 2. Gérardin (Fr.); 3. Senffteben (Fr.).

31 mai : Paris-Tours 1. Maye (Fr.); 2. Virol (Fr.) m.t.; 3. Rossi (It.) m.t.

31 mai : Paris-Nantes - 1. Maye (Fr.); 2. Debenne à 40" (Fr.); 3. Goderé (Fr.) m.t.

1er juin : Tour de l'Émilie - 1. Leoni (It.); 2. Bini (It.) m.t.; 3. Cinelli (It.) m.t.

21 juin : Championnat de France - 1. Idée; 2. Louviot; 3. Le Guevel. (Allemagne - Hötmann. Belgique - Maelbrancke. Espagne - Berrendero. Italie - Coppi. Pays-Bas - Mooy. Suisse - Buchwalder.)

29 juin-19 juillet : Tour d'Espagne
1re étape, Madrid-Albacete : Berrendero (Esp.)
2e étape, Albacete-Murcie : Rodriguez (Esp.)

3ᵉ étape, Murcie-Valence : Babardo (Esp.)
4ᵉ étape, Valence-Tarragone : Rodriguez
5ᵉ étape, Tarragone-Barcelone : Rodriguez
6ᵉ étape, Baecelone-Huesca : Rodriguez
7ᵉ étape, Huesca-Saint-Sébastien : Rodriguez
8ᵉ étape, Saint-Sébastien-Bilbao : Vietto (Fr.)
9ᵉ étape, Bilbao-Castro Ordiales : Rodriguez
10ᵉ étape, Castro Ordéales-santander : Camellini (It.)
11ᵉ étape, Santander-Reinosa : Brambilla (It.)
12ᵉ étape, Reinosa-Gijon : Rodriguez
13ᵉ étape, Gijon-Oviedo : Thiétard (Fr.)
14ᵉ étape, Oviedo-Lvarca : Rodriguez
15ᵉ étape, Lvarca-La Corogne : Thiétard
16ᵉ étape, 1ʳᵉ fraction, La Corogne-Saint Jacques de Compostelle (c.l.m.) : Sancho (Esp.); 2ᵉ fraction, Saint-Jacques de Compostelle-Vigo : Vietto
17ᵉ étape, Vigo-Salamanque : Berrendero
18ᵉ étape, Salamanque-Madrid : Camilla (It.)
Classement final : 1. Berrendero (Esp.) ; 2. Chafer (Esp.) à 12'20" ; 3. Sancho (Esp.).

5 juillet : Grand Prix de Paris (vitesse) - 1. Van Vliet (P.-B.) ; 2. Gérardin (Fr.) ; 3. Scherens (Bel.).

19 juillet : Flèche Wallonne - 1. Thys (Bel.) ; 2. Bonduel (Fr.) à 1" ; 3. Gueus (Bel.).

24 juillet : Tour de Vénétie - 1. Favalli (It.) ; 2. Bizzi (It.) ; 3. Bailo (It.).

28 juillet-2 août : Tour de Suisse - Classement final : 1. Kubler (Sui.) ; 2. Kern (Sui.) à 8'1" ; 3. Specker (Sui.) à 11'57".

23 août : Grand Prix de Wallonnie - 1. Van Herzele (Bel.) ; 2. Faignaert (Bel.) à 7" ; 3. Moerenhout (Bel.) m.t.

23 août : Grand Prix des nations zone nord - 1. Idée (Fr.) 2. Van den Meerschaut (Bel.) à 2'19" ; 3. Rossi (It.) à 2'50".

30 août : Saint-Étienne-Lyon - 1. Gianello (Fr.) ; 2. Bettini (It.) à 42" ; 3. Laurent (Fr.) à 2'.

1ᵉʳ septembre : Tour du Piémont - 1. Magni (It.) ; 2. Bartali (It.) m.t. ; 3. Favalli (It.) m.t.

6-13 septembre : Tour de Catalogne - Classement final : 1. Ezquerra (Esp.) ; 2. Berrendero (Esp.) à 9'58" ; 3. Chafer (Esp.) à 12'40".

27 septembre : Grand Prix de l'Auto - 1. Thiétard (Fr.) ; 2. Van den Meerschaut (Bel.) à 15" ; 3. Dubuisson (Fr.) à 20".

9 octobre : Tour de Campanie - 1. Favalli (It.) ; 2. Bevilacqua (It.) m.t. ; 3. Bergamaschi (It.) m.t.

18 octobre : Tour de Lombardie - 1. Bini (It.) ; 2. Bartali (It.) m.t. ; 3. Tocacelli (It.) m.t.

30 octobre : Tour du Milanais - 1. Bartali-Favalli (It.) ; 2. Coppi-De Benedetti (It.) ; 3. Magni-Servadei (It.).

❥ **7 novembre** : Fausto Coppi bat le record du monde de l'heure au Vigorelli de Milan avec 45,848 km.

1943

10 janvier : Vel' d'Hiv' - 1. Senfftleben (All.) ; 2. Derksen (P.-B.) ; 3. Cools (Bel.).

19 mars : Milan-San Remo - 1. Cinelli (It.) ; 2. Servadei (It.) m.t. ; 3. Tocacelli (It.).

11 avril : Anvers-Gand-Anvers - 1. Faingnaert (Bel.) ; 2. Depredhomme (Bel.) à 25" ; 3. Vandenbosche (Bel.).

11 avril : Critérium national zone nord - 1. Idée (Fr.) ; 2. Blum (Fr.) à 1'16" ; 3. Guégan (Fr.).

12 avril : Tour des Flandres - 1. Buysse (Bel.) ; 2. Sercu (Bel.) m.t. ; 3. Beeckman (Bel.) m.t.

18 avril : Tour du Latium - 1. Tocacelli (It.) ; 2. Bertocchi (It.) m.t. ; 3. Chiappini (It.) m.t.

25 avril : Paris-Roubaix - 1. Kint (Bel.) ; 2. Lowie (Bel.) m.t. ; 3. Thiétard (Fr.) m.t.

25 avril : Tour de Toscane - 1. Bizzi (It.) ; 2. Servadei (It.) m.t. ; 3. Bartali (It.) m.t.

16 mai : Paris-Reims - 1. Rossi (Fr.) ; 2. Danguillaume (Fr.) m.t. ; 3. Bonduel (Fr.).

23 mai : La Flèche Wallonne - 1. Kint (Bel.) ; 2. Claes (Bel.) m.t. ; 3. Keteleer (Bel.) m.t.

30 mai : Paris-Nantes - 1. Gaudin (Fr.) ; 2. Tiger (Fr.) m.t. ; 3. Robic (Fr.) m.t.

31 mai : Paris-Tours - 1. Gaudin (Fr.) ; 2. Buysse (Bel.) à 1" ; 3. Hendrickx (Bel.) à 4".

6 juin : Grand Prix du Pneumatique - 1. Virol (Fr.) ; 2. Lauk (Fr.) ; 3. Bonnaventure (Fr.) m.t.

27 juin : Liège-Bastogne-Liège - 1. Depoorter (Bel.) ; 2. Didden (Bel.) à 10" ; 3. Ockers (Bel.) à 18".

4 juillet : Grand Prix de Paris (vitesse) - 1. Gérardin (Fr.) ; 2. Scherens (Bel.) ; 3. Senfftleben (Fr.).

18 juillet : Grand Prix de Wallonnie - 1. Van Dyck (Bel) ; 2. Depoorter (Bel) m.t. ; 3. Ritserveldt (Bel.) m.t.

8 août : Madrid-Valence - 1. Rodriguez (Esp.) ; 2. Chafer (Esp.) à 1" ; 3. Trueba (Esp.).

29 août : Grand Prix des nations zone nord - 1. Somers (Bel.) ; 2. Rossi (It.) à 41" ; 3. Clautier (Bel.) à 2'23".

9-15 septembre : Tour de Catalogne - 1. Berrendero (Esp.) ; 2. Miro (Esp.) à 4'47" ; 3. Destrieux (Fr.) à 8'13".

❥ **12 septembre** : Saint-Étienne-Lyon - 1. Fachleitner (Fr.) ; 2. Goutorbe (Fr.) à 1'59" ; 3. Hotag (Fr.) à 5'54".

12 septembre : Grand Prix du Tour de France - 1. Goutorbe (Fr.) ; 2. Danguillaume (Fr.) ; 3. Vlaemynck (Bel.).

26 septembre : Grand Prix de l'Auto - 1. Vlaemynck (Bel.) ; 2. Van Herzele (Bel.) à 1'16" ; 3. Defoordt (Bel.) à 2'24".

Championnats nationaux : France - 1. Maye ; 2. Faure ; 3. Lauck. (Allemagne - Saager. Belgique - Ryckaert. Espagne - Berrendero. Italie - Ricci. Pays-Bas - Middelkamp. Suisse - Knecht.)

1944

2 avril : Tour des Flandres - 1. Van Steenbergen (Bel.) ; 2. Schotte (Bel.) ; 3. Moerenhout (Bel.).

2 avril : Critérium international de la route - 1. Piel (Fr.) ; 2. Thiétard (Fr.) à 5" ; 3. Denhez (Fr.) m.t.

9 avril : Paris-Roubaix - 1. De Simpelaere (Bel.) ; Rossi (It.) m.t. ; 3. Thiétard (Fr.) m.t.

7 mai : Paris-Tours - 1. Teisseire (Fr.) ; 2. Gauthier (Fr.) ; 3. Thiétard (Fr.).

14 mai : Flèche Wallonne - 1. Kint (Bel.) ; 2. Schotte (Bel.) m.t. ; 3. Quertinmont (Bel.) m.t.

21 mai : Grand Prix du Pneumatique - 1. Martineau (Fr.) ; 2. Boda (Fr.) à 40" ; 3. Cogan (Fr.) à 50".

7 juin : Championnat de Zurich - 1. Nael (Sui.) ; 2. Kühn (Sui.) à 7'50" ; 3. Knecht (Bel.) à 8'09".

❥ **11 juin** : Tour de Paris (c.l.m.) - 1. Piot (Fr.) ; 2. Rossi (It.) à 2'30" ; 3. Robic (Fr.) à 2'36".

15 septembre : Grand Prix des nations - 1. Carrara (Fr.) ; 2. Rossi (It.) ; 3. Idée (Fr.).

Championnat de France - 1. Caffi ; 2. Teisseire ; 3. Idée. Titre décerné après addition des points attribués à certaines courses dans l'année. (Espagne - Berrendero. Pays-Bas : Schulte. Suisse-Naef.)

1945

20 mars : Championnat de France de cross cyclo-pédestre : Robic.

25 mars : Het Volk - 1. Bogaerts (Bel.) ; 2. De Simpelaere (Bel.) m.t. ; 3 . Van Eenaeme (Bel.) m.t.

1ᵉʳ avril : Critérium national de la route - 1. Goutorbe (Fr.) ; 2. Huguet (Fr.) à 6" ; 3. Idée (Fr.) à 1'24".

18 avril : Paris-Roubaix - 1. Maye (Fr.) ; 2. Teisseire (Fr.) m.t. ; 3. Piot (Fr.) m.t.

29 avril : Paris-Tours - 1. Maye (Fr.) ; 2. Goutorbe (Fr.) ; 3. Idée (Fr.) m.t.

13 mai : Grand Prix du Pneumatique - 1. Brulé (Fr.) ; 2. Vergili (Fr.) à 3'10 ; 3. Mallet (Fr.) à 3'56".

15-26 mai : Tour de Belgique - Classement final : 1. Ramon (Bel.) ; 2. Engels (Sui.) à 8'9" ; 3. Haemelryckx (Bel.) à 19'36".

3 juin : Grand Prix du débarquement nord - 1. Quentin (Fr.) ; 2. Maelfait (Fr.) ; 3. Lawk (Fr.) m.t.

3 juin : Flèche Wallonne - 1. Kint (Bel.) ; 2. Schotte (Bel.) ; 3. Quertinmont (Bel.) m.t.

4 juin : Championnat de Zurich - 1. Weilemmann (Sui.) ; 2. Magg (Sui.) ; 3. Nael (Sui.) m.t.

10 juin : Tour des Flandres - 1. Grysolle (Bel.) ; 2. Sercu (Bel.) à 15" ; 3. Moerenhout (Bel.) m.t.

15 juin-6 juillet : Tour d'Espagne - Classement final : 1. Rodriguez (Esp.) ; 2. Berrendero (Esp.) ; 3. Gimeno (Esp.).

❥ **17 juin :** Henri Pélissier fête ses 50 ans.

2-9 juillet : Tour de Catalogne - Classement final : 1. Ruiz (Esp.) ; 2. Gimeno (Esp.) ; 3. Zimmermann (Sui.).

8 juillet : Boucles de la Seine - 1. Gauthier (Fr.) ; 2. Goutal (Fr.) ; 3. Tacca (Fr.).

29 juillet : Gand-Wevelgem - 1. Van Herzele (Bel.) ; 2. Van Eenaeme (Bel.) m.t. ; 3. Declerck (Bel.) m.t.

5 août : Liège-Bastogne-Liège - 1. Engels (Bel.) ; 2. Van Dyck (Bel.) ; 3. Moerenhout (Bel.) m.t.

16 septembre : Grand Prix des nations - 1. Tassin (Fr.) ; 2. Carrara (Fr.) à 1'28" ; 3. Dubuisson (Bel.) à 3'05".

21 octobre : Tour de Lombardie - 1. Ricci (It.) ; 2. Bini (It.) à 6'23" ; 3. Bartali (It.) m.t.

Championnats nationaux : France - 1. Tassin ; 2. Maye ; 3. Goutorbe. Titre décerné après addition de points attribuées à certaines courses de l'année. (Belgique - Van Steenbergen. Espagne - Gimeno. Italie - Canavesi. Pays-Bas - Middelkamp. Suisse - Wutrich.

1946

❥ **28 février :** Naissance de *L'Équipe*.

17 mars : Het Volk - 1. Pieters (Bel.) ; 2. Ryckaert (Bel.) à 17" ; 3. Thoma (Bel.) à 20".

❥ **19 mars** : Milan-San Remo - 1. Coppi (It.) ; 2. Teisseire (Fr.) à 14' ; 3. Ricci (It.) à 18'40".

19-25 mars : Six Jours de Paris - 1. Schulte-Boeyen ; 2. Serès-Lapebie.

24 mars : Championnat de France de cross cyclo-pédestre : Oubron.

14 avril : Tour des Flandres - 1. Van Steenbergen (Bel.) ; 2. Thiétard (Fr.) à 1'06" ; 3. Schotte (Bel.) m.t.

7 avril : Critérium National de la route - 1. Piot (Fr.) ; 2. Danguillaume (Fr.) m.t. ; 3. Boda (Fr.) à 9'34".

21 avril : Paris-Roubaix - 1. Claes (Bel.) ; 2. Gauthier (Fr.) ; 3. Vlaemynck (Bel.) m.t.

26 avril : Paris-Camembert - 1. Neri (Fr.) ; 2. Soffietti (Fr.) ; 3. Rolland (Fr.) m.t.

28 avril : Paris-Bruxelles - 1. Schotte (Bel.) ; 2. Grysolle

(Bel.) à 4'21" ; 2. Declerck (Bel.) à 6'12".

▸ **1er-5 mai** : Paris-Nice - Classement final : 1. Camellini (It.) ; 2. De Muer (Fr.) à 1'43" ; 3. Bonduel (Bel.) à 2'53".

5 mai : Liège-Bastogne-Liège - 1. Depredomme (Bel.) ; 2. Hendrickx (Bel.) ; 3. Somers (Bel.) m.t.

5 mai : Championnat de Zurich -1. Bartali (It.) ; 2. Coppi (It.) m.t. ; 3. Bolliger (Sui.) à 1'28".

9-26 mai : Tour d'Espagne - Classement final : 1. Langarica (Esp.) ; 2. Berrendero (Esp.) ; 3. Lambrichts (P.-B.).

12 mai : Paris-Tours -1. Schotte (Bel.) ; 2. Prevotal (Fr.) à 1'14" ; 3. De Muer (Fr.) à 1'16".

12 mai : Tour de Romagne - 1. Coppi (It.) ; 2. Ortelli (It.) m.t. ; 3. De Stefani (It.) à 20".

19 mai : Grand Prix du Pneumatique - 1. Soffietti (Fr.) ; 2. Teisseire (Fr.) à 2'14" ; 3. Chrétien (Fr.) à 2'15".

26 mai : Gand-Wevelgem - 1. Sterckx (Bel.) ; 2. De Simpelaere (Bel.) ; 3. Remue (Bel.) m.t.

15 juin-7 juillet : Tour d'Italie
1re étape, Milan-Turin : Cottur (It.)
2e étape, Turin-Gênes : Bevilacqua (It.)
3e étape, Gênes-Montecatini : Leoni (It)
4e étape, Montecatini-Prato c.l.m. : Bevilacqua ; Prato-Bologne : Coppi (It)
5e étape, Bologne-Cesena : Bizzi (It.) ; Cesena-Ancona : Bini (It.)
6e étape, Ancona-Chieti : Ortelli (It.)
7e étape, Chieti-Naples : Ricci (It.)
8e étape, Naples-Perouse : Baito (It.)
9e étape, Pérouse-Florence : Zanazzi (It.)
10e étape, Florence-Rovigo : Conte (It.)
11e étape, Rovigo-Trieste : interrompue à quarante kilomètres de l'arrivée par des manifestations extra-sportives
12e étape, Trieste-Auronzo : Coppi
13e étape, Auronzo-Bassano : Coppi
14e étape, Bassano-Trente : Ronconi (It)
15e étape, Trente-Vérone : Conte
16e étape, Vérone-Mantoue : Bertocchi (It)
17e étape, Mantoue-Milan : Coppi
Classement final : 1. Bartali (It.) ; 2. Coppi (It.) à 47" ; 3. Ortelli (It.) à 15'28".

16 juin : Bordeaux-Paris - 1. Masson (Bel.) ; 2. Somers (Bel.) à 8'52" ; 3. Soffietti (Fr.) à 12'54".

19 juin : Flèche Wallonne - 1. Keteleer (Bel.) ; 2. Walschot (Bel.) ; 3. Van Dyck (Bel.) m.t.

▸ **7-11 juillet** : Bordeaux-Grenoble (Ronde de France) - Classement final - 1. Bresci (It.) ; 2. Bertocchi (It.) à 4'8" ; 3. Fachleitner (Fr.) à 12'27".

▸ **13-20 juillet** : Tour de Suisse - Classement final : 1. Bartali (It.) ; 2. Wagner (Sui.) à 16'30" ; 3. Ronconi (It.) à 16'38".

▸ **23-28 juillet** : Monaco-Paris - 1. Lazaridès (Fr.) ; 2. Vietto (Fr.) à 37'59" ; 3. Robic (Fr.) à 40'25". Cette course en cinq étapes fut organisée en remplacement du Tour de France, non encore autorisé.

▸ **24-25 août** : Championnats du monde sur piste. Vitesse : Derksen (P.-B.). Poursuite : Peters (P.-B.). Demi-fond : Frosio (It.).

1er septembre : Championnat du monde sur route - 1. Knecht (Sui.) ; 2. Kint (Bel.) à 10" ; 3. Van Steenbergen (Bel.) à 59".

▸ **15 septembre** : Grand Prix des nations -1. Coppi (It.) ; 2. Idée (Fr.) à 1'50" ; 3. Mahé (Fr.) à 7'20".

26 septembre : Critérium des As - 1. Idée (Fr.); 2. Coppi (It.) m.t; 3. Caffi (Fr.) à 3'12".

27 octobre : Tour de Lombardie - 1. Coppi (It.) ; 2. Casola (It.) à 1'45" ; 3. Motta (It.) m.t.

Championnat nationaux : France - 1. Caput ; 2. Soffietti ; 3. Neri (titre décerné après addition des points attribuées à certaines courses dans l'année). (Belgique - Masson. Espagne - Ruiz. Italie - Ronconi. Pays-Bas - Schellingerhout. Suisse - Knecht.)

1947

18-24 mars : Six Jours de Paris - 1. Bruneel-Naeye (Bel.).

19 mars : Milan-San Remo - 1. Bartali (It.) ; 2. Cecchi (It.) à 1'57" ; 3. Maggini (It.) à 7'.

27 mars : Het Volk - 1. Sercu (Bel.) ; 2. Faingnaert (Bel.) à 2" ; 3. Buysse (Bel.) à 56".

30 mars : Gand-Wevelgem - 1. De Simpelaere (Bel.) ; 2. Beyens (Bel.) m.t. ; 3. Vlaemynck (Bel.) m.t.

30 mars : Critérium national de la route - 1. Idée (Fr.) ; 2. Carrara (Fr.) à 10'56" ; 3. Caffi (Fr.) à 12'42".

6 avril : Paris-Roubaix - 1. Claes (Bel.) ; 2. Verschueren (Bel.) m.t. ; 3. Thiétard (Fr.) m.t.

13 avril : Paris-Bruxelles - 1. Sterckx (Bel.) ; 2. De Simpelaere (Bel.) m.t. ; 3. De Vreese (Fr.) m.t.

20 avril : Liège-Bastogne-Liège - 1. Depoorter (Bel.); 2. Impanis (Bel.) à 10"; 3. Mathieu (Bel.) m.t.

27 avril : Tour des Flandres - 1. Faingnaert (Bel.) ; 2. Desmet (Bel.) à 2"; 3. Renders (Bel.) m.t.

4 mai : Paris-Tours - 1. Schotte (Bel.); 2. Idée (Fr.) m.t. ; 3. Sercu (Bel.) m.t.

4 mai : Championnat de Zurich - 1. Guyot (Fr.) ; 2. Zanazzi (It.) ; 3. Kubler (Sui.) m.t.

11 mai : Grand Prix du Pneumatique - 1. Huguet (Fr.) ; 2. Brambilla (Fr.) m.t. ; 3. Danguillaume (Fr.) à 10". Le même jour, Fausto Coppi s'impose au sprint dans le Tour de Romagne devant ses compatriotes Bartali et Ortelli.

13-18 mai : Tour de Belgique - classement final - 1. Van Herzele (Bel.) ; 2. Ramon (Bel.) à 7'52" ; 3. Rogiers (Bel.) à 10'13".

15-18 mai : Tour de Romandie - 1. Keteleer (Bel.) ; 2. Bartali (It.) à 1'41" ; 3. Kübler (Sui.) à 2'06".

▸ **19 mai** : Boucles de la Seine - 1. Bobet (Fr.) ; 2. Aubry (Fr.) à 6'19" ; 3. Teisseire (Fr.) m.t.

▸ **24 mai-15 juin** : Tour d'Italie
1re étape, Milan-Turin : Zanazzi (It.)
2e étape, Turin-Gênes : Bartali (It.)
3e étape, Gênes-Reggio Emilio : Maggini (It.)
4e étape, Reggio Emilio-Prato : Coppi (It.)
5e étape, Prato-Bagni de Casiana : Maggini ; Bagni de Casiana-Florence : Zanazzi
6e étape, Florence-Pérouse : Cottur (It.)
7e étape, Pérouse-Rome : Conte (It.)
8e étape, Rome-Naples : Coppi
9e étape, Naples-Bari : Bertocchi (It.)
10e étape, Bari-Foggia : Ricci (It.)
11e étape, Foggia-Pescara : Conte
12e étape, Pescara-Cesenatico : Corrieri (It.)
13e étape, Cesenatico-Padoue : Bevilacqua (It.)
14e étape, Padoue-Vittorio Veneto : Leoni (It.)
15e étape, Vittorio Veneto-Pieve di Cadore : Bartali (It.)
16e étape, Pieve di Cadore-Trente : Coppi
17e étape, Trente-San Eufemia : Leoni
18e étape, San Eufemia-Lugano : Bresci (It.)
19e étape, Lugano-Milan : Leoni
Classement final : 1. Coppi (It.) ; 2. Bartali (It.) à 1'43" ; 3. Bresci (It.) à 5'54" ; 4. Cecchi (It.) à 15'01" ; 5. S. Maës (Bel.) à 15'06".

▸ **26 mai** : Bordeaux-Paris - 1. Somers (Bel.) ; 2. Dubuisson (Bel.) à 41'47" ; 3. Levêque (Fr.) à 1 h 2'53". Seuls ces trois coureurs terminèrent l'épreuve, en raison d'une chaleur suffocante.

12-15 juin : Dauphiné-Libéré - Classement final : 1. Klabinsky (Fr.) ; 2. Sciardis à 10" ; 3. Camellini (It.) à 54". Première édition de l'épreuve qui ne comporte que encore quatre étapes.

15 juin : Flèche Wallonne - 1. Sterckx (Bel.) ; 2. De Simpelaere (Bel.) à 1'20" ; 3. Van Overloop (Bel.) m.t.

▸ **22 juin** : Championnat de France : 1. Idée ; 2. De Gribaldy à 8'42" ; 3. Lauk m.t. (Belgique - Masson. Espagne - Capo.Italie - Coppi - Championnat « à la régularité », par addition de points sur une série de courses. Pays-Bas - Jansen. Suisse - Knecht.)

▸ **25 juin-20 juillet** : Tour de France.
C'est le Tour de la reprise, après huit ans. Pour la première fois, il fait étape en Belgique.
1re étape, Paris-Lille : Kübler (Sui.)
2e étape, Lille-Bruxelles : Vietto (Fr.)
3e étape, Bruxelles-Luxembourg : Ronconi (It.)
4e étape, Luxembourg-Strasbourg : Robic (Fr.)
5e étape, Strasbourg-Besançon : Kübler
6e étape, Besançon-Lyon : Teisseire (Fr.)
7e étape, Lyon-Grenoble : Robic
8e étape, Grenoble-Briançon : Camellini (It.)
9e étape, Briançon-Digne : Vietto
10e étape, Digne-Nice : Camellini
11e étape, Nice-Marseille : Fachleitner (Fr.)
12e étape, Marseille-Montpellier : Massal (Fr.)
13e étape, Montpellier-Carcassonne : Teisseire
14e étape, Carcassonne-Luchon : Bourlon (Fr.)
15e étape, Luchon-Pau : Robic
16e étape, Pau-Bordeaux : Tacca (It.)
17e étape, Bordeaux-Les-Sables-d'Olonne : Tassin (Ouest)
18e étape, Les-Sables-d'Olonne-Vannes : Tarchini (Sui.)
19e étape, Vannes-Saint-Brieuc c.l.m. : Impanis (Bel.)
20e étape, Saint-Brieuc-Caen : Diot (Fr.)
21e étape, Caen-Paris : Schotte (Bel.)
Classement final : 1. Robic (Fr.) ; 2. Fachleitner (Fr.) à 3'58" ; 3. Brambilla (It.) à 10'07" ; 4. Ronconi (It.) à 11' ; 5. Vietto (Fr.) à 15'23". Jean Robic gagne le Tour sans avoir jamais porté le maillot jaune.

▸ **26 juillet-2 août** : Championnats du monde sur piste. 27 juillet :Vitesse - Scherens (Bel.). 3 août : Poursuite - Coppi (It.). Demi-fond : Lesueur (Fr.).

▸ **3 août** : Championnats du monde sur route - 1. Middelkamp (P.-B.) ; 2. Sercu (Bel.) à 10" ; 3. Jansen (P.-B.) m.t. Course disputée sur le circuit automobile de Reims.

16-23 août : Tour de Suisse - Classement final : 1. Bartali (It.) ; 2. Wagner 16'30" ; 3. Ronconi (It.) à 16'38".

7-17 septembre : Tour de Catalogne - Classement final : 1. Rodriguez (Esp.) ; 2. Gual (Esp.) ; 3. Aeschlimann.

8 septembre : Critérium des As - 1. Carrara (Fr.) ; 2. Idée (Fr.) à 20" ; 3. Teisseire (Fr.) m.t.

21 septembre : Grand Prix des nations -1. Coppi (It.) ; 2. Idée (Fr.) à 15'15" ; 3. Magni (It.) à 16'08".

5 octobre : Tour de l'Émilie - 1. Coppi (It.) ; 2. Bartali (It.) à 10'35" ; 3. Martini (It.) à 14'35".

26 octobre : Tour de Lombardie : 1. Coppi (It.) ; 2. Bartali (It.) à 5'21" ; 3. De Zan (It.) m.t.

Tour d'Espagne - Classement final : 1. Van Dijk ; 2. Costa (Esp.) ; 3. Rodriguez (Esp.).

• De nouveaux motards-sandwiches sur la route du Tour de France 1947.

NE POUSSEZ PAS
les Coureurs
Vous fausseriez
La Course
MERCI !
L'EQUIPE

1948

7 mars : Championnat de France de cyclo-cross : Rondeaux.

14 mars : Het Volk - 1. Grysolle (Bel.) ; 2. Coppi (It.) m.t. déclassé ; 3. Hendrickx (Bel.) m.t.

17-23 mars : Six Jours de Paris - 1. Lapébie-Serès; 2. Schulte-Roeyen.

19 mars : Milan-San Remo - 1. Coppi (It.) ; 2. Rossello (It.) à 5'37" ; 3. Camellini (It.) m.t.

28 mars : Critérium national de la route - 1. Danguillaume (Fr.) ; 2. Idée (Fr.) m.t. ; 3. Pernac (Fr.) m.t.

4 avril : Paris-Roubaix - 1. Van Steenbergen (Bel.) ; 2. Idée (Fr.) à 2" ; 3. Claes (Bel.) à 8".

11 avril : Paris-Bruxelles - 1. Poels (Bel.); 2. Sercu (Bel.) déclassé; 3. Bogaert (Bel.) m.t.

11 avril : Le Mont Faron - 1. Robic (Fr.) ; 2. Lazaridès (Fr.) m.t. ; 3. Fricker (Fr.) m.t.

18 avril : Tour des Flandres - 1. Schotte (Bel.) ; 2. Ramon (Bel.) m.t. ; 3. Ryckaert (Bel.) m.t.

21 avril : Flèche Wallonne - 1. Camellini (It.) ; 2. Schotte (Bel.) à 3'16" ; 3. Beekman (Bel.) m.t.

25 avril : Championnat de Zurich - 1. Bartali (It.); Stettler (Sui.); 3. Schutz (Sui.).

25 avril : Paris-Tours - 1. Caput (Fr.) ; 2. Mignat (Fr.) m.t. ; 3. Idée (Fr.) m.t.

2 mai : Grand Prix du Pneumatique - 1. Teisseire (Fr.); 2. Lawck (Fr.) à 2'25"; 3. Mahé (Fr.) m.t.

2 mai : Liège-Bastogne-Liège - 1. Mollin (Bel.) ; 2. Impanis (Bel.) m.t. ; 3. Caput (Fr.) m.t.

6-9 mai : Tour de Romandie - Classement final : 1. Kübler (Sui.) ; 2. Goldschmidt (Lux.) à 3'57" ; 3. Clemens (Lux.) à 6'19".

9 mai : Gand-Wevelgem - 1. Ollivier (Bel.) ; 2. Ramon (Bel.) m.t. ; 3. Couvreur (Bel.) à 18".

15 mai-6 juin : Tour d'Italie
1re étape, Milan-Turin : Cottur (It.)
2e étape, Turin-Gênes : Ricci (It.)
3e étape, Gênes-Parme : Maggini (It.)
4e étape, Parme-Viareggio : Casola (It.)
5e étape, Viareggio-Sienne : Leoni (It.)
6e étape, Sienne-Rome : Casola
7e étape, Rome-Pescara : Bevilacqua (It.)
8e étape, Pescara-Bari : Leoni
9e étape, Bari-Naples : Logli (It.)
10e étape, Naples-Fingi : De Zan (It.)
11e étape, Fingi-Pérouse : Keteleer (Bel.)
12e étape, Pérouse-Florence : Conte (It.)
13e étape, Florence-Bologne : Pasquini (It.)
14e étape, Bologne-Udine : Conte (It.)
15e étape, Udine-Aronzo : Rossello (It.)
16e étape, Aronzo-Cortina d'Ampezzo : Coppi (It.)
17e étape, Cortina d'Ampezzo-Trente : Coppi
18e étape, Trente-Brescia : Bertocchi (It.)
19e étape, Brescia-Milan : Magni (It.)
Classement final : 1. Magni (It.) ; 2. Cecchi (It.) à 11" ; 3. Cottur (It.) à 2'37" ; 4. Ortelli (It.) à 8'24" ; 5. Volpi (It.) à 9'14".

15 mai- 15 juin : Tour d'Espagne - Classement final : 1. Ruiz (Esp.) ; 2. E. Rodriguez (Esp.) ; 3. Capo (Esp.).

18-23 mai : Tour de Belgique - Classement final : 1. Constant Ockers (Bel.); 2. Mathys (Bel.) à 2'44"; 3. Declerb (Bel.) à 3'24".

6 juin : Bordeaux-Paris -1. Le Strat (Fr.) ; 2. Buyl (Bel.) à 1'59" ; 3. Walschot (Bel.) à 6'16".

2-6 Juin : Dauphiné-Libéré - Classement final : 1. Fachleitner (Fr.) ; 2. Giguet (Fr.) à 4'02" ; 3. Robic (Fr.) à 4'33".

12-20 juin : Tour de Suisse - Classement final : 1. Kübler (Sui.) ; 2. Bresci (It.) à 18'10" ; 3. Sommer (Sui.) à 20'28". Le coureur belge Richard Depoorter trouve la mort durant l'épreuve en chutant dans la descente du col de Susten.

27 juin : Championnats nationaux : France - 1. Marcellak ; 2. Louviot m.t. ; 3. Giguet m.t. Belgique - Buysse. Espagne - Ruiz. Italie - Ortelli. Pays-Bas - Schulte. Suisse - Kübler.

30 juin-25 juillet : Tour de France
1re étape, Paris-Trouville : Bartali (It.)
2e étape, Trouville-Dinard : Rossello (It.)
3e étape, Dinard-Nantes : Lapébie (Fr.)
4e étape, Nantes-La Rochelle : Pras (Fr.)
5e étape, La Rochelle-Bordeaux : Rémy (Fr.)
6e étape, Bordeaux-Biarritz : Bobet (Fr.)
7e étape, Biarritz-Lourdes : Bartali
8e étape, Lourdes-Toulouse : Bartali
9e étape, Toulouse-Montpellier : Impanis (Bel.)
10e étape, Montpellier-Marseille : Impanis
11e étape, Marseille-San Remo : Sciardis (It.)
12e étape, San Remo-Cannes : Bobet
13e étape, Cannes-Briançon : Bartali
14e étape, Briançon-Aix-les-Bains : Bartali
15e étape, Aix-les-Bains-Lausanne : Bartali
16e étape, Lausanne-Mulhouse : Van Dyck (Bel.)
17e étape, Mulhouse-Strasbourg c.l.m. : Lambrecht (Bel.)
18e étape, Strasbourg-Metz : Corrieri (It.)
19e étape, Metz-Liège : Bartali
20e étape, Liège-Roubaix : Gauthier (Fr.)
21e étape, Roubaix-Paris : Corrieri
Classement final : 1. Bartali (It.) ; 2. Schotte (Bel.) à 26'12" ; 3. A. Lapébie (Fr.) à 28'48" ; 4. Bobet (Fr.) à 31'59" ; 5. Kirchen (Lux.) à 37'53".
Classement de la montagne : 1. Bartali (It.) ; 2. A. Lazaridès (Fr.) ; 3. Robic (Fr.).
Classement internations : 1. Belgique ; 2. France ; 3. Île-de-France.

7-13 août : Jeux olympiques de Londres
Vitesse : Ghella (It.)
Poursuite : France (Adam, Blusson, Coste, Decanali)
Tandems : Italie (Terruzi-Perona)
Kilomètre : Dupont (Fr.)
Route : 1. Beyaert (Fr.); 2. Voorting (P.-B.) à 5"; 3. Wouters (Bel.) m.t.

22 août : Championnats du monde sur route : 1. Schotte (Bel.) ; 2. Lazaridès (Fr.) à 1" ; 3. Teisseire (Fr.) à 3'41".

23-29 août : Championnats du monde sur piste. Vitesse : Van Vliet (P.-B.). Poursuite : Schulte (P.-B.). Demi-fond : Lamboley (Fr.).

4-5 septembre : Paris-Brest-Paris - 1. Hendrickx (Bel.) 1182 km en 41 h 36'42' (nouveau record de l'épreuve) ; 2. Neuville (Bel.) m.t ; 3. Fazio (It.) à 58".

11 septembre : Critérium des As - 1. Van Steenbergen (Bel.) ; 2. Lazaridès (Fr.) à 12" ; 3. Caput (Fr.) à 44".

19 septembre : Grand Prix des nations - 1. Berton (Fr.) ; 2. Kübler (Sui.) à 5'07" ; 3. Tassin (Fr.) à 7'37".

24 octobre : Tour de Lombardie - 1. Coppi (It.) ; 2. Leoni (It.) à 5'45" ; 3. Schär (Sui.) m.t.

1949

3 mars : Critérium national de la route - 1. Idée (Fr.) ; 2. Lucas (Fr.) à 1'56" ; 3. A. Rolland (Fr.) à 2'25".

13 mars : Het Volk - 1. De Clerck (Bel.) ; 2. Leenen (Bel.) à 10" ; 3. Mollin (Bel.) à 15".

19 mars : Milan-San Remo - 1. Coppi (It.) ; 2. Ortelli (It.) à 4'17" ; 3. Magni (It.) m.t.

23-29 mars : Six Jours de Paris - 1. Bruneel-Lapébie; 2. Bruyland-Adriaenssens.

3 avril : Gand-Wevelgem - 1. Kint (Bel.) ; 2. De Clerck (Bel.) m.t. ; 3. Schotte (Bel.) m.t.

7 avril : Flèche Wallonne - 1. Van Steenbergen (Bel.) ; 2. Peeters (Bel.) m.t. ; 3. Coppi (It.) m.t.

10 avril : Paris-Roubaix - 1. S. Coppi (It.) et Mahé (Fr.) ex aequo ; 3. Mathieu (Bel.). À la suite d'une erreur de parcours provoquée par le service d'ordre, la FFC déclare Mahé vainqueur. avant que l'UVI, en appel, ne proclame le classement ci-dessus.

10 avril : Tour des Flandres - 1. Magni (It.) ; 2. Ollivier (Bel.) m.t. ; 3. Schotte (Bel.).

24 avril : Paris-Tours - 1. Diot (Fr.) ; 2. Thoma (Fr.) m.t. ; 3. Moujica (Fr.) m.t.

30 avril : Liège-Bastogne-Liège - 1. Danguillaume (Fr.) ; 2. Verschueren (Bel.) m.t. ; 3. Gyselinck (Bel.) m.t.

8 mai : Grand Prix du Pneumatique - 1. Deprez (Fr.); 2. Robic (Fr.); 3. Pineau (Fr.) m.t.

8 mai : Championnat de Zurich - 1. Schär (Sui.); 2. Danguillaume (Fr.) à 1'2"; 3.Weidemann (Sui.) m.t.

8 mai : Tour de Romagne - 1. Coppi (It.) ; 2. Magni (It.) à 3'50" ; 3. Ronconi (It.) à 6'10".

12-15 mai : Tour de Romandie - Classement final : 1. Bartali (It.) ; 2. Kübler (Sui.) à 1'24" ; 3. Simonini (It.) à 4'55".

15 mai : Paris-Tours - 1. Ramon (Bel.) ; 2. Neri (Fr.) m.t. ; 3. Geus (Bel.) m.t.

17-22 mai : Tour de Belgique - classement final : 1. Sterckx (Bel.); 2. Impanis (Bel.) à 6' ; 3. Mathys (Bel.) à 1'23".

29 mai : Bordeaux-Paris - 1. Moujica (Fr.) ; 2. Masson (Bel.) à 5'25" ; 3. Tassin (Fr.) à 5'42".

21 mai-12 juin : Tour d'Italie
1re étape, Palerme-Catane : Fazio (It.)
2e étape, Catane-Messine : Maggini (It.)
3e étape, Villa San Giovanni-Cosenza : De Santi (It.)
4e étape, Cosenza-Salerne : Coppi (It.)
5e étape, Salerne-Naples : Biagioni (It.)
6e étape, Naples-Rome : Ricci (It.)
7e étape, Rome-Pesaro : Leoni (It.)
8e étape, Pesaro-Venise : Casola (It.)
9e étape, Venise-Trieste : Leoni
10e étape, Trieste-Bassano del Grappa : Corrieri (It.)
11e étape, Bassano del Grappa-Bolzano : Coppi
12e étape, Bolzano-Modène : Conte (It.)
13e étape, Modène-Montecatini-Terme : Leoni
14e étape, Montecatini-Gênes : Rossello (It.)
15e étape, Gênes-San Remo : Maggini
16e étape, San Remo-Cuneo : Conte
17e étape, Cuneo-Pinerolo : Coppi
18e étape, Pinerolo-Turin c.l.m. : Bevilacqua (It.)
19e étape, Turin-Milan : Corrieri
Classement final : 1. Coppi (It.) ; 2. Bartali (It.) 23'47" ; 3. Cottur (It.) à 28'27" ; 4. Leoni (It.) à 29'01" ; 5. Astrua (It.) à 29'50".

1er-6 juin : Dauphiné-Libéré - Classement final : 1. L. Lazaridès (Fr.) ; 2. Robic (Fr.) à 7'29" ; 3. Camellini (It.) à 8'25".

12 juin : Circuit Pyrénéen - 1. Chapatte (Fr.) ; 2. Garonzi m.t. ; Vietto (Fr.) m.t.

19 juin : Championnats nationaux : France - 1. Rey ; 2. Danguillaume à 3" ; 3.

Redolfi m.t. Belgique - Ollivier. Espagne - Serra. Italie - Coppi. Pays-Bas - Jansen. Suisse - Kübler.

30 juin-24 juillet : Tour de France
1re étape, Paris-Reims : Dussault (Fr.)
2e étape, Reims-Bruxelles : Lambrecht (Bel.)
3e étape, Bruxelles-Boulogne : Callens (Bel.)
4e étape, Boulogne-Rouen : Teisseire (Fr.)
5e étape, Rouen-Saint-Servan : Kübler (Sui.)
6e étape, Saint-Malo-Les-Sables-d'Olonne : Deledda (Fr.)
7e étape, Les-Sables-d'Olonne-La Rochelle c.l.m. : Coppi (It.)
8e étape, La Rochelle-Bordeaux : G. Lapébie (Fr.)
9e étape, Bordeaux-San Sebastian : Caput (Fr.)
10e étape, San Sebastian-Pau : Magni (It.)
11e étape, Pau-Luchon : Robic (Fr.)
12e étape, Luchon-Toulouse : Van Steenbergen (Bel.)
13e étape, Toulouse-Nîmes : Idée (Fr.)
14e étape, Nîmes-Marseille : Goldschmidt (Lux.)
15e étape, Marseille-Cannes : Keteleer (Bel.)
16e étape, Cannes-Briançon : Bartali (It.)
17e étape, Briançon-Aoste : Coppi
18e étape, Aoste-Lausanne : Rossello (It.)
19e étape, Lausanne-Colmar : Géminiani (Fr.)
20e étape, Colmar-Nancy c.l.m. : Coppi
21e étape, Nancy-Paris : Van Steenbergen
Classement final : 1. Coppi (It.); 2. Bartali (It.) à 10'55"; 3. Marinelli (Fr.) à 25'13"; 3. Robic (Fr.) à 36'08"; 4. Dupont (Bel.) à 38'59"; 5. Magni (It.) à 42'10".
Classement de la montagne : 1. Coppi; 2. Bartali; 3. Robic.
Classement internations : 1. Italie 2. Ouest-Nord; 3. Luxembourg.

30 juillet-6 août : Tour de Suisse - Classement final : 1. Kübler (Sui.); 2. Bresci (It.) à 18'10"; 3. Sommer (Sui.) à 20'28".

20 août : Championnats du monde sur route - 1. Van Steenbergen (Bel.); 2. Kübler (Sui.) m.t.; 3. Coppi (It.) m.t.

Championnats du monde sur piste. Vitesse : Harris (G.-B.). Poursuite : Coppi (It.). Demi-fond : Frosio (It.).

3 septembre : Critérium des As - 1. Bobet (Fr.); 2. Coppi (It.) à 41"; 3. Van Est (P.-B.) à 51".

18-25 septembre : Tour de Catalogne - Classement final : 1. Rol (Fr.) ; 2. Poblet (Esp.) et Desbats (Fr.) à 4'46".

19 septembre : Grand Prix des nations - 1. Coste (Fr.); 2. Van Est (P.-B.) à 14"; 3. Blomme (Bel.) à 18".

23 octobre : Tour de Lombardie - 1. Coppi (It.); 2. Kübler (Sui.) à 2'52"; 3. Logli (It.) m.t.

1950

4 mars : Championnats du monde de cross cyclo-pédestre (à Paris) - 1. Robic (Fr.); 2. Rondeaux (Fr.) m.t.; 3. Jodet (Fr.) à 1'56".

5 mars : Het Volk - 1. De Clerck (Bel.); 2. Meersman (Bel.) m.t.; 3. Schotte (Bel.) m.t.

18 mars : Milan-San Remo - 1. Bartali (It.); 2. Logli (It.) m.t.; 3. Conte (It.).

22 mars : La paire Schulte-Peters (P.-B.) s'impose aux Six Jours de Paris.

26 mars : Gand-Wevelgem - 1. Schotte (Bel.); 2. Decin (Bel.) à 2'04"; 3. De Clerck (Bel.) m.t.

Avril : Tour d'Espagne - Classement final : 1. E. Rodriguez (Esp.); 2. M. Rodriguez (Esp.) à 5'30"; 3. Serra (Esp.) à 6'06".

2 avril : Tour des Flandres - 1. Magni (It.); 2. Schotte (Bel.) à 1'10"; 3. Caput (Fr.) m.t.

9 avril : Paris-Roubaix - 1. Coppi (It.); 2. Diot (Fr.) à 2'31"; 3. Magni (It.) à 5'24".

16 avril : Paris-Bruxelles - 1. Van Steenbergen (Bel.); 2. Lapébie (Fr.) m.t.; 3. De Baere (Bel.) m.t.

20-22 avril : Rome-Naples-Rome - Classement final : 1. Robic (Fr.); 2. Coppi (It.) à 8"; 3. Bobet (Fr.) à 3'17". Épreuve courue derrière Lambretta, fameux scooter italien.

23 avril : Liège-Bastogne-Liège - 1. Depredomme (Bel.); 2. Bogaerts (Bel.) m.t.; 3. Van Dyck (Bel.) m.t.

30 avril : La Polymultipliée à Chanteloup -1. Géminiani (Fr.); 2. Ernzer (Fr.) à 6"; 3. Molineris (Fr.) à 13".

1er mai : Flèche Wallonne - 1. Coppi (It.); 2. Impanis (Bel.) à 5'; 3. Storms (Bel.) m.t.

7 mai : Championnat de Zurich - 1. Schär (Sui.); 2. Kubler (Sui.); 3. Keteleer (Bel.) m.t.

7 mai : Paris-Tours - 1. Mahé (Fr.); 2. Caffi (Fr.) à 8"; 3. Lapébie (Fr.) m.t.

14 mai : Grand Prix du Pneumatique - 1. Molineris (Fr.); 2. Brambilla (Fr.) à 49"; 3. Desbats (Fr.) à 1'51".

24 mai-13 juin : Tour d'Italie Le premier Giro remporté par un non Italien : Hugo Koblet double sa victoire d'un triomphe au Tour de Suisse, chez lui.
1re étape Milan-Salsomaggiore : Conte (It.)
2e étape, Salsomaggiore-Florence : Martini (It.)
3e étape, Florence-Livourne : Bizzi (It.)
4e étape, Livourne-Gênes : Bevilacqua (It.)
5e étape, Gênes-Turin : Franchi (It.)
6e étape, Turin-Locarno : Koblet (Sui.)
7e étape, Locarno-Brescia : Maggini (It.)
8e étape, Brescia-Vicenza : Koblet
9e étape, Vicenza-Bolzano : Bartali (It.)
10e étape, Bolzano-Milan : Fazio (It.)
11e étape, Milan-Ferrara : Leoni (It.)
12e étape, Ferrara-Rimini : Bevilacqua
13e étape, Rimini-Arezzo : Maggini (Sui.)
14e étape, Arezzo-Perugia : Schär (Sui.)
15e étape, Perugia-Aquila : Astrua (It.)
16e étape, Aquila-Campobasso : Magni (It.)
17e étape, Campobasso-Naples : Brasola (It.)
18e étape, Naples-Rome : Conte
Classement final : 1. Koblet (Sui.); 2. Bartali (It.) à 5'12"; 3. Martini (It.) à 8'39"; 4. Kübler (Sui.) à 8'43"; 5. Maggini (Sui.) à 10'49".

18-21 mai : Tour de Romandie - Classement final : 1. Fachleitner (Fr.); 2. Koblet (Sui.) à 51"; 3. Piot (Sui.) à 3'40".

4 juin : Bordeaux-Paris - 1. Van Est (P.-B.); 2. Diot (Fr.) à 18'46" 3. Somers (Bel.) m.t.

18 juin : Championnats nationaux - France : 1. Bobet; 2. Rolland à 2'26"; 3. Idée à 3'39". Camille Danguillaume est victime d'une chute trés grave sur l'autodrome de Monthléry. Il décède trois jours plus tard. Belgique : Ramon. Espagne : Gelabert. Italie : Bevilacqua. Pays-Bas : Schulte. Suisse : Kübler.

24 juin-1er juillet : Tour de Suisse - Classement final : 1. Koblet (Sui.); 2. Goldschmidt (Sui.) à 6'09"; 3. Ronconi (It.) à 15'34".

25 juin-2 juillet : Dauphiné-Libéré - Classement final : 1. Lauredi (Fr.); 2. Lazaridès (Fr.) à 9'28"; 3. Diederich à 29'52".

13 juillet-7 août : Tour de France
1re étape, Paris-Metz : Goldschmidt (Lux.)
2e étape, Metz-Liège : Leoni (It.)
3e étape, Liège-Lille : Pasotti (It.)
4e étape, Lille-Rouen : Ockers (Bel.)
5e étape, Rouen-Dinard : Corrieri (It.)
6e étape, Dinard-Saint-Brieuc c.l.m. : Kübler (Sui.)
7e étape, Saint-Brieuc-Angers : Lauredi (Fr.)
8e étape, Angers-Niort : Magni (It.)
9e étape, Niort-Bordeaux : Pasotti (It.)
10e étape, Bordeaux-Pau : Dussault (Fr.)
11e étape, Pau-Saint-Gaudens : Bartali (It.). À la suite d'incidents, les deux équipes italiennes ne prirent pas le départ le lendemain et Fiorenzo Magni abandonna son maillot jaune à Ferdi Kübler.
12e étape, Saint-Gaudens-Perpignan : Blomme (Bel.)
13e étape, Perpignan-Nîmes : Molines (Fr.)
14e étape, Nîmes-Toulon : Dos Reis (Fr.)
15e étape, Toulon-Menton : Diederich (Lux)
16e étape, Menton-Nice : Kübler
17e étape, Nice-Gap : Géminiani (Fr.)
18e étape, Gap-Briançon : Bobet (Fr.)
19e étape, Briançon-Saint-Étienne : Géminiani
20e étape Saint-Étienne-Lyon c.l.m. : Kübler
21e étape Lyon-Dijon : Sciardis (It.)
22e étape Dijon-Paris : Baffert (Fr.)
Classement final : 1. Kübler (Sui.); 2. Ockers (Bel.) à 9'30"; 3. Bobet (Fr.) à 22'19"; 4. Géminiani (Fr.) à 31'14"; 5. Kirchen (Lux.) à 34'21".
Classement de la montagne : 1. Bobet (Fr.); 2. Ockers (Bel.); 3. Robic (Fr.).
Classement internations : 1. Belgique; 2. France; 3. Luxembourg.

20 août : Championnats du monde sur route - 1. Schotte (Bel.); 2. Middelkamp (P.-B.) à 1'01"; 3. Kübler (Sui.) à 1'48".

Championnats du monde sur piste. Vitesse : Harris (G.-B.). Poursuite : Bevilacqua (It.). Demi-fond : Lesueur (Fr.).

17 septembre : Grand Prix des nations - 1. Blomme (Bel.); 2. Berton (Fr.) à 4'19"; 3. Rolland (Fr.) à 6'47".

23 septembre : Critérium des As -1. Bobet (Fr.); 2. Ockers (Bel.) à 1'50"; 3. Varnajo (Fr.) à 2'09".

22 octobre : Tour de Lombardie - 1. Soldani (It.); 2. Bevilacqua (It.) m.t.; 3. Coppi (It.).

25-26 novembre : Bol d'or (Paris) - 1. Magni (It.) ; 2. Valenta (Sui.) ; 3. Le Strat (Fr.).

1951

11 février : Championnat de France de cyclo-cross : Rondeaux.

18 février : Championnats du monde de cross cyclo-pédestre - 1. Rondeaux (Fr.); 2. Dufraisse (Fr.) à 2'01"; 3. Jodet (Fr.) à 3'51".

28 février-6 mars : La paire Bruylandt-Adriaensens remporte les Six Jours de Paris.

13-17 mars : Paris-Côte d'Azur - Classement final : 1. De Cock (Bel.); 2. Teissere (Fr.) à 12"; 3. Piot (Fr.) à 1'30".

19 mars : Milan-San Remo - 1. Bobet (Fr.); 2. Barbotin (Fr.) m.t.; 3. Petrucci (It.) à 3'19".

25 mars : Critérium national - 1. Bobet (Fr.); 2. Barbotin (Fr.) à 53"; 3. Desbats (Fr.) à 1'23".

31 mars : Tour des Flandres - 1. Magni (It.); 2. Gauthier (Fr.) à 5'35"; 3. Redolfi (Fr.) à 10'32".

8 avril : Paris-Roubaix - 1. Bevilacqua (It.) ; 2. Bobet (Fr.) à 1'30" ; 3. Van Steenbergen (Bel.) m.t.

13-15 avril : Rome-Naples-Rome - Classement final : 1. Kübler (Sui.) ; 2. De Santi (It.) à 3'19" ; 3. Logli (It.) à 5'50".

15 avril : Paris-Bruxelles - 1. Gueguen (Fr.); 2. Gauthier (Fr.) à 16"; 3. Baldassari (Fr.) à 31".

21 avril : Flèche Wallonne - 1. Kübler (Sui.) ; 2. Bartali (It.) m.t. ; 3. Robic (Fr.) m.t.

22 avril : Liège-Bastogne-Liège - 1. Kübler (Sui.) ; 2. De Rijcke (Bel.) m.t. ; 3. Wagtmans (P.-B.) à 21".

3 mai : Circuit du Midi-Libre - 1. Géminiani (Fr.) ; 2. Buchonnet (Fr.) m.t. ; 3. Gelabert (Fr.) m.t.

3-6 mai :Tour de Romandie - Classement final : 1. Kübler (Sui.) ; 2. Koblet (Sui.) à 2'54" ; 3. Schär (Sui.) m.t.

6 mai : La Polymultipliée - 1. Géminiani (Fr.) ; 2. Wagtmans (P.-B.) à 2" ; 3. Buchonnet (Fr.) à 5".

8-13 mai : Tour du Sud-Est - Classement final : 1. Bonnaventure (Fr.) ; 2. Robic (Fr.) à 2'36" ; 3. Teisseire (Fr.) m.t.

19 mai-10 juin : Tour d'Italie
1re étape, Milan-Turin : Van Steenbergen (Bel.)
2e étape, Turin-Alassio : Bevilacqua (It.)
3e étape, Alassio-Gênes : Falzoni (It.)
4e étape, Gênes-Florence : De Santi (It.)
5e étape, Florence-Pérouse : Giudici (It.)
6e étape, Pérouse-Terni c.l.m. : Coppi (It.)
7e étape, Terni-Rome : Menon (It.)
8e étape, Rome-Naples : Casola (It.)
9e étape, Naples-Foggia : Corrieri (It.)
10e étape, Foggia-Pescara : Minardi (It.)
11e étape, Pescara-Rimini : Biagioni (It.)
12e étape, Rimini-Saint-Marin c.l.m. : Astrua (It.)
13e étape, Saint-Marin-Bologne : Maggini (It.)
14e étape, Bologne-Brescia : Leoni (It.)
15e étape, Brescia-Venise : Van Steenbergen (Bel.)
16e étape, Venise-Trieste : Frosini (It.)
17e étape, Trieste-Cortina d'Ampezzo : Bobet (Fr.)
18e étape, Cortina-Bolzano : Coppi
19e étape, Bolzano-Saint-Moritz : Koblet (Sui.)
20e étape, Saint-Moritz-Milan : Bevilacqua (It.)
Classement final : 1. Magni (It.) ; 2. Van Steenbergen (Bel.) à 1'46" ; 3. Kübler (Sui.) à 2'36" ; 4. Coppi (It.) à 4'04" ; 5. Astrua (It.) à 4'07".

16-20 mai : Tour de Belgique - Classement final : 1. Mathys (Bel.); 2. Demulder (Bel.) à 28"; 3. Braeckeveldt (Bel.) m.t.

20 mai : Grand Prix du Pneumatique - 1. Sciardis (It.) ; 2. Renaud (Fr.) à 14" ; 3. Sforacchi (Fr.) m.t.

27 mai : Bordeaux-Paris - 1. Gauthier (Fr.) ; 2. Van Est (P.-B.) à 4'08" ; 3. Diot (Fr.) à 5'50".

3 juin : Boucles de la Seine - 1. Redolfi (Fr.) ; 2. Cieleska (Fr.) m.t. ; 3. Guiget (Fr.) m.t.

10-17 juin : Dauphiné-Libéré - Étapes remportées par Redolfi (Fr.), De Mulder (Bel.), Goasmat (Fr.), L. Lazaridès (Fr.), De Rijcke (Bel.), Lauredi (It.), Pezzuli (It.), Géminiani (Fr.). Classement final : 1. Lauredi (It.) ; 2. Rolland (Fr.) à 5'16" ; 3. L. Lazaridès (Fr.) à 19'14'".

15-23 juin : Tour de Suisse - Étapes gagnées par Martini (It.), Kübler (Sui.), Koblet (Sui.), Goldschmit (Lux.), Kübler, Rossi (It.), Rossello (It.), Koblet, Goldschmit. Classement final : 1. Kübler (Sui.) ; 2. Koblet (Sui.) à 4'15" ; 3. Martini (It.) à 14'28".

24 juin : Championnats nationaux : France - 1. Bobet ; 2. Barbotin ; 3. Buchonnet. Italie - Magni. Belgique - Anthonis. Suisse - Kübler. Allemagne - Hormann. Hollande - Dekkers.

29 juin : Serse Coppi, le frère de Fausto, se tue au cours du Tour du Piémont.

4-29 juillet : Tour de France
1re étape, Metz-Reims : Rossi (Sui.)
2e étape, Reims-Gand : Diederich (Lux.)
3e étape, Gand-Le Tréport : Meunier (Fr.)
4e étape, Le Tréport-Paris : Lévêque (Fr.)
5e étape, Paris-Caen : Biagioni (It.)
6e étape, Caen-Rennes : Müller (Fr.)
7e étape, Rennes-Angers c.l.m. : Koblet (Sui.)
8e étape, Angers-Limoges : Rossel (Bel.)
9e étape, Limoges-Clermont-Ferrand : Géminiani (Fr.)
10e étape, Clermont-Ferrand-Brive : Ruiz (Esp.)
11e étape, Brive-Agen : Koblet
12e étape, Agen-Dax : Van Est (P.-B.)
13e étape, Dax-Tarbes : Biagioni (It.)
14e étape, Tarbes-Luchon : Koblet
15e étape, Luchon-Carcassonne : Rosseel (Bel.)
16e étape, Carcassonne-Montpellier : Koblet
17e étape, Montpellier-Avignon : Bobet (Fr.)
18e étape, Avignon-Marseille : Magni (It.)
19e étape, Marseille-Gap : Baeyens (Bel.)
20e étape, Gap-Briançon : Coppi (It.)
21e étape, Briançon-Aix-les-Bains : Ruiz
22e étape, Aix-les-Bains-Genève c.l.m. : Koblet
23e étape, Genève-Dijon : Derijcke (Bel.)
24e étape, Dijon-Paris : Deledda (Fr.)
Classement final : 1. Koblet (Sui.) ; 2. Géminiani (Fr.) à 22' ; 3. L. Lazaridès (Fr.) à 24'16" ; 4. Bartali (It.) à 29'09" ; 5. Ockers (Bel.) à 32'53".
Classement de la montagne : 1. Géminiani (Fr.) ; 2. Bartali (It.) ; 3. Coppi (It.).
Classement internations : 1. France ; 2. Belgique ; 3. Italie.

6-15 août : Tour de l'Ouest - Classement final : 1. Van Steenbergen (Bel.) ; 2. Audaire (Fr.) à 44" ; 3. Van de Kerkhove (Bel.) à 46".

25-29 août : Championnats du monde sur piste. Vitesse : Harris (G.-B.). Poursuite : Bevilacqua (It.). Demi-fond : Pronk (P.-B.).

2 septembre : Championnats du monde sur route - 1. Kübler (Sui.) ; 2. Magni (It.) m.t. ; 3. Bevilacqua (It.) m.t.

8 septembre : Critérium des As - 1. Koblet (Sui.) ; 2. Van Steenbergen (Bel.) m.t. ; 3. Bobet (Fr.) m.t.

8-9 septembre : Paris-Brest-Paris - 1. Diot (Fr.); 2. Muller (Fr.) m.t.; 3. Hendrickx (Bel.) à 9'11".

14-28 septembre : Tour de Catalogne - Classement final : 1. Volpi (It.); 2. Massip (Esp.); Rodriguez (Esp.).

16 septembre : Grand Prix des nations - 1. Koblet (Sui.) ; 2. Coppi (It.) à 1'42" ; 3. Berton (Fr.) à 2'07". Hugo Koblet est le premier Suisse à remporter l'épreuve pour sa vingtième édition.

21 septembre-5 octobre : Tour d'Allemagne - Classement final : 1. De Santi (It.) ; 2. Schär (Sui.) à 3'03" ; 3. Impanis (Fr.) à 6'10".

21 octobre : Tour de Lombardie - 1. Bobet (Fr.) ; 2. Minardi (It.) m.t. ; 3. Coppi (It.) m.t.

1er novembre : Trophée Baracchi. Route : Magni-Minardi. Tour de Piste : Bartali-Kübler. Poursuite : Coppi-Van Est. Classement final : Magni-Minardi.

1952

17 février : Championnat de France de cyclo-cross : Rondeaux.

24 février : Championnats du monde de cyclo-cross : 1. Rondeaux (Fr.) ; 2. Dufraisse (Fr.) à 2'04" ; 3. Meier (Sui.) à 2'52".

9 mars : Het Volk -1. Sterckx (Bel.) ; 2. Impanis (Bel.) m.t. ; 3. Declerck (Bel.) m.t.

12 mars : Les Belges Van Steenbergen et Bruneel remportent les Six Jours de Paris.

19 mars : Milan-San Remo - 1. Petrucci (It.) ; 2. Minardi (It.) m.t. ; 3. Blusson (Fr.) m.t.

25-30 mars : Paris-Côte d'Azur-Classement final : 1. Bobet (Fr.) ; 2. Zampini (It.) à 3'18" ; 3. Impanis (Bel.) à 4'52".

3 avril : Gand-Wevelgem - 1. Impanis (Bel.) ; 2. Blomme (Bel.) m.t. ; 3. De Hertog (Bel.) m.t.

5 avril : Tour des Flandres - 1. Decock (Bel.) ; 2. Petrucci (It.) m.t. ; 3. Schotte (Bel.) m.t.

12 avril : Paris-Roubaix - 1. Van Steenbergen (Bel.) ; 2. Coppi (It.) m.t. ; 3. Mahé (Fr.) à 11".

17-20 avril : Rome-Naples-Rome - Classement final : 1. Magni (It.) ; 2. Ockers (Bel.) à 18" ; 3. Robic (Fr.) à 1'12".

17-20 avril : Tour de Romandie - Classement final : 1. Wagtmans (P.-B.) ; 2. Koblet (Sui.) à 1'49" ; 3. Impanis (Bel.) m. t.

26 avril : Paris-Bruxelles - 1. Schotte (Bel.) ; 2. Dussault (Fr.) à 10" ; 3. De Corte (Bel.) m.t.

1er mai : Tour d'Émilie - 1. Bartali (It.) ; 2. Minardi (It.) m.t. ; 3. Coppi (It.) m.t.

3 mai : Polymultipliée à Chanteloup - 1. Robic (Fr.) ; 2. Wagtmans (P.-B.) à 3" ; 3. Martinez (Fr.) à 6".

10 mai : Flèche Wallonne - 1. Kübler (Sui.) ; 2. Ockers (Bel.) m.t. ; 3. Impanis (Bel.) m.t.

11 mai : Liège-Bastogne-Liège - 1. Kübler (Sui.) ; 2. Van de Kerkhove (Bel.) m.t. ; 3. Robic (Fr.) à 15".

17 mai : Grand Prix du Pneumatique - 1. Diot (Fr.) ; 2. Robic (Fr.) m.t. ; 3. Dussault (Fr.) m.t.

17 mai-8 juin : Tour d'Italie
1re étape, Milan-Bologne : Albani (It.)
2e étape, Bologne-Montecatini : Conterno (It.)
3e étape, Montecatini-Sienne : Bevilacqua (It.)
4e étape, Sienne-Rome : Keteleer (Bel.)
5e étape, Rome-Rocca di Papa c.l.m. : Coppi (It.)
6e étape, Rome-Naples : Van Steenbergen (Bel.)
7e étape, Naples-Roccaraso : Albani
8e étape, Roccaraso-Ancône : Benedetti (It.)
9e étape, Ancône-Riccione : Van Steenbergen
10e étape, Riccione-Venise : Van Steenbergen
11e étape, Venise-Bolzano : Coppi
12e étape, Bolzano-Bergame : Conte (It.)
13e étape, Bergame-Côme : Pasotti (It.)
14e étape, Côme-Côme c.l.m. : Coppi
15e étape, Côme-Gênes : Minardi (It.)
16e étape, Gênes-San Remo : Brasola (It.)
17e étape, San Remo-Cuneo : De Fillipis (It.)
18e étape, Cuneo-Saint-Vincent : Fornara (It.)
19e étape, Saint-Vincent-Verbania : Schär (Sui.)
20e étape, : Verbania-Milan : Bevilacqua
Classement final : 1. Coppi (It.) ; 2. Magni (It.) à 9'18" ; 3. Kübler

(Sui.) à 9'24"; 4. Zampini (It.) à 10'29"; 5. Bartali (It.) à 10'33".

20-25 mai : Tour de Belgique - Classement final : 1. Van de Kerckhove (Bel.); 2. Demulder (Bel.) à 2'56"; 3. Vermeersch (Bel.) à 3'50".

25 mai : Bordeaux-Paris - 1. Van Est (P.-B.); 2. Diot (Fr.) à 2'57"; 3. Gueguen (Fr.) à 4'19".

1er-8 juin : Critérium du Dauphiné - Classement final : 1. Dotto (Fr.); 2. Lauredi (Fr.) à 51"; 3. Le Guilly (Fr.) à 7'57".

14-21 juin : Tour de Suisse - Étapes remportées par Keteleer (Bel.), Schär (Sui.), Diggelmann (Sui.), Goldschmit (Lux.), Fornara (It.), Kübler (Sui.), Fornara, Croci-Torti (It.). Classement final : 1. Fornara (It.); 2. Kübler (Sui.) à 4'57"; 3. Clerici à 6'56".

15 juin : Hans Dekkers est sacré champion de Hollande.

▸ 25 juin-19 juillet : Tour de France
1re étape, Brest-Rennes : Van Steenbergen (Bel.)
2e étape, Rennes-Le Mans : Rosseel (Bel.)
3e étape, Le Mans-Rouen : Lauredi (Fr.)
4e étape, Rouen-Roubaix : Molineris (Fr.)
5e étape, Roubaix-Namur : Diederich (Lux.)
6e étape, Namur-Metz : Magni (It.)
7e étape, Metz-Nancy c.l.m. : Coppi (It.)
8e étape, Nancy-Mulhouse : Géminiani (Fr.)
9e étape, Mulhouse-Lausanne : Diggelmann (Sui.)
10e étape, Lausanne-Alpe-d'Huez : Coppi
11e étape, Bourg-d'Oisans-Sestrières : Coppi
12e étape, Sestrières-Monaco : Nolten (P.-B)
13e étape, Monaco-Aix-en-Provence : Rémy (Fr.)
14e étape, Aix-en-Provence-Avignon : Robic (Fr.)
15e étape, Avignon-Perpignan : Decaux (Fr.)
16e étape, Perpignan-Toulouse : Rosseel (Bel.)
17e étape, Toulouse-Bagnères-de-Bigorre : Géminiani
18e étape, Bagnères-de-Bigorre-Pau : Coppi
19e étape, Pau-Bordeaux : Dekkers (P.-B.)
20e étape, Bordeaux-Limoges : Vivier (Fr.)
21e étape, Limoges-Clermont-Ferrand : Coppi
22e étape, Clermont-Ferrand-Vichy : Magni
23e étape, Vichy-Paris : Rolland (Fr.)
Classement final : 1. Coppi (It.); 2. Ockers (Bel.) à 28'17"; 3. Ruiz (Esp.) à 34'38"; 4. Bartali (It.) à 35'25"; 5. Robic (Fr.) à 35'36".
Classement de la montagne : 1. Coppi (It.); 2. Gelabert (Esp.); 3. Robic (Fr.).
Classement par équipes : 1. Italie; 2. France; 3. Belgique.

2 août : L'amateur belge André Noyelle remporte l'épreuve olympique sur route, à Helsinki.

3 août : Championnats nationaux. France - 1. Deledda; 2. Baldassari m.t.; 3. Gauthier m.t. Belgique - Schils. Espagne - Trobat. Italie (aux points sur la saison, cinq courses) - Bartali. Suisse - Weilenmann

6-19 août : Tour d'Allemagne - Classement final : 1. De Rijck (Bel.); 2. De Mulder (Bel.) à 4'04"; 3. Impanis (Bel.) à 25'53".

22 août : Le Tour d'Angleterre, qui dure deux semaines, débute dans « l'illégalité ». L'organisateur, la British League of Road Cycle, n'est pas reconnue par l'Union cycliste internationale. Le Britannique Ken Russel remporte l'épreuve, courue par des *outlaws*.

24 août :Championnats du monde sur route - 1. Müller (All.); 2. Weilenmann (Sui.) m.t. 3. Hörmann (All.) m.t. Première victoire allemande au palmarès sur un circuit trop peu sélectif.

27-31 août : Championnats du monde sur piste (Parc des Princes, Paris). Vitesse : Plattner (Sui.). Poursuite : Patterson (G.-B.). Demi-fond : Verschueren (Bel.).

7-14 septembre : Tour de Catalogne - Classement final : 1. Poblet (Esp.); 2. Grosso (Esp.) à 1'44"; 3. Serra (Esp.) à 5'58".

▸ 20 septembre : Grand Prix des nations - 1. Bobet (Fr.); 2. Blomme (Bel.) à 42"; 3. Marrec (Fr.) à 3'02".

5 octobre : Paris-Tours - 1. Gueguen (Fr.); 2. Schotte (Bel.) m.t.; 3. Caput (It.) m.t.

19 octobre : Grand Prix Vanini (c.l.m.) - 1. Coppi (It.); 2. Astrua (It.) à 3'47"; 3. Bobet (Fr.) à 3'58".

27 octobre : Tour de Lombardie - 1. Minardi (It.); 2. De Fillipis (It.) m.t.; 3. Padovan (It.) m.t.

8-16 novembre : Grand Prix de la Méditerranée - Classement final : 1. Coppi (It.); 2. Magni (It.) à 6'32"; 3. Minardi (It.) à 9'12".

25 novembre-13 décembre : Tour d'Argentine - Classement final : 1. Van Steenbergen (Bel.); 2. Ockers (Bel.) à 2'; 3. Sevillano (Arg.) à 40'16".

1953

26 février-4 mars : Six Jours de Paris - Victoire de Schulte et Peters (P.-B.).

1er mars : Championnat de France de cyclo-cross : Rondeaux.

▸ 7 mars : Championnats du monde de cyclo-cross - 1. Rondeaux (Fr.); 2. Bauvin (Fr.) à 55"; 3. Dufraisse (Fr.) à 2'.

12-15 mars : Paris-Côte d'Azur - Classement final : 1. Munch (Belg.) ; 2. Walkowiak (Fr.) à 3'18"; 3. Bertaz (Fr.) à 3'21".

19 mars : Milan-San Remo - 1. Petrucci (It.); 2. Minardi (It.) m.t.; 3. Ollivier (Fr.) m.t.

29 mars : Gand-Wevelgem - 1. Impanis (Bel.); 2. Van Est (P.-B.) à 1'20"; 3. Derijcke (Bel.) à 2'30".

29 mars : Critérium national - 1. Desbats (Fr.) ; 2. Dupont (Fr.) m.t.; 3. Loof (Fr.) m.t.

5 avril : Tour des Flandres - 1. Van Est (P.-B.); 2. Keteleer (Bel.) m.t.; 3. Gauthier (Fr.) à 45".

7 avril : Paris-Camembert - 1. Gueguen (Fr.); 2. Guérinel (Fr.) m.t.; 3. Bauvin (Fr.) m.t.

12 avril : Paris-Roubaix - 1. Derijcke (Bel.); 2. Piazza (It.) m.t.; 3. Wagtmans (P.-B.) m.t.

19 avril : Tour du Piémont - 1. Magni (It.); 2. Petrucci (It.) m.t.; 3. Albani (It.) m.t.

22-26 avril : Rome-Naples-Rome - Classement final : 1. Magni (It.); 2. Ockers (Bel.) à 30"; 3. Monti (It.) 4'21".

26 avril : Paris-Bruxelles - 1. Petrucci (It.); 2. Schotte (Bel.); 3. Anthonis (Fr.) m.t.

1er mai : Tour de l'Émilie - 1. Bartali (It.); 2. Astrua (It.) m.t.; 3. Sartini (It.) m.t.

2 mai : Flèche Wallonne - 1. Ockers (Bel.); 2. Kübler (Sui.) à 44"; 3. Petrucci (It.) m.t.

3 mai : Liège-Bastogne-Liège - 1. De Hertog (Bel.); 2. Diot (Fr.) à 5'03"; Rémy (Fr.) m.t.

7-10 mai : Tour de Romandie - Classement final : 1. Koblet (Sui.); 2. Fornara (It.) à 6'05"; 3. Bobet (Fr.) à 6'47".

10 mai : Gerrit Schulte remporte le championnat de Hollande; Gauthier s'impose dans le Grand Prix du Pneumatique.

12 mai-2 juin : Tour d'Italie
1re étape, Milan-Abamo Terme : Van Est (P.-B.)
2e étape, Abamo Terme-Rimini : Fornara (It.)
3e étape, Rimini-San Benedetto Tronto : Crespi (It.)
4e étape, San Benedetto Tronto-Roccaraso : Coppi (It.)
5e étape, Roccaraso-Naples : Milano (It.)
6e étape, Naples-Rome : Minardi (It.)
7e étape, Rome-Follonica : Corrieri (It.) et Koblet (Sui.) c.l.m.
8e étape, Follonica-Pise : Van Steenbergen (Bel.)
9e étape, Pise-Modène : Magni (It.)
10e étape, Modène-Modène c.l.m. par équipes : Bianchi
11e étape, Modène-Gênes : Albani (It.)
12e étape, Gênes-Bordighera : Conte (It.)
13e étape, Bordighera-Turin : Giudici (It.)
14e étape, Turin-San Pellegrino : Assirelli (It.)
15e étape, San Pellegrino-Riva : Magni
16e étape, Riva-Vicenza : Monti (It.)
17e étape, Vicenza-Aurenzo : Monti
18e étape, Auronzo-Bolzano : Coppi
19e étape, Bolzano-Bormio : Coppi
20e étape, Bormio-Milan : Magni
Classement final : 1. Coppi (It.); 2. Koblet (Sui.) à 1'29". 3. Fornara (It.) à 6'55"; 4. Bartali (It.) à 14'08"; 5. Conterno (It.) à 20'51".

13-17 mai : Tour de Belgique - Classement final : 1. Rondele (Bel.); 2. Schotte (Bel.) à 1'55"; 3 Cerami (It.) à 2'5".

14 mai : Nardi remporte le Midi-Libre; Audaire s'impose dans les Boucles de la Seine.

▸ 7-14 juin : Critérium du Dauphiné - Étapes remportées par Hassendorfer (Fr.); Gitane, Teisseire (Fr.), Géminiani (Fr.), A. Rolland (Fr.), Teisseire (Fr.), Bianchi (It.), Roux (Fr.).Classement final : 1. Teisseire (Fr.); 2. Gaul (Lux.) à 4'59"; 3. Robic (Fr.) à 5'32".

17-24 juin : Tour de Suisse - Étapes remportées par Schär (Sui.), Vandervoorden (Bel.), Koblet (Sui.), Pasotti (It.), Metzger (Sui.), Koblet. Classement final : 1. Koblet (Sui.); 2. Schär (Sui.) à 18'40"; 3. Barozzi à 23'20"(It.).

21 juin : Championnats nationaux. France (Coupe Marcel Vergeat) - 1. Géminiani; 2. Rolland à 30"; 3. Bobet à 4'38". Belgique - Van Steenkiste.

22 juin : Paris-Bourges - 1. Varnajo (Fr.); 2. Darrigade (Fr.) m.t.; 3. Molineris (Fr.) m.t.

3-26 juillet : Tour de France
Une reconstitution du premier Tour a lieu quelques jours avant le départ de Strasbourg, à l'occasion de cette édition du Cinquantenaire. Maurice Garin, vainqueur en 1903, préside les festivités. La direction de la course organise à cette occasion un classement par points, appelé Grand Prix du Cinquantenaire.
1re étape, Strasbourg-Metz : Schär (Sui.)
2e étape, Metz-Liège : Schär (Sui.)
3e étape, Liège-Lille : Bobet (Fr.)
4e étape, Lille-Dieppe : Voorting (P.-B.)
5e étape, Dieppe-Caen : Mallejac (Fr.)
6e étape, Caen-Le Mans : Van Geneugden (Bel.)
7e étape, Le Mans-Nantes : Isotti (It.)
8e étape, Nantes-Bordeaux : Nolten (P.-B.)
9e étape, Bordeaux-Pau : Magni (It.)
10e étape, Pau-Cauterets : Lorono (Esp.)
11e étape, Cauterets-Luchon : Robic (Fr.)
12e étape, Luchon-Albi : Darrigade (Fr.)
13e étape, Albi-Béziers : Lauredi (Fr.)
14e étape, Béziers-Nîmes : Quennehen (Fr.)
15e étape, Nîmes-Marseille : Quentin (Fr.)

16e étape, Marseille-Monaco : Van Est (P.-B.)
17e étape, Monaco-Gap : Wagtmans (P.-B.)
18e étape, Gap-Briançon : Bobet (Fr.)
19e étape, Briançon-Lyon : Meunier (Fr.)
20e étape, Lyon-Saibt-Étienne c.l.m. : Bobet
21e étape, Saint-Étienne-Montluçon : Wagtmans
22e étape, Montluçon-Paris : Magni
Classement final : 1. Bobet (Fr.) ; 2. Mallejac (Fr.) à 14'18" ; 3. Astrua (It.) à 15'01" ; 4. Close (Bel.) à 17'35" ; 5. Wagtmans (P.-B.) à 18'05".
Classement par points : 1. Schär (Sui.) ; 2. Magni (It.) ; 3. Géminiani (Fr.).
Classement de la montagne : 1. Lorono (Esp.) ; 2. Bobet (Fr.) ; 3. Mirando (Fr).
Classement par équipes : 1. Pays-Bas; 2. France ; 3. Nord-Est-Centre.

31 juillet-2 août : Tour de la Manche - Classement final : 1. Anquetil (Fr.) ; 2. Redolfi (Fr.) à 2'21" ; Stablinski (Fr.) à 2'26".

2 août : Championnats nationaux. Suisse - Schär. Espagne - Massip. Italie (classement par points) - Magni.

22-27 août : Championnats du monde sur piste. Vitesse : Van Vliet (P.-B.). Poursuite : Patterson (Aus.). Demi-fond : Verschueren (Bel.).

29 août : Championnats du monde sur route : - 1. Coppi (It.) ; 2. Derycke (Bel.) à 6'22" ; 3. Ockers (Bel.) à 7'29". La dernière victoire italienne remontait à 1932 (Alfredo Binda).

5 septembre : Critérium des As - 1. Bobet (Fr.) ; 2. Ockers (Bel.) m.t. ; 3. Kübler (Sui.) m.t.

6-13 septembre : Tour de Catalogne - Classement final : 1. Botella (Esp.); 2. Massip (Esp.) à 2'56"; 3. Serra (Esp.) à 3'26".

19 septembre : Bordeaux-Paris - 1. Kübler (Sui.) ; 2. Van Est (P.-B.) à 5" ; 3. De Santi (It.) à 4'28".

29 septembre : Grand Prix des nations - 1. Anquetil (Fr.) ; 2. Creton (Fr.) à 6'41" ; 3. Coletto (It.) à 7'45".

4 octobre : Paris-Tours - 1. Schils (Bel.) ; 2. Kübler (Sui.) à 12" ; 3. Gilles (Fr.) m.t.

18 octobre : Grand Prix Vanini (c.l.m.) - 1. Anquetil (Fr.) ; 2. Fornara (It.) à 1'28" ; 3. Kübler (Sui.) à 2'10".

25 octobre : Tour de Lombardie - 1. Landi (It.) ; 2. Cerami (It.) m.t. ; 3. Molineris (Fr.) m.t.

4 novembre : Trophée Baracchi - 1. Coppi (It.), Filippi (It.) ; 2. Anquetil (Fr.), Rolland (Fr.) à 5'44" ; 3. Astrua (It.), De Fillipis (It.) à 6'05".

1954

21 février : Championnat de France de cyclo-cross : Rondeaux.

28 février : Championnats du monde de cyclo-cross - 1. Dufraisse (Fr.) ; 2. Jodet (Fr.) à 44" ; 3. Bieri (Sui.) à 56".

10-14 mars : Paris-Nice - Classement final : 1. Impanis (Bel.); 2. Lauredi (Fr.)) 1'2"; 3. Anastasi (Fr.) à 1'37".

14 mars : Het Volk - 1. De Baere (Bel.) ; 2. De Corte (Bel.) m.t. ; 3. De Valck (Bel.) m.t.

19 mars : Milan-San Remo - 1. Van Steenbergen (Bel.) ; 2. Anastasi (Fr.) m.t. ; 3. Favero (It.) m.t.

28 mars : Critérium national - 1. Hassendorfer ; 2. Rémy à 18" ; 3. Gauthier m.t.

28 mars : Gand-Wevelgem - 1. Graf (Sui.) ; 2. Kübler (Sui.) à 25" ; 3. Sterckx (Bel.) m.t.

4 avril : Tour des Flandres - 1. Impanis (Bel.) ; 2. F. Mahé (Fr.) m.t. ; 3. Vandenbrande (Bel.) à 20". Coppi (It.) s'impose dans le Tour de Campanie.

7 avril : Les Six Jours de Paris sont remportés par la paire Godeau-Sentffleben.

11 avril : Paris-Roubaix - 1. Impanis (Bel.) ; 2. Ockers (Bel.) à 6" ; 3. Ryckaert (Bel.) m.t.

25 avril : Paris-Bruxelles - 1. Hendrickx (Bel.) ; 2. Derycke (Bel.) à 2" ; 3. Kübler (Sui.) m.t. Koblet (Sui.) remporte le championnat de Zurich.

29 avril-2 mai : Rome-Naples-Rome - Classement final : 1. Monti (It.) ; 2. Coppi (It.) à 16" ; 3. Van Steenbergen (Bel.) à 2'49".

1er mai : La Polymultipliée à Chanteloup - 1. Van Genechten (Bel.) ; 2. Robic (Fr.) à 5" ; 3. Canavèse (Fr.) à 7".

8 mai : Flèche Wallonne - 1. Derycke (Bel.) ; 2. Kübler (Sui.) déclassé ; 3. De Valck (Bel.) m.t.

9 mai : Liège-Bastogne-Liège - 1. Ernzer (Lux.) ; 2. Impanis (Bel.) à 2'40" ; 3. Kübler (Sui.) à 3'51".

16 mai : Grand Prix du Pneumatique - 1. Darrigade (Fr.) 2. Derycke (Bel.) m.t. ; 3. Bobet (Fr.) m.t. Adrien Voorting remporte le championnat de Hollande.

13-16 mai : Tour de Romandie - Classement final : 1. Forestier (Fr.) ; 2. Fornara (It.) à 2'12" ; 3. Clerici (It.) à 2'50".

21 mai-13 juin : Tour d'Italie
1re étape, Palerme-Palerme (c.l.m. par équipes) : 1. Bianchi (Coppi, Gismondi, Filippi, Gagerro)
2e étape, Palerme-Taormina : Minardi (It.)
3e étape, Reggio Calabria-Catanzaro : De Fillipis (It.)
4e étape, Catanzaro-Bari : Conterno (It.)
5e étape, Bari-Naples : Van Steenbergen (Bel.)
6e étape, Naples-L'Aquila : Clerici (Sui.)
7e étape, L'Aquila-Rome : Albani (It.)
8e étape, Rome-Chianciano : Pettinati (It.)
9e étape, Chianciano-Florence : Corrieri (It.)
10e étape, Florence-Cesenatico : Giudici (It.)
11e étape, Cesenatico-Abetone : Gianneschi (It.)
12e étape, Abetone-Gênes : Couvreur (Bel.)
13e étape, Gênes-Turin : Wagtmans (P.-B.)
14e étape, Turin-Brescia : Brasola (It.)
15e étape, Salo-Gordone-Riva del Garda c.l.m. : Koblet (Sui.)
16e étape, Riva del Garda-Abano Terme : Van Steebergen
17e étape, Albano Terme-Padoue : Van Steenbergen
18e étape, Padoue-Grado : Grosso (It.)
19e étape, Grado-San Martino di Castrozza : Wagtmans
20e étape, San Martino di Castrozza-Bolzano : Coppi
21e étape, Bolzano-Saint-Moritz : Koblet (Sui.)
22e étape, Saint-Moritz-Milan : Van Steenbergen
Classement final : 1. Clerici (Sui.) ; 2. Koblet (Sui.) à 24'16" ; 3. Assirelli (It.) 26'28" ; 4. Coppi (It.) à 31'17" ; 5. Astrua (It.) à 33'09".

23 mai : Boucles de la Seine - 1. Varnajo (Fr.) ; 2. Cielezka (Fr.) à 1'04" ; 3. Telotte (Fr.) à 1'06".

26-30 mai : Tour de Belgique - Classement final : 1. Van Kerckhove (Bel.); 2. Van Looy (Bel.) à 12"; 3. Henrickx (Bel.) à 3'42".

12-20 juin : Critérium du Dauphiné - Étapes remportées par : Gauthier (Fr.), Privat (Fr.), Eq. Bernard Gauthier, Schmitz (Lux.), Van Geneugden (Bel.), De Smet (Bel.), Gaul (Lux.), Bobet (Fr.), Gauthier (Fr.). Classement final : 1. Lauredi (Fr.) ; 2. Schmitz (Lux.) à 4'11" ; 3. Molineris (Fr.) à 6'50".

27 juin : Championnats nationaux. France - 1. Dupont; 2. Varnajo à 15" ; 3. Molineris m.t. Belgique - Van Steenbergen. Espagne - Rodriguez . Italie : Magni (aux points sur la saison). Suisse - Kübler.

8 juillet-1er août : Tour de France
L'équipe italienne est absente de l'épreuve.
1re étape, Amsterdam-Brasschaat : Wagtmans (P.-B.)
2e étape, Beveren-Waas-Lille : Bobet (Fr.)
3e étape, Lille-Rouen : Dussault (Fr.)
4e étape, Rouen-Caen : Van Est (P.-B.)
5e étape, Caen-Saint-Brieuc : Kübler (Sui.)
6e étape, Saint-Brieuc-Brest : Forlini (Fr.)
7e étape, Brest-Vannes : Vivier (Fr.)
8e étape, Vannes-Angers : De Bruyne (Bel.)
9e étape, Angers-Bordeaux : Faanhof (Hol.)
10e étape, Bordeaux-Bayonne : Bauvin (Fr.)
11e étape, Bayonne-Pau : Ockers (Bel.)
12e étape, Pau-Luchon : Bauvin
13e étape, Luchon-Toulouse : De Bruyne
14e étape, Toulouse-Millau : Kübler (Sui.)
15e étape, Millau-Le Puy : Forlini
16e étape, Le Puy-Lyon : Forestier (Fr.)
17e étape, Lyon-Grenoble : L. Lazaridès (Sud-Est)
18e étape, Grenoble-Briançon : Bobet
19e étape, Briançon-Aix-les-Bains : Dotto (Fr.)
20e étape, Aix-les-Bains-Besançon : Teisseire (Fr.)
21e étape, Besançon-Épinal : Mahé (Fr.), Bobet c.l.m.
22e étape, Nancy-Troyes : De Bruyne
23e étape, Troyes-Paris : Varnajo
Classement final : 1. Bobet (Fr.) ; 2. Kübler (Sui.) à 15'49" ; 3. Schär (Sui.) à 21'46" ; 4. Dotto (Fr.) à 28'21" ; 5. Mallejac (Fr.) à 31'38".
Classement par points : 1. Kübler (Sui.) ; 2. Ockers (Bel.) ; 3. Schär (Sui.).
Classement de la montagne : 1. Bahamontes (Esp.) ; 2. Bobet (Fr.) ; 3. Van Genechten (Bel.).
Classement par équipes : 1. Suisse ; 2. France ; 3. Belgique.

7-14 août : Tour de Suisse - Étapes remportées par Monti (It.), Coppi (It.), Zampini (It.), Coppi, Hollenstein (Sui.), Volpi (It.), Kamber (Sui.). Classement final : 1. Fornara (It.) ; 2. Coletto (It.) à 2'54" ; 3. Astrua (It.) à 3'36".

22 août : Championnats du monde sur route - 1. Bobet (Fr.) ; 2. Schär (Sui.) à 3" ; 3. Gaul (Lux.) à 2'02".

26-29 août : Championnats du monde sur piste. Vitesse : Harris (Aus.). Poursuite : Messina (It.). Demi-fond : Verschueren (Bel.).

5 septembre : Bordeaux-Paris - 1. Gauthier (Fr.) ; 2. Van Est (P.-B.) à 2'57" ; 3. Magni (It.) à 3'49".

5-12 septembre : Tour de Catalogne - Classement final : 1. Serena (Esp.); 2. Sant (Esp.) à 1'43"; 3. Poblet (Esp.) à 8'10".

19 septembre : Grand Prix des nations - 1. Anquetil (Fr.) ; 2. Branckart à 22" ; 3. Vitré (Fr.) 3'32".

22 septembre-2 octobre : Tour d'Europe
L'épreuve, organisée pour la première fois, souffre de quelques marques d'hostilité dues à sa date tardive dans la saison. Classement final (13 étapes) : 1. Volpi (It.) ; 2. Couvreur (Bel.) à 2'17" ; 3. Pezzi (It.) à 4'42".

10 octobre : Paris-Tours - 1. Scodeller (Fr.) ; 2. Bobet (Fr.) à 2" ; 3. Michel (Fr.) m.t.

24 octobre : Grand Prix Vanini (c.l.m.) - 1. Anquetil (Fr.) ; 2. Fornara (It.) à 1'57" ; 3. Vitré (Fr.) à 2'01".

31 octobre : Tour de Lombardie - 1. Coppi (It.) ; 2. Magni (It.) m.t. ; 3. De Rossi (It.) m.t.

4 novembre : Trophée Baracchi - 1. Coppi-Filippi (It.) ;

2. Bobet-Anquetil (Fr.) à 1'26"; 3. Magni-Piazza (It.) à 2'56".

1955

16 janvier : Critérium d'hiver sur piste - 1. Sacchi (It.); 2. Gérardin (Fr.); 3. Lognay (Fr.).

20 février : Championnat de France de cyclo-cross : Dufraisse.

3-9 mars : Six Jours de Paris - Victoire de Patterson-Arnold-Mochridge.

6 mars : Championnats du monde de cyclo-cross - 1. Dufraisse (Fr.); 2. Bieri (Sui.) à 18"; 3. Severini (It.) à 19".

▶ **12-16 mars** : Paris-Nice - Classement final : 1. Bobet (Fr.); 2. Molineris (Fr.) m.t.; 3. Gauthier (Fr.) m.t.

19 mars : Milan-San Remo - 1. Derijcke (Bel.); 2. Gauthier (Fr.) m.t.; 3. Bobet (Fr.) m.t.

27 mars : Tour des Flandres - 1. Bobet (Fr.); 2. Koblet (Sui.) m.t.; 3. Van Steenbergen (Bel.) m.t.

3 avril : Tour de Campanie - 1. Coppi (It.); 2. Magni (It.) à 4'46; 3. Astrua (It.) m.t.

▶ **10 avril** : Paris-Roubaix - 1. Forestier (Fr.); 2. Coppi (It.) à 15"; 3. Bobet (Fr.) m.t.

19-21 avril : Trois Jours d'Anvers - 1. Derijke (Bel.); 2. Mertens (Bel.); 3. Vlayen (Bel.).

▶ **23-30 avril** : Tour de Hollande - Classement final : 1. Haan (P.-B.); 2. Van Est (P.-B.) à 1'07"; 3. Van Breenen (P.-B.) à 3'04".

23 avril -8 mai : Tour d'Espagne
1re étape, Bilbao-San Sebastian : Bauvin (Fr.)
2e étape, San Sebastian-Bayonne : Bauvin
3e étape, Bayonne-Pampelune : Gelabert (Esp.)
4e étape, Pampelune-Saragosse : Galdeano (Esp.)
5e étape, Saragosse-Lerida : Company (Bel.)
6e et 7e étapes, Lerida-Barcelone : Magni (It.) et Poblet (Fr.)
8e étape, Barcelone-Tortona : Iturat (Esp.)
9e étape, Tortona-Valence : Baffi (It.)
10e étape, Valence-Cuenca : Uliana (Esp.)
11e étape, Cuenca-Madrid : Piazza (It.)
12e étape, Madrid-Madrid c.l.m. : Italie A
13e étape, Madrid-Valladolid : Magni (It.)
14e étape, Valladolid-Bilbao : Piazza (It.)
15e étape, Bilbao-Bilbao : Magni (It.)
Classement final : 1. Dotto (Fr.); 2. Quillez (Esp.) à 3'02"; 3. Géminiani (Fr.) à 5'05"; 4. Lorono (Esp.) à 5'52"; 5. Iturat (Esp.) à 6'24".

▶ **24 avril** : Paris-Bruxelles - 1. Hendrickx (Bel.); 2. Scodeller (Fr.) m.t.; 3. Derijcke (Bel.) m.t.

27 avril-1er mai : Rome-Naples-Rome - 1. Monti (It.); 2. De Fillipis (It.) à 3'04"; 3. Coppi (It.) 3'36".

30 avril : La Flèche Wallonne - 1. Ockers (Bel.); 2. Van den Brande (Bel.) à 2'46"; 3. Bober (Fr.) m.t.

1er mai : Liège-Bastogne-Liège - 1. Ockers (Bel.); 2. Impanis (Fr.) m.t.; 3. Branckart (Bel.) à 54".

5-8 mai : Tour de Romandie - Classement final : 1. Strehler (Sui.); 2. Koblet (Sui.) à 3'04"; 3. Schellenberg (Sui.) à 3'17".

12-19 mai : Tour du Sud-Est - Classement final : 1. Gaul (Lux.); 2. Privat (Fr.) à 7'15"; 3. De Bruyne (Bel.) à 7'35".

▶ **14 mai-5 juin** : Tour d'Italie
1re étape, Milan-Turin : Messina (It.)
2e étape, Turin-Cannes : Magni (It.)
3e étape, Cannes-San Remo : De Fillipis (It.)
4e étape, San Remo-Acqui : Fantini (It.)
5e étape, Acqui-Gênes : Astrua (It.)
6e étape, Gênes-Gênes c.l.m. : De Fillipis
7e étape, Gênes-Viareggio : Corrieri (It.)
8e étape, Viareggio-Pérouse : Benedetti (It.)
9e étape, Pérouse-Rome : Nencini (It.)
10e étape, Rome-Rome c.l.m. : Ruiz (Esp.)
11e étape, Rome-Naples : Zucconnelli (It.)
12e étape, Naples-Scanno : Nencini
13e étape, Scanno-Ancône : Albani (It.)
14e étape, Ancône-Cervia Pineta : Minardi (It.)
15e étape, Cervia Pineta-Ravenna : Fornara (It.)
16e étape, Ravenna-Lido di Jesolo : Benedetti
17e étape, Lido di Jesolo-Trieste : Fantini
18e étape, Trieste-Cortina d'Ampezzo : Conterno (It.)
19e étape, Cortina d'Ampezzo-Trente : Dotto (Fr.)
20e étape, Trente-San Pellegrino : Coppi (It.)
21e étape, San Pellegrino-Milan : Koblet (Sui.)
Classement final : 1 Magni (It.); 2. Coppi (It.) à 13"; 3. Nencini (It.) à 4'08"; 4. Géminiani (Fr.) à 4'51"; 5. Coletta (It.) à 7'19".

19-22 mai : Tour de Belgique - Classement final : 1. Close (Bel.); 2. Ernzer (Lux.) et Van Genechten (Bel.) à 2'16".

19-22 mai : Quatre Jours de Dunkerque - Classement final : 1. Deprez (Fr.); 2. Rolland Callebaut (Fr.) à 2'20"; 3. Roger Callebaut (Fr.) à 4'25".

4-6 juin : Tour du Luxembourg - Classement final : 1. Bobet (Fr.); 2. Ernzer (Lux.) m.t.; 3. Gaul (Lux.) à 2'05".

5-12 juin : Tour d'Allemagne - Classement final : 1. Theissen (All.); 2. Reitz (All.) à 4'50"; 3. Junkermann (All.) à 6'04".

11-18 juin : Tour de Suisse - 1. Koblet (Sui.); 2. Ockers (Bel.) à 5'48"; 3. Clerici (It.) à 6'16".

11-19 juin : Critérium du Dauphiné - Étapes remportées par : Privat (Fr.), Hauyghe (Bel.), L. Bobet (Fr.), Lampre, L. Bobet (Fr.), Meunier (Fr.), Polo (Fr.) , Gauthier (Fr.). Classement final : 1. Bobet (Fr.); 2. Walkowiak (Fr.) à 9'55"; 3. Demulder (Bel.) à 12'46".

18 et 19 juin : Tour de l'Ouest - 1. Blomme (Bel.); 2. Van Dormal (Bel.) et Decock (Bel.) à 36".

▶ **7-30 juillet** : Tour de France
1re étape Le Havre-Dieppe : Poblet (Esp.)
2e étape, Dieppe-Roubaix : Rolland (Fr.)
3e étape, Roubaix-Namur : L. Bobet (Fr.)
4e étape, Namur-Metz : Kemp (Lux.)
5e étape, Metz-Colmar : Hassenforder (Fr.)
6e étape, Colmar-Zurich : Darrigade (Fr.)
7e étape, Zurich-Thonon : Hinsen (P.-B;)
8e étape, Thonon-Briançon : Gaul (Lux.)
9e étape, Briançon-Monaco : Géminiani (Fr.)
10e étape, Monaco-Marseille : L. Lazaridès (Fr.)
11e étape, Marseille-Avignon : L. Bobet.
12e étape, Avignon-Millau : Fantini (It.)
13e étape, Millau-Albi : De Groot (P.-B.)
14e étape, Albi-Narbonne : Caput (Fr.)
15e étape, Narbonne-Ax-les-Thermes : Pezzi (It.)
16e étape, Ax-les-Thermes-Toulouse : Van Steenbergen (Bel.)
17e étape, Toulouse-Saint-Gaudens : Gaul (Lux.)
18e étape, Saint-Gaudens-Pau : Branckart (Bel.)
19e étape, Pau-Bordeaux : Wagtmans (P.-B.)
20e étape, Bordeaux-Poitiers : Forestier (Fr.)
21e étape, Châtellerault-Tours : Branckart
22e étape, Tours-Paris : Poblet (Esp.)
Classement final : 1. L. Bobet (Fr.); 2. Branckart (Bel.) à 4'53"; 3. Gaul (Lux.) à 11'30"; 4. Fornara (It.) à 12'44"; 5. Rolland (Fr.) 13'18".
Classement par points : 1. Ockers (Bel.); 2. Wagtmans (P.-B.); 3. Poblet (Esp.).
Classement de la montagne : 1. Gaul (Lux.); 2. Bobet (Fr.); 3. Branckart (Bel.).
Classement interéquipes : 1. France; 2. Italie; 3. Belgique.

5-13 août : Tour de l'Ouest - Classement final : 1. Janssens (Bel.); 2. Picot (Fr.) à 16"; 3. Decaux (Fr.) à 37".

28 août : Championnats du monde sur route à Frascati : - 1. Ockers (Bel.); 2. Schmitz (Lux.); 3. Derijcke (Bel.).

31 août-3 septembre : Championnats du monde de vitesse. Professionnels - 1. Maspes (Esp.); 2. Plattner (All.). Poursuite - 1. Messina (It.); 2. Strehler (Fr.).

3-10 septembre : Tour d'Angleterre - Classement final : 1. Hewson (G.-B.); 2. Mitchell (G.-B.) à 1'13"; 3. Bartrop (G.-B.) à 3'27".

4-11 septembre : Tour de Catalogne - Classement final : 1. Gomez del Moral (Esp.); 2. Company (Esp.) à 11'03"; 3. Rodriguez (Esp.) à 13'14".

11 septembre : Milan-Modène - 1. Magni (It.); 2. Coppi (It.); 3. Derijcke (Bel.).

11 septembre : Grand Prix Martini c.l.m. - 1. Anquetil (Fr.); 2. Ockers (Bel.); 3. Branckart (Bel.).

25 septembre : Grand Prix des nations - 1. Anquetil (Fr.); 2. Bouvet (Fr.) à 2'47"; 3. Janssens (Bel.) à 5'03".

2 octobre : Les Vallées Varésines c.l.m. - 1. Coppi (It.); 2. Moser (It.); 3. Minardi (It.).

9 octobre : Paris-Tours - 1. Dupont (Fr.); 2. De Bruyne (Bel.) m.t.; 3. Cielieska (Fr.) m.t.

9 octobre : Critérium des Nations - 1. Monti (I); 2. De Fillipis (It.) m.t.; 3. Fantini (It.) m.t.

▶ **23 octobre** : Tour de Lombardie - 1. Maule (It.); 2. De Bruyne (Bel.) m.t.; 3. Conterno (It.) m.t.

4 novembre : Trophée Baracchi - 1. Coppi-Filippi (It.); 2. Branckart-Janssens (Bel.) à 1'35"; 3. Anquetil-Darrigade (Fr.) à 2'13".

Championnats nationaux. France - 1. Darrigade; 2. Bobet; 3. Caput. Allemagne, - Preiskeit. Belgique - Van Cauter. Espagne - Gelabert. Italie - Coppi. Pays-Bas - Roks. Suisse - Koblet.

1956

12 février : Championnat de France de cyclo-cross : Dufraisse.

19 février : Championnats du monde de cyclo-cross à Luxembourg - 1. Dufraisse (Fr.); 2. Meunier (Fr.) à 39"; 3. Plattner (Sui.) à 54".

1er-7 mars : Six Jours de Paris - Victoire de Bucher-Roth-Plattner.

13-17 mars : Paris-Nice - Classement final : 1. De Bruyne (Bel.); 2. Barbotin (Fr.) à 3'58"; 3. Mahé (Fr.) à 4'36".

▶ **19 mars** : Critérium national - 1. Hassenforder (Fr.); 2. Caput (Fr.) m.t.; 3. Forestier (Fr.) m.t.

▶ **25 mars** : Milan-San Remo - 1. De Bruyne (Bel.); 2. Magni (It.) à 46"; 3. Planckaert (Bel.) à 50".

29 mars : Tour de Campanie - 1. Conterno (It.); 2. Astrua (It.) m.t.; 3. Nencini (It.) m.t.

2 avril : Tour des Flandres - 1. Van Looy (Bel.); 2. Gauthier (Fr.) à 44"; 3. Van Steenbergen (Bel.) à 49".

▶ **8 avril** : Paris-Roubaix - 1. Bobet (Fr.); 2. De Bruyne (Bel.); 3. Forestier (Fr.)m.t.

22 avril : Paris-Bruxelles - 1. Forestier (Fr.) ; 2. Ockers (Bel.) à 3" ; 3. Van Daele m.t..

25-29 avril : Rome-Naples-Rome - 1. Ockers (Bel.) ; 2. Monti (It.) à 5'18" ; 3. Gaul (Lux.) à 11'01".

26 avril-13 mai : Tour d'Espagne
1re étape, Bilbao-Santander : Van Steenbergen (Bel.)
2e étape, Santander-Oviedo : Conterno (It.)
3e étape, Oviedo-Valladolid : Poblet (Esp.)
4e étape, Valladolid-Madrid : Le Ber (Fr.)
5e étape, Madrid-Albacete : Poblet
6e étape, Albacete-Alicante : Poblet
7e étape, Alicante-Valence : Van Steenbergen
8e étape, Valence-Tarragona : Van Steenbergen
9e étape, Tarragona-Barcelone : Koblet (Sui.)
Critérium par équipes : France
10e étape, Barcelone-Lérida : Bauvin (Fr.)
11e étape, Lérida-Saragosse : Van Steenbergen
12e étape, Saragosse-Bayonne : Astrua (It.)
13e étape, Bayonne-Pampelune c.l.m. : Le Ber (Fr.)
Irún-Pampelune : Walkowiack (Fr.)
14e étape, Pampelune-San Sebastian : Van Steenbergen.
15e étape, San Sebastian-Bilbao : Defillipis (It.).
16e étape, Bilbao-Vitoria : Aizpuru (Esp.).
17e étape, Vitoria-Bilbao : Van Steenbergen
Classement final : - 1. Conterno (It.) ; 2. Lorono (Esp.) à 13" ; 3. Impanis (Bel.) à 1'54" ; 4.Bahamontes (Esp.) à 3'27" ; 5.Van Steenbergen (Bel.) à 7'48".

1er mai : Tour de l'Émilie - 1. Monti (It.) ; 2. Grosso (It.) m.t. ; 3. Benedetti (It.) m.t.

5 mai : La Flèche Wallonne - 1. Van Genechten (Bel.) ; 2. Ranucci (It.) à 50" ; 3. Vlaeyen (Bel.) à 1'7".

6 mai : Liège-Bastogne-Liège - 1. De Bruyne (Bel.) ; 2. Van Genechten (Bel.) m.t. ; 3. Close (Bel.) à 1'16".

10-13 mai : Quatre Jours de Dunkerque - Classement final : 1. Adriaensens (Bel.) ; 2. Desmet (Bel.) à 1'26" ; 3. Bouvet (Fr.) à 2'04".

10-13 mai : Tour de Belgique - Classement final : 1. Vlaeyen (Bel.) ; 2. Planckaert (Bel.) à 1'19" ; 3. Branckart (Bel.) à 1'42".

10-13 mai : Tour de Romandie - Classement final : 1. Fornara (It.) ; 2. Clerici (Sui.) à 54" ; 3. Strehler (Sui.) à 1'11".

16 mai : Tour du Piémont - 1. Magni (It.) ; 2. Fornara (It.) m.t. ; 3. Giudici (It.) m.t.

17 mai : Midi-Libre - 1. Rolland (Fr.) ; 2. Privat (Fr.) m.t. 3. Anzile (It.) m.t.

19 mai-10 juin : Tour d'Italie
1re étape, Milan-Alexandrie : Baffi (It.)
2e étape, Alexandrie-Gênes : Fantini (It.)
3e étape, Gênes-Salice Termei : Fantini
4e étape, Voghera-Mantova : Poblet (Esp.)
5e étape, Mantova-Rimini : Minardi (It.)
San Martino-San Martino c.l.m. : Nolten (P.-B.)
6e étape, Rimini-Pescara : Padovan (It.)
7e étape, Pescara-Campobasso : Gaul (Lux.)
8e étape, Campobasso-Salerno : Poblet (Esp.)
9e étape, Rome-Grosseto : Tognaccini (It.)
10e étape, Grosseto-Livourne : Nascimbene (It.)
11e étape, Livourne-Lucca : Fornara (It.)
12e étape, Lucca-Bologne : Stolker (P.-B.)
Bologne-San Luce-Bologne-San Luce c.l.m. : Gaul
13e étape, Bologne-Rapallo : Poblet
14e étape, Rapallo-Lecco : Albani (It.)
15e étape, Lecco-Sondrio : Poblet
16e étape, Sondrio-Merano : Maule (It.)
17e étape, Merano-Trente : Gaul
18e étape, Trente-San Pellegrino : Albani.
19e étape, San Pellegrino-Milan : Piazza (It.).
Classement final : - 1. Gaul (Lux.) ; 2. Magni (It.) à 3'27" ; 3. Coletto (It.) à 6'53" ; 4. Maule (It.) à 7'25" ; 5. Moser (It.) à 7'30".

20-27 mai : Tour des Provinces du Sud-Est - Classement final : 1. Stablinski (Fr.) ; 2. Gouget (Fr.) à 1'01" ; 3. Schmitz (Lux.) à 1'08".

3 juin : Bordeaux-Paris - 1. Gauthier (Fr.) ; 2. Ockers (Bel.) à 8'22" ; 3. Cieleska (Fr.) à 8'23".

8-17 juin : Critérium du Dauphiné - Étapes remportées par : Dupont (Fr.), Caput (Fr.), Picot (Fr.), Sabbadini (It.), Ockers (Bel.), Caput (Fr.), Barbotin (Fr.), Voorting (P.-B.), Close (Bel.), Ockers (Bel.). Classement final : 1. Close (Bel.) ; 2. Rolland (Fr.) à 3'44" ; 3. Picot (Fr.) à 5'17".

16-23 juin : Tour de Suisse - Étapes remportées par : Strehler (Sui.), Boni (It.), Strehler (Sui.), Planckaert (Bel.), Graf (Sui.), Graf (Sui.), Schär (Sui.), Strehler (Sui.). Classement final : 1. Graf (Sui.) ; 2. Schär (Sui.) à 4'59" ; 3. Planckaert (Bel.) à 7'46".

18 juin : Grand Prix de Paris (vitesse) - 1. Harris (G.-B.) ; 2. Gaignard (Fr.) ; 3. Maspes (Esp.).

29 juin : Jacques Anquetil bat le record de l'heure du Vigorelli de Milan détenu par Fausto Coppi : 46,159 km/h.

1er juillet : Championnats nationaux : France - 1. Gauthier ; 2. Privat à 18" ; 3. Bobet à 43". Belgique - Vlayen. Espagne - Ferrez. Italie - Albani. Luxembourg - Gaul. Pays-Bas - Van Est.

5-28 juillet : Tour de France
1re étape, Reims-Liège : Darrigade (Fr.)
2e étape, Liège-Lille : De Bruyne (Bel.)
3e étape, Lille-Rennes : Padovan (It.)
4e étape, Rouen-Caen, 1re demi-étape c.l.m. : Gaul (Lux.) ;
2e demi-étape, Rouen-Caen : Hassenforder (Fr.)
5e étape, Caen-Saint-Malo : Morvan (Fr.)
6e étape, Saint-Malo-Lorient : De Bruyne
7e étape, Lorient-Angers : Fantini (It.)
8e étape, Angers-La Rochelle : Poblet (Esp.)
9e étape, La Rochelle-Bordeaux : Hassenforder
10e étape, Bordeaux-Bayonne : De Bruyne
11e étape, Bayonne-Pau : De Fillipis (It.)
12e étape, Pau-Luchon : Schmitz (Lux.)
13e étape, Luchon-Toulouse : Defillipis
14e étape, Toulouse-Montpellier : Hassenforder
15e étape, Montpellier-Aix-en-Provence : Thomin (Fr.)
16e étape, Aix-Gap : Forestier (Fr.)
17e étape, Gap-Turin : Defillipis
18e étape, Turin-Grenoble : Gaul
19e étape, Grenoble-Saint-Étienne : Ockers (Bel.)
20e étape, Saint-Étienne-Lyon c.l.m. : Bovet (Esp.)
21e étape, Lyon-Montluçon : Hassenforder
22e étape, Montluçon-Paris : Nencini (It.)
Classement final : - 1. Walkowiak (Fr.) ; 2. Bauvin (Fr.) à 1'25" ; 3. Adriaenssens (Bel.) à 3'44" ; 4. Bahamontes (Esp.) à 10'14" ; 5. Defillipis (It.) à 10'25".
Classement de la montagne : - 1. Gaul (Lux.) ; 2. Bahamontes (Esp.) ; 3. Huot (Fr.).
Classement par points : - 1. Ockers (Bel.) ; 2. Picot (Fr.) ; 3. Voorting (P.-B.).
Classement interéquipes : - 1. Belgique ; 2. Italie ; 3. Pays-Bas.

5-12 août : Tour de l'Ouest - Classement final : 1. Pipelin (Fr.) ; 2. Groussard (Fr.) à 3' ; 3. Reisser (Fr.) à 3'12".

26 août : Championnats du monde sur route - 1. Van Steenbergen (Bel.) ; 2. Van Looy (Bel.) ; 3. Shulte (All.).

27 août : Championnats du monde de vitesse - 1. Maspes (Esp.) ; 2. Harris (G.-B.).

27 août : Championnats du monde de poursuite - 1. Messina (It.) ; 2. Anquetil (Fr.).

1er septembre : Tour de Catalogne - Classement final : 1. Utset (Esp.) ; 2. Iturat (Esp.) à 15" ; 3. Massip (Esp.) à 2'56".

19 septembre : L'Italien Ercole Baldini bat le record de l'heure de Jacques Anquetil, au Vigorelli de Milan : 46,394 km/h.

23 septembre : Grand Prix des nations - 1. Anquetil (Fr.) ; 2. Bouvet (Fr.) à 4'19" ; 3. Bovet (Esp.) à 8'19".

29 septembre : Le Belge Stan Ockers se tue sur la piste du vélodrome d'Anvers.

7 octobre : Paris-Tours - 1. Bouvet (Fr.) ; 2. Schepens (Bel.) m.t. ; 3. L. Bobet (Fr.) m.t.

14 octobre : Grand Prix de Lugano - 1. Coppi (It.) ; 2. Graf (Sui.) à 18" ; 3. Bouvet (Fr.) à 2'10".

21 octobre : Tour de Lombardie - 1. Darrigade (Fr.) ; 2. Coppi (It.) ; 3. Magni (It.).

4 novembre : Trophée Baracchi - 1. Graf-Darrigade ; 2. Coppi-Filippi à 30" ; 3. Albani-Piazza à 34".

22 novembre-8 décembre : Jeux olympiques de Melbourne. Vitesse - Rousseau (Fr.). Route - 1. Baldini (It.) ; 2. Geyre (Fr.) à 1'59" ; 3. Jackson (G.-B.) m.t.

1957

17 février : Championnat de France de cyclo-cross : Meunier.

24 février : Championnats du monde de cyclo-cross à Edelaare - 1. Dufraisse (Fr.) ; 2. Van Kerrebroeck (Bel.) à 1'11" ; 3. Meunier (Fr.) à 2'04".

2 mars : Gênes-Nice - 1. Bobet (Fr.) ; 2. Anquetil (Fr.) ; 3. Bauvin (Fr.) m.t.

10 mars : Milan-Turin - 1. Poblet (Esp.) ; 2. De Bruyne (Bel.) m.t. ; 3. Messina (It.) m.t.

13-17 mars : Paris-Nice - Classement final : 1. Anquetil (Fr.) ; 2. Keteleer (Bel.) à 23" ; 3. Branckart (Bel.) à 55".

19 mars : Milan-San Remo - 1. Poblet (Bel.) ; 2. De Bruyne m.t. ; 3. Robinson (G.-B.) m.t.

24 mars : Critérium national - 1. Forestier (Fr.) ; 2. Bobet (Fr.) ; 3. Blusson (Fr.) m.t.

31 mars : Tour des Flandres - 1. De Bruyne (Bel.) ; 2. Planckaert (Bel.) ; 3. Kerkhove (P.-B.) m.t.

7 avril : Paris-Roubaix - 1. De Bruyne (Bel.) ; 2. Van Steenbergen (Bel.) à 1'11" ; 3. Van Daele (Bel.) m.t.

14 avril : Tour de Campanie - 1. Albani (It.) ; 2. Gismondi (It.) m.t. ; 3. Nencini (It.) m.t.

22 avril : Paris-Bruxelles - 1. Van Daele (Bel.) ; 2. Impanis (Bel.) m.t. : 3. Adriaenssens (Bel.).

24 avril-1er mai : Rome-Naples-Rome - 1. Wagtmans (P.-B.) ; 2. Poblet (Esp.) à 2'18" ; 3. Moser (It.) à 3'02".

26 avril-12 mai : Tour d'Espagne
1re étape, Bilbao-Vitoria : Chacón (Esp.)
2e étape, Vitoria-Santander : Morales (Esp.)
3e étape, Santander-Mieres : Bahamontes (Esp.)
4e étape, Mieres-Leon : annulée
5e étape, Leon-Valladolid : Hassenforder (Fr.)

6ᵉ étape, Valladolid-Madrid : Chacon
7ᵉ étape, Madrid-Madrid : Adriaensens (Bel.)
8ᵉ étape, Madrid-Cuenca : Walkowiak (Fr.)
9ᵉ étape, Cuenca-Valentia : Benedetti (It.)
10ᵉ étape, Valentia-Tortosa : Tognaccini (It.)
11ᵉ étape, Tortosa-Barcelone : Bauvin (Fr.)
12ᵉ étape, Barcelone-Saragosse : Baroni (It.)
13ᵉ étape, Saragosse-Huesca c.l.m. : Lorono (Esp.)
14ᵉ étape, Huesca-Bayonne : Ferraz (Esp.)
15ᵉ étape, Bayonne-San Sebastian : Baens (Bel.)
16ᵉ étape, San Sebastian-Bilbao : Suarez (Esp.)
Classement final : - 1. Lorono (Esp.); 2. Bahamontes (Esp.) à 8'11"; 3. Ruiz (Esp.) à 9'36"; 4. Da Silva (Por) à 14'34"; 5. Géminiani (Fr.) à 17'19".

28 avril-1ᵉʳ mai : Quatre Jours de Dunkerque - Classement final : 1. Planckaert (Bel.); 2. Everaert (Fr.) à 2'01"; 3. Stablinski (Fr.) à 2'30".

4 mai : Flèche Wallonne - 1. Impanis (Bel.); 2. Privat (Fr.) à 47"; 3. Wartel (Bel.) à 2'40".

5 mai : Liège-Bastogne-Liège - 1. Derijke (Bel.) et Schoubben (Bel.); 3. Buys (Bel.) m.t.

9-12 mai : Tour de Romandie - Classement final - 1. Forestier (Fr.); 2. Carlesi (It.) à 15"; 3. Koblet (Sui.) à 1'04".

12 mai : Tour du Piémont - 1. Ciampi (It.); 2. Michelon (It.) m.t.; 3. Fini (It.) m.t.

16-19 mai : Tour de Belgique - Classement final : 1. Cerami (It.); 2. Vliegen (Bel.) à 1'03"; 3. Bral (Bel.) à 1'19".

➧ **18 mai-9 juin** : Tour d'Italie
1ʳᵉ étape, Milan-Vérone : Van Steenbergen (Bel.)
2ᵉ étape, Vérone-Boscochiesa Nuova : Gaul (Lux.)
3ᵉ étape, Vérone-Ferrare : Poblet (Esp.)
4ᵉ étape, Ferrare-Cattolica : Vlayen (Bel.)
5ᵉ étape, Cattolica-Loretto : Fantini (It.)
6ᵉ étape, Loretto-Terni : Wagtmans (P.-B.)
7ᵉ étape, Terni-Pescara : Rolland (Fr.)
8ᵉ étape, Pescara-Naples : Favero (It.)
9ᵉ étape, Naples-Frascati : Poblet
10ᵉ étape, Rome-Sienne : Poblet
11ᵉ étape, Sienne-Montecatini Terme : Van Steenbergen (Bel.)
12ᵉ étape, Forte del Marmi c.l.m. : Baldini (It.)
13ᵉ étape, Forte del Marmi-Gênes : Monti (It.)
14ᵉ étape, Gênes-Saint-Vincent : Baroni (It.)
15ᵉ étape, Saint-Vincent-Sion : Bobet (Fr.)
16ᵉ étape, Sion-Varèse : Sabbadin (It.)
17ᵉ étape, Varèse-Côme : Fantini
Cômes-Côme c.l.m. : Van Steenbergen
18ᵉ étape, Côme-Trente : Poblet
19ᵉ étape, Trente-Levico Terme : Gaul (Lux.)
20ᵉ étape, Levico Terme-Abano Terme : Van Steenbergen
21ᵉ étape, Abano Terme-Milan : Van Steenbergen
Classement final : 1. Nencini (It.); 2. Bobet (Fr.) à 19"; 3. Baldini (It.) à 5'59"; 4.Gaul (Lux.) à 7'31"; 5.Géminiani (Fr.) à 17'29".

23-30 mai : Tour du Sud-Est - Classement général : 1. Graczyk (Fr.); 2. Rostollan (Fr.) à 58"; 3. Verhougstraete (P.-B.).

➧ **2 juin** : Bordeaux-Paris - 1. Gauthier (Fr.); 2. Dupont (Fr.) à 6'42"; 3. Mahé (Fr.) à 9'27".

6 juin : Midi-Libre - 1. Schmitz (Lux.); 2. Schoubben (Bel.) à 1'20"; 3. Huot (Fr.) à 1'25".

8-16 juin : Critérium du Dauphiné - Étapes remportées par Privat (Fr.), Van Aerde (Bel.), Picot (Fr.), Rostolan (Fr.), Van Aerde (Bel.), Bergavel (Fr.), Dejouhannet (Fr.). Classement final : 1. Rohrbach (Fr.); 2. Privat (Fr.) à 1'40"; 3. Schmitz (Lux.) à 3'08".

12-20 juin : Tour de Suisse - Étapes remportées par Fornara (It.), Traxel (Sui.), Gaggero (It.), Sorgeloos (Bel.), Van Damme (Bel.), Gral (Sui), Cassano (It.), Muller (Sui.). Classement final : 1. Fornara (It); 2. Sorgeloos (Bel.) à 1'21"; 3. Moresi (Sui.) à 1'42".

23 juin : Tour de Toscane - 1. Sabbadin (It.); 2. Bottechia (It.) à 2'23"; 3. Albani (It.) à 2'32".

24 juin : Championnats nationaux : France - 1. Huot; 2. Rohrbach à 19"; 3. Forestier à 50". Allemagne - Reitz. Belgique - Vlayen. Espagne - Ferraz. Italie - Baldini. Pays-Bas - Van Est.

➧ **27 juin-20 juillet** : Tour de France
1ʳᵉ étape, Nantes-Granville : Darrigade (Fr.)
2ᵉ étape, Granville-Caen : Privat (Fr.)
3ᵉ étape, Caen-Rouen : Anquetil (Fr.)
4ᵉ étape, Rouen-Roubaix : Janssens (Bel.)
5ᵉ étape, Roubaix-Charleroi : Bauvin (Fr.)
6ᵉ étape, Charleroi-Metz : Trochut (Fr.)
7ᵉ étape, Metz-Colmar : Hassenforder (Fr.)
8ᵉ étape, Colmar-Besançon : Baffi (It.)
9ᵉ étape, Besançon-Thonon-les-Bains : Anquetil
10ᵉ étape, Thonon-Briançon : Nencini (It.)
11ᵉ étape, Briançon-Cannes : Privat
12ᵉ étape, Cannes-Marseille : Stablinski (Fr.)
13ᵉ étape, Marseille-Alès : Defilippis (It.)
14ᵉ étape, Alès-Perpignan : Hassenforder
15ᵉ étape, Perpignan-Barcelone : Privat
Barcelone-Barcelone c.l.m. : Anquetil
16ᵉ étape, Barcelone-Ax-les-Thermes : Bourles (Fr.)
17ᵉ étape, Ax-les-Thermes-Saint-Gaudens : Defilippis
18ᵉ étape, Saint-Gaudens-Pau : Nencini
19ᵉ étape, Pau-Bordeaux : Baffi
20ᵉ étape, Bordeaux-Livourne c.l.m. : Anquetil
21ᵉ étape, Livourne-Tours : Darrigade
22ᵉ étape, Tours-Paris : Darrigade
Classement final : - 1. Anquetil (Fr.); 2. Janssens (Bel.) à 14'56"; 3. Christian (Aut.) à 17'20"; 4. Forestier (Fr.) à 18'02"; 5. Lorono (Esp.) à 20'17".
Classement par points : 1. Forestier (Fr.); 2. Van Est (P.-B.) ; 3. Christian (Aut.).
Classement de la montagne : 1. Nencini (It.); 2. Bergaud (Fr.); 3. Janssens (Bel.).
Classement interéquipes : 1. France; 2. Italie; 3. Belgique.

23-31 juillet : Tour de l'Ouest - Classement final : 1. Gouget (Fr.); 2. Dacquay (Fr.) à 2'28"; 3. Barbotin (Fr.) à 2'29".

12-14 août : Trois Jours d'Anvers - Classement final : 1. Van Daele (Bel.); 2. De Smet (Bel.) à 34"; 3. Planckaert (Bel.) à 43".

14 août : Championnats du monde sur route - 1. Van Steenbergen (Bel.); 2. Bobet (Fr.); 3. Darrigade (Fr.) m.t.

10-15 août : Championnats du monde sur piste. Vitesse : Derksen (Bel.). Poursuite : Rivière (Fr.). Demi-fond : De Paepe (Bel.).

1-8 septembre : Tour de Catalogne - Classement final : 1. Lorono (Esp.); 2. Botella (Esp.) à 1'41"; 3. Marigil (Fr.) à 2'33".

➧ **18 septembre** : Roger Rivière bat le record de l'heure au Vigorelli de Milan : 46,923 km/h.

22 septembre : Grand Prix des nations - 1. Anquetil (Fr.); 2. Baldini (It.) à 3'11"; 3. Moser (It.) à 4'51".

4 octobre : Tour de l'Émilie - 1. Monti (It.); 2. Fallarini (It.) m.t.; 3. Conterno (It.) m.t.

6 octobre : Paris-Tours - 1. De Bruyne (Bel.); 2. Bobet (Fr.) m.t.; 3. Conterno (It.) m.t.

13 octobre : Grand Prix de Lugano - 1. Baldini (It.); 2. Moser (It.) à 1'59"; 3. Coppi (It.) à 3'18".

20 octobre : Tour de Lombardie - 1. Ronchini (It.); 2. Monti (It.); 3. Cestari (It.) m.t.

4 novembre : Trophée Baracchi - 1. Coppi-Baldini; 2. Graf-Vaucher à 5"; 3. Moser-Magni à 1'.

7-13 novembre : Six Jours de Paris - Victoire d'Anquetil-Darrigade-Terruzzi.

1958

16 février : Championnat de France de cyclo-cross - 1. Dufraisse; 2. Brulé à 20"; 3. Meunier à 40".

23 février : Championnats du monde de cyclo-cross - 1. Dufraisse (Fr.); 2. Severini (It.) à 25"; 3. Wolfshohl (All.) à 1'02".

2 mars : Gênes-Nice - 1. Defilippis (It.); 2. Maule (It.) m.t.; 3. Groussard (Fr.) m.t.

8 mars : Milan-Turin - 1. Coletto (It.); 2. Poblet (Esp.) à 1'34"; 3. Pellegrini (It.) m.t.

10-16 mars : Paris-Nice - Classement final : 1. De Bruyne (Bel.); 2. Fornara (It.) à 52"; 3. Derijke (Bel.) à 2'38".

16 mars : Tour de Toscane - 1. Vannitsen (Bel.); 2. Carlesi (It.) m.t.; 3. Albani (It.) m.t.

➧ **23 mars** : Milan-San Remo - 1. Van Looy (Bel.); 2. Poblet (Esp.) m.t.; 3. Darrigade (Fr.) m.t.

➧ **23 mars** : Critérium national - 1. Hassenforder (Fr.); 2. Géminiani (Fr.) m.t.; 3. Colette (Fr.) m.t.

30 mars : Tour des Flandres - 1. Derijke (Bel.); 2. Truye (Bel.) m.t.; 3. Conterno (It.) m.t.

8-10 avril : Trois Jours d'Anvers - Classement final : 1. Vlayen (Bel.); 2. Van Looy (Bel.) à 26"; 3. Aerenhouts (Bel.) à 28".

10 avril : Tour de Campanie - 1. Sabbadin (It.); 2. Fabbri (It.) m.t.; 3. Carlesi (It.) m.t.

➧ **13 avril** : Paris-Roubaix - 1. Van Daele (Bel.); 2. Poblet (Esp.) m.t.; 3. Van Looy (Bel.) m.t.

➧ **20 avril** : Paris-Bruxelles - 1. Van Looy (Bel.); 2. Cerami (Bel.) à 7" : 3. A. Desmet (Bel.) à 10".

30 avril-6 mai : Rome-Naples-Rome - Classement final : 1. Hoevenaers (Bel.); 2. Poblet (Esp.) à 2'46"; 3. Fallarini (It.) à 3'50".

26 avril : Flèche Wallonne - 1. Van Steenbergen (Bel.); 2. Planckaert (Bel.) à 3"; 3. Everaert (Fr.) à 11".

➧ **30 avril-15 mai** : Tour d'Espagne
1ʳᵉ étape, Bilbao-San Sebastian : Pacheco (Esp.)
2ᵉ étape, San Sebastian-Pampelune : Quiles Jimenez (Esp.)
3ᵉ étape, Pampelune-Saragosse : Baffi (It.)
4ᵉ étape, Saragosse-Barcelone : Van Looy (Bel.)
5ᵉ étape, Barcelone-Tarragone c.l.m. : France
Barcelone-Tarragone : Van Looy
6ᵉ étape, Tarragone-Valence : Van Looy
7ᵉ étape, Valence-Cuenca : Desmet (Bel.)
8ᵉ étape, Cuenca-Tolède : Stablinski (Fr.)
9ᵉ étape, Tolède-Madrid : Van Looy
10ᵉ étape, Madrid-Soria : Van Looy
11ᵉ étape, Soria-Vitoria : Marigil (Esp.)
12ᵉ étape, Vitoria-Bilbao : Iza (It.)
13ᵉ étape, Bilbao-Castro Urdiales c.l.m. : Lorono (Esp.) et Carlesi (It.)
Castro Urdiales-Santander : Graczyk (Fr.)
14ᵉ étape, Santander-Gijon : Baffi (It.)
15ᵉ étape, Giron-Oriedo Palencia : Luyten (Bel.)
16ᵉ étape, Palencia-Madrid : Luyten
Classement final : 1. Stablinski (Fr.); 2. Fornara (It.) à 2'51"; 3. Manzaneque (Esp.) à 3'01"; 4. Couvreur (Bel.) à 5'04"; 5. Otano (Esp.) à 10'26".

27 avril : Liège-Bastogne-Liège - 1. De Bruyne (Bel.); 2. Zagers (Bel.) m.t.; 3. Theuns (Bel.) m.t.

7-10 mai : Quatre Jours de Dunkerque - Classement final : 1. Anquetil (Fr.); 2. Branckart (Bel.) à 1'20"; 3. Darrigade (Fr.) à 1'37".

7-10 mai : Tour de Romandie - Classement final : 1. Bauvin (Fr.) ; 2. Cerami (Bel.) à 48" ; 3. Pettinati (It.) à 1'43".

14-19 mai : Tour du Sud-Est - Classement final : 1. Gauthier (Fr.) ; 2. Busto (Fr.) à 3'51" ; 3. Walkowiak (Fr.) à 4'53".

15-18 mai : Tour de Belgique - Classement final : 1. Foré (Bel.) ; 2. A. Desmet (Bel.) à 2'03" ; 3. Zagers (Bel.) à 2'38".

18 mai-8 juin : Tour d'Italie
1re étape, Milan-Varèse : Vannitsen (Bel.)
2e étape, Varèse-Comerio c.l.m. : Baldini (It.)
3e étape, Varèse-Saint-Vincent-d'Aoste : Botella (Esp.)
4e étape, Saint-Vincent-d'Aoste-Turin : Bahamontes (Esp.)
5e étape, Turin-Mondovi : Sabbadin (It.)
6e étape, Mondovi-Chiovari c.l.m.: Ciampi (It.)
7e étape, Chiovari-Forte Marini : Boni (It.)
8e étape, circuit de Viareggio : Baldini (It.)
9e étape, Florence-Viterbe : Defilippis (It.)
10e étape, Viterbe-Rome : Nencini
11e étape, Rome-Scanno : Defillipis
12e étape, Scanno-San Benedetto : Baffi (It.)
13e étape, San Benedetto-Civita Cattolica : Carlesi (It.)
14e étape, San Marino-San Marino c.l.m. : Gaul (Lux.)
15e étape, Cesena-Vérone : Baldini (It.)
16e étape, Vérone-Levico Terme : Poblet (Esp.)
17e étape, Levico Terme-Bolzano : Baldini
18e étape, Bolzano-Trente : Nencini
19e étape, Trente-Cardone Riviera : Poblet
20e étape, Cardone Riviera-Milan : Poblet
Classement final : 1. Baldini (It.) ; 2. Branckart (Bel.) à 6'30" ; 3. Gaul (Lux.) à 6'07" ; 4. Bobet (Fr.) à 9'27" ; 5. Nencini (It.) à 10'36".

1er juin : Bordeaux-Paris - 1. Ciesleska (Fr.) ; 2. Cerami (Bel.) à 1'45" ; 3. Hoevenaers (Bel.) à 2'40".

2-8 juin : Critérium du Dauphiné - Étapes remportées par Pipelin (Fr.), Le Menn (Fr.), Lerda (Fr.), Polo (Fr.), Rohrbach (Fr.), Graczyk (Fr.), Forestier (Fr.), Cazala (Fr.). Classement final : 1. Rostollan (Fr.) ; 2. Pipelin (Fr.) à 4' ; 3. Schmitz (Lux.) à 3'08".

11-18 juin : Tour de Suisse - Étapes remportées par Defilippis (It.), Benedetti (It.), Fornara (It.), Benedetti (It.), Keteleer (Bel.), Fornara (It.), Junkermann (RFA), Tiefenthaler (Sui.). Classement final : 1. Fornara (It.) ; 2. Junkermann (RFA) à 7'06" ; 3. Catalano (It.) à 8'55".

22 juin : Championnats nationaux : France - 1. Huot ; 2. Géminiani ; 3. Mahé. Belgique - Van Looy. Espagne - Bahamontes. Italie - Baldini. Pays-Bas - Lahaye.

22 juin : Tour du Piémont - 1. Defilippis (It.) ; 2. Fantini (It.) m.t. ; 3. Padovan (It.) m.t.

24-26 juin : Midi-Libre - Classement final : 1. Pipelin (Fr.) ; 2. Morvan (Bel.) à 1'09" ; 3. Mahé (Fr.) à 2'20".

26 juin-19 juillet : Tour de France
1re étape, Bruxelles-Gand : Darrigade (Fr.)
2e étape, Gand-Dunkerque : Voorting (P.-B.)
3e étape, Dunkerque-Eu-le-Port : Bauvin (Fr.)
4e étape, Eu-le-Port-Versailles : Gainche (Fr.)
5e étape, Versailles-Caen : Sabbadini (It.)
6e étape, Caen-Saibt-Brieuc : Van Geneugden (Bel.)
7e étape, Saint-Brieuc-Brest : Robinson (G.-B.)
8e étape, circuit du Châteaulin c.l.m. : Gaul (Lux.)
9e étape, Quimper-Saint-Nazaire : Darrigade
10e étape, Saint-Brévin-les-Pins-Royan : Baffi (It.)
11e étape, Royan-Bordeaux : Padovan (It.)
12e étape, Bordeaux-Dax : Van Geneugden
13e étape, Dax-Pau : Bergaud (Fr.)
14e étape, Pau-Luchon : Bahamontes (Esp.)
15e étape, Luchon-Toulouse : Darrigade
16e étape, Toulouse-Béziers : Baffi
17e étape, Béziers-Nîmes : Darrigade
18e étape, le mont Ventoux c.l.m. : Gaul
19e étape, Carpentras-Gap : Nencini (It.)
20e étape, Gap-Briançon : Bahamontes
21e étape, Briançon-Aix-les-Bains : Gaul
22e étape, Aix-Besançon : Darrigade
23e étape, Besançon-Dijon c.l.m. : Gaul
24e étape, Dijon-Paris : Baffi
Classement final : 1. Gaul (Lux.) ; 2. Favero (It.) à 3'10" ; 3. Géminiani (Fr.) à 3'41" ; 4. Adriaenssens (Bel.) à 7'16" ; 5. Nencini (It.) à 13'33".
Classement par points : - 1. Graczyk (Fr.) ; 2. Planckaert (Bel.) ; 3. Darrigade (Fr.).
Classement de la montagne : 1. Bahamontes (Esp.) ; 2. Gaul (Lux.) ; 3. Dotto (Fr.).
Classement interéquipes : - 1. Belgique ; 2. Italie ; 3. Luxembourg-Pays-Bas.

26 juillet-3 août : Tour de l'Ouest - Classement final : 1. Scodeller (Fr.) ; 2. Denijs (Bel.) à 25" ; 3. Theuns (Bel.) à 47".

2-7 août : Championnats du monde sur piste. Poursuite : Shell (G.-B.). Demi-fond : Bucher (Sui.)

31 août : Championnats du monde sur route - 1. Baldini (It.) ; Bobet (Fr.) à 2'09" ; 3. Darrigade (Fr.) à 3'41".

7-14 septembre : Tour de Catalogne - Classement final : 1. Van Genechten (Bel.) ; 2. Mas (Esp.) à 3'51" ; 3. Utset (Esp.) à 4'31".

20 septembre : Grand Prix des nations - 1. Anquetil (Fr.) ; 2. Saint (Fr.) à 3'58" ; 3. Vermeulin (Fr.) à 6'27".

23 septembre : Au Vigorelli de Milan, Roger Rivière améliore son record de l'heure (47,347 km).

5 octobre : Tour de l'Émilie - 1. Ronchini (It.) ; 2. Conti (It.) m.t. ; 3. Favero (It.) à 1'35".

5 octobre : Paris-Tours - 1. G. Desmet (Bel.) ; 2. De Bruyne (Bel.) m.t. ; 3. Mahé (Fr.) m.t.

12 octobre : Grand Prix de Lugano - 1. Anquetil (Fr.) ; 2. Saint (Fr.) à 1'08" ; 3. G. Desmet (Bel.) à 2'29".

19 octobre : Tour de Lombardie - 1. Defilippis (It.) ; 2. Poblet (Esp.) m.t. ; 3. Van Aerde (Bel.) à 7".

5 novembre : Trophée Baracchi - 1. Moser-Baldini ; 2. Anquetil- Darrigade à 3'7" ; 3. Rivière-Saint à 4'58".

7-13 novembre : Six Jours de Paris. Victoire d'Anquetil-Darrigade-Terruzzi.

1959

8 février : Championnats de France de cyclo-cross : Dufraisse.

15 février : championnats du monde de cyclo-cross - 1. Longo (It.); 2. Wolfshohl (RFA) à 14"; Pavard (Fr.) à 3'58".

4-14 mars : Paris-Nice - Classement final : 1. Graczyk (Fr.) ; 2. Saint (Fr.) à 15"; 3. Baffi (It.) à 4'15".

8 mars : Milan-Turin - 1. Fabbri (It.) ; 2. Carlesi (It.) ; 3. Coletto (It.) m.t.

19 mars : Milan-San Remo - 1. Poblet (Esp.) ; 2. Van Steenbergen (Bel.) ; 3. Van Daele (Bel.) m.t.

22 mars : Critérium national - 1. Darrigade (Fr.) ; 2. Picot (Fr.) ; Graczyk (Fr.) m.t.

30 mars : Tour des Flandres - 1. Van Looy (Bel.) ; 2. Schoubben (Bel.) ; 3. G. Desmet (Bel.) m.t.

4 avril : Gand-Wevelgem - 1. Van Daele (Bel.) ; 2. Hoevenaers (Bel.) à 5" ; 3. Anquetil (Fr.) m.t.

5 avril : Het Volk - 1. Elliott (Irl.) ; 2. De Bruyne (Bel.) m.t ; 3. S. Dingen (P.-B.) à 17".

12 avril : Paris-Roubaix - 1. Fore (Bel.) ; 2. G. Desmet (Bel.) à 57" ; 3. Janssens (Bel.) m.t.

19 avril : Paris-Bruxelles - 1. Schoubben (Bel.) ; 2. Vannitsen (Bel.) ; 3. Poblet (Esp.) m.t.

24 avril-10 mai : Tour d'Espagne
1re étape, Madrid-Tolède : Van Looy (Bel.)
2e étape, Tolède-Cordoue : Karmany (Esp.)
3e étape, Cordoue-Séville : Iturat (Esp.)
4e étape, Séville-Grenade : Bahamontes (Esp.)
5e étape, Grenade-Murcie : Suarez (Esp.)
6e étape, Murcie-Alicante : Mas (Esp.)
7e étape, Alicante-Castellon : Barrutia (Esp.)
8e étape, Castellon-Tortosa : Van Looy (Bel.)
9e étape, Tortosa-Barcelone : Van Looy
10e étape, Barcelone-Lerida : Suarez (Esp.)
11e étape, Lerida-Pampelune : Van Looy
12e étape, Pampelune-San Sebastian : Cardoso (Port.)
13e étape, San Sebastian-San Sebastian c.l.m. par équipes : Rapha-Géminiani
14e étape, Heibar-Vitoria c.l.m. : Rivière (Fr.)
15e étape, Vitoria-Santander : San Emeterio (Esp.)
16e étape, Santander-Bilbao : Rivière (Fr.)
17e étape, Bilbao-Bilbao : Manzaneque
Classement final : 1. Suarez (Esp.); 2. Segu (Esp.); 3. Van Looy (Bel.) à 7'9"; 4. Everaert (Fr.) à 7'44"; 5. Busto (Fr.) à 16'29"; 6. Rivière (Fr.) à 17'30". Couvreur (Bel.) à 18'24"; Otano (Esp.) à 26'34"; 9. Vloesbergs (Bel.) à 27'17"; 10. Galdeano (Esp.) à 29'40".

25 avril : Flèche Wallonne - 1. Hoevenaers (Bel.) ; 2. Janssens (Bel.) à 15" ; 3. Schoubben (Bel.) m.t.

26 avril : Liège-Bastogne-Liège - 1. De Bruyne (Bel.) ; Schoubben (Bel.) ; Demulder (Bel.) m.t.

26 avril-1er mai : Tour du Sud-Est - Classement final : 1. Privat (Fr.); 2. Mastrotto (Fr.) à 1'25". Pavard (Fr.) à 1'25".

30 avril-7 mai : Rome-Naples-Palerme - Classement final : 1. Bobet (Fr.) ; 2. Nencini (It.) à 7'41" ; 3. Pellegrini (It.) à 10'18".

3 mai : Championnat de Zurich - 1. Conterno (It.) ; 2. Graf (Sui.) ; 3. Altweck (RFA) m.t.

4-7 mai : Tour de Belgique - Classement final : 1. Desmet (Bel.); 2. Van der Pleetsen (Bel.) à 15"; 3. Buysse (Bel.) à 2'43".

7-10 mai : Tour de Romandie - Classement final : 1. Gimmi (Sui.) ; 2. Graf (Sui.) à 26'4; 3. Ruegg (Sui.) à 1'.

7-10 mai : Quatre Jours de Dunkerque - Classement final : 1. Anquetil (Fr.); 2. Morvan (Fr.) à 54"; 3. Aerenhouts (Bel.) à 2'15".

16-18 mai : Grand Prix du Midi-Libre - Classement final : 1. Brankart (Bel.) ; 2. Mahé (Fr.) à 23"; 3. Mastrotto (Fr.) à 1'25".

16 mai-7 juin : Tour d'Italie
1re étape, Milan-Salsomaggiore : Van Looy (Bel.)
2e étape, Salsomaggiore-Salsomaggiore c.l.m. : Anquetil (Fr.)
3e étape, Salsomaggiore-Abetone : Gaul (Lux.)
4e étape, Abetone-Arezzo : Pellegrini (It.)
5e étape, Arezzo-Rome : Van Looy (Bel.)
6e étape, Rome-Naples : Poblet (Esp.)
7e étape, Montée du Vésuve : Gaul
8e étape, circuit de l'île d'Ischia : Catalano (It.)
9e étape, Naples-Vasto : Nencini (It.)
10e étape, Vasto-Teramo : Benedetti (It.)
11e étape, Ascoli-Rimini : Van Looy
12e étape, Rimini-San Marin : Defilippis (It.)
13e étape, Rimini-Vérone : Poblet (Esp.)
14e étape, Vérone-Rovereto : Van Looy
15e étape, Trente-Bolzano : Poblet
16e étape, Bolzano-San Pellegrino : Fantini (It.)

17e étape, San Pellegrino-Gênes : Padovan (It.)
18e étape, Gênes-Turin : Favero (It.)
19e étape, Turin-Suzec c.l.m. : Anquetil
20e étape, Turin-Saint-Vincent : Sabbadin (It.)
21e étape, Aoste-Courmayeur : Gaul
22e étape, Courmayeur-Milan : Graf (Sui.)
Classement final : 1. Gaul (Lux.); 2. Anquetil (Fr.) à 6'12"; 3. Ronchini (It.) à 6'16"; 4. Van Looy (Bel.) à 7'17"; Massignan (It.) à 7'31"; 6. Poblet (Esp.) à 10'21"; Battistini (It.) à 10'47"; 8. Carlesi (It.) à 13'38"; Bono (It.) à 13'56"; 10. Nencini (It.) à 15'49".

24 mai : Bordeaux-Paris - 1. L. Bobet (Fr.); 2. Hassenforder (Fr.) à 7'25"; 3. Van Tongerloo (Bel.) à 11'15".

1-7 juin : Critérium du Dauphiné - Étapes remportées par Segu (Esp.), Salvador (Esp.), Queneille (Fr.), Rohrbach (Fr.), Mastrotto (Fr.), Altweck (RFA), Rivière (Fr.), Altweck (RFA). Classement final : 1. Anglade (Fr.); 2. Mastrotto (Fr.) à 17"; 3. Rivière (Fr.) à 6'52".

12-18 juin : Tour de Suisse - Étapes remportées par Graf (Sui.), Junkermann (RFA), Gimmi (Sui.), Bahamontes (Esp.), Uliana (Esp.), Bahamontes (Esp.), Vaucher (Sui.), Schweitzer (Sui.). Classement final : Junkermann (RFA); 2. Anglade (Fr.); Bahamontes (Esp.).

14 juin : Boucles de la Seine - 1. Hassenforder (Fr.); 2. Cazala (Fr.); 3. Geyre (Fr.) m.t..

21 juin : Championnats nationaux. France : 1. Anglade; 2. Forestier; 3. Privat. Belgique : Oellibrandt. Espagne (c.l.m.) : Suarez. Italie : Ronchini.

25 juin-18 juillet : Tour de France
Federico Bahamontes devient le premier vainqueur espagnol du Tour.
1re étape, Mulhouse-Metz : Darrigade (Fr.)
2e étape, Metz-Namur : Favero (It.)
3e étape, Namur-Roubaix : Cazala (Fr.)
4e étape, Roubaix-Rouen : Bruni (It.)
5e étape, Rouen-Rennes : Graczyk (Fr.)
6e étape, Blain-Nantes : Rivière (Fr.)
7e étape, Nantes-La Rochelle : Hassenforder (Fr.)
8e étape, La Rochelle-Bordeaux : Dejouhannet (Fr.)
9e étape, Bordeaux-Bayonne : Queheille (Fr.)
10e étape, Bayonne-Bagnères-de-Bigorre : Janssens (Bel.)
11e étape, Bagnères-de-Bigorre-Saint-Gaudens : Darrigade
12e étape, Saint-Gaudens-Albi : Graf (Sui.)
13e étape, Albi-Aurillac : Anglade (Fr.)
14e étape, Aurillac-Clermont-Ferrand : Le Dissez (Fr.)
15e étape, Clermont-Ferrand-Le Puy-de-Dôme : Bahamontes (Esp.)
16e étape, Le Puy-de-Dôme-Saint-Étienne : Bruni (It.)
17e étape, Saint-Étienne-Grenoble : Gaul (Lux.)
18e étape, Grenoble-Saint-Vincent-d'Aoste : Baldini (It.)
19e étape, Saint-Vincent-d'Aoste-Annecy : Graf (Sui.)
20e étape, Annecy-Chalon-sur-Saône : Robinson (G.-B.)
21e étape, Seurre-Dijon : Rivière
22e étape, Dijon-Paris : Groussard (Fr.)
Classement final : 1. Bahamontes (Esp.); 2. Anglade (Fr.) à 4'01"; 3. Anquetil (Fr.) à 5'05"; 4. Rivière (Fr.) à 5'17"; 5. Mahé (Fr.) à 8'22".
Classement de la montagne : 1. Bahamontes (Esp.); 2. Gaul (Lux.); 3. Saint (Fr.).
Classement par points : Darrigade (Fr.); Saint (Fr.); Anquetil (Fr.).

26 juillet : Championnat de Suisse : Graf.

8-13 août : Championnats du monde sur piste. Vitesse : Maspes (It.). Poursuite : Rivière (Fr.). Demi-fond : Timoner (Esp.).

16 août : Championnats du monde sur route - 1. Darrigade (Fr.); 2. Gismondi (It.); 3. Foré (Bel.) m.t.

7-13 septembre : Tour de Catalogne - Classement final : 1. Botella (Esp.); Manzaneque (Esp.) à 3"; 3. Berrendero (Esp.) à 19".

13 septembre : Grand Prix Martini - 1. Anquetil (Fr.); 2. Saint (Fr.) à à 2'33"; 3. Moser (It.) 3'51".

20 septembre : Grand Prix des nations (c.l.m.) - 1. Moser (It.); 2. Rivière (Fr.) à 4"; 3. Vaucher (Sui.) à 1'25".

11 octobre : Paris-Tours - 1. Van Looy (Bel.); 2. Nietsen (P.-B.) m.t.; 3. Noyelle (Bel.) à 4".

14 octobre : Tour de Lombardie - 1. Van Looy (Bel.); Vannitsen (Bel.); 3. Poblet (Esp.).

4 novembre : Trophée Baracchi - 1. Baldini-Moser; 2. Ronchini-Gismondi; 3. Anquetil-Darrigade.

1960

2 janvier : Mort de Fausto Coppi.

14 février : Championnats de France de cyclo-cross - Meunier.

21 février : Championnats du monde de cyclo-cross - 1. Wolfshohl (RFA); 2. Hungerbuchler (Sui.); 3. Aubry (Fr.).

9-16 mars : Paris-Nice - Classement final : 1. Impanis (Bel.); 2. Mahé (Fr.) à 2'27"; 3. Cazala (Fr.) à 2'33".

13 mars : Milan-Turin - 1. Pambianco (It.); 2. Carlesi (It.) à 12"; 3. Nencini (It.) m.t.

19 mars : Milan-San Remo - 1. Privat (Fr.); 2. Graczyk (Fr.) à 11"; 3. Molenaers (Bel.) à 20".

27 mars : Critérium national - 1. Graczyk (Fr.); 2. Colette (Fr.) à 3"; 3. Anquetil (Fr.) à 2'4".

30 mars : Tour de Campanie - 1. Liviero (It.); 2. Nencini (It.); 3. Baffi (It.) m.t.

3 avril : Tour des Flandres - 1. De Cabooter (Bel.); 2. Graczyk (Fr.); 3. Van Looy (Bel.) m.t.

10 avril : Paris-Roubaix - 1. Cerami (Bel.); 2. Sabbadini (Fr.) à 14"; 3. Poblet (Esp.) à 55".

20-27 avril : Rome-Naples-Palerme - Classement final : 1. L. Bobet (Fr.); 2. Wagtmans (P.-B.) à 5'33"; 3. Brugnami (It.) à 6'14".

21 avril : Paris-Bruxelles - 1. Everaert (Fr.); 2. Darrigade (Fr.) à 1'23"; 3. Graczyk (Fr.) m.t.

29 avril-15 mai : Tour d'Espagne
1re étape, Gijon-Gijon c.l.m. par équipes : Faema
2e étape, Gijon-La Corogne : Alberdi (It.)
3e étape, La Corogne-Vigo : Barrutia (Esp.)
4e étape, Vigo-Orense : Demulder (Bel.)
5e étape, Orense-Zamora : Gomez del Moral (Esp.)
6e étape, Zamora-Madrid : Assirelli (It.)
7e étape, Madrid-Madrid : Demulder (Bel.)
8e étape, Madrid-Saragosse : De Cabooter (Bel.)
9e étape, Saragosse-Barcelone : Botella (Esp.)
10e étape, Barcelone-Barbestro : Sweeks (Bel.)
11e étape, Barbastro-Pampelune : Iturat (Esp.)
12e étape, Pampelune-Logrono : Galdeano (Esp)
13e étape, Logrono-San Sebastian : Bahamontes (Esp.)
14e étape, San Sebastian-Vitoria : Suarez (Esp.)
15e étape, Vitoria-Santander : De Cabooter (Bel.)
16e étape, Santander-Bilbao : Demulder (Bel.)
17e étape, Bilbao-Guernica-Bilbao : Demulder (Bel.) et Karmany (Esp.)
Classement final : Demulder (Bel.); 2. A. Desmet (Bel.) à 15'21"; 3. Pacheco (Esp.) à 19'30"; 4. Karmany (Esp.) à 22'3"; 5.Campillo (Esp.) à 29'50"; 6. Manzaneque (Esp.) à 31'58"; 7. Botella (Esp.) à 32'58"; 8. Aspuru (Esp.) à 35'08"; 9. Lorono (Esp.) à 38'11". 10 De Cabooter (Bel.) à 41'42".

8 mai : Liège-Bastogne-Liège - 1. Geldermans (P.-B.); 2. Everaert (Fr.) à 2'1"; 3. Planckaert (Bel.) 2'53".

9 mai : Flèche Wallonne - 1. Cerami (Bel.); 2. Beuffeuil (Fr.) à 27"; 3. Gossens (Bel.) m.t.

12-15 mai : Tour de Romandie - Classement final : 1. Rostolla (Sui.); 2. Delberghe (Fr.) à 2'26"; 3. Hoevenaers (Bel.) à 4'20".

13-16 mai : Quatre Jours de Dunkerque - Classement final : 1. Planckaert (Bel.) 2. Stablinski (Fr.); 3. Everaert (Fr.).

18-22 mai : Tour du Sud-Est - Classement final : 1. Simpson (G.-B.); 2. Lach (Fr.) 3. Huot (Fr.) m.t.

19 mai-9 juin : Tour d'Italie
1re étape, Rome-Naples : Bruni (It.)
2e étape, Circuit à Sorrente c.l.m. : Venturelli (It.)
3e étape, Sorrente-Campobasso : Poblet (Esp.)
4e étape, Campobasso-Pescara : Botella (Esp.)
5e étape, Pescara-Rieti : Nencini (It.)
6e étape, Terni-Rimini : Baffi (It.)
7e étape, Igea-Bellaria c.l.m. : Poblet (Esp.)
8e étape, Bellaria-Forli : Van Looy (Bel.)
9e étape, Forli-Livourne : Van Looy (Bel)
10e étape, Livourne-Carrare : Daems (Bel.) et côte de Carrare c.l.m. : Anquetil (Fr.) et Poblet (Esp.)
11e étape, Carrare-Sestri Levante : Nencini (It.)
12e étape, Sestri Levante-Asti : Van Looy (Bel.)
13e étape, Asti-Cervinia : Kazianka (It.)
14e étape, Saint Vincent-Milan : Stablinski (Fr.)
15e étape, Seregno-Lecco c.l.m. : Anquetil (Fr.)
16e étape, Lecco-Vérone : Darrigade (Fr.)
17e étape, Vérone-Trévise : Falaschi (It.)
18e étape, Trévise-Trieste : Bruni (It.)
19e étape, Trieste-Belluno : Elliott (Irl.)
20e étape, Belluno-Trente : Daems (Bel.)
21e étape, Trente-Bormio : Gaul (Lux.)
22e étape, Bormio-Milan : Padovan (It.)
Classement final : Anquetil (Fr.); 2. Nencini (It.) à 28"; 3. Gaul (Lux.) à 3'51"; 4. Massignan (It.) à 4'6"; 5. Hoevenaers (Bel.) à 5'53"; 6. Carlesi (It.) à 8'28"; 7. Piambianco (It.) à 8'32"; 8. Ronchini (It.) à 9'28"; 9. Delberghe (Fr.) à 12'29"; 10. Coletto (It.) à 13'10".
Classement par équipes : 1. Ignis; 2. Faema; 3. Leroux-Helyett.

22-26 mai : Tour de Belgique - Classement final : 1. Sweek (Bel.); 2. Messelis (Bel.) à 22'; 3. Truye (Bel.) à 1'36".

24-26 mai : Grand Prix du Midi-Libre - Classement final : 1. Huot (Fr.); 2. Queheille (Fr.) à 5"; 3. Mastrotto (Fr.) à 1'15".

29 mai : Bordeaux-Paris - 1. Janssens (Bel.); 2. Mahé (Fr.) à 4'16"; 3. Oellibrandt (Bel.).

31 mai-6 juin : Critérium du Dauphiné - Étapes remportées par Bleneau (Fr.), Abate (Fr.), Busto (Fr.), Otano (Esp.), Graczyk (Fr.), Rivière (Fr.), Cazala (Fr.), Novak (Fr.), Mastrotto (Fr.).
Classement final : 1. Dotto (Fr.); 2. Mastrotto (Fr.) à 1'46"; 3. Thielin (Fr.) à 7'.

12 juin : Championnats nationaux. France - 1. Stablinski; 2. Rostollan; 3. Darrigade. Poursuite - Nedelec. Poursuite - Bouvet. Belgique - De Mulder. Espagne - Suarez. Italie - Defilippis. Pays-Bas - Maliepaard.

16-22 juin : Tour de Suisse - Étapes remportées par Epalle (Fr.), Ruegg (Sui.), Martin (Esp.), Muegg (Sui.), Lutz (Sui.), Selic (Fr.), Blavier (Bel.). Classement final : 1. Ruegg (Sui.); 2. Gimmi (Sui.) à 2'37"; 3. Strehler (Sui.) à 2'53".

18-20 juin : Tour de Catalogne - Classement final : 1. Poblet (Esp.); 2. Perez-Frances (Esp.); 3. Cruc (Esp.).

19 juin : Boucles de la Seine - 1. Rohrbach (Fr.); 2. Poulidor (Fr.); 3. Pavard (Fr.) m.t.

26 juin-17 juillet : Tour de France

1re étape, Lille-Bruxelles : Schepens (Bel.)
Bruxelles-Bruxelles c.l.m. : Rivière (Fr.)
2e étape, Bruxelles-Dunkerque-Mâlo-les-Bains : Privat (Fr.)
3e étape, Dunkerque-Mâlo-les-Bains-Dieppe : Defilippis (It.)
4e étape, Dieppe-Caen : Graczyk (Fr.)
5e étape, Caen-Saint-Mâlo : Darrigade (Fr.)
6e étape, Saint-Malo-Lorient : Rivière
7e étape, Lorient-Angers : Battistini (It.)
8e étape, Angers-Limoges : Defilippis
9e étape, Limoges-Bordeaux : Van Geneugden (Bel.)
10e étape, Mont-de-Marsan-Pau : Rivière
11e étape, Pau-Luchon : Gimmi (Sui.)
12e étape, Luchon-Toulouse : Graczyk
13e étape, Toulouse-Millau : Proost (Bel.)
14e étape, Millau-Avignon : Van Geneugden
15e étape, Avignon-Gap : Van Aerde (Bel.)
16e étape, Gap-Briançon : Battistini
17e étape, Briançon-Aix-les-Bains : Graczyk
18e étape, Aix-Thonon : Manzaneque (Esp.)
19e étape, Pontarlier-Besançon c.l.m. : Graf (Sui.)
20e étape, Besançon-Troyes : Beuffeuil (Fr.)
21e étape, Troyes-Paris : Graczyk
Classement final : 1. Nencini (It.) ; 2. Battistini (It.) à 5'20" ; 3. Adriaenssens (Bel.) à 10'24" ; 4. Junkermann (RFA) à 11'21" ; 5. Planckaert (Bel.) à 13'05".
Classement par points : 1. Graczyk (Fr.) ; 2. Battistini (It.) ; 3. Nencini (It.).
Classement de la montagne : - 1. Massignan (It.) ; 2. Rohrbach (Fr.) ; 3. Battistini (It.).
Classement interéquipes : - 1. France ; 2. Italie ; 3. Belgique.

31 juillet : Tour du Piémont - 1. Sabbadin (It.) ; 2. Fabri (It.) ; 3. Brugnami (It.) m.t.

14 août : Championnats du monde sur route - 1. Van Looy (Bel.) ; 2. Darrigade (Fr.) ; 3. Cerami (Bel.) m.t.

26-30 août : Jeux olympiques de Rome. C.l.m. par équipes : Italie. Kilomètre départ arrêté : Gaiardoni (It.). Vitesse : Gaiardoni (It.). Poursuite par équipes : Italie. Route, individuel : Kapitonov (URSS).

18 septembre : Grand Prix des nations - 1. Baldini (It.) ; 2. Vloeberghs (Bel.) ; 3. Mastrotto (Fr.).

2 octobre : Paris-Tours - 1. De Haan (P.-B.) ; 2. Stolker (P.-B.) ; 3. Otano (Esp.).

4 octobre : Tour de l'Émilie - 1. Fallarini (It.) ; 2. Favero (It.) ; 3. Defilippis (It.).

▸ **16 octobre** : Tour de Lombardie - 1. Daems (Bel.) ; 2. Ronchini (It.) ; 3. Fontana (It.).

4 novembre : Trophée Baracchi - 1. Ronchini-Venturelli ; 2. Baldini-Moser ; 3. Le Menn-Valdois.

1961

15 janvier : Après le Vel' d'Hiv' parisien, après celui de Saint-Étienne, la piste du Palais de la foire de Lille disparaît à son tour.

5 février : Championnat de France de cyclo-cross - 1. Dufraisse; 2. Gérardin à 2'5" ; 3. Gandolfo à 2'56".

9 février : Le routier suisse Oscar Egg meurt à l'âge de 70 ans. Avec une performance de 44,247 km, il avait été recordman de l'heure pendant plus de vingt ans. Il s'était installé en France.

19 février : Championnat du monde de cyclo-cross - 1. Wolfshol (RFA) ; 2. Longo (It.) à 14" ; 3. Dufraisse (Fr.) à 1'28".

26 février-3 mars : Tour de Sardaigne - Classement final : 1. Daems (Bel.) ; 2. Pambianco (It.) ; 3. Stablinski (Fr.).

4 mars : Het Volk - 1. De Cabooter (Bel.) ; 2. Schoubben (Bel.) ; 3. Decraeye (Bel.).

5 mars : Gênes-Nice - 1. F. Picot (Fr.) ; 2. Delberghe (Fr.) ; 3. Poulidor (Fr.).

10-16 mars : Paris-Nice - Classement final : 1. Anquetil (Fr.) ; 2. Groussard (Fr.) ; 3. Planckaert (Bel.).

▸ **18 mars** : Milan-San Remo - 1. Poulidor (Fr.) ; 2. Van Looy (Bel.) ; 3. Benedetti (It.).

▸ **26 mars** : Tour des Flandres - 1. Simpson (G.-B.) ; 2. Defilippis (It.) ; 3. De Haan (P.-B.).

2 avril : Critérium national - 1. Anquetil (Fr.) ; 2. Darrigade (Fr.) ; 3. Gainche (Fr.).

9 avril : Paris-Roubaix - 1. Van Looy (Bel.) ; 2. Janssens (Bel.) ; 3. Vanderveken (Bel.) m.t.

16 avril : Mont-Faron (c.l.m.) - 1. Poulidor (Fr.) ; 2. Bahamontes (Esp.) à 16" ; 3. Anquetil (Fr.) à 20".

16 avril : Gand-Wevelgem - 1. Aerenhouts (Bel.) ; 2. Impanis (Bel.) ; 3. Molenaers (Bel.)m.t.

23 avril : Paris-Bruxelles - 1. Cerami (Bel.) ; 2. G. Desmet (Bel.) ; 3. Schoubben (Bel.) m.t.

23-30 avril : Rome-Naples-Palerme - Classement final : 1. Graczyk (Fr.); 2. Battistini (It.) à 11'6"; 3. Couvreur (Bel.) à 12'14".

26 avril-11 mai : Tour d'Espagne
1er étape, 1er tronçon, circuit del Monte Igueldo c.l.m. par équipes : Faema
1e étape, 2e tronçon, San Sebastian-Pampelune : Rohrbach (Fr.)
2e étape, Pampelune-Pampelune : Mahé (Fr.)
3e étape, Pampelune-Huesca : Iturat (Esp.)
4e étape, Huesca-Barcelone : Seynaeve (Bel.)
5e étape, Barcelone-Tortosa : Galdeano (Esp.)
6e étape, Tortosa-Valence : Soler (Esp.)
7e étape, Valence-Benidorm : Van Meenen (Bel.)
8e étape, Benidorm-Albacete : Perez-Frances (Esp.)
9e étape, Albacete-Madrid : Otano (Esp.)
10e étape, Madrid-Madrid : Barbosa (Por.)
11e étape, Madrid-Valladolid : De Cabooter (Bel.)
12e étape, Valladolid-Palencia c.l.m. : Suarez (Esp.)
13e étape, Palancia-Santander : Moreno (Esp.)
14e étape, Santander-Vitoria : Mahé (Fr.)
15e étape, Vitoria-Bilbao : Karmany (Esp.)
16e étape, Bilbao-Bilbao : Company (Bel.)
Classement final : 1. Soler (Esp.) ; 2. F. Mahé (Fr.) à 51' ; 3. Perez-Frances (Esp.) à 2'23"; 4. Suarez (Esp.) à 2'47"; 5. Gomez del Moral (Esp.) à 3'13"; 6. Iturat (Esp.) à 5'29"; 7. Manzaneque (Esp.) à 5'29"; 8. Karmany (Esp.) à 6'7"; 9. Morales (Esp.) à 7'38"; 10. Lorono (Esp.) à 7'47".
Classement de la montagne : 1. Karmany (Esp.); 2. Jimenez (Esp.); 3. Perez-Frances (Esp.).
Classement par points : 1. Suarez (Esp.); 2. Iturat (Esp.); 3. Perez-Frances (Esp.).
Classement par équipes : 1. Faema; 2. Licor; 3. Kas.

8-11 mai : Tour de Romandie - Classement final : 1. Rostollan (Fr.); 2. Fezzardi (It.) ; 3. Massignan (It.).

8-11 mai : Tour de Belgique - Classement final : 1. Van Looy (Bel.) à 2'38" ; 2. A. Desmet (Bel.) ; 3. Schroeders (Bel.) à 3'22".

11-14 mai : Quatre Jours de Dunkerque - Classement final : 1. Geldermans (Bel.) ; 2. Poulidor (Fr.); 3. Beuffeuil (Fr.).

15 mai : Liège-Bastogne-Liège - 1. Van Looy (Bel.) ; 2. Rohrbach (Fr.) ; 3. A. Desmet (Bel.).

16 mai : Flèche Wallonne - 1. Vannitsen (Bel.) ; 2. Graczyk (Fr.) ; 3. Aerenhouts (Bel.)m.t.

▸ **20 mai-11 juin** : Tour d'Italie
1re étape, Turin-Turin : Poblet (Esp)
2e étape Turin-San Remo : Poblet (Esp.)
3e étape, San Remo-Gênes : Schroeders (Bel.)
4e étape, Cagliari-Cagliari : Magni (It.)
5e étape, Marsala-Palerme : Proost (Bel.)
6e étape, Palerme-Milazzo : Defilippis (It.)
7e étape, Reggio de Calabre-Cosenza : Suarez (Esp.)
8e étape, Cosenza-Tarente : Van Est (P.-B.)
9e étape, Castellana Grotte-Bari c.l.m. : Anquetil (Fr.)
10e étape, Bari-Potenza : Taccone (It.)
11e étape, Potenza-Teano : Chiodini (It.)
12e étape, Gaeta-Romz : Giusti (It.)
13e étape, Mentana-Castelfidardo : Van Looy (Bel.)
14e étape, Ancone-Florence : Ciampi (It.)
15e étape, Florence-Modène : Van Looy (Bel.)
16e étape, Modène-Vicenze : Zamboni (It.)
17e étape, Vicenze-Trieste : Van Looy (Bel.)
18e étape, Trieste-Vittorio Veneto : Giusti (It.)
19e étape, Vittorio Veneto-Trente : Schroeders (Bel.)
20e étape, Trente-Bormio : Gaul (Lux.)
21e étape, Bormio-Milan : Poblet (Esp.)
Classement final : 1. Pambianco (It.) ; 2. Anquetil (Fr.) à 3'45" ; 3. Suarez (Esp.) à 4'17"; 4. Gaul (Lux.); 5. Carlesi (It.) à 8'8"; 6. Junkermann (RFA) à 12'25"; 7. Van Looy (Bel.) à 12'38"; 8. Van Tongerloo (Bel.) à 14'48"; 9. Brugnami (It.) 16'5"; 10. Defilippis (It.) à 16'23".
Classement de la montagne : 1. Taccone (It.); 2. Mas (Esp.); 3. Junkermann (RFA).
Classement par équipes : 1. Faema; 2. Torpado; 3. Ignis.

24-27 mai : Grand Prix du Midi-Libre - Classement final : 1. Groussard (Fr.) ; 2. Annaert (Fr.) à 1" ; 3. Poulidor (Fr.)m.t.

28 mai : Le pistard italien Antonio Maspes remporte le Grand Prix de Paris à la Cipale de Vincennes.

29 mai-4 juin : Critérium du Dauphiné - Classement final : 1. Robinson (G.-B.) ; 2. Mastrotto (Fr.) à 6'12" ; 3. F. Mahé (Fr.) à 7'11".

▸ **4 juin** : Bordeaux-Paris - 1. Van Est (P.-B.) ; 2. L. Bobet (Fr.) ; 3. Le Menn (Fr.).

11 juin : Boucles de la Seine - 1. Groussard (Fr.) ; 2. Gainche (Fr.) ; 3. Cazala (Fr.).

11-15 juin : Tour du Luxembourg - Classement final : 1. Gaul (Lux.) ; 2. Emzer (Lux.) ; 3. Groussard (Fr.) et Boizan (Lux.).

16-19 juin : Tour de Suisse - Classement final : 1. Moresi (Sui.) ; 2. Couvreur (Bel.) ; 3. Ruegg (Sui.).

18 juin : Championnats nationaux - France : 1. Poulidor ; 2. Stablinski ; 3. Ignolin. Allemagne : Junkermann. Belgique : Van Aerde. Espagne : Suarez. Italie : Sabbadin. Luxembourg : Gaul. Pays-Bas : Maliepaard.

20 juin : Tour du Piémont - 1. De Roo (P.-B.) ; 2. Darrigade (Fr.) ; 3. Le Borgne (Fr.).

▸ **25 juin-16 juillet** : Tour de France
1re étape, Rouen-Versailles : Darrigade (Fr.) ; Versailles-Versailles c.l.m. : Anquetil (Fr.)
2e étape, Pontoise-Roubaix : Darrigade
3e étape, Roubaix-Charleroi : Daems (Bel.)
4e étape, Charleroi-Metz : Nowak (Fr.)
5e étape, Metz Strasbourg : Bergaud (Fr.)
6e étape, Strasbourg-Belfort : Planckaert (Bel.)
7e étape, Belfort-Chalon-sur-Saône : Stablinski (Fr.)
8e étape, Chalon-sur-Saône-Saint-Étienne : Forestier (Fr.)
9e étape, Saint-Étienne-Grenoble : Gaul (Lux.)
10e étape, Grenoble-Turin : Ignolin (Fr.)
11e étape, Turin-Antibes : Carlesi (It.)
12e étape, Juan-les-Pins-Aix-en-Province : Van Aerde (Bel.)
13e étape, Aix-en-Province-Montpellier : Darrigade
14e étape, Montpellier-Perpignan : Pauwels (Bel.)
15e étape, Perpignan-Toulouse : Carlesi
16e étape, Toulouse-Luchon-Superbagnères : Massignan (It.)
17e étape, Luchon-Pau : Pauwels
18e étape, Pau-Bordeaux : Van Geneugden (Bel.)

19e étape, Bergerac-Périgueux c.l.m. : Anquetil
20e étape, Périgueux-Tours : Darrigade
21e étape, Tours-Paris : Cazala (Fr.)
Classement final : 1. Anquetil (Fr.); 2. Carlesi (It.) à 12'14"; 3. Gaul (Lux.) à 12'16"; 4. Massignan (It.) à 15'59"; 5. Junkermann (RFA) à 16'09". Jacques Anquetil a porté le maillot jaune de la première à la dernière étape.
Classement par équipes : 1. France; 2. Belgique; 3. Italie.
Classement de la montagne : 1. Massignan (It.); 2. Gaul (Lux.); 3. Junkermann (RFA).
Classement par points : 1. Darrigade (Fr.); 2. Gainche (Fr.); 3. Carlesi (It.).

2-16 juillet : Tour de l'Avenir - Classement final : 1. De Rosso (It.); 2. Gabica (Esp.) à 38"; 3. Van d'Huynslager (Bel.) à 10'04". Pour cette première édition, 128 coureurs, regroupés en 16 équipes nationales, ont pris le départ de ce Tour de France des amateurs et des indépendants. Le leader endosse un maillot jaune... cerclé de blanc.

29-30 juillet : Grand Prix de Fourmies - 1. Wasco (Fr.); 2. Delberghe (Fr.); 3. Le Menn (Fr.).

▸ 26-30 août : Championnats du monde sur piste.
Vitesse : Maspes (It.). Poursuite : Altig (RFA.). Demi-fond : Marsell (RFA).

▸ 3 septembre : Championnats du monde sur route (Berne) - 1. Van Looy (Bel.); 2. Defilippis (It.); 3. Poulidor (Fr.).

9 septembre : Critérium des As - 1. Van Looy (Bel.); 2. Van Steenbergen (Bel.); 3. Darrigade (Fr.).

17-24 septembre : Tour de Catalogne - Classement final : 1. Duez (Bel.); 2. Nicolau (Esp.); 3. Menendez (Esp.).

18 septembre : Grand Prix des nations - 1. Anquetil (Fr.); 2. G. Desmet (Bel.); 3. Moser (It.).

▸ 8 octobre : Paris-Tours - 1. Wouters (Bel.); 2. G. Desmet (Bel.); 3. Novak (Fr.).

22 octobre : Tour de Lombardie - 1. Taccone (It.); 2. Massignan (It.); 3. Fontana (It.).

1er novembre : Trophée Baracchi - 1. Baldini-Velly; 2. Fornoni-Babini à 1'44"; 3. Maliepaard-Lebaube à 5'21".

1962

4 février : Championnat de France de cyclo-cross - 1. Dufraisse; 2. Gandolfo à 1'; 3. Vattier à 1'18".

18 février : Championnat du monde de cyclo-cross - 1. Longo (It.); 2. Gandolfo (Fr.) à 2'31"; 3. Dufraisse (Fr.) à 2'48".

24 février-1er mars : Tour de Sardaigne - Classement final : 1. Van Looy (Bel.); 2. Ronchini (It.); 3. Colmenarejo (Esp.).

9-17 mars : Paris-Nice - Classement final : 1. Planckaert (Bel.); 2. Simpson (G.-B.); 3. Wolfshohl (RFA).

10 mars : Het Volk - 1. De Middeleir (Bel.); 2. Claes (Bel.); 3. De Conninck (Bel.).

19 mars : Milan-San Remo - 1. Daems (Bel.); 2. I. Molenaers (Bel.) à 1'19"; 3. Proost (Bel.) mt.

25 mars : Gand-Wevelgem - 1. Van Looy (Bel.); 2. Schoubben (Bel.) à 29"; 3. A. Desmet (Bel.) mt.

25 mars : Critérium national - 1. Groussard (Fr.); 2. Annaert (Fr.); 3. Novak (Fr.) m.t.

27-29 mars : Tour du Var - Classement final : 1. Forestier (Fr.); 2. Graczyk (Fr.) à 2'5"; 3. Delberghe (Fr.) mt.

1er avril : Tour des Flandres - 1. Van Looy (Bel.); 2. Van Aerde (Bel.) à 9"; 3. Kerkhove (Bel.) mt.

1er avril : Mont Faron - 1. Bahamontes (Esp.); 2. Manzano (Esp.); 3. Bellone (Fr.).

9 avril : Paris-Roubaix - 1. Van Looy (Bel.); 2. Daems (Bel.) à 24"; 3. Schoubben (Bel.) mt.

12-18 avril : Tour d'Allemagne - Classement final : 1. Post (P.-B.); 2. Troonbeck (Bel.); 3. Novalès (Fr.).

24-29 avril : Tour du Sud-Est - Classement final : 1. Thielin (Fr.); 2. Privat (Fr.) à 51"; 3. Mastrotto (Fr.) à 7'1".

▸ 27 avril-13 mai : Tour d'Espagne
1e étape, Circuit de Montjuich : Barrutia (Esp.)
2e étape, Barcelone-Tortosa : Altig (RFA)
3e étape, Tortosa-valence : Defilippis (It.)
4e étape, Valence-Benidorm : Elliott (Irl.)
5e étape, Circuit à Benidorm c.l.m. par équipes : ACBB-Saint Raphaël
6e étape, Benidorm-Cartagène : Graczyk (Fr.)
7e étape, Murcie-Almeria : Altig (RFA)
8e étape, Almeria-Malaga : Annaert (Fr.)
9e étape, Malaga-Cordoue : Gomez del Moral (Esp.)
10e étape, Cordoue-Valdepenas-Madrid : Geldermans (P.-B.)
11e étape, Madrid-Valladolid : Stablinski (Fr.)
12e étape, Valladolid-Logrono : Bono (It.)
13e étape, Logrono-Pampelune : Graczyk (Fr.)
14e étape, Pampelune-Bayonne : Graczyk (Fr.)
15e étape, Bayonne-San Sebastian : Altig (RFA)
16e étape, San Sebastian-Vitoria : Graczyk (Fr.)
17e étape, Vitoria-Bilbao : Segu (Esp.)
Classement final : 1. Altig (RFA) 2. Perez-Frances (Esp.) à 6'32"; 3. Elliott (Irl.) à 6'35"; 4. Pacheco (Esp.) à 9'39"; 5. Gabica (Esp.) à 9'49"; 6. Stablinski (Fr.) à 17'25"; 7. Stolker (P.-B.) à 18'15"; 8. Manzaneque (Esp.) à 18'31"; 9. Pauwels (Bel.) à 19'55"; 10. Geldermans (P.-B.) à 20'23".
Classements par points : 1. Altig (RFA); 2. Elliott (Irl.); 3. Perez-Frances (Esp.).
Classement par équipes : 1. ACBB-Saint Raphaël; 2. Kas; 3. Groene-Leeuw.

29 avril : Paris-Bruxelles - 1. Wouters (Bel.); 2. Foré (Bel.); 3. Van Geneugden (Bel.).

6 mai : Liège-Bastogne-Liège - 1. Planckaert (Bel.); 2. Wolfshohl (RFA) mt; 3. Colette (Fr.) à 20".

6 mai : Polymultipliée à Chanteloup - 1. Rostollan (Fr.); 2. Lebaube (Fr.) à 38"; 3. Mastrotto (Fr.) à 58".

7 mai : Flèche Wallonne - 1. De Wolf (Bel.); 2. Cerami (Bel.) à 2"; 3. Junkermann (RFA) à 3".

10-13 mai : Tour de Romandie - Classement final : 1. De Rosso (It.); 2. Cribiori (It.) à 5'8"; 3. Novales (Fr.) à 6'6".

10-13 mai : Quatre Jours de Dunkerque - Classement final : 1. Groussard (Fr.); 2. Claes (Bel.) à 8"; 3. Rentmeester (P.-B.) à 2'7".

17-20 mai : Grand Prix du Midi-Libre - Classement final : 1. Stolker (P.-B.); 2. Delberghe (Fr.) à 52"; 3. Groussard (Fr.) à 2'56".

▸ 19 mai-9 juin : Tour d'Italie
1re étape, Milan-Tabiano-Bagni : Liviero (It.)
2e étape, Salso Maggiore-Sestri Levante : Battistini (It.)
3e étape, Sestri Levante-Panicogliara : Soler (Esp.)
4e étape, Montecatini-Pérouse : Bailetti (It.)
5e étape, Pérouse-Rieti : Carrara (Fr.)
6e étape : Rieti-Finggi : Schroeders (Bel.)
7e étape, Finggi-Montevergine : A. Desmet (Bel.)
8e étape, Avellino-Foggia : Zilverberg (P.-B.)
9e étape, Foggia-Chieti : A. Desmet (Bel.)
10e étape, Chieta-Fano : Tonucci (It.)
11e étape, Fano-Castrocaro Terme : Van Looy (Bel.)
12e étape, Forli-Lignano-Sabbiadoro : Mealli (It.)
13e étape, Lignano-Nevegal : Carlesi (It.)
14e étape, Belluno-Moena : Meco (It.)
15e étape, Moena-Aprica : Adorni (It.)
16e étape, Aprica-Pian dei Resinelli : Soler (Esp.)
17e étape, Lecco-Casale Monferrato : Pellegrini (It.)
18e étape, Casale Monferrato-Frabosa Soprana : Soler (Esp.)
19e étape, Frabosa Soprana-Saint Vincent : Sartore (It.)
20e étape, Saint Vincent-Terme de Saint Vincent : Assirelli (It.)
21e étape, Saint Vincent-Milan : Carlesi (It.)
Classement final : 1. Balmamion (It.); 2. Massignan (It.) à 3'57"; 3. Defilippis (It.) à 5'2"; 4. Taccone (It.) à 5'21"; 5. Adorni (It.) à 7'11"; 6. Perez-Frances (Esp.) à 7'29"; 7. Baldini (It.) à 7'54"; 8. Battistini (It.) à 8'5"; 9. Carlesi (It.) à 14'22"; 10. A. Desmet (Bel.) à 15'55".
Classement de la montagne : 1. Soler (Esp.); 2. Carrara (Fr.); 3. Meco (It.).
Classement par équipes : 1. Faema; 2. Philco; 3. Carpano.

27 mai : Bordeaux-Paris - 1. De Roo (P.-B.); 2. F. Mahé (Fr.) à 2'3"; 3. Janssens (Bel.) à 2'40".

28 mai-3 juin : Critérium du Dauphiné - Classement final : 1. Mastrotto (Fr.); 2. Junkermann (RFA) à 43"; 3. Poulidor (Fr.) à 1'33".

11 juin : Championnat de France - 1. Stablinski; 2. Rohrbach; 3. Novak.
Belgique : Planckaert. Espagne : Otano. Italie : Defilippis. Luxembourg : Gaul. Pays-Bas : Geldermans.

14-20 juin : Tour de Suisse - Classement final : 1. Junkermann (RFA); 2. Balmamion (It.); 3. Moser (It.).

15-18 juin : Tour du Luxembourg - Classement final : 1. Planckaert (Bel.); 2. Schroeders (Bel.); 3. Demulder (Bel.).

17 juin : Boucles de la Seine - 1. Groussard (Fr.); 2. Gainche (Fr.); 3. Anastasi (Fr.).

▸ 24 juin-15 juillet : Tour de France
1re étape, Nancy-Spa : Altig (RFA)
2e étape, Spa-Herentais : Darrigade (Fr.); circuit d'Herentais c.l.m. par équipes : Flandria-Faema
3e étape, Bruxelles-Amiens : Altig
4e étape, Amiens-Le Havre : Van den Berghen (Bel.)
5e étape, Pont-l'Évêque-Saint-Malo : Daems (Bel.)
6e étape, Saint-Malo-Dinard-Brest : Cazala (Fr.)
7e étape, Quimper-Saint-Nazaire : Zilverberg (P.-B.)
8e étape, Saint-Nazaire-Luçon : Minieri (It.); Luçon-La Rochelle c.l.m. : Anquetil (Fr.)
9e étape, La Rochelle-Bordeaux : Bailetti (It.)
10e étape, Bordeaux-Bayonne : Vannitsen (Bel.)
11e étape, Bayonne-Pau : Pauwels (Bel.)
12e étape, Pau-Saint-Gaudens : Cazala
13e étape, Luchon-Superbagnères c.l.m. : Bahamontes (Esp.)
14e étape, Superbagnères-Carcassonne : Stablinski (Fr.)
15e étape, Carcassonne-Montpellier : Vannitsen
16e étape, Montpellier-Aix-en-Provence : Daems
17e étape, Aix-en-Provence-Juan-les-Pins : Altig
18e étape, Antibes-Briançon : Daems
19e étape, Briançon-Aix-les-Bains : Poulidor (Fr.)
20e étape, Bourgoin-Lyon c.l.m. : Anquetil
21e étape, Lyon-Nevers-Pougues-les-Eaux : Bruni (It.)
22e étape, Nevers-Pougues-les-Eaux-Paris : Benedetti (It.)
Classement final : 1. Anquetil (Fr.); 2. Planckaert (Bel.) à 4'59"; 3. Poulidor (Fr.) à 10'24"; 4. G. Desmet (Bel.) à 13'01"; 5. Geldermans (P.-B.) à 14'04".
Classement par points : 1. Altig (RFA); 2. Daems (Bel.); 3. Graczyk (Fr.).
Classement de la montagne : 1. Bahamontes (Esp.); 2. Massignan (It.); 3. Poulidor (Fr.).
Classement par équipes : 1. ACBB-Saint-Raphaël-

Helyett; 2. Mercier-BP; 3. Faema-Flandria.

26 août : Championnats du monde sur piste. Vitesse : A. Maspes (It.). Poursuite : Nijdam (P.-B.). Demi-fond : Timoner (Esp.).

▸ 2 septembre : Championnats du monde sur route - 1. Stablinski (Fr.); 2. Elliott (Irl.); 3. Hoevenaers (Bel.).

8 septembre : Critérium des As (derrière Derny) - 1. Altig (RFA); 2. Stablinski (Fr.); 3. Simpson (G.-B.).

7-16 septembre : Tour de Catalogne - Classement final : 1. Karmany (Esp.); 2. Pinera (Esp.); 3. Pacheco (Esp.).

▸ 16 septembre : Grand Prix des nations - 1. Bracke (Bel); 2. Lebaube (Fr.); 3. Valdois (Fr.).

23 septembre : Roue d'or de Daumesnil (à l'américaine derrière Derny) - 1. Van Looy-Post; 2. Anquetil-Stablinski; 3. Elliott-Bruni.

4 octobre : Tour d'Émilie - 1. Soler (Esp.); 2. Nencini (It.); 3. De Rosso (It.).

7 octobre : Paris-Tours - 1. De Roo (P.-B.); 2. Melckenbeeck (Bel.); 3. Beheyt (Bel.).

▸ 20 octobre : Tour de Lombardie - 1. De Roo (P.-B.); 2. Trappe (It.); 3. Cerato (It.).

▸ 4 novembre : Trophée Baracchi - 1. Altig-Anquetil; 2. Baldini-Pambiano; 3. Mozer-Fezzardi.

1963

10 février : Championnat de France de cyclo-cross : Dufraisse.

17 février : Championnat du monde de cyclo-cross - 1. Wolfshohl (RFA); 2. Longo (It.) à 1'20"; 3. Dufraisse (Fr.) à 2'39".

2 Mars : Het Volk - 1. Van Meenen (Bel.); 2. Janssens (Bel.); 3. Claes (Bel.) mt.

10-17 mars : Paris-Nice - Classement final : 1. Anquetil (Fr.); 2. Altig (RFA) à 53"; 3. Van Looy (Bel.) à 3'04".

13 mars : Milan-Turin - 1. Pambianco (It.); 2. Carlesi (It.); 3. Nencini (It.).

▸ 24 mars : Milan-San Remo - 1. Groussard (Fr.); 2. Wolfshohl (RFA) mt; 3. Schroeders (Bel.) à 28".

24 mars : Gand-Wevelgem - 1. Beheyt (Bel.); 2. Simpson (G.-B.); 3. Van Aerde (Bel.) mt.

24 mars : Critérium national - 1. Anquetil (Fr.); 2. Poulidor (Fr.) à 21"; 3. Velly (Fr.) à 33".

31 mars : Tour des Flandres - 1. Foré (Bel.); 2. Melckenbeeck (Bel.); 3. Simpson (G.-B.) mt.

7 avril : Paris-Roubaix - 1. Daems (Bel.); 2. Van Looy (Bel.); 3. Janssen (P.-B.) mt.

20-26 avril : Tour du Sud-Est - 1. Lebaube (Fr.); 2. Poulidor (Fr.) à 16"; 3. Anglade (Fr.) à 42".

22-25 avril : Tour de Belgique - Classement final : 1. Post (P.-B.); 2. Zilverberg (P.-B.) à 1'11"; 3. Demulder (Bel.) à 1'28".

▸ 28 avril : Paris-Bruxelles - 1. Stablinski (Fr.); 2. Simpson (G.-B.) à 5"; 3. Post (P.-B.) à 48".

1er mai-15 mai : Tour d'Espagne
1re étape, Gijon-Mieres : Barrutia (Esp.)
Mieres-Gijon c.l.m. : Anquetil (Fr.)
2e étape, Gijon-Torrelavega : Segu (Esp.)
3e étape, Torrelavega-Vitoria : Barrutia (Esp.)
4e étape, Vitoria-Bilbao : Lauwers (Bel.)
5e étape, Bilbao-Bilbao c.l.m. : Maliepaard (P.-B.)
6e étape, Bilbao-Eibar : Ignolin (Fr.)
7e étape, Eibar-Tolosa : Uriona (Esp.)
8e étape, Tolosa-Pampelune : Perez-Frances (Esp.)
9e étape, Pampelune-Saragosse : Baens (Bel.)
10e étape, Saragosse-Lérida : Stablinski (Fr.)
11e étape, Lérida-Barcelone : Lauwers
12e étape, circuit Montjuich c.l.m. : Aerenhouts (Bel.)
Sitges-Tarragona : Pacheco (Esp.)
13e étape, Tarragona-Valence : Elliott (Irl.)
14e étape, Cuenca-Madrid : Baens (Bel.)
15e étape, Madrid-Madrid : Ignolin (Fr.)
Classement final : 1. Anquetil (Fr.); 2. Colmenarejo (Esp.) à 3'06"; 3. Pacheco (Esp.) à 3'32"; 4. Maliepaard (P.-B.) à 5'06"; 5. Gabica (Esp.) à 7'57".

5 mai : Championnats de Zurich - 1. Balmamion (It.); 2. Conterno (It.) mt; 3. Bariviera (It.) à 1'6".

5 mai : Liège-Bastogne-Liège - 1. Melckenbeeck (Bel.); 2. Cerami (Bel.); 3. Adorni (It.) mt.

6 mai : La Flèche Wallonne - 1. Poulidor (Fr.); 2. Janssen (P.-B.) à 11"; 3. Post (P.-B.) m.t.

8-12 mai : Quatre Jours de Dunkerque - Classement final : 1. Planckaert (Bel.); 2. Junkermann (RFA) à 52"; 3. Messelis (Bel.) à 2'20".

9-12 mai : Tour de Romandie - Classement final : 1. Bocklant (Bel.); 2. Bahamontes (Esp.) à 1'56"; 3. De Rosso (It.) à 1'57".

19-24 mai : Midi-Libre - Classement final : 1. Manzaneque (Esp.); 2. Janssen (P.-B.) à 1'35"; 3. Delberghe (Fr.) à 2'10".

26 mai : Bordeaux-Paris - 1. Simpson (G.-B.); 2. Rentmeester (P.-B.) à 5'4"; 3. Maliepaard (P.-B.) à 5'35".

▸ 3-9 juin : Critérium du Dauphiné - Étapes remportées par Everaert (Fr.), Van Looy (Bel.), Perez-Frances (Esp.), Stablinski (Fr.), Van Looy (Bel.), Anquetil (Fr.), Brands (Bel.), Puschel (RFA). Classement final : 1. Anquetil (Fr.); 2. Perez-Frances (Esp.) à 2'14"; 3. Manzaneque (Esp.) à 2'14".

13-19 juin : Tour de Suisse - Étapes remportées par Zilioli (It.), Guernieri (It.), Colmenarejo (Esp.), Bono (It.), Moresi (Sui.), Gimmi (Sui.), Eugen (Dan.), Bugdahl (RFA). Classement final : 1. Fezzardi (It.); 2. Maurer (Sui.) à 3'34"; 3. Moresi (Sui.) à 4'09".

16 juin : Championnats nationaux. France - 1. Stablinski; 2. Ignolin; 3. Anquetil. Belgique - Van Looy. Espagne - Perez-Frances. Italie - Meali. Pays-Bas - Post.

▸ 16 mai-6 juin : Tour d'Italie
1re étape, Naples-Potenza : Adorni (It.)
2e étape, Potenza-Bari : Baffi (It.)
3e étape, Bari-Campobasso : Alomar (Esp.)
4e étape, Campobasso Pescara : Carlesi (It.)
5e étape, Pescara-Viterbo : Bariviera (It.)
6e étape, Bolzena-Arezzo : Bariviera (It.)
7e étape, Arezzo-Riolo Terme : Defilippis(It.)
8e étape, Riolo Terme-Salsomaggiore : Durante (It.)
9e étape, Salsomaggiore-La Spezia : Zancanaro (It.)
10e étape, La Spezia-Asti : Taccone (It.)
11e étape, Asti-Biella : Taccone
12e étape, Biella-Leukerbad : Taccone
13e étape, Leukerbad-Saint-Vincent : Taccone
14e étape, Saint-Vincent-Cremona : Vigna (It.)
15e étape, Mantoue-Trévise : Magnani (It.)
16e étape, Trévise-Trévise c.l.m. : Adorni (It.)
17e étape, Trévise-Gorizia : Bariviera (It.)
18e étape, Gorizia-Nevegal : Pambianco (It.)
19e étape, Belluno-Moena : Taccone
20e étape, Moena-Brescia : Carlesi
21e étape, Brescia-Milan : Bailetti (It.)
Classement final : 1. Balmamion (It.); 2. Adorni (It.) à 2'24"; 3. Zancanaro (It.) à 3'15"; 4. De Rosso (Fr.) à 6'34"; 5. Ronchini (It.) à 10'11".

▸ 23 juin-14 juillet : Tour de France
1re étape, Paris-Épernay : Pauwels (Bel.)
2e étape, Reims-Jambes : Van Looy (Bel.)
Jambes-Jambes c.l.m. par équipes : Pelforth
3e étape, Jambes-Roubaix : Elliott (Irl.)
4e étape, Roubaix-Rouen : Melckenbeeck (Bel.)
5e étape, Rouen-Rennes : Bailetti (It.)
6e étape, Rennes-Angers : De Breuker (Bel.)
Angers-Angers c.l.m. : Anquetil (Fr.)
7e étape, Angers-Limoges : Janssen (P.-B.)
8e étape, Limoges-Bordeaux : Van Looy (Bel.)
9e étape, Bordeaux-Pau : Cerami (Bel.)
10e étape, Pau-Bagnères-de-Bigorre : Anquetil
11e étape, Bagnères-de-Bigorre-Luchon : Ignolin (Fr.)
12e étape, Luchon-Toulouse : Darrigade (Fr.)
13e étape, Toulouse-Aurillac : Van Looy (Bel.)
14e étape, Aurillac-Saint-Étienne : Ignolin
15e étape, Saint-Étienne-Grenoble : Bahamontes (Esp.)
16e étape, Grenoble-Val-d'Isère : Manzaneque (Esp.)
17e étape, Val-d'Isère-Chamonix : Anquetil
18e étape, Chamonix-Lons-le-Saunier : Brands (Bel.)
19e étape, Arbois-Besançon c.l.m. : Anquetil
20e étape, Besançon-Troyes : De Breuker (Bel.)
21e étape, Troyes-Paris : Van Looy
Classement final : 1. Anquetil (Fr.); 2. Bahamontes (Esp.) à 3'35"; 3. Perez-Frances (Esp.) à 10'14"; 4. Lebaube (Fr.) à 11'55"; 5. A. Desmet (Bel.) à 15'00".
Classement par points : 1. Van Looy (Bel.); 2. Anquetil (Fr.); 3. Bahamontes (Esp.).
Classement de la montagne : 1. Bahamontes (Esp.); 2. Poulidor (Fr.); 3. Ignolin (Fr.).
Classement interéquipes : Saint-Raphaël; 2. Pelforth; 3. Flandria.

21 juillet : Tour du Piémont - 1. Durante (It.); 2. Zilioli (It.); 3. Cribiori (It.) mt.

1er-7 août : Championnats du monde sur piste. Vitesse : Gaiardoni (It.). Poursuite : Faggin (It.). Demi-fond : Proost (Bel.).

▸ 11 août : Championnats du monde sur route - 1. Beheyt (Bel.); 2. Van Looy (Bel.); 3. De Haan (P.-B.) mt.

8-15 septembre : Tour de Catalogne - Classement final : 1. Novales (Fr.); 2. Soler (Esp.) à 5'30"; 3. Suarez (Esp.) à 5'39".

15 septembre : Grand Prix des nations - 1. Poulidor (Fr.); 2. Bracke (Bel.) à 3'15"; 3. Boucquet (Bel.) à 6'22".

4 octobre : Tour de l'Émilie - 1. Zilioli (It.); 2. Ciampi (It.) à 2'57"; 3. Betinelli (It.) à 5'10".

6 octobre : Paris-Tours - 1. De Roo (P.-B.); 2. Simpson (G.-B.); 3. Poulidor (Fr.) mt.

13 octobre : Grand Prix de Lugano - 1. Poulidor (Fr.); 2. Bracke (Bel.) à 56"; 3. Lebaube (Fr.) à 2'08".

19 octobre : Tour de Lombardie - 1. De Roo (P.-B.); 2. Durante (It.); 3. Dancelli (It.) mt.

1er novembre : Trophée Baracchi - 1. Velly-Novales; 2. Anquetil-Poulidor à 9"; 3. Bracke-Boucquet à 2'15".

1964

2 février : Championnat de France de cyclo-cross - 1. Pelchat; 2. Bernet à 53"; 3. Gérardin à 1'10".

16 février : Championnats du monde de cyclo-cross - 1. Longo (It.); 2. Declercq (Bel.) à 1'46"; 3. Mahé (Fr.) m.t.

29 février : Het Volk - 1. Melckenbeek (Bel.); 2. De Cabooter (Bel.); 3. Molenaers (Bel.) m.t.

▸ 9- 17 mars : Paris-Nice - Étapes remportées par Sels (Bel.), Vannitsen (Bel.), Zilverberg (P.-B.), Melckenbeek (Bel.), Darrigade (Fr.), Zilverberg (P.-B.), Novak (Fr.), Poulidor (Fr.), Van de Kerckhove (Bel.), Altig (RFA), Sels (Bel.). Classement

• Jacques Anquetil et Raymond Poulidor sont toujours côte à côte dans la légendaire étape du Puy-de-Dôme du Tour 1964.

BP

final : 1. Janssen (P.-B.) ; 2. Annaert (Fr.) à 1'1" ; 3. Forestier (Fr.) à 2'58".

19 mars : Milan-San Remo - 1. Simpson (G.-B.) ; 2. Poulidor (Fr.) à 2" ; 3. Bocklandt (Bel.) à 1'1".

22 mars : Gand-Wevelgem - 1. Anquetil (Fr.) ; 2. Molenaers (Bel.) à 3" ; 3. Van Looy (Bel.) à 5".

29-30 mars : Critérium national - 1. Poulidor (Fr. ; 2. Delberghe (Fr. à 2' 12" ; 3. Novales (Fr.) à 2'15".

5 avril : Tour des Flandres - 1. Altig (RFA) ; 2. Beheyt (Bel.) à 4'5" ; 3. De Roo (P.-B.) m.t.

13-16 avril : Tour de Belgique - Classement final : 1. Beheyt (Bel.) ; 2. Post (P.-B.) à 7" ; 3. G. Desmet I (Bel.) à 15".

19 avril : Paris-Roubaix - 1. Post (P.-B.) ; 2. Beheyt (Bel.) ; 3. Molenaers (Bel.) m.t.

26 avril : Paris-Bruxelles - 1. Van Coningsloo (Bel.) ; 2. Van Looy (Bel.) ; 3. Beheyt (Bel.) m.t.

30 avril-16 mai : Tour d'Espagne
1re étape ; 1er tronçon, Benidorm-Benidorm : Sels (Bel.)
1re étape ; 2e tronçon, Benidorm (c.l.m.) : Velez (Esp.)
2e étape, Benidorm-Nules : Van Looy (Bel.)
3e étape, Nules-Salou : Melckenbeeck (Bel.)
4e étape ; 1er tronçon, Salou-Barcelone : Van Looy (Bel.)
4e étape ; 2e tronçon, circuit de Montjuich : Barrutia (Esp.)
5e étape, Barcelone-Puigcerda : Jimenez (Esp.)
6e étape, Puigcerda-Lérida : Melckenbeeck (Bel.)
7e étape, Lérida-Jaca : Sant (Esp.)
8e étape, Jaca-Pampelune : Stolker (P.-B.)
9e étape, Pampelune-San Sebastian : Otano (Esp.)
10e étape, San Sebastian-Bilbao : De Wolf (Bel.)
11e étape, Bilbao-Vitoria : Van Schil (Bel.)
12e étape, Vitoria-Santander : Hoban (G.-B.)
13e étape, Santander-Aviles : Hoban (G.-B.)
14e étape, Aviles-Leon : Jimenez (Esp.)
15e étape, Leon-Valladolid c.l.m. : Poulidor (Fr.)
16e étape, Valladolid-Madrid : Barrutia (Esp.)
17e étape, circuit à Madrid : Melckenbeeck (Bel.)
Classement final : 1. Poulidor (Fr.) ; 2. Otano (Esp.) à 33" ; 3. Perez-Frances (Esp.) à 1'26" ; 4. Velez (Esp.) à 2'4" ; 5. Jimenez (Esp.) à 4'19" ; 6. Manzaneque (Esp.) à 5'22" ; 7. Uriona (Esp.) à 6'6" ; 8. Momene (Esp.) à 7'26" ; 9. Gabica (Esp.) à 8'27" ; 10. Bertran (Esp.) à 11'14".

3 mai : Liège-Bastogne-Liège - 1. Bocklant (Bel.) ; 2. Van Coningsloo (Bel.) ; 3. Adorni (It.) m.t.

3 mai : Championnat de Zurich : 1. Reybroeck (Bel.) ; 2. Nencini (It.) ; 3. Hintermuller (Sui.) m.t.

4 mai : Flèche Wallonne - 1. G. Desmet (Bel.) ; 2. Janssen (P.-B.) à 4" ; 3. Post (P.-B.) m.t.

6-10 mai : Cinq Jours de Dunkerque - Classement final : 1. G. Desmet I (Bel.) ; 2. Molenaers (Bel.) à 10" ; 3. Huysmans (Bel.) à 32".

7-10 mai : Tour de Romandie - Classement final : 1. Maurer (Sui.) ; 2. Zilverberg (P.-B.) à 7" ; 3. Nencini (It.) à 48".

16 mai-7 juin : Tour d'Italie
1re étape, Bolzano-Riva del Garda : Adorni (It.)
2e étape, Riva del Garda-Brescia : Dancelli (It.)
3e étape, Brescia-San Pellegrino : Bitossi (It.)
4e étape, San Pellegrino-Parme : Taccone (It.)
5e étape, Parme-Busseto c.l.m. : Anquetil (Fr.)
6e étape, Parme-Vérone : Bariviera (It.)
7e étape, Vérone-Lavarone : Soler (Esp.)
8e étape, Lavarone-Pedavena : Mugnani (It.)
9e étape, Feltre-Marina de Ravenne : Zoppas (It.)
10e étape, Ravenne-San Marino : Maurer (Sui.)
11e étape, Rimini-San Benedetto del Trento : Marcoli (It.)
12e étape, San Benedetto-Roccaraso : Boucquet (Bel.)
13e étape, Roccaraso-Caserte : Zancanaro (It.)
14e étape, Caserte-Castel Gandolfo : Adorni (It.)
15e étape, Rome-Montepulciano : Defilippis (It.)
16e étape, Montepulciano-Livourne : Bitossi (It.)
17e étape, Livourne-Santa Margarita : Bitossi (It.)
18e étape, Santa Margarita-Alessandria : Mealli (It.)
19e étape, Alessandria-Cuneo : Lute (P.-B.)
20e étape, Cuneo-Pinerolo : Bitossi (It.)
21e étape, Turin-Biella : Motta (It.)
22e étape, Biella-Milan : Altig (RFA)
Classement final : 1. Anquetil (Fr.) ; 2. Zilioli (It.) à 1'22" ; 3. De Rosso (It.) à 1'31" ; 4. Adorni (It.) à 2'22" ; 5. Motta (It.) à 2'38" ; 6. Fontana (It.) à 3'30" ; 7. Mugnani (It.) à 5'5" ; 8. Balmamion (It.) à 6' ; 9. Maurer (Sui.) à 7'47" ; 10. Bitossi (It.) à 9'20".

20-24 mai : Grand Prix du Midi Libre - Étapes remportées par Cazala (Fr.), Martin (Esp.), Hoban (G.-B.), Bracke (Bel.), De Roo (P.-B.), Bahamontes (Esp.). Classement final : 1. Foucher (Fr.) ; 2. Mastrotto (Fr.) à 4" ; 3. Van Schil (Bel.) à 12".

31 mai : Bordeaux-Paris - 1. Nedelec (Fr.), 38,467 km de moyenne, record de l'épreuve ; 2. Stablinski (Fr.) à 7'39" ; 3. Nys (Bel.) à 11'43".

31 mai-6 juin : Critérium du Critérium du Dauphiné - Étapes remportées par Lebaube (Fr.), Poulidor (Fr.), Van de Kerckhove (Bel.), Le Mellec (Fr.), Poulidor (Fr.), Van Looy (Bel.), Novales (Fr.), Monty (Bel.), Gabica (Esp.), Darrigade (Fr.), Darrigade (Fr.). Classement final : 1. Uriona (Esp.) ; 2. Poulidor (Fr.) à 1'58" ; 3. Martin (Esp.) 3'32".

11-17 juin : Tour de Suisse - Classement final : 1. Maurer (Sui.) ; 2. Balmamion (It.) à 1'58" ; 3. Zilioli (It.) à 4'1".

22 juin-14 juillet : Tour de France
1re étape, Rennes-Lisieux : Sels (Bel.)
2e étape, Lisieux-Amiens : Darrigade (Fr.)
3e étape, 1re fraction : Amiens-Forest : Van de Kerckhove (Bel.)
3e étape, 2e fraction Forest c.l.m. par équipes : Kas
4e étape, Forest-Metz : Altig (RFA)
5e étape, Metz-Lunéville Fribourg : Derboven (Bel.)
6e étape, Fribourg-Besançon : Nijdam (P.-B.)
7e étape, Besançon-Thonon-les-Bains : Janssen (P.-B.)
8e étape, Thonon-les-Bains-Briançon : Bahamontes (Esp.)
9e étape, Briançon-Monaco : Anquetil (Fr.)
10e étape, 1re fraction : Monaco-Hyères : Janssen (P.-B.)
10e étape, 2e fraction : Hyères-Toulon c.l.m. : Anquetil (Fr.)
11e étape, Toulon-Montpellier : Sels (Bel.)
12e étape, Montpellier-Perpignan : De Roo (P.-B.)
13e étape, Perpignan-Andorre : Jimenez (Esp.)
14e étape, Andorre-Toulouse : Sels (Bel.)
15e étape, Toulouse-Luchon : Poulidor (Fr.)
16e étape, Luchon-Pau : Bahamontes (Esp.)
17e étape, Peyrehorade-Bayonne c.l.m. : Anquetil (Fr.)
18e étape, Bayonne-Bordeaux : Darrigade (Fr.)
19e étape, Bordeaux-Brive : Sels (Bel.)
20e étape, Brive-Clermont-Ferrand : Jimenez (Esp.)
21e étape, Clermont-Ferrand-Orléans : Stablinski (Fr.)
22e étape, 1re fraction, Orléans-Versailles : Beheyt (Bel.)
22e étape, 2e fraction, Versailles-Paris c.l.m. : Anquetil (Fr.)
Classement final : 1. Anquetil (Fr.) ; 2. Poulidor (Fr.) à 55" ; 3. Bahamontes (Esp.) à 4'44" ; 4. Anglade (Fr.) à 6'42" ; 5. G. Groussard (Fr.) à 10'34" ; 6. Foucher (Fr.) à 10'36" ; 7. Jimenez (Esp.) à 12'13" ; 8. G. Desmet I (Bel.) à 12'17" ; 9. Junkermann (RFA) à 14'2" ; 10. Adorni (It.) à 14'19".
Classement par points : 1. Janssen (P.-B.) ; 2. Sels (Bel.) ; 3. Altig (RFA).
Classement de la montagne : 1. Bahamontes (Esp.) ; 2. Jimenez (Esp.) ; 3. Poulidor (Fr.).
Classement par équipes : 1. Pelfort-Sauvage ; 2. Wiel's-Groene-Leeuw ; 3. Saint-Raphaël-Gitane-Dunlop.

23 août : Championnats nationaux - France : 1. Stablinski 2. G. Groussard ; 3. Foucher m.t. Allemagne : Altig. Belgique : Sels. Espagne : Jimenez. Italie : De Rosso. Pays-Bas : De Roo. Suisse : Hauser.

29-30 août : Paris-Luxembourg - Classement final : 1. Van Looy (Bel.) ; 2. Stablinski (Fr.) à 10" ; 3. Sorgeloos (Bel.) à 21".

6 septembre : Championnats du monde sur route - 1. Janssen (P.-B.) ; 2. Adorni (It.) ; 3. Poulidor (Fr.) m.t. ; 4. Simpson (G.-B.) à 6" ; 5. Zilioli (It.) ; 6. De Haan (P.-B.) ; 7. Anquetil (Fr.) ; 8. Manzaneque (Esp.) m.t. ; 9. Stablinski (Fr.) à 38" ; 10. Cribiori (It.) m.t.

8-13 septembre : Championnats du monde sur piste.
Hommes (professionnels) - Poursuite : Bracke (Bel.). Vitesse : Maspes (It.). Demi-fond : Timoner (Esp.). Hommes (amateurs) - Poursuite : Groen (P.-B.). Vitesse : Trentin (Fr.). Poursuite olympique : RFA. Demi-fond : Oudkerk (P.-B.). Dames - Poursuite : Reynders (Bel.). Vitesse : Kirichenko (URSS).

20 septembre : Grand Prix des nations - 1. Boucquet (Bel.) ; 2. Den Hartog (P.-B.) à 2'6" ; 3. Valdois (Fr.) à 2'25".

10 octobre : Critérium des As : 1. Post (P.-B.) ; 2. Sels (Bel.) à 10" ; 3. Anquetil (Fr.) à 3'8".

11 octobre : Paris-Tours - 1. Reybroeck (Bel.) ; 2. Van Looy (Bel.) ; 3. G. Desmet II (Bel.) m.t.

10-24 octobre : Jeux olympiques de Tokyo
Route - 100 km par équipes c.l.m. : Pays-Bas
Route - Course individuelle : Zanin (It.)
Piste - Vitesse : Pettenella (It.) Tandem : Bianchetto-Damiano (It.). Km c.l.m. : Sercu (Bel.). Poursuite indviduelle : Daler (Tch.). Poursuite par équipes : RFA.

17 octobre : Tour de Lombardie - 1. Motta (It.) ; 2. Preziosi (It.) à 2'6" ; 3. Hoevenaers (Bel.) m.t.

25 octobre : Grand Prix de Lugano - 1. Bracke (Bel.) moyenne de 42,191 km. Record d'Anquetil battu. 2. Motta (It.) à 30" ; 3. Altig (RFA) à 1'22".

1er novembre : Trophée Baracchi - 1. Motta-Fornoni ; 2. Baldini-Adorni à 38" ; 3. Altig-Simpson à 1'10".

6 novembre : Mort de Hugo Koblet à 39 ans, des suites d'un accident de voiture.

12 décembre : Le Belge Patrick Sercu bat le record du monde du kilomètre arrêté sur la piste de Bruxelles en 1'6" 76/100.

1965

31 janvier : Championnat de France de cyclo-cross - 1. Bernet ; 2. Gandolfo à 19" ; 3. Leclercq à 1'.

14 février : Championnats du monde de cyclo- cross - 1. Longo (It.) ; 2. Wolfshohl (RFA) à 13" ; 3. Severini (It.) à 1'21".

2-7 mars : Tour de Sardaigne - Classement final : 1. Van Looy (Bel.) ; 2. Venturelli (It.) à 1'49' ; 3. Poggiali (It.) à 8'34".

6 mars : Het Volk - 1. Depauw (Bel.) ; 2. Van den Bogaert (Bel.) à 1'17" ; 3. Van der Vleuten (P.-B.) m.t.

9-16 mars : Paris-Nice - Étapes remportées par Altig (RFA), Bockland (Bel.), Janssen (P.-B.), Vannitsen (Bel.), Anquetil (Fr.), Altig (RFA), Van Coningsloo (Bel.), Spruyt (Bel.). Classement final : 1. Anquetil (Fr.) ; 2. Altig (RFA) à 2'18" ; 3. Zilioli (It.) à 2'56".

20 mars : Milan-San Remo - 1. Den Hartog (P.-B.) ; 2. Adorni (It.) ; 3. Balmamion (It.) m.t.

4 avril : Henninger Turm de Francfort - 1. Stablinski (Fr.) ; 2. Verbeeck (Bel.) à 1'36" ; 3. Van Coningsloo (Bel.) m.t.

8 avril : La Ligue vélocipédique belge annonce que depuis un mois tous les vainqueurs des épreuves belges sont déclarés positifs au contrôle antidopage.

6-9 avril : Tour de Belgique - Classement final : 1. Stablinski (Fr.) ; 2. Desmet (Bel.) à 12" ; 3. De Breucker (Bel.)à 1'43".

11 avril : Paris-Roubaix - 1. Van Looy (Bel.) ; 2. Sels (Bel.) à 1'5" ; 3. Vannitsen (Bel.) à 1'11".

18 avril : Tour des Flandres - 1. De Roo (P.-B.) ; 2. Sels (Bel.) m.t. ; 3. Van Coningsloo (Bel.) à 33".

25 avril : Paris-Bruxelles - 1. Sels (Bel.) ; 2. Verheyden (Bel.) m.t. ; 3. Bocklant (Bel.) à 4".

28 avril-16 mai : Tour d'Espagne
1re étape, Vigo-Vigo : Van Looy (Bel.)
2e étape, Vigo-Lugo : Van Looy (Bel.)
3e étape, Lugo-Gijon : Altig (RFA)
4e étape, 1er secteur, Mieres-col de Pajares c.l.m. : Poulidor (Fr.)
4e étape, 2e secteur, col de Pajares-Palancia : Echeverria (Esp.)
5e étape, Palancia-Madrid : Manzaneque (Esp.)
6e étape, Madrid-Cuenca : Pinera (Esp.)
7e étape, Albacete-Benidorm : Van Looy (Bel.)
8e étape, Benidorm-Sagunto : Vuillemin (Fr.)
9e étape, Sagunto-Salou : Van Looy (Bel.)
10e étape, 1er tronçon, Salou-Barcelone : Melckenbeek (Bel.)
10e étape, 2e tronçon, circuit de Montjuich : Jimenez (Esp.)
11e étape, Barcelone-Andorre : Martin (Esp.)
12e étape, Andorre-Lérida : Van Looy (Bel.)
13e étape, Lérida-Saragosse : Colmenarejo (Esp.)
14e étape, Saragosse-Pampelune : Van Looy (Bel.)
15e étape, Pampelune-Bayonne : Van Looy (Bel.)
16e étape, Saint-Pée-sur-Nivelle-San Sebastian : Poulidor (Fr.)
17e étape, San Sebastian-Vitoria : Van Looy (Bel.)
18e étape, Vitoria-Bilbao : Pinera (Esp.)
Classement final : 1. Wolfshohl (RFA) ; 2. Poulidor (Fr.) à 4'36" ; 3. Van Looy (Bel.) à 8'55" ; 4. Manzaneque (Esp.) à 12'48" ; 5. Echevarria (Esp.) à 15'54" ; 6. Gabica (Esp.) à 20'3" ; 7. Junkermann (RFA) à 20'13" ; 8. Vuillemin (Fr.) à 22'4" ; 9. Gomez del Moral (Esp.) à 23'4" ; 10. Bahamontes (Esp.) à 23'13".

29 avril : Flèche Wallonne - 1. Poggiali (It.) ; 2. Gimondi (It.) m.t. ; 3. Simpson (G.-B.) à 31".

2 mai : Liège-Bastogne-Liège - 1. Preziosi (It.) ; 2. Adorni (It.) ; 3. Vandenbossche (Bel.) m.t.

5- 9 mai : Quatre Jours de Dunkerque - Classement final : 1. G. Desmet (Bel.) ; 2. Everaert (Fr.) à 41" ; 3. Den Hartog (P.-B.) à 1'3".

6-9 mai : Tour de Romandie - Classement final : 1. Adorni (It.) ; 2. Maurer (Sui.) à 6" ; 3. Hagman (Sui.) à 34".

15 mai-6 juin : Tour d'Italie
1re étape, San Marino-Pérouse : Dancelli (It.)
2e étape, Pérouse-L'Aquila : Carlesi (It.)
3e étape, L'Aquila-Rocca di Cambio : Galbo (It.)
4e étape, Rocca di Cambio-Benevento : Durante (It.)
5e étape, Benevento-Avellino : Dancelli (It.)
6e étape, Avellino-Potenza : Adorni (It.)
7e étape, Potenza-Maratea : Armani (It.)
8e étape, Maratea-Catanzaro : Brands (Bel.)
9e étape, Catanzaro-Reggio de Calabre : Durante (It.)
10e étape, Messine-Palerme : Meldolesi (It.)
11e étape, Palerme-Agrigente : Carlesi (It.)
12e étape, Agrigente-Syracuse : Marcoli (It.)
13e étape, Catane-Taormina : Adorni (It.)
14e étape, Milan-Novi Ligure : Grassi (It.)
15e étape, Novi Ligure-Diano Marina : Mealli (It.)
16e étape, Tiano Marina-Turin : Pifferi (It.)
17e étape, Turin-Biandronno : Marcoli (It.)
18e étape, Biandronno-Soas Fee : Zilioli (It.)
19e étape, Soas Fee-Madesimo : Adorni (It.)
20e étape, Madesimo-Solda : Battistini (It.)
21e étape, Bormio-Brescia : Bitossi (It.)
22e étape, Brescia-Florence : Bingelli (Sui.)
Classement final : 1. Adorni (It.) ; 2. Zilioli (It.) à 11'26" ; 3. Gimondi (It.) à 12'57" ; 4. Mugnaini (It.) à 14'30" ; 5. Balmamion (It.) à 15'5" ; 6. Taccone (It.) à 15'33" ; 7. Bitossi (It.) à 15'37" ; 8. Poggiali (It.) à 19'22" ; 9. Massignan (It.) à 19' 30" ; 10. De Rosso (It.) à 21'3".

22-29 mai : Critérium du Dauphiné - Étapes remportées par Mertens (Bel.), Lemeteyer (Bel.), G. Desmet (Bel.), Anquetil (Fr.), Martin (Fr.), Anquetil (Fr.), Otano (Esp.), Janssen (P.-B.), Anquetil (Fr.), Van Coningsloo (Bel.).
Classement final : 1. Anquetil (Fr.) ; 2. Poulidor (Fr.) à 1'43" ; 3. Kunde (RFA) à 5'58".

30 mai : Bordeaux-Paris - 1. Anquetil (Fr.) ; 2. Stablinski (Fr.) à 57" ; 3. Simpson (G.-B.) à 59".

8-11 juin : Grand Prix du Midi Libre - Étapes remportées par Janssen (P.-B.), Pingeon (Fr.), Milliot (Fr.), Stablinski (Fr.).
Classement final : 1. Foucher (Fr.) ; 2. Stablinski (Fr.) m.t. ; 3. Simpson (G.-B.) à 31".

10-14 juin : Tour du Luxembourg - Classement final : 1. Denson (G.-B.) ; 2. Lebaube (Fr.) à 11" ; 3. Den Hartog (P.-B.) à 18".

10-16 juin : Tour de Suisse - Classement final - 1. Bitossi (It.) ; 2. Huymans (Bel.) à 3' ; 3. Mugnaini (It.) à 3'36".

22 juin-14 juillet : Tour de France
1re étape, 1re fraction, Cologne-Liège : Van Looy (Bel.)
1re étape, 2e fraction, circuit à Liège c.l.m. par équipes : Ford-France-Gitanes
2e étape, Liège-Roubaix : Van de Kerkhove (Bel.)
3e étape, Roubaix-Rouen : Gimondi (It.)
4e étape, Caen-Saint-Brieuc : Sorgeloos (Bel.)
5e étape, 1re fraction, Saint-Brieuc-Châteaulin : Van Espen (P.-B.)
5e étape, 2e fraction, circuit à Châteaulin c.l.m. : Poulidor (Fr.)
6e étape, Quimper-La Baule-Pornichet : Reybroeck (Bel.)
7e étape, La Baule-Pornichet-La Rochelle : Sels (Bel.)
8e étape, La Rochelle-Bordeaux : De Roo (P.-B.)
9e étape, Dax-Bagnères-de-Bigorre : Jimenez (Esp.)
10e étape, Bagnères-de-Bigorre-Ax-les-Thermes : Reybroeck (Bel.)
11e étape, Ax-les-Thermes-Barcelone : Perez-Frances (Esp.)
12e étape, Barcelone-Perpignan : Janssen (P.-B.)
13e étape, Perpignan-Montpellier : Durante (It.)
14e étape, Montpellier-Le Ventoux : Poulidor (Fr.)
15e étape, Carpentras-Gap : Fezzardi (It.)
16e étape, Gap-Briançon : Galera (Esp.)
17e étape, Briançon-Aix-les-Bains : Jimenez (Esp.)
18e étape, Aix-les-Bains-Le Revard c.l.m. : Gimondi (It.)
19e étape, Aix-les-Bains-Lyon : Van Looy (Bel.)
20e étape, Lyon-Auxerre : Wright (G.-B.)
21e étape, Auxerre-Versailles : Karstens (P.-B.)
22e étape, Versailles-Paris c.l.m. : Gimondi (It.)
Classement final : 1. Gimondi (It.). 2. Poulidor (Fr.) à 2'40" ; 3. Motta (It.) à 9'18" ; 4. Anglade (Fr.) à 12'43" ; 5. Lebaube (Fr.) à 12'56" ; 6. Perez-Frances (Esp.) à 13'15" ; 7. De Rosso (It.) à 14'48" ; 8. Brands (Bel.) à 17'36" ; 9. Janssen (P.-B.) à 17'52" ; 10. Gabica (Esp.) à 19'11".
Classement par points : 1. Janssen (P.-B.) ; 2. Reybroeck (Bel.) ; 3. Gimondi (It.).
Classement de la montagne : 1. Jimenez (Esp.) ; 2. Brands (Bel.) ; 3. Galera (Esp.).
Classement par équipes : 1. Kas ; 2. Pelfort-Sauvage-Lejeune ; 3. Molteni-Ignis.

30 juin : Les deux français Charlie Grosskost et André Bayssière sont contrôlés positifs au Tour de l'Avenir. Ils seront suspendus dix mois.

22 août : Championnats nationaux. France - 1. Anglade ; 2. Poulidor à 1' ; 3. Anquetil m.t. Belgique - Godefroot. Espagne - Gomez del Moral. Italie - Dancelli. Pays-Bas - De Roo.

27-30 août : Paris-Luxembourg - Classement final : 1. Stablinski (Fr.) ; 2. Reybroeck (Bel.) à 1'9" ; 3. Sels (Bel.) à 1'41".

1er septembre : L'Union cycliste internationale modifie ses statuts avec la création de deux fédérations distinctes : amateurs et professionnels.

5 septembre : Championnat du monde sur route - 1. Simpson (G.-B.) ; 2. Altig (RFA) m.t. ; 3. Swerts (Bel.) à 3'40".

6-12 septembre : Championnats du monde sur piste.
Professionnels - Poursuite : Faggin (It.). Vitesse : Beghetto (It.). Demi-fond : Timoner (Esp.).
Amateurs - Poursuite : Groen (P.-B.). Vitesse : Phakadze (URSS). Demi-fond : Mas (Esp.). Poursuite olympique : URSS

12 septembre : Critérium des As - 1. Anquetil (Fr.) ; 2. Janssen (P.-B.) à 1'42" ; 3. Altig (RFA) à 2'5".

12-19 septembre : Tour de Catalogne - Classement final : 1. Gomez del Moral (Esp.) ; 2. Echeverria (Esp.) à 6'14" ; 3. Poggiali (It.) à 7'2".

10 octobre : Paris-Tours (les dérailleurs sont interdits pour cette édition) - 1. Karstens (P.-B.) ; 2. G. Desmet (Bel.) à 8" ; 3. Deferm (Bel.) m.t.

18 septembre : L'hebdomadaire britanique *The People* publie un article à scandale de Tom Simpson sous le titre : « Champion du monde, mais ils m'appellent escroc ! »

19 septembre : Grand Prix des nations - 1. Anquetil (Fr.) (record de l'épreuve, les 75 km en 1 h 34'24") ; 2. Altig (RFA) à 3'9" ; 3. Poulidor (Fr.) à 4'56".

16 octobre : Tour de Lombardie - 1. Simpson (G.-B.) ; 2. Karstens (P.-B.) à 3'11" ; 3. Stablinski (Fr.) m.t.

4 novembre : Trophée Baracchi - 1. Anquetil-Stablinski ; 2. Dancelli-Scandelli à 1'4" ; 3. Fezzardi-De Pra à 3'10".

1966

27 février : Championnats du monde de cyclo-cross - Éric De Vlaeminck (Bel.).

5 mars : Het Volk - 1. De Roo (P.-B.) ; 2. Godefroot (Bel.) ; 3. Merckx (Bel.).

8-15 mars : Paris-Nice - 1. Anquetil (Fr.) ; 2. Poulidor (Fr.) à 38" ; 3. Adorni (It.) à 1'47".

20 mars : Milan-San Remo - 1. Merckx (Bel.) ; 2. Durante (It.) ; 3. Van Springel (Bel.).

23 mars : Gand-Wevelgem - 1. Van Springel (Bel.) ; 2. Van Clooster (Bel.) ; 3. Jensen (Dan.).

26 mars : Critérium national - 1. Poulidor (Fr.) ; 2. Pingeon (Fr.) à 56" ; 3. Lebaube (Fr.) à 2'12".

9 avril : Tour des Flandres - 1. Sels (Bel.) ; 2. Durante (It.) ; 3. Van den Berghe (Bel.) mt.

11-14 avril : Tour de Belgique - Classement final :1. Adorni (It.) ; 2. Wolfshohl (RFA) à 49" ; 3. Huysman (Bel.) à 1'56".

17 avril : Paris-Roubaix - 1. Gimondi (It.) ; 2. Janssen (P.-B.) ; 3. G. Desmet (Bel.).

20-26 avril : Tour du Sud-Est - Classement final : 1. Lebaube (Fr.) ; 2. Poulidor (Fr.) à 16" ; 3. Delocht (Fr.) à 7'32".

24 avril : Paris-Bruxelles - 1. Gimondi (It.) ; 2. Planckaert (Bel.) ; 3. Van Looy (Bel.).

29 avril : Flèche Wallonne - 1. Dancelli (It.) ; 2. Aimar (Fr.) ; 3. Altig (RFA).

28 avril-15 mai : Tour d'Espagne
1re étape, Murcia-Murcia : Sivilotti (It.)
Murcia-Murcia c.l.m. : Errandonea (Esp.)
2e étape, Murcia-La Munga : Petrolani (It.)
La Munga-Benidorm : Mendiburu (Esp.)
3e étape, Benidorm-Valence : Momene (Esp.)
4e étape, Cuenca-Madrid : Uriana (Esp.)
5e étape, Madrid-Madrid : Echevarria (Esp.)
6e étape, Madrid-Calatayud : De Roo (P.-B.)
7e étape, Catalayud-Saragosse : Haast (P.-B.)
8e étape, Saragosse-Lérida : Nijdam (P.-B.)
9e étape, Lérida-Las Colinas : Gomez del Moral (Esp.)
10e étape, Sitges-Barcelone : Otano (Esp.). Circuit de Montjuich : Nijdam
11e étape, Barcelone-Huesca : Zanin (It.)
12e étape, Huesca-Pampelune : Karstens (P.-B.)
13e étape, Pampelune-San Sebastian : Haast (P.-B.)
14e étape, San Sebastian-Vitoria : San Miguel (Esp.)
15e étape, Vitoria-Haro c.l.m. : Gabica (Esp.)
Haro-Logrono : Karstens
16e étape, Logrono-Burgos : Nijdam
17e étape, Burgos-Santander : Karstens
18e étape, Santander-Bilbao : Perurena
Classement final : - 1. Gabica (Esp.) ; 2. Velez (Esp.) à 39" ; 3. Echevarria (Esp.) à 42" ; 4. Otano (Esp.) à 2'10" ; 5. Momene (Esp.) à 2'23".

2 mai : Liège-Bastogne-Liège - 1. Anquetil (Fr.) ; 2. Van Schil (Bel.) ; 3. In't'Ven (Bel.).

5 mai : Championnat de Zurich - 1. Balmamion (It.) ; 2. Conterno (It.) ; 3. Bariviera (It.).

11-15 mai : Cinq Jours de Dunkerque - Classement final : 1. Mertens (Bel.) ; 2. Janssen (P.-B.) à 6" ; 3. Beuffeuil (Fr.) à 53".

12-15 mai : Tour de Romandie - Classement final : 1. Motta (It.) ; 2. Delisle (Fr.) à 2'32" ; 3. Maurer (Sui.) à 2'59".

18 mai-9 juin : Tour d'Italie
1re étape, Monte Carlo-Diano Marina : Taccone (It.)
2e étape, Imperia-Monesi : Jimenez (Esp.)
3e étape, Diano Marina-Gênes : Andreoli (It.)
4e étape, Gênes-Viareggio : Knapp (It.)
5e étape, Viareggio-Chianciano Terme : Bariviera (It.)
6e étape, Chianciano Terme-Rome : Marcoli (It.)
7e étape, Rome-Rocca di Cambio : Altig (RFA)
8e étape, Rocca di Cambio-Naples : Basso (It.)
9e étape, Naples-Campobasso : Denson (G.-B.)
10e étape, Campobasso-Giulianova Lido : Zandegu (It.)
11e étape, Giulianova-Cesenatico : Altig
12e étape, Cesenatico-Reggio Emilia : Zandegu
13e étape, Parme-Parme c.l.m. : Adorni (It.)
14e étape, Parme-Arona : Bitossi (It.)
15e étape, Arona-Brescia : Jimenez (Esp.)
16e étape, Brescia-Bezzecca : Bitossi (It.)
17e étape, Riva-Levico Terme : Motta (It.)
18e étape, Levico Terme-Bolzano : Dancelli (It.)
19e étape, Bolzano-Moena : Motta (It.)
20e étape, Moena-Belluno : Gimondi (It.)
21e étape, Belluno-Vittorio Veneto : Scandelli (It.)
22e étape, Vittorio Venetto-Trieste : Bariviera
Classement final : - 1. Motta (It.) 2. Zilioli (It.) à 3'57" ; 3. Anquetil (Fr.) à 4'40" ; 4. Jimenez (Esp.) à 5'44" ; 5. Gimondi (It.) à 6'47".

19 mai : Henninger Turm - 1. Hoban (G.-B.) ; 2. Godefroot (Bel.) à 38" ; 3. Planckaert (Bel.).

19 mai : Bordeaux-Paris - 1. Janssen (P.-B.) ; 2. Groussard (Fr.) à 4'10" ; 3. Lefèbvre (Fr.) à 4'29".

4-11 juin : Critérium du Dauphiné - Classement final : 1. Poulidor (Fr.) ; 2. Echevarria (Esp.) à 2'04" ; 3. Gabica (Esp.) à 2'26".

12-18 juin : Tour de Suisse - Classement final : 1. Portaluppi (It.) ; 2. Chiappano (It.) à 12" ; 3. Zollinger (Sui.) à 1'55".

13-16 juin : Grand Prix du Midi Libre - Classement final : 1. Theillière (Fr.) ; 2. Delisle (Fr.) à 3'49" ; 3. Delberghe (Fr.) à 2'10".

21 juin-14 juillet : Tour de France
1re étape, Nancy-Charleville : Altig (RFA)
2e étape, Charleville-Tournai : Reybroeck (Bel.)
3e étape, Tournai-Doornik c.l.m. par équipes : Televizier
Tournai-Dunkerque : Karstens (P.-B.)
4e étape, Dunkerque-Dieppe : Planckaert (Bel.)
5e étape, Dieppe-Caen : Bitossi (It.)
6e étape, Caen-Angers : Sels (Bel.)
7e étape, Angers-Royan : Van Vlierberghe (P.-B.)
8e étape, Royan-Bordeaux : Planckaert
9e étape, Bordeaux-Bayonne : Karstens
10e étape, Bayonne-Pau : De Pra (It.)
11e étape, Pau-Luchon : Mugnaini (It.)
12e étape, Luchon-Revel : Altig
13e étape, Revel-Sète : Vandenberghe (Bel.)
14e étape, Montpellier-Aubenas : De Roo (P.-B.)
Vals-les-Bains-Vals-les-Bains : Poulidor (Fr.)
15e étape, Privas-Bourg-d'Oisans : Otano (Esp.)
16e étape, Bourg-d'Oisans-Briançon : Jimenez (Esp.)
17e étape, Briançon-Turin : Bitossi
18e étape, Ivrea-Chamonix : Shutz (Lux.)
19e étape, Chamonix-Saint-Étienne : Bracke (Bel.)
20e étape, Saint-Étienne-Montluçon : Nijdam (P.-B.)
21e étape, Montluçon-Orléans : Beuffeuil (Fr.)
22e étape, Orléans-Rambouillet : Sels (Bel.)
Rambouillet-Paris c.l.m. : Altig
Classement final : 1. Aimar (Fr.) ; 2. Janssen (P.-B.) à 1'07" ; 3. Poulidor (Fr.) à 2'02" ; 4. Momene (Esp.) à 5'19" ; 5. Mugnaini (It.) à 5'27".
Classement par points : 1. Neri (It.) ; 2. Darrigade (Fr.) ; 3. Vandenberghe (Bel.).
Classement de la montagne : 1. Jimenez (Esp.) ; 2. Galera (Esp.) ; 3. Gonzales (Esp.).
Classement interéquipes : 1. Kas ; 2. Ford-France ; 3. Peugeot.

21 juillet : Tour du Piémont - 1. Durante (It.) ; 2. Zilioli (It.) ; 3. Cribiori (It.).

21 août : Championnat nationnaux - France : 1. Theilleire; 2. Stablinski; 3. Lemeteyer. Belgique : Reybroeck. Espagne : Otano. Italie : Dancelli. Pays-Bas : Karstens. Suisse : Zollinger.

28 août : Championnats du monde sur route - 1. Altig (RFA) ; 2. Anquetil (Fr.) ; 3. Poulidor (Fr.)

29 août-4 septembre : Championnats du monde sur piste. Vitesse : Beghetto (It.). Poursuite : Faggin (It.). Demi-fond : De Loof (Bel.).

11-18 septembre : Tour de Catalogne - Classement final : 1. Den Hartog (P.-B.) ; 2. Anquetil (Fr.) à 1'23" ; 3. Gutty (Fr.) à 2'07".

25 septembre : Grand Prix des nations - 1. Anquetil (Fr.) ; 2. Gimondi (It.) à 1'51" ; 3. Merckx (Bel.) à 3'07".

4 octobre : Tour de l'Émilie - 1. Zilioli (It.) ; 2. Ciampi (It.) à 2'57" ; 3. Betinelli (It.) à 5'10".

9 octobre : Paris-Tours - 1. Reybroeck (Bel.) ; 2. Van Looy (Bel.) ; 3. Lemeteyer (Fr.).

16 octobre : Grand Prix de Lugano - 1. Adorni (It.) ; 2. Gimondi (It.) à 4" ; 3. Anquetil (Fr.) à 28".

23 octobre : Tour de Lombardie - 1. Gimondi (It.) ; 2. Merckx (Bel.) ; 3. Poulidor (Fr.).

4 novembre : Trophée Baracchi - 1. Merckx-Bracke ; 2. Poulidor-Chappe à 1'49" ; 3. Karstens-Zoet à 3'41".

1967

29 janvier : Championnats de France de cyclo-cross - 1. Ducasse ; 2. Bernet à 1'09" ; 3. Bayssière à 1'47".

8 février : Walter Godefroot signe pour l'équipe Flandria-De Clerck.

19 février : Championnats du monde de cyclo-cross - 1. Longo (It.) ; 2. Wolfshohl (RFA) à 3'49" ; 3. Geretner (Sui.) à 9'14".

27 février-5 mars : Tour de Sardaigne - Classement final : 1. Armani (It.) ; 2. Guerra (It.) à 2'20" ; 3. Van der Vleuten (P.-B.) à 3'34".

4 mars : Het Volk - 1. Vekemans (Bel) ; 2. Spruyt (Bel.) m.t. ; 3. Sels (Bel.) m.t.

8-12 mars : Tirreno-Adriatico - Classement final : 1. Bitossi (It.) ; 2. Preziosi (It.) à 12" ; 3. Taccone (It.) m.t.

8-15 mars : Paris-Nice - Étapes remportées par Reybroeck (Bel.), Merckx (Bel.), Reybroeck (Bel.), Van Looy (Bel.), Desvages (Fr.), Merckx (Bel.), Desvages (Fr.), Guyot (Fr.).
Classement final : 1. Simpson (G.-B.) ; 2. Guyot (Fr.) à 2'07" ; 3. Wolfshohl (RFA) à 3'41".

18 mars : Milan-San Remo - 1. Merckx (Bel.) ; 2. Motta (It.) m.t ; 3. Bitossi (It.) m.t.

29 mars : Gand-Wevelgem - 1. Merckx (Bel) ; 2. Janssen (P.-B.) m.t ; 3. Sels (Bel.) m.t.

2 avril : Tour des Flandres - 1. Zandegu (It.) ; 2. Foré (Bel.) m.t ; 3. Merckx (Bel.) à 20".

4-7 avril : Tour de Belgique - Classement final : 1. Preziosi (It.) 2. Van Springel (Bel.) à 2" ; 3. Janssen (P.-B.) à 43".

9 avril : Paris-Roubaix - 1. Janssen (P.-B.) ; 2. Van Looy (Bel.) m.t. ; 3. Altig (RFA) m.t.

16 avril : Henninger Turm - 1. Vanrijckeghem (Bel.) ; 2. Planckaert (Bel.) m.t ; 3. Vanconingsloo (Bel.) m.t.

27 avril-14 mai : Tour d'Espagne
1re étape, 1er secteur Vigo-Bajao Minho : Reybroeck (Bel.)
1re étape, 2e secteur Vigo-Vigo c.l.m. : Janssen (P.-B.)
2e étape, Pontevedra-Orense : Perurena (Esp.)
3e étape, Orense-Astorga : Saez (Esp.)
4e étape, Astorga-Salamanque : Saez (Esp.)
5e étape, Salamanque-Madrid : Simpson (G.-B.)
6e étape, Albacete-Benidorm : Dolman (P.-B.)
7e étape, Benidorm-Valence : Karstens (P.-B.)
8e étape, Valence-Vinaroz : Bellone (Fr.)
9e étape, Vinaroz-Sitges : Lauwers (P.-B.)
10e étape, 1er secteur Sitges-Barcelone : Harings (P.-B.)
10e étape, 2e secteur circuit de Montjuich c.l.m. : Karstens (P.-B.)
11e étape, Barcelone-Andorre : Diaz (Esp.)
12e étape, Andorre-Lérida : Nijdam (P.-B.)
13e étape, Lérida-Saragosse : Ibanez (Esp.)
14e étape, Saragosse-Pampelune : Van der Vleuten (P.-B.)
15e étape, 1er secteur Pampelune-Logrono : Wolfshohl (RFA)
15e étape, 2e secteur Laguardia-Vitoria c.l.m. : Poulidor (Fr.)
16e étape, Vitoria-San Sebastian : Simpson (G.-B.)
17e étape, Villabona-Zarauz c.l.m. : Karstens (P.-B.)
18e étape, Zarauz-Bilbao : Karstens (P.-B.)
Classement final : 1. Janssen (P.-B.) ; 2. Ducasse (Fr.) à 1'43" ; 3. Gonzales (Esp.) à 1'45" ; 4. Ocaña (Esp.) à 2'32" ; 5. Haast (P.-B.) à 3'20" ; 6. Lopez-Rodriguez (Esp.) à 3'41" ; 7. San Miguel (Esp.) à 4'19" ; 8. Poulidor (Fr.) à 4'20" ; 9. Diaz (Esp.) à 5'56" ; 10. Perez-Frances (Esp.) à 6'04".

28 avril : Flèche Wallonne - 1. Merckx (Bel.) ; 2. Post (P.-B.) à 44" ; 3. Bocklant (Bel.) à 1'10".

1er mai : Liège-Bastogne-Liège - 1. Godefroot (Bel.) ; 2. Merckx (Bel.) m.t. ; 3. Monty (Bel.) à 10".

3-7 mai : Cinq Jours de Dunkerque - Classement final : 1. Aimar (Fr.) ; 2. Claes (Bel.) à 59" ; 3. Guyot (Fr.) à 1'30".

4-7 mai : Tour de Romandie - Classement final : 1. Adorni (It.) ; 2. Pfenninger (Sui.) à 45" ; 3. Desmet (Bel.) à 48".

15 mai : Polymultipliée - 1. Jimenez (Esp.) ; 2. Gutty (Fr.) à 6" ; 3. Poulidor (Fr.) m.t.

20 mai-11 juin : Tour d'Italie
1re étape, Treviglio-Alessandria : Zancanaro (It.)
2e étape, Alessandria-La Spezia : Gomez del Moral (Esp.)
3e étape, La Spezia-Prato : Dancelli (It.)
4e étape, Firenze-Chianciano : Zandegu (It.)
5e étape, Rome-Naples : Planckaert (Bel.)
6e étape, circuit de Palerme : Altig (RFA)
7e étape, Catania-Etna : Bitossi (It.)
8e étape, Reggio de Calabre-Cosenza : Stablinski (Fr.)
9e étape, Cosenza-Tarente : Van Vlierberghe (Bel.)
10e étape, Bari-Potenza : Planckaert (Bel.)
11e étape, Potenza-Salerne : Altig (RFA)
12e étape, Caserta-Block Haus : Merckx (Bel.)
13e étape, Chieti-Riccione : Vandenberghe (Bel.)
14e étape, Riccione-Estensi : Merckx (Bel.)
15e étape, Estensi-Mantova : Dancelli (It.)
16e étape, Mantova-Vérone : Ritter (Dan.)
17e étape, Vérone-Venise : Gabica (It.)
18e étape, Venise-Udine : Zandegu (It.)
19e étape, Udine-Trois-Cîmes-du-Lavaredo : Gimondi (It.)
20e étape, Cortina-Trente : Adorni (It.)
21e étape, Trente-Tirano : Mugnaini (It.)
22e étape, 1er secteur Tirano-Ghisallo : Gonzales (Esp.)
22e étape, 2e secteur Ghisallo-Milan : Planckaert (Bel.)
Classement final : 1. Gimondi (It.) ; 2. Balmamion (It.) à 3'36" ; 3. Anquetil (Fr.) à 3'45" ; 4. Adorni (It.) à 4'33" ; 5. Perez-Frances (Esp.) à 5'17" ; 6. Motta (It.) à 6'21" ; 7. Aimar (Fr.) à 7'25" ; 8. Gabica (Esp.) à 9'43" ; 9. Merckx (Bel.) à 11'41" ; 10. Velez (Esp.) à 15'.

28 mai : Bordeaux-Paris - 1. Vanconingsloo (Bel.) ; 2. Van Springel (Bel.) à 1'07" ; 3. Foré (Bel.) à 3'14".

15-18 juin : Grand Prix du Midi Libre - Étapes remportées par Etter (Fr.), Grain (Fr.), Marine (Esp.), Riotte (Fr.), Lasa (Esp.). Classement final : 1. Grain (Fr.) ; 2. Pingeon (Fr.) à 24" ; 3. Poulidor (Fr.) m.t.

16-19 juin : Tour du Luxembourg - Classement final : 1. Brands (Bel.) ; 2. Van de Kerckhove (Bel.) à 31" ; 3. Delisle (Fr.) à 47".

18-24 juin : Tour de Suisse - Classement final : 1. Motta (Fr.) ; 2. Maurer (Sui.) à 4'46" ; 3. Santamarina (Esp.) à 4'42".

29 juin-23 juillet : Tour de France
1re étape, 1er secteur Angers c.l.m. : Errandonea (Esp.)
1re étape, 2e secteur Angers-Saint-Malo : Godefroot (Bel.)
2e étape, Saint-Malo-Caen : Vanneste (Bel.)
3e étape, Caen-Amiens : Basso (It.)
4e étape, Amiens-Roubaix : Reybroeck (Bel.)
5e étape, Roubaix-Jambes : Pingeon (Fr.)
6e étape, Jambes-Metz : Van Springel (Bel.)
7e étape, Metz-Strasbourg : Wright (G.-B.)
8e étape, Strasbourg-Ballon d'Alsace : Aimar (Fr.)
9e étape, Belfort-Divonne : Reybroeck (Bel.)
10e étape, Divonne-Briançon : Gimondi (It.)
11e étape, Briançon-Digne : Samyn (Fr.)
12e étape, Digne-Marseille : Riotte (Fr.)
13e étape, Marseille-Carpentras : Janssen (P.-B.)
14e étape, Carpentras-Sète : Hoban (G.-B.)
15e étape, Sète-Toulouse : Wolfshohl (RFA)
16e étape, Toulouse-Luchon : Manzaneque (Esp.)
17e étape, Luchon-Pau : Mastrotto (Fr.)
18e étape, Pau-Bordeaux : Basso (It.)
19e étape, Bordeaux-Limoges : Stablinski (Fr.)
20e étape, Limoges-Clermont-Ferrand : Gimondi (It.)
21e étape, Clermont-Ferrand-Fontainebleau : Lemeteyer (Fr.)
22e étape, 1er secteur Fontainebleau-Versailles : Binggeli (It.)
22e étape, 2e secteur Versailles-Paris c.l.m. : Poulidor (Fr.)
Classement final : 1. Pingeon (Fr.) ; 2. Jimenez (Esp.) à 3'40" ; 3. Balmamion (It.) à 6'23" ; 4. Letort (Fr.) à 8'38" ; 5. Janssen (P.-B.) à 9'47" ; 6. Aimar (Fr.) à 9'47" ; 7. Gimondi (It.) à 10'14" ; 8. Huysmans (Bel.) à 16'45" ; 9. Poulidor (Fr.) à 18'18" ; 10. Manzaneque (Esp.) à 19'24".
Classement par points : Janssen (P.-B.) ; 2. Reybroeck (Bel.) ; 3. Vandenberghe (Bel.).
Classement des grimpeurs : 1. Jimenez (Esp.) ; 2. Balmamion (It.) ; 3. Poulidor (Fr.).
Classement par équipes : 1. France ; 2. Pays-Bas ; 3. Primavera Italie.

22 juillet : Sur le Tour de l'Avenir, six coureurs sont exclus pour dopage. Il s'agit de Bilic, Cavalcanti, Linares, Mascaro, Troche et Weckx.

12-27 août : Tour du Portugal - Classement final : 1. Houbrecht (Bel.) ; 2. Roque (Port.) à 1'10" ; 3. Correia (Port.) à 2'40".

13 août : Championnats nationaux - France : 1. Letort ; 2. Aimar à 1" ; 3. Riotte à 2'32" (le titre est finalement déclaré vacant après un contrôle antidopage positif sur Letort). Belgique : Boons. Espagne : Santamarina. Pays-Bas : Dolman (déchu aussi pour dopage). Italie : Balmamion.

23-29 août : Championnats du monde sur piste.
Professionnels. Sprint : Sercu (Bel.). Poursuite : Groen (P.-B.). Demi-fond : Proost (Bel.).
Amateurs. Kilomètre : Fredborg (Dan.). Sprint : Morelon (Fr.). Poursuite : Bongers (P.-B.). Demi-fond : De Wit (P.-B.). Poursuite olympique : URSS. Tandem : Italie.

3 septembre : Championnats du monde sur route - 1. Merckx (Bel.) ; 2. Janssen (P.-B.) m.t. ; 3. Saez (Esp.) m.t. ; 4. Motta (It.) m.t. ; 5. Van der Vleuten (P.-B.) m.t. ; 6. Lasa (Esp.) à 2'05" ; 7. Van Rijckeghem (Bel.) m.t. ; 8. Dancelli (It.) m.t ; 9. Boons (Bel.) m.t ; 10. Hagmann (Sui.) m.t.

6 septembre : Gianni Motta manque sa tentative contre le record de l'heure, sur la piste du Vigorelli de Milan.

6 septembre : La fédération italienne décide d'appliquer des contrôles antidopage dans les épreuves professionnelles.

6-13 septembre : Tour de Catalogne - Classement final : 1. Anquetil (Fr.) ; 2. Gomez del Moral (Esp.) à 37" ; 3. Hagmann (Sui.) à 1'16".

15-17 septembre : Paris-Luxembourg - Classement final : 1. Janssen (P.-B.) ; 2. Vanconingsloo (Bel.) à 19" ; 3. Guyot (Fr.) à 20".

23 septembre : Le coureur belge Roger Dewilde meurt subitement en pleine course. L'autopsie révèle l'usage de produits dopants en grande quantité.

24 septembre : Grand Prix des nations - 1. Gimondi (It.) ; 2. Guyot (Fr.) à 1'57" ; 3. Hagmann (Sui.) à 4'01".

27 septembre : Jacques Anquetil bat le record de l'heure (47,493 km) mais son succès n'est pas homologué par l'UCI.

8 octobre : Paris-Tours - 1. Van Looy (Bel.) ; 2. Hoban (G.-B.) m.t. ; 3. Godefroot (Bel.), qui sera mis hors course pour n'avoir pas satisfait au contrôle antidopage.

21 octobre : Tour de Lombardie - 1. Bitossi (It.) ; 2. Gimondi (It.) à 31" ; 3. Poulidor (Fr.) m.t.

6 novembre : Jacques Anquetil devient le président de l'Union des coureurs français.

4 décembre : Le coureur italien Antonio Maspes est suspendu quatre mois par sa fédération pour tentative de corruption à l'occasion des derniers championnats du monde.

5 décembre : Eddy Merckx épouse Claudine Acou, fille de commerçants bruxellois.

1968

22 février : Championnats du monde de cyclo-cross - 1. É. De Vlaeminck (Bel.) ; 2. Gretener (Sui.) à 1'07" ; 3. Wolfshohl (RFA) à 1'56".

24 février : Grand Prix de Saint-Tropez - 1. Guimard (Fr.) ; 2. Sels (Bel.) m.t. ; 3. Guyot (Fr.) m.t.

3 mars : Gênes-Nice - 1. Guimard (Fr.) ; 2. Monti (It.) ; 3. Zimmermann (RFA).

6 mars : Het Volk - 1. Van Springel (Bel.) ; 2. Wolfshohl (RFA) m.t. ; 3. Van de Kerkhove (Bel.) m.t.

10-17 mars : Paris-Nice - Classement final : 1. Wolfshohl (RFA) ; 2. Bracke (Bel.) à 2'58" ; 3. Bodin (Fr.) à 5'12".

19 mars : Milan-San Remo - 1. Altig (RFA) ; 2. Grosskost (Fr.) m.t. ; 3. Durante (It.) m.t.

24 mars : Critérium national - 1. Poulidor ; 2. Jourden à 2" ; 3. Pingeon à 1'24".

25 mars : Amstel Gold Race - 1. Steevens (P.-B.) ; 2. Rosiers (Bel.) ; 3. Rijckeghem (Bel.).

27 mars : Gand-Wevelgem - 1. Godefroot (Bel.) ; 2. Vanneste (Bel.) ; 3. Gimondi (It.).

31 mars : Tour des Flandres - 1. Godefroot (Bel.) ; 2. Reybroeck (Bel.) m.t. ; 3. Altig (RFA) m.t.

2 avril : Grand Prix de Francfort - 1. Beugels (P.-B.) ; 2. Van Sweevelt (Bel.) ; 3. Van Springel (Bel.).

6 avril : Championnat de Zurich - 1. Bitossi (It.) ; 2. Zoeffel (Sui.) ; 3. Hugens (P.-B.).

2-6 avril : Tour de Belgique - Classement final : 1. David (Bel.) 2. Wagtmans (Bel.) à 29" ; 3. Van Springel (Bel.) à 36".

7 avril : Paris-Roubaix - 1. Merckx (Bel.) ; 2. Van Springel (Bel.) m.t. ; 3. Godefroot (Bel.) à 1'37".

25 avril-12 mai : Tour d'Espagne
1re étape, 1er secteur Saragosse-Caterina : Janssen (P.-B.)
1re étape, 2e secteur Caterina c.l.m. : Janssen (P.-B.)
2e étape, Saragosse-Lérida : Wright (G.-B.)
3e étape, 1er secteur Lérida-Barcelone : Depra (It.)
3e étape, 2e secteur circuit de Montjuich c.l.m. : Altig (RFA)
4e étape, Barcelone-Salou : wright (G.-B.)
5e étape, Salou-Vinaroz : Altig (RFA)
6e étape, Vinaroz-Valence : Guerri (It.)
7e étape, Valence-Benidorm : Peffgen (RFA)
8e étape, Benidorm-Almansa : Martin-Pinera (Esp.)
9e étape, Almansa-Alcazar de San Juan : Errandonea (Esp.)
10e étape, Alcazar de San Juan-Madrid : Perurena (Esp.)
11e étape, Madrid-Palencia : Ramon Saez (Esp.)
12e étape, Palencia-Gijon : Perez-Frances (Esp.)
13e étape, Gijon-Santander : Van Schil (Bel.)
14e étape, Santander-Vitoria : Castello (Esp.)
15e étape, Vitoria-Pampelune annulée en raison d'un attentat des autonomistes basques
16e étape, Pampelune-San Sebastian : Castello (Esp.)
17e étape, San Sebastian-Tolosa c.l.m. : Gimondi (It.)
18e étape, Tolosa-Bilbao : Pinera (Esp.)
Classement final : 1. Gimondi (It.) ; 2. Perez-Frances (Esp.) à 2'15" ; 3. Velez (Esp.) à 5'08" ; 4. Errandonea (Esp.) à 5'19" ; 5. Adorni (It.) à 5'26" ; 6. Janssen (P.-B.) à 5'43" ; 7. Gomez del Moral (Esp.) à 5'55" ;

8. Echeverria (Esp.) à 6';
9. Aimar (Fr.) à 6'42"; 10. Spruyt (Bel.) à 6'50".

25 avril : Flèche Wallonne - 1. Van Looy (Bel.); 2. Samyn (Fr.); 3. Janssen (P.-B.).

28 avril : Liège-Bastogne-Liège - 1. Van Sweevelt (Bel.); 2. Godefroot (Bel.) m.t.; 3. Poulidor (Fr.) m.t.

8-12 mai : Cinq Jours de Dunkerque - Classement final : 1. Jourden (Fr.); 2. Van Vreckom (Bel.) à 1'13"; 3. Van Springel (Bel.) à 1'23".

10-15 mai : Tour de Romandie - Classement final : 1. Merckx (Bel.)

21 mai-12 juin : Tour d'Italie
Prologue à Campione d'Italia : Grosskost (Fr.)
1re étape, Campione d'Italia-Novare : Merckx (Bel.)
2e étape, Novare-SanVincente : Merckx (Bel.)
3e étape, San Vincente-Alba : Reybroeck (Bel.)
4e étape, Alba-San Remo : Sels (Bel.)
5e étape, San Remo-Romolo-San Remo : Zilioli (It.)
6e étape, San Remo-Alexandrie : Momene (Esp.)
7e étape, Alessandria- Piacenza : Tosello (It.)
8e étape, San Giorgio-Brescia : Merckx (Bel.)
9e étape, Brescia-Lac de Caldonazzo : Jimenez (Esp.)
10e étape, Trente-Monte Grappa : Cazallini (It.)
11e étape, Bassano del Grappa-Trieste : Reybroeck (Bel.)
12e étape, Cortina d'Ampezzo : Merckx (Bel.)
13e étape, Cortina d'Ampezzo-Vittorio Veneto : Farisato (It.)
14e étape, Vittorio Veneto-Marina Romea : Motta (It.)
15e étape, Ravenne-Imola : Basso (It.)
16e étape, Cesenatico-San Marin c.l.m. : Gimondi (It.)
17e étape, San Marin-Foligno : Bitossi (It.)
18e étape, Abbadia-San Salvatore : Jimenez (Esp.)
19e étape, San Salvatore-Rome : Dalla-Bona (It.)
20e étape, Rome-Rocca di Cambio : Santa Marina (Esp.)
21e étape, Rocca di Cambio-Block Haus : Bitossi (It.)
22e étape, Chieti-Naples : Reybroeck (Bel.)
Classement final : 1. Merckx (Bel.); 2. Adorni (It.) à 5'01"; 3. Gimondi (It.) à 9'05"; 4. Zilioli (It.) à 9'17"; 5. Vanneste (Bel.) à 10'43"; 6. Motta (It.) à 12'23"; 7. Dancelli (It.) à 12'33"; 8. Balmamion (It.) à 15'43"; 9. Gabica (Esp.) à 16'59"; 10. Bitossi (It.) à 19'02".

14-22 juin : Tour de Suisse - Classement final : 1. Pfenninger (Sui.); 2. Hogmann (Sui.); 3. Van Springel (Bel.).

27 juin-21 juillet : Tour de France
Prologue à Vittel : Grosskost (Fr.)
1re étape, Vittel-Esch : Grosskost (Fr.)
2e étape, Arlon-Forest : É. De Vlaeminck (Bel.)
3e étape, Forest-Roubaix : Godefroot (Bel.)
4e étape, Roubaix-Rouen : Chappe (Fr.)
5e étape, Rouen-Bagnoles-de-l'Orne : Desvages (Fr.)
6e étape, Rouen-Dinard : Dumont (Fr.)
7e étape, Dinard-Lorient : A. Gonzales (Esp.)
8e étape, Lorient-Nantes : Bitossi (It.)
9e étape, Nantes-Royan : Van Ryckeghem (Bel.)
10e étape, Royan-Bordeaux : Godefroot (Bel.)
11e étape, Bordeaux-Bayonne : Bellone (Fr.)
12e étape, Bayonne-Pau : Van Ryckeghem (Bel.)
13e étape, Pau-Saint-Gaudens : Pintens (Bel.)
14e étape, Saint-Gaudens-Seo de Urgel : Van Springel (Bel.)
15e étape, Seo de Urgel-Canet-Plage : Janssen (P.-B.)
16e étape, Font-Romeu-Albi : Pingeon (Fr.)
17e étape, Albi-Aurillac : Bitossi (It.)
18e étape, Aurillac-Saint-Étienne : Genet (Fr.)
19e étape, Saint-Étienne-Grenoble : Pingeon (Fr.)
20e étape, Grenoble-Sallanches : Hoban (G.-B.)
21e étape, Salanches-Besançon : Huysmans (P.-B.)
22e étape, Besançon-Auxerre : Leman (Bel.)
23e étape, 1er secteur Auxerre-Melun : Izier (Fr.)
23e étape, 2e secteur Melun-Paris c.l.m. : Janssen (P.-B.)
Classement final : 1. Janssen (P.-B.); 2. Van Springel (Bel.) à 38"; 3. Bracke (Bel.) à 3'03"; 4. San Miguel (Esp.) à 3'17"; 5. Pingeon (Fr.) à 3'29"; 6. Wolfshohl (RFA) à 3'46"; 7. Aimar (Fr.) à 4'44"; 8. Bitossi (It.) à 4'59"; 9. Gandarias (Esp.) à 5'05"; 10. Gomez del Moral (Esp.) à 7'13".
Classement par points : 1. Bitossi (It.); 2. Godefroot (Bel.); 3. Janssen (P.-B.).
Classement des grimpeurs : 1. Gonzales (Esp.); 2. Bitossi (It.); 3. Jimenez (Esp.).
Classement par équipes : 1. Espagne; 2. Belgique A; 3. France B.

12 août : Championnat de France - 1. Aimar; 2. Pingeon; 3. Périn.

21-28 août : Championnats du monde sur piste
Messieurs
Professionnels. Poursuite : Porter (G.-B.). Vitesse : Beghetto (It.). Demi-fond : Proost (Bel.)
Amateurs. Poursuite : Frey (Dan.). Vitesse : Borghetti (It.). Demi-fond : Grassi (It.)
Dames
Poursuite : Obodovskaya (URSS). Vitesse : Baguiniantz (URSS).

22-25 août : Paris-Luxembourg - Classement final : 1. Dancelli (It.) ; 2. Basso (It.) à 5"; 3. Gimondi (It.) à 25".

1er septembre : Championnats du monde - 1. Adorni (It.); 2. Van Springel (Bel.) à 9'51"; 3. Dancelli (It.) à 10'18"; 4. Bitossi (It.) m.t.; 5. Taccone (It.) m.t.; 6. Gimondi (It.) m.t.; 7. Poulidor (Fr.) m.t.; 8. Merckx (Bel.) m.t.; 9. Jourden (Fr.) m.t.; 10. Aimar (Fr.) m.t.

9 septembre : Bordeaux-Paris : 1. Bodart (Bel.); 2. Delisle (Fr.); 3. Wolfshohl (RFA).

22 septembre : Grand Prix des nations - 1. Gimondi (It.); 2. Letort (Fr.) à 2'15" (déclassé ensuite); 3. Van Springel (Bel.) à 2'52".

5 octobre : Paris-Tours - 1. Reybroeck (Bel.); 2. Godefroot (Bel.) m.t.; 3. Leman (Bel.) m.t.

10 octobre : Otto Ritter bat le record du monde de l'heure à Mexico (48,653 km).

11 octobre : Tour de Lombardie - 1. Van Springel (Bel.); 2. Bitossi (It.) à 15"; 3. Merckx (Bel.) m.t.

12-27 octobre : Jeux olympiques de Mexico
Kilomètre : Trentin (Fr.). Poursuite : Rebillard (Fr.). Vitesse : Morelon (Fr.). Tandem : Trentin-Morelon (Fr.). Poursuite par équipes : Danemark

20 octobre : Championnats de France omnium - 1. Grosskost; 2. Anquetil; 3. Le Grevès.

30 octobre : Ferdinand Bracke bat le record du monde au vélodrome olympique de Rome (48,093 km).

1er novembre : Trophée Baracchi - 1. Gimondi-Anquetil 2. Ritter-Van Springel à 3'05"; 3. Ocaña-Aranzabal à 6'.

1969

9 février : Championnats de France de cyclo-cross - 1. Herbain; 2. Bernet à 18"; 3. Weibel à 30".

23 février : Championnats du monde de cyclo-cross - 1. É. De Vlaeminck (Bel.); 2. Wolfshohl (RFA) à 1'32"; 3. Longo (It.) à 3'25".

10-16 mars : Paris-Nice - Étapes remportées par Poulidor (Fr.), Duyndam (P.-B.), Merckx (Bel.), Leman (Bel.), Zandegu (It.), Janssen (P.-B.), Van der Vleuten (P.-B.), Basso (It.), Merckx (Bel.). Classement final : 1. Merckx (Bel.); 2. Poulidor (Fr.) à 51"; 3. Anquetil (Fr.) à 2'16".

11-15 mars : Tirreno-Adriatico - Classement final : 1. Chiappano (It.); 2. Van Vlieberghe (Bel.) m.t.; 3. Fezzardi (It.) à 42".

19 mars : Milan-San Remo - 1. Merckx (Bel.); 2. R. De Vlaeminck (Bel.) à 12"; 3. Basso (It.) m.t.

24-28 mars : Semaine Catalane - Classement final : 1. Ocaña (Esp.); 2. Gonzales-Linares (Esp.) à 9"; 3. Zandegu (It.) à 27".

30 mars : Tour des Flandres - 1. Merckx (Bel.); 2. Gimondi (It.) à 5'36"; 3. Basso (It.) à 8'08".

3 avril : Aimar et Janssen (1 mois), Van der Vleuten (3 mois) sont suspendus après des contrôles antidopage positifs au Critérium national et à Paris-Nice.

7-10 avril : Tour de Belgique - Classement final : 1. É. De Vlaeminck (Bel.); 2. Schepers (P.-B.) à 23"; 3. Van Springel (Bel.) à 25".

14 avril : Paris-Roubaix - 1. Godefroot (Bel.); 2. Merckx (Bel.); 3. Vekemans (Bel.).

16 avril : Gand-Wevelgem - 1. Vekemans (Bel.); 2. R. De Vlaeminck (Bel.) à 11"; 3. É. De Vlaeminck (Bel.) m.t.

18 avril : Amstel Gold Race - 1. Reybroeck (Bel.); 2. Huysmans (Bel.) m.t.; 3. Merckx (Bel.) m.t.

20 avril : Flèche Wallonne - 1. Huysmans (Bel.); 2. É. De Vlaeminck (Bel.) à 10"; 3. Leman (Bel.) m.t.

22 avril : Liège-Bastogne-Liège - 1. Merckx (Bel.); 2. Van Schil (Bel.) m.t.; 3. Hoban (G.-B.) à 8'05".

23 avril-11 mai : Tour d'Espagne
1re étape, 1er secteur Badajoz c.l.m. : Ocaña (Esp.) et Gomez del Moral (Esp.)
1re étape, 2e secteur circuit de Badajoz : Wright (G.-B.)
2e étape, Badajoz-Caceres : Salina (It.)
3e étape, Caceres-Talavera : Sgarbozza (It.)
4e étape, Talavera-Madrid : Perurena (Esp.)
5e étape, Madrid-Alcazar de San Juan : Steegmans (Bel.)
6e étape, Alcazar de San Juan-Almansa : Sels (Bel.)
7e étape, Almansa-Nules : Saez (Esp.)
8e étape, Nules-Benicasim : Saez (Esp.)
9e étape, Benicasim-Reus : Lopez-rodrigues (Esp.)
10e étape, Reus-Barcelone : Pinera (Esp.)
11e étape, Barcelone-San Feliu : Jimenez (Esp.)
12e étape, San Feliu-Moya : Pingeon (Fr.)
13e étape, Moya-Barbastro : Wright (G.-B.)
14e étape, 1er secteur Barbastro-Saragosse : Steegmans (Bel.)
14e étape, 2e secteur Saragosse c.l.m. : Pingeon (Fr.)
15e étape, Saragosse-Pampelune : Diaz (Esp.)
16e étape, Irun-San Sebastian c.l.m. : Ocaña (Esp.)
17e étape, San Sebastian-Vitoria : San Miguel (Esp.)
18e étape, 1er secteur Vitoria-Liodio : Gualazinni (It.)
18e étape, 2e secteur Liodio-Bilbao c.l.m. : Ocaña (Esp.)
Classement final : 1. Pingeon (Fr); 2. Ocaña (Esp.) à 1'56"; 3. Wagtmans (P.-B.) à 5'10"; 4. Lasa (Esp.) m.t.; 5. Wright (G.-B.) à 5'27"; 6. Wolfshohl (RFA) à 6'11; 7. Bellone (Fr.) à 6'47"; 8. San Miguel (Esp.) à 7'05"; 9. Echeverria (Esp.) à 7'35"; 10. Velez (Esp.) à 7'51".

4 mai : Championnat de Zurich - 1. Swerts (Bel.); 2. R. De Vlaeminck (Bel.) à 30"; 3. Merckx (Bel.) à 53".

7-11 mai : Tour de Romandie - Classement final : 1. Gimondi (It.); 2. Adorni (It.) à 11"; 3. Houchbrets (Bel.) à 12".

13 mai : Les cent ans de Paris-Rouen : victoire de Delépine.

13 mai : Raymond Louviot, maintenant directeur sportif, décède dans un accident de voiture, à l'occasion d'une reconnaissance sur les Cinq Jours de Dunkerque.

13-18 mai : Cinq Jours de Dunkerque - Classement final : 1. Vasseur (Fr.) ; 2. Wagtmans (P.-B.) à 10" ; 3. In't'Ven (Bel.) à 22".

16 mai-8 juin : Tour d'Italie
1re étape, Garde-Brescia : Polidori (It.)
2e étape, Brescia-Mirandola : Boifava (It.)
3e étape, Mirandola-Montecatini : Merckx (Bel.)
4e étape, Montecatini c.l.m. : Merckx (Bel.)
5e étape, Montecatini-Follonica : Van Vlierberghe (Bel.)
6e étape, Follonica-Viterbo : Cortinovis (It.)
7e étape, Viterbo-Terracina : Merckx (Bel.)
8e étape, Terracina-Naples : Basso (It.)
9e étape, Naples-Potenza : Dancelli (It.)
10e étape, Potenza-Campitello Matese : Chiappano (It.)
11e étape, Campobasso-Scanno : Bitossi (It.)
12e étape, Scanno-Silvi Marina : Colombo (It.)
13e étape, Silvi Marina-Senigallia : Basso (It.)
14e étape, Senigallia-San Marino : Bitossi (It.)
15e étape, Cesenatico-San Marino c.l.m. : Merckx (Bel.)
16e étape, Parme-Savone : Ballini (It.)
17e étape, Celle-Ligure-Pavie : Ritter (Dan.)
18e étape, 1er secteur Pavie-Zingonia : Basso (It)
18e étape, 2e secteur Zingonia-San Pellegrino : Basso (It.)
19e étape, San Pellegrino-Folgaria : Zilioli (It.)
20e étape, Trente-Marmolada annulée
21e étape, Rocca Pietore-Cavalese : Michelotto (It.)
22e étape, Cavalese-Folgarida : Adorni (It.)
23e étape, Folgarida-Milan : Benfatto (It.)
Classement final : 1. Gimondi (It.) ; 2. Michelotto (It.) à 3'35" ; 3. Zilioli (It.) à 4'48" ; 4. Schiavon (It.) à 7'01" ; 5. Colombo (It) à 11'54" ; 6. Dancelli (It.) à 14'05" ; 7. A. Moser (It.) à 20'05" ; 8. Mori (It.) à 20'25" ; 9. Altig (RFA) à 23'45" ; 10. Bitossi (It.) à 31'36".

25-31 mai : Six Provinces-Dauphiné - Étapes remportées par Poulidor (Fr.), De Boever (Bel.), Bracke (Bel.), Janssen (P.-B.), Theillière (Fr.), Guerra (It.), Poulidor (Fr.), Leman (Bel.), Huysmans (Bel.).
Classement final : 1. Poulidor (Fr.) ; 2. Bracke (Bel.) à 18" ; 3. Pingeon (Fr.) à 45".

5-8 juin : Grand Prix du Midi Libre - Étapes remportées par É. De Vlaeminck (Bel.), Guimard (Fr.), Bracke (Bel.), Boucquet (Bel.), Harrisson (G.-B.), Guimard (Fr.).
Classement final : 1. Ocaña (Esp) ; 2. Bracke (Bel.) à 2'03" ; 3. Van Vreckom (Bel.) à 2'20".

22 juin : Championnats nationaux - France : 1. Delisle ; 2. Izier à 17" ; 3. Guyot m.t.
Belgique : De Vlaeminck.
Espagne : Saez. Italie : Adorni.
Pays-Bas : Frijters.

28 juin-20 juillet : Tour de France
Prologue à Roubaix : Altig (RFA)
1re étape, 1er secteur Roubaix-Woluwe (Bel.) : Basso (It.)
1re étape, 2e secteur Woluwe c.l.m. par équipes : Faema
2e étape, Woluwe-Maastricht : Stevens (Bel.)
3e étape, Maastricht-Charleville : Leman (Bel.)
4e étape, Charleville-Nancy : Van Looy (Bel.)
5e étape, Nancy-Mulhouse : Agostinho (Port.)
6e étape, Mulhouse-Ballon d'Alsace : Merckx (Bel.)
7e étape, Belfort-Divonne : Diaz (Esp.)
8e étape, 1er secteur Divonne c.l.m. : Merckx (Bel.)
8e étape, 2e secteur Divonne-Thonon : Dancelli (It.)
9e étape, Thonon-Chamonix : Pingeon (Fr.)
10e étape, Chamonix-Briançon : Van Springel (Bel.)
11e étape, Briançon-Digne : Merckx (Bel.)
12e étape, Digne-Aubagne : Gimondi (It.)
13e étape, Aubagne-La Grande Motte : Reybroeck (Bel.)
14e étape, La Grande Motte-Revel : Agostinho (Port.)
15e étape, Revel c.l.m. : Merckx (Bel.)
16e étape, Revel-Luchon : Delisle (Fr.)
17e étape, Luchon-Mourenx : Merckx (Bel.)
18e étape, Mourenx-Bordeaux : Hoban (G.-B.)
19e étape, Bordeaux-Brive : Hoban (G.-B.)
20e étape, Brive-Puy-de-Dôme : Matignon (Fr.)
21e étape, Clermont-Ferrand-Montargis : Van Springel (Bel.)
22e étape, 1er secteur Montargis-Créteil : Spruyt (Bel.)
22e étape, 2e secteur Créteil-Paris c.l.m. : Merckx (Bel.)
Classement final : 1. Merckx (Bel.) ; 2. Pingeon (Fr.) à 17'54" ; 3. Poulidor (Fr.) à 22'13" ; 4. Gimondi (It) à 29'24" ; 5. Gandarias (Esp) à 33'04" ; 6. Wagtmans (P.-B.) à 33'57" ; 7. Vianelli (It.) à 42'49" ; 8. Agostinho (Port.) à 51'24" ; 9. Letort (Fr.) à 51'41" ; 10. Janssen (P.-B.) à 52'56".
Classement par points : 1. Merckx (Bel.) ; 2. Janssen (P.-B.) ; 3. Wagtmans (P.-B.).
Classement des grimpeurs : 1. Merckx (Bel.) ; 2. Pingeon (Fr.) ; 3. Galera (Esp.).
Classement par équipes : 1. Faema ; 2. Peugeot ; 3. Kas.

5-6 août : Paris-Luxembourg - Classement final : 1. Merckx (Bel.) ; 2. Gimondi (It.) à 24" ; 3. R. De Vlaeminck (Bel.) à 1'18".

5-9 août Championnats du monde sur piste
Professionnels. Sprint : Sercu (Bel.). Poursuite : Bracke (Bel.). Demi-fond : Oudkerk (P.-B.).
Amateurs. Poursuite par équipes : URSS. Demi-fond : Boom (P.-B.). Tandem : Otto-Geschke (RDA).

10 août : Championnats du monde sur route - 1. Ottenbros (P.-B.) ; 2. Stevens (Bel.) m.t. ; 3. Dancelli (It.) à 2'18" ; 4. Reybroeck (Bel.) à 2'21" ; 5. Swerts (Bel.) m.t. ; 6. Harings (P.-B.) m.t. ; 7. Catieau (Fr.) m.t. 8. Paolini (Fr.) m.t. ; 9. Karstens (P.- B.) m.t. ; 10. Wolfshohl (RFA) m.t.

7 septembre : Bordeaux-Paris - 1. Godefroot (Bel.) ; 2. Janssen (P.-B.) à 12'08" ; 3. Périn (Fr.) à 12'12".

21 septembre : Grand Prix d'Isbergues - 1. Janssen (P.-B.) ; 2. Van Thyghem (Bel.) à 1' ; 3. De Schoenmacker (Bel.) m.t.

28 septembre : Paris-Tours - 1. Van Springel (Bel.) ; 2. Verbeeck (Bel.) à 28" ; 3. Jochmans (Bel.) m.t.

5 octobre : Jacques Anquetil fait ses adieux au public français au vélodrome de Vincennes.

11 octobre : Tour de Lombardie - 1. Monséré (Bel.) ; 2. Van Springel (Bel.) m.t. ; 3. Bitossi (It.) m.t.

19 octobre : Grand Prix des nations - 1. Van Springel (Bel.) ; 2. Poulidor (Fr.) à 29" ; 3. Boifava (It.) à 2'19".

28 octobre : Associé à Patrick Sercu, Peter Post remporte à Dortmund son cinquantième Six Jours.

1970

25 janvier : Championnats de France de cyclo-cross - 1. Bernet 2. Ricci à 1' ; 3. Herbain à 1'15".

22 février : Championnats du monde de cyclo-cross - 1. E. De Vlaeminck (Bel.) ; 2. Van Damme (Bel.) m.t. ; 3. Wolfshohl (RFA) à 24".

22-27 février : Tour de Sardaigne - Classement final : 1. Sercu (Bel.) ; 2. Merckx (Bel.) à 1'20" ; 3. Gimondi (It.) à 3'03".

28 février : Het Volk - 1. Verbeeck (Bel.) ; 2. Rosiers (Bel.) m.t. ; 3. Dierickx (Bel.).

8-15 mars : Paris-Nice - Étapes remportées par Caballero (It.), Chemello (It.), Ritter (Dan.), Merckx (Bel.), Leman (Bel.), Altig (RFA), Jansen (P.-B.), Reybroeck (Bel.), Merckx (Bel.), Pella (It.), Merckx (Bel.).
Classement final : 1. Merckx (Bel.) ; 2. Ocaña (Esp.) à 2'19" ; 3. Janssen (P.-B.) à 2'29".

19 mars : Milan-San Remo - 1. Dancelli (It.) ; 2. Karstens (P.-B.) à 1'39" ; 3. Leman (Bel.) m.t.

1er avril : Gand Wevelgem - 1. Merckx (Bel.) ; 2. Vekemans (Bel.) à 10" ; 3. Godefroot (Bel.) m.t.

2 avril : Tour de Majorque - Classement final : 1. Ponton (Esp.) ; 2. Galera (Esp.) à 44" ; 3. Altig (RFA) à 48".

5 avril : Tour des Flandres - 1. Leman (Bel.) ; 2. Godefroot (Bel.) m.t. ; 3. Merckx (Bel.) m.t.

6 avril : Semaine Catalane - Classement final : 1. Zilioli (It.) ; 2. Poulidor (Fr.) à 24" ; 3. Ocaña (Esp.) à 27".

6-10 avril : Tour de Belgique - Classement final : 1. Merckx (Bel.) ; 2. Godefroot (Bel.) à 3'03" ; 3. De Vlaeminck (Bel.) à 8'.

12 avril : Paris-Roubaix - 1. Merckx (Bel.) ; 2. R. De Vlaeminck (Bel.) à 5'21" ; 3. Leman (Bel.) à 5'29".

17 avril : Liège-Bastogne-Liège - 1. R. De Vlaeminck (Bel.) ; 2. Verbeeck (Bel.) à 12" ; 3. Merckx (Bel.) m.t.

19 avril : Flèche Wallonne - 1. Merckx (Bel.) ; 2. Pintens (Bel.) à 53" ; 3. E. De Vlaeminck (Bel.) à 1'06".

23 avril-12 mai : Tour d'Espagne
Prologue Voorspel : Ocaña (Esp.)
1re étape, Cadiz-Frontera : Peelman (Bel.)
2e étape, Jerez de la Frontera-Fuengirola : Cuevas (Esp.)
3e étape, Fuengirola-Almeria : Reybroeck (Bel.)
4e étape, Almeria-Lorca : Ronsmans (Bel.)
5e étape, Lorca-Carpe : Santamarina (Esp.)
6e étape, Calpe-Burriana : Peelman (Bel.)
7e étape, Burriana-Tarragona : Reybroeck (Bel.)
8e étape, 1er secteur Tarragona-Barcelone : Saez (Esp.)
8e étape, 2e secteur Montjuich : Reybroeck (Bel)
9e étape, Barcelone-Igualada : Tamames (Esp.)
10e étape, Igualada-Zaragoza : Novak (Fr.)
11e étape, Zaragoza-Calatayud : Wagtmans (P.-B.)
12e étape, Calatayud-Madrid : Schleck (Lux.)
13e étape, Madrid-Soria : Wagtmans (P.-B.)
14e étape, Soria-Valladolid : Serpenti (P.-B.)
15e étape, Vallaolid-Burgos : Saez (Esp.)
16e étape, Burgos-Santander : Rosiers (Bel.)
17e étape, Santander-Vitoria : Int' Ven (Bel.)
18e étape, Vitoria-San Sebastian : Erandonea (Esp.)
19e étape, 1er secteur San Sebastian-Liodio : Van der Vleuten (P.-B.)
19e étape 2e secteur Liodio-Bilbao c.l.m. : Ocaña (Esp.)
Classement final : 1. Ocaña (Esp.) ; 2. Tamames (Esp.) à 1'16" ; 3. Van Springel (Bel.) à 1'27" ; 4. Manzaneque (Esp.) à 1'22" ; 5. In't'Ven (Bel.) à 2' ; 6. Galdos (Esp.) à 3'07" ; 7. Lasa (Esp.) à 3'09" ; 8. Galera (Esp.) à 3'15" ; 9. Santamarina (Esp.) à 3'50" ; 10. Santisteban (Esp.) à 4'15".

25 avril : Amstel Gold Race - 1. Pintens (Bel.) ; 2. Vanneste (Bel.) m.t. ; 3. Dierickx (Bel.) à 22".

26 avril : Polymultipliée - 1. Aimar (Fr.) ; 2. Bruyère (Bel.) à 1'04" ; 3. Bouloux (Fr.) à 4'54".

1er mai : Henninger Turm de Francfort - 1. Altig (RDA) ; 2. Zoetemelk (P.-B.) à 8" ; 3. Crepaldi (It.) à 12".

4 mai : Championnat de Zurich - 1. Godefroot (Bel.) ; 2. Mintjens (Bel.) à 18" ; 3. Dierickx (Bel.) à 1'22".

5-10 mai : Cinq Jours de Dunkerque - Étapes remportées par Flandria, Van de Vyver (Bel.), Vanneste (Bel.), Hoban (G.-B.), Schepers (P.-B.), Poortvliet (P.-B.), Bracke (Bel.).

Classement final : 1. Vanneste (Bel.) ; 2. Leblanc (Fr.) à 7" ; 3. Catieau (Fr.) à 1'10".

11-15 mai : Tirreno-Adriatico - Classement final : 1. Houbrecht (Bel.) ; 2. Zilioli (It.) à 30" ; 3. Gimondi (It.) à 35".

18 mai-7 juin : Tour d'Italie
1re étape, San Pellegrino-Biandrionno : Bitossi (It.)
2e étape, Comerio-Saint-Vincent : Merckx (Bel.)
3e étape, Saint-Vincent-Aoste : Bitossi (It.)
4e étape, Saint-Vincent-Lodi : Basso (It.)
5e étape, Lodi-Zingonia : Sercu (Bel.)
6e étape, Zingonia-Malcesine : Paolini (It.)
7e étape, Malcesine-Brentonico : Merckx (Bel.)
8e étape, Roverto-Bassano del Grappa : Godefroot (Bel.)
9e étape, Bassano del Grappa-Treviso c.l.m. : Merckx (Bel.)
10e étape, Terracina-Rivisondoli : Zilioli (It.)
11e étape, Rivisondoli-Francavilla : Dancelli (It.)
12e étape, Francavilla-Loreto : Lasa (Esp.)
13e étape, Loreto-Faenza : Dancelli (It.)
14e étape, Faenza-Casciana : Dancelli (It.)
15e étape, Casciana-Mirandola : Basso (It.)
16e étape, Mirandola-Jesolo Lido : Zandegu (It.)
17e étape, Jesolo-Arta : Bitossi (It.)
18e étape, Arta-Marmolada : Dancelli (It.)
19e étape, Rocca Pietore-Dobbiaco : Bitossi (It.)
20e étape, Dobbiaco-Bolzano : Armani (It.)
Classement final : 1. Merckx (Bel.) ; 2. Gimondi (It.) à 3'14" ; 3. Van den Bossche (Bel.) à 4'59" ; 4. Dancelli (It.) à 7'07" ; 5. Zilioli (It) à 8'14" ; 6. Petterson (Suè.) à 9'20" ; 7. Bitossi (It.) à 13'10" ; 8. Lasa (Esp.) à 19'25" ; 9. Ritter (Dan.) à 21'17" ; 10. Adorni (It.) à 21'29".

19 mai : Provinces-Dauphiné - Étapes remportées par Delisle (Fr.), Van Ryckeghem (Bel.), Schepers (P.-B.), Schepers (P.-B.), De Vlaeminck (Bel.), Genty (Fr.), De Boever (Bel.), Ocaña (Esp.), Pintens (Bel.), Vianen (P.-B.).
Classement final : 1. Ocaña (Esp.) ; 2. Pingeon (Fr.) à 1'36" ; 3. Van Springel (Bel.) à 2'43".

29-31 mai : Tour de l'Oise - Classement final : 1. Verbeeck (Bel.) ; 2. Duyndam (P.-B.) à 4" ; 3. Boifava (It.) et Vianen (P.-B.) à 17".

5-10 juin : Tour de Romandie - Classement final : 1. Petterson (Suè.) ; 2. Boifava (It.) à 14" ; 3. Zoetemelk (P.-B.) à 1'40".

12 juin : Grand Prix du Midi Libre - Étapes remportées par Bic, Dierickx (Bel.), Janssen (P.-B.), Diaz (Esp.), Van der Vleuten (P.-B.), Aimar (Fr.). Classement final : 1. Ricci (Fr.) ; 2. Lucas (Esp.) à 11" ; 3. Grosskost (Fr.) à 1'52".

10 juin : Tour de Suisse - Classement final : 1. Pogialli (It.) ; 2. Pfenninger (Sui.) à 1'03" ; 3. Mori (It.) à 1'14".

11-15 juin : Tour du Luxembourg - Classement final : 1. Schutz (Lux.) ; 2. Pintens (Bel.) à 53" ; 3. Pijnen (P.-B.) à 1'51".

21 juin : Championnats nationaux - France : 1. Gutty hors course pour dopage ; 2. Guimard à 2" ; 3. Raymond m.t. Belgique : Merckx. Espagne : Gonzales-Linares. Italie : Bitossi.Pays-Bas : Kisner.

26 juin-19 juillet : Tour de France
Prologue Limoges : Merckx (Bel.)
1re étape, Limoges-La Rochelle : Guimard (Fr.)
2e étape, La Rochelle-Angers : Zilioli (It.)
3e étape, 1er secteur Angers c.l.m. par équipes : Faemino
3e étape, 2e secteur Angers-Rennes : Basso (It.)
4e étape, Rennes-Lisieux : Godefroot (Bel.)
5e étape, 1er secteur Lisieux-Rouen : Godefroot (Bel.)
5e étape, 2e secteur Rouen-Amiens : Spruyt (Bel.)
6e étape, Amiens-Valenciennes : De Vlaeminck (Bel.)
7e étape, 1er secteur Valenciennes-Forest-Vorst : Merckx (Bel.)
7e étape, 2e secteur Forest-Vorst c.l.m. : Gonzales-Linares (Esp.)
8e étape, Ciney-Felsberg : Vasseur (Fr.)
9e étape, Saarlouis-Mulhouse : Frey (Dan.)
10e étape, Mulhouse-Divonne-les-Bains : Merckx (Bel.)
11e étape, 1er secteur Divonne c.l.m. : Merckx (Bel.)
11e étape, 2e secteur Divonne-Thonon-les-Bains : Basso (It.)
12e étape, Thonon-Grenoble : Merckx (Bel.)
13e étape, Grenoble-Gap : Mori (It.)
14e étape, Gap-Mont-Ventoux : Merckx (Bel.)
15e étape, Carpentras-Montpellier : Wagtmans (P.-B.)
16e étape, Montpellier-Toulouse : Van Vlierberghe (Bel.)
17e étape, Toulouse-Saint-Gaudens : Ocaña (Esp.)
18e étape, Saint-Gaudens-La Mongie : Thévenet (Fr.)
19e étape, Bagnères-Mourenx : Raymond (Fr.)
20e étape, 1er secteur Mourenx-Bordeaux : Wolfshohl (RDA)
20e étape, 2e secteur Bordeaux c.l.m. : Merckx (Bel.)
21e étape, Ruffec-Tours : Basso (It.)
22e étape, Tours-Versailles : Danguillaume (Fr.)
23e étape, Versailles-Paris c.l.m. : Merckx (Bel.)
Classement final : 1. Merckx (Bel.) ; 2. Zoetemelk (P.-B.) à 12'41" ; 3. Petterson (Suè.) à 15'54" ; 4. Van den Bossche (Bel.) à 18'53" ; 5. Wagtmans (P.-B.) à 19'54" ; 6. Van Impe (Bel.) à 20'34" ; 7. Poulidor (Fr.) à 20'35" ; 8. Houbrecht (Bel.) à 21'34" ; 9. Galdos (Esp.) à 21'45" ; 10. Pintens (Bel.) à 23'23".
Classement par équipes : 1. Salvarani ; 2. Kas ; 3. Faemino.
Classement des grimpeurs : 1. Merckx (Bel.) ; 2. Gandarias (Esp.) ; 3. Van den Bossche (Bel.).
Classement par points : 1. Godefroot (Bel.) ; 2. Merckx (Bel.) ; 3. Basso (It.).

25 juillet : Tour du Portugal - Classement final : 1. Agosthino (Port.) ; 2. Bernardino (Port.) à 6'59" ; 3. Florencio (Esp.) à 9'56".

28 juillet : Grand Prix de l'Escaut - 1. De Vlaeminck (Bel.) ; 2. Hooyberghs (Bel.) à 10" ; 3. Scheys (Bel.) m.t.

8-12 août : Championnats du monde sur piste
Professionnels. Sprint : Johnson (Aus.). Poursuite : Porter (G.-B.). Demi-Fond : Rudolph (Dan.).
Amateurs. Sprint : Morelon (Fr.). Demi-Fond : Stam (P.-B.). Poursuite : Kurmann (Sui.). Poursuite olympique : Allemagne. Tandem : Barth-Muller (All.). Kilomètre : Fredborg (Dan.).

16 août : Championnats du monde sur route - 1. Monséré (Bel.) ; 2. Mortensen (Dan.) à 2" ; 3. Gimondi (It.) m.t. ; 4. West (G.-B.) à 3" ; 5. Rouxel (Fr.) à 5" 6. Vasseur (Fr.) à 9" ; 7. Godefroot (Bel.) à 18" ; 8. Verbeeck (Bel.) m.t. ; 9. Bitossi (It.) m.t. ; 10. Vianen (P.-B.) m.t.

6 septembre : Bordeaux-Paris - 1. Van Springel (Bel.) ; 2. Aimar (Fr.) à 5'29" ; 3. Rosiers (Bel.) à 6'15".

10 septembre : Tour de Catalogne - Classement final : 1. Bitossi (It.) ; 2. Galdos (Esp.) à 1'05" ; 3. Labourdette (Fr.) à 2'21".

27 septembre : Paris-Tours - 1. Tshan (Dan.) ; 3. Pijnen (P.-B.) à 56" ; 3. Reybroeck (Bel.) à 3'21".

10 octobre : Tour de Lombardie - 1. Bitossi (It.) ; 2. Gimondi (It.) m.t. ; 3. Motta (It.) à 2'17".

15 octobre : Eddy Merckx signe pour deux ans avec l'équipe italienne Molteni, qui est désormais affiliée à la Ligue vélocipédique belge.

18 octobre : Grand Prix des nations - 1. Van Springel (Bel.) ; 2. Ritter (Dan.) à 2'15" ; 3. Ocaña (Esp.) à 3'05".

1971

25 janvier : Les premiers Six Jours de Grenoble.

23 février : Championnats du monde de cyclo-cross - 1. É. De Vlaeminck (Bel.) ; 2. Van Damme (Bel.) à 17" ; 3. Declerq (Bel.) à 26".

27 février-3 mars : Tour de Sardaigne - Classement final : 1. Merckx (Bel.) ; 2. Petterson (Suè.) à 2'43" ; 3. Van Springel (Bel.) à 3'57".

10-14 mars : Tirreno-Adriatico - Classement final : 1. Zilioli (It.) ; 2. Pintens (Bel.) à 1'24" ; 3. Bergamo (It.) à 1'31".

10-16 mars : Paris-Nice - Étapes remportées par Merckx (Bel.), Leman (Bel.), Leman (Bel.), Merckx (Bel.), Bitossi (It.), Leman (Bel.), Vianen (P.-B.), Dewitte (Bel.).
Classement final : 1. Merckx (Bel.), 2. Petterson (Suè.) à 58" ; 3. Ocaña (Esp.) à 1'09".

15 mars : Mort de Jean-Pierre Monséré.

19 mars : Milan-San Remo - 1. Merckx (Bel.) ; 2. Gimondi (It.) à 30" ; 3. Pettersson (Suè.) m.t.

21-25 mars : Semaine Catalane - Classement final : 1. Poulidor (Fr.) ; 2. Petterson (Suè.) à 9" ; 3. Ocaña (Esp.) à 14".

25 mars : Het Volk - 1. Merckx (Bel.) ; 2. Rosiers (Bel.) à 1'53" ; 3. Vantyghem (Bel.) m.t.

28 mars : Amstel Gold Race - 1. Verbeeck (Bel.) ; 2. Karstens (P.-B.) m.t. ; 3. Rosiers (Bel.) m.t.

31 mars : Gand-Wevelgem - 1. Pintens (Bel.) ; 2. De Vlaeminck (Bel.) m.t. ; 3. Karstens (P.-B.).

4 avril : Tour des Flandres - 1. Dolman (P.-B.) ; 2. Kerremans (Bel.) à 2" ; 3. Guimard (Fr.) m.t.

11-15 avril : Tour de Belgique - 1. Merckx (Bel.) ; 2. Van Springel (Bel.) à 2'22" ; 3. Bracke (Bel.) à 3'57".

18 avril : Paris-Roubaix - 1. Rosiers (Bel.) ; 2. Van Springel (Bel.) à 1'26" ; 3. Basso (It.) m.t.

21-25 avril : Tour du Pays basque - Classement final : 1. Ocaña (Esp.) ; 2. Poulidor (Fr.) à 1'06" ; 3. Lasa (Esp.) à 1'20".

22 avril : Flèche Wallonne - 1. R. De Vlaeminck (Bel.) ; 2. Verbeeck (Bel.) m.t. ; 3. De Schoenmacker (Bel.) m.t.

25 avril : Liège-Bastogne-Liège - 1. Merckx (Bel.) ; 2. Pintens (Bel.) m.t. ; 3. Verbeeck (Bel.) à 4'51".

30 avril-16 mai : Tour d'Espagne
Prologue Almeria : Pijnen (P.-B.)
1re étape, Almeria-Aguilas : Harings (P.-B.)
2e étape, Aguilas-Calpe : Peelman (Bel.)
3e étape, Calpe-Playa de Farnals : Guimard (Fr.)
4e étape, Puebla-Benicasim : Hutsebaut (Bel.)
5e étape, Benicasim-Salou : Pijnen (P.-B.)
6e étape, Salou-Barcelone : Peelman (Bel.)
7e étape, Barcelone-Manresa : Godefroot (Bel.)
8e étape, Balaguer-Jaca : Godefroot (Bel.)
9e étape, Jaca-Pampelune : Tamames (Esp.)
10e étape, Pampelune-San Sebastian : Vianen (P.-B.)
11e étape, 1er secteur San Sebastian-Bilbao : Karstens (P.-B.)
11e étape, 2e secteur Bilbao c.l.m. : Gonzales-Linares (Esp.)
12e étape, Bilbao-Vittoria : Ocaña (Esp.)
13e étape, Vitoria-Torrelavega : Peelman (Bel.)
14e étape, Torrelavega-Burgos : David (Bel.)
15e étape, Burgos-Segovie : Guimard (Fr.)
16e étape, Ségovie-Avila : Zoetemelk (P.-B.)
17e étape, 1er secteur Avila-Madrid : Scheers (Bel.)
17e étape, 2e secteur Madrid c.l.m. : Pijnen (P.-B.)
Classement final : 1. Bracke (Esp.) ; 2. David (Bel.) à 59" ; 3. Ocaña (Esp.) à 1'51" ; 4. Lasa (Esp.) à 2'18" ; 5. Galera (Esp.) à 2'37" ; 6. Zoetemelk (P.-B.) à 2'48" ; 7. Tamames (Esp.) à 5'15" ; 8. Martos (Esp.) à 5'45" ; 9. Poulidor (Fr.) à 6'01" ; 10. Balague (Esp.) à 6'17".

1er mai : Henninger Turm - 1. Merckx (Bel.) ;

2. De Schoenmacker (Bel.) à 21" ; 3. Aimar (Fr.) à 56".

2 mai : Championnat de Zurich - 1. Van Springel (Bel.) ; 2. Tumellero (It.) à 5'03" ; 3. Berland (Fr.) à 5'05".

4-9 mai : Cinq Jours de Dunkerque - Classement final : 1. R. De Vlaeminck (Bel.) ; 2. Van Malderghem (Bel.) à 55" ; 3. Tschan (Dan.) à 59".

4-9 mai : Tour de Romandie - Classement final : 1. Motta (It.) ; 2. Salutini (It.) à 50" ; 3. Vanneste (Bel.) à 51".

18-23 mai : Critérium du Dauphiné - Étapes remportées par Leman (Bel.), Merckx (Bel.), Dierickx (Bel.), Dierickx (Bel.), Leman (Bel.), Merckx (Bel.). Classement final : 1. Merckx (Bel.) ; 2. Ocaña (Esp.) à 54" ; 3. Thévenet (Fr.) à 1'43".

20 mai-10 juin : Tour d'Italie
Prologue Lecce-Brindisi : Gimondi (It.)
1re étape, Brindisi-Bari : Basso (It.)
2e étape, Bari-Potenza : Paolini (It.)
3e étape, Potenza-Benevento : Gualazzini (It.)
4e étape, Benevento-Pascasseroli : Tosello (It.)
5e étape, Pascasseroli-Gran Sasso : Lopez-Carril (Esp.)
6e étape, L'Aquila-Orvietto : Perurena (Esp.)
7e étape, Orvietto-San Vincenzo : Gimondi (It.)
8e étape, San Vincenzo-Casciana : Tumellero (It.)
9e étape, Casciana-Forte del Marmi : Basso (It.)
10e étape, Forte del Marmi-Pian del Falco : Fuente (Esp.)
11e étape, Sestola-Mantova : Basso (It.)
12e étape, Descenzano del Garda-Serniga : Boifava (It.)
13e étape, Salo-Sottomarina : Sercu (Bel.)
14e étape, Sottomarino-Babione : Sercu (Bel.)
15e étape, Bibione-Lubjana : Bitossi (It.)
16e étape, Lubjana-Tarvisio : Zandegu (It.)
17e étape, Tarvisio-Grossglockner : Vianelli (It.)
18e étape, Lienz-Falcade : Gimondi (It.)
19e étape, Falcade-Ponte di Legno : Farisato (It.)
20e étape, 1er secteur Ponte di Legno-Lainate : Santambrogio (It.)
20e étape 2e secteur Linate-Milan : Ritter (Dan.)
Classement final : 1. Petterson (Suè.) ; 2. Van Springel (Bel.) à 2'04" ; 3. Colombo (It.) à 2'35" ; 4. Galdos (Esp.) à 4'27" ; 5. Vianelli (It.) à 6'41" ; 6. Schiavon (It.) à 7'27" ; 7. Gimondi (It.) à 7'30" ; 8. Houbrecht (Bel.) à 9'39" ; 9. Panizza (It.) à 13'13" ; 10. Calvacanti (It.) à 14'22".

3-6 juin : Grand Prix du Midi Libre - Étapes remportées par Merckx (Bel.), Merckx (Bel.), Raymond (Fr.), Pijnen (P.-B.). Classement final : 1. Merckx (Bel.) ; 2. Zoetemelk (P.-B.) à 9" ; 3. Dierickx (Bel.) à 2'21".

11-14 juin : Tour du Luxembourg - Classement final : 1. Dierickx (Bel.) ; 2. Bracke (Bel.) à 43" ; 3. Mortensen (Dan.) à 44".

11-18 juin : Tour de Suisse - Classement final : 1. Pintens (Bel.) ; 2. Pfenninger (Sui.) à 42" ; 3. Colombo (It.) à 56".

▸ 20 juin : Championnats nationaux - France : 1. Hézard (déclassé pour dopage) ; 2. Dumont à 4" ; 3. Guimard à 27". Belgique : Van Springel. Espagne : Castello. Italie : Bitossi. Pays-Bas : Zoetemelk.

▸ 26 juin-18 juillet : Tour de France
Prologue à Mulhouse : Molteni (Bel.)
1re étape, 1er secteur Mulhouse-Bâle : Leman (Bel.)
1re étape, 2e secteur Bâle-Fribourg : Karstens (P.-B.)
1re étape, 3e secteur Fribourg-Mulhouse : Van Vlierberghe (Bel.)
2e étape, Mulhouse-Strasbourg : Merckx (Bel.)
3e étape, Strasbourg-Nancy : Wagtmans (P.-B.)
4e étape, Nancy-Marche-en-Famenne : Genet (Fr.)
5e étape, Dinant-Roubaix : Guerra (It.)
6e étape, 1er secteur Roubaix-Amiens : Leman (Bel.)
6e étape, 2e secteur Amiens-Le Touquet : Simonetti (It.)
7e étape, Rungis-Nevers : Leman (Bel.)
8e étape, Nevers-Puy-de-Dôme : Ocaña (Bel.)
9e étape, Clermont-Ferrand-Saint-Étienne : Godefroot (Bel.)
10e étape, Saint-Étienne-Grenoble : Thévenet (Fr.)
11e étape, Grenoble-Orcières-Merlette : Ocaña (Esp.)
12e étape, Orcières-Merlette-Marseille : Armani (It.)
13e étape, Albi c.l.m. : Merckx (Bel.)
14e étape, Revel-Luchon : Fuente (Esp.)
15e étape, Luchon-Superbagnères : Fuente (Esp.)
16e étape, 1er secteur Luchon-Gourette : Labourdette (Fr.)
16e étape, 2e secteur Gourette-Pau : Van Springel (Bel.)
17e étape, Mont-de-Marsan-Bordeaux : Merckx (Bel.)
18e étape, Bordeaux-Poitiers : Danguillaume (Fr.)
19e étape, Blois-Versailles : Krekels (P.-B.)
20e étape, Versailles-Paris c.l.m. : Merckx (Bel.)
Classement final : 1. Merckx (Bel.) ; 2. Zoetemelk (P.-B.) à 9'51" ; 3. Van Impe (Bel.) à 11'09" ; 4. Thévenet (Fr.) à 14'50" ; 5. Agostinho (Port.) à 21' ; 6. Mortensen (Dan.) à 21'38" ; 7. Guimard (Fr.) à 22'58" 8. Labourdette (Fr.) à 30'07" ; 9. Aimar (Fr.) à 32'45" ; 10. Lopez-Carril (Esp.) à 36'.
Classement par points : 1. Merckx (Bel.) ; 2. Guimard (Fr.) ; 3. Karstens (P.-B.).
Classement des grimpeurs : 1. Van Impe (Bel.) ; 2. Zoetemelk (P.-B.) ; 3. Merckx (Bel.).
Classement par équipes : 1. Bic ; 2. Molteni ; 3. Peugeot.

24 juillet-5 août : Tour du Portugal - Classement final : 1. Agostinho (Port.) ; 2. Bernardino (Port.) à 11'05" ; 3. Mendes (Port.) à 12'59".

27 juillet : Grand Prix de l'Escaut - 1. Van Roosbroeck (Bel.) ; 2. Mintjens (Bel.) à 20" ; 3. De Muynck (Bel.) m.t.

▸ 25-31 août : Championnats du monde sur piste
Professionnels. Sprint : Loevesijn (P.-B.). Poursuite : Baert (Bel.). Demi-fond : Verschueren (Bel.).
Amateurs. Sprint : Morelon (Fr.). Poursuite : Rodriguez (Col). Demi-Fond : Gnas (RFA). Kilomètre : Rapp (URSS). Poursuite olympique : Italie. Tandem : Otto-Geschke (RDA).

5 septembre : Championnats du monde sur route - 1. Merckx (Bel.) ; 2. Gimondi (It.) m.t. ; 3. Guimard (Fr.) à 1'13" ; 4. Polidori (It.) m.t. ; 5. Pintens (Bel.) m.t. ; 6. Mortensen (Dan.) m.t. ; 7. Dancelli (It.) à 6'51" ; 8. Verbeeck (Bel.) m.t. ; 9. Ritter (Dan.) m.t. ; 10. Swerts (Bel.) m.t.

11 septembre : Tour du Piémont - 1. Gimondi (It.) ; 2. Motta (It.) à 2'35" ; 3. Favaro (It.) à 3'27".

14-19 septembre : Tour de Catalogne - Classement final : 1. Ocaña (Esp.) ; 2. Labourdette (Fr.) à 20" ; 3. Perurena (Esp.) à 37".

3 octobre : Paris-Tours - 1. Van Linden (Bel.) ; 2. Basso (It.) m.t. ; 3. Karstens (P.-B.) m.t.

9 octobre : Tour de Lombardie - 1. Merckx (Bel.) ; 2. Bitossi (It.) à 3'31" ; 3. Verbeeck (Bel.) à 3'33".

13-17 octobre : Étoile des Espoirs - Classement final : 1. Poulidor (Fr.) ; 2. Thévenet (Fr.) à 13" ; 3. Hézard (Fr.) à 16".

24 octobre : Grand Prix des nations - 1. Ocaña (Esp.) ; 2. Zoetemelk (P.-B.) à 3'01" ; 3. Mortensen (Dan.) à 3'03".

1972

18 février : Championnats du monde de cyclo-cross - 1. É. De Vlaeminck (Bel.) ; 2. Wolfshohl (RFA) à 15" ; 3. Gretener (Sui.) à 24".

4 mars : Het Volk - 1. Verbeeck (Bel.) ; 2. Dierickx (Bel.) m.t. ; 3. Merckx (Bel.) m.t.

24 octobre : Grand Prix des nations - 1. Ocaña (Esp.) ; 2. Zoetemelk (P.-B.) à 3'01" ; 3. Mortensen (Dan.) à 3'03".

▸ 9-16 mars : Paris-Nice - Étapes remportées par Merckx (Bel.), Leman (Bel.), Merckx (Bel.), Leman (Bel.), Dierickx (Bel.), Merckx (Bel.), Genet (Fr.), Peelman (Bel.), Poulidor (Fr.). Classement final : 1. Poulidor (Fr.) ; 2. Merckx (Bel.) à 6" ; 3. Ocaña (Esp.) à 52".

11-15 mars : Tirreno-Adriatico - Classement final : 1. R. De Vlaeminck (Bel.) ; 2. Fuchs (Sui.) à 12" ; 3. Petterson (Suè.) à 35".

▸ 18 mars : Milan-San Remo - 1. Merckx (Bel.) ; 2. Motta (It.) à 9" ; 3. Basso (It.) m.t.

20-24 mars : Semaine Catalane - Classement final : 1. Lasa (Esp.) ; 2. Poulidor (Fr.) à 43" ; 3. Manzaneque (Esp.) à 1'01".

26 mars : Amstel Gold Race - 1. Planckaert (Bel.) ; 2. De Geest (Bel.) m.t. ; 3. Zoetemelk (P.-B.) m.t.

▸ 1-6 avril : Tour de Belgique - Classement final - 1. Swerts (Bel.) ; 2. De Geest (Bel.) à 29" ; 3. Zoetemelk (P.-B.) à 1'33".

9 avril : Tour des Flandres - 1. Leman (Bel.) ; 2. Dierickx (Bel.) m.t. ; 3. Verbeeck (Bel.) m.t.

12 avril : Gand-Wevelgem - 1. Swert (Bel.) ; 2. Gimondi (It.) m.t. ; 3. Merckx (Bel.) m.t.

▸ 16 avril : Paris-Roubaix - 1. De Vlaeminck (Bel.) ; 2. Dierrickx (Bel.) à 1'57" ; 3. Hoban (G.-B.) à 2'13".

20 avril : Liège-Bastogne-Liège - 1. Merckx (Bel.) ; 2. Schepers (P.-B.) à 2'40" ; 3. Van Springel (Bel.) à 4'35".

23 avril : Flèche Wallonne - 1. Merckx (Bel.) ; 2. Poulidor (Fr.) m.t. ; 3. Vanneste (Bel.) m.t.

▸ 27 avril-16 mai : Tour d'Espagne
Prologue, Fuengirola c.l.m. : Pijnen (P.-B.)
1re étape, Fuengirola-Cabra : Lasa (Esp.)
2e étape, Cabra-Granada : Vianen (P.-B.)
3e étape, Granada-Almeria : Perurena (Esp.)
4e étape, Almeria-Dehesa : Harings (P.-B.)
5e étape, Dehesa-Gandia : Nassen (Bel.)
6e étape, 1er secteur Gandia-El Saler : Kindt (Bel.)
6e étape, 2e secteur El Saler c.l.m. : Kas.
7e étape, Valencia-Vinaroz : Van der Vleuten (P.-B.)
8e étape, Vinaroz-Tarragona : Keuken (P.-B.)
9e étape, 1er secteur Tarragona-Barcelone : Harings (P.-B.)
9e étape, 2e secteur Montjuich c.l.m. : Manzaneque (Esp.)
10e étape, Barcelone-Banolas : Perurena (Esp.)
11e étape, Manresa-Saragosse : Balague (Esp.)
12e étape, Saragosse-Formigal : Fuente (Esp.)
13e étape, Sanguesa-Arrate : Tamames (Esp.)
14e étape, Eibar-Bilbao : Lasa (Esp.)
15e étape, Bilbao-Torrelavega : Vianen (P.-B.)
16e étape, Torrelavega-Vitoria : Tamames (Esp.)
17e étape, 1er secteur Vitoria-San Sebastian : Aranzabal (Esp.)
17e étape, 2e secteur San Sebastian c.l.m. : Gonzales-Linares (Esp.)
Classement final : 1. Fuente (Esp.) ; 2. Lasa (Esp.) à 6'34" ; 3. Tamames (Esp.) à 7' ; 4. Gonzales Aja (Esp.) à 8'07" ; 5. Gonzales-Linares (Esp.) à 8'08" ; 6. Perurena (Esp.) à 8'23" ; 7. Manzaneque (Esp.) à 8'27" ; 8. Pesarrodona (Esp.) à 8'38" ; 9. Letort (Fr.) à 8'42" ; 10. Labourdette (Fr.) à 8'54".

30 avril : Trophée des grimpeurs - 1. Danguillaume (Fr.) ; 2. Molineris (Fr.) m.t. ; 3. Riotte (Fr.) à 43".

1er mai : Henninger Turm - 1. Bellone (Fr.) ; 2. Merckx (Bel.) à 51" ; 3. Van Tyghem (Bel.) à 55".

7 mai : Championnat de Zurich - 1. Vanneste (Bel.) ; 2. Van Schil (Bel.) à 10" ; 3. Poppe (Bel.) à 23".

9-14 mai : Cinq Jours de Dunkerque - Classement final : 1. Hézard (Fr.) ; 2. Ocaña (Esp.) à 20" ; 3. Bracke (Bel.) à 30".

11-14 mai : Tour de Romandie - Classement final : 1. Thévenet (Fr.) ; 2. Van Impe (Bel.) à 22" ; 3. Delisle (Fr.) à 41".

21 mai-11 juin : Tour d'Italie
1re étape, Mestre-Ravenne : Basso (It.)
2e étape, Ravenne-Fermo : Motta (It.)
3e étape, Porto Giogio-Francavilla : Colombo (It.)
4e étape, 1er secteur Francavilla-Block-Haus : Fuente (Esp.)
4e étape, 2e secteur Block Haus-Foggia : Francioni (It.)
5e étape, Foggia-Montesano : Fabri (It.)
6e étape, Montesano-Cosenza : De Vlaeminck (Bel.)
7e étape, Cosenza-Catanzaro : Petterson (Suè.)
8e étape, Catanzaro-Reggio di Calabre : Benfatto (It.)
9e étape, Messina-Peloritani : Van Vlierberghe (Bel.)
10e étape, Rome-Argentario : Zilioli (It.)
11e étape, Argentario-Forte del Marmi : Lasa (Esp.)
12e étape, 1er secteur Forte del Marmi c.l.m. : Merckx (Bel.)
12e étape, 2e secteur Forte del Marmi circuit : Swerts (Bel.)
13e étape, Forte del Marmi-Savone : Francioni (It.)
14e étape, Savone-Jafferau : Merckx (Bel.)
15e étape, circuit de Parabiago : R. De Vlaeminck (Bel.)
16e étape, Parabiago-Livigno : Merckx (Bel.)
17e étape, Livigno-Stelvio : Fuente (Esp.)
18e étape, Solda-Asiago : R. De Vlaeminck (Bel.)
19e étape, 1er secteur Asiago-Arco : R. De Vlaeminck (Bel.)
19e étape, 2e secteur Arco c.l.m. : Merckx (Bel.)
20e étape, Arco-Milan : Paolini (It.)
Classement final : 1. Merckx (Bel.) ; 2. Fuente (Esp.) à 5'30" ; 3. Galdos (Esp.) à 10'39" ; 4. Lopez-Carril (Esp.) à 11'17" ; 5. Panizza (It.) à 13' ; 6. Petterson (Suè.) à 13'09" ; 7. R. De Vlaeminck (Bel.) à 13'52" ; 8. Gimondi (It.) à 14'05" ; 9. Lasa (Esp.) à 14'19" ; 10. Lazcano (Esp.) à 17'42".

22 mai : Polymultipliée - 1. Zoetemelk (P.-B.) ; 2. Botherel (Fr.) à 4" ; 3. Danguillaume (Fr.) à 52".

30 mai-4 juin : Critérium du Dauphiné - Étapes remportées par Peugeot, Pingeon (Fr.), Verbeeck (Bel.), Bouloux (Fr.), Ocaña (Esp.), Guimard (Fr.), Ocaña (Esp.), Delépine (Fr.). Classement final : 1. Ocaña (Esp.) ; 2. Thévenet (Fr.) à 3'05" ; 3. Van Impe (Bel.) à 5'25".

9-12 juin : Tour du Luxembourg - Classement final : 1. Rosiers (Bel.) ; 2. Aerts (Bel.) à 16" ; 3. Hoban (G.-B.) à 45".

15-18 juin : Grand Prix du Midi Libre - Étapes remportées par Guimard (Fr.), Guimard (Fr.), Catieau (Fr.), Thévenet (Fr.), Andrade (Port.). Classement final : 1. Guimard (Fr.) ; 2. Zoetemelk (P.-B.) à 8" ; 3. Hézard (Fr.) à 10".

15-23 juin : Tour de Suisse - Classement final : 1. Pfenninger (Sui.) ; 2. Pingon (Fr.) à 21" ; 3. Dancelli (It.) à 1'49".

25 juin : Championnats nationaux - France : 1. Berland ; 2. Guyot m.t. ; 3. Perrin à 18". Belgique : Godefroot. Espagne : Ocaña. Italie : Gimondi. Pays-Bas : Tabak.

▶ **1er-23 juillet** : Tour de France
Prologue Angers c.l.m. : Merckx (Bel.)
1re étape, Angers-Saint-Brieuc : Guimard (Fr.)
2e étape, Saint-Brieuc-La Baule : Van Linden (Bel.)
3e étape, 1er secteur Pornichet-Saint-Jean-de-Monts : Gualazinni (It.)
3e étape, 2e secteur Merlin-Plage c.l.m. par équipes : Molteni
4e étape, Merlin-Plage-Royan : Guimard (Fr.)
5e étape, 1er secteur Royan-Bordeaux : Godefroot (Bel.)
5e étape, 2e secteur circuit de Bordeaux-Lac c.l.m. : Merckx (Bel.)
6e étape, Bordeaux-Bayonne : Duyndham (P.-B.)
7e étape, Bayonne-Pau : Hézard (Fr.)
8e étape, Pau-Luchon : Merckx (Bel.)
9e étape, Luchon-Colomiers : Huysmans (Bel.)
10e étape, Castres-La Grande Motte : Tierlinck (Bel.)
11e étape, Carnon-Mont-Ventoux : Thévenet (Fr.)
12e étape, Carpentras-Orcières-Merlette : Van Impe (Bel.)
13e étape, Orcières-Merlette-Briançon : Merckx (Bel.)
14e étape, 1er secteur Briançon-Galibier c.l.m. : Merckx (Bel.)
14e étape, 2e secteur Valloire-Aix-les-Bains : Guimard (Fr.)
15e étape, Aix-les-Bains-Le Revard : Guimard (Fr.)
16e étape, Aix-les-Bains-Pontarlier : Tierlinck (Bel.)
17e étape, Pontarlier-Ballon d'Alsace : Thévenet (Fr.)
18e étape, Vesoul-Auxerre : Wagtmans (P.-B.)
19e étape, Auxerre-Versailles : Bruyère (Bel.)
20e étape, 1er secteur Versailles c.l.m. : Merckx (Bel.)
20e étape, 2e secteur Versailles-Vincennes : Tierlinck (Bel.)
Classement final : Merckx (Bel.) ; 2. Gimondi (It.) à 10'41" ; 3. Poulidor (Fr.) à 11'34" ; 4. Van Impe (Bel.) à 16'45" ; 5. Zoetemelk (P.-B.) à 19'09" ; 6. Martinez (Fr.) à 21'31" ; 7. Hézard (Fr.) à 21'52" ; 8. Agostinho (Port.) à 34'16" ; 9. Thévenet (Fr.) à 37'11" ; 10. E. Janssens (Bel.) à 42'33".
Classement par points : 1. Merckx (Bel.) ; 2. Van Linden (Bel.) ; 3. Zoetemelk (P.-B.).
Classement des grimpeurs : 1. Van Impe (Bel.) ; 2. Merckx (Bel.) ; 3. Agostinho (Port.).
Classement par équipes : 1. Gan-Mercier ; 2. Van Cauter-Magniflex ; 3. Molteni.

29-30 juillet : Grand Prix de Fourmies - Classement final : 1. Pijnen (P.-B.) ; 2. Mortensen (Dan.) à 9" ; 3. Van Tyghem (Bel.) à 37".

29 juillet-2 août : Championnats du monde sur piste
Professionnels. Sprint : Van Lancker (Bel.). Poursuite : Porter (G.-B.). Demi-fond : Verschueren (Bel.).
Amateurs. Demi-fond : Gnas (RFA).

1er août : Grand Prix de l'Escaut - 1. Merckx (Bel.) ; 2. Van Springel (Bel.) à 10" ; 3. Planckaert (Bel.) à 20".

▶ **6 août** : Championnats du monde sur route - 1. Basso (It.) ; 2. Bitossi (It.) m.t. ; 3. Guimard (Fr.) m.t. ; 4. Merckx (Bel.) m.t. ; 5. Zoetemelk (P.-B.) m.t. ; 6. Dancelli (It.) m.t. ; 7. Mortensen (Dan.) m.t. ; 8. Verbeeck (Bel.) m.t. ; 9. Danguillaume (Fr.) à 1'07" ; 10. Gimondi (It.) à 1'09".

31 août-4 septembre : Jeux olympiques de Munich
Kilomètre : Fredborg (Dan.).
Sprint : Morelon (Fr.).
Poursuite : Knudsen (Nor.).
Poursuite olympique : RFA.
Tandem : Semenets-Tselovalnikov (URSS).

9 septembre : Tour du Piémont - 1. Merckx (Bel.) ; 2. Gimondi (It.) à 1'26" ; 3. Panizza (It.) m.t.

1er octobre : Paris-Tours - 1. Van Tyghem (Bel.) ; 2. Huysmans (Bel.) m.t. ; 3. De Geest (Bel.) m.t.

7 octobre : Tour de Lombardie - 1. Merckx (Bel.) ; 2. Guimard (Fr.) à 1'27" ; 3. Gimondi (It.) m.t.

10-15 octobre : Étoile des Espoirs - Classement final : 1. Labourdette (Fr.) ; 2. Mollet (Fr.) à 7" ; 3. Moneyron (Fr.) à 19".

25 octobre : Merckx bat le record de l'heure : 49, 431 km.

1973

25 janvier : Raymond Poulidor reçoit les insignes de la Légion d'honneur.

19 février : Championnats du monde de cyclo-cross - 1. É. De Vlaeminck (Bel.) ; 2. Wilhelm (Fr.) à 1'07" ; 3. Wolfshohl (RFA) à 1'47".

24 février-1er mars : Tour de Sardaigne - Classement final : 1. Merckx (Bel.) ; 2. Van Springel (Bel.) à 41" ; 3. Petterson (Suè.) à 2'21".

3 mars : Het Volk - 1. Merckx (Bel.) ; 2. R. De Vlaeminck (Bel.) à 2" ; 3. Van Vlierberghe (Bel.) à 1'03".

11-17 mars : Paris-Nice - Étapes remportées par Merckx (Bel.), Esclassan (Fr.), Leman (Bel.), Van Linden (Bel.), Godefroot (Bel.), Mortensen (Dan.), Van Linden (Bel.), Van Linden (Bel.), Zoetemelk (P.-B.). Classement final : 1. Poulidor (Fr.) ; 2. Zoetemelk (P.-B.) à 4" ; 3. Merckx (Bel.) à 12".

13-16 mars : Tirreno-Adriatico - Classement final : 1. R. De Vlaeminck (Bel.) ; 2. Verbeeck (Bel.) à 42" ; 3. Petterson (Suè.) à 1'20".

19 mars : Milan-San Remo - 1.R. De Vlaeminck (Bel.) ; 2. Fancioni (It.) à 2" ; 3. Gimondi (It.) à 4".

26-30 mars : Semaine Catalane - Classement final : 1. Ocaña (Esp.) ; 2. Merckx (Bel.) à 51" ; 3. Van Springel (Bel.) à 1'35".

3 avril : Gand-Wevelgem - 1. Merckx (Bel.) ; 2. Verbeeck (Bel.) m.t. ; 3. Planckaert (Bel.) à 57".

7 avril : Amstel Gold Race - 1. Merckx (Bel.) ; 2. Verbeeck (Bel.) à 3'13" ; 3. Van Springel (Bel.) à 3'15".

▶ **8 avril** : Tour des Flandres - 1. Leman (Bel.) ; 2. Maertens (Bel.) m.t. ; 3. Merckx (Bel.) m.t.

▶ **15 avril** : Paris-Roubaix - 1. Merckx (Bel.) ; 2. Godefroot (Bel.) à 2'20" ; 3. Rosiers (Bel.) m.t.

19 avril : Flèche Wallonne - 1. Dierickx (Bel.) ; 2. Merckx (Bel.) à 1'10" ; 3. Verbeeck (Bel.) m.t.

22 avril : Liège-Bastogne-Liège - 1. Merckx (Bel.) ; 2. Verbeeck (Bel.) m.t. ; 3. Godefroot (Bel.) m.t.

26 avril-13 mai : Tour d'Espagne
Prologue Calpe c.l.m. : Merckx (Bel.)
1re étape, Calpe-Murcia : Nassen (Bel.)
2e étape, Murcia-Albacete : Karstens (P.-B.)
3e étape, Albacete-Alcazar : Nassen (Bel.)
4e étape, Alcazar-Cuenca : De Schoenmaecker (Bel.)
5e étape, Cuenca-Teruel : Karstens (P.-B.)
6e étape, Teruel-Puebla de Farnals : Swerts (Bel.)
7e étape, Playa de Farnals-Castellon : Karstens (P.-B.)
8e étape, Castellon-Calafell : Merckx (Bel.)
9e étape, 1er secteur Calafell-Barcelone : Santisteban (Esp.)
9e étape, 2e secteur Montjuich : Esclassan (Fr.)
10e étape, Barcelone-Ampuriabrava : Merckx (Bel.)
11e étape, Ampuriabrava-Manresa : Thévenet (Fr.)
12e étape, Manresa-Zaragoza : Karstens (P.-B.)
13e étape, Mallen-Irache : Perurena (Esp.)
14e étape, Irache-Bilbao : Zurano (Esp.)
15e étape, 1er secteur Bilbao-Torrelavega: Peelman (Bel.)
15e étape, 2e secteur Torrelavega c.l.m. : Merckx (Bel.)
16e étape, Torrelaveger-Miranda : Merckx (Bel.)
17e étape, 1er secteur Miranda-Tolosa : Peelman (Bel.)
17e étape, 2e secteur Hermani-San Sebastian : Merckx (Bel.)
Classement final : 1. Merckx (Bel.) ; 2. Ocaña (Esp.) à 3'46" ; 3. Thévenet (Fr.) à 4'16" ; 4. Péssarrodona (Esp.) à 5'54" ; 5. Torres (Esp.) à 7'29" ; 6. Agosthino (Por.) à 8'15" ; 7. Tamames (Esp.) à 9'15" ; 8. Balague (Esp.) à 12'26" ; 9. Swerts (Bel.) à 13'27" ; 10. Manzaneque (Esp.) à 15'01".

8-13 mai : Cinq Jours de Dunkerque - Classement final : 1. Maertens (Bel.) ; 2. Verbeeck (Bel.) à 3" ; 3. Zoetemelk (P.-B.) à 13".

8-13 mai : Tour de Romandie - Classement final : 1. David (Bel.) ; 2. Van Impe (Bel.) à 2'52" ; 3. Pollentier (Bel.) à 3'44".

18 mai-9 juin : Tour d'Italie
Prologue Verviers : Merckx (Bel.)
1re étape, Verviers-Köln : Merckx (Bel.)
2e étape, Köln-Luxembourg : R. De Vlaeminck (Bel.)
3e étape, Luxembourg-Strasbourg : Van Roosbroeck (Bel.)
4e étape, Genève-Aoste : Merckx (Bel.)
5e étape, Aoste-Milano : Karstens (P.-B.)
6e étape, Milano-Iseo del Lago : Motta (It.)
7e étape, Iseo-Lido delle Nazioni : Van Linden (Bel.)
8e étape, Lido delle Nazioni-Carpegna : Merckx (Bel.)
9e étape, Carpegna-Alba Adriatica : Sercu (Bel.)
10e étape, Alba Adriatica-Lanciano : Merckx (Bel.)
11e étape, Lanciano-Benevento : R. De Vlaeminck (Bel.)
12e étape, Benevento-Fluggi Terme : Rossi (It.)
13e étape, Fluggi-Bolsena : De Vlaeminck (Bel.)
14e étape, Bolsena-Firenze : Moser (It.)
15e étape, Firenze-Forte del Marmi : Rodriguez (Col.)
16e étape, Forte del Marmi c.l.m. : Gimondi (It.)
17e étape, Forte del Marmi-Verona : Van Linden (Bel.)
18e étape, Verona-Andalo : Fuente (Esp.)
19e étape, Andalo-Auronzo : Fuente (Esp.)
20e étape, Auronzo-Trieste : Basso (It.)
Classement final : 1. Merckx (Bel.); 2. Gimondi (It.) à 7'42"; 3. Battaglin (It.) à 10'20"; 4. Pesarrodona (Esp.) à 15'51"; 5. Lazcano (Esp.) à 19'11"; 6. Panizza (It.) à 19'45"; 7. Ritter (Dan.) à 24'24"; 8. Fuente (Esp.) à 26'06"; 9. Galdos (Esp.) à 26'35"; 10. Motta (It.) à 26'49".

27 mai : Bordeaux-Paris - 1. Mattioda (Fr.); 2. Guimard (Fr.) à 4'05"; 3. Godefroot (Bel.) à 7'53".

28 mai-4 juin : Critérium du Dauphiné - Étapes remportées par Verbeeck (Bel.), Guimard (Fr.), Thévenet (Fr.), Ovion (Fr.), Genty (Fr.), David (Bel.), Ocaña (Esp.), Bal (P.-B.).
Classement final : 1. Ocaña (Esp.); 2. Thévenet (Fr.) à 1'10"; 3. Zoetemelk (P.-B.) à 10'09".

6 juin : Championnat de Zurich - 1. Dierickx (Bel.); 2. Kuiper (P.-B.) m.t.; 3. De Brauwere (Bel.) m.t.

10 juin : Polymultipliée - 1. Ocaña (Esp.); 2. Zoetemelk (P.-B.) à 3'13"; 3. Guimard (Fr.) m.t.

14-16 juin : Grand Prix du Midi Libre - Étapes remportées par Zoetemelk (P.-B.), Danguillaume (Fr.), Zoetemelk (P.-B.), Van Impe (Bel.), Thévenet (Fr.).
Classement final : 1. Poulidor (Fr.); 2. Zoetemelk (P.-B.) à 52"; 3. Martinez (Fr.) à 1'14".

14-18 juin : Tour du Luxembourg - Classement final : 1. Vasseur (Fr.); 2. Planckaert (Bel.) à 11'19"; 3. Guimard (Fr.) à 11'28".

14-22 juin : Tour de Suisse - Classement final : 1. Fuente (Esp.); 2. Giuliani (It.) à 4'45"; 3. Panizza (It.) à 5'35".

24 juin : Championnats nationaux - France : 1. Thévenet 2. Ovion à 3'32"; 3. Tollet m.t. Belgique : Verbeeck. Espagne : Perurena. Italie : Paolini. Pays-Bas : Zoetemelk.

30 juin-22 juillet : Tour de France
Prologue Scheveningen c.l.m. : Zoetemelk (P.-B.)
1re étape, 1er secteur Scheveningen-Rotterdam : Teirlinck (Bel.)
1re étape, 2e secteur Rotterdam-Saint-Nicolas : Catieau (Fr.)
2e étape, 1er secteur Saint-Nicolas c.l.m. par équipes : Watney-Maës
2e étape, 2e secteur Saint-Nicolas-Roubaix : Verstraeten (Bel.)
3e étape, Roubaix-Reims : Guimard (Fr.)
4e étape, Reims-Nancy : Zoetemelk (P.-B.)
5e étape, Nancy-Mulhouse : Godefroot (Bel.)
6e étape, Belfort-Divonne : Danguillaume (Fr.)
7e étape, 1er secteur Divonne-Gaillard : Ocaña (Esp.)
7e étape, 2e secteur Gaillard-Méribel : Thévenet (Fr.)
8e étape, Moutiers-Les-Orres : Ocaña (Esp.)
9e étape, Embrun-Nice : Lopez-Carril (Esp.)
10e étape, Nice-Aubagne : Wright (G.-B.)
11e étape, Montpellier-Argelès : Hoban (G.-B.)
12e étape, 1er secteur Perpignan-Thuir c.l.m. : Ocaña (Esp.)
12e étape, 2e secteur Thuir-Pyrénées : Van Impe (Bel.)
13e étape, Bourg Madame-Luchon : Ocaña (Esp.)
14e étape, Luchon-Pau : Torres (Esp.)
15e étape, Pau-Fleurance : David (Bel.)
16e étape, 1er secteur Fleurance-Bordeaux : Godefroot (Bel.)
16e étape, 2e secteur Bordeaux c.l.m. : Agosthino (Por.)
17e étape, Sainte-Foy-La-Grande-Brive : Tollet (Fr.)
18e étape, Brive-Puy-de-Dôme : Ocaña (Esp.)
19e étape, Bourges-Versailles : Hoban (G.-B.)
20e étape, 1er secteur Versailles c.l.m. : Ocaña (Esp.)
20e étape 2e secteur Versailles-Paris : Thévenet (Fr.)
Classement final : 1. Ocaña (Esp.); 2. Thévenet (Fr.) à 15'51"
3. Fuente (Esp.) à 17'15";
4. Zoetemelk (P.-B.) à 26'22";
5. Van Impe (Bel.) à 30'20";
6. Van Springel (Bel.) à 32'01";
7. Périn (Fr.) à 33'02";
8. Agosthino (Port.) à 35'51";
9. Lopez-Carril (Esp.) à 36'18";
10. Ovion (Fr.) à 36'59".
Classement par points : 1. Zoetemelk (P.-B.); 2. Ocaña (Esp.); 3. Thévenet (Fr.).
Classements par équipes : 1. Gan-Mercier; 2. Peugeot : 3. Rokado.
Classement des grimpeurs : 1. Torres (Esp.); 2. Fuente (Esp.); 3. Ocaña (Esp.).
Pays-Bas : Zoetemelk.

10-22 juillet : Tour de l'Avenir - Classement final : 1. Baronchelli (It.); 2. Steinmayer (RFA) à 4'58"; 3. Bourreau (Fr.) à 5'46".

31 juillet : Grand Prix de l'Escaut - 1. Maertens (Bel.); 2. Verredyt (Bel.) m.t.; 3. Demeyer (Bel.) m.t.

5-19 août : Tour du Portugal - Classement final : 1. Agostinho (Port.); 2. Manzaneque (Esp.) à 18'05"; 3. Mendes (Port.) à 19'33".

22-27 août : Championnats du monde sur piste
Professionnels. Sprint : Van Lancker (Bel.). Poursuite : Porter (G.-B.). Demi-fond : Stam (P.-B.).
Amateurs. Sprint : Morelon (Fr.). Poursuite : Knudsen (Nor.). Poursuite olympique : Pays-Bas. Tandem : Vacker-Vymazel (Tch.). Demi-fond : Gnas (Dan.). Kilomètre : Kierzkowski (Pol.).

2 septembre : Championnats du monde - 1. Gimondi (It.); 2. Maertens (Bel.) m.t.; 3. Ocaña (Esp.) m.t.; 4. Merckx (Bel.) m.t.; 5. Zoetemelk (P.-B.) à 1'46"; 6. Torres (Esp.) m.t.; 7. Vianen (P.-B.) m.t.; 8. Van Springel (Bel.) m.t.; 9. Poggialli (It.) m.t.; 10. Ovion (Fr.) m.t.

8 septembre : Tour du Piémont - 1. Gimondi (It.); 2. Bergamo (It.) m.t.; 3. Polidori (It.) à 1'50".

12-18 septembre : Tour de Catalogne - Classement final : 1. Perurena (Esp.); 2. Manzaneque (Esp.) à 6"; 3. Martos (Esp.) à 10".

22 septembre : Grand Prix de Fourmies - Classement final : 1. Merckx (Bel.); 2. Zoetemelk (P.-B.) à 1'53"; 3. Bruyère (Bel.) à 1'59".

26 septembre : Paris-Bruxelles - 1. Merckx (Bel.); 2. Verbeeck (Bel.) à 14"; 3. Van Linden (Bel.) m.t.

30 septembre : Paris-Tours - 1. Van Linden (Bel.); 2. R. De Vlaeminck (Bel.) m.t.; 3. Verbeeck (Bel.) m.t.

6 octobre : Grand Prix des nations - 1. Merckx (Bel.); 2. Ocaña (Esp.) à 2'48"; 3. Zoetemelk (P.-B.) à 2'55".

13 octobre : Tour de Lombardie - 1. Merckx (Bel.); 2. Gimondi (It.) à 4'15"; 3. R. De Vlaeminck (Bel.) m.t.

16-21 octobre : Étoile des Espoirs - Classement final : 1. Bal (P.-B.); 2. Tierlinck (Bel.) à 3"; 3. Rosiers (Bel.) à 8".

1974

6 février : Étoile de Bessèges - 1. Esclassan (Fr.); 2. Knetteman (P.-B.); 2. Rouxel (Fr.).

10 février : Championnats de France de cyclo-cross - 1. Wilhelm; 2. Gérardin à 1'16"; 3. Bernet à 1'58".

14 février : Trophée Méditerranéen - 1. Rouxel (Fr.) 2. Guimard (Fr.); 3. Mourioux (Fr.).

24 février : Championnats du monde de cyclo-cross - 1. Van Damme (Bel.); 2. É. De Vlaeminck (Bel.) à 1'46"; 3. Frischknecht (Sui.) à 1'49".

2 mars : Het Volk - 1. Bruyère (Fr.); 2. Sercu (Bel.) à 1'20"; 3. Van Linden (Bel.) m.t.

10-16 mars : Paris-Nice - Étapes remportées par Merckx-Bruyère (Bel.), Merckx (Bel.), Thévenet (Fr.), Guimard (Fr.), Leman (Bel.), Merckx (Bel.), Zoetemelk (P.-B.), Gaida, Van Linden (Bel.), Zoetemelk (P.-B.).
Classement final : 1. Zoetemelk (P.-B.); 2. Santy (Fr.) à 29"; 3. Merckx (Bel.) à 1'01".

12-16 mars : Tirenno-Adriatico - Classement final : 1. R. De Vlaeminck (Bel.); 2. Knudsen (Dan.) à 5"; 3. Fraccaro (It.) à 1'07".

17 mars : Milan-San Remo - 1. Gimondi (It.); 2. Leman (Bel.) à 1'53"; 3. R. De Vlaeminck (Bel.) à 1'54".

24 mars : Critérium national - 1. Thévenet (Fr.); 2. Raymond (Fr.) à 1'49"; 3. Delisle (Fr.) m.t.

25-29 mars : Semaine Catalane - Classement final : 1. Zoetemelk (P.-B.); 2. Merckx (Bel.) à 2'03"; 3. Agostinho (Port.) à 3'.

31 mars : Tour des Flandres - 1. Bal (P.-B.); 2. Verbeeck (Bel.) à 19"; 3. Godefroot (Bel.)

3 avril : Gand-Wevelgem - 1. Hoban (G.-B.); 2. Merckx (Bel.) m.t.; 3. R. De Vlaeminck (Bel.) m.t.

7 avril : Paris-Roubaix - 1. R. De Vlaeminck (Bel.); 2. Moser (It.) à 57"; 3. De Meyer (Bel.) à 1'24".

10 avril : Flèche Wallonne - 1. Verbeeck (Bel.). 2. De Vlaeminck (Bel.) m.t.; 3. Godefroot (Bel.) m.t.

13 avril : Amstel Gold Race - 1. Knetemann (P.-B.); 2. Planckaert (Bel.) à 3'21"; 3. Godefroot (Bel.) m.t.

14-20 avril : Tour de Belgique - Classement final : 1. Maertens (Bel.); 2. Swerts (Bel.) à 1'10"; 3. Bruyère (Bel.) à 1'36".

21 avril : Liège-Bastogne-Liège - 1. De Witte (Bel.); 2. Pintens (Bel.) m.t.; 3. Planckaert (Bel.) à 1'07".

23 avril-12 mai : Tour d'Espagne
Prologue : Swerts (Bel.)
1re étape, Almeria-Almeria : Peelman (Bel.)
2e étape, Almeria-Grenade : Leman (Bel.)
3e étape, Grenade-Fuengirola : Van Linden (Bel.)
4e étape, Fuengirola-Séville : Van Linden (Bel.)
5e étape, Séville-Cordoue : Perurena (Esp.)
6e étape, Cordoue-Ciudad Real : Peelman (Bel.)
7e étape, Ciudad Real-Tolède : Perurena (Esp.)
8e étape, Tolède-Madrid : Swerts (Bel.)
9e étape, Madrid-San Rafael : Fuente (Esp.)
10e étape, 1er secteur San Rafael c.l.m. : Delisle (Fr.)
10e étape, 2e secteur San Rafael-Avila : Martinez (Fr.)
11e étape, Avila-Valladolid : Uribezubia (Esp.)
12e étape, Valladolid-Leon : Swerts (Bel.)
13e étape, Leon-Oviedo : Fuente (Esp.)
14e étape, Oviedo-Cangas de Onis : Agostinho (Port.)
15e étape, Cangas de Onis-Laredo : Santiesteban (Esp.)
16e étape, Laredo-Bilbao : Karstens (P.-B.)
17e étape, Bilbao-Miranda de Ebro : Tamames (Esp.)

18e étape, Miranda de Ebro-Eibar : Tamames (Esp.)
19e étape, 1er secteur Eibar-San Sebastian : Gareta (Esp.) ;
19e étape, 2e secteur circuit de San Sebastian c.l.m. : Agostinho (Port.)
Classement final : 1. Fuente (Esp.) ; 2. Agostinho (Port.) à 11" ; 3. Lasa (Esp.) à 1'09" ; 4. Ocaña (Esp.) à 1'58" ; 5. Perurena (Esp.) à 4'29" ; 6. Linares (Esp.) à 5'56" ; 7. Danguillaume (Fr.) à 6'29" ; 8. Uribezubia (Esp.) à 6'03" ; 9. Diaz (Esp.) à 8'25" ; 10. Swerts (Bel.) à 8'28".

26 avril-1er mai : Tour du Limousin - Classement final : 1. Szurkowski (Pol.) ; 2. Kaczmarek (Pol.) à 1'24" ; 3. Guseinow (URSS) à 1'73".

1er mai : Championnat de Francfort - 1. Godefroot (Bel.) ; 2. Merckx (Bel.) m.t ; 3. Verbeeck (Bel.) m.t.

5 mai : Grand Prix de Zurich - 1. Godefroot (Bel.) ; 2. Van Rosbroeck (Bel.) à 35" ; 3. Verbeeck (Bel.) m.t.

8-12 mai : Tour de Romandie - Classement final : 1. Godefroot (Bel.) ; 2. Wright (G.-B.) à 3'17" ; 3. Maertens (Bel.) à 4'08".

9-12 mai : Quatre Jours de Dunkerque - Classement final : 1. Zoetemelk (P.-B.) ; 2. Panizza (It.) à 5'03" ; 3. Den Hertog (P.-B.) à 7'20".

▸ 15 mai-9 juin : Tour d'Italie
1re étape, Cité du Vatican-Formia : Reybroeck (Bel.)
2e étape, Formia-Pompei : Sercu (Bel.)
3e étape, Pompei-Sorrente : Fuente (Esp.)
4e étape, Sorrente-Capri : R. De Vlaeminck (Bel.)
5e étape, Capri-Tarente : Gavazzi (It.)
6e étape, Tarente-Foggia : Bitossi (It.)
7e étape, Foggia-Chieti : Colombo (It.)
8e étape, Chieti-Macerata : Bitossi (It.)
9e étape, Chieti-Carpegna : Fuente (Esp.)
10e étape, Carpegna-Modène : Sercu (Bel.)
11e étape, 1er secteur Modène-Il Ciocco : Fuente (Esp.)
11e étape, 2e secteur Il Ciocco-Forte dei Marmi : Sercu (Bel.)
12e étape, Forte dei Marmi c.l.m. : Merckx (Bel.)
13e étape, Forte dei Marmi-Pietra Ligure : Paolini (It.)
14e étape, Pietra Ligure-San Remo : Perletto (It.)
15e étape, San Remo-Valenza : Gualazzini (It.)
16e étape, Valenza-Mendrisio : Fuente (Esp.)
17e étape, Mendrisio-Comeiseo : Lazcano (Esp.)
18e étape, Iseosella-Valsugana : Bitossi (It.)
19e étape, Valsugana-Porderone : Paolini (It.)
20e étape, Ponerone-Laverado : Fuente (Esp.)
21e étape, Auronzo-Bassano : Merckx (Bel.)
21e étape, Bassano-Milano : Basso (It.)
Classement final :
1. Merckx (Bel.) ;
2. Baronchelli (It.) à 1" ;
3. Gimondi (It.) à 33" ; 4. Conti (It.) à 2'14" ; 5. Fuente (Esp.) à 3'22" ; 6. Battaglin (It.) à 4'22" ; 7. Moser (It.) à 6'17" ; 8. Lopez-Carril (Esp.) à 9'28" ; 9. Bitossi (It.) à 16'05" ; 10. Petterson (Suè.) à 17'08".

18-19 mai : Tour de L'Oise - Classement final : 1. Mintkiewicz (Fr.) ; 2. Fussien (Fr.) à 4" ; 3. Dury (Bel.) à 6".

22-26 mai : Grand Prix du Midi Libre - Étapes remportées par Peeters (Bel.), Hoban (G.-B.), Dillen (Fr.), Hoban (G.-B.), Martinez (Fr.).
Classement final :
1. Danguillaume (Fr.) ;
2. Hoban (G.-B.) à 3" ;
3. Verbeeck (Bel.) à 7".

▸ 26 mai : Bordeaux-Paris - 1. Van Springel (Bel.) et Delépine (Fr.) à 14'38" (Van Springel reclassé ex-aequo pour erreur de parcours) ; 3. Mortensen (Dan.) à 23'04".

2 juin : Trophée des grimpeurs - 1. Danguillaume (Fr.) ; 2. Zurano (Esp.) à 33" ; 3. Pingeon (Fr.) à 37".

3-10 juin :Critérium du Dauphine - Étapes remportées par Perurena (Esp.), Knetemann (P.-B.), Croyet (Fr.), Van Looy (Bel.), Santy (Fr.), Catieu (Fr.), Santiesteban (Esp.), Poulidor (Fr.), Manzaneque (Esp.).
Classement final : 1. Santy (Fr.) ; 2. Poulidor (Fr.) à 4" ; 3. Danguillaume (Fr.) à 48".

13-21 juin : Tour de Suisse - Classement final : 1. Maertens (Bel.) ; 2. Verbeeck (Bel.) à 5" ; 3. Van Springel (Bel.) à 14".

18-21 juin : Tour de l'Aude - Classement final : 1. Bal (P.-B.) ; 2. Hoban (G.-B.) à 7" ; 3. Fussien (Fr.) à 8".

▸ 23 juin : Championnats nationaux - France : 1. Talbourdet ; 2. Santy à 41" ; 3. Bourreau à 45". Belgique : Swerts. Espagne : Lopez-Carril. Italie : Paolini. Pays-Bas : Priem.

▸ 27 juin-21 juillet : Tour de France
Prologue circuit à Brest : Merckx (Bel.)
1re étape, Brest-Saint-Pol-de-Leon : Gualazzini (It.)
2e étape, circuit à Plymouth : Poppe (P.-B.)
3e étape, Morlaix-Saint-Malo : Sercu (Bel.)
4e étape, Saint-Malo-Caen : Sercu (Bel.)
5e étape, Caen-Dieppe : De Witte (Bel.)
6e étape, 1er secteur Dieppe-Harelbecke : Molineris (Fr.)
6e étape, 2e secteur circuit à Harelbecke c.l.m. par équipes : Molteni
7e étape, Mons-Châlons-sur-Marne : Merckx (Bel.)
8e étape, 1er secteur Châlon-sur-Marne-Chaumont : Guimard (Fr.)
8e étape, 2e secteur Chaumont-Besançon : Sercu (Bel.)
9e étape, Besançon-Aspro-Gaillard : Merckx (Bel.)
10e étape, Aspro-Gaillard-Aix-les-Bains : Merkx (Bel.)
11e étape, Aix-les-Bains-Serre-Chevalier : Lopez-Carril (Esp.)
12e étape, Savines-le-Lac-Orange : Spruyt (Bel.)
13e étape, Avignon-Montpellier : Hoban (G.-B.)
14e étape, Lodève-Colomiers : Genet (Fr.)
15e étape, Colomiers-Seo-de-Urgel : Merckx (Bel.)
16e étape, Seo-de-Urgel-Sant-Lary-Soulan : Poulidor (Fr.)
17e étape, Sant-Lary-Soulan-Tourmalet : Danguillaume (Fr.)
18e étape, Bagnères-de-Bigorre-Pau : Danguillaume (Fr.)
19e étape, 1er secteur Pau-Bordeaux : Campaner (Fr.)
19e étape, 2e secteur circuit à Bordeaux c.l.m. : Merckx (Bel.)
20e étape, Saint-Gilles-Nantes : Vianen (P.-B.).
21e étape, 1er secteur Vovray-Orléans : Merckx (Bel.).
21e étape, 2e secteur Circuit à Orléans c.l.m. : Pollentier (Bel.)
22e étape, Orléans-Paris : Merckx (Bel.)
Classement final : 1. Merckx (Bel.) ; 2. Poulidor (Fr.) à 8'04" ; 3. Lopez-Carril (Esp.) à 8'09" ; 4. Panizza (It.) à 10'59" ; 5. Aja (Esp.) à 11'24" ; 6. Agostinho (Port.) à 14'24" ; 7. Pollentier (Bel.) à 16'34" ; 8. Martinez (Fr.) à 18'33" ; 9. Santy (Fr.) à 19'55" ; 10 ; Van Springel (Bel.) à 24'11"
Classement par équipes : 1. Kas ; 2. Gan-Mercier ; 3. Molteni.
Classement par points : 1. Sercu (Bel.) ; 2. Merckx (Bel.) ; 3. Hoban (G.-B.).
Classement des grimpeurs : 1. Perurena (Bel.) ; 2. Merckx (Bel.) ; 3. Abillera (Esp.).

9-21 juillet : Tour de l'Avenir - Classement final : 1. Martinez (Esp.) ; 2. Steinmayer (Aut.) à 3'33" ; 3. Mirri (It.) à 7'12".

30 juillet : Grand Prix de l'Escaut - 1. Demeyer (Bel.) ; 2. Stevens (Bel.) m.t. ; 3. Opdebaeck (Bel.) m.t.

14-21 août : Championnats du monde sur piste.
Professionnels messieurs. Vitesse : Nicholson (Aus.). Poursuite : Pijnen (P.-B.). Demi-Fond : Stam (P.-B.).
Amateurs messieurs. Kilomètre Arrêté : Rapp (URSS). Vitesse : Tkac (Tch.). Poursuite : Lutz (RFA). Demi-fond : Breuer (RFA). Poursuite par équipes : RFA Tandem : Tchécoslovaquie.
Dames. Vitesse : Piltsikova (URSS). Poursuite : Garkouchina (URSS).

▸ 25 août : Championnats du monde sur route - 1. Merckx (Bel.) ; 2. Poulidor (Fr.) à 2" ; 3. Martinez (Fr.) à 37" ; 4. Santambrogio (It.) à 39" ; 5. Thévenet (Fr.) à 2'10" ; 6. Van Springel (Bel.) à 2'19" ; 7. Moser (It.) à 3'11" ; 8. Perurena (Esp.) à 3'39" ; 9. Oliva (Esp.) m.t. ; 10. Battaglin (It.) à 4'18".

31 août : Tour du Piémont - 1. Moser (It.) ; 2. Conti (It.) ; 3. Panizza (It.).

4-11 septembre : Tour de Catalogne - Classement final : 1. Thévenet (Fr.) ; 2. Oliva (Esp.) à 1' ; 3. Perurena (Esp.) à 1'12".

19 septembre : Paris-Tours - 1. Moser (It.) ; 2. Danguillaume (Fr.) à 14" ; 3. Leman (Bel.) à 18".

25 septembre : Paris-Bruxelles - 1. Demeyer (Bel.) ; 2. R. De Vlaeminck (Bel.) à 6" ; 3. Rosiers (Bel.) à 15".

2-5 octobre : Étoile des Espoirs - Classement final : 1. Schuiten (P.-B.) ; 2. Tierlinck (Bel.) à 9" ; 3. Guimard (Fr.) à 1'15".

12 octobre : Tour de Lombardie - 1. R. De Vlaeminck (Bel.) ; 2. Merckx (Bel.) m.t. ; 3. Conti (It.) m.t.

1975

2 février : Championnats du monde de'cyclo-cross - 1. R. de Vlaeminck (Bel.) ; 2. Zweifel (Sui.) ; 3. Frischknecht (Sui.).

5 février : Étoile de Bessèges - 1. Rouxel (Fr) ; 2. Perret (Fr.) à 6'20" ; 3. Guimard (Fr.) m.t.

15-19 février : Trophée Méditerranéen - Classement final : 1. Bruyère (Fr.) ; 2. Labourdette (Fr.) ; 2. Perret (Fr.).

1er mars : Het Volk - 1. Bruyère (Bel.) ; 2. Sercu (Bel.) à 37" 3. De Cauwer (Bel.) m.t.

9-6 mars : Paris-Nice - Étapes remportées par Merckx (Bel.), Leman (Bel.), Maertens (Bel.), Bitossi (It.), Esclassan (Fr.), Merckx (Bel.), Zoetemelk (P.-B.), Delisle (Fr.), Zoetemelk (P.-B.).
Classement final : 1. Zoetemelk (P.-B.) ; 2. Merckx (Bel.) à 1'33" 3. Knetemann (P.-B.) à 1'44".

12-16 mars : Tirreno-Adriatico - Classement final : 1. De Vlaeminck (P.-B.) ; 2. Knudsen (Nor.) à 19" ; 3. Panizza (It.) à 48".

19 mars : Milan-San Remo - 1. Merckx (Bel.) ; 2. Moser (It.) m.t. ; 3. Sibille (Fr.) à 6".

23 mars : Critérium national - 1. Esclassan (Fr.) ; 2. Corbeau (Fr.) m.t ; 3. Chassang (Fr.) m.t.

30 mars : Amstel Gold Race - 1. Merckx (Bel.) ; 2. Maertens (Bel.) à 15" 3. Bruyère (Bel.) à 2'51".

30 mars-3 avril : Tour de Belgique - Classement final : 1. Maertens (Bel.) ; 2. Verbeeck (Bel.) à 27" ; 3. Knudsen (Nor.) à 30".

31 mars-4 avril : Semaine Catalane - Classement final : 1. Merckx (Bel.) ; 2. Ocaña (Esp.) à 19" ; 3. Zoetemelk (P.-B.) à 1'.

▸ 6 avril : Tour des Flandres - 1. Merckx (Bel.) ; 2. Verbeeck (Bel.) à 30" ; 3. Demeyer (Bel.) à 5'02".

9 avril : Gand-Wevelgem - 1. Maertens (Bel.) ; 2. Verbeeck (Bel.) m.t. ; 3. Van Linden (Bel.) m.t.

▸ 13 avril : Paris-Roubaix - 1. R. De Vlaeminck (Bel.) ; 2. Merckx (Bel.) m.t ; 3. Dierickx (Bel.) m.t.

17 avril : Flèche Wallonne - 1. Dierickx (Bel.) ; 2. Verbeeck (Bel.) m.t. ; 3. Merckx (Bel.) m.t.

20 avril : Liège-Bastogne-Liège - 1. Merckx (Bel.) ; 2. Thévenet (Fr.) m.t. ; 2. Godefroot (Bel.) m.t.

22 avril-11 mai : Tour d'Espagne
Prologue : Swerts (Bel.)

1re étape, Fuengirola-Marbella : Wesemael (Bel.)
2e étape, Malaga-Grenade : Lasa (Esp.)
3e étape, Grenade-Almeria : Tamames (Esp.)
4e étape, Almeria-Aguilas : Basso (It.)
5eétape, Aguilas-Murcie : Leman (Bel.)
6e étape, Murcie-Benidorm : Basso (It.)
7e étape, circuit à Benidorm c.l.m. : Lasa (Esp.)
8e étape, Benidorm-Puebla : Basso (It.)
9e étape, Puebla-Vinaroz : Basso (It.)
10e étape, Vinaroz-Cambrils : Basso (It.)
11e étape, 1er secteur Cambrils-Barcelone : Menendez (Esp.)
11e étape, 2e secteur circuit de Montjuich : Basso (It.)
12e étape, Palma-Palma : Tamames (Esp.)
13e étape, Barcelone-Tremp : Perurena (Esp.)
14e étape, Tremp-El Formingal : Tamames (Esp.)
15e étape, Jaca-Irache : Tamames (Esp.)
16e étape, Irache-Durango : Tamames (Esp.)
17e étape, Durango-Bilbao : Allan (Aus.)
18e étape, Bilbao-Miranda : Kuiper (P.-B.)
19e étape, 1er secteur Miranda-Beasin : Stevens (Bel.)
19e étape, 2e secteur circuit de San Sebastian c.l.m. : Manzaneque (Esp.)
Classement final : 1.Tamames (Esp.) ; 2. Perurena (Esp.) à 14" ; 3. Lasa (Esp.) à 33" ; 4. Ocaña (Esp.) à 1'32" ; 5. Kuiper (P.-B.) à 2'29" ; 6. Mendes (Port.) à 5'50" ; 7. Perletto (It.) à 5'55" ; 8. Martins (Port.) à 6'53" ; 9. Lazcano (Esp.) à 7'26" ; 10. Manzaneque (Esp.) à 7'57".

1er mai : Grand Prix de Francfort - 1. Schuiten (P.-B.) ; 2. Verbeeck (Bel.) à 40" ; 3. Godefroot (Bel.) m.t.

4 mai : Championnat de Zurich - 1. R. De Vlaeminck (Bel.) ; 2. Moser (It.) m.t ; 3. Verbeeck (Bel.) m.t.

7-11 mai : Quatre Jours de Dunkerque - Classement final : 1. Maertens (Bel.) ; 2. Danguillaume (Fr.) à 14" ; 3. Thévenet (Fr.) à 25".

7-11 mai : Tour de Romandie - Classement final : 1. Galdos (Esp.) ; 2. Fuchs (Sui.) à 20" ; 3. Knudsen (Nor.) à 1'57".

17 mai-8 juin : Tour d'Italie
1re étape, Milano-Florano-Modenese : Knudsen (Nor.)
2e étape, Modene-Ancône : Sercu (Bel.)
3e étape, Ancône-Prati di Tivo : Battaglin (It.)
4e étape, Teramo-Campobasso : R. De Vlaeminck (Bel.)
5e étape, Campobasso-Bari : Van Linden (Bel.)
6e étape, Bari-Castrovillari : R. De Vlaeminck (Bel.)
7e étape, 1er secteur Castrovillari-Padula : Perurena (Esp.)
7e étape, 2e secteur Padula-Potenza : R. De Vlaeminck (Bel.)
8e étape, Potenza-Sorrenta : Osler (Esp.)
9e étape, Sorrenta-Frosinone : Paolini (It.)
10e étape, Frosinone-Tivoli : R. De Vlaeminck (Bel.)
11e étape, Rome-Orvieto : R. De Vlaeminck (Bel.)
12e étape, Chanciano-Terme : Sercu (Bel.)
13e étape, circuit à Forte dei Marmi c.l.m. : Battaglin (It.)
14e étape, Il Ciocco c.l.m. en côte : Bertoglio (It.)
15e étape, Il Ciocco-Arenzano : Bitossi (It.)
16e étape, Arenzano-Orta : Fabbri (It.)
17e étape, 1er secteur Omenga-Portoglio : Sercu (Bel.)
17e étape, 2e secteur Portoglio-La Maddelena : Panniza (It.)
18e étape, Brescia-Baselga : R. De Vlaeminck (Bel.)
19e étape, Baselga-Pordone : Rodriguez (Col.)
20e étape, Pordone-Alleghe : R. De Vlaeminck (Bel.)
21e étape, Alleghe-Stelvio : Galdos (Esp.)
Classement final : 1. Bertoglio (It.) ; 2. Galdos (Esp.) à 41' ; 3. Gimondi (It.) à 6'18" ; 4. R. De Vlaeminck (Bel.) à 7'39" ; 5. Perletto (It.) à 8' ; 6. Panizza (It.) à 8'13" ; 7. Ricommi (It.) à 10'32" ; 8. Conti (It.) à 13'40" ; 9. Lasa (Esp.) à 14'48" ; 10. Baronchelli (It.) mt.

20-22 mai : Tour de l'Aude - Classement final : 1. Van Impe (Bel.) ; 2. Perin (Fr) à 3" ; 3. Agostinho (Port.).

23-25 mai : Tour de l'Oise - Classement final : 1. Thurau (RFA) ; 2. Knetemann (P.-B.) à 3" ; 3. Teirlink (Bel.) à 8".

1er juin : Bordeaux-Paris - 1. Van Springel (Bel.) ; 2. Delépine (Fr.) à 8'20" ; 3. Mintkiewicz (Fr.) à 34'54".

3-9 juin : Critérium du Dauphiné - Étapes remportées par Maertens (Bel.), Maertens (Bel.), Maertens (Bel.), Maertens (Bel.), Maertens (Bel.), Thévenet (Fr.), Pollentier (Bel.), Fontanelli (It.), Maertens (Bel.).
Classement final : 1. Thévenet (Fr.) ; 2. Moser (It.) à 4'57" ; 3. Zoetemelk (P.-B.) m.t.

12-15 juin : Grand Prix du Midi Libre - Étapes remportées par Caverzasi (It.), Lazeano (Esp.), Moser (It.), Moser (It.), Danguillaume (Fr.).
Classement final : 1. Moser (It.) ; 2. Zoetemelk (P.-B.) à 37" ; 3. Seznec (Fr.) à 38".

12-20 juin : Tour de Suisse - Classement final : 1. R. De Vlaeminck (Bel.) ; 2. Merckx (Bel.) à 53" ; 3. Pfenninger (Sui.) à 1'28".

13-16 juin : Tour du Luxembourg - Classement final : 1. Verbeeck (Bel.) ; 2. Teirlinck (Bel.) à 6" ; 3. Van Springel (Bel.) à 9".

22 juin : Championnats nationaux - France : 1. Ovion ; 2. Santy à 31" ; 3. Moneyron à 34". Belgique : Teirlinck. Espagne : Perurena. Italie : Moser. Pays-Bas : Kuiper.

26 juin-20 juillet : Tour de France
Prologue circuit à Charleroi : Moser (It.)
1er étape, 1er secteur Charleroi-Molenbeeck : Priem (P.-B.)
1er étape, 2e secteur Molenbeeck-Roubaix : Van Linden (It.)
2e étape, Roubaix-Amiens : De Witte (Bel.)
3e étape, Amiens-Versailles : Rottiers (Bel.)
4e étape, Versailles-Le Mans : Esclassan (Fr.).
5e étape, Sable-sur-Sarthe-Merlin-Plage : Smit (P.-B.)
6e étape, circuit à Merlin-Plage c.l.m. : Merckx (Bel.)
7e étape, Saint Gilles-Angoulême : Moser (It.)
8e étape, Angoulême-Bordeaux : Hoban (G.-B.)
9e étape, 1er secteur Langon-Fleurance : Smit (P.-B.)
9e étape, 2e secteur Fleurance-Auch c.l.m. : Merckx (Bel.)
10e étape, Auch-Pau : Gimondi (It.)
11e étape, Pau-Saint-Lary-Soulan : Zoetemelk (P.-B.)
12e étape, Tarbes-Albi : Knetemann (P.-B.)
13e étape, Albi-Super-Lioran : Pollentier (Bel.)
14e étape, Aurillac-Puy-de-Dôme : Van Impe (Bel.)
15e étape, Nice-Pra-Loup : Thévenet (Fr.)
16e étape, Barcelonette-Serre-Chevalier : Thévenet (Fr)
17e étape, Valloire-Morzine-Avoriaz : Lopez-Carril (Esp.)
18e étape, Morzine-Châtel c.l.m. : Van impe (Bel.)
19e étape, Thonon-Châlon : Van Linden (Bel.)
20e étape, Pully-Melun : Santambrogio (It.)
21e étape, Melun-Senlis : Van Linden (Bel.)
22e étape, circuit à Paris : Godefroot (Bel.)
Classement final : 1. Thévenet (Fr.) ; 2. Merckx (Bel.) à 2'47" ; 3. Van Impe (Bel.) à 5'01" ; 4. Zoetemelk (P.-B.) à 6'42" ; 5. Lopez-Carril (Esp.) à 19'29" ; 6. Gimondi (It.) à 23'05" ; 7. Moser (It.) à 24'13" ; 8. Fuchs (Sui.) à 25'51" ; 9. Janssens (P.-B.) à 32'01" ; 10. Torres (Esp.) à 35'36".
Classement par points : 1. Van Linden (Bel.) ; 2. Merckx (Bel.) ; 3. Godefroot (Bel.).
Classement des grimpeurs : 1. Van Impe (Bel.) ; 2. Merckx (Bel.) ; 3. Zoetemelk (P.-B.).
Classement par équipes : 1. Gan-Mercier ; 2. Gitane ; 3. Molteni.

20-27 août : Championnats du monde sur piste
Professionels. Vitesse : Petterson (Suè.). Poursuite : Schuiten (P.-B.). Demi-fond : Kemper (RFA)
Amateurs. Vitesse : Klenner (RFA). Poursuite : Huschke (RDA). Tandem : Pologne. Poursuite par équipes : RFA. Demi-fond : Minneboo (P.-B.).

21-24 août : Tour du Limousin - Classement final : 1. Campanér (Fr.) ; 2. Poulidor (Fr.) à 51" ; 3. Mathis (Fr.) à 1'11".

31 août : Championnats du monde sur route - 1. Kuiper (P.-B.) ; 2. R. De Vlaeminck (Bel.) à 17" ; 3. Danguillaume (Fr) m.t. ; 4. Torres (Esp.) m.t. ; 5. Zoetemelk (P.-B.) m.t. ; 6. Thévenet (Fr.) m.t. ; 7. Ovion (Fr.) m.t. ; 8. Merckx (Bel.) m.t. ; 9. Van Impe (Bel.) ; 10. Knetemann (P.-B.) m.t.

3-12 septembre : Tour de Catalogne - Classement final : 1. Bertoglio (It.) ; 2. Laurent (Fr.) à 13" ; 3. Martins (Port.) à 1'13".

14 septembre : Paris-Bruxelles - 1. Maertens (Bel.) ; 2. Merckx (Bel.) m.t. ; 3. Dierickx (Bel.) à 3".

5 octobre : Grand Prix des nations - 1. Schuiten (P.-B.) ; 2. Zoetemelk (P.-B.) à 4'29" ; 3. Thévenet (Fr.) à 5'59".

8-12 octobre : Étoile des Espoirs - Classement final : 1. Van den Hoeck (P.-B.) ; 2. Vallet (Fr.) à 5" ; 3. Perret (Fr.) à 1'04".

11 octobre : Tour de Lombardie - 1. Moser (It.) ; 2. Paolini (It.) à 1'17" ; 3. Chinetti (It.) m.t.

26 octobre : Trophée Baracchi - 1. Moser-Baronchelli ; 2. Maertens-Pollentier à 51" ; 3. Kuiper-Knetemann à 2'01".

1976

29 janvier : Championnats du monde de cyclo-cross - 1. Zweiffel (Sui.) ; 2. Frischknecht (Sui.) ; 3. Wilhelm (Fr.).

3-8 février : Étoile de Bessèges - Classement final : 1. Le Guilloux (Fr.) ; 2. Labourdette (Fr.) ; 3. Dolhats (Fr.).

13-18 février : Trophée Méditerranéen - Classement final : 1. Schuiten (P.-B.) ; 2. Salm (Sui.) à 38" ; 3. Laurent (Fr.) à 1'05".

26 février-2 mars : Tour de Sardaigne - Classement final : 1. R. De Vlaeminck (Bel.) ; 2. Caverzasi (It.) à 33" ; 3. Bal (P.-B.) à 38".

6 mars : Het Volk - 1. Peeters (Bel.) ; 2. Kuiper (P.-B.) m.t. ; 3. Sercu (Bel.) m.t.

7-14 mars : Paris-Nice - Étapes remportées par Maertens (Bel.), Esclassan (Fr.), Maertens (Bel.), Maertens (Bel.), Danguillaume (Fr.), Maertens (Bel.), Maertens (Bel.), Sibille (Fr.), Laurent (Fr.).
Classement final : 1. Laurent (Fr.) ; 2. Kuiper (P.-B.) à 17" ; 3. Ocaña (Esp.) à 26".

11-16 mars : Tirreno-Adriatico - Classement final : 1. R. De Vlaeminck (Bel.) ; 2. Merckx (Bel.) à 53" ; 3. Baronchelli (It.) à 1'36".

19 mars : Milan-San Remo - 1. Merckx (Bel.) ; 2. Vandenbroucke (Bel.) à 2" ; 3. Panizza (It.) à 28".

21 mars : Critérium national - 1. Beon (Fr.) ; 2. Hézard (Fr.) à 1'12" ; 3. Martin (Fr.) m.t.

22-26 mars : Semaine Catalane - Classement final : 1. Merckx (Bel.) ; 2. Aja (Esp.) à 21" ; 3. Perletto (It.) à 32".

27 mars : Amstel Gold Race - 1. Maertens (Bel.) ; 2. Raas (P.-B.) à 4'29" 3. Leman (Bel.) à 5'18".

28 mars-3 avril : Tour de Belgique - Classement final : 1. Pollentier (Bel.) ; 2. David (Bel.) à 4'50" ; 3. Maertens (Bel.) à 5'50".

1er avril : Mort de Roger Rivière, chez lui à Saint-Galmier, des suites d'un cancer de la gorge. Il s'éteint à 40 ans, comme Fausto Coppi.

➧ **4 avril** : Tour des Flandres - 1. Planckaert (Bel.) ; 2. Moser (It.) m.t. ; 3. Demeyer (Bel.) m.t.

6 avril : Gand-Wevelgem - 1. Maertens (Bel.) ; 2. Van Linden (Bel.) m.t. ; 3. Verbeeck (Bel.) m.t.

11 avril : Paris-Roubaix - 1. Demeyer (Bel.) ; 2. Moser (It.) m.t. ; 3. R. De Vlaeminck (Bel.) m.t.

➧ **15 avril** : Flèche Wallonne - 1. Zoetemelk (P.-B.) ; 2. Verbeeck (Bel.) à 57" ; 3. Maertens (Bel.) m.t.

18 avril : Liège-Bastogne-Liège - 1. Bruyère (Bel.) ; 2. Maertens (Bel.) à 4'40" ; 3. Verbeeck (Bel.) m.t.

20 avril : Paris-Vimoutiers - 1. Hinault (Fr.) ; 2. Esclassan (Fr.) à 12" ; 3. Gevers (P.-B.) m.t.

➧ **27 avril-16 mai** : Tour d'Espagne
Prologue Estepona : Thurau (RFA)
1re étape, Estepona-Estepona : De Cauwer (Bel.)
2e étape, Estepona-Priego : Gilson (P.-B.)
3e étape, Cordoue-Jaen : Smit (P.-B.)
4e étape, Jaen-Baza : Haritz (RFA)
5e étape, Baza-Carthagène : Smit (P.-B.)
6e étape, Carthagène-Carthagène c.l.m. : Agostinho (Port.)
7e étape, Carthagène-Murcie : Van den Haute (Bel.)
8e étape, Murcie-Alamansa : Pintens (Bel.)
9e étape, Alamansa-Nules : Thurau (RFA)
10e étape, Nules-Cambrils : Gonzales-Linares (Esp.)
11e étape, Cambrils-Montjuich : Vallori (Esp.)
12e étape, Pampelune-Logrono: Karstens (P.-B.)
13e étape, Logrono-Palencio : Ongenae (Bel.)
14e étape, Palencio-Gijon : Priem (P.-B.)
15e étape, Gijon-Cangas de Onis : Lopez-Carril (Esp.)
16e étape, Cangas de Onis-Reinosa : Thurau (RFA)
17e étape, Reinosa-Bilbao : Van de Vijver (Bel.)
18e étape, Galdacano-Santuavio de Oro : Thurau (RFA)
19ee étape, 1er secteur Muraia-San-Sebastian : Ongenae (Bel.)
19e étape, 2e secteur c.l.m : Thurau (RFA)
Classement final : 1. Pesarrodona (Esp.) ; 2. Ocaña (Esp.) à 20'13" ; 3. Nazabal (Fr.) à 20'51" ; 4. Thurau (RFA) à 20'54" ; 5. Lopez-Carril (Esp.) à 21' ; 6. Kuiper (P.-B.) à 21'10" ; 7. Agostinho (Port.) à 22'36" ; 8. Fuchs (Sui.) à 22'55" ; 9. Torres (Esp.) à 23'53" ; 10. Gonzales Linares (Esp.) à 26'02".

1er mai : Grand Prix de Francfort - 1. Maertens (Bel.) ; 2. Verbeeck (Bel.) m.t. ; 3. R. De Vlaeminck (Bel.) m.t.

2 mai : Championnat de Zurich - 1. Maertens (Bel.) ; 2. R. De Vlaeminck (Bel.) à 3'10" ; 3. Godefroot (Bel.) m.t.

➧ **4-9 mai** : Tour de Romandie - Classement final : 1. R. De Muynck (Bel.) ; 2. De Vlaeminck (Bel.) à 2'51" ; 3. Merckx (Bel.) à 2'58".

5-9 mai : Quatre Jours de Dunkerque - Classement final : 1. Maertens (Bel.) ; 2. Danguillaume (Fr.) à 12" ; 3. Planckaert (Bel.) à 1'12".

14-16 mai : Tour de l'Oise - Classement final : 1. Gijsemans (Bel.) ; 2. Delépine (Fr.) à 3" ; 3. Chassang (Fr.) à 8".

20 mai : Drame sur la première étape du Giro. Juan-Manuel Santisteban heurte le rail de protection à la sortie d'un virage. Transporté dans le coma, il décède à l'hôpital.

20 mai-13 juin : Tour d'Italie
1re étape, 1er secteur Catane-Catane c.l.m. : Sercu (Bel.)
1re étape, 2e secteur Catane-Syracuse : Sercu (Bel.)
2e étape, Syracuse-Caltanissetta : R. De Vlaeminck (It.)
3e étape, Caltanissetta-Palerme : Van Linden (Bel.)
4e étape, Cefalu-Messine : Moser (It.)
5e étape, Regio de Calabre-Cosenza : R. De Vlaeminck (Bel.)
6e étape, Cosenza-Matera : De Muynck (Bel.)
7e étape, circuit à Osturi : Moser (It.)
8e étape, Salva di Fesano-Lago Laceno : R. De Vlaeminck (Bel.)
9e étape, Bagnoli Irpino-Roccaraso : Fabbri (It.)
10e étape, Roccaraso-Terni : Sercu (Bel.)
11e étape, Terni-Gabbice Mare : Menendez (Esp.)
12e étape, Gabille-Porrette-Terme : Fontanelli (It.)
13e étape : De Witte (Bel.)
14e étape : Moser (It.)
15e étape, Varazze-Ozegna : Van Linden (Bel.)
16e étape, Castallamonte-Aresio : R. De Vlaeminck (Bel.)
17e étape, Aresio-Vérone : Gualazzini (It.)
18e étape, Vérone-Longarone : Fraccaro (It.)
19e étape, Longarone-Torri del Vaidet : Gandarias (Esp.)
20e étape, Vigo di Fassa-Terme di Comano : Conati (It.)
21e étape, Terme di Comano-Bergame : Gimondi (It.)
22e étape, circuit de la Brianza-Arcore c.l.m. : Bruyère (Bel.)
Classement final : 1. Gimondi (It.) ; 2. De Muynck (Bel.) à 19" ; 3. Bertoglio (It.) à 49" ; 4. Moser (It.) à 1'07" ; 5. Baronchelli (It.) à 1'35" ; 6. Panizza (It.) à 2'35" ; 7. Vandi (It.) à 4'07" ; 8. Merckx (Bel.) à 7'40" ; 9. Riccomi (It.) à 8'49" ; 10. Pujol (Esp.) à 8'50".

23 mai : Bordeaux-Paris - 1. Godefroot (Bel.) ; 2. Van Springel (Bel.) à 4'14" ; 3. Chalmel (Fr.) à 8'27".

24-31 mai : Critérium du Dauphiné - Étapes remportées par Danguillaume (Fr.), Planckaert (Bel.), Planckaert (Bel.), Zoetemelk (P.-B.), Thévenet (Fr.), Thévenet (Fr.), Dard (Fr.), Schuiten (P.-B.), Vianen (P.-B.). Classement final : 1. Thévenet (Fr.) ; 2. Lopez-Carril (Esp.) à 1'05" ; 3. Delisle (Fr.) à 2'03".

9-13 juin : Prix du Midi Libre - Étapes remportées par Meslet (Fr.), Perret (Fr.), Esclassan (Fr.), Esclassan (Fr.), Van Impe (Bel.). Classement final : 1. Meslet (Fr.) ; 2. Van Impe (Bel.) à 22" ; 3. Hinault (Fr.) à 46".

9-18 juin : Tour de Suisse - Classement final : 1. Kuiper (P.-B.) ; 2. Pollentier (Bel.) à 42" ; 3. Pesarrodona (Esp.) à 1'23".

10-14 juin : Tour du Luxembourg - Classement final : 1. Verbeeck (Bel.) ; 2. Jacobs (Bel.) à 16" ; 3. Knetemann (P.-B.) à 20".

15-18 juin : Tour de l'Aude - Classement final : 1. Hinault (Fr.) ; 2. Mathis (Fr.) à 3" ; 3. Beon (Fr.) à 7".

20 juin : Championnats nationaux - France : 1. Sibille ; 2. Meslet à 3" ; 3. Genet à 39". Belgique : Maertens. Espagne : Tamames. Pays-Bas : Raas.

➧ **24 juin-18 juillet** : Tour de France
Prologue circuit à Saint-Jean-d'Entremonts c.l.m. : Maertens (Bel.)
1re étape, Merlin-Plage-Angers : Maertens (Bel.)
2e étape, Angers-Caen : Battaglin (It.)
3e étape, circuit au Touquet c.l.m. : Maertens (Bel.)
4e étape, Le Touquet-Bornem : Kuiper (P.-B.)
5e étape, 1er secteur circuit par équipes à Louvain : Ti-Raleigh
5e étape, 2e secteur Louvain-Verviers : Lasa (Esp.)
6e étape, Bastogne-Nancy : Parecchini (It.)
7e étape, Nancy-Mulhouse : Maertens (Bel.)
8e étape, Valentigney-Divonne-les-Bains : Esclassan (Fr.)
9e étape, Divonne-les-Bains-Alpe-d'Huez : Zoetemelk (P.-B.)
10e étape, Bourg-d'Oisans-Montgenèvre : Zoetemelk (P.-B.)
11e étape, Montgenèvre-Manosque : Viejo (Esp.)
12e étape, Port-Barcarès-Pyrénées 2000 : Delisle (Fr.)
13e étape, Font-Romeu-Saint-Gaudens : Ovion (Fr.)
14e étape, Saint-Gaudens-Saint-Lary : Van Impe (Bel.)
15e étape, Saint-Lary-Pau : Panizza (It.)
16e étape, Pau-Fleurance : Pollentier (Fr.)
17e étape, Fleurance-Auch : Bracke (Bel.)
18e étape, 1er secteur Auch-Langon : Maertens (Bel.)
18e étape, 2e secteur Langon-Lacanau-Océan : Maertens (Bel.)
18e étape, 3e secteur Lacanau-Océan-Bordeaux : Karstens (P.-B.)
19e étape, Sainte-Foy-la-Grande-Tulle : Mathis (Fr.)
20e étape, Tulle-Puy-de-Dôme : Zoetemelk (P.-B.)
21e étape, Montargis-Versailles : Maertens (Bel.)
22e étape, 1er secteur circuit des Champs Élysées c.l.m. : Maertens (Bel.)
22e étape, 2e secteur circuit sur les Champs Élysées : Karstens (P.-B.)
Classement final : 1. Van Impe (Bel.) ; 2. Zoetemelk (P.-B) à 4'14" ; 3. Poulidor (Fr.) à 12'08" ; 4. Delisle (Fr.) à 12'17" ; 5. Riccomi (It.) à 12'39" ; 6. Galdos (Esp.) à 14'50" ; 7. Pollentier (Fr.) à 14'59" ; 8. Maertens (P.-B.) à 16'96" ; 9. Bertoglio (It.) à 16'36" ; 10. Lopez-Carril (Esp.) à 19'28".
Classement par points : Maertens (P.-B.).
Classement des grimpeurs : Bellini (It.).
Classement par équipes : Kas.

17 juillet-1er août : Jeux olympiques
Kilomètre arrêté : Grunke (RDA). Poursuite individuelle : Braun (RFA). Vitesse : Tekac (Tch.). Poursuite par équipes : RFA. Route individuelle : Johannsson (Suè.).

4 septembre : Championnats du monde sur route dames - 1. Van Oosterr-Haage (P.-B.) ; 2. Bissoli (It.) ; 3. Reynders (Bel.).

4-12 septembre : Tour de l'Avenir - Classement final : 1. Nilsson (Suè.) ; 2. Hrazdira (Tch.) à 9'07" ; 3. Lubberding (P.-B.) à 9'55".

➧ **5 septembre** : Championnats du monde sur route - 1. Maertens (Bel.) ; 2. Moser (It.) à 11" ; 3. Conti (It.) m.t. ; 4. Zoetemelk (P.-B.) m.t. ; 5. Merckx (Bel.) à 26" ; 6. Hinault (Fr.) à 27" ; 7. Gimondi (It.) m.t ; 8. Raas (P.-B.) m.t. ; 9. Allan (Aus.) m.t. ; 10. Neale (Esp.) m.t.

7-8 septembre : Championnats du monde sur piste.
Professionnels messieurs.
Vitesse : Nicholson (Aus.).
Poursuite : Moser (It.). Demi-fond : Peffgen (RFA).
Amateurs messieurs.Tandem : Pologne.
Demi-fond : Minneboo (P.-B.).
Critérium mondial : Baumgartner (Sui.).
Dames.Vitesse : Young (E.-U.).
Poursuite : Van Ooster-Haage (P.-B.).

8-16 septembre : Tour de Catalogne - Classement final : 1. Martinez-Herredia (Esp.) ; 2. De Witte (Bel.) à 46" ; 3. Tamames (Esp.) à 1'03".

22 septembre : Paris-Bruxelles - 1. Gimondi (It.) ; 2. Kuiper (P.-B.) à 20" ; 3. Houbrecht (Bel.) à 22".

27 septembre-2 octobre : Étoile des Espoirs - Classement final : 1. Vandenbroucke (Bel.) ; 2. Thévenet (Fr.) à 1'24" ; 3. Bouloux (Fr.) à 2'10".

9 octobre : Tour de Lombardie - 1. R. De Vlaeminck (Bel.) ; 2. Thévenet (Fr.) m.t. ; 3. Panizza (It.) m.t.

24 octobre : Trophée Baracchi - 1. Maertens-Pollentier ; 2. Moser-Schuiten à 2'12" ; 3. Boifava-Marcusen à 2'18".

1977

27 janvier : Championnats du monde de cyclo-cross - 1. Zweifel (Sui.) ; 2. Frischknecht (Sui.) ; 3. É. de Vlaeminck (Bel.).

3 février : Le patron de l'équipe Flandria met Guillaume Driessens à la porte et le remplace au poste de directeur sportif par Fred de Bruyne.

7-12 février : Étoile de Bessèges - Classement final :

1. Plankaert (Bel.) ; 2. Van Daele (Bel.) ; 3. Kelly (Irl.).

18-2 février : Tour Méditerranéen - Classement final : 1. Merckx (Bel.) ; 2. Wesemael (Bel.) à 10" ; 3. Chassang (Fr.) à 26".

5 mars : Het Volk - 1. Maertens (Bel.) ; 2. Raas (P.-B.) m.t. ; 3. Peeters (Bel.) à 1'04".

10-17 mars : Paris-Nice - Étapes remportées par Maertens (Bel.), Maertens (Bel.), Maertens (Bel.), Knetemann (P.-B.), Merckx (Bel.), Schuiten (P.-B.), Van Springel (Bel.), Sercu (Bel.), Knetemann (P.-B.), Sercu (Bel.), Maertens (Bel.). Classement final : 1. Maertens (Bel.) ; 2. Knetermann (P.-B.) à 33" ; 3. Thévenet (Fr.) à 48".

12-16 mars : Tirreno-Adriatico - Classement final : 1. R. De Vlaeminck (Bel.) ; 2. Moser (It.) à 5" ; 3. Saronni (It.) à 32".

◗ **19 mars** : Milan-San Remo - 1. Raas (P.-B.) ; 2. R. De Vlaeminck (Bel.) à 3" ; 3. Wesemael (Bel.) à 5".

21-25 mars : Semaine Catalane - Classement final : 1. Maertens (Bel.) ; 2. Bruyère (Bel.) à 22 h 54' 50" ; 3. Pollentier (Bel.) à 22 h 55'27".

27 mars : Critérium national - 1. Chassang (Fr.) ; 2. Delisle (Fr.) m.t. ; 2. Berland (Fr.) à 20".

3 avril : Tour des Flandres - 1. R. De Vlaeminck (Bel.) ; 2. Maertens (Bel.) à 2" ; 3. Planckaert (Bel.) à 2".

7 avril : Flèche Wallonne - 1. Maertens (Bel.) ; 2. Moser (It.) à 2'50" ; 3. Saronni (It.) m.t.

10 avril : Amstel Gold Race - 1. Raas (P.-B.) ; 2. Knetemann (P.-B.) m.t. ; 3. Kuiper (P.-B.) m.t.

10-14 avril : Tour de Belgique - Classement final : 1. Planckaert (Bel.) ; 2. Van Sweevelt (Bel.) à 13" ; 3. Priem (P.-B.) à 16".

17 avril : Paris-Roubaix - 1. Knetemann (P.-B.) ; 2. Thurau (RFA) à 3'43" ; 3. Verbeeck (Bel.) à 3'24".

◗ **19 avril** : Gand-Wevelgem - 1. Hinault (Fr.) ; 2. Algeri (It.) à 1'24" ; 3. Van Katwijk (P.-B.) à 1'58".

24 avril : Liège-Bastogne-Liège - 1. Hinault (Fr.) ; 2. Dierickx (Bel.) à 1'03" ; 3. R. De Vlaeminck (Bel.) m.t.

27 avril-15 mai : Tour d'Espagne
Prologue circuit à Alicante c.l.m. : Maertens (Bel.)
1re étape, La Dehese de Campo Amor-La Manga : Maertens (Bel.)
2e étape, La Manga-Murcie : Maertens (Bel.)
3e étape, Murcie-Benidorm : Den Hertog (P.-B.)
4e étape, Benidorm-Benidorm c.l.m. : Pollentier (Bel.)
5e étape, Benidorm-Valence : Maertens (Bel.)
6e étape, Valence-Teruel : Maertens (Bel.)
7e étape, Teruel-Urbanización las Fuentes : Maertens (Bel.)
8e étape, Urbanización las Fuentes-Tortusa : Maertens (Bel.)
9e étape, Tortusa-Salou : Maertens (Bel.)
10e étape, Salou-Barcelone : Priem (P.-B.)
11e étape, 1er secteur circuit de Montjuich c.l.m. : Maertens (Bel.)
11e étape, 2e secteur circuit de Montjuich : Maertens (Bel.)
12e étape, Barcelone-Igualada : Perletto (It.)
13e étape, Igualada-Seo de Urgel : Maertens (Bel.)
14e étape, Seo de Urgel-Monzon : Maertens (Bel.)
15e étape, Monzon-El Formigal : Torres (Esp.)
16e étape, El Formigal-Codovilla : Maertens (Bel.)
17e étape, Codovilla-Bilbao : Ordiales (Esp.)
18e étape, Bilbao-Durango : Nazabal (Esp.)
19e étape, Alta de Urquiola-Miranda de Ebro : Maertens (Bel.)
Classement final : 1. Maertens (Bel.) ; 2. Lasa (Esp.) à 2'51" ; 3. Thaler (RFA) à 3'23" ; 4. Perurena (Esp.) à 4'45" ; 5. Viejo (Esp.) à 5'14" ; 6. Pollentier (Bel.) à 5'35" ; 7. Clively (Aus.) à 7'06" ; 8. Pesarrodona (Esp.) à 9'32" ; 9. Torres (Esp.) à 10'29" ; 10 Gonzales-Linares (Esp.) à 11'18".

1er mai : Grand Prix de Francfort - 1. Knetemann (P.-B.) ; 2. Thurau (RFA) à 3'43" ; 3. Verbeeck (Bel.) à 3'24".

6-8 mai : Tour de l'Oise - Classement final : 1. Teirlinck (Bel.) 2. Peeters (Bel.) à 19" ; 3. Gissemans (Bel.) à 2'01".

8 mai : Championnat de Zurich - 1. Moser (It.) ; 2. De Witte (Bel.) m.t. ; 3. Godefroot (Bel.) à 2'29".

10-15 mai : Tour de Romandie - Classement final : 1. Baronchelli (It.) ; 2. Zoetemelk (P.-B.) à 1'22" ; 3. Knudsen (Nor.) à 2'43".

11-15 mai : Quatre Jours de Dunkerque - Classement final : 1. Knetemann (P.-B.) ; 2. Jacobs (Bel.) à 8" ; 3. Vandenbroucke (Bel.) à 33".

◗ **21 mai-12 juin** : Tour d'Italie
Prologue circuit à Lago Miseno c.l.m. : Maertens (Bel.)
1re étape, Lago-Miseno-Avillino : Maertens (Bel.)
2e étape, 1er secteur Avellino-Foggia : Van Linden (Bel.)
2e étape, 2e secteur circuit à Foggia : Borgognoni (It.)
3e étape, Foggia-Iserina : Fracarro (It.)
4e étape, Iserina-Pescara : Maertens (Bel.)
5e étape, Pescara-Spolete : Beccia (It.)
6e étape, 1er secteur Spolete-Gabbice Mare : Maertens (Bel.)
6e étape, 2e secteur circuit à Gabbice Mare : Maertens (Bel.)
7e étape, Gabbice Mare-Forli : Maertens (Bel.)
8e étape, 1er secteur Forli-Autodrama del Mugello : Maertens (Bel.)
8e étape, 2e secteur circuit de Autodroma del Mugello : Basso (It.)
9e étape, Luca-Pise c.l.m. : Knudsen (Nor.)
10e étape, Pise-Salsomaggiore : Santambrogio (It.)
11e étape, Salsomaggiore-Santa Margharita : Bertilotto (It.)
12e étape, Santa Margharita-Sangiocomo di Roburent : Lasa (Esp.)
13e étape, Mondovi-Varzi : Tartoni (It.)
14e étape, Voghera-Vincenza : Demeyer (Bel.)
15e étape, Vincenza-Trieste : Gualazzini (It.)
16e étape, 1er secteur Trieste-Gemona du Frioul : Demeyer (Bel.)
16e étape, 2e secteur Gemona-Comegliano Veneto : Gavazzi (It.)
17e étape, Comegliano-Cortina d'Ampezzo : Perletto (It.)
18e étape, Cortina d'Ampezzo-Pinzolo : Baronchelli (It.)
19e étape, Pinzolo-San Pellegrino : Laghi (It.)
20e étape, San Pellegrino-Varèse : Francioni (It.)
21e étape, circuit à Binago c.l.m. : Pollentier (Bel.)
22e étape, circuit à Milan : Borgognoni (It.).
Classement final : 1. Pollentier (Bel.) ; 2. Moser (It.) à 2'32" ; 3. Baronchelli (It.) à 4'02" ; 4. Vandi (It.) à 7'50" ; 5. Panizza (It.) à 7'56" ; 6. De Witte (Bel.) à 10'04" ; 7. Riccomi (It.) à 12'28" 8. Bortolotto (It.) à 13'41" ; 9. Peccia (It.) à 13'48" ; 10. Francioni (It.) à 16'11".

22 mai : Bordeaux-Paris - 1. Van Springel (Bel.) ; 2. Godefroot (Bel.) à 3'25" ; 3. Chalmel (Fr.) à 9'45".

◗ **31 mai-6 juin** : Critérium du Dauphiné- - Étapes remportées par Vandenbroucke (Bel.), Hinault (Fr.), Danguillaume (Fr.), Sercu (Bel.), Sercu (Bel.), Hinault (Fr.), Van Impe (Bel.), Sercu (Bel.), Thévenet (Fr.), Hinault (Fr.).
Classement final : 1. Hinault (Fr.) ; 2. Thévenet (Fr.) à 9" ; 3. Van Impe (Bel.) à 2'02".

9-12 juin : Tour du Luxembourg - Classement final : 1. Pronk (P.-B.) ; 2. Knetemann (P.-B.) à 4'23" ; 3. Lienhard (Sui.) à 4'33".

15-19 juin : Grand Prix du Midi Libre - Étapes remportées par Peeters (Bel.), Paolini (It.), De Bal (Bel.), Paolini (It.), De Bal (Bel.), Villemiane (Fr.), Panizza (It.).
Classement final : 1. Panizza (It.) 2. Thévenet (Fr.) à 4" ; 3. Zoetemelk (P.-B.) à 10".

16-24 juin : Tour de Suisse - Classement final : 1. Pollentier (Bel.) ; 2. Van Impe (Bel.) à 1" ; 3. Pronck (P.-B.) à 1'36".

20-23 juin : Tour de l'Aude - Classement final : 1. Danguillaume (Fr.) ; 2. Peeters (Bel.) à 1" ; 3. Schuiten (P.-B.) à 2".

24 juin : Championnats nationaux - France : 1. Tinazzi ; 2. Bittinger ; 3. Chalmel. Belgique : Pollentier. Espagne : Esparza. Italie : Paolini. Pays-Bas : Den Hertog.

◗ **30 juin-24 juillet** : Tour de France
Prologue circuit à Fleurance c.l.m. : Thurau (RFA)
1re étape, Fleurance-Auch : Villemiane (Fr.)
2e étape, Auch-Pau : Thurau (RFA)
3e étape, Oloron-Vitoria : Nazabal (Fr.)
4e étape, Vitoria-Seignosse : Delépine (Fr.)
5e étape, 1er secteur Morcenx-Bordeaux : Esclassan (Fr.)
5e étape, circuit du lac à Bordeaux c.l.m. : Thurau (RFA)
6e étape, Bordeaux-Limoges : Raas (P.-B.)
7e étape, 1er secteur Jaunay-Clan-Angers : Sercu (Bel.)
7e étape, 2e secteur circuit à Angers c.l.m. par équipes : Fiat
8e étape, Angers-Lorient : Santambrogio (It.)
9e étape, Lorient-Rennes : Thaler (RFA)
10e étape, Bagnoles-de-l'Orne-Rouen : Den Hertog (P.-B.)
11e étape, Rouen-Roubaix : Danguillaume (Fr.)
12e étape, Roubaix-Charleroi : Sercu (Bel.)
13e étape 1er secteur Fribourg-Fribourg : Sercu (Bel.)
13e étape, 2e secteur Altkirch-Besançon : Danguillaume (Fr.)
14e étape, Besançon-Thonon-les-Bains : Quilfen (Fr.)
15e étape, 1e rsecteur Thonon-les-Bains-Morzine : Wellens (Bel.)
15e étape, 2e secteur Morzine-Avoriaz c.l.m. : Zoetemelk (P.-B.)
16e étape, Morzine-Chamonix : Thurau (RFA)
17e étape, Chamonix-Alpe-d'Huez : Kuiper (P.-B.)
18e étape, Voiron-Saint-Étienne : Agostinho (Port.)
19e étape, Saint-Trivier-Dijon : Knetemann (P.-B.)
20e étape, Dijon-Dijon c.l.m. : Thévenet (Fr.)
21e étape, Montreau-Versailles : Knetemann (P.-B.)
22e étape, 1er secteur circuit des Champs-Élysées c.l.m. : Thurau (RFA)
22e étape, 2e secteur circuit des Champs-Élysées : Meslet (Fr.)
Classement final : 1. Thévenet (Fr.) ; 2. Kuiper (P.-B.) à 48" ; 3. Van Impe (Bel.) à 3'32" ; 4. Galdos (Esp.) à 7'45" ; 5. Thurau (RFA) à 12"24" ; 6. Merckx (Bel.) à 13'38" ; 7. Laurent (Fr.) à 17'42" ; 8. Zoetemelk (P.-B.) à 19'22" ; 9. Delisle (Fr.) à 21"32" ; 10. Meslet (Fr.) à 27'31".
Classement par points : 1. Esclassan (Fr.) ; 2. Santambrogio (It.) ; 3. Thurau (RFA).
Classement des grimpeurs : 1. Van Impe (Bel.) ; 2. Kuiper (P.-B.) ; 3. Torres (Esp.).
Classement par équipes : 1. Ti-Raleigh ; 2. Miko-Mercier, 3. Kas.

25-28 août : Tour du Limousin - Classement final : 1. Hinault (Fr.) ; 2. Bossis (Fr.) à 2"16" ; 3. Villemiane (Fr.) à 4'49".

25 août-1er septembre : Championnats du monde sur piste.
Professionnels messieurs.Vitesse : Nicholson (Aus.). Poursuite : Braun (RFA). Demi-fond : Stam (P.-B.).
Amateurs messieurs. Kilomètre : Thoms (RDA). Vitesse : Geschke (RDA). Poursuite : Durpisch (RDA). Demi-fond : Minnebbo (P.-B.). Poursuite

olympique : RDA. Tandem : Tchécoslovaquie. Individuelle : Tourne (Bel.).
Dames. Vitesse : Tsareva (URSS). Poursuite : Kuznetsova (URSS).

▶ **2 septembre** : Championnats du monde sur route messieurs - 1. Moser (It.) ; 2. Thurau (RFA) m.t ; 3. Bitossi (It.) à 1'19" ; 4. Kuiper (P.-B.) m.t ; 5. Perurena (Esp) à 1'35" ; 6. Chalmel (Fr.) à 1'39" ; 7. Esclassan (Fr.) à 1'41" ; 8. Hinault (Fr.) m.t. ; 9. Saronni (It.) m.t. ; 10. Godefroot (Bel.) m.t.

3 septembre : Championnats du monde sur route dames - 1. Bost (Fr.) ; 2. Carpentier (E.-U.) à 1'48" ; 3. Brinkhoff (P.-B.) m.t.

7-14 septembre : Tour de Catalogne - Classement final : 1. Maertens (Bel.) ; 2. De Muynck (Bel.) à 24" ; 3. Zoetemelk (P.-B.) à 1'27".

12-25 septembre : Tour de l'Avenir - Classement final : 1. Schapers (Bel.) ; 2. Van der Velde (P.-B.) à 1'46" ; 3. Visentini (It.) à 2'29".

18 septembre : Paris-Bruxelles - 1. Peeters (Bel.) ; 2. Demeyer (Bel.) ; 3. Hinault (Fr.).

24 septembre : Blois-Chaville - 1. Zoetemelk (P.-B.) ; 2. De Muynck (Bel.) ; 3. Kuiper (P.-B.).

2 octobre : Grand Prix des nations - 1. Hinault (Fr.) ; 2. Zoetemelk (P.-B.) ; 3. Marcussen (Dan.).

▶ **8 octobre** : Tour de Lombardie - 1. Baronchelli (It.) ; 2. Vandenbroucke (Bel.) ; 3. Bitossi (It.).

11-15 octobre : Étoile des Espoirs - Classement final : 1. Vandenbroucke (Bel.) ; 2. Braun (RFA) à 30" ; 3. Teirlinck (Bel.) à 1'11".

4 décembre : Daniel Morelon met un terme provisoire à sa carrière, à l'occasion des Six Jours de Nouméa, en Nouvelle-Calédonie.

25 décembre : Raymond Poulidor range son vélo.

1978

26 janvier : Championnats du monde de cyclo-cross - 1. Zweifel (Sui.) ; 2. Frischknecht (Sui.) ; 3. Thaler (Dan.).

3-8 février : Étoile de Bessèges - Classement final : 1. Van Vliet (P.-B.) ; 2. Thurau (RFA) à 8" ; 3. Verlinden (Bel.) à 1'21".

15-21 février : Tour Méditerranéen - Classement final : 1. Knetemann (P.-B.) ; 2. Bruyère (Bel.) à 42" ; 3. Vandenbroucke (Bel.) à 1'18".

27 février : Circuit du Het Volk - 1. Maertens (Bel.) ; 2. Raas (P.-B.) m.t. ; 3. Thurau (RFA) à 54".

5-11 mars : Paris-Nice - Étapes remportées par Knetemann (P.-B.), Knetemann (P.-B.), Esclassan (Fr.), Mollet (Fr.), Den Hertog (P.-B.), Vandenbroucke (Bel.), Esclassan (Fr.), Knetemann (P.-B.). Classement final : 1. Knetemann (P.-B.) ; 2. Hinault (Fr.) à 19" ; 3. Zoetemelk (P.-B.) à 31".

11-16 mars : Tirreno-Adriatico - Classement final : 1. Saronni (It.) ; 2. Knudsen (Nor.) à 12" ; 3. Moser (It.) à 45".

19 mars : Milan-San Remo - 1. R. De Vlaeminck (Bel.) ; 2. Saronni (It.) m.t. ; 3. Antonini (It.) m.t.

25 mars : Amstel Gold Race - 1. Raas (P.-B.) ; 2. Moser (It.) à 1'16" ; 3. Knetemann (P.-B.) à 4'.

26-30 mars : Tour de Belgique - Classement final : 1. Dierickx (Bel.) ; 2. Maertens (Bel.) à 2'20" 3. Thurau (RFA) à 2'32".

26-31 mars : Semaine Catalane - Classement final : 1. Cima (Esp.) ; 2. Lasa (Esp.) à 28" ; 3. Villaberdo (Esp.) à 34".

9 avril : Tour des Flandres - 1. Godefroot (Bel.) ; 2. Pollentier (Bel.) à 50" ; 3. Braun (RFA) m.t.

12 avril : Gand-Wevelgem - 1. Van den Haute (Bel.) ; 2. W. Planckaert (Bel.) à 1'04" ; 3. Moser (It.) m.t.

▶ **16 avril** : Paris-Roubaix - 1. Moser (It.) ; 2. R. De Vlaeminck (Bel.) à 1'40" ; 3. Raas (P.-B.) m.t.

▶ **20 avril** : Flèche Wallonne - 1. Laurent (Fr.) ; 2. Baronchelli (It.) m.t. ; 3. Thurau (RFA) m.t.

23 avril : Liège-Bastogne-Liège - 1. Bruyère (Bel.) ; 2. Thurau (RFA) à 2'05" ; 3. Moser (It.) m.t.

▶ **26 avril-14 mai** : Tour d'Espagne
Prologue Gijon c.l.m. : Hinault (Fr.)
1re étape, Gijon-Gijon : Schipper (P.-B.)
2e étape, Gijon-Cangas de Onis : Cima (Esp.)
3e étape, Cangas de Onis-Leon : Van Den Haute (Bel.)
4e étape, Leon-Valladolid : Lefevere (Bel.)
5e étape, Valladadolid-Avila : Teilinck (Bel.)
6e étape, Torrelaguna-Torrejon de Ardos : Van Katwijk (P.-B.)
7e étape, Torrejon de Ardos-Cuenca : Perurena (Esp.)
8e étape, Cuenca-Benicasim : Van Katwijk (P.-B.)
9e étape, Benicasim-Tortosa : Van den Haute (Bel.)
10e étape, Tortosa-Calafell : Teirlinck (Bel.)
11e étape, 1er secteur Calafell-Barcelone : Eliorraga (Esp.)
11e étape, 2e secteur circuit de Montjuich c.l.m. : Hinault (Fr.)
12e étape, Barcelone-La Tossa de Montbui : Hinault (Fr.)
13e étape, Servera-Jaca : Maccali (It.)
14e étape, Jaca-Logrono : Hinault (Fr.)
15e étape, Logrono-Miranda de Ebro : Van den Brande (Bel.)
16e étape, Miranda de Obro-Ampiero : Belda (Esp.)
17e étape, Ampiero-Bilbao : Cima (Esp.)
18e étape, Bilbao-Amurrio : Perurena (Esp.)
19e étape, 1er secteur Amurrio-San Sebastian : Perurena (Esp.)
19e étape, 2e secteur circuit à San Sebastian c.l.m. : annulée en raison d'incidents
Classement final : 1. Hinault (Fr.) ; 2. Pesarrodona (Esp.) à 2'52" ; 3. Bernaudeau (Fr.) à 3'04" ; 4. Garcia (Esp.) à 4'27" ; 5. Schipper (P.-B.) à 4'28" ; 6. Van den Haute (Bel.) à 6'01" ; 7. Nazabal (Esp.) à 6'32" ; 8. Martinez-Heredia (Esp.) à 6'53" ; 9. Aja (Esp.) à 10'32" ; 10. Lopez-Carril (Esp.) à 13'57".

1er mai : Grand Prix de Francfort - 1. Braun (RFA) ; 2. Pevenage (Bel.) m.t. ; 3. Kuiper (P.-B.) m.t.

3-7 mai : Quatre Jours de Dunkerque - Classement final : 1. Maertens (Bel.) ; 2. Danguillaume (Fr.) à 49" ; 3. Knetemann (P.-B.) à 4'55".

3-7 mai : Tour de Romandie - Classement final : 1. Van der Velde (P.-B.) ; 2. Kuiper (P.-B.) à 2'08" ; 3. De Muynck (Bel.) à 2'22".

8-28 mai : Tour d'Italie
1re étape, Saint-Vincent-Novi Ligure : Van Linden (Bel.)
2e étape, Novi Ligure-La Spezia : Saronni (It.)
3e étape, La Spezia-Cascina : De Muynck (It.)
4e étape, Larciano-Pistoïa c.l.m. : Thurau (RFA)
5e étape, Prato-Cattolica : Van Linden (Bel.)
6e étape, Cattolica-Silva-Marina : Van Linden (Bel.)
7e étape, Silva-Marina-Benevento : Saronni (It.)
8e étape, Benevento-Ravello : Saronni (It.)
9e étape, Amalfi-Latina : Paolini (It.)
10e étape, Latina-Lago di Piediluco : Martinelli (It.)
11e étape, 1er secteur Terni-Assise : Zanoni (It.)
11e étape, 2e secteur Assise-Sienne : Moser (It.)
12e étape, Poggibonsi-Monte Trebbio : Bellini (It.)
13e étape, Mondigliana-Padoue : Moser (It.)
14e étape, Venise-San Marco c.l.m. : Moser (It.)
15e étape, Trevise-Canazei : Baronchelli (It.)
16e étape, Canazei-Canalese c.l.m. : Moser (It.)
17e étape, Cavalese-Monte-Bondonato : Panizza (It.)
18e étape, Trente-Sarezzo : Perletto (It.)
19e étape, Brescia-Inverigo : Algeri (It.)
20e étape, Inverigo-Milan : Gavazzi (It.)
Classement final : 1. De Muynck (Bel.) ; 2. Baronchelli (It.) à 59" ; 3. Moser (It.) à 2'19" ; 4. Panizza (It.) à 7'57" ; 5. Saronni (It.) à 8'19" ; 6. De Witte (Bel.) à 8'24" ; 7. Vandi (It.) à 9'04" ; 8. Bertoloto (It.) à 9'25" ; 9. Johansson (Suè.) à 12'36" ; 10. Sutter (Sui.) à 12'38".

14-23 mai : Tour de Suisse - Classement final : 1. Wellens (Bel.) ; 2. Sutter (Sui.) à 18" ; 3. Fuchs (Sui.) à 1'48".

▶ **18 mai** : Merckx annonce sa retraite.

21 mai : Bordeaux-Paris - 1. Van Springel (Bel.) ; 2. Rosiers (Bel.) à 8'02" ; 3. Delépine (Fr.) à 10'30".

27-28 mai : Tour de l'Oise - Classement final : 1. Tierlinck (Bel.) ; 2. Bossis (Fr.) à 3" ; 3. Sanders (Fr.) à 6".

▶ **29 mai-5 juin** : Critérium du Dauphiné - Étapes remportées par Kuiper (P.-B.), Le Guillot (Fr.), Oliva (Esp.), Esclassan (Fr.), Martin (Bel.), Pollentier (Bel.), Danguillaume (Fr.), Maertens (Bel.), Pollentier (Bel.).
Classement final : 1. Pollentier (Bel.) ; 2. Martinez (Fr.) à 3'03" ; 3. Galdos (Esp.) à 4'40".

14-18 juin : Grand Prix du Midi Libre - Étapes remportées par Moser (It.), Bertolotto (It.), Moser (It.), De Muynck (Bel.). Classement final : 1. Bertolotto (It.) ; 2. Lelay (Fr.) à 1'46" ; 3. Loos (Bel.) à 1'55".

21-22 juin : Tour de l'Aude - Classement final : 1. Moser (It.) ; 2. Bittinger (Fr.) à 30" ; 3. Schepers (Bel.) à 35".

23 juin : Championnats nationaux - France : 1. Hinault ; 2. Bernaudeau ; 3. Chaumaz. Belgique : Pollentier. Espagne : Martinez-Herredia. Italie : Gavazzi. Pays-Bas : Lubberding.

▶ **29 juin-23 juillet** : Tour de France
Prologue Lieden c.l.m. : Raas (P.-B.)
1re étape, 1er secteur Lieden-Sant-Willebord : Raas (P.-B.)
1re étape, 2e secteur Willebord-Bruxelles : Planckaert (Bel.)
2e étape, Bruxelles-Saint-Amand-les-Eaux : Esclassan (Fr.)
3e étape, Saint-Amand-les-Eaux-Saint-Germain : Thaler (RFA)
4e étape Evreux-Caen c.l.m. par équipes : Ti-Raleigh
5e étape, Caen-Mazé Montgeoffroy : Maertens (Bel.)
6e étape, Mazé-Montgeoffroy : Kelly (Irl.)
7e étape, Poitiers-Bordeaux : Maertens (Bel.)
8e étape, Saint-Émilion-Sainte-Foy c.l.m. : Hinault (Fr.)
9e étape, Bordeaux-Biarritz : Lasa (Esp.)
10e étape, Biarritz-Pau : Lubberding (P.-B.)
11e étape, Pau-Saint-Lary-Soulan : Martinez (Fr.)
12e étape, 1er secteur Tarbes-Valence d'Agen : annulée en raison de la « grève » des coureurs
12e étape, 2e secteur Valence-d'Agen-Toulouse : Esclassan (Fr.)
13e étape, Figeac-Super-Besse : Wellens (Bel.)
14e étape, Besse-en-Chandesse-Puy-de-Dôme : Zoetemelk (P.-B.)
15e étape, Saint-Diez-d'Auvergne-Saint-Étienne : Hinault (Fr.)
16e étape, Saint-Étienne-Alpe-d'Huez : Kuiper (P.-B.)
17e étape, Grenoble-Morzine : Seznec (Fr.)
18e étape, Morzine-Lausanne : Knetemann (P.-B.)
19e étape, Lausanne-Belfort : Demeyer (Bel.)
20e étape, Metz-Nancy c.l.m. : Hinault (Fr.)
21e étape, Épernay-Senlis : Raas (P.-B.)
22e étape, Saint-Germain-Paris : Knetemann (P.-B.).
Classement final : 1. Hinault (Fr.) ; 2. Zoetemelk (P.-B.) à 3'56" ; 3. Agostinho (Port.) à 6'54" ; 4. Bruyère (Bel.) à 9'04" ; 5. Seznec (Fr.) à 12'50" ; 6. Wellens (Bel.) à 14'38" ; 7. Galdos (Esp.) à 17'08" ;

8. Lubberding (P.-B.) à 17'26"; 9. Van Impe (P.-B.) à 21'01"; 10. Martinez (Fr.) à 22'58".
Classement par points : 1. Maertens (Bel.); 2. Esclassan (Fr.); 3. Hinault (Fr.).
Classement des grimpeurs : 1. Martinez (Fr.); 2. Hinault (Fr.); 3. Zoetemelk (P.-B.).
Classement des équipes : 1. Miko-Mercier; 2. Ti-Raleigh; 3. C-A.

16-20 août : Tour du Limousin - Classement final : 1. Chaumaz (Fr.); 2. Bossis (Fr.) à 1'02"; 3. Arbes (Fr.) à 1'27".

➧ **16-22 août** : Championnats du monde sur piste
Professionnels messieurs. Vitesse : Nakano (Jap.). Poursuite : Braun (RFA). Demi-fond : Peuffgen (R.F.A).
Amateurs messieurs. Vitesse : Tkac (Tch.). Poursuite : Macha (RDA). Kilomètre : Thoms (RDA). Poursuite par équipes : RDA Tandem : Tchécoslovaquie. Course aux points : De Jonkhere (Bel.). Demi-fond : Podlech (RFA).
Dames. Poursuite : Van Hoosten Hage (P.-B.). Vitesse : Zareva (URSS).

21 août : Jean-Jacques Fussien, dit « Fufu », coureur de l'équipe Fiat, meurt dans un accident de la route, au cours d'une sortie d'entraînement.

26 août : Championnats du monde sur route dames - 1. Habetz (RFA); 2. Van Oosten (P.-B.); 3. Lorenzon (It.).

➧ **27 août** : Championnats du monde sur route messieurs - 1. Knetemann (P.-B.); 2. Moser (It.) à 20"; 3. Marcussen (Dan.) m.t.; 4. Saronni (It.) à 28"; 5. Hinault (Fr.) à 39"; 6. Zoetemelk (P.-B.) m.t.; 7. Lualdi (It.) m.t.; 8. Van Springel (Bel.) à 47"; 9. Dierickx (Bel.) à 52"; 10. R. De Vlaeminck (Bel.) m.t.

10-15 septembre : Tour de Catalogne - Classement final : 1. Moser (It.); 2. Galdos (Esp.) à 3'15"; 3. Torres (Esp.) à 5'37".

24 septembre : Grand Prix des nations - 1. Hinault (Fr.); 2. Moser (It.) à 56"; 3. Kuiper (P.-B.) à 1'29".

1er octobre : Grand Prix d'automne - 1. Raas (P.-B.); 2. Jacobs (Bel.) à 3'36"; 3. Van Calster (Bel.) à 5'59".

➧ **7 octobre** : Tour de Lombardie - 1. Moser (It.); 2. Johansson (Suè.) à 8"; 3. Hinault (Fr.) m.t.

11-15 octobre : Étoile des Espoirs - Classement final : 1. Gisiger (Sui.); 2. Den Hertog (P.-B.) à 7"; 3. Verlinden (Bel.) à 38".

15 octobre : Trophée Baracchi - 1. Schuiten-Knudsen; 2. Zoetemelk-Kuiper à 23"; 3. Baronchelli-Johansson à 2'26".

1979

28 janvier : Championnats du monde de cyclo-cross - 1. Zweifel (Sui.); 2. Blaser (Sui.); troisième déclassé.

8-10 février : Étoile de Bessèges - Classement final : 1. Michaud (Fr.); 2. Van den Haute (Bel.) à 2'38"; 3. Levavasseur (Fr.) à 2'39".

14-18 février : Tour Mediterranéen - Classement final : 1. Laurent (Fr.); 2. Knetemann (P.-B.) à 8"; 3. Schipper (P.-B.) à 16".

25 février : Tour du Haut-Var - 1. Zoetemelk (P.-B.); 2. Chassang (Fr.) à 3"; 3. Bernaudeau (Fr.) m.t.

3 mars : Het Volk - 1. R. De Vlaeminck (Bel.); 2. Raas (P.-B.) à 12"; 3. Hoste (Bel.) m.t.

7-14 mars : Paris-Nice - Étapes remportées par Knetemann (P.-B.), Bertin (Fr.), Ti-Raleigh-Mac Grégor, Van Vliet (P.-B.), Raas (P.-B.), Nilsson (Suè.), Thurau (RFA), Chassang (Fr.), Tinchella (It.), Zoetemelk (P.-B.).
Classement final : 1. Zoetemelk (P.-B.); 2. Nilsson (Suè.) à 1'44"; 3. Knetemann (P.-B.) à 1'47".

➧ **17 mars** : Milan-San Remo - 1. R. De Vlaeminck (Bel.); 2. Saronni (It.) m.t.; 3. Knudsen (Nor.) m.t.

24-25 mars : Critérium national - Classement final : 1. Zoetemelk (P.-B.); 2. Hinault (Fr.) à 54"; 3. Nilsson (Suè.) à 1'44".

26-29 mars : Semaine Catalane - Classement final : 1. Criquielion (Bel.); 2. Ruperez (Esp.) à 34"; 3. Yanez (Esp.) à 2'21".

➧ **1er avril** : Tour des Flandres - 1. Raas (P.-B.); 2. Demeyer (Bel.) à 1'03"; 3. Willems (Bel.) à 1'15".

➧ **4 avril** : Gand-Wevelgem - 1. Moser (It.); 2. R. De Vlaeminck (Bel.); 3. Raas (P.-B.).

8 avril : Paris-Roubaix - 1. Moser (It.); 2. R. De Vlaeminck (Bel.) à 40"; 3. Kuiper (P.-B.) à 2'14".

10 avril : Flèche Wallonne - 1. Hinault (Fr.); 2. Saronni (It.) à 17"; 3. Johansson (Suè.) m.t.

14 avril : Amstel Gold Race - 1. Raas (P.-B.); 2. Lubberding (P.-B.) à 39"; 3. Nilsson (Suè.) à 1'06".

16-19 avril : Tour de Belgique - 1. Willems (Bel.); 2. Van Springel (Bel.) à 41"; 3. De Wolf (Bel.) à 1'10".

➧ **22 avril** : Liège-Bastogne-Liège - 1. Thurau (RFA); 2. Hinault (Fr.) à 55"; 3. Willems (Bel.) à 1'53".

24 avril-13 mai : Tour d'Espagne
Prologue Jerez c.l.m. : Zoetemelk (P.-B.)
1re étape, Jerez-Séville : Kelly (Irl.)
2e étape, Séville-Cordoue : De Wolf (Bel.)
3e étape, Cordoue-Grenade : Yanez (Esp.)
4e étape, Grenade-Port Lumbreras : De Cnif (Bel.)
5e étape, Port Lumbreras-Murcie : Argudo (Esp.)
6e étape, Murcie-Alcoy : Levavasseur (Fr.)
7e étape, Alcoy-Sedavie : De Wolf (Bel.)
8e étape, 1er secteur Sovadie-Benicasim : Kelly (Irl.)
8e étape, 2e secteur circuit à Benicasim c.l.m. : Zoetemelk (P.-B.)
9e étape, Benicasim-Reus : De Wolf (Bel.)
10e étape, Reus-Saragosse : Dejonckeere (Bel.)
11e étape, Saragosse-Pampelune : Dejonckeere (Bel.)
12e étape, Pampelune-Logroño : Vlierberghe (Bel.)
14e étape, Torrelaga-Gijon : Alfonsel (Esp.)
15e étape, Gijon-Leon : Van Impe (Bel.)
16e étape, 1er secteur Leon-Valladolid : Van Houwelingen (P.-B.)
16e étape, 2e secteur circuit à Valladolid c.l.m. : De Wolf (Bel.)
17e étape, Valladolid-Avila : Albelda (Esp.)
18e étape, 1er secteur Avila-Colemar Viejo : Maria Lasa (Esp.)
18e étape, 2e secteur Colemar-Azuqueca : Bal (P.-B.)
19e étape, Madrid-Madrid : De Wolf (Bel.)
Classement final : 1. Zoetemelk (P.-B.); 2. Galdos (Esp.) à 2'43"; 3. Pollentier (Bel.) à 3'21"; 4. Ruperez (Esp.) à 5'51"; 5. Van Impe (Bel.) à 6'30"; 6. Torres (Esp.) à 6'49"; 7. Yanez (Esp.) à 7'41"; 8. Seznec (Fr.) à 8'03"; 9. De Wolf (Bel.) à 9'05"; 10. Andiano (Esp.) à 10'52".

4-6 mai : Tour de l'Oise - Classement final : 1. Hinault (Fr.); 2. Bertin (Fr.) à 5"; 3. Chassang (Fr.) à 6".

8-13 mai : Tour de Romandie - Classement final : 1. Saronni (It.); 2. Baronchelli (It.) à 1'04"; 3. Lubberding (P.-B.) à 1'08".

13 mai : Bordeaux-Paris - 1. Chalmel (Fr.); 2. Delépine (Fr.) à 3'44" 3. Van Springel (Bel.) à 7'42".

➧ **9-13 mai** : Quatre Jours de Dunkerque - Classement final : 1. Willems (Bel.); 2. Oosterbosch (P.-B.) à 49"; 3. Vandenbroucke (Bel.) à 51".

➧ **17 mai-6 juin** : Tour d'Italie
Prologue à Florence c.l.m. : Moser (It.)
1re étape, Florence-Pérouse : Beccia (It.)
2e étape Pérouse-Castel Gandolfo : De Vlaeminck (Bel.)
3e étape, Caserte-Naples : Moser (It.)
4e étape, Caserte-Potenza : Bortolotto (It.)
5e étape, Potenza-Vieste : Saronni (It.)
6e étape, Vieste-Chieti : Wolfer (Sui.)
7e étape, Chieti-Pesaro : Van Heerden (P.-B.)
8e étape, Rimini-San Marino c.l.m. : Saronni (It.)
9e étape, San Marino-Leriti : R. De Vlaeminck (Bel.)
10e étape, Leriti-Portovenere : Knudsen (Nor.)
11e étape, La Spezia-Voghera : Johansson (Suè.)
12e étape, Alessandria-Saint-Vincent d'Aoste : R. De Vlaeminck (Bel.)
13e étape, Saint-Vincent d'Aoste-Meda : Porrini (It.)
14e étape, Meda-Roscochiesanuovo : Johansson (Suè.)
15e étape, Vérone-Trévise : Martinelli (It.)
16e étape, Trévise-Pieve Di Cadore : Cerutti (It.)
17e étape, Pieve Di Cadore-Trente : Moser (It.)
18e étape, Trente-Barzio : Sgalbazzi (It.)
19e étape, Cesano Maderno-Milan : Saronni (It.)
Classement final : 1. Saronni (It.) 2. Moser (It.) à 2'09"; 3. Johansson (Suè.) à 5'13"; 4. Laurent (Fr.) à 5'31"; 5. Contini (It.) à 7'33"; 6. Beccia (It.) à 7'50"; 7. Bertoglio (It.) à 11'27"; 8. Fuchs (Sui.) à 13'07"; 9. Schmutz (RFA) 14'16"; 10. Visentini (It.) à 16'11".

21-28 mai : Critérium du Dauphiné - Étapes remportées par Zoetemelk (P.-B.), Thaler (RFA), Perard (Bel.), Hinault (Fr.), Demeyer (Bel.), Van Vliet (P.-B.), Hinault (Fr.), Hinault (Fr.), Wesemael (Bel.), Hinault (Fr.).
Classement final : 1. Hinault (Fr.); 2. Lubberding (P.-B.) à 10'27"; 3. Galdos (Esp.) à 11'36".

3 juin : Trophée des grimpeurs - 1. Zoetemelk (P.-B.); 2. Villemiane (Fr.) à 2'08"; 3. Chaumaz (Fr.) à 4'22".

3-17 juin : Grand Prix du Midi Libre - Étapes remportées par Saronni (It.), Saronni (It.), Agostinho (Port.), Demeyer (Bel.), Demeyer (Bel.).
Classement final : 1. Saronni (It.) 2. Agostinho (Port.) à 13"; 3. Villemiane (Fr.) à 15".

5-9 juin : Tour du Luxembourg - Classement final : 1. Didier (Lux.); 2. Hinault (Fr.) à 10"; 3. Oosterbosch (P.-B.) à 12".

13-22 juin : Tour de Suisse - Classement final : 1. Wesemael (Bel.); 2. Pevenage (Bel.) à 4'43"; 3. Lienhard (Sui.) à 5'10".

18-21 juin : Tour de l'Aude - Classement final : 1. Moser (It.); 2. Villemiane (Fr.) à 5"; 3. Laurent (Fr.) à 7".

21 juin : Championnats nationaux - France : 1. Berland; 2. Hinault à 1'38"; 3. Martinez à 1'42". Belgique : Verlinden. Espagne : Juarez. Italie : Moser. Pays-Bas : Lubberding.

➧ **27 juin-22 juillet** : Tour de France
Prologue Fleurance : Knetemann (P.-B.)
1re étape, Fleurance-Luchon : Bittinger (Fr.)
2e étape, Luchon-Superbagnères : Hinault (Fr.)
3e étape, Superbagnères-Pau : Hinault (Fr.)
4e étape, Captieux-Bordeaux c.l.m. par équipes : Ti-Raleigh-MacGrégor
5e étape, Neuville-du-Poitou-Angers : Raas (P.-B.)
6e étape, Angers-Saint-Brieuc : Jacobs (Bel.)
7e étape Saint-Hilaire-du-Harcouët-Deauville : Van Vliet (P.-B.)
8e étape, Deauville-Le Havre c.l.m. par équipes : Ti-Raleigh
9e étape, Amiens-Roubaix : Delcroix (Bel.)
10e étape, Roubaix-Bruxelles : Maas (P.-B.)
11e étape, circuit à Bruxelles c.l.m. : Hinault (Fr.)
12e étape, Rochefort-Metz : Seznec (Fr.)

13e étape, Metz-Ballon d'Alsace : Villemiane (Fr.)
14e étape, Belfort-Évian-les-Bains : Demeyer (Bel.)
15e étape, Évian-Morzine-Avoriaz c.l.m. : Hinault (Fr.)
16e étape, Morzine-Les Menuires : Van Impe (Bel.)
17e étape, Les Menuires-Alpe-d'Huez : Agostinho (Port.)
18e étape, Alpe-d'Huez-Alpe-d'Huez : Zoetemelk (Bel.)
19e étape, Alpe-d'Huez-Saint-Priest : Thurau (RFA)
20e étape, Saint-Priest-Dijon : Parsani (It.)
21e étape, Dijon-Dijon c.l.m. : Hinault (Fr.)
22e étape, Dijon-Auxerre : Knetemann (P.-B.)
23e étape, Auxerre-Nogent-sur-Marne : Hinault (Fr.)
24e étape, Le Perreux-Paris-Champs-Élysées : Hinault (Fr.)
Classement final : 1. Hinault (Fr.) ; 2. Zoetemelk (P.-B.) à 13'07" ; 3. Agostinho (Port.) à 26'53" ; 4. Kuiper (P.-B.) à 28'02" ; 5. Bernaudeau (Fr.) à 32'43" ; 6. Battaglin (It.) à 38'12" 7. Maas (P.-B.) à 38'39" ; 8. Wellens (Bel.) à 39'06" ; 9. Criquielion (Bel.) à 40'38" ; 10. Thurau (RFA) à 44'35".
Classement par points : 1. Hinault (Fr.) ; 2. Thurau (RFA) ; 3. Zoetelmelk (Bel.).
Classement de la montagne : 1. Battaglin (It.) ; 2. Hinault (Fr.) ; 3. Martinez (Fr.).
Classement par équipes : 1. Renault-Gitane-Campagnolo ; 2. Sunair-Ça va seul-Flandria ; 3. Ti-Raleigh-MacGregor.

15-19 août : Tour du Limousin - Classement final : 1. Vallet (Fr.) ; 2. Bazzo (Fr.) ; 3. Bernaudeau (Fr.).

16-22 août : Championnats du monde sur piste
Professionnels messieurs. Poursuite : Oosterbosch (P.-B.). Vitesse : Nakano (Jap.). Demi-fond : Venix (P.-B.)
Amateurs messieurs. Poursuite individuelle : Makarov (URSS). Vitesse : Hesslisch (RDA). Poursuite par équipes : RDA. Demi-fond : Pronk (P.-B.). Tandem : France. Kilomètre : Thoms (RDA).
Course aux points : Slama (Tch.).
Dames. Vitesse : Tsareva (URSS). Poursuite : Van Hooster-Hage (P.-B.).

25 août : Championnats du monde sur route dames - 1. De Bruin (P.-B.) ; 2. De Smet (Bel.) ; 3. Habetz (RFA).

26 août : Championnats du monde sur route messieurs - 1. Raas (P.-B.) ; 2. Thurau (RFA) à 5" ; 3. Bernaudeau (Fr.) m.t. ; 4. Chalmel (Fr.) m.t. ; 5. Lubberding (P.-B.) à 12" ; 6. Battaglin (It.) à 23" ; 7. Knudsen (Nor.) à 52" ; 8. Saronni (It.) à 4'37" ; 9. Kelly (Irl.) à 5'01" ; 10. R. De Vlaeminck (Bel.) m.t.

19 septembre : Paris-Bruxelles - 1. Peeters (Bel.) ; 2. Dierickx (Bel.) ; 3. Havik (P.-B.).

25 septembre : Blois-Chaville - 1. Zoetemelk (P.-B.) ; 2. Saronni (It.) ; 3. Raas (P.-B.).

3 octobre : Grand Prix des nations - 1. Hinault (Fr.) ; 2. Moser (It.) ; 3. Zoetemelk (P.-B.).

9 octobre : Tour de Lombardie - 1. Hinault (Fr.) ; 2. Contini (It.) ; 3. Battaglin (It.).

1980

26 janvier : Championnats du monde de cyclo-cross : 1. Liboton (Bel.) ; 2. Thaler (RFA) ; 3. Stamsnijder (P.-B.)

7-9 février : Étoile de Bessèges - Classement final : 1. De Gendt (Bel.) ; 2. Gauthier (Fr.) à 45" ; 3. Panizza (It.) m.t.

14-18 février : Tour Méditerranéen - Classement final : 1. Knetemann (P.-B.) ; 2. Lubberding (P.-B.) à 8" ; 3. Laurent (Fr.) à 22".

24 février : Tour du Haut-Var : 1. Simon (Fr.) ; 2. Kelly (Irl.) à 1'35" ; 3. Sibille (Fr.).

1er mars : Het Volk : 1. Bruyère (Bel.) ; 2. Planckaert (Bel.) ; 3. Kelly (Irl.).

5-12 mars : Paris-Nice - Étapes remportées par Knetemann (P. B.), Bianchi (It.), Raas (P.-B.), Prim (Suè.), Dejonckeere (Bel.), Bazzo (Fr.), Thaler (RFA), Vandenbroucke (Bel.), Van Lieden (Bel.), Vandenbroucke (Bel.).
Classement final : 1. Kelly (Irl.) ; 2. Zimmerman (Sui.) à 1'50" ; 3. Lemond (E.-U.) à 2'27".

9-12 mars : Tirreno-Adriatico - Classement final : 1. Moser (It.) ; 2. De Wolf (Bel.) à 59" ; 3. Morandi (It.) à 1'5".

15 mars : Milan-San Remo - 1. Gavazzi (It.) ; 2. Saronni (It.) ; 3. Raas (P.-B.).

30 mars : Tour des Flandres - 1. Pollentier (Bel.) ; 2. Moser (It.) ; 3. Raas (P.-B.).

2 avril : Gand-Wevelgem - 1. Lubberding (P.-B.) ; 2. De Wolf (Bel.) ; 3. Van Katwijk (P.-B.).

5 avril : Amstel Gold Race - 1. Raas (P.-B.) ; 2. De Wolf (Bel.) ; 3. Kelly (Irl.).

6-10 avril : Tour de Belgique - Classement final : 1. Knetemann (P.-B.) ; 2. Moser (It.) à 1' ; 3. Willems (Bel.) à 1'4".

13 avril : Paris-Roubaix, 1. Moser (It.) ; 2. Duclos-Lassalle (Fr.) à 1'40" ; 3. Thurau (RFA) à 3'30

17 avril : Flèche Wallonne - 1. Saronni (It.) ; 2. Nilsson (Suè.) à 2" ; 3. Hinault (Fr.) à 1'40".

20 avril : Liège-Bastogne-Liège - 1. Hinault (Fr.) ; 2. Kuiper (P.-B.) ; 3. Claes (Bel.).

23 avril-11 mai : Tour d'Espagne
1re étape, La Manga-Benidorm : Kelly (Irl.)
2e étape, Benidorm-Cullera : Kelly
3e étape, Cullera-Vinaroz : Martinelli (It.)
4e étape, Vinaroz-San Quirze del Valles : Thaler (RFA)
5e étape, San Quirze-Seo de Urgel : Ruperez (Esp.)
6e étape, Seo de Urgel-Viella : Martinez-Heredia (Esp.)
7e étape, Viella-Jaca : Ruperez
8e étape, Monastère de Leyre-Logrono : Garcia (Esp.)
9e étape, Logrono-Burgos : Lammertink (P.-B.)
10e étape, Burgos-Santander : Jesson (N.-Z.)
11e étape, Santander-Gijon : Lopez-Carril (Esp.)
12e étape, Saint-Jacques-de-Compostelle-Ponteverda : De Wilde (Bel.)
13e étape, Ponteverda-Vigo : Thaller (RFA)
14e étape, Vigo-Orense : Kelly (Irl.)
15e étape, Orense-Ponferrada : Elorriaga (Esp.)
16e étape, 1re fraction : Ponferrada-Leon : Arnaud (Fr.)
16e étape, 2e fraction : circuit à Leon c.l.m. : Visentini, les 22,8 km en 32'11"
17e étape, Leon-Valladolid : Kelly
18e étape, circuit à Los Angeles de San Rafael : Esparza (Esp.)
19e étape, circuit à Madrid : Kelly
Classement final : 1. Ruperez (Esp.) ; 2. Torres (Esp.) à 2'15" ; 3. Criquielion (Bel.) à 3' ; 4. Kelly (Irl.) à 3'31" ; 5. Lejarreta (Esp.) à 4'32" ; 6. Van Calster (Bel.) à 4'44" ; 7. De Muynck (Bel.) à 4'58" ; 8. Galdos (Esp.) à 5' ; 9. Lasa (Esp.) à 6'25" ; 10. Belda (Esp.) à 6'41".

4 mai : Championnat de Zurich - 1. Verlinden (Bel.) ; 2. Vandenbrande (Bel.) ; 3. Mutter (Sui.).

6-11 mai : Tour de Romandie - Classement final : 1. Hinault (Fr.) ; 2. Contini (It.) à 54' ; 3. Saronni (It.) à 2'2".

7-11 mai : Quatre Jours de Dunkerque - Classement final : 1. Vandenbroucke (Bel.) ; 2. Linard (Fr.) à 41" ; 3. Agostinho (Port.) à 56".

15 mai : Trophée des grimpeurs - 1. Martin (Fr.) ; 2. Ovion (Fr.) à 10" ; 3. Millar (Écos.) à 1'12".

15 mai - 7 juin : Tour d'Italie
Prologue Gênes c.l.m. : Moser (It.)
1re étape, Gênes-Imperia : Saronni (It.)
2e étape, Imperia-Turin : Saronni
3e étape, Turin-Parme : Saronni
4e étape, Parme-Marina di Pisa : Morandi (It.)
5e étape, Pontedera-Pise c.l.m. : Marcussen (Dan.)
6e étape, Circuit à l'île d'Elbe : Barone (It.)
7e étape, Castiglione della Pezcaia-Orvieto : Contini (It.)
8e étape, Orvieto-Fiuggi : Hernandez (Esp.)
9e étape, Fiuggi-Sorrente : Mantovani (It.)
10e étape, Sorrente-Palinuro : Mantovani
11e étape, Palinuro-Campotenese : Baronchelli (It.)
12e étape, Villapiania-Lecce : Bertin (Fr.)
13e étape, Lecce-Barletta : Saronni
14e étape, Foggia-Roccaraso : Hinault (Fr.)
15e étape, Roccaraso-Teramo : Prim (Suè.)
16e étape, Giulianova-Gatteo a Mare : Martinelli (It.)
17e étape, Gatteo a Mare-Sirmione : Saronni
18e étape, Sirmione-Valzodana : Battaglin (It.)
19e étape, Longarone-Cles Val di Non : Saronni
20e étape, Cles Val di Non-Sondrio : Bernaudeau (Fr.)
21e étape, Saronno-Turbigo c.l.m. : Saronni
22e étape, Circuit à Milan : Gavazzi
Classement final : 1. Hinault (Fr.) ; 2. Panizza (It.) à 5'43" ; 3. Battaglin (It.) à 6'30" ; 4. Prim (Suè.) à 7'53" ; 5. Baronchelli (It) à 11'49" ; 6. Beccia (It.) à 12'47" ; 7. Saronni (It.) à 12'53" ; 8. Fuchs (Sui.) à 20'26" ; 9. Visentini (It.) à 20'37" ; 10. Natale (It.) à 21'30".

18 mai : Bordeaux-Paris - 1. Van Springel (Bel.) ; 2. Berland (Fr.) 14'31" ; 3. Agostinho (Port.).

19 mai : Grand Prix de Francfort - 1. Baronchelli (It.) ; 2. Moser (It.) ; 3. De Wolf (Bel.).

26 mai-1er juin : Critérium du Dauphiné - Étapes remportées par Zoetemelk (P.-B.), Friou (Fr.), Miko-Mercier (Fr.), Van Calster (Bel.), Kelly (Irl.), Criquielion (Bel.), Michel (Fr.), Jochums (Bel.), Van de Velde (P.-B.), Martin (Fr.). Classement final : 1. Van de Velde (P.-B.) ; 2. Martin (Fr.) à 2'10" ; 3. Agostinho (Port.) en 3'19".

11-21 juin : Tour de Suisse - Classement final : 1. Beccia (It.) ; 2. Fuchs (Sui.) à 2'09" ; 3. Zoetmelk (P.-B.) à 3'15".

11-15 juin : Grand Prix du Midi Libre. Étapes remportées par Bernaudeau (Fr.), Bernaudeau (Fr.), Alfonsel (Esp.), Demeyer (Bel.), Gauthier (Fr.). Classement final : 1. Bernaudeau (Fr.) ; 2. Agostinho (Port.) à 12" ; 3. Van de Velde (P.-B.) à 34".

17-19 juin : Tour de l'Aude - Classement final : 1. Tinazzi (Fr.) ; 2. Perret (Fr.) ; 3. Van den Haute (Bel.).

22 juin : Championnats nationaux - France : 1. Villemiane ; 2. Hinault à 2'09" ; 3. Martin à 2'11".
Belgique : 1. Jacobs. Espagne : Fernandez. Italie : Saronni. Pays-Bas : Van de Velde.

26 juin-20 juillet : Tour de France.
Prologue Francfort c.l.m. : Hinault (Fr.)
1re étape, 1re fraction Francfort-Wiesbaden : Raas (P.-B.)
1re étape, 2e fraction Wiesbaden-Francfort c.l.m. par équipes : Ti-Raleigh
2e étape, Francfort-Metz : Pevenage (Bel.)
3e étape, Metz-Liège : Lubberding (P.-B.)
4e étape, circuit de Spa-Francorchamps c.l.m. : Hinault (Fr.)
5e étape, Liège-Lille : Hinault
6e étape, Lille-Compiègne : Gauthier (Fr.)
7e étape, 1re fraction Compiègne-Beauvais c.l.m. par équipes : Ti-Raleigh
7e étape, 2e fraction Beauvais-Rouen : Raas (P.-B.)
8e étape, Flers-Saint-Malo : Oosterbosch (P.-B.)
9e étape, Saint-Malo-Nantes : Raas
10e étape, Rochefort sur Mer-Bordeaux : Priem
11e étape, Damazan-Laplume c.l.m. : Zoetemelk (P.-B.)

12e étape, Agen-Pau : Knetemann (P.-B.)
13e étape, Pau-Luchon : Martin (Fr.)
14e étape, Lezignan-Montpellier : Peeters (Bel.)
15e étape, Montpellier-Martigues : Vallet (Fr.)
16e étape, Trets-Pra-Loup : De Schoenmaecker (Bel.)
17e étape, Serre-Chevalier-Morzine : Martinez (Fr.)
18e étape, Morzine-Prapoutel-les-Sept-Laux : Loos (Bel.)
19e étape, Voreppe-Saint-Étienne : Kelly (Irl.)
20e étape, Saint-Étienne -Saint-Étienne c.l.m. : Zoetemelk (P.-B.)
21e étape, Auxerre-Fontenay-sous-Bois : Kelly
22e étape, Fontenay-sous-Bois-Paris : Verschuere (P.-B.).
Classement final : 1. Zoetemelk (P.-B.) ; 2. Kuiper (P.-B.) à 6'55" ; 3. Martin (Fr.) à 7'56" ; 4. De Muynck (Bel.) à 12'24" ; 5. Agostinho (Port.) à 15'37" ; 6. Seznec (Fr.) à 16'16" ; 7. Nilsson (Suè.) à 16'33" ; 8. Peeters (Bel.) à 20'45" ; 9. Bazzo (Fr.) à 21'3" ; 10. Lubberding à 21'10".
Classement par points : 1. Pevenage (Bel.) ; 2. Peeters (Bel.) ; 3. Kelly. (Irl.)
Classement des grimpeurs : 1. Martin (Fr.) ; 2. Loos (Bel.) ; 3. Peeters (Bel.)
Classement par équipes : 1. Miko-Mercier ; 2. Ti-Raleigh ; 3. Puch-Sem.

19 juillet-3 août : Jeux olympiques de Moscou - Route. c.l.m. par équipes : URSS. Épreuve individuelle : Soukhoroutchenkov (URSS). Piste. Kilomètre : Thoms (RDA). Poursuite : Bundi (Sui.). Vitesse : Hesslisch (RDA). Poursuite par équipes : URSS.

23-27 août : Championnats du monde sur piste : Professionnels messieurs. Vitesse : Nakano (Jap.). Poursuite : Doyle (G.-B.). Demi-fond : Peffgen (RFA)
Amateurs messieurs. Demi-fond : Mineboo (P.-B.). Tandem : Tchécoslovaquie. Course aux points : Sutton (Aus.).
Amateurs dames. Vitesse : Novarra (E.-U). Poursuite : Kibardina (URSS)
Championnats du monde sur route dames : 1. Heiden (E.-U.) ; 2. Jahre (Suè.) ; 3. Jones (G.-B.).

31 août : Championnats du monde sur route messieurs : 1. Hinault (Fr.) ; 2. Baronchelli (It.) à 1'11" ; 3. Fernandez (Esp.) à 4'25" ; 4. Panizza (It.) ; 5. Boyer (E.-U.) ; 6. Pronck (P.-B.) ; 7. De Vlaeminck (Bel.) ; 8. Marcussen (Dan.) ; 9. Nilsson (Suè.) à 4'52" ; 10. Battaglin (It.) à 8'34".

3-10 septembre : Tour de Catalogne - Classement final : 1. Lejarreta (Esp.) ; 2. Van de Velde (P.-B.) à 34" ; 3. Belda (Esp.) à 2'18".

23 septembre : Grand Prix des nations - 1. Anderson (Aus.) ; 2. Bogaert (Bel.) à 1'8" ; 3. Gagnier (Fr.) à 1'13".

24 septembre : Paris-Bruxelles - 1. Gavazzi (It.) ; 2. Demeyer (Bel.) ; 3. Van den Brande (Bel.).

28 septembre : Blois-Chaville- 1. Willems (Bel.) ; 2. Vigneron (Fr.) ; 3 Van Haerens (Bel.).

6 octobre : Décès accidentel de Jean Robic au retour du traditionnel rassemblement des Anciens.

19 octobre : Tour de Lombardie - 1. De Wolf (Bel.) ; 2. Chinetti (It.) ; 3. Peeters (Bel.).

20 octobre : Trophée Baracchi - 1. Broers-Jones ; 2. Bidinost-Gradià 56" ; 3. De Rooy-Biering à 1'19".

1981

3-7 février : Étoile de Bessèges - 1. Raas (P. B) ; 2. Clère (Fr.) ; 3. Hoste (P.-B.).

10-15 février : Tour Méditerranéen - Classement final : 1. Mutter (Sui.) ; 2. Jones (G.-B.) ; 3. Tinazzi (It.).

18 février : Championnats du monde de cyclo-cross : 1. Stamsnijder (P.-B.) ; 2. Liboton (Bel.) à 32" ; 3. Zweifel (Sui.) m.t.

22 février : Tour du Haut-Var - 1. Bossis (Fr.) ; 2. Castaing (Fr.) à 14'44" ; 3. Vandenbroucke (Bel.) m.t.

28 février : Het Volk - 1. Raas (P.-B.) ; 2. Duclos-Lassalle (Fr.) ; 3. Vandenbroucke (Bel.).

11-18 mars : Paris-Nice - Étapes remportées par Knudsen (Nor.), Contini (It.), De Vlaeminck (Bel.), Peugeot-Esso-Michelin, Van der Poël (P.-B.), De Vlaeminck (Bel.), Priem (P.-B.), Anderson (Aus.), Vandenbroucke (Bel.), Roche (Irl.). Classement final : 1. Roche (Irl.) ; 2. Van der Poël (P.-B.) à 1'19" ; 3. De Wolf (Bel.) à 1'55".

21 mars : Milan-San Remo - 1. De Wolf (Bel.) ; 2. De Vlaeminck (Bel.) ; 3. Bossis (Fr.).

14-19 mars : Tirreno-Adriatico - Classement final : 1. Moser (It.) ; Gradi (It.) à 35" ; Amadori (It.) à 58".

23-27 mars : Flèche Catalane - Classement final : 1. Nilson (Suè.) ; 2. Belda (Esp.) à 20" ; 3. Fernandez (Esp.) à 22".

28-29 mars : Critérium International - Classement final : 1. Hinault (Fr.) ; 2. Bossis (Fr.) à 2" ; 3. Clère (Fr.) à 6".

2 avril : Amstel Gold Race - 1. Hinault (Fr.) ; 2. De Vlaeminck (Bel.) ; 3. De Wolf (Bel.).

5 avril : Tour des Flandres - 1. Kuiper (P.-B.) ; 2. Pirard (P.-B.) ; 3. Raas (P.-B.).

8 avril : Gand-Wevelgem - 1. Raas (P.-B.) ; 2. De Vlaeminck (Bel.) ; 3. De Wolf (Bel.).

12 avril : Paris-Roubaix - 1. Hinault (Fr.) ; 2. De Vlaeminck (Bel.) ; 3. Moser (It.).

15 avril : Flèche Wallonne - 1. Willems (Bel.) 2. Van der Poël (P.-B.) ; 3. Van Calster (Bel.).

19 avril : Liège-Bastogne-Liège - 1. Van de Velde (P.-B.) ; 2. Fuchs (Sui.) ; 3. Mutter (Sui.).

20-24 avril : Tour de Belgique - Classement final : 1. Maas (P.-B.) ; 2. Wijnands (Bel.) à 18" ; 3. Claes (Bel.) m.t.

21 avril-10 mai : Tour d'Espagne
Prologue, circuit à Santander : Clère (Fr.)
1re étape, Santander-Aviles : Bontempi (It.)
2e étape, Aviles-Leon : Chinetti (It)
3e étape, Leon-Salamanque : Bontempi (It.)
4e étape, Salamanque-Caceres : Prieto (Esp.)
5e étape, Caceres-Merida : Nieuwdorp (P.-B.)
6e étape, Merida-Séville : Lammertink (P.-B.)
7e étape, Séville-Jaen : Fernandez (Esp)
8e étape, 1re fraction Jaen-Grenade : Yurrebasco (Esp.)
8e étape, 2e fraction Grenade-Sierra Nevada : Battaglin (It.)
9e étape, Baza-Murcie : Murga (Esp.)
10e étape, Andersen (Dan.)
11e étape, Almusafes -Peniscola : Suarez-Cueva (Esp.)
12e étape, Peniscola - Esparraguera : Vichot (Fr.)
13e étape, Esparraguera - Berga : Belda (Esp.)
14e étape, Gironella -Balaguer : Cerron (Esp.)
15e étape, 1re fraction Balaguer-Casino Montes : Biancos-Munoz (Esp.)
15e étape, 2e fraction Saragosse-Saragosse c.l.m. : Clère (Fr.)
16e étape, Catalayud-Torrejon : Pino (Esp.)
17e étape, Torrejon-Ségovie : Maria (Esp.)
18e étape, Ségovie-Los Angeles de San Rafael : Arroyo (Esp.)
19e étape, Madrid-Madrid : Battaglin (It.).
Classement final : 1. Battaglin (It.) ; 2. Munoz (Esp.) à 2'09" ; 3. Belda (Esp.) à 2'29" ; 4. Marcussen (Dan.) à 3'33" ; 5. Coll (Esp.) à 4'26 ; 6. Arroyo (Esp.) à 4'30" ; 7. Laguilla (Esp.) à 6'5 ; 8. Ruperez (Esp.) à 7'9" ; 9 Clère (Fr.) à 7'23" ; 10. Lasa (Esp.) à 10'54".

1er mai : Grand Prix de Francfort - 1. Jacobs (Bel.) ; 2. Thurau (RFA) ; 3. Willems (Bel.).

2 mai : Trophée des grimpeurs - 1. Celle (Fr.) ; 2. Chassang (Fr.) à 10" ; 3. Nevens (Bel.) à 15".

3 mai : Championnat de Zurich - 1. Breu (Sui.) ; 2. Rinklin (RFA) à 2" ; 3. Willems (Bel.) à 35".

5-10 mai : Quatre Jours de Dunkerque - Classement final : 1. Vandenbroucke (Bel.) ; 2. Duclos-Lassalle (Fr.) à 3" ; 3. Van Vliet (P.-B.) à 4".

5-10 mai : Tour de Romandie - Classement final : 1. Prim (Suè.) ; 2. Saronni (It.) à 27 " ; 3. Winnen (P.-B.) à 1'27".

13 mai-7 juin : Tour d'Italie
Prologue : Knudsen (Nor.)
1re étape, 1re section Trieste-Bibione : Bontempi (It.)
1re étape, 2e section Lignano-Sabbiodoro-Sabbiadoro-Bibione c.l.m. par équipes : Honved Bottecchia
2e étape, Biblione-Ferrare : Rosola (It.)
3e étape, Bologne-Recanati : Sarroni (It.)
4e étape, Recanati- Lanciano : Beccia (It.)
5e étape, Marino di San Vito-Rodi Garganico : Saronni
6e étape, Rodi Garganico-Bari : Saronni
7e étape, Bari-Potenza : Masciarelli (It.)
8e étape, Sala Consilina-Consenza : Argentin (It.)
9e étape, Consenza-Reggio de Calabre : Parsani (It.)
10e étape, Rome-Cascia : Baronchelli (It.)
11e étape, Cascia-Arezzo : Renosto (It.)
12e étape, Arezzo-Livorno-Montenero : Argentin
13e étape, Empoli-Montecatini Terme : Knudsen (Nor.)
14e étape, Montecatini-Salsomaggiore : Moser (It.)
15e étape, Pavie-Milan : Gisiger (Sui.)
16e étape, Milan-Mantoue : Torelli (It.)
17e étape, Mantoue-Borno : Patarelli (It.)
18e étape, Borno-Dimaro Val di Sole : Lasa (Esp.)
19e étape, Dimaro-Val di Sole-San Virgilio di Marebbe : Battaglin (It.)
20e étape, San Virgilio di Marrebbe-Tre Cime di Lavaredo : Breu (Sui.)
21e étape, Auronzo di cadore-Arzignano : Gavazzi (It.)
22e étape, Soave-Vérone c.l.m. : Knudsen.
Classement général : 1. Battaglin (It.) ; 2. Prim (Suè.) à 38" ; 3. Saronni (It.) à 50" ; 4. Contini (It.) à 1'59" ; 5. Fuchs (Sui.) à 2'19" ; 6. Visentini (It.) à 5'37" ; 7. Vandi (It.) à 9'32" ; 8. Breu (Sui.) à 10'2" ; 9. Bortolotto (It.) à 10'12" ; 10. Baronchelli (It.) à 12'1".

26 mai-1er juin : Critérium du Dauphiné - Étapes remportées par Van de Velde (P.-B.), Van der Poël (P.-B.), Kelly (Irl.), Tackaert (Bel.), Oosterbosch (P.-B.), Hinault (Fr.), Hinault, Hinault. Classement final : 1. Hinault (Fr.) ; 2. Alban (Fr.) à 8'36 ; 3. Agostinho (Port.) à 12'7".

17 mai : Bordeaux-Paris - 1. Van Springel (Bel.) ; 2. Van den Haute (Bel.) à 9'58" ; 3. Le Guilloux (Fr.) à 10'23".

10-19 juin : Tour de Suisse - Classement final : 1. Breu (Sui.) ; 2. Fuchs (Sui.) à 32" ; 3. Natale (It.) à 1'4".

11-14 juin : Grand Prix du Midi Libre - Classement final : 1. Bernaudeau (Fr.) ; 2. Levasseur (Fr.) à 3'19" ; 3. Peeters (Bel.) à 3'24".

15-18 juin : Tour de l'Aude - Classement final : 1. Anderson (Aus.) ; Masciarelli (It.) à 3" ; 3. Becaas (Bel.) à 7'30.

21 juin : Championnats nationaux - France : 1. Beucherie ; 2. Vallet ; 3. Linard. Belgique : De Vlaeminck. Espagne : Garcia. Italie : Moser.

25 juin-19 juillet : Tour de France
Prologue Nice c.l.m. : Hinault (Fr.)
1er étape, Nice-Nice : Maertens (Bel.)
2e étape, Nice-Antibes-Nice c.l.m. par équipes : Ti Raleigh
3e étape, Nice-Draguignan-Martigues : Van de Velde (P.-B.)
4e étape, Martigues-Narbonne Plage : Maertens

5e étape, Narbonne-Carcassonne c.l.m. par équipes : Ti Raleigh
6e étape, Saint Gaudens-Saint-Lary-Soulan : Van Impe (Bel.)
7e étape, Nay-Pau : Hinault
8e étape, Pau-Bordeaux : Freuler (Sui.)
9e étape, Rochefort sur mer-Nantes : Wijnands (P.-B.)
10e étape, Nantes-Le Mans : R. Martens (Bel.)
11e étape, Le Mans-Aulnay-sous-Bois : Wijnands
12e étape, Compiègne-Roubaix : Willems (Bel.)
13e étape, Roubaix-Bruxelles : Maertens
14e étape, Bruxelles-Zolder : Planckaert (Bel.)
15e étape, Beringen-Hasselt : Maertens
16e étape, Mulhouse-Mulhouse c.l.m. : Hinault
17e étape, Besançon-Thonon-les-Bains : Kelly (Irl.)
18e étape, Thonon-les-bains-Morzine : Alban (Fr.)
19e étape, Morzine-Alpe-d'Huez : Winnen (P.-B.)
20e étape, Alpe-d'Huez-Le Pleynet-Les-sept-Laux : Hinault
21e étape, Veurey-Voroize-Saint-Priest : Willems
22e étape, Saint-Priest-Saint-Priest c.l.m. : Hinault
23e étape, Auxerre-Fontenay-sous-Bois : Van de Velde (Bel.)
24e étape, Fontenay-sous-Bois-Paris : Maertens.
Classement final : 1. Hinault (Fr.); 2. Van Impe (Bel.) à 14'34"; 3. Alban (Fr.) à 17'4"; 4. Zoetemelk (P.-B.) à 18'21"; 5 Winnen à 20'26"; 6. Bernaudeau (Fr.) à 23'2"; 7. De Muynck (Bel.) à 24'25"; 8. Nilsson (Suè.) à 24'37"; 9. Criquielion à 26'18"; 10. Anderson (Aus.) à 27'.
Classement par équipes : 1. Peugeot-Esso-Michelin; 2. Renault-Elf-Gitane; 3. Capri-Sonne.
Classement par points : 1. Maertens (Bel.); 2. Tackaert (Bel.); 3. Hinault (Fr.).
Classement des grimpeurs : 1. Van Impe (Bel.); 2. Hinault (Fr.); 3. Bernaudeau (Fr.).

29 août : Championnats du monde sur route dames - 1. Enzenauer (RFA); 2. Longo (Fr.); 3. Carpenter (E.-U.).

▸ **30 août** : Championnats du monde sur route messieurs : 1. Maertens (Bel.); 2. Saronni (It.); 3. Hinault (Fr.); 4. Duclos-Lassalle (Fr.); 5. Van Calster (Bel.); 6. Moser (It.); 7. De Wolf (Bel.); 8. Mutter (Sui.); 9. Wolfer (Sui.); 10. Gavazzi (It.) m.t.

1er-5 septembre : Championnats du monde sur piste
Professionnels messieurs. Vitesse : Nakano (Jap.). Poursuite : Bondue (Fr.). Demi-fond : Kos (P.-B.).
Amateurs messieurs. Vitesse : Kopilov (URSS). Poursuite : Macha (RDA). Demi-fond : Pronk (P.-B.). Poursuite par équipe : RDA. Tandem : Tchécoslovaquie. Course aux points : Haueisen (RDA). Kilomètre : Thoms (RDA).
Amateurs dames. Vitesse : Young (E.-U.). Poursuite : Kibardina (URSS.).

5-12 septembre : Tour de Catalogne - Classement final : 1. Ruperez (Esp.); 2. Demierre (Sui.) à 3'40"; 3. Lejarreta (Esp.) à 12'22".

23 septembre : Paris-Bruxelles - 1. De Vlaeminck (Bel.); 2. Raas (P.-B.); 3. Bogaert (Bel.).

27 septembre : Grand Prix des nations : 1. Gisiger (Sui.); 2. Roche (Irl.) à 37"; 3. Oersted (Dan.) à 1'34".

11 octobre : Blois-Chaville - 1. Raas (P.-B.); 2. Van den Haute (Bel.); 3. Colyn (Bel.).

18 octobre : Tour de Lombardie - 1. Kuiper (P.-B.); 2. Argentin (It.) à 27"; 3. Chinetti (It.).

25 octobre : Trophée Baracchi : 1. Gisiger-Demierre; 2. Moser-Knudsen à 2'51"; 3. Gradi-Digerud à 2'59".

1982

21 février : Championnats du monde de cyclo-cross - 1. Liboton (Bel.); 2. Zweifel (Sui.) à 2"; 3. Stamsnijder (P.-B.) à 43".

3-6 février : Étoile de Bessèges - Classement final : Priem (P.-B.); 2. Van Vliet (P.-B.) à 2'9"; 3. Bonnet (Fr.) à 2'11".

17-22 février : Tour Méditerranéen - Classement final : 1. Laurent (Fr.); 2. Lemond (E.-U.) à 24"; 3. Gradi (It) à 28".

28 février : Tour du Haut-Var - 1. Kelly (Irl.); 2. Castaing (Fr.); 3. Scherwen (GB.).

6 mars : Het Volk - 1. De Wolf (Bel.); 2. Jones (G.-B.) à 35"; 3. Kelly (Irl.) à 37".

11-18 mars : Paris-Nice - Étapes remportées par Oosterbosch (P.-B.), Chaurin (Fr.), Nilsson (Suè.), Kelly (Irl), Van der Poël (P.-B.), Kelly (Irl.), Bazzo (Fr.), Kelly (Irl.), Kelly (Irl.) Classement final : 1. Kelly (Irl.); 2. Duclos-Lassalle (Fr.) à 40"; 3. Vandenbroucke (Bel.) à 1'12".

▸ **20 mars** : Milan-San Remo - 1. Gomez (Fr.); 2. Bondue (Fr.) à 10"; 3. Argentin (It.) à 2'11".

27-28 mars : Critérium International - Classement final : 1. Fignon (Fr.); 2. Chappui (Fr.) à 2"; 3. Tinazzi (Fr.) à 31".

▸ **4 avril** : Tour des Flandres - 1. Martens (Bel.); 2. Planckaert (Bel.) à 21"; 3. Pevenage (Bel.) m.t.

7 avril : Gand-Wevelgem - 1. Hoste (Bel.); 2. Vanhaerens (Bel.) à 12"; 3. Planckaert (Bel.).

11 avril : Liège-Bastogne-Liège - 1. Contini (It.); 2. De Wolf (Bel.); 3. Mutter (Sui.).

13-18 avril : Tirreno-Adriatico - Classement final : 1. Saronni (It.); 2. Knetemann (P.-B.) à 7"; 3. Lemond (E.-U.) à 27".

15 avril : Flèche Wallonne - 1. Beccia (It.); 2. Wilmann (Nor.) à 1"; 3. Haghedooren (Bel.) à 14".

▸ **18 avril** : Paris-Roubaix - 1. Raas (P.-B.); 2. Bertin (Fr.) à 16"; 3. Braun (RFA).

▸ **20 avril-9 mai** : Tour d'Espagne
Prologue : Saint-Jacques-de-Compostelle c.l.m. : Gomez (Fr.)
1re étape, 1re fraction Saint-Jacques-de-Compostelle-La Corogne : Planckaert (Bel.)
1re étape, 2e fraction La Corogne-Lugo : Planckaert
2e étape, Lugo-Gijon : Planckaert
3e étape, Gijon-Santander : Planckaert
4e étape, Santander-Reinosa : Coll (Esp.)
5e étape, Reinosa-Logrono : Camarillo (Esp.)
6e étape, Logrono-Saragosse : Laguia (Esp.)
7e étape, Saragosse-Sabinanigo : Martinez-Heredia (Esp.)
8e étape, Sabinanigo-Lerida : Ubeda (Esp.)
9e étape, Artesa de Segre-Puigcerda : Grodin (Fr.)
10e étape, Puigcerda-San Quirze del Valles : Nilsson (Suè.)
11e étape, Quirze del Valles-Barcelone : Laguia
12e étape, Salou-Nules : Planckaert
13e étape, Nules-Antella : Recio (Esp.)
14e étape, Antella-Albacete : Arnaud (Fr.)
15e étape, 1re fraction Albacete-Tomelloso : Vanhaerens (Bel.)
15e étape, 2e fraction Tomelloso-Campo de Criptana c.l.m. : Arroyo (Esp.)
16e étape, Campo de Criptana-San Fernando de Henares : Sprangers (Bel.)
17e étape, San Fernando de Henares-Allo de Navacerrada : Munoz (Esp.)
18e étape, Ségovie-Ségovie : Fernandez (Esp.)
19e étape, Madrid-Madrid : Vanhaerens (Bel.)
Classement final : 1. Arroyo (Esp.); 2. Lejarreta (Esp.) à 1'55"; 3. Fernandez (Esp.) à 1'57"; 4. Pollentier (Bel.) à 2'13"; 5. Nilsson (Suè.) à 3'12"; 6. Ruperez (Esp.) à 4'9"; 7. Laguia (Esp.) à 4'32"; 8. Villemiane (Fr.) à 4'38"; 9. Mutter (Sui.) à 6'13"; 10. Vilamajo (Esp.) à 6'14".

25 avril : Amstel Gold Race - 1. Raas (P.-B.); 2. Roche (Irl.) à 2"; 3. Braun (RFA) à 7".

1er mai : Grand Prix de Francfort - 1. Peeters (Bel.); 2. Wilmann (Nor.) à 5"; 3. Kelly (Irl.) à 6".

2 mai : Championnat de Zurich - 1. Mac Kenzie (N.-Z.); 2. Van der Poël (P.-B.); 3. Seiz (Sui.).

4-9 mai : Quatre Jours de Dunkerque - Classement final : 1. Hoste (Bel.); 2. Van den Haute (Bel.) à 4"; 3. Roche (Irl.) à 5".

4-9 mai : Tour de Romandie - Classement final : 1. Wilmann (Nor.); 2. Prim (Suè.) à 1'3"; 3. Contini (It.) à 1'33".

▸ **13 mai-6 juin** : Tour d'Italie
1re étape, circuit à Milan c.l.m. par équipes : Renault-Elf-Gitane
2e étape, Parme-Viareggio : Saronni (It.)
3e étape, Viareggio-Cotona : Wilson (Aus.)
4e étape, Perouse-Assise : Hinault (Fr.)
5e étape, Assise-Rome : Freuler (Sui.)
6e étape, Rome-Caserte : Freuler
7e étape, Caserta-Castellamare di Stabia : Contini (It.)
8e étape, Castellamare di Stabia-Diamante : Moser (It.)
9e étape, Taormina-Agrigente : Argentin (It.)
10e étape, Agrigente-Palerme : Saronni
11e étape, Cefalu-Messine : Freuler
12e étape, Palmi Camegliatello-Silano : Becaas (Bel.)
13e étape, Cava dei Tirreni-Campitello Matese : Hinault
14e étape, Campitello Matese-Pescara : Contini
15e étape, Pescara-Urbino : Bontempi (It.)
16e étape, Urbino-Comacchio : Milani (It.)
17e étape, Comacchio-San Martino di Castrozza : Belda (Esp.)
18e étape, Fiera di Primerio-Boario Terme : Contini
19e étape, Piamborno-Monte Campione : Hinault
20e étape, Boario Terme-Vigevano : Dill'Bundi (Sui.)
21e étape, Vigevano-Cuneo : Moser
22e étape, Cuneo-Pinerolo : Saronni
23e étape, Pinerolo-Turin c.l.m. : Hinault
Classement final : 1. Hinault (Fr.); 2. Prim (Suè.) à 2'35"; 3. Contini (It.) à 2'47"; 4. Van Impe (Bel.) à 4'31"; 5. Baronchelli (It.) à 6'9"; 6. Saronni (It.) à 10'52"; 7. Beccia (It.) à 11'6'; 8. Moser (It.) à 11'57"; 9. Groppo (It.) à 14'43"; 10. Ruperez (Esp.) à 14'57".

20 mai : Trophée des grimpeurs - 1. Villemiane (Fr.); 2. Vallet (Fr.) à 8"; 3. Corre (Fr.) à 22".

▸ **25 mai** : Bordeaux-Paris - 1. Tinazzi (Fr.); 2. Le Guilloux (Fr.) à 58"; 3. Poisson (Fr.) à 4'53".

30 mai-7 juin : Critérium du Dauphiné. Étapes remportées par Koppert (P.-B.), Wijnands (P.-B.), Michaud (Fr.), Perret (Fr.), Vallet (Fr.), Jules (Fr.), Alban (Fr.), Bittinger (Fr.), Glaus (Sui.), Vallet (Fr.). Classement final : 1. Laurent (Fr.); 2. Bernaudeau (Fr.) à 28"; 3. Simon (Fr.) à 1'45".

16-20 juin : Grand Prix du Midi Libre - Étapes remportées par Bondue (Fr.), Moser (It.), Kelly (Irl.), Andersen (Dan.), Clerc (Fr.). Classement final : 1. Bernaudeau (Fr.); 2. Moser (It.) à 1'; 3. Andersen (Dan.) à 5".

16-26 juin : Tour de Suisse - Classement final : 1. Saronni (It.); 2. De Rooy (P.-B.) à 1'22'; 3. Van Calster (Bel.) à 5'34".

21-24 juin : Tour de l'Aude. Classement final : Vallet (Fr.); 2. Bonnet (Fr.) à 2"; 3. Hinault (Fr.) m.t.

27 juin : Championnats nationaux - France : 1. Clère; 2. Vallet; 3. Michaud. Belgique : Hoste. Espagne : Laguia. Italie : Gavazzi. Pays-Bas : Van de Velde.

▸ **2-24 juillet** : Tour de France
Prologue Bâle c.l.m. : Hinault (Fr.)
1re étape, circuit de Shupfart-Mohlin : Peeters (Bel.)
2e étape, Bâle-Nancy : Anderson (Aus.)

3e étape, Nancy-Longwy : Willems (Bel.)
4e étape, Beauraing-Mouscron : Knetemann (P.-B.)
5e étape, Orchies-Fontaine-au-Pire c.l.m. par équipes : étape annulée par les organisateurs, la course ayant été arrêtée à Denain par les grévistes d'Usinor.
6e étape, Lille-Lille : Raas (P.-B.)
7e étape, Cancale-Concarneau : Verschuere (Bel.)
8e étape, Concarneau-Châteaulin : Hoste (Bel.)
9e étape, 1re fraction Lorient-Plumelec c.l.m. par équipes : Ti-Raleigh-Campagnolo
9e étape, 2e fraction Plumelec-Nantes : Mutter (Sui.)
10e étape, Saintes-Bordeaux : Villemiane (Fr.)
11e étape, Valence d'Agen-Valence d'Agen c.l.m. : Knetemann
12e étape, Fleurance-Pau : Kelly (Irl.)
13e étape, Pau-Saint-Lary-Soulan : Breu (Sui.)
14e étape, Martigues-Martigues c.l.m. : Hinault
15e étape, Manosque-Orcière-Merlette : Simon (Fr.)
16e étape, Orcière-Merlette-Alpe-d'Huez : Hinault
17e étape, Alpe-d'Huez-Morzine : Winnen (P.-B.)
18e étape, Morzine-Saint-Priest : Van Houwelingen (P.-B.)
19e étape, Saint-Priest-Saint-Priest c.l.m. : Hinault
20e étape, Sens-Aulnay-sous-Bois : Willems
21e étape, Fontenay-sous-Bois-Paris : Hinault
Classement final : 1. Hinault (Fr.); 2. Zoetemelk (P.-B.) à 6'21"; 3. Van de Velde (Bel.) à 8'59"; 4. Winnen (P.-B.) à 9'24"; 5. Anderson (Aus.) à 12'16"; 6. Breu (Sui.) à 13'21"; 7. Willems (Bel.) à 15'33"; 8. Martin (Fr.) à 15'35"; 9. Kuiper (P.-B.) à 17'1"; 10. Fernandez (Esp.) à 17'9".
Classement par points : 1. Kelly (Irl.); 2. Hinault (Fr.); 3. Anderson (Aus.).
Classement des grimpeurs : 1. Vallet (Fr.); 2. Bernaudeau (Fr.); 3. Breu (Sui.).
Classement par équipes : 1. Coop-Mercier-Mavic; 2. Renault-Elf-Gitane; 3. Peugeot-Shell-Michelin.

▸ **23 août-1er septembre** : Championnats du monde sur piste :
Professionnels messieurs. Vitesse : Nakano (Jap.). Poursuite : Bondue (Fr.). Demi-fond : Venix (P.-B.)
Amateurs messieurs. Vitesse : Kopylov (URSS). Poursuite : Macha (RDA). Demi-fond : Mineboo (P.-B.). Poursuite par équipe : URSS. Tandem : Tchécoslovaquie. Course aux points : Pohl (RDA). Kilomètre : Schmidke (RFA).
Amateurs dames. Vitesse : Baraskevin (E.-U.). Poursuite : Twigg (E.-U.).

4 septembre : Championnats du monde sur route dames : 1. Jones (G.-B.); 2. Canins (It.); 3. Sierens (Bel.).

▸ **5 septembre** : Championnats du monde sur route messieurs : 1. Saronni (It.); 2. Lemond (E.-U.) à 5"; 3. Kelly (Irl) à 7"; 4. Zoetemelk (P.-B.); 5. Lejarreta (Esp.); 6. Pollentier (Bel.); 7. Fernandez (Esp.); 8. Thaler (RFA); 9. Gavazzi (It.); 10. Boyer (E.-U.) m.t.

9-15 septembre : Tour de Catalogne - Classement final : 1. Fernandez (Esp.); 2. Munoz (Esp.) à 52"; 3. Gorospe (Esp.) à 2'12".

22 septembre : Paris-Bruxelles - 1. Hanegraaf (P.-B.); 2. Jules (Fr.) à 1"; 3. Van der Velde (P.-B.).

26 septembre : Grand Prix des nations - 1. Hinault (Fr.); 2. Gisiger (Sui.) à 2'; 3. Oosterbosch (P.-B.) à 2'29".

▸ **10 octobre** : Blois-Chaville - 1. Vandenbroucke (Bel.); 2. Gavazzi (It.) à 56"; 3. De Wolf (Bel.).

16 octobre : Tour de Lombardie - 1. Saronni (It.); 2. Jules (Fr.); 3. Moser (It.).

24 octobre : Trophée Baracchi - 1. Gisiger-Visentini; 2. Kuiper-Oosterbosch à 24"; 3. Roche-Bossis à 1'47".

1983

9-13 février : Étoile de Bessèges - Classement final : 1. Oosterbosch (P.-B.); 2. Glaus (Sui.) à 9"; 3. Knetemann (P.-B.) à 34".

18-22 février : Tour méditerranéen - Classement final : 1. Knetemann (P.-B.); 2. Zoetemelk (P.-B.) à 1'3"; 3. Rooks (P.-B.) à 1'7".

20 février : Championnats du monde de cyclo-cross : 1. Liboton (Bel.); 2. Zweifel (Sui.) à 9'; 3. Thaler (RFA) à 10".

27 février : Tour du Haut-Var - 1. Zoetemelk (P.-B.); 2. Roche (Irl.) à 12"; 3. Andersen (Dan.) à 38".

5 mars : Het Volk - 1. De Wolf (Bel.); 2. Raas (P.-B.); 3. Colyn (Bel.).

9-16 mars : Paris-Nice - Étapes remportées par Vanderaerden (Bel.), Plankaert (Bel.), Castaing (Fr.), Kelly (Irl.), Aernoudt-Rossin; Kelly (Irl.), Van den Haute (Bel.), De Wolf (Bel.), Vanderaerden (Bel.), Kelly (Irl.). Classement final : 1. Kelly (Irl.); 2. Grezet (Sui.) à 1'03"; 3. Rooks (P.-B.) à 1'14".

▸ **11-16 mars** : Tirreno-Adriatico - Classement final : 1. Visentini (It.); 2. Knetemann (P.-B.) à 25"; 3. Moser (It.) à 1'10".

▸ **19 mars** : Milan-San Remo - 1. Saronni (It.); 2. Bontempi (It.); 3. Raas (P.-B.).

26-27 mars : Critérium International - Classement final : 1. Fignon (Fr.); 2. Kelly (Irl.); 3. Mottet (Fr.).

3 avril : Tour des Flandres - 1. Raas (P.-B.); 2. Peeters (Bel.); 3. Sergeant (Bel.).

6 avril : Gand-Welvelgem - 1. Van Vliet (P.-B.); 2. Raas (P.-B.); 3. Hoste (Bel.).

10 avril : Premier Tour d'Amérique - Victoire d'Oosterbosch (P.-B.)

▸ **10 avril** : Paris-Roubaix - 1. Kuiper (P.-B.); 2. Duclos-Lassalle (Fr.); 3. Moser (It.).

15 avril : Flèche Wallonne - 1. Hinault (Fr.); 2. Bittinger (Fr.); 3. Seiz (Sui.).

17 avril : Liège-Bastogne-Liège - 1. Rooks (P.-B.); 2 Saronni (It.); 3. Jules (Fr.).

▸ **19 avril-9 mai** : Tour d'Espagne
Prologue Almusafes c.l.m. : Gaigne (Fr.)
1re étape, Almusafes-Cuenca : Fernandez (Esp.)
2e étape, Cuenca-Teruel : Vanderaerden (Bel.)
3e étape, Terruel-San Carlos de la Rapita : Petito (It.)
4e étape, San Carlos de la Rapita-San Quirze del Valles : Fignon (Fr.)
5e étape, San Quirze del Valles-Vastellar de Nuch : Fernandez (Esp.)
6e étape, Pobla de Lillet-Viella : Lejarreta (Esp.)
7e étape, Les-Sabinanigo : Suarez Cueva (Esp.)
8e étape, Sabinanigo-Panticosa c.l.m. : Lejarreta
9e étape, Panticosa-Saragosse : Saronni (It.)
10e étape, Saragosse-Soria : Saronni
11e étape, Soria-Logrono : Vanderaerden
12e étape, Logrono-Burgos : De Jonkheere (Bel.)
13e étape, Burgos-Aguilar de Campo : Lejarreta
14e étape, Cangas de Onis-Leon : Hernandez (Esp.)
15e étape, 1re fraction Leon-Valladolid : Poisson (Fr.)
15e étape, 2e fraction Valladolid-Valladolid c.l.m. : Hinault
16e étape, Valladolid-Salamanque : Laguia (Esp.)
17e étape, Salamanque-Avila : Hinault
18e étape, Avila-Ségovie : Hernandez Hubeda (Esp.)
19e étape, Ségovie-Madrid : Wilson (Aus.)
Classement final : 1. Hinault (Fr.); 2. Lejarreta (Esp.) à 1'12"; 3. Fernandez (Esp.) à 3'58"; 4. Pino (Esp.) à 5'9"; 5. Kuiper (P.-B.) à 10'26"; 6. Chozas (Esp.) à 11'11"; 7. Fignon (Fr.) à 11'27"; 8. Munoz (Esp.) à 12'5"; 9. Belda (Esp.) à 13'8"; 10. Ruperez (Esp.) à 13'36".

23 avril : Amstel Gold Race - 1. Anderson (Aus.); 2. Bogaert (Bel.); Raas (P.-B.).

30 avril : Trophée des grimpeurs - 1. Andersen (Dan.); 2. Clère (Fr.) à 4"; 3. Corre (Fr.) à 12".

1er mai : Grand Prix de Francfort - 1. Van der Poël (P.-B.); 2. Peeters (Bel.) à 8"; 3. Van Vliet (P.-B.) à 22".

1er mai : Championnat de Zurich - 1. Van der Velde (P.-B.); 2. Glaus (Sui.); 3. Pirard (P.-B.).

3-8 mai : Quatre Jours de Dunkerque - Classement final : 1. Van Vliet (P.-B.), 2. Sherwen (G.-B.) à 2'17", 3. Tackaert (Bel.) à 3'2".

3-8 mai : Tour de Romandie. Classement final : 1. Roche (Irl.); 2. Anderson (Aus.) à 55"; 3. Prim (Suè.) à 2'21".

13 mai-5 juin : Tour d'Italie
1re étape, Brescia-Mantoue c.l.m. par équipes : Bianchi-Piaggio
2e étape, Mantoue-Comacchio : Bontempi (It.)
3e étape, Commacchio-Fano : Rosola (It.)
4e étape, Fano-Todi : Saronni (It.)
5e étape, Terni-Vasto : Chozas (Esp.)
6e étape, Vasto-Campitello Matese : Fernandez (Esp.)
7e étape, Campitello Matese-Salerne : Argentin (It.)
8e étape, Salerne-Terracina : Bontempi
9e étape, Terracina-Montefiascone : Magrini (It.)
10e étape, Montefiascone-Bibiena : Masciarelli (It.)
11e étape, Bibiena-Pietra-Santa-Marina : Van Impe (Bel.)
12e étape, Pietra-Santa-Marina-Reggio Emilia : Sergersall (Suè.)
13e étape, Reggio Emilia-Parme c.l.m. : Saronni
14e étape, Parme-Savone : Braun (RFA)
15e étape, Savone-Orta : Rosola
16e étape, 1re fraction Orta-Milan : Hoste (Bel.)
16e étape, 2e fraction Milan-Bergame : Saronni
17e étape, Bergame-Colle : Fernandez
18e étape, Sarnico-Vicenza : Rosola
19e étape, Vicenza-Selva di Val Gardena : Beccia (It.)
20e étape, Selva di Val Gardena-Arraba : Paganesi (It.)
21e étape, Arraba-Gorizia : Argentin
22e étape, Gorizia-Udine c.l.m. : Visentini (It.)
Classement final : 1. Saronni (It.); 2.Visentini (It.) à 1'7"; 3. Fernandez (Esp.) à 3'40"; 4. Beccia (It) à 5'55"; 5. Thurau (RFA) à 7'44"; 6. Lejarreta (Esp.) à 7'47"; 7. Ruperez (Esp.) à 8'24"; 8. Chozas (Esp.) à 9'41"; 9.Van Impe (Bel.) à 10'54"; 10. Panizza (It.) à 12'.

▸ **29 mai** : Bordeaux-Paris - 1. Duclos-Lassalle (Fr.); 2. Van der Helst (Bel.) à 3'50"; 3. Sanders (Fr.) à 5'16".

30 mai-5 juin : Critérium du Dauphiné - Étapes remportées par Roche (Irl.); Anderson (Aus.), Lemond (E.-U.), Clerc (Fr.), Dell'Armellina (Fr.), Anderson (Aus.), Jourdan (Fr.), Lemond (E.-U.), Simon (Fr.); Glaus (Sui.); Lemond (E.-U.). Classement final : 1. Lemond (E.-U.); 2. Millar (Écos.) à 2'52"; 3. Alban (Fr.) à 6'12". Vainqueur, Pascal Simon fut mis hors course après un contrôle antidopage positif.

14-24 juin : Tour de Suisse - Classement final : 1. Kelly (Irl.); 2. Winnen (P.-B.) à 1'18"; 3. Grezet (Sui.) à 1'19".

15-19 juin : Grand Prix du Midi Libre - Étapes remportées par Vanderaerden (Bel.); Bernaudeau (Fr.); Vanderaerden (Bel.); Vandenbroucke (Bel.); Laurent (Fr.). Classement final : 1. Bernaudeau (Fr.); 2. Zoetemelk (P.-B.) à 2"; 3. Bonnet (Fr.) à 1' 2".

20-23 juin : Tour de l'Aude - Classement final : Anderson (Aus.); 2. Andersen (Dan.) à 1'9"; 3. Garde (Fr.) à 1'15".

27 juin : Championnats nationaux - France : 1. Gomez; 2. Michaud; 3. Bernaudeau. Belgique : Van Impe. Espagne :

Baylo. Italie : Argentin. Pays-Bas : Raas.

▸ **1er-24 juillet** : Tour de France Prologue Fontenay-sous-Bois c.l.m. : Vanderaerden (Bel.)
1re étape, Nogent-sur-Marne-Créteil : Pirard (P.-B.)
2e étape, Soissons-Fontaine-au-Pire c.l.m. par équipes : Coop-Mercier-Mavic
3e étape, Valenciennes-Roubaix : Matthys (Bel.)
4e étape, Roubaix-Le Havre : Demierre (Sui.)
5e étape, Le Havre-Le Mans : Gaigne (Fr.)
6e étape, Châteaubriant-Nantes c.l.m. : Oosterbosch (P.-B.)
7e étape, Nantes-Oléron : Magrini (It.)
8e étape, La Rochelle-Bordeaux : Oosterbosch
9e étape, Bordeaux-Pau : Chevalier (Fr.)
10e étape, Pau-Bagnères-de-Luchon : Millar (Écos.)
11e étape, Bagnères-de-Luchon-Fleurance : Clère (Fr.)
12e étape, Fleurance-Roquefort-sur-Soulzon : Andersen (Dan.)
13e étape, Roquefort-sur-Soulzon-Aurillac : Lubberding (P.-B.)
14e étape, Aurillac-Issoire : Le Bigaut (Fr.)
15e étape, Clermont-Ferrand-Le Puy-de-Dôme : Arroyo (Esp.)
16e étape, Issoire-Saint-Étienne : Laurent (Fr.)
17e étape, La Tour-du-Pin-Alpe-d'Huez : Winnen (P.-B.)
18e étape, Alpe-d'Huez-Morzine : Michaud (Fr.)
19e étape, Morzine-Avoriaz c.l.m. : Van Impe (Bel.)
20e étape, Morzine-Dijon : Leleu (Fr.)
21e étape, Dijon-Dijon c.l.m. : Fignon (Fr.)
22e étape, Alfortville-Paris : Glaus (Sui.)
Classement final : 1. Fignon (Fr.) ; 2. Arroyo (Esp.) à 4'4"; 3. Winnen (P.-B.) à 4'9"; 4. Van Impe (Bel.) à 4'16"; 5. Alban (Fr.) à 7'53"; 6. Bernaudeau (Fr.) à 8'59"; 7. Kelly (Irl.) à 12'9"; 8. Madiot (Fr.) à 14'55"; 9. Anderson (Aus.) à 16'56"; 10. Lubberding (P.-B.) à 18'55".
Classement par points : 1. Kelly (Irl.) ; 2. Pirard (P.-B.) ; 3. Fignon (Fr.).
Classement de la montagne : 1. Van Impe (Bel.) ; 2. Jimenez (Col.) ; 3. Millar (Écos.)
Classement par équipes : 1. Ti-Raleigh-Campagnolo ; 2. Coop-Mercier-Mavic ; 3. Peugeot-Shell-Michelin.

23-28 août : Championnats du monde sur piste :
Professionnels messieurs. Vitesse : Nakano (Jap.). Poursuite : Bischop (Aus.). Demi-fond : Vicino (It.)
Amateurs messieurs. Vitesse : Hesslisch (RDA). Poursuite : Koupovets (URSS). Demi-fond : Podlesch (RFA.). Poursuite par équipe : RFA. Tandem : France. Course aux points : Marcussen (Dan.). Kilomètre : Kopylov (URSS).
Amateurs dames. Vitesse : Paraskevin (E.-U.). Poursuite : Carpenter (E.-U.)

3 septembre : Championnats du monde sur route dames - 1. Berglund (Suè.) ; 2. Twigg (E.-U.) ; 3. Canins (It.).

▸ **4 septembre** : Championnats du monde sur route messieurs : 1. Lemond (E.-U.) ; 2. Van der Poël (P.-B.) à 1'11"; 3. Roche (Irl.) ; 4. Ruperez (Esp.) ; 5. Criquielion (Bel.) ; 6. Maechler (Sui.) à 1'33"; 7. Vandenbroucke (Bel.) à 1'36"; 8. Kelly (Irl.) ; 9. Anderson (Aus.) ; 10. Mutter (Sui.) m.t.

▸ **6 septembre** : La Régie Renault annonce la séparation de Bernard Hinault et de Cyrille Guimard.

7-14 septembre : Tour de Catalogne - Classement final : 1. Recio (Esp.) ; 2. Ruperez (Esp.) à 4'26"; 3. Thalmann (Sui.) à 4'27".

21 septembre : Paris-Bruxelles - 1. Prim (Suè.), 2. Rossel (Bel.), 3. Hofeditz (RFA).

25 septembre : Grand Prix des nations - 1. Gisiger (Sui.) ; 2. Lemond (E.-U.) à 1'47"; 3. Oosterbosch (P.-B.) à 2'52".

28 septembre-2 octobre : Étoile des Espoirs.- Classement final : 1. Roche (Irl.) ; 2. Castaing (Fr.) à 27"; 3. Madiot (Fr.) à 28".

9 octobre : Blois-Chaville - 1. Peeters (Bel.) ; 2. Van der Poël (P.-B.) ; 3. Raas (P.-B.).

16 octobre : Tour de Lombardie - 1. Kelly (Irl.) ; 2. Lemond (E.-U.) ; 3. Van der Poël (P.-B.).

23 octobre : Trophée Baracchi - 1. Gisiger-Contini ; 2. Kuiper-Van der Poël à 1'10"; 3. Prim-Segersall à 3'39".

1984

▸ **19 janvier** : Moser bat le record de l'heure (50,808 km) à Mexico.

23 janvier : Moser pulvérise son propre record (51,151 km).

10-12 février : Étoile de Besèges - Classement final : Plankaert (Bel.) ; 2. Lammertink (P.-B.) à 3"; 3. Vandenbroucke (Bel.) à 8".

15-20 février : Tour Méditerranéen - Classement final : 1. Bagot (Fr.) ; 2. Roche (Irl.) à 8"; 3. Mutter (Sui.) à 20".

22 février : Championnats du monde de cyclo-cross - 1. Liboton (Bel.) ; 2. Stamsnijder (P.-B.) ; 3. Zweifel (Sui.).

26 février : Tour du Haut-Var - 1. Caritoux (Fr.). 2. Millar (Écos.) à 8'; 3. Simon (Fr.) à 12'.

3 mars : Het Volk - 1. Plankaert (Bel.) ; 2. Vandenbroucke (Bel.) ; 3. Peeters (Bel.).

7-14 mars : Paris-Nice - Étapes remportées par Oosterbosch (P.-B.), Vandenbroucke (Bel.), Plankaert (Bel.), Kelly (Irl.), De Jonckheere (Bel.), Caritoux (Fr.), Castaing (Fr.), Plankaert (Bel.), Roche (Irl.), Oosterbosch (P.-B.), Kelly (Irl.). Classement final : 1. Kelly (Irl.) ; 2. Roche (Irl.) à 12"; 3. Hinault (Fr.) à 1'46".

8-14 mars : Tirreno-Adriatico - Classement final : 1. Prim (Suè.) ; 2. Maechler (Sui.) à 2"; 3. Visentini (It.) à 5".

17 mars : Milan-San Remo - 1.Moser (It.) ; 2. Kelly (Irl.) à 20"; 3. Vanderaerden (Bel.).

24-25 mars : Critérium International - Classement final : 1. Kelly (Irl.) ; 2. Simon (Fr.) à 2'39"; 3. Roche (Irl.) à 2'43".

1er avril : Tour des Flandres - 1. Lammerts (P.-B.) ; 2. Kelly (Irl.) à 25"; 3. Vandenbroucke (Bel.).

4 avril : Gand-Wevelgem - 1. Bontempi (It.) ; 2. Vanderaerden (Bel.) ; 3. Gavazzi (It.) m.t.

▸ **8 avril** : Paris-Roubaix - 1. Kelly (Irl.) ; 2. Rogiers (Bel.) ; 3. Bondue (Fr.).

12 avril : Flèche Wallonne - 1. Andersen (Dan.) ; 2. Tackaert (Bel.) à 3'39" ; 3. Nieuwdorp (P.-B.).

15 avril : Liège-Bastogne-Liège - 1. Kelly (Irl.) ; 2. Anderson (Aus.) ; 3. Lemond (E.-U.).

18 avril-6 mai : Tour d'Espagne
Prologue Jerez de la Frontera c.l.m. : Moser (It.)
1re étape, Jerez-Malaga : De Jonckheere (Bel.)
2e étape, Malaga-Almeria : Van Calster (Bel.)
3e étape, Mojacar-Elche : Lieckens (Bel.)
4e étape, Elche-Valence : De Jonckheere
5e étape, Valence-Salou : Lieckens (Bel.)
6e étape, Salou-San Quirze del Valles : Pollentier (Bel.)
7e étape, San Quirze del Valles-Rassos de Pegera : Caritoux (Fr.)
8e étape, Cardona-Saragosse : De Vlaeminck (Bel.)
9e étape, Saragosse-Soria : Maini (It.)
10e étape, Soria-Burgos : Masciarelli (It.)
11e étape, Burgos-Santander : Moser
12e étape, Santander-Lagos de Enol : Dietzen (RFA)
13e étape, Cangas de Onis-Oviedo : Van Calster
14e étape, Oviedo-Monte Naranco c.l.m. : Gorospe (Esp.)
15e étape, Oviedo-Leon : Coll (Esp.)
16e étape, Leon-Valladolid : Rossel (Bel.)
17e étape, Valladolid-Ségovie : Recio (Esp.)
18e étape, 1re fraction Ségovie-Torrejon : Suarez Cueva (Esp.)
18e étape, 2e fraction Torrejon-Torrejon c.l.m. : Gorospe
19e étape, Torrejon-Madrid : De Jonckheere
Classement final : 1. Caritoux (Fr.) ; 2. Fernandez (Esp.) à 6"; 3. Dietzen (RFA) à 1'33"; 4. Delgado (Esp.) à 1'43"; 5. Corredor (Col.) à 3'40"; 6. Gorospe (Esp.) à 4'41"; 7. Jimenez (Col.) à 7'10"; 8. Belda (Esp.) à 7'14"; 9. Recio (Esp.) à 7'21"; 10. Moser (It.) à 8'41".

21 avril : Amstel Gold Race - 1. Hanegraaf (P.-B.) ; 2. Andersen (Dan.) à 2'24'; 3. Versluyf (Bel.) à 2'8".

1er mai : Grand Prix de Francfort - 1. Anderson (Aust.) ; 2. Vanderaerden (Bel.) ; 3. Kelly (Irl.).

6 mai : Championnat de Zurich - 1. Anderson (Aus.) ; 2. Seiz (Sui.) à 9'; 3. Gavazzi (It.) à 14"

8-13 mai : Quatre jours de Dunkerque - Classement final : 1. Hinault (Fr.) ; 2. Vandenbroucke (Bel.) à 13"; 3. Cornillet (Fr.) à 23".

8-13 mai : Tour de Romandie - Classement final : 1. Roche (Irl.) ; 2. Grezet (Sui.) ; 3. Ruttimann (Sui.).

▸ **17 mai-11 juin** : Tour d'Italie
Prologue, Lucca c.l.m. : Moser (It.)
1re étape, Lucca-Pietrasanta Marina c.l.m. par équipes : Renault-Elf
2e étape, Pietrasanta Marina-Florence : Freuler (Sui.)
3e étape, Bologne-San Luca : Argentin (It.)
4e étape, Bologne-Numana : Mutter (Sui.)
5e étape, Numana-Block Haus : Argentin
6e étape, Chieti-Foggia : Moser (It.)
7e étape, Foggia-Marconia : Freuler
8e étape, Policor-Lido Agropoli : Freuler
9e étape, Agropoli-Cava de Tirreni : Pedersen (Nor.)
10e étape, Cava de Tirreni-Isernia : Gayant (Fr.)
11e étape, Isernia-Rieti : Freuler
12e étape, Rieti-Citta di Castello : Rosola (It.)
13e étape, Citta di Castello-Lerici : Visentini (It.)
14e étape, Lerici-Alessandria : Santimaria (It.)
15e étape, Certosa-di-Pavie-Milan c.l.m. : Moser
16e étape, Alessandria-Bardonecchia : Pedersen (Nor.)
17e étape, Bardonecchia-Leccio : Bruggmann (Sui.)
18e étape, Leccio-Merano : Leali (It.)
19e étape, Merano-Selva di Val Gardena : Lejarreta (Esp.)
20e étape, Selva di Val Gardena-Arraba : Fignon (Fr.)
21e étape, Arraba-Trevise : Bontempi (It.)
22e étape, Soave-Vérone c.l.m. : Moser
Classement final : 1. Moser (It.) ; 2. Fignon (Fr.) à 1'3"; 3. Argentin (It.) à 4'26"; 4. Lejarreta (Esp.) à 4'33"; 5. Van der Velde (P.-B.) à 6'56"; 6. Baronchelli (It.) à 7'48"; 7. Van Impe (Bel.) à 10'19"; 8. Breu (Sui.) à 11'39"; 9. Beccia (It.) à 11'41"; 10. Pedersen (Nor.) à 13'35".

26 mai : Bordeaux-Paris 1. Tinazzi (Fr.) ; 2. Linard (Fr.) à 4'27"; 3. Le Guilloux (Fr.) à 8'05".

▸ **28 mai-4 juin** : Critérium du Dauphiné. Étapes remportées par Peiper (Aus.), Veldscholten (P.-B.), Van Brabant (Bel.), Gallopin (Fr.), Rodriguez (Col.), Laurent (Fr.), Rodriguez (Col.), Anderson (Aus.), Nulens (Bel.), Lemond (E.-U.). Classement final : 1. Ramirez (Col.) ; 2. Hinault (Fr.) à 27"; 3. Lemond (E.-U.) à 5'07".

13-17 juin : Grand Prix du Midi Libre - Étapes remportées par Bonnet (Fr.), Durant (Fr.), Laguia (Esp.), Forest (Fr.), Millar (Écos.). Classement final : 1. Garde (Fr.) ; 2. Durant (Fr.) à 14"; 3. Vigneron (Fr.) à 16".

13-23 juin : Tour de Suisse - Classement final : 1. Zimmermann (Sui.) ; 2. Da Silva (Port.) à 2'18"; 3. Zadrobilek (Aut.) à 2'42".

18-21 juin : Tour de l'Aude. Classement final : 1. Mentheour (Fr.) ; 2. Zoetemelk (P.-B.) à 3" ; 3. Poisson (Fr.) 13".

24 juin : Championnats nationaux - France : 1. Fignon ; 2. Dalla'Armellina ; 3. Jules. Belgique : Vanderaerden. Espagne : Ibanez-Loyo. Italie : Algeri. Pays-Bas : Raas.

▸ **29 juin-22 juillet** : Tour de France
Prologue Montreuil-sous-Bois-Noisy-le-Sec c.l.m. : Hinault (Fr.)
1re étape, Bondy-Saint-Denis : Hoste (Bel.)
2e étape, Bobigny-Louvroil : M. Madiot (Fr.)
3e étape, Louvroil-Valenciennes c.l.m. par équipes : Renault-Elf
4e étape, Valenciennes-Béthune : Van den Haute (Bel.)
5e étape, Béthune-Cergy-Pontoise : Ferrera (Port.)
6e étape, Cergy-Pontoise-Alençon : Hoste
7e étape, Alençon-Le Mans c.l.m. : Fignon (Fr.)
8e étape, Le Mans-Nantes : Jules (Fr.)
9e étape, Nantes-Bordeaux : Raas (P.-B.)
10e étape, Bordeaux-Pau : Vanderaerden (Bel.)
11e étape, Pau-Guzet-Neige : Millar (Écos.)
12e étape, Saint-Girons-Blagnac : Poisson (Fr.)
13e étape, Blagnac-Rodez : Mentheour (Fr.)
14e étape, Rodez-Domaine du Rouret : De Wolf (Bel.)
15e étape, Domaine du Rouret-Grenoble : Vichaut (Fr.)
16e étape, Les Échelles-La Ruchère c.l.m. : Fignon
17e étape, Grenoble-Alpe-d'Huez : Herrera (Col.)
18e étape, Alpe-d'Huez-La Plagne : Fignon
19e étape, La Plagne-Morzine : Arroyo (Esp.)
20e étape, Morzine-Crans-Montana : Fignon
21e étape, Crans-Montana-Villefranche-en-Beaujolais : Hoste
22e étape, Villié-Morgon-Villefranche-en-Beaujolais : Fignon
23e étape, Pantin-Paris : Vanderaerden
Classement final : 1. Fignon (Fr.) ; 2. Hinault (Fr.) à 10'32" ; 3. Lemond (Fr.) à 11'46" ; 4. Millar (Écos.) à 14'42" ; 5. Kelly (Irl.) à 16'35" ; 6. Arroyo (Esp.) à 19'22" ; 7. Simon (Fr.) à 21'17" ; 8. Munoz (Esp.) à 26'17" ; 9. Criquielion (Bel.) à 29'12" ; 10. Anderson (Aus.) à 29'16".
Classement par points : 1. Hoste (Bel.) ; 2. Kelly (Irl.) ; 3. Vanderaerden (Bel.)
Classement de la montagne : 1. Millar (Écos.) ; 2. Fignon (Fr.) ; 3. Arroyo (Esp.)
Classement par équipes : 1. Renault-Elf ; 2. Skil-Reydel-Sem-Mavic ; 3. Reynolds-Papel-Alumino.

30 juin-22 juillet : Tour de France féminin - Classement final : 1. Martin (E.-U.) ; 2. Hage (P.-B.) ; 3. Schumway (E.-U.).

30 juillet-12 août : Jeux olympiques de Los Angeles
Route - Épreuve individuelle : Crewal (E-U.). 100 km c.l.m. par équipes : Italie. Épreuve individuelle féminine : Carpenter-Phinney (E.-U). Piste - Kilomètre : Schmidtke (RFA). Poursuite individuelle : Hegg (E.-U.). Poursuite par équipes : Australie. Vitesse : Gorski (E.-U.). Individuelle aux points : Ilegems (Bel.).

14-19 août : Tour de Belgique - Classement final : 1. Planckaert (Bel.) ; 2. Sergeant (Bel.) à 15" ; 3. Van Holen (Bel.) à 51'.

27-31 août - Championnats du monde sur piste
Professionnels messieurs. Vitesse : Nakano (Jap.). Poursuite : Oersted (Dan.). Demi-fond : Schutz (RFA)
Amateurs messieurs. Vitesse : Schulze (RDA). Poursuite : Woods (Aus.). Demi-fond : De Nijs (P.-B.). Poursuite par équipe : URSS. Tandem : RFA. Course aux points : Ekimov (URSS). Kilomètre : Gluchlick (RDA).
Amateurs dames. Vitesse : Paraskevin (E.-U.). Poursuite : Twigg (E.-U.)

1er septembre : Championnats du monde sur route dames - Victoire de Carpenter-Phinney (E.-U.).

2 septembre : Championnats du monde sur route messieurs : 1. Criquielion (Bel.) ; 2. Corti (It.) à 14" ; 3. Bauer (Can.) à 1'1" ; 4. Seiz (Sui.) ; 5. Bourreau (Fr.) ; 6. Millar (Écos.) ; 7. Caritoux (Fr.) à 1'12" ; 8. Masciarelli (It.) ; 9. Echave (Esp.) ; 10. Zoetemelk (P.-B.) à 1'14".

7-12 septembre : Tour de Catalogne - Classement final : 1. Kelly (Irl.) ; 2. Munoz (Esp.) m.t. ; 3. Arroyo (Esp.) à 1'21".

19 septembre : Paris-Bruxelles - 1. Vanderaerden (Bel.) ; 2. Mottet (Fr.) ; 3. Kelly (Irl.).

25-29 septembre : Étoile des Espoirs.- Classement final : Duclos-Lassalle (Fr.) ; 2. Ducrot (P.-B.) à 1'30" ; 3. Sykora (Tch.) à 1'47".

24 septembre : Grand Prix des nations - 1. Hinault (Fr.) ; 2. Gisiger (Sui.) à 2' ; 3. Oosterbosch (P.-B.) à 2'29".

7 octobre : Blois-Chaville - 1. Kelly (Irl.) ; 2.Rooks (P.-B.) ; 3. Wojtinek (Fr.).

13 octobre : Tour de Lombardie - 1. Hinault (Fr.) ; 2. Peeters (Bel.) ; 3. Van Vliet (P.-B.).

29 octobre : Trophée Baracchi - 1. Hinault-Moser ; 2. Prim-Segersall à 1'51" ; 3. Gisiger-Freuler à 3'23.

1985

7-10 février : Étoile de Bessèges - Classement final : 1. Nulens (P.-B.) ; 2. Leclercq (Fr.) à 3" ; 3. Rooks (P.-B.) à 20".

15-20 février : Tour Méditerranéen - Classement final : 1. Anderson (Aus.) ; 2. Caritoux (Fr.) à 8" ; 3. Roche (Irl.) à 14".

22 février : Championnats du monde de cyclo-cross - 1. Thaler (RFA) ; 2. Van der Poël (P.-B.) à 2" ; 3. Michely (Lux.) à 4".

24 février : Tour du Haut-Var - 1. Mottet (Fr.). 2. Caritoux (Fr.) ; 3. Bauer (Can.).

2 mars : Het Volk - 1. Planckaert (Bel.) ; 2. Hanegraaf (P.-B.) ; 3. Lieckens (Bel.).

3-10 mars : Paris-Nice - Étapes remportées par Peiper (Aus.) ; Plankaert (Bel.) ; M. Madiot (Fr.) ; Planckaert (Bel.) ; Pelier (Fr.) ; Panasonic-Raleigh ; Oosterbosch (P.-B.) ; Munoz (Esp.) ; Mottet (Fr.) ; Roche (Irl.). Classement final : 1. Kelly (Irl.) ; 2. Roche (Irl.) à 23" ; 3. Vichot (Fr.) à 54".

7-13 mars : Tirreno-Adriatico - Classement final : 1. Zoetemelk (P.-B.) ; 2. Da Silva (Port.) à 56" ; 3. Mutter (Sui.) à 1'19".

16 mars : Milan-San Remo - 1. Kuiper (P.-B.) ; 2. Van Vliet (P.-B.) à 8" ; 3. Ricco (It.).

23-24 mars : Critérium International - Classement final : 1. Roche (Irl.) ; 2. Bérard (Fr.) à 3" ; 3. Kelly (Irl.) à 27".

7 avril : Tour des Flandres - 1.Vanderaerden (Bel.) ; 2. Anderson (Aust.) à 41" ; 3. Kuiper (P.-B.) à 1'1".

10 avril : Gand-Wevelgem - 1. Vanderaerden (Bel.) ; 2. Anderson (Aust.) ; 3. Dhaenens (Bel.).

▸ **14 avril** : Paris-Roubaix - 1. M. Madiot (Fr.) ; 2. Wojtinek (Fr.) à 1'57" ; 3. Kelly (Irl.) à 2'09".

17 avril : Flèche Wallonne - 1. Criquielion (Bel.) ; 2. Argentin (It.) à 1'49" ; 3. Fignon (Fr.) à 1'59".

21 avril : Liège-Bastogne-Liège - 1. Argentin (It.) ; 2. Criquielion (Bel.) ; 3. Roche (Irl.).

▸ **23 avril-13 mai** : Tour d'Espagne
Prologue, Valladolid c.l.m. : Oosterbosch
1re étape, Valladolid-Zamora : Planckaert (Bel.)
2e étape, Zamora-Orense : Kelly (Irl.)
3e étape, Orense-Saint-Jacques-de-Compostelle : Baronchelli (It.)
4e étape, Saint-Jacques-de-Compostelle-Lugo : Planckaert
5e étape, Lugo-Oviedo : Echave (Esp.)
6e étape, Oviedo-Lac de Convadonga : Delgado (Esp.)
7e étape, Cangas-de-Onis-col de Campoo : Agudelo (Col.)
8e étape, Aguillar-Campo-Logrono : Camarillo (Esp.)
9e étape, Logrono-Panticosa : De Wolf (Bel.)
10e étape, Sabinanigo-Tremp : Kelly
11e étape, Tremp-Andorre : Rodriguez (Col.)
12e étape, Andorre-Andorre c.l.m. : Rodriguez
13e étape, Andorre-San Quirze del Valles : Sarrapio (Esp.)
14e étape, Valence-Benidorm : Recio (Esp.)
15e étape, Benidorm-Albacete : Kelly
16e étape, Albacete-Alcala de Henares : Juarez (Esp.)
17e étape, Alcala de Henares-Alcala de Henares c.l.m. : Ruiz-Cabestany (Esp.)
18e étape, Alcala de Henares-Ségovie : Recio
19e étape, Ségovie-Salamanque : Malakhov (URSS)
Classement final : 1. Delgado (Esp.) ; 2. Millar (Écos.) à 36" ; 3. Rodriguez (Col.) à 48" ; 4. Ruiz-Cabestany (Esp.) à 1'51" ; 5. Parra (Col.) à 3'40" ; 6. Caritoux (Fr.) à 6'8" ; 7. Dietzen (RFA) à 6'36" ; 8. Pino (Esp.) à 7'41" ; 9. Kelly (Irl.) à 7'42" ; 10. Navarro (Esp.) à 8'56".

28 avril : Amstel Gold Race - 1. Knetemann (P.-B.) ; 2. Lieckens (Bel.) à 32" ; 3. Broers (P.-B.).

1er mai : Grand Prix de Francfort - 1. Anderson (Aus.) ; 2. Lammerts (P.-B.) ; 3. Golz (RFA).

4 mai : Trophée des grimpeurs - 1. Gayant (Fr.) ; 2. Y. Madiot (Fr.) à 38" ; 3. Wojtinek (Fr.) à 1'11".

5 mai : Championnat de Zurich - 1. Peeters (Bel.) ; 2. Beccia (It.) ; 3. Bauer (Can.).

7-12 mai : Quatre Jours de Dunkerque - Classement final : 1. Vandenbroucke (Bel.) ; 2. Wojtinek (Fr.) à 13" ; 3. Matthijs (Bel.) m.t.

7-12 mai : Tour de Romandie - Classement final : 1. Muller (Sui.) ; 2. Da Silva (Por.) ; 3. Prim (Suè.).

▸ **16 mai-9 juin** : Tour d'Italie
Prologue Vérone c.l.m. : Moser (It.)
1re étape, Vérone-Busto-Arsizio : Freuler (Sui.)
2e étape, Busto-Arsizio-Milan c.l.m. par équipes : Del Tongo
3e étape, Milan-Pinzolo : Saronni (It)
4e étape, Pinzolo-Selva di Val Gardena : Seiz (Sui.)
5e étape, Val gardena-Vittorio Veneto : Bombini (It.)
6e étape, Vittorio Veneto-Cervia : Hoste (Bel.)
7e étape, Cervia-Jesi : Maini (It.)
8e étape, 1re fraction Foggia-Foggia : Allocchio (It.)
8e étape, 2e fraction Foggia-Matera : Da Silva (Por.)
9e étape, Matera-Crotone : Rosola (It.)
10e étape, Crotone-Paola : Da Silva
11e étape, Paola-Salerne : Allocchio
12e étape, Capu-Moddaloni c.l.m. : Hinault (Fr.)
13e étape, Moddaloni-Frosinone : Freuler (Sui.)
14e étape, Frosinone-Gran Sasso : Chioccioli (It.)
15e étape, Aquila-Pérouse : Kiefel (E.-U.)
16e étape, Pérouse-Cecina : Saronni
17e étape, Cecina-Modene : Gisiger (Sui.)
18e étape, Monza-Domodossola : Rosola
19e étape, Domodosola-Saint-Vincent-d'Aoste : Moser
20e étape, Saint-Vincent-d'Aoste-Gran Paradiso : Hampsten (E.-U.)
21e étape, Saint-Vincent-Gênes : Freuler
22e étape, Lido di Camaiore-Lucques c.l.m. : Moser
Classement final : 1. Hinault (Fr.) ; 2. Moser (It.) à à 1'8" ; 3. Lemond (E.-U.) à 2'55" ; 4. Prim (Suè.) à 4'53' ; 5. Lejarreta (Esp.) à 6'30" ;

6. Baronchelli (It.) à 6'32"; 7. Contini (It.) à 7'22"; 8. Wilson (Aus.) à 7'38";
9. Chioccioli (It.) à 8'33";
10. Volpi (It.) à 10'31".

▸ **25 mai** : Bordeaux-Paris - 1. R. Martens (Bel.) ; 2. Duclos-Lassalle (Fr.) à 4'31"; 3. Gallopin (Fr.) à 11'25".

28 mai-4 juin : Critérium du Dauphiné - Étapes remportées par Roche (Irl.), Anderson (Aus.), Jaramillo (Col.), Van Brabant (Bel.), Bernaudeau (Fr.), Bazzo (Fr.), Rooks (P.-B.), Van Brabant (Bel.), Roche (Irl.). Classement final : 1. Anderson (Aus.) ; 2. Rooks (P.-B.) à 24"; 3. Bazzo (Fr.) à 27".

12-16 juin : Grand Prix du Midi Libre - Étapes remportées par Vandenbroucke (Bel.) ; Contini (It.) ; Garde (Fr.) ; Marie (Fr.) ; Van Vliet (P.-B.). Classement final : 1. Contini (It.) ; 2. Caritoux (Fr.) à 22"; 3. Lemarchand (Fr.) à 1' 13".

13-23 juin : Tour de Suisse - Classement final : 1. Anderson (Aus.) ; 2. Ruttimann (Sui.) à 42"; 3. Winterberg (Sui.) à 1'.

17-20 juin : Tour de l'Aude - Classement final : Contini (It.) ; 2. Gaston (Esp.) à 43"; 3. Chozas (Esp.) à 49".

23 juin : Championnats nationaux - France : 1. Leclercq ; 2. Bernard ; 3. Gayant. Belgique : Haghedooren. Espagne : Navarro. Italie : Corti. Pays-Bas : Hanegraaf.

▸ **28 juin-29 juillet** Tour de France.
Prologue Plumelec c.l.m. : Hinault (Fr.)
1re étape, Vannes-Lanester : Matthis (Bel.)
2e étape, Lorient-Vitré : Matthis
3e étape, Vitré-Fougères c.l.m. par équipes : La Vie Claire-Radar
4e étape, Fougères-Pont Audemer : Solleveld (P.-B.)
5e étape, Neufchâtel-en-Bray-Roubaix : Manders (P.-B.)
6e étape, Roubaix-Tourcoing-Reims : Castaing (Fr.)
7e étape, Reims-Nancy : Wijnants (B.)
8e étape, Sarrebourg-Strasbourg : Hinault (Fr.)
9e étape, Strasbourg-Épinal : Ducrot (P.-B.)
10e étape, Épinal-Pontarlier : Pedersen (Dan.)
11e étape, Pontarlier-Morzine-Avoriaz : Herrera (Col.)
12e étape, Morzine-Lans-en-Vercors : Parra (Col.)
13e étape, Villars-de-Lans-Villars-de-Lans c.l.m. : Vanderaerden (Bel.)
14e étape, Autrans-Meaudre-Saint-Étienne : Herrera (Col.)
15e étape, Saint Étienne-Aurillac : Chozas (Esp.)
16e étape, Aurillac-Toulouse : Vichot (Fr.)
17e étape, Toulouse-Luz-Ardiden : Delgado (Esp.)
18e étape, 1re fraction Luz-Saint-Sauveur-col d'Aubisque : Roche (Irl.)
18e étape, 2e fraction Laruns-Pau : Simon (Fr.)
19e étape, Pau-Bordeaux : Vanderaerden (Bel.)
20e étape, Montpont-Ménestrel-Limoges : Lammerts (P.-B.)
21e étape, Orléans-Paris : Matthijs (Bel.)
Classement final : 1. Hinault (Fr.) ; 2. Lemond (E.-U.) à 1'42"; 3. Roche (Irl.) à 4'29"; 4. Kelly (Irl.) à 6'26"; 5. Anderson (Aust.) à 7'44"; 6. Delgado (Esp.) à 11'53"; 7. Herrera (Col.) à 12'53"; 8. Parra (Col.) à 13'35"; 9. Chozas (Esp.) à 13'56"; 10. Bauer (Can.) à 14'57".
Classement par points : 1. Kelly (Irl.) ; 2. Lemond (E.-U) ; 3. Roche (Irl.).
Classement de la montagne : 1. Herrera (Col.) ; 2. Delgado (Esp.) ; 3. Millar (Écos.)
Classement par équipes : 1. La Vie Claire-Wonder-Radar ; 2. Panasonic-Raleigh ; 3. Peugeot-Shell-Michelin.

▸ **29 juin-21 juillet** : Tour de France féminin - Classement final : 1. Canins (It.) ; 2. Longo (Fr.) ; 3. Odin (Fr.).

13-17 août : Tour de Belgique - Classement final : 1. Peeters (Bel.) ; 2. Anderson (Aus.) à 23"; 3. Matthijs (Bel.) à 43".

▸ **24-27 août** : Championnats du monde sur piste : Professionnels messieurs. Vitesse : Nakano (Jap.). Poursuite : Oersted (Dan.). Demi-fond : Vicino (It.)
Amateurs messieurs. Vitesse : Hesslisch (RDA). Poursuite : Ekimov (URSS). Demi-fond : Dotti (It.). Poursuite par équipe : Italie. Tandem : Tchécoslovaquie. Course aux points : Penc (Tch.). Kilomètre : Gluchlick (RDA).
Amateurs dames. Vitesse : Nicoloso (Fr.). Poursuite : Twigg (E.-U.)

31 août : Championnats du monde sur route dames - 1. Longo (Fr.) ; 2. Canins (It.) ; 3. Schumacher (RFA).

1er septembre : Championnats du monde sur route messieur - 1. Zoetemelk (P.-B.) ; 2. Lemond (E.-U.) à 3"; 3. Argentin (It.) ; 4. M. Madiot (Fr.) ; 5. Maïer (Aut.) ; 6. Fernandez (Esp.) ; 7. Roche (Irl.) ; 8. Mueller (Sui.) ; 9. Van der Velde (P.-B.) ; 10. Millar (Écos.) m.t.

4-11 septembre : Tour de Catalogne - Classement final : 1. Millar (Écos.) ; 2. Kelly (Irl.) à 3"; 3. Gorospe (Esp.) à 5".

18 septembre : Paris-Bruxelles - 1. Van der Poël (P.-B.) ; 2. Van der Brande (Bel.) ; 3. Gavazzi (It.).

▸ **22 septembre** : Grand Prix des nations - 1. Hinault (Fr.) ; 2. Kelly (Irl.) à 1'34"; 3. Roche (Irl.) à 1'48".

24-29 septembre : Étoile des Espoirs - Classement final : Pensec (Fr.) ; 2. Gaigne (Fr.) à 9"; 3. Van Poppel (P.-B.) à 15".

28 septembre : Trophée Baracchi : 1 Moser-Oersted ; 2. Caroli-Wilson à 24"; 3. Bernard-Wiss à 2'.

6 octobre : Créteil-Chaville - 1. Peeters (Bel.) ; 2. Argentin (It.) ; 3. Kelly (Irl.).

12 octobre : Tours de Lombardie - 1. Kelly (Irl.), 2. Van der Poël (P.-B.) ; 3. Mottet (Fr.).

1986

26 janvier : Championnat du monde de cyclo-cross - 1. Zweifel (Sui.) ; 2. Richard (Sui.) ; 3. Stamsnijder (P.-B.).

6-9 février : Étoile de Bessèges - Classement final : Ruttimann (Sui.) ; 2. Sergeant (Bel.) m.t. ; 3. Andersen (Dan.) à 2".

13-18 février : Tour Méditerranéen - Classement final : 1. Bernard (Fr.) ; 2. Pelier (Fr.) à 19"; 3. Grezet (Sui.) à 22".

22 février : Tour du Haut-Var - 1. Simon (Fr) ; 2. M. Madiot (Fr.) ; 3. Lauritzen (Norv.).

2-9 mars : Paris-Nice - Étapes remportées par Kelly (Irl.), Wojtinek (Fr.), Wojtinek (Fr.), Kelly (Irl.), Van Lancker (Bel.), Peugeot (Fr.), Munoz (Esp.), Pedersen (Dan.), Gutierrez (Esp.), Kelly (Irl). Classement final : 1. Kelly (Irl.) ; 2. Zimmerman (Sui.) à 1'50"; 3. Lemond (E.-U.) à 2'27".

6-12 mars : Tirreno-Adriatico. Classement final : 1. Rabottini (It.) ; 2. Moser (It.) à 1'34'; 3. Petito (It.) à 2'21".

15 mars : Milan-San Remo - 1. Kelly (Irl.) ; 2. Lemond (E.-U.) ; 3. Beccia (It.).

17-21 mars : Semaine Catalane - Classement final : 1. Yanez (Esp.) ; 2. Bagot (Fr.) à 1"; 3. Winterberg (Sui.) à 26".

22-23 mars : Critérium International - Classement final : 1. Zimmerman (Sui.) ; 2. Kelly (Irl.) à 35"; 3. Lemond (E.-U.) à 57".

▸ **6 avril** : Tour des Flandres - 1. Van der Poël (P.-B.), 2. Kelly (Irl.) ; 3. Vandenbrande (Bel.).

9 avril : Gand-Wevelgem, 1. Bontempi (It.) ; 2. Poëls (P.-B.) ; 3. Wampers (Bel.).

▸ **15 avril** : Paris-Roubaix - 1. Kelly (Irl.) ; 2. Dhaenens (Bel.) à 1"; 3. Van der Poël (P.-B.) m.t.

▸ **16 avril** : Flèche Wallonne - 1. Fignon (Fr.) ; 2. Andersen (Dan.) à 1'34"; 3. Leclerq (Fr.) à 3'.

18 avril : Le Danois Kim Andersen est suspendu à vie pour dopage.

20 avril : Liège-Bastogne-Liège - 1. Argentin (It.) ; 2. Van der Poël (P.-B.) ; 3. Pedersen (Dan.).

26 avril : Amstel Gold Race - 1. Rooks (P.-B.) ; 2. Zoetemelk (P.-B.) ; 3. Van Holen (Bel.).

23 avril-13 mai - Tour d'Espagne
Prologue Palma de Majorque c.l.m : Marie (Fr.)
1re étape, Palma - Palma : Gomez (Fr.)
2e étape, Barcelone-Barcelone : Dominguez (Esp.)
3e étape, Lerida-Saragosse : Planckaert (Bel.)
4e étape, Saragosse-Logrono : A. Gutierrez (Esp.)
5e étape, Santander-Haro : Blanco Villar (Esp.)
6e étape, Santander-Lac de Covadonga : Millar (Écos.)
7e étape, Cangas de Onis-Oviedo : Planckaert (Bel.)
8e étape, Oviedo-Alto de Naranco c.l.m. : Lejarreta (Esp.)
9e étape, Oviedo - San Isidro : Mottet (Fr.)
10e étape, San Isidro-Palencia : Kelly (Irl.)
11e étape, Valladolid-Valladolid c.l.m. : Mottet (Fr.)
12e étape, Valladolid-Ségovie : Dietzen (RFA)
13e étape, Ségovie -Vilalba : Kelly (Irl.)
14e étape, Casino Gran- Madrid-Leganes : Recio (Esp.)
15e étape, Aranjuez-Albacete : Eguiarte (Esp.)
16e étape, Albacete-Jaen : Bondue (Fr.)
17e étape, Jaen-Sierra Nevada : Yanez (Esp.)
18e étape, Grenade-Benalmadena : Demidenko (URSS.)
19e étape, Benalmadena-Puerto Real : Gomez (Fr.)
20e étape, Puerto Real-Jerez de la Frontera : Gomez (Fr.)
21e étape, circuit à Jerez de la Frontera c.l.m. : Pino (Esp.).
Classement final : 1. Pino (Esp.) ; 2. Millar (Écos.) à 1'6"; 3. Kelly (Irl.) à 5'19"; 4. Dietzen (RFA) à 5'58"; 5. Lejarreta (Esp.) à 7'12"; 6. Ruiz-Cabestany (Esp.) à 7'28"; 7. Fignon (Fr.) à 7'29"; 8. Parra (Col.) à 7'44"; 9. Fuerte (Esp.) à 10'50"; 10. Delgado (Esp.) à 11'50".

1er mai : Grand Prix de Francfort - 1. Wampers (Bel.) ; 2. Bauer (Can.) à 19"; 3. Wilson (Aus.) à 21".

5-11 mai : Tour de Romandie - Classement final : 1. Criquielion (Bel.) ; 2. Bernard (Fr.) à 2'35"; 3. Cornillet (Fr.) à 2'38".

6-11 mai : Quatre Jours de Dunkerque - Classement final : 1. De Wolf (Bel.) ; 2. Simon (Fr.) à 1'41"; 3. Duclos-Lassalle (Fr.) à 3'50".

9-21 mai : Tour d'Italie
Prologue Palerme c.l.m. : Freuler (Sui.)
1re étape, Palerme-Sciacca : Santamaria (It.)
2e étape, Sciacca-Catane : Van Poppel (P.-B.)
3e étape, Catane-Taormina c.l.m. par équipes : Del Tongo
4e étape, Villa Giovanni-Nicotera : Baronchelli (It.)
5e étape, Nicotera-Cosenza : Lemond (E.-U.)
6e étape, Cosenza-Potenza : Visentini (It.)
7e étape, Potenza Bala Domizia : Bontempi (It.)
8e étape, Cellole-Avezzano : Chioccioli (It.)
9e étape, Avezzano-Rieti : Da Silva (Port.)
10e étape, Rieti-Pesaro : Bontempi (It.)
11e étape, Pesaro-Castiglione del Lago : Bontempi
12e étape, Sinalunga-Sienne c.l.m. : Piasecki (Pol.)
13e étape, Sienne-Sarzana : Van Poppel (P.-B.)
14e étape, Savone-Sauze d'Oulx : Earley (Irl.)
15e étape, Sauze d'Oulx-Erba : Pedersen (Nor.)
16e étape, Erba-Foppolo : Munoz (Esp.)
17e étape, Foppolo-Piacenza : Bontempi (It.)
18e étape, Piacenza-Cremone c.l.m. : Moser (It.)
19e étape, Cremone-Pejo Terme : Van der Velde (P.-B.)
20e étape, Pejo Terme-Bassano del Grappa : Bontempi

21e étape, Bassano del Grappa-Bolzano : Da Silva
22e étape, Merano-Merano : Van Lancker (P.-B.).
Classement final : 1. Visentini (It.) ; 2. Saronni (It.) à 1'2"; 3. Moser (It.) à 2'14"; 4. Lemond (E.-U.) à 2'26"; 5. Corti (It.) à 4'49"; 6. Chioccioli (It.) à 6'58"; 7. Da Silva (Port.) à 7'12"; 8. Giovannetti (It.) à 8'3"; 9. Ruttimann (Sui.) à 9'15"; 10. Munoz (Esp.) à 11'52".

18 mai : Bordeaux-Paris - 1. Glaus (Sui.) ; 2. Gallopin (Fr.) ; 3. Vallet (Fr.)

26 mai-2 juin : Critérium du Dauphiné - Étapes remportées par Bernard (Fr.), Daems (P.-B.), Fignon (Fr.), Claveyrolat (Fr.), Wojtinek (Fr.), Roosen (Bel.), Maechler (Sui.), Claveyrolat (Fr.), Ducrot (P.-B.), Bernard (Fr.). Classement final : 1. Zimmermann (Sui.) ; 2. Pensec (Fr.) à 3'18"; 3. Zoetemelk (P.-B.) à 3'44".

10-20 juin : Tour de Suisse - Classement final : 1. Hampsten (E.-U) ; 2. Millar (Écos.) à 53" ; 3. Lemond (E.-U) à 1'21".

11-15 juin : Grand Prix du Midi Libre - Étapes remportées par Glaus (Sui.), Pineau (Fr.), Criquielon (Bel.), Ruiz-Cabestany (Esp.), Criquielon (Bel.). Classement final : 1. Criquielon (Bel.) ; 2. Bernaudeau (Fr.) à 23" ; 3. Ruiz-Cabestany (Esp.), à 38".

16-19 juin : Tour de l'Aude - Classement final : 1. Vandenbroucke (Bel.) ; 2. Lang (Pol) ; 3. Marie (Fr.).

22 juin : Championnat nationaux - France : 1. Y. Madiot ; 2. Leclercq ; 3. Bagot. Belgique : Sergeant. Espagne : Gutierrez. Italie : Corti. Pays-Bas : Lammertink.

4-27 juillet : Tour de France. Prologue Boulogne-Billancourt c.l.m. : Marie (Fr.)
1re étape, Nanterre-Sceaux : Verschuere (Bel.)
2e étape, Meudon-Saint - Quentin-en-Yvelines c.l.m. par équipes : Sytème U
3e étape, Levallois-Perret-Lievin : Phinney (E.-U.)
4e étape, Lievin-Évreux : Ruiz-Cabestany (Esp.)
5e étape, Évreux-Villers-sur-Mer-Merlin-Plage : Van der Velde (P.-B.)
6e étape, Villers-sur-Mer-Merlin-Plage-Cherbourg : Bontempi (It.)
7e étape, Cherbourg-Saint-Hilaire-du-Harcouet : Peeters (Bel.)
8e étape, Saint-Hilaire-du-Harcouet-Nantes : Planckaert (Bel.)
9e étape, Nantes-Nantes c.l.m. : Hinault (Fr.)
10e étape, Nantes-Futuroscope : Sarrapio (Esp.)
11e étape, Poitiers-Bordeaux : Dhaenens (Bel.)
12e étape, Bayonne-Pau : Delgado (Esp.)
13e étape, Pau-Superbagnères : Lemond (E.-U.)
14e étape, Luchon-Blagnac : Ruttimann (Sui.)
15e étape, Carcassonne-Nîmes : Hoste (Bel.)
16e étape, Nimes-Gap : Bernard (Fr.)
17e étape, Gap-Serre-Chevalier : Chozas (Esp.)
18e étape, Briançon-Alpe-d'Huez : Hinault
19e étape, Villard-de-Lans-Saint-Étienne : Gorospe (Esp.)
20e étape, Saint-Étienne-Saint-Étienne c.l.m. : Hinault
21e étape, Saint-Étienne-Clermont-Ferrand : Maechler (Sui.)
22e étape Clermont-Ferrand-Nevers : Bontempi (It.)
23e étape, Nevers-Paris : Bontempi
Classement final : 1. Lemond (E.-U.) ; 2. Hinault (Fr.) à 3'10"; 3. Zimmermann (Sui.) à 10'54"; 4. Hampsten (E.-U.) à 18'44"; 5. Criquielon (Bel.) à 24'36"; 6. Pensec (Fr.) à 25'59"; 7. Ruttiman (Sui.) à 30'52"; 8. Pino (Esp.) à 33'; 9. Rooks (P.-B.) à 33'22"; 10. Y. Madiot (Fr.) à 33'27".
Classement par points : 1. Vanderaerden (Bel.) ; 2. Lieckens (Bel.) ; 3. Hinault (Fr.).
Classement de la montagne : 1. Hinault (Fr.) ; 2. Herrera (Col.) ; 3. Lemond (E.-U.).
Classement par équipe : 1. La Vie Claire ; 2. Peugeot ; 3. Système U.

9-24 juillet : Tour de France féminin.
Classement final : 1. Canins (It.) ; 2. Longo (Fr.) à 15'31"; 3. Thompson (E.-U.) à 22'08".

9-24 août : Coors Classic - Classement final : 1. Hinault (Fr.) ; 2. Lemond (E.-U.) à 1'26"; 3. Anderson (Aus.) à 1'52".

12-17 août : Tour de Belgique - Classement final : 1. Emonds (Bel.) ; 2. Sergeant (Bel.) à 11'; 3. Verhoeven (Bel.) à 15".

29 août-5 septembre : Championnats du monde sur piste
Professionnels messieurs. Vitesse : Nakano (Jap.). Poursuite : Doyle (G.-B.). Demi-fond Vicini (It.)
Amateurs messieurs. Vitesse : Huebner (RDA). Poursuite : Ekimov (URSS). Demi-fond : Gentili (It.). Poursuite par équipe : Tchécoslovaquie. Tandem : Tchécoslovaquie. Course aux points : Frost (Dan.). Kilomètre : Malchow (RDA).
Amateurs dames. Vitesse : Rothenburger (RDA). Poursuite : Longo (Fr.).

6 septembre : Championnats du monde sur route dames - 1. Longo (Fr.) ; 2. Parks (E.-U.) ; 3. Iakovieva (URSS).

7 septembre : Championnats du monde sur route messieurs : 1. Argentin (It.) ; 2. Mottet (Fr.) ; 3. Saronni (It) à 9"; 4. Fernandez (Esp.) ; 5. Kelly (Irl.) ; 6. Gutierriez (Esp.) ; 7. Lemond (E.-U.) ; 8. Worre (Dan.) ; 9. Peeters (Bel.) ; 10. Echave (Esp.) m.t.

11-17 septembre : Tour de Catalogne - Classement final : 1. Kelly (Irl.) ; 2. Pino (Esp.) à 1'13"; 3. Mottet (Fr.) à 1'37".

24 septembre : Paris-Bruxelles - 1. Bontempi (It.) ; 2. Kelly (Irl.) ; 3. Capiot (Bel.).

28 septembre : Grand Prix des nations : 1. Kelly (Irl.) ; 2. Fignon (Fr.) à 5"; 3. Bernard (Fr.) à 18".

12 octobre : Créteil-Chaville - 1. Anderson (Aust.) ; 2. Peillon (Fr.) ; 3. Motte (Fr.).

18 octobre : Tour de Lombardie - 1. Baronchelli (It) ; 2. Kelly (Irl.) à 15"; 3. Anderson (Aus.).

14 septembre : Trophée Baracchi **-** 1. Saronni-Piasecki ; 2. Wilson-Caroli à 49"; 3. Skibby-Sörensen à 1'13".

9 novembre : Bernard Hinault prend sa retraite sportive lors d'un cyclo-cross au Quesnoy.

1987

25 janvier : Championnats du monde de cyclo-cross - 1. Thaler (RFA) ; 2. De Bie (Bel.) ; 3. Lavainne (Fr.).

5-8 février : Étoile de Bessèges - Classement final : 1. Pensec (Fr.) ; 2. Fignon (Fr.) à 3"; 3. Winterberg (Sui.) à 4".

13-18 février : Tour Méditerranéen - Classement final : 1. Solleveld (P.-B.) ; 2. Van Lanker (Bel.) à 5"; 3. Moser (It.) à 1'5".

20-21 février : Tour du Haut-Var - Classement final : 1. Golz (RFA) ; 2. Pensec (Fr.) à 6"; 3. Earley (Irl.) à 9".

28 février : Het-Volk - 1. Van Vliet (P.-B.) ; 2. Rooks (P.-B.) ; 3. Gossens (P.-B.).

8-15 mars : Paris-Nice - Étapes remportées par Vandenbroucke (Bel.), Carrera, Planckaert (Bel.), Kelly (Irl.), Bernard (Fr.), Fignon (Fr.), Bagot (Fr.), Fignon (Fr.), Roche (Irl.). Classement final : 1. Kelly (Irl.) ; 2. Bernard (Fr.) à 1'7"; 3. Fignon (Fr.) à 1'10".

12-18 mars : Tirreno-Adriatico - Classement final : 1. Sörensen (Dan.) ; 2. Calcaterra (It.) à 5"; 3. Rominger (Sui.) à 6".

17 mars : Félix Lévitan, co-directeur du Tour de France, est licencié par le groupe Amaury.

21 mars : Milan-San Remo - 1. Maechler (Sui.) ; 2. Vanderaerden (Bel.) à 6"; 3. Bontempi (It.) à 8".

23-28 mars : Semaine Catalane - Classement final : 1. Belda (Esp.) ; 2. Hilse (RFA) à 17"; 3. Indurain (Esp.) à 4'13".

28-29 mars : Critérium International - Classement final : 1. Kelly (Irl.) ; 2. Roche (Irl.) à 11"; 3. Simon (Fr.) à 1'5".

5 avril : Tour des Flandres - 1. Criquielion (Bel.) ; 2. Kelly (Irl.) ; 3. Vanderaerden (Bel.).

8 avril : Gand-Wevelgem - 1. Van Vliet (P.-B.) ; 2. De Wilde (Bel.) ; 3. Frison (Bel.).

12 avril : Paris-Roubaix - 1. Vanderaerden (Bel.), 2. Versluys (Bel.), 3. Dhaenens (Bel.).

15 avril : Flèche Wallonne - 1. Leclercq (Fr.) ; 2. Criquielion (Bel.) à 26"; 3. Golz (RFA.) à 51".

20 avril : Liège-Bastogne-Liège - 1. Argentin (It.), 2. Roche (Irl.) m.t. ; 3. Criquielion (Bel.) m.t.

20 avril : Greg Lemond est victime d'un grave accident de chasse en Californie.

23 avril-15 mai : Tour d'Espagne
Prologue Benidorm c.l.m. : Vandenbroucke (Bel.)
1re étape, Benidorm-Albacete, Kelly (Irl.)
2e étape, Alabacete-Valence : Rosola (It.)
3e étape, Valence-Valence c.l.m. : Kelly
4e étape, Valence-Villareal : A. Gutierrez (Esp.)
5e étape, Salou-Barcelone : Pagnin (It.)
6e étape, Barcelone-Andorre : Ibanez Loyo (Esp.)
7e étape, Seo-De-Urgel-Cerler : Cubino (Esp.)
8e étape, Benesque-Saragosse : Gaston (Esp.)
9eme étape, Saragosse-Pampelune : Yanez (Esp.)
10e étape, Miranda de Ebro-Alto campo : Aja (Esp.)
11e étape, Santander-Lac de Covadonga : Herrera (Col.)
12e étape, Cangas de Onis-Oviedo : C. Hernandez (Esp.)
13e étape, Luarca-El ferrol : C. Gutierrez (Col.)
14e étape, El Ferol-La Corogne : Fernandez (Esp.)
15e étape, La Corogne-Vigo : Esparza (Esp.)
16e étape, Ponteareas-Ponferrada : Arnaud (Fr.)
17e étape, Ponferrada-Valladolid : Pagnin (It.)
18e étape, Valladolid-Valladolid c.l.m. : Blanco Vilar (Esp.)
19e étape, Barco de Avila-Avila : Fignon (Fr.)
20e étape, Avila-Ségovie : O. Hernandez (Col.)
21e étape, Ségovie-Callado Villalba : Rodriguez (Col.)
22e étape, Alcala de Henarez-Madrid : Villamajo (Esp.)
Classement final : 1. Herrera (Col.), 2. Dietzen (RFA) à 1'4", 3. Fignon (Fr.) à 3'13", 4. Delgado (Esp.) à 3'52", 5. Vargas (Col.) à 4'3", 6. Belda (Esp.) à 4'40", 7. Fuente (Esp.) à 4'59", 8. Y. Madiot (Fr.) à 5'25", 9. Cardenas (Col.) à 7'8", 10. O. Hernandez (Col.) à 7'33".

26 avril : Amstel Gold Race - 1. Zoetemek (P.-B.) ; 2. Rooks (P.-B.) à 30"; 3. Elliot (G.-B.) à 32".

1er mai : Grand Prix de Francfort - 1. Lauritzen (Nor.) ; 2. Stevenhaagen (P.-B.) ; 3. Lubberding (P.-B.).

3 mai : Championnat de Zurich - 1. Golz (RFA) ; 2. Alcala (Mex.) ; 3. Passera (It.).

3 mai : Trophée des grimpeurs - 1. Bérard (Fr.) ; 2. Sanders (Fr.) à 57"; 3. Leproux (Fr.) à 59".

5-10 mai : Quatre Jours de Dunkerque - Classement final : 1. Frison (Bel.) ; 2. Esnault (Fr.) à 3"; 3. Mottet (Fr.) à 5"14'.

5-10 mai : Tour de Romandie - Classement final : 1. Roche (Irl.), 2. Leclercq (Fr.) à 1'15", 3. Pensenc (Fr.) à 1'23".

21 mai-13 juin : Tour d'Italie
Prologue San Remo c.l.m. : Visentini (It.)
1re étape, 1re fraction San Remo-San Remolo : Breukink (P.-B.)
1re étape, 2e fraction descente du Poggio c.l.m. : Roche (Irl.)
2e étape, Imperia-Borgo Val di Toro : Argentin (It.)
3e étape, Lerici-Lido di Camaiore c.l.m. par équipes : Carrera

4e étape, Lido di Camaiore-Montalcino : Argentin (It)
5e étape, Montalcino-Terni : Planckaert (Bel.)
6e étape, Terni-Terminillo : Bagot (Fr.)
7e étape, Rieti-Rocarasso : Argentin (It.)
8e étape, Rocarasso-San Giorgio del Sannio : Rosola (It.)
9e étape, San Giorgio-Bari : Freuler (Sui.)
10e étape, Bari-Termoli : Rosola (It.)
11e étape, Giulianova-Osimo : Forest (Fr.)
12e étape, Osimo-Bellaria : Bontempi (It.)
13e étape, Rimini-San Marino : Visentini (It.)
14e étape, San-Marini-Lido di Jesolo : Cimini (It.)
15e étape, Lido di Jesolo-Sappada : Van der Velde (P.-B.)
16e étape, Sappada-Canazei : Van der Velde
17e étape, Canazei-Riva del Guarda : Vitali (It.)
18e étape, Riva del Guarda-Trescore Balneario : Calcaterra (It.)
19e étape, Trescore Balneario-Madesimo : Bernard (Fr.)
20e étape, Madesimo-Côme : Rosola (It.)
21e étape, Côme-Pila : Millar (Écos.)
22e étape, Aoste-Saint-Vincent d'Aoste c.l.m. : Roche
Classement final : 1. Roche (Irl). 2. Millar (Écos.) à 3'40"; 3. Breukink (P.-B.) à 4'17"; 4. Lejarreta (Esp.) à 5'11"; 5. Giupponi (It.) à 7'42"; 6. Giovannetti (It.) à 11'5"; 7. Anderson (Aust.) à 13'36"; 8. Winnen (P.-B.) à 13'56"; 9. Van der Velde (P.-B.) à 13'57"; 10. Bauer (Can.) à 14'41".

24 mai : Bordeaux-Paris - 1. Vallet (Fr.); 2. Duclos Lassalle (Fr.) à 1'1"; 3. Gallopin (Fr.) m.t.

25 mai-1er juin : Critérium du Dauphiné - Étapes remportées par Maechler (Sui.), Biondi (Fr.), Cornillet (Fr.), Wojtinek (Fr.), Maechler (Sui.), Ruttimann (Sui.), Cardenas (Col.), Claveyrolat (Fr.), Knickman (E.-U.). Classement final : 1. Mottet (Fr.); 2. Cardenas (Col.) à 2'44"; 3. Pensec (Fr.) en 3'32".

16-25 juin : Tour de Suisse. Classement final : 1. Hampsten (E.-U); 2. Winnen (P.-B.) à 1"; 3. Parra (Col.) à 7".

18-24 juin : Grand Prix du Midi Libre (Tour de l'Aude) - Étapes remportées par Vandenbroucke (Bel.), Garnier (Fr.), Boyer (Fr.), Golz (RFA), Timmis (G.-B.), Roosen (Bel.), Castaing (Fr.). Classement final : 1. Esnault (Fr.); 2. Gorospe (Esp.) à 3"; 3. M. Madiot (Fr.) à 10".

28 juin : Championnat nationaux - France : 1. M. Madiot; 2. Leblanc; 3. Gayant. Belgique : Van den Haute. Espagne : Gonzales-Salvador. Italie : Leali. Pays-Bas : Van der Poël.

1er-26 juillet : Tour de France. Prologue Berlin Ouest c.l.m. : Nijdam (P.-B.)
1re étape, Berlin-Berlin en ligne : Verhoeven (P.-B.)
2e étape, Berlin-Berlin c.l.m. par équipe : Carrera
3e étape, Stuttgart-Karlsruhe : Da Silva (Port.)
4e étape, Stuttgart-Pforzheim : Frison (Bel.)
5e étape, Pforzheim-Strasbourg : Sergeant (Bel.)
6e étape, Strasbourg-Épinal : Lavainne (Fr.)
7e étape, Épinal-Troyes : Bontempi (It.)
8e étape, Troyes-Épinay-Sous-Senart : Van Poppel (P.-B.)
9e étape, Orléans-Renazé : Van der Poël (P.-B.)
10e étape, Saumur-Futuruscope c.l.m. : Roche (Irl)
11e étape, Poitiers-Chaumeil : Gayant (Fr.)
12e étape, Brives-la-Gaillarde-Bordeaux : Phinney (E.-U)
13e étape, Bayonne-Pau : Breukink (P.-B.)
14e étape, Pau-Luz-Ardiden : Lauritzen (Norv.)
15e étape, Tarbes-Blagnac : Golz (RFA)
16e étape, Blagnac-Millau : Clère (Fr.)
17e étape, Millau-Avignon : Van Poppel (P.-B.)
18e étape, Carpentras-Mont-Ventoux c.l.m. : Bernard (Fr)
19e étape, Valreas-Villard-de-Lans : Delgado (Esp)
20e étape, Villard-de-Lans-Alpe-d'Huez : Echave (Esp.)
21e étape, Bourg-d'Oisans-La Plagne : Fignon (Fr.)
22e étape, La Plagne-Morzine : Chozas (Esp.)
23e étape, Saint-Julien-en-Genevoix-Dijon : Clère
24e étape, Dijon-Dijon c.l.m. : Bernard
25e étape, Créteil-Paris : Pierce (E.-U).
Classement final : 1. Roche (Irl.); 2. Delgado (Esp.) à 40"; 3. Bernard (Fr.) à 2'13"; 4. Mottet (Fr.) à 6'40"; 5. Herrera (Col.) à 9'32"; 6. Parra (Col.) à 16'53"; 7. Fignon (Fr.) à 18'24; 8. Fuerte (Esp.) à 18'33"; 9. Alcala (Mex.) à 21'49"; Lejarreta (Esp.) à 26'13".
Classement par points : 1. Van Poppel (P.-B.); 2. Roche (Irl.); 3. Delgado (Esp.).
Classement des grimpeurs : 1. Herrera (Col.); 2. Fuerte (Esp.); 3. Alcala (Mex.).
Classement des équipes : 1. Système U; 2. Café de Colombie; 3. BH.

8-28 juillet : Tour de France féminin - Classement final : 1. Longo (Fr.); 2. Canins (It.) à 2'52"; 3. Enzenauer (RFA) à 12'14".

8-23 août : Coors Classic - Classement final : 1. Alcala (Mex.); 2. Pierce (E.-U.) à 2'49"; 3. Hampsten (E.-U.) à 11'51".

9-14 août : Tour de Belgique - Classement final : 1. Maassen (P.-B.); 2. Van Lancker (Bel.) à 18"; 3. Peiper (Aus.) à 49".

25-30 août : Championnats du monde sur piste Professionnels messieurs. Vitesse : Tawara (Jap.). Poursuite : Oersted (Dan.). Demi-fond : Huerzeler (Sui.)
Amateurs messieurs. Vitesse : Hesslich (RDA). Poursuite : Umaras (URSS). Demi-fond : Gentili (It.). Poursuite par équipe : RDA. Tandem : France. Course au points : Ganecy (URSS). Kilomètre : Vinnicombe (Austr.).
Amateurs dames. Vitesse : Salumiae (URSS). Poursuite : Twigg (E.-U).

5 septembre : Championnat du monde sur route dames : 1. Longo (Fr.); 2. Hage (P. B.); 3. Meijer (P.-B.).

6 septembre : Championnat du monde sur route messieurs : 1. Roche (Irl.); 2. Argentin (It.) à 1"; 3. Fernandez (Esp.); 4. Golz (RFA); 5. Kelly (Irl.); 6. Rooks (P.-B.); 7. Van Vliet (P.-B.); 8. Sörensen (Dan.); 9. Breukink (P.-B.); 10. Criquielion (Bel.) m.t.

9-17 septembre : Tour de Catalogne - Classement final : 1. Pino (Esp.); 2. Arroyo (Esp.) à 2'43"; 3. Gaston (Esp.) à 3'26".

8-21 septembre : Tour de la Communauté européenne - Classement final : 1. M. Madiot (Fr.); 2. Bézault (Fr.) à 1'35"; 3. Ugrumov (URSS) à 2'25".

14 septembre : Trophée Baracchi - 1. Saronni-Piasecki; 2. Wilson-Caroli à 49"; 3. Skibby-Sörensen à 1'13".

23 septembre : Paris-Bruxelles - 1. Arras (Bel.); 2. Lieckens (Bel.); 3. Vanderaerden (Bel.).

27 septembre : Grand Prix des nations - 1. Mottet (Fr.); 2. Bernard (Fr.) à 3'12"; 3. Lejarreta (Esp.) à 3'29".

11 octobre : Créteil-Chaville - 1. Van der Poël (P.-B.); 2. Van Vliet (P.-B.); 3. Fondriest (It.)

17 octobre : Tour de Lombardie - 1. Argentin (It.); 2. Van Lancker (Bel.); 3. M. Madiot (Fr.).

18 novembre : Mort de Jacques Anquetil à l'âge de 55 ans.

1988

3-7 février : Ruta del Sol - Classement final : 1. Van Hooydonck (Bel.); 2. Blanco (Esp.) à 4"; 3. Ducrot (P.-B.) à 11".

12-14 février : Étoile de Bessèges - Classement final : 1. Van der Poël (P.-B.); 2. R. Simon (Fr.); 3. Lilholt (Dan.) à 9".

21-28 février : Tour des Amériques - Classement final : 1. Phinney (E.-U.); 2. Tilford (E.-U.) à 1'32"; 3. Pacheco (Esp.) à 1'42".

27 février : Tour du Haut-Var - 1. Roosen (Bel.); 2. Kelly (Irl.); 3. De Wilde (Bel.) m.t.

5 mars : Het Volk - 1. Van Holen (P.-B.); 2. Lammerts (P.-B.) à 7"; 3. Talen (P.-B.) à 18".

6-13 mars : Paris-Nice - Étapes remportées par Toshiba, Yates (G.-B.), Lilholt (Dan.), Hampsten (E.-U.), De Wilde (Bel.), Esnault (Fr.), Kappes (RFA), Kelly (Irl.). Classement final : 1. Kelly (Irl.); 2. Pensec (Fr.) à 18"; 3. Gorospe (Esp.) à 36".

11-16 mars : Tirreno-Adriatico - Classement final : 1. Maechler (Sui.); 2. Rominger (Sui.) à 16"; 3. Sörensen (Dan.) à 31".

19 mars : Milan-San Remo - 1. Fignon (Fr.); 2. Fondriest (It.); 3. Rooks (P.-B.) à 8".

21-26 mars : Semaine Catalane - Classement final : 1. Kelly (Irl.); 2. Fuerte (Esp.) à 1'4"; 3. Gaston (Esp.) à 1'12".

26-27 mars : Critérium International - Classement final : 1. Breukink (P.-B.); 2. Fignon (Fr.) à 9"; 3. Millar (G.-B.) à 27".

29-31 mars : Trois Jours de la Panne - Classement final : 1. Vanderaerden (Bel.); 2. Peiper (Aust.) à 31'; Maasen (Bel.) à 53".

3 avril : Tour des Flandres - 1. Planckaert (Bel.); 2. Andersson (Aust.); Van der Poël (P.-B.) à 18".

4-8 avril : Tour du Pays basque - Classement final : 1. Breukink (P.-B.); 2. Suykerbuyk (P.-B.) à 24"; 3. Gorospe (Esp.) à 26".

5 avril : Paris-Vimoutiers - 1. Fignon (Fr.); 2. Cornillet (Fr.) à 56"; 3. Leclercq (Fr.) à 1'2".

10 avril : Paris-Roubaix - 1. De Mol (Bel.); 2. Wegmuller (Sui.) à 3"; 3. Fignon (Fr.) à 1'55".

13 avril : Flèche Wallonne - 1. Golz (RFA); 2. Argentin (It.) à 56"; 3. Rooks (P.-B.) à 1'2".

17 avril : Liège-Bastogne-Liège - 1. Van der Poël (P.-B.); 2. Dernies (Bel.); 3. Millar (G.-B.) m.t.

21 avril : Gand-Wevelgem - 1. Kelly (Irl.); 2. Bugno (It.); 3. Kiefel (E.-U.) m.t.

24 avril : Amstel Gold Race - 1. Nijdam (P.-B.); 2. Rooks (P.-B.) à 17"; 3. Criquielion (Bel.) m.t.

25 avril-15 mai : Tour d'Espagne
1re étape, à Tenerife : Pastorelli (It.)
2e étape, San Cristobal-Tenerife : Inaki (Esp.)
3e étape, Las Palmas c.l.m. par équipes : B.H.
4e étape, Alcala del Rio-Badajoz : Hermans (P.-B.)
5e étape, Badajoz-Bejar : Navarro (Esp.)
6e étape, Bejar-Valladolid : Hermans (P.-B.)
7e étape, Valladolid-Leon : Hermans (P.-B.)
8e étape, Leon-Branilini : Pino (Esp.)
9e étape, Oviedo-Alto de Naranco c.l.m. : Pino (Esp.)
10e étape, Oviedo-Santander : Hermans (P.-B.)
11e étape, Santander-Alto Valdezcaray : Kelly (Irl.)
12e étape, Logrono-Jaca : Yates (G.-B.)
13e étape, Jaca-Cerler : Parra (Col.)
14e étape, Besnasque-Andorre : Gaston (Esp.)
15e étape, Seo de Urgel-San Quirze del Valles : Weltz (Dan.)
16e étape, Valence-Albacete : Hermans (P.-B.)
17e étape, Albacete-Tolède : Elliott (G.-B.)
18e étape, Tolède-Avila : Olivera (Esp.)
19e étape, Avila-Dyc : Ocaña (Esp.)
20e étape, Las Rozas-Villalba c.l.m. : Kelly (Irl)
21e étape, Villalba-Madrid : Hermans (P.-B.)

Classement final : 1. Kelly (Irl.) ; 2. Dietzen (RFA) à 1'27" ; 3. Fuente (Esp.) à 1'29" ; 4. Cubino (Esp.) à 2'17" ; 5. Parra (Col.) à 2'25" ; 6. Millar (G.-B.) à 3'22" ; 7. Blanco (Esp.) à 8'19" ; 8. Pino (Esp.) à 9'25" ; 9. Schepers (Bel.) à 9'45" ; 10. Cordoba (Esp.) à 10'28".

1er mai : Grand Prix de Francfort - 1. Dernies (Bel.) ; 2. Sörensen (Dan.) à 33" ; 3. Mantovani (It.) à 57".

2-8 mai : Quatre Jours de Dunkerque - Classement final : 1. Poisson (Fr.) ; 2. Mottet (Fr.) à 1'15" ; 3. Vanderaerden (Bel.) à 1'28".

10-15 mai : Tour de Romandie - Classement final : 1. Veldscholten (P.-B.) ; 2. Rominger (Sui.) à 8" ; 3. Zimmermann (Sui.) à 22".

13-15 mai : Tour de l'Oise - Classement final : 1. Bauer (Can.) ; 2. Bruggmann (Sui.) à 4" ; 3. Goessens (Bel.) m.t.

21 mai : À 37 ans, Francesco Moser réalise 50,65 km dans l'heure sur la piste couverte de Stuttgart.

22 mai : Bordeaux-Paris - 1. Rault (Fr.) ; 2. Ilegems (Bel.) à 3'31" ; 3. Chesneau (Fr.) m.t.

23 mai-12 juin : Tour d'Italie
1re étape, à Urbino c.l.m. : Bernard (Fr.)
2e étape, Urbino-Ascoli Piceno : Bontempi (It.)
3e étape, Ascoli Piceno-Vasto : Joho (Sui.)
4e étape, 1er secteur Vasyo-Rodi-Garganica : Podenzana (It.)
4e étape, 2e secteur Rodi-Garganica-Vieste c.l.m par équipes : Del Tongo
5e étape, Vieste-Santa Maria Capua Vetere : Bontempi (It.)
6e étape, Santa Maria Capua Vetere-Campitello Matese : Chioccioli (It.)
7e étape, Campitello Matese-Avezzano : Kappes (RFA)
8e étape, Avezzano-Chianciano Terme : Bernard
9e étape, Pienza-Marina di Massa : Di Basco (It.)
10e étape, Carrera-Salso Maggiore Terme : Rosola (It.)
11e étape, Parme-Coll con Bosco : Étape neutralisée en raison de manifestations écologistes.
12e étape, Novare-Selvino : Hampsten (E.-U.)
13e étape, Bergame-Chiesa Val Malenco : Rominger (Sui.)
14e étape, Chiesa Val Malenco-Bormio : Breukink (P.-B.)
15e étape, Spondigna-Mearno 2000 : Bernard (Fr.)
16e étape, Mearno-Innsbruck : Vona (It.)
17e étape, Innsbruck-Borbo Val Sugana : Gambarisio (It.)
18e étape, Levico Terme-col de Vetriolo c.l.m : Hampsten (E.-U.)
19e étape, Borgo Valsugana-Arta Terme : Giuliani (It.)
20e étape, Arta Terme-Lido di Jesolo : Di Basco (It.)
21e étape, 1er secteur Lido di Jesolo-Vittorio Veneto : Freuler (Sui.)
21e étape, 2e secteur Vittorio Vento c.l.m. : Piasecki (Pol.)
Classement final : 1. Hampsten (E.-U.) ; 2. Breukink (P.-B.) à 1'43" ; 3. Zimmermann (Sui.) à 2'45" ; 4. Guipponi (It.) à 6'56" ; 5. Chioccioli (It.) à 13'20" ; 6. Giovannetti (It.) à 15'20" ; 7. Delgado (Esp.) à 17'2" ; 8. Winnen (P.-B.) à 18'14" ; 9. Tomasini (It.) à 27'1" ; 10. Vandelli (It.) à 27'2".

31 mai-5 juin : Critérium du Dauphiné - Étapes remportées par Ruttiman (Sui.), Bauer (Can.), Manin (Fr.), Mottet (Fr.), Da Silva (Port.), Ruttiman (Sui.), Maasen (P.-B.), Herrera (Col.). Classement final : 1. Herrera (Col.) ; Ruttiman (Sui.) à 2'7" ; 3. Mottet (Fr.) à 2'51".

8-12 juin : Route du Sud - Classement final : 1. Pensec (Fr.) 2. Duclos-Lassalle (Fr.) à 2'40" ; 3. Millar (E.-U.) à 2'55".

14-19 juin : Grand Prix du Midi Libre - Étapes remportées par Pelier (Fr.), Kappes (RFA), Criquielion (Bel.), Haek (Bel.), J. Simon (Fr.), Yates (G.-B.), Rué (Fr.). Classement final : 1. Criquielion (Bel.) ; 2. Boyer (Fr.) à 2'34" ; 3. Haek (Bel.) à 2'49".

14-23 juin : Tour de Suisse - Étapes remportées par Joho (Sui.), Stutz (Sui.), Da Silva (Port.), Fondriest (It.), Roosen (Bel.), Leclercq (Fr.), Cesarini (It.), Bauer (Can.), Joho (Sui.), Freuler (Sui.). Classement final : 1. Wechselberger (Aut.) ; 2. Bauer (Can.) à 1'26" ; 3. Da Silva (Port.) à 1'44".

25 juin : Championnats nationaux- France : 1. Caritoux 2. Madiot à 21" ; 3. Duclos-Lassalle à 24". Belgique : De Wilde. Italie : Gavazzi. Pays-Bas : Pieters. Espagne : Fernandez. Suisse : Seiz. RFA : Bolts.

4-24 juillet : Tour de France
Prologue Pornichet-La Baule par équipes : Weinmann-La Suisse
Prologue La Baule : Bontempi (It.)
1ere étape, Pontchâteau-Machecoul : Bauer (Can.)
2e étape, La Haye-Fouassière-Ancenis c.l.m. par équipes : Panasonic
3e étape, Nantes-Le Mans : Van Poppel (P.-B.)
4e étape, Le Mans-Évreux : Da Silva (Port.)
5e étape, Neufchâtel-en-Braye-Liévin : Nijdam (P.-B.)
6e étape, Liévin-Wasquehal c.l.m. : Yates (G.-B.)
7e étape, Wasquehal-Reims : Tebaldi (It.)
8e étape, Reims-Nancy : Golz (RFA)
9e étape, Nancy-Strasbourg : J. Simon (Fr.)
10e étape, Belfort-Besançon : Van Poppel (P.-B.)
11e étape, Besançon-Morzine : Parra (Col.)
12e étape, Morzine-Alpe-d'Huez : Rooks (P.-B.)
13e étape, Grenoble-Villard-de-Lans : Delgado (Esp.)
14e étape, Blagnac-Saint-Girons-Guzet-Neige : Ghirotto (It.)
15e étape, Saint-Girons-Luz-Ardiden : Cubino (Esp.)
16e étape, Luz-Ardiden-Pau : Van der Poël (P.-B.)
17e étape, Pau-Bordeaux : Van Poppel (P.-B.)
18e étape, Ruelle-sur-Touvre-Limoges : Bugno (It.)
19e étape, Limoges-Le Puy-de-Dôme : Weltz (Dan.)
20e étape, Clermont-Ferrand-Chalon-sur-Saône : Marie (Fr.)
21e étape, Santenay c.l.m. : Martinez-Oliver (Esp.)
22e étape, Nemours-Paris : Van Poppel (P.-B.)
Classement final : 1. Delgado (Esp.) ; 2. Rooks (P.-B.) à 7'13" ; 3. Parra (Col.) à 9'58" ; 4. Bauer (Can.) à 12'15" ; 5. Boyer (Fr.) à 14'4" ; 6. Herrera (Col.) à 14'36" ; 7. Pensec (Fr.) à 16'52" ; 8. Pino (Esp.) à 18'36" ; 9. Winnen (P.-B.) à 19'12" ; 10. Roux (Fr.) à 20'8".
Classement par points : 1. Plankaert (Bel.) ; 2. Phinney (E.-U.) ; 3. Kelly (Irl.).
Classement de la montagne : 1. Rooks (P.-B.) ; 2. Theunisse (P.-B.) ; 3. Delgado (Esp.).
Classement par équipes : PDM ; 2. BH ; 3. Z-Peugeot.

10-24 juillet : Tour de France féminin - Classement final : 1. Longo (Fr.) ; 2. Canins (It.) à 1'20" ; 3. Hepple (Aus.) à 13'4".

7 août : Grand Prix des Amériques - 1. Bauer (Can.) ; 2. Ghirotto (It.) à 2'12" ; Delion (Fr.) à 2'14'.

9-14 août : Tour de Belgique - Classement final : Maasen (P.-B.) ; 2. Van Lancker (Bel.) à 18" ; 3. Peiper (Aus.) à 49".

9-22 août : Coors Classic - Classement final : 1. Phinney (E.-U.) ; 2. Hampsten (E.-U.) à 1'59" ; 3. Stieda (Can.) à 2'52".

21 août : Clasica de San Sebastian - 1. Theunisse (P.-B.) 2. Aja (Esp.) ; 3. Rooks (P.-B.) à 6".

21 août : Championnat de Zurich - 1. Rooks (P.-B.) ; 2. Sörensen (Dan.) ; 3. Rominger (Sui.) m.t.

22-25 août : Championnats du monde sur piste Professionnels. Vitesse : Pate (Aus.). Poursuite : Piasecki (Pol.). Course aux points : Wyder (Sui.). Demi-fond : Clarck (Aus.). Amateurs. Tandem : Colas-Magné (Fr.). Demi-fond : Colamartino (It.). Femmes. Course aux points : Hodge (G.-B.). Poursuite : Longo (Fr.).

23 août : Prix de Plouay - 1. Leblanc (Fr.) ; 2. Mottet (Fr.) ; 3. Esnault (Fr.) à 1'5".

27 août : Championnats du monde sur route féminin c.l.m. par équipes - 1. Italie ; 2. URSS. à 40" ; 3. E.-U. à 1'35".

28 août : Championnats du monde sur route professionnel - 1. Fondriest (It.) ; 2. Gayant (Fr.) à 27" ; 3. Fernandez (Esp.) à 41".

9-18 septembre : Tour de la Communauté européenne - Classement final : 1. Fignon (Fr.) 2. Lurvik (Nor.) à 2'27" ; 3. Toman (Tch.) à 2'37".

17-27 septembre : Jeux olympiques à Séoul
Individuelle sur route : 1. Ludwig (RDA) ; 2. Groene (RFA) à 3" ; Henn (RFA) à 24".
100 km c.l.m. par équipes : 1. RDA ; 2. Pologne à 7" ; 3. Suède à 2'.
Individuelle féminine sur route : 1. Knol (P.-B.) ; 2. Niehaus (RFA) ; 3. Zilporitee (URSS) m.t.
Piste. Kilomètre : Kiritchenko (URSS). Poursuite : Umaras (URSS). Poursuite par équipes : URSS.
Vitesse : Hesslich (RDA).
Course aux points : Frost (Dan.).Vitesse dames : Salumiae (URSS).

20 septembre : Paris-Bruxelles - 1. Golz (RFA) ; 2. Fignon (Fr.) ; 3. Lameire (Bel.) à 19".

9 octobre : Paris-Tours - 1. Pieters (P.-B.) ; 2. Goessens (Bel.) ; 3. Kelly (Irl.) m.t.

15 octobre : Tour de Lombardie - 1. Mottet (Fr.) ; 2. Bugno (It.) à 1'40" ; 3. Lejarreta (Esp.) à 1'45".

1989

29 janvier : Championnats du monde de cyclo-cross - 1. De Bie (Bel.) ; 2. Van der Poël (P.-B.) à 24" ; 3. Lavainne (Fr.) à 27".

7-12 février : Ruta del Sol - Classement final : 1. Bordanli (It.) ; 2. Roosen (Bel.) à 8" ; 3. Hiss (RFA) à 49".

8 février : L'ancien champion du monde de cyclo-cross, puis directeur technique national, Robert Oubron décède des suites d'une grave maladie.

9-12 février : Étoile de Bessèges - Classement final : 1. De Wilde (Bel.) ; 2. Van Hilet (P.-B.) à 1" ; 3. Maassen (P.-B.) m.t.

15-20 février : Tour Méditerranéen - Classement final : 1. Rominger (Sui.) ; 2. Roosen (Bel.) à 21" ; 3. Le Clerc (Fr.) à 37".

21-26 février : Tour de Valence - Classement final : 1. Ruiz-Cabestany (Fr.) ; 2. Stumpf (RFA) à 14" ; 3. Mottet (Fr.) m.t.

23 février : Après avoir remporté le Tour des Amériques, le Néerlandais Daams, de la formation PDM, est victime d'un accident cardiaque. Soigné à temps, il met ensuite un terme à sa carrière professionnelle.

25 février : Tour du Haut-Var - 1. Rué (Fr.) ; 2. Le Clerc (Fr.) à 3'20" ; 3. Roosen (Bel.) à 3'56".

4 mars : Het Volk - 1. De Wilde (Bel.) ; 2. Kelly (Irl.) à 5" ; 3. Stumpf (RFA) m.t.

6-12 mars : Paris-Nice - Étapes remportées par Marie (Fr.), De Wilde (Bel.), Toshiba-Karcher-Look, Cornillet (Fr.), Rué (Fr.), Van der Pöel (P.-B.), Baffi (It.), Roche (Irl.). Classement final : 1. Indurain (Esp.) ; 2. Roche (Irl.) à 13" ; 3. Madiot (Fr.) à 1'33".

7-12 mars : Tour de Murcie - Classement final : 1. Alonso (Esp.) ; 2. Contini (It.) à 59" ; 3. Gonzalo (Esp.) à 1'23".

9-15 mars : Tirreno-Adriatico - Classement final : 1. Rominger (Sui.) ; 2. Golz (RFA) à 34" ; 3. Mottet (Fr.) à 44".

18 mars : Milan-San Remo - 1. Fignon (Fr.) ; 2. Maassen (P.-B.) à 7" ; Baffi (It.) à 30".

20-24 mars : Semaine Catalane - Classement final : 1. Dietzen (RFA) ; 2. Delgado (Esp.) à 7" ; 3. Morales (Col.) à 12".

25-26 mars : Critérium International - Classement final : 1. Indurain (Esp.) ; 2. Mottet (Fr.) à 19" ; 3. Roche (Irl.) à 29".

26 mars : Flèche Brabançonne - 1. Capiot (Bel.) ; 2. Van der Pöel (P.-B.) à 4" ; 3. De Wolf (Bel.) m.t.

➧ 2 avril : Tour des Flandres - 1. Van Hooydonck (Bel.) ; 2. Frison (Bel.) à 22" ; 3. Lauritzen (Nor.) à 1'45".

3-7 avril : Tour du Pays basque - Classement final : 1.Roche (Irl.) ; 2. Echave (Esp.) à 1" ; 3. Blanco (Esp.) à 3".

9 avril : Paris-Roubaix - 1. Wampers (Bel.) ; 2. De Wolf (Bel.) à 3" ; 3. Van Hooydonck (Bel.) à 59".

12 avril : Flèche Wallonne - 1. Criquielion (Bel.) ; 2. Rooks (P.-B.) à 13" ; 3. Van Eynde (Bel.) à 46".

16 avril : Liège-Bastogne-Liège - 1. Kelly (Irl.) ; 2. Phillipot (Fr.) à 40" ; 3. Anderson (Aus.) m.t.

22 avril : Amstel Gold Race - 1. Van Lancker (Bel.) ; 2. Criquielion (Bel.) à 19" ; 3. Bauer (Can.) à 22".

24 avril-15 mai : Tour d'Espagne
1re étape, La Corogne-La Corogne : Lameire (Bel.)
2e étape, La Corogne-Saint-Jacques-de-Compostelle : Hernandez (Esp.)
3e étape, 1er secteur Vigo c.l.m. par équipes : Rural
3e étape, 2e secteur Vigo-Orense : Elliot (G.-B.)
4e étape, Orense-Ponferra : Pagnin (It.)
5e étape, La Baneza-Bejar : Planckaert (Bel.)
6e étape, Bejar-Avila : Suykerbuyk (P.-B.)
7e étape, Avila-Tolède : Ghirotto (It.)
8e étape, Tolède-Albacete : Allochio (It.)
9e étape, Albacete-Gandia : Dietzen (RFA)
10e étape, Gandia-Benicasim : Diaz-Zabala (Esp.)
11e étape, Vinaroz-Lérida : Elliott (G.-B.)
12e étape, Lérida-Cerlar : Delgado (Esp.)
13e étape, Benasque-Jaca : Hermans (P.-B.)
14e étape, Jaca-Saragosse : Hermans (P.-B.)
15e étape, Ezcaray-Valdezcaray c.l.m : Delgado (Esp.), les 23,4 km en 53'22"
16e étape, Haro-Santona : Hilse (RFA)
17e étape, Santona-Lac de Covadonga : Pino (Esp.)
18e étape, Cangas de Onis-Branilli : Ivanov (URSS)
19e étape, Leon-Valladolid : Hermans (P.-B.)
20e étape, Valladolid-Medina del Campo c.l.m. : Delgado (Esp.)
21e étape, Collado-Ségovie : Camargo (Col.)
22e étape, Ségovie-Madrid : Heynderickx (Bel.)
Classement final : 1. Delgado (Esp.) ; 2. Parra (Col.) à 35" ; 3. Vargas (col.) à 3'9" ; 4. Echave (Esp.) à 3'24" ; 5. Pino (Esp.) à 4'28" ; 6. Ivanov (URSS) à 5' ; 7. Gaston (Esp.) à 6'24" ; 8. Morales (Col.) à 7'59" ; 9. Bagot (Fr.) à 8'23" ; 10. Suykerbuyk (P.-B.) à 9'44.

30 avril : Trophée des grimpeurs - 1. Abadie (Fr.) ; 2. Roux (Fr.) à 4" ; 3. Simon (Fr.) à 9".

1er mai : Grand Prix de Francfort - 1. Wampers (Bel.) ; 2. Gayant (Fr.) à 38" ; 3. Chiappucci (It.) à 1'25".

2-7 mai : Quatre Jours de Dunkerque - Classement final : 1. Mottet (Fr.) ; 2. Marie (Fr.) à 10" ; 3. Roche (Irl.) m.t.

9-14 mai : Tour de Romandie - Classement final : 1. Anderson (Aus.) ; 2. Delion (Fr.) à 1'14" ; 3. Millar (G.-B.) à 1'6".

17 mai : Le Français Jean-François Bernard est opéré du genou par le professeur Saillant.

19-21 mai : Tour de l'Oise - Classement final : 1. Kappes (RFA) ; 2. Nijdam (P.-B.) à 8" ; 3. Hermans (P.-B.) à 10".

➧ 21 mai-11 juin : Tour d'Italie
1re étape, Taormina-Catane : Van Poppel (P.-B.)
2e étape, Catane-Etna : Da Silva (Port.)
3e étape, Villafranca-Messine c.l.m. par équipes : Ariostea
4e étape, Scilla-Cosenza : Jaermann (Sui.)
5e étape, Cosenza-Potenza : Giuliani (It.)
6e étape, Potenza-Campobasso : Joho (Sui.)
7e étape, Iserina-Rome : Freuler (Sui.)
8e étape, Rome-Gran Sasso : Carlsen (Dan.)
9e étape, L'Aquila-Gubbio : Riis (Dan.)
10e étape, Pessaro-Riccione : Piasecki (Pol.)
11e étape, Riccione-Mantoue : Freuler (Sui.)
12e étape, Mantoue-Mira : Cipollini (It.)
13e étape, Padoue-Tre Cime di Lavaredo : Herrera (Col.)
14e étape, Misurina-Corvara Alta Badia : Giupponi (It.)
15e étape, 1er secteur Corvara Alta Badia-Trente : Van Poppel (P.-B.)
15e étape, 2e secteur circuit à Trente : Piasecki (Pol.)
16e étape, Trente-Santa Caterina : Étape annulée en raison du parcours impraticable
17e étape, Sondrio-Meda : Anderson (Aus.)
18e étape Mendrisio-Monte Genereso c.l.m. : Herrera (Col.)
19e étape, Meda-Tortona : Skibby (Dan.)
20e étape, Voghera-La Spezia : Fignon (Fr.)
21e étape, La Spezia-Prato : Bugno (It.)
22e étape Prato-Florence c.l.m. : Piasecki (Pol.)
Classement final : 1. Fignon (Fr.) 2. Giupponi (It.) à 1'15" ; 3. Hampsten (E.-U.) à 2'46" ; 4. Breukink (P.-B.) à 5'02" ; 5. Chioccioli (It.) à 5'42" ; 6. Zimmermann (Sui.) à 6'28" ; 7. Criquielion (Bel.) à 6'34" ; 8. Giovannetti (It.) à 7'44" ; 9. Roche (Irl.) à 8'09" ; 10. Lejarreta (Esp.) m.t.

26 mai : Le néo-professionnel Laurent Jalabert remporte le Tour d'Armorique.

29 mai-5 juin : Critérium du Dauphiné - Étapes remportées par Bauer (Can.), Poisson (Fr.), Wegmuller (Sui.), Mottet (Fr.), Kelly (Irl.), Claveyrolat (Fr.), Rué (Fr.), Millar (Écos.), Declercq (Bel.).
Classement final : 1. Mottet (Fr.) 2. Millar (Écos.) à 18" ; 3. Claveyrolat (Fr.) à 1'50".

7-11 juin : Route du Sud - Classement final : 1. Duclos-Lassalle (Fr.) ; 2. Boyer (Fr.) à 10" ; 3. Montoya (Esp.) à 11".

7-11 juin : Tour du Luxembourg - Classement final : 1. Cornelise (Bel.) ; 2. Kajzer (RFA) à 9" ; 3. Schurer (P.-B.) à 12".

12-18 juin : Grand Prix du Midi Libre - Étapes remportées par Mottet (Fr.), Laurent (Fr.), Moreda (Esp.), Simon (Fr.), Strazzer (It.), Manfrin (Fr.), Dominguez (Esp.), Philippot (Fr.).
Classement final : 1. Simon (Fr.) 2. Rué (Fr.) à 35" ; 3. Colotti (Fr.) à 49".

14-23 juin : Tour de Suisse - Classement final : 1. Breu (Sui.) ; 2. Steiger (Sui.) à 30" ; 3. Muller (Sui.) à 49".

26 juin : Championnats nationaux - France : 1. Caritoux ; 2. Bezault à 6" ; 3. Gayant à 14". Belgique : Bomans. Espagne : Hernandez. Italie : Argentin. Pays-Bas : Maassen.

➧ 1er-23 juillet : Tour de France
Prologue Luxembourg c.l.m : Breukink (P.-B.)
1re étape, Luxembourg-Luxembourg : Da Silva (Port.).
2e étape, Luxembourg-Luxembourg c.l.m par équipes : Super U
3e étape, Luxembourg-circuit de Spa Francorchamps : Alcala (Mex.)
4e étape, Liège-Wasquehal : Nijdam (P.-B.)
5e étape Dinard-Rennes c.l.m. : Lemond (E.-U.)
6e étape, Rennes-Futuroscope : Pelier (Fr.)
7e étape, Poitiers-Bordeaux : De Wilde (Bel.)
8e étape, La Bastide d'Armagnac-Pau : Earley (Irl.)
9e étape, Pau-Cauterets : Indurain (Esp.)
10e étape, Cauterets-Luchon-Superbagnères : Millar (G.-B.)
11e étape, Luchon-Blagnac : Hermens (P.-B.)
12e étape, Toulouse-Montpellier : Tebaldi (It.)
13e étape, Montpellier-Marseille : Barteau (Fr.)
14e étape, Marseille-Gap : Nijdam (P.-B.)
15e étape, Gap-Orcières-Merlette c.l.m : Rooks (P.-B.)
16e étape, Gap-Izoard-Briançon : Richard (Sui.)
17e étape, Briançon-Alpe-d'Huez : Theunisse (P.-B.)
18e étape, Bourg-d'Oisans-Villard-de-Lans : Fignon (Fr.)
19e étape, Villard-de-Lans-Aix-les-Bains : Lemond (E.-U.)
20e étape, Hewlett-Packard-L'Isle d'Abeau : Fidanza (It.)
21e étape, Versailles-Paris c.l.m. : Lemond (E.-U.)
Classement final : 1. Lemond (E.-U.) ; 2. Fignon (Fr.) à 8" ; 3. Delgado (Esp.) à 3'34" ; 4. Theunisse (P.-B.) à 7'30" ; 5. Lejarreta (Esp.) à 9'39" ; 6. Mottet (Fr.) à 10'6" ; 7. Rooks (P.-B.) à 11'10" ; 8. Alcala (Mex.) à 14'21" ; 9. Kelly (Irl.) à 18'25" ; 10. Millar (G.-B.) à 18'46".
Classements par équipes : 1. PDM ; 2. Reynolds-Banesto ; 3. Z-Peugeot.
Classements par points : 1. Kelly (Irl.) ; 2. De Wilde (Bel.) ; 3. Rooks (P.-B.).
Classement des grimpeurs : 1. Theunisse (P.-B.) ; 2. Delgado (Esp.) ; 3. Rooks (P.-B.).

11-23 juillet : Tour de France féminin - Classement final : 1. Longo (Fr.) ; 2. Canins (It.) à 8'44" ; 3. Thompson (E.-U.) à 12'24".

19 juillet : Le Maillot jaune a 70 ans. À l'Alpe-d'Huez, c'est Theunisse qui gagne et Fignon qui est leader.

30 juillet : Wincanton Classic - 1. Maassen (P.-B.) ; 2. Fondriest (It.) à 2" ; 3. Kelly (Irl.) m.t.

➧ 6 août : Grand Prix des Amériques - 1. Muller (Sui.) ; 2. Madiot (Fr.) à 45" ; 3. Mottet (Fr.) à 57".

13 août : Clasica San Sebastian - 1. Zadrobilek (Aut.) ; 2. Antequera (Esp.) à 2'05" ; 3. Rominger (Sui.) à 2'09".

➧ 14-20 août : Championnats du monde sur piste
Messieurs professionnels. Vitesse : Golinelli (It.). Poursuite individuelle : Sturgess (G.-B.). Demi-fond : Renosto (It.). Course aux points : Freuler (Sui.).
Messieurs amateurs. Kilomètre : Glucklich (RDA). Vitesse : Huck (RDA). Poursuite individuelle : Ekimov (URSS). Poursuite par équipes : RDA. Course aux points : Satybaldiev (URSS). Demi-fond : Konigshofer (Aut.). Tandem : Colas-Magné (Fr.).
Dames. Vitesse : Salumiae (URSS). Poursuite individuelle : Longo (Fr.). Course aux points : Longo (Fr.).

16-19 août : Tour du Limousin - Classement final : 1. Claveyrolat (Fr.) ; 2. Chaubert (Fr.) à 33" ; 3. Leblanc (Fr.) m.t.

20 août : Championnat de Zurich - 1. Bauer (Can.) ; 2. Da Silva (Port.) à 3" ; 3. Goltz (RFA) à 1'21".

➧ 27 août : Championnats du monde sur route professionnels - 1. Lemond (E.-U.) ; 2. Konyshev (URSS) à 3" ; 3. Kelly (Irl.) m.t ; 4. Rooks (P.-B.) m.t. ; 5. Claveyrolat (Fr.) m.t ; 6. Fignon (Fr.) à 10" ; 7. Earley (Irl.) m.t. ; 8. Bugno (It.) à 14" ; 9. Sörensen (Dan.) m.t ; 10. Criquielion (Bel.) m.t.

21 septembre : Paris-Bruxelles - 1. Goltz (R.F.A.) ; 2. Fignon (Fr.) à 19" ; 3. Lameire (Bel.) m.t.

9 octobre : Paris-Tours - 1. Pieters (P.-B.) ; 2. Goessens (Bel.) à 1'16" ; 3. Kelly (Irl.) m.t.

15 octobre : Tour de Lombardie - 1. Mottet (Fr.) ; 2. Bugno (It.) à 1'40" ; 3. Lejarreta (Esp.) à 1'45".

1990

6-11 février : Ruta del Sol - Classement final : 1. Chozas (Esp.) ; 2. Martinez (Esp.) à 36" ; 3. Lance (Fr.) m.t.

7-11 février : Étoile de Bessèges - Classement final : 1. Maassen (P.-B.) ; 2. Vermote (Bel.) à 7" ; 3. Manders (P.-B.) à 14".

14-19 février : Tour Méditerranéen - Classement final : 1. Rué (Fr.) ; 2. Rominger (Sui) à 11" ; 3. Ekimov (URSS) à 14".

24 février : Tour du Haut-Var - 1. Leblanc (Fr.) ; 2. Criquielion (Bel.) à 7" ; 3. Elli (It.) m.t.

27 février : Le coureur néerlandais Johannes Draaijer, équipier de Sean Kelly chez PDM, meurt subitement d'une crise cardiaque à 27 ans. C'était sa troisième saison professionnelle.

3 mars : Het Volk - 1. Capiot (Bel.) ; 2. Van Hooydonck (Bel.) à 55" ; 3. De Wilde (Bel.) m.t.

4-11 mars : Paris-Nice - Étapes remportées par Moreau (Fr.), De Wilde (Bel.), Bomans (Bel.), Histor-Sigma, Baffi (It.), Indurain (Esp.), Chiappucci (It.), Riberio (Bré.), Bernard (Fr.). Classement final : 1. Indurain (Esp.) ; 2. Roche (Irl.) à 8" ; 3. Leblanc (Fr.) à 42".

6-12 mars : Tour de Murcie - Classement final : 1. Cordes (P.-B.) ; 2. Hernandez (Esp.) à 11" ; 3. Chozas (Esp.) m.t.

7-14 mars : Tirreno-Adriatico - Classement final : 1. Rominger (Sui.) ; 2. Leclercq (Fr.) à 2'31" ; 3. Delion (Fr.) à 2'32".

▸ **17 mars** : Milan-San Remo - 1. Bugno (It.) ; 2. Golz (RFA) à 4" ; 3. Delion (Fr.) à 23".

19-23 mars : Semaine Catalane - Classement final : 1. Gaston (Esp.) ; 2. Rominger (Sui.) à 6" ; 3. Alcala (Mex.) à 9".

24-25 mars : Critérium International - Classement final : 1. Fignon (Fr.) ; 2. Delion (Fr.) à 29" ; 3. Leclercq (Fr.) à 42".

1er avril : Tour des Flandres - 1. Argentin (It.) ; 2. Dhaenens (Bel.) à 11" ; 3. Talen (P.-B.) m.t.

2-6 avril : Tour du Pays basque - Classement final : 1. Gorospe (Esp.) ; 2. Golz (RFA) à 20" ; 3. Indurain (Esp.) à 22".

4 avril : Gand-Wevelgem - 1. Frison (Bel.) ; 2. Museeuw (Bel.) à 2" ; 3. Ballerini (It.) m.t.

▸ **8 avril** : Paris-Roubaix - 1. Planckaert (Bel.) ; 2. Van Hooydonck (Bel.) à 3" ; 3. Gayant (Fr.) m.t.

11 avril : Flèche Wallonne - 1. Argentin (It.) ; 2. Leclercq (Fr.) à 3" ; 3. Theunisse (déclassé ensuite pour contrôle antidopage positif).

21 avril : Amstel Gold Race - 1. Van Der Poël (P.-B.) ; 2. Roosen (Bel.) à 4'40" ; 3. Nijdam (P.-B.) m.t.

24 avril-15 mai : Tour d'Espagne
1re étape Benicasim c.l.m. : Ruiz-Cabestany (Esp.)
2e étape, 1re secteur Model Sport-Castellon : Cuadrado (Esp.)
2e étape, 2e secteur Bencasim-Bencasim c.l.m. par équipes : Lotus
3e étape, Castellon-Murcia : Martinello (It.)
4e étape, Murcia-Almeria : Nijboer (P.-B.)
5e étape, Almeria-Sierra Nevada : Esnault (Fr.)
6e étape, Loja-Ubrique : Worre (Dan.)
7e étape, Jerez de la Frontera-Sevilla : Van Brabant (Bel.)
8e étape, Sevilla-Mérida : Petterson (Nor.)
9e étape, Caceres-Guijuelo : Mora (Col.)
10e étape, Penarande de Bracamonte-Leon : Rab (RDA)
11e étape, Leon-San Isidro : Hernandez (Esp.)
12e étape, San Isidro-Alto del Naranco : Camargo (Col.)
13e étape, Oveido-Santander : Edmonds (Bel.)
14e étape, Santander-Najera : Grone (RFA)
15e étape, Ezcaray-Valdezcaray c.l.m. : Bernard (Fr.)
16e étape, Logrono-Pampelune : Raab (RDA)
17e étape, Pampelune-Jaca : Echave (Esp.).
18e étape, Jaca-Cerler : Farfan (Col.) ;
19e étape, Benasque-Saragosse : Saitov (URSS).
20e étape, Saragosse c.l.m. : Ruiz-Cabestany
21e étape, Collado Villalba-Ségovie : Roux (Fr.)
22e étape, Ségovie-Madrid : Raab (RDA)
Classement final : 1. Giovannetti (It.) ; 2. Delgado (Esp.) à 1'28" ; 3. Fuerte (Esp.) à 1'48" ; 4. Ruiz-Cabestany (Esp.) à 2'16" ; 5. Parra (Col.) à 3'7" ; 6. Echave (Esp.) à 3'52" ; 7. Indurain (Esp.) à 6'22" ; 8. Ivanov (URSS) à 6'48" ; 9. Ampler (RFA) à 7'15" ; 10. Roux (Fr.) à 7'56".

25 avril : Viktor Klimov est le premier Soviétique de l'histoire à devenir leader d'un grand Tour, la Vuelta.

1er mai : Grand Prix. de Francfort - 1. Wegmuller (Sui.) ; 2. Wijnants (Bel.) à 40" ; 3. Winnen (P.-B.) à 45".

1-6 mai : Quatre Jours de Dunkerque - Classement final : 1. Giovannetti (It.) ; 2. Delgado (Esp.) à 1'28" ; 3. Fuerte (Esp.) à 1'48".

8-13 mai : Tour de Romandie - Classement final : 1. Mottet (Fr.) ; 2 ; Millar (G.-B.) à 2' ; 3. Roosen (Bel.) à 2'10".

17-19 mai : Tour de l'Oise - Classement final : 1. Redant (Bel.) ; 2. Moorman (P.-B.) m.t. ; 3. Schurer (P.-B.) m.t.

18 mai-6 juin : Tour d'Italie
1re étape Bari c.l.m. : Bugno (It.)
2e étape, Bari-Sara Consiliana : Fidanza (It.)
3e étape, Sara Consiliana-Vésuve : Chozas (Esp.)
4e étape, 1er secteur Ecrolano-Nola : Allochio (It.)
4e étape, 2e secteur Nola-Sora : Anderson (Aus.)
5e étape, Sora-Teramo : Convalle (It.)
6e étape, Teramo-Fabriano : Gelfi (It.)
7e étape, Fabriono-Vallambrosa : Bugno (It.)
8e étape, Regello-Marina di Pietrasanta : Allochio (It.)
9e étape, La Spezia-Langhirano : Pulnikov (URSS)
10e étape, Alba-Cueno c.l.m. : Gelfi (It.)
11e étape, Cueno-Lodi : Baffi (It.)
12e étape, Brescia-Baselga di Pine : Boyer (Fr.)
13e étape, Baselga di Pine-Udine : Cipollini (It.)
14e étape, circuit à Klagenfurt : Peiper (Aus.)
15e étape, Veldun-Dobbiaco : Boyer (Fr.)
16e étape, Dobbiaco-Passo Pordoi : Mottet (Fr.)
17e étape, Canazei-Aprica : Sierra (It.)
18e étape, Aprica-Gallarate : Baffi (It.)
19e étape, Gallarate-Varèse c.l.m. : Bugno (It.)
20e étape, circuit à Milan : Cipollini (It.)
Classement final : 1. Bugno (It.) ; 2. Mottet (Fr.) à 6'33" ; 3. Giovannetti (It.) à 9'01" ; 4. Poulnikov (URSS) à 12'19" ; 5. Echave (Esp.) à 12'25" ; 6. Chioccioli (It.) à 12'36" ; 7. Lejarreta (It.) à 14'31" ; 8. Ugrumov (URSS) à 17'02" ; 9. Lelli (It.) à 17'14" ; 10. Sierra (It.) à 19'12".

28 mai-4 juin : Critérium du Dauphiné - Étapes remportées par Golz (RFA), Moncassin (Fr.), Rominger (Sui.), Moncassin (Fr.), Leblanc (Fr.), Roosen (Bel.), Mejia (Col).
Classement final : 1. Millar (Écos.) ; 2. Claveyrolat (Fr.) à 1'35" ; 3. Mejia (Col.) à 1'56".

11-17 juin : Grand Prix du Midi Libre - Étapes remportées par Colotti (Fr.), Abadie (Fr.), Barteau (Fr.), Virvaleix (Fr.), Caritoux (Fr.), Suykerbuyk (P.-B.), Calcaterra (It.), Lemarchand (Fr.), Arnaud (Fr.).
Classement final : 1. Rué (Fr.) ; 2. Arnaud (Fr.) à 11" ; 3. Colotti (Fr.) à 17".

13-17 juin : Tour du Luxembourg - Classement final : 1. Lavainne (Fr.) ; 2. Maechler (Sui.) à 17" ; 3. Sciandri (It.) à 38".

23 juin : Championnats nationaux - France : 1. Louviot ; 2. Dubois à 2" ; 3. Mannin m.t. Belgique : Criquielion. Espagne : Cubino. Italie : Furlan. Pays-Bas : Winnen.

▸ **30 juin-22 juillet** : Tour de France
Prologue Futuroscope c.l.m. : Marie (Fr.)
1re étape, Futuroscope-Futuroscope : Maassen (Bel.)
2e étape, Futuroscope c.l.m. par équipes : Panasonic
3e étape, Poitiers-Nantes : Argentin (It.)
4e étape, Nantes-Mont-Saint-Michel : Museeuw (Bel.)
5e étape, Avranches-Rouen : Solleveld (P.-B.)
6e étape, Sarrebourg-Vittel : Nijdam (P.-B.)
7e étape, Vittel-Épinal c.l.m. : Alcala (Mex.)
8e étape, Épinal-Besançon : Ludwig (RDA)
9e étape, Besançon-Genève : Ghirotto (It.)
10e étape, Genève-Saint-Gervais : Claveyrolat (Fr.).
11e étape, Saint-Gervais-Alpe-d'Huez : Bugno (It.).
12e étape, Fontaine-Villard-de-Lans : Breukink (P.-B.).
13e étape, Villard-de-Lans-Saint-Étienne : Chozas (Esp.) ;
14e étape, Le Puy-en-Velay-Millau : Lejarreta (Esp.).
15e étape, Millau-Revel : Mottet (Fr.).
16e étape, Blagnac-Luz-Ardiden : Indurain (Esp.).
17e étape, Lourdes-Pau : Konyshev (URSS).
18e étape, Pau-Bordeaux : Bugno (It.).
19e étape, Castillon-La-Bataille-Limoges : Bontempi (It.).
20e étape, circuit du lac de Vassivière c.l.m. : Breukink (P.-B.)
21e étape, Brétigny-sur-Orge-Paris : Museeuw (Bel.)
Classement final : 1. Lemond (E.-U.) ; 2. Chiappucci (It.) à 2'16" ; 3. Breukink (P.-B.) à 2'29" ; 4. Delgado (Esp.) à 5'01" ; 5. Lejarreta (Esp.) à 5'05" ; 6. Chozas (Esp.) à 9'14" ; 7. Bugno (It.) à 9'39" ; 8. Alcala (Mex.) à 11'14" ; 9. Criquielion (Bel.) à 12'04" ; 10. Indurain (Esp.) à 12'47".
Classement par points : 1. Ludwig (RDA) ; 2. Museeuw (Bel.) ; 3. Breukink (P.-B.).
Classement des grimpeurs : 1. Claveyrolat (Fr.) ; 2. Chiappucci (It.) ; 3. Conti (It.).
Classement par équipes : 1. Z ; 2. Once ; 3. Banesto.

29 juillet : Wincanton Classic - 1. Bugno (It.) ; 2. Kelly (Irl.) à 13" ; 3. Dhaenens (Bel.) à 33".

11 août : Clasica de San Sebastian - 1. Indurain (Esp.) ; 2. Jalabert (Fr.) à 2'24" ; 3. Kelly (Irl.) à 2'29".

15-18 août : Tour du Limousin - Classement final : 1. Gayant (Fr.) ; 2. Cornillet (Fr.) à 1'33" ; 3. Pilon (Fr.) à 1'53".

19 août : Championnat de Zurich - 1. Mottet (Fr.) ; 2. Lemond (E.-U.) à 39" ; 3. Chiappucci (It.) m.t.

20-26 août : Championnats du monde sur piste
Messieurs professionnels. Vitesse : Hubner (RDA). Poursuite : Ekimov (URSS). Demi-Fond : Brugna (It.). Course aux points : Biondi (Fr.). Messieurs amateurs. Kilomètre : Kiritchenko (URSS). Vitesse. Huck (RDA). Poursuite individuelle : Berzin (URSS). Poursuite par équipes : URSS. Tandem : Italie. Demi-fond : Konigshofer (Aut.). Course aux points : McGlede (Aut.). Dames. Vitesse : Young-Parskevin (E.-U.). Poursuite : Van Morsel (P.-B.). Course aux points : Holliday (N.-Z.).

27 août : Charly Mottet, victime d'un accident de la circulation, doit renoncer aux championnats du monde. Il sera remplacé par Thierry Marie.

▸ **1er septembre** : Championnats du monde sur route féminins - Victoire de Catherine Marsal.

2 septembre : Championnats du monde sur route professionnels
1. Dhaenens (Bel.) ; 2. De Wolf (Bel.) à 3" ; 3. Bugno (It.) m.t ; 4. Lemond (E.-U.) à 14" ; 5. Kelly (Irl.) m.t ; 6. Jalabert (Fr.) m.t. ; 7. Weltz (Dan.) m.t. ; 8. Kappes (RFA) m.t. ; 9. Fondriest (It.) m.t. ; 10. Criquielion (Bel.) m.t.

6-14 septembre : Tour de la Communauté européenne - Classement final : 1. Bruyneel

(Bel.) ; 2. Gayant (Fr.) à 3" ; 3. Jalabert (Fr.) à 1'41".

19 septembre : Paris-Bruxelles - 1. Ballerini (It.) ; 2. Dernies (Bel.) à 5" ; 3. Neskens (Bel.) m.t.

26 septembre : Ronan Pensec, héros du dernier Tour de France, quitte l'équipe Z et signe chez les Espagnols de Seur.

30 septembre : Grand Prix des Amériques - 1. Ballerini (It.) ; 2. Wegmuller (Sui.) à 1'22" ; 3. Moreels (Bel.) à 1'42".

30 septembre : Trophée des grimpeurs - 1. Roosen (Bel.) ; 2. Madouas (Fr.) à 1'49" ; 3. Van Iterrbeck (Bel.) à 2'37".

14 octobre : Paris-Tours - 1. Sörensen (Dan.) ; 2. Anderson (Aus.) à 4" ; 3. Fondriest (It.) m.t;

▸ 20 octobre : Tour de Lombardie - 1. Delion (Fr.) ; 2. Richard (Sui.) à 3'38" ; 3. Mottet (Fr.) m.t.

18 novembre : Sur le vélodrome de Bordeaux, la Française Isabelle Nicoloso bat le record du monde du kilomètre en 1'11"976.

1991

16 janvier : En désaccord avec ses dirigeants, Jean-François Bernard quitte l'équipe Toshiba.

5-10 février : Ruta del Sol - Classement final : 1. Lezaun (Esp.) ; 2. Skibby (Dan.) m.t. ; 3. Van der Poël (P.-B.) à 3".

6-10 février : Étoile de Bessèges - Classement final : 1. Wijnants (P.-B.) ; 2. Joho (Sui.) ; 3. Maassen (P.-B.).

13-20 février : Tirreno-Adriatico - Classement final : 1. Diaz-Zabala (Esp.) ; 2. Ghiotto (It.) à 4" ; 3. Alcala (Mex.) à 52".

19-24 février : Tour de Valence - 1. Mauri (Esp.) ; 2. Rooks (P.-B.) à 7" ; 3. Hilse (All.) à 49".

23 février : Tour du Haut-Var - 1. Caritoux (Fr.) ; 2. De Wilde (Bel.) à 10" ; 3. Van Eynde (Bel.) m.t.

2 mars : Het Volk - 1. Kappes (All.) ; 2. Bomans (Bel.) m.t. ; 3. Van Hooydonck (Bel.) m.t.

▸ 10-17 mars : Paris-Nice - Étapes remportées par Marie (Fr.) et Rominger (Sui.), Toshiba, Kappes (All.), Klimov (URSS), Van Poppel (P.-B.), Rominger (Sui.), Ampler (All.), Rominger (Sui.).
Classement final : 1. Rominger (Sui.) ; 2. Jalabert (Fr.) à 1'55" ; 3. Gayant (Fr.) à 2'27".

11-16 mars : Tour de Murcie - Classement final : 1. Villanueva (Esp.) ; 2. Chiappucci (It.) à 3" ; 3. Gorospe (Esp.) à 4".

18-22 mars : Semaine Catalane - Classement final : 1. Roche (Irl.) ; 2. Fuerte (Esp.) à 3" ; 3. Llache (Esp.) à 6".

▸ 23 mars : Milan-San Remo - 1. Chiappucci (It.) ; 2. Sörensen (Dan.) à 45" ; 3. Vanderaerden (Bel.) à 57".

30-31 mars : Critérium International - 1. Roche (Irl.) ; 2. Rué (Fr.) à 18" ; 3. Mottet (Fr.) à 26" ;

8-12 avril : Tour du Pays basque - Classement final : 1. Chiappucci (It.) ; 2. Bruyneel (Bel.) à 2'17" ; 3. Ugrumov (URSS) à 2'39".

10 avril : Gand-Wevelgem - 1. Abdoujaparov (URSS) ; 2. Cipollini (It.) ; 3. Ludwig (All.).

▸ 14 avril : Paris-Roubaix - 1. M. Madiot (Fr.) ; 2. Colotti (Fr.) à 1'07" ; 3. Bomans (Bel.) à 1'41".

17 avril : Flèche Wallonne - 1. Argentin (It.) ; 2. Criquielion (Bel.) à 2'20" ; 3. Chiappucci (It.) à 2'31".

21 avril : Liège-Bastogne-Liège - 1. Argentin (It.) ; 2. Criquielion (Bel.) à 2'30 ; 3. Sörensen (Dan.) m.t.

27 avril : Amstel Gold Race - 1. Maassen (P.-B.) ; 2. Fondriest (It.) à 10" 3. De Wolf (Bel.) mt.

29 avril-19 mai : Tour d'Espagne
1re étape, Merida c.l.m. : Mauri
2e étape, 1er secteur Merida-Caceres : Zanoli (P.-B.)
2e étape, 2e secteur Montijo-Badajoz c.l.m. par équipes : Once
3e étape, Badajoz- Séville : Skibby (Dan.)
4e étape, Séville-Jaen : Cruz-Martin (Esp.)
5e étape, Linares-Albacete : Raab (All.)
6e étape, Albecete-Valence : Van Poppel (P.-B.)
7e étape, Palma-Palma : Skibby (Dan.)
8e étape, Cala d'ora c.l.m. : Mauri (Esp.)
9e étape, San Ciget-Lloret de Mar : Van Poppel (P.-B.)
10e étape, Lloret de Mar-Andorre : Bontempi (It.)
11e étape, Andorre-Plat de Beret : Étape annulée à cause de la neige
12e étape, Bossot-Cerler : Ivanov (URSS)
13e étape, Benasque-Saragosse : Van Poppel (P.-B.)
14e étape, Valdezcaray c.l.m. : Parra (Col.)
15e étape, Santo de la Calzada-Santander : Bontempi (It.)
16e étape, Santander-Lac de Covadonga : Herrera (Col.)
17e étape, Cangas de Onis-Alto de Naranco : Cubino (Esp.)
18e étape, Leon-Valladolid : Diaz (Esp.)
19e étape, Valladolid c.l.m. : Mauri (Esp)
20e étape, Ségovie-Ségovie : Montoya (Esp.)
21e étape, Collado Villalba-Madrid : Van Poppel (P.-B.)
Classement final : 1. Mauri (Esp.) ; 2. Indurain (Esp.) à 2'52" ; 3. Lejarreta (Esp.) à 3'11" ; 4. Echave (Esp.) à 3'54" ; 5. Parra (Col.) à 5'38" ; 6. Ruiz-Cabestany (Esp.) à 6'50" ; 7. Alcala (Mex.) à 6'57" ; 8.Ugrumov (URSS) à 10'43" ; 9. Rooks (P.-B.) à 12'09" ; 10. Rincon (Col.) à 12'11".

1er mai : Grand Prix de Francfort - 1. Bruyneel (Bel.) ; 2. Museeuw (Bel.) à 39" ; 3. Earley (Irl.) à 1'08".

5 mai : Trophée des grimpeurs - 1. Kvalsvoll (Nor.) ; 2. Virenque (Fr.) à 1'13" ; 3. Madiot (Fr.) à 1'33".

7-12 mai : Quatres Jours de Dunkerque - Classement final : 1. Rominger (Sui.) ; 2. Millar (Écos.) à 1'31" ; 3. Carter (E.-U.) à 2'52".

10-19 mai : Tour DuPont - Classement final : 1. Breukink (P.-B.) ; 2. Kvalsvoll (Nor.) à 12" ; 3. Aldag (All.) à 1'07".

▸ 18 mai : Classique des Alpes - 1. Mottet (Fr.) ; 2. Millar (Écos.) à 2" ; 3. Leblanc (Fr.) à 2'35".

24-26 mai : Tour de l'Oise - Classement final : 1. Nelissen (Bel.) ; 2. Marie (Fr.) à 3" ; 3. Moreau (Fr.) à 5".

▸ 26 mai-9 juin : Tour d'Italie
1re étape, circuit à Olbia : Casado (Fr.)
2e étape, 1er secteur Olbia-Sassari : Bugno (It.)
2e étape, 2e secteur Sassari c.l.m. : Pierobon (It.)
3e étape, Sassari-Cagliari : Cipollini (It.)
4e étape, Sorrente-Sorrente : Boyer (Fr.)
5e étape, Sorrente-Scano : Lejarreta (Esp.)
6e étape, Scano-Rieti : Poulnikov (URSS)
7e étape, Rieti-Citta di Castello : Cipollini (It.)
8e étape, Citta di Castello-Prato : Cassani (It.)
9e étape, Prato-Felino : Ghirotto (It.)
10e étape, Collechio-Langhrani c.l.m. : Bugno (It.)
11e étape, Sala Baganza-Savona : Sciandri (It.)
12e étape, Savona-Montvisio : Lelli (It.)
13e étape, Savigliano-Sestrières : Chozas (Esp.)
14e étape, Torino-Morbengo : Ballerini (It.)
15e étape, Morbengo-Aprica : Chioccioli (It.)
16e étape, Aprica-Selva di Val Gardena : Lelli (It.)
17e étape, Selva di Val Gardena-Passo Pordoï : Chioccioli (It.)
18e étape, Pozza di Fassa-Castelfranco Veneto : Martinello (It.)
19e étape, Castelfranco Veneto-Brescia : Bugno (It.)
20e étape, Broni-Castegio c.l.m. : Chioccioli (It.)
21e étape, Pavie-Milan : Cipollini (It.)
Classement final : 1. Chioccioli (It.) ; 2. Chiappucci (It.) à 3'48" ; 3. Lelli (It.) à 6'56" ; 4. Bugno (It.) à 7'49" ; 5. Lejarreta (Esp.) à 10'23" ; 6. Boyer (Fr.) à 11'9" ; 7. Sierra (Ven.) à 11'56" ; 8. Giovannetti (It.) à 13'93" ; 9. Jaskula (Pol.) à 18'22" ; 10. Chozas (Esp.) à 23'42".

3-10 juin : Critérium du Dauphiné - Étapes remportées par Marie (Fr.), Talen (P.-B.), Van Poppel (P.-B.), Abadie (Fr.), Yates (G.-B.), Herrera (Col.), Cubino (Esp.), Rominger (Sui.).
Classement final : 1. Herrera (Col.) ; 2. Cubino (Esp.) à 46" ; 3. Rominger (Sui.) à 1'18".

7 juin : Mort d'Antoine Blondin. Il avait suivi vingt-huit Tours de France comme chroniqueur de *L'Équipe*. Jacques Goddet dira de lui : « C'était ma plus belle conquête, enfin celle du journal ! »

12-16 juin : Route du Sud - Classement final : 1. Dufaux (Sui.) ; 2. Louviot (Fr.) à 34" ; 3. Galarreta (Esp.) à 34".

12-16 juin : Tour du Luxembourg - Classement final : 1. Theunisse (P.-B.) ; 2. Maassen (P.-B.) à 4" ; 3. Van der Poël (P.-B.) à 1'30".

18-24 juin : Grand Prix du Midi Libre - Étapes remportées par Marie (Fr.), Duclos-Lassalle (Fr.), Bruyneel (Bel.), Museeuw (Bel.), Leali (It.), Leblanc (Fr.), Moncassin (Fr.), Moreau (Fr.).
Classement final : 1. Duclos-Lassalle (Fr.) ; 2. Gayant (Fr.) à 4'12" ; 3. Van den Abbeele (Bel.) à 5'53".

25 juin-3 juillet : Tour de Suisse - Classement final : 1. Roosen (Bel.) ; 2. Van der Laer (Bel.) à 2'20" ; 3. Puttini (Sui.) à 2'38".

▸ 30 juin : Championnats nationaux - France : 1. De Las Cuevas ; 2. Claveyrolat à 8" ; 3. Rué m.t. Belgique : Van Itterbeek. Espagne : Gonzalez. Italie : Bugno. Pays-Bas : Rooks.

1er juillet : Laurent Fignon et Cyrille Guimard divorcent, après dix annnées de carrière commune. Le coureur va rejoindre l'équipe Chateau d'Ax-Gatorade.

▸ 6-28 juillet : Tour de France
Prologue Lyon c.l.m. : Marie (Fr.)
1re étape, Lyon-Lyon : Abdoujaparov (URSS)
2e étape, Bron-Chassieu-Eurexpo c.l.m. par équipes : Ariostea (Roche, qui oublie de partir avec son équipe, est éliminé)
3e étape, Villeurbanne-Dijon : De Wilde (Bel.)
4e étape, Dijon-Reims : Abdoujaparov (URSS)
5e étape, Reims-Valenciennes : Nijdam (P.-B.)
6e étape, Arras-Le Havre : Marie (Fr.)
7e étape, Le Havre-Argentan : Van Poppel (P.-B.)
8e étape, Argentan-Alençon c.l.m. : Indurain (Esp.)
9e étape, Alençon-Rennes : Ribeiro (Bré.)
10e étape, Rennes-Quimper : Anderson (Aust.)
11e étape, Quimper-Saint-Herblain : Mottet (Fr.)
12e étape, Pau-Jaca : Mottet (Fr.)
13e étape, Jaca-Val-Louron : Chiappucci (It.)
14e étape, Saint-Gaudens-Castres : Cenghialta (It.)
15e étape, Albi-Alès : Argentin (It.)
16e étape, Alès-Gap : Lietti (It.)
17e étape, Gap-Alpe-d'Huez : Bugno (It.)
18e étape, Bourg-d'Oisans-Morzine : Claveyrolat (Fr.)
19e étape, Morzine-Aix-les-Bains : Konishev (URSS).
20e étape, Aix-les-Bains-Macon : Ekimov (URSS)
21e étape, Lugny-Macon c.l.m. : Indurain (Esp.)
22e étape, Melun-Paris-Champs-Élysées : Konishev (URSS)
Classement final : 1. Indurain (Esp.) ; 2. Bugno (It.) à 3'36" ; 3. Chiappucci (It.) à 5'56" ; 4. Mottet (Fr.) à 7'37" ; 5. Leblanc (Fr.) à 10'10" ; 6. Fignon (Fr.) à 11'27" ; 7. Lemond (E.-U.) à 13'13" ; 8. Hampsten (E.-U.) à 13'40" ; 9. Delgado (Esp.) à 20'10" ; 10. Rué (Fr.) à 20'13".
Classement par points : 1. Abdoujaparov (URSS) ; 2. Jalabert (Fr.) ; 3. Ludwig (All.).

Classement des grimpeurs : 1. Chiappucci (It) ; 2. Claveyrolat (Fr.) ; 3. Leblanc (Fr.). Classement par équipes : 1. Banesto ; 2. Castorama ; 3. RMO.

4 août : Wincanton Classic - 1.Van Lancker (Bel.) ; 2. Golz (All.) à 29" ; 3. Goessens (Bel.) à 44".

10 août : Clasica San Sebastian - 1. Bugno (It.) ; 2. Delgado (Esp.) à 55" ; 3. Fondriest (It.) à 1'17".

13-18 août : Championnats du monde sur piste Professionnels. Vitesse : les Australiens Hall (1er) et Pate (3e) sont déclassés pour dopage. Poursuite : Moreau (Fr.). Course aux points : Ekimov (URSS). Demi-fond : Clark (Aus.). Amateurs. Kilomètre : Moreno (Esp.). Vitesse : Fiedler (All.). Tandem : Allemagne. Poursuite : Lehmann (All.). Poursuite par équipes : Allemagne. Course aux points : Risi (Sui.). Demi-fond : Kengshofer (Aut.). Dames. Vitesse : Haringa (P.-B.). Poursuite : Rossner (All.). Course aux points : Haringa (P.-B.).

14-17 août : Tour du Limousin - Classement final : 1. Vermote (Bel.) ; 2. Rous (Fr.) à 3" ; 3. Engelman (E.-U.) à 38".

18 août : Championnat de Zurich - 1. Museeuw (Bel.) ; 2. Jalabert (Fr.) à 1'34" ; 3. Sciandri (It.) m.t.

▶ **24 août** : Championnats du monde sur route - 1. Bugno (It.) 2. Rooks (P.-B.) à 11" ; 3. Indurain (Esp.) m.t. ; 4. Meija (Col.) m.t. ; 5. Hundertmarck (All.) m.t. ; 6. Riis (Dan.) à 2'33" ; 7. De Wolf (Bel.) m.t. ; 8. Hodge (Aus.) m.t. ; 9. Casani (It.) m.t. ; 10. Echave (Esp.) m.t.

▶ **26 août** : Paris-Brest-Paris fête son centenaire.

18 septembre : Paris-Bruxelles - 1. Holm (Dan.) ; 2. Ludwig (All.) à 7" ; 3. Museeuw (Bel.) m.t.

6 octobre : Grand Prix des Amériques - 1. Van Lancker (Bel.) ; 2. Rooks (P.-B.) à 1'02" ; 3. Earley (Irl.) m.t.

13 octobre : Paris-Tours - 1. Capiot (Bel.) ; 2. Ludwig (All.) ; 3. Verhoeven (P.-B.).

19 octobre : Tour de Lombardie - 1. Kelly (Irl.) ; 2. Gayant (Fr.) à 35" ; 3. Ballerini (It.) m.t.

10 novembre : Au Palais omnisports de Paris-Bercy, la France remporte le premier Open des nations, qui renouvelle les Six Jours.

1992

4 février : Grand Prix La Marseillaise - 1. Van Hooydonck (Bel.); 2. Seigneur (Fr.) à 3"; 3. Delion (Fr.) à 11".

4-6 février : Ruta del Sol - Classement final : 1. Martinez (Esp.); 2. Montoya (Esp.) à 24"; 3. Diaz-Zabala (Esp.) à 1'28".

5-9 février : Étoile de Bessèges - Classement final : 1. Zberg (Sui.) ; 2. Nelissen (P.-B.) à 34"; 3. Pensec (Fr.) à 39".

11-16 février : Tour Méditerranéen - Classement final : 1. Golz (All.) ; 2. Pensec (Fr.) à 22'17"; 3. Madouas (Fr.) à 22'41".

18-23 février : Tour de Valence - Classement final: 1. Mauri (Esp.); 2. Breukink (P.-B.) à 10"; 3. Chiurato (It.) à 13".

29 février : Het Volk - 1. Capiot (Bel.); 2. Pieters (P.-B.); 3. Vanderaerden (Bel.).

1-5 mars : Tour de Majorque - Classement final: 1. Murguialday (Esp.); 2. Garcia (Esp.) m.t.; 3. Mauleon (Esp.) m.t.

▶ **8-15 mars** : Paris-Nice - Étapes remportées par Rominger (Sui.), Cipollini (It.), Cipollini (It.), Ariostea, Cipollini (It.), Rominger (Sui.), Heulot (Fr.), Baffi (It.), Bernard (Fr.). Classement final: 1. Bernard (Fr.); 2. Rominger (Sui.) à 23"; 3. Indurain (Esp.) à 1'17".

11-18 mars : Tirreno-Adriatico - Classement final : 1. Sörensen (Dan.); 2. Alcala (Mex.) à 13"; 3. Jeker (Sui.) à 34".

▶ **21 mars** : Milan-San Remo - 1. Kelly (Irl.); 2. Argentin (It.); 3. Museeuw (Bel.) à 3".

28-29 mars : Critérium International - Classement final : 1. Bernard (Fr.); 2. Theunisse (P.-B.) à 20"; 3. Furlan (It.) à 25".

▶ **5 avril** : Tour des Flandres - 1. Durand (Fr.); 2. Wegmüller (Sui.) m.t.; 3. Van Hooydonck (Bel.) à 1'44".

6-10 avril : Tour du Pays basque - Classement final : 1. Rominger (Sui.); 2. Alcala (Mex.) à 40"; 3. Zarrabeitia (Esp.) à 47".

8 avril: Gand-Wevelgem - 1. Cipollini (It.); 2. Capiot (Bel.) m.t.; 3. Baffi (It.) m.t.

12 avril : Paris-Roubaix - 1. Duclos-Lassalle (Fr.); 2. Ludwig (All.) à 34"; 3. Capiot (Bel.) à 1'22".

15 avril : Flèche Wallonne - 1. Furlan (It.); 2. Rué (Fr.) à 9"; 3. Cassani (Esp.) à 16".

19 avril: Liège-Bastogne-Liège - 1. De Wolf (Bel.); 2. Rooks (P.-B.) à 30"; 3. Bernard (Fr.) m.t.

25 avril : Amstel Gold Race - 1. Ludwig (All.); 2. Museeuw (Bel.) m.t.; 3. Konyshev (CEI) m.t.

▶ **27 avril-17 mai** : Tour d'Espagne
1re étape, Jerez de la Frontera c.l.m. : Nijdam (P.-B.)
2e étape, 1er secteur Chiclana-Jerez de la Frontera : Abdoujaparov (CEI)
2e étape, 2e secteur Acros de la Frontera-Jerez de la Frontera c.l.m. par équipes : Gatorade
3e étape, Jerez de la Frontera-Cordoba : Van Poppel (P.-B.)
4e étape, Linares-Albacete : Abdoujaparov (CEI)
5e étape, Albacete-Gandia : Van Poppel (P.-B.)
6e étape, Gandia-Benicasim : Van Hooydonck (P.-B.)
7e étape, Alquerias Nino Perdido-Oropesa c.l.m. : Breukink (P.-B.)
8e étape, Lleida-Plat de Beret : Unzaga (Esp.)
9e étape, Viella-Luz-Ardiden : Cubino (Esp.)
10e étape, Luz-Saint-Sauveur-Sabinanigo : Cadena (Col.)
11e étape, Sabinanigo-Pampelune: Abdoujaparov (CEI)
12e étape, Pampelune-Burgos : Bruyneel (Bel.)
13e étape, Burgos-Santander : Torres (Esp.)
14e étape, Santander-Lac de Covadonga : Delgado (Esp.)
15e étape, Cangas de Onis-Oviedo : Mauleon (Esp.)
16e étape, Oviedo-Leon : Cordes (P.-B.)
17e étape, Leon- Salamanca : Vanderaerden (Bel.)
18e étape, Salamanca-Avila : Zaina (It.)
19e étape, Fuenlabrada-Fuenlabrada c.l.m.: Rominger (Sui.)
20e étape, Collalado Villalba-Ségovie : Vargas (Col.)
21e étape, Ségovie-Madrid : Abdoujaparov (CEI)
Classement final: 1. Rominger (Sui.); 2. Montoya (Esp.) à 1'43; 3. Delgado (Esp.) à 1'42"; 4. Giovannetti (It.) à 5'19"; 5. Echave (Esp.) à 5'34"; 6. Cubino (Esp.) à 6'24"; 7. Parra (Col.) à 7'24"; 8. Alcala (Mex.) à 12'50"; 9. Mauleon (Esp.) à 15'44"; 10. Rooks (P.-B.) à 18'57".

1er mai : Grand Prix de Francfort - 1.Van den Abbeele (Bel.); 1. Chiappucci (It.) à 35"; 3. Maassen (P.-B.) à 41".

3 mai : Trophée des grimpeurs - 1. Madiot (Fr.); 2. Virenque (Fr.) à 21"; 3. Lemarchand (Fr.) à 27".

5-10 mai : Tour de Romandie - Classement final: 1. Hampsten (E.-U.); 2. Indurain (Esp.) à 23"; 3. Mottet (Fr.) à 39".

7-17 mai : Tour DuPont - Classement final: 1. Lemond (E.-U.); 2. Kvalsvoll (Nor.) à 20"; 3. Swart (N.-Z.) à 28".

23 mai : Classique des Alpes - 1. Delion (Fr.); 2. Leblanc (Fr.) à 3'26"; 3. Rezzé (Fr.) à 4'12".

24 mai-14 juin : Tour d'Italie
1re étape, Gênes c.l.m. : Marie (Fr.)
2e étape, Gênes-Uliveto Terme : Leoni (It.)
3e étape, Uliveto Terme-Arezzo : Sciandri (It.)
4e étape, Arezzo-San Sepolcro : Indurain (Esp.)
5e étape, San Sepolcro-Porto Sant'Epildio : Cipollini (It.)
6e étape, Porto Sant'Epildio-Sulmona : Vona (It.)
7e étape, Roccarasso-Melfi : Bontempi (It.)
8e étape, Melfi-Aversa : Cipollini (It.)
9e étape, Aversa-Latina : Bontempi (It.)
10e étape, Latina-Termillo : Herrera (Col.)
11e étape, Mont Pulciano-Imola : Pagnin (It.)
12e étape, Imola-Bassano del Grappa : Leoni (It.)
13e étape, Bassano del Grappa-Corvara Altio Badio : Vona (It.)
14e étape, Corvara Altio Badio-Monte Bondon : Furlan (It.)
15e étape, Riva del Garda-Palazzolo Sull'Oglio : Simon (Fr.)
16e étape, Palazzolo Sull'Oglio-Sandrio : Saligari (It.)
17e étape, Sandrio-Vercelli : Cipollini (It.)
18e étape, Saluzzo-Pila : Bolts (All.)
19e étape, Verceli-Montvisio : Giovannetti (It.)
20e étape, Saint-Vincent d'Aoste-Verbania : Chioccioli (It.)
21e étape, Verbania-Vigevano : Cipollini (It.)
22e étape, Vigevano-Milan c.l.m.: Indurain (Esp.)
Classement final : 1. Indurain (Esp.); 2. Chiappucci (It.) à 5'12"; 3. Chioccioli (It.) à 7'16"; 4. Giovannetti (It.) à 8'1"; 5. Hampsten (E.-U.) à 11'12"; 6. Vona (It.) m.t.; 7. Tonkov (CEI) à 17'15"; 8. Herrera (Col.) à 17'53"; 9. Conti (It.) à 19'14"; 10. Cornillet (Fr.) à 20'3".

1-8 juin : Critérium du Dauphiné - Étapes remportées par Nelissen (Bel.), Leblanc (Fr.), Nelissen (Bel.), Leclercq (Fr.), Cubino (Esp.), Farfan (Col.), Palacio (Col.), Mottet (Fr.). Classement final : 1. Mottet (Fr.); 2. Leblanc (Fr.) à 45"; 3. Bugno (It.) à 2'11".

16-22 juin : Grand Prix du Midi Libre - Étapes remportées par Leblanc (Fr.), Svorada (Tch.), Camargo (Col.), Maassen (P.-B.), Leblanc (Fr.), Wust (All.), Ekimov (CEI) Classement final: 1. Leblanc (Fr.); 2. Svorada (Tch.) à 12"; 3. Ekimov (CEI) à 1'25".

17-26 juin : Tour de Suisse - Classement final: 1. Furlan (It.); 2. Bugno (It.) à 31"; 3. Jeker (Sui.) à 1'1".

▶ **28 juin** : Championnats nationaux - France : 1. Leblanc; 2. Marie à 26"; 3. Colotti à 35". Belgique : Museeuw. Espagne : Indurain. Italie : Giovannetti. Pays-Bas : Hoffman.

▶ **4-26 juillet** : Tour de France
Prologue Saint-Sébastien c.l.m.: Indurain (Esp.)
1re étape, Saint-Sébastien-San Sebastian : Arnould (Fr.)
2e étape, Saint-Sébastien-Pau : Murguialday (Esp.)
3e étape, Pau-Bordeaux : Harmeling (P.-B.)
4e étape, Libourne-Libourne c.l.m. par équipes : Panasonic
5e étape, Nogent-sur-Oise-Wasquehal : Bontempi (It.)
6e étape, Roubaix-Bruxelles : Jalabert (Fr.)
7e étape, Bruxelles-Valkenbourg : Delion (Fr.)
8e étape, Valkenbourg-Coblence Nevens (Bel.)
9e étape, Luxembourg-Luxembourg c.l.m. : Indurain (Esp.)
10e étape, Luxembourg-Strasbourg : Van Poppel (P.-B.)
11e étape, Strasbourg-Mulhouse Fignon (Fr.)
12e étape, Dôle-Gervais-Mont-Blanc : Jaerman (Sui.)
13e étape, Saint-Gervais-Sestrières : Chiappucci (It.)
14e étape, Sestrières-Alpe-d'Huez : Hampsten (E.-U.)
15e étape, Bourg-d'Oisans-Saint-Étienne : Chioccioli (It.)
16e étape, Saint-Étienne-La Bourboule : Roche (Irl.)
17e étape, La Bourboule-Montluçon : Colotti (Fr.)
18e étape, Montluçon-Tours : Marie (Fr.)
19e étape, Tours-Blois c.l.m.: Indurain (Esp.)
20e étape, Blois-Nanterre : De Clercq (Bel.)
21e étape, La Défense-Champs-Élysées : Ludwig (All.)
Classement final: 1. Indurain (Esp.); 2. Chiappucci (It.) à 4'35"; 3. Bugno (It.) à 10'49";

4. Hampsten (E.-U.) à 13'40"; 5. Lino (Fr.) à 14'37"; 6. Delgado (Esp.) à 15'16"; 7. Breukink (P.-B.) à 18'51"; 8. Perini (It.) à 19'16"; 9. Roche (Irl.) à 20'23"; 10. Heppner (All.) à 25'30". Classement par points: 1. Jalabert (Fr.); 2. Museeuw (Bel.); 3. Chiappucci (It.). Classement des grimpeurs: 1. Chiappucci (It.); 2. Virenque (Fr.); 3. Chioccioli (It.). Classement par équipes: 1. Carrera; 2. Banesto; 3. Clas.

26 juillet-4 août: Jeux olympiques à Barcelone Messieurs. 100 km contre la montre par équipes : Allemagne. Épreuve individuelle sur route : Casartelli (It.). Kilomètre: Moreno (Esp.). Vitesse : Fielder (All.). Poursuite individuelle : Boardman (G.-B.). Poursuite par équipes : Allemagne. Course aux points : Lombardi (It.). Dames. Épreuve individuelle route : Watt (Aus.). Vitesse : Salumiae (Est.). Poursuite : Ressner (All.).

8 août: Clasica San Sebastian - 1.Alcala (Mex.); 2. Chiappucci (It.) à 1'11"; 3. Bouwmans (P.-B.) à 1'12".

16 août : Wincanton Clasic - 1. Ghirotto (It.) ; 2. Jalabert (Fr.) à 1'10"; 3. Cenghialta (It.) à 2'14".

18-21 août : Tour du Limousin - Classement final: 1. Boyer (Fr.); 2. Mauri (Esp.) à 8"; 3. Virenque (Fr.) à 25".

23 août : Championnat de Zurich - 1. Ekimov (CEI); 2. Armstrong (E.-U.) à 15"; 3. Nevens (Bel.) à 35".

6 septembre : Championnats du monde sur route: 1. Bugno (It.) 2. Jalabert (Fr.) m.t.; 3. Konyshev (Rus.) m.t.; 4. Rominger (Sui.) m.t.; 5. Rooks (P.-B.) m.t.; 6. Indurain (Esp.) m.t.; 7. Ugrumov (Let.) m.t.; 8. Leblanc (Fr.) m.t.; 9. Roosen (P.-B.) m.t.; 10. Bernard (Fr.) m.t.

9-15 septembre : Tour de Catalogne - Classement final: 1. Indurain (Esp.); 2. Rominger (Sui.) à 19"; 3. Martin (Esp.) à 1'18".

16 septembre : Paris-Bruxelles - 1. Sörensen (Dan.); 2. Maassen (P.-B.) à 8"; 3. Anderson (Aus.) m.t.

17 septembre : L'équipe « Z » disparaît. Le groupe professionnel dirigé par Roger Legay portera les couleurs du Gan la saison suivante.

4 octobre : Grand Prix des Amériques - 1. Echave (Esp.); 2. Cassani (It.) à 18"; 3. Leblanc (Fr.) m.t.

10 octobre : Paris-Tours - 1. Redant (Bel.); 2. Henn (All.) à 1"; 3. Ludwig (All.) à 10".

17 octobre : Tour de Lombardie - 1. Rominger (Sui.); 2. Chiappucci (It.) à 41"; 3. Cassani (It.) à 2'50".

1993

1er janvier : L'année nouvelle commence sans deux grands coureurs, Laurent Fignon et Stephen Roche, qui ont décidé de prendre leur retraite.

3 janvier : La Dame blanche rejoint Fausto Coppi. Giulia Occhini, deuxième femme du champion italien, meurt à 69 ans, après un coma de deux ans.

31 janvier : Championnats du monde de cyclo-cross - 1. Arnould (Fr.) ; 2. Kluge (All.) à 9" ; 3. Devos (P.-B.) à 16".

2-7 février : Ruta del Sol - Classement final : 1. Gorospe (Esp.) ; 2. Van Hooydonck (Bel.) à 1" ; 3. Stephens (Aus.) à 3".

3-7 février : Étoile de Bessèges - Classement final : 1. De Las Cuevas (Fr.) ; 2. Heyndericx (Bel.) à 11" ; 3. Mottet (Fr.) à 23".

9-14 février : Tour Méditerranéen - Classement final : 1. Mottet (Fr.) ; 2. Imboden (Sui.) à 14" ; 3. Lance (Fr.) à 24".

14-18 février : Tour de Majorque - Classement final : 1. Jalabert (Fr.) ; 2. Stephens (Aus.) ; 3. Echave (Esp.).

20 février : Tour du Haut-Var - Classement final : 1. Claveyrolat (Fr.) ; 2. Jeker (Sui.) à 3'58" ; 3. Guazinni (Fr.) à 4'59".

22 février : Lors de La Tramontane, course amateur organisée entre Perpignan et Gijon, le jeune coureur espagnol Jesus Antonio Gil se tue dans une chute.

23-28 février : Tour de Valence - Classement final : 1. Gorospe (Esp.) ; 2. Della Santa (It.) à 6" ; 3. Indurain (Esp.) à 21".

25 février : Les coureurs de la Semaine Sicilienne rendent hommage au juge antimafia Giovanni Falcone en déposant une gerbe à l'endroit ou il a été assassiné.

27 février : Het Volk - Classement final : 1. Nelissen (Bel.) ; 2. Ludwig (All.) à 8" ; 3. Vanderaerden (Bel.).

7-14 mars : Paris-Nice - Étapes remportées par Züлле (Sui.), Cipollini (It.), Once, Museeuw (Bel.), Cipollini (It.), Cipollini (It.), De Las Cuevas (Fr.), Jalabert (Fr.), Zülle (Sui.). Classement final : 1. Zülle (Sui.) ; 2. Bezault (Fr.) à 41" ; 3. Lance (Fr.) à 1'7".

9-14 mars : Tour de Murcie - Classement final : 1. Galerreta (Esp.) ; 2. Cubino (Esp.) à 2" ; 3. Bouwmans (P.-B.) à 12".

10 mars : Un groupe d'ouvriers au chômage stoppe la quatrième étape de Paris-Nice, vers Saint-Étienne.

10-17 mars : Tirreno-Adriatico - Classement final : 1. Fondriest (It.) ; 2. Tchmil (Rus.) à 9" ; 3. Della Santa (It.) à 10".

20 mars : Milan-San Remo - 1. Fondriest (It.) ; 2. Gelfi (It.) à 4" ; 3. Sciandri (It.) à 9".

22-26 mars : Semaine Catalane - Classement final : 1. Delgado (Esp.) ; 2. Cubino (Esp.) à 14" ; 3. Dufaux (Sui.) à 14".

27-28 mars : Critérium International - Classement final : 1. Breukink (P.-B.) ; 2. Rominger (Sui.) à 13" ; 3. Zülle (Sui.) à 15".

4 avril : Tour des Flandres - 1. Museeuw (Bel.) ; 2. Maassen (P.-B.) m.t. ; 3. Botarro (It.) à 22".

5-9 avril : Tour du Pays basque - Classement final : 1. Rominger (Sui.) ; 2. Sörensen (Dan.) à 8" ; 3. Zülle (Sui.) à 23".

7 avril : Gand-Wevelgem - 1. Cipollini (It.) ; 2. Vanderaerden (Bel.) m.t. ; 3. Abdoujaparov (Ouz.) m.t.

11 avril : Paris-Roubaix - 1. Duclos-Lassalle (Gan.) ; 2. Ballerini (It.) m.t. ; 3. Ludwig (All.) à 2'09".

11 avril : Flèche Wallonne - 1. Fondriest (It.) ; 2. Rué (Fr.) à 56" 3. Chiapucci (It.) à 1'1".

18 avril : Liège-Bastogne-Liège - 1. Sörensen (Dan.) ; 2. Rominger (Sui.) à 1" ; 3. Fondriest (It.) à 21".

25 avril : Amstel Gold Race - 1. Jaerman (Sui.) ; 2. Bugno (It.) ; 3. Heppner (All.) à 1'2".

26 avril-16 mai : Tour d'Espagne
1re étape, La Corogne c.l.m. : Zülle (Sui.)
2e étape, La Corogne-Vigo : Gutierrez (Esp.)
3e étape, Vigo-Orense : Jalabert (Fr.)
4e étape, Gudina-Salamanque : Van Poppel (P.-B)
5e étape, Salamanque-Avila : Alonso (Esp.)
6e étape, Ségovie-Col de Navacerrada c.l.m. : Zülle (Sui.)
7e étape, Ségovie-Madrid : Jalabert (Fr.)
8e étape, Aranjuez-Albacete : Van Poppel (P.-B.)
9e étape, Albacete-Valence : Abdoujaparov (Ouz.)
10e étape, Valence-La Senia : Gonzales (Esp.)
11e étape, Lérida-sommet de Cerler : Rominger (Sui.)
12e étape, Benasse-Saragosse : Abdoujaparov (Ouz.)
13e étape, Saragosse c.l.m. : Mauri (Esp)
14e étape, Tudela-La Demanda : Rominger (Sui.)
15e étape, Santo Domingo-Santander : Lauritzen (Nor.)
16e étape, Santander-Alto Campo : Montoya (Esp.)
17e étape, Santander-Lac de Covadonga : Rincon (Col.)
18e étape, Cangas de Onis-Gijon : Outschakov (Uk.)
19e étape, Gijon-Alto de Naranco : Rominger (Sui.)
20e étape, Salas-Ferrol : Abdoujaparov (Ouz.)
21e étape, Padron-Saint-Jacques-de-Compostelle c.l.m. : Zülle (Sui.)
Classement final : 1. Rominger (Sui.) ; 2. Zülle (Sui.) à 29" ; 3. Cubino (Esp.) à 8' 54" ; 4. Rincon (Col.) à 9' 54" ; 5. Montoya (Esp.) à 10' 27" ; 6. Delgado (Esp.) à 11'17" ; 7. Breukink (P.-B.) à 17'18" ; 8. Mauri (Esp.) à 19'53" ; 9. Bruyneel (Bel.) à 20'1" ; 10. Escartin (Esp.) à 23'27".

1er mai : Grand Prix de Francfort - 1. Sörensen (Dan.), 2. Sciandri (It.) à 33" ; 3. Bouwmans (P.-B.).

2 mai : Trophée des grimpeurs - 1.Claveyrolat (Fr.) ; 2. Rous (Fr.) à 56" ; 3. Caritoux (Fr.) à 1'2".

4-9 mai : Tour de Romandie - Classement final : 1. Richard (Sui.) ; 2. Chiappucci (It.) à 16" ; 3. Hampsten (EU.) à 1'37".

6-16 mai : Tour DuPont - Classement final : 1. Alcala (Mex.) ; 2. Armstrong (E.-U.) à 2'26" ; 3. Klavsvoll (Nor.) à 4'6".

18 mai : Un cas de dopage est annoncé publiquement : le coureur français Pascal Lino a été contrôlé positif aux amphétamines à l'occasion de l'Amstel Gold Race.

22 mai : Classique des Alpes : 1. Bouwmans (P.-B.) ; 2. Claveyrolat (Fr.) à 49" ; 3. Robin (Fr.) à 3'33".

23 mai-13 juin : Tour d'Italie
1re étape,1er secteur Porto Azzuro-Portoferraio : Argentin (It.).
1re étape, 2e secteur Portoferraio c.l.m. : Fondriest (It.)'
2e étape, Grosseto-Rieti : Baffi (It.)
3e étape, Rieti-Scanno : Ugrumov (Let.)
4e étape, Lago di Scanno-Marcianise : Baldato (It.)
5e étape, Paestum Terme-Luigiane : Konyshev (Rus.)
6e étape, Villafranca Tirrena-Messine : Bontempi (It.)
7e étape, Capo d'Orlando-Agrigente : Riis (Dan.)
8e étape, Agrigente-Palerme : Baffi (It.)
9e étape, Monteliberti-Fabriano : Furlan (It.)
10e étape, Senigallia c.l.m. : Indurain (Esp.)
11e étape, Senigallia-Dozza : Fontanelli (It.)
12e étape, Dozza-Asiago : Konyshev (Rus.)
13e étape, Asiago-Corvara Alta Biada : Argentin (It.)
14e étape, Corvara Alta Biada-Corvara Alta Biada : Chiappucci (It.)
15e étape, Corvara Alta Biada-Lumezzene : Cassani (It.)
16e étape, Lumezzene-Borgo Val Di Toro : Baldato (It.)
17e étape, Varazza-Valle Varalata : Saligari (It.)
18e étape, Sampeyre-Fossano : Baffi (It.)
19e étape, Pinerolo-Sestrières c.l.m. : Indurain (Esp.)
20e étape, Turin-Oropa : Ghirotto (It.)
21e étape, Biella-Milan : Baldato (It.)
Classement final : 1. Indurain (Esp.) ; 2. Ugrumov (Let.) à 58" ; 3. Chiappucci (It.) à 5'27". 4. Lelli (It.) à 6'09" ; 5. Tonkov (Rus.) à 7'11" ; 6. Argentin (It.) à 9'12" ; 7. Poulnikov (Uk.) à 11'30" ; 8. Fondriest (It.) à 12'53" ; 9. Roche (Irl.) à 13'31" ; 10. Jaskula (Pol.) à 13'41".

31 mai-7 juin : Critérium du Dauphiné - Étapes remportées par Alcala (Mex.), Moncassin (Fr.), Duclos-Lassalle (Fr.), Alcala (Mex.), Bouwmans (P.-B.), Dufaux (Sui.), Rincon (Col.), Zamana (Pol.), Classement final : 1. Dufaux (Sui.) ; 2. Rincon (Col.) à 3' ; 3. Boyer (Fr.) à 5'25".

15-19 juin : Grand Prix du Midi Libre - Étapes remportées par Lombardi (It.), Fondriest (It.), Fondriest (It.), Maassen (P.-B.), Fondriest (It.). Classement final : 1. Fondriest (It.) ; 2. Arnould (Fr.) à 5" ; 3. Millar (Écos.).

15-24 juin : Tour de Suisse - Classement final : 1. Saligari (It.)

2. Jaermann (Sui.) à 2'17";
3. Escartin (Esp.) à 2'24".

16-20 juin : Bicicleta Vasca - Classement final : 1. Ugrumov (Let.); 2. Chioccioli (It.) à 16"; 3. Della Santa (It.) à 28".

21-24 juin : Route du Sud - Classement final : 1. Boyer (Gan.) 2. Brochard (Fr.) à 10"; 3. Van Lancker (Bel.) à 8'50".

27 juin : Championnats nationaux - France : 1. Durand; 2. Brochard à 13"; 3. Teyssier à 41". Belgique : Van den Bossche; Espagne : Camacho. Italie : Podenzana. Pays-Bas : Breukink.

4-25 juillet : Tour de France
Prologue Puy-du-Fou c.l.m. : Indurain (Esp.)
1re étape, Luçon-Sables-d'Olonne : Cipollini (It.)
2e étape, Les Sables-d'Olonne-Vannes : Nelissen (Bel.)
3e étape, Vannes-Dinard : Abdoujaparov (Ouz.)
4e étape, Dinard-Avranches c.l.m. : GB-MG
5e étape, Avranches-Evreux : Skibby (Dan.)
6e étape, Evreux-Amiens : Bruyneel (Bel.)
7e étape, Péronne-Châlon-sur-Marne : Riis (Dan.)
8e étape, Châlon-sur Marne-Verdun : Armstrong (E.-U.)
9e étape, Lac de Madine c.l.m. : Indurain (Esp.)
10e étape, Villard-de-Lans-Serre-Chevalier : Rominger (Sui.)
11e étape, Serre-Chevalier-Isola 2000 : Rominger (Sui.)
12e étape, Isola 2000-Marseille : Roscioli (It.)
13e étape, Marseille-Montpellier : Ludwig (All.)
14e étape, Montpellier-Perpignan : Lino (Fr.)
15e étape, Perpignan-Andorre : Rincon (Col.)
16e étape, Andorre-Saint-Lary-Soulan : Jaskula (Pol.)
17e étape, Tarbes-Pau : Chiappucci (It.)
18e étape, Orthez-Bordeaux : Abdoujaparov (Ouz.)
19e étape, Brétigny-sur-Orge-Montlhéry c.l.m. : Rominger (Sui.)
20e étape, Viry-Châtillon-Paris : Abdoujaparov (Ouz.)
Classement final : 1. Indurain (Esp); 2. Rominger (Sui.) à 4'59" 3. Jaskula (Pol) à 5'48"; 4. Meija (Col.) à 7'29"; 5. Riis (Dan.) à 16'26"; 6. Chiappucci (It.) à 17'18"; 7. Bruyneel (Bel.) à 18'4" 8. Hampsten (E.-U.) à 20'14";
9. Delgado (Esp.) à 23'57";
10. Poulnikov (Uk.) à 25'29".
Classement par points :
1. Abdoujaparov (Ouz.);
2. Museeuw (Bel.);
3. Sciandri (It.).
Grand Prix de la montagne :
1. Rominger (Sui.);
2. Chiappucci (It.);
3. Rincon (Col.).
Classement par équipes :
1. Carrera; 2. Ariostea; 3. Clas.

▸ **17 juillet** : Le record de l'heure pour Graham Obree (51,596 km).

▸ **23 juillet** : Avec 52,270 km, Chris Boardman dépossède Obree de son titre.

7 août : Clasica San Sebastian - 1. Chiappucci (It.); 2. Faresin (It.) à 2"; 3. Volpi (It.) à 24".

15 août : Leeds International Classic - 1. Volpi (It.); 2. Skibby (Dan.) à 3"; 3. Fondriest (It.).

17-20 août : Tour du Limousin - Classement final : 1. Mottet (Fr.); 2. Virenque (Fr.) à 35"; 3. Delion (Fr.) à 1'9".

22 août : Championnat de Zurich - 1. Fondriest (It.); 2. Mottet (Fr.); 3. Cenghialta (It.).

22-27 août : Championnats du monde sur piste
Messieurs. Kilomètre : Rousseau (Fr.). Vitesse : Neiwand (Aus.). Poursuite individuelle : Obree (G.-B.). Poursuite par équipes : Australie. Tandem : Italie. Demi-fond : Veggerby (Dan.). Course aux points : De Wilde (Bel.). Dames. Vitesse : Dubcoff (Dan.). Poursuite : Twigg (E.-U.). Course aux points : Haringa (P.-B.).

29 août : Championnats du monde sur route - 1. Armstrong (E.-U.); 2. Indurain (Esp.) à 19"; 3. Ludwig (All.) à 24";
4. Museeuw (Bel.) m.t.;
5. Fondriest (It.) m.t.; 6. Tchmil (Rus.) m.t.; 7. Lauritzen (Nor.) m.t.; 8. Rué (Fr.) m.t.;
9. Riis (Dan.) m.t.; 10. Maassen (P.-B.) m.t.

5-16 septembre : Tour de l'Avenir - Classement final : 1. Davy (Fr.); 2. Simon (Fr.) à 1'; 3. Hamburger (Dan.) à 1'15".

15 septembre : Paris-Bruxelles - 1. Moreau (Fr.); 2. Nijdam (P.-B.) à 7'05"; 3. Museeuw (Bel.) m.t.

18 septembre : Pour ses débuts en VTT, Jeannie Longo remporte la médaille d'argent des championnats du monde de Métabief.

2 octobre : Paris-Tours - 1. Museeuw (Bel.); 2. Fondriest (It.) m.t.; 3. Gontchenkov (Uk.) à 5".

9 octobre : Lors d'un cyclo-cross disputé à Heist-Op-Den-Berg, Geert de Vlaeminck, champion de Belgique amateur de cyclo-cross, meurt à la suite d'une chute sous les yeux de son père Éric, qui était également son entraîneur.

9 octobre : Tour de Lombardie - 1. Richard (Sui.); 2. Furlan (It.) m.t.; 3. Sciandri (It.) à 7".

1994

30 janvier : Championnats du monde de cyclo-cross -
1. Herijgers (Bel.);
2. Groenendal (P.-B.) à 8";
3. Vervecken (Bel.) à 39".

1er février : Grand Prix d'ouverture La Marseillaise - 1. Delion (Fr.); 2. Nelissen (Bel.) à 12"; 3. Simon (Fr.) m.t.

2-6 février : Étoile de Bessèges - Classement final : 1. Van Poppel (P.-B.); 2. Leroscouët (Fr.); 3. Chaubert (Fr.) m.t.

2-6 février : Tour de Majorque - 1.Cabello (Esp.); 2. Garcia (Esp) à 14"; 3. Llaneras (Esp.) à 18".

5 février : Fred de Bruyne meurt à 63 ans, des suites d'un cancer. Vainqueur notamment de trois Liège-Bastogne-Liège, de Paris-Roubaix, du Tour des Flandres, il s'était installé dans le Var, qu'il avait adopté au cours d'un Paris-Nice!

8-13 février : Tour Méditerranéen - Classement final : 1. Cassani (It.) 2. Berzin (Rus.) à 53"; 3. Brochard (Fr.) à 1'28".

8-13 février : Ruta del Sol - Classement final : 1. Della Santa (It.); 2. Roosen (Bel.) à 1'17"; 3. Cabello (Esp.) à 1'17".

22-27 février : Tour de Valence - Classement final : 1. Ekimov (Rus.); 2. Indurain (Esp.) à 10"; 3. Rominger (Sui.) à 11".

26 février : Het Volk - 1. Nelissen (Bel.); 2. Moncassin (Fr.); 3. Kappes (All.) m.t.

6-13 mars : Paris-Nice - Étapes remportées par Cipollini (It.), Baldato (It.), Abdoujaparov (Ouz.), Baldato (It.), Richard (Sui.), Cipollini (It), Mottet (Fr), Abdoujaparov (Ouz), Rominger (Sui.). Classement final : 1. Rominger (Sui.); 2. Montoya (Esp.) à 36"; 3. Ekimov (Rus.) à 1'30".

9-16 mars : Tirreno-Adriatico - Classement final : 1. Furlan (It.); 2. Berzin (Rus.) à 47"; 3. Colage (It.) à 53".

19 mars : Milan-San Remo - 1. Furlan (It.); 2. Cipollini (It.) à 20"; 3. Baffi (It.) m.t.

21-25 mars : Semaine Catalane - Classement final : 1. Della Santa (It.); 2.Dufaux (Sui.) à 1'30"; 3.Hampsten (E.-U.) à 1'57".

26-27 mars : Critérium International - Classement final : 1. Furlan (It.); 2. Rominger (Sui.) à 16"; 3. Berzin (Rus.) à 16".

27 mars : Flèche Brabançonne - 1. Bartoli (It.); 2. Bakker (P.-B.) m.t; 3. Bugno (It.) à 10".

3 avril : Tour des Flandres - 1. Bugno (It.); 2. Museeuw (Bel.) m.t.; 3. Tchmil (Rus.) m.t.

4-8 avril : Tour du Pays basque - Classement final : 1. Rominger (Sui.); 2. Berzin (Rus.) à 43"; 3. Chiappucci (It.) à 58".

6 avril : Gand- Wevelgem - 1. Peeters (Bel.); 2. Ballerini (It.) m.t.; 3. Museeuw (Bel.) à 16".

▸ **10 avril** : Paris-Roubaix - 1. Tchmil (Rus.); 2. Baldato (It.) à 1'13"; 3. Ballerini (It.) m.t.

17 avril : Liège-Bastogne-Liège -1. Berzin (Rus.); 2. Armstrong (E.-U.) à 1'37"; 3. Furlan (It.) m.t.

▸ **20 avril** : Flèche Wallonne - 1. Argentin (It.); 2. Furlan (It.) m.t. 3. Berzin (Rus.) à 22".

23 avril : Amstel Gold Race - 1. Museeuw (Bel.); 2. Cenghialta (It.) m.t.; 3. Saligari (It.) à 7".

25 avril-15 mai : Tour d'Espagne
1re étape, à Valladolid : Rominger (Sui.)
2e étape, Valladolid-Salamanque : Jalabert (Fr.)
3e étape, Salamanque-Caceres : Jalabert (Fr.)
4e étape, Almendralejo-Cordoue : Leoni (It.)
5e étape, Cordoue-Grenade : Jalabert (Fr.)
6e étape, Grenade-Sierra Nevada : Rominger (Sui.)
7e étape, Baza-Alicante : Biasci (It.)
8e étape, Benidorm c.l.m. : Rominger (Sui.)
9e étape, Benidorm-Valence : Van Poppel (P.-B.)
10e étape, Igualada-Andorre : Camargo (Col.)
11e étape, Andorre-Cerler : Rominger (Sui.)
12e étape, Benasque-Saragosse : Jalabert (Fr.)
13e étape, Saragosse-Pampelune : Rominger (Sui.)
14e étape, Pampelune-Cruz de la Demanda : Rominger (Sui.)
15e étape, Santo Domingo-Santander : Di Basco (It.)
16e étape, Santander-Lac de Covadonga : Jalabert (Fr.)
17e étape, Cangas de Onis-Alto Naranco : Voskamp (P.-B.)
18e étape, Avila-Avila : Calcaterra (It.)
19e étape, Avila-Ségovie : Alonso (Esp.)
20e étape, Ségovie-Ségovie c.l.m. : Rominger (Sui.)
21e étape, Ségovie-Madrid : Jalabert (Fr.)
Classement final : 1. Rominger (Sui.); 2. Zarabeitia (Esp.) à 7'28"; 3. Delgado (Esp.) à 9'27";
4. Zülle (Sui.) à 10'54";
5. Rincon (Col.) à 13'09";
6. Leblanc (Fr.) à 15'27";
7. Aparicio (Esp.) à 15'48";
9. Perez (Esp.) à 16'54";
10. Camargo (Col.) à 20'35".

27 avril : Graham Obree bat le record de l'heure de Chris Boardman (52,713).

3-8 mai : Quatre Jours de Dunkerque - Classement final : 1. Seigneur (Fr.); 2. Ludwig (All.) à 24"; 3. Tchmil (Rus.) à 24".

3-8 mai : Tour de Romandie - Classement final : 1. Richard (Sui.); 2. De Las Cuevas (Fr.) à 1'42"; 3. Hampsten (E.-U.) à 2'53".

5-15 mai : Tour DuPont - Classement final : 1. Ekimov (Rus.); 2. Armstrong (E.-U.) à 1'24"; 3. Peron (It.) à 2'43".

19 mai : Dans son exploitation de Caupenne d'Armagnac, dans le Gers, Luis Ocaña se donne la mort d'un coup de fusil, à 48 ans. De nombreux problèmes financiers et familiaux, ainsi que les effets d'une hépatite C, minaient son existence.

23 mai : Classique des Alpes - 1. Rincon (Col.); 2. Roux (Fr.) à 49"; 3. Pensec (Fr.) à 4'15".

22 mai-12 juin : Tour d'Italie
1re étape, 1er secteur Bologne-Bologne : Leoni (It.)
1re étape, 2e secteur Bologne c.l.m. : De Las Cuevas (Fr.)
2e étape, Bologne-Osimo : Argentin (It.)
3e étape, Osimo-Lorento Aprutino : Bugno (It.)
4e étape, Montesilvano-Campitelo Matese : Berzin (Rus.)
5e étape, Campobasso-Melfi : Leoni (It.)
6e étape, Pontesa-Caserte : Saligari (It.)
7e étape, Fiuggi-Fiuggi : Cubino (Esp.)
8e étape, Grosseto-Follonica c.l.m. : Berzin (Rus.)
9e étape, Castiglione della Pescala-Pontedera : Svorada (Slova.)
10e étape, Marostica-Marostica : Abdoujaparov (Ouz.)
11e étape, Marostica-Bibione : Svorada (Slova.)

12e étape, Bibione-Kranj : Ferrigato (It.)
13e étape, Kranj-Leinz : Bartoli (It.)
14e étape, Leinz-Merano : Pantani (It.)
15e étape, Merano-Aprica : Pantani (It.)
16e étape, Sondrio-Stradella : Sciandri (It.)
17e étape, Santa Maria La Versa-Lavagna : Svorada (Slov.)
18e étape, Chiavari-Passo del Boco c.l.m. : Berzin (Rus.)
19e étape, Lavagna-Bra : Ghirroto (It.)
20e étape, Cuneo-Les Deux Alpes : Poulnikov (Uk.)
21e étape, Les Deux Alpes-Sestrières : Richard (Sui.)
22e étape, Turin-Milan : Zanini (It.)
Classement final : 1. Berzin (Rus); 2. Pantini (It.) à 2'51"; 3. Indurain (Esp.) à 3'23"; 4. Tonkov (Rus.) à 11'16"; 5. Chiapucci (It.) à 11'58"; 6. Rodriguez (Col.) à 13'17"; 7. Pondenza (It.) à 13'17"; 8. Bugno (It.) à 15'26"; 9. De Las Cuevas (Fr.) à 15'35"; 10. Hampsten (E.-U.) à 17'21".

30 mai-6 juin : Dauphiné-Libéré - Étapes remportées par Boardman (G.-B.), Wust (All.), Magnien (Fr.), Boardman (G.-B.), Magnien (Fr.), Hervé (Fr.), Pensec (Fr.), Boardman (G.-B.).

Classement final : 1. Dufaux (Sui.); 2. Pensec (Fr.) à 55"; 3. Kasputis (Lit.) à 1'25".

9-12 juin : Tour de Luxembourg - Classement final : 1. Maassen (P.-B.); 2. Hincapie (E.-U.) à 7"; 3. Mauri (Esp.) à 1'17".

14-18 juin : Midi-Libre - Étapes remportées par Tonkov (Rus.), Moncassin (Fr.), Desbiens (Fr.), Van Poppel (P.-B.), Veenstra (P.-B.), Jalabert (Fr.). Classement final : 1. Svorada (Slova.); 2. Tonkov (Rus.) à 2'23"; 3. Conti (It.) à 2'42".

14-23 juin : Tour de Suisse - Classement final : 1. Richard (Sui.); 2. Poulnikov (Ukr.) à 1'02"; 3. Pierobon (It.) à 1'04".

20-23 juin : Route du Sud - Classement final : 1. Mejia (Col.); 2. Virenque (Fr.) à 9"; 3. Mottet (Fr.) à 12".

26 juin : Championnats nationaux - France : 1. Durand; 2. Moncassin m.t.; 3. Capelle m.t. Belgique : Nelissen. Espagne : Olano. Italie : Massimo. Pays-Bas : Rooks.

▶ **2-24 juillet** : Tour de France
Prologue Lille : Boardman (G.-B.)
1re étape, Lille-Armentières : Abdoujaparov (Ouz.)
2e étape, Roubaix-Boulogne-sur-Mer : Van Poppel (P.-B.)
3e étape, Calais-Eurotunnel c.l.m. par équipes : GB-MG
4e étape, Douvres-Brighton : Cabello (Esp.)
5e étape, Portsmouth-Portsmouth : Minali (It.)
6e étape, Cherbourg-Rennes : Bortolomi (It.)
7e étape, Rennes-Futuroscope : Svorada (Slova.)
8e étape, Poitiers-Trélissac : Hamburger (Dan.)
9e étape, Périgeux-Bergerac c.l.m. : Indurain (Esp)
10e étape, Bergerac-Cahors : Durand (Fr.)
11e étape, Cahors-Lourdes Hautacam : Leblanc (Fr.)
12e étape, Lourdes-Luz-Ardiden : Virenque (Fr.)
13e étape, Bagnères-Albi : Riis (Dan.)
14e étape, Castres-Montpellier : Sörensen (Dan.)
15e étape, Montpellier-Carpentras : Poli (It.)
16e étape, Valréas-Alpe-d'Huez : Conti (It.)
17e étape, Bourg-d'Oisans-Val-Thorens : Rodrigues (Col.)
18e étape, Moutiers-Cluses : Ugrumov (Let.)
19e étape, Morzine-Lac Saint-Point : Abdoujaparov (Ouz.)
20e étape, Eurodisneyland-Champs-Élysées : Seigneur (Fr.)
Classement final : 1. Indurain (Esp.); 2. Ugrumov (Let.) à 5'39"; 3. Pantani (It.) à 7'19"; 4. Leblanc (Fr.) à 10'03"; 5. Virenque (Fr.) à 10'10"; 6. Conti (It.) à 12'29"; 7. Elli (It.) à 20'17"; 8. Zülle (Sui.) à 20'35"; 9. Bolts (All.) à 25'19"; 10. Poulnikov (Uk.) à 25'28".
Classement par points : 1. Abdoujaparov (Ouz.); 2. Martinello (It.); 3. Svorada (Slova.).
Classement de la montagne : 1. Virenque (Fr.); 2. Pantani (It.); 3. Ugrumov (Let.).
Classement par équipes : 1. Festina; 2. Gewiss-Balan; 3. Mapei-Clas.

6 août : Clasica San Sebastian - 1. De Las Cuevas (Fr.); 2. Armstrong (E.-U.) à 1'56"; 3. Della Santa (It.) à 2'03".

13 août : Luc Leblanc annonce qu'il va quitter la formation Festina à la fin de la saison pour l'équipe du Groupement.

14 août : Leeds International Classic - 1. Bortolami (It.); 2. Ekimov (Rus.) m.t.; 3. Hamburger (Dan.) à 11".

16-19 août : Tour du Limousin - 1. Heppner (All.); 2. Cornillet (Fr.) m.t.; 3. Roux (Fr.) m.t.

16-21 août : Championnats du monde sur piste
Messieurs. Kilomètre : Rousseau (Fr.). Vitesse : Nothstien (E.-U.). Tandem : Colas-Magné (Fr.). Poursuite individuelle : Boardman (G.-B.). Poursuite par équipes : Allemagne. Course aux points : Rissi (Sui.). Demi-fond : Podlesch (All.).
Dames. Vitesse : Enioukha (Rus.). Poursuite : Clignet (Fr.). Course aux points : Haringa (P.-B.).

21 août : Championnat de Zurich - 1. Bortolami (It.); 2. Museeuw (Bel.) m.t.; 3. Fondriest (It.) m.t.

▶ **23 août** : Championnats du monde sur route dames : 1. Valvik (Nor.); 2. Maegerman (Bel.) m.t.; 3. Golay (E.-U.) m.t.

25 août : Championnats du monde c.l.m. : 1. Boardman (G.-B.), les 42 km en 49'34"; 2. Chiurato (It.) à 48"; 3. Ullrich (All.) à 1'50".

▶ **28 août** : Championnats du monde sur route : 1. Leblanc (Fr.); 2. Chiappucci (It.) à 9"; 3.Virenque (Fr.) m.t.; 4. Ghirotto (It.) m.t; 5. Konichev (Rus.) à 15"; 6. Sörensen (Dan.) à 42"; 7. Armstrong (E.-U.) à 48"; 8. Cubino (Esp.) à 52"; 9. Riis (Dan.) m.t.; 10. Ugrumov (Let.) à 59".

28 août : Une indiscrétion révèle un contrôle positif de Miguel Indurain à l'occasion du Tour de l'Oise... le 15 mai! Le produit incriminé est le Salbutamol, utilisé par l'Espagnol contre son allergie au pollen. Il est interdit en France, mais pas par l'UCI! Indurain est « blanchi » le 6 septembre.

▶ **2 septembre** : Miguel Indurain nouveau recordman de l'heure (53,04 km).

6-16 septembre : Tour de l'Avenir - Classement final : 1. Casero (Esp.); 2. Bakker (P.-B.) à 15"; 3. Bouyer (Fr.) à 53".

8-14 septembre : Tour de Catalogne - Classement final : 1. Chiappucci (It.); 2. Escartin (Esp.) à 21"; 3. Delgado (Esp.) à 30".

14 septembre : Paris-Bruxelles - 1. Sörensen (Dan.); 2. Ballerini (It.) à 10"; 3. Yates (G.-B.) à 17".

24 septembre : Grand Prix des nations - 1. Rominger (Sui.); 2. Moreau (Fr.) à 3'48"; 3. Marie (Fr.) à 4'13".

2 octobre : Paris-Tours - 1. Zabel (All.); 2. Bortolami (It.) m.t.; 3. Spruch (Pol.) m.t.

8 octobre : Tour de Lombardie - 1. Bobrik (Rus.); 2. Chiappucci (It.) à 2"; 3. Richard (Sui.) à 3".

▶ **5 novembre** : Tony Rominger porte le record de l'heure à 55,291 km.

8 décembre : Greg Lemond annonce l'arrêt de sa carrière à 33 ans. Dans un hôtel de Los Angeles, la star américaine explique qu'elle souffre d'une myopathie mitochondriale, une affection musculaire qui l'empêche de faire des efforts prolongés.

1995

7 janvier : À Cublize, la veille du championnat de France de cyclo-cross, l'équipe du Groupement est présentée officiellement à la presse et aux sponsors.

21 janvier : Le coureur Philippe Casado meurt au cours d'un match de rugby amical, victime d'une rupture d'anévrisme.

28 janvier : Championnats du monde de cyclo-cross - 1. Runkel (Sui.); 2. Groenendal (P.-B.) à 37"; 3. Wabel (Sui.) à 57".

1er-5 février : Étoile de Bessèges - Classement final : 1. Outschakov (Uk.); 2. Tchmil (Rus.) à 1'10"; 3. Simon (Fr.) à 1'20".

5-9 février : Tour de Majorque - Classement final : 1. Zülle (Sui.); 2. Baffi (It.) à 22"; 3. Edo (Esp.) m.t.

8-12 février : Tour Méditerranéen - Classement final : 1. Bugno (It.); 2. Petito (It.) à 7"; 3. Rebellin (It.) à 12".

13-17 février : Ruta del Sol - Classement final : 1. Della Santa (It.); 2. Cabello (Esp.) m.t.; 3. Rojas (Esp.) à 17".

18 février : Tour du Haut-Var - 1. Lietti (It.); 2. Scinto (It.) m.t.; 3. Guerini (It.) à 58".

22-26 fevrier : Tour de Valence - Classement final : 1. Zülle (Sui.); 2. Jalabert (Fr.) à 10"; 3. Olano (Esp.) à 31".

25 février : Het Volk - 1. Ballerini (It.); 2. Van Hooydonck (Bel.) à 6"; 3.Tchmil (Rus.) m.t.

5-12 mars : Paris-Nice - Étapes remportées par Nelissen (Bel.), Jalabert (Fr.), Jalabert (Fr.), Armstrong (E.-U.), Saligari (It.), Richard (Sui.), Baldato (It.), Bobrik (Rus.). La 4e étape Roanne-Chalvignac a été stoppée après 59 km à cause des intempéries. Classement final : 1. Jalabert (Fr.); 2. Bobrik (Rus.) à 1'40"; 3. Zülle (Sui.) à 1'57".

8-15 mars : Tirreno-Adriatico - Classement final : 1. Colage (It.); 2. Fondriest (It.) à 22"; 3. Konishev (Rus.) à 27".

▶ **19 mars** : Milan-San Remo - 1. Jalabert (Fr.); 2. Fondriest (It.) m.t.; 3. Zanini (It.) à 4".

20-24 mars : Semaine Catalane - Classement final : 1. Frattini (It.); 2. Zülle (Sui.) à 4"; 3. Garmendia (Esp.) à 32".

25-26 mars : Critérium International - Classement final : 1. Jalabert (Fr.); 2. Bobrik (Rus.) à 32"; 3. Berzin (Rus.) à 1'11".

2 avril : Tour des Flandres - 1. Museeuw (Bel.); 2. Baldato (It.) à 1'27"; 3. Tchmil (Rus.) m.t.

5 avril : Gand-Wevelgem - 1. Michaelsen (Dan.); 2. Fondriest (It.) m.t.; 3. Roosen (Bel.) à 5".

3-7 avril : Tour du Pays basque - Classement final : 1. Zülle (Sui.); 2. Jalabert (Fr.) à 1'16"; 3. Rominger (Sui.) à 2'25".

▶ **9 avril** : Paris-Roubaix - 1. Ballerini (It.); 2. Tchmil (Rus.) à 1'58"; 3. Museeuw (Bel.) m.t.

12 avril : Flèche Wallonne - 1. Jalabert (Fr.); 2. Fondriest (It.) à 2"; 3. Berzin (Rus.) à 26".

16 avril : Liège-Bastogne-Liège - 1. Giannetti (It.); 2. Bugno (It.) à 15"; 3. Bartoli (It.) m.t.

22 avril : Amstel Gold Race - 1. Giannetti (It.); 2. Cassani (It.) m.t; 3. Zberg (Sui.) à 27".

27 avril-7 mai : Tour DuPont - Classement final : 1. Armstrong (E.-U.); 2. Ekimov (Rus.) à 2'; 3. Peron (It.) à 2'56".

30 avril : Trophée des grimpeurs - 1. De Las Cuevas (Fr.); 2. Magnien (Fr.) à 44"; 3. Virenque (Fr.) à 47".

2-7 mai : Quatre Jours de Dunkerque - Classement final : 1. Museeuw (Bel.); 2. Simon (Fr.) à 5"; 3. Zabel (All.) à 38".

2-7 mai : Tour de Romandie - Classement final : 1. Rominger (Sui.); 2. Ugrumov (Let.) à 1'39"; 3. Casagrande (It.) à 2'41".

24-29 mai : Midi-Libre - Étapes remportées par Spruch (Pol.), Nelissen (Bel.), Bourguignon (Fr.), Jalabert (Fr.), Durand (Fr.), Bruyneel (Bel.), Boardman (G.-B.). Classement final :

1. Indurain (Esp.) ; 2. Virenque (Fr.) à 1'35" ; 3. Laurent (Fr.) à 2'.

3 juin : Classique des Alpes - 1. Gonzalez Arrieta (Esp.) ; 2. Rué (Fr.) m.t. ; 3. Virenque (Fr.) à 1'04".

13 mai-4 juin : Tour d'Italie
1re étape, Pérouse-Terni : Cipollini (It.)
2e étape, Foligno-Assise c.l.m. : Rominger (Sui)
3e étape, Spoletto-Marotta : Cipollini (It.)
4e étape, Mondolfo-Loreto : Rominger (Sui.)
5e étape, Porto Recanati-Tortoreto Lido : Casagrande (It.)
6e étape, Trani-Tarente : Minali (It.)
7e étape, Tarente-Terme Luigiane : Fondriest (It.)
8e étape, Acquepessa Marina-Monte Sirino : Cubino (Esp.)
9e étape, Terme La Calda-Salerne : Sörensen (Dan.)
10e étape, Telese Terme-Maddaloni c.l.m. : Rominger (Sui.)
11e étape, Pietrasanta-Il Ciocco : Zaina (It.)
12e étape, Borgo a Mozzano-Cento : Svorada (Slova.)
13e étape, Pieve di Cento-Rovereto : Richard (Sui.)
14e étape, Trente-Val Senales : Rincon (Col.)
15e étape, Val Senales-Lenzerhelde : Piccoli (It.)
16e étape, Lenzerhelde-Treviglio : Citterio (It.)
17e étape, Cenate-Selvino c.l.m. : Rominger (Sui.)
18e étape, Stradella-Vicoforte : Zanette (It.)
19e étape, Mondovi-Ponte Chianale : Richard (Sui.)
20e étape, Briançon-Gressonney : Outschakov (Uk.)
21e étape, Pont-St-Martin-Luino : Berzin (Rus.)
22e étape, Luino-Milan : Lombardi (It.)
Classement final : 1. Rominger (Sui.) ; 2. Berzin (Rus.) à 4'13" ; 3. Ugrumov (Rus.) à 4'55" ; 4. Chiappucci (It.) à 9'23" ; 5. Rincon (Col.) à 10'03 ; 6. Tonkov (Rus.) à 11'31" ; 7. Zaina (It.) à 13'40" ; 8. Imboden (Sui.) à 16'23" ; 9. Totschnig (Aut.) à 18'05" ; 10. Casagrande (It.) à 18'50".

4-11 juin : Critérium du Dauphiné - Étapes remportées par Boardman (G.-B.), Tchmil (Rus.), Veenstra (P.-B.), Indurain (Esp.), Virenque (Fr), Talmant (Fr.), Virenque (Fr.), Jeker (Sui). Classement final : 1. Indurain (Esp.) ; 2. Boardman (G.-B.) à 2'21" ; 3. Aparicio (Esp.) à 3'39".

13-22 juin : Tour de Suisse - Classement final : 1. Tonkov (Rus.) ; 2. Zülle (Sui.) à 11" ; 3. Jaskula (Pol.) à 4'19".

15-21 juin : Tour de Catalogne - Classement final : Jalabert (Fr.) ; 2. Mauri (Esp.) à 46" ; 3. Montoya (Esp.) à 49".

17 juin : Eddy Merckx fête ses 50 ans. Autour de lui, ses équipiers Bruyère, Van den Bossche, De Schoenmaecker, Janssens, Van Schil, Lelangue, Mintjens, Huysmans.

17-20 juin : Route du Sud - Classement final : 1. Dufaux (Sui.) ; 2. Miranda (Esp.) à 27" ; 3. Madouas (Fr.) à 1'20".

25 juin : Championnats nationaux - France : 1. Seigneur ; 2. Colotti ; 3. Madouas. Belgique : Nelissen. Espagne : Montoya. Italie : Bugno. Pays-Bas : Knaven. Suisse : Puttini.

▸ **1er-23 juillet** : Tour de France
Prologue Saint-Brieuc : Durand (Fr)
1re étape, Dinan-Lannion : Baldato (It)
2e étape, Perros-Guirec- Vitré : Cipollini (It)
3e étape, Mayenne-Alençon c.l.m. par équipes : Gewiss
4e étape, Alençon-Le Havre : Cipollini (It.)
5e étape, Fécamp-Dunkerque : Blijlevens (P.-B.)
6e étape, Dunkerque-Charleroi : Zabel (All.)
7e étape, Charleroi-Liège : Bruyneel (Bel.)
8e étape, Huy-Seraing c.l.m. : Indurain (Esp.)
9e étape, Le Grand-Bornand-La Plagne : Zülle (Sui.)
10e étape, Aime-La-Plagne-Alpe-d'Huez : Pantani (It.)
11e étape, Bourg-d'Oisans-Saint-Étienne : Sciandri (G.-B.)
12e étape, Saint-Étienne-Mende : Jalabert (Fr.)
13e étape, Mende-Revel : Outschakov (Uk.)
14e étape, Saint-Orens-de-Garneville-Guzet-Neige : Pantani (It.)
15e étape, Saint-Girons-Cauterets : Virenque (Fr.)
16e étape, Tarbes-Pau : hommage à Fabio Casartelli (pas de classement)
17e étape, Pau-Bordeaux : Zabel (All.)
18e étape, Montpon-Ménestérol : Armstrong (E.-U.)
19e étape, Lac de Vassivière c.l.m. : Indurain (Esp.)
20e étape, Sainte-Geneviève-des-Bois-Paris : Abdoujaparov (Ouz.)
Classement final : 1. Indurain (Esp.) ; 2. Zülle (Sui.) à 4'35" ; 3. Riis (Dan.) à 6'47" ; 4. Jalabert (Fr.) à 8'24" ; 5. Gotti (It.) à 11'33" ; 6. Mauri (Esp.) à 15'20" ; 7. Escartin (Esp.) à 15'49" ; 8. Rominger (Sui.) à 16'46" ; 9. Virenque (Fr.) à 17'31" ; 10. Buenahora (Col.) à 18'50".
Classement par points : 1. Jalabert (Fr.) ; 2. Abdoujaparov (Ouz.) ; 3. Indurain (Esp.).
Classement de la montagne : 1. Virenque (Fr.) ; 2. Chiappucci (It.) ; 3. Zülle (Sui.).
Classement par équipes : 1. Once ; 2. Gewiss ; 3. Mapei-GB.

29 juillet : Le peloton du Tour de France au complet dispute un critérium inédit autour de la Place Rouge à Moscou. Il est remporté par Miguel Indurain.

29 juillet-12 août : Tour féminin - Classement final : 1. Luperini (It.) ; 2. Longo (Fr.) à 8'07" ; 3. Zberg (Sui.) à 10'11".

6 août : Leeds International Clasic - 1. Sciandri (G.-B.) ; 2. Caruso (It.) à 44" ; 3. Elli (It.) m.t.

12 août : Clasica San Sebastian - 1. Armstrong (E.-U.) ; 2. Della Santa (It.) à 2" ; 3. Museeuw (Bel.) à 27".

15-18 août : Tour du Limousin - Classement final : 1. Tchmil (Rus.) ; 2. Ullrich (All.) ; 3. Rous (Fr.).

20 août : Championnat de Zurich - 1. Museeuw (Bel.) ; 2. Furlan (It.) m.t. ; 3. Coppolillo (It.) m.t.

23 août : Championnat de France c.l.m. - 1. Marie ; 2. Lance à 18" ; 3. Thibout à 47".

14 septembre : Paris-Bruxelles - 1. Vandenbroucke (Bel.) ; 2. Corvers (Bel.) m.t ; 3. Sörensen (Dan.) m.t.

▸ **2-24 septembre** : Tour d'Espagne
Prologue à Saragosse : Olano (Esp.)
1re étape, Saragosse-Logrono : Minali (It.)
2e étape, San Asensio-Santander : Pianegonda (It.)
3e étape, Santander-Alto de Naranco : Jalabert (Fr.)
4e étape, Tapia de Casriego-La Corogne : Wust (All.)
5e étape, La Corogne-Orense : Jalabert (Fr.)
6e étape, Orense-Zamora : Minali (It.)
7e étape, Salamanque-Salamanque c.l.m. : Olano (Esp.)
8e étape, Salamanque-Avila : Jalabert (Fr.)
9e étape, Avila-Ségovie : Skibby (Dan.)
10e étape, Cordoue-Séville : Blijlevens (P.-B.)
11e étape, Séville-Marbella : Minali (It.)
12e étape, Marbella-Sierra Nevada : Dietz (All.)
13e étape, Olula del Rio-Murcie : Henn (All.)
14e étape, Elche-Valence : Wust (All.)
15e étape, Circuit olympique à Barcelone : Jalabert (Fr.)
16e étape, Tarrega-Pla de Beret : Zülle (Sui.)
17e étape, Salardu-Luz-Ardiden : Jalabert (Fr.)
18e étape, Luz-Saint-Sauveur-Sabinanigo : Saatov (Rus.)
19e étape, Sabinanigo-Calatayud : Baffi (It.)
20e étape, Alcala c.l.m. : Olano (Esp.)
21e étape, Alcala-Madrid : Wust (All.)
Classement final : 1. Jalabert (Fr.) ; 2. Olano (Esp.) à 4'22" ; 3. Bruyneel (Bel.) à 6'48" ; 4. Mauri (Esp.) à 8'04" ; 5. Virenque (Fr.) à 11'38" ; 6. Pistore (It.) à 11'54" ; 7. Garcia (Esp.) à 13'50" ; 8. Clavero (Esp.) à 15'03" ; 9. Bartoli (It.) à 19'14" ; 10. Della Santa (It.) à 19'42".

6-16 septembre : Tour de l'Avenir - Classement final : 1. Magnien (Fr.) ; 2. Moreau (Fr.) à 2'51" ; 3. Rous (Fr.) à 4'30".

14 septembre : Le champion de France amateur Gérald Liévin remporte l'étape de Guidel du Tour de l'Avenir et il apprend le même jour son déclassement du championnat de France pour dopage.

17 septembre : À l'occasion du Grand Prix d'Isbergues, Gilbert Duclos-Lassalle dispute sa dernière course professionnelle, à 41 ans.

23 septembre : Dans l'avant-dernière étape du Tour d'Espagne, la première publicité sportive virtuelle est réalisée. La banderole Aguila a été remplacée en Belgique et aux Pays-Bas par la marque Amstel.

24 septembre : Le pistard Patrice Sulpice est victime d'un accident très grave sur la piste de Bogota. Moëlle épinière écrasée, il reste paralysé.

26-30 septembre : Championnats du monde sur piste
Messieurs. Kilomètre : Kelly (Aus.).Vitesse : Hill (Aus.).
Poursuite : Obree (G.-B.).
Vitesse par équipes : Allemagne.
Poursuite par équipes : Australie.
Course aux points : Martinello (It.)
Dames. Américaine : Ballanger (Fr.). 500 m : Ballanger (Fr.).
Poursuite : Twigg (E.-U.).
Course aux points : Samokvalova (Rus.).

4 octobre : Championnats du monde c.l.m.
Messieurs : Indurain (Esp.).
Dames : Longo (Fr.).

7 octobre : Championnats du monde sur route dames - 1. Longo (Fr.) ; 2. Marsal (Fr.) à 38" ; 3. Pucinskaite (Lit.) à 1'56".

▸ **8 octobre** : Championnats du monde sur route messieurs - 1. Olano (Esp.) ; 2. Indurain (Esp.) à 35" ; 3. Pantani (It.) m.t. ; 4. Gianetti (Sui.) m.t. ; 5. Richard (Sui.) à 53" ; 6. Virenque (Fr.) à 1'31" ; 7. Konishev (Rus.) à 1'53" ; 8. Rincon (Col.) m.t. ; 9. Sörensen (Dan.) m.t. ; 10. Puttini (Sui.) m.t.

14 octobre : Paris-Tours - 1. Minali (It.) ; 2. Tchmil (Rus.) m.t. ; 3. Teulenberg (All) m.t.

15 octobre : À Bogota (Colombie), Miguel Indurain échoue contre le record de l'heure de Tony Rominger, écœuré par les mauvaises conditions climatiques.

21 octobre : Tour de Lombardie - 1. Faresin (It.) ; 2. Nardello (It.) à 19" ; 3. Bartoli (It.) m.t.

26 octobre : Départ du premier Tour de Chine professionnel en six étapes ; il est remporté par le Russe Viatcheslav Ekimov.

13 novembre : Sans illusion, le Belge Nico Emonds se lance contre le record de l'heure sur le vélodrome de Bordeaux ; il bat tout de même le record de Belgique de Merckx avec 51,801 km ; il le porte à 52,466 km le 6 décembre.

1996

4 février : Championnats du monde de cyclo-cross - 1. Van der Poël (P.-B.) ; 2. Pontoni (It.) ; 3. Bramati (It.) m.t.

6-11 février : Étoile de Bessèges - Classement final : 1. Svorada (Slova.) ; 2. Nelissen (Bel.) à 20" ; 3. Baldato (It.) à 31".

11-15 février : Trophée de Majorque - Classement final : 1. Cabello (Esp.) ; 2. Garcia-Camacho (Esp.) à 1'13" ; 3. Cuesta (Esp.) à 1'13".

14-18 février : Tour Méditerranéen - Classement final : 1. Vandenbroucke (Bel.) ; 2. Baldato (It.) à 38" ; 3. Belli (It.) à 1'13".

19-23 février : Ruta del Sol - Classement final : 1. Stephens

(Aus.) ; 2. Gontchekov (Uk.) à 32" ; 3. Farzijn (Bel.) à 2'8".

24 février : Tour du Haut-Var - 1. Boscardin (It.) ; 2. Van Bon (P.-B.) ; 3. Hofmann (P.-B.) m.t.

2 mars : Het Volk - 1. Steels (Bel.) ; 2. Redant (Bel.) ; 3. Ludwig (All.) m.t.

10-17 mars : Paris-Nice - Étapes remportées par Moncassin (Fr.), Nelissen (Bel.), Jalabert (Fr.), Jalabert (Fr.), Casagrande (It.), Tchmil (Rus.), Boscardin (It.), Sciandri (G.-B.), Boardman (G.-B.). Classement final : 1. Jalabert (Fr.) ; 2. Amstrong (E.-U.) à 43" ; 3. Boardman (G.-B.) à 47".

13-20 mars : Tirreno-Adriatico - Classement final : 1. Casagrande (It.) ; 2. Gontchenkov (Rus.) à 23" ; 3. Pianegonda (It.) à 29".

23 mars : Milan-San Remo - 1. Colombo (It.) ; 2. Gontchenkov (Rus.) à 1" ; 3. Coppolillo (It.) m.t.

25-29 mars : Semaine Catalane - Classement final : 1. Züllе (Sui.) ; 2. Cuesta (Esp.) à 1'20" ; 3. Casagrande (It.) à 1'27".

30-31 mars : Critérium International - Classement final : 1. Boardman (G.-B.) ; 2. Coppolillo (It.) à 5" ; 3. Giannetti (Sui.) à 8".

7 avril : Tour des Flandres - 1. Bartoli (It.) ; 2. Baldato (It.) à 55" ; 3. Museeuw (Bel.) m.t.

10 avril : Gand-Wevelgem - 1. Steels (Bel.) ; 2. Lombardi (It.) ; 3. Baldato (It.) m.t.

▶ **14 avril** : Paris Roubaix 1. Museeuw (Bel.) ; 2. Bortolami (It.) ; 3. Tafi (It.) m.t.

18 avril : Mort de l'Australien Hubert Opperman, à 91 ans, alors qu'il effectuait une sortie à vélo.

21 avril : Liège-Bastogne-Liège - 1. Richard (Sui.) ; 2. Armstrong (E.-U.) ; 3. Giannetti (Sui.) m.t.

24 avril : Mort de Vicente Torriani, directeur du Tour d'Italie de 1947 à 1993.

1er-12 mai : Tour DuPont - Classement final : 1. Armstrong (E.-U.) ; 2. Hervé (Fr.) à 1'58" ; 3. Rominger (Sui.) à 5'8".

5 mai : Trophée des grimpeurs - 1. Heulot (Fr.) ; 2. Forconi (It.) à 7" ; 3. Desbiens (Fr.) à 41".

6-12 mai : Tour de Romandie - Classement final : 1. Olano (Esp.) ; 2. Gontchenkov (Rus.) à 1'18" ; 3. Guerini (It.) à 1'25".

7-12 mai : Quatre Jours de Dunkerque - Classement final : 1. Gaumont (Fr.) ; 2. Laurent (Fr.) à 2" ; 3. Ludwig (All.) à 18".

17-19 mai : Tour de l'Oise - Classement final : 1. Gaumont (Fr.) ; 2. Desbiens (Fr.) à 8" ; 3. Boardman (G.-B.) à 34".

18 mai-9 juin : Tour d'Italie
1re étape, à Athènes : Martinello (It.)
2e étape, Elefsina-Nafpaktos : Magnusson (Suè.)
3e étape, Missolongi-Ionina : Lombardi (It.)
4e étape, à Ostuni : Cipollini (It.)
5e étape, Metaponto-Crotone : Edo (Esp.)
6e étape, Crotone-Catanzaro : Hervé (Fr.)
7e étape, Amantea-Monte Sirino : Rebellin (It.)
8e étape, Polla-Naples : Cipollini (It.)
9e étape, Naples-Fiuggi : Zaina (It.)
10e étape, Arezzo-Prato : Massi (It.)
11e étape, Prato-Marina di Massa : Cipollini (It.)
12e étape, Aulla-Loano : Fontanelli (It.)
13e étape, Loano-Pratonevoso : Tonkov (Rus.)
14e étape, Vicoforte-Briançon : Richard (Sui.)
15e étape, Briançon-Aoste : Bugno (It.)
16e étape, Aoste-Lausanne : Gontchenkov (Rus.)
17e étape, Lausanne-Bietta : Larsen (Dan.)
18e étape, Meda-Vicenza : Cipollini (It.)
19e étape, Vicenza-Marostica c.l.m. : Berzin (Rus.)
20e étape, Marostica-Passo Pordoi : Zaina (It.)
21e étape, Cavalese-Aprica : Gotti (It.)
22e étape, Sondrio-Milan : Outschakov (Uk.)
Classement final : 1. Tonkov (Rus.) ; 2. Zaina (It.) à 2'43" ; 3. Olano (Esp.) à 2'57" ; 4. Ugrumov (Rus.) à 3' ; 5. Gotti (It.) à 3'36" ; 6. Rebellin (It.) à 9'15" ; 7. Faustini (It.) à 10'38" ; 8. Shefer (Kaz.) à 11'22" ; 9. Robin (Fr.) à 13'4" ; 10. Berzin (Rus.) à 14'41".

21-26 mai : Midi-Libre - Étapes remportées par Moncassin (Fr.), Jalabert (Fr.), Moncassin (Fr.), Vasseur (Fr.), Jalabert (Fr.), Talmant (Fr.). Classement final : 1. Jalabert (Fr.) ; 2. Brochard (Fr.) à 22" ; 3. Virenque (Fr.) à 25".

1er juin : Classique des Alpes - 1. Jalabert (Fr.) ; 2. Leblanc (Fr.) à 1" ; 3. Cuesta (Esp.) à 2".

2-9 juin : Critérium du Dauphiné - Étapes remportées par Boardman (G.-B.), Kasputis (Lit.), F. Simon (Fr.), Bouvard (Fr.), Virenque (Fr.), Indurain (Esp.), Indurain (Esp.), Leblanc (Fr.). Classement final : 1. Indurain (Esp.) ; 2. Rominger (Sui.) à 1'21" ; 3. Virenque (Fr.) à 1'32".

6-9 juin : Tour du Luxembourg - Classement final : 1. Elli (It.) ; 2. Desbiens (Fr.) à 17" ; 3. Breukink (P.-B.) à 23".

11-20 juin : Tour de Suisse - Classement final : 1. Luttenberger (Aut.) ; 2. Faresin (It.) à 15" ; 3. Bugno (It.) à 1'15".

12 juin : La Française des Jeux annonce qu'elle va créer une équipe sous la direction de Marc Madiot.

13-20 juin : Tour de Catalogne - Classement final : 1. Zülle (Sui.) ; 2. Jonker (Aus.) à 1'8" ; 3. Fincato (It.) à 4'23".

15-18 juin : Route du Sud - Classement final : 1. Jalabert (Fr.) ; 2. Guerini (It.) à 5" ; 3. Kaukka (Fin.) à 36".

18 juin : Philippe Gaumont et Laurent Desbiens sont déclarés positifs à la Nandrolone. Ils en rejettent la responsabilité sur le docteur Nedelec, le médecin de l'équipe GAN.

23 juin : À 23 ans, Mariano Rojas, grand espoir du cyclisme espagnol et coéquipier de Jalabert, décède à la suite d'un accident de la circulation.

23 juin : Championnats nationaux - France : 1. Heulot ; 2. Roux ; 3. Guesdon à 10". Belgique : Museeuw. Espagne : Fernandez-Gines. Italie : Cipollini. Pays-Bas : Den Bakker. Suisse : Meïer.

24 juin : Mort de Pierre Chany.

▶ **29 juin-21 juillet** : Tour de France
Prologue à 's Hertogenbosch : Zülle (Sui.)
1re étape, 's-Hertogenbosch-'s-Hertogenbosch : Moncassin (Fr.)
2e étape, 's-Hertogenbosch-Wasquehal : Cipollini (It.)
3e étape, Wasquehal-Nogent-sur-Oise : Zabel (All.)
4e étape, Soissons-Lac de Madine : Saugrain (Fr.)
5e étape, Lac de Madine-Besançon : Blijlevens (P.-B.)
6e étape, Arc-et-Senans-Aix-les-Bains : Boogerd (P.-B.)
7e étape, Chambéry-Les Arcs : Leblanc (Fr.)
8e étape, Bourg-Saint-Maurice-Val-d'Isère c.l.m. : Berzin (Rus.)
9e étape, Val-d'Isère-Sestrières : Riis (Dan.)
10e étape, Turin-Gap : Zabel (All.)
11e étape, Gap-Valence : Gonzalez (Col.)
12e étape, Valence-Le Puy-en-Velay : Richard (Sui.)
13e étape, Le Puy-en-Velay-Super-Besse : Sörensen (Dan.)
14e étape, Besse-Tulle : Abdoujaparov (Ouz.)
15e étape, Brive-Villeneuve-sur-Lot : Podenzana (It.)
16e étape, Agen-Lourdes-Hautacam : Riis (Dan.)
17e étape, Argelès Gazost-Pampelune : Dufaux (Sui.)
18e étape, Pampelune-Hendaye : Voskamp (P.-B.)
19e étape, Hendaye-Bordeaux : Moncassin (Fr.)
20e étape, Bordeaux-Saint-Émilion c.l.m. : Ullrich (All.)
21e étape, Palaiseau-Paris : Baldato (It.)
Classement final : 1. Riis (Dan.) ; 2. Ullrich (All.) à 1'41" ; 3. Virenque (Fr.) à 4'37" ; 4. Dufaux (Sui.) à 4'53" ; 5. Luttenberger (Aut.) à 7'7" ; 6. Leblanc (Fr.) à 10'3" ; 7. Ugrumov (Rus.) à 10'4" ; 8. Escartin (Esp.) à 10'26" ; 9. Olano (Esp.) à 11' ; 1 0. Rominger (Sui.) à 11'53".
Classement par points : 1. Zabel (All.) ; 2. Moncassin (Fr.) ; 3. Baldato (It.).
Classement de la montagne : 1. Virenque (Fr.) ; 2. Riis (Dan.) ; 3. Dufaux (Sui.).
Classement par équipes : 1. Festina ; 2. Telekom ; 3. Mapei-GB.

▶ **19 juillet-4 août** : Jeux olympiques d'Atlanta
Messieurs. Route : 1. Richard (Sui.) ; 2. Sörensen (Dan.) ; 3. Sciandri (G.-B.). Contre-la-montre : 1. Indurain (Esp.) ; 2. Olano (Esp.) ; 3. Boardman (G.-B.). Piste - Kilomètre : 1. Rousseau (Fr.) ; 2. Hartwell (E.-U.) ; 3. Jumonji (Jap.). Poursuite : 1. Collinelli (It.) ; 2. Ermenault (Fr.). Poursuite par équipes : 1. France (Capelle, Monin, Ermenault, Moreau) ; 2. Russie ; 3. Australie. Vitesse : 1. Fiedler (All.) ; 2. Nothstein (E.-U.) ; 3. Narnett (Can.). Course aux points : 1. Martinello (It.) ; 2. Walton (Can.) ; 3. O'Grady (Irl.). VTT-Cross-country : 1. Brentjens (P.-B.) ; 2. Frischknecht (Sui.) ; 3. Martinez (Fr.).
Dames. Route : 1. Longo (Fr.) ; 2. Chiappa (It.). Contre-la-montre : 1. Zabirova (Rus.) ; 2. Longo (Fr.) ; 3. Hughes (Can.). Piste - Poursuite : 1. Bellutti (It.) ; 2. Clignet (Fr.) ; 3. Arndt (All.). Vitesse : 1. Ballanger (Fr.) ; 2. Ferris (Aus.) ; 3. Haringa (P.-B.). Course aux points : 1. Even-Lancien (Fr.) ; 2. Haringa (P.-B.) ; 3. Tyler-Sharman (Aus.). VTT-Cross-country : 1. Pezzo (It.) ; 2. Sydor (Can.) ; 3. Demattei (E.-U.).

10 août : Clasica San Sebastian - 1. Bölts (All.) ; 2. Cattai (It.) ; 3. Podenzana (It.) m.t.

14-25 août : Tour féminin - Classement final : 1. Luperini (It.) ; 2. R. Polikievicute (Lit.) à 5'2" ; 3. Longo (Fr.) à 5'20".

15 août : Championnat de France c.l.m. - 1. Seigneur ; 2. Brochard à 22" ; 3. C. Moreau à 1'13".

18 août : Leeds International Clasic - 1. Ferrigato (It.) ; 2. Sciandri (G.-B.) à 1" ; 3. Museeuw (Bel.) à 20".

20-23 août : Tour du Limousin - Classement final : 1. Brochard (Fr.) ; 2. Blaudzun (Dan.) à 4" ; 3. Chanteur (Fr.) à 6".

25 août : Grand Prix de Suisse (ex-championnat de Zurich) - 1. Ferrigato (It.) ; 2. Bartoli (It.) ; 3. Museeuw (Bel.) m.t.

27 août-1er septembre : Championnats du monde sur piste
Messieurs. Kilomètre : Kelly (Aus.). Vitesse : Rousseau (Fr.). Vitesse par équipes : Australie (Hill, Neiwand, Kelly). Poursuite : Boardman (G.-B.). Poursuite par équipes : Italie (Capelli, Citton, Colinelli, Trentini). Course aux points : Llaneras (Esp.). Américaine : Italie (Martinelli-Villa).
Dames. Vitesse : Ballanger (Fr.). 500 m : Ballanger (Fr.). Poursuite : Clignet (Fr.). Course aux points : Samokhvalova (Rus.).

28 août-4 septembre : Tour de France VTT – Classement final : 1. Brentjens (P.-B.) ; 2. Hoydahl (Nor.) à 5'46" ; 3. Chiotti (Fr.) à 8'23".

3-14 septembre : Tour de l'Avenir – Classement final : 1. Etxebarria (Esp.) ; 2. Ivanov (Rus.) à 1'2" ; 3. D'Hollander (Bel.) à 3'19".

6 septembre : À Manchester, l'Anglais Chris Boardman bat le record de l'heure avec 56,375 km/h.

14 septembre : Paris-Bruxelles – 1. Tafi (It.) ; 2. Museeuw (Bel.) à 51" ; 3. Bartoli (It.) m.t.

7-29 septembre : Tour d'Espagne
1re étape, Valence-Valence : Conte (It.).
2e étape, Valence-Cuenca : Minali (It.).
3e étape, Cuenca-Albacete : Jalabert (Fr.).
4e étape, Albacete-Murcie : Steels (Bel.).

5e étape, Murcie-Almeria : Blijlevens (P.-B.).
6e étape, Almeria-Malaga : Baldato (It.).
7e étape, Malaga-Marbella : Baldato (It.).
8e étape, Marbella-Jerez de la Frontera : Minali (It.).
9e étape, Jerez de la Frontera-Cordoue : Minali (It.).
10e étape, El Tiemblo-Avila, c.l.m. : Rominger (Sui.).
11e étape, Avila-Salamanque : Di Renzo (It.).
12e étape, Benavente-Alto de Naranco : Nardello (It.).
13e étape, Oviedo-Lac de Covadonga : Jalabert (Fr.).
14e étape, Cangas de Onis-Cabarceno : Conte (It.).
15e étape, Cabarceno-Cruz de la Demanda : Zülle (Sui.).
16e étape, Logrono-Sabinanigo : Minali (It.).
17e étape, Sabinanigo-Ampriu : Rincon (Col.).
18e étape, Benasque-Saragosse : Konichev (Rus.).
19e étape, Getafe-Avila : Dufaux (Sui.).
20e étape, Avila-Ségovie : Bugno (It.).
21e étape, Ségovie-Dyc, c.l.m. : Rominger (Sui.).
22e étape, Madrid-Madrid : Steels (Bel.).
Classement final : 1. Zülle (Sui.) ; 2. Dufaux (Sui.) à 6'23" ; 3. Rominger (Sui.) à 8'29" ; 4. Pistore (It.) à 10'13" ; 5. Faustini (It.) à 11'21" ; 6. Totschnig (Aut.) à 11'33" ; 7. Rebellin (It.) à 11'33" ; 8. Peron (It.) à 14'46" ; 9. Julich (E.-U.) à 15'10" ; 10. Escartin (Esp.) à 18'35".

21 septembre : Grand Prix des nations – 1. Boardman (G.-B.) ; 2. Riis (Dan.) à 4'51" ; 3. Olano (Esp.) à 5'11".

6 octobre : Paris-Tours – 1. Minali (It.) ; 2. Steels (Bel.) ; 3. Lombardi (It.) m.t.

8 octobre : La nouvelle recrue de Cofidis, le coureur américain Lance Armstrong, annonce qu'il a été opéré d'un cancer des testicules à Austin (E.-U.).

9 octobre : Championnat du monde c.l.m. dames : Longo-Ciprelli.

10 octobre : Championnat du monde c.l.m. messieurs : Zülle.

12 octobre : Championnat du monde sur route dames : 1. Heeb (Sui.) ; 2. R. Polikeviciute (Lit.) à 17" ; 3. Jackson (Can.) à 37".

13 octobre : Championnats du monde sur route messieurs : 1. Museeuw (Bel.) ; 2. Gianetti (Sui.) à 1" ; 3. Bartoli (It.) à 29" ; 4. Merckx (Bel.) m.t. ; 5. Virenque (Fr.) à 30" ; 6. Tafi (It.) m.t. ; 7. Jalabert (Fr.) à 1'26" ; 8. Rebellin (It.) ; 9. Rominger (Sui.) ; 10. Riis (Dan.) m.t.

19 octobre : Tour de Lombardie : 1. Tafi (It.) ; 2. Jeker (Sui.) à 2'19" ; 3. Merckx (Bel.) m.t.

26 octobre : À Mexico, la Française Jeannie Longo bat le record de l'heure avec 48,159 km/h.

27 octobre : Japan Cup : 1. Gianetti (Sui.) ; 2. Hervé (Fr.) à 23" ; 3. Peron (It.) à 24".

1997

2 janvier : Miguel Indurain, quintuple vainqueur du Tour de France, décide de mettre un terme à sa carrière sportive.

2 février : Championnat du monde de cyclo-cross : 1. Pontoni (It.) ; 2. Frischknecht (Sui.) à 23" ; 3. Bramati (It.) m.t.

5-9 février : Étoile de Bessèges – Classement final : 1. Halgand (Fr.) ; 2. Spruch (Pol.) à 5" ; 3. Boscardin (It.) à 6".

9-13 février : Trophée de Majorque – Classement final : 1. L. Jalabert (Fr.) ; 2. Benitez (Esp.) m.t. ; 3. Osa (Esp.) à 12".

12-16 février : Tour Méditerranéen – Classement final : 1. Magnien (Fr.) ; 2. Bartoli (It.) à 2" ; 3. Frattini (It.) à 11".

16-20 février : Ruta del Sol – Classement final : 1. Zabel (All.) ; 2. Museeuw (Bel.) ; 3. Etxebarria (Esp.) m.t.

22 février : Tour du Haut-Var – 1. Massi (It.) ; 2. Virenque (Fr.) à 1'49" ; 3. L. Jalabert (Fr.) m.t.

1er mars : Het Volk – 1. Van Petegem (Bel.) ; 2. Steels (Bel.) à 8" ; 3. Capiot (Bel.) m.t.

9-16 mars : Paris-Nice – Étapes remportées par L. Jalabert (Fr.), Steels (Bel.), Steels (Bel.), Chanteur (Fr.), Steels (Bel.), L. Jalabert (Fr.), Baffi (It.), Steels (Bel.), Ekimov (Rus.). Classement final : 1. L. Jalabert (Fr.) ; 2. Dufaux (Sui.) à 1' ; 3. Blanco (Esp.) à 1'25".

12-19 mars : Tirreno-Adriatico – Classement final : 1. Petito (It.) ; 2. Pianegonda (It.) à 9" ; 3. Zberg (Sui.) à 15".

22 mars : Milan-San Remo – 1. Zabel (All.) ; 2. Elli (It.) ; 3. Conte (It.) m.t.

24-28 mars : Semaine Catalane – Classement final : 1. Dominguez (Esp.) ; 2. Zülle (Sui.) à 4" ; 3. Ekimov (Rus.) à 24".

29-30 mars : Critérium International – Classement final : 1. Garcia (Esp.) ; 2. L. Jalabert (Fr.) à 50" ; 3. Lino (Fr.) à 54".

6 avril : Tour des Flandres – 1. Sörensen (Dan.) ; 2. Moncassin (Fr.) à 7" ; 3. Ballerini (It.) à 8".

9 avril : Gand-Wevelgem – 1. Gaumont (Fr.) ; 2. Tchmil (Rus.) ; 3. Capiot (Bel.) m.t.

13 avril : Paris-Roubaix – 1. Guesdon (Fr.) ; 2. Planckaert (Bel.) ; 3. Museeuw (Bel.) m.t.

16 avril : Flèche Wallonne – 1. L. Jalabert (Fr.) ; 2. Leblanc (Fr.) à 19" ; 3. Zülle (Sui.) à 50".

20 avril : Liège-Bastogne-Liège – 1. Bartoli (It.) ; 2. L. Jalabert (Fr.) à 8" ; 3. Colombo (It.) à 21".

26 avril : Amstel Gold Race – 1. Riis (Dan.) ; 2. Tafi (It.) à 46" ; 3. Zberg (Sui.) m.t.

1er mai : Trophée des grimpeurs – 1. Rebellin (It.) ; 2. Gianetti (Sui.) à 23" ; 3. Roux (Fr.) à 25".

6-11 mai : Quatre Jours de Dunkerque – Classement final : 1. Museeuw (Bel.) ; 2. Vandenbroucke (Bel.) à 11" ; 3. Contrini (It.) à 21".

6-11 mai : Tour de Romandie – Classement final : 1. Tonkov (Rus.) ; 2. Boardman (G.-B.) à 45" ; 3. Zberg (Sui.) à 1'4".

8 mai : Claudio Chiappucci est privé de licence pendant deux semaines pour un taux d'hématocrite trop élevé. Il ne pourra pas participer au Giro.

17 mai-8 juin : Tour d'Italie
1re étape à Venise : Cipollini (It.).
2e étape, Mestre-Cervia : Cipollini (It.).
3e étape, Santarcangelo-San Marino c.l.m. : Tonkov (Rus.).
4e étape, San Marino-Arezzo : Cipollini (It.).
5e étape, Arezzo-Terminilo : Tonkov (Rus.).
6e étape, Rieti-Lanciano : Ssgambelluri (It.).
7e étape, Lanciano-Mondragone : Wust (All.).
8e étape, Mondragone-Cava de'Tirreni : Manzoni (It.).
9e étape, Cava de'Tirreni-Castrovillari : Konichev (Rus.).
10e étape, Castrovillari-Taranto : Cipollini (It.).
11e étape, circuit à Lido di Camaiore : Missaglia (It.).
12e étape, La Spezia-Varazze : Di Grande (It.).
13e étape, Varazze-Cuneo : Magnusson (Suè.).
14e étape, Racconigi-Breuil Cervinia : Gotti (It.).
15e étape, Verres-Borgomanero : Baronti (It.).
16e étape, Borgomanero-Dalmine : Fontanelli (It.).
17e étape, Dalmine-Verona : Gualdi (It.).
18e étape, Baselga Di Pine-Cavalese c.l.m. : Gontchar (Ukr.).
19e étape, Predazzo-Falzes : Rubiera (Esp.).
20e étape, Brunico-Paddo del Tonale : Gonzales Pico (Col.).
21e étape, Mal Val di Sole : Tonkov (Rus.).
22e étape, Boario Terme-Milan : Cipollini (It.).
Classement final : 1. Gotti (It.) ; 2. Tonkov (Rus.) à 1'27" ; 3. Guerini (It.) à 7'40" ; 4. Miceli (It.) à 12'18" ; 5. Gontchar (Ukr.) à 12'44' ; 6. Belli (It.) à 12'48" ; 7. Di Grande (It.) à 12'54" ; 8. Serrano (Esp.) à 18'7" ; 9. Garzelli (It.) à 18'8" ; 10. Rubiera (Esp.) à 18'56".

17 mai-1er juin : Midi-Libre – Étapes remportées par Desbiens (Fr.), Dufaux (Sui.), Brochard (Fr.), Fraser (Can.), Brochard (Fr.), Brochard (Fr.). Classement final : 1. Elli (It.) ; 2. Totschnig (Aut.) à 5'15' ; 3. Voskamp (P.-B.) à 5'16".

7 juin : Classique des Alpes – 1. Roux (Fr.) ; 2. Madouas (Fr.) m.t. ; 3. Jimenez (Esp.) à 55".

8-15 juin : Critérium du Dauphiné – Étapes remportées par Boardman (G.-B.), Abdoujaparov (Ouz.), Ekimov (Rus.), Abdoujaparov (Ouz.), Ekimov (Rus.), Heppner (All.), Olano (Esp.), Teteriouk (Kaz.). Classement final : 1. Bolts (All.) ; 2. Olano (Esp.) à 13" ; 3. Robin (Fr.) à 1'42".

12-15 juin : Tour du Luxembourg – Classement final : 1. Vandenbroucke (Bel.) ; 2. Elli (It.) à 21" ; 3. Breukink (P.-B.) à 28".

17-26 juin : Tour de Suisse – Étapes remportées par Camenzind (Sui.), Zabel (All.), Agnolutto (Fr.), Ullrich (All.), Gontchar (Ukr.), Etxebarria (Esp.), Steels (Bel.), Aldag (All.), Camenzind (Sui.), Abersold (Sui.). Classement final : 1. Agnolutto (Fr.) ; 2. Camenzind (Sui.) à 2'8" ; 3. Ullrich (All.) à 4'20".

19-26 juin : Tour de Catalogne – Classement final : 1. Escarin (Esp.) ; 2. Casero (Esp.) à 2" ; 3. Zarrabeitia (Esp.) à 26".

21-24 juin : Route du Sud – Classement final : 1. Jonker (P.-B.) ; 2. Donati (It.) à 34" ; 3. Simon (Fr.) à 1'21".

29 juin : Championnats nationaux – Allemagne : Ullrich. France : 1. Barthe ; 2. Nazon ; 3. Morelle m.t. Belgique : Steels. Espagne : Jimenez. Italie : Faresin. Pays-Bas : Boogerd. Suisse : Camenzind.

5-27 juillet : Tour de France
Prologue à Rouen : Boardman (G.-B.).
1re étape, Rouen-Forges-les-Eaux : Cipollini (It.).
2e étape, Saint-Valéry-en-Caux-Vire : Cipollini (It.).
3e étape, Vire-Plumelec : Zabel (All.).
4e étape, Plumelec-Puy-du-Fou : Minali (It.).
5e étape, Chantonnay-La Châtre : Vasseur (Fr.).
6e étape, Le Blanc-Marennes : Blijlevens (P.-B.).
7e étape, Marennes-Bordeaux : Zabel (All.).
8e étape, Sauternes-Pau : Zabel (All.).
9e étape, Pau-Loudenvielle : Brochard (Fr.).
10e étape, Luchon-Andorre Arcalis : Ullrich (All.).
11e étape, Andorre-Perpignan : Desbiens (Fr.).
12e étape, Saint-Étienne-Saint-Étienne c.l.m. : Ullrich (All.).
13e étape, Saint-Étienne-L'Alpe-d'Huez : Pantani (It.).
14e étape, Bourg-d'Oisans-Courchevel : Virenque (Fr.).

15e étape, Courchevel-Morzine : Pantani (It.).
16e étape, Morzine-Fribourg : Mengin (Fr.).
17e étape, Fribourg-Colmar : Stephens (Aus.).
18e étape, Colmar-Montbéliard : Rous (Fr.).
19e étape, Montbéliard-Dijon : Traversoni (It.).
20e étape, Disneyland-Paris-Disneyland c.l.m. : Olano (Esp.).
21e étape, Disneyland-Paris-Champs-Élysées : Minali (It.).
Classement final : 1. Ullrich (All.) ; 2. Virenque (Fr.) à 9'9" ; 3. Pantani (It.) à 14'3" ; 4. Olano (Esp.) à 15'55" ; 5. Escartin (Esp.) à 20'32" ; 6. Casagrande (It.) à 22'47" ; 7. Riis (Dan.) à 26'34" ; 8. Jimenez (Esp.) à 31'17" ; 9. Dufaux (Sui.) à 31'55" ; 10. Conti (It.) à 32'26".
Classement par points : 1. Zabel (All.) ; 2. Moncassin (Fr.) ; 3. Traversoni (It.).
Classement de la montagne : 1. Virenque (Fr.) ; 2. Ullrich (All.) ; 3. Casagrande (It.).
Classement par équipes : 1. Telekom ; 2. Mercatone Uno ; 3. Festina.

2-10 août : Tour VTT – Classement final : 1. Kristensen (Dan.) ; 2. Savignoni (Fr.) à 6' ; 3. Evans (Aus.) à 6'31".

9 août : Clasica San Sebastian – 1. Rebellin (It.) ; 2. Gontchenkov (Rus.) ; 3. Colagc (It.) m.t.

13-24 août : Tour féminin – Classement final : 1. Luperini (It.) ; 2. Heeb (Sui.) à 2'36" ; 3. Jackson (Can.) à 5'2".

17 août : Rochester Classic – 1. Tafi (It.) ; 2. Ferrigato (It.) à 43" ; 3. Bortolami (It.) m.t.

19-22 août : Tour du Limousin – Classement final : 1. Aus (Est.) ; 2. Bouvard (Fr.) ; 3. Vasseur (Fr.).

24 août : Grand Prix de Suisse – 1. Rebellin (It.) ; 2. Ullrich (All.) ; 3. Sörensen (Dan.) m.t.

27-31 août : Championnats du monde sur piste en Australie. Messieurs. Kilomètre : Kelly (Aus.). Vitesse : Rousseau (Fr.). Vitesse par équipes : France (Le Quellec, Rousseau, Tournant). Poursuite : Ermenault (Fr.). Poursuite par équipes : Italie (Capelli, Citton, Colinelli, Benetton). Course aux points : Martinello (It.). Américaine : Espagne (Llaneras-Alzamora). Keirin : Magné (Fr.). Dames. Vitesse : Ballanger (Fr.). 500 m : Ballanger (Fr.). Poursuite : Arndt (All.). Course aux points : Karimova (Rus.).

6-28 septembre : Tour d'Espagne
1re étape, Lisbonne-Estoril : Michaelsen (Dan.).
2e étape, Evora-Villamoura : Wüst (All.).
3e étape, Loule-Huelva : Wüst (All.).
4e étape, Huelva-Jerez de la Frontera : Anguita (Esp.).
5e étape, Jerez de la Frontera-Malaga : Wüst (All.).
6e étape, Malaga-Grannada : Jalabert (Fr.).
7e étape, Guadix-Sierra Nevada : Ledanois (Fr.).
8e étape, Granada-Cordoue : Voskamp (P.-B.).
9e étape, c.l.m. à Cordoue : Mauri (Esp.).
10e étape, Cordoue-Alemndralejo : Piccoli (It.).
11e étape, Alemndralejo-Plasencia : Svorada (Slq.).
12e étape, Leon-Alto del Morredero : Heras (Esp.).
13e étape, Ponferrada-Branillin : Tonkov (Rus.).
14e étape, Oviedo-Alto del Naranco : Garcia (Esp.).
15e étape, Oviedo-Lac de Covadonga : Tonkov (Rus.).
16e étape, Cangas de Onis-Santander : Svorada (Slq.).
17e étape, Santander Burgos : Svorada (Slq.).
18e étape, Burgos-Valladolid : Van Bon (P.-B.).
19e étape, Valladolid-Los Angeles de San Rafael : Jimenez (Esp.).
20e étape, Los Angeles de San Rafael-Avila : Jalabert (Fr.).
21e étape, c.l.m. à Alcobendas : Zülle (Sui.).
22e étape, Madrid-Madrid : Van Heeswijk (P.-B.).
Classement final : 1. Zülle (Sui.) ; 2. Escartin (Esp.) à 5'07" ; 3. Dufaux (Sui.) à 6'11" ; 4. Zaina (It.) à 7'24" ; 5. Heras (Esp.) à 8'04" ; 6. Clavero (Esp.) à 8'02" ; 7. Jalabert (Fr.) à 10'03" ; 8. Serreno (Esp.) à 10'40" ; 9. Faresin (It.) à 13'53" ; 10. Ledanois (Fr.) à 15'40".

1998

1er février : Championnats du monde de cyclo-cross – 1. De Clercq (Bel.) ; 2. Vervecken (Bel.) à 1'04" ; 3. Djernis (Dan.) à 1'07".

3 février : Grand Prix d'ouverture *La Marseillaise* – 1. Saligari (It.) ; 2. Virenque (Fr.) m.t. ; 3. Djavanian (Rus.) m.t.

5-8 février : Etoile de Bessèges – Classement final : 1. Planckaert (Bel.) ; 2. Elli (It.) à 5" ; 3. Gaumont (Fr.) à 8".

11-16 février : Tour Méditerranéen – Classement final : 1. Massi (It.) ; 2. Hamburger (Dan.) à 50" ; 3. Virenque (Fr.) à 58".

16-20 février : Ruta del Sol – Classement final : 1. Garcia (Esp.) ; 2. Jalabert (Fr.) à 5" ; 3. Etxebarria (Esp.) à 10".

21 février : Tour du Haut-Var – 1. Jalabert (Fr.) ; 2. Chanteur (Fr.) m.t. ; 3. Magnien (Fr.) à 15".

22 février : Classic Haribo – 1. Aus (Est.) ; 2. O'Grady (Aus.) à 21" ; 3. Kirsipuu (Est.) à 31".

24-28 février : Tour de Valence – Classement final : 1. Chanteur (Fr.) ; 2. Hambuger (Dan.) m.t. ; 3. S. Gonzalez (Esp.) m.t.

28 février : Het Volk – 1. Van Petegem (Bel.) ; 2. Bortolami (It.) à 12" ; 3. Tchmil (Bel.) à 15".

1er mars : Kuurne-Bruxelles-Kuurne – 1. Tchmil (Bel.) ; 2. Vandenbroucke (Bel.) à 5" ; 3. Magnien (Fr.) à 34".

4-8 mars : Tour de Murcie – Classement final : 1. Elli (It.) ; 2. Vinokourov (Kaz.) à 41" ; 3. Pantani (It.) m.t.

8-15 mars : Paris-Nice – Étapes remportées par Vandenbroucke (Bel.), Extebarria (Esp.), Steels (Bel.), Steels (Bel.), Vandenbroucke (Bel.), Tchmil (Bel.), Capelle (Fr.). Classement final : 1. Vandenbroucke (Bel.) ; 2. L. Jalabert (Fr.) à 40" ; 3. Garcia (Esp.) à 48".

11-18 mars : Tirreno-Adriatico – Classement final : 1. Jaermann (Sui.) ; 2. Ballerini (It.) à 4" ; 3. Heppner (All.) à 1'15".

20 mars : Milan-San Remo – 1. Zabel (All.) ; 2. Magnien (Fr.) m.t. ; 3. Moncassin (Fr.) m.t.

23-27 mars : Semaine Catalane – Classement final : 1. Boogerd (P.-B.) ; 2. L. Jalabert (Fr.) à 15" ; 3. Zülle (Sui.) à 30".

25 mars : À travers la Belgique – 1. Steels (Bel.) ; 2. Capiot (Bel.) m.t. ; 3. Tchmil (Bel.) m.t.

28-29 mars : Critérium International – Classement final : 1. Moreau (Fr.) ; 2. Julich (E.-U.) à 15" ; 3. Rebellin (It.) à 39".

31 mars-2 avril : Trois Jours de la Panne – Classement final : 1. Bartoli (It.) ; 2. Magnien (Fr.) à 15" ; 3. Ekimov (Rus.) à 22".

5 avril : Tour des Flandres – 1. Museeuw (Bel.) ; 2. Zanini (It.) à 43" ; 3. Tchmil (Bel.) m.t.

6-10 avril : Tour du Pays Basque – Classement final : 1. Cuesta (Esp) ; 2. L. Jalabert (Fr.) à 3" ; 3. Zülle (Sui.) à 1'36".

7 avril : Mort de Rudy Dhaenens à 37 ans. Le Belge, champion du monde en 1990, n'a pas survécu à un accident automobile, alors qu'il se rendait sur le Tour des Flandres.

8 avril : Gand-Wevelgem – 1. Vandenbroucke (Bel.) ; 2. Michaelsen (Dan.) à 7" ; 3. Mattan (Bel.) m.t.

12 avril : Paris-Roubaix – 1. Ballerini (It.) ; 2. Tafi (It.) à 4'16" ; 3. Peeters (Bel.) à 4'18".

15 avril : Flèche Wallonne – 1. Hamburger (Dan.) ; 2. Vandenbroucke (Bel.) à 6" ; 3. Elli (It.) à 10".

19 avril : Liège-Bastogne-Liège – 1. Bartoli (It.) ; 2. L. Jalabert (Fr.) à 1'13" ; 3. Massi (It.) à 1'21".

25 avril : Amstel Gold Race – 1. Jaermann (Sui.) ; 2. Den Bakker (P.-B.) m.t. ; 3. Bartoli (It.) à 21".

26 avril : Après six semaines sans course, Lance Armstrong fait sa rentrée dans une compétition américaine, le Grand Prix d'Atlanta.

26 avril-3 mai : Circuit des Mines – Classement final : 1. Vinoukourov (Kaz.) ; 2. Sandstöd (Dan.) à 27" ; 3. Nazon (Fr.) à 28".

1er mai : Grand Prix de Francfort – 1. Baldato (It.) ; 2. Larsen (Dan.) m.t. ; 3. Garzelli (It.) m.t.

3 mai : Trophée des grimpeurs – 1. Hervé (Fr.) ; 2. Desbiens (Fr.) à 13" ; 3. Agolutto (Fr.) à 2'23".

5-10 mai : Quatre Jours de Dunkerque – Classement final : 1. Vinokourov (Kaz.) ; 2. Kasputis (Lit.) à 34" ; 3. Berzin (Rus.) à 1'.

5-10 mai: Tour de Romandie – Classement final : 1. Dufaux (Sui.) ; 2. Zülle (Sui.) à 1'17" ; 3. Casagrande (It.) à 1'23".

8 mai : Mauro Gianetti, vice-champion du monde 1996, est victime d'un malaise au cours de la troisième étape du Tour de Romandie. Transféré au CHU de Lausanne, on diagnostique une forte gastro-entérite accentuée par un choc toxico-infectieux.

15 mai : À la veille du départ du Giro, l'UCI met en garde contre l'utilisation d'un nouveau produit dopant, le perfluorocarbone (PFC).

16 mai-7 juin : Tour d'Italie – Prologue à Nice : Zülle (Sui).
1re étape, Nice-Cueno : Piccoli (It.)
2e étape, Alba-Imperia : Edo (Esp.)
3e étape, Rapallo-Forte di Marmi : Minali (It.)
4e étape, Viareggio-Monte Argentario : Miceli (It.)
5e étape, Orbetello-Frascati : Cipollini (It.)
6e étape, Maddaloni-Lago Laceno : Zülle (Sui.)
7e étape, Montella-Matera : Cipollini (It.)
8e étape, Matera-Lecce : Cipollini (It.)
9e étape, Foggia-Vasto : Magnusson (Sue)
10e étape, Vasto-Macerata : Cipollini (It.)
11e étape, Macerata-Saint-Marin : Noe (It.)
12e étape, Saint-Marin-Carpi : Roux (Fr.)
13e étape, Carpi-Schio : Bartoli (It.)
14e étape, Schio-Piancavallo : Pantani (It.)
15e étape, Trieste-Trieste clm : Zülle (Sui.)
16e étape, Udine-Asiago : Fontanelli (It.)
17e étape, Asiago-Selva Gardena : Guerini (It.)
18e étape, Selva Gardena-Alpe de Pampeago : Tonkov (Rus.)
19e étape, Cavalese-Plan di Montecampione : Pantani (It.)
20e étape, Boario-Mendisio : Fagnini (It.)
21e étape, Mendisio-Lugano :

Gontchar (Ukr.)
22ᵉ étape, Lugano-Milan : Fagnini (It.)
Classement final : 1. Pantani (It.) ; 2. Tonkov (Rus.) à 1'33" ; 3. Guerini (It.) à 6'51" ; 4. Camenzind (Sui.) à 12'16" ; 5. Clavero (Esp.) à 18'04" ; 6. Faresin (It.) à 18'31" ; 7. Bettini (It.) à 21'03" ; 8. De Paoli (It.) à 21'35" ; 9. Savoldelli (It.) à 25'54" ; 10. Gontchar (Uk.) à 25'58".

19-24 mai : Midi-Libre – Étapes remportées par Gaumont (Fr.), Rinero (Fr.), Mauri (Esp.), Nazon (Fr.), Dufaux (Sui.), Brochard (Fr.). Classement final :
1. Dufaux (Sui.) ; 2. Rinero (Fr.) à 22" ; 3. Brochard (Fr.) à 1'52".

27-31 mai : Bicicleta Vasca – Classement final : 1. Olano (Esp.) ;
2. Garmendia (Esp.) à 38" ;
3. L. Jalabert (Fr.) m.t.

1ᵉʳ juin : La Fédération française de cyclisme dépasse les 100 000 licenciés.

6 juin : Classique des Alpes – 1. L. Jalabert (Fr.) ;
2. Casagrande (It.) m.t. ;
3. Salmon (Fr.) à 1".

7-14 juin : Critérium du Dauphiné – Étapes remportées par Boardman (G.B.), Sciandri (It.), Nazon (Fr.), Jimenez (Esp.), Boardman (G.B.), Virenque (Fr.), Pena (Esp.). Classement final : 1. De Las Cuevas (Esp.) ; 2. Pena (Esp.) à 34" ; 3. Teteriouk (Kaz.) à 2'17".

11-14 juin : Tour du Luxembourg – Classement final : 1. Armstrong (E.-U.) ; 2. Dekker (P.-B.) à 3'06" ; 3. Müller (All.) à 3'16".

17-25 juin : Tour de Suisse – Classement final : 1. Garzelli (It.) ; 2. Zberg (Sui.) à 53" ; 3. Belli (It.) à 1'51".

18-25 juin : Tour de Catalogne – Classement final : 1. Buenahora (Col.) ;
2. Totschnig (Aut.) à 8" ;
3. Escartin (Esp.) à 16".

4 juillet : Championnats nationaux – France :
1. Jalabert ; 2. Leblanc ;
3. Virenque. Allemagne : Zabel. Belgique : Steels. Espagne : Casero. Italie : Tafi. Suisse : Aebersold.

▸ **11 juillet-2 août** : Tour de France – Prologue à Dublin : Boardman (G.-B.)
1ʳᵉ étape, Dublin-Dublin : Steels (Bel.)
2ᵉ étape, Enniscorthy-Cork : Svorada (Tch.)
3ᵉ étape, Roscoff-Lorient : Heppner (All.)
4ᵉ étape, Plouay-Cholet : Blijlevens (P.-B.)
5ᵉ étape, Cholet-Châteauroux : Cipollini (It.)
6ᵉ étape, La Châtre-Brive : Cipollini (It.)
7ᵉ étape, Meyrignac-Corrèze clm : Ullrich (All.)
8ᵉ étape, Brive-Montauban : Durand (Fr.)
9ᵉ étape, Montauban-Pau : Van Bon (P.-B.)
10ᵉ étape, Pau-Luchon : Massi (It.)
11ᵉ étape, Luchon-Plateau de Beille : Pantani (It.)
12ᵉ étape, Tarascon-Le Cap d'Agde : Steels (Bel.)
13ᵉ étape, Frontignan-Carpentras : Nardello (It.)
14ᵉ étape, Valréas-Grenoble : O'Grady (Aus.)
15ᵉ étape, Grenoble-Les Deux Alpes : Pantani (It.)
16ᵉ étape, Vizille-Albertville : Ullrich (All.)
17ᵉ étape, Albertville-Aix-les-Bains : étape neutralisée
18ᵉ étape, Aix-les-Bains-Neufchâtel : Steels (Bel.)
19ᵉ étape, La Chaux-de-Fonds-Autun : Backstedt (Sue.)
20ᵉ étape, Montceau-Le Creusot : Ullrich (All.)
21ᵉ étape, Melun-Paris : Steels (Bel.)
Classement général :
1. Pantani (It.) ; 2. Ullrich (All.) à 2'21" ; 3. Julich (E.-U.) à 4'08" ; 4. Rinero (Fr.) à 9'16" ; 5. Boogerd (P.-B.) à 11'26" ; 6. Robin (Fr.) à 14'57" ; 7. Meier (All.) à 15'13" ; 8. Nardello (It.) à 16'07" ; 9. Di Grande (It.) à 17'35", 10. Merckx (Bel.) à 17'39".
Classement par points :
1. Zabel (All.) ; 2. O'Grady (Aus.) ; 3. Steels (Bel.)
Classement de la montagne :
1. Rinero (Fr.) ; 2. Pantani (Fr.) ; 3. Elli (It.)
Classement par équipes :
1. Cofidis ; 2. Casino ;
3. US Postal.

8 août : Classica San Sebastian – 1. Casagrande (It.) ; 2. Merckx (Bel.) m.t. ; 3. Piepoli (It.) m.t.

13 août : L'UCI annonce une série de mesures dans la lutte antidopage : confirmation de l'établissement d'un suivi médical le 1ᵉʳ janvier 1999, responsabilité accrue des médecins d'équipe, programme spécial anti-EPO.

11-22 août : Grande Boucle féminine – Classement final :
1. Pucinskaite (Lit.) ;
2. Luperini (It.) à 1'29" ;
3. Capellotto (It.) à 2'11".

15 août : Championnat de France contre-la-montre –
1. Maignan ; 2. Teyssier à 7" ;
3. Bassons à 53".

16 août : Hew Classic à Hambourg – 1. Van Bon (P.-B.) ; 2. Bartoli (It.) m.t. ;
3. Dierckxens (Bel.) m.t.

18-21 août : Tour du Limousin – Classement final :
1. Cali (Fr.) ; 2. Julich (E.-U.) à 38" ; 3. Durand (Fr.) à 47".

23 août : Grand Prix Suisse – 1. Bartoli (It.) ;
2. Vandenbroucke (Bel.) m.t. ; 3. Commesso (It.) m.t.

▸ **26-30 août** : Championnats du monde sur piste Messieurs. Kilomètre : Tournant (Fr.). Vitesse : Rousseau (Fr.). Vitesse par équipes : France (Le Quellec, Rousseau, Tournant). Poursuite individuelle : Ermenault (France). Poursuite par équipes : Ukraine. Course au points : Llaneras (Esp). Américaine : De Wilde-Gilmore (Bel.). Keirin : Fiedler (All.).
Dames. 500 mètres : Ballanger (Fr.). Vitesse : Ballanger (Fr.). Poursuite : Tyler-Sharman (Aus.). Course aux points : Ruano (Esp.).

28 août : Grand Prix de Suisse -
1. Bartoli (It.) ;
2. Vandenbroucke (Bel.) ;
3. Commesso (It.) m.t.

31 août : Grand Prix de Plouay – 1. Hervé (Fr.) ;
2. Dierckxens (Bel.) à 1'19" ;
3. Heulot (Fr.) à 3'30".

3-12 septembre : Tour de l'Avenir - Classement final :
1. Rinero (Fr.) ; 2. Del Olmo (Esp.) à 5'59" ; 3. Loder (Fr.) à 8'29".

5-27 septembre : Tour d'Espagne -
1ᵉʳ étape, Cordoba-Cordoba : Zberg (Sui.)
2ᵉ étape, Cordoba-Cadiz : Blijlevens (P.-B.)
3ᵉ étape, Cadiz-Estepona : Kirsipuu (Est.)
4ᵉ étape, Malaga-Grenade : Guidi (It.)
5ᵉ étape, Olula del Rio-Murcie : Blijlevens (P.-B.)
6ᵉ étape, Murcie-Xorret de Cati : Jimenez (Esp.)
7ᵉ étape, Alicante-Valence : Lombardi (It.)
8ᵉ étape, Palma-Palma : Guidi (It.)
9ᵉ étape, c.l.m. à Alcudia : Olano (Esp.)
10ᵉ étape, Vic-Andorre-Estaçio de Pal : Jimenez (Esp.)
11ᵉ étape, Andorre-Cerler : Jimenez (Esp.)
12ᵉ étape, Benasque-Canfranc Estaçion : Bugno (It.)
13ᵉ étape, Sabinanigo-Sabinanigo : Zintchenko (Rus.)
14ᵉ étape, Biescas-Saragosse : Wüst (All.)
15ᵉ étape, Saragosse-Soria : Zintchenko (Rus.)
16ᵉ étape, Soria-Laguna Nedra de Neila : Jimenez (Esp.)
17ᵉ étape, Burgos-Leon : Wüst (All.)
18ᵉ étape, Leon-Salamanque : Guidi (It.)
19ᵉ étape, Avila-Ségovie : Heras (Esp.)
20ᵉ étape, Ségovie-Alto de Navacerrada : Zintchenko (Rus.)
21ᵉ étape, c.l.m. à Fuenlabrada : Zülle (Sui.)
22ᵉ étape : Madrid-Madrid : Zberg (Sui.)
Classement final : 1. Olano (Esp.); 2. Escartin (Esp.) à 1'23" ;
3. Jimenez (Esp.) à 2'12" ;
4. Armstrong (E.-U.) à 2'18" ;
5. L. Jalabert (Fr.) à 2'37" ;
6. Heras (Esp.) à 2'58" ;
7. A. Gonzalez (Esp.) à 5'51" ;
8. Zülle (Sui.) à 6'5" ;
9. Serpellini (It.) à 8'58" ;
10. Serrano (Esp.) à 10'17".

7 septembre : Publication des procès-verbaux d'audition des coureurs de Festina : à l'exception de Virenque et d'Hervé, ils reconnaissent avoir fait usage d'EPO et d'hormones de croissance depuis plusieurs années.

12 septembre : Paris-Bruxelles - 1. Zanini (It.) ;
2. Celestino (It.) à 3" ;
3. Bartoli (It.) m.t.

18-20 septembre : Championnats du monde de VTT
Cross-country messieurs : Dupouey (Fr.)
Cross-country dames : Leboucher (Fr.)
Descente messieurs : Vouilloz (Fr.)
Descente dames : Chausson (Fr.)

19 septembre : Grand Prix des Nations - 1. Teyssier (Fr.) ;
2. Maignan (Fr.) à 21" ;
3. Streel (Bel.) à 47".

4 octobre : Paris-Tours -
1. Durand (Fr.) ; 2. Gualdi (It.) à 2"; 3. Kirsipuu (Est.) à 31".

7 octobre : Championnat du monde c.l.m. dames - Van Moorsel (P.-B.)

8 octobre : Championnat du monde c.l.m. messieurs - Olano (Esp.)

10 octobre : Championnat du monde sur route dames -
1. Ziliute (Lit.) ;
2. Van Moorsel (P.-B.) m.t. ;
3. Kupfernagel (All.) m.t.

11 octobre : Championnat du monde sur route messieurs -
1. Camenzind (Sui.) ;
2. Van Petegem (Bel.) à 23" ;
3. Bartoli (It.) à 24" ;
4. Armstrong (E.-U.) à 1'8" ;
5. Aebersold (Sui.) à 1'9";
6. Boogerd (P.-B.) à 1'10";
7. Wauters (Bel.) à 4'31" ;
8. Tafi (It.) à 4'44" ;
9. Rumsas (Lit.) m.t. ;
10. Bolts (All.) m.t.

17 octobre : Tour de Lombardie - 1. Camenzind (Sui.); 2. Boogerd (P.-B.) à 6" ;
3. Puttini (It.) à 1'21".

22 octobre : Le suisse Alex Zülle, qui purge une suspension de six mois pour dopage, signe un contrat de deux ans avec l'équipe espagnole Banesto.

5 novembre : Jean-Marie Leblanc dévoile la carte du Tour 1999.

2 décembre : Trois coureurs français de Festina, qui ont reconnu avoir usé de produits dopants, Laurent Brochard, Didier Rous et Christophe Moreau, sont suspendus jusqu'au 30 avril 99.

11 décembre : La Fédération française de cyclisme suspend le directeur sportif de Festina, Bruno Roussel, pour cinq ans ainsi que le soigneur de l'équipe, Willy Voet, pour trois ans.

1999

7 janvier : Le tribunal arbitral du sport italien décide de prolonger de trois mois la suspension de six mois infligée en août 98 à Francesco Casagrande, plusieurs fois contrôlé positif.

27 janvier : Antonio Fusi, sélectionneur des équipes italiennes depuis l'année précédente, est mis en examen sous le chef « d'association de malfaiteurs » pour commerce et distribution de produits avariés et dangereux pour la santé publique.

31 janvier : Championnat du monde de cyclo-cross -
1. De Clercq (Bel.) ;
2. Veervecken (Bel.) à 8" ;
3. Van der Poel (P.-B.) à 24".

2 février : Grand Prix d'ouverture *La Marseillaise* - 1. Vandenbroucke (Bel.) ; 2. Voigt (All.) ; 3. Bessy (Fr.) m.t.
3-7 février : Étoile de Bessèges - Classement final : 1. Lefèvre (Fr.) ; 2. Voigt (All.) à 4" ; 3. Tchmil (Bel.) à 9".
10-13 février : Tour Méditerranéen - Classement final : Rebellin (It.) ; 2. Boogerd (P.-B.) à 32" ; 3. Belli (It.) à 37".
20 février : Tour du Haut-Var - 1. Rebellin (It.) ; 2. B. Zberg (Sui.) à 5" ; 3. Bassons (Fr.) m.t.
21 février : Classico Haribo - 1. O'Grady (Aus.) ; 2. B. Zberg (Sui.) ; 3. Vinokourov (Kaz.) m.t.
27 février : Circuit Het Volk - 1. Vandenbroucke (Bel.) ; 2. W. Peeters (Bel.) m.t. ; 3. Steels (Bel.) à 34".
7-14 mars : Paris-Nice - Étapes remportées par Boardman (G.-B.), Tchmil (Bel.), Kirsipuu (Est.), Roux (Fr.), Botero (Esp.), Durand (Fr.), Vandenbroucke (Bel.), Steels (Bel.). Classement final : 1. Boogerd (P.-B.) ; 2. M. Zberg (Sui.) à 57" ; 3. Botero (Esp.) à 1'38".
10 mars : L'association internationale des groupes sportifs et son président Manolo Sainz annoncent qu'ils s'opposent à la généralisation du contrôle longitudinal mis en place par la FFC.
10-17 mars : Tirreno-Adriatico - Classement final : 1. Bartoli (It.) ; 2. Rebellin (It.) à 9" ; 3. Garzelli (It.) à 14".
20 mars : Milan-San Remo - 1. Tchmil (Bel.) ; 2. Zabel (All.) ; 3. Spruch (Pol.) m.t.
22-26 mars : Semaine Catalane - Classement final : 1. L. Jalabert (Fr.) ; 2. Boogerd (P.-B.) à 16" ; 3. Belli (It.) à 19".
24 mars : À travers la Belgique - 1. Museeuw (Bel.) ; 2. Van Haecke (Bel.) m.t. ; 3. Peers (Bel.) à 21".
24 mars : Le groupe BigMat-Auber 93 annonce la mise à pied (deux mois) de Pascal Lino pour tentative d'utilisation de corticoïdes à l'insu du médecin de l'équipe.
27-28 mars : Critérium International - Classement final : 1. Voigt (All.) ; 2. Millar (G.-B.) à 2 centièmes. ; 3. Teteriouk (Kaz.) à 6".
27 mars : Grand Prix E 3 (Harelbeke) - 1. Van Petegem (Bel.) ; 2. Tchmil (Bel.) ; 3. Vandenbroucke (Bel.) m.t.
30 mars : Richard Virenque est mis en examen dans le cadre de l'enquête sur le dopage organisé dans l'équipe Festina.
30 mars-1er avril : Trois jours de la Panne - Classement final : 1. Van Petegem (Bel.) ; 2. Vandenbroucke (Bel.) à 5" ; 3. Zanette (It.) à 19".
1er avril : Après Roger Legeay, président de la Ligue, c'est au tour de Daniel Baal, président de la FFC, d'être mis en examen par le juge Kiel qui poursuit ses investigations sur les affaires de dopage, tandis que Jean-Marie Leblanc, patron du Tour, est interrogé pendant plusieurs heures au SRPJ de Lille.
1er avril : Les Trois Jours de la Panne sont interrompus par la police belge qui interroge les coureurs de l'équipe Mapei, après la découverte de produits dopants cachés dans un paquet à destination de l'Italie. Finalement, le soigneur personnel de Bartoli avoue être l'auteur de l'envoi.
4 avril : Tour des Flandres - 1. Van Petegem (Bel.) ; 2. Vandenbroucke (Bel.) m.t. ; 3. Museeuw (Bel.) à 1".
5-9 avril : Tour du Pays Basque - Classement final : 1. L. Jalabert (Fr.) ; 2. Belli (It.) à 51" ; 3. Rebellin (It.) à 1'1".
7 avril : Gand-Wevelgem - 1. Steels (Bel.) ; 2. Spruch (Pol.) ; 3. Hoffman (P.-B.) m.t.
11 avril : Paris-Roubaix - 1. Tafi (It.) ; 2. Peeters (Bel.) à 2'14" ; 3. Steels (Bel.) à 2'26".
11 avril : Charly Mottet démissionne de son poste de directeur de l'équipe de France « pour des raisons personnelles et familiales ».
14 avril : Flèche Wallonne - 1. Bartoli (It.) ; 2. Den Bakker (P.-B.) à 14" ; 3. Aerts (Bel.) à 3'6".
➧ **18 avril** : Liège-Bastogne-Liège - 1. Vandenbroucke (Bel.) ; 2. Boogerd (P.-B.) à 30" ; 3. Den Bakker (P.-B.) à 41".
19 avril : Richard Virenque est convoqué à Lille par le juge Keil et prend connaissance des accusations portées contre lui. Mais le Français nie toujours s'être dopé. Par ailleurs, le rapport des expertises médicales pratiquées en juillet sur les coureurs de Festina exclus du Tour 98 est accablant.
21 avril : Grand Prix de l'Escaut - 1. Blijlevens (P.-B.) ; 2. Zabel (All.) ; 3. Hoffman (P.-B.) m.t.
24 avril : Amstel Gold Race - 1. Boogerd (P.-B.) ; 2. Armstrong (E.-U.) m.t. ; 3. Missaglia (It.) à 16".
1er mai : Grand Prix de Francfort - 1. Zabel (All.) ; 2. Van Bon (P.-B.) ; 3. Ongarato (It.) m.t.
2 mai : Trophée des grimpeurs - 1. Roux (Fr.) ; 2. Julich (E.-U.) à 1'39" ; 3. Jenner (N.-Z.) à 1'55".
2 mai : Grand Prix de Gippingen - 1. Vainsteins (Let.) ; 2. Missaglia (It.) ; 3. Stangelj (Slo.) m.t.
4-9 mai : Quatre Jours de Dunkerque - Classement final : 1. Sandstod (Dan.) ; 2. Cassani (It.) à 9" ; 3. Vandevelde (E.-U.) à 16".
4-9 mai : Tour de Romandie - Classement final : L. Jalabert (Fr.) ; 2. B. Zberg (Sui.) à 44" ; 3. Belli (It.) à 1'9".
➧ **7 mai** : Quinze personnes sont entendus par la brigade des stupéfiants au Quai des Orfèvres, à Paris, à la suite d'un flagrant délit de fourniture de produits dopants.
10 mai : Le groupe Cofidis annonce la suspension temporaire de Vandenbroucke et Gaumont, après leur interpellation dans l'affaire « Sainz-Lavelot ».
15 mai-6 juin : Tour d'Italie - 1re étape, Agrigente-Modica : Quaranta (It.)
2e étape, Noto-Catane : Cipollini (It.)
3e étape, Catane-Messine : Blijlevens (P.-B.)
4e étape, Vibo Valentia-Terme Luigiane : L. Jalabert (Fr.)
5e étape, Terme Luigiane-Monte Sirino : Gonzales-Pico (Col.)
6e étape, Lauria-Foggia : Vainsteins (Let.)
7e étape, Foggia-Lanciano : Blijlevens (P.-B.)
8e étape, Pescara-Gran Sasso : Pantani (It.)
9e étape, c.l.m. à Ancore : L. Jalabert (Fr.)
10e étape, Ancore-Sansepolcro : Cipollini (It.)
11e étape, Sansepolcro-Cesenatico : Quaranta (It.)
12e étape, Cesenatico-Sassuolo : Cipollini (it.)
13e étape, Sassuolo-Rapallo : Virenque (Fr.)
14e étape, Bra-Borgo San Dalmazzo : Savoldelli (it.)
15e étape, Racconigi-Oropa : Pantani (It.)
16e étape, Biella-Lumezzane : L. Jalabert (Fr.)
17e étape, Lumezzane-Castelfranco : Cipollini (It.)
18e étape, c.l.m. à Trévise : Honchar (Ukr.)
19e étape, Castelfranco Veneto-Alpe di Pampeago : Pantani (It.)
20e étape, Predazzo-Madonna di Campiglio : Pantani (It.)
21e étape, Madonna di Campiglio-Aprica : Heras (Esp.)
22e étape, Boario Terme-Milan : Guidi (It.)
Classement final : 1. Gotti (It.) ; 2. Savoldelli (It.) à 3'35" ; 3. Simoni (It.) à 3'36" ; 4. L. Jalabert (Fr.) à 5'16" ; 5. Heras (Esp.) à 7'47" ; 6. Axelsson (Suè.) à 9'38" ; 7. Honchar (Ukr.) à 12'7" ; 8. De Paoli (It.) à 14'20" ; 9. Clavero (Esp.) à 15'53" ; 10. Sgambelluri (It.) à 17'31".
21 mai : Le Comité olympique national italien (CONI) effectue un double contrôle surprise (sang et urines) au matin de la septième étape du Tour d'Italie. Sous l'impulsion de Pantani, Gotti, Cipollini et Jalabert, les coureurs, à l'exception des Mapei, annonçent qu'ils refuseront tout autre contrôle du CONI sous peine d'abandonner la course.
18-23 mai : Midi-Libre - Étapes remportées par Martinez (Esp.), Vinokourov (Kaz.), Belli (It.), Salmon (Fr.), Maignan (Fr.), Vinokourov (Kaz.). Classement final : 1. Salmon (Fr.) ; 2. Vinokourov (Kaz.) à 7" ; 3. Martinez (Esp.) à 3'40".
26-30 mai : Bicicleta Vasca - Classement final : 1. Etxebarria (Esp.) ; 2. Martinez (Esp.) à 36" ; 3. Osa (Esp.) à 1'22".
28 mai : Après le deuxième volet du suivi médical longitudinal français, la FFC annonçe que 67 des 135 coureurs examinés présentent un état biologique anormal.
➧ **5 juin** : Le Maillot rose du Giro, Marco Pantani, est exclu de la course, après avoir été contrôlé par la commission médicale de l'UCI. L'Italien présentait un taux d'hématocrite de 52%. L'ensemble de l'équipe Mercatone Uno décide alors d'abandonner l'épreuve.
5 juin : Classique des Alpes - 1. Osa (Esp.) ; 2. Salmon (Fr.) m.t. ; 3. Etxebarria (Esp.) à 37".
6-13 juin : Critérium du Dauphiné - Étapes remportées par Armstrong (E.-U.), Oriol (Fr.), Vinokourov (Kaz.), Vaughters (E.-U.), Desbiens (Fr.), Madouas (Fr.), Moncoutié (Fr.), Bassons (Fr.). Classement final : 1. Vinokourov (Kaz.) ; 2. Vaughters (E.-U.) à 1'14" ; 3. Belli (It.) à 3'48".
10-13 juin : Tour du Luxembourg - Classement final : 1. Wauters (Bel.) ; 2. Kjaergaard (Nor.) à 18" ; 3. Steinhauser (All.) à 20".
11 juin : Le juge Keil prononce une ordonnance de non-lieu à l'égard de Daniel Baal et de Roger Legeay.
15-24 juin : Tour de Suisse - Classement final : 1. F. Casagrande (It.) ; 2. L. Jalabert (Fr.) à 1'4" ; 3. Simoni (It.) à 1'11".
16 juin : Jean-Marie Leblanc et Jean-Claude Killy, les patrons du Tour de France, annonçent que les coureurs Richard Virenque, Laurent Roux et Philippe Gaumont, le directeur sportif de la ONCE, Manolo Saiz, le médecin de la ONCE, Nicola Terrados, et l'ensemble de l'équipe TVM « ne sont pas les bienvenus » sur le prochain Tour de France.
16 juin : La justice italienne perquisitionne chez plusieurs champions, dont Tonkov, Cipollini et Gotti. Six mises en examen touchent les équipes Lampre, Liquigas et Vini Caldirola.
17-24 juin : Tour de Catalogne - Classement final : 1. Beltran (Esp.) ; 2. Heras (Esp.) à 57" ; 3. J.M.Jimenez (Esp.) à 1'.
27 juin : Championnats nationaux - France : 1.F. Simon ; 2. Hervé ; 3. Vasseur. Allemagne : Bolts. Belgique : Dierckxsens. Espagne : Casero. Italie : Commesso. Pays-Bas : Den Bakker. Suisse : A. Meier.
➧ **29 juin** : Sur l'injonction de l'UCI, la Société du Tour de France est contrainte de réintégrer Richard Virenque et Manolo Saiz.
3-25 juillet : Tour de France - Prologue au Puy du Fou : Armstrong (E.-U.)
1re étape, Montaigu-Challans : Kirsipuu (Est.)
2e étape, Challans-Saint Nazaire : Steels (Bel.)
3e étape, Nantes-Laval : Steels (Bel.)
4e étape, Laval-Blois : Cipollini (It.)
5e étape, Bonneval-Amiens : Cipollini (It.)
6e étape, Amiens-Maubeuge : Cipollini (It.)
7e étape, Avesnes sur Helpe-Thionville : Cipollini (It.)
8e étape, Metz-Metz c.l.m. : Armstrong (E.-U.)
➧ 9e étape, Le Grand Bornand-Sestrières : Armstrong (E.-U.)
10e étape, Sestrières-L'Alpe d'Huez : Guerini (It.)
11e étape, Bourg d'Oisans-Saint-Étienne : Dierckxsens (Bel.)
12e étape, Saint-Galmier-Saint-Flour : Etxebarria (Esp.)
13e étape, Saint Flour-Albi : Commesso (It.)
14e étape, Castres-Saint Gaudens : Konyshev (Rus.)
15e étape, Saint-Gaudens-Piau Engaly : Escartin (Esp.)
16e étape, Lannemezan-Pau : Etxebarria (Esp.)
17e étape, Mourenx-Bordeaux : Steels (Bel.)
18e étape, Jonzac-Futuroscope : Mondini (It.)

19e étape, Futuroscope-Futuroscope c.l.m. : Armstrong (E.-U.)
20e étape, Arpajon-Paris : McEwen (Aus.)
Classement général :
1. Armstrong (E.-U.); 2. Zülle (Sui.) à 7'37" ; 3. Escartin (Esp.) à 10'26" ; 4. Dufaux (Sui.) à 14'43" ; 5. Casero (Esp.) à 15'11" ; 6. Olano (Esp.) à 16'47"; 7. Nardello (It.) à 17'2" ; 8. Virenque (Fr.) à 17'28" ; 9. Belli (It.) à 17'37" ; 10. Peron (It.) à 23'10".
Classement par points : 1. Zabel (All.); 2. O'Grady (Aus); 3. Capelle (Fr.)
Classement de la montagne : 1. Virenque (Fr.); 2. Elli (It.); 3. Piccoli (It.)
Classement par équipes : 1. Banesto; 2. Once; 3. Festina.
7 août : Clasica San Sebastian - 1. F. Casagrande (It.); 2. Verbrugghe (Bel.) à 43" ; 3. Figueras (It.) m.t.
8-22 août : Grande Boucle féminine - Classement final : 1. Ziliute (Lit.); 2. Polkhanova (Rus.) à 1'15" ; 3. Pucinskaite (Lit.) à 4'42".
15 août : Hew Cyclassic (Hambourg) - 1. Celestino (It.); 2. Schweda (All.) à 3" ; 3. Vainsteins (Let.) m.t.
17-20 août : Tour du Limousin - Classement final : 1. Heulot (Fr.); 2. Gwiazdowski (Pol.) m. t; 3. Aus (Est.) à 7".
22 août : Grand Prix de Zurich - 1. Gwiazdowski (Pol.); 2. Barbero (It.) à 28" ; 3. Tchmil (Bel.) à 34".
29 août : Grand Prix de Plouay - 1. Mengin (Fr.); 2. Zberg (Sui.) m.t.; 3. Ivanov (Rus.) à 6".
29 août : Grand Prix Eddy Merckx - 1. Wauters-Dekker (Bel.-P.B.); 2. Skibby-Streel (D.K.-Bel.) à 28"; 3. Voigt-Boardman (All.-G.B.) à 29".
2-11 septembre : Tour de l'Avenir - Classement final : 1. Osa (Esp.); 2. Latasa (Esp.) à 35"; 3. Landis (E.U.) à 3'10".
4-26 septembre : Tour d'Espagne
Prologue à Murcie : Gonzalez de Galdeano (Esp.)
1re étape, Murcie-Benidorm : Hunter (Afs.)
2e étape, Alicante-Albacete : Wüst (All.)
3e étape, La Roda-Fuenlabrada : Wüst (All.)
4e étape, La Rozas-Salamanque : Wüst (All.)
5e étape, Bejard-Ciudad Rodrigo : Ullrich (All.)
6e étape, c.l.m. à Salamanque : Olano (Esp.)
7e étape, Salamanque-Leon : Wüst (All.)
8e étape, Leon-Alto de El Angliru : Jimenez (Esp.)
9e étape, Gijon-Las Corales de Buelna : Brochard (Fr.)
10e étape, Saragosse-Saragosse : Outschakov (Ukr.)
11e étape, Huesca-Val d'Aran : Nardello (It.)
12e étape, Sort-Andorre : Gonzalez de Galdeano (Esp.)
13e étape, Andorre-Castellar del Riu : Zülle (Sui.)
14e étape, Barcelone-Barcelone : Roscioli (It.)
15e étape, La Senia-Valence : Ekimov (Rus.)
16e étape, Valence-Teruel : Vandebroucke (Bel.)
17e étape, Los Bronchales-Guadalaraja : Moreni (It.)
18e étape, Guadalaraja-Alto de Abantos : Laiseka (Esp.)
19e étape, El Escorial-Avila : Vandebroucke (Bel.)
20e étape, c.l.m. El Tiemblo-Avila : Ullrich (All.)
21e étape, Madrid-Madrid : Blijlevens (P.-B.)
Classement final : 1. Ullrich (All.); 2. Gonzalez de Galdeano (Esp.) à 4'15"; 3. Heras (Esp.) à 5'57"; 4. Tonkov (Rus.) à 7'53"; 5. Jimenez (Esp.) à 9'24"; 6. Rubiera (Esp.) à 10'13"; 7. Beltran (Esp.) à 11'20"; 8. Piepoli (It.) à 13'13"; 9. Para (Col.) à 16'20"; 10. Blan,co (Esp.) à 18'15".
7 septembre : Thierry Claveyrolat, meilleur grimpeur du Tour de France 1990, se suicide à son domicile près de Grenoble. Il avait 40 ans.
11 septembre : Paris-Bruxelles - 1. Vainsteins (Let.); 2. Zberg (Suii.) m.t.; 3. Baldato (It.) à 8".
12 septembre : Grand Prix de Fourmies - 1. Konyshev (Rus.); 2. Sciandir (G.-B.) m.t.; 3. Bruylandts (Bel.) m.t.
17 septembre : Marco Pantani est forfait pour les championnats du monde de Trévise, où il devait faire sa rentrée, quatre mois après son exclusion du Giro.
18 septembre : Grand Prix des Nations - 1. Honchar (Ukr.); 2. Boardman (G.-B.) à 6"; 3. Voigt (All.) à 32".
19 septembre : Grand Prix d'Isbergues - 1. Aus (Est.); 2. Verheyen (Bel.) à 30"; 3. Guesdon (Fr.) à 1'29".
30 septembre : Paris-Bourges - 1. Nardello (It.); 2. Tchmil (Bel.) m.t.; 3. Brochard (Fr.) à 2".
3 octobre : Paris-Tours - 1. Wauters (Bel.); 2. Faresin (It.) à 10"; 3. Kirsipuu (Est.) à 14".
6 octobre : Championnat du monde c.l.m. dames - Van Moorsel (P.B.).
7 octobre : Championnat du monde c.l.m. messieurs - Ullrich (All.).
9 octobre : Championnat du monde sur route dames - 1. Pucinskaite (Lit.); 2. Wilson (Aus.) à 18"; 3. Ziliute (Lit.) m.t.
10 octobre : Championnat du monde sur route messieurs - 1. Freire (Esp.); 2. Zberg (Sui.) à 4"; 3. Robin (Fr.) m.t.; 4. Casagrande (It.) m.t.; 5. McRae (E.-U.) m.t.; 6. Camenzind (Sui.) m.t.; 7. Vandebroucke (Bel.) m.t.; 8. Ullrich (All.) m.t.; 9. Konyshev (Rus.) m.t.; 10. Nardello (It.) à 59".
13 octobre : Milan-Turin - 1. Zberg (Sui.); 2. Bettini (It.) m.t.; 3. Ullrich (All.) m.t.
14 octobre : Tour du Piémont - 1. Tafi (It.); 2.Serpellini (It.) m.t.; 3.Barbero (it.) m.t.
16 octobre : Tour de Lombardie - 1. Celestino (It.); 2. Di Luca (It.) m.t.; 3.Mazzoleni (It.) m.t.
16 octobre : Andreï Tchmil remporte la Coupe du monde 1999, en ayant marqué des points dans chacune des dix épreuves, une première. Il devance le Néerlandais Boogerd et le Belge Vandenbroucke.
17 octobre : Chrono des Herbiers - 1. Honchar (Ukr.); 2. Maignan (Fr.) à 31"; 3. Moreau (Fr.) à 56".
20-24 octobre : Championnats du monde sur piste
Messieurs. Kilomètre : Tournant (Fr.); poursuite individuelle : Bartko (All.); vitesse par équipes : France (Gané, Rousseau, Tournant); poursuite par équipes : Allemagne; vitesse : Gané (Fr.); course aux points : Risi (Sui.); américaine : Espagne; keirin : Fiedler (All.).
Dames. Vitesse : Ballanger (Fr.); 500 m : Ballagner (Fr.); poursuite individuelle : Clignet (Fr.); course aux points : Clignet (Fr.).
21 octobre : Jean-Marie Leblanc dévoile le parcours du Tour 2000, qui renoue avec plusieurs ascensions mythiques, le Ventoux, l'Izoard et le Galibier.
11 novembre : Marco Pantani est mis en examen pour fraude sportive par le juge Guariniello de Turin, qui s'appuie sur les dossiers hospitaliers du coureur, à l'occasion de plusieurs accidents : Milan-Turin 95, Giro 97.

2000

16 janvier : Fabiana Luperini est supendue huit mois par la Fédération italienne pour dopage à la nandrolone. Le contrôle avait été effectué à un stage de l'équipe nationale en octobre 99.
18-23 janvier : Tour Down-Under - Classement final : 1. Maignan (Fr.); 2. O'Grady (Aus.) à 12"; 3. Wesemann (All.) à 14".
28 janvier : L'UCI officialise le Conseil du cyclisme professionnel, en charge de toutes les questions du secteur pro. Il est dirigé par Hein Verbruggen lui-même.
30 janvier : Championnats du monde de cyclo-cross - 1. Groenendaal (P.-B.); 2. De Clercq (Bel.) à 28"; 3. Nijs (Bel.) à 42".
1 février : Grand Prix d'ouverture La Marseillaise - 1. Magnien (Fr.); 2. Aus (Est.) m.t.; 3. Bassons (Fr.).
2-6 février : Etoile de Bessèges - Classement final : 1. Planckaert (Bel.); 2. Kirsipuu (Est.) à 14"; 3. Peers (Bel.) à 22".
6-10 février : Tour de Majorque- Classement final : 1. Cabello (Esp.); 2. Horillo (Esp.) à 15"; 3. Zabel (All.) à 17".
9-13 février : Tour méditerranéen - Classement final : 1. Jalabert (Fr.); 2. Julich (E.-U.) à 51"; 3. Vaughters (E.-U.) à 1'09".
13-17 février : Rutal del Sol - Classement final : 1. Pena (Esp.); 2. Caballo (Esp.) à 22"; 3. Garmendia (Esp.) à 26".
19 février : Tour du Haut-Var - 1. Nardello (It.); 2. Kivilev (Kaz.) à 2"; 3. Rebellin (It.) à 57".
20 février : Classic Haribo - 1. Kirsipuu (Est.); 2. Brochard (Fr.) m.t.; 3. Vainsteins (Let.) à 3".
20 février : Trophée Luis Puig - 1. Zabel (All.); 2. Freire (Esp.) m.t.; 3. Conte (It.) m.t.
22 février : Marco Pantani fait son retour à la compétition à l'occasion du Tour de Valence, 262 jours après son exclusion du Giro pour un taux hématocrite supérieur à 50%. Il quittera la course après deux étapes.
22-26 février : Tour de Valence - Classement final - 1. Olano (Esp.); 2. Dominguez (Esp.) à 21"; 3. Martinez (Esp.) à 47".
26 février : Circuit Helt Volk - 1. Museeuw (Bel.); 2. Wesemann (All.) à 52"; 3. Knaven (P.-B.) m.t.
27 février : Kuurne-Bruxelles-Kuurne - 1. Tchmil (Bel.); 2. Van Bondt (Bel.) à 4"; 3. Kirsipuu (Est.) à 9".
2 mars : Le Danois Bjarne Riis, vainqueur du Tour de France 96, annonce sa retraite sportive à 36 ans.
4 mars : Lucho Herrera est enlevé à son domicile. L'ancien champion colombien sera relâché le lendemain.
5-12 mars : Paris-Nice - Etapes remportées par Brochard (Fr.), Kirsipuu (Est.), Baldato (It.), Hamburger (Dan.), Tosatto (It.), Simon (Fr.), Klöden (All.), Steels (Bel.). Classement final : 1. Klôden (All.); 2. Brochard (Fr.) à 7"; Mancebo (Esp.) à 44".
8-15 mars : Tirenno-Adriatico - Classement final : 1. Olano (Esp.); 2. Hruska (RTc.) à 10"; 3. Dominguez (Esp.) à 17".
18 mars : Milan-San Remo - 1. Zabel (All.); 2. Baldato (It.) m.t.; 3. Freire (Esp.) m.t.
19 mars : Grand Prix de Cholet-Pays de la Loire - 1. Voigt (All.); 2. Moncoutié (Fr.) m.t.; 3. Van Dijck (Bel.) à 28".
19 mars : Claudio Chiappucci annonce sa retraite définitive à 37 ans.
20-24 mars : Semaine Catalane - Classement final : 1. Jalabert (Fr.); 2. Nrodriguez (Esp.) à 25"; 3. Di Grande (It.) à 26".
22 mars : A Travers les Flandres - 1. Hoffman (P.-B.); 2. Van Petegem (Bel.) m.t.; 3. Michaelsen (Dan.) m.t.
25-26 mars : Critérium International - Classement final : 1. Olano (Esp.); 2. Dominguez (esp.) à 3"; 3. Vinokourov (Kaz.) à 15".
26 mars : Flèche Brabançonne - 1. Museeuw (Bel.); 2. Mattan (Bel.) à 9"; 3. Sörensen (Dan.) à 9".

28-30 mars : Trois Jours de la Panne - Classement final : 1. Ekimov (Rus.); 2. Vainsteins (Let.) à 3"; 3. Ivanov (Rus.) à 29".
2 avril : Tour des Flandres - 1. Tchmil (Bel.); 2. Pieri (it.) à 4"; 3. Vainsteins (Let.) m.t.
3-7 avril : Tour du Pays Basque - Classement final : 1. Klöden (All.); 2. Di Luca (It.) à 5"; 3. Jalabert (Fr.) à 31".
5 avril : Gand-Wevelgem - 1. Van Bondt (Bel.); 2. Van Petegem (Bel.) à 29"; 3. Museeuw (Bel.) m.t.
➧ **9 avril** : Paris-Roubaix - 1. Museeuw (Bel.); 2. Van Petegem (Bel.) à 15"; 3. Zabel (All.) m.t.
12 avril : Flèche Wallone - 1. Casagrande (It.); 2. Verbrugghe (Bel.) à 6"; 3. Jalabert (Fr.) à 8".
16 avril : Liège-Bastogne-Liège - 1. Bettini (It.); 2. Etxebarria (Esp.) m.t.; 3. Rebellin (It.) m.t.
22 avril : Amstel Gold Race - 1. Zabel (All.); 2. Boogerd (P.-B.) m.t.; 3. Zberg (Sui.) m.t.
25 avril : Paris-Camembert - 1. Rous (Fr.); 2. Armstrong (E.-U.) à 6"; 3. Flores (Esp.) m.t.
30 avril : Trophée des Grimpeurs - 1. Halgand (Fr.); 2. Moreau (Fr.) m.t.; 3. Beneteau (Fr.) à 15".
2-7 mai : Tour de Romandie - Classement final : 1. Savoldelli (It.); 2. Beloki (Esp.) à 21"; 3. Dufaux (Sui.) à 27".
2-7 mai : Quatre Jours de Dunkerque - Classement final : 1. Tittsel (Suè.); 2. Kasputis (Lit.) à 24"; 3. Hunter (Afs.) à 1'06".
➧ **13 mai-4 juin** : Tour d'Italie
Prologue à Rome : Hruska (Rtc.)
1re étape, Rome-Terracina : Quaranta (It.)
2e étape, Terracina-Madaloni : Moreni (It.)
3e étape, Paestum-Scalea : Svorada (Rtc.)
4e étape, Scalea-Matera : Cipollini (It.)
5e étape, Matera-Peschici : Di Luca (It.)
6e étape, Peschici-Vasto : Konichev (Rus.)
7e étape, Vasto-Teramo : McKenzie (Aus.)
8e étape, Corinaldo-Prato : Merckx (Bel.)
9e étape, Prato-Abetone : Casagrande (It.)
10e étape, San Marcello-Padoue : Quaranta (It.)
11e étape, Lignano Sabbiadoro-Bibione c.l.m. : Pena (Col.)
12e étape, Bibione-Feltre : Cassani (It.)
13e étape, Feltre-Selva Gardena : Rubiera (Esp.)
14e étape, Selva Gardena-Bormio : Simoni (It.)
15e étape, Bormio-Brescia : Conte (It.)
16e étape, Brescia-Media : Guidi (It.)
17e étape, Media-Gênes : Gonzales (Esp.)
18e étape, Gênes-Pratonevoso : Garzelli (It.)
19e étape, Saluzzo-Briançon : Lanfranchi (It.)
20e étape, Briançon-Sestrières c.l.m. : Hruska (Rtc.)
21e étape, Turin-Milan : Piccoli (It.)
Classement final : 1. Garzelli (It.); 2. Casagrande (It.) à 1'27"; 3. Simoni (It.) à 1'33"; 4. Noé (It.) à 4'58"; 5. Tonkov (Rus.) à 5'28"; 6. Buenahora (Col.) à 5'48"; 7. Belli (It.) à 7'38"; 8. Rubiera (Esp.) à 8'08"; 9. Gontchar (Ukr.) à 8'14"; 10. Piepoli (It.) à 8'32".
16-21 mai : Grand Prix du Midi Libre - Etapes remportées par D. Nazon (Fr.), Loda (It.), O'Grady (Aus.), Moreau (Fr.), Stangelj (Slo.), Massi (It.). Classement final : 1. Rous (Fr.); 2. Totschnig (Aut.) à 8"; 3. Valjavec (Slo.) à 1'12".
24-28 mai : Bicyclette Basque - Classement final : 1. Zubeldia (Esp.); 2. Gonzalez de Galdeano (Esp.) à 8"; 3. Etxebarria (Esp.) m.t.
25 mai : Le Laboratoire anti-dopage de Chatenay-Malabry a présenté à l'UCI sa méthode de dépistage de l'EPO. Sa validation, afin d'application sur le Tour de France, est soumise à trois conditions d'ici le 22 juin.
26 mai-1er juin : Tour d'Allemagne - Classement final : 1. Plaza (Esp.); 2. Klôden (All.) à 42"; 3. Bölts (All.) à 1'20".
27 mai : A Travers le Morbihan - 1. Halgand (Fr.); 2. Yakovlev (Kaz.) à 1'25"; 3. Bruylandts (Bel.) à 1'34".
3 juin : La Classique des Alpes - 1. Jimenez (Esp.); 2. Escartin (Esp.) à 32"; 3. Armostrong (E.-U.) m.t.
4-11 juin : Critérium du Dauphiné Libéré - Etapes remportées par Guesdon (Fr.), Gougot (Fr.), Armstrong (E.-U.), Hamilton (E.-U.), Hamilton (E.-U.), Cuesta (Esp.), Jalabert (Fr.). Classement final : 1. Hamilton (E.-U.); 2. Zubeldia (Esp.) à 31"; 3. Armstrong (E.-U.) à 36".
8-11 juin : Tour du Luxembourg - Classement final : 1. Elli (It.); 2. Joachim (Lux.) à 1'28"; 3. Loda (It.) à 1'34".
13-22 juin : Tour de Suisse - Classement final : 1. Camenzind (Sui.); 2. Frigo (It.) à 11"; 3. Belli (It.) à 26".
15-22 juin : Tour de Catalogne - Classement final : 1. Jimenez (Esp.); 2. Sevilla (Esp.) à 41"; 3. Piepoli (It.) à 3'41".
17-20 juin : Route du Sud - Classement final : 1. Brozyna (Pol.); 2. Mancebo (Esp.) à 12"; 3. Halgand (Fr.) à 37".
22 juin : Sans l'approbation complète du collège d'experts indépendants, l'UCI refuse la validation du test anti-EPO pour le prochain Tour de France.
25 juin : Championnats nationaux - France : 1. Capelle; 2. Durand; 3. Morin. Allemagne : Aldag. Belgique : Merckx. Espagne : Gonzalez de Galdeano. Italie : Bartoli. Pays-Bas : Van Bon. Suisse : Zberg.
➧ **1-23 juillet** : Tour de France
1re étape, Futuroscope-Futuroscope : Millar (G.-B.)
2e étape, Futuroscope-Loudun : Steels (Bel.)
3e étape, Loudun-Nantes : Steels (Bel.)
4e étape, Nantes-Saint-Nazaire c.l.m. par équipes : Once
5e étape, Nantes-Vitré : Wüst (All.)
6e étape, Vitré-Tours : Van Bon (P.-B.)
7e étape, Tours-Limoges : Agnolutto (Fr.)
8e étape, Limoges-Villeneuve-sur-Lot : Dekker (P.-B.)
9e étape, Agen-Dax : Bettini (It.)
10e étape, Dax-Lourdes-Hautacam : Otxoa (Esp.)
11e étape, Bagnères-de-Bigorre-Revel : Dekker (P.-B.)
12e étape, Carpentras-Le Mont Ventoux : Pantani (It.)
13e étape, Avignon-Draguignan : Garcia-Acosta (Esp.)
14e étape, Draguignan-Briançon : Botero (Col.)
15e étape, Briançon-Courchevel : Pantani (It.)
16e étape, Courchevel-Morzine : Virenque (Fr.)
17e étape, Evian-Lausanne : Dekker (P;-B.)
18e étape, Lausanne-Fribourg : Commesso (It.)
19e étape, Fribourg-Mulhouse c.l.m. : Armstrong (E.-U.)
20e étape, Belfort-Troyes : Zabel (All.)
21e étape, Paris-Paris : Zanini (It.)
Classement final : 1. Armstrong (E.-U.); 2. Ullrich (All.) à 6'02"; 3. Beloki (Esp.) à 10'04"; 4. Moreau (Fr.) à 10'34"; 5. Heras (Esp.) à 11'50"; 6. Virenque (Fr.) à 13'26"; 7. Botero (Col.) à 14'18"; 8. Escartin (Esp.) à 17'21"; 9. Mancebo (Esp.) à 18'09"; 10. Nardello (It.) à 18'25".
Classement par points : 1. Zabel (All.); 2. McEwen (Aus.); 3. Vainsteins (Let.).
Classement de la montagne : 1. Botero (Col.); 2. Otxoa (Esp.); 3. Virenque (Fr.).
Classement par équipes : 1. Kelme (Col.); 2. Festina (Fr.); 3. Banesto (Esp.).
30 juillet : Grand Prix de Plouay - 1. Bartoli (It.); 2. Mattan (Bel.) à 10"; 3. Bénéteau (Fr.) à 11".
6 août : Hew Cyclassic à Hambourg - 1. Missaglia (It.); 2. Casagrande (it.) m.t.; 3. Baldato (It.) à 2".
8 août : Le Conseil de prévention et de lutte contre le dopage affirme que 45% des contrôles effectués pendant le Tour de France 2000 révèlent la présence de produits dopants. Le CPLD fustige les ordonnances de complaisance, qui « légalisent » la prise de corticoïdes notamment.
12 août : Clasica San Sebastian - 1. Dekker (P.-B.); 2. Tchmil (Bel.) à 4"; 3. Vainsteins (Let.) m.t.

Le sigle ➧ signale un événement traité en détail dans le corps de l'ouvrage.

Les textes des années 1966 à 1996 (sauf 1981 à 1988), ceux des années 1998 et 2000 ont été rédigés par Guillaume Rebière, le reste est dû à Hervé Paturle.

Remerciements

Chi-Chi
Serge Laget
Richard Peizieux

Jean-Michel Chevalier et Christophe de Lusignan
pour leur participation au travail de documentation.

Alexandre Duick, Stéphane Joby et Alban Traquet
ont collaboré à l'établissement de la partie *Chronologie*.

Crédits photographiques

Toutes les photos de cet ouvrage sont de

(avec le concours des archives *Miroirs des sports*, *La vie au grand air*, Serge Laget).
L'éditeur tient à remercier particulièrement Agathe Coville, Didier Leviel, Philippe Le Men et Philippe Renard.

Conception et réalisation graphiques :
Paul-Raymond Cohen
Photogravure : Nord Compo
Impression/reliure : Graficas Estella
Dépôt légal : novembre 2000
ISBN : 2.7021.3165.4

Numéro d'éditeur : 13035/05
Imprimé en Espagne